Monika Dürr, Dr. Andrea Herrmann, Christian Hochwarth,
Pia von Lilien-Waldau, Thomas Stensitzki,
Sujeevan Vijayakumaran, Maik Wienströer, Tobias Xu

IT-Management

Das umfassende Handbuch

Rheinwerk
Computing

Liebe Leserin, lieber Leser,

über das sogenannte »Middle Management« lässt sich leicht Witze machen. Der pointy-haired Boss aus *Dilbert*, Jen Barber aus *The IT Crowd* oder Bill Lumbergh aus *Office Space* – die Klischees sind immer ähnlich: bürokratische Schreibtischtäter ohne jedes technische Verständnis, die den eigentlichen Fachleuten im Weg stehen.

Über solche Karikaturen kann man leicht lachen – doch alle, die schon einmal unter konfusem Projektmanagement, fehlenden Entscheidungen oder erratischer Führung gelitten haben, wissen, dass sich hier ein ernster Kern verbirgt. Selbst das beste Entwicklerteam und die kompetentesten Admins scheitern, wenn Führung zur Sollbruchstelle wird. Nichts torpediert den Erfolg eines Projekts schneller als eine miserable Leitung.

Umso wichtiger ist es, das IT-Management weder als notwendiges Übel noch als Witzfigur zu betrachten, sondern als Schlüsselkompetenz. Genau hier setzt dieses Buch an: Auf über 800 Seiten liefert das Autorenteam um Maik Wienströer eine praxisnahe Einführung in die Kunst des Managements. Eine Lektüre für alle, die ihre ersten Schritte in Führungsrollen machen – oder prüfen möchten, ob dieser Weg für sie der richtige ist.

Bevor Sie sich in die Lektüre stürzen, noch ein kurzer Hinweis in eigener Sache: Dieses Buch wurde mit großer Sorgfalt lektoriert und produziert. Aber wo Menschen arbeiten, passieren Fehler. Wenn Sie Korrekturen oder inhaltliche Anregungen haben, scheuen Sie sich nicht, mit mir Kontakt aufzunehmen. Ihre Fragen und Änderungswünsche sind jederzeit herzlich willkommen.

Ihr Christoph Meister
Lektorat Rheinwerk Computing

christoph.meister@rheinwerk-verlag.de
www.rheinwerk-verlag.de
Rheinwerk Verlag • Rheinwerkallee 4 • 53227 Bonn

Auf einen Blick

Wir hoffen, dass Sie Freude an diesem Buch haben und sich Ihre Erwartungen erfüllen. Falls Sie Anregungen, Wünsche und Kommentare haben, lassen Sie es uns wissen: **service@rheinwerk-verlag.de**.

Informationen zu unserem Verlag und Kontaktmöglichkeiten finden Sie auf unserer Verlagswebsite **www.rheinwerk-verlag.de**. Dort können Sie sich auch umfassend über unser aktuelles Programm informieren und unsere Bücher und E-Books bestellen.

Autor*innen Maik Wienströer, Christian Hochwarth, Dr. Andrea Herrmann, Thomas Stensitzki, Monika Dürr, Sujeevan Vijayakumaran, Tobias Xu, Pia von Lilien-Waldau
Lektorat Christoph Meister
Gutachten Frank M. Marks, Wesel
Copy-Editing Isolde Kommer, Großerlach
Typografie & Layout Vera Brauner
Satz SatzPro, Krefeld
Herstellung Denis Schaal
Covergestaltung Bastian Illerhaus
Coverbild Adobe Stock: 1296348680 © Johannes
Druck Beltz Grafische Betriebe, Bad Langensalza

FSC
www.fsc.org
MIX
Papier | Fördert gute Waldnutzung
FSC® C089473

Dieses Buch wurde mit mineralölfreien Farben auf FSC-zertifiziertem Papier aus nachhaltiger Waldwirtschaft gedruckt. Hergestellt in Deutschland.

Bibliografische Information der Deutschen Nationalbibliothek:
Die Deutsche Nationalbibliothek verzeichnet diese Publikation in der Deutschen Nationalbibliografie; detaillierte bibliografische Daten sind im Internet über *http://dnb.dnb.de* abrufbar.

ISBN 978-3-8362-8710-4

1. Auflage 2025

Rheinwerk Verlag GmbH • Rheinwerkallee 4 • 53227 Bonn
service@rheinwerk-verlag.de

Inhalt

Einleitung

Gute Informationen sind schwer zu bekommen.
Noch schwerer ist es, mit ihnen etwas anzufangen.
– Sir Arthur Conan Doyle

Liebe Leserin, lieber Leser!

Sie halten ein Sammelwerk zum IT-Management in den Händen, das Ihnen eine fundierte Einführung in diesen spannenden, verantwortungsvollen und anspruchsvollen Bereich bietet. Acht Expertinnen und Experten geben Ihnen einen Einblick in ihre Berufspraxis und teilen ihr Fachwissen und ihre Erfahrungen mit Ihnen.

Dieses Buch basiert auf der Überzeugung, dass hervorragende technische Fachkräfte nicht automatisch auch gute Führungskräfte sind. Mit der Übernahme von Verantwortung als Teamleiter oder IT-Managerin werden Sie mit zahlreichen neuen Herausforderungen, Problemstellungen und Themenfeldern konfrontiert.

Ein Buch für (angehende) Führungskräfte

Nach einigen Jahren in der IT steht man häufig vor einer wegweisenden Entscheidung: Fach- oder Führungskarriere?

Früher erschien der Weg zur Führungsposition nahezu alternativlos, wenn die berufliche Entwicklung nicht stagnieren sollte. Wer Karriere machen wollte, musste Führungsverantwortung übernehmen – mit dem Ergebnis, dass viele Führungskräfte in Positionen landeten, die nicht ihren eigentlichen Stärken und Interessen entsprachen.

Inzwischen steht die Fachkarriere der Führungskarriere weder in finanzieller Hinsicht nach, noch gibt es dort weniger Verantwortung oder langweiligere Aufgaben. Für das IT-Management ist das ein echter Mehrwert! Wenn Sie sich heute für eine Führungslaufbahn entscheiden, sollten Sie dies mit Herzblut und aus Überzeugung tun.

Know-how für Ihre Karriere

Wenn Sie am Anfang Ihrer Führungslaufbahn stehen, gehören Sie zur Zielgruppe dieses Buchs. Wir alle kennen es: Niemand wurde als Führungskraft geboren. Obwohl Sie schon seit Jahren oder Jahrzehnten im Arbeitsleben stehen, fühlen Sie sich plötzlich wie in der Schulzeit: Sie werden mit neuen Themen konfrontiert und müssen wieder viel lernen.

Wir möchten Sie daher bei den vielfältigen Herausforderungen unterstützen – von strategischen Fragestellungen bis zu operativen Aufgaben, vom Sourcing-Mix über die IT-Infrastrukturplanung bis hin zur Mitarbeiterrekrutierung. Aufgrund der Vielfalt der behandelten Themen haben wir das Buch bewusst nicht als lineare Lektüre konzipiert. Es ist keine einfache Checkliste oder ein Tutorial, das Sie in wenigen Lektionen zum erfahrenen Manager macht – es wäre vermessen und unseriös, so etwas zu versprechen. Stattdessen: Greifen Sie gezielt die für Sie relevanten Themen heraus, und nutzen Sie die praxisnahen Impulse dort, wo Sie sie benötigen.

Daher finden auch Führungskräfte mit langjähriger Erfahrung neue Impulse und Ideen, denn niemand kann Experte in allen Fragen sein. Wo sonst finden Sie komprimiertes Expertenwissen zu Themen wie DevOps oder praxisorientiertem Datenschutz?

Zweifellos umfasst das IT-Management deutlich mehr Aspekte, als in einem einzelnen Buch darstellbar sind. Viele Themen hätten wir noch ergänzen können, viele wichtige Konzepte konnten wir nur anreißen. Dies ist jedoch bewusst so gestaltet, da unser Ziel darin besteht, Ihnen zu jedem Themenbereich einen prägnanten Überblick, konkrete Handlungsansätze und vor allem praxiserprobte Erfahrungen zu vermitteln.

Von Praktikern für Praktiker – das Autorenteam

Dieses Buch bietet besonderen Mehrwert für IT-Fachkräfte, die sich mit dem Thema IT-Management auseinandersetzen möchten – sei es als neue Führungskraft, als angehende Führungsperson oder zur Evaluation dieser Karriereoption. Sie finden hier kein Buzzword-Bingo der Management-Fachsprache oder detaillierte Framework-Beschreibungen, sondern praxisnahe Empfehlungen von erfahrenen IT-Führungskräften. Kurz gesagt: IT-Experten schreiben für IT-Experten – pragmatisch, ohne Umschweife und mit unmittelbar anwendbarem Mehrwert.

Maik Wienströer ist Herausgeber dieses Buchs und bringt Fachwissen aus über 10 Jahren Erfahrung in leitenden IT-Positionen in verschiedenen Branchen ein. Er ist aktuell als CISO und Führungskraft tätig und berät zudem freiberuflich kleine und mittelständige Unternehmen in Fragen der IT-Strategie, des IT-Sourcings und der Informationssicherheit (*https://www.maik-wienstroeer.de*). Er hat das Kapitel zur IT-Strategie mitgeschrieben und die Kapitel zu Personalfragen, zum Finanzmanagement, zur IT-Sicherheit, zu Make-or-Buy-Fragen, zum Projekt- und Servicemanagement und zur Cloud beigetragen.

Dr. **Andrea Herrmann** ist freiberufliche Trainerin (*www.herrmann-ehrlich.de*), Autorin und Beraterin für Software Engineering mit 30 Berufsjahren in Praxis und Forschung, bis hin zu Vertretungs- und Gastprofessuren. Sie hat ihr Wissen bereits in mehr als 100 Fachpublikationen und vielen Konferenzvorträgen geteilt. Zudem ist sie Supporterin des IREB und hat mit dieser Expertise das Kapitel zum Requirements Engineering beigetragen.

Christian Hochwarth gründete sein erstes Unternehmen im Jahr 2001. Heute führt er sein IT-Beratungshaus an drei Standorten und berät über 400 Mittelständler in der Rhein-Neckar-Region (*https://www.hochwarth-it.de*). Er versteht sich als Experte mit Blick auf technische und wirtschaftliche Zusammenhänge. Mit dieser Expertise bietet er einen umfassenden Blick auf moderne IT-Infrastruktur.

Monika Dürr ist Senior Consultant und Geschäftsführerin der License Consult AG (*https://www.lic-consult.com*). Sie ist seit über 15 Jahren in der Softwarelizenzierung mit dem Fokus auf der Beratung von Unternehmen hinsichtlich ihrer Microsoft-Lizenzen tätig, sowohl On-Premises als auch die neue Welt der Onlineprodukte wie Microsoft 365. Durch ihre langjährige Tätigkeit in diesem Bereich hat sie ein breit gefächertes Wissen über die Bedingungen und Verträge aufgebaut, das sie im Kapitel zum Lizenzmanagement mit zusätzlichen praktischen Einblicken weitergibt.

Pia von Lilien-Waldau bringt als Unternehmensberaterin und Volljuristin das Beste aus beiden Rollen mit: Sie hat eine umfassende Expertise im Datenschutzrecht, in der Informationssicherheit sowie in der Unternehmensentwicklung. In unterschiedlichen Rollen verbindet sie immer wieder fundierte rechtliche Kenntnisse mit einem strategischen Weitblick, wodurch sie zu einer geschätzten Beraterin und Referentin höchster Führungsebenen wurde. Als Autorin des Kapitels zum Datenschutz liefert sie praxisnahe Einblicke und innovative Lösungsansätze für die Herausforderungen des Datenschutzes im Unternehmensumfeld.

Sujeevan Vijayakumaran ist selbstständiger DevOps-Experte und als Consultant und Trainer beschäftigt (*https://svij.org*). Seit vielen Jahren unterstützt er diverse Konzerne aus Deutschland, Österreich und der Schweiz beim Ein- und Umstieg in die DevOps-Welt. Er steckt hinter dem Podcast TILpod und hält gerne Vorträge auf Konferenzen – nicht nur zu technischen Themen, sondern auch zu gutem Teamwork, effizienter Kommunikation und allem, was sonst zur DevOps-Kultur gehört. Mit diesem Wissen hat er das Kapitel zu DevOps-Strukturen beigetragen.

Thomas Stensitzki ist der Gründer der Granikos GmbH & Co. KG (*https://granikos.eu*) und ein erfahrener Berater für die Implementierung und optimale Nutzung von Exchange, Microsoft 365 und Hybrid-Konfigurationen. Er unterstützt die Microsoft-Community in vielfältigen Rollen, etwa als MCT Community Lead oder langjähriger MVP und ist auf vielen Konferenzen aktiv. Im Rahmen seiner Tätigkeit hat er viele Unternehmen mit ihren Eigenarten gesehen. Diese Erfahrungen hat er als Mitautor der Kapitel zur IT-Strategie, zum IT-Management, zur Enterprise-Architektur und zum Innovationsmanagement einfließen lassen.

Tobias Xu ist ein erfahrener Experte im Bereich Software-Asset-Management (SAM) mit über einem Jahrzehnt Berufserfahrung in der IT- und Lizenzierungsbranche, spezialisiert auf den Hersteller Microsoft. Er leitet als Head of SAM Services eine eigene Business-Unit bei der License Consult (*https://www.lic-consult.com*). Im Rahmen seiner Rolle profitiert er von Einblicken in beide Welten, er begleitet und entwickelt sein Team und hat zugleich umfangreiche Erfahrungen im Lizenzaudit. Insbesondere seine Auditerfahrungen bringt er in das Kapitel zum Lizenzmanagement ein.

Kapitel 1
IT-Management

Was bedeutet es überhaupt, eine IT-Umgebung zu verwalten und zu »managen«?

Kein Unternehmen kann heutzutage auf die Nutzung von modernen *Informationstechnologien* (kurz IT) verzichten. Die Nutzung der richtigen IT-Werkzeuge wirkt sich unmittelbar auf den Unternehmenserfolg aus und hilft, konkurrenzfähig zu sein und zu bleiben. Unabhängig von der Unternehmensgröße sind Entscheidung rund um die Einführung und Nutzung von IT-Lösungen erforderlich. Einzig der Umfang und die damit einhergehende Komplexität der Lösungen sind je nach Unternehmensgröße und Branche unterschiedlich.

Schon als Kleinunternehmen benötigen Sie ein Mindestmaß an IT-Lösungen, um mit Kunden in Kontakt zu treten, Rechnungen auszustellen und Ihre Buchhaltung im Blick zu haben. Es erscheint nicht viel, aber schon diese wenigen Bausteine wollen gut gewählt sein. Je größer Ihr Unternehmen ist, desto mehr müssen Sie Aufgaben rund um die Beschaffung und den Betrieb der IT delegieren. Die Anforderungen an IT-Verwaltungs- und Kontrollaufgaben nehmen zu und erfordern somit ein durchdachtes und planvolles IT-Management.

In der IT gibt es kein *One Size fits all*. Dies gilt für die Wahl der IT-Komponenten ebenso wie für alle Planungs- und Umsetzungsarbeiten. Aus diesem Grund ist es unmöglich, Ihnen in einem Handbuch die eine Empfehlung zu geben, wie Sie in Ihrem Unternehmen mit dem Thema IT-Management umgehen sollen.

Die eigentliche Frage, die es zu beantworten gilt: Was ist IT-Management?

Mit dieser Frage beschäftigen sich zahlreiche Publikationen am Markt, die sich dem Thema oftmals sehr theoretisch nähern und wenig Praxisbezug mitbringen. Dieses Handbuch zeigt Ihnen die Sichtweise auf das Thema aus den Blickwinkeln der Autorinnen und Autoren.

Deutsch, Englisch, Denglisch

In diesem Buch werden Ihnen neue und bereits bekannte Begriffe begegnen. Wir haben beim Verfassen der Texte darauf Wert gelegt, dass die Inhalte verständlich und die Texte lesbar bleiben.

Eine durchgehende Übersetzung englischer Fachbegriffe ins Deutsche ist nicht immer praktikabel. Dies gilt insbesondere für etablierte Begriffe, wie z. B. *Modern Workplace* oder *Digital Workplace*. Aus diesem Grund finden Sie eine Mischung englischer und deutscher Fachbegriffe und manchmal auch eine denglische Bezeichnung, wie den Enterprise-Architekten.

Wichtig war es uns, eine entsprechende Konsistenz in den Kapiteln zu gewährleisten.

Die eigentliche Kunst beim IT-Management ist, die richtigen Entscheidungen zum richtigen Zeitpunkt zu treffen.

In diesem einleitenden Kapitel möchten wir Ihnen das Thema IT-Management anhand von Begriffen und Beispielen aus dem realen IT-Leben näherbringen. Oftmals wird immer nur von der *IT* gesprochen. Daher widmen wir uns zuerst der Frage, was ist die *IT* überhaupt?

1.1 Was ist IT?

Informationstechnik (kurz IT) ist ein Oberbegriff für die elektronische Datenverarbeitung und die hierzu verwendete Hard- und Software-Infrastruktur. (https://de.wikipedia.org/wiki/Informationstechnik)

Um sich dem Thema IT-Management zu nähern, müssen wir zuerst ein gemeinsames Verständnis haben, was wir unter IT verstehen und welche Bausteine dazu zählen. Wie die einleitende Beschreibung zum Begriff *Informationstechnik* auf Wikipedia richtig feststellt, handelt es sich um einen Oberbegriff für die elektronische Datenverarbeitung mit den benötigten Hard- und Softwarekomponenten.

Neben der rein technischen Definition verstehen wir unter der Bezeichnung IT auch die damit einhergehenden Dienstleistungen zur Bereitstellung und zum Betrieb dieser Komponenten. Je nach Unternehmensgröße und -art ergeben sich hieraus unterschiedliche Organisationsstrukturen. Eine allgemeingültige Abgrenzung der Zuständigkeiten einer IT-Abteilung, die für alle Unternehmen einheitlich gilt, ist nicht möglich.

In diesem Buch geht es weniger um die technische Definition der Informationstechnik oder Informationstechnologie, sondern vielmehr um die Herausforderungen und Aufgaben, der sich eine IT-Abteilung zu stellen hat.

1.1.1 Definition der »IT«

Wenn man sich über die *IT* eines Unternehmens unterhält, wird diese je nach Unternehmensgröße und Gesprächspartner ganz unterschiedlich wahrgenommen.

- *Kleinere und mittelständische Unternehmen* (KMUs) verfügen oftmals über keine oder nur eine sehr kleine IT-Abteilung.

  Wenn keine eigene IT-Abteilung vorhanden ist, erfolgt die Betreuung der IT-Systemlandschaft im Idealfall vollständig durch einen externen Dienstleister. Oftmals ist aber zumindest ein kleines IT-Team vorhanden, das sich im Regelfall um die täglich anfallenden Aufgaben kümmert und die unterschiedlichen externen Dienstleister koordiniert, um neue Lösungen zu implementieren oder schwer lösbare technische Probleme zu bewältigen. In beiden Fällen wird selten über Weiterentwicklung, Innovationen oder den Austausch von Komponenten im Rahmen eines geplanten Lebenszyklus (*Lifecycle*) nachgedacht. Solange der tägliche Betrieb störungsfrei läuft, sind alle zufrieden.
- In größeren Unternehmen, insbesondere mit mehreren Standorten, ist meist eine entsprechend große IT-Abteilung vorhanden, die sich in mehrere IT-Fachteams aufgliedert, die aus den Fachleuten, den *Subject Matter Experts*, bestehen. Diese Fachteams stellen nicht nur den täglichen Betrieb sicher, sondern machen sich auch Gedanken über die technologische Weiterentwicklung der von ihnen betreuten Komponenten innerhalb der *IT-Plattformen oder IT-Infrastrukturen*.

Meine Frage an Sie:

> *Wie wird die »IT« in Ihrem Unternehmen definiert?*

Aus der Antwort auf diese Frage ergibt sich, welchen Beitrag Sie und Ihr Team zum Erfolg des Unternehmens beitragen können.

1.1.2 Beitrag der IT zum Unternehmen

Informationstechnologie (IT) ist ein wesentlicher Faktor im Unternehmensmanagement – das ist unstrittig. Die Frage ist eher: Welche Aufgaben kommen konkret auf Sie zu, und wie können Sie priorisieren, was zu tun ist?

Auch die Antwort auf diese Frage kann ich Ihnen nicht abnehmen, denn sie hängt von der Ausrichtung und der Strategie Ihres Unternehmens ab. (Dazu kommen wir in Kapitel 2.) Als Anregung helfen Ihnen vielleicht folgende Punkte:

- **Kommunikation**

  Ohne eine funktionierende Kommunikation kommt Ihr Unternehmen zum Stillstand. Mitarbeitende müssen schnell, unkompliziert und vor allem sicher Informationen austauschen können. Nur so kann gewährleistet werden, dass alle Beteiligten die richtigen Informationen zur richtigen Zeit zur Verfügung haben, um Entscheidungen rasch und fundiert fällen zu können.

- **Datensicherheit**

  Der Austausch von Daten wirft unmittelbar Fragen zur Sicherheit auf. Im IT-Management obliegt es Ihnen, die Sicherheit der Umgebung zu gewährleisten, indem Sie beispielsweise regelmäßige Updates für Soft- und Hardware durchführen oder Maßnahmen gegen ungewollten Datenabfluss implementieren. Eine sichere IT-Umgebung ist ein zentraler Bestandteil eines erfolgreichen Unternehmens.

- **Fundierte Geschäftsentscheidungen**

  Nicht der Informationsaustausch allein sorgt für bessere Entscheidungen, sondern auch die Datenanalyse. Moderne Werkzeuge erleichtern den Mitarbeitenden, Trends und Muster in Geschäftsdaten zu finden und so Einblicke in das Verhalten Ihrer Kunden und den Markt zu erlangen. Helfen Sie den Geschäftsbereichen, diese Erkenntnisse optimal zu nutzen, um Strategien zu entwickeln und Geschäftsprozesse zu optimieren. Die IT stellt die Werkzeuge und die Dateninfrastruktur bereit, um datenbasierte Entscheidungen zu treffen.

- **Routineaufgaben automatisieren**

  Handarbeit ist out: Unternehmen achten inzwischen sehr darauf, dass möglichst viele Routineaufgaben automatisiert werden. Und wer ist dann dafür verantwortlich, dass die Systeme funktionieren? Richtig, Sie!

  Wenn die IT stillsteht, funktioniert plötzlich nichts mehr. Sie müssen daher dafür Sorge tragen, dass die Mitarbeitenden nicht nur moderne Hilfsmittel nutzen können, sondern dass auch alles zuverlässig funktioniert. IT-Mitarbeitende sind zu wertvoll, um Standardaufgaben manuell durchführen zu lassen.

- **IT-Sicherheit und Compliance** (Diese Punkte stellen wir Ihnen in Kapitel 7 vor.)

  Kurz gesagt: Ihre Aufgabe ist es, Daten vor Bedrohungen zu schützen und dafür zu sorgen, dass alle gesetzlichen Anforderungen und internen Unternehmensvorgaben erfüllt werden. IT-Sicherheitsmaßnahmen gilt es nicht nur einzuführen, sondern auch regelmäßig zu evaluieren und zu überarbeiten. Wenn Sie Ihre IT-Sicherheit und Compliance im Griff haben, fördert das das Vertrauen Ihrer Kunden und Geschäftspartner in das Unternehmen und bewahrt es vor rechtlichen Problemen.

Was davon trifft auf Ihr Unternehmen und Ihren Aufgabenbereich zu? Welche zusätzlichen Aufgaben fallen außerdem noch in Ihren Bereich, wofür tragen Sie Verantwortung?

Wenn Sie sagen können, was IT für Ihr Unternehmen bedeutet, können Sie im nächsten Schritt schauen, welche technischen Grundlagen es dafür geben muss. Auch dabei können wir nicht ins Detail gehen – das wäre auch absurd, denn es geht ja darum, was konkret und individuell Ihre IT unterstützt –, aber grob sollten Sie mit folgenden Komponenten vertraut sein.

1.1.3 Komponenten der IT

Um Ihre Geschäftsprozesse zu unterstützen, ist eine robuste IT-Infrastruktur unerlässlich. Auch diese sieht in jedem Unternehmen anders aus, und wir werden in Kapitel 15 noch genauer auf den Betrieb eingehen. Grob besteht »die Technik« aber aus den nachfolgend erläuterten Bestandteilen.

Server- und Netzwerk-Infrastruktur

Sie brauchen leistungsstarke Server, um Ihre Daten zu speichern und zu verarbeiten. Um maximale Verfügbarkeit und hohe Leistungsfähigkeit sicherzustellen, sollten diese Server regelmäßig gewartet und auf den neuesten Stand (Hardware und Software) gebracht werden. Ebenso benötigt man zuverlässige Netzwerklösungen, die eine schnelle und stabile Verbindung zwischen den verschiedenen IT-Komponenten ermöglichen.

Ein gut konfiguriertes Netzwerk sorgt dafür, dass Ihre Mitarbeitenden effizient arbeiten können und jederzeit auf notwendige Ressourcen zugreifen können. Investieren Sie daher in qualitativ hochwertige Hardware, um Ausfallzeiten zu minimieren und die Produktivität zu steigern.

Moderne Kommunikationswerkzeuge sind entscheidend für die Unterstützung der Unternehmenskommunikation. E-Mail-Server und -Clients bieten eine schnelle und sichere Möglichkeit zum Nachrichtenaustausch. Ergänzend sollten Kollaborationsplattformen wie Microsoft Teams oder Slack genutzt werden, um die Echtzeit-Zusammenarbeit zu fördern. Diese Tools bieten Funktionen wie Chat, Videokonferenzen und Dateifreigabe, die die Teamarbeit erheblich erleichtern.

Software für Geschäftsabläufe

Ein weiterer wesentlicher Bestandteil der IT sind leistungsstarke Softwarelösungen zur Unterstützung Ihrer Geschäftsabläufe. *Enterprise-Resource-Planning-(ERP-)Systeme* ermöglichen die Integration und Steuerung verschiedener Geschäftsfelder wie Finanzen, Personalwesen und Produktion.

Customer-Relationship-Management-(CRM-)Systeme helfen Ihnen beim Aufbau und der Pflege von Kundenbeziehungen. Diese Softwarelösungen bieten Einblicke in Ihre Unternehmensprozesse und unterstützen fundierte Entscheidungsfindungen.

IT-Sicherheit und Compliance

Um IT-Sicherheit zu gewährleisten, sind umfassende Sicherheitsmaßnahmen erforderlich. Firewalls und Antivirensoftware bewahren Ihr Netzwerk und Ihre Geräte vor äußeren Bedrohungen. Wenn Sie sensible Informationen verwalten, müssen Sie Verschlüsselungstechnologien einsetzen. Regelmäßige Updates und Patches sind notwendig, um Sicherheitslücken zu schließen und das System stets aktuell zu halten.

Weiterhin sollten Sie Ihre Mitarbeitenden in IT-Sicherheitsfragen schulen, um ihr Bewusstsein für mögliche Gefahren zu erhöhen. Grundsätzlich sollten Sie eine durchdachte Sicherheitsstrategie entwickeln, die Ihr Unternehmen vor Cyberangriffen und Datenverlust schützt.

Eng mit der IT-Sicherheit verbunden ist die *Compliance*. Darunter fallen alle Vorgaben und Regeln, die Ihr Unternehmen einhalten muss. Für Sie als IT-Verantwortlicher spielt dies eine große Rolle, denn fast alle Vorgaben betreffen in irgendeiner Form Ihre Arbeit: Denken Sie nur an die Datenschutzregeln der DSGVO oder die Bestimmungen des KRITIS-Gesetzes.

Backup und Restore

Der Betrieb einer IT-Infrastruktur ist ohne Backup- und Wiederherstellungslösungen undenkbar. Die regelmäßige Sicherung Ihrer Daten sorgt dafür, dass diese im Fall eines Verlusts oder einer Datenkorruption rasch wiederhergestellt werden können. Cloudbasierte Backup-Systeme bieten dabei zusätzliche Sicherheit und Flexibilität. Achten Sie darauf, dass Sie Ihre Backup-Strategie regelmäßig überprüfen und testen. Eine verlässliche Backup-Lösung reduziert das Risiko von Datenverlust und Ausfallzeiten erheblich. Investieren Sie daher in technisch robuste und redundante Backup-Lösungen, um die Kontinuität des Geschäftsbetriebs Ihres Unternehmens zu sichern.

Virtualisierung

Der Einsatz von Virtualisierungstechnologien steigert die Effizienz Ihrer IT-Infrastruktur. Indem Sie Server- und Desktop-Systeme virtualisieren, können Sie die kostenintensiv beschafften Hardware-Ressourcen optimal ausnutzen und die IT-Infrastruktur flexibler gestalten. Virtualisierung bietet die Möglichkeit, mehrere virtuelle Maschinen auf einem einzelnen physischen Server zu betreiben, was die Verwaltung erleichtert und Kosten reduziert. Ergänzend dazu erweitern Cloud-Dienste wie *Infrastructure as a Service* (IaaS) und *Software as a Service* (SaaS) diese Flexibilität und Skalierbarkeit. Setzen Sie auf Virtualisierung und Cloud-Dienste, um Ihre IT-Infrastruktur zukunftssicher zu gestalten. Der Einsatz von cloudbasierten virtuellen Desktop-Systemen ermöglicht es Ihren Mitarbeitenden, von überall sicher zu arbeiten.

Hardware für die Belegschaft

Als IT-Verantwortlicher gestalten Sie die Grundlage für reibungsloses Arbeiten – und das beginnt bei der richtigen Ausstattung. Ihre mobilen Kolleginnen brauchen mehr als nur irgendeinen Laptop: Sie brauchen leistungsstarke Geräte mit genügend Rechenpower und Speicher, um auch anspruchsvolle Anwendungen mühelos zu bewältigen. Ebenso entscheidend ist eine schnelle, stabile Internetverbindung – denn ohne sie wird der Zugriff auf Unternehmensressourcen oder die Teilnahme an Videokonferenzen schnell zur Geduldsprobe. Achten Sie bei der Auswahl mobiler Geräte auf zwei Dinge: Sie sollten leicht genug sein, um unterwegs nicht zur Last zu fallen, und gleichzeitig robust genug, um den Alltag zu überstehen. Investieren Sie in hochwertige Hardware – das zahlt sich aus. Denn gut ausgestattete Mitarbeitende arbeiten effizienter, flexibler und motivierter.

Sicherheit unterwegs

Auch hier spielt die Sicherheit der IT-Systeme eine große Rolle. Während Sie im Büro noch recht gut einschränken können, was mit den Daten passiert, ist dies beim mobilen Arbeiten deutlich schwieriger. Mobile Geräte sind besonders anfällig für Diebstahl, Zerstörung und Verlust, weshalb es entscheidend ist, Sicherheitsmaßnahmen wie Verschlüsselung und die Möglichkeit zur Fernlöschung zu implementieren. Diese Maßnahmen sorgen dafür, dass Ihre Daten selbst bei Verlust oder Diebstahl geschützt bleiben. Darüber hinaus sollten Sie sichere VPN-Verbindungen nutzen, um den Zugang zum Unternehmensnetzwerk abzusichern. Es ist ebenfalls wichtig, Mitarbeiter im sicheren Umgang mit mobilen Geräten zu schulen (Sperrbildschirm, Token, Sichtschutz etc.).

Welche spezifische Kombination der IT-Komponenten Sie in Ihrem Unternehmen wiederfinden, hängt von der Größe, Branche und den besonderen Bedürfnissen Ihres Unternehmens ab.

Oftmals ist es eine reine Interpretationsfrage, wo der Aufgabenbereich des IT-Teams anfängt und bis wohin die Fachbereiche zuständig sind. Der Klassiker ist die Frage nach dem VBA-Makro, das plötzlich nicht mehr tut, was es soll: Der Buchhalter beschwert sich bei der IT, dass die Berechnungen in seiner Excel-Tabelle nicht stimmen. Ist das nun ein Problem mit einer »IT-Komponente« und damit ein Problem für Sie? Wohl eher nicht, wobei die Grenzen in unterschiedlichen Unternehmen und Organisationen sehr fließend sind.

In Produktionsbetrieben ist dieses Problem aber noch wesentlich größer und führt häufig zu einer Aufteilung der IT-Verantwortlichkeiten, was sowohl technische als auch organisatorische Herausforderungen mit sich bringt. Der folgende Abschnitt basiert auf Erfahrungen aus der chemischen Industrie.

1.1.4 IT in Produktionsbereichen – Schatten-IT und Kompetenzgerangel

In Unternehmen des produzierenden Gewerbes kommt es immer wieder zu Kompetenzgerangel um die Frage, was IT überhaupt ist. Gehören die IT-Komponenten in den Produktionsbereichen dazu?

In der Produktion wird dem »allgemeinen« IT-Team die Kompetenz für eine sichere und stabile Implementierung von Komponenten abgesprochen. Das kann beispielsweise Labor- und Messsysteme betreffen oder die Steuergeräte von Maschinen, obwohl diese Dinge auch »nur« Computer sind. Diese Infrastrukturen basieren im Regelfall auf industriefähigen IT-Komponenten, die in bestehenden Industrieanlagen schleichend von betreuenden Prozesstechnik-Abteilungen eingeführt wurden. Solche Implementierungen hatten stets die Funktionalität im Fokus und wurden nicht mit einem strategischen IT-Blick angeschafft.

Sicherheitsrisiko durch Schatten-IT

Die schleichende Einführung von IT-Komponenten in den Produktionsbereichen stellt häufig die größte *Schatten-IT* (mehr dazu in Abschnitt 6.1) im Unternehmen dar. Und damit ist sie automatisch ein kritisches Betriebsrisiko.

Zu Beginn meiner beruflichen Karriere als Mess- und Regelmechaniker erfolgten Messung und Steuerung von Industrieanlagen weitgehend auf Basis analoger Messverfahren und klassischer elektrischer Schaltungen. Die Einführung der *Prozessleittechnik (PLT)* führte zu einer Erleichterung im täglichen Betrieb der Komponenten und zu einem Wechsel von schalterbasierter Messwarten-Technik hin zu bildschirmbasierter Steuerung.

Diese Nähe zum Produktionsbetrieb führt in vielen Unternehmen dazu, dass die Produktions-IT durch die PLT-Abteilung und nicht durch die IT-Abteilung des Unternehmens betreut und betrieben wird. Beide Abteilungen verfügen hinsichtlich ihrer Aufgabengebiete über das notwendige Fachwissen, aber Probleme entstehen durch historisch gewachsene Kommunikationsgrenzen zwischen den Abteilungen. In der Praxis führt so etwas zu unsicheren IT-Implementierungen in der Produktion und wird noch verschlimmert, wenn persönliche Streitereien und unklare Aufgabenverteilungen hinzukommen.

Wer ist zuständig?

In einem Unternehmen der chemischen Industrie kam es wegen eines Streits über die Zuständigkeit für die *Labor-Management-Systeme (LMS)* des ganzen Konzerns zu einer persönlichen Fehde zwischen CIO und CTO. Dies hatte zur Folge, dass über einen längeren Zeitraum hinweg keine Entscheidung über die Einführung eines neuen LMS getroffen wurde.

Zwischenzeitlich wurde nicht nur das vorhandene LMS nicht mehr vom Hersteller unterstützt, sondern auch die Hardware selbst, die für das LMS genutzt wurde, erreichte ihr Lebensende. Die gesamte LMS-Umgebung war somit nicht mehr unter Support und entsprach daher auch nicht mehr den selbst definierten Compliance-Anforderungen. Von den Auswirkungen auf die ISO-27001-Zertifizierung ganz zu schweigen.

Unklare Zuständigkeiten bzw. Kämpfe um Zuständigkeiten haben also eine direkte Auswirkung auf Ihre IT-Umgebung und damit auf die IT-Sicherheit. Im Organigramm sehen Sie das daran, dass die Zuständigkeiten für die IT zwischen dem *Chief Information Officer (CIO)* und dem *Chief Technology Officer (CTO)* aufgeteilt und dadurch unklar sind. Diese Unklarheit kann zu Konflikten und ineffizienten Entscheidungsprozessen führen.

Der CIO fokussiert sich auf IT-Strategie und Verwaltung der IT-Infrastruktur, während der CTO technologische Innovationen und die Entwicklung neuer Produkte und Dienstleistungen im Blick hat (im nächsten Abschnitt werden die Rollen genauer vorgestellt). Ohne eine klare Abgrenzung der Verantwortlichkeiten kann es zu Überschneidungen und Missverständnissen kommen, was die Umsetzung von IT-Projekten verzögert und die Effizienz des Unternehmens beeinträchtigt. Daher ist eine eindeutige Definition der Rollen und Verantwortlichkeiten unerlässlich.

Ein weiteres Problem, das durch unklare Verantwortlichkeiten entstehen kann, ist die fehlende Abstimmung zwischen den Abteilungen. Wenn der CIO und der CTO unterschiedliche Prioritäten und Ziele verfolgen, entstehen widersprüchliche Anweisungen und Strategien. Dies schafft bei den Mitarbeitern Verwirrung und erschwert die Zusammenarbeit, gerade auch bei auftretenden Störungen oder Unterbrechungen. Eine mangelnde Koordination führt zudem dazu, dass wichtige Projekte nicht termingerecht abgeschlossen werden oder Ressourcen ineffizient eingesetzt werden. Deshalb ist eine enge Kooperation und kontinuierliche Kommunikation zwischen dem CIO und CTO unerlässlich, um solche Herausforderungen zu meistern. Regelmäßige Meetings und klare Kommunikationskanäle können dabei unterstützen, die Zusammenarbeit zu optimieren.

Und schließlich beeinträchtigen unklare Zuständigkeiten die IT-Sicherheit und Compliance. Wenn die Verantwortlichkeiten nicht eindeutig festgelegt sind, entstehen möglicherweise Sicherheitslücken. Der CIO könnte sich stärker auf die Erfüllung der Compliance-Vorschriften konzentrieren, während der CTO den Fokus auf technische Sicherheitsmaßnahmen legt. Fehlen jedoch klare Zuständigkeitsbereiche, könnten wesentliche Sicherheitsmaßnahmen übersehen werden. Dies birgt das Risiko von Cyberangriffen und Datenverlusten. Achten Sie daher auf eine klar definierte Verteilung der Verantwortung in Bezug auf IT-Sicherheit und Compliance.

1.2 Die Teams und Rollen in der IT

Es ist komplett unrealistisch, dass eine komplexe IT-Infrastruktur von einer unstrukturierten Mitarbeiterschar oder gar nur von einer einzigen Person verwaltet wird. Stattdessen sind Teamplayer gefragt, die gezielt ihre Aufgaben erledigen und damit ihre Rollen ausfüllen.

Wie diese Teams aufgebaut sind und welche Rollen besetzt werden, hängt vollkommen vom Aufbau des Unternehmens ab. Zudem wird es so sein, dass die Trennung gerade in kleineren Unternehmen nicht messerscharf ist und Sie als IT-Manager auch mal ein Projekt leiten und vielleicht sogar im 1st-Level-Support aushelfen müssen, falls Not am Mann ist. Dennoch sollen Ihnen die nächsten Abschnitte eine Idee geben, wie sich Ihr Aufgabenbereich personell strukturieren lässt.

1.2.1 Die Rollen in der IT

Es ist sehr unwahrscheinlich, dass Sie alle folgenden Rollen in Ihrem Unternehmen genauso wiederfinden. Trotzdem sollten Sie diese Begriffe kennen und zumindest grob wissen, wie sich ihre Aufgabenbereiche unterscheiden und wer wofür verantwortlich ist.

- **CEO (Chief Executive Officer)/Geschäftsführung**: Die Person in der Geschäftsführung leitet das Unternehmen. Sie legt die strategische Ausrichtung fest und trifft die wichtigsten Entscheidungen.
- **CIO (Chief Information Officer)/IT-Leitung**: Die IT-Leitung ist verantwortlich für die gesamte IT-Strategie des Unternehmens.
- **CTO (Chief Technology Officer)/technische Leitung**: Die technische Leitung konzentriert sich auf die technologische Entwicklung und Innovation innerhalb des Unternehmens.
- **CISO (Chief Information Security Officer)/Sicherheitsleitung**: Der CISO ist für die Sicherheit des Unternehmens verantwortlich, sowohl physisch als auch digital. Innerhalb der IT ist er für die Informationssicherheit zuständig.
- **IT-Direktor**: Der IT-Direktor leitet die IT-Abteilung und ist verantwortlich für die Umsetzung der IT-Strategie. Er koordiniert die verschiedenen IT-Bereiche.
- **IT-Manager**: Das IT-Management ist für die tägliche Verwaltung der IT-Abteilung verantwortlich und überwacht die IT-Projekte, das Personal und die Budgets. Es stellt sicher, dass die IT-Systeme den Anforderungen des Unternehmens entsprechen. Das ist die Ebene, auf die wir uns in diesem Buch (zumeist) beziehen.
- **IT-Projektmanager/IT-Projektleitung**: Die IT-Projektleitung leitet spezifische IT-Projekte und sorgt für deren erfolgreiche Durchführung. Dazu gehören die Planung, Umsetzung und Überwachung der Projektziele, Zeitpläne und Budgets.
- **IT Operations Manager/IT-Betriebsleitung**: Die IT-Betriebsleitung ist für den Betrieb der IT-Systeme und -Infrastruktur verantwortlich. Sie sorgt dafür, dass die Systeme reibungslos funktionieren und dass Probleme schnell behoben werden.
- **IT Service Manager/IT-Dienstleitung**: Die IT-Dienstleitung überwacht die Bereitstellung von IT-Diensten und -Support für die Nutzer im Unternehmen. Sie stellt sicher, dass alle IT-Dienste den Erwartungen entsprechen und kontinuierlich verbessert werden. Sie ist die Ansprechpartnerin für alle IT-Bedürfnisse und sorgt für optimalen Service.

- **IT Systems Administrator/Systemadministration**: Die Systemadministration verwaltet die IT-Infrastruktur, einschließlich Servern, Netzwerken und Datenbanken. Sie sorgt für die Sicherstellung der Verfügbarkeit und Leistung der IT-Systeme.
- **Network Administrator/Netzwerkadministration**: Die Netzwerkadministration ist für die Verwaltung und Wartung der Netzwerkinfrastruktur verantwortlich.
- **Cyber Security Analyst/IT-Sicherheitsanalyse**: Die IT-Sicherheitsanalyse ist für die Analyse und Überwachung der Sicherheitssysteme verantwortlich. Sie identifiziert Sicherheitsrisiken und entwickelt Strategien zur Bedrohungsabwehr.
- **Database Administrator (DBA)/Datenbankadministration**: Die Datenbankadministration verwaltet die Datenbankumgebungen innerhalb des Unternehmens.
- **Software Developer/Softwareentwicklung**: Die Softwareentwicklung entwickelt und implementiert Softwarelösungen, die den Geschäftsanforderungen des Unternehmens entsprechen.
- **Business-Analyst**: Business-Analysten arbeitet zwischen den IT- und Geschäftsteams, um sicherzustellen, dass die IT-Lösungen den Geschäftsanforderungen entsprechen und die Unternehmensziele unterstützen. Sie müssen gute Übersetzer sein und zwischen zwei Welten vermitteln
- **Helpdesk Technician/IT-Support**: Der IT-Support bietet technischen Support für Endbenutzer und hilft bei der Lösung von IT-Problemen. Er ist der Helfer in der Not, der schnelle Lösungen für IT-Fragen bietet.

Rollen mit KI-Bezug

In Unternehmen, in den die KI einen zentralen Bestandteil der Wertschöpfungskette ausmacht, gibt es oft zusätzlichen Führungsrollen, wie z. B.:

- **CAIO (Chief AI Officer)/KI-Leitung**: Die KI-Leitung ist verantwortlich für die strategische Planung, Entwicklung und Implementierung von KI-Initiativen im gesamten Unternehmen.
- **CDAO (Chief Data & AI Officer)**: Diese Rolle ist verantwortlich für die Kombination der Daten- und KI-Strategie.

Dem Erfindungsgeist sind hinsichtlich der Rollenbezeichnungen keine Grenzen gesetzt.

1.2.2 IT-Teams

Ob in Ihrem Unternehmen nur ein einziges IT-Team existiert, das sich um alle IT-Themen kümmert, oder ob die unterschiedlichen IT-Themen auf verschiedene Fach-Teams verteilt sind: Es geht immer um die Sicherstellung des Tagesbetriebs, die Umsetzung von Projekten und die Unterstützung bei technischen Problemen.

Wer ist für die Produktion zuständig?

Wenn Ihr Unternehmen im produzierenden Gewerbe tätig ist, stellt gerade das Thema IT-Sicherheit eine besondere Herausforderung dar. Die Betrachtung der Sicherheit in der Infrastruktur für die Bürokommunikation unterscheidet sich von der für den Produktionsbetrieb.

Es gibt in jedem Unternehmen unterschiedliche Sichtweisen zur Zuständigkeit und unterschiedliche Zuordnungen der Rollen. Grob lässt sich aber die nachfolgend dargestellte Aufteilung festhalten.

Betrieb

Der sichere Betrieb einer IT-Infrastruktur erfordert ein Team, das aus Personen ganz unterschiedlicher Fachbereiche zusammengesetzt ist. Je nach Größe Ihres Unternehmens besteht auch der Bedarf an mehreren IT-Teams. In diesem Fall richten sich die Teams nach den notwendigen Fachthemen, wie z. B. Rechenzentrum, Server, Netzwerk, Virtualisierung, Backup, Datenbanken, E-Mail usw. Sie sind somit verantwortlich für den sogenannten Backend- und Basisbetrieb der IT-Infrastruktur.

Die tägliche Arbeit im Basisbetrieb wird über eine IT-Servicemanagement-Lösung gesteuert, die im Idealfall auch Funktionen für (teil-)automatisierte Workflows für nicht alltägliche Aufgaben bietet. Prüfen Sie, ob sich täglich wiederholende Aufgaben automatisieren lassen. Diese Art der Automatisierung erfordert in den meisten Fällen eine von der ITSM-Lösung separat betriebene Lösung. Im Rahmen der ITSM-Lösung werden einerseits interne Betriebsthemen bearbeitet, aber es wird auch an Problemlösungen gearbeitet, die das IT-Supportteam aufgenommen hat.

Diese Teams nehmen im Gegensatz zu Projektteams eine permanente Rolle im Unternehmen ein. Die Mitglieder der Teams können sowohl interne wie externe Personen sein. Ebenso ist es möglich, dass die Betreuung einzelner Fachthemen vollständig durch externe Dienstleister erbracht wird.

Projekte

Projektteams werden immer dann gebildet, wenn besondere Probleme in einem definierten Zeitrahmen gelöst werden müssen, neue IT-Lösungen eingeführt oder bestehende Komponenten oder Applikationen migriert werden müssen (siehe dazu auch Kapitel 10, »IT-Projektmanagement«).

Je nach Projektaufgabe setzen sich diese Teams aus internen und externen Mitarbeitern zusammen. Externe Personen werden in das Projektteam eingebunden, wenn die benötigte Expertise im eigenen Unternehmen nicht vorhanden ist oder etwas ganz Neues angegangen wird. Hierbei kann sowohl technologisches Fachwissen im Projekt als auch das Projektmanagement an sich ergänzt werden. Sollten für ein Projekt keine internen Ressourcen zur Verfügung stehen, kann ein Projektteam auch vollständig durch externe Personen gebildet werden.

Projektteams folgen in ihrer Arbeit den etablierten Methodiken des Projektmanagements. Hierbei agieren sie eigenständig oder sind im Rahmen eines umfassenden Programms als Teilprojekt in ein übergeordnetes Programm-Management eingebunden.

Support

Support-Teams sind Teil der Frontend-Dienste und die erste Anlaufstelle für Endanwender. Die erste Support-Ebene, der *1st-Level-Support*, nimmt Fehlermeldungen oder IT-Wünsche der Anwender entgegen. Technische Probleme können auf Basis einer Wissensdatenbank bekannter Probleme und Handlungsanweisungen schnell und kompetent beantwortet werden. Support-Teams bestehen in der Regel nicht aus Spezialisten, sondern vielmehr aus Generalisten, die sich schnell einen Überblick über die technische Problemlage des Anwenders verschaffen können. Jeder Vorgang wird in einer IT-Servicemanagement-Lösung in einem Vorgang erfasst und bearbeitet.

Sollte sich ein Problem nicht unmittelbar durch den 1st-Level-Support lösen lassen, so wird der Vorgang an eine weitere Support-Ebene weitergegeben. Diese weiteren Support-Ebenen gliedern sich in den *2nd-* und *3rd-Level-Support*. In diesen beiden Ebenen arbeiten IT-Spezialisten mit dem entsprechenden Fachwissen für das jeweilige Themengebiet. Nicht jedes Unternehmen verfügt über mehrere Support-Ebenen.

Ticketbearbeitung – Theorie und Wirklichkeit

In der Theorie erfasst und bearbeitet eine ITSM-Lösung nicht nur IT-Vorgänge. Sie ist zudem eine Wissensdatenbank, um wiederkehrende Probleme nicht immer von Grund auf neu lösen zu müssen. Dies bringt aber zwei Probleme mit sich:

- Eine Wissensdatenbank muss zuerst einmal gefüllt und gepflegt werden. Hierzu ist es in einem ersten Schritt ausreichend, ausführliche Lösungsbeschreibungen zu erfassen und einen Vorgang aussagekräftig zu verschlagworten.
- Das zweite und wesentlich größere Problem ist die Nutzung der Wissensdatenbank. In vielen Unternehmen erfolgt durch den 1st-Level Support kein Lösungsversuch. Stattdessen werden gemeldete Probleme nur erfasst und basierend auf einem Schlagwort umgehend an den 2nd- oder 3rd-Level-Support weitergeleitet. Währenddessen ist der 1st-Level-Support in anderen Firmen deutlich aktiver und kümmert sich selbstständig um bekannte Incidents.

Die letzte Support-Ebene, manchmal gerne auch *Last-Level-Support* gezeichnet, wird meist von den Teams des IT-Betriebs erbracht, da es um Applikations- und unmittelbare Serverprobleme geht.

Ebenso wie die IT-Teams für den Betrieb der IT spielen auch die Support-Teams eine permanente Rolle im Unternehmen. Die Team-Mitglieder des IT-Supports können interne und externe Mitarbeiter sein.

Besonders der 1st-Level-Support wird oftmals an externe Dienstleister ausgelagert. Dies ist von besonderem Interesse, wenn ein Unternehmen global tätig ist und Support-Verfügbarkeit rund um die Uhr in allen Zeitzonen gewährleisten möchte.

1.2.3 Wissensaufbau und Weiterentwicklung: das Wissensmanagement

Der Wissensaufbau und die Weiterentwicklung eines IT-Teams sollten von Ihnen mit Nachdruck vorangetrieben werden, damit die Teammitglieder über die erforderlichen Fähigkeiten und Kenntnisse verfügen, um ihre Aufgaben zu erledigen.

- **Richten Sie ein zentrales Wissensmanagement ein, und sorgen Sie dafür, dass alle Prozesse und Systeme dokumentiert sind**: Es sollte keine »Wissenssilos« geben, und wenn sogar Passwörter oder andere wichtige Informationen nur im Kopf einer Person existieren, läuft etwas sehr schief! Wissen und Infos müssen geteilt werden und für alle zugänglich sein, die damit arbeiten.
- **Investieren Sie in fortlaufende Schulungen und Zertifizierungen**: Wenn der interne Austausch nicht reicht, muss Fachwissen von außen importiert werden. Halten Sie Ihr IT-Team auf dem neuesten Stand, indem Sie Weiterbildungen und Zertifizierungen ermöglichen (aber mit Maß: siehe Abschnitt 3.8).
- **Implementieren Sie Mentoring-Programme**: Setzen Sie erfahrene Teammitglieder als Mentoren ein, um neue Leute zu unterstützen. Dies hilft, Wissen zu teilen und die berufliche Entwicklung zu fördern.
- **Schaffen Sie eine Kultur des Lernens und der kontinuierlichen Verbesserung**: Fördern Sie eine Arbeitsumgebung, in der Lernen und Weiterentwicklung aktiv unterstützt werden, um die Effizienz und Produktivität Ihres Teams zu steigern.
- **Sorgen Sie für eine gesunde Fehlerkultur**: Fehler werden immer passieren, aber zumindest kann man aus ihnen lernen. Das geht aber nur, wenn sich alle trauen, Fehler offen anzusprechen, zu diskutieren und auszutauschen.

1.2.4 Fehlerkultur

Eine etablierte und unternehmensweit gelebte Fehlerkultur ist der Schlüssel zu einem sicheren und sich stetig verbessernden IT-Betrieb, denn Fehler sind menschlich und können nie vollständig ausgeschlossen werden. Eine gute Fehlerkultur erkennt dies an und sieht Fehler nicht als Versagen, sondern als Chance zum Lernen und auch zur Verbesserung.

Das trägt dazu bei, dass es weniger Furcht vor dem Scheitern gibt. In vielen Unternehmen vermeiden Mitarbeiter Risiken und bremsen Innovationen aus, weil sie Fehler fürchten. Eine Kultur, die Fehler als Chance zum Lernen betrachtet, kann helfen, diese Furcht zu überwinden und eine Atmosphäre zu schaffen, in der Mitarbeiter Risiken wagen und neue Ideen ausprobieren.

Ein weiterer Vorteil einer guten Fehlerkultur ist, dass sie die Kommunikation und Kooperation im Team stärken kann. Wenn Fehler ohne Furcht vor Konsequenzen offen angesprochen werden können, steigert dies die Ehrlichkeit und das Vertrauen im Team. Dies kann zu einer effektiveren Teamarbeit und schließlich zu besseren Leistungen führen.

Schließlich ist in der IT-Abteilung eine gute Fehlerkultur besonders wichtig. Aufgrund der Komplexität und des sich ständig ändernden Charakters der Technologie sind Fehler in der IT unvermeidlich. Eine Kultur, die Fehler als Gelegenheit zum Lernen und zur Verbesserung ansieht, trägt dazu bei, dass die IT-Abteilung effektiver und effizienter arbeitet und besser auf die sich ändernden Anforderungen und Herausforderungen reagieren kann.

Eine gute Fehlerkultur kann sich in verschiedenen Praktiken und Verhaltensweisen manifestieren. Hier sind einige Beispiele, auf die Sie achten sollten:

1. **Transparente Kommunikation**: Eine konstruktive Fehlerkultur zeichnet sich dadurch aus, dass offen über Fehler gesprochen wird. Mitarbeitende werden ermutigt, ihre Fehler zuzugeben, ohne Angst vor negativen Folgen haben zu müssen. Dies stärkt das Vertrauen und die Zusammenarbeit innerhalb Ihres Teams.
2. **Lernorientierung**: Fehler werden als Chancen zum Lernen betrachtet. Anstatt sie zu sanktionieren, analysiert man, was schiefgelaufen ist und wie solche Fehler künftig vermieden werden können. Dies unterstützt kontinuierliche Verbesserung und fördert Innovation in Ihrem Team.
3. **Fehlervermeidung**: Eine gute Fehlerkultur heißt auch, dass proaktive Maßnahmen ergriffen werden, um Fehler zu vermeiden. Dies kann durch regelmäßige Schulungen, klare Prozesse und Richtlinien sowie durch den Einsatz von Technologie zur Fehlererkennung und -vermeidung erreicht werden. Hier spielt die Automation ebenfalls eine wichtige Rolle.
4. **Fehleranalyse**: Wenn Fehler auftreten, werden sie gründlich analysiert (z. B. per *RCA* – Root Cause Analysis), um die wirkliche Ursache zu ermitteln. Dies hilft dabei, ähnliche Fehler bzw. Fehlerquellen in der Zukunft zu vermeiden, und verbessert die Qualität der Arbeit.
5. **Fehlerberichterstattung**: Ermutigen Sie Ihre IT-Teammitglieder, Fehler zu melden, wenn sie sie bemerken. Dies ermöglicht es Ihnen, schnell auf Probleme zu reagieren und sie zu beheben, bevor sie zu größeren Problemen werden.

1.3 IT-Lebenszyklus (Lifecycle)

Die Einführung von IT-Komponenten besteht nicht nur aus dem Erwerb und der Inbetriebnahme. Jeder Baustein, der für den Betrieb der IT-Landschaft in Ihrem Unternehmen benötigt wird, bedarf einer Planung von Anschaffung, Implementierung, Betrieb, Wartung und Migration (oder Ablösung) zu einer neueren Version. Darauf werden wir noch in Abschnitt 15.4 genauer eingehen.

Jeder dieser Bausteine hat andere Anforderungen an das Lifecycle-Intervall, auf die Sie in Ihrer IT-Plattformstrategie und Investitionsplanung Rücksicht nehmen müssen. Nur so können Sie sicherstellen, dass Sie auf veränderte Bedürfnisse der Fachabteilungen des Unternehmens und auf Technologieentwicklungen reagieren können. Sich auf ein »es wird schon gut gehen« zurückzuziehen, ist grob fahrlässig.

Der Lebenszyklus von Hard- und Softwarekomponenten und die damit einhergehende Aktualisierung oder der Wechsel zu einer neuen Version oder einem neuen Produkt hat direkte Auswirkungen auf die Cyber-Sicherheit des Unternehmens.

1.4 Was ist IT-Management?

In den vorherigen Abschnitten haben Sie die Komponenten der IT, die Teams und Rollen und den Beitrag, den die IT zum Unternehmenserfolg beiträgt, kennengelernt. Der Betrieb der IT-Infrastruktur erfolgt nicht zum Selbstzweck der IT-Abteilung selbst, sondern immer im Hinblick auf die Bedürfnisse und Anforderungen des Unternehmens. Dies erfordert eine durchdachte und planvolle Verwaltung, das *IT-Management*.

Die IT im Unternehmen gibt es nicht geschenkt. Die Hauptaufgabe des IT-Managements ist die Umsetzung der definierten IT-Strategie, in enger Zusammenarbeit mit den Fachabteilungen. Die IT ist Dienstleister im eigenen Unternehmen. Sie betreibt die notwendige IT-Infrastruktur, erbringt die benötigten Dienstleistungen und treibt die Weiterentwicklung durch die Implementierung von Innovationen an – und dies unter Berücksichtigung koordinierter Zeitpläne und abgestimmter Prioritäten.

Diese wenigen Sätze verdeutlichen auch schon die Herausforderungen, die Ihnen im IT-Management begegnen. Sie müssen den Bedürfnissen und Wünschen unterschiedlicher Personengruppen im Unternehmen gerecht werden. Dies gelingt nicht immer. Ein wichtiger Teil des IT-Managements ist daher das Erwartungshaltungsmanagement. Sie müssen die Erwartungen der beteiligten Personen und Abteilungen verstehen, um diese mit dem notwendigen Realismus der IT-Möglichkeiten in die richtige Richtung zu steuern.

1.4.1 Aufgabenbereiche im IT-Management

Die Anforderungen, die an die IT herangetragen werden, entstammen nicht nur aus den Fachabteilungen selbst, sondern basieren ebenfalls auf den Zielen des Unternehmens. Die Fachabteilungen werden bei der Erbringung von IT-Dienstleistungen als Kunde, also als Leistungsempfänger, eingestuft. Die Gesamtorganisation des Unternehmens ist die übergeordnete Einheit, aus der unternehmensweit gültige Anforderungen an die IT herangetragen werden.

- Die Aufgaben im IT-Management sind vielfältig und haben alle das Ziel, die IT-Infrastruktur eines Unternehmens sowohl effizient als auch sicher zu gestalten. Ein zentraler Bereich ist das *IT-Strategiemanagement*, das langfristige IT-Ziele plant und umsetzt. Dabei ist es wichtig, die IT-Strategie mit den Geschäftsstrategien des Unternehmens abzustimmen. Ebenso bedeutend ist das IT-Projektmanagement, das für die Planung, Durchführung und Überwachung von IT-Projekten verantwortlich ist. Diese Projekte können von der Einführung neuer Software bis hin zur Implementierung neuer IT-Systeme reichen. Für den Einstieg sollten Sie sich zunächst grundlegend mit dem Projektmanagement vertraut machen – lesen Sie dazu etwa die Einführung in Kapitel 10.
- Ein weiteres Aufgabengebiet umfasst das *IT-Servicemanagement*. Dabei geht es darum, IT-Dienstleistungen bereitzustellen und zu verwalten, die den Geschäftsanforderungen gerecht werden. Dies beinhaltet auch die Leitung von IT-Support-Teams (intern & extern), die technische Unterstützung bieten. Ein effektives IT-Servicemanagement stellt sicher, dass alle IT-Dienste störungsfrei funktionieren und die Mitarbeitenden produktiv arbeiten können. Neueinsteiger sollten sich mit etablierten IT-Servicemanagement-Frameworks und Best Practices wie ITIL vertraut machen (siehe Kapitel 12). Diese Frameworks liefern bewährte Verfahren für die Bereitstellung und Verwaltung von IT-Diensten.
- Das *IT-Infrastrukturmanagement* befasst sich mit der Verwaltung der physischen und virtuellen IT-Ressourcen eines Unternehmens, darunter Server, Netzwerke und Speicherlösungen. Das Ziel besteht darin, eine stabile und leistungsfähige IT-Infrastruktur bereitzustellen, die den Geschäftsanforderungen entspricht. Dies schließt auch die regelmäßige Wartung und Aktualisierung aller IT-Systeme ein.

  Als Neuling in der IT-Management-Rolle sollten Sie sich mit den Grundlagen der IT-Infrastruktur vertraut machen und lernen, diese effektiv zu verwalten, um Ausfallzeiten zu minimieren und die Produktivität zu maximieren. Die *CMDB* (*Configuration Management Database*) erfasst alle relevanten Informationen über die IT-Infrastruktur Ihres Unternehmens und kann so ein zentraler Baustein Ihres IT-Infrastrukturmanagements sein.
- Das *IT-Risikomanagement* befasst sich mit der Identifizierung und Bewertung potenzieller Risiken, die die IT-Systeme eines Unternehmens bedrohen könnten. Zu

diesen Risiken gehören Cyberangriffe, Datenverluste und Systemausfälle. Das Hauptziel besteht darin, Strategien zu entwickeln, um diese Risiken zu minimieren und die IT-Sicherheit aufrechtzuerhalten. Für den Einstieg sollten Sie sich mit den grundlegenden Prinzipien des Risikomanagements vertraut machen und erlernen, wie Risiken identifiziert, dokumentiert und bewertet werden. Daran schließt dann das Erarbeiten von Strategien zur Risikobehandlung an.

- Das *IT-Compliance-Management* beinhaltet die Einhaltung von gesetzlichen und regulatorischen Vorgaben im IT-Bereich. Es umfasst die Einführung von Richtlinien und Prozessen, um sicherzustellen, dass alle IT-Aktivitäten gesetzeskonform sind. Ein IT-Compliance-Management schützt das Unternehmen vor rechtlichen Problemen und stärkt das Vertrauen von Kunden und Geschäftspartnern. Als Neuling sollten Sie sich intensiv mit den relevanten gesetzlichen und regulatorischen Anforderungen auseinandersetzen und lernen, wie diese praktisch umgesetzt werden. Dies ist wesentlich, um die IT-Compliance sicherzustellen.
- Das *IT-Budgetmanagement* beinhaltet die Planung und Verwaltung finanzieller Mittel für IT-Projekte und -Dienste. Das primäre Ziel besteht darin, IT-Ausgaben zu optimieren und sicherzustellen, dass alle IT-Investitionen den größtmöglichen Nutzen für das Unternehmen bringen. Dies umfasst auch die Überwachung der IT-Ausgaben und die Erstellung von Budgetberichten. Für den Einstieg sollten Sie sich mit den grundlegenden Konzepten des Budgetmanagements vertraut machen und lernen, wie man IT-Budgets effizient plant und verwaltet. Häufig werden die Planung und Verwaltung von IT-Budgets als mühselig empfunden, aber ohne sie geht es einfach nicht (siehe Kapitel 4).
- Das *IT-Sicherheitsmanagement* hat große Bedeutung für den Schutz von Unternehmens-IT-Systemen vor Bedrohungen (siehe Kapitel 7). Es beinhaltet die Einführung und Verwaltung von Sicherheitsmaßnahmen wie Firewalls, Antivirensoftware und Verschlüsselungstechnologien. Ein effizientes IT-Sicherheitsmanagement sichert das Unternehmen gegen Cyberangriffe und Datenverlust ab. Neulinge sollten grundlegende Kenntnisse über IT-Sicherheit erlangen und lernen, Sicherheitsmaßnahmen effektiv umzusetzen und zu verwalten. Dies ist wesentlich, um die IT-Sicherheit und Geschäftskontinuität zu wahren.

Wenn Sie gerade erst ins IT-Management einsteigen, sollten Sie sich zunächst auf die grundlegenden Aspekte konzentrieren.

- Machen Sie sich mit wesentlichen IT-Management-Frameworks und -Methoden vertraut, beispielsweise *ITIL* (*https://www.atlassian.com/de/itsm/itil*) für das IT-Servicemanagement und *PRINCE2* (*https://de.wikipedia.org/wiki/PRINCE2*) für das Projektmanagement.
- Verstehen Sie die Grundkonzepte der IT-Infrastruktur sowie der IT-Sicherheit.

Zudem ist es wichtig, die gesetzlichen und regulatorischen Anforderungen im IT-Bereich zu kennen. Indem Sie diesen Grundlagen besondere Aufmerksamkeit schenken, legen Sie eine solide Basis, die es Ihnen ermöglicht, Ihre Fähigkeiten und Ihr Wissen zu erweitern.

1.4.2 Von Menschen und Maschinen

Ein umfassendes IT-Fachwissen bildet nur einen Teil der notwendigen Voraussetzungen ab, um ein IT-Management erfolgreich auszufüllen. Es hilft Ihnen beim Verständnis der technischen Anforderungen, bei der Analyse der Bedürfnisse des IT-Betriebs und bei den notwendigen Planungen. Gerade im Dialog mit externen IT-Dienstleistern ist es wichtig, dass Sie sich auf Ihr Wissen verlassen können, um die Aussagen der Dienstleister richtig einschätzen und bewerten zu können.

Neben dem IT-Fachwissen gibt es aber einen weiteren wichtigen Faktor, um erfolgreich und nachhaltig eine IT-Abteilung oder ein IT-Team zu führen, die Soft Skills oder *soziale Kompetenz*.

Soft Skills

Beginnen wir mit der *Kommunikationsfähigkeit*. Stellen Sie sich vor, Sie müssen Ihrem Team einen komplexen technischen Sachverhalt erklären. Was nützen Ihnen Ihre brillanten technischen Kenntnisse, wenn Sie diese nicht verständlich vermitteln können? Ihre Fähigkeit, technische Details in einfache Worte zu fassen, hilft nicht nur Ihrem Team, sondern auch Ihrer Zusammenarbeit mit anderen Abteilungen und der Führungsebene.

Denken Sie an die letzte Teambesprechung. War sie produktiv oder chaotisch? *Zusammenarbeit im Team* ist entscheidend, und als Führungskraft im IT-Management müssen Sie nicht nur zuhören, sondern auch Kompromisse eingehen und Lösungen gemeinsam entwickeln. Erinnern Sie sich an ein Projekt, bei dem das Team mehr erreicht hat, als jeder Einzelne hätte leisten können?

Im IT-Management jonglieren Sie oft mit mehreren Projekten gleichzeitig. Da kann es leicht passieren, dass man sich überfordert fühlt und man das Gefühl hat, dass man alles gleichzeitig erledigen muss? Hier kommt Ihre Fähigkeit ins Spiel, Prioritäten zu setzen, Aufgaben zu delegieren und Deadlines im Blick zu behalten. Mit einem guten *Zeitmanagement* behalten Sie den Überblick und erhöhen Ihre Produktivität – und das ohne Stress.

Flexibilität ist unerlässlich, besonders in der dynamischen IT-Branche. Wenn sich neue Technologien und Arbeitsmethoden ergeben, sollten Sie bereit sein, sich rasch anzupassen. Erinnern Sie sich daran, wie plötzlich während Corona alle von zu Hause arbeiten mussten? Man musste sich um die Kinderbetreuung kümmern, während man mit überlasteten Zulieferern um eine Ladung Laptops verhandelte. Ihre Bereitschaft, kontinuierlich zu lernen und sich weiterzuentwickeln, ermöglicht es Ihnen, in einem sich ständig verändernden Umfeld erfolgreich zu agieren.

Probleme wird es immer und überall geben – ständig werden Sie damit konfrontiert werden, dass irgendwas nicht so funktioniert, wie es soll, dass ungeplante Herausforderungen auftauchen und dass ganz viele Leute mit ihren Fragen zu Ihnen kommen. Dann ist Ihre Fähigkeit gefragt, schnell und effizient Lösungen zu finden. Das bedeutet, analytisch zu denken und kreativ zu sein – zwei Eigenschaften, die Ihnen helfen, Herausforderungen aus verschiedenen Perspektiven zu betrachten und innovative Ansätze zu entwickeln. Gleichzeitig müssen Sie stets entscheiden, ob »pragmatische« Lösungen ausreichen oder man besser genau den Prozessen und Vorschriften folgt.

Führungskompetenz ist das Herzstück Ihrer Rolle als IT-Manager. Sie müssen Ihr Team anleiten, klare Ziele vorgeben und bei Konflikten vermitteln. Und noch mehr: Sie müssen Entscheidungen treffen und Verantwortung übernehmen.

Und zum Schluss ganz wichtig: Vergessen Sie nicht die *Empathie*! Sie sollten in der Lage sein, die Bedürfnisse und Standpunkte Ihrer Mitarbeitenden zu erkennen und nachzuvollziehen. Das fördert nicht nur ein positives Arbeitsklima, sondern stärkt auch das Vertrauen im Team. Denken Sie daran, wie wichtig es ist, auf die Anforderungen Ihrer Kunden und Geschäftspartner einzugehen. Ein empathischer Führungsstil kann die Zufriedenheit und Motivation Ihrer Mitarbeitenden erheblich steigern.

Wenn Sie im IT-Management erfolgreich sein wollen, brauchen Sie sowohl technisches Know-how als auch die richtigen Soft Skills. Trotz aller technischen Hilfsmittel arbeiten Sie mit Menschen, die unterschiedliche Hintergründe und Voraussetzungen mitbringen. Ihre Fähigkeit, in diesem dynamischen Umfeld effektiv zu agieren, ist der Schlüssel zu einem harmonischen und erfolgreichen Arbeitsalltag.

IT-Manager oder IT-Leader?

Im IT-Management gibt es zwei Schlüsselrollen, die etwas abseits der formalisierten Rollen stehen, die wir in Abschnitt 1.2.1 beschrieben haben: der IT-Manager und der IT-Leader. Beide tragen maßgeblich zum Erfolg eines Unternehmens bei, unterscheiden sich jedoch in ihren Verantwortlichkeiten und Vorgehensweisen.

- Als *IT-Manager* konzentrieren Sie sich vor allem auf die Verwaltung und den Betrieb der IT-Infrastruktur. Sie stellen sicher, dass die Systeme reibungslos funktionieren, Probleme rasch gelöst werden und IT-Ressourcen effizient eingesetzt werden. Als IT-Manager sind Sie häufig in den täglichen Betrieb involviert und gewährleisten, dass alle technischen Anforderungen erfüllt sind.
- Als *IT-Leader* hingegen nehmen Sie eine strategischere Position ein. Sie entwerfen Visionen und langfristige Strategien sowohl für die IT-Abteilung als auch für das gesamte Unternehmen. Dabei inspirieren und motivieren Sie Ihr Team, innovative

Lösungen zu entwickeln und neue Technologien einzuführen. In enger Zusammenarbeit mit anderen Führungskräften sorgen Sie dafür, dass die IT-Strategie mit den Geschäftszielen im Einklang bleibt. Der Schwerpunkt liegt dabei auf der Förderung von Innovation und dem Aufbau einer zukunftsorientierten IT-Kultur. Die Sicherstellung der technischen Anforderungen und des täglichen Betriebs obliegt Ihrem kompetenten IT-Team.

Einführend sollten Sie wissen, dass beide Rollen unterschiedliche, aber sich ergänzende Ziele haben. Der IT-Manager gewährleistet den reibungslosen Ablauf der täglichen Aktivitäten, während der IT-Leader die Richtung vorgibt und die Zukunft formt. Ein erfolgreicher IT-Manager muss detailorientiert und lösungsfokussiert sein, wohingegen ein IT-Leader visionär und inspirierend sein sollte. Beide Positionen erfordern jedoch starke Kommunikationsfähigkeiten und die Fähigkeit zur effektiven Zusammenarbeit mit diversen Stakeholdern. Wenn Sie erst in Ihre Management-Rolle einsteigen, sollten Sie die Unterschiede und Gemeinsamkeiten dieser Rollen verstehen, um Ihre Karriere effektiv zu planen und zu gestalten.

Generalisten und Spezialisten

In der IT unterscheiden wir zwischen IT-Generalisten und IT-Spezialisten.

- *IT-Generalisten* haben umfassendes Wissen in verschiedenen IT-Bereichen. Sie können vielfältige Aufgaben übernehmen und bieten vielseitige Unterstützung bei unterschiedlichen Projekten. Diese Flexibilität macht sie besonders wertvoll für kleinere Unternehmen oder Teams, die ein breites Spektrum an IT-Aufgaben abdecken müssen.
- *IT-Spezialisten* hingegen fokussieren sich auf ein spezifisches Segment innerhalb der Informationstechnologie. Sie verfügen über umfassende Kenntnisse und Fertigkeiten in ihrem Fachbereich, sei es Netzwerksicherheit, Datenbankverwaltung oder Softwareentwicklung. Diese Spezialisten sind häufig in größeren Unternehmen gefragt, wo ihre spezialisierten Fähigkeiten notwendig sind, um komplexe Aufgaben zu bewältigen. Dank ihrer Expertise können sie innovative Lösungen entwickeln und technische Herausforderungen effizient meistern.

Für die vielfältigen Aufgaben des IT-Managements braucht es eine Mischung aus Generalisten und Spezialisten. Generalisten dienen als Verbindungsglieder zwischen unterschiedlichen IT-Feldern und sorgen dafür, dass alle Projektaspekte beachtet werden. Sie haben den Überblick. Spezialisten liefern das Fachwissen, um spezifische technische Herausforderungen zu meistern und die Qualität der IT-Dienstleistungen sicherzustellen. Manche Leute arbeiten sich gerne und rasch in neue Themen ein und können fast überall etwas beisteuern, andere vertiefen sich lieber jahrelang in eine Fragestellung und verbeißen sich so lange in ein Problem, bis sie wirklich alles verstanden haben.

Als IT-Manager müssen Sie die Stärken und Schwächen Ihres Teams verstehen, damit Sie die Kompetenzen von Generalisten und Spezialisten effektiv nutzen können. Verteilen Sie Aufgaben und Projekte so, dass alle (möglichst) glücklich sind und ihre Stärken ausspielen können.

Angst vor Veränderung

Früher war es üblich, dass man seine gesamte berufliche Laufbahn in dem einmal erlernten Beruf von der Ausbildung bis zur Rente verbrachte. Besonders in der IT-Branche ist dieser Ansatz jedoch seit über 30 Jahren bedeutungslos. Der rasante technologische Fortschritt führt dazu, dass sich die beruflichen Anforderungen im IT-Bereich ständig ändern. Gerade diese Geschwindigkeit des Wandels macht vielen Menschen in der IT Angst (*https://granikos.eu/wie-veraendert-sich-mein-it-arbeitsplatz-in-einer-cloudbasierten-welt*). Auch die Anwender in Ihrem Unternehmen sind von der Furcht vor technologischen Veränderungen betroffen.

Die tägliche Arbeit gibt Menschen Halt und Struktur. Veränderungen am Arbeitsplatz, sei es durch neue Aufgaben und Zuständigkeiten oder durch die neue Zusammenarbeit in einem anderen Team durch eine Umstrukturierung, führen oft zu einer inneren Abwehrhaltung oder gar völligen Blockade. Ob diese Haltung eintritt, hängt im Wesentlichen von der begleitenden Kommunikation ab.

Machen Sie sich die Ängste Ihrer IT-Mitarbeiter bewusst. Adressieren Sie sie offensiv in persönlichen Gesprächen im passenden Rahmen (siehe auch Kapitel 3).

Das Setting für persönliche Gespräche

Wie der passende Rahmen für persönliche Gespräche aussieht, müssen Sie selbst entscheiden. Die Kommunikationskultur in Ihrem Unternehmen im Allgemeinen und die Gesprächskultur in der IT im Besonderen spielen eine Rolle, wie persönliche Gespräche wahrgenommen werden.

Persönliche Gespräche werden oft als heikel wahrgenommen. Gehen Sie mit dem Anspruch eines Mitarbeiters auf die Begleitung durch eine Vertrauensperson proaktiv um. Weisen Sie schon bei der Einladung auf diese Möglichkeit hin. Es geht um eine offene Kommunikation. Versuchen Sie, im Anschreiben schon mögliche Ängste abzubauen.

Hier einige Beispiel für einen passenden Rahmen bzw. ein optimales Setting:

- **Ungestörtheit**: Sorgen Sie aktiv dafür, dass Sie während des Gesprächs nicht gestört werden (Telefon umleiten, Handy aus, Tür zu mit Hinweisschild etc.).
- **Genügend Zeit einplanen**: Quetschen Sie den Termin nicht zwischen zwei andere Termine. Genügend und ausreichend Zeit einplanen.
- **Getränke**: Bieten Sie ruhig als Eisbrecher etwas zu trinken an (Wasser, Kaffee etc.).

1.4.3 IT-Organisation

Der Aufbau einer IT-Organisation folgt in den meisten Fällen den Anforderungen des Unternehmens. Es gibt hierbei (wie kann es anders sein) keine einfache Empfehlung, die auf alle Unternehmen passt. Die IT-Organisation ist eingegliedert in die Gesamthierarchie des Unternehmens und stellt somit nur den für uns relevanten Teil dar. In diesem Kapitel konzentrieren wir uns auf die IT-Organisation.

Die Aufteilung unterschiedlicher IT-Themenfelder hilft Ihnen bei der Zuweisung von Zuständigkeiten und Verantwortlichkeiten. In den vergangenen Jahren sind die starren Grenzen bei bestimmten IT-Themen immer mehr verschwommen, bewusst und unbewusst. Ein Beispiel für das bewusste Verschwimmen ist die das Thema der *Demokratisierung der IT*, also die Übertragung von IT-Verantwortung an Endanwender. Diesem Thema widmen wir uns in Abschnitt 1.4.7 separat. Als Beispiel für ein unbewusstes Verschwimmen von Grenzen nenne ich gerne Office-Applikationen.

Diese Applikationen fallen eindeutig in den Zuständigkeitsbereich des Frontend-Teams. Kommt es aber zu Support-Anfragen zu diesen Applikationen, allen voran Outlook, fällt die Zuständigkeit oftmals an das Team der Applikationen oder Backend-Dienste. Ohne eine klare Abgrenzung der Aufgaben und Zuständigkeiten entsteht sofort ein Spannungsfeld zwischen den Teams.

Ein einfacher Aufbau kann die Aufteilung in die folgenden drei Hauptbereiche beinhalten:

- **Workspace-Services**

  Dieser Bereich bündelt alle Zuständigkeiten und Aufgaben, die sich auf Anwender auswirken, wie z. B. die Ausgabe und Verwaltung von Endgeräten und die Installation und Wartung von Client-Applikationen auf Endgeräten per Softwareverteilung.

  Ebenso ist hier der 1st-Level-Support angesiedelt, der als erster Ansprechpunkt für Anwendende agiert und sich um die Lösung einfacher und bekannter Probleme kümmert. Applikationsbezogene Fehler werden durch den Helpdesk erfasst und anschließend an den 2nd-Level-Support der Application-Services weitergeleitet.

  Die Nachverfolgung von Geräten im Rahmen von Mitarbeiterwechseln im Unternehmen oder bei Austritt aus dem Unternehmen gehört auch zu den Aufgaben der Workplace-Services.

- **Application-Services**

  In diesen Bereich fallen die Planung und der Betrieb der Applikationen für die Applikationsdienste, die im Unternehmen benötigt werden. Zu den allgemeinen Diensten gehören einfache Services, wie die Bereitstellung von Druck- und Dateidiensten. Die Bereitstellung von Datenbankdiensten gehört ebenfalls zu den Application-Services.

- **Backend- & Cloud-Services**

  Die Backend-Services stellen mit dem Betrieb des Rechenzentrums und des Unternehmensnetzwerks das Rückgrat der IT-Infrastruktur bereit. Auch der Betrieb physischer Serverkomponenten und einer Hypervisor-Plattform werden durch die Backend-Services abgedeckt.

  In einem modernen Unternehmen gehört hierzu auch die Bereitstellung von Cloud-Diensten, da die sichere Anbindung Kernbestandteil der Netzwerkinfrastruktur ist.

Sicher werden Sie beim Lesen der Beschreibungen dieser drei beispielhaften Bereiche ein Verlangen zum Widerspruch gespürt haben. Zwischen den Bereichen gibt es Überschneidungen, die eine eindeutige Abgrenzung schwerfallen lassen. Gerade bei den Applikationen und den Cloud-Diensten kommt es zu Überschneidungen.

Cloud-Dienste sind mit ihren Angeboten IaaS, PaaS und SaaS nicht leicht zu trennen – darum geht es ausführlich in Kapitel 13. Während die Infrastrukturkomponenten (IaaS) meist den Backend-Services zugeschlagen werden, ist es bei den beiden anderen Komponenten nicht mehr so leicht. Es gibt funktionale Komponenten in den PaaS- und SaaS-Angeboten, die einen Infrastrukturanteil besitzen, den die Backend-Dienste für sich beanspruchen. Als Beispiel sei hier die Netzwerkfilterung von Verbindungen zwischen Applikationen und Systemen genannt.

Eine moderne IT-Abteilung darf nicht mehr in starren Silos denken und handeln. Es wird oft und viel über die Demokratisierung der IT gesprochen. Damit ist vordergründig die Übertragung der Verantwortung für IT-Aufgaben an Endanwender gemeint. Diese Demokratisierung ist jedoch nicht auf Endanwender begrenzt, sie trifft die IT ebenso.

Nutzen Sie diese Struktur als Ausgangspunkt zur Abbildung Ihrer organisatorischen Bedürfnisse, wenn Sie sich bisher noch keine Gedanken über eine Struktur gemacht haben und kein Organigramm existiert. In der Regel wird die Organisationsstruktur an anderer Stelle in Ihrem Unternehmen definiert und festgelegt.

Die IT-Leitung des Unternehmens sollte aber in der Lage sein, die betrieblichen Bedürfnisse als Teil einer Organisationsstruktur in die Führungsgremien zu tragen. Seien Sie daher vorbereitet, und machen Sie sich alle Argumente für die von Ihnen vorgeschlagene Struktur bewusst.

Umorganisation im Unternehmen

Unternehmen sind keine starren Gebilde, sie leben. Dies ist notwendig, um die Weiterentwicklung durch interne und äußere Veränderungen voranzutreiben. Damit einher gehen regelmäßige Umstrukturierungen. Aus rein organisatorischer Sicht stellen Umstrukturierungen keine allzu große Herausforderung dar.

- Aus IT-Sicht haben *Umorganisationen* zwei Seiten. Die erste ist eine rein technische Auswirkung. In vielen Unternehmen erfolgt die Steuerung der Zugriffsberechtigung auf Applikationen und Daten auf Basis der Unternehmensstruktur, oftmals automatisiert. Solch eine automatisierte Anpassung der Berechtigungen wirkt sich oftmals durch ein erhöhtes Aufkommen an Support-Tickets aus, da z. B. Anwender von einem Tag auf den nächsten den Zugriff auf aus ihrer Sicht wichtige Daten verlieren. Eine weitere technische Auswirkung ist die manuelle Anpassung von Berechtigungen und Organisationsbezeichnungen in Applikationen, die für eine Automation nicht geeignet sind.
- Eine größere Herausforderung sind *Umstrukturierungen*, die sich direkt auf die IT-Organisation auswirken und IT-Teams verändern. In diesem Fall sind weniger die (zwischen-)menschlichen Herausforderungen im Fokus, sondern die Veränderungen hinsichtlich der individuellen Fachkenntnisse. Dies kann zu der Situation führen, dass zwar rein rechnerisch ausreichend Personen für ein IT-Thema, z. B. die Betreuung der Virtualisierungsplattform, vorhanden sind, diese jedoch nicht über den gleichen Kenntnisstand verfügen. Solche Situationen werden von Ihrem IT-Personal sehr sensibel wahrgenommen. Hier ist es notwendig, dass Umorganisationen in Ihrer IT-Abteilung nicht nur verkündet, sondern ausführlich kommuniziert werden.

  Dies ist oftmals leider nicht der Fall. Aus persönlicher Erfahrung kann ich sagen, dass es kein gutes Gefühl ist, von einer beruflichen Veränderung zuerst aus dem veröffentlichten Organigramm zu erfahren und nicht in einem Gespräch mit der Team-Leitung!

In großen Unternehmen ist eine IT-Organisation komplexer und u. U. in der Organisationsstruktur verteilt aufgestellt. Eine Verteilung von IT-Themen und -Verantwortlichkeiten auf zwei oder mehr Bereiche schadet einem Unternehmen mehr, als es nützt. Das folgende Beispiel zeigt eine Unternehmensorganisation, die zwei Spannungsfelder für die IT beinhaltet.

- Das erste Spannungsfeld ist die Trennung zwischen IT für die allgemeine IT, die dem CIO untersteht, und der IT für die Produktions- und Fertigungsbereiche im Unternehmen, die einem CTO untersteht. Diese beiden Rollen verfolgen innerhalb eines Unternehmens ähnliche Interessen, jedoch aus ganz unterschiedlichen Beweggründen. Diese Interessenkonflikte haben Sie bereits in Abschnitt 1.1.4 kennengelernt.
- Das zweite Spannungsfeld ist der Bereich »Innovation«. Wie der Name vermuten lässt, ist dieser Bereich die Spielwiese für kreative Innovationsgedanken, um neue Produkte oder Dienstleistungen zu entwickeln oder vorhandene zu verbessern. Aber wo ist die Verbindung zur IT? Schauen wir uns ein Beispiel an.

In der chemischen Industrie ist ein Innovationstreiber die Weiterentwicklung und Optimierung chemischer Rezepturen und Prozesse. Diese Weiterentwicklung erfordert den Einsatz kostenintensiver IT-Komponenten, wie z. B. High-Performance-Cluster (HPC) für Berechnungen und Simulationen. Was sich unspektakulär liest, enthält zwischen den Zeilen den Sprengstoff für den internen IT-Betriebsfrieden.

- *Innovation* ist direkt dem CEO unterstellt und muss sich nicht mit anderen Bereichen abstimmen.
- *Innovation* muss sich nicht an bestehende Beschaffungs- und Genehmigungsprozesse halten, die Freigabe erfolgt einzig durch den CEO.
- *Innovation* muss sich nicht an Regeln für die IT-Sicherheit halten, insbesondere dann nicht, wenn diese der Innovation im Wege stehen.
- *Innovation* muss sich nicht verantworten, wenn sich eine Investition als Fehlinvestition herausstellt.

Innovation agiert im Unternehmen als freie Radikale. Damit sorgt der Bereich Innovation für latenten Unmut in anderen IT-Bereichen, die sich an Regeln, Bestellprozesse und rechtliche Vorgaben halten müssen.

Das Organigramm in Abbildung 1.1 verdeutlicht die Komplexität und das Spannungsfeld zwischen CIO, CTO und Innovation.

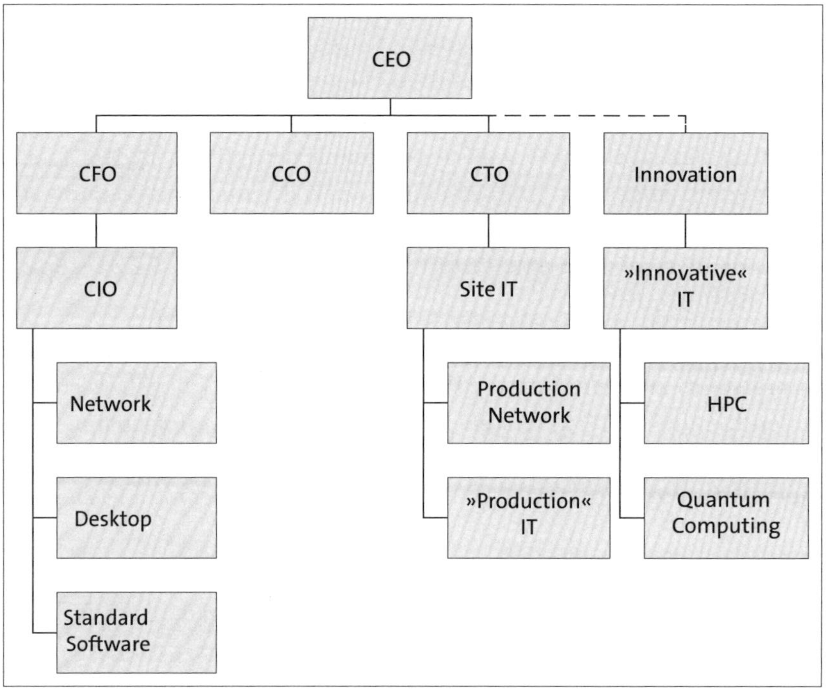

Abbildung 1.1 Beispiel einer komplexen IT-Organisation mit getrennten IT-Verantwortlichkeiten

Eine bessere Variante stellt das Organigramm in Abbildung 1.2 vor. Hier sind alle IT-relevanten Aktivitäten gebündelt. So kann gerade im Hinblick auf die IT-Sicherheit gewährleistet werden, dass Regeln für den Schutz von und Zugriff auf Daten unternehmensweit eingehalten werden. Dies gilt auch für Innovation.

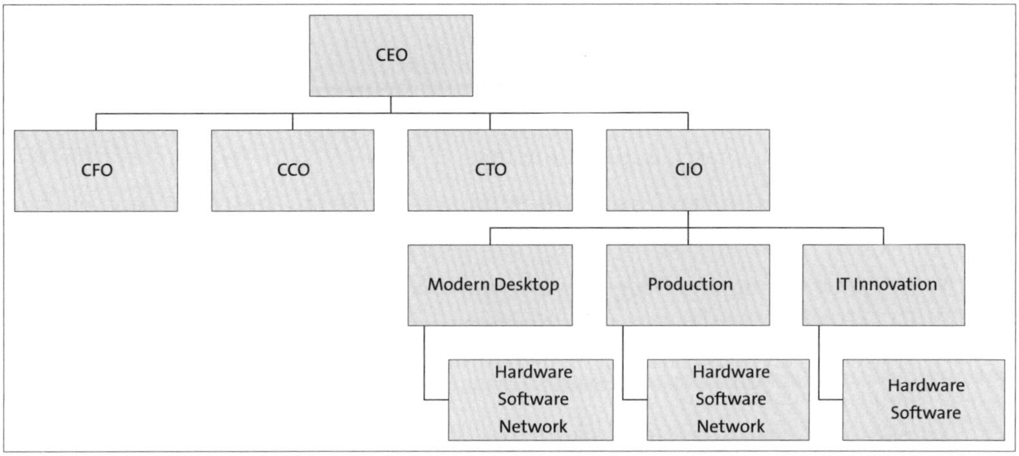

Abbildung 1.2 Vereinfachtes Beispiel einer Organisation mit einer verantwortlichen Stelle für IT

Lassen Sie uns mit einem ausführlichen Blick auf die Frontend- und Modern-Workplace-Dienste beginnen.

Frontend und Modern Workplace

Die Dienstleistungen der Frontend- und Modern-Workplace-Dienste sind das Gesicht der IT im Unternehmen. In diesen Bereich fallen die Bereitstellung aller IT-relevanten Arbeitsgeräte, die Zuweisung von Applikation und der Betrieb der IT-Hotline.

Dies erfolgt oft über ein internes IT-Shopsystem, über das Anwender eigenständig Hard- und Software bestellen können. Ergänzend sind in solch einem System Workflows zur Genehmigung von Waren oder Dienstleistungen ab einem bestimmten Wert hinterlegt. Dies ist wichtig, wenn mit einer Bestellung eine wiederkehrende Belastung der Kostenstelle einer Abteilung einhergeht. Hierzu gehören die monatliche Bereitstellung einer Softwarelizenz oder eines E-Mail-Postfachs, um nur zwei Beispiele zu nennen.

Die Implementierung eines digitalen Arbeitsplatzes ist im IT-Management ein wesentlicher Schritt zur Steigerung der Effizienz und Produktivität eines Unternehmens. Das ist die Aufgabe des Frontend-Services-Teams, das sich um die Gestaltung und Wartung der Benutzeroberflächen kümmert, die den Mitarbeitern den Zugang zu den digitalen Werkzeugen und Ressourcen ermöglichen. Wenn diese Dienste gut funktionieren, arbeiten alle im Unternehmen effizienter und zufriedener.

Das wird besonders bei der Infrastruktur für den Modern Workplace deutlich. Diese umfasst sämtliche digitalen Werkzeuge und Plattformen, die den Mitarbeitenden zur Verfügung stehen, um ihre Aufgaben effizient zu erfüllen. Dazu gehören Kollaborationstools, Cloud-Dienste und mobile Anwendungen.

Ein gut strukturiertes Team sorgt dafür, dass diese Komponenten reibungslos integriert und stets aktualisiert sind. Die fortlaufende Überwachung und Pflege dieser Systeme ist unerlässlich, um Ausfallzeiten zu minimieren und die Datensicherheit zu gewährleisten. Ein starkes Team kann proaktiv auf Veränderungen reagieren und neue Technologien rasch implementieren.

Zu den Aufgaben im Bereich der Betreuung von Frontend-Diensten zählen unter anderem:

- Die Entwicklung und Pflege der Benutzeroberflächen verschiedener Anwendungen und Plattformen. Diese Oberflächen müssen so gestaltet sein, dass sie benutzerfreundlich und intuitiv zu bedienen sind und den Beschäftigten ihren Arbeitsalltag erleichtern.
- Das Team übernimmt zudem die Einbindung von Drittanbieter-Tools zur Erweiterung der bestehenden Systemfunktionen.
- Darüber hinaus ist das Team dafür verantwortlich, regelmäßige Schulungen für die Mitarbeiter durchzuführen, damit alle Nutzer die zur Verfügung stehenden Werkzeuge optimal nutzen können.
- Ein weiterer Aspekt ist die kontinuierliche Analyse sowie Verbesserung der Benutzererfahrung.
- Das Team muss gewährleisten, dass sämtliche Anwendungen und Plattformen den aktuellen Sicherheitsstandards entsprechen und regelmäßig upgedatet werden. Dazu gehört auch die Implementierung von Mechanismen zur Authentifizierung und Autorisierung.
- Das Team ist dafür zuständig, die Systeme auf Sicherheitslücken zu überwachen und schnell auf Bedrohungen zu reagieren, damit Sicherheitsvorfälle frühzeitig erkannt und entsprechende Maßnahmen eingeleitet werden. Dazu gehört auch die Zusammenarbeit mit anderen Abteilungen wie der IT-Sicherheit.
- Leistungsfähige und verlässliche Endgeräte sind essenziell für den modernen digitalen Arbeitsplatz. Das Frontend-Services-Team ist verantwortlich dafür, dass sämtliche Geräte wie Laptops, Tablets und Smartphones konfiguriert und gepflegt werden. Dazu gehören die Installation und Aktualisierung von Betriebssystemen sowie die Einrichtung der Sicherheitssoftware.
- Eine effektive Geräteverwaltung sorgt für mehr Sicherheit und Effizienz der Arbeitsabläufe. Ein gut organisiertes Team kann technische Probleme beheben und Lösungen anbieten, um die Produktivität der Angestellten sicherzustellen.

Die Auswahl der passenden Betriebssysteme und ihre Pflege sind ebenfalls von großer Bedeutung. Das Team muss gewährleisten, dass alle Systeme aktuell sind und regelmäßig mit Updates versorgt werden. Dies schließt die Implementierung von Sicherheitsaktualisierungen und Patches ein, um mögliche Schwachstellen zu beheben. Zudem ist es wichtig, dass die Betriebssysteme mit den verwendeten Anwendungen und Tools kompatibel sind. Ein gut ausgebildetes Team kann sicherstellen, dass alle Systeme einwandfrei laufen und die Mitarbeiter effizient arbeiten.

Kollaborationswerkzeuge sind an einem digitalen Arbeitsplatz unverzichtbar. Ihr Frontend-Services-Team sollte sicherstellen, dass alle Kollaborationstools wie Videokonferenzsoftware, Chat-Anwendungen und Projektmanagement-Tools optimal konfiguriert und gewartet werden. Die nahtlose Integration dieser Werkzeuge in die bestehende IT-Infrastruktur ist entscheidend für eine reibungslose Zusammenarbeit. Ein gut koordiniertes Team kann gewährleisten, dass alle Mitarbeitenden die bereitgestellten Tools effizient nutzen. Laufende Schulungen und Unterstützung für die Mitarbeiter sind dabei essenziell.

Am Ende des Tages sind ein gutes Frontend-Team und eine moderne Arbeitsplatzinfrastruktur wichtig, damit ein digitaler Arbeitsplatz erfolgreich sein kann. Das Team kümmert sich um die Benutzeroberflächen, bringt neue Technologien ein und sorgt für die Sicherheit. Wenn das Team gut organisiert und kommunikativ ist, kann es die Effizienz und Produktivität eines Unternehmens stark verbessern. Wer neu im IT-Management ist, sollte verstehen, wie wichtig diese Rolle ist, und versuchen, die nötigen Fähigkeiten zu erlernen, um so ein Team effektiv zu leiten. Laufende Weiterbildungen und die Anpassung an neue Technologien sind dabei besonders wichtig.

Applikationen

Eine Applikationsplattform bildet das Fundament Ihrer IT-Infrastruktur. Sie erlaubt die effiziente Ausführung und Verwaltung verschiedener Anwendungen. Ohne eine robuste Applikationsplattform könnten Ihre Geschäftsprozesse unterbrochen werden. Diese Plattform gewährleistet, dass Anwendungen sicher und zuverlässig betrieben werden. Sie bietet die erforderliche Flexibilität, um auf veränderte Geschäftsanforderungen reagieren zu können. Die wesentliche Rolle dieser Plattform besteht darin, den reibungslosen Betrieb Ihrer IT-Umgebung zu gewährleisten.

Backend- und Cloud-Dienste

Die Backend-Dienste bilden das Rückgrat der IT-Infrastruktur eines Unternehmens und umfassen Server, Datenbanken sowie Anwendungen, die im Hintergrund arbeiten, um Frontend-Dienste zu unterstützen. Diese Komponenten sind entscheidend für die Datenverarbeitung, -speicherung und Anwendungsbereitstellung. Ohne eine robuste Backend-Infrastruktur könnten viele Geschäftsprozesse nicht sicher und stabil ablaufen. Ein gut strukturiertes Backend gewährleistet eine zuverlässige und sichere IT-Umgebung.

Cloud-Dienste stellen eine flexible und skalierbare Lösung für die IT-Anforderungen eines Unternehmens dar. Sie gewähren Zugriff auf Rechenressourcen und Applikationen über das Internet, was den Bedarf an physischer Hardware verringert und eine kostengünstige Verwaltung der IT-Ressourcen ermöglicht. Darüber hinaus bieten Cloud-Dienste hohe Verfügbarkeit und Zuverlässigkeit, da sie in der Regel von renommierten und global agierenden Anbietern mit starken Sicherheitsmaßnahmen bereitgestellt werden. Die Einführung von Cloud-Diensten kann die IT-Infrastruktur eines Unternehmens erheblich verbessern, indem sie die Flexibilität und Skalierbarkeit der IT-Ressourcen erhöht.

Ein grundlegender Dienst eines Unternehmens ist die Internetanbindung, die den Zugang zum weltweiten Netzwerk bereitstellt. Eine stabile und ausfallsichere Internetverbindung ist unverzichtbar für Kommunikation und Datenaustausch. Sie ermöglicht den Zugang zu Cloud-Diensten und unterstützt tägliche Geschäftsprozesse.

DNS (Domain Name System) ist ein weiterer wichtiger Basisdienst der Backend-Dienste. DNS übersetzt Domainnamen in IP-Adressen, sodass Benutzer auf interne und externe Websites und Dienste zugreifen können. Ein zuverlässiger DNS-Dienst stellt sicher, dass Anfragen schnell und korrekt verarbeitet werden. Ein gut konfigurierter DNS-Dienst trägt nicht nur zur Benutzerfreundlichkeit bei, sondern ist ebenfalls ein wichtiger Baustein Ihrer IT-Sicherheit.

Zusammen bilden Backend- und Cloud-Dienste die Basisdienste in Ihrem Unternehmen, die für den reibungslosen Betrieb Ihrer IT-Infrastruktur unerlässlich sind. Sie stellen sicher, dass alle Anwendungen und Dienste zuverlässig und sicher betrieben werden können. Die Verwaltung dieser Dienste erfordert sorgfältige Planung und regelmäßige Wartung. Ein gut organisiertes IT-Management-Team trägt dazu bei, die Stabilität und Sicherheit Ihrer IT-Umgebung zu gewährleisten.

Partnerunternehmen

Nur in den seltensten Fällen kann die IT-Abteilung eines Unternehmens alle erforderlichen Aufgaben eigenständig umsetzen. Die Anforderungen in allen Bereichen der IT erfordern Spezialkenntnisse, die einen zeitweisen oder dauernden Einsatz von externem Fachpersonal erfordern. Hierzu arbeiten Sie mit Partnerunternehmen zusammen, mit denen Sie vertragliche Bindungen eingehen.

Diese Partnerschaft bezieht sich nicht nur auf die Erbringung von Beratungsdienstleistungen, sondern bindet auch die Bereitstellung und den Betrieb von Applikationen mit ein. In gleichem Maße können Sie als Partnerunternehmen für andere Unternehmen auftreten, indem Sie entsprechende Applikationen oder Beratungsdienstleistungen erbringen.

In einer anderen Variante hat Ihr Unternehmen ein eigenes Netzwerk an externen Partnerunternehmen, die Ihre Dienstleistung oder Ihr Produktportfolio an Kunden vertreiben. Diese Art der partnerschaftlichen Zusammenarbeit hat nicht nur Berührungspunkte mit dem Vertrieb Ihres Unternehmens, sondern ebenfalls Verbindung zu Ihrer IT-Abteilung.

1.4.4 IT-Prozesse

IT-Prozesse sind strukturierte Abläufe und Aktivitäten innerhalb einer IT-Organisation, die darauf abzielen, die Effizienz, Qualität und Kontrolle von IT-Dienstleistungen und -Operationen zu gewährleisten. Diese Prozesse helfen dabei, die Anforderungen Ihres Unternehmens zu erfüllen, die technologische Infrastruktur zu verwalten, Sicherheitsstandards einzuhalten und einen reibungslosen IT-Betrieb sicherzustellen. Hier sind einige grundlegende IT-Prozesse:

- **Change-Management (Änderungsmanagement)**

  Jede Änderung an einem IT-System kann andere Teile des Systems beeinflussen, oft auf unerwünschte Weise. Um diese Gefahren zu vermeiden, gibt es das *Change-Management*, das gewährleistet, dass alle Änderungen gründlich geplant, getestet und überwacht werden. Zusätzlich wird damit sichergestellt, dass alle Änderungen den Geschäftszielen und -bedürfnissen entsprechen und dass sie den Nutzern und Stakeholdern verständlich mitgeteilt werden.

  Ein wirksames Change-Management unterstützt zudem die kontinuierliche Verbesserung, indem es einen standardisierten Prozess bietet, um Feedback zu erhalten und aus jeder Änderung zu lernen. Außerdem sorgt ein CM dafür, dass die in den SLAs zugesicherten Leistungen erbracht werden und unnötige Unterbrechungen aktiv verhindert werden.

  Wie Sie ein Change-Management implementieren können, zeigt Abschnitt 12.4.2.

- **Incident-Management (Vorfallmanagement)**

  Die meisten geschäftlichen Abläufe sind auf IT-Systeme angewiesen. Sollten diese Systeme ausfallen oder gestört werden, kann das Geschäft ernsthaft beeinträchtigt werden. Daher ist ein gutes *Incident-Management* wichtig, um diese Beeinträchtigungen zu reduzieren, indem es einen klar definierten Prozess für die rasche Erkennung, Untersuchung und Behebung von IT-Störungen (*Incidents*) anbietet. Es unterstützt auch die Kommunikation mit den Nutzern während eines Vorfalls und stellt sicher, dass sie kontinuierlich über den Status und die voraussichtliche Lösungsdauer informiert werden.

  Durch Incident-Management können die IT-Systeme und -Prozesse kontinuierlich verbessert werden. IT-Teams können Vorfälle analysieren, um Muster und Trends zu erkennen, die auf bestehende Probleme hindeuten. Das erlaubt ihnen, proaktiv diese Probleme zu lösen und künftige Vorfälle zu vermeiden. Außerdem ermöglicht das Incident-Management das Lernen aus Fehlern und das Austauschen von Best Practices, was zu einer besseren IT-Organisation führt.

- **Release-Management (Freigabemanagement)**

  Das *Release-Management* hilft, die Softwareprodukte und -dienste qualitativ hochwertig und stabil zu halten. Es erlaubt die systematische Planung, Abstimmung und Kontrolle von Software-Releases von der Entwicklung bis zur Bereitstellung. Dies hilft, Risiken zu vermeiden, Ausfallzeiten zu verringern und sicherzustellen, dass neue Features und Verbesserungen effektiv und effizient in die Produktionsumgebung übernommen werden. Außerdem unterstützt das Release-Management die Zusammenarbeit zwischen verschiedenen Teams wie Entwicklung, Betrieb und Qualitätssicherung, indem es deutliche Kommunikationskanäle und Zuständigkeiten schafft.

  Außerdem erlaubt das Release-Management eine bessere Steuerung und Übersicht über den Software-Lebenszyklus. Es bietet einen systematischen Ansatz für die Handhabung von Änderungen, einschließlich der Erkennung, Einteilung und Gewichtung von Änderungswünschen. Dies führt zu einer erhöhten Rückverfolgbarkeit und ermöglicht es den Teams, den Status von Releases zu überwachen und mögliche Probleme frühzeitig zu erkennen. Durch die Vereinheitlichung von Release-Abläufen und -Richtlinien kann das Release-Management auch dazu beitragen, die Compliance mit Regeln und Normen sicherzustellen, was vor allem in regulierten Branchen essenziell ist. Insgesamt hilft ein effektives Release-Management dabei, die Geschäftskontinuität zu sichern und den Geschäftsnutzen von IT-Investitionen zu optimieren.

- **Configuration-Management (Konfigurationsmanagement)**

  Ein *Configuration-Management* schafft eine stabile und verlässliche Betriebsumgebung für Produkte und Systeme Ihrer IT-Infrastruktur. Es erlaubt die Erkennung und Steuerung von Systemkomponenten, die Handhabung von Änderungen und die Erhaltung der Integrität und Nachverfolgbarkeit im gesamten Lebenszyklus. Ein Configuration-Management unterstützt die Leistung und Wirksamkeit von IT-Prozessen, indem es dafür sorgt, dass alle Systemkomponenten richtig eingestellt sind und gut zusammen funktionieren. Es hilft auch dabei, Stillstandzeiten zu reduzieren und die Servicequalität zu erhöhen, indem es schnelle und präzise Diagnosen und Lösungen für Probleme bietet.

  Außerdem ist das Configuration-Management wichtig für die Reduzierung von Risiken. Durch eine präzise Dokumentation und Steuerung von Änderungen können IT-Teams mögliche Folgen von Änderungen abschätzen und unvorhergesehene Schwierigkeiten vermeiden. Es hilft auch dabei, Vorschriften und Standards einzuhalten, indem es einen Nachweis für Änderungen liefert und sicherstellt, dass nur genehmigte Änderungen vorgenommen werden. Letztlich erlaubt CM eine wirksame Planung und Abstimmung von Änderungen, was zu einer besseren Zusammenarbeit zwischen Teams und einer höheren Stakeholder-Zufriedenheit führt. Insgesamt trägt ein effektives Configuration-Management dazu bei, den Betrieb des Geschäfts zu sichern und den Nutzen von IT-Investitionen zu optimieren.

- **Service-Level-Management (SLM)**

  Die Abstimmung der Kundenerwartungen und der IT-Organisationskapazitäten ist ein wichtiger Aspekt des SLM für die IT. Es erlaubt das Festlegen, Messen und Berichten von Service Level Agreements (SLAs, OLAs), die die Qualität, Verfügbarkeit und Leistung von IT-Services vorgeben. Das SLM sorgt dafür, dass die IT-Services den vereinbarten Standards entsprechen, und fördert somit die Kundenzufriedenheit und das Vertrauen in die IT-Organisation. Außerdem hilft das SLM bei der Entscheidungsfindung, indem es nützliche Informationen über die Leistung von IT-Services liefert und Verbesserungsmöglichkeiten identifiziert.

  Das *Service-Level-Management* ist auch wichtig für die Reduzierung von Risiken und die Verwaltung der Kosten. Durch das Messen der Servicequalität und das frühe Erkennen von Schwierigkeiten können IT-Teams vorbeugend handeln, um Störungen zu vermeiden und die Geschäftskontinuität sicherzustellen. Das SLM ermöglicht auch eine effiziente Planung und Verteilung von Ressourcen, indem es den Bedarf an IT-Services prognostiziert und die Nutzung von IT-Ressourcen verbessert. Dies kann helfen, die Betriebskosten zu minimieren und den Return on Investment (ROI) zu erhöhen. Insgesamt hilft ein effektives SLM dabei, den Geschäftswert von IT-Investitionen zu steigern und einen qualitativ hochwertigen IT-Service zu bieten, der die Geschäftsziele fördert.

- **Availability-Management (Verfügbarkeitsmanagement)**

  Das *Availability-Management* hat das Ziel, die IT-Services für Ihr Unternehmen durchgehend zuverlässig verfügbar sind. Es umfasst die Gestaltung, Umsetzung und Kontrolle von Maßnahmen, die gewährleisten, dass IT-Services innerhalb der abgestimmten Servicezeiten bereitstehen und den Geschäftsbedürfnissen entsprechen. Indem es Ausfallzeiten reduziert und eine hohe Serviceverfügbarkeit sicherstellt, trägt das Availability-Management dazu bei, die Geschäftskontinuität aufrechtzuerhalten, die Kundenzufriedenheit zu steigern und den Geschäftsnutzen zu erhöhen. Außerdem hilft es der IT-Organisation dabei, Schwachstellen aufzudecken und zu beheben, die sich negativ auf die Serviceverfügbarkeit auswirken könnten.

  Das Availability-Management hat auch einen wichtigen Einfluss auf die Risikoreduzierung und die Kostensenkung. Indem sie die Serviceverfügbarkeit überwachen und Probleme frühzeitig erkennen, können IT-Teams präventiv handeln, um Ausfälle zu verhindern und die Servicequalität zu steigern. Es hilft auch bei der Planung und Verteilung von IT-Ressourcen, indem es den Bedarf an IT-Services abschätzt und die IT-Ressourcennutzung effizient gestaltet. Dies kann dazu beitragen, die Betriebskosten zu verringern und den Return on Investment (ROI) zu erhöhen. Insgesamt ermöglicht ein wirksames Availability-Management, den geschäftlichen Nutzen von IT-Investitionen zu maximieren und einen hochwertigen IT-Service anzubieten, der die Geschäftsziele fördert.

- **IT Service Continuity Management (ITSCM)**

  Das *IT Service Continuity Management* stellt die Geschäftskontinuität auch unter Notfall- und Krisenbedingungen sicher. Es beinhaltet die Planung und Durchführung von Aktionen, um IT-Services bei einem Ausfall oder einer Störung schnellstmöglich wiederherzustellen. Das ITSCM hilft, Geschäftsunterbrechungen zu vermeiden, die Kundenzufriedenheit zu steigern und den Geschäftswert zu maximieren, indem es die Ausfallzeiten minimiert und eine rasche Wiederherstellung von IT-Services garantiert. Außerdem hilft es der IT-Organisation, Schwachstellen zu erkennen und zu beheben.

  Wichtige Aspekte des Continuity-Managements sind die IT-Risikoreduzierung und die Kostenersparnis. Durch das Erstellen und Anwenden von Business-Continuity-Plänen und Disaster-Recovery-Plänen können IT-Teams Notfall- und Krisensituationen bewältigen und die Folgen von IT-Serviceunterbrechungen begrenzen. Außerdem hilft es bei der Planung und Zuweisung von IT-Ressourcen, indem es den Bedarf an IT-Services abschätzt und die IT-Ressourcennutzung verbessert.

- **Identity and Access Management (Identitäts- und Zugriffsmanagement)**

  Identity und Access Management (IAM) schützt und bewahrt die IT-Systeme und Unternehmenswerte, denn es verwaltet digitale Identitäten und Zugriffsberechtigungen, um zu garantieren, dass nur befugte Benutzer auf die IT-Ressourcen zugreifen können, für die sie explizit freigeschaltet wurden. Durch die Regulierung, wer welche Ressourcen nutzen kann, hilft IAM dabei, Datenverluste zu vermeiden, die Compliance zu erfüllen und das Vertrauen der Benutzer in die IT-Organisation zu erhöhen. Außerdem hilft es der IT-Organisation bei der Erkennung und Behebung von Sicherheitsrisiken, die die IT-Sicherheit gefährden könnten.

  Das IAM ist auch für die Steigerung der Effizienz und Produktivität von Bedeutung. Durch die Automatisierung von IAM-Prozessen können IT-Teams Zeit und Ressourcen einsparen, die ansonsten für die manuelle Verwaltung von Benutzerkonten und Zugriffsrechten erforderlich wären. Es verbessert auch die Benutzererfahrung, indem es den Benutzern erlaubt, nahtlos auf die Ressourcen zuzugreifen, die sie benötigen, ohne mehrere Anmeldeinformationen eingeben zu müssen. Dies kann dazu führen, dass die Benutzer zufriedener sind und die IT-Services besser annehmen. Insgesamt hilft ein effektives IAM, den Geschäftswert von IT-Investitionen zu erhöhen und einen sicheren und benutzerfreundlichen IT-Service bereitzustellen, der die Geschäftsziele fördert.

- **Service Desk (SD)**

  Der Service Desk ist eine zentrale Kontaktstelle für Benutzer, die Hilfe bei IT-bezogenen Problemen und Anfragen benötigen. Er hat eine wichtige Funktion bei der Sicherstellung der Betriebskontinuität, indem er rasche und effiziente Lösungen für IT-Probleme anbietet (1st-Level-Support). Durch das Bereitstellen eines einheitlichen und effektiven Kundenservices verbessert der Service Desk die Kundenzufriedenheit und das Vertrauen in die IT-Organisation. Außerdem hilft der Service Desk der IT-Organisation dabei, wiederkehrende Probleme zu erkennen und zu lösen, die sich negativ auf die IT-Leistung auswirken könnten.

  Mit Service-Desk-Automation können IT-Teams wertvolle Zeit und Ressourcen einsparen, die sie sonst für die manuelle Lösung von Support-Anfragen verwenden müssten. Er verbessert auch das Benutzererlebnis, indem er den Benutzern erlaubt, mühelos Hilfe zu bekommen, ohne mehrere Schritte befolgen zu müssen. Dies kann helfen, die Benutzerzufriedenheit zu steigern und die Nutzung der IT-Services zu fördern. Insgesamt hilft ein effizienter Service Desk dabei, den geschäftlichen Nutzen von IT-Investitionen zu erhöhen und einen qualitativen IT-Service zu bieten, der die Geschäftsziele unterstützt.

Die IT-Prozesse orientieren sich oft an bewährten Vorgehensweisen, wie sie zum Beispiel im ITIL-Framework (*IT Infrastructure Library*) beschrieben sind. Durch die Einführung und Verbesserung dieser Prozesse wird gewährleistet, dass die IT-Serviceleistung für das Unternehmen und für Kunden beständig, verlässlich und qualitativ hochwertig ist.

KI und Automation

In der jüngsten Zeit haben sich die Möglichkeiten zur Automation von Standardreaktion und der KI-gestützten Analyse von Vorfällen immens weiterentwickelt. Die Komplexität der IT erfordert es, diese Möglichkeiten zu nutzen. Chatbots können in Serviceportalen Standardanfragen von Anwendenden automatisch beantworten und ermöglichen es den Mitarbeitenden, sich auf besondere Fälle zu konzentrieren. Die KI-gestützte Analyse von Sicherheitsinformationen wiederum erkennt z. B. Angriffsmuster schneller und kann mit vorfallbezogenen Aktionen, z. B. verpflichtender Multifaktor-Authentifizierung, reagieren.

Auf KI-Unterstützung gerade im Kontext der IT-Sicherheit zu verzichten, kann man getrost als grob fahrlässig bezeichnen.

1.4.5 IT-Servicemanagement

Der Begriff IT-Management wird oftmals als Abkürzung des *IT-Servicemanagements* (ITSM) wahrgenommen. Ein IT-Servicemanagement bezieht sich auf alle Verfahren,

Prozesse und Richtlinien, die ein Unternehmen bei der Verwaltung und Umsetzung der IT-Dienstleistungen innerhalb des Unternehmens unterstützen (darum wird es in Kapitel 12 gehen).

Unternehmen übernehmen häufig vordefinierte Empfehlungen (Best Practices), um einen strukturierten Servicemanagement-Ansatz zu gewährleisten. Wie überall in der IT-Branche gibt es jedoch zahlreiche Rahmenkonzepte, sogenannte Frameworks, für das ITSM, aus denen man wählen kann.

Zu den bekannteren ITSM-Frameworks gehören:

- ITIL® – Information Technology Infrastructure Library
- COBIT – Control Objectives for Information and Related Technology
- MOF – Microsoft Operations Framework
- eTOM – Enhanced Telecom Operations Map
- TOGAF – The Open Group Architecture Framework

Was die gängigsten ITSM-Frameworks anbelangt, so hat jedes von ihnen einen anderen Nutzen und Einsatzzweck. ITIL hat sich seit Jahren als De-facto-Standard für die Abbildung von IT-Servicemanagement-Anforderungen und -Prozessen in der IT-Branche etabliert.

Aber sind IT-Servicemanagement und IT-Management wirklich das Gleiche?

Nein, denn das IT-Servicemanagement ist nur ein Bestandteil des IT-Managements. Ebenso hat das ITSM natürliche Grenzen in der Anwendung. Es kann nicht auf jeden Aspekt angewandt werden, selbst wenn Hersteller von ITSM-Lösungen Ihnen etwas anderes erzählen.

Gerade in der gleichzeitigen Verwaltung zentralisierter und dezentralisierte Systeme und Prozesse offenbaren sich die Schwächen. Auftretende Schwächen einer einmal eingeführten ITSM-Lösung werden gerne durch individuelle Anpassungen und Erweiterungen kompensiert, was wiederum Aktualisierungen oder eine Migration der ITSM-Lösung erschwert oder gar unmöglich macht.

1.4.6 Standardisierung

Die Standardisierung der IT-Infrastruktur und der IT-Komponenten ist ein Wunsch, der in Foliensätzen und Zieldefinitionen immer wieder genannt wird. Ebenso oft, wie der Wunsch formuliert wird, wird auch davon abgewichen. Gerade diese Abweichung von Standard ist es, was die IT-Branche, und hier insbesondere das Beratungsgeschäft, antreibt.

Die Einführung von standardisierten IT-Komponenten ist in vielerlei Hinsicht schmerzhaft. Zum einen müssen sich IT-Administratoren von ihrer individuell aufgebauten IT-Infrastruktur verabschieden, zu der sie im Laufe der Zeit eine besondere Beziehung entwickelt haben. Gerade der Wechsel einer technologischen Plattform birgt das Risiko ausgedehnter Diskussionen über den Sinn einer neuen Lösung.

Ähnlich sieht es bei den Anwendern im Unternehmen aus. Seit der Einführung von IT-unterstützten Lösungen am Arbeitsplatz haben sich Anwender daran gewöhnt, dass ihnen fast jeder Wunsch erfüllt wurde. Wenn nun eine neue Lösung nicht die gleiche Schaltfläche in der gleichen Farbe an der gleichen Bildschirmposition bietet, wird lautstark protestiert. Im schlimmsten Fall führt dies zu einem stillen inneren Boykott der neuen Lösung und zu einem Scheitern der Einführung.

1.4.7 Demokratisierung der IT

In der alten IT-Welt haben Anwender wenig Spielraum, um ihre betrieblichen Herausforderungen in den Fachabteilungen eigenständig zu lösen. Sie sind auf starre und langwierige Prozesse zur Ermittlung von Anforderungen, Evaluierung und Einführung von Softwarelösungen angewiesen. Oft genug scheitert die Einführung von Lösungen, um betriebliche Abläufe zu verbessern.

Die Digitalisierung von Geschäftsaufgaben ist eine der großen Herausforderungen für Unternehmen. Dies kann nur gelingen, wenn Sie die Anwender in den Fachabteilungen aktiv einbinden und ihnen die Werkzeuge an die Hand geben, um eigenständig Lösungen umzusetzen. Niemand kennt die Anforderungen und Bedürfnisse besser als die Fachabteilungen selbst.

Damit dies gelingen kann, muss die IT-Abteilung nicht nur die Werkzeuge bereitstellen, sondern auch Verantwortung abgeben, die IT wird demokratischer.

Dies ist alles andere als einfach. In einer Arbeitswelt, in der Menschen es seit Jahrzehnten gewohnt sind, nur die Aufgaben zu erledigen, die in ihrer Arbeitsplatzbeschreibung aufgeführt sind, bedarf es zuerst eines Kulturwandels. Ohne Kulturwandel kommt es zwangsläufig zu einer Ablehnung der neuen Werkzeuge.

1.5 IT-Kosten

Die IT eines Unternehmens verursacht Kosten, das lässt sich nicht wegdiskutieren. Aber andererseits stellt die IT natürlich einen wichtigen Faktor für die Effektivität, Konkurrenzfähigkeit und Finanzstabilität des Unternehmens dar.

Eine wichtige Aufgabe besteht somit darin, ein angemessenes Gleichgewicht zwischen kostengünstiger und innovativer Nutzung von Technologien zu finden. Unternehmen müssen nicht nur ihre vorhandenen IT-Kosten verbessern, sondern auch mit den stetig wandelnden technologischen Umgebungen mithalten können. Ein vorausschauendes Kostenmanagement in der IT erlaubt Ihnen, Investitionen besser zu planen, Ressourcen gezielter einzusetzen und damit einen echten Nutzen für das Unternehmen zu erzeugen. In diesem Zusammenhang ist eine gründliche Untersuchung und Anpassung der IT-Ausgaben erforderlich, um zu gewährleisten, dass die Investitionen nicht nur den aktuellen Anforderungen entsprechen, sondern auch eine stabile Basis für zukünftiges Wachstum und Konkurrenzfähigkeit schaffen.

1.5.1 Profit- oder Cost-Center

Sowohl *Cost-Center* als auch *Profit-Center* existieren in der IT eines Unternehmens.

- Ein *Cost-Center* ist zum Beispiel die Abteilung für IT-Support, die Dienstleistungen wie technischer Support, Serverwartung und interne Softwareentwicklung anbietet. Diese Abteilungen sind für den Geschäftsbetrieb unerlässlich, tragen aber nicht direkt zum Umsatz bei. Ein Cost-Center verursacht primär Kosten.
- Ein *Profit-Center* hingegen ist eine Abteilung, die ein Produkt oder eine Dienstleistung herstellt und vertreibt, das bzw. die Einnahmen bringt. Ein Beispiel wäre die Produktionsabteilung eines Unternehmens, das Computerhardware produziert und verkauft. Diese Abteilung trägt unmittelbar zum Umsatz des Unternehmens bei.

Ob die IT also ein Cost-Center oder ein Profit-Center ist, hängt von der der konkreten Struktur und Strategie des Unternehmens ab.

Die IT wird als Cost-Center angesehen, wenn sie vor allem als eine Hilfsfunktion verstanden wird, die für das Funktionieren der Geschäftsprozesse erforderlich ist, aber keinen unmittelbaren Einfluss auf das Umsatzwachstum hat. In diesem Fall wird sie als Kostenpunkt gesehen, der Ressourcen benötigt, um notwendige Services anzubieten, aber keinen direkten Gewinn erzielt. Wenn die IT direkt zum Wert des Unternehmens beiträgt und sogar selbstständig Umsatz oder Gewinn erzielen kann, wird sie als Profit-Center angesehen. Dies trifft eher auf Unternehmen zu, bei denen die IT ein wesentlicher Teil des Geschäftsmodells ist, wie z. B. in Technologieunternehmen oder Unternehmen, deren Hauptangebote digitale Services sind. Die IT hat in vielen modernen Unternehmen einen Wandel von einer reinen Kostenstelle zu einem strategischen Partner und Wertschöpfer vollzogen. Durch die wachsende Digitalisierung und Technologisierung kann die IT immer mehr zum Innovationspotenzial, zur Effizienzoptimierung und zur Generierung neuer Geschäftschancen beitragen.

Beachten Sie, dass die IT nicht immer klar als Cost-Center oder Profit-Center eingestuft werden kann. Oft gibt es IT-Aufgaben, die eher als Cost-Center angesehen werden, wie z. B. die Wartung der Infrastruktur und die Sicherstellung der Betriebsbereitschaft, während andere IT-Bereiche als Profit-Center gelten können, wenn sie direkt zum Umsatz beitragen. Diese Unterscheidung kann großen Einfluss auf Ihre Arbeit haben. Darum geht es ausführlich in Kapitel 4, »Finanzmanagement«.

1.5.2 Lizenzmanagement

IT-Lizenzmanagement (ausführlich besprochen in Kapitel 8) ist ein zentraler Prozess in Ihrem Unternehmen, der den legalen und effizienten Umgang mit kommerzieller oder auch freier Software sicherstellt. Es beeinflusst alle Bereiche des Unternehmens, von der Beschaffung über jeden PC-Arbeitsplatz bis hin zum Management. Ein aktives Lizenzmanagement ermöglicht es Ihrem Unternehmen, Softwarelizenzen umfassend zu verwalten, was zu erheblichen Vorteilen, wie Kosteneinsparungen (Lead-Buyer) und effizienter Ressourcennutzung, führen kann. Darüber hinaus hilft es Ihrem Unternehmen, die Nutzung von Software im Einklang mit den individuellen Lizenzbedingungen der Hersteller zu halten, was wichtig ist, um rechtliche Konsequenzen und finanzielle Verluste zu vermeiden.

Darüber hinaus ist die Anwendung einer Lizenzmanagement-Software ein wichtiger Bestandteil des IT-Asset-Managements von Unternehmen und von grundlegender Bedeutung für die Cybersicherheit und die allgemeine IT-Verwaltung.

Ein wesentlicher Punkt, der bei der Nutzung von Cloud-Diensten berücksichtigt werden sollte, ist das Risiko einer *Überlizenzierung*. Dies bedeutet, dass mehr Lizenzen erworben wurden, als tatsächlich benötigt werden. Durch ein effektives Lizenzmanagement kann diese Überlizenzierung vermieden werden, indem der Bedarf an Cloud-Lizenzen genau ermittelt und die Nutzung optimiert wird.

Ihr Unternehmen kann Audits von Softwareanbietern unterzogen werden, um sicherzustellen, dass ihre Softwarelizenzen ordnungsgemäß eingesetzt werden. Ein funktionierendes Lizenzmanagement erleichtert die Vorbereitung auf solche Audits, indem es eine klare Dokumentation des Lizenzstatus und der Nutzung bereitstellt.

Kapitel 2
Strategie

Das Wort »Strategie« lässt zunächst Großes vermuten und bildet zugleich die Basis für Erfolg oder Misserfolg. Doch wie machen Sie Ihre Strategie zum Erfolgsfaktor?

Wenn Sie gerade erst eine Führungslaufbahn einschlagen, werden Sie mit zahlreichen ungewohnten Begriffen konfrontiert, etwa mit der *Strategie*. Das Wort selbst ist bekannt, etwa durch Strategiespiele oder andere Bereiche. Doch was bedeutet es in Ihrem neuen Umfeld?

Der Begriff selbst geht auf das griechische Wort »strategos« zurück, dass sich aus »stratos« (Heer) und »agein« (führen) zusammensetzt. Dies lässt bereits erahnen, dass die Verwendung zunächst im militärischen Rahmen erfolgte, die ersten Nennungen der Idee sind bereits 500 v. Chr. im Werk »Die Kunst des Krieges« zu finden. Sie werden vermutlich in Ihrem Alltag keine Kriege führen, dennoch geht es auch bei Ihnen um die Planung eines Vorgehens, damit ein gestecktes Ziel erreicht wird. Dabei umfasst der Plan sowohl die eigenen Schritte als auch mögliche Störquellen mit dem Ziel, deren Einfluss bestmöglich zu reduzieren.

Um es mit den Worten von Mark Twain zu sagen:

> *Wer nicht weiß, wohin er will, der darf sich nicht wundern, wenn er ganz woanders ankommt.*

Für Sie als Führungskraft bedeutet dies, dass nicht selten Führungserfolg und starke Strategie korrelieren. Oder anders gesagt: Wer nur kopflos umher irrt, kommt selten an sein Ziel und kann als Führungskraft seine Rolle oft nicht erfolgreich ausführen!

In vielen Unternehmen findet sich zunehmend häufiger eine Strategie, die aus Vision und Mission besteht.

2.1 Vision

Schon Helmut Schmidt sagte: »Wer Visionen hat, sollte zum Arzt gehen!« Heute wissen wir, dass er sich geirrt hat, denn Visionen sind echte Mehrwerte. Ihre Vision beschreibt, wie die Zukunft aussehen und was in ihr erreicht werden soll.

Wenn heute über Visionen gesprochen wird, fallen oft Namen wie Steve Jobs, Mark Zuckerberg oder anderer bekannter Unternehmer. Insbesondere Apple wurde für seine Vision bekannt, denn diese gilt in Fachkreisen noch immer als besonders gelungen. Das iPhone wurde seinerzeit als visionär betrachtet, da zu dem Zeitpunkt noch kein Markt oder überhaupt vergleichbare Geräte existierten. Dennoch sagte Steve Jobs, dass jeder Mensch ein Smartphone haben sollte und dass er dies mit Apple erreichen werde.

Die Vision umfasst nicht nur das Ziel, sie beinhaltet auch die Antwort des Unternehmens auf die Frage, warum dieses Ziel erreicht werden soll. Ein Beispiel wäre: »Wir werden in fünf Jahren CO^2-neutral produzieren, da unsere Produkte der Umwelt helfen, anstatt sie zu belasten!«

Eine Vision hat eine hohe Strahlkraft, und zugleich ist sie ein zentraler Punkt für die Mitarbeiter. Insbesondere Unternehmen wie Apple, Google oder Tesla zeigen, dass eine starke und ambitionierte Vision die besten Mitarbeiter anziehen kann, und zugleich gibt es genug Beweise, dass eine fehlende Vision auch abstoßend wirken und die Frage aufwerfen kann, wofür eigentlich alles gemacht wird. Bei Mitarbeitern, die der »Generation Why?« angehören, kann dies deutliche Nachteile bedeuten.

To-do: Eigene Vision kreieren

Sie dachten, nur das Unternehmen braucht eine Vision?

Nein, auch Ihr Team muss wissen, wohin Sie steuern wollen. Doch wie? Gehen wir auf die Reise zu Ihrer eigenen Vision.

Fragen Sie sich, was Ihr (berufliches) Ziel ist. Wofür haben Sie in Ihrem Unternehmen eine Führungsrolle angenommen? Was möchten Sie erreichen?

Ist es das Ziel, die Verfügbarkeit der Systeme zu stärken? Der Innovationstreiber des Unternehmens zu werden? Die Kosten zu reduzieren? Egal was es ist, schreiben Sie es auf! Nutzen Sie dafür einfache Worte, und fassen Sie sich kurz.

Weitere Beispiele für Ihre Vision könnten sein:

- *Mein Team wird zu einem innovativen Vorreiter. Wir wollen eine Kultur schaffen, in der neue Ideen willkommen sind und Veränderung Teil des Alltags ist.*
- *Wir werden die IT des Unternehmens effizient aufstellen und den Aspekt der Nachhaltigkeit auch im Alltag beachten, um auch unseren Kindern eine gesunde Welt zu ermöglichen.*
- *Unser Team wird in der Branche eine Vorbildfunktion einnehmen. Diese Position wollen wir auch öffentlich zeigen, damit unser Renommee uns als Geschäftspartner auszeichnet.*

Aber Achtung: Auch wenn es Ihre Vision ist, sollte diese eine hinreichende Schnittmenge mit den Werten des Unternehmens haben. Ansonsten könnte dies dazu führen, dass Sie als Führungskraft schnell an Zustimmung verlieren oder beim Ausfüllen

Ihrer Vision immer wieder auf Hindernisse stoßen, sodass die Vision zur Belastung anstatt zur Bereicherung wird!

Und auch wenn bei der Vision durchaus das Gefühl aufkommen kann, dass diese groß und enorm wichtig sein muss: Es geht um Ihre berufliche Vision. Sie als Mensch werden vermutlich viel mehr Ziele als nur die Arbeit haben – und das ist auch gut so! Sie erstellen im Beruf Ihre Vision für diesen Lebensbereich, da Sie nicht wenig Lebenszeit damit füllen werden. Daher gestalten Sie Ihr Umfeld aktiv mit und nutzen dafür die Vision!

Denken Sie immer an den Kapitän eines großen Schiffs: Für Mitstreiter braucht es ein attraktives Ziel und einen starken Willen. Im nächsten Schritt teilen Sie Ihre Vision mit Ihrem Team, mit anderen Teams, mit Vorgesetzten ... Nur wenn jemand Ihr Ziel kennt, kann er unterstützen und dazu beitragen!

Das schönste Ziel ist jedoch schwierig zu erreichen, wenn niemand den Weg kennt. Hierzu wird die Mission erstellt.

2.2 Mission

Das Wort *Mission* beschreibt den Auftrag, die Entsendung oder auch die Sendung. Im Alltag finden sich vielfältige Beispiele von Personen, die eine Mission für sich definiert und diese mit aller Stringenz verfolgt haben. Beispiele gefällig? Mahatma Gandhi, der Dalai Lama, Steve Jobs, Bill Gates ... Während die Vision Ihr Ziel vorgibt, beschreibt die Mission den Weg, der notwendig ist, um dort hinzugelangen. Es ist also die Frage, was Sie tun müssen, um das Ziel zu erreichen, und welche Unwägbarkeiten bereits jetzt auf dem Weg absehbar sind.

Eine Vision des Beispiels war es, CO_2-neutral zu produzieren, um die Umwelt zu schonen und nicht zu belasten. Die daraus folgende Mission könnte lauten: »Hierfür investieren wir in Forschung, schalten alte Server ab und denken unsere IT-Infrastruktur neu!«

Vielleicht erwarten Sie an dieser Stelle konkrete Schritte, einen Plan und idealerweise eine Checkliste mit zeitlicher Abfolge. Falls ja, muss ich Sie leider enttäuschen. Die Aufgabe der Mission ist es, den Weg zu weisen, jedoch nicht jeden Stein auf diesem zu beschreiben.

Was zunächst wie eine Worthülse klingt, wird bei einem zweiten Blick klar. Mit der Vision beschreiben Sie ein Zukunftsbild, das Sie anstreben werden. Zugleich ist es der Blick in die Zukunft, der ein Ziel zeichnet, das bisher nicht erreicht wurde. Das bedeutet, dass Sie nicht selten neue Wege suchen und gehen müssen. Damit Sie einen konkreten, detailreichen Plan zeichnen könnten, müssten Sie die Wege bereits kennen – dann wären Sie diese jedoch auch schon gegangen und es wäre keine Vision mehr.

Und nun? Als Ergebnis müssen Sie einen Weg finden, der einerseits Ihre ambitionierten Ziele attraktiv beschreibt und andererseits die Machbarkeit möglich erscheinen lässt.

- Ein vermeintlich schwieriges Beispiel ist: »Staus auf der Autobahn sind für uns ein Ärgernis; wir möchten verhindern, dass Menschen ihre Zeit im Stau verlieren. Daher werden wir in einem Jahr Menschen jederzeit und überallhin fliegen lassen.« Wenn Sie für diese Aussage keine sehr gute Begründung haben, wird aus Vision und Mission schnell Spinnerei, der niemand freiwillig folgen wird.
- Ein positives Beispiel ist hingegen: »Wir werden die Natur nachhaltig schützen und den Einsatz von Düngemitteln in zwei Jahren um bis zu 40 % verringern. Um das zu erreichen, werden wir unser Drohnenprogramm ausbauen und neue Maschinen für eine bedarfsgerechte Düngung konzipieren.«

Lassen Sie beide Sätze auf sich wirken. Klingt der zweite nicht deutlich eher nach einem Plan und etwas, wofür es sich aufzustehen lohnt?

Damit Ihr Mission-Statement schlagkräftig wird, sollten Sie die folgenden Punkte beachten:

- Was machen Sie? Hier geht es darum, was der Daseinszweck Ihres Teams ist. Was macht Sie einzigartig? An dieser Stelle sollte klar werden, warum Ihr Team unabkömmlich und wertvoll ist.
- Es muss begeisternd sein: Der Zuhörer oder Leser muss Ihre Faszination und Begeisterung in den Worten spüren – langweilige Abhandlungen waren gestern.
- Die Emotionen müssen am Siedepunkt sein: Kennen Sie es auch, dass etwas Sie emotional berührt? Menschen sind emotionale und soziale Wesen, dadurch bleiben Emotionen deutlich stärker haften. Und wenn Ihre Zuhörer oder Leser eins tun sollen, dann ist es, immer wieder an Ihre Mission zu denken sowie dafür einzustehen!
- In der Kürze liegt die Würze: Die Herausforderung und zugleich Kunst besteht darin, die bisherigen Punkte in wenigen Worten zu verbinden und harmonisch zu behandeln. Kurze Sätze prägen sich ein, ganze Abhandlungen eher nicht.

2.3 Haben Sie im Alltag etwas mit der Strategie zu tun?

Je nachdem, auf welcher Unternehmensebene Sie Führungskraft sind, haben Sie mehr oder weniger damit zu tun, die Strategie des Unternehmens zu gestalten.

Eine weitere Einflussgröße ist die Unternehmensgröße selbst. In einem kleinen Start-up haben Sie häufig die Möglichkeit, die gesamte Unternehmensentwicklung mitzugestalten und sich einzubringen. In Großkonzernen oder gar Behörden werden diese Wege häufig deutlich formaler und begrenzter.

Nach der Erstellung der Strategie gilt es, dem Papiertiger Leben einzuhauchen und die Ziele im Unternehmen zu verankern, so auch in Ihrem Alltag. Oft bildet die Strategie zugleich einen wesentlichen Teil der sogenannten »Unternehmens-DNA«, wodurch alle Mitarbeiterinnen und Mitarbeiter unmittelbar betroffen sind.

Im Unternehmensalltag treffen Sie auf drei mögliche Entscheidungsebenen, die aufeinanderfolgen:

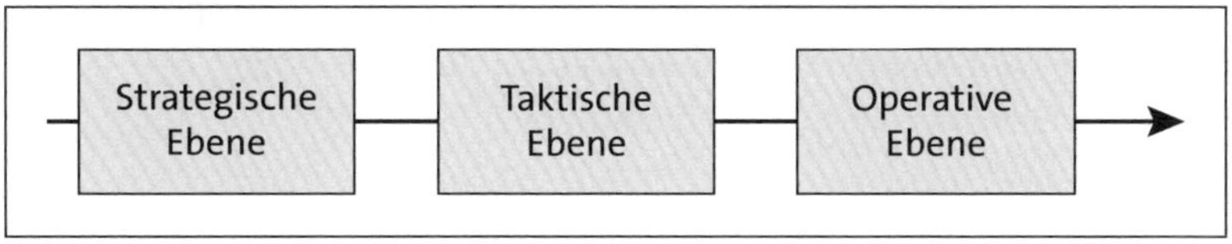

Abbildung 2.1 Verschiedene Entscheidungsebenen

2.3.1 Strategische Ebene

Als Erstes betrachten wir die strategische Ebene, auf der Ziele für das gesamte Unternehmen in Form der Vision und Mission definiert werden.

Während die operative Ebene einen Horizont von bis zu einem Jahr hat, ist dieser in der strategischen Ebene deutlich höher. Die Bestimmung des richtigen Horizonts ist unternehmensindividuell unterschiedlich, häufig werden drei bis fünf Jahre gewählt. Es gilt dazu, die Balance zwischen unternehmerischer Flexibilität und der Erreichung ambitionierter Ziele zu finden. Im Alltag wird dies zunehmend schwieriger, denn wir befinden uns in der sogenannten *VUCA-Welt*. In dieser Welt verändert sich bereits der eigene Zuständigkeitsbereich immer schneller. Die Folge ist eine hohe Dynamik in allen Bereichen, sodass es eine stetige Herausforderung ist, als Führungskraft auf einer abstrakten Ebene einen Überblick zu haben und Entscheidungen treffen zu können, zugleich jedoch auch nicht in Details unterzugehen.

Exkurs: VUCA-Welt

Der Begriff »VUCA-Welt« stammt aus dem militärischen Bereich und steht als Akronym für:

- *Volatility* (Volatilität): Märkte verändern sich schneller. Bei der Produktion der ersten Handys war ein Modellabstand von mehreren Jahren üblich, bei modernen Smartphones erfolgt die Veröffentlichung im Jahrestakt.
- *Uncertainty* (Unsicherheit): Die zuvor gut mögliche Langzeitplanung ist ein Relikt der Vergangenheit, die heutige Planung ist dynamisch und muss sich an die Umstände anpassen. Strategische Überlegungen bedeuten häufig, eine unsichere Zukunft zu planen und zugleich daraus resultierende Risiken zu akzeptieren.
- *Complexity* (Komplexität): Insbesondere in der IT sehen Sie, dass immer mehr Prozesse und Verhaltensweisen miteinander verknüpft werden, wodurch die Kom-

plexität des gesamten Gebildes steigt und nahezu undurchschaubar wirkt. Ein gutes Beispiel ist der Ausfall von Facebook im Jahr 2021, bei dem die Systeme durch einen Konfigurationsfehler begannen, sich selbst gegen äußeren Zugriff abzuschotten. Das System war selbst für die Ingenieure von Facebook zu komplex geworden.

- *Ambiguity* (Ambiguität): Informationen sind mehrdeutig und häufig auch widersprüchlich. Dies ist eine Folge des Informationszeitalters und der zunehmenden Geschwindigkeit der Verteilung. Dadurch wird es für Sie schwieriger, eine Entscheidung zu treffen bzw. ihr ein solides Fundament zu geben.

Ein Blick auf viele Branchen verrät, dass der Umbruch zu einem vertrauten Begleiter wird. Aus diesem Grund werden die Wahl eines Zeitraums und die mögliche Konkretisierung schwieriger. Unternehmen haben daher begonnen, ambitionierte Ziele in Etappenziele zu unterteilen und die Strategie als Dokument mit viel Veränderung zu betrachten.

Schuster, bleib bei deinen Leisten!

Gerade zu Beginn der Führungslaufbahn ist es verlockend, sich direkt in Diskussionen zur Strategie einzubringen. Sicherlich meinen Sie es gut und haben eine aus Ihrer Sicht gute Idee, aber Ihr Gesprächspartner reagiert ungehalten darauf? Dabei wollten Sie doch nur helfen!

In Unternehmen hat alles eine Vergangenheit, oft fällt der Begriff »gewachsene Strukturen«. Vieles, was vielleicht aus heutiger Sicht seltsam wirkt, hatte oder hat seine Daseinsberechtigung.

Nun setzen Sie mal die Brille der Kollegen auf: Häufig war harte Arbeit notwendig, um den Weg bis zu diesem Punkt zu gehen. Und nun kommt ein Frischling – nämlich Sie – und will die Welt erklären! Das sorgt erst mal für Unmut und schnell auch Ablehnung. Doch was tun? Wegschauen?

Ich empfehle Ihnen, zunächst sensibel zu fragen.

Warum sind die Dinge, wie sie sind? Welche Entwicklung und Geschichte stecken dahinter? Welcher Plan ist vielleicht schon für die Zukunft zementiert?

Wenn Sie all diese Informationen haben, können Sie, sobald Sie eine belastbare Beziehung zu den Kollegen aufgebaut haben, vorsichtig fragen, warum es genau so und nicht anders gemacht wird.

An der einen oder anderen Stelle werden Sie mit Ihrem Engagement vielleicht mit offenen Armen empfangen, an anderen Orten vielleicht abgelehnt. Wichtig ist es, bei diesem »Vortasten« vorsichtig zu bleiben, da es nicht nur um das Thema, sondern immer auch um Ihre Kollegen und deren Sicht darauf geht. Und: Sollte etwas mal nicht so sein und werden, wie Sie es sich vorstellen, nehmen Sie es hin, oder beobachten Sie weiter. Die Brechstange hilft an dieser Stelle keinesfalls!

2.3.2 Taktische Ebene

Ob Sie auf die taktische Ebene stoßen, hängt von Ihrem Unternehmen und dessen Aufbau ab. Die Aufgabe der taktischen Ebene ist die des Bindeglieds und Übersetzers zwischen der strategischen und der operativen Ebene. Die wesentliche Aufgabe besteht in der Adaption der strategischen Ziele an die einzelnen Geschäftsbereiche. Erkennbar wird es an der Zusammensetzung in Meetings und Gesprächsrunden: Während die strategische Ebene häufig auf die Top-Führungskräfte beschränkt ist, bezieht die taktische Ebene im Regelfall alle Führungskräfte mit ein. Es gilt, die Teams aufeinander abzustimmen und zu prüfen, ob die operativen Leitplanken in der momentanen Ausprägung für die strategischen Ziele geeignet sind.

2.3.3 Operative Ebene

Die operative Ebene kennen Sie vermutlich sehr gut. Unter Mitarbeitern hat sie stellenweise den etwas abfälligen Namen »Arbeiterebene«, was den Zweck jedoch sehr gut beschreibt.

Auf dieser Ebene sorgen Sie mit Ihrem Team dafür, dass Prozesse und Vorgaben umgesetzt werden, damit Dienstleistungen erbracht oder Produkte produziert werden.

In der neuen Rolle als Führungskraft treffen Sie auch operative Entscheidungen, etwa die Personalplanung bei Krankheit oder die Korrektur eines nicht effizienten Prozesses.

Sie werden auch die Mitarbeiter in vielen Entscheidungen erleben, etwa bei der Frage, wie eine Aufgabe zu erledigen oder welche Reihenfolge am besten ist.

In dieser Ebene müssen Entscheidungen oft schnell und meist für kurze Zeiträume (< 1 Jahr) getroffen werden. Sie werden im Alltag rasch merken, wie wichtig das ist: Ein ineffizienter Prozess muss schnellstmöglich angepasst werden, da jede weitere Durchführung nur noch mehr Probleme verursacht.

Die Leitplanken für die Entscheidungen und Prozesse werden nicht in dieser Ebene selbst gesetzt, sondern stammen aus der taktischen oder strategischen Ebene.

Welche Rolle spielt Ihre IT-Strategie innerhalb der Unternehmensstrategie?

2.4 Unternehmens- und IT-Strategie

Die Unternehmensstrategie beschreibt, in welche Richtung sich das Unternehmen in der nächsten Zeit entwickeln will und welches Ziel erreicht werden soll.

Schnell wirkt ein Strategiepapier wie »das« Dokument und der heilige Gral der Firma, an dem sich alles ausrichten soll.

Der Prozess der Strategiefindung ist jedoch weitaus komplexer, und das wesentliche Ergebnis lässt sich selten auf ein Strategiedokument eindampfen. Es gibt vielmehr die Leitplanken vor, auf deren Basis die unterschiedlichen Bereiche, darunter auch die IT, ihre Strategie definieren.

Die Ausrichtung der operativen Bereiche, also beispielsweise des Vertriebs oder der Produktion, werden ganz selbstverständlich als Teil der Unternehmensstrategie gesehen – was im nächsten Jahr produziert und verkauft wird, ist natürlich eine Frage der Unternehmensstrategie. Bei der IT ist dies weniger offensichtlich, und man könnte sogar meinen, dass die Firmen-IT eine reine Dienstleisterin ist, die vollkommen abgekoppelt von den strategischen Betrachtungen der Firma arbeitet.

Wie die IT einer Firma arbeitet, hat jedoch großen Einfluss auf die strategische Ausrichtung. Sie gibt inzwischen vor, auf welchen Märkten ein Unternehmen aktiv sein kann, welche Vertriebskanäle genutzt werden können und was produziert wird. Ganz einfach formuliert: Wenn Sie große Stückzahlen eines Produkts über Ihren eigenen Webshop absetzen wollen, brauchen Sie eine hervorragende Website mit einer robusten Anbindung an Warenwirtschaftssysteme und entsprechende Logistik.

Die Bedeutung von IT ist für moderne Unternehmen so groß, dass sogar diskutiert werden muss, wer hier Pferd und wer der Reiter ist. Muss sich Ihre IT-Strategie von der Ausrichtung des Unternehmens leiten lassen, oder ist es vielmehr so, dass die Möglichkeiten Ihrer IT vorgeben, was Ihre Firma umsetzen kann?

Innovation als strategische Herausforderung

Künstliche Intelligenz ist das Thema der Stunde. Sicherlich haben Sie schon einmal mit ChatGPT diskutiert oder einen Copiloten von Microsoft genutzt. Wirklich transformierend wird der Einsatz von KI jedoch, wenn Ihr Unternehmen durch eigene KI-Strukturen Mehrwerte in den eigenen Prozessen schafft. Die Möglichkeiten sind fast endlos: Kleine Agenten können für mehr Effektivität sorgen; vielleicht entstehen in Ihrer Branche auch ganze neue Produkte, die KI integrieren.

Wenn Ihr Unternehmen diese Chance nutzen will, braucht es im Regelfall zunächst eins: eine sehr gut ausgebildete IT-Abteilung, die die Umsetzung begleitet, wenn nicht sogar leitet.

Gerade bei Unternehmen, die zuvor IT als Randthema gesehen haben, übernimmt die IT an diesem Punkt eine führende Position und ist daher mittelfristig ein wichtiger Bestandteil für die Unternehmensstrategie.

Sie sehen, der Prozess der Veränderung kann auch Sie mit Ihrer IT schneller als erwartet betreffen und Ihre Position im Unternehmen deutlich verändern!

2.4.1 Folgt die IT-Strategie der Unternehmensstrategie?

Die Frage, welche Strategie als Vorbild bezeichnet werden kann, ist nicht immer eindeutig.

In Lehrbüchern findet sich immer wieder die Unternehmensstrategie als Maßstab, und alle anderen Strategien werden von ihr abgeleitet. Das würde dann auch bedeuten, dass sich die IT-Strategie an der allgemeinen Unternehmensstrategie orientieren muss.

In der heutigen Zeit wirkt dies jedoch wie ein Relikt aus der Vergangenheit, denn die IT-Durchdringung vieler Unternehmen ist bereits sehr hoch oder nimmt signifikant zu, und zugleich ist die IT meist einer der schnelllebigen Bereiche des Unternehmens. In Folge ist eine gute IT ein echter Wettbewerbsvorteil oder auch der »Enabler« für neue Chancen. Es stellt sich daher die Frage, wie die Unternehmensstrategie bereits alle Möglichkeiten der IT erfassen und vor allem umfassen kann.

Die Erfahrung zeigt, dass es aus diesem Grund heute viel mehr zum Dialog zwischen Ihnen als IT-Verantwortlicher und der Unternehmensleitung kommt, um Ziele und Visionen miteinander abzustimmen.

Erwarten Sie jedoch nicht zu viel, denn die Strategie selbst ist meist bereits festgelegt und nur innerhalb kleiner Bereiche noch beweglich. Auch ist es wichtig, dass kein Anrecht auf eine Mitsprache für die IT besteht und Sie daher in dieser Runde eher die Gastrolle einnehmen. Was jedoch mit der Geschäftsleitung begonnen hat, sollte mit den anderen Bereichen im Rahmen des IT-Business-Alignments weitergeführt werden.

2.4.2 IT-Business-Alignment

In vielen Geschäftsprozessen spielt die IT eine entscheidende Rolle und ist nicht mehr wegzudenken. Ein Gedankenexperiment, das mir sehr gefällt, können Sie ganz einfach umsetzen: Schauen Sie sich in Ihrem Büro um, und streichen Sie alles weg, was von der IT abhängt. Was bleibt übrig?

Stelle ich diese Frage in Seminaren, ernte ich oft erschrockene Blicke, da die IT-Durchdringung bereits so umfassend ist. Kundendaten werden im CRM-System verwaltet, Telefonate werden über die VoIP-Telefonanlage gesteuert, und Meetings werden über Videokonferenzsoftware abgehalten. Ohne eine gute IT funktioniert heute nicht mehr viel.

Bevor über mögliche Machtverhältnisse spekuliert wird, will ich aber die gegenseitige Abhängigkeit im Sinne des Teams betonen. Ihr IT-Team wäre ohne die anderen Bereiche arbeitslos, und die anderen Bereiche sind ohne Ihr Team schlicht nicht arbeitsfähig. Daher muss stets ein Miteinander statt ein Nebeneinanderher oder gar Gegeneinander gelebt werden!

Aus dem Grund wurde der Begriff *IT-Business-Alignment* geschaffen, der die Ausrichtung der IT anhand der Anforderungen der weiteren Bereiche und die Integration der Innovationspotenziale der IT durch die anderen Bereiche beschreibt. Zahlreiche Studien haben ergeben, dass Unternehmen umso erfolgreicher sind, je besser das IT-Business-Alignment funktioniert. Es gilt daher, im Dialog den gemeinsamen Weg zu finden, auf dem Sie mit Ihrem Team die Anwender und die Prozesse ideal unterstützen und zugleich die IT effizient betreiben können. Die Kernfragen lauten daher: »Wie können wir als IT die Bereiche bei ihren Zielen ideal unterstützen? Welche Prozesse könnten in angepasster Form seitens der IT besser unterstützt werden?«

Die Zielrichtung ist klar: die idealen Prozesse, unterstützt durch Sie und Ihr Team, und das mit einer maximalen Effizienz. Wenn dies eins der Ziele der Strategie ist, wie ist diese aufzustellen?

2.5 Die IT-Strategie aufstellen

Sie haben vielleicht bereits eine IT-Strategie oder vergleichbare Dokumente gelesen, nun sollen Sie jedoch eine eigene Strategie definieren. Was zunächst wie eine enorme Aufgabe wirkt, kann mit einigen Schritten leicht strukturiert werden.

Die erste Erkenntnis ist, dass Sie die Strategie keinesfalls allein aufstellen sollten. Einerseits hat sich die IT als »Querschnittsbereich« etabliert, weswegen viele Partner in den Prozess einbezogen werden sollten. Andererseits bieten die Gesprächspartner Ihnen auch einen Spiegel bzw. Sparringspartner für eine sinnvolle Strategie.

In der Praxis hat sich daher ein dreistufiges Vorgehen bewährt:

1. Gespräche mit den Fachbereichen
2. Gespräche mit den IT-Mitarbeitern
3. finale Abstimmung mit der Geschäftsführung

2.5.1 Gespräche mit den Fachbereichen

Die Fachbereiche setzen die operativen Geschäftsziele um. Daher sind ihre Bedürfnisse zentral für die Gestaltung Ihrer IT.

An dieser Stelle muss betont werden, dass die IT der Dienstleister für die Fachbereiche ist – und nicht umgekehrt. Diese Aussage werden Sie vermutlich bestätigen, und doch ist diese Haltung häufig das Hindernis für eine erfolgreiche Zusammenarbeit. Ich stoße immer wieder auf IT-Bereiche, die durch ihre Haltung ausdrücken, dass die operativen Bereiche ihnen zu dienen haben.

Stattdessen sollten Sie sich fragen, wie Sie den Alltag der Mitarbeiterinnen und Mitarbeiter in allen Unternehmensbereichen besser machen können. Denn wenn alle leichter und besser durch den Arbeitsalltag kommen, profitiert das ganze Unternehmen von einem besseren Klima! Daher empfehle ich Ihnen: Leben Sie die Haltung eines Dienstleisters durch und durch. Beachten Sie jedoch, dass dies nichts mit Selbstaufgabe zu tun hat, sondern auch durch den jeweiligen Bereich zurückgespiegelt werden muss!

Damit all dies möglich wird und Sie Ihre IT-Strategie entwickeln können, gilt es daher zunächst, Gespräche mit den Fachbereichen zu führen.

Die erste Frage ist der Blick in die Zukunft. Welche Ziele verfolgt der Bereich in Zukunft? Was sind die Herausforderungen, die es zu bewältigen gilt? Welche Rolle spielt Ihr Team aus Sicht des Fachbereichs darin? Wie kann die IT die Ziele des Fachbereichs unterstützen? Sind IT-Trends auf dem Schirm?

Der Fokus liegt an dieser Stelle auf der Vision selbst und weniger auf der technischen Umsetzung. Es gilt zu klären, ob das Portfolio der angebotenen Dienstleistungen sich verändert, ob möglicherweise neue rechtliche Rahmenparameter entstehen und welche Einflüsse dies auf Ihr Team haben könnte.

Ein weiterer Themenbereich sollte der Rückblick auf die vergangene Zeit sein. Es gilt, den Außenblick auf Ihr Team und seine Leistungen abzufragen und Feedback einzuholen. Sind die bisherigen Services gut? Könnten die Services besser sein? Ist die bisherige Hardware gut, oder werden Anpassungen benötigt? Welche Herausforderungen muss das Unternehmen bewältigen, wie wirken sich diese auf die Fachbereiche aus, und was kann die IT zur Unterstützung tun?

Oft können solche neuen Herausforderungen sehr plötzlich entstehen, ohne dass eine langfristige Planung greifen konnte. Zum Beispiel machte die Corona-Pandemie eine rasante Umstellung der alten Prozesse notwendig. Für die IT heißt das, dass schnell Meetingservices und digitale Collaboration-Werkzeuge bereitgestellt werden mussten. Da die Supply-Ketten für die notwendige Hardware jedoch überlastet waren und auch IT-Verantwortliche nicht zaubern können, war der Ärger oftmals groß, wenn Meetings aus dem Homeoffice nur ruckelig und instabil liefen.

An dieser Stelle stehen Sie vor einer Gratwanderung. Bei einem negativen Feedback kennen alle den inneren Drang, sich rechtfertigen oder argumentieren zu wollen. Widerstehen Sie ihm! Das Feedback und die Offenheit Ihres Gesprächspartners sind sehr sensibel. Niemand gibt gerne ein Feedback, wenn der Gesprächspartner sofort versucht, es zu widerlegen. Hier gilt es, zuzuhören und höchstens in geringem Maße Ihre Sicht darauf aufzuzeigen.

Neben den »harten Fakten« sollten Sie sich ein Bild des Gesprächspartners machen, um einschätzen zu können, welches Gewicht den Aussagen beigemessen werden sollte. Zum Verständnis sollen die beiden Extrempole skizziert werden, im Alltag liegt die Wahrheit oft im Graubereich dazwischen.

Das war doch schon immer so!

Kennen Sie diesen Satz auch als Begründung oder Erklärung?

Oft kommt er von langjährigen Angestellten, die mit der Zeit eine eher konservative Einstellung entwickelt haben. Man geht häufig davon aus, dass dies mit dem Alter einhergeht. Die alltägliche Erfahrung zeigt jedoch, dass sich solche Menschen in jeder Altersklasse finden.

Diese Personengruppe konzentriert sich häufig darauf, den aktuellen Zustand zu bewahren. Das führt nicht selten dazu, dass vieles noch in physischen Ordnern abgelegt wird und Daten pauschal in Office-Dokumenten erfasst werden. Infolgedessen werden Sie schnell als Bedrohung des Status quo gesehen, wenn Sie notwendige Modernisierungen durchführen wollen oder Ihre Services andere Prozesse benötigen. Das kann dazu führen, dass Informationen nur spärlich oder gar nicht mit Ihnen geteilt werden.

Der erste Impuls ist häufig eine missionierende Haltung und der Versuch, mit aller Kraft zu überzeugen. An dieser Stelle kann ich Ihnen davon nur abraten, denn dies führt nahezu sicher zu Meinungsverschiedenheiten und zur Bildung harter Fronten.

Ihr Weg sollte eher darin bestehen, die Gedankenwelt des konservativen Gesprächspartners kennenzulernen. Finden Sie im ersten Schritt heraus, warum er konservativ handelt. Ist er gegen Veränderungen? Hat er negative Erfahrungen gemacht? Oder liegt es daran, dass »seine« Entscheidungen infrage gestellt werden?

Das Verständnis dieser Punkte wird Ihnen bei späteren Verhandlungen und bei der Zusammenarbeit eine große Hilfe sein.

Veränderung und Entwicklung – am liebsten täglich

Der Gegenpol dazu ist der technikverliebte Gesprächspartner. Zunächst ist er recht angenehm, da er technische Entwicklungen kennt und schätzt. Nicht selten werden Sie jedoch bald feststellen, dass er jedem Hype folgt und Sie ständig neue Konzepte für mögliche Einführungen erstellen sollen.

Wo Sie zunächst große technologische Chancen gesehen haben, macht sich Enttäuschung breit.

Die Zusammenarbeit leidet darunter, denn viele mit viel Herzblut entwickelte Konzepte werden nicht weiterverfolgt. Schlimmer noch: Sie werden dafür kritisiert, dass die IT immer zu langsam sei und Innovationen verschlafe! Diesen Umgang müssen Sie schnell unterbinden. Anderenfalls führt er zur Demotivation bei Ihnen und Ihrem Team sowie zum Reputationsverlust im Unternehmen.

Hinzu kommt, dass solcher Übereifer und das Aufspringen auf jeden Hype zu hohen Investitionen ohne ersichtlichen Nutzen führen. Wenn der Finanzvorstand eines

Tages nach übermäßigen Ausgaben sucht, möchten Sie mit Ihrem Team keinesfalls auf der Liste stehen!

Auch Ihre IT-Architektur ist durch den permanenten und rasanten Wandel in Gefahr; das Team kann gar nicht so schnell reagieren, bevor der nächste Hype aufkommt. Das führt schnell zu einer inkonsistenten IT-Architektur, liebevoll »historisch gewachsene Strukturen« genannt. Infolgedessen entstehen hohe Wartungsaufwände, die finanzielle Mittel für spannende Projekte blockieren. Dadurch leidet auch Ihre IT-Strategie, da Sie zunehmend mit Erhalt und Pflege befasst sind und in Folge keine wirklichen Innovationen mehr hervorbringen können.

Es gilt daher: Vermeiden Sie es, jedem Hype zu folgen, und lassen Sie sich keinesfalls treiben. Nur so ist sicher, dass Sie Mittel für spannende Themen haben und zudem ein Erfolgsteam mit spannender Strategie führen werden!

Sie müssen also beide Extremtypen, den konservativen Blockierer und den Hype-getriebenen Tech-Freak steuern, jedoch ohne dass es zu einer großen Konfrontation kommt.

Eskalation, aber mit Stil!

Ist es feige, mit den beiden Extremtypen nicht direkt in die offene Konfrontation zu gehen?

Nein, clever.

Jegliche direkte Konfrontation mit schwierigen Charakteren führt zu Beschwerden bei der Geschäftsführung, und Ihr Gegenüber fühlt sich immer im Recht. Zugleich sind Ihre Gesprächspartner häufig ebenfalls im Management tätig und dementsprechend wichtig, daher wird die Beschwerde nahezu sicher ankommen. In Folge müssen Sie sich rechtfertigen, und das raubt Zeit. Zudem gilt das Sprichwort »Wer mit Dreck beworfen wird, an dem bleibt auch immer etwas hängen« – und sei es nur die Erinnerung, dass es mit Ihnen oft Eskalationen gibt.

Aussitzen ist aber auch keine Lösung. Daher sollten Sie Ihren Vorgesetzten involvieren mit der Frage, ob Ihr Eindruck von der betreffenden Person stimmt und wie damit umzugehen ist. Sie werden feststellen, dass es in Unternehmen Seilschaften und Abhängigkeiten gibt, die für oder gegen Sie wirken können. Wichtig ist in jedem Fall, diese zu kennen! Die Königsklasse ist dann, sie zu nutzen oder zumindest in die eigenen Aktionen einzubeziehen.

Bei strategischen Fragestellungen ist insbesondere die Rückendeckung der Führungsebenen bis hin zur Geschäftsführung Gold wert, da es immer wieder Personen gibt, die mit Ihrer Strategie nicht zufrieden sein werden. Eine Unterstützung höherer Führungsebenen kann Ihnen dort den Rücken stärken und Sie von alltäglichen Nebenkriegsschauplätzen befreien.

2.5.2 Prozess-Redesign

Ihre Einschätzung des Gesprächspartners ist für den nächsten Schritt elementar, das *Prozess-Redesign*.

Zuerst wird der Gesprächspartner nach Möglichkeiten für eine bessere IT-Unterstützung seiner Prozesse gefragt. Im nächsten Schritt kann es hilfreich sein, den Prozess selbst zu hinterfragen. Hier zeigen sich die Folgen der weitergehenden Integration von IT in die Prozesse: Es bedarf einer Kombination aus IT- und Fachwissen. Dafür hat sich seit einiger Zeit das Berufsbild des *Business-Analysten* etabliert, der beide Welten vereint.

In vielen IT-Bereichen wird diese Position oft belächelt, denn »von Technik weiß der genauso wenig wie vom Business«. Das stimmt sogar teilweise, hat aber seinen Grund darin, dass der Business-Analyst sowohl die fachliche als auch die technische Welt verstehen muss. Die dadurch entstehende Breite kostet als Preis etwas fachliche Tiefe. Ungeachtet dessen ist die Position sehr wertvoll, denn sie schafft den Brückenschluss zwischen beiden Welten. Nichts wäre schlimmer, als einen Prozess aus der IT-Sicht zu »optimieren«, ohne ihn zuvor aus fachlicher Sicht verstanden zu haben!

Die Aufgabe der Business-Analyse besteht darin, sich die Prozesse des Gesprächspartners anzuhören, da dort Potenziale für strategische Verbesserungen liegen können. Ein feinfühliges Vorgehen und das Auftreten als Dienstleister sind wesentliche Erfolgsfaktoren für das Gelingen der Gespräche.

Im Berufsalltag habe ich bereits mehrfach die Erfahrung machen müssen, dass IT-Ansprechpartner mit viel Elan in die Fachbereiche gingen und dort schnell als überheblich wahrgenommen wurden. Meist lag das nur daran, dass sie Technologie anders wahrnahmen und (gut gemeint) versuchten, bestehende Prozesse zu digitalisieren. Sie müssen jedoch darauf achten, dass Sie mehr zuhören als reden und Ihren Gesprächspartner dort abholen, wo er sich gerade befindet. Von diesem Punkt an gilt es, kleine und verträgliche Schritte zu unternehmen, um Umstellung und Veränderung zu ermöglichen. Dies gilt insbesondere, wenn Welten zwischen dem bisherigen Vorgehen und modernen Möglichkeiten liegen. Umso wichtiger ist es daher, den beteiligten Personen die Umstellung und die Umgewöhnung zu erleichtern, anstatt mit dem sprichwörtlichen Holzhammer vorzugehen.

2.5.3 Prozesse identifizieren und verbessern

Zunächst stellt sich die Frage, welche Prozesse betrachtet werden sollen, da es zeitlich oft nicht möglich ist, alle zu berücksichtigen. In der Praxis haben sich folgende Kombinationen bewährt:

- die wichtigsten Prozesse (die Kronjuwelen)
- die Prozesse, die am häufigsten ausgeführt werden

- die Prozesse, die am meisten Zeit benötigen
- die Prozesse, die als fehlerhaft und schwierig bekannt sind

Für ein besseres Verständnis empfiehlt es sich, dass Sie die Prozesse hautnah miterleben und mehrere Male selbst durchführen. Dadurch steigt Ihr Verständnis für die Prozesse, und auf dieser Basis können Sie mögliche Lösungen für die IT-Unterstützung erarbeiten. Nebenher steigt auch noch Ihr Ansehen bei dem Gesprächspartner, weil er merkt, dass Sie sich wirklich für den Prozess und eine sinnvolle Lösung interessieren.

Im Gespräch selbst stellt sich dann oft der bekannte Effekt ein: Wer seine Herausforderung schildert, kommt selbst auf eine innovative Lösung. Auch dies ist ein gemeinsamer Erfolg, der die Zusammenarbeit stärkt.

Damit Ihre Verbesserungen jedoch Anklang finden, sind Transparenz und Vertraulichkeit wesentliche Akzeptanzfaktoren. Sobald ein Fachbereich Ihnen die schwierigen, umständlichen oder vielleicht sogar unnötigen Prozesse offenbart, beginnt eine heikle Phase, denn viele Unternehmen verfolgen eine »Null-Fehler-Politik«, und das Bekanntwerden dieser Probleme rückt den Fachbereich in ein schlechtes Licht. Sie dürfen daher Ihre Analysen keinesfalls an die große Glocke hängen. Zugleich müssen sie jedoch für den Fachbereich selbst transparent gestaltet werden.

Eine der größten Ängste ist häufig, dass Sie und Ihr Team zu einer Lösung kommen, die das Problem vergrößert, statt es zu beheben. Die Lösung mag technisch ausgereift sein, verfehlt aber möglicherweise den eigentlichen Prozess. Damit Ihnen dieses Schicksal erspart bleibt, sollten Sie sämtliche Lösungsansätze und -schritte mit dem Fachbereich abstimmen und ein gemeinsames Vorgehen erarbeiten.

Der Dialog mit dem Fachbereich zeigt bereits auf, dass der Austausch für ein gelungenes IT-Business-Alignment unabdingbar ist.

2.5.4 IT als Innovationstreiber

Ihre IT-Abteilung ist natürlich nicht nur dafür zuständig, dass Prozesse digitalisiert und optimiert werden. *Digitale Transformation* bedeutet noch viel mehr und erzwingt den Austausch im Rahmen des IT-Business-Alignments. Sie müssen gemeinsam mit den Fachbereichen definieren, wie heutige Geschäftsfelder durch den Einsatz von Technologie weiterentwickelt werden oder sich grundsätzlich verändern können.

Die Vergangenheit lehrt, wie wichtig dieser Schritt ist. Firmen wie Nokia oder viele Schreibmaschinenhersteller haben ihn verpasst und sind mit der Zeit gemeinsam mit ihren Produkten vom Markt verschwunden. Beispiele für heutige Schritte in der digitalen Transformation sind etwa Flugzeugbauer, die ihr Personal nicht mehr an echten (und dadurch sehr teuren) Motoren ausbilden, sondern zunehmend Augmented-Reality-Ansätze nutzen. Oder auch Maschinenbauer, die eine Optimierung der Maschinenlaufzeiten anstreben und dadurch den Themenbereich der »vorausschauenden Wartung« (*Predictive Maintenance*) weiter ausbauen.

Sie müssen daher nicht nur die Rolle des internen Dienstleisters ausfüllen, sondern auch eine gestaltende Position im Rahmen von neuen Produkten oder Angeboten einnehmen (dazu kommen wir in Kapitel 16 noch einmal, wenn es darum geht, was *Innovation* ist.) Ob Sie diese Möglichkeit haben werden, liegt an vielen Faktoren, etwa an der Branche, der Ausrichtung des Unternehmens oder auch der Offenheit des Unternehmens für Innovationen.

2.5.5 Business Cases als Kommunikationsmittel

Sobald ein Bereich Ihnen Aspekte für Veränderungen von IT-Prozessen oder IT-Unterstützung mitgeben möchte, sollten diese als Business Case formuliert werden.

Es sollten folgende Aspekte enthalten sein:

- Beschreibung des Ziels
- Annahmen zu dessen Wichtigkeit
- mögliche Ersparnisse oder Gewinne

Der Business Case selbst stammt aus dem Projektmanagement und wird für die Bewertung eines Projekts genutzt. Auch wenn die Datenlage eher schmal ist, bietet sie einen ersten Überblick über das Vorhaben. Insbesondere wenn Sie mit dem Vorhaben zur Geschäftsführung gehen, um Mittel zu bekommen, wird sie meist abgefragt. Neben der Strategie müssen Sie auch die Budgets für die Umsetzung Ihrer Ziele planen, wofür diese Werte ebenfalls wichtig sind.

2.5.6 Die eigene IT

Die bisherige Aufnahme hat sich primär mit den Anforderungen der Fachbereiche an die IT befasst. Doch was ist mit den eigenen Zielen und dem Betrieb bestehender Lösungen?

Während die Fachbereiche viele Systeme als »bereits vorhanden« ansehen, geht schnell unter, wie viel Aufwand für die Erhaltung und weitere Entwicklung der IT-Infrastruktur notwendig ist. Die Erfahrung zeigt, dass Sie hierfür einen Großteil des Budgets aufwenden müssen und zugleich immer wieder diskutiert wird, warum das alles so teuer ist.

Um sowohl die bestehenden Systeme zu überblicken als auch neue Themen einzuplanen, sollten Sie keinesfalls hinter verschlossener Türe darüber brüten, sondern offen mit dem Team diskutieren. Welche Themen gewinnen langfristig an Bedeutung?

Welche Themen und Services sind vielleicht überholt und sollten daher bewusst ausgeschlossen werden?

Damit der gesamte Prozess strukturiert durchgeführt werden kann, empfehlen sich drei Schritte:

- Ist-Aufnahme
- Soll-Aufnahme
- Bestimmung des Wegs, um das Zielbild zu erreichen

Ist-Aufnahme

Im Rahmen der Ist-Aufnahme sind die aktuelle Situation des Unternehmens und Ihres Teams sowie dessen Entwicklung zu reflektieren. Sind bereits grundsätzliche Technologiewechsel absehbar? Sind die derzeitigen Partner noch marktgerecht, oder bedarf die Zusammenarbeit einer Veränderung? Wie ist es um die eigenen Prozesse und die Wirtschaftlichkeit bestellt?

Diese und viele weitere Fragen sind kritisch zu betrachten, woraus sich bereits die erste Herausforderung ergibt. Es ist anzunehmen, dass Sie die eigenen Prozesse und Wege im Regelfall als ideal wahrnehmen. Dies ist einerseits einer gewissen Betriebsblindheit und andererseits auch einer Gewöhnung an Unzulänglichkeiten geschuldet. Um dies zu lösen, werden häufig Vergleiche mit Benchmarks angestellt.

Die Wahl des richtigen Benchmarks

Die erste Quelle stellen oft bracheninterne Benchmarks dar, mit denen ein Vergleich durchgeführt wird.

Aus der branchenbezogenen Sicht entsteht jedoch bereits ein blinder Fleck: Der Benchmark spiegelt dadurch nur den eigenen Markt wider. Selbst wenn das Unternehmen dort eine führende Position einnimmt, zeigt dies lediglich ein Abbild der aktuellen Lage.

Ein weiterer Punkt ist die zunehmende Diversifikation im Rahmen der Digitalisierung, wodurch Konkurrenzunternehmen häufig nicht mehr detailliert verglichen werden können. Damit die eigene Position gefestigt oder verbessert werden kann, ist es notwendig, ausgetretene Pfade zu verlassen und neue Wege einzuschlagen.

Im Rahmen des Benchmarks kann dies bedeuten, dass Sie branchenübergreifend schauen müssen, welche Unternehmen führend sind in der aus Ihrer Sicht fehlenden Kompetenz. Versuchen Sie zu verstehen, was das Erfolgsgeheimnis ist.

In diesem Fall dient der Benchmark nicht ausschließlich der Messung, sondern auch der Zielbestimmung. Zu beachten ist, dass es sich um einen explorativen Ansatz handelt, der zwar neues Wissen erschafft, jedoch auch gewisse Aufwände bedeutet.

Sobald Sie im Rahmen der Analysen neue Erkenntnisse gewonnen haben, sollten diese auf keinen Fall blind kopiert werden. Möglicherweise stellen die Erkenntnisse nur einzelne Bausteine dar, die ohne das Gesamtbild in der neuen Umgebung sogar destruktiv wirken könnten. Das Ziel muss also darin bestehen, den Erfolgsfaktor zu verstehen und diesen dann in die eigene Umgebung zu integrieren.

Soll-Aufnahme

Der Vergleich mit dem Benchmark hilft jedoch erst nach Durchführung des zweiten Schritts, der Soll-Aufnahme. Es gilt zu hinterfragen, welcher Maxime Sie und Ihr Team folgen und welche Rolle Sie einnehmen sollen. Besteht das Ziel in einer größtmöglichen Kosteneffizienz? Oder in einer hohen Flexibilität?

Diese und weitere Fragen sind häufig bereits teilweise in der Unternehmensstrategie beantwortet. Sollte dies jedoch nicht klar ersichtlich sein, sollten Sie unbedingt aktiv bei der Geschäftsführung nachfragen. Die Soll-Aufnahme kann als Fundament bezeichnet werden, denn sie gibt vor, auf welche Faktoren des Benchmarks zu achten ist und welche voraussichtlich nebensächlich sein werden. Das Ergebnis der Soll-Aufnahme stellt zugleich die Vision der IT-Strategie dar, weswegen alle Ziele den SMART-Kriterien genügen sollten.

SMARTe Ziele

- **Spezifisch**: Der Zielzustand soll in einer leicht verständlichen Formulierung beschrieben werden.
- **Messbar**: Kriterien, anhand derer die Zielerreichung festgestellt werden kann. Die Kriterien können sowohl quantitativ (harte Fakten) als auch qualitativ (weiche Faktoren) sein. Es ist jedoch darauf zu achten, dass selbst qualitative Kriterien eindeutig messbar sind.
- **Attraktiv**: Das Ziel sollte anziehend sein.
- **Realistisch**: Das Ziel soll ambitioniert, jedoch dennoch realistisch erreichbar sein.
- **Terminiert**: Es soll ein Zeitraum definiert werden, in dem das Ziel erreicht werden soll.

Denken Sie aber wieder an die richtige »Flughöhe«, denn es handelt sich um die Vision/Strategie. Keinesfalls sollten an dieser Stelle Ziele der operativen Ebene vereinbart werden!

Die Bestimmung des eigenen Wegs

Der letzte Schritt ist die Wegbestimmung, die mit der Mission gleichzusetzen ist. Es gilt zu klären, welche Ziele aus Ihrer Sicht auf dem Weg erreicht werden müssen und daher in die späteren Feinplanungen aufgenommen werden sollen. Zugleich ist dies ein »Blindcheck«, denn wenn die Schritte nicht zu definieren sind, kann das ein Indikator für ein nicht erreichbares Ziel sein.

Nachdem nun alle Aspekte der Strategie bekannt sind, kann diese doch direkt erstellt werden, oder?

2.5.7 Feedback der Geschäftsführung

Spätestens bei der Zusammenstellung der Anforderungen der Bereiche und der IT werden Sie bemerken, dass Sie viele Ansatzpunkte für strategische Ziele erhalten haben, und zwar mehr als Ihnen verfügbares Personal und Ressourcen zur Verfügung stehen.

Bei Ihrer Aufnahme wird auch jeder Fachbereich seine Ziele als *wichtig* definiert haben, sodass keine Priorität abzuleiten ist. Es gibt nun drei Möglichkeiten für die Bestimmung der Priorität, die für die Gesamtkonzeption der Strategie notwendig ist:

- durch die IT
- durch die Bereiche
- durch die Geschäftsführung

Die Bestimmung der Priorität durch die IT (also durch Sie) sollte der letzte Ausweg sein, da der IT im Regelfall operatives Wissen fehlt. Die Gefahr, eine Fehlentscheidung zu treffen, ist zu hoch. Zudem heißt Wählen und Priorisieren auch immer, dass es Verlierer gibt, und einige Bereichsleiter werden die Zurückweisung Ihrer Projekte nicht gut auffassen. Und weil Sie so weit vom operativen Geschäft entfernt sind, können Sie die Entscheidung meist auch nicht gut begründen. Ein Streit ist vorprogrammiert.

Eine weitere Möglichkeit ist es, alle Bereiche an einen Tisch zu setzen und gemeinsam die Ansatzpunkte zu priorisieren. Diese Art der Lösungsfindung kann sehr gut funktionieren, wenn alle Bereiche im Sinne des Unternehmens agieren und niemand seinen Bereich über die anderen stellt. In der Realität findet man dies häufig bei kleineren Unternehmen mit einer hohen Unternehmensidentifikation. Anderenfalls führt auch dieser Ansatz schnell zur Eskalation und stachelt die Bereiche gegeneinander auf. Es ist also sehr gut möglich, dass dieser Ansatz nicht zur Lösung der Probleme führt, sondern neue schafft.

Die vermutlich häufigste Lösung ist daher die Abstimmung mit der Geschäftsführung.

Die Geschäftsführung verantwortet die Unternehmensstrategie und kann daher am besten abschätzen, welche Ansatzpunkte hierzu passen, den größten Mehrwert bieten und welche zweitrangig zu behandeln sind. Neben der reinen Sachanalyse findet sich zumeist auch eine emotionale Betrachtung, denn es gilt, darauf zu achten, dass keine Führungskraft demotiviert wird und zukünftige Initiativen nicht erstickt werden. Zudem spielt auch die politische Ebene eine Rolle, es werden also Seilschaften oder vorherige Abstimmungen wichtig.

Wie das Gespräch mit der Geschäftsführung abläuft, unterscheidet sich von Unternehmen zu Unternehmen. Einige Unternehmen schätzen es sehr, wenn Sie bereits eine erste Einschätzung der Wertigkeiten auf Basis der bekannten Unternehmensstrategie sowie des Business Case vorbereiten, die dann diskutiert wird. Andere wiederum stellen ohnehin alles auf den Kopf und möchten die größtmögliche Entscheidungsfreiheit, sodass jede Vorbereitung nutzlos ist. Sie sollten sich jedoch als ernst zu nehmender Gesprächspartner etablieren und daher diese Rolle auch für sich beanspruchen. In der Praxis bedeutet dies, dass Sie mit Bedacht in die Diskussion gehen und eigene Argumente einbringen.

Ratsam ist es trotzdem, wenn Sie sich gerade zu Beginn Ihrer Karriere detailliert auf diese Gespräche vorbereiten. Dadurch befassen Sie sich noch einmal intensiv mit den Zielen, der Unternehmensstrategie und dem eigenen Weg. Das stärkt Ihre Kenntnis und die Argumentationsfähigkeit, was im Dialog das sprichwörtliche Zünglein an der Waage werden kann. Sollte die Geschäftsführung Ihre Vorbereitung nicht zu schätzen wissen, nehmen Sie es keinesfalls persönlich, sondern sehen Sie es als Training für kommende Situationen. Sie werden Ihre Strategie noch häufig verteidigen und diskutieren müssen, da ist die Vorbereitung bereits ein wertvoller Baustein.

Die im Rahmen der Abstimmung durch die Geschäftsführung getroffenen Entscheidungen und Priorisierungen nehmen Ihnen die Last der Entscheidung ab und stellen zudem sicher, dass die Geschäftsführung die Entscheidung ebenfalls trägt.

Nach der Priorisierung der Ziele können Sie die eigene Mission, Vision und IT-Strategie zusammenstellen und den Fachbereichen vorstellen. Erfahrungsgemäß kann dies zu Diskussionen führen, besonders wenn einige Ziele nicht enthalten sind. An dieser Stelle ist jedoch der Verweis auf die Entscheidung durch die Geschäftsführung erlaubt, sodass Ihr Ansehen im Unternehmen nicht leidet und Diskussionen erfahrungsgemäß oft schnell enden.

Die Vorstellung selbst hat jedoch den Vorteil, dass die Fachbereiche Ihre Ziele kennen und daher auch wissen, was Sie anstreben und was sie somit zu erwarten haben – und genau im Umkehrschluss, welche Wege nicht verfolgt werden.

2.6 Zusammenfassung

In diesem Kapitel haben Sie die Bedeutung der Strategie kennengelernt und erste Hinweise erhalten, wie diese aussehen kann. Wichtig ist, dass eine Strategie eine eher abstrakte Zielsetzung ist. Sie beschreibt, wie Sie Ihr Team entwickeln wollen und was das gemeinsame Ziel sein wird.

Für die Strategie braucht es zunächst die Vision, um ein klares Ziel zu benennen. Seien Sie hierbei realistisch, aber behalten Sie das Zitat von Walt Disney im Hinterkopf: »If you can dream it, you can do it!« Formulieren Sie Ihren Traum, Ihr Ziel so, dass es Sie leidenschaftlich anzieht. Nur so können Sie Ihr Team vom Mehrwert überzeugen.

Sobald die Vision klar ist, planen Sie die Mission etwas detaillierter. Während die Mitarbeiter das Ziel nach der Vision bereits anziehend finden sollten, dämpft die Mission die Euphorie ein wenig, da sie klar die Herausforderungen erklärt und aufzeigt, was alles getan werden muss. Betonen Sie jedoch die positive Seite: Wenn es eine Mission gibt und die Herausforderungen bekannt sind, ist das Ziel erreichbar. Dadurch bedeutet die Mission nicht nur Arbeit, sondern ist vielmehr der Machbarkeitsbeweis für Ihre Vision.

Da Sie ein Teil des Unternehmens sind, gilt es, im Rahmen des IT-Business-Alignments einen gemeinsamen Weg zu finden, der auch in die IT-Strategie Einzug halten sollte.

Gerade die Wichtigkeit der Zusammenarbeit mit den anderen Fachbereichen kann nicht oft genug betont werden. Finden Sie Fürsprecher, und schmieden Sie Allianzen! Das wird Ihnen im Alltag helfen: Sie erfahren die eine oder andere Neuigkeit frühzeitig und finden vor allem Unterstützer für Ihre Anliegen. Mit einem stabilen firmeninternen Netzwerk können Sie zudem einfacher für Ihre Ziele werben, und auch bei Fehlern und Ausfällen wird dies Ihren Alltag vereinfachen.

Und auch wenn diese Themen nicht gerade die Leidenschaft vieler Techniker sind: Glauben Sie mir, der Einsatz und die Mühe lohnen sich und bilden einen Grundbaustein für den Erfolg Ihres Teams.

Kapitel 3
Personalmanagement

Personalmanagement ist für viele Führungskräfte wie ein Dorn, schlichtweg unbeliebt. Dabei ist es jedoch offensichtlich, dass das die größte Stellschraube für den Erfolg des Teams und somit auch für Ihren Erfolg als Führungskraft ist! Wie Sie dies bestmöglich umsetzen und welche Stolpersteine auf Sie lauern, erfahren Sie in diesem Kapitel.

Niemand wird als Führungskraft geboren, daher durchlaufen viele zunächst eine fachliche Laufbahn und entscheiden sich erst im späteren Verlauf für eine Führungslaufbahn. War es bei Ihnen auch so? Dann kennen Sie sicher den am häufigsten unterschätzten Themenbereich: *Personalmanagement*.

Zu Beginn ist die Vorstellung oft recht einfach – alle sind Freunde, und nun können Sie der perfekte Chef sein, den Sie schon immer selbst haben wollten. Schnell kommt jedoch die Ernüchterung, denn nun sitzen Sie auf der anderen Seite des Tisches und werden mit vielen neuen Fragen und vor allem Herausforderungen konfrontiert.

Die Herausforderungen und vor allem erste Ansätze zur Lösung möchte ich Ihnen anhand des typischen »Mitarbeiter-Lifecycles« vorstellen, von der Einstellung des Mitarbeiters bis zu seinem möglichen Verlassen des Unternehmens (siehe Abschnitt 3.2).

Danach geht es aber auch darum, wie Sie ein Team aufbauen und führen (siehe Abschnitt 3.3 und Abschnitt 3.4). Dialoge mit Ihrem Team und allgemein die Kommunikation mit Ihren Kollegen und Kolleginnen spielen dabei eine große Rolle (siehe Abschnitt 3.5 und Abschnitt 3.6).

Zum Abschluss geht es darum, wie Sie sich in Ihrer neuen Rolle selbst finden können und sich und Ihr Team weiterentwickeln (siehe Abschnitt 3.7 und Abschnitt 3.8).

3.1 Ihr neues Team

Sie werden je nach Situation entweder ein bestehendes Team übernehmen oder ein Team komplett neu aufbauen müssen. Bei der Übernahme eines bestehenden Teams müssen Sie sich diesem zunächst annähern.

Hier gilt das Sprichwort »Neue Besen kehren gut – aber die alten kennen die Ecken«. Sie werden sicherlich mit einer Zielsetzung und einem persönlichen Anspruch in die neue Herausforderung starten und viel Engagement einbringen wollen. Vergessen oder vernachlässigen Sie jedoch nicht die »alten Besen«, denn das Team hat auch zuvor einen guten Job gemacht, und viele Ecken sowie Kanten sind bestens bekannt.

Das bedeutet, dass Sie nicht als erste Aufgabe alles auf links ziehen und verbessern sollten, sondern sich erst mal die Zeit zum Ankommen und Kennenlernen des Teams nehmen sollten. Neue Führungskräfte, die erst mal direkt die sprichwörtliche Duftmarke setzen wollen, werden als Stinktier wahrgenommen!

Nutzen Sie die Zeit, lernen Sie die Mitarbeiter kennen, holen Sie sich das Wissen und die Erfahrung der länger im Team befindlichen Mitarbeiter, und vor allem: Suchen Sie den Dialog mit den Mitarbeitern!

3.2 Recruiting

Falls Sie die Leitung eines noch zu gründenden Teams übernehmen sollen, gilt schnell das geflügelte Wort »Was ist ein Häuptling ohne Indianer?«.

Ihre erste Herausforderung ist daher, neue und vor allem die richtigen Mitarbeiter zu suchen sowie einzustellen. Viele neue Führungskräfte (so auch ich in meiner ersten Führungsposition) nehmen naiv an, dass Sie eine Stelle ausschreiben, dann viele gute und weniger gute Bewerbungen sichten und sich den besten Bewerber aussuchen können.

In der Realität besteht dieser Prozess aus vielen kleinen Schritten mit einigen Stolpersteinen:

- Budget ordern oder vorplanen, denn bekanntlich ist »ohne Moos nichts los«
- Stellenbeschreibung erstellen
- Stelle ausschreiben
- Bewerber sortieren (wer fällt raus, wer wird eingeladen?)
- Bewerbungsgespräche führen
- Bewerber bewerten und auswählen
- Bewerber einstellen

Bei jedem dieser Schritte lauern Herausforderungen, daher möchte ich Sie hindurchführen, um Ihnen den ein oder anderen Irrweg zu ersparen.

3.2.1 Personalbedarf ermitteln

Eigentlich ist der Anfang bereits verpasst, denn bevor eine Stellenbeschreibung erstellt werden kann, muss zunächst in vielen Firmen ein sogenannter *Personalbedarf* erstellt und genehmigt sein.

Zugegeben, in der Praxis ist dies der kniffligste Punkt, denn indirekt möchten Sie Geld. Es kommt der Punkt, an dem Sie nicht genug Mitarbeiter für alle Aufgaben haben oder ein Mitarbeiter Sie verlässt und daher jemand Neues eingestellt werden muss. Was zunächst klar zu sein scheint, bedeutet für das Unternehmen eins: Kosten. Der neue Mitarbeiter möchte ein Gehalt, und zugleich kommen noch viele weitere Kosten hinzu, etwa die Lohnnebenkosten, Fortbildungen, Krankheit ...

Aus diesem Grund muss häufig zunächst der Personalbedarf angemeldet werden. Bevor das Unternehmen jedoch seine möglichen finanziellen Mittel prüft, müssen Sie den Bedarf erst mal begründen. Während ein Austausch häufig recht offensichtlich und daher leicht zu begründen ist, werden Sie es bei einer weiteren Stelle deutlich schwerer haben. Ich rate immer zu einer faktenorientierten Begründung:

Nehmen wir an, Sie sehen bereits neue Themen am Horizont, etwa »Big Data«, und wissen, dass Sie mit der Integration das Unternehmen nachhaltig stärken können.

Nun gilt es, dass Sie die Vision sicht- und erlebbar machen. Teilen Sie Ihre Gedanken, und vor allem bepreisen Sie diese! Wenn Sie darlegen, wie das Unternehmen durch die Integration mehrere Hunderttausend Euro im Jahr sparen kann, steigert dies Ihre Chancen.

Oder argumentieren Sie konkret, dass Sie mit einem neuen Mitarbeiter mehr Incidents/Tickets bearbeiten können. Weisen Sie nach, um wie viel die Bearbeitung mit einem neuen Mitarbeiter schneller wäre und wie viel Zeit (und damit Geld) in den Fachbereichen gespart werden könnte: »It is all about the money!«

Erklären Sie, wie die Ausgaben für ein neues Teammitglied an anderen Stellen Geld sparen können. Zeigen Sie auf, wie Sie das Unternehmen zukunftssicher machen, Geld sparen oder mehr Geld verdienen können, und die Chancen auf die Genehmigung Ihrer Stelle steigen deutlich!

3.2.2 Die Stellenbeschreibung

Sobald Ihr Antrag auf Personalbedarf genehmigt wurde, müssen Sie im Regelfall die Stellenbeschreibung erstellen. Eine gern gewählte Praxis ist es, einfach eine bereits genutzte Beschreibung erneut zu nutzen. Hatte ein alter Kollege nicht auch schon einmal einen IT-Administrator gesucht?

Eine »alte« Stellenbeschreibung kann ein guter Ideengeber sein, Sie sollten sie jedoch nicht einfach übernehmen. Die Stellenbeschreibung ist das Aushängeschild für Ihre Abteilung und damit auch indirekt für Sie als Führungskraft. Ich rate Ihnen daher zu einer Beschreibung, die Sie und Ihr Team attraktiv beschreibt sowie zugleich unbedingt in die aktuelle Zeit passt und die Anforderungen trifft!

Bevor Sie nun Ihrer Kreativität freien Lauf lassen, sollten Sie zunächst klären, ob es unternehmensseitige Vorlagen und Vorgaben gibt oder ob die inhaltliche Gestaltung frei durch Sie erfolgen kann.

Ich empfehle Ihnen, ein Auge auf die Vorlagen zu werfen, denn eine spätere Stellenanzeige in einem Portal oder einer Zeitschrift soll optisch gut aussehen, und das Thema »druckfertige Aufbereitung« bringt viele Stolpersteine mit sich.

Fähigkeiten und Anforderungen

Die inhaltliche Gestaltung der Stellenbeschreibung ist bereits der erste Drahtseilakt. Einerseits müssen Sie die Beschreibung weit genug fassen, damit sich potenzielle Bewerber überhaupt angesprochen fühlen. Andererseits möchten Sie schon ungeeignete Kandidaten rausfiltern, denn es sollen sich die richtigen Leute angesprochen fühlen, die auch zu Ihren Aufgabenstellungen passen. Was nützt der erfahrene Datenbankadministrator, wenn Sie doch einen Netzwerkadministrator brauchen?

Wenn Sie bereits ein Team haben oder mehrere Stellen ausschreiben, ergibt sich die Herausforderung, dass Mitarbeiter mit speziellen Kompetenzen vorhanden sind und die Stellenprofile dennoch häufig generisch gehalten werden. Das führt dazu, dass sich bei Ihnen Personen mit Kompetenzen bewerben, die bereits im Team vorhanden sind.

Fragen Sie sich daher bei jeder Stellenbeschreibung genau, welche Fertigkeiten für die aktuellen sowie zukünftigen Aufgaben benötigt werden und welche davon bereits in Ihrem Team ausreichend vorhanden sind. Die fehlenden Kompetenzen sollten Sie in Ihrer Stellenbeschreibung entsprechend priorisieren und auch in späteren Gesprächen erfragen, um diese Lücken zu schließen.

Mit den fehlenden Kompetenzen im Rucksack können Sie eine Wunschliste an die Bewerber formulieren, in der die benötigten Kompetenzen hierarchisch aufgeführt werden.

Wie formulieren Sie die Anforderungen?

Die Kompetenzen kennen Sie nun, beispielsweise suchen Sie Kenntnisse zu Microsoft Exchange. Doch wie stellen Sie sicher, dass Kandidaten mit diesen Kenntnissen angesprochen werden und möglicherweise unerfahrene Personen Ihre Anzeige übergehen?

Als Ansatz empfehle ich Ihnen eine Struktur auf Basis der Kriterien »Kann«, »Soll« und »Muss«.

- Sie sollten mit den **Muss-Kriterien** anfangen und dort ausschließlich wirklich wichtige Kriterien aufführen. An dieser Stelle gilt besonders, dass weniger mehr ist, da Sie mit vielen »Muss«-Kriterien auch viele Filter schaffen, die einige potenzielle Bewerber abschrecken. Im Idealfall sollten Sie höchstens drei Kriterien aufführen.

Sprachlich äußert sich das wie folgt: »Sie bringen mindestens drei Jahre Erfahrung mit Exchange mit«.

- Im Anschluss folgen die **Soll-Kriterien**, die ein Bewerber erfüllen sollte. Häufig wird hier Basiswissen abgefragt, etwa Kenntnisse des Active Directory. Die sprachliche Formulierung ist eher »Sie haben bereits erste Kenntnisse im Active Directory«.
- Den Abschluss bilden die **Kann-Kriterien** – diese sind die Kür Ihrer Stellenbeschreibung, hier dürfen Sie träumen. Was könnte ein Bewerber noch mitbringen, was Ihnen helfen würde, jedoch keinesfalls unabdingbar wäre? Etwa ein Zertifikat? Oder Kenntnisse in einem anderen Themenbereich? Die Möglichkeit selbst spiegelt sich auch in der Formulierung, hier finden Sie häufig Passagen wie »Wünschenswert wären Microsoft-Zertifizierungen«.

Insgesamt gilt: Hüten Sie sich vor zu vielen und zu detaillierten Beschreibungen und Kriterien. Diese schrecken nur ab, und Sie sollten sich immer wieder bewusst machen, dass Sie Mitarbeiter, also Menschen, suchen und kein Produkt!

Bislang habe ich mich sehr auf die »harten Fakten« gestürzt, zugleich sind die *Soft-Skills* ebenfalls wichtig. Hier stoßen Sie auf eine weitere Herausforderung, denn wie können Soft-Skills formuliert und geprüft werden?

Ich empfehle Ihnen, an dieser Stelle nur grundsätzliche Fragen zu klären. Suchen Sie etwa den kommunikationsstarken Mitarbeiter oder jemanden, der besonders innovativ ist? Dann sollten Sie dies schreiben. Genauere Beschreibungen wie »Sie sollten zielorientiert sein, jedoch in den nächsten fünf Jahren keinen Aufstieg erwarten und dennoch Leistungsorientierung aufweisen« schrecken eher ab und können im Vergleich zu marktüblichen Stellenanzeigen als unüblich bezeichnet werden.

Beschränken Sie sich daher auf die grundsätzlichen Werte Ihres Teams.

Neben der Formulierung ist auch die Überprüfung schwierig, denn wie können Sie dies messen? Es gibt erste Anhaltspunkte, etwa kann eine schlampige Bewerbung mit vielen Fehlern auf mangelnde Sorgfalt hinweisen oder die Bewerberin, die unentschuldigt zu spät kommt, bereits einen ersten Einblick in ihre Arbeitsmoral geben.

Wichtig ist jedoch, dass Sie dies nur als Anhaltspunkte sehen und nicht vorschnell beurteilen. Vielleicht weisen die vielen Fehler auf eine Legasthenie hin – dennoch kann der Bewerber ein perfekter Programmierer sein. Vielleicht gab es auch einen guten Grund, warum die zweite Bewerberin nicht rechtzeitig aufgetaucht ist. Urteilen Sie nicht zu schnell, besonders wenn die restlichen Punkte passen.

Sie stellen Ihr Unternehmen vor

Die nächste Position der Stellenanzeige ist die Unternehmensvorstellung. In vielen Unternehmen wird diese durch zentrale Abteilungen, etwa der Kommunikation, vorgegeben. Da jedoch viele Unternehmen keine IT-Unternehmen sind und IT-Fachkräfte stellenweise anders angesprochen werden wollen, lohnt sich ein Blick auf die Vorstellung. Denn auch hier gilt der Satz »Der Köder muss dem Fisch schmecken, nicht dem Angler«.

Versetzen Sie sich einmal in die Lage des Bewerbers oder der Bewerberin: Sie hat zunächst Ihre Anforderungen an sie kennengelernt. Nun fragt sie sich, wer Sie sind und was Sie bieten. Falls Sie ein namhafter Arbeitgeber sind, ist Ihr Unternehmen möglicherweise bekannt, jedoch suchen immer mehr Arbeitnehmer überregional und nach der Jobbezeichnung. Es kann daher gut sein, dass die Bewerberin Ihr Unternehmen noch nicht kennt. Die Vorstellung Ihres Unternehmens ist dann sehr wichtig, und in Zeiten des Fachkräftemangels kann sie darüber entscheiden, ob die Bewerberin weiterliest oder zur nächsten Anzeige wechselt.

Sie müssen daher den Bereich so gestalten, dass er einerseits das Unternehmen realistisch darstellt, andererseits jedoch auch die gewünschten Bewerber anspricht. Damit dies gelingt, können Sie Personen aus der Zielgruppe um ein Feedback zu Ihrem Text bitten. Nehmen Sie jedoch Personen aus Ihrem privaten Umfeld und nicht aus dem Unternehmen selbst. Auch empfehle ich Ihnen Diskretion bei der Einholung von Feedback, denn kein Unternehmen möchte im Internet einen Beitrag lesen, dass Sie Feedback für Ihre Unternehmensbeschreibung wünschen!

Alternativ können Sie Stellenanzeigen der Mitbewerber auswerten, um darauf basierend eigene Ideen zu entwickeln. Auch wenn die Unternehmensbeschreibung häufig weniger Beachtung als die eigentliche Stellenbeschreibung erfährt, ist sie dennoch Teil des Gesamteindrucks und sollte daher ebenfalls gewissenhaft ausgearbeitet werden.

Was der neue Mitarbeiter tun soll – die Aufgabenbeschreibung

Der nächste Bereich ist die Aufgabenbeschreibung. Bislang haben Sie beschrieben, was der Bewerber können soll, jedoch weiß er noch nicht, wofür er überhaupt gesucht wird.

Sie müssen an dieser Stelle die Motivation und Neugier des Bewerbers wecken und ihm zugleich eine anziehende Perspektive bieten. Insbesondere der Punkt Perspektive ist stets heikel, denn Sie sollten nur das versprechen, was realistisch zu halten ist. Falls also beispielsweise von der *Gestaltung der agilen Transformation* die Rede ist, sollte dieses Thema in Ihrem Bereich eine wichtige Rolle spielen.

Bei zu großen oder sogar nicht ganz ehrlichen Perspektiven gewinnen Sie zwar eher eine neue Fachkraft, diese wird jedoch genauso schnell die Täuschung bemerken und sich enttäuscht nach einer neuen Stelle umsehen. Das wäre für Sie und Ihr Unternehmen negativ, daher sollten Sie dies unbedingt vermeiden!

Abschließend müssen Sie sich immer im Klaren sein, dass in Zeiten des Fachkräftemangels die Aufgabenbeschreibung häufig der Magnet in Ihrer Stellenanzeige ist!

Was Sie erwarten – die Anforderungen an den Bewerber

Den Abschluss der Stellenanzeige bilden Ihre Anforderungen an den zukünftigen Bewerber. Aber haben Sie diese nicht bereits im vorherigen Schritt definiert?

Der Unterschied ist der Fokus, denn im vorherigen Teil ist die Beschreibung eher abstrakt. Beispiele wären »Möchten Sie die Zukunft unseres Unternehmens und den Möbelbau mitgestalten?« oder als Aussage »Sie möchten Ihr Talent in die Weiterentwicklung unseres Unternehmens einbringen und die Revolution des Möbelbaus aktiv mitgestalten«.

Im letzten Teil geht es eher um die klaren und prüfbaren Fakten. Doch wie gestaltet sich dies?

In Gesprächen wurde mir immer wieder gesagt, dass sich eine Bewerbung bereits ab 50 % Erfüllungsgrad der Anforderungen lohne. Das liegt daran, dass viele Unternehmen die »Eier legende Wollmilchsau« suchen.

Kennen Sie das auch? Der ideale Kandidat ist 20 Jahre alt, arbeitet kostenlos und bringt 40 Jahre Berufserfahrung in neuen Themenfeldern mit!

Hier ist Ihre Chance: Seien Sie anders und vor allem konkreter! Als Grundlage können Sie Ihre zuvor erstellte und priorisierte Wunschliste nutzen. Beachten Sie aber, dass die Anforderungen auch immer eine »Siebwirkung« haben, dass also beispielsweise die Beschreibung »Quereinsteiger« so manche erfahrene Fachkraft abschreckt oder die Forderung nach einem abgeschlossenen Studium in einem Nischenfach Quereinsteiger verunsichert.

Vergleichen Sie daher als Führungskraft Ihr Team oder die Teams anderer Unternehmen in Ihrem Bereich: Wie sieht dort die Personalstruktur aus? Sind es überwiegend studierte Personen? Quereinsteiger? Fachkräfte?

Hören Sie auf Ihr Bauchgefühl

Vor allem aber, gehen Sie nach Ihrem Bauchgefühl. Prüfen Sie, welche Anforderungen welchen Bildungsgrad erfordern, und reflektieren Sie dies insbesondere mit Blick auf die geplanten Aufgaben der Stelle.

Ich habe schon mehrfach Führungskräfte erlebt, die nahezu ausschließlich nach studierten Mitarbeitern gesucht haben. Bitte machen Sie diesen Fehler nicht! In der Praxis werden Sie häufig zuerst das Problem der hohen Gehaltsforderung haben, denn gute Leute sollten Sie auch entsprechend bezahlen. Wenn Sie das nicht tun, wird es jemand anders tun.

Ein weiterer Punkt ist der oft vernachlässigte *Bore-out*. Während der *Burn-out* mittlerweile bekannt ist, fristet der Bore-out noch immer ein Schattendasein. Er beschreibt das Gegenteil des Burn-outs, die chronische Unterforderung. Viele Personen würden dies von außen als Segen betrachten – endlich einen lockeren Job und sich nicht verausgaben. In der Realität jedoch werden Sie auf die gleichen Symptome wie beim Burn-out stoßen, etwa depressive Veränderungen oder auch Fahrlässigkeit. Zugleich ist die Hemmschwelle für ein »Ich bin unterfordert, ich kann doch mehr!« oft hoch, denn dies wird schnell als arrogant wahrgenommen.

Ungeachtet möglicher Anzeichen wird der Mitarbeiter möglicherweise dennoch erkranken, zumindest aber unzufrieden sein und sich nach anderen Stellen umschauen oder in der heutigen Zeit vermehrt auf Headhunter eingehen. Für Sie bedeutet dies, dass die Investition der Suche und Einarbeitung verloren wird und zugleich das Image möglicherweise Schaden nimmt. Daher gilt: Ein funktionierendes Team mit zielführender Qualifikation macht vieles leichter, und zufriedene Mitarbeiter, die ihre Qualifikation einbringen können, bleiben länger für Sie tätig.

Mögliche Abstufungen für Anforderungen sind:

- studierte und erfahrene Personen
- erfahrene Personen
- Absolventen und/oder Auszubildende mit Abschluss
- Quereinsteiger

In der Praxis ist die Erfahrung der Person ein wesentlicher Entscheidungspunkt. Sie müssen also ebenfalls entscheiden, ob Erfahrung zwingend notwendig ist oder ob auch ein frischer Absolvent die richtige Entscheidung sein kann.

Was ist eigentlich Erfahrung?

Die Antwort wird Ihnen vielleicht leichtfallen, doch besonders im technischen Umfeld fällt sie oft vielseitig aus. Bei den Bewerbungen werden Sie Kandidaten finden, die bereits seit einem Jahrzehnt oder länger mit einem bestimmten System arbeiten.

Doch Obacht, hier lohnt ein Blick hinter die Kulissen: Was bedeutet das genau? Haben Sie es wirklich mit 10 Jahren Erfahrung zu tun, oder handelt es sich eher um 10 Jahre Aufgaben nach Vorgabe bearbeitet? Hat die Person in den Jahren alle Updates selbst umgesetzt, Neuerungen selbst implementiert und auch wildes Wasser durchquert? Oder hat die Person die gleiche Aufgabe, etwa die Anlage neuer Benutzer, die ganzen Jahre hindurch auf Basis wechselnder (vorgegebener) Skripte durchgeführt?

Die Inhalte werden idealerweise bereits im Lebenslauf vorgestellt und erlauben eine erste Einschätzung, die finale Einschätzung sollte jedoch im persönlichen Gespräch erfolgen.

Insbesondere in stark dynamischen Branchen wie der IT stoßen Sie auf eine weitere Herausforderung im Bereich der Erfahrung: die Neuheit von Technologien. Immer wieder sprießen unzählige neue Technologien aus dem Boden, und daher ist es unmöglich, direkt mehrjährige Erfahrungen darin aufzuweisen.

Als Beispiele können die aktuellen Technologien Blockchain, Data Science oder künstliche Intelligenz genannt werden. Die Technologien selbst sind bereits älter, sie haben jedoch erst vor relativ kurzer Zeit ihren Siegeszug im beruflichen Alltag begonnen. In diesen Bereichen wären 1–3 Jahre Erfahrung bereits ein wertvoller Schatz. Prüfen Sie daher auch auf dem Markt, was andere Unternehmen fordern, und schauen Sie, was realistisch möglich ist.

Für die Suche ist häufig ein Tipp aus der Praxis wertvoll, der Blick auf Quereinsteiger. Nicht wenige Führungskräfte suchen schnell »ausgebildete Fachkräfte mit Erfahrung«. Diese Aussage unterschätzt jedoch den möglichen Werdegang der Bewerber, da die IT-Berufe recht jung sind und teilweise ab dem Jahr 2000 erst wirklich in Menge ausgebildet wurden. Bei einer Fachkraft in höherem Alter kann es daher durchaus passieren, dass eine Menge Erfahrung und zugleich keine IT-Ausbildung vorhanden ist.

Ich empfehle Ihnen daher stets eine Formulierung, die beide Fälle abdeckt, beispielsweise:

- Sie haben eine IT-Ausbildung oder vergleichbare Erfahrungen.
- Sie blicken auf mehrjährige Erfahrung im Umgang mit Technologie A zurück.

Dadurch öffnen Sie das Bewerberfeld möglichst weit, und zugleich erfolgt bereits eine erste hilfreiche Filterung.

Für Sichtbarkeit sorgen

Sobald die Stellenanzeige veröffentlicht wurde, gehen Sie vielleicht bereits mit einem mulmigen Gefühl ins Büro. Wird Ihr Schreibtisch genug Platz für die vielen Bewerbungen bieten? Wird die Postabteilung diese mit einem Wagen bringen, oder braucht es gar einen zweiten? Möglicherweise haben Sie in den nächsten Wochen bereits ganze Tage für Bewerbungsgespräche geblockt, schließlich möchten Sie auch jeden guten Bewerber gesehen haben.

Sobald Sie dann jedoch in Ihr Büro kommen, holt die Realität Sie schnell ein, denn Ihr Schreibtisch ist leer. Damit sind Sie nicht allein, viele Stellenausschreibungen erhalten keine oder nur sehr wenige Bewerbungen. Sobald dort ein vielversprechender Kandidat zu finden ist, sind die Faktoren Erfahrung und Geld zusätzliche Risiken, an denen der weitere Prozess scheitern kann.

An dieser Stelle kamen mir bei der ersten Besetzung einige Zweifel – Ihnen auch? Typische Gedanken sind: War die Stellenausschreibung nicht gut genug? Waren die Anforderungen zu hoch? Oder gar zu niedrig, sodass sich keiner angesprochen fühlt?

Die Zweifel sind zwar da, jedoch kann ich Sie zugleich beruhigen. Die Ursache besteht häufig im Fachkräftemangel oder mangelnder Sichtbarkeit aus Bewerbersicht.

Den Fachkräftemangel selbst werden Sie und ich nicht kurzfristig aus der Welt schaffen. Langfristig kann ich nur den Tipp geben, durch eigene Ausbildungs- oder Studienangebote selbst für die Fachkräfte von morgen zu sorgen!

Kurzfristig ist häufig die Sichtbarkeit Ihres Unternehmens und der Stelle der stärkste Hebel. Meine Erfahrung zeigt, dass beispielsweise Ausschreibungen auf der eigenen Firmenhomepage im Mittelstand selten zum Erfolg führen.

Besonders in der IT ist dies nachvollziehbar, denn Fachkräfte müssen sich zunehmend selten bewerben, sondern werden kontaktiert. Wenn eine Fachkraft ein namhaftes Wunschunternehmen hat, etwa Microsoft, wird sie dort nach möglichen Positionen schauen.

Aber träumt der heutige IT-Absolvent von einer Stelle in Ihrem Unternehmen? Kennen Sie die aktuellen Stellenausschreibungen der Unternehmen Ihrer Region? Auch hat sich spätestens mit Corona der IT-Markt zunehmend verändert. Während das Pflänzchen *Homeoffice* bereits vor Corona keimte, hat die Pandemie das Wachstum mehr als beschleunigt. Heute ist es möglich, dass Teams national oder gar international verteilt sind. Wie soll eine Fachkraft aus Hamburg die Unternehmen aus Schwerin kennen bzw. auf deren Homepages suchen? Alles weist darauf hin, dass Fachkräfte ihre Wunschposition suchen, und dies auch zunehmend überregional.

Wie können Sie damit umgehen? Hier ist es wichtig, dass Sie einen für Ihr Unternehmen und die Region angepassten Weg verfolgen. Wenn Sie eine Stelle in der Nähe einer Metropole anbieten wollen, können Branchenmagazine, etwa die i'x, eine wertvolle Option darstellen. Diese Möglichkeit können Sie auch bei überregionalen Positionen in Betracht ziehen. Wenn Sie hingegen eher ländlich suchen, bieten möglicherweise Lokalzeitungen eine gute Alternative. Beachten Sie jedoch, dass in ländlichen Gegenden häufig wenige Fachkräfte vorhanden sind und die Suche daher ungemein schwieriger wird. Eine Lösung kann auch hier die Verlagerung der Stelle ins Homeoffice sein, wenn nicht eine Verfügbarkeit vor Ort (etwa für den Helpdesk) zwingend notwendig ist.

Bei Ihrer Stellenausschreibung sollten Sie daher nicht nur darauf achten, dass diese ausgeschrieben wird, sondern auch wo!

3.2.3 »Kopfgeldjäger« anheuern (Recruiter)

Im Rahmen des Fachkräftemangels gibt es immer wieder Unternehmen oder auch Stellen, die eine lokale Verfügbarkeit erfordern. Schnell sind die Möglichkeiten einer Ausschreibung erschöpft, und dennoch ist kein neuer Mitarbeiter gefunden. Als weiteren Schritt werden häufig Headhunter/Recruiter beauftragt, in der Hoffnung, dass diese weiter gutes Personal beschaffen können.

Was ist ein Headhunter, und wie arbeitet er?

Die Bezeichnung »Headhunter«/»Recruiter« ist nicht geschützt, daher kann sich jede Person so nennen. Sie werden vermutlich selbst bereits Angebote oder Anfragen von eher windigen Personen oder »Personalbeschaffungsfirmen« erhalten haben. Als Führungskraft erhalten Sie oft genug unaufgefordert Bewerberprofile in der Hoffnung, dass Sie doch neue Mitarbeitende brauchen. Das zeigt jedoch, wie teuer die Fachkräftebeschaffung mittlerweile ist und wie viel Geld dort zu holen sein könnte. Doch was macht ein Headhunter, was Sie nicht können? Es gibt nicht »den Headhunter«, alle arbeiten unterschiedlich. Nicht wenige Headhunter durchsuchen anhand Ihrer Kriterien gezielt Karriereportale wie Xing oder LinkedIn und vermitteln auf diese Weise Kandidaten. Sollte es bei einer Stelle nicht passen, werden wertvolle Kandidaten gerne auch »behalten«, um bei zukünftigen Stellenausschreibungen direkt einen Pool zu haben.

Zusammengefasst gibt es drei gute Gründe, warum ein Headhunter effizienter sein kann:

- Er hat im Idealfall einen Namen bei Fachkräften und kann daher gezielt potenzielle Bewerber ansprechen.
- Der Headhunter filtert bereits Kandidaten, die aufgrund des Budgets oder aufgrund der Aktenlage nicht infrage kommen, aus. Das spart Ihnen Zeit.
- Der Headhunter kennt Ihre Region im Idealfall und weiß, wie er dort zu den besten Ergebnissen kommt.

Wichtig ist, dass Sie den Headhunter persönlich kennenlernen sollten. Er geht mit Ihrem Namen hausieren und spricht mögliche Kandidaten an. Daher empfehle ich Ihnen, nicht den erstbesten Headhunter zu nehmen oder ausschließlich nach dem Preis zu schauen, sondern den zu wählen, der Sie am ehesten und am besten repräsentieren kann. Seien Sie sich immer bewusst, diese Person ist der erste Kontakt eines Bewerbers zu Ihrem Unternehmen und der Stelle. Wenn Sie dort bereits sparen, werden Sie das erfahrungsgemäß im gesamten Prozess bezahlen und später nicht selten bitter bereuen!

Im Rahmen des Kennenlernens des Headhunters werden Sie auch die Gelegenheit haben, die Stellenausschreibung zu besprechen.

Dazu möchte ich Ihnen den Tipp geben, keineswegs die Ausschreibung zu diktieren, sondern einen offenen Austausch zu suchen und von den Erfahrungen des Headhunters zu profitieren. Erfahrene Headhunter kennen Region und Markt gut, da sie viele Stellen besetzen. Daher können Sie dort wertvolle Tipps erhalten, was vielleicht in der Stellenanzeige anders gestaltet werden könnte, um bessere Ergebnisse zu erzielen.

Vor dem ersten Gespräch sollten Sie jedoch die Konditionen mit dem Headhunter abstimmen. Die zentrale Frage lautet: Ab wann ist eine Vermittlung kostenpflichtig? Hier treffen meist zwei Bedürfnisse aufeinander.

Einerseits möchten Sie erst möglichst spät zahlen, um eine hohe Sicherheit zu haben, dass der Mitarbeiter wirklich bleiben wird. Andererseits möchte der Headhunter seinen Aufwand auch bezahlt haben, falls es kulturell mit dem neuen Mitarbeiter in Ihrem Unternehmen nicht funktioniert. Da ein Vertrag mit allen Möglichkeiten nahezu nicht machbar wäre, haben sich in der Praxis fest definierte Meilensteine bewährt:

- nach Vertragsunterschrift
- bei Stellenantritt des Mitarbeiters
- nach Ende der Probezeit

Ich empfehle Ihnen, nach Vertragsunterschrift nur einen Teil der Vermittlungsgebühren zu bezahlen. In der Vergangenheit gab es Headhunter, die Personen für die Unterschrift gefunden haben, die jedoch noch vor dem ersten Arbeitstag gekündigt haben. Aus dem Grund ist diese Zahlungsbedingung unüblich, ein Abschlag wird jedoch meist bereits fällig.

Bei Stellenantritt des Mitarbeiters oder nach einer fest definierten (meist kurzen) Zeit wird im Regelfall der Rest der Gebühr fällig. Aus meiner Sicht ist dies als fair einzustufen, denn Sie wissen nun, dass der Mitarbeiter wirklich an Ihnen interessiert ist. Alle weiteren Geschicke liegen fairerweise bei Ihnen.

Die Bedingung »nach Ende der Probezeit« ist eher unüblich, diese beträgt bis zu sechs Monate und stellt einen Zeitraum dar, in dem vieles schief gehen kann. Die Ursache ist jedoch dann nicht mehr durch den Headhunter zu vertreten, sodass diese Klausel im seltenen Fall nur bei bereits längerer Zusammenarbeit gewährt wird. Aus der Praxis kann ich Ihnen jedoch zusichern, dass ein seriöser Headhunter auch für Neubesetzungen innerhalb der Probezeit häufig kulante Regelungen mit Ihnen finden wird.

Reguläre Suche oder exklusive Suche durch den Headhunter?

Auch der Markt der Headhunter verändert sich und nimmt wahr, dass die Nachfrage zunehmend steigt und zugleich die Rekrutierung schwieriger wird. Im regulären Rekrutierungsprozess spricht ein Headhunter potenzielle Bewerber an und nimmt diese in seine Datenbank auf.

Sobald Sie ein Stellenangebot haben, schaut er in seiner Datenbank nach potenziellen Profilen oder sucht in seinen Quellen nach weiteren Profilen. Das führt jedoch dazu, dass ein Bewerber möglicherweise von mehreren Angeboten parallel erfährt und Sie nur einer von mehreren sind. Einige Headhunter haben dies als Marktlücke erkannt und bieten nun exklusive Suchen an, bei denen den Bewerbern ausschließlich Sie als Arbeitgeber vorgeschlagen werden.

Neben dem Prozess selbst ändert sich für gewöhnlich auch die Bezahlung. Während bislang eine »Erfolgsprämie« üblich ist, ändert sich dies mit der exklusiven Suche. Üblich ist dann bereits eine feste Prämie für den Beginn der Suche. Sie zahlen also erst mal eine Prämie ohne direkte Gegenleistung. Ob die exklusive Suche besser ist, mag einerseits durch den Headhunter und andererseits durch Ihre Stellenbeschreibung beeinflusst werden. Bewerten Sie für sich das Angebot und den Vertrag mit dem Headhunter, beide Ansätze haben Vor- und Nachteile.

Interne Recruiter als Alternative

Besonders die Karriereportale (LinkedIn, Xing) haben es vorgemacht und kontaktieren zunehmend Unternehmen als Kunden, damit diese selbst dort suchen.

Ein wesentlicher Vorteil ist, dass Sie die Beschaffung wieder in die eigene Hand nehmen können und zugleich der Erstkontakt mit der Firma selbst geschieht. Vielen Bewerbern gefällt dies besser, da es oft persönlicher ist als ein externer Headhunter bzw. Recruiter, der möglicherweise immer wieder mit verschiedenen Angeboten im Postfach erscheint.

Wenn sich Ihr Unternehmen für internes Recruiting entscheidet, bedeutet dies, dass meist Mitarbeiter des Personalbereichs entsprechende Accounts erhalten und in die Suche einsteigen.

Der erste Stolperstein ist meist das Verhältnis selbst: Während Personalbereiche zuvor die Instanz waren, die eine erste Sichtung und Sortierung der zugeschickten Unterlagen durchführten, verkehrt sich nun das Verhältnis. Oft haben die angesprochenen Personen bereits feste Arbeitsverhältnisse und müssen nicht wechseln. Zugleich haben Sie den Personalbedarf, und somit bewirbt sich Ihr Unternehmen aktiv bei dem potenziellen neuen Mitarbeiter.

An dieser Stelle sollten Sie darauf achten, sich selbst treu zu bleiben. Es wird immer wieder Fachkräfte geben, die versuchen, Ihnen die Konditionen nahezu zu diktieren. Sollten Sie darauf eingehen? Ich rate Ihnen dringend davon ab, denn diese Personen wechseln erfahrungsgemäß für Konditionen und meistens hauptsächlich für Geld.

Aus meiner Erfahrung werden diese Mitarbeiter selten eine Bindung zu Ihrem Unternehmen aufbauen und bei nächster Gelegenheit für bessere Konditionen erneut wechseln. Hier sollten Sie Abstand halten und darauf achten, in jedem Fall das partnerschaftliche Verhältnis im Prozess zu wahren sowie keinesfalls zum bedingungslosen Bittsteller zu werden.

Als Tipp aus der Praxis: Sie sollten nicht selbst zum aktiven Recruiter werden, sondern diese Themen bei Ihrem HR-Bereich belassen. Die Kollegen haben meist bereits spezielle Tools im Einsatz und auch Erfahrungen bei der Vorgehensweise. Falls Sie Kontakte im eigenen persönlichen Netzwerk haben, die Sie gerne ansprechen würden, sollten Sie das natürlich selbst tun.

3.2.4 Empfehlungsmarketing

Im Marketing ist es bereits ein alter Hut: *Empfehlungen*. Vermutlich kennen Sie auch ein System, das auf Empfehlungen beruht: Tupperware oder Vorwerk sind namhafte Beispiele. Das gleiche Prinzip wurde erfolgreich auf die Personalsuche angewendet.

Der Prozess sieht im Regelfall vor, dass die Stellen intern ausgeschrieben werden mit der Bitte, auch spannende Personen aus dem Bekanntenkreis anzusprechen. Aufgrund der Wertigkeit wird üblicherweise für jede erfolgreiche Vermittlung auch eine Gratifikation an den werbenden Mitarbeiter ausgezahlt. Die Gratifikation ist wichtig, denn die Beschaffung von Personal kostet Ihr Unternehmen Mühe und verursacht Kosten. Diese sparen Sie, und da erscheint es nur fair, den Empfehlungsgebern ein Stück vom Kuchen abzugeben.

Die Vorteile sind vielfältig; gerne möchte ich Ihnen einige aufzählen:

- Mitarbeiter empfehlen häufig Menschen, zu denen sie ein gutes Verhältnis haben. Da der Mitarbeiter bereits zu Ihrer Unternehmenskultur passt, ist die Wahrscheinlichkeit hoch, dass dies auch auf den Bewerber zutrifft.
- Ihr Mitarbeiter kommuniziert authentisch die Vorteile und seine Zufriedenheit. Das ist etwas, was Sie in einer Stellenanzeige kaum rüberbringen können.
- Der neue Mitarbeiter hat ab dem ersten Tag eine Kontaktperson im Unternehmen, kommt also vermutlich deutlich besser an. Zudem übernimmt der Empfehlungsgeber häufig eine Art »Patenfunktion« und kümmert sich um den neuen Mitarbeiter.
- Die Treue des Empfehlungsgebers sowie des neuen Mitarbeiters sind meist höher, da beide ihre Arbeitsumwelt aktiv mitgestalten können und sich daher als selbstwirksam empfinden.

Ungeachtet der Vorteile muss jedoch eine gewisse Vorsicht walten. Sollten Sie im Bewerbungsprozess feststellen, dass der empfohlene Kandidat nicht zu Ihnen passt, sollten Sie dies nachvollziehbar kommunizieren und die Absage direkt sowie wertschätzend erteilen. Anderenfalls bringen Sie die empfehlende Person in eine schwierige Lage, was wiederum die Loyalität schmälern kann.

Abschließend ist die Grundlage aller Empfehlungen zu benennen: zufriedene Mitarbeiter. Wenn Ihre Mitarbeiter unzufrieden sind, werden diese Sie nie als Arbeitgeber empfehlen. Da jedoch die Mitarbeiterzufriedenheit einen immer höheren Stellenwert einnimmt, nehme ich an, dass Sie dies bereits berücksichtigen.

Wenn Sie diese Tipps beachten, können Sie einen weiteren, häufig sehr erfolgreichen Kanal von Bewerbungen erschließen.

Das eigene Netzwerk als Wert

Die Suche nach Fachkräften wird immer schwieriger, und zugleich werden die Fachkräfte auch immer wählerischer. Als Führungskraft haben Sie nicht selten zuvor eine Fachkarriere durchlaufen und möglicherweise den ein oder anderen Kontakt im persönlichen Netzwerk, der für eine Stelle bei Ihnen infrage käme. In diesem Fall sollten Sie jedoch nicht direkt handeln, sondern zunächst die Schattenseiten betrachten.

Falls Sie jemanden im Bekanntenkreis oder einen ehemaligen Kollegen als geeignet einstufen, machen Sie sich bewusst, dass sich das Verhältnis durch die Führungsrolle verändern wird. Besonders der private Kontakt kann darunter leiden oder muss sich zumindest auf die neue Situation einstellen. Falls Sie jemanden anwerben, übernehmen Sie nicht selten indirekt eine Verantwortung – einerseits gegenüber dem Unternehmen, denn die Leistung des Mitarbeiters wird auf Sie zurückgeführt, wenn es nicht gut läuft, andererseits jedoch auch gegenüber der Person selbst, die Ihretwegen gewechselt ist. Falls Sie diese Faktoren berücksichtigen und ein gutes Gefühl haben, steht der Ansprache nichts im Wege.

3.2.5 Das Bewerbungsgespräch

Besonders als neue Führungskraft sollten Sie die Maxime »Klasse statt Masse!« zuerst nicht beachten und bei einer übersichtlichen Anzahl an Bewerbungen alle Kandidaten zum Gespräch einladen.

Was zunächst wie pure Zeitverschwendung wirkt, wird Ihnen helfen, ein Gefühl für den Markt und das Bewerberfeld zu entwickeln. Was hilft schließlich der höchste eigene Anspruch, wenn der dazugehörige Bewerber nicht existiert? Zusätzlich haben Sie dort die Chance, Fehler im vorherigen Auswahlprozess auszugleichen.

Ungewöhnliche Lebensläufe können Potenziale sein!

Ich hatte in der Praxis mal einen Bewerber, der eine recht geradlinige IT-Karriere begonnen hatte und auf einmal einen Seitwärtsschritt für ein Kochpraktikum machte. Während die Empfehlung der Personalabteilung die klare Absage war, habe ich ihn mir dennoch angeschaut, zumindest für die Geschichte. Und die hatte er, denn Koch war sein Herzenstraum, und er wollte für sich feststellen, ob er diesen Weg beruflich verfolgen oder es beim Hobby belassen wollte. Ihm war dies wichtig, um nicht irgendwann etwas zu bereuen.

Was soll ich sagen? Dieser Bewerber wurde zum Mitarbeiter, denn er hatte Zielstrebigkeit, Mut, Ziele und Träume. So ein Mitarbeiter prüft auch Sie als Führungskraft, denn er sucht den wirklich passenden Job und möchte nicht ewig wechseln. Diesen Mitarbeiter habe ich durch einen Wechsel verlassen, bis dahin hat er die Entscheidung schon mehr als bestätigt!

Das Gespräch selbst kennen viele junge Führungskräfte bereits von der Seite des Bewerbers. Nun jedoch sitzen Sie auf der anderen Seite des Tisches und dort gilt nur eine Maxime: Zuhören!

Ihr Ziel in dem Gespräch muss es sein, möglichst viel über den Bewerber zu erfahren. Passt er in Ihr Team? Hat er die nötigen Erfahrungen? Was kann er zusätzlich vielleicht mitbringen? Wird er bei Ihnen im Unternehmen glücklich? Diese und noch viele weitere Fragen würden ungeklärt bleiben, wenn Sie zu einem Monolog über die Firma oder sich selbst ausholen. Zugleich bilden die Antworten das Fundament, auf dem Ihre spätere Entscheidung fußen wird.

Der folgende Gesprächsaufbau hat sich in der Praxis bewährt:

1. Sie eröffnen das Gespräch mit einer kurzen Vorstellung des Unternehmens und der teilnehmenden Personen. Vermeiden Sie die Frage »Was wissen Sie denn schon über uns?«, und versuchen sie nicht, so die gewissenhafte Vorbereitung des Bewerbers zu testen. Für den Bewerber wirkt dies wie eine unangenehme Schulaufgabe. Daher stellen Sie einfach überblicksartig und kurz das Unternehmen vor, und sparen Sie sich Abfragen.
2. Als nächsten Schritt übergeben Sie das Wort an den Bewerber mit der Bitte, durch seinen Lebenslauf zu führen und sich vorzustellen. Dieser Weg gibt dem Bewerber Sicherheit, denn er kennt seinen Werdegang am besten. Zugleich lernen Sie viel über ihn und sehen, an welchen Stellen die Augen funkeln und er gerne mehr erzählt und welche Passagen er eher kurz abhandelt.

   Die eigentliche Botschaft der Bewerber liegt dabei oft nicht in dem direkt Gesagten. Auch hier gilt die Regel des Zuhörens, Fragen sollten höchstens kurz zur Verdeutlichung des Sachverhalts oder zur Beseitigung von Unklarheiten dienen. Falls Sie eine Frage stellen, sollte diese möglichst immer offen sein. Eine geschlossene Frage erzwingt eine Antwort, zugleich interpretieren beide Seiten die Frage möglicherweise anders. Die offene Frage hingegen lädt zum Erzählen ein und gibt Ihnen weitere wertvolle Einblicke in den Werdegang des Bewerbers.
3. Nachdem der Lebenslauf in der Gegenwart angekommen ist, sollten Sie prüfen, ob alle für Sie wichtigen Themen und Fragen geklärt wurden. Hat der Bewerber alle gewünschten Merkmale? Oder fehlt Ihnen noch etwas? Nun ist der Zeitpunkt gekommen, um diese Themen anzusprechen.

   Wichtig ist, dass das Gespräch nicht zu einem Verhör wird, denn es bewerben sich immer beide Seiten. Lösen Sie sich davon, alles abfragen und mit Sicherheit garantieren zu können. Weniger ist hier manchmal mehr!
4. Aus Bewerbersicht ist der letzte Punkt oft unbeliebt, jedoch wichtig: Geben Sie dem Bewerber die Chance, eigene Fragen zu stellen. An dieser Stelle erhalten Sie meist einen weiteren Einblick darin, wie weit sich der Bewerber mit der Position

und Ihrem Unternehmen auseinandergesetzt hat. Geht er gelangweilt Standardfragen durch (»Wie viele Tage Urlaub bekomme ich?«), kann auch dies eine wichtige Info sein.

Doch Obacht, bewerten Sie stets den Kontext! Falls der Bewerber beispielsweise in seinem letzten Job keinen Urlaub gewährt bekam und daher seiner Elternrolle aus seiner Sicht nicht genug nachkommen konnte, kann dies ein sehr wichtiges Thema sein!

5. Nun folgt der Abschluss: Als Bewerber wollten Sie sicher auch wissen, wie es nun weitergeht. Wann ist mit einer Antwort zu rechnen? Gibt es weitere Gespräche? Diese Aspekte können bereits Teil der vorherigen Fragen gewesen sein, ansonsten sollten Sie sie nun aufgreifen.

Die richtige Dauer für Bewerbungsgespräche finden

Es gibt Gespräche, in denen Ihnen vielleicht schon nach kurzer Zeit klar ist, dass sie nicht gut verlaufen werden. Der Reflex ist, das Gespräch dann umgehend zu beenden.

Ich selbst habe als Bewerber die Erfahrung gemacht, dass ein Gespräch nach wenigen Minuten zum Erliegen kam. Ich habe dies als sehr unangenehm und unhöflich empfunden und diese Erfahrung auch in meinem Freundeskreis geteilt. Und wie es das Schicksal so wollte, gab es dort einen idealen Kandidaten, der deswegen von einer Bewerbung absah.

Daher verlangt es auch der Respekt, das Gespräch bis zu einer vertretbaren Zeit zu führen und dann taktvoll abzuschließen. Sehen Sie es als Möglichkeit, einen Menschen kennenzulernen und vielleicht auch sich selbst sowie das Stellenprofil besser zu verstehen.

Der Rahmen für das Gespräch

Fast genauso wichtig wie das Gespräch sind die Rahmenbedingungen.

Zunächst sollten Sie darauf achten, dass Getränke im Gespräch verfügbar sind und auch angeboten werden. Etwas deplatziert wirken hingegen Kekse oder sonstige Nahrungsmittel, denn Ihr Bewerber möchte Ihnen was erzählen und nicht essen. Ein Glas Wasser, Tee oder ein Kaffee hingegen ist wichtig und trägt zum Wohlbefinden beider Parteien bei.

Das Gespräch selbst sollten Sie im Idealfall immer zu zweit führen. Dadurch vermeiden Sie eine spätere allzu subjektive Bewertung des Gesprächs und erhalten zugleich durch vier Augen deutlich mehr Eindrücke als allein.

Doch wen sollen Sie dazu nehmen? In vielen Unternehmen sind zwei Gesprächsrunden üblich: In der ersten Runde wird gefiltert, und die zweite Runde gilt häufig lediglich dem Wunschkandidaten oder einer begrenzten Auswahl.

Ich rate Ihnen, bei der ersten Runde ruhig fachfremde Personen hinzuzunehmen, etwa einen befreundeten Mitarbeiter eines anderen Teams. Eines meiner besten Gespräche habe ich mit einer Empfangskollegin gemeinsam geführt, denn diese hat auf ganz andere Aspekte als ich geachtet. Auch wenn sie mir keine fachlichen Aspekte aufzählen konnte, so hat sie doch einen weitreichenden Blick über Menschlichkeit und Auftreten sowie unsere Firmenkultur vermitteln können. Nutzen Sie daher das erste Gespräch mit offenen Menschen für mehr Eindrücke!

Suchen Sie jedoch nicht wahllos Kollegen, die sich möglicherweise in den Vordergrund stellen möchten oder meinungslos neben Ihnen sitzen. Achten Sie darauf, dass die ausgewählte Person die Verantwortung möchte und Ihnen zugleich auch kritische Antworten gibt.

In der zweiten Runde hingegen würde ich Ihnen einen Mitarbeiter des jeweiligen Zielteams empfehlen. An dieser Stelle bekommen die beiden möglicherweise zukünftigen Kollegen ein Bild voneinander, und Sie können beobachten, wie diese Begegnung verläuft. Auch hier gilt die Regel, dass Sie den Moment nicht überbewerten sollten. Dennoch kann er Hinweise auf spätere Themen geben! Wichtig ist jedoch, dass die gemeinsame Gesprächsführung in jedem Fall ausschließlich im fachlichen Teil des Gesprächs stattfinden darf. Sobald es um Konditionen und Vertragsbestandteile geht, sollte der Kollege den Raum bereits verlassen haben!

Nach dem Gespräch sollten Sie die Eindrücke aufschreiben, falls Sie dies nicht bereits währenddessen getan haben. Reflektieren Sie Ihre Eindrücke danach mit der zweiten Person, und gleichen Sie Ihre Wahrnehmungen ab. Während viele Menschen nun eine schnelle Entscheidung anstreben, empfehle ich Ihnen, eine Nacht darüber zu schlafen. Jeder Bewerber wird dies verstehen, und zugleich hilft es Ihnen, die Entscheidung noch einmal zu überdenken.

Zu schnell ergibt sich sonst in der Euphorie ein Strohfeuer und darauf basierend eine übereilte Entscheidung. Mit etwas Abstand betrachtet kann sich diese im Nachgang als falsch erweisen, und eine Korrektur wird nahezu immer Schaden verursachen. Weiterhin signalisiert eine zu schnelle Zusage auch, dass Sie unter großem Druck stehen, und kann zu einem schwierigen Miteinander führen.

Sollten alle Phasen erfolgreich durchlaufen worden sein und haben Sie den richtigen Kandidaten gefunden: Herzlichen Glückwunsch, in naher Zukunft haben Sie einen neuen Mitarbeiter!

Bereits vorher oder spätestens mit dem neuen Mitarbeiter kommt ein weiteres Führungsthema auf Sie zu: die Führungsrolle selbst.

3.3 Teamführung

Als ersten Punkt empfehle ich Ihnen, sich bewusst zu machen, dass niemand als Führungskraft geboren wurde. Es gibt sicher Persönlichkeiten, die schneller in die Rolle hineinwachsen, und andere, die etwas länger brauchen. Wichtig ist, diesen Prozess offen zu durchleben und sich dabei zu entwickeln. Zugleich rate ich jeder neuen Führungskraft, regelmäßig zu reflektieren und sich auch offen zu fragen, ob die Führungsrolle der für Sie persönlich richtige Weg ist. Auf meinem Weg habe ich viele Führungskräfte erlebt, denen Führung wenig Spaß gemacht hat und eigentlich nur eine Last war. Das zeigt sich häufig auch in der Qualität der Führung, was zu unzufriedenen Mitarbeitern und noch mehr Stress führt.

Zugleich haben viele den Mythos »Karriere geht nur als Führungskraft!« im Kopf und streben daher dieses Ziel an. Diese Denkweise ist jedoch überholt, heute ist der Begriff »Karriere« vielschichtiger. Falls Sie feststellen, dass eine Führungslaufbahn nicht Ihr Weg ist, können Sie eine Erfahrung mitnehmen und guten Gewissens in eine dann oft erfüllendere Fachlaufbahn wechseln. In vielen Unternehmen wird Führung mittlerweile als eine spezielle Aufgabe gesehen und daher mit einer Fachkarriere gleichgesetzt oder stellenweise sogar finanziell weniger attraktiv vergütet.

Sollte Ihre Entscheidung für eine Führungskarriere gefallen sein, müssen Sie sich selbst in der neuen Rolle finden. Der erste Anhaltspunkt werden sicher Ihre eigenen Erfahrungen sein: Sie werden auf Ihrem bisherigen beruflichen Weg sicher gute oder auch weniger gute Führungskräfte erlebt haben. Zugleich haben Sie vielleicht auch schon die Auswirkungen der verschiedenen Führungsstile erlebt, etwa wenn eine Führungskraft nicht führen kann, sondern lediglich verwaltet.

All diese Erfahrungen werden Bausteine Ihres eigenen Stils, der sich mit der Zeit immer weiterentwickeln wird. Gerade zu Beginn ist es oft verlockend, fertige Konzepte zu übernehmen, die Erfolg versprechen. Diese Konzepte existieren als wissenschaftlich gut erforschte Führungsstile, sollten jedoch nur als Wegweiser und Anhaltspunkte für das eigene Verhalten genutzt werden.

3.3.1 Führungsstile

Meist werden fünf Führungsstil-Grundrichtungen unterschieden:

- **Despotischer Führungsstil**: Die Führungskraft trifft Entscheidungen und teilt sie dem Mitarbeiter zur Umsetzung mit. Der Mitarbeiter selbst hat in Folge keinen weiteren Entscheidungsspielraum. In vielen Berufen sorgt dieses Verhalten recht schnell für Frustration unter den Mitarbeitern, was zugleich die Bereitschaft zum Jobwechsel signifikant steigert. Es gibt allerdings Berufe, in denen dieser Führungsstil sogar notwendig sein kann. Beispiele dafür sind die Feuerwehr oder der Rettungsdienst, in denen im Einsatz klare Weisungen gegeben werden müssen, die aufgrund der häufig kritischen Lage im wahrsten Sinne überlebensnotwendig sind und daher umgehend befolgt werden.

- **Patriarchalischer Führungsstil**: Auch der Patriarch (oder die Matriarchin) trifft die Entscheidung allein. Anders als beim despotischen Führungsstil versucht er jedoch, diese den Mitarbeitern zu erklären und aktiv dafür zu werben. Sein Ziel ist es, die Belegschaft von der Richtigkeit seiner Sache zu überzeugen. Sollte es nicht gelingen, weist er die Entscheidung dennoch an, er agiert dann wie beim despotischen Führungsstil. Der patriarchalische Führungsstil wird oft von Führungskräften mit hohem Charisma ausgeübt, die dadurch Mitarbeiter für ihre Mission einnehmen. Falls dies aber nicht gelingt, können die Folgen noch verheerender sein als beim despotischen Führungsstil, denn die Mitarbeiter wurden aus ihrer Sicht nicht einbezogen und bekommen am Ende vermittelt, dass ihre Meinung nicht zählt.
- **Hierarchischer Führungsstil**: Erneut wird die Führungskraft mit einem Problem konfrontiert und hat bereits eine Lösung gefunden sowie eine Entscheidung getroffen. Diese ist allerdings nicht in Stein gemeißelt, sondern wird dem Team vorgeschlagen, das Verbesserungsvorschläge einbringen kann. Diese werden durch die Führungskraft aktiv geprüft und, falls sinnvoll, auch in die Entscheidung integriert bzw. diese wird entsprechend angepasst.
- **Partizipativer Führungsstil**: Bei diesem Führungsstil gibt die Führungskraft sowohl das Problem als auch mögliche Beschränkungen für Lösungen in das Team. Sobald das Team Lösungen erarbeitet hat, trifft die Führungskraft auf dieser Basis eine Entscheidung.
- **Kooperativer Führungsstil**: Auch bei diesem Stil sucht das Team aktiv nach Lösungen für das Problem. Nach der Lösungsfindung geht es jedoch einen Schritt weiter und beschließt selbst, wie das Problem zu lösen ist. Die Verantwortung wird somit von der Führungskraft dem Mitarbeiter übergeben.

  Dieser Stil findet sich unter anderem im agilen Arbeiten wieder.

  Auf manche Mitarbeiter wirkt dies sehr reizvoll, allerdings sollten einige Aspekte zwingend beachtet werden. Zum einen bedeutet es, dass neben den Rechten auch die Pflichten auf die Mitarbeiter übergehen. In der Praxis heißt dies, dass die Mitarbeiter nicht nur das Recht haben, eine Entscheidung zu treffen, sondern zugleich auch die Pflicht haben, dies zu tun.

  Mit der getroffenen Entscheidung wird zugleich die Verantwortung für mögliche Auswirkungen übernommen. Dies klingt zunächst attraktiv. Zugleich kann Verantwortung auch eine Belastung sein, und die Mitarbeiter müssen auch in schwierigen Zeiten Entscheidungen selbst treffen. Besonders Mitarbeiter, die keine Führungsaufgabe übernehmen wollen, werden sich in Krisen schwertun und die Situation schnell als stressig empfinden.

Neben den Mitarbeitern müssen auch die Führungskräfte selbst betrachtet werden, denn einige versuchen, die Verantwortung ungefragt zu delegieren und die organisatorischen Aufgaben gleich mit. Schnell kommt das Gefühl auf, dass der Chef in schlechten Zeiten auf das Team zeigt und sich die Lorbeeren in guten Zeiten selbst nimmt. Auch das gilt es als Führungskraft zu reflektieren, eine Übergabe von Verantwortung muss einvernehmlich erfolgen!

- **Laissez-faire**: Bei diesem Führungsstil handeln die Mitarbeiter vollkommen selbstständig innerhalb systembedingter Grenzen. Dadurch tragen die Angestellten die volle Verantwortung und erfüllen alle Pflichten selbstständig.

  Um diesen Stil zu ermöglichen, bedarf es einer großen Reife seitens der Angestellten, da alle Aufgaben selbstständig identifiziert und bearbeitet werden müssen. In der Praxis sind die Einstellung der Mitarbeiter und die Arbeit im Team die entscheidenden Faktoren.

  Dieser Führungsstil ist leider sehr anfällig dafür, ausgenutzt zu werden, und gleitet dann leicht ins Chaos ab.

3.3.2 Welcher Stil ist nun der richtige?

Sie werden sich nun vielleicht fragen, welcher Stil den besten Weg verspricht und mit welchen Nach- sowie Vorteilen behaftet ist. Die erste Erkenntnis ist, dass es nicht den *einen* Führungsstil gibt.

Werden Sie besser zum Klavierspieler, und schlagen Sie je nach Situation andere Töne an. Die Situation kann sich aus dem Moment ergeben oder auch maßgeblich durch den Mitarbeiter geprägt sein. So fordert etwa ein Mitarbeiter eine eher direktive Führung, andere hingegen können mit viel Freiraum umgehen. Auch hier gilt, dass die Mitarbeiter sich entwickeln können und keinesfalls in Schubladen gesteckt werden sollten. Sie müssen reflektieren, warum der Mitarbeiter in dieser Form handelt, und sollten schauen, wohin er sich entwickeln will. So kann etwa der Wunsch nach direktiver Führung auch ein Zeichen der eigenen Unsicherheit sein, weswegen mit zunehmender Sicherheit mehr Freiraum gewünscht wird. Sie sollten daher das Bedürfnis des Mitarbeiters auch mit ihm gemeinsam reflektieren. Nur so kann sichergestellt werden, dass Sie Ihre Führung an die Gegebenheiten anpassen können.

Aller Anfang ist jedoch schwer, auch der in der Führungsrolle. Sowohl Sie als auch die Mitarbeiter werden zu Beginn ein Bild von Führung haben, das häufig nicht genau beschrieben ist. Daher wird es zu Beginn stellenweise zu Verärgerung aufgrund der Überschreitung von Grenzen kommen, woraufhin diese neu zu verhandeln sind.

Hier kann ich Ihnen nur zu viel Kommunikation, Ehrlichkeit und auch einer aufrichtigen Entschuldigung raten, wenn die Dinge schiefgelaufen sind. Zugleich möchte ich Sie ermutigen, nicht immer für gute Stimmung zu sorgen, sondern auch Veränderung, die ab und an unangenehm ist, zuzulassen. Nichts ist schlimmer als eine Führungskraft, die von den Mitarbeitern geführt wird! Daher ist es ein Balanceakt für beide Seiten, und es ist wichtig, den Raum zu schaffen, damit dieser Balanceakt gemeinsam geübt werden kann.

Zugleich müssen auch Sie die eigene Balance finden. Wer wollen Sie sein, was wird Ihr Führungsstil sein?

An dieser Stelle erhalten Sie meist unvermitteltes und nicht selten hartes Feedback von Ihren Mitarbeitern zu Ihrem Vorgehen. Auch sie erproben Ihren Stil und lernen aus dem Feedback oder den sich ergebenden Entwicklungen. Ein wesentlicher Punkt ist die Reflexion für sich allein. Es ist gut, wenn Sie Gesprächspartner haben und auch mit diesen Ihre Themen reflektieren.

Besonders bei der Findung der neuen Rolle erhalten Sie allerdings häufig gut gemeinte Ratschläge, was Sie alles tun können und vor allem müssen! Nicht selten erschwert das Ihre Reifung als Führungskraft und bremst den Prozess der eigenen Rollenbestimmung deutlich aus. Es ist wichtig, dass Sie Ihren eigenen Weg gehen und sich dabei im Spiegel anschauen können. Insbesondere als Führungskraft sollten Sie kein Egoist sein, jedoch Ihre Haltung nicht stets an den Meinungen und Erwartungen anderer ausrichten!

3.4 Teambuilding

Immer wieder können Sie lesen, dass ein Team mehr ist als die Summe seiner Bestandteile. Das gewünschte Ergebnis erreichen Sie erst mit einem eingespielten Team, das jedoch zuvor seinen Weg gehen muss.

Im Alltag bedeutet dies, dass die Veränderungen einzelner Teammitglieder durchaus das ganze Team in eine neue Findungsphase stoßen können. Was zunächst wild klingt, hat der Psychologe Bruce Tuckmann ursprünglich als Modell mit vier Phasen entworfen (1965) und 1977 mit fünf Phasen vorgestellt:

- **Forming**: In der ersten Phase ist das Team neu entstanden und beginnt mit der Zusammenarbeit. Konflikte werden vermieden, und ein erstes Herantasten beginnt. Für Sie bietet sich in diesem Moment die Chance, einzelne Teammitglieder besser kennenzulernen. Es ist die sprichwörtliche Ruhe vor dem Sturm, die Sie nutzen sollten. Stellen Sie sich dem Team vor, geben Sie vielleicht mal einen Kuchen aus, oder lernen Sie Ihre Mitarbeiter bei Kaffeepausen besser kennen. Ein Tipp: Beginnen und integrieren Sie in dieser Phase unbedingt Rituale, etwa das wöchentliche Teammeeting oder eine gemeinsame Kaffeepause, bei der jeder mal den Kuchen mitbringt. Diese Rituale werden in den späteren Phasen immer wieder Kontaktpunkte sein, an denen das Team zueinanderfinden und sich wieder in die Augen sehen kann!

- **Storming**: In der Sturmphase kommt es zu ersten Konflikten im Team, die sich auf die Qualität der Zusammenarbeit auswirken können. Sie haben daher vermutlich schnell den Impuls, den Streit zu lösen und zu entscheiden.

  Widerstehen Sie diesem Impuls! Das Team muss den Streit selbst führen und für sich eine Streitkultur erlernen, die in späteren Diskussionen Gold wert ist. An dieser Stelle können Sie das Team durch die Beobachtung der Abläufe weiter kennenlernen. Das soll jedoch keinesfalls ein Freifahrschein für Eskalationen jeder Art sein! Falls sich ein Teammitglied nicht mehr wehren kann oder eine zu hohe Eskalation droht, müssen Sie als Führungskraft natürlich lenkend eingreifen oder den Konflikt selbst moderieren. Zugleich sollte dies nur passieren, falls der Konflikt droht, Grenzen zu überschreiten, und dabei irreversible Schäden hinterlassen würde.
- **Norming**: In dieser Phase verzieht sich der Sturm allmählich, das Team überwindet die Konflikte und schafft gemeinsame Normen, damit die Zusammenarbeit funktionieren kann. Als Führungskraft sollten Sie den Prozess passiv begleiten und sicherstellen, dass die Normen in den unternehmerischen Kontext passen.
- **Performing**: Zuverlässige und miteinander vereinbarte Normen sorgen für eine bestmögliche Leistung, da jeder weiß, wie er mit den anderen Teammitgliedern zusammenarbeiten kann.

  In dieser Phase können Sie die Früchte der vorherigen Phasen ernten, und zugleich gilt es, das Team zu beobachten. Besonders bei sehr guten Teams wird die Belastung häufig immer weiter erhöht, Überstunde um Überstunde. Auch wenn das Team zusammenhält und seine Leistung erbringt, die Loyalität der Firma gegenüber wird erodieren. Sobald ein Mitarbeiter das Team verlässt, folgen nicht selten weitere wertvolle Mitarbeiter seinem Vorbild. Daher: Bei aller Leistung – beachten Sie stets, dass es ein Geben und Nehmen auf allen Seiten bedeuten muss. Sollte ein wichtiges System ausfallen, während die Überstunden bereits rufen, gehört es zum guten Ton, als Führungskraft für Essen und die notwendigen Rahmenbedingungen (z. B. Abschirmung vor unzähligen Anwenderfragen) zu sorgen!
- **Adjourning**: Die letzte Phase beschreibt die Auflösung des Teams. Viele Führungskräfte beachten diese Phase nicht und begründen dies mit der dauerhaften Existenz Ihres Teams. Dies stimmt jedoch nicht, und zwar aus zwei wesentlichen Gründen:

  Zum einen arbeiten viele Mitarbeiter zunehmend in interdisziplinären Teams, die projektbezogen zusammengestellt werden und sich danach auflösen. Auch wenn der Mitarbeiter wieder vollumfänglich in das bisherige Team zurückgeht, so hat er dennoch weitere Erfahrungen gesammelt und bringt neue Erfahrungen ein.

  Zudem existiert das Team oft in der derzeitigen Konstellation nicht dauerhaft. Es kann passieren, dass Mitarbeiter das Team verlassen, etwa aufgrund eines Jobwechsels oder einer Elternzeit. Zugleich wächst das Team möglicherweise um neue Kollegen, wodurch das bestehende Team erneut nicht mehr existiert.

Als Führungskraft gilt es, auch den Abschluss gebührend zu feiern. Bei längerer Zusammenarbeit kann die Sammlung für ein Geschenk angemessen sein. Bei anderen Anlässen kann es das gemeinsame Abschiedsessen oder eine Erinnerung, etwa in Form eines Fotos, sein.

Wichtig ist die Erkenntnis, dass die Phasen bei Veränderungen im Team erneut durchlaufen werden können, wenn auch in einer abgeschwächten Variante. Dieser Prozess ist normal, da sich das Team erneut finden und auch die neue Konstellation sich einspielen muss. Nutzen Sie die Chance, und begleiten Ihr Team auf dem Weg.

3.5 Mitarbeiterdialoge

Ein wesentliches Werkzeug für Sie als Führungskraft ist die Kommunikation, insbesondere mit den Mitarbeitern. Aus dem Alltag kennen Sie sicher selbst, dass Gespräche vollkommen unterschiedlich sein können. Mal sind es lange Gespräche, mal eher kurze, mal ernstere, mal ...

3.5.1 Mitarbeiterführung durch Gespräche

In den letzten Jahren hat die Wertschätzung für Gespräche stark zugenommen, viele Unternehmen fordern mittlerweile mindestens ein Jahresgespräch zwischen Mitarbeiter und Führungskraft. Damit in diesen Gesprächen eine Vergleichbarkeit geschaffen wird, sind diese häufig mit einem Fragebogen stark strukturiert und bieten Ihnen somit einen Leitfaden.

Viele Mitarbeiter und Führungskräfte empfinden das Gespräch einmal im Jahr als Pflicht, die es abzuarbeiten gilt. Mir stellt sich jedoch eher die Frage, ob ein Gespräch pro Jahr überhaupt hinreichend ist. Die Frage, was wirklich genug ist, kann ich Ihnen jedoch nicht eindeutig beantworten. Die Antwort ist von Ihrem Bedarf und dem des Mitarbeiters abhängig.

Führungsgeister

An dieser Stelle muss ich die »Führungsgeister« erwähnen, die als Führungskraft ihre Mitarbeiter mit Aufgaben per Mail versorgen, jedoch sonst keinen Kontakt haben. Dort wäre das Jahresgespräch fast schon wie ein Gespräch zwischen zwei fremden Personen.

Wenn Sie Führung eher mechanisch und hierarchisch betrachten wollen, klingt ein Gespräch pro Jahr schnell verlockend. Insbesondere da Sie auch weitere Aufgaben haben!

Sollten Sie jedoch eine personenzentrierte Führung bevorzugen, die heute als zeitgemäß angesehen wird, ist das nicht hinreichend. Leadership bedeutet, den Mitarbeiter aktiv zu begleiten und auch bis zu einem gewissen Grad an seinem Leben teilzunehmen. Um dies zu ermöglichen, sind weitere Gespräche notwendig, zu denen sich immer wieder Möglichkeiten jenseits des formalen Jahresgesprächs ergeben. Gerade zu Beginn der Führungslaufbahn sind Sie nicht selten ein *Working Teamlead*, also Führungskraft und zugleich Bestandteil des Teams im Alltag. Daraus erwächst die Chance, dass Sie durch alltägliche Erfahrungen miteinander ein Vertrauensverhältnis aufbauen können. Aber ein solches Verhältnis muss gepflegt werden und zugleich authentisch sein:

Führungskraft Albert hat hohes Interesse an seinem Team und hat sich daher vorgenommen, jeden Monat einmal mit jedem Mitarbeiter zu sprechen. Aufgrund räumlicher Distanz und der vielen Einsätze beim Kunden ist dies nicht häufiger möglich.

Zunächst empfinden die Mitarbeiter dies als neu und ungewohnt, öffnen sich jedoch mit der Zeit. Die Gespräche haben einen Anfang, aber kein definiertes Ende. Manche Gespräche dauern zehn Minuten, andere hingegen Stunden. Dennoch wächst ein Verhältnis zwischen Mitarbeiter und Führungskraft, das auch bei außerordentlichen Themen, etwa Mehrarbeit oder Kürzungen, belastbar ist. Hier muss jedoch betont werden, dass sowohl Geben als auch Nehmen für eine stabile Beziehung wichtig sind.

In den Gesprächen erfährt die Führungskraft von privaten Themen der Mitarbeiter, kann vielleicht hier und dort mal einen Impuls geben oder im Rahmen seiner Mittel versuchen zu unterstützen. Das aufgebaute Vertrauen reicht so weit, dass auch Unzufriedenheit und die Suche nach neuen Stellen offen ausgesprochen werden.

Zeitgleich erlebt Führungskraft Berthold dies mit und versucht, die Gespräche zu kopieren. Auch er ruft seine Mitarbeiter an, bellt jedoch zu Beginn bereits ein »Wie gehts?!« ins Telefon. Während der Gesprächspartner antwortet, schreibt Berthold weiter Mails oder chattet mit Kollegen, geht auf kein Thema ein und wirkt minütlich genervter in der Hoffnung, dass das Gespräch bald vorbei ist.

Nach wenigen Runden gibt Berthold genervt auf und stellt fest, dass das alles Unsinn und daher Zeitverschwendung ist.

Was ist passiert? Es kam der Unterschied der Authentizität zum Vorschein. Während Albert aufrichtig an den Mitarbeitern interessiert ist, hat Berthold lediglich Vorteile daraus ziehen wollen. Aus diesem Grund stellen die Mitarbeitergespräche für Albert einen Mehrwert und für Berthold Zeitverschwendung dar.

An dieser Darstellung ist gut erkennbar, dass sowohl eine intensive als auch eine lockere Beziehung zum Mitarbeiter Vor- und Nachteile mit sich bringen. Im Team vom Berthold kommt es zu immer mehr unerwarteter Fluktuation, und viele Gründe für eine Kündigung wurden erst nachträglich bekannt.

Albert hingegen benötigt zwar im Alltag deutlich mehr Zeit für die Pflege der Beziehungen zu den Mitarbeitern, was sich jedoch für ihn letztlich positiv bemerkbar macht.

Sie müssen daher für sich entscheiden, welche Art von Beziehung Sie eingehen möchten und können, und diese entsprechend gestalten.

Alle sind gleich!

Was zunächst nach sozialistischer Denkweise oder der Farm der Tiere von Orwell klingt, hat im Führungsalltag eine wesentliche Bedeutung.

Sie sollten keinesfalls mit Mitarbeiterin Anna ein sehr gutes Verhältnis pflegen und auch privat viel gemeinsam machen, während Sie Berta und Christine jedoch distanziert behandeln. Einige Führungskräfte erklären dies mit menschlichen Herausforderungen, schließlich mag man nicht jeden Menschen gleichermaßen.

Falls jedoch Mitarbeiterin A eine Schulung oder sonstige Leistung erhält, wird Ihnen häufig der Ruf der Käuflichkeit anhaften. In Folge kann dies das teaminterne Klima stören und auch zu Angriffen auf den Mitarbeiter führen.

Es wird immer wieder Menschen geben, die die »Bedürftigkeit« der Führungskraft nach Anerkennung und Bewunderung spüren und diese erfüllen. Wenn Sie selbst reflektieren und bei sich eine gewisse »Bedürftigkeit« erkennen, seien Sie auf der Hut. Solche Menschen mögen zwar Ihre Bedürfnisse befriedigen, der Handel ist jedoch meist mit Manipulation verbunden und endet, sobald es keinen Vorteil mehr gibt. Achten Sie daher genau auf Ihre Beziehungen und die Gleichbehandlung Ihrer Mitarbeiter!

3.5.2 Nähe und Distanz

Nähe und Distanz klingt in einem Führungsverhältnis erst sehr seltsam, oder? Dennoch ist es eine der größten Herausforderungen für neue Führungskräfte!

Viele Führungskräfte waren vorher im gleichen Team Mitarbeiter, machen nun jedoch den nächsten Schritt auf der Karriereleiter. Nun nehmen einige an, dass alles bleibt, wie es ist. Klar, ein neuer Titel, eine hoffentlich bessere Bezahlung, und das ist alles. Im Alltag bleibt alles wie immer.

An dieser Stelle kann ich Ihnen sagen, dass dies nicht so sein wird. Auf einmal müssen Sie Führungsaufgaben übernehmen, die zuvor nicht Bestandteil Ihres Alltags waren und nun Zeit kosten. Auch der eigene Blickwinkel ändert sich, was vermutlich Ihre erste Erfahrung sein wird.

Es gibt immer wieder Mitarbeiter, die über Entscheidungen von »da oben« herzhaft schimpfen. Auch wenn Sie bislang einfach weggehört haben, nun ändert sich etwas, denn Sie sind einer von »denen da oben«. Wie geht das Team damit um?

Reden ist Silber, Schweigen ist Gold – und lebensnotwendig

Aus der Erfahrung besteht der erste Schritt einiger Teammitglieder häufig darin, Sie als Informationsmedium nutzen zu wollen. Immerhin haben Sie nun ungeahnte Einblicke in die internen Diskussionen der Führungskräfte, deren Entscheidungen und weitere Daten. Diese Infos sollen Sie gefälligst mit dem Team teilen!

Nun dürfen Sie nicht schwach werden, denn die Vertraulichkeit der Daten und Gespräche ist das höchste Gebot! Lassen Sie sich dazu verführen, doch mal etwas zu äußern, ist das Risiko hoch, dass es rauskommt. Im vermeintlich besten Fall nehmen Ihre Führungskollegen und Vorgesetzten Sie danach als unzuverlässig und nicht vertrauenswürdig wahr, wodurch Sie bei sensiblen Themen zukünftig erst mal ausgeschlossen werden.

Für Sie als Führungskraft ist das berufliche Netzwerk jedoch ein Teil Ihrer Tätigkeit, und das Leben im Fluss der Informationen ist für Ihre Aufgabe essenziell wichtig. Im schlimmsten Fall wird Ihre Rolle als Führungskraft von den Führungskollegen und Ihrem Vorgesetzten infrage gestellt. Sind Sie überhaupt geeignet, wenn Sie nicht schweigen können? Oder wenn Sie sich vom Team instrumentalisieren lassen? Die Folgen können weitreichend sein und bis zum Jobverlust führen.

Daher wiederhole ich gerne: Schweigen Sie wie ein Grab!

Leider finden sich im Alltag immer wieder Situationen, die vielleicht die Regel vergessen oder zumindest aufweichen lassen. Und schon ist es passiert. Sofort beginnt das Hoffen, dass es keiner der Zuhörer weitergibt.

Die Weitergabe ist oft nicht Ihr einziges Problem, denn nicht wenige Informationen sind brisanter Natur.

Schnell wird aus Ihrer Aussage »Herr Koch denkt über ein Outsourcing der IT nach« ein »Dieser Herr Koch muss bestraft werden« oder »Oh nein, mein Job ist in Gefahr«.

Es entsteht eine feindliche Stimmung, und schnell wird die getroffene Aussage mit anderem Wissen »angereichert«, egal ob es stimmt oder nicht.

Zeitgleich passiert etwas, was auf der Führungsebene nicht selten ist: Herr Koch hat seine Gedanken abgeschlossen und findet den aktuellen Zustand gut, wie er ist. Es wird keine Veränderung geben.

Und nun? Auf der einen Seite ist das Thema nicht mehr existent, auf der anderen Seite haben Sie jedoch ein Team, das sich in das Thema hineingesteigert hat. In Folge müssen Sie nun Zeit und Energie verbrauchen, um die Wogen in Ihrem Team wieder zu glätten.

Auf dem Höhepunkt der Welle können sich weitere Effekte zeigen: Einige Ihrer Mitarbeiter könnten sich in der eigenen Angst oder Panik verlieren und vermeintliche Geheimnisse ausplaudern. Oft ist es nur »der eine Kollege« oder »die eine Kollegin«, dem oder der diese Informationen anvertraut wurden. Dennoch verbreiten sich solche Informationen weiter und fallen letztlich wieder auf das Team, insbesondere aber auf Sie, zurück.

Behandeln Sie Information deshalb äußerst diskret, und geben Sie diese nicht im Vertrauen weiter. Es wird immer wieder Themen geben, die Sie persönlich betreffen oder sogar belasten. Suchen Sie sich stattdessen Personen in Ihrem privaten Umfeld, etwa innerhalb der Partnerschaft oder Familie, mit denen Sie darüber sprechen können. Manche empfinden es vielleicht als Schwäche oder eigenen Fehler, solche Gefühle zu haben. Diese sind aber nur menschlich, und ein ehrlicher Umgang damit wird Sie entlasten.

Nun ist sicherlich klar geworden, warum das Verhältnis von Nähe und Distanz in Ihrem Team neu definiert werden muss. Dies bedeutet keineswegs, dass Ihr Verhältnis zum Team schlechter werden muss, vielmehr muss es sich zunächst verändern, um sich an die neue Situation anzupassen.

Der Meckerkasten

Sobald Ihr Team bemerkt, dass Sie vertrauliche Informationen für sich behalten wollen, kann es zu einem Strategiewechsel kommen – dem »Meckerkasten«. Wenn Sie schon keine Geheimnisse teilen, dann können Sie doch wenigstens die Anliegen des Teams »dort oben« vertreten. Die Folge: Sie haben plötzlich ständig Kolleginnen und Kollegen mit Problemen vor Ihrer Tür stehen, die zugleich vermeintliche Lösungen präsentieren mit der Forderung, genau das umzusetzen.

Auch hier gilt: nicht in diesem Leben! Doch wie gehen Sie damit um?

Probleme einfach ignorieren bzw. Kollegen abweisen sollte nicht der Weg sein.

Bei Problemen hinter die Kulissen sehen

Gerade zu Beginn fällt es oft nicht leicht, sich abzugrenzen. Ein Kollege stürmt vielleicht aufgebracht in Ihr Büro und erzählt Ihnen, was passiert ist und dass sich ein anderes Teammitglied komplett danebenbenommen hat.

Zu Beginn hören Sie noch aufmerksam zu, doch dann merken Sie, wie auch in Ihnen die Wut aufsteigt. Wie kann er/sie nur? Das muss geklärt werden, der Kollege hat recht! Schnell greifen Sie zum Telefon und wollen den Übeltäter zur Rede stellen. Doch mit jedem Satz wird Ihnen klarer, dass die Wahrheit Ihres Mitarbeiters nur ein Teil des Puzzles war und Sie sich in der Situation verrannt haben.

Wie können Sie das verhindern?

Ich empfehle Ihnen, sich erst mal die Schilderung Ihres Mitarbeiters anzuhören und die eigene Wut zu überwinden. Sehen Sie sich in diesem Moment als Reporter, der nur das Geschehen festhalten will. Danach sollten Sie erst mal für sich überlegen, was tatsächlich passiert sein könnte.

Hat der betreffende Kollege vielleicht bereits etwas dazu erwähnt? Ist es Teil eines Ihnen bekannten Plans? Vor allem gilt nun eines: Emotionsmanagement! Der bekannte Spruch »Kommt die Emotion, geht der Verstand!« enthält leider viel Wahrheit. Wenn Sie merken, dass Sie selbst emotional involviert sind, gehen Sie einen Moment an die frische Luft oder halten Sie einen Small Talk mit einem anderen Kollegen.

Sobald Sie wieder bei sich sind, rufen Sie den Kollegen an und sprechen Sie das Thema an. Nutzen Sie »Ich-Botschaften« und sagen Sie, was Sie gehört haben, um dann zu fragen, was wirklich passiert ist. Wenn Sie die Fakten und Sichtweisen beider Seiten kennen, entscheiden Sie, ob es sich lohnt, sich aufzuregen. Falls ja, teilen Sie dem Gesprächspartner sachlich Ihre Einwände oder Bedenken mit. Achten Sie auf Objektivität, denn »weil wir es immer anders gemacht haben« ist kein Argument. Suchen Sie dann gemeinsam mit Ihrem Gesprächspartner eine Lösung oder einigen Sie sich auf das weitere Vorgehen, auch wenn noch keine finale Lösung gefunden wurde.

Zusammengefasst gilt:

- Lassen Sie sich nicht vom Frust der Mitarbeiter anstecken!
- Klären Sie die Sicht beider Seiten!
- Bewerten Sie die Fakten unvoreingenommen, und verhandeln Sie konstruktiv eine gemeinsame Lösung!

Sie sollten das Problem zunächst selbst bewerten. Können Sie es im Team lösen? Ist es wirklich ein Problem oder eine Befindlichkeit? Wie ist Ihre Position dazu?

Besonders der letzte Punkt ist elementar, denn Sie sind in der Führungskräfterunde und präsentieren Ihre Anliegen. Ich empfehle Ihnen daher, gut abzuwägen, was Sie dort ansprechen möchten und was nicht! Sollten Sie einfach alles anbringen und somit als »Sprecher« Ihres Teams agieren, wird das negative Folgen haben, von der Ablehnung bis hin zu einer schlechten Außenwirkung.

Sobald Sie klargestellt haben, dass Sie Vertrauliches für sich behalten und keinesfalls als Sprachrohr agieren werden, trennt sich meist die Spreu vom Weizen. Mit einigen Kollegen, zu denen Sie vielleicht freundschaftliche Beziehungen pflegen, werden diese Themen in Zukunft keine Rolle mehr spielen, wodurch die Bindung bestehen bleiben kann. Andere Kollegen hingegen werden Sie als »einen/eine von denen« wahrnehmen und sich distanzieren. Nicht selten spielt dabei auch die Angst mit, dass Gesprächsinhalte vom Mittagstisch in anderen Runden geteilt oder gehässige Kommentare von Kollegen durch Sie öffentlich werden könnten.

Als neue Führungskraft erleben Sie die Veränderung im Verhältnis mit den Mitarbeitern häufig erst mal als schwierig. Bestehende Bekanntschaften verändern sich, werden teils distanzierter, und zugleich stellen sich keine neuen ein.

In dieser Phase möchte ich Ihnen Mut zusprechen, durchzuhalten und zugleich Anschluss bei anderen Führungskräften zu suchen. Der Kontakt zu anderen Führungskräften wird für Sie in Zukunft ein wichtiger Baustein sein. Vor allem bei vertraulichen Themen können Sie oft offen mit diesen Kollegen sprechen, da Sie dieselbe Wissensbasis haben. Je nach Verhältnis können Sie in diesen Runden auch über eigene Unsicherheiten, etwa bei der Wahrnehmung eines Mitarbeiters, sprechen, um mögliche neue Perspektiven zu gewinnen. In diesem Kontext möchte ich Sie jedoch sensibilisieren. Wenn Sie bei Ihren Kollegen als »Jammerlappen« auffallen, kann sich dies schnell negativ auswirken. Achten Sie daher auf ein gesundes Verhältnis und zugleich darauf, mit wem Sie derart persönliche Themen teilen möchten.

Ein weiterer wichtiger Punkt kann der Meinungsaustausch bei Initiativen oder Strategiethemen sein. Veränderung bringt neben Chancen auch stets Risiken mit sich, die möglicherweise noch nicht hinreichend berücksichtigt wurden und daher angesprochen werden sollten.

Bevor Sie jedoch eine solche Entscheidung treffen, sollten Sie klären, ob es sich lediglich um Ihre persönliche Wahrnehmung handelt oder ob tatsächlich eine reale Herausforderung besteht. Wenn mehrere Führungskräfte Ihre Sicht teilen, können Sie prüfen, ob ein gemeinsames Vorgehen möglich ist. Dies verschafft Ihnen mehr Beachtung, als wenn Sie allein agieren würden, und stärkt zugleich die Verbindung untereinander!

3.5.3 Distance Leadership

Die Idealvorstellung einer Führungskraft ist häufig, dass die Mitarbeiter sich in unmittelbarer Nähe befinden, vielleicht nur wenige Büros weiter. Der Alltag stellt dieses Bild jedoch infrage, denn aufgrund des Fachkräftemangels muss zunehmend überregional gesucht werden; immer mehr Firmen haben internationale Standorte, an denen die Teams verteilt sitzen. Auch die in den letzten Jahren etablierte Homeoffice-Situation wird häufig beibehalten.

Das bedeutet für Sie, dass Sie neue Wege in der Führung gehen müssen. Aufzeigen möchte ich Ihnen das am Beispiel des lokalen Teams. Hier ergeben sich oft mehrfach täglich die Möglichkeiten zu persönlichem Kontakt und daraus resultierende Beobachtungspunkte. In Folge können Sie auch kleine Nuancen und Veränderungen wahrnehmen und bei Bedarf thematisieren.

Doch Achtung: auch wenn die vielen Kontaktpunkte zunächst wie ein Vorteil wirken, stellen diese im Alltag auch eine Herausforderung dar.

Insbesondere die *Open-Door-Policy* kann zu vielen Gesprächen mit den Mitarbeitern führen, die die eigene Arbeit blockieren. Wenn Bürotüren möglichst offengelassen werden und Mitarbeiterinnen und Mitarbeiter jederzeit mit ihren Anliegen zu Ihnen kommen können, werden Sie kaum noch strukturiert arbeiten können.

Dann sind Sie gefordert und müssen prüfen, welche Gespräche sinn- und wertvoll sind, welche für die Beziehungspflege wichtig bleiben und welche vielleicht nur zum Jammern oder zum Abladen von Verantwortung dienen. Insbesondere die beiden letztgenannten sollten Sie zwar zulassen, aber genau beobachten, wie sich dies entwickelt. Sollte beispielsweise ein ewiger »Drückeberger« immer wieder seine Probleme bei Ihnen abladen, ist es an der Zeit, sich auch mal bewusst zu distanzieren und klare Grenzen zu setzen.

Sie müssen daher für sich Regeln und Wege finden, wie Sie Ihre Aufgaben bewältigen können und gleichzeitig genügend Raum für den Austausch schaffen. Denken Sie immer daran: Die gewählte Lösung muss zu Ihnen und Ihrem Team passen, nicht zu allen anderen!

Kontakt im Homeoffice

Die Führung verändert sich jedoch deutlich, sobald Ihre Mitarbeiter nicht mehr alle am selben Standort wie Sie tätig sind. Hier müssen wir eine klare Abgrenzung vornehmen. In manchen Firmen gilt bereits regelmäßiges Homeoffice – etwa ein Tag pro Woche – als Distanz. Die Wissenschaft bietet hierzu zwar viele Erkenntnisse, aber keine eindeutige Antwort. Ist ein geregeltes Homeoffice bereits als Distanz zu betrachten? Ich möchte auch darauf antworten: »Es kommt darauf an.« Aus Erfahrung sehe ich einen einzelnen Homeoffice-Tag pro Woche eher unkritisch; ähnliche Situationen ergeben sich schließlich auch im Urlaub oder Ähnlichem.

Anders kann es bereits aussehen, wenn es um zwei bis drei Tage pro Woche geht. Bei zwei Tagen Abwesenheit könnte Kollege A montags und dienstags im Homeoffice sein, Kollegin B und Sie dienstags und mittwochs. Nun hätten Sie mit Kollege A lediglich am Freitag einen gemeinsamen Präsenztag.

Videochats können bei geplanten Meetings eine Alternative sein, sie ersetzen aber nicht den Austausch im Büroalltag. Denn wenn wir ehrlich sind: Rufen Sie den Kollegen einfach mal zum Plaudern an? Eher nicht. Auf dem Flur hingegen kann ein spontanes Gespräch durchaus entstehen.

An dieser Stelle müssen Sie daher die Homeoffice-Regelung Ihres Unternehmens mit Ihrem persönlichen Eindruck abgleichen und entscheiden, welchem Verhältnis sie sich und Ihr Team zuordnen.

Warum ist wenig Kontakt ein Problem?

Ist Small Talk nur ein Zeitfresser für die Mitarbeiter, der die Arbeitseffizienz sabotiert? Dann wäre das Homeoffice doch ideal: keine Ablenkung und vermeintlich hohe Leistung. Um das zu unterstützen, werden Gespräche und Anrufe auf das Minimum begrenzt. Wie würden Sie sich in dieser Situation als Mitarbeiter fühlen? Vermutlich nicht gut, oder? In Folge entstehen Herausforderungen, die mit hinreichend Kontakt verhindert werden könnten.

Das vermutlich größte Problem ist die nachlassende (Ver-)Bindung mit Ihnen, dem Team und der Firma. Sie werden zunehmend nur noch als reiner »Geldgeber« wahrgenommen. Gerade beim heutigen Fachkräftemangel sind solche Geldgeber jedoch nahezu beliebig austauschbar. Bei einer so geringen Identifikation mit dem Unternehmen können Sie weder Teamgeist noch die Übernahme von Verantwortung erwarten, die über das reine Abarbeiten von Aufgaben hinausgeht. Zusammengefasst bedeutet weniger Kontakt nicht mehr Effizienz, sondern mittelfristig oft den Verlust eines wertvollen Mitarbeiters!

Bekanntlich müssen Sie die Feste feiern, wie sie fallen, und so werden Sie auch diese Herausforderung lösen. Doch wie?

Der wahrscheinlich wichtigste Punkt ist, dass Sie als Führungskraft die Mitarbeiter nicht vernachlässigen dürfen und ungeachtet der Distanz ein gutes Verhältnis aufbauen müssen. Das klingt zunächst einfach, fällt aber leider oft dem Alltag zum Opfer: Schnell füllt sich der eigene Terminkalender, und der Kontakt zum Team rückt zunehmend in den Hintergrund. Machen Sie sich immer wieder bewusst, dass Ihre Mitarbeiter irgendwann die Frage stellen (oder gestellt bekommt), warum sie für die Firma und für Sie arbeiten. Falls Sie keine tragfähige Beziehung aufgebaut haben, wird die Antwort nicht zu Ihren Gunsten ausfallen!

Als Lösung müssen Sie gemeinsam mit Ihren Mitarbeitern einen passenden Kommunikationsmodus finden und etablieren. Der Maßstab muss sein, dass sowohl die Kontaktbedürfnisse der Mitarbeiter als auch Ihre eigenen erfüllt werden, während Sie zugleich als Führungskraft präsent sind.

Und wie gelingt das? Ihr Wunsch nach umsetzbaren Lösungen ist verständlich, doch jeder Mitarbeiter ist individuell in seinen Anforderungen und hat ein eigenes Verständnis von der Identifikation mit Ihnen und dem Unternehmen.

Ein erster wichtiger Schritt für Sie ist es daher, das tatsächliche Bedürfnis Ihrer Mitarbeiter herauszufinden. Insbesondere als neue Führungskraft könnten Sie dazu neigen, dieses Thema direkt anzusprechen. Aus eigener Erfahrung kann ich Ihnen davon jedoch nur abraten. Auf diese Weise erfahren Sie bestenfalls die momentane Einstellung des Mitarbeiters zu diesem Thema. Diese wird maßgeblich von dessen früheren Erfahrungen geprägt, drückt jedoch nicht zwingend das wirkliche Bedürfnis aus.

Als Lösung empfehle ich Ihnen, zunächst einen kontinuierlichen Kontakt zu planen. Ich habe mit jedem Mitarbeiter einen Zeitpunkt für ein Gespräch abgestimmt. Dieser Termin kann zunächst ein- oder zweimal im Monat stattfinden. Dabei sollten Sie zwei wesentliche Regeln berücksichtigen: Präsenz und freie Gestaltung.

- *Präsenz* bedeutet, dass Sie sich für den Kontakt Freiräume schaffen und sich auf den Mitarbeiter einlassen. Sie kennen sicher selbst das Gefühl, wenn Sie etwas erzählen und Ihr Gesprächspartner nur »Hmm« brummt.

  Oft ist nahezu sicher, dass nebenher Mails geschrieben oder andere Aufgaben erledigt werden. Sobald Sie dem Mitarbeiter vermitteln, nur Nebensache zu sein ist die Wertschätzung dahin. Damit Sie eine gute Beziehung aufbauen können, gilt es daher, die volle Aufmerksamkeit auf das Gespräch zu lenken.

- Der zweite Punkt beschreibt die *freie Gestaltung des Gesprächs* und bedeutet, dass sowohl Mitarbeiter als auch Führungskraft den Dialog gestalten. Wichtig ist, dass es nicht eine im Vorfeld bereits abgestimmte und strikte Agenda geben darf. Sie sollten es vielmehr »menscheln« lassen, also darüber sprechen, was die jeweilige Person derzeit bewegt.

  Möchte der Mitarbeiter eine Entwicklung seines Privatlebens teilen? Oder seines beruflichen Umfelds? Sie müssen für diese Themen einen vertraulichen Raum schaffen, den Sie beide nutzen können.

  Damit dieser Raum entstehen und wachsen kann, sind Freiwilligkeit und Kontinuität wichtige Faktoren. Der Mitarbeiter entscheidet selbst, wie viel Vertrauen er ihnen entgegenbringt und was er ihnen erzählen möchte. Sie haben weder Anspruch auf bestimmte Themen, noch sollten Sie neugierig bohren.

  Damit jedoch Vertrauen und die Bereitschaft zum Austausch wachsen können, bedarf es der Kontinuität. Stellen Sie sich vor, eine Ihnen eher fremde Person tritt an Sie heran und erwartet, dass Sie private Details aus Ihrem Leben preisgeben. Würden Sie das tun?

  Nun denken Sie an Freundschaften, in denen Sie über nahezu alle Themen sprechen können. Häufig ist es neben gemeinsamen Erlebnissen vor allem die Kontinuität, die für die Tiefe der Beziehung sorgt. Es ist daher vollkommen normal, dass Ihr Mitarbeiter Ihnen zu Beginn nichts Besonderes zu erzählen hat. Das Gespräch ist dann vielleicht in wenigen Minuten beendet, und das ist auch in Ordnung so. Mit wachsendem Vertrauen werden Sie jedoch in Notlagen oder wenn viel passiert schnell eine Ausdehnung auf eine Stunde oder länger erleben.

3.6 Mit Mitarbeitern kommunizieren

Das Wort *Kommunikation* klingt im Alltag einfach, und viele Menschen würden es als bloßen Austausch von Worten beschreiben. Kommunikation ist so alltäglich und natürlich, dass sie schnell vernachlässigt wird. Dennoch stellt sie einen wesentlichen Scheidepunkt dar, an dem sich Ihre Führungsqualität misst.

Das wohl bekannteste Konzept zur Kommunikation stammt von dem Psychologen Friedemann Schulz von Thun und nennt sich das *Kommunikationsquadrat*. In seinen

Ausführungen stellt er dar, dass jede Botschaft sowohl beim Sender als auch beim Empfänger vier Ebenen betrifft:

- **Sachebene**: Auf dieser Ebene kommuniziert der Sender ausschließlich Sachinformationen in Form von Fakten. Hier geht es um Klarheit. Der Empfänger wiederum bewertet diese Ebene unter verschiedenen Gesichtspunkten, etwa ob die Information wahr oder relevant ist.
- **Selbstkundgabe**: Bei jeder Botschaft gibt der Sender etwas von sich preis, auch wenn er dies nicht möchte. Das können Meinungen, Bedürfnisse oder auch Gefühle sein. Der Empfänger wiederum versucht, diese einzuschätzen und zu kategorisieren.
- **Beziehungshinweis**: Durch Körpersprache oder Wortwahl stellt der Sender bereits dar, was er vom Empfänger hält. Der Empfänger wiederum versucht, auch daraus Ableitungen zu treffen.
- **Appell**: Der Sender möchte mit seiner Botschaft etwas erreichen, etwa einen Wunsch oder einen Appell äußern. Nicht immer ist dies klar in Worte gefasst, sondern oft im Subtext verborgen. Der Empfänger wiederum versucht, zu verstehen, was der Sender sagen möchte.

An diesem Modell wird bereits deutlich, dass der Empfänger vieles interpretiert oder mit seinem Maßstab aufnimmt. Das NLP (*neuro-linguistische Programmieren*) geht von der Grundannahme aus, dass jeder Mensch seine eigene »Landkarte« vom gleichen »Land« besitzt. Dies bedeutet, dass Sie und Ihr Mitarbeiter die gleiche Situation möglicherweise vollkommen verschieden wahrnehmen. Die Gründe hierfür sind vielfältig und reichen von der eigenen Erziehung bis hin zu bislang gemachten Erfahrungen.

Insbesondere die Erfahrungen betreffen Sie als Führungskraft auf zwei Ebenen:

- Die erste Ebene betrifft Sie selbst, auch Sie haben Erfahrungen und sollten regelmäßig reflektieren, warum Sie genau so handeln. Ist das gut und fair? Oder erliegen Sie einer Erfahrung der Vergangenheit?
- Die zweite Ebene sind die Mitarbeiter. Während Sie Ihr eigenes Leben und Ihre Erfahrungen kennen, schauen Sie beim Mitarbeiter nur vor den Kopf. Es gilt daher, auch die Welt des Mitarbeiters stellenweise zu erkunden. Im Alltag tun Sie bei wichtigen Themen daher gut daran, diese sehr detailliert abzustimmen und zugleich sicherzustellen, dass das gleiche Verständnis vorhanden ist.

Im Alltag zeigt sich dies nicht immer, besonders wenn die Unternehmenssituation sehr gut ist sowie alle Mitarbeiter ihre Aufgaben erledigen und zufrieden sind, ist die Kommunikation recht einfach.

In dieser Situation haben die Mitarbeiter häufig eine höhere Toleranz, nehmen nicht jede Aussage allzu ernst und sind auch bereit, mögliche Aussagen zu hinterfragen.

Was ist jedoch, wenn die Lage der Firma schwieriger wird, es im Team zu Problemen kommt oder es, kurz gesagt, »menschelt«?

Für Sie gilt dann, dass Sie stets ein offenes Ohr für das Team haben. Harmoniert das Team miteinander oder gibt es Unstimmigkeiten?

Insbesondere bei Unstimmigkeiten müssen Sie beobachten, verstehen und nicht direkt intervenieren. Vor allem der letzte Punkt ist schnell eine echte Herausforderung. Es entsteht das Bedürfnis, die Unstimmigkeit zu entscheiden und »mal eben« zu klären. Dies ist jedoch aus Teamsicht fatal, denn so kann das Thema nicht im Team beigelegt werden, und die beteiligten Personen konnten für sich nichts daraus lernen.

Ein erster Schritt kann sein, mit den betroffenen Personen zu sprechen und herauszufinden, wie diese die Lage einschätzen und vor allem für sich bewerten. Gibt es ein Problem, oder ist dies nur eine Folge Ihrer Interpretation? Wichtig ist, dass Sie zuhören und wahrnehmen, statt selbst zu werten. Groß ist die Verlockung, die eigene Meinung zu teilen und zugleich bei dem Mitarbeiter für Zustimmung zu werben. Es sollte Ihnen bewusst sein, dass das Verhalten auch gerade dann erst zu einem Problem werden kann!

Sollte sich jedoch ein handfester Konflikt abzeichnen, den die Mitarbeiter nicht mehr allein lösen können, oder anderweitig ein Problem entstehen, wird es ab und an Zeit für eine zielgerichtete Kommunikation.

3.6.1 Einzel- oder Gruppenansprache?

Zunächst klingt es fast wie Therapie: Gespräche, einzeln oder in der Gruppe? In der Kommunikation mit Ihrem Team sind solche Gespräche jedoch ein entscheidendes Werkzeug.

Gruppenansprachen

Ich möchte zunächst auf die Gruppenansprache eingehen. Ein Anlass hierfür könnte etwa die Leistung in einem Projekt oder die gesamte Leistung des Teams sein. Direkt zu Beginn möchte ich Ihnen die erste Herausforderung darstellen: die Interpretation. Gemäß Schulz von Thun wird jede Aussage interpretiert. In der Gruppe erzeugt dies jedoch eine weitere Dynamik, denn jeder Zuhörer interpretiert Ihre Worte für sich, und nach dem Ende Ihrer Ansprache erfolgen der Austausch untereinander sowie die Diskussion der Interpretation.

Nun kommt es zu einer Gruppendynamik, die von einem harmlosen Austausch bis hin zu einem gegenseitigen Hochschaukeln führen kann. Sie müssen daher besonders in Gruppen die Worte mit Bedacht wählen und idealerweise visuell unterstützen. Je größer die Varianz der Interpretation, umso eher endet dies in einem Chaos.

Zudem entspricht die Ansprache einer Gruppe immer dem Gießkannenprinzip, Sie sprechen im Prinzip alle Personen gleich viel oder gleich wenig an. Auch gilt das Sprichwort: »Ein jeder zieht sich den Schuh an, der ihm passt!« Das kann bedeuten, dass Sie die Gruppe als Ganzes tadeln möchten, jedoch nur einige diesen Tadel annehmen. An den anderen perlt er wie beim Lotuseffekt ab, und häufig sind genau dies die Personen, die es am nötigsten hätten!

In der Praxis sollten Sie daher diese Form der Ansprache vorwiegend für allgemeine Themen oder puren Informationstransfer nutzen. Kommt es Ihnen hingegen auf einen Appell an, beachten Sie stets die individuelle Wahrnehmung und die daher möglicherweise begrenzte Wirksamkeit.

Ans »Eingemachte« geht es bei den Einzelansprachen.

Einzelansprache

Einzelansprachen finden im 1:1-Kontext statt, Sie können daher bewusst auf die vor Ihnen sitzende Person eingehen und den aus Ihrer Sicht angemessenen Ton treffen. Den Ton selbst sollten Sie situationsbezogen und auf Basis Ihres jeweiligen Gegenübers wählen. Ein Lob wird anders vermittelt als ein Kritik- oder gar Kündigungsgespräch. Die Analyse Ihres Gesprächspartners selbst stellt das Sahnehäubchen der Kommunikationsstrategie dar – einige Personen nehmen selbst leise Kritik sehr gewissenhaft auf, andere benötigen einen deutlichen Weckruf.

Doch wie gestalten Sie das Gespräch am besten?

Als Beispiel könnte ein Dialog über schlechte Leistungen wie folgt aussehen:

> *Herr Müller, in letzter Zeit habe ich den Eindruck, dass Sie nicht bei der Sache sind und daher Ihre Leistungen merklich nachlassen. Wie ist Ihre Sicht darauf?*

Bereits zu Beginn des Dialogs werden zwei wesentliche Rahmenparameter geschaffen.

Der erste wesentliche Punkt ist die »Ich-Form«. Es geht um Ihre Meinung als Führungskraft. Eine »Ich-Aussage« beschreibt Ihr Gefühl oder Ihre Wahrnehmung und ist daher nicht abstreitbar oder widerlegbar. Ein denkbar schlechter Anfang wäre:

> *Herr Müller, in letzter Zeit erreichen mich viele Klagen von Kollegen und Kolleginnen, dass ....*

Damit stellen Sie die betroffene Person vor ein Tribunal aus unbekannten Kritikern. Die nächsten Sekunden wird die Person damit verbringen, zu überlegen, wer dies gesagt haben könnte, und daher Ihren Ausführungen nicht mehr folgen. Sie sollten daher unbedingt bei der eigenen Wahrnehmung bleiben und diese auch vertreten.

Der zweite Punkt ist der Konjunktiv, der sich in dem Eindruck spiegelt. Dies ist wichtig, da die betroffene Person sich zunächst einer fragenden Kritik ausgesetzt sieht und zugleich nicht verurteilt wurde. Das Negativbeispiel wäre: »Herr Müller, Sie sind nicht bei der Sache, und daher lassen Ihre Leistungen nach!« Angenommen, dass Herr Müller sehr wohl bei der Sache ist und zugleich andere Umstände für diesen Leistungsabfall gesorgt haben, so fühlt er sich dennoch verurteilt.

Als Reaktion wird er sich umgehend wehren und eine Verteidigungsposition einnehmen. Das ist die beste Basis für ein Gespräch, das in einer Eskalation endet.

3.6.2 Emotionale Gespräche

Insbesondere in Einzelgesprächen kommt es immer wieder zu emotionalen Bereichen oder Themen.

Dies kann sich auf zwei Weisen spiegeln: durch das Thema selbst oder im Rahmen einer Eskalation.

Ein Beispiel für ein schnell emotionalisierendes Thema ist Krankheit. Teams können unmittelbar betroffen sein, wenn etwa ein Mitglied erkrankt. Weiterhin können sie jedoch auch mittelbar betroffen sein, zum Beispiel wenn im privaten Umfeld eines Mitarbeiters eine Erkrankung aufgetreten ist und daher die Leistung nachlässt oder die Grundstimmung unausgeglichener wird.

Auch für Sie kann dieses Thema eine Herausforderung darstellen, da möglicherweise persönliche Trigger hinzukommen, die den eigenen Umgang mit der Situation erschweren.

Insbesondere da jeder Mensch individuelle Trigger hat, kann ich Ihnen keine Patentlösung bieten, jedoch Schritte zur Selbsthilfe aufzeigen.

Zuerst sollten Sie sich bewusst machen, dass das Teilen dieses Themas für den Mitarbeiter voraussichtlich ein sehr bewegender und wichtiger Moment ist.

Es zeugt entweder von tiefem Vertrauen oder großer Verzweiflung, denn der wesentliche Teil der Botschaft findet sich meist auf der emotionalen und nicht auf der Sachebene. Der Subtext ist: »Hey, ich habe ein echtes Problem!« Jetzt ist es zunächst egal, warum der Mitarbeiter Ihnen dies erzählt. Sie müssen zuerst zuhören, denn einerseits ist Ihr Mitarbeiter in echter Not, und andererseits erhalten Sie die sehr seltene Möglichkeit, einen tiefen Einblick in die Bedürfnisse dieser Person zu nehmen.

Aber Achtung: Sobald Sie sich das Problem in Gänze angehört haben, schlägt bei Ihnen vielleicht wieder das Herz der Führungskraft – Sie wollen die Herausforderung lösen. Sie sind jedoch weder Arzt noch Therapeut oder eine andere Fachkraft, die nun nötig wäre. Entgegen der landläufigen Annahme erwartet Ihr Mitarbeiter das häufig auch gar nicht, es geht zuerst um die Erleichterung, dass er sich mitteilen konnte. Und nun, wie geht es weiter? Mein Tipp: seien Sie Mensch. Auch wenn Sie das Problem nicht lösen sollten, Sie können dennoch Anteil daran nehmen. Wie das aussehen kann, ist unterschiedlich, wichtig ist jedoch, dass Sie authentisch handeln.

Danach können und sollten Sie auf eine gewisse Art und Weise helfen und gemeinsam mit dem Mitarbeiter Wege finden, wie das Unternehmen seine Situation optimal unterstützen kann. Braucht er vielleicht Urlaub? Eine Homeoffice-Regelung? Eine Anpassung der Arbeitszeiten? Jede Lösung muss situativ gesucht werden, zugleich ist es wichtig, dass Sie lediglich Ideen einbringen können – die eigentliche Entscheidung muss der Mitarbeiter selbst treffen.

Und wenn Sie selbst überfordert sind?

Es gibt Momente, in denen auch Sie überfordert sein könnten und vielleicht nicht wissen, wie damit umzugehen ist.

Als Erstes gilt: Das ist okay!

In dem Moment sollten Sie dies Ihrem Gegenüber taktvoll mitteilen. Ein Beispiel wäre: »Danke, Marie, dass du das Thema mit mir geteilt hast. Ehrlicherweise habe ich damit nicht gerechnet und bin derzeit etwas gefordert. Wäre es okay, wenn ich mich erst sortiere und wir danach gemeinsam weiter gucken?«

Dies wird Ihnen voraussichtlich nicht übel genommen, und Sie erhalten etwas Luft, um sich zu sortieren. Wichtig ist jedoch Verbindlichkeit: Wenn Sie eine Fortsetzung des Gesprächs zusagen, muss diese auch unbedingt erfolgen!

Wenn das Thema Sie weiter stark fordert, ist es legitim, den Mitarbeiter um die Zustimmung zu bitten, jemand anderen hinzuziehen zu dürfen, etwa den Personal- oder Betriebsrat. Bevor Sie jedoch die Zustimmung der betroffenen Person erhalten haben, dürfen Sie dies keinesfalls tun!

3.6.3 Eskalationen im Gespräch

Bislang lag der Fokus auf der Beobachtung der Emotionen des Mitarbeiters, doch im Verlauf des Gesprächs kann es auch zu einem emotionalen Ausbruch kommen, der nicht selten in einer Eskalation mündet.

Vielleicht denken Sie dabei an schwierige Gespräche wie eine Kündigung? Aus dem Alltag kann ich Ihnen jedoch sagen, dass bereits ein kritisches Feedback oder ein Gespräch über die Veränderung von Aufgaben eskalieren kann.

Schnell kann in einem zunächst als harmlos eingestuften Gespräch eine nervöse Stimmung aufkommen, die irgendwann kippt. Dann bahnen sich Stress und Wut in Form von Beleidigungen oder Angriffen den Weg an die Oberfläche.

Falls das passiert, müssen Sie ein gutes Stressmanagement haben, denn keinesfalls sollten Sie dem Impuls folgen oder selbst in den Streit einsteigen! Sobald Sie merken, dass Ihre eigenen Gefühle Achterbahn fahren oder es in Ihnen zu kochen beginnt, sollten Sie umgehend das Gespräch pausieren oder sogar beenden! Eine Eskalation

Ihrerseits gegenüber dem Mitarbeiter kann das Verhältnis nachhaltig schädigen und wird durch den Gesprächspartner in Form von Flurfunk ausgenutzt.

Schutz bei Triggerpunkten

Als frische Führungskraft sind Emotionen ein wichtiges Thema, denn einige Mitarbeiter wissen genau, auf welche Themen Sie reagieren.

Keinesfalls dürfen Sie sich drücken, hierbei geht es um das Lernen in solchen Situationen. Ich selbst habe jedoch bereits hautnah erlebt, wie eine Führungskraft in einem Gespräch fast handgreiflich wurde. Kann Ihnen so etwas auch passieren? Schützen Sie sich, indem Sie jemanden mitnehmen, etwa einen Ansprechpartner aus dem Personalbereich. Dieser kann einschreiten, wenn er bemerkt, dass Sie an eine Grenze kommen, und notfalls das Gespräch auch abbrechen. Zudem kann er Ihnen danach ein Feedback geben, wie das Gespräch verlaufen ist und an welchen Stellen Sie anders hätten handeln können. Sie sollten sich selbst kennen und gegenüber sich selbst ehrlich sein. Falls Sie in dieser Hinsicht noch angreifbar sind, sorgen Sie für einen entsprechenden Schutz und nutzen Sie Möglichkeiten der Verbesserung.

Falls beim Mitarbeiter bereits ersichtlich ist, dass er anfängt zu kochen, sollten Sie zunächst versuchen, den Druck wegzunehmen und zugleich den Grund dafür zu erfahren. Aus der Erfahrung heraus funktioniert die direkte Ansprache gut. Ein Beispiel wäre: »Marie, ich habe das Gefühl, es brodelt in dir. Irre ich mich?«. Auf dieser Basis können Sie frühzeitig die Ursache herausfinden und diese möglicherweise, etwa wenn ein Missverständnis vorliegt, klären.

Leider kann es dennoch Momente geben, in denen Sie den Punkt verpassen, der Gesprächspartner nicht mehr zu erreichen ist und es daher zur Eskalation kommt. Egal ob es sich in Schreien, Beleidigungen oder Sonstigem äußert, Sie sollten unbedingt die innere Ruhe bewahren. Sollten Sie merken, dass das nicht funktioniert, müssen Sie das Gespräch umgehend abbrechen.

Doch müssen Sie sich nun anschreien und beleidigen lassen? Nein!

Diese Entscheidung müssen Sie aber selbst treffen. Beachten Sie jedoch, dass Ihr Gegenüber in diesem Moment sehr verletzlich ist und viel von sich selbst ausdrückt, etwa Ängste oder andere Überzeugungen, die im normalen Dialog möglicherweise unterdrückt werden. Sie erfahren daher häufig die ungeschönte Wahrheit. Doch Obacht: Diese Wahrheit kann auch übertrieben sein, weswegen Sie die Worte nur bedingt ernst nehmen sollten.

Für den Mitarbeiter signalisieren Sie möglicherweise Verlässlichkeit, denn Sie lassen ihn auch in einer Ausnahmelage nicht »alleine«, sondern sind weiterhin da und hören zu.

Ungeachtet aller menschlichen Zugewandtheit ist es wichtig, dass Grenzen weiterhin geachtet werden. Sollte sich die Person in Beleidigungen hineinsteigern oder wirklich persönlich werden, sollten Sie das Gespräch umgehend abbrechen, da ansonsten Ihr Verhältnis ernsthaften Schaden nehmen könnte.

Und danach? Als ersten Schritt empfiehlt es sich, das Gespräch ausklingen zu lassen und die Situation zu verlassen. Für Sie beginnt nun die Arbeit, denn Sie sollten herausfinden, was die eigentliche Botschaft hinter den Aussagen war. Beachten Sie jedoch, dass Sie es nicht wirklich herausfinden, sondern zunächst lediglich Vermutungen anstellen können, die Sie in späteren Gesprächen verifizieren sollten! Auch für Ihren Mitarbeiter beginnt ein wichtiger Weg, denn oft folgt die Einsicht, dass seine Handlungsweise nicht in Ordnung war. Besonders aus dieser Einsicht rate ich immer wieder dazu, nicht zu schnell disziplinarische Maßnahmen einzuleiten. Nicht wenige Führungskräfte sehen sich in ihrer Position bedroht und neigen dazu, nun alle Möglichkeiten der Strafe auszuschöpfen. Aus meiner Sicht nehmen Sie damit jedoch dem Mitarbeiter und sich selbst eine große Chance, denn der Mitarbeiter lernt aus seinem eigenen Handeln, und wenn Sie das gemeinsam bewältigen, kann dies eine gute Basis für eine erfolgreiche Zusammenarbeit sein. Wenn alles gut geht, haben Sie in jedem Fall etwas für das Jubiläum in vielen Jahren zu erzählen, oder?

Viele Mitarbeiter suchen nach der eigenen Erkenntnis zeitnah die Chance, sich zu entschuldigen und das Thema noch einmal aufzugreifen. In diesem Gespräch erfolgt oft eine sehr persönliche Preisgabe, die dann mit den zuvor getroffenen Vermutungen abgeglichen werden kann.

Wichtig ist der Abschluss des Gesprächs. In diesem Moment sollte die Schuld beglichen sein und zugleich die gemeinsame Zusammenarbeit wieder regulär weitergehen, ohne subtile Vorwürfe oder ewige Schuldgefühle. Wichtig ist, dass Sie Ihr Gegenüber und dieses zugleich sich selbst besser kennenlernen konnte.

Selbsterkenntnis ist jedoch auch abseits solcher extremer Momente ein wesentlicher Bestandteil der Führungsrolle. Nicht selten gilt es zunächst, sich selbst in der neuen Rolle zu finden.

3.7 Wie finde ich mich in der neuen Rolle?

Ihre neue Rolle wird eine große Herausforderung sein.

Oft ist nur die Rede von einer neuen Position und ein »bisschen« anderen Aufgaben. Schnell zeigt sich jedoch, dass die Veränderung unterschätzt wurde, denn auf einmal haben Sie die Seiten gewechselt – vom Mitarbeiter zur Führungskraft.

Die erste wesentliche Veränderung betrifft Ihren bisherigen Aufgabenbereich. Wahrscheinlich werden Sie zuvor fachlich gearbeitet haben, Sie haben technische Projekte umgesetzt und Probleme gelöst. Aufgrund Ihrer Rolle war das Eintauchen in die die jeweilige Aufgabe problemlos möglich, der Fokus lag ganz hierauf.

Für Sie als Führungskraft verändert sich dies grundlegend. Besonders bei kleineren Teams gibt es oft *Working Teamleads*, die Führungskraft sind und noch aktiv mitarbeiten. Diese besondere Rolle bedeutet jedoch immer einen Spagat, denn einerseits wird nicht selten die bisherige Leistung weiterhin von Ihnen erwartet. Zusätzlich bringt jedoch die Führungsaufgabe weitere Aspekte mit, mit denen Sie sich beschäftigen müssen.

An diesem Punkt müssen Sie sich fragen, was Sie leisten möchten und vor allem zeitlich können. Im Alltag bedeutet dies, den Fokus auf das »Big Picture« zu legen, sich die Zusammenhänge zwischen einzelnen Themen anzuschauen und diese zu gestalten. Aufgrund dieser deutlich übergreifenden Tätigkeit geht zunehmend das technische Detailwissen verloren; auch für weiterführende technische Problemlösungen eignet sich eine Führungskraft mit der Zeit immer weniger.

Was zunächst belächelt wird, ist mit dem Verlust der eigenen Erfahrungswerte in den neuen Technologien zu begründen. Der Fokus selbst ändert sich hin zu mehr kaufmännischen oder auch organisatorischen Fragestellungen, die es zu lösen gilt.

3.7.1 Grenzen setzen und Nein sagen!

Am Übergang von der Fach- zur Führungskraft sind Sie nach außen hin oft noch die Person, die fachlich tief drin ist und daher immer wieder gefragt wird: »Ach, kannst du nicht eben noch …?«

Da Sie jedoch nun zusätzlich Führungsaufgaben bewältigen müssen, führt dies oft zu zahlreichen Überstunden. Mit der Zeit gewöhnen sich die Leute daran, nur Sie haben kein Privatleben mehr und arbeiten gefühlt für zwei.

Das ist nicht Ihr Ziel? Dann sollten Sie frühzeitig darauf achten, »Nein!« zu sagen und die Aufgaben an Ihre Mitarbeiter zu übergeben. Sie können weiterhin Sparringspartner sein oder in schwierigen Situationen auch mal Ratgeber. Nur achten Sie darauf, dass die operativen Aufgaben bei den Mitarbeitern verbleiben! Zugleich rate ich Ihnen, davon keine Ausnahme zu machen, denn auch dies wächst sich aus. Machen Sie sich immer wieder bewusst, dass eine spätere Veränderung fast immer als »Leistungsverlust« von außen gesehen wird, was Sie sicher vermeiden möchten!

Damit Sie in die neue Rolle als Führungskraft hineinwachsen können, müssen Sie sich stetig neu erfinden und vor allem wandeln.

Der erste Schritt ist eine etappenweise Reduktion Ihrer bisherigen Alltagsaufgaben auf ein geringeres Maß und zugleich die Ausprägung der übergreifenden Sichtweise. Dies kann besonders im Team zunächst zu Unruhen führen, denn Sie unterstützen immer weniger bei den alltäglichen Anfragen und Projekten. Deshalb sollten Sie die

Mitarbeiter ein Stück weit auf Ihre eigene Reise mitnehmen und aufzeigen, wie die eigene neue Rolle dem Team hilft. Argumente dafür sind etwa eine nachhaltigere Architektur, die mittelfristig die Probleme reduziert, oder auch die Akquise von Geldern für dringend notwendige Projekte.

Auch im Dialog mit den Mitarbeitern werden Ihnen besonders zu Beginn Fehltritte passieren. Seien Sie nicht zu hart zu sich selbst, wenn es mal daneben geht. Lernen Sie vielmehr daraus, und fragen Sie sich, welchen Anspruch Sie an Ihre eigene Führungsrolle und den Führungsstil haben.

Es wird Zeiten geben, in denen eine diktatorische Führung verlockend erscheint, weil Sie dann endlich Ihre Meinung durchsetzen können. In solchen Momenten empfehle ich Ihnen einen Perspektivwechsel: Versetzen Sie sich in die Lage Ihrer Mitarbeiter, und fragen Sie sich, ob Sie selbst unter einer solchen Führung arbeiten wollten.

Falls nicht, sollten Sie Sie Ihr Vorgehen überdenken. Versuchen Sie, Ihre Mitarbeiter mit Argumenten zu überzeugen, anstatt sich auf Ihre hierarchische Position zu verlassen. Machen Sie sich immer bewusst: Respekt, der ausschließlich auf der Hierarchie basiert, ist flüchtig und wird einer wirklich guten Führungskraft nicht gerecht.

Neben Ihrem Führungsstil sollten Sie auch Ihre Kommunikation genau unter die Lupe nehmen. Was dürfen und können Sie noch erzählen? In Ihrer neuen Rolle als Führungskraft erhalten Ihre Aussagen plötzlich ein ganz anderes Gewicht als zuvor als Mitarbeiter. Ein flapsiger Spruch kann sich schnell zu einem großen Thema oder sogar zu einer Herausforderung entwickeln. Es gibt keine exakte Grenze dafür, was gut oder schlecht ist. Sie sollten jedoch in jedem Fall authentisch bleiben, und wenn Sie zuvor eher locker waren, sollten Sie nun keinesfalls spießig werden!

3.7.2 Fehler und Reflexion

Und wenn doch mal was schief geht?

In solchen Situationen sollten Sie sich zwei wichtige Fragen stellen:

- Ist jeder Fehler verhinderbar?
- Ist ein Fehler schon ein Grund, die Führungslaufbahn aufzugeben?

Ich kann Ihnen offen sagen, dass Sie nicht jeden Fehler verhindern können.

Niemand wird als Führungskraft geboren, mancher wächst vielleicht leichter in die neue Rolle hinein als andere. Doch es ist vergleichbar mit dem Laufenlernen bei Kindern: Auch sie fallen zunächst hin. In Ihrer neuen Rolle sollten Sie daher aus Missgeschicken lernen und daran wachsen.

Die Führungslaufbahn aufzugeben, ist hingegen eine große Entscheidung. Ich rate Ihnen dazu, die Laufbahn umgehend zu verlassen, falls es zu einem schwerwiegenden Fehler kommt, wie etwa einer Handgreiflichkeit. Solch ein Vorfall zeigt, dass Sie zumindest zu diesem Zeitpunkt nicht in einer Führungsposition sein sollten, und Sie ersparen sich mögliche weitere Probleme.

Wenn sich Ihre neue Rolle als Führungskraft nicht richtig anfühlt und das sprichwörtliche Hemd kratzt, sollten Sie jedoch nichts überstürzen. Hören Sie zunächst in sich hinein: Ist es nur der bekannte Wachstumsschmerz, oder was genau schreckt Sie wirklich ab? Ich rate Ihnen, darüber mit vertrauten Personen zu sprechen, um einerseits mehr Klarheit zu erlangen, andererseits auch ein Feedback zu Ihren Gedanken zu erhalten.

Auch wenn Sie selbst keine Zweifel haben, sollten Sie Ihr Handeln stets reflektieren und vor allem auch aktiv Feedback einholen. Meine Empfehlung hierzu wäre ein 360-Grad-Ansatz, bei dem sowohl Vorgesetzte als auch Mitarbeiter und Kollegen um Feedback gebeten werden.

Der Blick um 360 Grad

Besonders erfahrene Führungskräfte belächeln diesen Ansatz häufig und verweisen darauf, dass die Mitarbeiter doch wohl nicht zu sagen haben, wie sie selbst führen dürfen! Im Laufe der Zeit sind das jedoch meist die Kollegen mit der höchsten Fluktuation im Team, denn an dieser Stelle gilt das oft genannte Zitat des Unternehmers Philip Rosenthal: »Wer aufhört, besser zu werden, hat aufgehört, gut zu sein!«

Der 360-Grad-Ansatz ist im Alltag leider oft schwierig umzusetzen, denn bei Ihren Mitarbeitern besteht aufgrund des Abhängigkeitsverhältnisses das Risiko, dass Sie statt harter Wahrheit eher eine angepasste Variante als Antwort bekommen.

Die vermutlich einfachste und vor allem wertvollste Lösung ist eine fachliche Begleitung des Prozesses. Hierbei sind spezialisierte Berater die ersten Ansprechpartner. Den genauen Prozess der Zusammenarbeit bestimmen Sie. Die Bandbreite reicht von der anonymen Befragung bis hin zum moderierten persönlichen Feedback. In jedem Fall sollten Sie eine Reflexion der Ergebnisse mitbuchen, damit auch Sie die Eindrücke spiegeln und vor allem das Feedback wertstiftend verarbeiten können. Falls Sie sich in diesem Moment nicht begleiten lassen wollen oder können, gibt es einige Regeln für Feedback, die Sie unbedingt beachten sollten.

3.7.3 Feedback, aber richtig!

Ein häufiger Fehler bei dem Einholen von Feedback ist, dass sich direkt danach eine Diskussion zwischen Feedbackgeber und Feedbacknehmer entwickelt, die nicht zur Lösung des Problems beiträgt. Sie fragen jemanden nach seiner Meinung – juckt es Ihnen dann nicht auch in den Fingern, nach wenigen Sätzen bereits mit »Das ist doch nicht wahr!« zu kontern und sich zu rechtfertigen?

Mit diesem Schritt ersticken Sie jedoch umgehend die keimende Pflanze Feedback, denn es geht um die Eindrücke Ihres Gegenübers und nicht um Ihre Sicht!

Wenn Ihr Gesprächspartner Sie in einem Meeting als bedrohlich wahrgenommen hat, dann ist dies für ihn wirklich passiert und real! Dabei ist es unerheblich, was Ihre Intention war oder wie Sie sich selbst wahrgenommen haben.

Zugleich ist das Feedback keine Einbahnstraße, in der Sie keine Fragen stellen dürfen. Wenn Ihnen ein Sachverhalt unklar ist oder Sie ein Detail besser verstehen möchten, sollten Sie nachfragen. Es gilt jedoch weiterhin die Regel, dass Sie sich damit nicht rechtfertigen sollen (auch nicht verdeckt), sondern nur Ihrem Verständnis geholfen werden soll.

Ein weiterer Punkt ist, dass sich die Anforderungen an Führung und damit indirekt an Sie kontinuierlich verändern. Aus diesem Grund ist die Antwort auf die Frage, welche Werte Sie vertreten, oft nur eine begrenzte Zeit gültig. Ähnlich wie die Anforderungen kann sich auch Ihre Haltung wandeln, sei es durch Erlebnisse, Erfahrungen oder andere Einflüsse.

Dies ist zunächst nur menschlich. Zugleich empfehle ich Ihnen, auch im Wandel eine gewisse Kontinuität Ihrer Werte zu erhalten. Besonders grundsätzliche Werte, wie emotionale Erreichbarkeit, Ehrlichkeit oder der Führungsstil sollten eine Kontinuität aufweisen oder nur behutsam geändert werden. Der Grund hierfür ist der Faktor Verlässlichkeit. Ihre Mitarbeiter möchten sich auf Sie verlassen können und zugleich Sicherheit haben. Dennoch werden auch diese Werte sich ändern. Aus der Erfahrung heraus ist mein Tipp, dass Sie die Mitarbeiter »mitnehmen« und zugleich Teil der Veränderung werden lassen.

Je nach Themenkomplex ist dies stellenweise leichter oder schwieriger möglich, es kann auch sehr persönliche Einblicke nötig machen. Auch hier gilt, dass Sie sich fragen müssen, wie weit Sie das Team einbeziehen und die Gründe offenlegen wollen. Zu persönlich und privat sollten die Einblicke nicht sein, denn Sie sind weiterhin im Job, und eine seriöse Distanz ist in jedem Fall zu empfehlen! Dennoch gilt: Bleiben Sie authentisch!

3.8 Personalentwicklung

Bekanntlich ist nichts so beständig wie der Wandel, und dies gilt auch für die Berufswelt. Besonders in der Informatik ist dies rasant zu erleben. Wo früher noch physikalische Server in den Racks hingen, sprechen Sie heute über Cloud und deren Anforderungen. Dieser Wandel muss sich auch in Ihrem Team und bei Ihnen in Form von Weiterentwicklung wiederfinden. Doch wie können Sie das am besten angehen?

3.8.1 Entwicklung der Mitarbeiter

Die Entwicklung selbst ist ein oft schwieriger Part. Aus meiner Erfahrung heraus kann ich sagen, dass Sie selten auf Mitarbeiter mit einem echten Weiterentwicklungsplan treffen werden. Im Alltag finden Sie eher Mitarbeiter, die entweder auf Schulungen gar keine Lust haben (»Ich bin doch nicht mehr in der Schule!«), oder auf solche, die in einem Schulungskatalog nahezu jede Option ankreuzen. Beide Fälle sind undankbar. Die Lösung ist, dass Sie Weiterentwicklung vorstrukturieren und planen müssen.

Denn die Fortbildung hat einen großen Wert für den Unternehmenserfolg und die Mitarbeiterzufriedenheit. Aus diesem Grund sollte sie ein fester Bestandteil Ihres Alltags sein. Ihr Ziel muss es sein, dieses Thema geregelt zu reflektieren und Ihren Mitarbeitern neue Möglichkeiten zu eröffnen. Wenn alles funktioniert, fördern Sie bestehende Leidenschaften so, dass es dem Unternehmen hilft.

Dazu sollten Sie zunächst eine Bestandsaufnahme machen, welches Wissen vorhanden ist und an welcher Stelle Wissen fehlt. Nicht selten werden Sie feststellen, dass vieles an Wissen bereits vorhanden ist, nur noch nicht im ganzen Team. Dadurch bauen sich schnell *Wissenssilos* (oder auch *Single Points of Knowledge*) auf, und einige Mitarbeiter rechtfertigen damit, unabkömmlich zu sein.

Wissenstransfer

Aus Führungssicht sollten Sie dies frühzeitig verhindern, dafür bietet sich ein Wissenstransfer an. Als ersten Schritt sollten Sie zunächst das Wissen durch einen erfahrenen Mitarbeiter dokumentieren lassen. Erstens können die ausführenden Personen dann bei Bedarf noch mal nachschauen, und zweitens erleichtert Ihnen dies in Zukunft die Einarbeitung von neuen Mitarbeitern.

Das *Wo* und *Wie* der Dokumentation ist häufig Geschmackssache und sollte situationsbezogen entschieden werden.

Als *Wo* empfehle ich einen Ort, der nach Stichworten durchsuchbar, leicht zu pflegen und auch offline verwendbar ist. Diese Attribute erfüllen moderne Tools, etwa OneNote, SharePoint oder Confluence. Falls diese Informationen sehr wichtig sind, sollten Sie zudem darauf achten, dass sie redundant abgelegt werden und auch bei Problemen verfügbar sind.

Das *Wie* ist schon schwieriger: Die Wissensträger sollten die Dokumentation dem Team oder zumindest den betroffenen Personen vorstellen und die Tätigkeit auf dieser Basis erklären.

Im Alltag werden Dokumentationen häufig einfach übergeben, und jeder soll halt selbst lesen. Bei einer Erklärung können die betroffenen Kollegen anmerken, an welchen Stellen noch Erläuterungen fehlen, damit diese nachgepflegt werden können.

Sie werden aber wahrscheinlich auf Mitarbeiter stoßen, die das vorhandene Wissen nicht dokumentieren und es erst recht nicht weitergeben wollen. Ihre Reaktion will wohlüberlegt sein. Bei einigen Mitarbeitern kann die Mitarbeit über sanften Druck und Weisung erzwungen werden, was voraussichtlich jedoch dem Klima schadet. Bei anderen wiederum hilft es nur, die jeweilige Person abkömmlich zu machen und durch weitere Personen das Wissen zusammentragen zu lassen.

In jedem Fall ist es wichtig, dass Sie sich nicht erpressen lassen und die bewusste Bildung von Inselwissen weder akzeptieren noch hinnehmen! Sie sollten vielmehr überlegen, ob der Mitarbeiter Sie mittelfristig noch begleiten sollte oder ob andere Lösungen zu finden sind!

Aufbau neuen Wissens

Bislang haben Sie das bestehende Wissen im Team verteilt, um handlungsfähig zu bleiben. Doch was ist mit neuem Wissen?

Hier treffen Sie auf eine Henne-Ei-Problematik. Sie könnten warten, bis neue Technologien angefragt werden und diese dann schulen. Die Erwartung Ihres Vorgesetzten ist jedoch meist, dass Sie selbst technologische Impulse einbringen. Dies ist insbesondere für die eigene Verwaltung wichtig, denn welcher Vorgesetzte kann Ihnen etwas über die Orchestrierung von Clouds erzählen? Es gilt daher, Impulse für neue Wege zu sammeln, etwa in Fachzeitschriften oder Fachliteratur.

Besonders in Fachzeitschriften finden sich immer wieder neue Technologien und Einsatzbeispiele, die Sie danach im Team diskutieren können. Wichtig ist jedoch, dass Sie die Diskussion begrenzen und das Team dazu vielleicht sogar in kleinere Gruppen unterteilen. Ansonsten wird die Diskussion sehr langwierig und dadurch recht teuer. Außerdem ist sie für einige Kollegen lästig, da diese mit diesem Themenbereich vielleicht nichts zu tun haben.

Eine weitere Quelle für Innovationen können Gespräche mit gleich gesinnten Personen oder die Beratung durch Dienstleister sein. Insbesondere Dienstleister sind häufig wesentliche Wissensträger, da sie verschiedene Lösungen bei unterschiedlichen Kunden implementiert haben. Aus diesem Grund haben sie meist einen großen Erfahrungsschatz und wissen, welche Herausforderungen es zu umschiffen gilt.

Ein Risiko ist jedoch, dass einige Dienstleister dies als »Presales« verorten und es daher an Neutralität mangeln lassen. Sie bekommen häufig dann das angeboten, was derzeit gut verkäuflich ist oder die größte Marge verspricht, ungeachtet Ihres eigentlichen Bedarfs. Um dies einzuschränken, sollten Sie in jedem Fall mit einer kritischen Haltung in Gespräche gehen und auch die Dienstleister sorgfältig selektieren. Insbesondere für die strategische Beratung muss der Dienstleister an der Weiterentwicklung Ihres Bereichs und Ihrer gemeinsamen Geschäftsbeziehung interessiert sein. Falls Sie nur Dollarzeichen in den Augen sehen, sollten Sie schnell Abstand nehmen!

Alle bislang genannten Schritte wirken wenig wie Fortbildung, sind es jedoch dennoch. Sie können Erfahrungen anderer Personen mitnehmen, und zugleich erhalten Sie ein Bild über die moderne IT-Landschaft. Da diese Schritte keiner oder sehr geringer Investitionen bedürfen, sollten Sie sie in Ihr Standardrepertoire aufnehmen.

Schulungen und Zertifizierungen

Neben der alltäglichen Wissenserweiterung ist die strukturierte Fortbildung im Bereich der Schulung und Zertifizierung ein wesentlicher Aspekt für die Personalentwicklung.

Viele Unternehmen scheuen diesen Bereich aus Angst, dass die Mitarbeiter nach bestandener Zertifizierung oder mit einem Schulungsnachweis das Unternehmen verlassen. Das kann – etwas überspitzt – so klingen:

> *Was ist, wenn wir viel Geld in die Entwicklung unserer Mitarbeiter investieren ... und die gehen?*

Daher finden Sie häufig *Bindungsklauseln* in Arbeitsverträgen, die besagen, dass die entstandenen Kosten durch den Mitarbeiter anteilig erstattet werden müssen, wenn er das Unternehmen in einem definierten Zeitraum nach der Maßnahme verlässt.

Auch wenn der Wunsch nach Bindung nachvollziehbar ist, sollten Sie auf Verhältnismäßigkeit achten. Bei sehr teuren und aufwendigen Ausbildungen, die häufig Kosten im fünfstelligen Bereich verursachen, ist eine Bindung sicher zu rechtfertigen. Nutzen Sie dieses Mittel jedoch nicht bei Schulungen für einige Hundert Euro oder im geringen vierstelligen Bereich. Dadurch wirkt Ihr Unternehmen hilflos und misstrauisch dem Mitarbeiter gegenüber. Neben dem negativen Einfluss auf das Klima kommt noch eine rechtliche Seite hinzu: Bei geringem Wert werden mögliche Bindungen von Gerichten infrage gestellt. Achten Sie auf ein gesundes Maß.

Zertifikate sind häufig ein weiteres strittiges Thema, denn wozu braucht der Mitarbeiter diese bei seiner Arbeit? Die sind doch nur was für die Bewerbung!

Viele Unternehmen zahlen daher die Schulung, jedoch das Zertifikat bewusst nicht, in dem Glauben, sonst würde sich der Mitarbeiter direkt anderweitig bewerben. Mir sind sogar Unternehmen bekannt, die die Schulungen, die für den Zertifizierungsprozess notwendig sind, modifizieren lassen, damit zwar das Wissen vermittelt, die Zertifizierung jedoch unterbunden wird.

Auch wenn diese Haltung nachvollziehbar ist, wird Ihnen sicher klar, dass dies einseitig aus Unternehmenssicht betrachtet wurde. In der heutigen Zeit müssen Mitarbeiter weiterentwickelt werden; kaum jemand bleibt von der Ausbildung bis zur Rente auf der gleichen Stelle. Der Aussage oben können Sie also entgegnen:

> *Was ist, wenn wir kein Geld in ihre Entwicklung investieren ... und sie dann bleiben?*

Für den Erfolg Ihres Teams ist es also essenziell, dass Ihre Kolleginnen und Kollegen ihren »Marktwert« weiterentwickeln, d. h. sich neue Fähigkeiten aneignen und mit der Zeit gehen. (Denn Sie wissen ja: »Wer nicht mit der Zeit geht, geht mit der Zeit ...«)

Während Erfahrungen und Projekte sicher einen großen Anteil an diesem Wert haben, so wird dieser durch Zertifizierungen nachweisbar untermauert. Mit einem Rückblick auf Ihre Karriere und einem Blick auf zukünftige Stellenausschreibungen werden Sie diesen Wert bestätigen.

Die richtige Maßnahme

Nun gilt es die Frage zu klären, welche Schulungen und Zertifizierungen Sie unterstützen sollten und welche nicht. Fordern Sie dazu einen Business Case an. In diesem soll der Mitarbeiter aufzeigen, was er sich von der Schulung verspricht, warum er diese braucht und worin der Mehrwert für das Unternehmen besteht.

Auf Basis der Antworten können Sie bereits einen ersten Eindruck gewinnen, ob die Anfrage wirklich ernst gemeint ist und ob sich die Person damit wirklich auseinandergesetzt hat.

Zugleich nimmt Ihnen der Mitarbeiter damit Arbeit ab, denn häufig verwalten Sie nicht alle Budgets und müssen Schulungen von Ihrem Vorgesetzten oder anderen prüfenden Instanzen genehmigen lassen. Die Grundlage dafür bietet Ihnen der Business Case.

Das richtige Schulungsmittel

Wissen ist eine teure Ressource, daher sind IT-Schulungen recht kostspielig. Nur: Muss es immer eine Schulung sein? Insbesondere bei »Einsteigerthemen« empfehle ich daher, zunächst auf den Seiten der Hersteller zu schauen. Dort gibt es oft kostenlose E-Learnings, die für eine erste Orientierung vollkommen ausreichen. Ansonsten finden Sie ein großes Angebot in der Fachliteratur oder im Zeitschriftenbereich. Diese Hinweise, gepaart mit etwas zeitlichem Freiraum, können Ihnen eine große Investition sparen und oftmals eine Grundlagenschulung ersetzen.

Bei fortgeschrittenen Schulungen geht es neben dem fachlichen Thema viel um Austausch und den Aufbau eines soliden beruflichen Netzwerks. Das kann am eigenen Schreibtisch natürlich nicht ersetzt werden.

Während Einsteigerschulungen oft Lesungen gleichen, in denen der Dozent die Grundlagen eines Themas vorträgt, nehmen bei weiterführenden Schulungen andere erfahrene Fachkräfte teil, die selbst Implementierungen umgesetzt und so manches Problem gelöst haben. Ermuntern Sie Ihre Mitarbeiter daher, auch in den Mittagspausen oder nach Ende der offiziellen Schulung den Austausch zu suchen. Bei gegenseitiger Sympathie kann dies der Ausgangspunkt für einen längeren Austausch werden, wovon beide Unternehmen profitieren.

Der Mitarbeiterentwicklungsplan

Ein zentrales Dokument für eine strukturierte Mitarbeiterentwicklung ist ein Mitarbeiterentwicklungsplan. Im ersten Schritt sollten Sie schauen, ob es bereits eine verpflichtende Vorlage Ihres Unternehmens gibt.

Die Strukturierung ist hierbei unternehmensspezifisch variabel und reicht von Unternehmen, die nur zentrale Schulungen vorgeben (z. B. wichtige Compliance- und Mitarbeiterrichtlinien), bis hin zu Unternehmen, die auch Schulungen für einzelne Job-Level (z. B. Junior oder Senior) vorschreiben.

Mehr Struktur mag verlockend klingen, da sie Verantwortung abnimmt, zugleich nimmt sie jedoch auch Raum für die individuelle Entwicklung des Mitarbeiters.

Sobald Sie das Grundgerüst kennen, können Sie darauf mit Ihrem Team aufbauen und gemeinsam prüfen, welche fachbezogenen Fähigkeiten für die Tätigkeit notwendig sind.

Beachten Sie jedoch auch die Fähigkeiten, die nur augenscheinlich hinreichend vorhanden sind! Sonst treffen Sie auf Netzwerkfachkräfte, die seit 20 Jahren in diesem Bereich tätig sind und wohl keinesfalls eine Schulung benötigen! Oder doch? Wenn das Wissen 20 Jahre alt ist und nie weiterentwickelt wurde, haben Sie ein Problem, wenn Ihr Netzwerk plötzlich zu einer Hybrid-Cloud-Umgebung werden soll.

Um den Plan zu entwickeln, sollten Sie stufenweise vorgehen:

1. **Klärung des Budgets**: Wie viel Budget haben Sie für Ihr Team oder pro Mitarbeiter und Jahr zur Verfügung? Ist dies festgelegt, oder müssen Sie dies mit dem Plan beantragen?
2. **Abfragen der Vorgaben**: Wie viele Schulungen werden bereits unternehmensseitig zu welchen Zeitpunkten vorgegeben, und wie beeinflussen diese das zugeteilte Budget?
3. **Gespräch mit dem Mitarbeiter**: Welchen Bedarf sieht der Mitarbeiter? Wo hat er für sich vielleicht bereits unerschlossene Potenziale entdeckt? Sie sollten die Diskussion lenken und auch Ihre Ideen, die aus Feedbacks oder den zukünftigen Plänen bestehen können, einbringen. Das Ergebnis sollte eine Liste möglicher Schulungen sein.
4. **Sie entwickeln daraus abschließend den Schulungsplan je Mitarbeiter**. Falls Sie kein festes Budget haben, lassen Sie ihn durch Ihren Vorgesetzten genehmigen. Sollte er bereits mit dem vorhandenen Budget umgesetzt werden können, benötigen Sie voraussichtlich keine Genehmigung.
5. **Sprechen Sie mit dem Mitarbeiter**: Sie werden immer wieder auf den Punkt treffen, an dem ein Mitarbeiter viele Schulungen haben möchte, bitte alle zeitnah. Sie müssen das nun dosieren und zeitlich verteilen. Wichtig ist, dass der Mitarbeiter

dadurch erlebt, dass er ernst genommen wird und zugleich einen Entwicklungsplan aufgezeigt bekommt.

Wie sieht ein solcher Entwicklungsplan aus?

Eine mögliche einfache Übersicht könnte der Plan in Abbildung 3.1 sein.

Mitarbeiter	2023		2024		2025	
	Softskill	Tech-Skill	Softskill	Tech-Skill	Softskill	Tech-Skill
Max	Kommunikaton	-	Telefonieren	Schulung AWS	Besser beraten	AWS Architekt
Tanja	Verkauf	Grundlagen Netzwerk		Aufbaustufe Netzwerk	-	-
Tom	-	Zertifizierung Virtualisierung	Besser beraten	Schulung Azure	-	Azure Architekt
Sina	Problemlösung	-	Telefonieren	Schulung Anforderungsmanagement	-	Zertifizierung Anforderungsmanagement

Abbildung 3.1 Mitarbeiterentwicklungsplan

Wie viel Schulung und Schulungsbudget sind genug?

Für Sie als Führungskraft kommt irgendwann die Frage auf, wie viel Budget Sie beantragen sollten, und zugleich, wie oft Sie einen Mitarbeiter schulen müssen. Falls sich diese Frage Ihnen noch nicht stellt, können Sie dennoch davon ausgehen, damit vom Finanzverantwortlichen eines Tages konfrontiert zu werden, weil es in der IT aufgrund der Dynamik schlicht einen höheren Bedarf an Schulungen gibt. Aber wie viele Schulungen sind nun genug?

Auf diese Frage gibt es keine allgemeingültige Antwort.

Mögliche Einflussfaktoren sind unter anderem Ihr Team, die Wissensbasis und auch mögliche Veränderungen. Falls Sie beispielsweise ein Team mit sehr jungen Mitarbeitern haben, werden Sie deutlich mehr in Schulungen investieren müssen als bei erfahrenen Kollegen. Erfahrene Kollegen wiederum können eine solide Basis durch vorherige Schulungen mitbringen oder auch schon lange keine mehr besucht haben.

Der letzte wesentliche Faktor ist der Wandel, denn wenn Sie wesentliche Technologien austauschen, kommt es häufig zu einem erhöhten Schulungsaufwand. Insbesondere in der IT sind technische Schulungen wichtig, Soft Skills sind für viele IT-Angestellte etwas, was Sie getrost streichen könnten.

Als grobe Daumenregel empfiehlt sich, dass Sie eine technische Schulung von bis zu fünf Tagen (entspricht meist ca. 5.000 €) pro Jahr oder mindestens alle zwei Jahre ermöglichen. In Folge haben Sie eine moderate finanzielle Belastung, und mit der Bildung von Fokusprofilen können Sie dies auch bei Ihren Mitarbeitern erklären. Soft-Skill-Schulungen sollten Sie außerhalb dieser Tage ergänzend ermöglichen, erfahrungsgemäß sind dies auch deutlich weniger.

3.8.2 Weiterbildung in Zeiten von künstlicher Intelligenz

Kein Thema wird derzeit so lebhaft diskutiert wie künstliche Intelligenz. Verbunden wird der Begriff mit bekannten Modellen wie ChatGPT, und es scheint, dass die Möglichkeiten unendlich sind. Wenn Sie der Diskussion der letzten Jahre gefolgt sind, stellt sich die Frage, ob es irgendetwas gibt, das KI nicht kann und verändern wird.

Die KI-Revolution und ihre Konsequenzen

Ich erspare Ihnen an dieser Stelle den wissenschaftlichen Diskurs zur Funktionsweise künstlicher Intelligenz und zu den daraus resultierenden Grenzen. Und genauso wenig möchte ich allgemein über die Gefahren und Chancen von künstlicher Intelligenz spekulieren – diese werden schon kontrovers genug diskutiert. Den unglaublichen Effizienzsteigerungen stehen Datenschutzprobleme, ökologische Bedenken und Unsicherheit bezüglich der Qualität gegenüber.

Die Konsequenzen der KI-Revolution sind noch nicht absehbar, und auch der richtige Einsatz von KI-Helfern muss sich noch entwickeln. Auf diese Fragen hat niemand eine belastbare Antwort, die Bewertung muss differenziert ausfallen.

Können Sie eindeutig beantworten, ob uns das Internet schlauer oder dümmer gemacht hat?

Auch wenn man diesem Hype skeptisch gegenüber steht, bleibt doch der Zweifel, ob künstliche Intelligenz Aufgaben übernehmen kann und damit Mitarbeiter ersetzen wird.

Die Antwort ist einfach: »Es kommt darauf an!«

Konkurrenz durch KI

Mitarbeiter, die nur Routineaufgaben nach einem festen Schema bearbeiten, sind ersetzbar! Das liegt aber gar nicht an künstlicher Intelligenz, denn die Automatisierung von Aufgaben ist bereits seit Jahren (und Jahrzehnten) ein großes Thema. KI wird zwar dafür sorgen, dass dies nun viel mehr Tätigkeiten betrifft, neu ist der Trend aber nicht.

Stattdessen wird KI beeinflussen, mit welchen Aufgaben wir uns in Zukunft beschäftigen und wie unser Arbeitsalltag aussehen wird.

Es ist bereits heute beeindruckend, wie schnell und gut künstliche Intelligenz ein Skript, ein kleines Programm oder einen Text erstellen kann. Der Prompt »Erstelle mir ein PowerShell-Skript, das die Vor- und Nachnamen aller Mitarbeiter aus dem Active Directory in eine CSV-Datei schreibt« liefert Ihnen in unter 30 Sekunden eine ausführbare und dokumentierte Lösung für diese Aufgabe. Wenn Sie ein bisschen PowerShell verstehen, können Sie das Skript gegenlesen, bewerten und testen.

Dass Sie ein solches Skript nicht direkt gegen Ihr Active Directory ausführen sollten, versteht sich natürlich von selbst – das wäre Wahnsinn! Dies gilt aber ganz genauso für Skripte, die von Menschen geschrieben wurden – auch diese sollten nicht ohne Tests, Netz und doppeltem Boden ausgeführt werden.

Das Beispiel zeigt aber, dass Sie in Zukunft nicht mehr alle Syntax-Details einer Programmiersprache kennen müssen, denn das bekommt die KI inzwischen sehr gut hin. Viel wichtiger wird, dass Sie Probleme eindeutig und für KI und Mensch gut nachvollziehbar formulieren können – und die Lösung verstehen und nachprüfen können.

Der Trend zur Abstraktion in der IT wird sich also noch beschleunigen: Während die Computer-Pioniere noch jedes Bit einzeln auf Lochstreifen stanzten, sind wir nun an einem Punkt angekommen, an dem man mit dem Rechner »wie mit einem Menschen« reden kann. Das wird IT-Fachkräfte nicht arbeitslos machen, aber dafür sorgen, dass sich die Aufgaben deutlich ändern. Wer »nur« PowerShell kann, wird es schwer haben, mit ChatGPT und Co. zu konkurrieren. Wer aber ein Active Directory versteht und weiß, wie man Probleme löst und einen Mehrwert für das Team schafft, wird gut mit modernen KI-Tools zusammenarbeiten.

KI macht den Einstieg schwer

Unternehmen integrieren KI mehr und mehr in den Alltag. Vermeintlich »einfache« Aufgaben werden an sie abgetreten. Das waren Aufgaben für Auszubildende oder neue Kollegen, die lernen und neue Erfahrungen sammeln konnten.

Wenn diese Aufgaben nun durch die KI erledigt werden, fällt dieser Lernprozess weg. Das bedeutet: Sie müssen einen Weg finden, um diese Personen weiterhin zu fördern, damit sie Erfahrungen sammeln und ins Team integriert werden können. Sonst haben Sie irgendwann eine Gruppe erfahrener Administratoren oder Entwicklerinnen, die ihre Jobs mit KI deutlich effizienter erledigen. Es gibt aber keinen Nachwuchs mehr, um Ihr Team zukunftsfähig zu machen. Wer sich nie an einfachen PowerShell-Skripten ausprobieren konnte, dem wird es schwerfallen, echte Erfahrung in der Administration eines Active Directory zu sammeln.

Wie sich dieses Problem in Zukunft lösen lässt, ist schwer zu sagen und hängt stark von der Ausgangssituation Ihres Unternehmens ab. Vielleicht können Sie durchaus davon profitieren, dass »langweilige« Einstiegsaufgaben wegfallen, weil sich KI darum kümmert. Denken Sie dann aber nicht kurzfristig: Was passiert, wenn die Leistungsträger nicht mehr da sind? Wer kennt dann noch die Infrastruktur oder die Code-Basis?

Wenn Junior-Stellen wegfallen, müssen Sie sich umso mehr darum kümmern, dass Ihre Nachwuchstalente gut gefördert und weitergebildet werden, damit sie auch ohne eigene Gehversuche die Erfahrung von Seniors erlangen.

3.8.3 Eigene Entwicklung

Vielleicht haben Sie wie viele Führungskräfte zunächst eine Fachlaufbahn eingeschlagen. Vielleicht haben Sie in diesem Kontext ebenfalls technische Zertifikate erworben und versuchen nun, diese weiter zu aktualisieren. In Ihrer neuen Rolle als Führungskraft kann dies jedoch eine Herausforderung sein, wenn Sie im Alltag mit Technik nicht mehr viel zu tun haben.

Nicht selten folgt dann Panik, denn was ist der eigene Lebenslauf ohne Zertifikat? Und wie funktioniert Fortbildung als Führungskraft?

Die erste Quelle für Fortbildung ist Ihr Alltag. Viele neue Führungsthemen, etwa das Budget, Controlling, Führung selbst und vieles mehr sind unternehmensbezogen ausgeprägt und Bestandteil Ihrer neuen Aufgabe. Sie wachsen somit in diese Themen automatisch hinein oder erhalten Schulungen durch die Fachbereiche.

Wichtig ist, dass Sie auch die Hintergründe verstehen und hinterfragen, denn die gelernte Ausrichtung ist häufig spezifisch auf Ihr Unternehmen zugeschnitten. Falls Sie jedoch die Bedeutung von Worten wie CAPEX oder OPEX einordnen können, kann Ihnen dies auch in zukünftigen Gesprächen viel Mehrwert bringen. Zudem bieten die internen Schulungen die Möglichkeit, die anderen Fachbereiche und Ansprechpartner kennenzulernen.

Networking als Führungskraft

Häufig wird Networking als bloßes »Quatschen« wahrgenommen und ist nicht selten negativ behaftet. Als Führungskraft ist Ihr firmeninternes und möglicherweise auch firmenübergreifendes Netzwerk jedoch von großem Wert. Es geht nicht darum, nur zu plaudern. Das Ziel ist vielmehr, die richtigen Leute zu kennen, um auch mal kurzfristig etwas möglich zu machen, sich etwas erklären zu lassen oder ein Thema mit Fachbereichen zu diskutieren. Es ist daher wichtig, dass Sie Verbindungen zu anderen Bereichen halten und diese nicht nur kontaktieren, wenn etwas im Unreinen ist.

Neben dem Alltag gibt es die Facetten der fachlichen und persönlichen Fortbildung.

Fachliche Weiterentwicklung

Auch wenn es manche Theoretiker meinen: Führung kann nicht in allen Facetten erlernt werden.

Dennoch gibt es fachliche Aspekte, die in das Rollenbild einer Führungskraft fallen und die Sie kennen sollten (beispielsweise das Service- und Projektmanagement, siehe Kapitel 12 bzw. Kapitel 10). Während solche Anforderungen bei Mitarbeitern sehr pragmatisch gelöst werden, nimmt die Komplexität für Sie als Führungskraft deutlich zu. Brauchen Sie deswegen eine Schulung? Das ist nicht eindeutig zu beantworten, denn zunächst sollten Sie Ihr Wissen kritisch hinterfragen und selbst bewerten, ob eine Schulung einen Mehrwert für Sie bieten könnte.

Zusätzlich zu den methodischen Kursen gibt es Kurse zu diversen Fachthemen, etwa zu Mitarbeitergesprächen, rechtlichen Grundlagen oder vielen weiteren Themen. Im

Internet finden Sie unzählige Anbieter mit verschiedenen Angeboten. Ein aus meiner Sicht wesentlicher Nachteil ist, dass die Kurse nicht zertifiziert sind und daher vergleichbare Themen zwischen verschiedenen Anbietern signifikant unterschiedlich dargestellt werden können.

In der Praxis werden Sie bei Schulungen oft auf zwei Einschränkungen treffen: Vermittlung, Anwendung und Aktualität.

- Die Vermittlung eher »weicher« Themen wie Mitarbeitergesprächen erfolgt in Kursen häufig auf Basis von Erkenntnissen und stellenweise als »Frontalunterricht«. Danach wissen Sie zwar theoretisch, was zu tun und zu lassen ist, nur die Praxis ist eine andere.

  Bei den »weichen« Themen kommt zudem Ihre Persönlichkeit hinzu. Diese ist einzigartig und bringt daher auch individuelle Herausforderungen in diesem Themenbereich mit, die eine »Gießkannenschulung« gar nicht adressieren kann.
- Der zweite Faktor ist die Anwendung des Wissens. Einige mir bekannte Programme für Nachwuchsführungskräfte sehen in kurzer Zeit viele Schulungen zu unterschiedlichen Themen vor.

  Besonders junge Führungskräfte schätzen dies zunächst, immerhin ist die Geisteshaltung aus der Schule häufig: »Wer was lernt, der kann was!« Mit etwas Abstand erinnert diese Druckbetankung an das Vorgehen in Schule oder Studium.

  Seien Sie ehrlich, wie viel von damals ist bei Ihnen langfristig hängen geblieben?

  Der Schlüssel für eine langfristige Integration ist die Anwendung des Wissens. Nur was hilft Ihnen der Kurs über schwierige Gespräche, wenn Sie in absehbarer Zeit gar keines führen müssen?
- Besonders im Personalbereich haben Sie als weitere Herausforderung die Aktualität, denn rechtliche Rahmenparameter können sich ebenfalls ändern.

Aus der Erfahrung rate ich Ihnen auch bei der fachlichen Weiterbildung zu einem »Training on the Job«, was bedeutet, dass Sie mit den entsprechenden Fachkräften am konkreten Fall lernen, sollte dieser auftreten. Dadurch können Sie sich im Alltag auf andere Themen fokussieren und lernen zugleich fallbezogen sowie zielgerichtet bei Bedarf hinzu!

Persönliche Weiterentwicklung

Zusätzlich zur Weiterentwicklung Ihrer fachlichen Kompetenz sollten Sie Ihre persönliche Weiterentwicklung fokussieren.

Bei der persönlichen Weiterentwicklung wird ein eher holistischer Ansatz verfolgt, der Sie in allen Facetten betrachten soll.

Training on the Job

Zu Beginn ist die Frage zu klären, mit welchen Themen Sie sich überhaupt beschäftigen sollten. Hierzu müssen Sie sich klarmachen, dass es um Ihre Persönlichkeit und die damit verbundenen Ecken und Kanten geht. Daher kann ich keine pauschale Antwort geben. Vielmehr geht es darum, zu reflektieren, an welcher Stelle Sie Potenzial für Weiterentwicklung haben. Ist es vielleicht die offene Kritik am Mitarbeiter? Oder das Nein-Sagen?

Aber denken Sie daran, dass es kein »Standardprofil für Führungskräfte« gibt. Sie müssen Ihr Profil durch eigene Erfahrungen und Gedanken prägen. Daher liegt die Identifikation von Kernthemen bei Ihnen, erfahrungsgemäß geschieht dies im Alltag nahezu von allein.

Doch was tun, wenn die Themen da sind? Ich empfehle Ihnen, zu jedem Thema eine Fachkraft zu suchen und sich davon begleiten zu lassen.

An dieser Stelle klingt der Begriff Fachkraft deutlich größer, als er letztlich ist. Im Alltag finden sich verschiedene Fachkräfte, diese sollten auch bedarfsgerecht konsultiert werden.

Bei kleinen Themen oder Fragen können Sie sich mit anderen Führungskräften zu einem Erfahrungsaustausch zusammensetzen, um Anregungen, Lösungen und Herausforderungen zu teilen. Es ist verlockend, nur Führungskräfte der gleichen Erfahrungsstufe zu fragen, was jedoch Ihre Entwicklung falsch lenken kann. Achten Sie stattdessen auf eine gute Mischung, denn erfahrenere Führungskräfte kennen Ihr Unternehmen sehr gut und wissen, warum Entscheidungen so getroffen werden und welche Meinung das Unternehmen grundsätzlich vertritt. Sie müssen sich dieser Sicht nicht blind anschließen, dennoch sollten Sie diese kennen, um im Bedarfsfall zu wissen, mit welcher Reaktion Sie rechnen können. Auch schützt es vor Ungleichbehandlung, etwa indem Ihr Team ganz andere Rahmenparameter erhält.

Sobald die Themen komplexer werden oder eine gewisse Brisanz erreichen, etwa bei rechtlichen Fragestellungen, müssen Sie im Regelfall den Vorgesetzten oder den firmeneigenen Juristen einbinden. Sehen Sie dies nicht als Kontrolle und Bevormundung an, sondern als wichtige Unterstützung bei heiklen Themen wie einer Abmahnung. Wenn dabei beispielsweise die Form nicht genau eingehalten wird, drohen schnell gerichtliche Konsequenzen!

Nutzen Sie aber die Chance, und begleiten Sie das Problem bis hin zu dessen Lösung – das ist »Training on the Job«. So sind Sie Teil der Lösung und lernen zugleich, worauf es aus anderen Perspektiven ankommt.

Coaching bei persönlichen Herausforderungen

Bei persönlichen Themen, etwa dem Führen von Mitarbeitergesprächen, spielen oft Ihre individuellen Stärken und Schwächen eine wesentliche Rolle. Schnell geht es darum, warum Sie diese und jene Reaktion zeigen oder andere Themen bei Ihnen bestimmte Emotionen auslösen. Bei solchen sehr persönlichen Themen kann es ratsam sein, sie mit einem Coach zu bearbeiten, um mögliche Barrieren zu überwinden. Sobald Ihr Arbeitgeber dies bewilligt hat, steht zunächst die Auswahl des Coaches an.

Damit beginnt eine lange Suche, denn die Bezeichnung »Coach« ist kein geschützter Ausbildungsberuf – alle dürfen sich so nennen. Daher finden sich sehr viele Anbieter auf dem Markt, von denen einige mindestens das Attribut »dubios« verdienen.

Das wesentliche Filterkriterium ist Ihre eigene Erwartungshaltung. Was muss Ihr Coach haben, damit er aus Ihrer Sicht kompetent sein kann? Die Palette ist sehr groß und reicht von Coaches, die Psychologie studiert haben bis hin zu Personen aus der Praxis, die das jeweilige Problem selbst erlebt und gemeistert haben. Wann sollten Sie nun welche Ausbildung fordern? Auch hier kann ich Ihnen keine pauschale Antwort geben, rate Ihnen jedoch, dies vom Thema und der Harmonie mit dem Coach abhängig zu machen.

Falls Ihre Fragestellung tief in Ihrer Persönlichkeit vergraben ist, etwa *Trigger*, rate ich zu einem studierten Psychologen mit fundierten Kenntnissen der menschlichen Psyche. Sollte es jedoch um eher erfahrungsgetriebene Themen gehen, etwa um die Routine in Mitarbeitergesprächen, greifen Sie lieber zu einem Praktiker. Dieser kann im Rollenspiel mit Ihnen diverse Stolpersteine durchspielen und zugleich Ihr Verhalten mit Ihnen reflektieren.

Besonders das Reflektieren erfordert eine Offenheit gegenüber dem Coach, und es ist nur natürlich, dass man dazu Harmonie sucht. Seien Sie sich jedoch bewusst, dass Ihr Coach mit Ihnen Probleme lösen muss. Sie sollen ihn nicht heiraten.

Daher sollte der Coach eine gewisse »innere Gegenwehr« bei Ihnen provozieren. Das Gegenteil sind Feel-good-Coaches, die Ihnen in erster Linie zuhören und Sie in Ihrem Weg bestärken. Das mag für den ersten Moment Balsam für die Seele sein, auf lange Sicht hingegen bringt es Ihnen keinen persönlichen Fortschritt. Sie sollten daher nach jemandem suchen, der einerseits Ihr Vertrauen genießt, bei dem Sie jedoch zugleich das Gefühl haben, dass er Ihre Barrieren versteht und mit Ihnen lösen kann.

Ich empfehle Ihnen daher, zunächst eine »Probestunde« zu vereinbaren, die nahezu alle seriösen Coaches zum Kennenlernen kostenneutral anbieten. Achten Sie in der Stunde auf Ihr Bauchgefühl, und stellen Sie alle Fragen, die Sie für eine Entscheidung brauchen.

Sobald der richtige Coach gefunden ist, geht es mit den Terminen los. Dann winkt schnell auch der erste Frust, denn *schnell* geht nichts. Sie erwarten schnelle Ergebnisse, dafür haben Sie den Coach schließlich beauftragt! Machen Sie sich jedoch bewusst, dass sich die meisten Veränderungen erst langfristig einstellen und daher kurzfristig keine großen Schritte sichtbar sein werden. Sie sollten daher eine Welt der kleinen Schritte sehen. Zudem schauen Sie auf sich von innen heraus und bewerten den eigenen Wandel. Zugleich sind Sie der Wandel.

Nur – merken Sie, dass der Wandel bereits begonnen hat? Häufig sind Sie selbst »betriebsblind«, daher sollten auf jeden Fall enge Freunde oder Familie einbezogen werden, damit Sie ein reales Bild der Veränderung erhalten. Wenn Sie dort bestätigt bekommen, dass sich nichts ändert oder die Veränderung gar negativ ist, sollten Sie dies unbedingt in der nächsten Stunde thematisieren.

Beachten Sie jedoch, dass dies keinesfalls zwingend ein Versagen Ihres Coaches sein muss. Insbesondere die »negative Veränderung« kann Ihnen sogar recht geben, etwa wenn Sie zuvor immer allem zugestimmt und alles getan haben. Sobald Sie beginnen, bewusst »Nein!« zu sagen, werden Sie auch zugleich etwas unbequemer, was einige Personen als negativ auffassen könnten.

Daher rate ich Ihnen, diese Themen offen mit dem Coach zu besprechen und mit Ihrem Bauchgefühl zu entscheiden, ob Sie die gemeinsame Arbeit fortsetzen möchten.

3.8.4 Arbeit mit dem Betriebs-/Personalrat

Der Betriebs-/Personalrat ist Ihnen wahrscheinlich bereits aus Ihrer Zeit als Fachkraft bekannt. Bislang hat er Ihre Interessen ausschließlich vertreten. Das tut er auch immer noch, schließlich sind Sie auch als Führungskraft noch Mitarbeiter. Im Alltag wird sich die Zusammenarbeit mit dem Betriebsrat jedoch nun mehren, denn es gibt vier verschiedene Arten der Mitbestimmung:

- **Anhörung**: Der Betriebsrat hat das Recht, dass er angehört und seine Äußerung berücksichtigt wird. Dies trifft zum Beispiel bei Kündigungen durch den Arbeitgeber zu. Sollte der Betriebsrat die Entscheidung im Rahmen der Anhörung ablehnen, darf der Arbeitgeber sie dennoch umsetzen, er muss eine Kopie der Ablehnung jedoch dem Arbeitnehmer zukommen lassen.
- **Informationsrechte**: Der Arbeitgeber muss den Betriebsrat über Änderungen informieren. Im Alltag können dies Änderungen an Anlagen, an Abläufen oder auch an Arbeitsplätzen sein. Hierzu muss der Arbeitgeber den Betriebsrat entsprechend informieren.
- **Beratung**: Der Arbeitgeber muss sich mit dem Betriebsrat beraten. Im Alltag sind hier etwa Themenkomplexe wie die Personalplanung oder die Beschäftigungssicherung zu nennen. Auch wenn der Arbeitgeber sich mit dem Betriebsrat beraten muss, entsteht daraus keine zwingende Vorgabe für sein Handeln!
- **Zustimmung**: Der Arbeitgeber braucht zwingend die Zustimmung des Betriebsrats. Beispiele hierfür sind die Umgruppierung von Arbeitnehmern oder die Einstellung neuer Arbeitnehmer. Der Betriebsrat darf jedoch nur aus wenigen Gründen die Zustimmung verweigern, die dann im Notfall durch ein Gericht »ersetzt« werden kann.

Bei vielen Themen werden Sie Kontakt miteinander haben. Wichtig ist, dass Sie miteinander für das Wohlergehen Ihres Arbeitgebers arbeiten und in diesem Kontext die jeweiligen Interessen vertreten!

Ich empfehle Ihnen, dass Sie bei vielen Themen der Formalie bereits vorgreifen und die genauen Aspekte bereits zuvor mit dem Betriebsrat abstimmen und diesen informieren. Auch wenn diese Abstimmung nicht offiziell ist, ermöglicht Sie Ihnen dennoch einen ersten Blick auf die Meinung des Betriebsrats.

Und wenn Sie im Alltag unsicher sind, ob eine Angelegenheit durch den Betriebsrat entschieden werden muss? Entweder schauen Sie im Betriebsverfassungsgesetz nach, oder Sie fragen beim Betriebsrat selbst an. Dieser ist entsprechend geschult und kennt daher die Antwort vermutlich bereits.

Allgemein sollten Sie ein gutes und ausgewogenes Verhältnis pflegen und nicht in die »Die-oder-wir«-Mentalität verfallen. Auseinandersetzungen mit dem Betriebsrat tun beiden Seiten nicht gut und führen selten zu sinnvollen Ergebnissen!

Im täglichen Umgang werden Sie merken, dass der Betriebsrat stellenweise auch bewusst Rechte und Fristen verstreichen lässt. Ich habe dies beispielsweise mehrmals bei der Anhörung zur Kündigung miterlebt, dort gab es kein Feedback. Beim ersten Mal war ich sauer, denn es war zuvor alles abgestimmt. Warum bekam ich denn nun keine Zustimmung? Erst mein damaliger Chef öffnete mir die Augen, dass dies ein politischer Schachzug sein könnte. Denn möchten Sie einen Betriebsrat wählen, der die Entlassung eines Mitarbeiters unterstützt hat? Vermutlich nicht, und genau dies fürchten viele Betriebsräte.

In der Praxis ist dieses Vorgehen nicht selten: Nach Ablauf der Frist gilt die Anhörung als formal durch den Betriebsrat nicht wahrgenommen. Sie können somit mit der Kündigung fortfahren, und der Betriebsrat kann seine Zustimmung gegenüber der Belegschaft als nicht gegeben äußern. Dass jedoch keine Ablehnung erfolgt ist, was jedoch hätte geschehen müssen, fällt meist gerne unter den Tisch.

Und wenn der Betriebsrat doch blockiert?

Es gibt Entscheidungen, die zustimmungspflichtig sind und bei denen der Betriebsrat die Zustimmung verweigert. Dies ist einerseits der Albtraum des Entscheiders, in der Praxis jedoch mehr als selten. Doch was tun Sie dann?

Bevor Sie an weitere Schritte denken, empfehle ich Ihnen das Gespräch mit dem Betriebsrat über die Gründe. Warum wurde abgelehnt? Im Regelfall geschieht dies nicht aus Willkür. Können Sie noch eine Lösung erarbeiten?

Die letzte Möglichkeit ist eine Klage vor Gericht. Aber Achtung: Das Gericht muss Ihr Anliegen neutral bewerten und darauf basierend entscheiden. Diese Art der Klärung sollten Sie also stets meiden und nur im äußersten Notfall nutzen. Einerseits ist dies eine kostenintensive Vorgehensweise für das Unternehmen, andererseits zerstört ein derartiges Vorgehen die letzte Grundlage konstruktiver Zusammenarbeit!

3.9 Zusammenfassung

In diesem Kapitel kann eines nicht oft genug gesagt werden: Gutes Personal ist der Grundbaustein Ihres Erfolgs als Führungskraft! Pflegen Sie daher von Anfang an ein gutes Verhältnis mit Ihrem neuen Team, besonders wenn Sie als neuer »Chef« oder neue »Chefin« diese Rolle übernehmen.

Falls Sie ein neues Team aufbauen müssen, haben Sie erste Ideen zur Personalfindung erhalten. Der Markt ist stark umkämpft, und es hängt von Ihrem Unternehmen ab, ob Kanäle wie Zeitschriften, soziale (Berufs-)Netzwerke oder auch Mundpropaganda funktionieren. In der Zusammenarbeit mit der Personalabteilung gilt: Nehmen Sie die Rolle des Novizen ein, und profitieren Sie unbedingt von den gemachten Erfahrungen Ihrer Kollegen.

Neben dem Team müssen Sie zugleich sich selbst entwickeln und sich fragen, was Führung für Sie bedeutet und wie Sie diese selbst leben wollen. Oft gab es aus Ihrer Sicht positive Führungskräfte und zugleich das Gegenteil. Im eigenen Alltag werden Sie vermutlich die Eigenschaften der für Sie positiven Führungskräfte zunächst übernehmen und ziemlich schnell erleben, welches Feedback damit verbunden ist. Bleiben Sie stets flexibel und vor allem Sie selbst. Eine neue Führungskraft heißt für jeden Mitarbeiter, egal ob bereits zuvor angestellt oder soeben rekrutiert, Umstellung. Einige Mitarbeiter sehen dies als Chance, andere wiederum möchten dies eben nicht. Suchen Sie Ihren Weg, und lassen Sie sich vor allem nicht beirren. Ein guter Leuchtturm steht an der Küste und strahlt sein Licht aus, er geht auch nicht über das Meer und sammelt die Schiffe ein.

Finden Sie daher Ihre eigene Vision und Mission, für die Sie stehen und die Sie als Leuchtturm ausstrahlen. Wenn sie anziehend genug ist, werden die Mitarbeiter Ihnen gerne folgen und gemeinsam mit Ihnen Großes vollbringen.

Damit dies auch so bleibt, ist die Entwicklung der Mitarbeiter ein weiterer wesentlicher Aspekt. Mitarbeiter sind keine »Arbeitsesel«, die jeden Tag stumpf ihre Arbeit erledigen wollen. Sie möchten einerseits gesehen werden, andererseits jedoch auch ihren eigenen Marktwert erhalten. Denken Sie immer daran, ein Mitarbeiter, der sich nicht um sich selbst kümmert, wird sich vermutlich auch nicht um das Unternehmen kümmern. Sorgen Sie also dafür, dass die Mitarbeiter durch das Erlernen neuer Fähigkeiten wertvoll bleiben und zugleich zufrieden für Sie arbeiten.

Den Abschluss bildet das bekannte Mantra: Die Mitarbeiterinnen und Mitarbeiter sind Ihr Kapital und die wichtigsten Mitstreiter für Ihre Sache. Achten Sie darauf, dass es Mitstreiter werden und bleiben, ansonsten schaffen Sie sich die größten Gegner Ihrer Sache und können nur scheitern.

Kapitel 4
Finanzmanagement

Finanzmanagement ist für viele IT-Professionals eine eher ungeliebte Disziplin. Zugleich kann sie die Eintrittskarte zu großartigen Projekten sein. Daher lohnt sich ein Blick darauf.

Hand aufs Herz: Finden Sie Buchhaltung, Kalkulationen und Excel besonders spannend? Finanzmanagement ist sicherlich ein Thema, das für viele neue Führungskräfte zunächst ein Buch mit sieben Siegeln zu sein scheint. Auch nicht wenige gestandene Führungskräfte empfinden dies eher als notwendiges Übel denn als sinnvollen Mehrwert.

In diesem Kapitel geht es um die Finanzen, mit dem Fokus auf dem Mehrwert für Sie: Was ist ein Budget, und wie erstellt man es? Und da wir alle wissen, dass beim Geld die Freundschaft aufhört, schauen wir uns auch an, wie Sie für Ihre Budgetwünsche argumentieren können – auch wenn die IT vorrangig als Kostenstelle wahrgenommen wird.

Abgerundet wird das Kapitel durch eine Anleitung zu einfachem Controlling und den Ausblick auf neue, agile Wege der Finanzplanung.

Fangen wir daher mit den Grundlagen an: Als Erstes stellt sich die Frage, warum ein Budget geschaffen werden muss und wie eine gelungene Budgetgestaltung aussieht.

4.1 Was ist ein Budget?

Im Idealfall hat Ihr Arbeitgeber hinreichend Geld, um alle notwendigen Mittel zu beschaffen, Gehälter zu zahlen und Investitionen zu tätigen. Das Prinzip ist nicht anders als bei Ihrem privaten Girokonto: Wenn Sie dort ausreichend Geld haben, können Sie es für eigene Wünsche ausgeben. Sie sollten jedoch den Teil unangerührt lassen, der bereits für feste Kosten, wie etwa die Miete, Versicherungen oder andere Kosten reserviert ist.

In Abbildung 4.1 sehen Sie dies dargestellt.

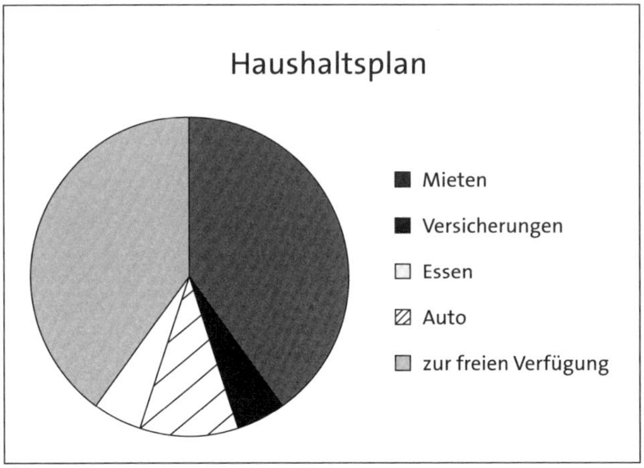

Abbildung 4.1 Übersicht Haushaltsfinanzen

Dabei fangen die Unterschiede jedoch bereits an: Im Privatleben haben Sie meist ein festes Einkommen, das sich vielleicht aus verschiedenen Quellen, etwa aus Provisionen, Gehältern, Zinsen oder Geschenken, speist. Zudem gibt es in Ihrem Leben nur wenige Entscheider; vielleicht den Partner oder die Partnerin, mit denen die Verwendung des Geldes abgestimmt werden muss. Auch die Verwendung ist freier, denn als Privatperson werden Sie nur wenige fixe Kostenpositionen wie etwa die Miete haben. In Ihrer persönlichen Budgetplanung müssen Sie sich hauptsächlich mit den Konsumausgaben oder dem Sparen beschäftigen, was Sie relativ einfach anpassen können.

Die Lage Ihres Arbeitgebers und anderer Unternehmen ist grundsätzlich anders. Es beginnt bereits mit der Einnahmeseite, die sich immer wieder verändert und trotz Weitsicht unsicherer sein kann. Ein Beispiel für Einnahmen stellt Abbildung 4.2 dar.

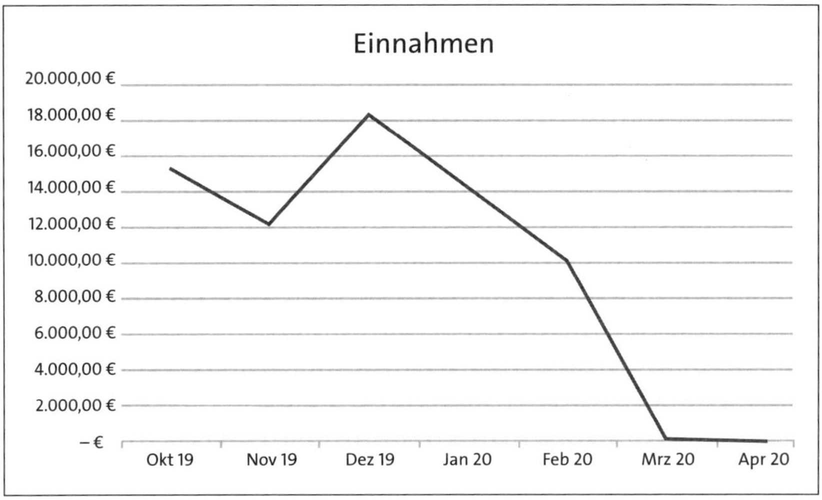

Abbildung 4.2 Einnahmenübersicht eines Unternehmens

Diese Einnahmenübersicht könnte beispielsweise zu einem Restaurant gehören. Was ist im Frühjahr 2020 mit den Einnahmen passiert, was hat das Unternehmen falsch gemacht?

Nichts! Sie sehen den Beginn des ersten Corona-Lockdowns, der dafür sorgte, dass das Restaurant nicht mehr arbeiten konnte. Und auch wenn Corona ziemlich einzigartig war: Solche Turbulenzen passieren regelmäßig. Die Ursachen können in Veränderungen der Nachfrage oder auch ungeahnten Herausforderungen wie Zöllen, neuen Technologien oder ähnlichen Themen liegen.

Damit Sie weiterhin Ihr festes monatliches Gehalt erhalten können, muss Ihr Unternehmen mit dieser Unsicherheit umgehen, die Einnahmen planen und diese vor allem auch erzielen! Wenn dies nicht gelingt, muss auf Reserven zurückgegriffen werden, damit kurzfristige Einbrüche überbrückt werden können. Spätestens mittelfristig werden jedoch finanzielle Engpässe entstehen, die zur Insolvenz des Unternehmens führen können.

Ihr Arbeitgeber plant daher seine Einnahmen in Form einer *Prognose*. Zu Beginn eines Geschäftsjahres wird ermittelt, mit welchen Einnahmen man über den Jahresverlauf hinweg rechnen kann und wie viele Mittel entsprechend vorhanden sein werden. Das bedeutet aber auch: Wenn die Verkäufe nicht die gesetzten Ziele erreichen, werden auch die Einnahmen geringer ausfallen. Das kann sehr problematisch sein, denn auf dieser Prognose basieren viele weitere Entscheidungen, beispielsweise langfristige Investitionen oder Gehaltsanpassungen.

Sollte sich die Prognose nun als zu optimistisch herausstellen oder sorgen unplanbare Ereignisse für Umsatzeinbrüche, kann dies für das Unternehmen sehr riskant werden. Daraus entsteht eine inhärente Unsicherheit, die Ihre Geschäftsführung jederzeit im Auge haben und entsprechend reagieren muss.

Exkurs: Verzinsung des Kapitals

Nicht wenigen Mitarbeitern ist die Verzinsung des Kapitals der Inhaber ein Dorn im Auge. Schnell bekommen Sie Aussagen wie »Die tun doch gar nichts dafür!« oder »Ich arbeite doch, daher steht es mir zu!« zu hören.

Auch wenn dies oft Stammtischgerede ist, rate ich Ihnen, dieses ernst zu nehmen, denn für die Belegschaft wird es schnell zur Quelle für Frustration. An dieser Stelle habe ich meine Mitarbeiter immer gefragt, ob sie mir Geld für ein waghalsiges Unterfangen mit unklarem Ausgang geben möchten. (Fragen Sie sich gerne selbst: Möchten Sie Geld in ein neu zu gründendes Unternehmen stecken, bei dem nicht klar ist, ob es in 5 Jahren überhaupt noch existiert?)

Wahrscheinlich nicht, denn niemand gibt sein Geld ohne einen sicheren persönlichen Mehrwert aus. Genau dies hat jedoch der Gründer getan und letztlich durch sein Handeln auch den Arbeitsplatz geschaffen. Zugleich geht er täglich ein nicht unbeträchtliches Risiko ein, denn beispielsweise die Gehälter muss er auch bei sinkenden oder ausbleibenden Einnahmen weiterzahlen.

Insbesondere schwierige Zeiten, wie beispielsweise während der Corona-Pandemie, haben gezeigt, dass ganze Branchen auf einmal ein Problem haben.

Diese Umstände und Risiken sollten alle im Hinterkopf behalten, die nicht mit ihrem eigenen Vermögen an einem Unternehmen beteiligt sind und natürlich auch nicht mit dem eigenen Privatvermögen haften. Fragen Sie sich selbst, welche Rendite Sie als fair ansehen würden, damit Sie Ihr Erspartes bei den Risiken und Chancen in eine Firma investieren möchten.

Ich möchte Ihnen an einem Beispiel aufzeigen, wie aus einer Prognose das letztliche Budget für das Unternehmen werden kann.

Nehmen wir an, Ihr Unternehmen erstellt eine Prognose für einen angenommenen Umsatz in Höhe von 250.000 €, wobei ein Gewinnüberschuss von 40.000 € geplant wird. Die 210.000 € Differenz werden für Rohstoffe, laufende Kosten (Löhne, Strom, Wasser) und vieles mehr verbraucht. Grafisch sieht die Verteilung wie in Abbildung 4.3 aus.

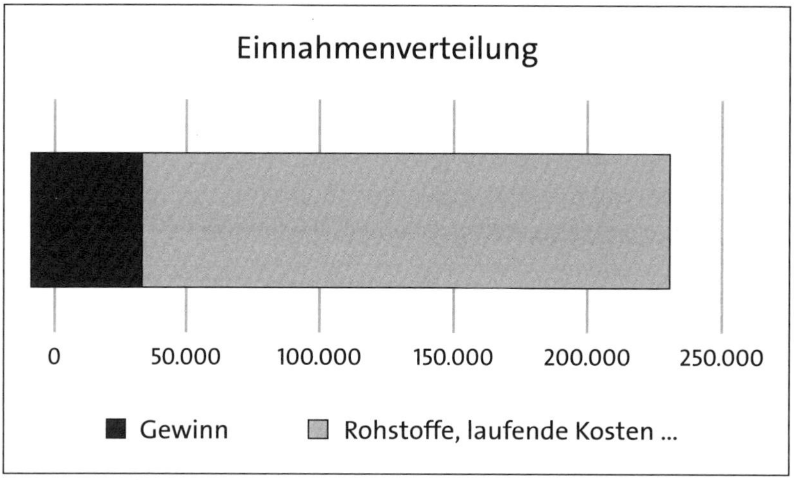

Abbildung 4.3 Verteilung unternehmerischer Einnahmen

Der Gewinn, den Sie in Abbildung 4.3 sehen, ist zugleich die Rücklage und die Verzinsung des Kapitals der Inhaber/Gesellschafter. Nehmen wir für dieses Beispiel eine Gewinnausschüttung von 20.000 € an, wodurch eine maximale Summe von 20.000 € im Unternehmen investiert werden kann – eine starke Vereinfachung, die die kaufmännischen und unternehmensfinanziellen Schachzüge nicht betrachtet. Wenn Sie mehr dazu wissen möchten, empfehlen sich einige Mittagessen mit der Buchhaltung.

Was ist ein guter Umsatz, was ist ein gutes Ergebnis?

An dieser Stelle möchte ich ausdrücklich darauf hinweisen, dass das Verhältnis der genannten Zahlen nur ein Beispiel ist. Das Verhältnis zwischen Umsatz und Gewinn ist immer individuell von den Umständen des Unternehmens abhängig. Ein wesentlicher Einflussfaktor ist der Material- und Personaleinsatz. Bei eher materialintensiven Unternehmen (z. B. im Möbelbau) wird ein großer Teil des Umsatzes bereits durch vorherige Kosten (z. B. für Holz und andere Rohstoffe) verbraucht. In Folge ist der Anteil von Gewinn am Umsatz meist schlechter.

»Wissensarbeiter« hingegen, etwa Beratungshäuser oder IT-Unternehmen, haben meist einen hohen Personaleinsatz, das Kapital sind die Mitarbeiterinnen und Mitarbeiter. Diese benötigen zwar ein Gehalt, jedoch für die eigentliche Beratung keine Rohstoffe (Kaffee gilt nicht!). Dementsprechend fällt das Verhältnis zwischen Umsatz und Gewinn wesentlich besser aus.

Daher lässt sich anhand weniger Zahlen kaum sagen, was ein »guter« Umsatz oder ein »guter« Gewinn ist. 2 Mio. € Umsatz und 100.000 € Gewinn könnten gesünder sein als 100.000 € Gewinn bei 400.000 € Umsatz – es kommt ganz auf die Umstände an.

Ein weiterer Einflussfaktor ist die steuerliche Gestaltung, auf die ich jedoch nicht weiter eingehen möchte. Wichtig ist an dieser Stelle, dass es keine garantierten Verhältnisse von Umsatz zu Gewinn gibt!

Kommen wir zurück zu Ihrem Haushaltsbudget, Ihrem Einkommen. Sobald Sie eine Familie gründen, werden Sie merken (oder bereits wissen), dass nun auch andere Teilnehmer einen Teil ihres Budgets für eigene Projekte ausgeben wollen.

Im Unternehmen sind das die unterschiedlichen Bereiche, die das Budget am liebsten jeweils für sich allein hätten, denn es kann immer mehr Geld investiert werden, als vorhanden ist. Ähnlich wie bei Ihnen zu Hause ist es die Aufgabe der *Finanzplanung*, Prioritäten zu setzen und Gelder zuzuweisen. Nur so kann sichergestellt werden, dass das Loch im Dach mehr Aufmerksamkeit erfährt als der Kauf einer neuen Spielekonsole.

4.1.1 Zuteilung der Gelder

Doch wie erfolgt die Zuweisung, und vor allem, wie können Sie diese beeinflussen? Es gibt keinen Normprozess, nach dem jedes Unternehmen seine Prioritäten setzt. Während das eine Unternehmen einen starken Wachstumskurs einschlägt und alle freien Mittel in die Forschung investiert, sind andere Unternehmen an Stabilität interessiert und investieren lieber in eine starke Infrastruktur. Neben den unternehmerischen Entscheidungen gibt es jedoch einige Einflussfaktoren, die weit verbreitet sind und möglicherweise auch in Ihrem Unternehmen Beachtung finden.

Ein wesentlicher Faktor bei der Vergabe von Mitteln ist die Frage, wo diese am sinnvollsten eingesetzt werden können. Dabei spielen der Return on Investment und der Beitrag zur Wertschöpfung eine Rolle.

Return on Investment

Der *Return on Investment* (ROI) beschreibt, in welchem Zeitrahmen das eingesetzte Geld wieder erwirtschaftet wird. Eine Investition wird dahingehend bewertet, ob sie für eine Steigerung der Umsätze oder eine Senkung der Kosten sorgt, wodurch der Gewinn steigt.

Der Zeitraum ist von wesentlicher Bedeutung, denn danach ist das zuvor ausgegebene Geld rechnerisch wieder erwirtschaftet und steht für neue Investitionen zur Verfügung. Sobald der Return on Investment erreicht wurde, kann das gekaufte Gerät weiterhin genutzt werden, die Kosten wurden jedoch bereits erwirtschaftet. Ganz einfach ausgedrückt bedeutet dies, dass das Gerät nun kostenfrei für Sie arbeitet – natürlich abgesehen von Verbrauchsmaterial und operativen Kosten, etwa Energiekosten.

Den ROI berechnen

Der Return on Investment kann gut am konkreten Beispiel erklärt werden.

Ein Fachbereich möchte, dass Sie eine Software einkaufen, da der Bereich dadurch monatlich vier Stunden Arbeit sparen kann. Die vier Stunden kosten Ihr Unternehmen nach Aussage der Buchhaltung 100 €.

Wenn diese Software nun 1.000 € kostet, wäre der ROI in nur 10 Monaten erreicht (1.000/100), und da die Software danach weiter genutzt wird werden weiterhin 100 € je Monat gespart.

Grafisch bedeutet dies:

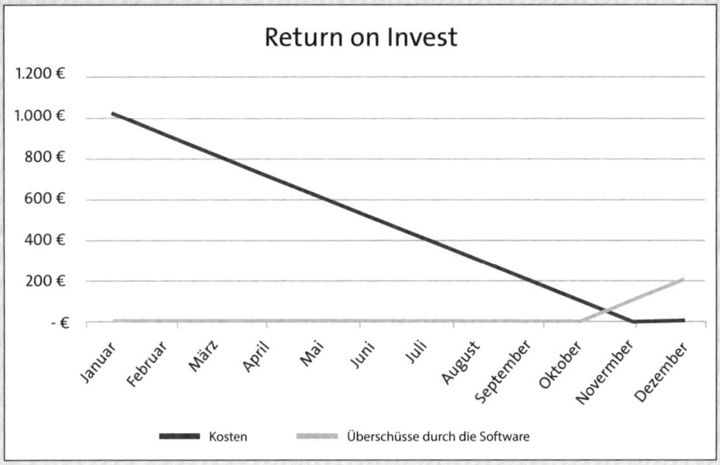

Abbildung 4.4 Return on Investment, Darstellung für Software

Es ist ersichtlich, dass die Überschüsse der ersten zehn Monate nicht dargestellt werden, da diese für die Bezahlung der Kosten genutzt werden.

Sobald die Software vollständig bezahlt wurde, treffen sich beide Linien am *Break-Even-Point*, an dem das Unternehmen weder Gewinn noch Verlust mit der Investition erzielt. Dies ist die *Gewinnschwelle*, denn ab diesem Zeitpunkt erzielt das Unternehmen Überschüsse und hat die Investition wieder hereingeholt!

An dieser Stelle erkennen Sie einen wesentlichen Hebel für Ihre Vorhaben, die kaufmännische Berechnung. Eins der wesentlichen Ziele (wenn nicht sogar das wichtigste) von Unternehmen ist es, Gewinne zu erwirtschaften und diese (im Regelfall) zu steigern. (Ausgenommen sind gemeinnützige Unternehmungen, dort gestaltet sich die Sachlage etwas anders, da nicht der Gewinn, sondern das kostendeckende Erreichen des Ziels im Fokus steht.)

Das Verhältnis von Kosten und Umsätzen ist für den Fortbestand des Unternehmens essenziell! Daher können Sie Ihren Budgetbedarf am besten durch das Aufzeigen eines guten ROI rechtfertigen und auch durchsetzen!

Die Wertschöpfungskette

Ein weiterer Einflussfaktor in der Budgetvergabe ist der Beitrag des Bereichs zur unternehmerischen Wertschöpfung. Die Wertschöpfungskette geht von der Konzeption eines Produkts über die eigentliche Produktion hin zum Vertrieb und Verkauf. (Die Glieder dieser Kette sind natürlich abhängig von der jeweiligen Branche und lassen sich fast beliebig detailliert unterteilen.) Wenn Ihr Unternehmen die tollsten Produkte der Welt produziert, bringt es nichts, wenn sie nicht auch effektiv verkauft werden. Genauso hilft Ihnen das beste Vertriebsnetz mit einem tollen Marketing nichts, wenn es dort nichts gibt, was die Kunden kaufen können.

In dieser Kette fehlt natürlich noch etwas: Was ist mit Teams, die im Hintergrund dafür sorgen, dass die Produktion läuft, der Vertrieb Mails verschicken kann und Kunden im Webshop die neuesten Geräte kaufen können?

Es ist (leider) oft so, dass die direkt am Prozess beteiligte Abteilungen, wie etwa der Vertrieb, besseren Zugriff auf finanzielle Ressourcen haben als »Hilfsabteilungen« wie der Hausmeister. Der Grund für diese Bevorzugung ist, dass die Unterstützung der wertschöpfenden Bereiche direkter zu mehr Gewinn führt: Wenn in der Produktentwicklung ein großartiges neues Produkt designt wird, wirkt sich das schnell auf den Umsatz aus. Wenn der Vertrieb seinen Job gut macht, sehen die Zahlen des nächsten Quartals besser aus.

An dieser Stelle werden Sie wahrscheinlich enttäuscht sein, denn in den meisten Unternehmen ist die IT eher eine »Hilfsabteilung« als »Wertschöpfer«, wodurch es meist schwierig ist zu zeigen, wie die IT für Umsatz sorgt.

Sie werden mir jedoch sicher zustimmen, dass die Betrachtung viel zu kurz greift. Eine gut funktionierende IT kostet zwar Geld, sorgt jedoch zugleich für deutliche Steigerung der Wertschöpfung der anderen Bereiche. Mit einem Baum verglichen ist die IT nicht das Blatt, das die Fotosynthese betreibt, aber der Stamm, der oft weniger Beachtung bekommt und dennoch wichtige Aufgaben übernimmt.

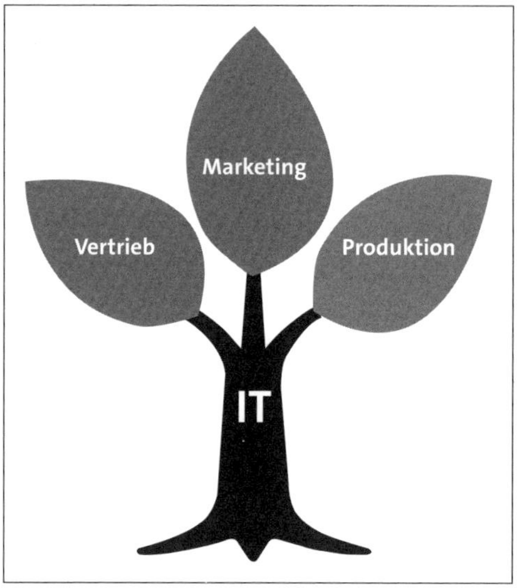

Abbildung 4.5 Position der IT im Gesamtunternehmen

Für dieses Dilemma gibt es natürlich einen Lösungsansatz: Es sollte immer Ihr Ziel sein, die eigene Relevanz für den Wertschöpfungsprozess dazustellen und in den Köpfen der anderen Diskussionsteilnehmer zu verankern. Ihr Bereich sollte nicht als ausschließliche Kostenstelle gesehen werden, sondern primär als »Enabler des Business«. Sie kosten nicht einfach nur Geld, sondern machen neue Dinge möglich!

Wie schnell das gelingen kann, liegt an Ihrem Unternehmen. Wenn die IT bereits anerkannt und verstanden ist, werden die IT-Verantwortlichen in den Budgetdiskussionen gleichberechtigt behandelt. Falls dies bei Ihnen noch nicht der Fall ist, muss die Geschäftsführung für ein Umdenken sorgen. Falls Sie es mit einer konservativen Geschäftsführung zu tun haben, die die Bedeutung der IT nicht versteht und sich dem Wandel verschließt, ist der Weg zu einer gleichberechtigten Beteiligung bei der Zuteilung der Gelder steinig bis unmöglich.

Sollte der Wandel in Ihrem Unternehmen bereits beginnen, ist das die halbe Miete. Nun gilt es, immer wieder und zugleich nicht allzu nervig darauf hinzuweisen, welche Rolle die IT spielt, und proaktiv aufzuzeigen, was die Fachbereiche erst durch Ihre Arbeit erreicht haben. Seien Sie jedoch vorsichtig, denn der Grat zwischen hemmungsloser Prahlerei und zu viel Schweigsamkeit ist schmal.

Für den Weg dorthin brauchen Sie Ausdauer und müssen sich stets neu beweisen. Bauen Sie ein soziales Netz mit den Bereichen auf, damit Sie Projekte gemeinsam forcieren können. Sie möchten eine neue Vertriebssoftware integrieren, wodurch die Abschlüsse leichter und zahlreicher werden? Lassen Sie den Vertrieb die Finanzierung klären!

Die Königsklasse erreichen Sie, wenn Sie bereits bei den Bereichen als Partner gesehen werden und das Budget daher gemeinsam beantragen. Auch in Ihrem Ansehen bei der Geschäftsführung wird sich dies positiv spiegeln und einen Baustein zu Ihrem Ziel, der gleichberechtigten Wahrnehmung, darstellen.

4.1.2 Kosten-Nutzen-Aufstellung

Ihr Budget umfasst sowohl die Kosten für den Erhalt der IT-Landschaft als auch für ihre Weiterentwicklung.

Schnell neigt man dazu, alle bestehenden Kosten aufzuschreiben und dazu noch alle Kosten für Projekte zu addieren, die man schon immer umsetzen wollte. Schnell kommt das Gefühl eines Kindes auf, das unbeaufsichtigt im Süßigkeitenladen unterwegs ist.

Im Laden sorgt irgendwann der Inhaber für Ärger, während es in der Finanzplanung der Finanzverantwortliche ist, der Ihnen das Budget nicht zuteilt und Positionen streicht.

Um das Budget von Anfang an auf stabile Füße stellen, brauchen Sie die *Kosten-Nutzen-Sicht*. Dabei werden alle Kosten eines Projekts erfasst und dem daraus resultierenden Nutzen gegenübergestellt. Was zunächst wie eine ROI-Analyse wirkt, hat jedoch einen großen Vorteil: IT-Ausgaben haben oft keinen unmittelbaren Return als Mehrwert und lassen sich daher nicht gut in eine ROI-Analyse pressen.

Denken Sie an eine Investition für IT-Sicherheit wie die Anschaffung einer neuen Firewall (darum geht es in Abschnitt 13.5 noch einmal). Moderne Firewalls sind technologisch ausgereift, bieten eine Menge hilfreicher Features und sind entsprechend teuer. Aber wie soll man den finanziellen Nutzen einer Firewall beziffern? Welchen erfahrbaren Mehrwert hat der Nutzer von der neuen Firewall? Eine bessere Bedienung für die IT oder eine schnellere Erkennung von Attacken – das ist toll, lässt sich aber nicht als ein Return on Investment quantifizieren.

Der ROI einer Firewall ist daher nicht so leicht darzustellen wie etwa bei einer produzierenden Maschine. Dennoch müssen Sie ein Maß finden, das die möglichen Folgen messbar und verständlich werden lässt. Die neue Firewall kostet einige Tausend Euro, und Sie können davon ausgehen, dass sie einen Angriff auf das Firmennetz abfangen wird, der sonst die Produktion für einen Tag zum Stehen bringt. Der Mehrwert besteht daher in der Verhinderung eines möglichen Schadens und kann so in Zahlen gefasst werden. Die Kosten-Nutzen-Rechnung für die Firewall wird so greifbar:

Schaden = Eintrittswahrscheinlichkeit × mögliche Folgen (finanziell und imageseitig)

Wenn Ihre Firewall weniger kostet als der Schaden, den sie verhindert, lohnt sich die Investition aus Kosten-Nutzen-Sicht.

Ich empfehle Ihnen jedoch ausdrücklich, diese konkrete Berechnung zu umgehen! In der Praxis lädt die detaillierte Bewertung der Folgen zu Diskussionen ein, die Sie vom eigentlichen Thema abbringt. Es folgen dann Aussagen wie »So etwas würde nie zu einem Imageschaden führen, da davon keiner Notiz nimmt!« oder »Der Wert des Produktionsausfalls ist vollkommen falsch berechnet, Herr Huber sagt …«. Die Diskussionen können Sie kaum gewinnen, und oft schädigen die entstehenden Unstimmigkeiten Ihr Ansehen!

Wenn Sie ganz konkrete Zahlen liefern können, hilft das natürlich, im Alltag brauchen Sie für diese Argumentation aber schlicht Glaubwürdigkeit. Wenn Sie Ihren Finanzverantwortlichen von der Notwendigkeit einer neuen Firewall überzeugen wollen, müssen Sie anschaulich und überzeugend von einem Angriff auf Ihr Firmennetz erzählen. Die Erfolgschancen steigen, wenn es bereits eine Sensibilisierung in Form von Berichten oder ähnlichen Erfahrungen gab. Machen Sie dies möglichst regelmäßig und nicht erst im Fall eines Investitionsantrags, was sonst schnell wie ein aus den Fingern gesaugtes Argument klingt.

Sie müssen dabei die Wahrscheinlichkeit eines Angriffs realistisch, aber eindringlich benennen. Besonders in kleinen und mittelständischen Unternehmen sind Hacker oft weit weg, Sicherheitsrisiken werden mit Bemerkungen wie »Wer soll uns denn schon angreifen wollen« abgetan. Lassen Sie sich davon nicht entmutigen! Untermauern Sie Argumente mit Beispielen und realen Vorfällen.

Sobald der mögliche Schaden für die verantwortliche Person glaubwürdig ist und auch von einer ernst zu nehmenden Wahrscheinlichkeit ausgegangen wird, müssen Sie prüfen, wie lange Sie für die Beseitigung eines derartigen Schadens brauchen und welche Konsequenzen dies hätte. Steht etwa die Produktion still? Können Kunden Sie nicht erreichen? Bedenken Sie auch Folgeeffekte: Wenn Sie beispielsweise Ware »just in time« beziehen und diese nicht mehr angenommen werden kann, kann das riesige Probleme bereiten, die weit über den Produktionsausfall hinausgehen. Und denken Sie neben den finanziellen Schäden auch an die ungewollte Aufmerksamkeit in den Medien, die auf einen erfolgreichen Angriff folgt.

Beachten Sie aber, dass die Dosis schnell auch das Gift macht. Keinesfalls sollten Sie sich in einen Wunsch hineinsteigern und Ihrer Erklärung ein Drama folgen lassen. Ihre Maxime muss sein, mit wenigen schlagkräftigen Argumenten ein nachvollziehbares Bild zu zeichnen!

Zielgruppengerechte Darstellung und Argumentation

Besonders die ROI-Berechnung unter Einbeziehung der Folgen fällt vielen IT-Fachkräften nicht leicht. Es gilt, den Spagat zwischen Fach- und Umwelt zu schaffen und zwei Hürden zu überwinden.

1. **Erklärung möglicher Folgen**: Wenn IT-Fachkräfte von möglichen IT-Risiken sprechen, wird es oft sehr technisch. »Sobald der Angreifer durch den offenen Port mit einem gefälschten TCP-SYN kommt und zugleich die Schwachstelle des Exploits ausnutzt, könnte er unser gesamtes AD mit Ransomware infizieren!«

   Nur: Haben Sie Finanzvorstände bereits über TCP-Angriffe sprechen hören?

   Sie müssen daher immer die Zielgruppe in den Fokus stellen – machen Sie greifbar, was Sie sagen wollen! Eine kleine Skizze oder Grafik erleichtert das Verständnis meist ungemein. Achten Sie an dieser Stelle auf die *Flughöhe*, hier ist weniger oft mehr. Sie kommunizieren mit dem Management, nicht mit Technikern. Stellen Sie Ihr Anliegen daher mit allen notwendigen Teilen dar, jedoch nicht in ganzer Detailtiefe! Gutes Kommunizieren bedeutet, dass man weiß, welche Details man in welcher Gesprächsrunde weglassen kann und sollte!

2. **Erklärung der Lösung**: Sobald Ihr Gesprächspartner das Problem verstanden hat, ist natürlich wichtig, wie Sie dies lösen und das Geld einsetzen wollen. Auch hier müssen Sie die Flughöhe entsprechend anpassen.

   Vielleicht hat der Hersteller Ihrer Firewall ein grandioses Feature im Angebot, das Sie wirklich bewundern. Ihr Gesprächspartner tut dies jedoch nicht! An dieser Stelle sollten Sie auf Basis der vorherigen Erklärung aufzeigen, an welchem Punkt die Lösung Ihre Lage verbessert, und dies mit wenigen Worten umreißen. Sollte Ihr Gesprächspartner Fragen haben, wird er diese stellen. Falls er bereits zufrieden ist, sollten Sie das akzeptieren.

   Mein damaliger Ausbildungsleiter sagte im Hinblick auf Gespräche, in denen Sie etwas erreichen wollen, immer: »Wenn die Katze im Sack ist, versuchen Sie nicht, sie weiter anzulocken. Machen Sie den verdammten Sack zu!«

Neben den durch Sie geplanten Projekten wird es immer wieder »erzwungene« Projekte geben, etwa die Umsetzung von neuen Regularien im Datenschutz, der Barrierefreiheit oder ähnliche Debatten.

Die möglichen Konsequenzen sind dann deutlich klarer und können in Form von Strafzahlungen bis hin zur möglichen Unternehmensschließung im Gesetz nachgelesen werden. Auch wenn die Notwendigkeit klar sein sollte, rate ich Ihnen, dies in der Vorbereitung nicht zu vernachlässigen. Es kann sein, dass Ihr Gesprächspartner die Wichtigkeit und Brisanz nicht kennt oder anders einschätzt.

Wichtig ist jedoch, dass dies keinesfalls eine Grundsatzdiskussion wie bei einem normalen Projekt werden sollte. Fragen zum Verständnis oder ein Abgleich der gemeinsamen Sicht auf das Thema sollten die einzigen Aspekte sein. Falls jedoch die notwendigen Ausgaben für elementare Projekte infrage gestellt werden und die Geschäftsleitung Ihnen zugleich keine gute Erklärung liefert, sollten Sie für sich prüfen, ob Sie noch viel länger in diesem Unternehmen tätig sein wollen ...

Exkurs: Merkmale des KANO-Modells

Die Merkmale jedes Produkts/jeder Dienstleistung können gruppiert werden, auch um sie zielgruppengerecht bei der Argumentation nutzen zu können. Obwohl das Vorgehen eigentlich typisch für Produkte oder Dienstleistungen ist, können Sie damit auch Ihr Budget argumentieren, indem Sie die Gedanken strukturieren.

Das sogenannte KANO-Modell unterteilt diese Merkmale in fünf Kategorien:

- **Basismerkmale**: Diese sind für den Kunden selbstverständlich. Sollten sie fehlen, ist der Kunde unzufrieden, bei Erfüllung jedoch nicht zufrieden.
- **Leistungsmerkmale**: Darauf achtet Ihr Kunde, mit diesen Merkmalen schaffen Sie Zufriedenheit oder auch Unzufriedenheit.
- **Begeisterungsmerkmale**: Mit diesen Merkmalen rechnet Ihr Kunde nicht, sollten sie jedoch sein Interesse treffen, rufen sie Begeisterung hervor.
- **Unerhebliche Merkmale**: Diese Merkmale können Sie bieten oder auch nicht, dies hat keinen Einfluss auf die Zufriedenheit des Kunden, weder positiv noch negativ.
- **Rückweisungsmerkmale**: Sollte Ihr Ansatz diese Merkmale aufweisen, wird er durch den Kunden zurückgewiesen, falls nicht, sorgt das Fehlen für Zufriedenheit.

Sofern Sie mit Merkmalen Ihr Budget rechtfertigen möchten, sollten Sie die Leistungs- und mögliche Begeisterungsmerkmale herausstellen. Bei vielen Gesprächspartnern sind Rückweisungs- und Basismerkmale nahezu identisch, sodass Sie damit nichts gewinnen – mit Leistung und Begeisterung hingegen schon!

4.1.3 Budget zusammenstellen

Nun wissen Sie, wie Sie die Daten am besten aufbereiten und darstellen können. Aber wie genau wird nun das Budget ausgearbeitet?

Zunächst möchte ich Ihnen die häufigsten Rahmenparameter vorstellen. Ein Budget gilt immer für ein Jahr. Die Bezugsgröße ist hierbei im Regelfall das Geschäfts- und nicht das Kalenderjahr. Prüfen Sie daher genau, welches Jahr bei Ihnen in der Organisation gilt.

Die Abstimmung der Budgets aller Bereiche und der Abgleich mit möglichen verfügbaren Mitteln bedarf einer gewissen Zeit, weswegen Sie bereits Monate vor dem Jahreswechsel um Ihre Aufstellung gebeten werden. Beachten Sie dies bei Ihrer zeitlichen Planung, um nicht plötzlich in Hektik zu geraten!

Exkurs: Kosten sparen über Nutzung der Geschäftsjahre

Wenn Sie einen *unterjährigen Wechsel der Geschäftsjahre* haben, ist dies meist mit Aufwand verbunden. Es bedeutet immer, dass Sie umdenken müssen und sich nicht am Kalenderjahr orientieren können.

Auch Ihre Lieferanten haben Geschäftsjahre, und neben dem eigenen sollten Sie auch diese kennen, zumindest bei den volumenmäßig größten Partnern. Insbesondere bei Aktiengesellschaften kann ein kommendes Geschäftsjahresende der Grund für hohe Preisnachlässe sein, da dort noch schnell Umsätze für dieses Jahr mitgenommen werden sollen.

Das Gegenteil passiert aus meiner Erfahrung häufig zu Geschäftsjahresbeginn. Dort sind die Vertriebler meist noch »satt« und geben daher nur begrenzte Rabatte. Insbesondere bei großen Investitionen kann sich das Timing daher für Sie auszahlen, je nach Anbieter sind Rabatte bis zu 30 % möglich! Versteifen Sie sich jedoch nicht nur darauf; das Vertriebsziel kann auch bereits im Vorfeld erreicht sein, wodurch Ihr Vertriebspartner den Abschluss gerne in sein neues Geschäftsjahr verschieben würde. Sie sehen, es ist einerseits von der Firmenpolitik und andererseits vom Stand des Geschäftsjahres abhängig. Wenn Sie beides in Erfahrung bringen, werden Sie deutlich mehr Leistung mit Ihrem Budget einkaufen können!

In der Praxis hat sich folgender Prozess zur Erstellung Ihres Budgets bewährt, der jedoch an Ihre Gegebenheiten angepasst werden sollte:

1. **Ausarbeitung möglicher Projekte mit den Mitarbeitern des IT-Teams**

   Als ersten Schritt planen Sie die Projekte für das kommende Jahr. Wichtig ist, dass Sie nicht nur die Bezeichnung des Projekts notieren, sondern auch den Personalaufwand sowie die Kosten für Lizenzen und mögliche Hardware.

   Neben den »harten Fakten« sollten Sie bereits nach Gründen für das Projekt fragen und beginnen, den daraus resultierenden Nutzen zu ermitteln. Im Rahmen einer ersten Betrachtung erhalten Sie bereits frühzeitig einen Hinweis darauf, ob es sich um eine technische Spielerei oder ein Projekt mit unternehmerischem Mehrwert handelt.

2. **Priorisierung der Projekte**

   Die wesentliche Erkenntnis des ersten Schritts ist häufig, dass Sie mehr Projekte umsetzen möchten, als es mögliche Budgets und Personalkapazitäten zulassen. Daher sollten Sie je Projekt ausarbeiten, was ein Verzicht oder eine Verschiebung bedeuten würde.

   Die Zusammenstellung der Folgen dient einerseits Ihrer eigenen Überprüfung der Priorität, andererseits bereiten Sie sich bereits auf Budgetverhandlungen vor. In der Verhandlung gilt es, mögliche Folgen und Konsequenzen aufzuzeigen und deren Akzeptanz durch Ihre Führungskraft sicherzustellen. Hierzu ist die Wahl der richtigen Erklärung elementar, denn die Entscheider sind häufig Kaufleute und keine Techniker. Erneut geht es daher vorwiegend um finanzielle Werte und nicht um technische Feinheiten. Denken Sie zum Beispiel an den Themenbereich IT-Sicherheit, wo Investitionen häufig als unattraktiv und zugleich teuer wahrgenommen werden, weil der Mehrwert für Entscheider nur bedingt zu erkennen ist.

Eine mögliche Argumentation für ein Projekt in diesem Bereich ist etwa, dass immer mehr Firmen Ziel eines Angriffs wurden und dadurch mehrere Wochen keine Ware herstellen konnten. Wenn Sie dieses Beispiel sogar noch mit einem Fall aus Ihrem direkten Umfeld (Lieferanten, Kunden) untermauern können, kann niemand diese Argumentation als unwahrscheinlich abtun. Zugleich können mögliche Entscheider den Ausfall der Produktion sehr gut einschätzen und daraus eine Wichtigkeit ableiten. Sie sollten also den Fokus auf die Sprache der Zuhörer legen. Je besser Sie diese treffen, umso eher finden Sie Gehör.

3. **Umfrage bezüglich kommender Projekte und Investitionen**

   Neben Ihren eigenen Projekten kommen möglicherweise noch die Projekte anderer Bereiche hinzu. Dabei gibt es zwei Ausprägungen:

   - Die Projekte und Anschaffungen sowie Gelder für Erweiterungen, etwa durch Neueinstellungen, werden von den jeweiligen Abteilungen beantragt und verwaltet. Vielerorts gilt diese Praxis als veraltet, denn ansonsten müsste der Abteilungsleiter des Fachbereichs zugleich die IT-Kosten verstehen und deren Investition beaufsichtigen. Da sich die Fachbereiche auf Kernaufgaben konzentrieren sollen, verändert sich die Budgetverwaltung zunehmend in Richtung der zweiten Ausprägung.
   - Das gesamte Budget für die Technik wird durch die IT verwaltet. Auch hier lauern Tücken, denn die Priorisierung der Fachprojekte fällt Ihrem Team nicht leicht. Unabhängig vom geplanten Vorgehen brauchen Sie also trotzdem einen Schulterschluss zwischen Fachbereich und IT. Pflegen Sie offene Gespräche mit dem Fachbereich, und ermitteln Sie im Dialog sowohl die Dringlichkeit als auch die Höhe der Investition selbst.

   Bei der Übernahme der Kosten durch die jeweilige Abteilung ist zu beachten, dass nicht nur das Projekt als solches bewertet werden muss. Neben den direkten Kosten, etwa für Softwarelizenzen oder die zur Einführung notwendigen Mitarbeiter, treten auch Folgekosten wie die Erweiterung zentraler Infrastrukturen oder des IT-Helpdesks, auf.

   Gerne folgt die Wahrnehmung sonst dem Beispiel in Abbildung 4.6.

   Im Alltag kann dies bedeuten, dass der Fachbereich eine Software einsetzen möchte. Der Fachbereich selbst sieht zunächst die Software, seine Benutzer und vielleicht noch Dokumententypen innerhalb der Software.

Als IT-Fachkraft sehen Sie jedoch den notwendigen Arbeitsplatz, die Datenbank, den Switch, den Server, das Personal und vieles mehr, was alles zusätzlich benötigt wird. Es kann sein, dass Sie einen internen Verrechnungssatz für virtuelle Systeme haben und der Fachbereich den Server bestellt. Falls Ihre IT-Landschaft nicht die notwendigen Ressourcen aufweist, müssen Sie eine Erweiterung kaufen. Diese wird nicht nur das zusätzliche System umfassen, sondern im Regelfall einen weiteren Puffer beinhalten. Die Kosten für den freien Puffer können Sie zunächst nicht an die Fachbereiche weiterverrechnen, sondern diese verbleiben bei Ihrem Team. Das ist ein Beispiel dafür, dass auch Projekte anderer Fachbereiche Ihre Ergebnisse und Kosten beeinflussen können!

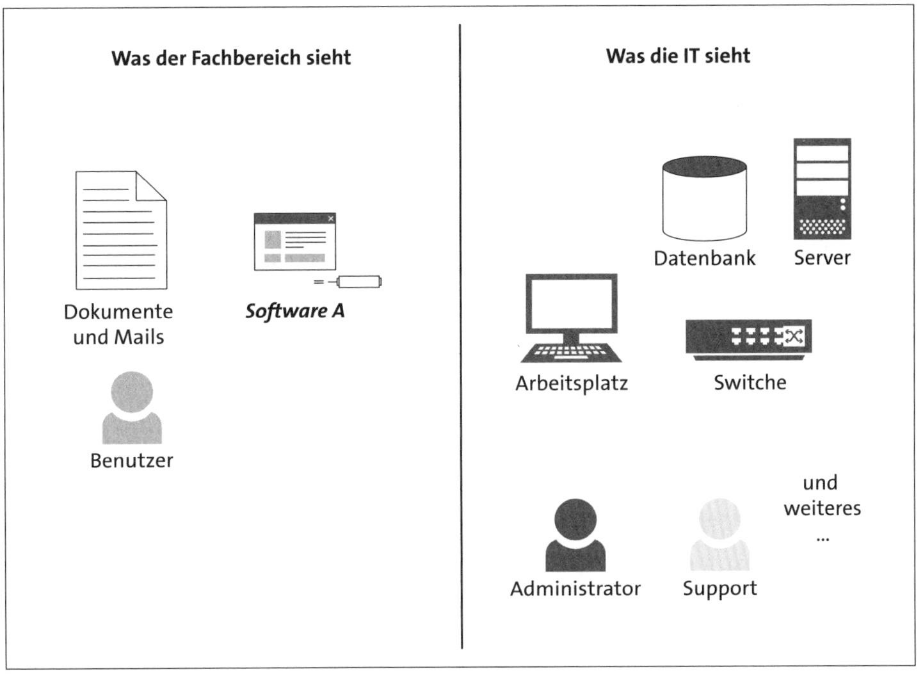

Abbildung 4.6 Wahrnehmung von IT-Leistungen

Aus diesem Grund sollten Sie unbedingt, selbst bei einer Budgeteinplanung über den jeweiligen Fachbereich, das Gespräch suchen und mögliche Folgen abschätzen. Die Lösung sehen viele IT-Verantwortliche in der Übernahme aller Kostenstellen für das technische Equipment. Zunächst klingt dies nach dem Aufbau eines eigenen Königreichs und viel Freiheit, schnell stellen sich jedoch auch Probleme ein.

Die erste wichtige Hürde ist die eigene Geisteshaltung, denn IT muss sich dann konsequent als interner Dienstleister verstehen und keinesfalls mehr als bestimmende Kraft. Der Dialog zwischen der IT und den Fachabteilungen wird nun noch wichtiger. In diesem Dialog stimmen Sie ab, welche Projekte und mögliche neue Software geplant sind, aber auch, ob Neueinstellungen vorgesehen sind.

Neben den »harten Fakten« sollten Sie zudem zwischen den Zeilen lesen und die Zufriedenheit der Abteilung und mögliche Veränderungen erfragen. Sind die Nutzer mit der eingesetzten Hardware zufrieden? Gibt es einen Wunsch nach Veränderungen? Verlassen Mitarbeiter die Abteilung und werden bewusst nicht ersetzt?

In der Vergangenheit sind beispielsweise viele Unternehmen von Desktops hin zu mobilen Notebooks gewechselt. Für Sie bedeutet dies, dass die Kosten für die Beschaffung der Hardware steigen werden, was sich in Ihrem Budgetantrag spiegeln muss.

Beachten Sie, dass einige Schritte/Aussagen an dieser Stelle noch unter dem Deckmantel der Verschwiegenheit zwischen dem Fachbereich und Ihnen bleiben müssen, da sie strategische Ziele betreffen können, die noch nicht veröffentlicht sind.

4. **Die laufenden Kosten ermitteln**

   Viele Führungskräfte fokussieren sich auf neue Projekte und spannende Themen, der »Rest« wird wenig bis gar nicht beachtet. Machen Sie diesen Fehler nicht!

   Was an dieser Stelle schnell vergessen wird, ist der operative Betrieb, an dem Sie jedoch gemessen werden. Dazu gehört einiges, etwa der Support, die Lizenzen, Ersatzbeschaffungen von Hardware und vieles andere. Es ist oft eine reine Fleißarbeit, die entstehenden oder geplanten Kosten zu ermitteln.

   Ein guter erster Schritt besteht darin, die Ausgaben der letzten Geschäftsjahre aus der Buchhaltung anzufordern. Danach kategorisieren Sie diese nach Projekt- und Betriebskosten sowie entfallenen Kosten. Die daraus resultierenden Daten geben Ihnen einen ersten Überblick der Kosten, die immer angefallen sind – und vielleicht finden Sie den einen oder anderen Vertrag, der gekündigt werden kann, den Sie sonst übersehen hätten.

   Um möglichst konkrete Werte ermitteln zu können, sollten Sie die Lieferanten/Hersteller um sogenannte Budgetangebote bitten, die häufig etwas großzügiger gerechnet werden. Ein typischer Fallstrick für dieses Vorgehen sind neue Projekte, die Sie in der aktuellen Periode erst umgesetzt haben oder für die eine mehrjährige Wartung besteht. Die Kosten sind in der Vergangenheit nicht sichtbar, und häufig wurde das erste Jahr oder sogar weitere Jahre Wartung bereits mitgekauft. Damit Sie nicht in diese Falle geraten, sollten Sie die Projekte des aktuellen und vergangenen Jahres parallel erfassen und mit dem betreuenden Kollegen abstimmen, welche Kosten zu welchem Zeitpunkt entstehen und somit aufzunehmen sind! Prüfen Sie zudem mögliche Verträge, etwa Wartungsverträge, auf ein Ende im kommenden Geschäftsjahr. Sollte dies der Fall sein, müssen Sie unbedingt eine entsprechende Position in der Budgetplanung vorsehen!

5. **Freiräume einbauen**

   Kein Bereich ist so dynamisch wie die IT, daher ergibt sich immer das eine oder andere Projekt, das Sie zuvor nicht einkalkuliert hatten. Damit Sie auch diese Veränderung entspannt meistern können, sollten Sie eine gewisse Anzahl an »Leerprojekten« finanziell einplanen und auch als solche ausweisen.

Die genaue Anzahl sollte sich an Ihrem Team und den sonst realisierten Projekten ausrichten. Sollten Sie bislang im Jahr sechs Projekte umgesetzt haben, müssten ein bis zwei »Leerprojekte« ausreichend sein. Falls Sie im Schnitt mehr Projekte umsetzen oder sich unternehmerisch in einer dynamischen Situation befinden, sollten Sie die Werte entsprechend höher wählen.

Dieser Puffer ist erfahrungsgemäß das, was als Erstes gestrichen wird. Dadurch ist Ihrem Gegenüber jedoch bewusst, dass keine unvorhergesehenen Projekte möglich sind bzw. diese kostenseitig bezuschusst werden müssen. Für Sie hat das den Vorteil, dass der Puffer gestrichen wird und die für Sie wichtigen Projekte überleben.

Sollte der veranschlagte Puffer aufgrund unerwarteter und großer Projekte im Geschäftsjahr nicht hinreichend sein, schämen Sie sich nicht, mit den neuen Anforderungen ein Sonderbudget bzw. eine Budgeterweiterung zu beantragen. Damit kann der Finanzverantwortliche Ihres Unternehmens mit der Geschäftsführung und dem Anforderer entscheiden, ob das Geld investiert werden soll oder ob andere Wege verfolgt werden sollen.

4.1.4 Budgetantrag aufstellen

Nachdem Sie das Budget ermittelt haben, sollten Sie eine Aufstellung zur Einreichung erstellen.

In der Praxis erhalten Sie meist konkrete Anforderungen Ihrer Finanzverantwortlichen. Sollten Sie jedoch keine Vorgaben erhalten, kann ich Ihnen den folgenden Aufbau empfehlen:

- **Management Summary**

  Den Beginn bildet eine Zusammenfassung der großen Projekte, eine Übersicht des Gesamtbudgets und die Aufschlüsselung in die jeweiligen Unterkategorien.

  Eine weitere häufige Unterteilung besteht aus den Kategorien *Projekt* und *Betrieb*, da Projektkosten möglicherweise reduziert und diskutiert werden können, wohingegen Sie Betriebskosten gar nicht oder erst mittelfristig verändern können.

Projekt vs. Betrieb

Insbesondere die Unterscheidung zwischen Projekt- und Betriebsaufwänden ist bei vielen Unternehmen die Ausgangslage für weitreichende Diskussionen.

- Im Alltag ist es normalerweise so, dass *Projekte* Ihre IT weiterentwickeln (siehe Kapitel 10, »IT-Projektmanagement«), den anderen Bereichen neue Möglichkeiten eröffnen oder die Arbeit effizienter gestalten. Kurzgefasst all das, was die Einnahmen des Unternehmens indirekt steigern kann. Zugleich sind genau diese Weiterentwicklungen häufig der Unterschied zur Konkurrenz, woraus ein »Gamechanger« entstehen kann.

- *Betrieb* hingegen ist nur der Erhalt und zudem häufig gut zu standardisieren, kann also auch durch Dienstleister oder andere Unternehmen erbracht werden. In Ihrem Budget können Sie die Zahlen und deren Zuordnung nicht verändern, Sie können sich jedoch bereits im Vorfeld mit der Frage »Make or Buy« (siehe Kapitel 6) auseinandersetzen und für sich Antworten auf diese Themen finden.

Abschließend können Sie in der Zusammenfassung bereits mögliche Herausforderungen (z. B. neue rechtliche Aspekte) oder besondere, bereits feststehende Ereignisse aufführen, falls Sie damit Budgetpositionen direkt erklären können!

- **Aufschlüsselung der Kategorien**

  Die einzelnen Positionen der Kategorien sollten Sie im Anschluss detaillierter darstellen. Nennen Sie die Produkte mit dem jeweiligen Preis.

  Als Oberbegriff haben sich die jeweiligen Produktkategorien bewährt, beispielsweise kann die Kategorie *Viren- und Spamschutz* die Einträge *Virenschutz Hersteller A 1.800,00 €, Lizenzen 900,00 €* und *Spamschutz Hersteller B, 1.530 Lizenzen 1.400,00 €* beinhalten.

  An dieser Stelle können Sie die Kosten in CapEx und OpEx aufteilen (siehe Abschnitt 4.1.4). Bedenken Sie wieder die Zielgruppe, denn es handelt sich bei den Lesern meist um Personen mit Finanzverantwortung, jedoch ohne weiterführendes Technikwissen. Achten Sie daher darauf, den Bericht für diese Zielgruppe zu schreiben und nicht in Details abzurutschen!

- **Ranking**

  Optional können Sie für die geplanten Projekte ein Ranking oder die Priorität ergänzen. Hierzu können Sie die bereits vorgestellten Projekte gemäß ihrer Wichtigkeit und/oder Zugehörigkeit zu Großprojekten (*Programmen*) sortieren. Die Kriterien sollten Sie in jedem Fall stichpunktartig erläutern/erklären, denn die durch Sie bestimmte Priorität muss für den Leser nachvollziehbar sein.

- **Folgenbewertung**

  Den Abschluss kann Ihre Folgenbewertung für die Projekte darstellen. Da es sich bei möglichen Budgets immer um begrenzte Ressourcen handelt, muss an einigen Stellen gespart werden.

  Da die Betriebskosten nur mittelfristig reduziert werden können, erfolgen die Streichungen meist im Rahmen der Projekte. Auch wenn eine Streichung nie positiv ist, sollten Sie die Folgen, so gut es geht, verträglich gestalten. Im Rahmen der

Folgenbewertung zeigen Sie daher auf, welche Folgen eine Verzögerung oder Streichung einzelner Projekte für das Unternehmen hätte: Beispielsweise kann der nicht durchgeführte Austausch einer zentralen Hardwarekomponente bedeuten, dass der Herstellersupport nicht mehr möglich ist und bei einem Ausfall daher längerfristig nicht gearbeitet werden kann.

Nehmen Sie erneut Ihre Adressaten in den Fokus, und versuchen Sie, Fachbegriffe weitestgehend zu vermeiden und mögliche Folgen mit dem Fokus der Beeinflussung der Geschäftsprozesse darzustellen. Da die Lektüre der ganzen Budgetanträge für den Finanzverantwortlichen anstrengend ist, sollten Sie Ihre Themen kurz und knackig auf den Punkt bringen. Auch wenn Sie trotz aller Bemühungen möglicherweise dennoch eine Kürzung akzeptieren müssen, so weiß Ihr Gegenüber in jedem Fall, was die Konsequenzen sind.

4.2 Kosten- und Bilanzarten

Wahrscheinlich haben Sie einen technischen und keinen kaufmännischen Berufshintergrund. Für Ihre Kernaufgaben ist das gut, jedoch erschwert dies die Kommunikation mit dem kaufmännischen Leiter. Daher möchte ich Ihnen an dieser Stelle einen Überblick über Kosten- und Bilanzarten geben, denn diese spielen im Controlling und der buchhalterischen Sicht eine wichtige Rolle.

Beginnen wir mit den Kosten. In Ihrer Haushaltssicht gibt es häufig nur den einen Begriff der »Kosten« mit einer klaren Bedeutung. Für Unternehmen gibt es jedoch zwei Kategorien, die mit englischen Begriffen benannt werden: *CapEx* (*Capital Expenditures*) und *OpEx* (*Operational Expenditures*).

4.2.1 CapEx

CapEx sind längerfristige Investitionen in Anlagegüter. Denken Sie etwa an Serversysteme, die zwar direkt bezahlt, steuerseitig jedoch über die gesamte Lebensdauer abgeschrieben werden müssen.

Eine *Abschreibung* selbst bezeichnet den Wertverlust einer Anlage; die genauen Regelungen werden durch die Steuergesetze vorgegeben. In den Abschreibungstabellen wird nicht jedes Gerät einzeln aufgeführt, sodass eine selbstständige Kategorisierung vorgenommen werden muss. Wenn Server beispielsweise als »Großrechner« deklariert werden, umfasst die Abschreibungsdauer sieben Jahre. Vereinfacht bedeutet dies, dass sieben Jahre lang jedes Jahr ein Siebtel des Kaufpreises »abgeschrieben« wird und das System am Ende des Zeitraums buchhalterisch einen Restwert von einem Euro hat – es ist nun veraltet und quasi wertlos.

Exkurs: Abschreibung

Im Unternehmenskontext erfassen Abschreibungen die Wertminderungen eines Gegenstands. Wenn Investitionen getätigt werden, geht der Gegenwert in die Bilanz des Unternehmens über; wenn Sie beispielsweise ein Serversystem für 10.000 € kaufen, besitzt Ihre Firma danach auch 10.000 € mehr Anlagevermögen, jedoch hat sich das Bankvermögen um 10.000 € verringert.

Nach dem Kauf verliert die Investition aber an Wert, wie Sie bestimmt wissen, wenn Sie schon einmal einen alten PC auf Ebay verkauft haben. Daher muss der Wert des Serversystems in der Bilanz jedes Jahr verringert werden, es wird *abgeschrieben*.

Wenn Sie also Hardware kaufen, werden Sie voraussichtlich Nachfragen aus Ihrer Buchhaltung bekommen, denn IT-Rechnungen sind für die Kollegen kryptisch aufgebaut. Ist das nun Hardware? Software? In welchen Bereich muss/darf/sollte diese Anschaffung gruppiert werden?

Obwohl die Entscheidung Sache der Buchhaltung ist, ist es Ihre Aufgabe, das jeweilige Thema möglichst verständlich zu erklären. Aus der Praxis kann ich Ihnen den Tipp geben, analoge Systeme der Vergangenheit zu nennen. Hierfür gab es bereits eine Lösung, die möglicherweise nun erneut angewendet werden kann.

Die Abschreibungsdauer soll sich daran orientieren, ab wann ein System voraussichtlich ersetzt werden muss. In der Praxis sollte die Abschreibungsdauer also mindestens der betrieblichen Realität entsprechen. Wenn Sie bereits bei der Beschaffung wissen, dass ein neues System in fünf Jahren durch den Hersteller nicht mehr unterstützt wird und daher nicht mehr betrieben werden kann, sollten Sie es entsprechend über fünf Jahre abschreiben.

Ein abgeschriebenes Gerät kann natürlich weiterhin einsetzbar sein; Notebooks, die über drei Jahre abgeschrieben werden, gehen danach nicht direkt kaputt. Bei aller Genauigkeit sollten Sie aber nicht für alle Geräteklassen oder sogar individuelle Bestellungen eigene Abschreibungszeiträume ermitteln, da Änderungen der steuerlichen Richtwerte wahrscheinlich zu Diskussionen bei einer Steuerprüfung führen. Sprechen Sie daher Ihre Buchhaltung an, und fragen Sie, welche Daten von Ihnen benötigt werden.

Aber Achtung: Wenn Sie über einen kürzeren Zeitraum abschreiben, erhöht sich die Abschreibung, und zugleich reduzieren Sie das Ergebnis und damit den Gewinn! Hierbei handelt es sich um steuerrechtliche und unternehmensstrategische Fragestellungen, da auch die Steuerlast unmittelbar verändert wird. Es empfiehlt sich daher, diese Planungen den Fachleuten zu überlassen und lediglich für Fragen zur Verfügung zu stehen.

In der Praxis wird bereits offensichtlich, dass es für Sie nahezu nicht sinnvoll möglich sein wird, den Prozess der Abschreibung mit allen steuerlichen Detailfragen zu begleiten. Für den Dialog mit der Buchhaltung sollten Sie das Konzept von Abschreibungen verstanden und ein Grundverständnis für die Abläufe entwickelt haben. So können Sie gemeinsam den größten Mehrwert für das Unternehmen erbringen und eventuelle Freiräume ideal nutzen.

4.2.2 OpEx

Die OpEx sind das Gegenstück zu CapEx, also die *operativen Kosten*, die direkt im Jahr der Entstehung beglichen und steuerlich geltend gemacht werden. Im Gegensatz zu den langfristigen Investitionen sind also direkte Ausgaben gemeint, die im Alltagsbetrieb entstehen – im Amerikanischen spricht man vom *Cost of Doing Business*. Was zunächst gleich aussieht, kann unter anderem steuerliche Vorteile haben. Der Grund dafür sind die zwei Bilanzarten, Handels- und Steuerbilanz.

Handelsbilanz

Die Handelsbilanz soll die Vermögenslage des Unternehmens für intern beteiligte Personen, etwa den Geschäftsführer und die Stakeholder, aufzeigen. Unternehmen sind gezwungen, eine solche Handelsbilanz zu erstellen und so über ihre Geschäfte Auskunft zu geben.

Der Aufbau ist daher wie folgt:

Aktiva		Passiva	
Maschinen	11.000,00 €	Eigenkapital	20.000,00 €
Forderungen	1.200,00 €	langfristige Verbindlichkeiten	700,00 €
Bankvermögen	8.000,00 €		
Kasse	500,00 €		
	20.700,00 €		**20.700,00 €**

Tabelle 4.1 Eine Handelsbilanz richtet sich an intern Beteiligte.

- Auf der linken Seite finden Sie die *Aktiva*, die die Verwendung der Mittel beschreiben. Bei einem Unternehmen finden sich dort unter anderem notwendige Maschinen, das Guthaben bei der Bank und in der Kasse oder auch Forderungen gegenüber anderen Unternehmen/Personen. Es stellt dar, was aus den eingesetzten Mitteln (in diesem Fall Geld) erschaffen wurde.

- Auf der rechten Seite finden Sie die *Passiva*, die die Herkunft der Mittel beschreiben. Auf dieser Seite finden Sie unter anderem das Eigenkapital oder auch Verbindlichkeiten (also die Schulden) gegenüber anderen Parteien. Es zeigt auf, aus welchen Quellen die Mittel für die linke Seite stammen.

Wichtig ist, dass die beiden Seiten der Bilanz stets im Gleichgewicht sein müssen, da es keine Verwendung von Mitteln ohne ihre Herkunft geben kann. Man spricht daher von *doppelter Buchführung*.

Die Bilanz selbst wird im Regelfall einmal jährlich aufgestellt und setzt sich aus *Buchungen von Geschäftsvorfällen* auf *Buchungskonten* zusammen. Die Konten haben einen Zweck (z. B. »Büro- und Geschäftsausstattung«) und haben zwei Seiten, auf denen Mehrungen (z. B. neue Stühle wurden gekauft) und Minderungen (z. B. Entsorgung eines defekten Tisches) eingetragen werden. Sie werden jedoch feststellen, dass es deutlich mehr Konten als Positionen in der Bilanz gibt, die Bilanzpositionen stellen eine Zusammenfassung mehrerer Konten dar. Damit Sie die Buchhaltung für Ihr Team und den Bereich besser verstehen können, empfiehlt es sich, dass Sie nach einem Ausdruck der betreffenden Konten sowie einer kurzen Einweisung im Fachbereich fragen.

Steuerbilanz

Die zweite Bilanz ist die *Steuerbilanz*, die hauptsächlich für das Finanzamt erstellt und meist aus der Handelsbilanz abgeleitet wird. Der Aufbau und die Grundlagen sind identisch, allerdings sind die steuerliche Gestaltung und die Nutzung von Interpretationsspielräumen in dieser Art der Bilanz ausführlich gegeben. Das kennen Sie möglicherweise von Ihrer eigenen Steuererklärung, bei der immer die Frage ist, was absetzbar ist und was nicht. Wie erhalten Sie Steuern zurück?

Unternehmen zahlen ihre Steuern häufig nicht vollständig im Voraus, sondern zunächst Abschläge und den finalen Betrag erst nach der Steuerbilanz. Daher besteht das Ziel darin, mögliche Gewinne in der Bilanz entsprechend zu reduzieren, um zugleich die Steuerlast zu senken.

Erinnern Sie sich an die Fragestellung, warum es überhaupt die Unterteilung in CapEx und OpEx gibt? Einer ist die Kostenverteilung. Nehmen wir an, Sie kaufen ein Serversystem für 50.000 € und schreiben dieses über 10 Jahre ab. Was sind die Folgen?

Zuerst wird Ihre Firma 50.000 € weniger auf dem Konto haben, die aber im Gegenzug auf das Anlagegut »Server« wandern. In jedem Jahr entstehen Abschreibungen in Höhe von 5.000 €, die den Gewinn und damit die Steuerlast reduzieren. Dennoch sind die 50.000 € nicht mehr auf den Bankkonten verfügbar! Sie sind auf einen Schlag weg und stehen nicht mehr für andere Investitionen zur Verfügung.

Wenn Sie eine vergleichbare Serverausstattung in der Cloud »leasen«, wird der Server nicht Ihrer Firma gehören, aber Sie erhalten ein Nutzungsrecht und können genauso arbeiten. Nehmen wir an, dass das Leasing ebenfalls 10.000 € pro Jahr kostet. Für die Steuerbilanz und das Budget bedeutet das: Der Gewinn und damit die Steuerlast wird um diese Summe reduziert, zugleich muss Ihre Firma aber auch nur diesen Betrag bezahlen. Anders als beim Kauf haben Sie nun noch 40.000 € verfügbar, die für andere Investitionen genutzt werden könnten.

In diesem einfachen Beispiel wäre es aus finanzieller Sicht deutlich sinnvoller, den Server zu mieten und die Kosten als OpEx zu verbuchen. In der Realität steckt der Teufel natürlich im Detail: Dass die Mietkosten des Systems über mehrere Jahre hinweg wirklich der Abschreibung eines Hardware-Kaufs entsprechen, macht das Beispiel einfach. In der Realität ist der Wechsel zu operativen Kosten meist teurer, da Cloud-Anbieter oder auch Leasinggeber ihren Aufwand ebenfalls bezahlt haben möchten. Daher gilt es im Einzelfall sehr genau zu ermitteln, welche Vorteile (meist die freien Mittel und der bessere Cashflow) bei dieser Art der Finanzgestaltung entstehen und welcher Preis dafür gezahlt werden muss.

Ein weiterer Grund für die Entscheidung, von CapEx zu OpEx zu wechseln, ist die eigene Finanzierung. Insbesondere junge Firmen (Start-ups) oder Firmen mit finanziellen Engpässen haben oft nicht genug Geld, um es im Anlagegut zu binden. Dort ist das *Working Capital* (die Differenz zwischen Umsatz und Ausgaben) eine sehr wichtige Kenngröße, die über den Fortbestand des Unternehmens entscheiden kann!

Sie sollten daher in Erfahrung bringen, welche Philosophie Ihr Unternehmen verfolgt und wie die Kapitalgestaltung dort erfolgen soll.

4.3 Das Budget überwachen (Controlling)

Nachdem Ihr Budgetplan genehmigt wurde, müssen Sie diesen auch einhalten. In vielen Firmen erhalten Sie nach Freigabe des Plans den sogenannten *Budgetbrief*, der die jeweils genehmigten Mittel darstellt.

Die Verlockung ist groß, Sie haben für das Budget gekämpft, und nun ist das Geld da – ein Jahr in Saus und Braus leben ist sicher! Wenn Sie dieser Einstellung erliegen, kann ich Ihnen bereits jetzt ein böses Erwachen prophezeien. Damit Sie in diesem Jahr ruhig schlafen und gelassen in die Zukunft schauen können, ist es wichtig, ein Budgetcontrolling zu etablieren.

Beginnen wir daher bei der Entstehung der Kosten: Einer Ihrer Mitarbeiter möchte etwas kaufen/beauftragen.

Der Ablauf folgt im Regelfall diesen Schritten:

1. Sie holen bei einem oder mehreren Dienstleistern Angebote ein. Wählen Sie die Anzahl weise, denn zu wenige Angebote können eine zu teure Beschaffung zur Folge haben. Zu viele Angebote hingegen bedeuten besonders bei geringwertigen Gütern eher unnötigen Aufwand, als dass sie Mehrwert zu stiften!
2. Nach der Auswahl erfolgt die Bestellung, die zumeist bereits der jeweiligen Kostenstelle zugeordnet wird, also auf ein Projekt oder auf den Betrieb.
3. Sobald die Leistung erbracht wurde, stellt der Auftragnehmer die Rechnung, die zur Vorlage an die verantwortliche Person geschickt wird.
4. Die beauftragende Person prüft sowohl den Umfang als auch die Kosten und gibt diese entsprechend zur Buchung auf die Kostenstelle frei, wodurch eine Bezahlung erfolgt. Zugleich wird der Betrag der Kostenstelle wieder auf die zuvor bereits benannten Buchungskosten verbucht.

Zunächst gilt es zu klären, wie und wann Kostenstellen erstellt werden. Rechtlich betrachtet muss dies keinesfalls erfolgen, durch die Bilanz ist lediglich die Strukturierung in bestimmte Konten vorgegeben. In einigen Unternehmen werden die Kostenstellen durch das zentrale Controlling vorgegeben, um die IT-Kosten zentral auswerten zu können. In der Praxis hat sich jedoch herausgestellt, dass die Aufteilung aus Sicht der IT meist sehr grob strukturiert ist und damit die eigene Einschätzung, ob die Höhe der bisherigen Ausgaben noch dem Plan entspricht, erschwert wird.

Insbesondere Projekte stellen meist ein zweischneidiges Schwert dar. Einerseits sind Sie für die Ausgaben und in letzter Instanz auch für den Projekterfolg verantwortlich, weswegen Sie ein großes Interesse daran haben sollten, dass die Angaben richtig sind. Andererseits wird das konkrete Projekt häufig durch einen Mitarbeiter geführt, der ebenfalls Freiräume haben und nicht permanent überwacht werden will. An dieser Stelle gilt es, einen für beide Seiten tragfähigen Konsens der Kontrolle zu entwickeln. Dieser mag je Mitarbeiter aufgrund der individuellen Erfahrungen variieren. Eine weitere Einflusskomponente ist häufig das Projekt selbst und die damit verbundene Wichtigkeit sowie dessen Risiko.

Damit Sie einen Überblick über alle Kosten bzw. die Verwendung der gewährten Mittel haben, sollten Sie die eigenen Kostenstellen nach eigenen Maßstäben weiter untergliedern.

Dies müssen Sie jedoch unbedingt im Vorfeld mit dem internen Controlling und der Buchhaltung abstimmen, da eine persönliche Untergliederung erst einen Mehrwert hat, wenn die Ausgaben entsprechend gebucht werden. Nach meiner Erfahrung hat das Controlling im Regelfall keine Bedenken, solange es sich lediglich um eine detailliertere Aufstellung handelt und die Summen in den bisherigen Kostenstellen ebenfalls gefunden und ausgewertet werden können.

Die jeweilige Untergliederung ist von der Struktur im Unternehmen oder im IT-Bereich abhängig und muss daher bedarfsgerecht entwickelt sowie weiterentwickelt werden. Die Struktur in Tabelle 4.2 kann ein Ansatz für die eigene Entwicklung darstellen. Ich habe sie zur Verdeutlichung mit angenommenen Werten befüllt.

Position	Gesamtbudget	IST	Prozentualer Verbrauch
Projekte	**100.000**	**70.000**	**70 %**
Projekt A	25.000	12.500	50 %
Projekt B	30.0000	45.000	150 %
Kleinteile	**5.000**	**2.500**	**50 %**
Mäuse und Tastaturen	1.000	800	80 %
Sonstiges	2.800	280	10 %
Lizenzen	**180.000**	**100.000**	**56 %**
...			

Tabelle 4.2 Beispielhafte Kostenstellenstruktur

Anhand dieser Tabelle ist der derzeitige Stand (und daraus abgeleitet der Verbrauch) ersichtlich. Insofern ein Wert unklar ist, können Sie zu dieser Position jederzeit die Übersicht aller Buchungen, die zu dem jetzigen Wert geführt haben, anfordern.

Wie viele Kostenstellen sind sinnvoll?

Je nach eingesetztem Buchhaltungs- und Controllingsystem kann die Erstellung einer derartigen Übersicht für den Sachbearbeiter mit mehr oder weniger Aufwand verbunden sein. Es empfiehlt sich daher, die Menge der Kostenstellen sowie die Häufigkeit der Auswertungen weise zu wählen, um nicht bereits frühzeitig aneinanderzugeraten. Ansonsten gilt auch hier, miteinander sprechen und fragen, wie viel Aufwand es bedeutet, hilft einzuschätzen, wie oft eine Anforderung okay sein könnte.

4.4 Vertrauen ist gut, Kontrolle ist besser, regelmäßige Kontrolle ist noch besser: Buchungen prüfen

Finanzen sind ein stets heikles Thema. Als Grundsatz empfiehlt sich ein Umgang mit den Firmengeldern, als wären es Ihre eigenen.

Neben der regelmäßigen Prüfung der Budgets sollten Sie auch eine Prüfung des Buchungsjournals einplanen. In diesem Journal werden alle Buchungen der Kostenstellen detailliert mit den Summen und dem jeweiligen Empfänger erfasst. Sehr häufig fallen dort haufenweise Lizenzen auf, die bereits gekündigt waren und dennoch weiterhin berechnet werden. Oder es fallen zeitliche Abweichungen von Abrechnungen auf, etwa wenn ein Lieferant Leistungen erst deutlich nach Erbringung abrechnet oder es Unklarheiten hinsichtlich der genauen Leistungen gibt.

Exkurs: Geschäftsjahre

Auch wenn verspätete Rechnungen privat noch für freudige Stimmung sorgen – immerhin ist das Geld länger auf dem eigenen Konto –, bietet es im Berufsleben den Boden für einige Probleme. Sollte beispielsweise ein Dienstleister mehrere Beratungstage zwar im November erbringen, jedoch erst im Februar abrechnen, kann das weitreichende Folgen haben. In vielen Firmen endet mit dem Jahresende möglicherweise auch das Geschäftsjahr, der Januar ist der *13. Monat*, in dem noch in das vergangene Geschäftsjahr gebucht werden darf. Ab Februar hingegen ist dies nicht mehr zulässig.

In Folge bedeutet die späte Abrechnung, dass das Budget für das Leistungsjahr nicht aufgebraucht wurde. Das Budget wird jedoch nie ausgezahlt, sondern gleicht eher einem abstrakten Versprechen, das ebenfalls mit dem Geschäftsjahresende erlischt und auf Basis des zukünftigen Budgetbriefs neu geleistet wird. In diesem Fall würde das neue Budget direkt mit den Kosten aus dem Vorjahr belastet, was Schwierigkeiten bedeuten kann, da die Ausgaben nicht geplant sind und daher in jedem Fall zunächst bis zur Klärung gestoppt werden sollten.

Ein Blick in die Buchungen kann auch für wiederkehrende bekannte Kosten hilfreich sein. Dazu können Sie das Abbuchungsdatum recherchieren. Sie erhalten so einen besseren Überblick über die Kostenstruktur und können auch mögliche zu geringe Auslastungen erklären, bevor es unterjährig zu Budgetstreichungen kommt.

Auch schützt es Sie vor unüberlegten Investitionen, etwa wenn eine Kostenstelle im November weiterhin ein sehr hohes Guthaben aufweist und Sie dies für eine ungeplante Investition nutzen. Da die rechtmäßige Abbuchung möglicherweise im Dezember noch erfolgt, führt dies zu einem Defizit und einer ungewollten Überziehung des vereinbarten Budgets.

Um diese und weitere Probleme zu vermeiden, kann Tabelle 4.2 um zwei Werte erweitert werden.

- Der erste Wert ist die Historie des jeweiligen Geschäftsjahres, sodass die Entwicklung einer Kostenstelle nachvollzogen werden kann. Mit diesem Wert können Sie beispielsweise entdecken, dass ein Einkauf bereits durchgeführt wurde, die entsprechende Belastung jedoch nicht erfolgt ist.
- Als zweiten Wert können Sie die Werte der gleichen Periode der letzten ein bis drei Geschäftsjahre ergänzen. Insbesondere bei Betriebskosten, etwa für Support,

Lizenzen oder Ähnliches, sollte der Wert vergleichbar sein oder nur eine moderate Steigerung zeigen. Falls eine außerordentliche Abweichung erkennbar ist, sollten Sie diese weitergehend analysieren!

4.5 Und wenn das Budget doch überschritten wurde?

Ihnen ist sicher bereits aufgefallen, dass *Projekt B* in Tabelle 4.2 einen Verbrauch von 150 % hat. Übersetzt bedeutet dies, dass mehr Kosten angefallen sind als budgetiert wurden. Auf den ersten Blick benötigt das Projekt somit Mittel, die gar nicht vorhanden sind.

Und nun?

Die Antwort auf diese Frage ist unternehmensbezogen und situativ unterschiedlich.

Als ersten Schritt müssen Sie die Abweichung verstehen und die Ursache identifizieren. Als Beispiel nehmen wir an, dass *Projekt B* der Austausch aller Notebooks einer Niederlassung ist.

Ursachen für die Budgetüberschreitung gibt es viele, und nicht alle liegen in Ihrem Verantwortungsbereich:

- Es wurden falsche Belastungen auf die Kostenstelle gebucht.
- Die Notebooks sind teurer als ursprünglich kalkuliert.
- Es wurden zunächst lediglich PCs kalkuliert, nun müssen jedoch Notebooks beschafft werden (was einige Firmen während der Corona-Zeit betroffen hat).
- Die Kollegen benötigen deutlich mehr Zeit und erfassen diese Zeiten auf dem Projekt.
- Ihr Unternehmen hat beschlossen, zusätzlich den neuen Standort ebenfalls umzustellen.

Wir müssen uns also die Details anschauen. Gut sieht es natürlich aus, wenn Sie nicht für den Budgetüberlauf verantwortlich sind.

- Falls beispielsweise eine dritte Person, etwa der Auftraggeber eines Projekts oder ein anderer Abteilungsleiter, eine Veränderung fordert, etwa den Einkauf weiterer Hardware, liegt es an Ihnen, dies kostenseitig zu bewerten. Auch wenn möglicherweise »nur« der Ablauf betroffen ist und die Kostenhöhe somit nicht verändert wird, muss klar sein, dass sich dennoch Ergebnisse, wie zum Beispiel der Fertigstellungszeitpunkt, verändern können.
- Falls ein bislang nicht eingeplanter Standort ergänzt werden soll, handelt es sich um eine Erweiterung, was zu steigenden Kosten führen wird. Damit dieser Erweiterung zugestimmt werden kann, ist zunächst die Genehmigung weiterer Budgets durch die finanziell verantwortliche Person notwendig; dies kann beispielsweise

Ihr Vorgesetzter sein. Bei einer Ablehnung ist eine Erweiterung nicht möglich, die Zustimmung hingegen erweitert das bereits vorhandene Budget um den abgestimmten Betrag.

Nur was ist, wenn die zu hohen Kosten selbstverursacht sind oder zu spät bemerkt wurden?

Seien Sie an dieser Stelle ehrlich. Sobald das Problem erkannt wurde, sollten Sie sich um einen Termin bei der verantwortlichen Person (z. B. Vorgesetzter oder Finanzbereich) kümmern und die Entstehung weiterer Kosten im Idealfall stoppen. Für den Termin sollten Sie sowohl die Ursache als auch die finale Höhe bis zur Fertigstellung und die daraus resultierende Abweichung ermitteln. Ihr Ziel muss sein, im Gespräch über das Thema zu informieren und gemeinsam Lösungen auszuarbeiten.

Auch wenn sich dies zunächst einfach anhört, so stellt es je nach Höhe der Kosten eine größere Anstrengung für die Firma dar. Sie sollten daher Abweichungen möglichst vermeiden und innerhalb der geplanten Bereiche bleiben.

Doch was ist in Projekten, in denen eine Finanzplanung zu Beginn noch nicht möglich ist? An dieser Stelle können agile Ansätze einen Ausweg darstellen.

4.6 Der Ausblick: agiles Finanzmanagement

Das Wort »agil« ist mittlerweile ein Modewort, das nicht nur in der IT großen Anklang gefunden hat. Im Alltag wird es in unterschiedlichen Zusammenhängen verwendet, aber es geht stets darum, dass man sich auf die Wertschöpfung und die Dynamik eines Projekts konzentriert, um auf stetige Veränderungen einzugehen (siehe auch Abschnitt 10.8).

Viele IT-Projekte widersetzen sich einer allzu strikten Planung, da sich die Anforderungen auch nach Projektstart noch ändern können. Vielleicht war in der Planung eines neuen Rechenzentrums vor ein paar Jahren noch keine Rede von KI, aber nun muss unbedingt noch teure Spezialhardware eingekauft werden. So etwas sorgt einfach dafür, dass ein starres Budget ins Wanken kommt.

Ihre Herausforderung besteht somit darin, stetig wechselnde Anforderungen mit einem begrenzten Budget zu vereinbaren. An dieser Stelle muss die Agilität jedoch deutlich in die Schranken gewiesen werden, denn sie darf kein Synonym für sich sprunghaft verändernde Entscheidungen oder für Chaos sein. Eine bewusste IT-Planung ist sowohl für die IT-Architektur und die IT-Strategie als auch für die Finanzplanung absolut notwendig!

Also können Agilität und Finanzplanung nicht miteinander funktionieren? Für die Umsetzung dieser Vision gibt es unterschiedliche Ansätze, von denen zwei populäre näher betrachtet werden sollen.

4.6.1 Budgets flexibel umplanen

Der erste Ansatz positioniert sich recht nah am konservativen Vorgehen und weist Ihnen weiterhin ein festes Budget zu. Während Sie bislang die Projekte benannt und individuell bewertet haben, erfolgt nun lediglich eine Angabe der durchschnittlichen Projektmenge mit den durchschnittlichen Projektkosten. Das bedeutet, dass Sie beispielsweise Budget für zehn Projekte erhalten, von denen drei als *groß*, zwei als *klein* und fünf als *mittelgroß* eingeschätzt werden. Welche Projekte nun umgesetzt werden, entscheiden Sie mit Ihrem Team innerhalb des Jahres und nutzen das Budget entsprechend.

Sowohl aus Sicht Ihres Teams als auch des Controllings ist das Vorgehen schwierig.

Aus Ihrer Sicht stellt sich die Frage, wann welche Projekte agil eingeplant und begonnen werden können. Ist an dieser Stelle die reine Verfügbarkeit der Mitarbeiter entscheidend? Wird mit einem großen Projekt begonnen? Ist das Projekt, das heute als sinnvoll erachtet wird, in einem begrenzten Zeitraum überhaupt noch mit einem Wert behaftet?

Diese und viele weitere Fragen führen dazu, dass dieses Vorgehen eher zu einer Lähmung als zu einer Beschleunigung führt. Möchten Sie entscheiden, dass das erste Großprojekt direkt richtungsweisend ist? Was geschieht, wenn sich die unternehmerische Richtung im Verlauf des Jahres fundamental ändert? Wenn nach dem agilen Grundsatz gearbeitet wird, dass Entscheidungen so spät es eben geht getroffen werden, stehen Sie ständig vor dem Problem, dass Sie nie beherzt Gelder verplanen können und immer mit Unsicherheit leben müssen.

Dieser Ansatz kann daher dazu führen, dass Ihr Team über mögliche Projekte zwar häufig spricht, daraus jedoch keine Entscheidung zur Umsetzung resultiert. Und wenn dann am Jahresende noch Budget vorhanden ist, müssen schnell überstürzte Entscheidungen getroffen werden, denn sonst gibt es im nächsten Jahr ja weniger Geld.

4.6.2 Ohne Budgets arbeiten

Vielleicht kann man auch ganz anders arbeiten, nämlich ganz ohne Budgets. Ausgaben müssen dann auf Basis des Mehrwerts für die Wertschöpfungskette situativ bewertet werden.

Die Aussage, dass keine Budgets mehr existieren, ist natürlich nur eingeschränkt gültig, denn für den operativen Tagesbetrieb müssen die finanziellen Mittel bereitgestellt werden. Das gilt auch für weitere Fixkosten, etwa Löhne und Gehälter.

Zur Disposition steht dieser Ansatz somit ausschließlich für Projektarbeit: Wie viele Projekte wollen wir in diesem Jahr starten, und welche Mittel sind verfügbar?

In der Praxis sind weiterhin Budgets in den Köpfen der Controller vorhanden, die durch Projektanträge lediglich abgerufen werden. Der Antrag muss dazu darstellen, welche Mehrwerte das jeweilige Projekt erschließen wird und was während der Umsetzung sowie im späteren Betrieb an finanziellen Aufwendungen entsteht. Zugleich werden die Mehrwerte im Idealfall ebenfalls quantitativ dargestellt, damit dem Projekt ein ROI zugewiesen werden kann: Wenn er positiv ist und das Geld nicht an anderer Stelle im Unternehmen eingesetzt werden soll, erfolgt die Freigabe.

Dieses Vorgehen ähnelt dem traditionellen Vorgehen, lediglich die Freigabe der Projekte und der dazu notwendigen Mittel erfolgt erst innerhalb des Jahres. Auch ist die bislang als fest definierte Grenze nicht mehr ersichtlich, jedoch in den Köpfen der Controller meist weiterhin vorhanden.

Die unterjährige Beantragung von finanziellen Mitteln ermöglicht es dem Finanzverantwortlichen, jedes Projekt und jede Investition intensiv zu prüfen und zum letztmöglichen Zeitpunkt freizugeben. Andererseits kann dadurch jedoch auch ein Wettkampf zwischen den Abteilungen um die finanziellen Ressourcen entstehen, was dem Klima im Unternehmen schadet.

Wie würden Sie sich verhalten? Letztlich haben Sie zwei Möglichkeiten: Sie beantragen als einer der ersten Antragsteller möglichst viele Projekte und lassen diese notfalls zuerst liegen. Oder Sie warten bis zum letztmöglichen Zeitpunkt mit dem Risiko, dass der Topf bereits leer ist. Im ersten Fall würden Sie anderen Bereichen wertvolle Ressourcen vorenthalten, im zweiten Fall würde ein möglicherweise hoch wertschöpfendes Projekt von Ihnen nicht durchgeführt werden können. Sie sehen, dass auch dieses Vorgehen häufig nicht zielführend sein wird, weswegen Sie bei vielen Unternehmen weiterhin den regulären Prozess vorfinden.

4.7 Zusammenfassung

Das Finanzmanagement ist für viele Techniker ein Buch mit sieben Siegeln, das zugleich staubtrocken und vor allem uninteressant ist.

In diesem Kapitel wurde jedoch hoffentlich klar, warum das Finanzmanagement und die Gestaltung der Finanzen der Schlüssel zu spannenden Projekten sein können. Viel mehr noch, es gilt das geflügelte Wort: »Ohne Moos nichts los!« Die Finanzen sind daher eine Ihrer wesentlichen Aufgaben und können mit etwas Übung und vor allem einer sinnvollen Struktur nahezu im Schlaf verwaltet werden. Für den Austausch mit dem Finanzbereich ist jedoch die Kenntnis von einigen Strukturen und Begriffen sehr wertvoll. Es zeigt auf, dass bereits ein erstes Wissen in dem Bereich aufgebaut wurde, und spätere Unterteilungen fallen deutlich leichter.

Zusammengefasst gilt also, dass Sie die Finanzen als Teil Ihrer Aufgabe sehr ernst nehmen und sie nicht als Strafe, sondern als Schlüssel zu spannenden Projekten einstufen sollten.

Kapitel 5
Enterprise-Architektur

Enterprise-Architektur ist mehr als nur ein klangvoller Begriff – sie ist der Schlüssel, um komplexe IT-Landschaften strategisch, nachhaltig und teamübergreifend zu gestalten.

Der Begriff *Enterprise-Architektur* wird wie viele andere Begriffe, die Sie in die diesem Buch kennenlernen, inflationär oder außerhalb jeden Kontexts verwendet. Dies liegt in weiten Teilen daran, dass diese englische Bezeichnung schnell Eindruck schindet, wohingegen der Begriff Unternehmensarchitektur wenig bedeutungsvoll ist. Mit der Bezeichnung der technischen Anforderungen und des betrieblichen Ist-Zustands geht auch die Rollenbezeichnung *Enterprise-Architekt* einher, die wir uns im Abschnitt 5.2 genauer anschauen, denn auch wenn die unterschiedlichen Architekten-Rollen in jedem Unternehmen anders zugeschnitten werden, erfüllen sie eine wichtige Aufgabe. Achten Sie daher darauf, dass sie für Ihr Unternehmen passend definiert und dokumentiert sind.

Ohne eine gut geplante Enterprise-Architektur ist ein sicherer und stabiler Betrieb einer IT-Infrastruktur nicht möglich. Daher stehen die Entwicklung der Enterprise-Architektur und ein Verständnis der zugehörigen Komponenten am Anfang dieses Kapitels (siehe Abschnitt 5.1). Denn nur so lässt sich der Betrieb der IT-Plattform als Basis für den Geschäftsbetrieb Ihres Unternehmens durch das *Business-Continuity-Management* (BCM) absichern (siehe Abschnitt 5.3). Das BCM hilft Ihnen, Betriebsrisiken zu erkennen, zu bewerten und Prozesse gegen mögliche Störungen zu entwickeln. Eine Störung der IT-Infrastruktur kann nicht nur den Geschäftsbetrieb zum Stillstand bringen, sondern im schlimmsten Fall das Ende des Unternehmens bedeuten.

Ein wichtiger Schritt, um Ausfälle und Sicherheitsprobleme bereits während der Architekturplanung zu adressieren, ist die Aufteilung der Gesamtumgebung in Entwicklungs-, Test und Produktionsumgebungen. Das schauen wir uns in Abschnitt 5.4 an.

Zu guter Letzt erfahren Sie in Abschnitt 5.5, wie eine Enterprise-Architektur umgesetzt wird.

5.1 Entwicklung einer Enterprise-Architektur

Die Komplexität heutiger IT-Infrastrukturen mit all ihren erforderlichen Komponenten für einen sicheren und stabilen Betrieb erfordert ein ganzheitliches Verständnis der Gesamtumgebung.

In diesem Kapitel werfen wir einen Blick auf die Entwicklung einer ganzheitlichen IT-Infrastruktur für Ihr Unternehmen, die Rolle des Enterprise-Architekten und die Herausforderungen bei der Umsetzung. Gerade die kontinuierliche Einführung und stete Umsetzung einer Architektur ist eine kräftezehrende und langwierige Aufgabe. Diese Aufgabe kann ein Enterprise-Architekt nicht allein durchführen. Das Fachwissen der einzelnen IT-Teams, wie z. B. Netzwerk, Backend- oder Client-Services, ist notwendig, um eine zukunftssichere IT-Architektur umzusetzen und zu betreiben.

Die Entwicklung einer ganzheitlichen und planvollen IT-Architektur ist Voraussetzung für einen stabilen und sicheren Betrieb Ihrer IT-Infrastruktur. Nur mit einer zentral abgestimmten, sich stetig weiterentwickelnden Architektur können Sie sicherstellen, dass Ihr Unternehmen die Möglichkeiten moderner IT-Komponenten ausschöpft.

Die technischen Komponenten sind allerdings nur Mittel zum Zweck. Sie benötigen eine umsetzbare Vision zur Nutzung dieser Komponenten. Ohne eine solche Vision lassen Sie das Potenzial der erworbenen Komponenten ungenutzt. Diese Vision wird von allen IT-Teams gemeinschaftlich getragen und mit dem Fachwissen des jeweiligen Teams weiterentwickelt.

Schauen wir uns zuerst die Komponenten einer Enterprise-Architektur an.

5.1.1 Komponenten einer Enterprise-Architektur

Die Komponenten einer Enterprise-Architektur sind nicht nur von der Größe eines Unternehmens abhängig, sondern auch vom Geschäftszweck. Je nach Branche ergeben sich äußere Zwänge durch besondere gesetzliche Anforderungen für das Unternehmen. Diese müssen in einer Enterprise-Architektur berücksichtigt sein. Dies ist umso komplizierter, wenn Ihr Unternehmen in mehreren Ländern (Rechtsräumen) aktiv ist. Der Enterprise-Architekt kann nicht alle rechtlichen Anforderungen kennen. Daher ist es notwendig, in einem engen Dialog mit der Rechtsabteilung des Unternehmens oder einer externen Rechtsberatung zu stehen.

Eine besondere Herausforderung stellt sich Ihnen, wenn Sie in eine über die Jahre organisch gewachsene IT-Infrastruktur Ordnung hineinbringen möchten. In einer solchen Umgebung ist es oftmals notwendig, vorhandene Komponenten zurückzubauen, bevor man mit der Implementierung einer abgestimmten und durchdachten IT-Plattform beginnen kann.

Um eine IT-Plattform zu entwickeln, müssen Sie zuerst die Komponenten, die Hauptbausteine der neuen Plattform identifizieren und ihre Bedeutung innerhalb der Plattform gewichten. Welche der folgenden Komponenten sich in Ihrer Enterprise-Architektur wiederfinden, hängt ganz von der Größe und den Bedürfnissen Ihres Unternehmens und der IT-Infrastruktur ab.

Die relevanten Aspekte und Fragestellungen, die Sie betrachten müssen, finden Sie hier kurz aufgelistet. Im Anschluss daran schauen wir uns die einzelnen Punkte noch einmal detaillierter an.

- **Vision einer Plattform**

  Die Vision einer IT-Plattform setzt sich das Ziel, eine umfassende IT-Infrastruktur zu entwickeln, die verschiedene Anwendungen und Dienstleistungen miteinander verbindet. Diese Plattform soll gewährleisten, dass alle IT-Elemente harmonisch zusammenwirken, um die geschäftlichen Ziele wirksam zu fördern. Sie bietet zudem eine flexible und skalierbare Umgebung, die in der Lage ist, sich an zukünftige Bedürfnisse anzupassen.

- **Umzug oder Transformation?**

  Der Unterschied zwischen der Transformation und dem Umzug einer IT-Plattform besteht hauptsächlich im Umfang und in der Komplexität. Bei einer Transformation werden Daten und Anwendungen auf ein neues System übertragen, häufig mit Änderungen oder Upgrades. Ein Umzug hingegen bezeichnet die physische Verlagerung der IT-Plattform von einem Standort zu einem anderen, ohne signifikante Änderungen an Software oder Daten vorzunehmen.

- **On-Premises**

  In der IT bezieht sich On-Premises darauf, dass die IT-Infrastruktur und Software innerhalb des Unternehmens selbst betrieben wird. Das Unternehmen trägt die Verantwortung für Verwaltung, Wartung und Sicherheit der Systeme. Im Gegensatz dazu werden bei Cloud-Lösungen diese Dienste von externen Anbietern über das Internet bereitgestellt.

- **Cloud-Dienste**

  Cloud-Dienste sind IT-Ressourcen, die über das Internet zur Verfügung gestellt werden und nicht lokal auf Firmencomputern oder -servern gespeichert sind – wir gehen in Kapitel 13 ausführlicher darauf ein. Diese Dienste umfassen Speicherplatz, Rechenleistung, Software und andere IT-Ressourcen, die flexibel und skalierbar sind. Nutzer zahlen in der Regel nur für die tatsächlich genutzten Ressourcen, was sowohl die Kosten als auch den Verwaltungsaufwand reduziert.

- **Geschäftsanwendungen**

  Geschäftsanwendungen sind Softwarelösungen, die gezielt dafür konzipiert wurden, betriebliche Abläufe zu unterstützen und zu verbessern. Buchhaltung, Kundenverwaltung, Projektmanagement und vieles mehr werden so effizienter oder überhaupt erst vernünftig möglich. Diese Software kann entweder vor Ort installiert oder als Cloud-Service bereitgestellt werden.

- **Client-Plattform**

  Eine Client-Plattform umfasst die Geräte und Software, die Nutzer direkt verwenden, wie Computer, Tablets und Smartphones. Über sie erfolgt der Zugriff auf Anwendungen und Daten, die auf Servern oder in der Cloud gespeichert sind. Eine gut verwaltete Client-Plattform gewährleistet effizientes und sicheres Arbeiten, sowohl am Unternehmensstandort als auch »von überall« für das mobile Arbeiten.

- **Server-Plattform**

  Die Server-Plattform bildet den Kern der IT-Infrastruktur Ihres Unternehmens und beinhaltet zentrale Computersysteme und Software, die Unternehmensdaten speichern und Unternehmensanwendungen bereitstellen. Diese Server sind in der Regel leistungsfähige Computersysteme, die vielen Benutzern gleichzeitig Dienste anbieten können. Sie garantieren eine sichere Datenspeicherung und eine zuverlässige Ausführung von Anwendungen, sodass Benutzer jederzeit darauf zugreifen können.

- **Datensicherung**

  Datensicherung bedeutet, geschäftskritische Daten regelmäßig zu kopieren und an einem sicheren Ort abzulegen, um im Falle eines Verlusts eine Wiederherstellung zu ermöglichen. Dies bietet Schutz vor Datenverlust durch Hardwaredefekte, Softwarestörungen oder Cyberangriffe. Eine effektive Datensicherung gewährleistet, dass ein Unternehmen seine Daten zügig wiederherstellen und den Geschäftsbetrieb zeitnah weiterführen kann.

- **Datenschutz**

  Der Datenschutz für eine IT-Plattform stellt sicher, dass persönliche und sensible Informationen vor unbefugtem Zugriff und Missbrauch geschützt sind. Dies beinhaltet Maßnahmen wie Verschlüsselung, Zugangskontrollen, Mandantentrennung und regelmäßige Sicherheitsaudits. Das Ziel ist es, die Privatsphäre der Nutzer zu gewährleisten und gesetzlichen Vorgaben nachzukommen.

- **Notfallwiederherstellung**

  Notfallwiederherstellung bedeutet, dass ein Unternehmen über Strategien und Prozeduren verfügt, um IT-Systeme und Daten nach einem schwerwiegenden Ausfall, einem Notfall oder einer Krise zügig wiederherzustellen. Dies schließt regelmäßige Datensicherungen, redundante Systeme sowie umfassende *Wiederherstellungspläne* (WHP) ein. Ziel ist es, den Geschäftsbetrieb rasch wieder aufzunehmen und Datenverluste auf ein Minimum zu reduzieren.

Neben der individuellen Einschätzung aus Unternehmenssicht spielen auch gesetzliche Anforderungen eine Rolle. Wenn Ihr Unternehmen zur kritischen Infrastruktur (KRITIS, *https://www.bsi.bund.de/DE/Themen/KRITIS-und-regulierte-Unternehmen/Kritische-Infrastrukturen/kritis_node.html*) oder einem regulierten Geschäftsfeld gehört, müssen Sie weitergehende Anforderungen an Ihrer Enterprise-Architektur berücksichtigen.

Vollständigkeit der Komponenten

Ich habe die in diesem Kapitel betrachteten Bausteine einer Enterprise Architecture aus eigener Erfahrung ausgewählt. Sie haben daher keinen Anspruch auf eine 100%ige Vollständigkeit. Dies ist auch dem Umstand geschuldet, dass sich Themen in der IT stetig weiterentwickeln.

Die zu berücksichtigenden Komponenten sind von Unternehmen zu Unternehmen unterschiedlich.

Die Entwicklung einer Enterprise-Architektur für ein Unternehmen ist immer auch eine Spekulation auf die Zukunft. Man entwickelt auf Basis des Vorhandenen eine Vision einer Zielumgebung für die nächsten fünf Jahre und darüber hinaus. Der Planungshorizont für die zwei bis drei Jahre ist granularer als für die fernere Zukunft.

Lassen Sie uns einen detaillierteren Blick auf die einzelnen Komponenten einer Enterprise-Architektur werfen. Zunächst geht es allerdings noch um grundsätzlichere Fragen.

Vision der Plattform

Die Entwicklung einer klaren Vision für die IT-Enterprise-Architektur eines Unternehmens ist entscheidend, um eine langfristige Ausrichtung und erfolgreiche Umsetzung sicherzustellen – wie Ihre Architektur aufgebaut ist, hängt selbstverständlich davon ab, was die Ziele Ihres Unternehmens sind.

Eine klar formulierte Plattform-Vision ist die gemeinsame Ausgangsbasis für alle Beteiligten im Unternehmen. Durch die Definition der strategischen Ziele und des gewünschten Endzustands können alle Teams und Abteilungen besser verstehen, wie ihre Arbeit zur Mission ihres Unternehmens beiträgt.

Die Definition einer Vision ist zudem für eine effektive Ressourcenallokation notwendig. Sie ermöglicht es, Prioritäten festzulegen, und hilft dabei, Investitionen in Technologien, Schulungen und Infrastruktur auf das zu fokussieren, was die strategischen Ziele am besten unterstützt. Das optimiert die Kosten und sorgt dafür, dass Investitionen schneller Früchte tragen.

Die Entwicklung einer Vision für die IT-Enterprise-Architektur fördert auch die Innovationskraft des Unternehmens. Durch die Festlegung klarer Ziele und Standards werden Mitarbeiter dazu ermutigt, kreative Lösungen zu entwickeln, um diese Vision zu verwirklichen. Eine klare Ausrichtung auf gemeinsame Ziele fördert die Zusammenarbeit und den Wissensaustausch, was wiederum die Agilität und Anpassungsfähigkeit des Unternehmens erhöht.

Mit einer Vision für die Enterprise-Architektur stellen Sie den Leitfaden für Entscheidungsprozesse zur Verfügung. Wenn unerwartete Herausforderungen auftreten oder neue Chancen entstehen, können Sie und andere Entscheidungsträger auf die definierten Ziele zurückgreifen. Das ist die Basis für eine konsistente Ausrichtung der IT und verhindert, dass Sie von kurzfristigen Entwicklungen abgelenkt werden.

Eine Vision hat die weitsichtige Ausrichtung der IT im Blick. Sie entwerfen die Plattform-Vision für einen Planungshorizont von fünf bis acht Jahren.

Migration oder Transformation

Am Anfang steht die Frage, ob eine bestehende IT-Infrastruktur nur umziehen soll oder vollständig transformiert werden soll. Ein einfacher Umzug kann dazu führen, dass bestimmte ineffiziente Strukturen und Prozesse beibehalten werden, während eine Transformation die Chance bietet, veraltete Systeme zu optimieren und modernere Technologien zu integrieren. (Das ist besonders wichtig, wenn sich die Architektur grundlegend ändert, beispielsweise beim Umzug in die Cloud. Schauen Sie sich dazu auch Abschnitt 13.4 an.)

Ein weiterer wichtiger Aspekt ist die Kosten-Nutzen-Analyse. Die Wahl zwischen Umzug und Transformation hat direkte Auswirkungen auf die finanzielle Investition und die langfristigen Betriebskosten. Eine umfassende Transformation erfordert höhere anfängliche Investitionen, bietet jedoch oft langfristige Kosteneinsparungen und verbesserte Effizienz im Betrieb. Umzug und Transformation haben ähnliche Anforderungen hinsichtlich der zur Umsetzung erforderlichen Mitarbeitenden.

Die Frage, wie skalierbar und flexibel Ihre IT sein muss, ist ein weiterer wichtiger Faktor. Bei einer Transformation können Systeme besser an zukünftige Anforderungen angepasst werden und flexibler auf sich ändernde Geschäftsanforderungen reagieren. Ein einfacher Umzug schränkt diese Flexibilität ein und wird zu einem späteren Zeitpunkt erneute Anpassungen erforderlich machen – getreu dem Motto: Wer billig kauft, kauft zweimal.

Die Sicherheit der IT-Systeme gilt es ebenso zu berücksichtigen. Bei einer Transformation haben Sie die Möglichkeit, veraltete Sicherheitsstandards hinter sich zu lassen und modernste Sicherheitsprotokolle zu implementieren. Ein einfacher Umzug wird bestehende Sicherheitsrisiken beibehalten, wenn diese nicht gezielt, sofern möglich, angepasst werden.

5.1.2 On-Premises

Die lokale (On-Premises-)Infrastruktur spielt eine zentrale Rolle in der IT-Enterprise-Architektur Ihres Unternehmens. Sie ermöglicht eine direkte Kontrolle über die Hardware und Netzwerkkomponenten, was eine präzise Anpassung an die spezifischen Anforderungen Ihres Unternehmens erlaubt. Diese Kontrolle ist besonders wichtig, wenn Sie spezielle Compliance-Anforderungen oder Sicherheitsrichtlinien einhalten müssen. Nur so können Sie die Sicherheit der Daten und Anwendungen gewährleisten. Zu dieser Kontrolle gehört insbesondere auch die Zugangs- und Zutrittskontrolle zu den Räumlichkeiten, wie z. B. Serverraum oder ein ganzes Rechenzentrum.

On-Premises oder On-Premise?

Die korrekte englische Bezeichnung für die lokale IT-Infrastruktur ist »On-Premises«. Dies ist die einzig korrekte Schreibweise. Alle anderen Varianten haben in der englischen Sprache völlig andere Bedeutungen.

Die lokale Infrastruktur bietet (meistens) eine höhere Leistung und Bandbreite im Vergleich zu Cloud-basierten Lösungen. Dies ist entscheidend für Unternehmen mit ressourcenintensiven Anwendungen, die eine schnelle und zuverlässige Leistung erfordern. Durch den Betrieb von Servern und Netzwerken vor Ort können Unternehmen ihre Workloads optimal steuern und die Reaktionszeiten der Applikationen verbessern. Nicht alle Applikationen, auch moderne, unterstützen zuverlässig die Nutzung von in der Cloud gespeicherten Dateien.

Dies mag auf den ersten Blick wie ein Widerspruch zu den Vorteilen von Cloud-Diensten wirken. Die große Herausforderung ist, dass es nicht die eine allgemeingültige Antwort auf die Frage gibt, ob On-Premises- oder aber Cloud-Komponenten größere Vorteile für ein Unternehmen bieten. Es kommt immer auf die individuellen Anforderungen und den Funktionsumfang der in Ihrem Unternehmen genutzten Applikationen an. Wir dürfen an diesem Punkt nicht vergessen, dass es hier um die Bedeutung der On-Premises-Infrastruktur innerhalb der IT-Strategie geht. Und hier spielt sie eine besondere Rolle, je nach den Sicherheitsanforderungen Ihres Unternehmens. Nicht ohne Grund betreiben viele Unternehmen eine hybride IT-Infrastruktur. Applikationen mit besonderen technischen Anforderungen werden in der lokalen Infrastruktur betrieben, während gute skalierbare Webanwendungen direkt in der Cloud bereitgestellt werden.

Eine weitere Rolle spielt die lokale Infrastruktur im Hinblick auf die vollständige Integration bestehender IT-Systeme. Wenn Ihr Unternehmen über umfangreiche und komplexe lokale Infrastrukturen verfügen, können Sie diese weiter nutzen und (meist) nahtlos in Ihre IT-Strategie integrieren. Dies erleichtert den Übergang zu neuen Technologien und minimiert mögliche Unterbrechungen im laufenden Betrieb. Schließlich beginnen die wenigsten Unternehmen mit dem Aufbau einer gänzlich neuen IT-Infrastruktur. Dies ist nur bei neu gegründeten Unternehmen der Fall.

Der Betrieb einer lokalen IT-Infrastruktur bietet eine gewisse Unabhängigkeit von der Verfügbarkeit von Internetverbindungen. In Situationen, in denen eine zuverlässige Internetverbindung am Standort Ihres Unternehmens oder einer Niederlassung nicht gewährleistet ist, können lokale Systeme weiter betrieben werden, um erforderliche Dienste für den Geschäftsbetrieb und Produktionsstätten bereitzustellen.

Dies ist besonders wichtig für Unternehmen, die in abgelegenen Regionen tätig sind, oder in Bereichen, in denen eine Internetverfügbarkeit schlichtweg nicht zuverlässig ist. In solchen Regionen stellt die Nutzung von Cloud-Diensten ein besonderes Unternehmensrisiko dar. In vielen Fällen sind Unternehmen darauf angewiesen, eine lokale IT-Infrastruktur mit Anbindungen an einen oder mehrere Cloud-Anbieter im Hybrid-Betrieb zu betreiben. Die Ausprägung und Verteilung der IT-Komponenten müssen hierbei nicht nur einer technischen und finanziellen Bewertung, sondern auch einer sicherheitstechnischen Betrachtung folgen.

5.1.3 Cloud-Dienste

Die Cloud-Dienste bieten einen wichtigen Vorteil für die IT-Unternehmensarchitektur: flexible Skalierbarkeit.

Cloud-Plattformen ermöglichen es Unternehmen, die benötigten Applikationsressourcen nach Bedarf zu erhöhen oder zu verringern, was zu einer optimierten Nutzung und damit zu einer besseren Kostenkontrolle führt. Diese Skalierbarkeit ist besonders wichtig für Unternehmen, die auf saisonale Schwankungen oder unvorhersehbare Lastspitzen, z. B. bei Bestellungen, Buchungen oder in der Produktion, reagieren müssen.

Ein weiterer Vorteil ist die bessere Verfügbarkeit und Zuverlässigkeit von Anwendungen. Cloud-Dienste bieten in der Regel *georedundante Infrastrukturen* durch eine weltweite Verteilung von Rechenzentren, was Ausfallzeiten minimiert und eine höhere Verfügbarkeit gewährleistet. Dies ist besonders wichtig für Ihre geschäftskritischen Anwendungen, die rund um die Uhr verfügbar sein müssen, um den reibungslosen Betrieb Ihres Unternehmens zu gewährleisten. Die Angebote der Cloud-Dienstleister sind, insbesondere im Hinblick für die Verfügbarkeiten und abgesicherten Ausfallszenarien, sehr unterschiedlich. Manche bieten nur eine Redundanz der Systeme, andere wiederum eine mehrfach georedundante Verfügbarkeit, um unterschiedlichen Ausfallszenarien begegnen zu können. Dies spiegelt sich meist im Preis wider. Dafür kann eine *Multi-Cloud-Anbindung* aufgebaut werden, um die Vorteile mehrerer Cloud-Anbieter nutzen zu können.

Sicherheitsaspekte sind ebenfalls von großer Bedeutung. Cloud-Dienste bieten moderne Sicherheitsmaßnahmen, wie z. B. Verschlüsselung, Zugriffskontrolle und Überwachung, die in einer lokalen IT-Infrastruktur nur mit sehr großem Aufwand umzusetzen sind. Durch die Nutzung marktführender Cloud-Anbieter kann Ihr Unternehmen von deren Fachkenntnissen im Bereich Sicherheit profitieren, was zu einer insgesamt verbesserten Datensicherheit während des Datenzugriffs und der *Data-at-Rest*-Datenablage führt.

Die Agilität und Innovationsfähigkeit Ihres Unternehmens werden durch Cloud-Dienste gesteigert. Dies mag sich für Sie wie Buzzwords anhören, es sind aber keine. Es kommt jedoch, wie immer, darauf an, wie Sie »die Cloud« nutzen. Nicht jede Applikation ist in der Lage, die Vorteile der Cloud automatisch nutzen zu können. Meist ist dies nur nach dem Wechsel zu einer neuen Applikation oder nach der Neuentwicklung einer individuellen Lösung möglich. Darauf gehen wir genauer in Abschnitt 13.4 ein.

Durch die Bereitstellung von Entwicklungs- und Testumgebungen in der Cloud kann Ihr Unternehmen schneller neue Anwendungen entwickeln und nutzen. Die Cloud ermöglicht es auch, Ressourcen für Forschung und Entwicklung effizienter einzusetzen, da sie schnell und bedarfsgerecht zugänglich sind. Dies liest sich im ersten Moment wie eine Sammlung von Marketingaussagen, jedoch haben die Erfahrungen der letzten Jahre genau dies belegt. Gerade für die Entwicklung von Applikationen und auch den Test von kommerziellen Applikationen möchte ich Ihnen die Nutzung von separaten Cloud-Umgebungen ans Herz legen. In Ihrer produktiven Cloud-Umgebung sind all Ihre sensiblen Unternehmensdaten gespeichert.

Eine Cloud-Nutzung bietet eine verbesserte und sichere Zusammenarbeit und Mobilität für Mitarbeiter. Die Möglichkeit, von überall aus sicher auf Unternehmensanwendungen und -daten zuzugreifen, ermöglicht die Arbeit von verteilten Teams und fördert so die Flexibilität der Mitarbeiter. Dies trägt zu einer modernen und flexiblen Arbeitsumgebung bei, was besonders in Zeiten von Remote-Arbeit und global verteilten Teams wichtig ist. Auch im Hinblick für die Rekrutierung neuer Arbeitskräfte für Ihr Unternehmen ist dies wichtig. Interessante Kandidaten wenden sich eher innovativen Arbeitgebern zu.

5.1.4 Applikationen

Die Planung und Auswahl der Unternehmens- und Office-Anwendungen ist von entscheidender Bedeutung für die IT-Enterprise-Architektur Ihres Unternehmens. Damit Sie fundierte Entscheidungen zur Applikationsauswahl treffen können, ist eine umfassende Analyse der geschäftlichen Anforderungen im Dialog mit den Abteilungen notwendig.

Zu einer Bedarfsanalyse (siehe Kapitel 11, »Requirements Engineering«) gehört die Identifizierung der Abteilungen, deren spezifischen Bedürfnisse sowie die Einbindung der Mitarbeitenden in den Prozess. Nur so können Sie sicherstellen, dass die gewählten Anwendungen die Arbeitsabläufe unterstützen. Diese Aufgabe wird von IT-Abteilungen nur sehr ungern durchgeführt, da man hierzu den direkten Dialog mit den Fachabteilungen suchen muss. Sie können hierbei auch auf externe Beratung zurückgreifen, was jedoch Unglück und Segen zugleich ist. Einerseits kommunizieren die Mitarbeitenden der Fachabteilungen mit Externen vorurteilsfrei, und es gibt weniger Kommunikationshürden als gegenüber Mitarbeitenden der IT. Andererseits können (dürfen) vielleicht nicht alle unternehmerischen Details mit Externen besprochen werden.

Die Planung muss auch zukünftige Entwicklungen und technologische Trends berücksichtigen, um eine langfristige Skalierbarkeit und Flexibilität der IT-Infrastruktur und der genutzten Applikationen zu gewährleisten. Dies ist immer nur nach bestem Wissen und Gewissen möglich. Denn Sie können nicht voraussehen, ob der Hersteller eines ausgewählten Produkts im nächsten Jahr übernommen und das von Ihnen gewählte Produkt vom Markt genommen wird.

Die Integration verschiedener Unternehmensanwendungen ist eine der zentralen Anforderungen an die IT-Abteilung. Die nahtlose Kommunikation zwischen den verschiedenen Systemen ist notwendig, um einen sicheren Datenaustausch zu gewährleisten. Die Verwendung standardisierter Schnittstellen und Protokolle ist die Voraussetzung, um die Interoperabilität der Applikationen zu gewährleisten und den Aufwand für Anpassungen zu minimieren. Versuchen Sie, soweit möglich, proprietäre Protokolle und Schnittstellen zu meiden.

Von individuellen Einzellösungen sollten Sie (fast immer) absehen, denn die Nutzung von standardisierten Applikationen sorgt für eine konsistente Benutzererfahrung und vereinfacht die Verwaltung, Schulung und Wartung (siehe Abschnitt 6.5). Individuelle Softwarelösungen erfordern separate Schulungen und verursachen höhere Kosten für Lizenzierung, Implementierung und Wartung. Durch die Konsolidierung auf eine integrierte Applikationsplattform können Sie nicht nur Ihre betriebliche Effizienz steigern, sondern auch die Gesamtbetriebskosten z. B. durch automatische Softwareverteilung oder geringeres Helpdesk-Aufkommen reduzieren.

5.1.5 Client-Plattform

Eine gut geplante und eingeführte Client-Plattform ermöglicht eine einheitliche Benutzererfahrung. Die Standardisierung von Client-Systemen, Betriebssystemen und Endgeräten stellt sicher, dass Mitarbeiter in Ihrem Unternehmen konsistente und nahtlose Arbeitsumgebungen nutzen. Dies fördert die Akzeptanz des »Arbeitswerkzeugs« und trägt so zur Produktivität der Mitarbeitenden bei. Zusätzlich sorgt eine standardisierte Client-Plattform durch vereinfachte Support- und Wartungsprozesse für eine Kostenoptimierung im IT-Betrieb.

Gleiches gilt für die Implementierung von Sicherheitsrichtlinien. Durch die Vereinheitlichung können Ihre IT-Teams zentral Sicherheitspatches, -updates und Richtlinien ausrollen, um Sicherheits- und Betriebsrisiken zu reduzieren. Dies ist besonders relevant, da Unternehmen immer öfter Cyberangriffen ausgesetzt sind und ein umfassender Schutz der Client-Systeme notwendig ist, um Datenintegrität und Vertraulichkeit zu sichern. Hierbei spielt auch die Reaktionsgeschwindigkeit in einem Sicherheitsfall eine wichtige Rolle, für die die Standardisierung einen klaren Vorteil bietet.

Eine standardisierte Client-Plattform bietet eine effiziente Ressourcennutzung. Durch die Standardisierung können Sie in Ihrem Unternehmen ihre IT-Ressourcen für die Einrichtung und den Betrieb der Komponenten optimieren, da Support und Wartung vereinfacht werden. Dies führt zu geringeren Gesamtbetriebskosten und ermöglicht Ihnen, Ressourcen effektiver zu allozieren. So können Sie z. B. ein neues Laptop-Gerät direkt vom Hersteller oder Distributor an neue Mitarbeitende senden lassen. Die unternehmensspezifische Einrichtung des Geräts erfolgt vollautomatisch. Der Zwischenschritt einer vorgelagerten manuellen Provisionierung durch Ihr IT-Team entfällt, ganz abgesehen vom zusätzlichen Aufwand für den doppelten Versand eines Geräts.

5.1.6 Datensicherung

Die Datensicherung gehört ebenso zur IT-Enterprise-Architektur eines Unternehmens, unabhängig von dessen Größe. Die regelmäßige Sicherung von Daten gewährleistet die Widerstandsfähigkeit der IT-Plattform gegenüber unvorhergesehenen Ereignissen wie Hardwareausfällen, Softwarefehlern oder menschlichen Fehlern. Durch den Verlust von Daten könnten kritische Geschäftsinformationen dauerhaft verschwinden, was erhebliche finanzielle und operationale Auswirkungen haben kann.

Eine weitere wichtige Funktion der Datensicherung ist die Einhaltung von rechtlichen und datenschutzrechtlichen Vorgaben. Unternehmen müssen oft Daten für eine bestimmte Dauer speichern, um gesetzliche Auflagen zu erfüllen. Eine wirksame Datensicherungsstrategie hilft dabei, diesen Anforderungen gerecht zu werden, und bewahrt Ihr Unternehmen vor rechtlichen Folgen.

Durch eine verlässliche Datensicherung können Sie gewährleisten, dass Sie im Falle einer Störung oder eines Cyberangriffs rasch wieder an Ihre wichtigen Daten gelangen können. Dies verringert Ausfallzeiten und unterstützt den Geschäftsbetrieb. Eine

Datensicherung dient somit der Verringerung von Risiken für den Geschäftsbetrieb. Sie ist ein wichtiger Teil der IT-Sicherheitsstrategie und des Business-Continuity-Managements.

5.1.7 Datenschutz

Der Datenschutz spielt in der IT-Enterprise-Architektur eine zentrale Rolle, um die Sicherheit, Vertraulichkeit und Verfügbarkeit von sensiblen Daten zu gewährleisten. Zum einen ist Datenschutz erforderlich, um rechtliche Vorgaben für Verarbeitung und Speicherung von Unternehmensdaten zu erfüllen. Ergänzend haben Länder strenge Datenschutzregeln, die von Unternehmen verlangen, dass sie die persönlichen Daten ihrer Kunden und Mitarbeitenden schützen. Dies kann u. U. auch die Einschränkung beinhalten, dass solche Daten nur im jeweiligen Land, z. B. China, verarbeitet werden dürfen. Solche rechtlichen Anforderungen haben unmittelbar Einfluss auf die von Ihnen zu planende IT-Architektur. Die Missachtung solcher Regeln kann zu schwerwiegenden rechtlichen Folgen für das Unternehmen führen.

Zum anderen ist Datenschutz ein wichtiger Faktor für das Risikomanagement. Unternehmen sind immer häufiger mit Cyberattacken, Datenpannen und anderen Sicherheitsrisiken konfrontiert. Durch die nahtlose Integration von Datenschutzmaßnahmen in die IT-Enterprise-Architektur können mögliche Gefahren erkannt, bewertet und wirksam reduziert werden. Dies hilft, die finanziellen Schäden und den potenziellen Vertrauensverlust zu begrenzen.

Datenschutz spielt ebenso eine zentrale Rolle für das Vertrauen in Ihr Unternehmen. Kunden und Stakeholder wollen, dass ihre persönlichen Daten sicher und vertraulich behandelt werden. Eine solide Datenschutzarchitektur fördert das Vertrauen der Beteiligten und erhöht die Kundenloyalität. Unternehmen, die Datenschutz ernst nehmen, können sich von Konkurrenten abheben und so als verantwortungsvolles Unternehmen angesehen werden.

Datenschutz verbessert auch die Nutzung und Qualität der Daten. Durch die Festlegung von klaren Datenschutzrichtlinien und -verfahren sorgen Sie dafür, dass Daten nur gemäß den geltenden Datenschutzvorschriften verarbeitet und gespeichert werden.

Schließlich erlaubt eine sorgfältige Integration von Datenschutz in die IT-Enterprise-Architektur eine bessere Anpassung an sich stetig weiterentwickelnde Datenschutzbedingungen. Durch die Abstimmung der Architektur auf neue Gesetze und Technologien können Unternehmen flexibel und proaktiv auf Veränderungen in der Datenschutzlandschaft reagieren. Dies gewährleistet nicht nur den aktuellen Compliance-Status, sondern auch eine langfristige Anpassungsfähigkeit und Zukunftsfähigkeit der IT-Infrastruktur. Dies ist, wie schon zuvor erwähnt, gerade für global agierende Unternehmen wichtig.

5.1.8 Notfallwiederherstellung

Die Notfallwiederherstellung (auch als *Disaster Recovery* bekannt) ist ein wesentlicher Bestandteil der IT-Enterprise-Architektur, da sie gewährleistet, dass ein Unternehmen wichtige Geschäftsprozesse auch nach unvorhersehbaren Zwischenfällen zeitnah fortsetzen kann.

- Erstens verhindert die Notfallwiederherstellung einen Datenverlust. Durch regelmäßige Sicherungen und Wiederherstellungsverfahren werden wesentliche Unternehmensdaten geschützt, was die Geschäftskontinuität bei Hardwareproblemen, Cyberangriffen oder Naturkatastrophen sicherstellt.
- Zweitens sorgt die Notfallwiederherstellung für eine geringe Ausfallzeit. Unternehmen können ihre Services und Anwendungen schnell wieder in Betrieb nehmen, was die Leistungsfähigkeit und den Kundenservice erhält. Dies hilft, finanzielle Schäden und eine mögliche Rufschädigung zu vermeiden.
- Drittens unterstützt die Notfallwiederherstellung die Einhaltung von branchenspezifischen Regeln und Gesetzen. Einige Branchen verlangen eine solide Disaster-Recovery-Strategie, um gesetzlichen Vorgaben nachzukommen.

Ein weiterer Vorteil der Notfallwiederherstellung ist die Risikominderung. Ihr Unternehmen kann sich vor den finanziellen Verlusten und betrieblichen Gefahren schützen, die durch Unterbrechungen der Geschäftsabläufe entstehen können.

Außerdem fördert eine wirkungsvolle Notfallwiederherstellung die Resilienz der IT-Enterprise-Architektur. Die Fähigkeit, nach Notfällen wieder rasch in den Regelbetrieb zu kommen, erhöht die Widerstandsfähigkeit des Unternehmens gegenüber verschiedenen Bedrohungen, ob technischer, menschlicher oder externer Natur. Insgesamt hilft die Notfallwiederherstellung dabei, die langfristige Stabilität und Wettbewerbsfähigkeit Ihres Unternehmens zu gewährleisten.

Diese Aspekte sind so wichtig, dass Sie ihnen besondere Aufmerksamkeit schenken sollten. Ihre IT-Architektur muss so aufgebaut sein, dass sie nicht nur bei schönem Wetter funktioniert. Was passiert, wenn es zu Störungen, Ausfällen oder Notsituationen kommt?

Diese Frage wird im Rahmen des *Business-Continuity-Managements* behandelt, das besonders dann wichtig wird, wenn Sie für kritische Infrastrukturen verantwortlich sind. Aber auch sonst: Kein Unternehmen kann es sich heutzutage mehr leisten, wenn die IT längere Zeit ausfällt. Grund genug, sich in Abschnitt 5.3 besonders mit diesem Thema zu befassen.

5.1.9 Schatten-IT

Wenn Sie neu in der Rolle des IT-Managers sind, werden Sie rasch feststellen, dass nicht alle IT-Systeme und Anwendungen, die im Unternehmen genutzt werden, auch offiziell durch Ihre Abteilung betreut oder genehmigt sind. Diese inoffiziellen Lösungen werden unter dem Begriff *Schatten-IT* zusammengefasst. Gemeint sind damit alle Technologien – von Cloud-Diensten über mobile Apps bis hin zu selbst beschaffter Hardware –, die von Fachabteilungen oder einzelnen Mitarbeitenden ohne Einbindung der IT-Abteilung genutzt werden.

Diese Schatten-IT entsteht häufig aus einem nachvollziehbaren Wunsch der Mitarbeitenden nach Effizienz und Flexibilität. Wenn zentrale IT-Prozesse als zu langsam, unflexibel oder unpassend empfunden werden, greifen Mitarbeitende zu eigenen Lösungen, um ihre Aufgaben schneller oder komfortabler zu erledigen. Was auf den ersten Blick pragmatisch erscheint, birgt jedoch erhebliche Risiken, insbesondere im Kontext einer zu entwickelnden *Enterprise-Architektur*.

Eine Enterprise-Architektur verfolgt ja das Ziel, die IT-Landschaft Ihres Unternehmens strategisch, konsistent und zukunftssicher zu gestalten. Schatten-IT steht diesem Anspruch diametral entgegen. Sie entzieht sich der zentralen Steuerung, unterläuft Sicherheits- und Compliance-Vorgaben und erschwert die Integration neuer Systeme. Zudem führt sie zu Dateninseln, Redundanzen und erhöhten Betriebskosten.

Für Sie als IT-Manager bedeutet das: Jede nicht abgestimmte Lösung kann (und wird) die Stabilität und Skalierbarkeit Ihrer Architektur gefährden.

Um dem entgegenzuwirken, müssen Sie frühzeitig für Transparenz sorgen. Suchen Sie *aktiv* den Dialog mit den Fachbereichen, um deren Bedürfnisse zu verstehen und gemeinsam tragfähige Lösungen zu entwickeln. Eine moderne Enterprise-Architektur sollte nicht nur technische Standards definieren, sondern auch Raum für Innovation und Flexibilität lassen, jedoch innerhalb klarer Governance-Strukturen. Etablieren Sie Richtlinien, die die Einführung neuer Tools regeln, ohne den Handlungsspielraum der Fachabteilungen unnötig einzuschränken.

Letztlich ist Schatten-IT kein Zeichen von Ungehorsam, sondern ein Indikator dafür, dass Ihre IT-Strategie nicht alle Anforderungen abdeckt. Wenn Sie es schaffen, diese Signale konstruktiv zu nutzen und in Ihre Architekturplanung zu integrieren, legen Sie den Grundstein für eine IT-Landschaft, die sowohl sicher als auch anpassungsfähig ist.

5.2 Rollen und Aufgaben

Die Aufgabe, die ganze IT-Architektur eines Unternehmens zu planen, wird auf mehrere Schultern verteilt. Hauptverantwortlich ist der Enterprise-Architekt, der in der täglichen Arbeit von Lösungsarchitekten und technischen Architekten unterstützt wird. Aber wie immer gilt, dass die genauen Definitionen variieren. Einige Organisationen verwenden diese Begriffe synonym, und die Verantwortlichkeiten überschneiden sich. Klären Sie die spezifischen Anforderungen und Erwartungen, bevor Sie eine dieser Rollen übernehmen.

5.2.1 Enterprise-Architekt (EA)

Die Rolle des Enterprise-Architekten wird durch Mythen begleitet. Dies ist insbesondere dem Umstand geschuldet, dass es nicht die »eine« Beschreibung dieser Funktionsrolle innerhalb der IT gibt. Wie in so vielen Bereichen der IT lautet die Antwort: »Es kommt drauf an.«

Der Enterprise-Architekt konzentriert sich auf die Gesamtsicht und -struktur eines Unternehmens. Die Rolle ist verantwortlich für die Entwicklung und Verwaltung einer umfassenden IT-Strategie, die die Unternehmensziele und -anforderungen unterstützt. Ein Enterprise-Architekt arbeitet auf einer abstrakten Ebene und betrachtet die Zusammenhänge zwischen verschiedenen Systemen, Prozessen, Daten und Technologien im gesamten Unternehmen. Er stellt so sicher, dass die IT-Infrastruktur die geschäftlichen Ziele effektiv unterstützt. Diese Architekten entwickeln Richtlinien, Standards und die Roadmaps für die gesamte IT-Infrastruktur des Unternehmens und sorgen dafür, dass alle IT-Initiativen in Übereinstimmung mit diesen Leitlinien stehen. Idealerweise hat ein Unternehmen einen Enterprise-Architekten, der von einem Team von Lösungsarchitekten (*Solution Architect*) und technischen Architekten (*Technical Architect*) unterstützt wird.

Wenn Sie sich selbst in der Rolle als Enterprise-Architekt sehen oder wenn Sie diese Rolle für Ihr Unternehmen etablieren möchten, kommt es darauf an, Ihr Unternehmen und insbesondere die IT Ihres Unternehmens sehr gut zu kennen. Zur Rolle des Enterprise-Architekten gehören aus meiner Sicht folgende Kernkompetenzen:

- gute Kommunikationsfähigkeiten, um die Zusammenarbeit mit den IT-Teams und den aktiven Geschäftsbereichen durchzuführen und ausgewogen zu steuern
- gute Konfliktlösungsfähigkeiten, um die unterschiedlichen Interessen der IT-Teams in Einklang zu bringen und der Geschäftsführung gegenüber vertreten zu können
- Visionär sein. Ein Enterprise-Architekt muss langfristig vorausdenken können und kommende Technologien und Trends für das Unternehmen adaptieren. Ob man jedoch jeden Hype und jeden Trend mitmachen muss, schauen wir uns in Kapitel 16 an.
- Übersetzer technischer Themen, um einfache wie komplexe IT-Themen für die Entscheidungsebenen sorgsam und verständlich aufzubereiten
- offener und aktiver Umgang mit Fehlern und Fehlentscheidungen, um innerhalb der IT eine positive Fehlerkultur zu pflegen
- gesundes Selbstbewusstsein, um IT-Richtungsentscheidungen der IT vor C-Level-Gremien standhaft zu vertreten

- grundlegendes Wissen um die Basisarchitektur der vorhandenen IT-Lösungen
- idealerweise auch Kenntnisse der Herstellungsprozesse oder Produktionsumgebungen in einem Unternehmen

Standhaft in C-Level-Besprechungen

Der Enterprise-Architekt ersetzt nicht den CIO. Jedoch wird man als Enterprise-Architekt gerne zu Besprechungen auf C-Level eingeladen, um technische Sachverhalte zu erklären und weitere entscheidungsrelevante Informationen darzubieten.

Ja, es kommt einer Darbietung auf einer Bühne gleich, bei der man gerne für Entscheidungsempfehlungen gegrillt wird. Hier müssen Sie als Enterprise-Architekt darauf achten, sich nicht zu einer Aussage wie »Das kann man auch anders lösen« hinreißen zu lassen.

Der Enterprise-Architekt muss nicht nur die technischen Möglichkeiten und Abhängigkeiten bewerten können, sondern auch ein Verständnis über die betrieblichen Anforderungen und Entwicklungswünsche des »Business« haben. Dieser Aufgabe kommt eine besondere Rolle innerhalb des Unternehmens zu, da Mitarbeiter der IT traditionell ein eher unterkühltes Kommunikationsverhältnis zu den Geschäftsbereichen haben. Man versteckt sich gerne hinter technischen Lösungen, wie z. B. einem Ticketsystem, um den direkten Kontakt mit Endanwendern zu vermeiden.

In weltweit agierenden Unternehmen stellen sich für den Betrieb einer IT-Infrastruktur besondere Herausforderungen.

Kein Einzelkämpfer

Die Rolle des Enterprise-Architekten ist nicht die Rolle eines Einzelkämpfers. Sie ist vielmehr die Speerspitze aller IT-Teams, um dem CIO und der Geschäftsführung gegenüber die abstimmten Anforderungen der IT zu vertreten.

Es darf nicht vergessen werden, dass die IT in vielen Unternehmen als Kostentreiber und notwendiges und leider unvermeidbares Übel wahrgenommen wird. Dies ist oftmals der Grund, warum es keinen Enterprise-Architekten gibt oder warum die Rolle als zusätzliche Aufgabe mit einer anderen Rolle kombiniert wird. Dies führt automatisch zu Konflikten in den IT-Teams und zu einem unbefriedigenden Ergebnis.

Die Rolle des Enterprise-Architekten ist idealerweise eine dedizierte, einzeln zu besetzende Position innerhalb der IT-Organisationseinheit.

Der Enterprise-Architekt gibt verbindliche Entscheidungsempfehlungen für die IT des Unternehmens, die über den verantwortlichen CIO in die Geschäftsführung getragen werden.

5.2.2 Lösungsarchitekt (Solution Architect)

Ein Lösungsarchitekt ist für die Entwicklung umfassender Lösungen verantwortlich, die die geschäftlichen Anforderungen eines Unternehmens erfüllen. Diese Rolle beinhaltet in der Regel die Gestaltung von Systemen und Anwendungen auf einer höheren, ganzheitlichen Ebene. Der Lösungsarchitekt berücksichtigt dabei nicht nur technologische Aspekte, sondern auch geschäftliche Anforderungen, Budgets und andere nicht technische Faktoren. Lösungsarchitekten arbeiten oft eng mit den verschiedenen Stakeholdern zusammen, um sicherzustellen, dass die entwickelten Lösungen die Bedürfnisse des Unternehmens erfüllen.

Der Lösungsarchitekt fokussiert sich auf spezifische Projekte oder Lösungen innerhalb des Unternehmens. Diese Rolle ist dafür verantwortlich, sicherzustellen, dass die technische Umsetzung eines Projekts den Anforderungen und Standards des Unternehmens entspricht. Lösungsarchitekten entwerfen und dokumentieren detaillierte technische Pläne für einzelne Projekte und arbeiten eng mit den Entwicklungs- und Implementierungsteams zusammen, um sicherzustellen, dass die Lösung den Vorgaben entspricht.

Diese Architekten sind oft tiefer in technische Details involviert und konzentrieren sich darauf, wie verschiedene Systeme miteinander integriert werden können, um die gewünschte Lösung zu erreichen.

5.2.3 Technischer Architekt (Technical Architect)

Ein technischer Architekt hingegen konzentriert sich mehr auf die technische Seite der Architektur, insbesondere auf die Entwicklung von technischen Designs und Architekturen für einzelne Systeme oder Anwendungen. Diese Rolle beinhaltet oft eine tiefere technische Expertise in bestimmten Technologien, Plattformen oder Software-Stacks. Technische Architekten sind für die Auswahl von Technologien, das Erstellen von Design-Dokumenten und die Gewährleistung der technischen Integrität einer Lösung verantwortlich. Sie arbeiten eng mit den Entwicklerteams zusammen, um sicherzustellen, dass die technische Implementierung den Anforderungen entspricht.

In einem gewissen Sinn kann man sagen, dass der Lösungsarchitekt eher auf die Gesamtlösung und die Integration von verschiedenen Systemen abzielt, während der technische Architekt sich tiefer in die technischen Details einzelner Komponenten vertieft.

5.3 Business-Continuity-Management

Der Weiterbetrieb des Unternehmens im Falle einer Störung, unabhängig von deren Größe, ist kritisch für seinen Fortbestand. Die englische Bezeichnung *Business-Continuity-Management*, kurz BCM, begegnet vielen Unternehmen als Bestandteil einer ISO-Zertifizierung z. B. ISO 27001.

BCM ist ein wichtiger Managementprozess, um sicherzustellen, dass Ihr Unternehmen den normalen Geschäftsbetrieb während einer Unterbrechung, eines Notfalls oder einer Krise weitestgehend ungestört aufrechterhalten kann.

Störung oder Katastrophe

Aus Sicht der IT sind die Übergänge zwischen einer Störung und einer Katastrophe unscharf. Bei einer Katastrophe denken wir oftmals zuerst an ein katastrophales Naturereignis, was zu einer Störung des Geschäftsbetriebs führen kann. Eine technische Katastrophe kann z. B. eine Ransomware-Verbreitung in Ihrem Datenspeicher sein. Beides stellt keine einfache Störung mehr dar. Ebenso kann sich eine IT-Störung zu einer Katastrophe ausweiten.

Achten Sie bei der Identifikation der Risiken, denen Ihr Unternehmen begegnen muss, insbesondere auf regionale Besonderheiten. Hierzu gehören z. B. Erdbeben, Überflutung oder Feuer.

Solche Risiken zu betrachten und als Bestandteil einer Enterprise-Architektur zu berücksichtigen, wird aus IT-Sicht gerne vergessen.

Ein Beispiel für ein solches »Vergessen« ist der Serverraum eines Unternehmens in der Hamburger Hafen-City. Dort wurde der Serverraum unterhalb der möglichen Wasserlinie bei einer Sturmflut geplant und gebaut. Um die Anlieferung von Hardware zu erleichtern, wurde ein Zugang über ein Parkdeck ermöglicht, das sich ebenfalls unterhalb der Wasserlinie befindet.

BCM ist kein reines IT-Thema. Die IT spielt jedoch einen wichtigen Teil innerhalb des gesamten BCM-Prozesses. Die IT-Aspekte werden dabei vom IT-Service-Continuity-Management (ITSCM) abgedeckt. Hierbei werden organisatorische und technische Gegenmaßnahmen für theoretisch mögliche Schadensereignisse definiert.

Während sich organisatorischen Maßnahmen meist leicht umsetzen lassen, sieht es bei technischen Gegenmaßnahmen (der *IT-Notfallvorsorge*) schon deutlich anders aus, da diese immer mit Investitionen einhergehen. Neben den Risiken der Naturgewalten und IT-Störungen jeder Art müssen Sie auch Risiken durch menschliche Fehler betrachten. Fehlbedienungen in der IT oder in Produktionsanlagen können ebenfalls katastrophale Auswirkungen haben.

5.3.1 Richtlinien und Strategien

Bei der Entwicklung von Richtlinien und Strategien für das BCM geht es um mehr als nur um die Reaktion auf außergewöhnliche Ereignisse wie Naturkatastrophen oder Cyber-Angriffe. In den BCM-Richtlinien werden die notwendigen Überbrückungsmaßnahmen definiert und in festgeschriebene Handlungsmaßnahmen umgesetzt.

Für die Entwicklung der für Ihr Unternehmen passenden Strategie und die sich daraus ableitenden Richtlinien müssen Sie folgende Punkte definieren:

- Warum ist die sichere Fortführung des Betriebs (auch Notbetrieb) während eines außergewöhnlichen Ereignisses notwendig?
- Geht es darum, den Betrieb von Anwendungen, die Verfügbarkeit von Produkten und Diensten, den Zugriff auf Daten oder die Sicherheit von Standorten und Menschen zu gewährleisten? Für jedes Unternehmen stellt sich die Situation anders dar. Manche Unternehmen unterliegen rechtlichen Anforderungen, die einen Business-Continuity-Plan erfordern. Sie benötigen Klarheit über die Gründe zur Weiterführung des Betriebs in einer Ausnahmesituation.
- Wer ist für die Definition der Business-Continuity-Maßnahmen verantwortlich?
- Wer ist für den Test und die Umsetzung der definierten Maßnahmen zuständig?
- Wer kontrolliert die korrekte Umsetzung der Maßnahmen während und nach einem Ereignis?
- Welchen Umfang haben die notwendigen Maßnahmen?
- Wie und in welchem Zeitraum überprüfen Sie die Wirksamkeit der definierten Maßnahmen?
- Wie und in welchem Zeitraum erfolgt eine Anpassung der definierten Maßnahmen?

Der Kommunikation kommt im gesamten BCM-Prozess eine besondere Bedeutung zu. Unabhängig davon, wie umfangreich die BCM-Richtlinien in Ihrem Unternehmen ausfallen, müssen alle beteiligten Personen über den aktuellen Stand informiert sein, um im Fall der Fälle richtig reagieren zu können.

Die Definition dessen, was für die Fortführung des Geschäftszwecks erforderlich ist, ist ein Kernbestandteil für die Entwicklung einer belastbaren und sicheren Enterprise-Architektur.

5.3.2 Folgenabschätzung für das Unternehmen

Bei der Folgenabschätzung ermitteln Sie, welche Daten in Ihrem Unternehmen vorhanden sind, wo sie gespeichert sind, wie sie erfasst und verarbeitet werden und wie auf diese Informationen zugegriffen wird. Bei der Katalogisierung bestimmen Sie, welche dieser Daten für Ihr Unternehmen am kritischsten sind. Ebenso definieren Sie, welche Ausfallzeiten akzeptabel sind, sollten diese Daten oder Anwendungen nicht verfügbar sein.

Viele Unternehmen streben zwar eine 100-prozentige Betriebszeit während eines außergewöhnlichen Ereignisses an. Dies ist jedoch nicht immer zu realisieren. Oftmals wird aus rein betriebswirtschaftlichen Gründen davon abgesehen, da der Erwerb und der Betrieb redundanter Systeme zu teuer sind. Daher müssen Sie bei der Betrachtung der Folgeabschätzung für Ihr Unternehmen errechnen, welches maximale zeitliche Ziel für die Wiederherstellung des Regelbetriebs notwendig und akzeptabel ist. Diese Zeit wird als *Wiederherstellungszeit* (*RTO, Recovery Time Objective*) bezeichnet.

Aus Sicht der Enterprise-Architektur bezieht sich dies nicht nur auf die Wiederherstellung einer Datensicherung, sondern auf alle Komponenten, die für einen funktionsfähigen Zustand der IT-Infrastruktur notwendig sind. Und dies beginnt mit der Wiederherstellung der Stromversorgung für den Betrieb, gefolgt vom Anfahren der ausgefallenen Systemkomponenten und dem Starten der erforderlichen Applikationen in der richtigen Reihenfolge.

Außerdem sollten Unternehmen das Ziel des Wiederherstellungspunkts kennen, d. h. das Alter der Daten, das für Kunden und Ihr Unternehmen akzeptabel ist, um den Betrieb wieder aufzunehmen. Man kann es auch als den Akzeptanzfaktor für Datenverluste bezeichnen. Sie müssen also wissen, welches Delta an Datenverlust im Fall eines katastrophalen Ereignisses akzeptabel ist und mit einem überschaubaren Aufwand, z. B. durch Neueingabe der Daten, erneut erfasst werden kann.

5.3.3 Risikoabschätzung (Risk Assessment)

Die Durchführung einer *Risikoabschätzung* ist alles andere als einfach. Führen Sie eine möglichst detaillierte Betrachtung der Auswirkungen durch Bedrohungen und Risiken auf Ihr Unternehmen durch. Je nach Unternehmensart und Geschäftsfeld ergeben sich ganz unterschiedliche Risiken, die Sie betrachten müssen:

- externe Personen, die als Dienstleister für Ihr Unternehmen tätig sind
- Mitarbeiter, die dem Unternehmen Schaden zufügen möchten
- Konkurrenzunternehmen
- Marktbedingungen
- politische Rahmenbedingungen im In- und Ausland
- Naturereignisse

Eine Risikobewertung umfasst potenzielle Risiken für Ihr Unternehmen, so unwahrscheinlich Sie Ihnen auch vorkommen mögen.

Die folgenden Punkte können eine Bedrohung für Ihr Unternehmen darstellen:

- Verlust an Personal
- Veränderung von Kundenvorlieben und -verhalten
- fehlende Reaktionen auf Sicherheitsvorfälle im Unternehmen
- fehlende finanzielle Flexibilität
- Nichteinhaltung von sich ändernden rechtlichen Vorschriften
- Verlust von Zertifizierungen oder Glaubwürdigkeit

Sie sehen, dass nicht alle Risiken und Bedrohungen für ein Unternehmen eindeutig greifbar sind, sondern sich oftmals in weichen Kriterien verstecken.

Alle theoretischen Risiken müssen auf ihre Eintrittswahrscheinlichkeit und ihre potenzielle Auswirkung auf das Unternehmen geprüft werden. Die Wahrscheinlichkeit und die Auswirkung sind der Schlüssel für eine gute Risikobewertung. Dieser Schlüssel ist bei jedem Unternehmen anders ausgeprägt.

Nach der Identifikation und Kategorisierung der Risiken ist es entscheidend, die Risikotoleranz festzulegen. Sie müssen ermitteln, welche Probleme vorrangig behandelt werden sollten. Als Nächstes geht es um die Entwicklung, Evaluation und vor allem die Kostenabschätzung potenzieller Lösungen, da nicht alle Lösungsansätze finanziell tragbar sind. Auf Grundlage dieser Informationen legen Sie Prioritäten fest: Welche Risiken müssen unbedingt angegangen werden und welche kann das Unternehmen hinnehmen? Die erstellte Reihenfolge nach der Risikobewertung bestimmt, für welche Risiken als Erstes eine Lösung gefunden werden muss.

Die Risikobewertung ist kein statischer Prozess, der nur einmal durchlaufen werden muss. Planen Sie eine regelmäßige Wiederholung der Risikobewertung, insbesondere im Hinblick auf die erfolgreiche oder nicht erfolgreiche Durchführung umgesetzter Maßnahmen aus früheren Bewertungen. Wir können in diesem Handbuch keine eindeutige Empfehlung für ein Bewertungsintervall aussprechen. Jedoch sollte mindestens einmal jährlich ein Review der Risikobewertungen stattfinden.

5.3.4 Validierung und Prüfung

Ein wesentlicher Bestandteil zur Sicherstellung des Geschäftsbetriebs bei einem Schadensereignis ist die regelmäßige Validierung und Prüfung der Auswirkungen und der Maßnahmen zur Begegnung eines Ereignisses. Die Durchführung von regelmäßigen Tests der Maßnahmen führt zu einem selbstverständlichen Handeln im Ernstfall. Es wäre fatal, sich erst dann mit den Maßnahmen vertraut zu machen.

Das Testen der Maßnahmen dient ebenso der Prüfung, ob die theoretisch geplanten Maßnahmen realistisch umgesetzt werden können und ob die Reihenfolge der einzelnen Schritte richtig und sinnvoll sind. Eine positive Fehlerkultur ist hier ausschlaggebend, um auch kleine Fehler sichtbar zu machen und so zu einer besseren Risikobegegnung zu kommen.

Im Hinblick auf die IT bedeutet dies, dass Sie in regelmäßigen Abständen eine Notfallwiederherstellung des gesamten IT-Betriebs testen müssen. Und dies beinhaltet nicht nur die möglichst erfolgreiche Wiederherstellung einer Datensicherung.

5.3.5 Identifizierung von Ereignissen

Eine klare und eindeutige Beschreibung, was ein besonderes Ereignis ist und was nicht, ist für das *Auslösen* der Business-Continuity-Maßnahmen unerlässlich. Wenn Sie unterschiedliche Varianten eines Ereignisses betrachten müssen, müssen diese Varianten auch schriftlich festgehalten sein. In einer Notsituation ist kein Raum für unterschiedliche Interpretationen.

Definieren Sie auch Aktionen für Ereignisse, die eine definierte Vorgehensweise erfordern, aber bisher nicht im Detail betrachtet wurden. Stellen Sie sich solch eine Definition als »Catch-All«-Regel vor.

Mit diesen Auslösern wissen Ihre Teams, wie sie zu reagieren haben.

Im IT-Management ist es entscheidend, den Unterschied zwischen Geschäftskontinuität (*Business Continuity*) und Notfallwiederherstellung (*Disaster Recovery*) zu verstehen.

- *Geschäftskontinuität* (oder *Business Continuity*) bezieht sich auf die Planung und Maßnahmen, die sicherstellen, dass wesentliche Geschäftsprozesse selbst bei Störungen weitergeführt werden können. Dazu gehören die Risikobewertung, die Entwicklung von Strategien zur Risikominderung und die Implementierung von Verfahren, die den Betrieb aufrechterhalten. Ziel ist es, Unterbrechungen zu minimieren und die Auswirkungen auf den Geschäftsbetrieb zu reduzieren. Regelmäßige Tests und Übungen sind notwendig, um sicherzustellen, dass alle Beteiligten auf verschiedene Szenarien vorbereitet sind.
- Die *Notfallwiederherstellung* zielt darauf ab, IT-Systeme und Daten nach größeren Störungen wiederherzustellen. Dabei steht die rasche Wiederherstellung der Funktionsfähigkeit im Vordergrund. Dies umfasst die Anlage und Wartung von Backups, das Erstellen von Wiederherstellungsplänen und das Durchführen von Tests zur Sicherstellung der Planwirksamkeit. Der Schwerpunkt liegt auf der Minimierung von Datenverlusten und der zügigen Wiederaufnahme des Betriebs. Notfallwiederherstellungspläne sind ein unerlässlicher Bestandteil des IT-Managements, um die Resilienz Ihres Unternehmens sicherzustellen.

Während die Gewährleistung der Geschäftskontinuität proaktive Maßnahmen erfordert, ist die Notfallwiederherstellung reaktiv und wird erst nach einem Vorfall eingeleitet. Beide Konzepte sind jedoch eng verknüpft und ergänzen sich gegenseitig.

Ein effektiver Plan zur Geschäftskontinuität sollte auch Aspekte der Notfallwiederherstellung beinhalten. Dies stellt sicher, dass ein Unternehmen sowohl auf kleinere Unterbrechungen als auch auf größere Krisen vorbereitet ist. Durch die Kombination dieser Ansätze kann ein Unternehmen seine Widerstandsfähigkeit gegenüber verschiedenen Bedrohungen erhöhen.

Für Neulinge im IT-Management ist es entscheidend, diese Unterschiede zu kennen und darauf basierend Strategien zu entwickeln. Die Sicherstellung der Geschäftskontinuität sowie die Notfallwiederherstellung sind zentrale Elemente eines effektiven Risikomanagements. Beide erfordern regelmäßige Überprüfung und Anpassung, um den aktuellen Anforderungen und Bedrohungen gerecht zu werden. Durch die Umsetzung dieser Maßnahmen können Unternehmen ihre Betriebsprozesse schützen und ihre langfristige Stabilität sichern. Ein sorgfältig ausgearbeiteter Plan in diesen Bereichen kann den Unterschied zwischen einer raschen Erholung und einem langwierigen Betriebsausfall bedeuten.

Die Sicherstellung des Geschäftsbetriebs beinhaltet also die organisationsweiten Pläne und Richtlinien, um das Unternehmen sicher zu führen. Eine Wiederherstellung im Krisenfall wiederum beinhaltet die Maßnahmen, die ausgeführt werden, wenn ein Zwischenfall eintritt.

Eine Notfallwiederherstellung besteht aus den spezifischen Reaktionen und ist auf den jeweiligen Vorfall bezogen. Diese Reaktionen basieren auf der Risikoermittlung und den ermittelten Maßnahmen zur Gefahrenabwehr.

Eine große Bedeutung kommt der Nachbesprechung (*Lessons Learned*) zu. Nach jedem Vorfall müssen Sie prüfen, ob die geplanten und durchgeführten Maßnahmen die Gefahr geeignet abgewehrt oder beseitigt haben. Sollte dies nicht der Fall sein, müssen die Maßnahmen überarbeitet werden.

5.3.6 Die Rolle der Kommunikation

Der Kommunikation kommt beim Management der Sicherstellung des Geschäftsbetriebs eine besondere Bedeutung zu. Man spricht nicht ohne Grund von einer *Krisenkommunikation*.

Diese Kommunikation muss von einem dedizierten Kommunikationsteam gesteuert und ausgeführt werden. Mit einer gut aufgestellten Krisenkommunikation stellen Sie sicher, dass die Kommunikation mit Kunden, Verbrauchern, Mitarbeitern, leitenden Angestellten, Medienvertretern und anderen Interessengruppen transparent und konsistent ist.

Es ist üblich, dass Mitarbeitern, die der Krisensituation aktiv ausgesetzt sind, jegliche Kommunikation mit externen Personen untersagt wird, um das Unternehmen vor negativen Auswirkungen zu schützen. Solch eine strikte Richtlinie muss Teil der definierten BCM-Regeln sein. Eine konsistente Kommunikationsstrategie ist während und nach einem Vorfall unerlässlich.

Eine solch strikte Strategie hilft den unterschiedlichen Krisenreaktionsteams im Unternehmen, sich auf ihre Aufgaben zu konzentrieren und sich um die Sicherstellung des Geschäftsbetriebes zu kümmern.

Die Botschaften müssen, man kann es nicht oft genug wiederholen, konsistent und präzise sein und von einer verantwortlichen Person des Unternehmens kommen. Hierzu gehört, gerade bei länger dauernden Ereignissen, über Fortschritte, kritische Bedürfnisse und Probleme zu kommunizieren. Je nach Zielgruppe kann die Art der Kommunikation variieren, sie sollte aber auf denselben Informationsquellen beruhen.

5.3.7 Resilienz und Reputationsmanagement

Das Fehlen eines Plans zur Sicherstellung der Kontinuität des Geschäftsbetriebs birgt für das Unternehmen erhebliche Risiken. Ohne solch einen Plan ist das Unternehmen schlecht auf mögliche Probleme und Betriebsrisiken vorbereitet.

Mögliche Risiken nehmen keine Rücksicht auf Unternehmen, die keinen Plan haben.

> *Alles, was schiefgehen kann, wird auch schiefgehen.*
> *(https://de.wikipedia.org/wiki/Murphys_Gesetz)*

Zu den Dingen, die passieren und zu erheblichen Problemen führen können, gehören z. B:

- **Ausfallzeiten von Cloud-basierten Systemen und Applikationen**

  Schon wenige Minuten Ausfallzeit können zu immensen Umsatzeinbußen führen.

- **Verlust des Renommees und der Markenidentität**

  Anhaltende oder häufige Ausfallzeiten können das Vertrauen der Kunden in das Unternehmen untergraben.

- **Verlust der Zertifizierung des Unternehmens oder Konventionalstrafen und Bußgelder (NIS2 oder KRITIS)**

  Mit dem Verlust einer erforderlichen Zertifizierung kommt es zum Verlust einer Beauftragung.

- **Nichteinhaltung gesetzlicher Auflagen bei Finanzdienstleistungen, im Gesundheitswesen und der Energiewirtschaft**

  Mögliche Untersagung des Geschäftsbetriebs bei wiederholten Verstößen.

Die Möglichkeiten negativer Auswirkungen auf den Geschäftsbetrieb, jenseits der eigentlichen Störung, können existenzielle Auswirkungen haben. Es geht weniger darum, welche Maßnahmen Sie für die Sicherstellung des Betriebs treffen, sondern dass Sie überhaupt welche treffen.

Wir wollen uns nach diesem allgemeinen Exkurs ins BCM einem besonderen BCM-Baustein zuwenden, dem Notfallhandbuch.

5.3.8 Notfallhandbuch

Ein Notfallhandbuch ist ein zentrales Element für den IT-Wiederherstellungsplan im Falle eines kompletten Systemausfalls oder einer Krise und ein wegweisendes Dokument innerhalb des Business-Continuity-Management-Frameworks.

Einige Unternehmen verzichten aus einer falschen Annahme der Unverwundbarkeit auf das Erstellen und Aktualisieren eines solchen Handbuchs – dies ist jedoch riskant. In Notfällen treten erheblicher Stress und Unsicherheit auf, und ein Notfallhandbuch kann vor allem weniger erfahrenen IT-Mitarbeitern Orientierung und Stabilität bieten. Ein Notfallhandbuch dient der Unterstützung im Notfall, z. B. durch Checklisten. Man beginnt nicht erst im Notfall, sich mit dem Handbuch vertraut zu machen.

Digitales Notfallhandbuch

In Zeiten vollständiger Digitalisierung ist die Versuchung groß, ein Notfallhandbuch vollständig digital abzubilden, sei es als Word-Datei in einer SharePoint-(Online-) Dokumentenbibliothek oder als digitale Informationssammlung in einer Softwarelösung wie *Confluence*.

Ich rate von der rein digitalen Nutzung eines Notfallhandbuchs ab. Sicherlich erleichtert Ihnen eine digitale Ablage die Pflege und Versionierung, jedoch ist es unumgänglich, das Handbuch in ausgedruckter Form griffbereit zu haben. Schließlich kann ein Notfall auch den vollständigen Verlust der IT-Infrastruktur und den Zugriff auf das Internet bedeuten. Gut vorbereitet sind Sie, wenn Sie beide Medien vorrätig haben: einmal in Papierform und einmal als digitale Kopie. Aber Achtung: Alle Versionen müssen identisch sein, sonst entsteht schnell Chaos!

Halten Sie immer mindestens zwei Ausgaben des IT-Notfallhandbuchs an unterschiedlichen Orten im Unternehmen vor. Bedenken Sie, dass das IT-Notfallhandbuch nur ein Bestandteil des Notfallhandbuchs für das Unternehmen darstellt.

Ein Notfallhandbuch hat die Aufgabe, Ihnen alle notwendigen Informationen für eine Notfallsituation in leicht lesbarer Form und eine Struktur der erforderlichen Abläufe und Aktionen zu geben. Es ist also ein hilfreiches und unterstützendes Hilfsmittel und kein lästiges Übel.

Ein Notfallhandbuch muss alle wichtigen Kontakte mit allen erforderlichen Kontaktinformationen enthalten. Ergänzt wird dies durch eine Kontaktmatrix, aus der hervorgeht, wer wen wie und warum informiert. Nur so kann sichergestellt werden, dass keine wertvolle Zeit verloren geht.

Ebenso wichtig sind auch Informationen, mit wem nicht gesprochen wird. Dies ist besonders wichtig, um einen unkontrollierten Informationsfluss an die Medien zu verhindern. Anfragen von Medien sind im Regelfall immer an die Kommunikationsabteilung Ihres Unternehmens zu verweisen.

Um den Notfallzugriff auf IT-Systeme sicherzustellen, müssen auch die Informationen und Anmeldedaten für Notfallkonten im Handbuch enthalten sein. Da die Eintragung von Kennwörtern im Handbuch ein Sicherheitsrisiko darstellt, sollten Sie nur Informationen zum sicheren Ablageort der zugehörigen Kennwörter vermerken. Zu den Notfallkonten gehört beispielsweise ein Microsoft-365-Breakglass-Account (*https://learn.microsoft.com/entra/identity/role-based-access-control/security-emergency-access*).

5.4 Implementierungsumgebungen einrichten

Unterschätzen Sie die Risiken bei der Einführung von neuen IT-Lösungen nicht. Im schlimmsten Fall kommt es z. B. durch eine Softwareaktualisierung zu einem Stillstand der Produktion oder zu einem anderen schwerwiegenden Fehler, der zu einem Betriebsstillstand führt.

Die Einrichtung von Entwicklungs- und Test- sowie Abnahmeumgebungen ist entscheidend für den Erfolg und die Integrität einer IT-Enterprise-Architektur. Leider sparen sich viele Unternehmen die Einrichtung solcher Umgebungen. Ohne die realen Risiken einer unbedachten Einführung neuer Softwarekomponenten zu betrachten, werden einzig die Kosten dieser Umgebungen in Betracht gezogen.

Testumgebungen – ja, nein, vielleicht?

Der betriebliche Alltag als Berater zeigt, dass viele Unternehmen sich den Betrieb einer Implementierungsumgebung aus Kostengründen sparen. Neue Produkte werden unmittelbar in der einzig vorhandenen IT-Umgebung implementiert, nämlich in der produktiven. Dies ist oftmals im Mittelstand der Fall. Über den Sinn oder Unsinn von Testumgebungen habe ich im Laufe der Zeit unzählige Diskussionen geführt.

Ich kann nur empfehlen, mindestens eine Testumgebung zu nutzen, um nicht nur neue Produkte, sondern auch Konfigurationsänderungen zu testen, bevor Sie diese in Ihrer produktiven IT-Infrastruktur einführen.

Ja, der Betrieb zusätzlicher Umgebungen ist mit Betriebskosten verbunden. Eine Störung oder sogar der vollständige Ausfall Ihrer produktiven IT ist unterm Strich wesentlich teurer.

Mit einer Entwicklungs- und Testumgebung testen Sie neue Funktionen oder Verbesserungen an der Architektur, ohne dass Sie den laufenden Betrieb stören. Dies erhöht die Qualität und Zuverlässigkeit der IT-Lösung im Ganzen und vermeidet unnötige Kosten oder Verzögerungen bei der Umsetzung. Eine Abnahmeumgebung wiederum ermöglicht Ihnen, die Funktionsfähigkeit und Leistung einer IT-Lösung unter realistischen Bedingungen zu prüfen, bevor sie in die produktive Umgebung überführt wird. So reduzieren Sie das Risiko von unerwarteten Fehlern oder Ausfällen, die sich negativ auf die Geschäftsprozesse oder die Kundenzufriedenheit auswirken könnten.

Die wichtigsten Argumente für die Einrichtung von Entwicklungs- und Testumgebungen sind:

- **Fehlererkennung und -behebung**

  In einer Entwicklungs- und Testumgebung können Anpassungen an der Architektur getestet werden, um potenzielle Fehler und Unstimmigkeiten zu identifizieren, bevor sie in die produktive Umgebung eingeführt werden. Indem Fehler frühzeitig gefunden werden, können Probleme gelöst werden, bevor sie den laufenden Betrieb beeinträchtigen.

- **Risikominimierung**

  Durch die Testumgebung kann man Änderungen in einer realistischen Situation testen, ohne das aktive System zu stören. Dies trägt dazu bei, das Risiko von plötzlichen Störungen oder Fehlern zu verringern, da mögliche Probleme vor dem Übergang in den Echtzeitbetrieb erkannt und gelöst werden können.

- **Qualitätssicherung**

  Das Bereitstellen einer eigenen Test- und Abnahmeumgebung ermöglicht es, Veränderungen an der Architektur gründlich zu prüfen, um die Qualität und Stabilität zu sichern. Dabei werden nicht nur die technischen Elemente, sondern auch die Verbindung mit anderen Systemen, die Nutzerfreundlichkeit und die Befolgung von Vorgaben und Normen berücksichtigt.

- **Parallelentwicklung**

  Entwicklungs- und Testumgebungen ermöglichen es, parallel an verschiedenen Änderungen oder Projekten zu arbeiten, ohne dass diese sich gegenseitig beeinträchtigen. Dies fördert eine effiziente Entwicklung und ermöglicht es, neue Funktionen oder Verbesserungen unabhängig voneinander zu testen.

  Dies gilt gleichermaßen für Softwareeigenentwicklungen wie für Konfigurationsanpassungen oder -erweiterungen für Branchensoftwarelösungen.

- **Schutz der Produktionsumgebung**

  Die Produktivumgebung ist der entscheidende Bereich der IT-Infrastruktur, da sie unmittelbar die Geschäftsabläufe unterstützt. Durch den Einsatz eigenständiger Entwicklungsumgebungen und Testsysteme wird das Risiko negativer Einflüsse auf den Livebetrieb verringert. Fehler können so vorab in einem kontrollierten Umfeld erkannt und behoben werden.

Man darf sich jedoch nicht der Illusion hingeben, dass der Einsatz von Testumgebungen das Risiko eines Fehlers bei der Implementierung eines neuen Releases in der Produktionsumgebung auf 0 % minimiert. Naturgemäß existieren immer minimale Variationsunterschiede zwischen den Umgebungen, die im ungünstigsten Fall doch zu einem Fehler führen könnten. Diesem Restrisiko begegnen Sie durch einen Rollback-Plan, um den Betriebszustand vor dem Release-Rollout schnell wieder herstellen zu können.

- **Abnahmeprozess**

  Abnahmetests im Rahmen eines individuellen Abnahmeprozesses dienen dazu, dass die zuständigen Interessengruppen in Ihrem Unternehmen die Veränderungen prüfen und ihre Zustimmung erteilen können, bevor sie in die Produktionsumgebung eingeführt werden. Im Regelfall sind dies die innerbetrieblichen Fachabteilungen, die auch die ursprüngliche Produkt- bzw. Funktionsanforderung gestellt haben. Idealerweise gehören zu diesem Personenkreis Menschen, die in der Lage sind, aussagekräftige Rückmeldungen bei eventuell auftretenden Fehlern zu geben.

  Der Abnahmeprozess gewährleistet somit, dass die Modifikationen den Anforderungen gerecht werden und die Nutzererwartungen erfüllt sind, bevor sie in die Produktionsumgebung überführt werden und einem größeren Nutzerkreis, zu dem u. U. auch externe Kunden gehören können, zur Verfügung gestellt werden.

- **Dokumentation und Wissensaufbau**

  Entwicklungs- und Testumgebungen sind außerdem nützliche Instrumente für die Dokumentation und den Austausch von Kenntnissen. Sie ermöglichen es Entwicklern und Testern, ihre Erkenntnisse festzuhalten und weiterzugeben, was das Verständnis der Systemarchitektur im gesamten Team verbessert.

Sie sollten unbedingt Entwicklungs- und Test- sowie Abnahmeumgebungen einrichten, alles andere ist ein großes Risiko! Diese Umgebungen sind wesentliche Bestandteile eines umfassenden Change-Management-Prozesses, der dazu beiträgt, die Stabilität, Qualität und Sicherheit der IT-Landschaft zu gewährleisten.

5.4.1 Entwicklung

Die Entwicklungsumgebung soll die Kreativität der Softwareentwickler nicht einschränken oder hemmen. Gerade im Rahmen eines DevOps-basierten Vorgehens ist es wichtig (siehe Kapitel 14), dass unterschiedliche Lösungsansätze ausprobiert und abgewogen werden können. Dies birgt naturgemäß Chancen und Risiken zugleich.

Eine gute Entwicklungsumgebung zeichnet sich durch einen hohen Grad an Automatisierung aus, um benötigte Ressourcen einfach, schnell und standardisiert bereitzustellen. Durch den Einsatz von Werkzeugen zur Infrastrukturautomatisierung wie Ansible, Puppet oder Chef können Umgebungen konsistent und im Self-Service durch Entwickler bereitgestellt werden.

Hier eine allgemeine Empfehlung zu geben, ist nahezu unmöglich, da sich die Anforderungen in jedem Unternehmen unterscheiden. Je nach Geschäftsfeld oder Industriezweig sind ganz unterschiedliche Voraussetzungen einzuhalten. Es kann sogar so weit gegen, dass sich selbst die Entwicklungsumgebung, im Hinblick auf Netzwerk- und Zugriffsprotokolle nah an der Produktionsumgebung orientieren muss.

5.4.2 Test und Abnahme

Die Implementierung einer dedizierten Test- und Abnahmeplattform innerhalb der internen IT zahlt sich in vielerlei Hinsicht aus. So eine Plattform ermöglicht es Ihnen, eine zentrale und standardisierte Umgebung für das gesamte Spektrum an Test- und Abnahmeverfahren vorzubereiten. Das führt dazu, dass alle Tests unter einheitlichen Bedingungen stattfinden können, was sowohl die Vergleichbarkeit der Ergebnisse verbessert als auch die Wahrscheinlichkeit von Fehlern verringert. Durch die Verwendung einer Plattform wird gewährleistet, dass alle involvierten Personen dieselben Tools und Verfahren anwenden, wodurch die Konsistenz und die Verlässlichkeit der Testverfahren gestärkt werden.

Ein zusätzlicher bedeutender Nutzen für Ihr Unternehmen ist die gesteigerte Sicherheit und Überwachung der Testabläufe. Indem Sie auf eine hauseigene Test- und Abnahmeplattform setzen, verhindern Sie die Notwendigkeit, vertrauliche Daten und Informationen an Drittunternehmen weiterzugeben. Dies reduziert das Risiko von Datenlecks und unberechtigten Zugriffen erheblich. Außerdem kann Ihre IT-Abteilung die Plattform gemäß den besonderen Sicherheitsvorgaben Ihres Unternehmens einrichten und individuell anpassen, was zu einem erhöhten Schutzniveau führt.

Die Möglichkeit, eine interne Test- und Freigabeplattform flexibel zu gestalten und anpassen zu können, stellt einen weiteren erheblichen Vorteil dar. Die interne Verwaltung erlaubt schnelle Anpassungen an veränderte Anforderungen des Unternehmens. Es ist unkompliziert, neue Tests und Szenarien hinzuzufügen, ganz ohne externe Anbieter. Dies führt zu einer zügigen Bewältigung neuer Herausforderungen und verbessert die Flexibilität Ihres Unternehmens.

Zudem sollten Sie die Kosteneinsparungen beachten. Trotz möglicherweise hoher Anfangsinvestitionen für eine eigene Plattform stellen sich langfristig signifikante Einsparungen ein. Externe Dienstleister sind oftmals mit hohen und wiederkehrenden Kosten verbunden. Eine intern betriebene Plattform reduziert jedoch Betriebskosten durch Nutzung bestehender Ressourcen. Effizienzsteigerung und Fehlerreduktion können zusätzlich Kosten senken.

Eine dedizierte Plattform für Tests und Abnahmen begünstigt die Kooperation und den Wissensaustausch in Ihrem Unternehmen. IT-Mitarbeitende haben die Möglichkeit, ihre Kompetenzen durch die Mitwirkung an Entwicklung und Pflege der Plattform fortlaufend zu vertiefen. Das fördert nicht nur das Expertenwissen im Unternehmen, sondern erleichtert auch die Zusammenarbeit zwischen verschiedenen Bereichen und Teams.

5.4.3 Produktion

Eine produktive IT-Infrastruktur ist das Rückgrat jedes modernen Unternehmens. Gerade für die Nutzung einer Cloud-Infrastruktur ist diese Agilität eines der Kernversprechen. Ohne eine robuste IT-Infrastruktur könnten viele Ihrer täglichen Geschäftsprozesse ins Stocken geraten, was zu Verzögerungen, erhöhten Kosten und unzufriedenen Kunden und Kundinnen führen würde.

Die Sicherheit Ihrer IT-Infrastruktur ist ebenfalls von größter Bedeutung. In einer Zeit, in der Cyberangriffe immer häufiger und raffinierter werden, müssen Sie sicherstellen, dass Ihre Daten und Systeme geschützt sind. Eine produktive IT-Infrastruktur umfasst robuste Sicherheitsmaßnahmen, die Ihre sensiblen Informationen vor unbefugtem Zugriff und Datenverlust schützen. Dies ist nicht nur wichtig für den Schutz Ihrer eigenen Daten, sondern auch für die Einhaltung gesetzlicher Vorschriften und den Schutz der Daten Ihrer Kunden.

Die Produktionsumgebung ist der Kernbestandteil einer produktiven IT-Infrastruktur. Diese Umgebung stellt sicher, dass alle Anwendungen und Systeme, ob in der Cloud oder On-Premises, unter realen Bedingungen getestet und betrieben werden. Eine stabile und gut verwaltete Produktionsumgebung minimiert das Risiko von Fehlern und Ausfällen, die die Geschäftsprozesse in Ihrem Unternehmen beeinträchtigen können. Sie ermöglicht es Ihnen, neue Funktionen und Updates sicher und effizient zu implementieren, ohne den laufenden Betrieb zu stören.

5.4.4 Tipps zur Umsetzung

Die Einrichtung einer Entwicklungs- und Test- sowie Abnahmeumgebung ist entscheidend, um die Qualität von eigenentwickelter Software und die Integrationsfähigkeit von Drittanbieterlösungen zu gewährleisten und einen reibungslosen und nachvollziehbaren Implementierungsprozess zu ermöglichen. Hier sind einige Tipps für die Umsetzung dieser Umgebungen.

Replikat der Produktionsumgebung einrichten

Eine Replikation der Produktionsumgebung stellt die Konsistenz für die Entwicklung und den Test neuer Lösungen sicher. Wenn die Entwicklungsumgebung die gleichen Konfigurationen, Daten und Abhängigkeiten wie die Produktionsumgebung hat, können die Entwickelnden und Testenden sicherstellen, dass ihre Änderungen keine unerwarteten Seiteneffekte oder Inkonsistenzen verursachen, wenn sie auf die Produktionsumgebung übertragen werden. Dies erleichtert die Fehlersuche, die Versions- und die Qualitätskontrolle.

Ebenso wichtig ist die Performance der Umgebungen. Nur wenn die Entwicklungs- und Testumgebung die gleiche Hardware, Software und Netzwerkinfrastruktur wie die Produktionsumgebung nutzen, kann die Leistung der zu implementierenden Lösungen realistisch bewertet und optimiert werden. Dies hilft, Engpässe, Latenzen und Skalierbarkeitsprobleme zu vermeiden oder zu beheben, bevor sie sich negativ auf die Benutzererfahrung in der Produktivumgebung auswirken.

Ein weiterer Grund ist die Sicherheit. Die Testumgebung muss die gleichen Sicherheitsrichtlinien, Protokolle und Standards wie die Produktionsumgebung einhalten, damit beim Test von Applikationen die Sicherheit der Lösungen gewährleistet und Risiken wie Datenverlust, Datenschutzverletzungen oder Cyber-Angriffe minimiert werden können. Dies schützt nicht nur die Integrität und Vertraulichkeit der Daten in allen Umgebungen, sondern auch den Ruf und die Haftung Ihres Unternehmens. Ebenso zeigt sich bereits im Test, ob die (Sicherheits-)Richtlinien in der produktiven Umgebung sich eventuell negativ auswirken.

Versionierung und Code-Repository nutzen

Neben der Replikation der Produktionsumgebung ist es auch wichtig, ein effektives Versionskontrollsystem und ein zentrales Code-Repository für die Entwicklungs- und Testumgebungen zu implementieren. Dies hat mehrere Vorteile für die Zusammenarbeit in Ihrem IT-Team.

Zunächst erleichtert es die Abstimmung von Modifikationen und verhindert Überschneidungen. Wenn mehrere Entwickler und Tester an einem Projekt arbeiten, ist es notwendig, dass sie ihre Modifikationen regelmäßig abgleichen und zusammenführen. Ein Versionskontrollsystem zusammen mit einem Code-Repository vereinfacht diesen Vorgang, indem es einen zentralen Anlaufpunkt für die Kontrolle und das Management der Änderungen bietet.

Weiterhin verbessert es die Nachvollziehbarkeit und Verantwortung. Durch den Einsatz eines Versionskontrollsystems sowie eines Code-Repositorys ist es möglich, lückenlos zu dokumentieren, wer welche Änderungen zu welchem Zeitpunkt und aus welchem Grund vorgenommen hat. Das unterstützt die Projektkontrolle, ermöglicht gezieltes Feedback, hilft bei der Identifikation von Problemen und dem Erarbeiten von Lösungen.

Es erhöht die Zuverlässigkeit und Wiederverwendbarkeit. Mit einem Versionskontrollsystem und einem entsprechenden Code-Repository haben Sie die Möglichkeit, auf frühere Versionen Ihres Codes zurückzugreifen und diese bei Bedarf zu rekonstruieren. Dieser Vorteil erweist sich als hilfreich beim Debugging, der Implementierung neuer Funktionen oder der Anpassung Ihrer Lösungen an unterschiedliche Bedingungen oder Einsatzgebiete.

Automatisierte Build-Prozesse etablieren

Automatisierte Build- und Integrationsprozesse sind ein wesentlicher Bestandteil moderner Softwareentwicklung und bieten zahlreiche Vorteile, die Ihre Arbeit erheblich erleichtern können. Zunächst einmal ermöglichen sie eine kontinuierliche Integration (*Continuous Integration*), bei der Änderungen regelmäßig und automatisch in das Hauptprojekt integriert werden. Dies reduziert die Wahrscheinlichkeit von Integrationsproblemen, die oft erst spät im Entwicklungszyklus entdeckt werden. Durch die frühzeitige Erkennung und Behebung von Fehlern sparen Sie nicht nur Zeit, sondern verbessern auch die Qualität Ihres Codes.

Ein weiterer wichtiger Aspekt ist die Effizienzsteigerung. Automatisierte Prozesse übernehmen repetitive Aufgaben wie das Kompilieren von Code, das Ausführen von Tests und das Bereitstellen von Builds. Dies bedeutet, dass Ihr Team sich auf wichtigere Aufgaben konzentrieren kann, wie das Entwickeln neuer Features oder das Verbessern bestehender Funktionen. Zudem werden menschliche Fehler minimiert, da die Automatisierung konsistente und reproduzierbare Ergebnisse liefert. Dies führt zu einer höheren Zuverlässigkeit und Stabilität Ihrer Software.

Containerisierung und Virtualisierung konsequent nutzen

Die Verwendung von Containern und Virtualisierung für Test- und Abnahmeprozesse bringt viele Vorteile mit sich und steigert die Effizienz Ihrer Entwicklungsarbeit. Container sorgen für eine konsistente, isolierte Umgebung und mindern dadurch Schwierigkeiten, die durch Divergenzen zwischen Entwicklungs- und Produktionsumgebungen auftreten könnten. Mit dieser Methode können Sie darauf vertrauen, dass Ihre Software in der Produktion so performt wie während des Tests.

Ein weiterer Pluspunkt sind die Skalierbarkeit und Anpassungsfähigkeit, die durch Containerisierung und Virtualisierung erreicht werden. Software-Container erlauben das zügige Aufsetzen von neuen Anwendungsinstanzen für unterschiedliche Testumgebungen. Dies ist vor allem vorteilhaft beim Durchführen von Lasttests oder beim Bewerten der Anwendungsperformance unter verschiedenen Bedingungen.

Mithilfe der Virtualisierung ist es wiederum möglich, mehrere virtuelle Maschinen auf einem einzelnen physischen Server zu betreiben, was eine effiziente Ressourcenausnutzung mit sich bringt und Kosten senkt. Es lassen sich verschiedenartige Betriebssysteme und Konfigurationen prüfen, ohne zusätzliche Hardware anschaffen zu müssen.

Container und Virtualisierung tragen wesentlich zur verbesserten Kollaboration und Integration innerhalb von Teams bei. Weil sie einfach zu verteilen und nachzubilden sind, können sowohl Entwickler als auch Tester und Betriebsteams die gleichen Arbeitsumgebungen verwenden, was wiederum Kommunikation und Teamarbeit stärkt. Das gesamte Team profitiert von einer einheitlichen Umgebung, was Fehlersuche und Korrekturen vereinfacht. Darüber hinaus unterstützt der Einsatz von Containern und Virtualisierung die Verfeinerung Ihrer Continuous-Integration-/Continuous-Deployment(CI/CD)-Workflows durch automatisierte Tests und Deploys in getrennten Umgebungen, was zu zügigeren Entwicklungsprozessen und verbesserter Softwarequalität führt. Aber was ist das überhaupt?

Continuous Integration/Continuous Deployment (CI/CD): moderne Ideen der Softwareentwicklung umsetzen

In der Softwareentwicklung werden die Prinzipien *Continuous Integration (CI)* und *Continuous Deployment (CD)* genutzt, um die Qualität und Produktivität Ihrer Projekte deutlich zu verbessern. Mit CI können Änderungen am Code beständig und automatisiert in das Gesamtprojekt eingespielt werden. Dadurch lassen sich Fehler früh erkennen und beheben, was das Risiko größerer Schwierigkeiten minimiert. So profitieren Sie von einer robusteren Codebasis und gewährleisten eine nahtlose Implementierung neuer Features in existierende Systeme.

CI/CD vereinfacht durch Automatisierung den gesamten Prozess von Build und Deployment und minimiert dadurch Zeitverlust sowie menschliche Fehler. Bei jedem Update laufen automatische Tests, die Qualität sicherstellen. Schnellere und zuverlässigere Updates der Anwendungen tragen dazu bei, das Produkt eher auf den Markt zu bringen und einen Marktvorteil zu sichern.

CI/CD verbessert die Teamarbeit und sorgt für Klarsicht unter den Beteiligten. Mit dem Zugang zu stets aktuellen Code-Versionen wird die Kommunikation gestärkt und die Koordination vereinfacht. Alle sind über die neuesten Änderungen im Bilde, was das gegenseitige Verständnis fördert und gerade in größeren oder verteilten Teams die Zusammenarbeit erleichtert. Letztlich helfen CI/CD-Methoden, Entwicklungszeiten zu reduzieren und eine fortlaufende Qualitätssteigerung der Software zu gewährleisten.

Realistisch testen

Was bringt es, wenn bei der Entwicklung und Validierung von Anwendungen von Wunschdaten ausgegangen wird, die nicht der Realität entsprechen? Sie brauchen realistische Daten, wenn Sie mit Tests die Qualität und Verlässlichkeit Ihrer Software sicherstellen. Durch das Testen mit solchen Daten lässt sich gewährleisten, dass die Applikation in einem realitätsnahen Umfeld erprobt wird, wodurch mögliche Fehler früh entdeckt und behoben werden können. Dies führt zu einer robusteren und fehlerresistenteren Anwendung für die Produktivumgebung.

Der Gebrauch von realitätsnahen Testdaten trägt zur Optimierung der Nutzererfahrung bei. Durch das Testen Ihrer Software mit Daten, die echten Benutzerinformationen nahekommen, wird gewährleistet, dass alle Funktionen erwartungsgemäß arbeiten. Dies beinhaltet Eingabevalidierung, Datenverarbeitung und die Ausgabe von Ergebnissen. Realistische Testsätze tragen dazu bei, die Leistung Ihrer Applikation zu steigern und eine konstante Zuverlässigkeit unter diversen Bedingungen sicherzustellen, was wiederum zu gesteigerter Kundenzufriedenheit und einer verbesserten Gesamtnutzererfahrung führt.

Die Verwendung von realitätsnahen Testdaten verbessert die Teamarbeit und den Austausch untereinander. Wenn das gesamte Team die gleichen Daten benutzt, wird das für eine bessere Transparenz sorgen und Problemlösungen vereinfachen. Alle haben ein einheitliches Verständnis der Daten, was die Zusammenarbeit zur Identifizierung und Behebung von Problemen effektiver macht. Weiterhin erlaubt der Gebrauch solcher Testdaten die Standardisierung und Automatisierung von Test- und Freigabeverfahren und steigert dadurch Effizienz und Durchgängigkeit. Realistische Testdaten führen insgesamt zu kürzeren Entwicklungszeiten und einer stetigen Optimierung der Softwarequalität.

Performance- und Skalierungstests nutzen

Die Durchführung von Performance- und Skalierungstests ist unverzichtbar, um die Zuverlässigkeit und Leistungsfähigkeit von Eigenentwicklungen sowie Anwendungen Dritter zu gewährleisten. Mit Performance-Tests lässt sich ermitteln, wie schnell und reaktionsstark Ihre Software unter unterschiedlichen Belastungsbedingungen arbeitet. So machen Sie mögliche Engstellen und Schwächen frühzeitig aus, bevor sie zu einem Problem für die Anwender werden. Eine optimierte Anwendung verbessert das Nutzererlebnis und kann zu einer signifikanten Erhöhung der Kundenzufriedenheit führen.

Ein weiterer Faktor ist die Skalierbarkeit Ihrer Software. Durch das Durchführen von Skalierungstests wird ermittelt, wie leistungsfähig Ihre Anwendung bei einer ansteigenden Benutzer- und Datenvolumenzahl bleibt. Dies ist vor allem für Systeme relevant, die mit rascher Nutzerzunahme oder hohen saisonbedingten Anfragespitzen rechnen müssen. Mithilfe dieser Tests lässt sich gewährleisten, dass Ihre Infrastruktur steigenden Belastungen standhalten kann, ohne an Leistung einzubüßen. Dadurch verhindern Sie unvorhergesehene Systemausfälle und sichern die durchgehende Erreichbarkeit Ihrer Services.

Durch regelmäßige Performance- und Skalierungstests wird eine präventive Instandhaltung und Entwicklung Ihrer Anwendungen sichergestellt. Wenn Sie solche Tests durchführen, können Sie zeitnah auf Nutzungsänderungen reagieren und Anpassungen vornehmen. So verbessern Sie Ihre Software stetig und sorgen dafür, dass sie aktuell bleibt. Mit diesen Insights können sie wohlüberlegte Entscheidungen treffen und wissen besser, welche Investitionen notwendig sind.

Abnahme- und Benutzertests

Akzeptanztests und Tests durch Endbenutzer sind für den Erfolg Ihrer Softwareprojekte unerlässlich, denn sie garantieren, dass die Anwendung den Bedürfnissen und Erwartungen der Nutzer gerecht wird.

User Acceptance Tests (UAT) evaluieren die Anwendungssoftware aus Kundensicht, um zu bestätigen, dass alle gewünschten Funktionen korrekt implementiert sind und fehlerfrei funktionieren. Sie decken mögliche Schwachstellen auf, die noch vor dem Übergang in den Produktiveinsatz behoben werden müssen, was wiederum die Notwendigkeit kostspieliger Korrekturen verringert und die Zufriedenheit der Anwender erhöht.

Im Gegensatz dazu richten sich *Benutzertests* an die tatsächlichen Endbenutzer der Software. Diese Tests eröffnen wichtige Erkenntnisse über die Benutzerfreundlichkeit und das gesamte Nutzererlebnis der Anwendung. Durch die Einbindung echter Nutzer in die Testphase kann gewährleistet werden, dass die Software intuitiv und benutzerfreundlich ist, was die Zufriedenheit und Akzeptanz seitens der Benutzer steigert. Benutzertests dienen außerdem dazu, Feedback zu erhalten, um die Anwendung zu optimieren und auf Nutzerbedürfnisse abzustimmen.

Abnahme- und Benutzertests verbessern die Kommunikation und Zusammenarbeit zwischen Stakeholdern, fördern Transparenz und Vertrauen durch Einbindung von Kunden und Nutzern und tragen zur Lösungsfindung bei. Sie steigern die Softwarequalität und optimieren den Entwicklungsprozess, verkürzen die Entwicklungszyklen und erhöhen die kontinuierliche Softwarequalität.

Den Notfall üben

Das Durchführen von Notfallwiederherstellungstests ist ein unerlässlicher Teil der IT-Sicherheitsstrategie, die schon während der Testphase und vor der Inbetriebnahme stattfinden sollten. Diese Überprüfungen gewährleisten, dass Systeme und Daten effizient und zügig wiederbeschafft werden können, wenn Störungen oder katastrophale Ereignisse eintreten. Indem solche unter kontrollierten Bedingungen ausgeführt werden, werden potenzielle Schwächen und Defizite im Wiederherstellungsprozess erkannt, und Sie können aktiv werden, bevor sie sich zu realen Problemen entwickeln können. Dies verleiht Ihnen das Vertrauen, dass Ihre Systeme selbst in Notfallsituationen verlässlich arbeiten.

Die Schulung und das Training Ihres Teams sind ebenso von entscheidender Bedeutung. Indem Sie regelmäßige Übungen zur Notfallwiederherstellung in Ihrer Test- und Staging-Umgebung durchführen, wird Ihr Team mit den erforderlichen Abläufen vertraut werden, um im Falle eines Notfalls zügig und wirksam zu handeln. Dies steigert nicht nur die Einsatzbereitschaft des Teams, sondern stärkt auch dessen Selbstvertrauen in seine Kompetenzen. Zudem gewährleisten diese Simulationen, dass alle wesentlichen Werkzeuge und Ressourcen vorhanden und einsatzbereit sind.

Letztlich tragen solche Tests zur Verminderung von Betriebsunterbrechungen bei und sichern die kontinuierliche Durchführung Ihrer Geschäftstätigkeiten.

5.5 Umsetzung

Die Umsetzung einer Enterprise-Architektur ist in den seltensten Fällen leicht, gerade bei der ersten Einführung einer ganzheitlich abgestimmten IT-Architektur.

Die erfolgreiche Umsetzung einer IT-Enterprise-Architektur erfordert Zeit, Engagement und eine ständige Anpassung an sich ändernde Geschäftsanforderungen und Technologielandschaften. Es ist wichtig, dass die Architektur nicht als statisches Dokument betrachtet wird, sondern als lebendiger Rahmen, der sich dynamisch weiterentwickeln kann.

5.5.1 Top down oder Bottom up

Um eine IT-Enterprise-Architektur zu entwickeln, ist es ratsam, die *Top-down*-Methode mit der *Bottom-up*-Methode zu kombinieren.

- Bei der *Top-down-Methode* werden Entscheidungen und Strategien von der Führungsebene einer Organisation vorgegeben und dann nach unten weitergeleitet. Dieser Ansatz erlaubt eine rasche Entscheidungsfindung und eine eindeutige Zielsetzung, da die oberste Ebene die Führung behält. Dies kann jedoch dazu führen, dass die Perspektiven und das Know-how der Mitarbeiter auf den unteren Ebenen nicht genügend berücksichtigt werden.

  Mit der Top-down-Methode können Sie die IT-Enterprise-Architektur in Einklang mit der Unternehmensstrategie bringen und eine einheitliche Vision für die ganze Organisation schaffen. Die Methode stellt ebenso sicher, dass die IT-Enterprise-

Architektur die übergeordneten Ziele und Anforderungen des Unternehmens beachtet und Prioritäten bestimmt.

- Der *Bottom-up-Ansatz* hingegen startet auf der untersten Ebene, wobei die Mitarbeiter, die mehr mit den alltäglichen Prozessen und Problemen zu tun haben, an der Entscheidungsfindung beteiligt werden. Dies steigert die Mitarbeitermotivation und kann zu kreativeren Lösungen führen, da das Wissen und die Kompetenzen der Mitarbeiter eingebracht werden. Der Prozess kann aber mehr Zeit erfordern, da eine breite Übereinstimmung erreicht werden muss.

  Die Bottom-up-Methode kann die IT-Enterprise-Architektur an die aktuellen Bedürfnisse und Herausforderungen der operativen Teams anpassen und deren Feedback und Erfahrungen einbeziehen. Eine Bottom-up-Methode nutzt die bestehenden Ressourcen, Fähigkeiten und etablierten Prozesse in Ihrem Unternehmen und macht die IT-Enterprise-Architektur so besser realisierbar.

In den meisten Fällen wird es auf eine *Kombination der beiden Ansätze* hinauslaufen: Sie entwickeln Ihre IT-Enterprise-Architektur in einem schrittweisen und fortschreitenden Prozess und suchen ständig nach Verbesserungen. Die Kombination der Methoden sorgt auch dafür, dass die IT-Enterprise-Architektur den richtigen Grad an Standardisierung und Abgrenzung findet und sowohl die Gemeinsamkeiten als auch die Diversität der verschiedenen Geschäftsbereiche und Funktionen einbezieht.

5.5.2 Stakeholder identifizieren und einbinden

Sie müssen unbedingt alle relevanten Stakeholder in den Entwicklungsprozess der IT-Enterprise-Architektur einbeziehen. Jeder Stakeholder bringt eine einzigartige Perspektive und Erfahrung in den Prozess ein, was dazu beitragen kann, potenzielle Probleme frühzeitig zu identifizieren und innovative Lösungen zu finden.

Darüber hinaus fühlen sich die Stakeholder, wenn sie in den Prozess einbezogen werden, eher verpflichtet, Sie bei der Implementierung der Architektur zu unterstützen. Dies fördert eine effektive Kommunikation und ein besseres Verständnis zwischen verschiedenen Abteilungen und Teams.

Was ist ein Stakeholder?

Stakeholder in Ihrem Unternehmen sind Personen oder Gruppen, die ein Interesse an den Aktivitäten Ihres Unternehmens haben. Sie können direkt oder indirekt betroffen sein und können das Unternehmen beeinflussen oder von ihm beeinflusst werden. Sie können Supporter, Zweifler oder auch aktive Blockierer sein. Daher ist es wichtig eine aussagekräftige Stakeholder-Analyse vorab zu erstellen. Hierzu gehören u. a.:

- Geschäftsführung
- Mitarbeitende

- Investoren
- Kunden
- Lieferanten

Im Zusammenhang der Entwicklung und Implementierung einer IT-Enterprise-Architektur liegt der Fokus auf den internen Stakeholdern, also der Geschäftsführung, Führungspersonen der Abteilungen und Mitarbeitenden.

Identifizieren Sie die für Sie und die IT-Enterprise-Architektur wichtigen Stakeholder Ihres Unternehmens mithilfe einer Stakeholder-Matrix. So erhalten Sie einen Überblick über den Einfluss, die Haltung, die Meinung, die Beeinflussbarkeit und das grundlegende Interesse der einzelnen Stakeholder.

Außerdem können Sie durch die Beteiligung aller Betroffenen das Risiko besser erkennen und reduzieren. Sie können gewährleisten, dass die IT-Enterprise-Architektur den Geschäftszielen und -anforderungen entspricht. Insgesamt führt die Beteiligung aller wichtigen Betroffenen zu einer wirksameren und wirtschaftlicheren IT-Enterprise-Architektur. Es ist wichtig, dass Sie eine offene und transparente Kommunikation pflegen und so sicherstellen, dass alle Betroffenen die Gelegenheit haben, ihre Ansichten und Bedenken zu äußern.

5.5.3 Orientieren Sie sich an bewährten Vorgaben

In jeder Branche gibt es Richtlinien, Standards und Best Practices, an denen Sie sich orientieren sollten. Dies sorgt im Allgemeinen dafür, dass Ihre Infrastruktur Compliance-Anforderungen erfüllt, dass Kosten reduziert werden und dass die Zukunftssicherheit und Skalierbarkeit Ihrer IT-Infrastruktur gewährleistet werden.

Viele Industrien haben spezifische Compliance-Anforderungen für IT-Systeme, und durch die Befolgung von Standards können Sie garantieren, dass Ihre Systeme diesen Anforderungen genügen. Durch die Vereinheitlichung Ihrer IT-Infrastruktur können Sie Kosten senken und die Einführung neuer Technologien und das Wachstum Ihrer Systeme erleichtern, wenn Ihr Unternehmen expandiert. Daher bieten eindeutige Richtlinien und Standards einen Leitfaden für die Entscheidungsfindung und helfen dabei, Ihre IT-Investitionen zu optimieren.

Kapitel 6
Make or Buy?

Für viele neue IT-Führungskräfte ist die Frage nach »Make or Buy« zunächst unbekannt. Für erfahrene Führungskräfte ist sie entscheidend – ein richtiger Gamechanger.

Die Frage »Make or Buy« kommt aus der Betriebswirtschaft und steht genau für das, was die deutsche Übersetzung auch anspricht: Selbst machen oder kaufen? Was ist die Quelle (die *Source*) der Dinge, mit denen Sie arbeiten?

Was zunächst für viele Leserinnen und Leser einfach klingen mag, beinhaltet so manche Klippe, die es zu umschiffen gilt.

Aus diesem Grund bekommen Sie als Kapitän in diesem Kapitel alle notwendigen Seekarten. Es beginnt mit der Frage nach den zu betrachtenden Leistungen und den Möglichkeiten, die Sie für ein Sourcing haben. Auch wenn Sourcing oft mit Outsourcing verbunden wird, werden Sie feststellen, dass auch internes Sourcing möglich ist (siehe Abschnitt 6.2).

Danach werden Sie erfahren, wie Sie die Kandidaten für eine Sourcing-Betrachtung identifizieren und ein Outsourcing-Projekt angehen (siehe Abschnitt 6.3 und Abschnitt 6.5). Besonders geht es dabei um eigenentwickelte Software, denn diese ist komplexer als die Beauftragung eines Dienstleisters (siehe Abschnitt 6.5). Wenn Sie auch diese Hürde genommen haben und nun wissen, welche Leistungen mit welchem Sourcing erbracht werden sollen, lernen Sie noch die letzte Klippe kennen: die Prüfung von Verträgen mit Dienstleistern (siehe Abschnitt 6.6). Dort gibt es viel Potenzial, das Ihnen das Leben sehr schwer machen kann.

Beginnen wir ganz vorne. Insbesondere in der IT kennen wir es alle: Viele Aufgaben sind spannend, und am liebsten würde jeder alles selbst machen. Auch die ungeliebten Aufgaben finden meist jemanden, der sie gerne macht. Und die gar nicht geliebten Aufgaben können automatisiert werden. Wie war das noch mal mit der neuen Software? Die kann doch sicher selbst geschrieben werden, das wäre doch spannend, wenn wir das genau so programmieren, wie wir es brauchen! Das wird bestimmt viel besser als bei den Angeboten von der Stange!

Die Phase kennen wir nahezu alle, man fühlt sich wie das kleine Kind, das im Süßigkeitenladen vergessen wurde.

Mit der Zeit holt Sie jedoch die Realität kalt ein, denn ...

- **Alles selbst zu erbringen, bedeutet höhere Kosten**: Sei es in Form von mehr Personal, mehr Fortbildungen für das Personal, mehr Aufwände für die Pflege ...
- **Die Personalsuche wird schwieriger**: Insbesondere im IT-Bereich sind talentierte und engagierte Mitarbeiter nicht an jeder Straßenecke zu bekommen. Selbst wenn Sie also die Kosten aufbringen könnten, wird das Personal schnell zum nächsten Flaschenhals.
- **Zeit ist begrenzt**: Ihre Kunden und Kollegen erwarten Leistung. Mit steigender IT-Durchdringung werden die Leistungsfelder und die daraus resultierenden Aufgaben zunehmend mehr. Zugleich kann Ihre IT nicht unbegrenzt wachsen, denn bei allem Verständnis bleibt IT auch weiterhin für die meisten Firmen eine interne Dienstleistung und nicht die eigentliche Wertschöpfung!
- **Die Komplexität steigt**: Insbesondere im Bereich der Software ist an vielen Stellen der Punkt erreicht, an dem gestandene Unternehmen nahezu eine Monopolstellung zu haben scheinen. Oder möchten Sie selbst eine Lösung wie Salesforce oder SAP entwickeln?
- **Es gibt mehr Rahmenparameter**: Es ist nicht mehr die kleine Software, die es vielleicht mal war und bei der der Anwender seine Anforderung bei einem Kaffee aufzeigen konnte. Die Einflussfaktoren reichen von immer komplexeren Prozessen, Schnittstellenintegrationen bis hin zu rechtlichen Anforderungen, die rasant mehr werden.

An diesem Punkt wird klar, warum Sie sich in jedem Fall mit der Frage »Make or Buy?« befassen müssen.

Warum Sie es nicht nur müssen, sondern auch sollten!

Das Thema Sourcing klingt trocken und langweilig. Zugleich ist die Frage nach dem Make or Buy ein echter Gamechanger für Ihr Team und Sie, weswegen dieses Thema nicht nur Pflicht, sondern auch Hilfsmittel sein sollte!

Der Fachbereich IT hat nämlich eine Entwicklung durchlaufen: Die ersten IT-Angestellten waren oft Quereinsteiger, denen einen magische Aura anhaftete. Wer sich in den 1980er- und 1990er-Jahren mit diesem neumodischen Computer-Zeug beschäftigte, war von der Technik fasziniert und fast immer von einem gewissen Spieltrieb erfüllt. Später kam die Professionalisierung der handwerklichen Leistung mit einer formalisierten Ausbildung. Heute gibt es in der IT eine nahezu fließbandähnliche Industrialisierung.

Die Herausforderung der letzten Stufe ist, dass Sie der Rolle als interner Dienstleister gerecht werden müssen und zugleich verhindern sollten, in die Position der zu großen Kostenstelle zu rutschen: Sie müssen also eine hochwertige IT zu geringen Kosten anbieten, aber gleichzeitig Mehrwerte und Innovationen schaffen. Und, ganz egoistisch,

Sie sollten für sich noch Spaß am Thema und den Aufgaben finden, damit Sie kreativ sein und selbst etwas erschaffen können. Sie wollen ja nicht eines Tages das Gefühl haben, nur stumpfe Arbeit zu verrichten.

Genau an dieser Stelle kann die Leitfrage *Make or Buy?* Sie unterstützen und dafür sorgen, dass spannende Aufgaben ein *Make* bleiben, ungeliebte oder zeitintensive Aufgaben hingegen zum *Buy* werden. Wie das funktioniert, erfahren Sie auf den nächsten Seiten.

6.1 Welche Leistungen sollten betrachtet werden?

Im Privatleben geht es bei Make or Buy um die Frage, ob Sie heute Abend essen gehen oder selbst kochen. In der IT können nahezu alle Aspekte, für die Sie Geld investieren müssen, von dieser Frage berührt werden. Exemplarisch werden die beiden Kategorien »Software« und »Dienstleistungen« vorgestellt, die Gedanken dahinter können Sie jedoch auf viele weitere Beispiele übertragen.

6.1.1 Software

Bei der Software stellt sich die Sourcing-Frage immer seltener, denn die allermeisten Unternehmen kaufen die Software ein, die für gewöhnliche Geschäftsaufgaben gebraucht wird. Zu groß ist der Umfang von Suiten wie SAP oder den Microsoft-Produkten, als dass eine Eigenentwicklung sinnvoll erscheint.

Das wird noch deutlicher, wenn Sie den gesamten Lebenszyklus einer Software betrachten: Selbst wenn die Kosten für die Entwicklung zu bewältigen wären, wird es über die ganze Lebenszeit düster. Wer entwickelt die Software weiter? Wer betreut sie bei Sicherheitslücken oder Ähnlichem? Wer prüft die rechtlichen Aspekte, falls vorhanden, und stellt die kontinuierliche Einhaltung sicher?

Diese und weitere Fragen werden in Abschnitt 6.5 betrachtet.

6.1.2 Dienstleistungen

Besonders Dienstleistungen sind von Make-or-Buy-Überlegungen betroffen. Wer aktualisiert die Virtualisierungsumgebung? Muss für die erstmalige und einmalige Einrichtung einer Software auf einem Server wirklich jemand teuer geschult werden? Kann das nicht ein externer Profi übernehmen?

Meine Grundannahme an dieser Stelle ist, dass viele andere Menschen die Aufgaben erledigen könnten, mit denen ich mich herumschlage. Insbesondere bei komplexen

Themen wie schwierigen Systemeinrichtungen kann dies ein erfahrener Berater sogar besser als ich, denn er macht dies ja ständig und ist Experte dafür.

Viele Aufgaben können daher sehr gut durch Dienstleister erbracht werden, insbesondere wenn es sich um marktübliche Leistungen handelt, die für Ihr Unternehmen keinen Wettbewerbsvorteil darstellen. Doch auch bei der Fremdvergabe von Dienstleistungen gibt es Stolpersteine, die es zu vermeiden gilt!

6.2 Optionen für das Sourcing

Nun wissen Sie, warum sie sich die Frage nach dem Sourcing stellen sollten und welche Aspekte beispielsweise berücksichtigt werden können. Unterschieden wird dabei zwischen dem internen Sourcing, dem Outtasking und dem Outsourcing.

6.2.1 Internes Sourcing

Die erste Stufe wird Ihnen sehr vertraut sein, das interne Sourcing. Nach diesem Modell arbeiten viele IT-Abteilungen: Es wird alles selbst betrieben – vom physikalischen Server bis hin zur Software. Dieses Modell ist jedoch zunehmend im Umbruch, insbesondere da viele Softwareanbieter ihr Produkt ausschließlich in der Cloud als *Software-as-a-Service* (SaaS) anbieten. (Darum geht es ausführlicher in Abschnitt 13.3.)

Auch wenn die Durchmischung zu einer kleinen Unschärfe führt, können Sie zwei Dimensionen betrachten:

- **Sourcing insgesamt**: In eine Gesamtbetrachtung werden alle Produkte einbezogen, die Sie nutzen und betreiben. An dieser Stelle werden Sie selten ein homogenes Sourcing haben, sondern es wird bereits heute ein Sourcing-Mix sein.
- **Sourcing einzelner Produkte/Prozesse**: Ein Produkt oder Prozess hat zumeist ein homogenes Sourcing und ist die sinnvolle Einheit, wenn Sie nicht die gesamte Abteilung ausgliedern wollen.

Homogenes Sourcing oder Sourcing-Mix?

An dieser Stelle kann das erste Ergebnis bereits festgehalten werden: Die Lösung ist nahezu immer ein Sourcing-Mix. Ein homogenes Sourcing finden Sie selbst bei vollem Outsourcing oft nicht, sogar dann werden kleinere Aufgaben noch intern erledigt, oder es gibt »Superuser« mit erweiterten Rechten.

Durch die Mischung verschiedener Sourcing-Optionen können Sie je Produkt die ideale Variante auswählen und entsprechend bereitstellen lassen. Der damit einhergehende Nachteil ist jedoch die steigende Komplexität, denn in der modernen IT ist »seamless«, also nahtlos, das Stichwort – die Daten sollen ohne spürbaren Übergang zwischen Systemen fließen.

Bei einem Mix bedeutet das, dass die Daten zwischen verschiedenen Bereitstellungsformen und oft mehreren Anbietern fließen müssen. Das führt zu einer zunehmenden Komplexität von Schnittstellen, die betreut werden müssen – das bedeutet Aufwand.

Insbesondere bei Cloud-Angeboten sorgt die hohe Dynamik der Veränderungen und Aktualisierungen für Probleme. Sie müssen kontinuierlich die Changes im Auge behalten und Ihre Schnittstellen anpassen. Eine Anpassung umfasst nicht nur die reine Programmierung, es beginnt mit dem Aufstellen der Anforderung über die Programmierung bis hin zum fachlichen Test der Schnittstelle. In jedem Fall werden dadurch vielfältige Aufwände entstehen.

Es ist daher Ihre Aufgabe, am Ende einen Mix zu finden, der den besten Punkt zwischen Verwaltbarkeit und Flexibilität bietet.

6.2.2 Outtasking

Sobald Sie nicht alles selbst machen, kommen Sie schnell in das *Outtasking*, bei dem Sie verschiedene Aufgaben und klar abgesteckte Bereiche (»Tasks«) an Dienstleister vergeben. Die Vertragspartner können unterschiedlich sein und vom kleinen Betrieb oder Freiberufler bis hin zum weltweiten IT-Dienstleister reichen.

Kommt es auf die Größe des Outsourcing-Partners an?

Wollen Sie lieber mit einem Weltkonzern zusammenarbeiten oder mit einem lokalen Freiberufler? Viele Unternehmen haben klare Vorlieben, die den eigenen Prozessen entspringen.

Große Unternehmen arbeiten lieber mit größeren Dienstleistern/Agenturen zusammen, da die Buchhaltung so nur mit Rechnungen eines Anbieters umgehen muss und die Zusammenarbeit standardisierter und formaler ablaufen kann.

Ein weiterer Grund ist, dass für große Unternehmen die Sicherheit der Leistungserbringung wichtig ist: Wenn ein Mitarbeiter des Dienstleisters erkrankt, wird halt ein anderer geschickt. Bei einem Freiberufler besteht hingegen immer das Risiko, dass er wegen Krankheit ausfällt.

Ein Freiberufler oder ein kleines Team können hingegen meist viel flexibler agieren: Arbeit in der Nacht oder am Wochenende? Das ist oft einfach verhandelbar. Genauso ist meist auch ein unkomplizierter Anruf auf dem Handy möglich, ohne dass man sich mit der formalisierten Bürokratie eines großen Anbieters rumschlagen muss.

Ich empfehle Ihnen daher auch an dieser Stelle eine gesunde Mischung. Fragen Sie sich, was für eine Person Sie für die Leistung brauchen und welche Vorteile/Nachteile relevant für den konkreten Auftrag sind.

6.2.3 Outsourcing

Sobald ganze Geschäftsprozesse extern erbracht werden sollen, ist von einem *Outsourcing* die Rede. Der Begriff ist oft negativ besetzt und sorgt für Angst, da oftmals Stellen abgebaut oder zum Dienstleister verlagert werden.

Auch stellen sich bei einem Outsourcing weitreichende Herausforderungen, beispielsweise in einigen Ländern kultureller Natur oder auch in Form verbleibender Aufwände im Unternehmen.

Eine Variante ist das sogenannte *Cloud-Sourcing* (siehe Kapitel 13, »Cloud-Sourcing«), was den Betrieb von IT-Leistungen in der Cloud beschreibt. Oft sind die Partner die großen Hyperscaler (AWS von Amazon, Microsofts Azure-Plattform oder die Google Cloud Engine), aber auch in diesem Bereich sind mittlerweile Alternativen verfügbar. Diese Form des Sourcings ist eine Mischform, denn *Infrastructure-as-a-Service*, bei dem der Anbieter lediglich die Rechenkapazität bereitstellt und die eigene IT die Systeme sowohl anlegt als auch verwaltet, kann nicht im üblichen Sinne als Outsourcing bezeichnet werden, da die meisten Aufgaben weiterhin durch die eigene IT erbracht werden.

Hingegen kann beim Ansatz *Software-as-a-Service (SaaS)* aus Sicht der IT von einem Outsourcing gesprochen werden, denn die inhaltliche Pflege der Anwendung übernimmt meist der Fachbereich selbst.

Entwicklungen im Cloud-Bereich

Bislang waren sehr viele Unternehmen zufriedene Kunden der berühmten großen amerikanischen Hyperscaler. Die Politik sorgt aber aktuell dafür, dass ein Umdenken stattfindet, denn aufgrund der möglichen Zölle oder anderer Marktveränderungen sind die Leistungen und Preise nicht mehr sicher. Auch das Grundvertrauen, das zuvor geherrscht hat, wird infrage gestellt. Verschiedene Gesetze wie der *Patriot Act* oder der *Cloud Act* räumen der amerikanischen Regierung weitreichende Kontrollmöglichkeiten und Zugriff auf die Daten ein.

Es kommt dabei gar nicht so sehr darauf an, wie die Zoll- und Wirtschaftsstreitereien genau enden werden, denn wenn Vertrauen erst einmal verloren gegangen ist, kann man nur schwer wieder zum Ausgangspunkt zurückkehren. Heißt also: Sie können die Politik nicht ignorieren und müssen gerade in sicherheitskritischen Bereichen prüfen, wie abhängig Sie im Ernstfall sind.

Insbesondere die drei genannten Hyperscaler forcieren eigene Angebote und Produkte, wodurch ein *Lock-in* (also die Bindung an einen Anbieter) entsteht. Sehen Sie die jüngsten politischen Veränderungen als Weckruf. Sie müssen auch bei Cloud-Anbietern möglichst variabel sein und sich stets fragen, was die Folge wäre, wenn die gekaufte Leistung nicht mehr erbracht würde oder dies nur zu unwirtschaftlichen Bedingungen erfolgen könnte.

Auch wenn die großen Anbieter die Marketing-Kanäle dominieren, sollten Sie im eigenen Interesse darauf achten, nicht alles aus der Hand zu geben und weitere Partner (in Europa) für ein sicheres IT-Ökosystem einzubinden.

6.3 Kandidaten identifizieren

Nachdem nun umrissen wurde, welche Optionen es für das Sourcing gibt, geht es an die praktische Umsetzung. Der nächste Abschnitt begleitet Sie durch die notwendigen Analysen, um den idealen Kandidaten zu finden, bis hin zu den notwendigen Aufgaben, um eine mögliche Fremdvergabe erfolgreich zu lösen.

6.3.1 Schritt 1: Analyse

Denken Sie bei der Make-or-Buy-Frage nicht nur an neue Lösungen oder die offensichtlichsten Kandidaten. Fangen Sie besser mit dem Bestandsportfolio an, und kategorisieren Sie alle Aufgaben, um zu einer einheitlichen *Sourcing-Strategie* zu gelangen.

Die Sourcing-Strategie

Die Sourcing-Strategie definiert für Ihr Unternehmen, wie IT-Leistungen erbracht werden. Die Spannbreite reicht vom internen Sourcing (*Make*) bis zu externen Angeboten (*Buy*), um die Kosten, Qualität und Flexibilität zu optimieren. Wesentlich ist, dass in der Strategie im Regelfall keine konkreten Produkte zu finden sind, sondern die Leitplanken für die notwendigen Entscheidungen/Kategorisierungen.

Wer die Sourcing-Strategie erstellt, ist nicht einheitlich geregelt: Stellenweise erfolgt dies durch die IT-Leitung, stellenweise durch die Geschäftsführung. In jedem Fall sollten Sie die Ausarbeitung und Abstimmung einer entsprechenden Policy mit der Geschäftsführung anstreben. Dadurch stellen Sie sicher, dass die Policy den Unternehmenszielen entspricht und durch die Geschäftsführung unterstützt wird.

Ihr Unternehmen sollte in jedem Fall eine Sourcing-Policy erstellen, da dies ein wesentlicher Baustein für eine gleichartige Erbringung ist und für die Angestellten eine Richtlinie für den Alltag darstellt.

Es gibt kein einheitliches Vorgehen für eine Identifizierung von Aufgaben, daher möchte ich verschiedene Ansätze vorstellen. Bei Ihrer Betrachtung werden Sie zudem weitere Aspekte finden, anhand derer Sie das Sourcing analysieren bzw. entscheiden können, welche Aufgaben abgegeben werden können.

Das Ziel ist, dass Sie irgendwann alle Leistungen Ihres Teams geprüft haben und für jede einzelne eine Begründung liefern können, warum Sie genau diesen Weg gehen.

Akzeptieren Sie, dass dies keine endgültige Entscheidung ist, denn Sourcing hängt mit der Ausrichtung und Zielsetzung des Unternehmens zusammen. Mit der Zeit werden Sie die Leistungen jedoch im Kopf haben und bei Veränderungen die Folgen aufzählen können.

Ungeliebte Einzelaufgaben vs. Kernaufgaben

Nahezu jedes Team hat Aufgaben, die es nicht gut bewältigen kann. Es sind meist die Aufgaben, die liegen bleiben, halbherzig erledigt werden oder einfach sehr viel Zeit benötigen oder Risiko bedeuten.

Ein Beispiel hierfür ist die Aktualisierung der Virtualisierungsumgebung. Es ist eine Aufgabe, die nicht täglich anfällt, viel Erfahrung und Fleiß benötigt und ein großes Risiko mit sich bringt, denn wenn Hosts ausfallen, steht alles still. Fehler können Sie sich dabei nicht erlauben.

Wenn Sie das Risiko und den Aufwand dieser Aufgabe betrachten, werden Sie schnell zum Schluss kommen, dass ein Outtasking Sinn ergibt. Professionelle IT-Dienstleister haben Spezialisten für genau diese Aufgabe, erbringen diese Leistung häufig und haben somit deutlich mehr Erfahrung und Routine.

Im Umkehrschluss heißt das aber auch: Pflegen Sie Ihre Kernaufgaben, und schauen Sie, dass Sie Ihre Alltagsaufgaben souverän abwickeln. Ihre Abteilung muss Ihren Teil zur Wertschöpfungskette des Unternehmens leisten. Dieses Know-how sollten Sie pflegen, ausbauen und nicht abgeben.

Einfach und wenig komplex? Dann besser abgeben

Wenn Sie sich im Unternehmen umhören, werden Sie immer wieder auf Leute treffen, die Sie fragen, warum Sie dieses oder jenes selbst machen. Sie und Ihr Team sind doch erfahrene Experten, warum beschäftigen Sie sich mit Allerweltsaufgaben, die viel Zeit fressen?

Denken Sie beispielsweise an die Neuinstallation und den Austausch von IT-Hardware. Wenn »mal eben« über Hundert Geräte neuinstalliert und an die Anwender ausgegeben werden müssen, kostet das in Kombination mit einer kleinen Schulung und den vielen Rückfragen eine Menge Zeit.

Und zwar Zeit, die Sie oft aus Unternehmenssicht besser – das heißt im Regelfall gewinnorientierter – einsetzen könnten. Die Frage der Kollegen ist daher sehr berechtigt: Warum machen Sie das und lassen es nicht einen Dienstleister erledigen?

Geld als Faktor

In der Popmusik hieß es bereits öfter »It's all about the money«, und dies trifft auch auf die IT zu. Wenn Sie Ihre Arbeitszeiten nach Leistungsarten buchen, werden Sie schnell sehen, für welchen Aufgabenbereich viel Geld investiert wird. Oder Sie führen Gespräche mit Ihrem Chef und finden heraus, welche Aufgabenbereiche er für »zu teuer« hält. Dort steigt das Risiko, dass er genauer hinschaut und Sie bis zu einem gewissen Grad prüfen wird.

Es ist empfehlenswert, dass Sie bei derartigen Prüfungen immer auskunftsfähig sind oder sich zumindest bereits erste Gedanken gemacht haben und nicht eiskalt überfallen werden.

Im Idealfall behalten Sie die Aufgaben mit einem großen *Return on Investment (ROI)* und versuchen, teure Tätigkeiten abzugeben. Vielleicht finden Sie ja einen Dienstleister, der aufwendige Aufgaben gut und günstig erledigt. Wenn nicht, haben Sie zumindest ein starkes Argument in der Tasche, mit dem Sie darlegen können, dass es schlicht nicht günstiger geht.

6.3.2 Schritt 2: Voraussetzungen schaffen

Im ersten Schritt haben Sie die Leistungen identifiziert, die genauer betrachtet werden sollten.

Damit Sie Vergleichbarkeit sicherstellen oder eine Prüfung durch einen Dienstleister überhaupt ermöglichen können, müssen Sie Ihren Servicekatalog überprüfen (siehe Abschnitt 12.1.2). Die Erfahrung zeigt, dass es in vielen Unternehmen Unterschiede zwischen dem dokumentierten Service und der gelebten Umsetzung gibt. Meist sind die Unterschiede von großer Relevanz, denn nur durch die tatsächlich gelebte Umsetzung kann die Leistung überhaupt in der geforderten Qualität erbracht werden. Bei einer Sourcing-Prüfung ist dies tückisch, denn Sie lassen einen Dienstleister den Apfel prüfen, leben jedoch die Birne.

Um dies zu verhindern, müssen Sie in jedem Fall sicherstellen, dass die Beschreibung dem gelebten Prozess entspricht, Ihr Servicekatalog also mit der Realität übereinstimmt. Eine Anpassung des gelebten Prozesses an die Beschreibung ist möglich, im Alltag gibt es jedoch meist wichtige Gründe, warum eine Abweichung entstanden ist. Durch eine zwanghafte Rückkehr zum eigentlichen Prozess gehen Sie somit das Risiko von Folgeproblemen ein, was gut überlegt sein muss!

Never Outsource a Mess!

Ein altes Sprichwort besagt: »Never outsource a mess, because then you will get an outsourced mess!«

Daher ist die Analyse der IST-Situation so wichtig. Ungeachtet, ob Sie etwas outsourcen möchten oder nicht: Meist hilft bereits die Tatsache, dass der Prozess einmal in Ruhe in allen Facetten betrachtet wurde. Neben möglichen Optimierungspotenzialen erlangen Sie eine Klarheit, die Ihnen auch bei einer möglichen Ausschreibung helfen wird, denn sonst kann es schnell passieren, dass Sie am Ende Äpfel mit Birnen vergleichen.

Ich selbst habe ein Outsourcing nach dieser Maxime miterlebt: Der Kunde hat vor Urzeiten die Aufgaben beschrieben und diese einmal in einem großen Servicekatalog niedergelegt. Mit den Jahren hatten viele Mitarbeiter jedoch die Erfahrung machen müssen, dass die Beschreibungen nicht mehr zeitgemäß waren. Anpassungen waren aufgrund der Bürokratie langwierig und kompliziert.

Sie ahnen sicher, was passiert ist: Die Mitarbeiter haben sich selbst Wege am Servicekatalog vorbei geschaffen, um arbeiten zu können. Dies war erfolgreich, der Kunde wurde immer bestens bedient und war sehr zufrieden.

Nun wurde jedoch ein Outsourcing-Projekt auf Basis des Servicekatalogs entschieden und bewertet, die Realität wurde fleißig ignoriert. Die Service-Beschreibung für das Deployment der Laptops lautete:

> *Es werden Notebooks mit dem Betriebssystem installiert und an die Mitarbeiter im Rahmen des Lebenszyklus ausgegeben.*

Die Realität sah jedoch so aus:

> *Es werden Notebooks mit dem Betriebssystem installiert. Sobald ein Notebook einem Mitarbeiter zugeordnet wurde, werden dessen Anwendungen identifiziert und ebenfalls nachinstalliert. Im Rahmen der Übergabe werden die Daten des Altgeräts auf das neue Gerät durch die IT übertragen.*

Ganz offensichtlich weicht die Service-Beschreibung deutlich von der Realität ab. Um ein paar Unterschiede zu nennen:

- **Die Aufgaben:** Laut Servicekatalog soll vor Ausgabe lediglich das Betriebssystem installiert werden. In der Realität werden jedoch zudem Applikationen identifiziert, installiert und die Daten übernommen.
- **Die Komplexität:** Im Servicekatalog klingt es nach einer einfachen Installation: Einmal die passende Taste für den PXE-Boot drücken, und auf geht's. Im Alltag werden möglicherweise deutlich mehr Tools genutzt, etwa um die Applikationen zu identifizieren und zu installieren.
- **Die Qualifikation der Mitarbeiter:** Während der Leistungskatalog recht überschaubar wirkt und möglicherweise nur eine bedingte Qualifikation erfordert, wirkt dies in der Realität deutlich anders.

Wenn also überhaupt nicht klar ist, was die genau die Anforderungen an die IT sind, kann kaum eine sinnvolle Strategieentscheidung getroffen werden.

Zunächst sollten Sie daher die Aufgabe oder Leistung selbst gemeinsam mit dem Team aufschreiben. Nutzen Sie folgende Leitfragen:

- **Wie nennen wir den Prozess, und was machen wir genau in dem Prozess?**

  An dieser Stelle muss zunächst der Scope, also der Fokus selbst, betrachtet werden. Ein Beispiel wäre »Notebook installieren«. Die Teilschritte könnten sein: Notebook aus dem Lager holen, inventarisieren, installieren, danach Software bei dem zukünftigen Nutzer abfragen und diese installieren. Das Notebook danach noch einige Stunden testen, ob es Probleme gibt.

- **Was sind die Erwartungen des (internen) Kunden? Was glaubt er, was wir tun?**

  Die Frage wirkt häufig erst mal sehr seltsam, hat jedoch einen tieferen Kern. Glaubt Ihr Kunde, dass Sie die Notebooks bereits fertig geliefert bekommen? Genau diese Meinungen sind es, die zu einem entsprechenden Bild Ihres Teams führen. Angenommen, der Kunde glaubt, dass Sie die Geräte fertig erhalten und lediglich ausgeben müssen, führt das dazu, dass er Sie möglicherweise für faul hält, da Sie so lange brauchen. Dieses Bild sollten Sie korrigieren!

- **Was ist der (interne) Kunde bereit zu zahlen?**

  Sobald Sie den Kunden fragen, welche Eigenschaften Ihr Service haben sollte, werden Sie schnell eine Reihe von Anforderungen erhalten. Bei der Verfügbarkeit beispielsweise fordern viele Kunden schnell 100 %, da sie damit sagen wollen: »Immer wenn ich da bin, muss es gehen!«

  Sobald Sie jedoch mit dem entsprechenden Aufbau und den damit verbundenen Kosten um die Ecke kommen, wird es schnell ruhiger. Auf einmal werden die 100 % zu einer geringeren Zahl, die deutlich realistischer klingt.

  Das ist ungünstig, denn jede neue Zahl bedeutet für Sie im schlimmsten Fall einen neuen Architekturentwurf. Daher wäre meine Empfehlung, dass Sie mit den Anforderungen zuvor zum Entscheidungsträger gehen, um dort erste Kosteneinschätzungen zu diskutieren. Hierbei geht es nicht um die konkrete Summe, jedoch können Sie beispielsweise bei 100 % aufzeigen, dass Sie die Hardware doppelt vorhalten und auch den Personalschlüssel verbessern müssen, um immer jemanden vor Ort zu haben. Auch wenn dies keine konkrete Zahl ist, versteht Ihr Gesprächspartner dennoch, dass es kostenintensiv ist, und wird abwägen, ob das wirklich notwendig ist.

- **Was sind die Hintergründe »seltsamer« Elemente eines Prozesses?**

  Manche Prozesse sind so, weil sie »schon immer« so waren. Warum tun wir das? »Ja, das wollte der Geschäftsführer Müller so.« Wann wollte er das denn? »Damals, als wir so ein Problem mit dem Notebooktyp hatten. Irgendwas um 2000 rum ...«

  Sie werden bestimmt einige Fälle finden, in denen überholten Aussagen weiterhin gefolgt wird und die als normal wahrgenommen werden.

- **In welchem Teil des Prozesses brauchen wir welche internen Kenntnisse?**

  Die Frage zeigt mögliche Schwierigkeiten bei der Erbringung auf. Mir ist ein Fall bekannt, in dem viele Positionen innerhalb großer Firmenhallen spezielle Namen wie »Kamener Kreuz« oder Ähnliches haben. Ein Dienstleister würde diese Stellen nicht auf Anhieb finden.

  Ein weiteres Beispiel sind Aufgaben, die eine hohe Kenntnis der IT-Architektur erfordern.

- **Welches Risiko entsteht möglicherweise, wenn wir es nicht selbst tun?**

  Die Frage spaltet häufig die Gemüter, nicht selten werden Sie an dieser Stelle auf erste Widerstände stoßen. Auf einmal werden vermeintliche Kleinigkeiten zu großen Herausforderungen.

  Es liegt an Ihnen, die Diskussion zu lenken und selbst herauszulesen, welche Argumente möglicherweise eine weiterführende Betrachtung verdient haben und welche eher nicht.

- **Was haltet ihr davon, wenn es ein anderer macht?**

  An dieser Stelle scheiden sich die Geister vieler Führungskräfte. Einige werden es ablehnen, diese Frage überhaupt mit dem Team zu diskutieren, denn das entscheidet doch die Führungskraft?

  Ich würde jedoch gerade deswegen zu dieser Frage raten, denn sie zeigt die Gemütslage der beteiligten Personen und mögliche Herausforderungen auf. Zugleich ermöglichen Sie den Personen, sich mit dem Gedanken auseinanderzusetzen und sich daran zu gewöhnen oder entsprechende Argumente zu äußern.

Wenn Sie sich diese Fragen stellen, erhalten Sie als Antwort im Idealfall eine genau beschriebene Aufgabe, die keine Schleifchen mehr enthält, sondern die wirkliche, vom Kunden geforderte Leistung. Im Zweifel empfiehlt es sich, dass Sie das Abschneiden alter Zöpfe mit Ihrem Vorgesetzten klären, denn in jedem Unternehmen gibt es Besonderheiten, die lieb gewonnen wurden, ungeachtet wie falsch sie eigentlich sind. Wenn Sie diese ohne Vorwarnung abschneiden, können Sie auf ungeahnten Widerstand stoßen.

Das letztendliche Ergebnis ist somit eine dokumentierte Leistung, die im Idealfall zum jetzigen Zeitpunkt bestmöglich optimiert ist und von der alle Nutzer sagen, dass die Bedürfnisse erfüllt werden. Nun können Sie doch Make or Buy entscheiden, oder?

Automatisierung statt Outsourcing?

Sobald ein Prozess detailliert beschrieben ist und zudem viele bisherige Schleifchen und Zöpfe abgeschnitten wurden, ist oft erkennbar, dass es gar nicht so chaotisch ist wie bislang angenommen. Also ein Kandidat für *Buy*?

Sie sollten, bevor Sie an eine Fremdvergabe denken, zunächst die Automatisierung prüfen. Es sollte folgende Maxime gelten: Die beste Leistung ist die, die ein System automatisch erbringt.

Beim Beispiel der Notebookinstallation kann möglicherweise die Frage gestellt werden, ob die Software des bestehenden Geräts automatisch ausgelesen und wieder auf das neue Gerät installiert werden kann. Besonders diese Schritte werden im Alltag durch die Mitarbeitenden oft ausgeführt und aufgrund eigener Gewohnheit selten bis gar nicht hinterfragt. Wenn Sie Ihren Mitarbeitern den Freiraum geben, nach einer Automatisierung zu suchen, sparen Sie mittelfristig die Zeit bei den Mitarbeitern und müssen zugleich niemanden beauftragen.

In vielen Unternehmen liegen in diesen Bereichen große Mehrwerte auf der Straße. Vergleichen Sie die Kosten der Automatisierung mit den Einsparungen. Wie viele Notebooks müssen installiert werden, bis der ROI positiv wird? Wenn Sie 100 Notebooks installieren müssen, pro Jahr jedoch 120 installiert werden, können Sie mit Stolz sagen, dass diese Investition unter einem Jahr bereits amortisiert sein wird!

6.4 Ein Outsourcing-Projekt planen

Sie kennen nun Ihre Leistung, und es stellt sich die Frage, was Sie nun tun sollen. Am Beispiel von Prozessen und Aufgaben soll dies exemplarisch gezeigt werden.

Zunächst geht es darum, dass Sie das genaue Ziel des Outsourcing-Projekts definieren müssen. In Abschnitt 6.4.1 und Abschnitt 6.4.2 schauen wir uns zwei Möglichkeiten an.

Ein weiterer Grund für die Fremdvergabe kann eine strategische Entscheidung sein, sei es aufgrund von Risiken oder Personalmangel. An dieser Stelle stellt sich nicht mehr die Frage, ob Sie eine Leistung fremdvergeben wollen, sondern wie es im Detail ablaufen soll. Achten Sie darauf, für Sie wichtige Themen nicht zu vergeben und die ungeliebten Aufgaben durch einen Dienstleister erbringen zu lassen.

6.4.1 Kostenersparnisse richtig einschätzen

Das erste Ziel könnte eine Kostenreduzierung sein, Sie müssen also die Kosten für die eigene Erbringung und die Fremdvergabe gegenüberstellen.

Dabei gehen Sie wie im Privatleben vor, wenn beispielsweise das Bad neu gefliest werden soll: Sie möchten eine definierte Leistung haben, für die Ihnen mehrere Anbieter zur Verfügung stehen. Sie recherchieren nach ein paar Handwerkern, teilen Ihre Anforderungen mit und bitten um die Abgabe eines Angebots.

Für einen ordentlichen Vergleich müssen Sie aber wissen, was es kosten würde, wenn Sie die Leistung selbst erbringen. Sie müssen sich und Ihr Team wie einen externen Dienstleister sehen, die Erbringung der Leistung muss auch bei Ihnen sachlich erfasst werden. Wenn Sie dabei emotionale Aspekte mitbewerten, führt das häufig zu Verzerrungen des Vergleichs, etwa weil eigene Kosten zu positiv geschätzt oder dem externen Anbieter weitere Kosten in Form von Risiken zugeordnet werden.

Falls Sie dies bei sich bemerken, hilft es, die Ausschreibung für einen Moment zur Seite zu legen und sich zu besinnen, wer Sie sind: Sie sind als Führungskraft für die Kosten sowie den Nutzen Ihres Teams verantwortlich und tragen zum Erfolg des Unternehmens bei. In dieser Rolle können Sie sich in dem Punkt keine Emotion leisten.

Hören Sie aber auf Ihre Emotionen, denn diese Perspektive bietet Ihnen die Chance, nach dem *Warum* zu fragen: Haben Sie Angst um Ihren Job? Um den Ihrer Kollegen? Oder schlägt vielleicht das Herz des Technikers in Ihnen, der alles am liebsten selbst machen möchte? Es gibt noch viele weitere Möglichkeiten, sie alle bieten jedoch eins – Potenzial zur Weiterentwicklung.

CAPEX vs. OPEX

Für IT-Fachkräfte ist Betriebswirtschaft oft nicht das spannendste Thema, und daher klingen einige Begriffe eher wie die sprichwörtlichen böhmischen Dörfer. Sobald Sie jedoch über Kosten sprechen, stolpern Sie nahezu sicher über CAPEX und OPEX. Da die Unterscheidung und die damit verbundenen Eigenschaften für Sie ein echter Mehrwert sein können, empfiehlt sich für weitere Einzelheiten das Kapitel 4, »Finanzmanagement«.

Dass ein Outsourcing Kosten sparen kann, steht außer Frage. Oft ist jedoch der Mythos zu hören, dass ein Outsourcing immer günstiger sein muss. Diese Aussage ist uralt und überholt!

Sie stammt aus einer Zeit, in der viele IT-Teams einfache Aufgaben nach einem festen Schema abarbeiteten, etwa Log-Prüfungen. Sobald diese Aufgabe schematisiert und standardisiert war, konnte sie an andere Kräfte, vielleicht sogar in Niedriglohnländern, übergeben und dort günstig ausgeführt werden. Besonders lohnenswert war dies bei Branchen mit einem recht hohen Tariflohn (z. B. in der Pharma-Industrie).

Mittlerweile ist die Entwicklung jedoch fortgeschritten, und alles, was immer gleich ausgeführt wird, kann auch automatisiert erbracht werden.

Daher: Wenn der Dienstleister einen Prozess nicht signifikant verbessern kann, wird die Kostenreduzierung meist scheitern, denn der Dienstleister muss ja ebenfalls einen Mitarbeiter für die Ausführung bereitstellen. Auch wenn möglicherweise ein Lohngefälle herrscht, muss der Dienstleister seine weiteren Kosten, etwa Verwaltung oder das Gebäude und zuletzt den eigenen Gewinn, einrechnen. Ich habe bereits viele Beispiele gesehen, in denen die versprochene Kostenersparnis nicht erreicht wurde.

Wenn Sie dann noch hinzurechnen, dass die Kommunikation mit Teams in fremden Ländern oft anstrengend und von Missverständnissen geprägt ist, wird die Kalkulation recht schnell düster: Beachten Sie unbedingt, dass bei einer Fremdvergabe der Dienstleister nicht der einzige Kostenblock sein wird, sondern Sie auch noch Aufwand für dessen Steuerung und Betreuung haben werden. Sobald Sie die beiden Werte kennen, wissen Sie, welche Leistungen Sie mindestens ebenbürtig oder günstiger erbringen können.

Auslagern, was Sie selbst nicht können

Es gibt ein Szenario, in dem ein Outsourcing/Outtasking immer günstiger ist: wenn Sie selbst kein Fachwissen oder keine Erfahrung bei einer bestimmten Aufgabe haben und dieses Wissen erst aufbauen müssten. Wenn Sie beispielsweise noch niemals eine ganze IT-Infrastruktur von einer Virtualisierungslösung zu einer anderen migriert haben, wird es sicherlich sinnvoll sein, damit einen erfahrenen Anbieter zu beauftragen. Ein Profi, der sich mit dem Problem auskennt, kann es schneller und einfacher lösen als Sie als Amateur.

Doch Obacht: Damit machen Sie sich zu einem gewissen Grad abhängig vom Dienstleister.

6.4.2 Strategische Entscheidungen kommunizieren

Nachdem wir uns der Kostenfrage gewidmet haben, schauen wir uns das zweite große Ziel für ein Outsourcing an: die strategische Entscheidung. Diese kann durch Risiken motiviert sein, die Ihr Unternehmen nicht tragen möchte, durch die Komplexität der Aufgabe oder schlicht dadurch, dass es nicht genug Personal gibt, um alles zu erledigen. Beispielsweise kann entschieden werden, dass die Weiterentwicklung einer geschäftskritischen Anwendung nicht von einem einzelnen eigenen Entwickler abhängig sein soll oder dass niemand die nötigen Kompetenzen hat, um den Brandschutz des Rechenzentrums zu planen – und schon gar nicht die Verantwortung dafür übernehmen will.

Was auch immer die Grundlage der Entscheidung ist: Sie müssen sie richtig kommunizieren und gegenüber Ihrem Team vertreten. »Vertraut das Unternehmen uns nicht? All die Jahre haben wir uns so abgestrampelt und dann so was?« Um dieser Diskussion begegnen zu können, sollten Sie zuvor sowohl die Gründe der Entscheidungsträger kennen als auch diese verstehen können.

Argumentieren Sie also beispielsweise, dass Sie intern unmöglich ein vollständiges Security Operation Center (SOC) ersetzen können. Aber auch wenn rational alles für eine Herausgabe spricht, kann das Thema dennoch emotional für einige Personen wichtig sein. Vielleicht hat sogar der eine oder die andere dieses Thema für sich entdeckt und auf etwas mehr Aufgaben in dem Bereich gehofft?

Zunächst sollten Sie dem Team transparent erklären können, welches Risiko besteht und warum die Leistung in den Bereich »Buy« fällt. Ideal ist es, wenn Sie die Themen über das Risiko selbst begründen können und zugleich mögliche Negativaspekte für Ihr Team herausarbeiten können: »Möchtet ihr 24/7 in Schichten arbeiten?«

Sobald die Schattenseiten klar werden, kann dies die Einstellung Ihres Teams verändern, und die Entscheidung kann nachvollzogen werden.

Und was ist, wenn jemand seine Karriere in der Aufgabe gesehen hat, die nun verschwindet?

Suchen Sie das persönliche Gespräch, und finden Sie heraus, was die Person dort wirklich gesehen hat. Wenn Sie die Beweggründe kennen, nehmen Sie sich Zeit, um zu schauen, ob die Vision des Mitarbeiters vielleicht auf andere Art und Weise mit den Zielen des Unternehmens verbunden werden kann. Vielleicht benötigen Sie jemanden, der Pentests für Sie beauftragt und die Ergebnisse verfolgt? Oder der Ihren Maschinenpark kritisch nach Sicherheitsaspekten beurteilt? Sobald Sie eine Lösung oder auch ein alternatives Angebot gefunden haben, laden Sie erneut zum Gespräch ein, und unterbreiten Sie Ihre Idee. An dieser Stelle schaffen Sie zwei wichtige Faktoren:

- Sie bieten der Person Lösungen: Die Person hat Ihnen gegenüber die eigene Vision offenbart, Sie haben nun Ideen und Ansätze für eine Entwicklung in diese oder eine vergleichbare Richtung mitgebracht.
- Noch wesentlich wichtiger ist jedoch die Wertschätzung. Sie haben sich die Zeit genommen, um wirklich über die Belange der Person nachzudenken und sich Lösungen überlegt, wie sowohl die Person ihre Vision leben als auch das Unternehmen seine Ziele erreichen kann.

Personalmangel und zu große Anforderungen lassen sich vergleichsweise einfach erklären: Die Mitarbeiter wissen meist selbst, dass zu viel zu tun ist und dass sie nie fertig werden. Was für ein frustrierendes Arbeiten! Bevor Sie eine Lösung schaffen können, geht meist eine Leidensphase im Team voraus, sodass Sie mit der Lösung eher begrüßt als bestraft werden. In dieser Lage können Sie mit dem Team gemeinsam überlegen, welche Leistungen für einen Zukauf infrage kommen und was dies bedeutet. Wichtig ist, dass Sie darauf achten, nicht nur Kleinigkeiten nach außen zu vergeben, sondern wirklich Probleme zu lösen.

Eigene menschliche Veränderungen bei einem externen Sourcing

Besonders bei der möglichen Vergabe an externe Partner zucken viele Mitarbeiter und Führungskräfte zusammen. Fragen sind oft: »Warum, war ich nicht gut genug? Habe ich was falsch gemacht? Was passiert mit meinem Job? Was passiert mit meinem Team? ...«

All diese Fragen sind menschlich und berechtigt, Veränderung bringt eine gewisse Unsicherheit mit. Zugleich haben Sie einen gefühlten Nachteil, denn Sie erfahren von dem Vorhaben meist als Erster und dann noch unter dem Mantel der Verschwiegenheit. In Folge haben Sie viele Fragen und oft auch keine direkten Antworten.

An dieser Stelle empfehle ich Ihnen, dieses Thema zunächst mit der eigenen Führungskraft zu besprechen. Der Fokus sollte in diesem Gespräch auf der Sachebene liegen: Warum ist was geplant, und was ist das Ziel? Natürlich sind sehr viele Emotionen im Raum, zugleich müssen Sie sich bewusst machen, dass die Führungskraft kein Seelsorger ist.

Und was dann? Als Erstes empfiehlt es sich, im privaten Umfeld nach Gesprächspartnern Ausschau zu halten. Haben Sie vielleicht jemanden im Bekanntenkreis, der Ähnliches durchlebt hat, vielleicht mal zuhören und einen Tipp geben kann? Aus der Erfahrung heraus sind Personen, die diese Ängste nicht kennen, oft gute Zuhörer, jedoch fehlt die Erfahrung, um weiterhelfen zu können.

Und wenn Sie niemanden finden?

Veränderung ist schwierig, und zugleich stellt Ihre eigene Bewältigungsstrategie den Grundbaustein für Ihr Team dar, denn als Kapitän müssen Sie das Team durch den Sturm bringen. Daher ist es auch in dieser Lage nicht verwerflich, sich professionelle Hilfe zu suchen. Es liegt an Ihnen, ob Sie einen Psychologen oder einen Führungskräfteberater bevorzugen, beide haben ihre individuellen Vor- und Nachteile. Die Personen, die sich mit »Seelenklempnern« schwertun, sollten immer daran denken, dass es keine Schwäche ist, an seiner eigenen Resilienz zu arbeiten, eher im Gegenteil!

6.4.3 Optionen für ein Outsourcing/Outtasking

Wenn Sie geklärt haben, was Sie fremdvergeben wollen, geht es darum, herauszufinden, in welcher Form dies geschehen soll. Hier gibt es zwei wesentliche Richtungen:

- **Outsourcing**: Im Bereich Outsourcing geben Sie einen Teil oder gesamten Bereich an einen Dienstleister ab. Ihre gesamte IT? Nein, es kann auch nur der gesamte Betrieb der Rechenzentren oder Ähnliches sein. Die Grenze ist ein vollständiger Prozess, der durch den Dienstleister nach Ihren Vorgaben erbracht wird.
- **Outtasking**: Bei einem Outtasking geben Sie einen Task ab, der gesamte Prozess wird weiterhin durch Sie verantwortet. Beispielhaft könnten Sie die Aufgabe der Updates Ihrer Virtualisierungsstruktur an einen Dienstleister vergeben.

Wenn Sie den Umfang für sich bestimmt haben, geht es um das eigentliche Ziel:

- **Cloud-Angebote**: Egal, ob Sie nun *Infrastructure as a Service (IaaS)*, *Platform as a Service (PaaS)*, *Software as a Service (SaaS)* oder eine der vielen Formen dazwischen praktizieren wollen: Sie benötigen einen Partner. Dies kann einer der bekannten

Hyperscaler mit einer Public Cloud, ein Softwarehersteller oder ein Dienstleister mit einer Private Cloud sein. Sie müssen für sich klären, welches Level Sie benötigen und was für Sie sinnvoll ist.

- **Regionale Dienstleister**: Der regionale Dienstleister ist meist ein Allrounder, der zwar nicht alle Bits beim Namen nennen kann, dafür aber ein sehr gutes Wissen in der Breite hat und vor allem sehr flexibel ist. Je nach Aufgabe können die regionalen Dienstleister sehr wertvoll sein, etwa bei großflächigen Installationen oder Ähnlichem.
- **Überregionale landesweite Dienstleister**: Sobald Sie sich an einen größeren Dienstleister wenden, werden Sie im Regelfall eine größere Professionalität erleben. Es werden Leistungen auf hohem Niveau und mit einem sehr hohen Anspruch erbracht. Dafür werden die Aufgaben »nur« standardisiert erbracht, denn ein Dienstleister dieser Größenordnung lebt meist von festen Prozessen für viele Kunden und kann sich nicht individuell um jeden kümmern. Als großen Bonus haben die meisten Dienstleister gut geschultes Personal. Wenn Sie im Bereich des »Body-Leasing« unterwegs sind, können Sie Personal für vielfältige Aufgaben bekommen.
- **Weltweite Dienstleister**: Vor vielen Jahren war Indien das Lieblingsland der IT-Dienstleister. Die Angebote waren günstig und verlockend, aber mit der Zeit traten viele Probleme zutage: Die Partner waren selten richtig ausgebildet, die Zusammenarbeit scheiterte oft an kulturellen Hindernissen. Besonders Telefonate waren schwierig und hatten etwas unfreiwillig Komisches, wenn schlechtes Englisch auf noch schlechteres Englisch traf. Diese und viele weitere Faktoren sollten Sie prüfen, bevor Sie ein weltweites Outsourcing in Betracht ziehen.
- **Europaweite Dienstleister**: Aufgrund der negativen Erfahrungen mit weltweitem Outsourcing bieten zunehmend mehr Dienstleister ein Outsourcing in Europa an. Der Vorteil für diese Dienstleister ergibt sich dabei in der Regel aus dem im Vergleich zu unserem niedrigeren Lohnniveau des jeweiligen europäischen Landes.

  Ein »Body-Leasing« ist nicht möglich, auch Beratungsleistungen sind eher selten. Häufig geht es um die reine Abarbeitung von Prozessen oder Aufgaben. Wesentlich ist, dass zwar die Kultur häufig sehr ähnlich ist und daher die Zusammenarbeit gut funktioniert – wenn Sie gut auf Englisch kommunizieren können. Das sollten Sie im Vorfeld prüfen und bewerten, ob das für Ihr Team sinnvoll zu realisieren ist!

Arbeit trotz Outsourcing

Wenn großer Personalmangel herrscht, ist die Aussicht verlockend, dass die für die Aufgabe notwendige Arbeitszeit einfach gegen Bezahlung zum Dienstleister wechselt. So einfach ist es aber nicht: Denken Sie an die *Retained Organization*. Auch nach einer Fremdvergabe gibt es Aufgaben, die erledigt werden müssen:

- **Kontrolle und Steuerung des Dienstleisters**: Ein Dienstleister muss begleitet werden. Hierbei geht es um eine regelmäßige Abstimmung der Qualität der Leistungserbringung und den Austausch, was besser laufen könnte.
- **Weiterentwicklung der Leistung**: Stellen Sie sich vor, Sie haben die Pflege Ihrer Virtualisierungsumgebung an einen Dienstleister vergeben. Wenn Sie sich überhaupt nicht mehr mit dem Thema befassen, verpassen Sie alles, was mit modernen Container-Infrastrukturen zu hat. Sie müssen sich also weiterhin mit den outgesourcten Leistungen befassen, damit Ihnen keine relevanten Innovationen entgehen. Ein solides Fachwissen ist also weiterhin notwendig, wenn auch Sie die tägliche praktische Umsetzung nichts mehr angeht.

Das waren nur zwei von vielen Aufgaben, die durch Ihr Team weiterhin erbracht werden müssen. Seien Sie sich also bewusst, dass Sie selbst Aufgaben, die Sie vermeintlich zu 100 % ausgelagert haben, immer noch etwas Aufmerksamkeit und Zeit schenken müssen!

6.5 Software(-Entwicklung) outsourcen

Bislang wurden ausschließlich Dienstleistungen betrachtet. Aber was ist mit Software?

Während Dienstleistungen einmalig oder bestenfalls wiederkehrend sind, entsteht mit der Software ein Produkt. Die Anforderungen an ein Produkt sind deutlich weitreichender, beispielsweise sind Wartung und Weiterentwicklung wesentliche Themen, die es bei vielen anderen Dienstleistungen in der Form nicht gibt.

6.5.1 Standardsoftware

Standardsoftware ist nahezu alles, was marktüblich und sehr verbreitet ist und Ihnen keinen direkten Wettbewerbsvorteil verschafft. Denken Sie an Microsoft Office oder die Angebote der Adobe-Suite. Die Software in dieser Kategorie ist marktüblich, das heißt, Mitarbeiter bei Ihnen erwarten diese Art Software, da sie sie auch oft privat nutzen. Der Umgang mit ihr kann bei den allermeisten Kandidaten vorausgesetzt werden, es ist also kein zusätzliches Training notwendig. Zudem ist sie bereits gut durchdacht und häufig so günstig, dass ein Nachbau keinen Sinn ergibt.

6.5.2 Individualsoftware

Alle Software, die für Ihr Unternehmen individuell ist und im Regelfall einen Wettbewerbsvorteil verspricht, ist *Individualsoftware*. Zugleich ist dies eine Kategorie, in der viele übereifrige Entwickler ihre Spielereien platzieren wollen.

Wo beginnt und endet Individualsoftware?

Es ist nicht einfach, den Begriff »Individualsoftware« zu definieren. Unstrittig liegt Individualsoftware vor, wenn eine IT-Fachkraft aus dem Nichts ein Programm mit unzähligen Zeilen Quelltext schreibt.

Aber was ist mit Anwendungen, die Sie zwar einkaufen können, die aber umfassend individualisiert und an Ihre Prozesse angepasst werden müssen? Denken Sie beispielsweise an die vielen SAP-Angebote: Es geht einerseits im Kern um eine Standardsoftware, die Ihnen geliefert wird, andererseits ist die Anpassung (das *Customizing*) in der Regel umfangreicher und aufwendiger als so manches ganze Softwareprojekt.

Die Grenze ist also fließend: Je spezieller die Anforderungen an eine Software sind, desto wahrscheinlich ist es, dass Sie eine Individuallösung bekommen, auch wenn sie auf einer Standardsoftware aufbaut. Daher sollten Sie auch bei umfangreichen Anpassungen die Beschaffung klären. Hierbei handelt es sich meist um wettbewerbsentscheidende Aspekte, die intern betreut werden.

Auch zeichnet sich ab, dass in Zukunft weniger »customized« wird. So verfolgt SAP inzwischen eine *Clean-Core-Strategie*, es soll also weniger kundenspezifische Anpassungen geben.

Bei einer Individualsoftware stellt sich die Make-or-Buy-Frage in jedem Fall. Da ohnehin eine Entwicklung erfolgen muss, kann diese häufig günstiger intern erfolgen, wenn ohnehin Entwicklerteams vorhanden sind. Doch einen Schritt zurück – denn was muss überhaupt gegeben sein?

Individualsoftware sollte in jedem Fall einen wesentlichen Mehrwert für das Unternehmen und dessen Wertschöpfung darstellen. Das ist ein wichtiger Punkt! Oftmals werden die Fachbereiche Sie überzeugen wollen, dass »das schon immer so war« und daher die alte Access-Datenbank der Bastellösung in jedem Fall auf das neue Release angehoben werden muss. Oder dass die eigene Projektmanagementsoftware viel besser ist als alles, was auf dem Markt angeboten wird, und daher unbedingt weiterentwickelt werden muss.

Besonders im letzten Fall sollten sie hellhörig werden, denn bei bekannten Disziplinen wie dem Projektmanagement ist Ihr Unternehmen selten so einzigartig, wie Sie (oder die Kollegen) denken.

Sie müssen sich an dieser Stelle überlegen, wie weit Sie in die Prozesse der Fachbereiche einsteigen und die Mehrwerte verstehen wollen. Empfehlenswert ist, dass Sie die IT-Aspekte der Prozesse aktiv mitgestalten, um Ihre IT-Landschaft bestmöglich und modern zu konzipieren.

Das sollte Sie bereits im Eigeninteresse tun, da die Nachbetreuung möglicher Softwarelösungen oft auf Ihrem Tisch landen wird und dann die gesamten Herausforderungen, wie Personal oder die Folgekosten, bei Ihnen liegen. Falls Sie zu den genauen Gründen für die Eigenentwicklung keine guten Antworten haben, werden Ihnen die Fragen nach der Sinnhaftigkeit dieser Entwicklung gestellt, obwohl Sie die Entscheidung gar nicht getroffen oder begleitet haben.

6.5.3 Gründe für eine Eigenerbringung

Bislang hat es viele Risiken und Bedenken gegen eine Eigenerbringung gegeben, was spricht denn dafür?

Anpassbarkeit

Ein wesentlicher Punkt ist die Anpassbarkeit an die eigenen Bedürfnisse und Ziele. Wenn Sie gemeinsam mit den Fachbereichen genau festlegen können, wie Ihre Anforderungen aussehen (siehe Kapitel 11, »Requirements Engineering«), können Sie Software bereitstellen, die ganz genau Ihren Ansprüchen entspricht.

Für die Fachbereiche ist das natürlich ein toller Vorteil, aber Sie müssen trotzdem klären, ob die Abweichung von einem Standard den Aufwand rechtfertigt. Denken Sie bei Diskussionen nicht nur kurzfristig: Ein Programm für den aktuellen Bedarf zu entwickeln, ist eine Sache, nur wie sieht es auf lange Sicht mit der Integration von neuen Entwicklungen und Vorgaben aus?

Das ist eine Kostenfrage, denn durch regelmäßige Anpassungen entstehen dauerhafte Kosten, die budgetiert werden müssen und ein Problem darstellen können, auch wenn die eigentliche Entwicklung finanzierbar ist.

In der Praxis gibt es aber noch ein größeres Problem: Fragen Sie konkret nach, von wem die Initiative ausgeht. In den allermeisten Fällen gibt es wenige engagierte Fürsprecher für das Projekt. Aber was passiert, wenn diese Personen den Aufgabenbereich oder gar das Unternehmen verlassen? Dann stehen Sie vor dem Problem, dass die aufwendig programmierte Eigenlösung verwaist und niemand mehr das Projekt weiterverfolgt. Schlimmer noch: Es wird noch deutlich schwerer, neue Stellen in den Fachbereichen zu besetzen, weil man sich erst mal in ein System einarbeiten muss, das außerhalb Ihrer Firma niemand kennt.

Daher: Auch wenn die Anpassbarkeit ein starkes Argument ist, sollten Sie unbedingt dafür sorgen, dass ein solches Eigenentwicklungsprojekt professionell budgetiert und geplant wird. Es muss einen Verantwortlichen für die Applikation geben, und zwar als *Rolle*, nicht bloß als individuelle Person. Und kommunizieren Sie deutlich an den Fachbereich, dass individuelle Anpassbarkeit nicht nur Vorteile bringt: Es kann gut sein, dass Sie auf diesem Weg (schlechte) Prozesse zementieren.

Flexibilität

Neben der Anpassbarkeit bietet Individualsoftware noch einen großen Vorteil: Flexibilität. Bei gekaufter Software müssen Sie die Änderungen des Herstellers akzeptieren, die durch Updates oder neue Versionen bei Ihnen eingespielt werden. Denken Sie beispielsweise an den enormen Aufwand, der entsteht, wenn Microsoft mal wieder eine Windows-Version abkündigt. Noch viel schlimmer ist dies in statischen Bereichen, etwa in der Produktion oder in Lagersystemen. Kommt es dort zu Änderungen, müssen Produktzertifizierungen erneuert werden, die Mitarbeiter müssen geschult und vielleicht sogar Prozesse angepasst werden. Und es besteht natürlich immer das Risiko, dass nach einem Update etwas nicht funktioniert, was in solchen Bereichen fatal ist.

Keine Updates zu machen, ist natürlich auch keine Lösung, sonst gibt es Ärger mit den Kollegen der IT-Sicherheit (siehe Kapitel 7).

Eine Eigenentwicklung hat den Vorteil, dass Sie damit Herr über die Veränderungen sind und (mit-)entscheiden können, wann und in welchem Maß die Software angepasst wird. Wenn Änderungen an einem Teil des Systems notwendig sind, können betroffene Schnittstellen direkt angepasst werden, insgesamt können Sie den ganzen Innovations- und Änderungsprozess besser steuern.

Wiegen Sie sich dabei aber nicht in falscher Sicherheit: Viele Änderungen werden »von außen« angestoßen. Auch wenn Ihre Mitarbeiter das Aussehen der selbstentwickelten Software lieb gewonnen haben und eigentlich wollen, dass sich nichts ändert: Richtlinien und Gesetze wie beispielsweise zur Barrierefreiheit oder anderen Accessibility-Faktoren können auch für Sie gelten. Ist dann geklärt, wer für die Umsetzung zuständig ist? Was ist, wenn (mal wieder) der Mehrwertsteuersatz angepasst wird? Bei einer zugekauften ERP-Software ist es selbstverständlich, dass solche Anpassungen zeitnah durchgeführt werden. Kann Ihr internes Team das auch?

Schnittstellenentwicklung

Genauso werden Sie feststellen, dass vermeintlich stabile Schnittstellen eine Illusion sind. Wenn Daten/Informationen zwischen Systemen ausgetauscht werden, wird es kompliziert. Dieser Punkt allein kann schon für die Entscheidung ausschlaggebend sein, lieber auf einen Zukauf zu setzen, denn beispielsweise Pay-Prozesse oder ähnliche Aufgaben aus dem Finanzbereich kann man heutzutage quasi nicht mehr selbst pflegen.

Das gilt auch für alle Eigenentwicklungen, die darauf aufbauen: Schnittstellen müssen bei vielen Updates angepasst werden! Auch wenn Sie Fremdsoftware und Eigenentwicklungen mischen, gilt es, diese Position zu berücksichtigen!

Wettbewerbsvorteile ausschöpfen

Der wichtigste Grund für individuelle Eigenentwicklungen ist schlicht, dass dies einen Wettbewerbsvorteil darstellen kann. Wenn es im Kernbereich Ihres Unternehmens keine oder nur schlechte Software gibt, ist eine gute Eigenentwicklung der Schlüssel zum Erfolg. Wenn leistungsfähige Software für zentrale Aufgaben eines Geschäftsbereichs geschaffen wurde, entstanden wirklich disruptive neue Bereiche: Uber und AirBnB haben moderne IT-Lösungen in staubige Bereiche gebracht und damit den Markt für Übernachtungen oder Taxifahrten auf den Kopf gestellt. Moderne Banken sind eigentlich IT-Unternehmen, die nebenbei auch noch Finanzdienstleistungen anbieten.

Seien Sie aber auch mit diesem Argument vorsichtig und verwechseln Sie *Innovation* nicht mit *Nutzen* und *Bedarf*. Nur weil es für eine Aufgabe oder einen Bereich noch keine Software gibt, bedeutet dies nicht zwangsläufig, dass es unbedingt etwas geben muss. Nicht jedes Problem muss mit einer neuen App gelöst werden, und ein Prozess wird nicht automatisch besser, indem man KI anklebt.

An dieser Stelle befinden Sie sich im Zentrum der Frage »Make or Buy«: Wenn Ihnen mit einer selbst entwickelten Individualsoftware wirklich der große Wurf gelingt und Sie damit echte Probleme lösen, schaffen Sie einen unglaublichen Mehrwert.

6.5.4 Gründe für ein Outsourcing

Zwischen den Zeilen sind schon viele Argumente angeklungen, die für das Outsourcen von Softwareentwicklungsprojekten an Spezialisten sprechen.

Aber auch wenn Sie sich für eine Inhouse-Entwicklung entscheiden, sollten Sie unbedingt bedenken, dass die Betrachtung nicht mit dem Abschluss des Projekts endet. Bei der Erstellung umfangreicher und komplexer Programme stehen Sie nämlich vor dem Problem, dass Sie während der Initialentwicklung größere Aufwände haben und daher einige Entwickler auslasten werden. Im späteren Betrieb – wenn es nur noch um Fehlerkorrekturen und Anpassungen geht – sind diese Ressourcen »übrig«.

In größeren Unternehmen gibt es separate Entwicklungsteams, da immer wieder Software entwickelt oder verändert wird. Wenn das in Ihrem Unternehmen nicht der Fall ist, sollten Sie eine Eigenentwicklung noch viel kritischer prüfen. In diesem Fall kann es sinnvoll sein, für die Erstprogrammierung einen Dienstleister zu beauftragen; Sie konzentrieren sich auf das Requirements Engineering (siehe Kapitel 11) und die Planung. Das Ergebnis wird so besser als bei einer eingekauften Lösung von der Stange, ohne dass Sie Strukturen und Prozesse aufbauen, die nach der ersten Entwicklung größtenteils ungenutzt bleiben. Klären Sie bei einer Fremdvergabe von Anfang an, wie es mit späteren Fehlerbereinigungen oder Erweiterungen weitergeht. Lassen

Sie sich den Quelltext aushändigen oder an einer neutralen Stelle hinterlegen und planen Sie eine ausführliche Übergabe inklusive Schulung ein.

Der Vorteil einer externen Vergabe ist die Transparenz der Kosten. Der Fachbereich, also Ihr interner Kunde, kann somit selbst entscheiden, ob die Kosten für Entwicklung und Betrieb wieder zu erwirtschaften sind oder nicht. So sparen Sie sich die Diskussion über Ihre Kosten und die Fragen, ob es nicht schneller/günstiger geht.

Besseres Projektmanagement bei externen Projekten

Ich will auch einen weiteren Vorteil nicht verschweigen: Sie verringern die zahlreichen Anpassungen und Sonderwünsche, die erfahrungsgemäß während eines solchen Projekts entstehen. Da eine Fremdvergabe normalerweise auf Basis von Werkverträgen erfolgt, müssen bei (drastisch) geänderten Anforderungen die Verträge angepasst werden, was entsprechende Kosten verursacht. Das schreckt ab und sorgt (hoffentlich) für einen besseren Projektverlauf. Bei interner Entwicklung ist die Hemmschwelle nämlich erfahrungsgemäß viel geringer, nach ein paar Hundert Entwicklerstunden anzufragen, ob die neue Anwendung nicht doch eine Handy-App werden könnte ...

6.6 Verträge mit Dienstleistern prüfen

Eine alte Weisheit besagt: »Drum prüfe, wer sich ewig bindet, ob er nicht was Besseres findet!« Sie haben nun die Beschreibung der Leistungen erstellt und die eigenen Kosten ermittelt. Zudem wissen Sie, welches Modell Sie anstreben, und haben vielleicht schon erste Angebote erhalten.

6.6.1 Leistungen und Vertragsrahmen festlegen

Der erste Impuls ist häufig, den günstigsten Anbieter zu wählen und den Vertrag zu schließen. Doch Obacht, einige Themen sollten Sie für sich prüfen.

- **Leistungen festlegen**

  Das sind zunächst natürlich die Leistungen selbst. Wenn Sie beispielsweise eine Helpdesk-Hotline outsourcen wollen, müssen Sie genau definieren, was Sie erwarten. Welche Ausbildung erwarten Sie bei den Ihnen zugeordneten Mitarbeitern? Wie ist das vertraglich zugesichert? Gibt es personelle Redundanzen bei einem längeren Ausfall Ihres Ansprechpartners? Welche Erreichbarkeit erwarten Sie? Rund um die Uhr? Wie lange darf es klingeln, bis jemand dran geht?

  Insbesondere die harten Fakten sollten Sie in einem *Service Level Agreement* (SLA) mit messbaren Kriterien aufführen (Details zum SLA finden Sie in Kapitel 12).

- **Vertragsstrafen**

  Neben den Kriterien müssen Sie sich entscheiden, was passieren soll, wenn die Anforderungen nicht erfüllt werden. Die Bandbreite möglicher Reaktionen ist groß. Am bekanntesten wird die Vertragsstrafe, die sogenannte *Pönale*, sein, die der Dienstleister Ihnen zahlen muss.

  Natürlich sollte die Höhe der Summe im Einklang mit dem Ihnen entstehenden Schaden stehen. Sollte die Nichterfüllung der Leistung etwa zu einem Ausfall Ihrer Produktion führen, was Sie stündlich 100.000 € kostet, wäre eine Pönale von 1.000 € je Stunde zu gering. Zugleich sollte die Vertragsstrafe selbst wiederum im Einklang mit dem Vertragsvolumen stehen, denn wenn der Dienstleister von Ihnen beispielsweise 10.000 € je Monat erhält, Sie jedoch pauschal pro Nichterfüllung eine Pauschale von 40.000 € bekommen möchten, wird das ein Ausschlusskriterium sein. Falls Sie daher mit Vertragsstrafen agieren möchten, sollten Sie zuvor eine Höhe mit Ihrem Vorgesetzten vereinbaren und sich auf harte Verhandlungen einstellen.

  Wenn Sie auf Vertragsstrafen verzichten wollen und auf Partnerschaft setzen, brauchen Sie trotzdem SLAs. Was zunächst seltsam wirkt, ist zugleich ein Versprechen und die Hoffnung auf eine lange Partnerschaft sowie die Annahme, dass jede Partei ihr Bestes geben wird. Zudem ist ersichtlich, dass ab gewissen Vertragsstrafen durch den Dienstleister separate Versicherungen hierzu abgeschlossen werden müssen, die wiederum die eigentliche Leistung teurer werden lassen.

- **Fremdvergabe ausschließen**

  Das Thema »Fremdvergabe« ist nicht nur für Sie ein Thema, auch für den Dienstleister kann es sehr wichtig werden. Nicht wenige Dienstleister verkaufen Kunden oder Aufgabenpakete an weitere Dienstleister weiter. Möchten Sie das? Rechtlich betrachtet haben Sie zwar oft den eigentlichen Dienstleister als Vertragspartner, aber was nützt Ihnen das, wenn es Probleme gibt? Aus dem Grund regeln viele Unternehmen dies und untersagen eine Weitergabe der Leistung oder machen dies von der eigenen Zustimmung abhängig.

- **Informationssicherheit und Datenschutz**

  Je nach Leistung sind auch Aspekte der Informationssicherheit und des Datenschutzes notwendig. Wie muss der Dienstleister Ihre Daten schützen und vor allem, wo dürfen diese aufbewahrt werden? Je nach Rechtsauffassung gibt es Unternehmen, die all das in der Hand des Dienstleisters lassen, während andere dies aktiv steuern. Ich rate zur aktiven Steuerung, da bei einem Datenschutzverstoß oder einem IT-Sicherheitsvorfall schnell die von Ihnen ergriffenen Maßnahmen bei der Auswahl betrachtet werden. Wenn Sie dort nichts unternommen haben, könnte dies zu Schwierigkeiten führen.

- **Service-Reviews planen**

  Auch das Miteinander selbst möchte geregelt werden. Ein Dienstleister strebt, ähnlich wie Sie, nach der Maximierung seines Gewinns und möchte daher so wenig wie möglich in die Leistung investieren. Das erste Opfer sind meist die *Servicegespräche/Service-Reviews*, in denen die aktuellen Leistungsdaten und mögliche Verbesserungen/Veränderungen besprochen werden. Während in der Vertriebsphase der Dienstleister jederzeit ein offenes Ohr hat, ändert sich dies nach Vertragsabschluss teils schlagartig. Um diesem Risiko zu entgehen, empfiehlt es sich, die Regelmäßigkeit der Gespräche und deren Inhalte im Vertrag zu definieren.

Arbeitnehmerübergaben im Outsourcing

Bisher bin ich von der ausschließlichen Vergabe von Leistungen ausgegangen. Wenn Sie gesamte Prozesse im großen Stil herausgeben wollen, kann es sein, dass Sie die dafür notwendigen Mitarbeiter nicht anderweitig einsetzen können. Dann bietet es sich an, mit dem Dienstleister eine Übernahme bzw. einen Transfer zu vereinbaren. Aus Ihrer Sicht hat das einen großen Vorteil, denn die Personen kennen Sie und Ihr Geschäft. Sie müssen sich daher keine Sorgen machen, ob der Dienstleister die Aufgaben übernehmen kann, denn er bekommt die Leute mit der Erfahrung direkt hinzu.

Aber Achtung: Insbesondere *Arbeitnehmerübergaben* sind sowohl rechtlich als auch für das Arbeitsklima heikel. Dienstleister geben Ihnen zwar auf eine gewisse Zeit die Garantie auf Übernahme des Personals, danach kommt es aber zu Entlassungen oder Zuweisung anderer Aufgaben. Für viele Personen ist der Transfer daher kein Geschenk, sondern eher eine ungewollte Veränderung. Sollten Sie vor dieser Situation mit all ihren Problemen stehen, rate ich Ihnen, einen erfahrenen Berater für den menschlichen und juristischen Prozess zu involvieren, da es zu einem deutlichen Motivationsverlust oder gar gerichtlichen Auseinandersetzungen kommen kann.

6.6.2 Wissen für die Erbringung der Leistung übergeben

Wenn Sie wissen, welche Prozesse oder Dienstleistungen Sie übergeben wollen, sollten Sie darüber sprechen, wie das notwendige Wissen geteilt wird. Soll der Dienstleister jemanden zum Anlernen schicken? Möchten Sie Personal für die Wissensübergabe zum Dienstleister schicken? Oder ist all dies nicht notwendig?

Planen Sie insbesondere zu Beginn etwas Zeit für die Begleitung ein. Besonders bei einer angespannten Stimmung wegen des Dienstleisters kann dies dazu führen, dass selbst kleine Fehler und Unschärfen zu einer empfundenen Bestätigung der Meinung und zu einer Frontenbildung führen. An dieser Stelle müssen Sie direkt intervenieren, da Sie ansonsten einen Dienstleister bekommen werden, der seine Fähigkeiten aufgrund fehlender Integration nie vollständig entfalten kann!

Sobald Sie geklärt haben, wie der Einstieg funktionieren wird, sollten Sie andere Veränderungen gemeinsam besprechen. Was passiert, wenn Sie aufgrund geschäftlicher Veränderungen neue Anforderungen haben? Oder wenn bestimmte Prozesse nicht mehr gebraucht werden? Können Sie dann kündigen oder den Vertrag auf die neue Entwicklung anpassen? Das trifft neben technologischen Themen auch kaufmännische Fragen, etwa die Abnahmemenge oder auch die Güter selbst.

6.6.3 Das Ende bereits am Anfang mitplanen

Denken Sie bereits zu Beginn an das Ende. Das wird oft vergessen – und Ihrem Unternehmen am Ende Probleme bereiten. Im sogenannten *Exit-Management* muss besprochen werden, was bei einem vorzeitigen oder regulären Vertragsende passiert.

Schult der Dienstleister Ihr Personal, damit die Aufgabe wieder übernommen werden kann? Oder schult der Dienstleister einen neuen Dienstleister? Besonders im letzten Fall können Sie sich die Begeisterung des vorherigen Dienstleisters sicher vorstellen.

Ein professioneller Dienstleister sorgt für ein gutes Ende, und damit Sie einem weniger professionellen Dienstleister nicht auf den Leim gehen, müssen Sie genau regeln, was Sie erwarten: Was soll mit möglichen Daten geschehen? Oder mit betriebenen Systemen? Stellen Sie sich dies wie bei der Übergabe einer Mietwohnung vor, denn auch dabei ist geregelt, dass die Wohnung besenrein übergeben wird und alle Dübellöcher geschlossen sind. Das muss für Ihren Auftrag ebenfalls gelten.

6.6.4 Den Dienstleister in der Due Diligence kennenlernen

Neben dem Vertrag selbst sollten Sie spätestens vor dem Vertragsabschluss noch eine *Due Diligence* durchführen.

Der Begriff Due Diligence beschreibt eigentlich die Prüfung eines zu kaufenden Unternehmens durch den Käufer. Denn beim Kauf eines Unternehmens werden nicht nur Umsätze, Kundenstamm und Ähnliches übernommen, sondern auch viele Risiken und Probleme. Um sowohl das reale Potenzial als auch die Risiken einschätzen zu können, führt der Käufer daher eine Due-Diligence-Prüfung durch, um sagen zu können, ob der Handel unternehmerisch sinnvoll ist.

Rahmendaten überprüfen: Mit wem wollen Sie zusammenarbeiten?

Nun möchten Sie das Unternehmen oder Ihren IT-Bereich zwar nicht verkaufen, dennoch geben Sie einen Teil Ihrer Prozesse aus der Hand. Ein Outsourcing bedeutet zunächst viel Aufwand, der nur durch eine längerfristige Laufzeit überhaupt amortisiert werden kann – gibt es Ihren neuen Partner dann überhaupt noch?

Auch mag es rechtlich eine klare Haftung geben, die greift, wenn Ihre Daten entwendet wurden und auf einmal öffentlich im Internet zu finden sind. In der Praxis hilft die beste Haftung jedoch nicht, wenn Ihr Dienstleister einfach insolvent ist oder sich anderweitig seiner Verantwortung entzieht.

Worauf soll geachtet werden, was ist zu prüfen?

- Als Erstes sollten Sie einen Blick auf das Unternehmen selbst werfen. Wem gehört es? Wie lange ist es bereits am Markt, und wie oft wurde es verkauft? Häufige Eigentümerwechsel sprechen dafür, dass ständig Prozesse und Teams verändert werden und die Zusammenarbeit unzuverlässig werden wird. Darauf sollten Sie ein Auge haben, wenn Sie auch keine Garantie haben werden.
- Ein guter Indikator sind die Unternehmensdaten und Unternehmensberichte. In diesen Berichten sehen geschulte Augen schnell, wie gut oder schlecht es dem Unternehmen geht. Auch wenn selbst schlechte Situationen gut verkauft werden, sind in den Bilanzen Schiefstände nur sehr bedingt zu verbergen.

  Vielleicht fehlt Ihnen die Erfahrung, Bilanzen lesen oder einschätzen zu können. Bevor Sie dies mit viel Recherche und möglicherweise gefährlichem Halbwissen angehen, gehen Sie einfach mal auf einen Kaffee in Ihre Buchhaltung. Die Kolleginnen und Kollegen dort haben weitaus mehr Wissen und helfen bestimmt gerne. Sie bekommen auf jeden Fall fachlich guten Rat, um das Thema besser bewerten zu können!
- Ein weiterer wichtiger Punkt sind *Referenzen*. Hat das Unternehmen Erfahrungen mit ähnlichen Aufgaben und Prozessen, vielleicht sogar aus einer Zusammenarbeit mit Unternehmen in der gleichen Branche?

  Es kann zwar funktionieren, dass sich ein Dienstleister ganz neu in einen Bereich einarbeitet, aber dann sollten Sie mehr Aufwand einkalkulieren und können zugleich davon ausgehen, dass Sie nicht nur Kunde, sondern auch Versuchskaninchen sein werden. Da dies immer mit Risiken verbunden ist, sollten Sie dies bei der Preisfindung entsprechend berücksichtigen und sich zugleich ehrlich fragen, ob Sie dieses Risiko eingehen möchten. Ist es eine Katastrophe, wenn der Versuch schiefgeht? Dann setzen Sie besser auf Erfahrung.

Telefonreferenzen

Bei der Frage nach Referenzen bieten viele Dienstleister das Gespräch mit einem Bestandskunden an. Natürlich ohne den Dienstleister, schließlich sollen Sie ja offen sprechen können!

Diese Gespräche sind oft ein zweischneidiges Schwert. Auf der einen Seite können Sie sicher sein, dass nur der Kunde zum Referenzkunden wird, der wirklich von der Firma und deren Leistung überzeugt ist. Das heißt, an dieser Stelle wird der Vertriebsmitarbeiter bereits für eine Vorauswahl in seinem Sinne sorgen. Nicht selten wird der Referenzkunde auch zuvor vom Dienstleister selbst instruiert und bekommt vielleicht sogar einen Ausgleich für das Gespräch. Ist es also wertlos?

Genau das ist die andere Seite, denn der Wert ergibt sich aus Ihrer Vorbereitung. Fragen wie »Wie zufrieden sind Sie mit dem Dienstleister?« können Sie zwar zu Beginn als Small Talk verwenden, die Antworten sind jedoch nicht entscheidend.

Bei gewissenhafter Vorbereitung werden Sie stattdessen Punkte finden, an denen Sie Probleme vermuten und auf die Ihr Gesprächspartner nicht vorbereitet ist. Fragen Sie genau danach, und werden Sie so konkret wie möglich: »Wie haben Sie die Übergabe gelöst?« oder auch »Wie ist die Erfolgsquote bei der Übergabe zwischen Prozess A und Teilbereich C?«. Das sind Fragen, bei denen der Dienstleister im Vorfeld wenig Instruktionen geben kann und mit denen Sie, selbst wenn die Antwort verklausuliert ist, vieles in Erfahrung bringen werden.

Gehen Sie davon aus, dass auch der Referenzkunde ein menschlicher Gesprächspartner ist und selbst die Begeisterung für den Dienstleister meist nicht groß genug für eine Lüge ist. Ihr Fokus sollte daher darauf liegen, den vorgedachten Teil des Dienstleisters möglichst schnell zu verlassen und durch detaillierte und von Ihnen vorbereitete Fragen idealerweise viel ungeschminkte Realität zu erfahren!

Die Infrastruktur und Verfügbarkeiten des Dienstleisters klären

Im Vorfeld sollten Sie für sich klären, welche Verfügbarkeit für die zu erbringende Leistung notwendig ist. Es gibt Leistungen, bei denen die Verfügbarkeit der dienstleisterseitigen IT-Infrastruktur nur bedingt kritisch ist. Denken Sie an unser Notebook-Beispiel: Wahrscheinlich wird es dabei keinen großen Zeitdruck geben. Wenn Ihnen Ihr Dienstleister zusichert, dass jeder Ausfall innerhalb von maximal zwei Tage gelöst ist, kann dies für Sie ein akzeptabler Wert sein, der sich möglicherweise auch in den Kosten spiegelt.

Sollten diese Frage jedoch Kernsysteme betreffen (ERP-Systeme, Buchungen, Zahlungswesen usw.), müssen Sie in jedem Fall auf eine hohe Verfügbarkeit achten und sich vertraglich versichern lassen, dass entsprechende Infrastrukturen vorhanden sind!

Bei großen, namhaften Dienstleistern können Sie nahezu sicher davon ausgehen, dass verschiedene Rechenzentren vorhanden sind und Pläne existieren, wie der Betrieb während Notfällen sichergestellt werden kann. »So ein großes und namhaftes Unternehmen wird die eigene Infrastruktur ja wohl im Griff haben.« Es gilt dennoch die Regel: Lassen Sie es sich zeigen! Kann sein, dass alles perfekt funktioniert, aber auch die Weltmarktführer kochen nur mit Wasser. Seien Sie also auch dann gewissenhaft, und lassen Sie sich entsprechende Unterlagen aushändigen.

Bei kleineren Unternehmen ist es meist schwieriger, die Infrastruktur zu bewerten. Insbesondere noch im Wachstum befindliche Unternehmen haben keine große Infrastruktur und mieten bei großen Anbietern Kapazitäten. Dann sollten Sie hellhörig werden, denn auch wenn die Zusammenarbeit bei größeren Providern zunächst nach einem Pluspunkt klingt, kann es Ihnen Probleme bei Datenschutz und IT-Sicherheit bringen! Daher gilt es, auch hier genau prüfen und die Infrastruktur sowie deren Erbringung zu hinterfragen.

Das Personal des Dienstleisters – wer setzt die Aufgaben um?

Die beste Infrastruktur nutzt jedoch nichts ohne entsprechend geschultes Personal. Im Rahmen der Due Diligence sollten Sie daher auf diesen Aspekt ebenfalls achten.

Moral und Ethik des Dienstleisters

Je nachdem, was Sie wohin vergeben wollen, werden auch Moral, Ethik und Menschlichkeit wichtig. Bei einem weltweiten Outsourcing werden Sie Angebote aus Ländern erhalten, in denen Arbeitnehmerrechte nur auf dem Papier oder gar nicht existieren. Das ist leider eine Wahrheit, die Ihnen bewusst sein sollte.

Wenn Ihnen bei sehr niedrigen Kosten versprochen wird, dass jedes Ticket zu jeder Tages- und Nachtzeit innerhalb von Minuten bearbeitet wird und jede gewünschte Anpassung noch bis zum nächsten Morgengrauen eingebaut ist, gibt es zwei Möglichkeiten: Das Angebot ist zu gut, um wahr zu sein, oder es funktioniert nur, weil es auf Arbeitsbedingungen basiert, die zumindest zweifelhaft sind. (Möglichkeit 3 ist, dass beides zutrifft ...)

Welchen Ruf genießt der Dienstleister in der Branche? Falls Sie wissen, dass dort eine hohe Fluktuation besteht, muss Ihnen klar sein, dass bei einer komplexen Aufgabe viel Erklärungsbedarf auf Sie zukommt, was Sie dann alle 6 Monaten wiederholen dürfen, wenn mal wieder jemand gekündigt hat. Das geht nur bei einfachen Aufgaben ohne große Einarbeitungszeit.

Neben der Fluktuation des Personals ist dessen Qualifikation und Anzahl zu betrachten. Nehmen wir an, Ihr mittelständisches Unternehmen möchte das *Security Operation Center* an einen Dienstleister auslagern. Da Angreifer die blöde Angewohnheit haben, außerhalb der Geschäftszeiten aktiv zu sein, brauchen Sie einen 24/7 Schutz. Allein um diese Arbeitszeit abzudecken, sind insgesamt mindestens vier Schichten notwendig, wobei jede Schicht 42 Stunden abdeckt. Das bedeutet: Vier Personen sind das Minimum. Würden Sie einem Dienstleister vertrauen, der überhaupt nur acht Personen in diesem Bereich beschäftigt und beschwichtigend argumentiert, dass das Team ja gerade noch aufgebaut wird? Ich ehrlicherweise nicht, da mir die Leistung zu wichtig und das entstehende Risiko zu groß wäre!

Ergänzend kommt bei einer begrenzten Personenstärke noch die Frage nach der Qualifikation hinzu. Reichen die Erfahrungen und die Kenntnisse des Dienstleisters überhaupt aus? Wie groß ist das Risiko, dass ein Grünschnabel, der gerade erst eingestellt wurde, Ihr Problem bearbeitet?

Oder anders gesagt: Sobald es ein Problem gibt, möchten Sie, dass jemand mit entsprechendem Wissen nachschaut und umgehend Maßnahmen einleitet. Bei einer Personenstärke von acht Personen und zugleich einem Bereich im Aufbau wäre meine Befürchtung, dass das Personal (noch) nicht die Erfahrung haben und ein Aufbau eher eingeschränkt vorgenommen wird.

Reicht das, wenn's wirklich ernst wird? Aus meiner Sicht nicht! Das könnten Sie auch selbst mit vergleichbarem Risiko ohne Personal erbringen.

Um genau diese Aspekte näher zu betrachten, sollten Sie daher im Vorfeld diese Themen bei dem potenziellen Partner hinterfragen und sich entsprechende Antworten geben lassen.

Kommen Sie uns doch besuchen, und überzeugen Sie sich selbst!

Dienstleister machen manchmal das Angebot, dass Sie als Kunde gerne vorbeikommen und sich selbst von der Expertise und der Qualität der Arbeit überzeugen können. Dann erleben Sie in natura, welche Teams für Sie arbeiten, und können sicher sogar mit jemanden sprechen.

Ehrlicherweise habe ich solche Angebote bislang nicht angenommen. Habe ich damit etwas verpasst? Aus meiner Sicht nicht, denn auch an dieser Stelle agieren Dienstleister verständlicherweise im Eigeninteresse. Das bedeutet, dass allen Teams der Besuch angekündigt wird und mögliche Verhaltensweisen, die eigentlich nicht okay sind und dennoch im Alltag geschehen, natürlich nicht vorkommen. Es werden Ihnen nur die Aufgaben gezeigt, die immer super funktionieren und Eindruck hinterlassen. Der Kollege, der mit Ihnen sprechen wird, ist der eloquenteste der Mannschaft. Haben alle das fachliche und menschliche Niveau dieser Person? Das können Sie zu diesem Zeitpunkt nicht abschätzen. Deshalb spare ich mir ein mögliches Schauspiel.

Falls Sie aber neugierig sind und grundsätzlich die Leistung eines Dienstleisters sehen wollen, sollten Sie den Besuch natürlich nutzen! Dennoch empfehle ich Ihnen, sich vom Gesehenen nicht allzu sehr beeindrucken zu lassen und dieses erst recht nicht zur Bewertung zu nutzen!

Skalierbarkeit und Transparenz des Dienstleisters für die Zukunft prüfen

Skalierbarkeit und Transparenz sind zwei weitere Aspekte, die Sie prüfen sollten.

Die Skalierbarkeit bezieht sich auf die zu erbringende Leistung. Kann der Dienstleister auch eine Erweiterung der Leistung erbringen? Wenn ein Dienstleister Ihren Online-shop betreibt, kommt er mit beschaulichen 500 Besuchern pro Tag sicherlich zurecht. Aber wie sieht es mit dem Betrieb bei 5.000 oder mehr Besuchern aus? Hat er die Hardware und die Kompetenz?

Zusätzlich zur Skalierbarkeit ist es sinnvoll, wenn Sie die Wertschöpfungskette weiterdenken. Nehmen wir an, Ihr Dienstleister soll heute Notebooks mit vorinstalliertem Windows bereitstellen. Könnte er in Zukunft vielleicht auch die Applikationen installieren oder die Auslieferung an den Kunden übernehmen? Auch wenn dieser Bereich heute noch nicht im Fokus ist und Sie noch nicht wissen, ob er je in den Fokus kommt, die Klarheit im Vorfeld wird Ihnen weiterhelfen.

Natürlich unterliegen einige Themen dieser Prüfung dem Zahn der Zeit, der Dienstleister kann sich auch weiterentwickeln und neue Leistungen anbieten. Allerdings ist das zum Start des Vertrags nicht sicher und kann auch meist nicht sicher angenommen werden. Selbst wenn der Dienstleister Ihnen Pläne vorlegt oder beteuert, dass dieses Thema bereits auf der Liste steht, zeigt die Erfahrung, dass viele Themen mit zu großem zeitlichem Abstand unsicherer werden. Sollte ein Thema für Sie wichtig sein und zugleich noch nicht erfüllt, aber versprochen sein, nehmen Sie es in den Vertrag auf! Seien Sie sich jedoch bewusst, dass das Thema zunächst neu ist, auch wenn es wie abgestimmt umgesetzt wurde. Im Regelfall kämpfen Sie daher zunächst mit den sprichwörtlichen »Kinderkrankheiten«, und auch dabei liegt es wieder am Dienstleister und dessen Motivation, diese zeitnah zu beseitigen oder dort wieder Zeit verstreichen zu lassen.

Viele Dienstleister nehmen ihre Aufgabe dann deutlich ernster und sorgen in jedem Fall für die Umsetzung – und sei es nur, um einem Vertragsmangel zu entgehen. In jedem Fall haben Sie jedoch eins: die Lösung!

6.7 Zusammenfassung

Wenn Sie diesem Kapitel aufmerksam gefolgt sind, haben Sie sicherlich gemerkt, dass ich die Frage nach dem Make or Buy für eine der wichtigsten Entscheidungen im IT-Management halte. Mit ihr stellen Sie die Weichen, um sich mit wichtigen Projekten profilieren zu können, während Sie gleichzeitig dafür sorgen, dass alles erledigt wird.

Sie müssen sich auch nicht sorgen, dass das Abgeben von Aufgaben der Weg in die eigene Bedeutungslosigkeit ist. Ganz im Gegenteil: Der ständige Kontakt mit unterschiedlichen Dienstleistern und Partnern wird Sie auf Trab halten: Ständig gibt es Bedarf an Abstimmungen, Organisation ... also an Management.

Aus diesem Grund braucht es Sie: Sie müssen wie ein Dirigent agieren, der alle Musiker im Takt hält und dafür sorgt, dass das ganze Orchester als Ganzes funktioniert.

Wie agiert der Dirigent?

Die Rolle des Dirigenten ist vielfältig und unter anderem dadurch nicht einfach. Oft wird der Servicemanager oder Service-Verantwortliche als Dirigent bezeichnet, der die Dienstleister entsprechend auf die Verträge und die vereinbarte Erbringung hinweist. An vielen Stellen ist das zu kurz gegriffen, denn Sie müssen in die Daten und Prozesse schauen, um zu wissen, wo es derzeit knirscht, wo ein Problem entsteht, und möglicherweise bereits selbst erste Annahmen zu haben, was die Ursache ist. Die Annahmen gilt es dann auf fachlicher und weniger auf vertraglicher Basis mit den Dienstleistern zu besprechen.

Im Alltag hat sich zudem oft gezeigt, dass bei vertraglichen Fragen im Regelfall Kaufleute miteinander sprechen, die beide vorrangig die finanziellen Aspekte im Fokus haben. Natürlich sind die Aspekte wichtig, können aber auch der eigentlichen Problemlösung im Wege stehen. Besser ist es, wenn Techniker miteinander sprechen und bei kleineren Themen die Kirche im Dorf lassen, also nicht jede Vertragsstrafe geltend machen, sondern auch mal pragmatisch handeln. Das kann die Beziehung langfristig stabiler und besser gestalten, wovon die Zusammenarbeit profitiert.

Der Dirigent kann also mit verschiedenen Hintergründen und dadurch verbundenen Zielsetzungen agieren. Es empfiehlt sich jedoch immer die inhaltliche Nähe, um Lösungen schnell herbeiführen zu können.

Kapitel 7
IT-Sicherheit

Der Bereich IT-Sicherheit ist eigentlich nur ein Teilbereich des Gesamtkomplexes Informationssicherheit. Zugleich wird dieser Bereich unternehmerisch immer präsenter und relevanter. In diesem Kapitel erfahren Sie, wie Sie damit umgehen sollten.

Der Themenbereich IT-Sicherheit wird immer präsenter: Viele Unternehmen haben schon einmal einen Sicherheitsvorfall selbst erlebt, und wer bisher davon verschont geblieben ist, kennt Fälle aus den Medien oder dem eigenen Umfeld. Es kann daher nicht überraschen, dass es immer mehr gesetzliche Regelungen wie etwa NIS-2 oder KRITIS gibt, die dafür sorgen sollen, dass in den Firmen ein Mindestmaß an Sicherheit herrscht. Auch möchten sich viele Unternehmen gegen diese Risiken versichern und sehen sich mit Fragebögen von Versicherungen oder auch Geschäftspartnern konfrontiert.

Jede IT-Fachkraft weiß daher, dass IT-Sicherheit Teil des Alltags ist und sich alle damit beschäftigen müssen: sei es konzeptionell, strategisch oder während der Implementierung einzelner Lösungen.

Welcher Reihenfolge folgt die Sicherheit – erst Konzept, dann Praxis?

Im Vorfeld dieses Kapitels haben wir viel diskutiert: Was kommt zuerst, Konzept oder Umsetzung? In der reinen Lehre wäre es sicher so, dass Sie erst ein Sicherheitskonzept erstellen und dieses dann mit Leben füllen.

In der Praxis sprechen jedoch zwei Argumente dagegen.

- Das erste sind die berühmten »gewachsenen Strukturen«, denn »irgendwas mit Sicherheit« haben Sie bereits getan – und sei es nur, dass Sie die Passwortrichtlinie im Active Directory festgelegt haben.
- Der zweite Punkt ist die Ganzheitlichkeit. Gerade wenn Ihr Unternehmen das Thema IT-Sicherheit als Fokusthema benannt hat, bedeutet das noch nicht, dass hinreichend Mittel für die Umsetzung eines vollständigen Konzepts bereitgestellt werden.

Aus der Erfahrung heraus werden Sie im Alltag daher auf eine Mischung aus bereits vorhandenen Maßnahmen und noch nicht vollständigen Konzepten treffen. Die Informationssicherheit stellt sich daher als iterativer Prozess dar, in dem Sie ein Netz um die bereits vorhandenen Tools und Prozesse weben, damit Sie diese integrieren oder bei Bedarf austauschen können. Hinzu kommt, dass die gesamte Informationssicherheit in sich ein dynamischer Bereich ist und daher ebenfalls vom Wandel lebt.

In diesem Kapitel folgen wir der besseren Lesbarkeit halber der reinen Lehre, in der erst Konzepte erstellt und diese später technisch realisiert werden.

In Abschnitt 7.1 sehen Sie an einem Beispiel, wo im Alltag Sie überall auf Informationssicherheit treffen. Die Aspekte treffen Sie als Führungskraft in Ihrer Rolle und müssen durch Sie gewürdigt werden.

In Abschnitt 7.2 erfahren Sie, wie Sie Informationssicherheit als Konzept aufstellen und die bisherigen Maßnahmen zu einem großen Gesamtbild zusammenfassen. Auch dies wird, je nachdem, wie Ihr Team aufgestellt ist, Ihre Aufgabe sein.

Eine andere Herangehensweise an die Informationssicherheit bietet die Abstimmung mit dem Business im Rahmen einer Business-Impact-Analyse, die in Abschnitt 7.3 näher beschrieben wird.

In der IT sind Zertifizierungen oft vollkommen alltäglich und auch Instrument der eigenen Qualifizierung. Im Bereich Informationssicherheit werden Sie neben personenbezogenen auch auf unternehmensbezogene Zertifizierungen treffen. Wie Sie beide Arten sinnvoll integrieren können und was dies bedeutet, erfahren Sie in Abschnitt 7.4.

Den Abschluss bildet die technische Umsetzung der Informationssicherheit. Was zunächst nach vielen Details klingt, beleuchtet bewusst nur die Rahmenparameter großer Vorhaben und Projekte, die Sie als Führungskraft zumindest begleiten sollten. An der Stelle gilt oft die Aussage, dass zumindest die Leitung »Chefsache« ist. Was das genau bedeutet und worauf Sie achten sollten, erfahren Sie in Abschnitt 7.5.

7.1 Informationssicherheit im Alltag

An vielen Stellen werden die Begriffe *IT-Sicherheit* und *Informationssicherheit* synonym benutzt, obwohl sie nicht dasselbe bedeuten.

Dem Namen entsprechend befasst sich die IT-Sicherheit mit sicherer IT. Das ist der Aspekt, den viele IT-Fachkräfte kennen und wo sie sich zu Hause fühlen. Zugleich ist die IT-Sicherheit ein Teil der Informationssicherheit.

Die Informationssicherheit selbst schützt Informationen global und umfasst daher auch physische Formen, etwa Zettel auf dem Tisch oder Ordner im Regal. Zudem wird die Information auf ihrem Weg vollständig begleitet, sei es in IT-Systemen oder auch indirekt, etwa über die Regulierung des Zugangs zum Rechenzentrum.

Anhand eines Beispiels möchte ich Sie durch einen regulären Arbeitsalltag führen, um im Anschluss daran Elemente der Informationssicherheit herauszuarbeiten.

7.1.1 Ein ganz normaler Arbeitstag

Mara kommt morgens zur Arbeit. Auf dem Weg ins Firmengebäude muss sie sich zunächst durch ihre Chipkarte identifizieren, um durch das Drehkreuz (Vereinzelungsanlage) zu gelangen. Nachdem sie an ihrem Arbeitsplatz angekommen ist, schließt sie zunächst ihren Schrank auf und holt den Ordner heraus, zuvor war ihr Schreibtisch komplett leer.

Sie hat eine Messe besucht und viele neue Kontakte generiert, die sie nun in das CRM-System einpflegen möchte.

Rechtmäßigkeit der Datenerfassung

Besonders seit dem Inkrafttreten der *Datenschutzgrundverordnung* (DSGVO) kommt immer wieder die Frage auf, ob die Daten überhaupt rechtmäßig erhoben wurden und für einen bestimmten Zweck verwertet werden dürfen. Auch wenn der Themenbereich Datenschutz einen Teil der Informationssicherheit darstellt, gebe ich Ihnen den Rat, diesen als IT keinesfalls vollständig zu verantworten!

Dieser Themenkomplex ist kompliziert und daher von vielen Fachverantwortlichen ungeliebt. Deshalb wird schnell versucht, ihn in die IT zu verlagern. Wehren Sie sich mit Händen und Füßen! Erste Einblicke in die Komplexität und Gründe, warum Sie die vollständige Verantwortung ablehnen sollten, finden Sie in Kapitel 9, »Datenschutz«.

In diesem Themenbereich ist viel juristisches Wissen notwendig. Die Rahmenparameter werden meist durch den Fachbereich selbst geschaffen, etwa bei der Form der Datenaufnahme. Grenzen Sie sich und Ihr Team klar ab, und stellen Sie sicher, dass Sie für die Verarbeitung und den Schutz vorhandener Daten verantwortlich sind, aber nicht für die Fragestellung zu deren rechtlicher Existenz oder Löschfristen!

Damit Mara die Daten einpflegen kann, muss sie zunächst ihr Notebook einschalten, sich am Active Directory mit ihrer LAN-Kennung und am SAP-System anmelden. Wenn sie ihre E-Mails abruft, fällt ihr gar nicht auf, dass automatisch Dutzende Spam- und Phishing-Mails abgefangen wurden, bevor sie überhaupt in ihrem Postfach landen konnten.

Da sie im Großraumbüro sitzt, hat sie bemerkt, dass der Mitarbeitende hinter ihr immer mal wieder einen Blick auf ihren Bildschirm werfen möchte. Um das zu verhindern, klippt sie den Blickschutz vor den Bildschirm, sodass neugierige Blicke abgewehrt werden. Als sie sich einmal kurz einen Kaffee holt, sperrt sie ihr Notebook, damit keine unbefugte Person in ihrer Abwesenheit darauf zugreifen kann.

Sobald die Daten eingegeben sind und sie auf den »Sichern«-Button geklickt hat, beginnt der Job der IT-Fachkraft Malte.

Die Daten werden zunächst durch das Netzwerkkabel an das entsprechende Zielsystem übertragen. Dass Mara das Netzwerk überhaupt nutzen kann, liegt daran, dass das Notebook als Firmengerät erkannt und daher der Port entsprechend geöffnet wurde. Fremde oder unbekannte Geräte werden direkt blockiert (unbekannte MAC-Adresse/kein gültiges Zertifikat zum Beweis der Zugehörigkeit).

Maras System selbst befindet sich in einem speziellen Subnetz, da sie oft mit heiklen Daten arbeitet. Im Ernstfall soll ein Virenbefall nur ein Teilnetz und die darin enthaltenen Geräte infizieren können. Malte weiß, dass die Geräte bestmöglich geschützt werden, denn er betreut auch die Endpoint Protection und für das Surfen die SASE-Lösung. Für die Endpoint Protection hat er zudem ein erfahrenes *Security Operation Center (SOC)* als Partner, das die Systeme 24/7 überwacht und entsprechend eingreifen kann.

Damit Mara die Daten speichern kann, wird das SAP-System bzw. dessen Leistung kontinuierlich überwacht, um eine hohe Verfügbarkeit zu gewährleisten. Das System selbst steht in einem Serverraum, der über eine Brandschutzanlage sowie über eine unabhängige Stromversorgung/Netzersatzanlage (USV/NEA) verfügt.

Selbstverständlich darf nicht jeder in den Serverraum: Der Zutritt ist nur mit einer PIN und einem entsprechend personalisierten Chip oder Token möglich. Damit der Serverraum nicht zum *Single Point of Failure* wird, befindet sich ein zweiter Serverraum auf dem Gelände, zu dem die Daten permanent synchronisiert werden, um im Fall des Ausfalls von einem Serverraum mit den identischen Datenbeständen im anderen Serverraum mit minimaler oder sogar ohne Unterbrechung weiterarbeiten zu können.

Das SAP-System selbst wird durch eine externe Firma betrieben, die Malte zuvor auf entsprechende Qualifikation geprüft und zur Geheimhaltung verpflichtet hat. Die Firma erstellt auch das Backup nach der 3-2-1-1-0-Regel und liefert Malte regelmäßige Berichte dazu.

Die Rechte im System wiederum gestaltet Malte, indem er Rollen und Gruppen erzeugt und diese entsprechend zuweist. Die inhaltliche Zusammensetzung wird durch die Fachbereiche vorgegeben, die Zuweisung erfolgt jedoch durch Malte, um die Verantwortlichkeit zu trennen.

Auch kümmern sich Malte und sein Team um die Updates der Software und des Betriebssystems auf Clients und Servern.

Was bedeutet Sicherheit für Ihr Unternehmen?

Das ist nur ein kleiner Auszug aus dem Alltag – und zugleich enthält er viele Themen, die eine hohe Sicherheitsrelevanz haben und dennoch nicht das eigentliche Kerngeschäft vieler IT-Abteilungen sind. In Folge ist es meist leider auch der Bereich, der eher stiefmütterlich behandelt wird und daher irgendwann zum Einfallstor wird.

Allein in dieser kurzen Geschichte finden sich Aspekte wie unter anderem eine mögliche *Clean-Desk-Policy* (der leere Schreibtisch), eine Zugangsrichtlinie (personalisierter Chip) oder auch eine Benutzerrichtlinie (sperrt Bildschirm bei Verlassen). Formelle Regelungen auf diesen Ebenen sorgen dafür, dass Ihre Mitarbeitenden gleich agieren und Sie ein definiertes Sicherheitsniveau auch flächendeckend erreichen können.

Regelungen als erster Schritt

Viele Unternehmen haben umfangreiche Regelungen und Vorgaben zu vielen Themen der Informationssicherheit. Die Regelungen sollten jedoch nur der erste Schritt sein.

Im nächsten Schritt sollten Sie prüfen, ob Sie deren Umsetzung technisch erzwingen und durchsetzen können. Falls Sie dies können, ist erstens die Umsetzung sichergestellt, und zudem verhindern Sie Fehlverhalten der Nutzer.

Es wird jedoch viele Richtlinien geben (z. B. die Clean-Desk-Policy), die Sie nicht technisch umsetzen können. Auch hier gilt es, auf Umsetzung zu achten und diese zu kontrollieren, notfalls mit einem Gang durch die Büros.

Die Aufgabe ist ungeliebt und birgt die Gefahr, als »Kontrolletti« wahrgenommen zu werden. Trotzdem müssen Sie immer wieder sensibilisieren und die Hintergründe der Regeln erläutern.

Merken Sie sich stets: Eine Richtlinie ist nur so stark wie ihre Umsetzung oder wie sie gelebt wird! Wenn Sie sich darum nicht kümmern, haben Sie am Ende zwar ein theoretisches Fort Knox, im Alltag kann der Angreifer dennoch durch die Tür spazieren.

Bevor Sie nun beginnen, für alles Richtlinien und Vorgaben zu erarbeiten sollten Sie zunächst definieren, was überhaupt das Ziel ist. Das Wort *Informationssicherheit* ist zunächst nur ein leerer Begriff. Sie müssen festlegen, wann etwas es aus Ihrer Sicht sicher ist und was hierfür erfolgen muss. Der Begriff bedarf einer Interpretation und vor allem Definition mit der Unternehmensführung, bevor Sie fortfahren können.

Kommunizieren Sie Ihre Sicherheitsidee

Bevor Sie mit der eigentlichen Informationssicherheit weitermachen, möchte ich ein weiteres wichtiges Thema ansprechen: Kommunikation! Oft kostet Informationssicherheit schon beachtliche Summen, und zugleich ist das in vielen Unternehmen der Posten, der am stärksten auf den Prüfstand kommt. Während ein neues Notebook oder andere Technologie für viele Entscheidungsträger noch greifbar und auch nachvollziehbar ist, ist das bei Informationssicherheit anders. Wie ist damit umzugehen?

7.1.2 Der Albtraum in Sachen Informationssicherheit für Ihre Organisation

Der einfachste Weg, um ein Budget zu erhalten, ist folgender: Präsentieren Sie Ihrem Entscheidungsträger die Ausgabe als *Investition* und nicht als *Kosten*.

Auf den ersten Blick wirkt das fast wie Wortklauberei, das Detail offenbart jedoch den Unterschied. Eine Investition ist immer etwas, woraus Sie eine dauerhafte Wertsteigerung erwarten. Kosten hingegen sind etwas, was Sie bezahlen und woraus Sie keinen langfristigen Mehrwert generieren, es dient eher dem aktuellen Bedarf. Ein Beispiel aus Ihrem Alltag kann eine Fortbildung sein. Die Hoffnung ist, dass Sie so eine Beförderung oder zumindest eine Gehaltserhöhung erhalten. Auf Ihre Rolle als IT-Führungskraft ist jedoch ein Wort besonders zu übertragen: »Hoffnung«.

Im unternehmerischen Kontext entscheiden häufig eine Vision und oft auch die eigene Anschauung über den Unterschied zwischen Investition und Kosten. Als IT-Führungskraft haben Sie im Kontext der Informationssicherheit daher zwei wesentliche Aufgaben:

1. Sie müssen erklären, warum Ihr Budget eine Investition darstellt und keine Kosten.
2. Sie müssen den Entscheidern den Themenbereich Informationssicherheit greifbar machen, damit sie Entscheidungen transparenter treffen.

Ein erster Schritt ist, ein Gedankenexperiment zu verwenden: Zeigen Sie auf, wie der schlimmstmögliche Sicherheitsunfall für Ihr Unternehmen aussehen kann und was das bedeuten würde:

- **Technisch**: Im schlimmsten Fall ist die Umgebung verschlüsselt (*Ransomware*), und der gesamte Betrieb steht still.

  An dieser Stelle sollten Sie auch ungefähre Zeiträume benennen können, denn mit einer Neuinstallation in wenigen Stunden ist es nicht getan. Auch wenn Sie den Angriff frühzeitig erkennen und abwehren konnten, bleibt die Frage, ob Sie alle Lücken und Hintertüren erwischt haben. Zudem werden Sie Hilfe von erfahrenen Partnern benötigen, um Ihre Daten zu säubern. Sowohl den entstehenden Arbeitsausfall als auch den Dienstleister können Sie mit einem Preis versehen, Informationssicherheit ist ein Teil der Versicherung gegen diese Herausforderung.
- **Außenwirkung**: Mittlerweile ist die Brisanz von IT-Sicherheitsvorfällen bekannt, sodass Sie bei Ihren Geschäftspartnern auf verschiedene Reaktionen treffen könnten, wenn wirklich etwas passiert.

  - Einige Partner werden Sie vermutlich nach Einblicken in die Ursache und Ihren Lösungsweg fragen, um selbst davon lernen. Dann ist es eine strategische Frage, was Sie dem Partner erzählen wollen. Die für den Fragenden lehrreichste Erfahrung ist oft die vollständige Wahrheit, allerdings werden dann möglicherweise auch verhinderbare Lücken offenbart, was negativ wirken kann.
  - Das führt zu einer anderen Gruppe von Geschäftspartnern, und zwar zu denen, die Ihren Vorfall negativ für die Beziehung bewerten. Das liegt meist nicht an der technischen Bewertung des Vorfalls, sondern an der Tatsache, dass Sie einen Vorfall mit möglichen Folgen hatten. Für einige Partner stellt sich danach die Frage, wie vertrauenswürdig und zuverlässig Ihr Unternehmen ist, ob geteilte Daten wirklich sicher sind und ob man sich weiterhin auf Lieferungen verlassen kann. Auch mit diesen Fragen müssen Sie umgehen können. Die Lösung ist meist eine transparente Darstellung der ergriffenen Maßnahmen durch einen vertrauenswürdigen Forensikanbieter, um aufzuzeigen, dass Ihnen dies nicht mehr passieren wird und Sie aus dem Vorfall gelernt haben.

- **Rechtliche Folgen**: Es gibt rechtliche Verpflichtungen, die Sie dazu zwingen, das Thema Informationssicherheit mit der gebotenen Aufmerksamkeit zu betrachten. Auch muss jeder Vorfall gemeldet werden, wodurch wiederum eine Untersuchung durch eine Behörde ausgelöst werden kann.

  Neben den behördlichen Aspekten stehen bei den meisten Unternehmen auch Kundenverträge mit stellenweise empfindlichen Vertragsstrafen dem gegenüber. Viele Unternehmen hoffen bei einem erfolgreichen Angriff auf das Verständnis der Kunden und Partner, was sicher auch stellenweise funktionieren wird. Viele Aufträge sind jedoch zeitkritisch. Daher können auch hier deutliche Kosten entstehen, die durch eine gute Informationssicherheit verhindert werden können.

- **Folgen für die Prozesse**: In Zeiten zunehmender IT-Durchdringung führt der Ausfall der IT zu einer massiven Behinderung der Geschäftsprozesse, wenn nicht sogar zu einem vollständigen Ausfall des Betriebs. Die Folgen sind weitergehende Verluste, etwa durch verderbende Rohstoffe. Die Folgen können Sie im Vorfeld nur in Zusammenarbeit mit dem Business abschätzen und darauf basierend auch mit Kosten beziffern.

Mit diesen und weiteren Szenarien können Sie erste Berechnungen anstellen und Visionen vorstellen, die erklären, warum die Investitionen in Informationssicherheit relevant sind.

Aber Achtung: Weniger ist mehr! Besonders IT-Fachkräfte mit wenig Präsentations- oder Managementerfahrung neigen dazu, eine große Anzahl solcher Themen zu entwickeln und diese sehr detailverliebt zu beschreiben. Das ist aber nicht nur nicht notwendig, sondern wird im Gegenteil oft negativ bewertet. Warum?

Versetzen Sie sich in die Rolle Ihrer Entscheidungsträger. Wenn Sie jemand mit viel zu vielen Detailinformationen überschüttet, gehen schnell die Aufmerksamkeit und der Blick für das Wesentliche verloren. Erschwerend kommt hinzu, dass die Entscheidungsträger meist nur ein begrenztes IT-Fachwissen haben. Es sitzt also jemand vor Ihnen, der viele Punkte nicht im Detail versteht, dessen Zeit ein kostbares Gut ist und der sich nun viele Gründe anhören muss. Die Folge ist, dass der Zuhörer genervt ist oder schlichtweg nicht mehr folgen kann. Um dies zu vermeiden, begrenzen Sie ihre Ausarbeitung auf folgende Regeln:

- **Wenige Szenarien**: Wählen Sie nur zwei bis drei Szenarien aus, wobei Ihre Tendenz eher zu zwei gehen sollte.
- **Zielgruppenorientierte Auswahl**: Die Berichtslinie der IT und die Verwaltung der Budgets werden in nahezu jedem Unternehmen anders gehandhabt. Wenn Sie an den Geschäftsführer mit Produktionshintergrund berichten, werden Szenarien mit Bezug zur Produktion greifbarer sein, als dies für einen Finanzvorstand der Fall wäre. Den Finanzvorstand hingegen erreichen Sie deutlich besser mit gut errechneten und aufbereiteten Zahlen.
- **Anlassorientierte Tiefe des Wissens**: Machen Sie sich zuvor ein Bild, was Ihr Zuhörer unbedingt wissen muss, um in seiner (!) Welt eine Entscheidung treffen zu können. Falls Sie damit unerfahren sind, suchen Sie einen erfahreneren Kollegen, und besprechen Sie mindestens Ihr Ergebnis mit ihm. Mit Ihrem technischen Fokus und dem Wissen wirkt die Präsentation inhaltlich schnell oberflächlich und das frustriert viele Fachkräfte!

  Machen Sie sich jedoch bewusst, dass es noch frustrierender wäre, wenn Ihr Vorhaben aufgrund eines langen Vortrags abgelehnt würde. Zudem haben Sie das Wissen weiterhin, wenn der Entscheidungsträger eine Rückfrage hat oder ein Detail wissen möchte, können Sie dies jederzeit beantworten. Aber Achtung: Erneut gilt es darauf zu achten, das Detail zu ergänzen und die Frage kurz und bündig zu beantworten. Die Rückfrage sollten Sie nicht als Einladung zu einem ausschweifenden Vortrag auffassen!

Nachdem Sie einen ersten Einblick in die Komplexität und Varianz des Themenbereichs Informationssicherheit erlangt haben und wissen, wie Sie Entscheidungsträger sensibilisieren können, ist es an der Zeit, dass Sie die Sicherheit systematisch angehen. Doch wie tun Sie das?

7.2 Konzeptionelle Informationssicherheit

Der erste Schritt ist die Erweiterung auf den Themenbereich der Informationssicherheit. Was bringt Ihnen ansonsten der technische Schutz der Systeme, wenn der Spion mit dem Aktenordner voller geheimer Entwürfe durch die Tür verschwindet?

Die konzeptionelle Informationssicherheit folgt einigen klaren Schritten, die im Folgenden betrachtet werden.

Insbesondere die Themenbereiche Schutz und Sicherheit folgen in der gesellschaftlichen Sicht oft einer tief verwurzelten Angst. Wir alle möchten bestmöglichen Schutz und eine hohe Sicherheit. Im Alltag lernen wir bereits als Kinder, die Bedürfnisse und Folgen miteinander aufzuwiegen und eine für uns individuell richtige Entscheidung zu treffen. In der Berufswelt kann dies anders sein, denn dort haben Sie voraussichtlich Verantwortung für das Unternehmen, haben einen Job, den Sie nicht verlieren möchten, und vieles mehr. Um dort zur richtigen Balance zu finden, möchte ich zunächst veranschaulichen, was eine überhöhte Informationssicherheit für Ihr Unternehmen bedeuten kann.

7.2.1 Informationssicherheit mit Augenmaß

Im Alltag finden sich immer wieder ambitionierte IT-Fachkräfte, die die höchstmögliche Sicherheit anstreben und genau damit scheitern. Um die Ursachen zu verstehen, lohnt es sich, auf den Prozess zu schauen. Als Erstes kommt die Frage auf, woher überhaupt die Information stammt, was denn die höchstmögliche IT-Sicherheit ist. Häufig treffen Sie dann auf die Werbung von Herstellern oder Systemhäusern oder auch auf viele mehr oder weniger gute Portale, die eine sich ständig ändernde Bedrohungslage veröffentlichen.

Kurz gefasst: Es wird jeden Tag aufs Neue eine Sau durchs Dorf getrieben! Aus diesem Vorgehen resultieren viele Folgen, die letztlich Bausteine des Scheiterns werden:

- **Hohe Kosten**: Das Team, oder zumindest Teile davon, ist mit einem sehr großen Anteil der Zeit damit beschäftigt, die aktuellen Neuigkeiten zu verfolgen. Wenn Sie dann noch ein sehr motiviertes Team beobachten, werden Sie feststellen, dass zusätzlich verschiedene Seiten und Sichtweisen verglichen werden mit dem Ziel, »die eine« Sichtweise zu finden. Kurz gefasst: funktioniert nicht und kostet Zeit sowie in Folge Geld!
- **Immer weitere Tools**: Da immer wieder neue Herausforderungen mit hoher Dringlichkeit gefunden werden, müssen in engem Abstand immer weitere Tools gekauft werden. In Folge entstehen hohe Kosten und erneut ein beträchtlicher Zeitaufwand, denn die Tools müssen auch alle integriert/eingeführt werden!
- **Keine Architektur mehr**: Stellen Sie sich eine Baustelle vor, auf der nahezu täglich irgendeiner irgendwas baut. Die Aufgabe des Architekten besteht darin, die entstehende Toollandschaft zu orchestrieren, die Datenflüsse durchgängig zu gestalten und vor allem zu definieren, welches Tool nun welche Aufgabe übernimmt. All das muss er in einer sich stetig verändernden Umgebung tun, was spätestens auf mittelfristige Sicht nicht leistbar ist. In Folge entsteht keine durchdachte und sinnvolle Architektur, sondern ein zunehmend bunter Flickenteppich. Dieser Flicken-

teppich ist die Garantie dafür, dass einige Aufgaben durch mehrere Tools erledigt werden, wodurch die Kosten steigen oder auch Tools sich gegenseitig behindern.

- **Einschränkungen der eigentlichen Nutzer**: Ja, IT-Sicherheit sorgt für Veränderungen und kann auch so manchen fraglichen Arbeitsstil nachhaltig verbessern. Wenn jedoch immer weiter Tools eingeführt werden, ohne dass diese hinreichend auf die Nutzer und die Prozesse abgestimmt werden, führt dies dazu, dass die Mitarbeitenden den eigentlichen Aufgaben immer schlechter oder zumindest langsamer nachkommen können.
- **Fehlende Akzeptanz**: Da bei einer hohen Geschwindigkeit die Mitarbeitenden oft nicht hinreichend über die Gründe für die Veränderung informiert werden und dadurch keinen Mehrwert erkennen können, leidet ihre Akzeptanz. Sobald die Mitarbeitenden ihren Frust immer lauter kundtun und zugleich die Arbeitsleistung kontinuierlich sinkt, wird auch das Management zunehmend weniger Akzeptanz für die IT-Sicherheitsmaßnahmen aufbringen.

Am Ende steht dann oft das Ergebnis, dass die Mitarbeitenden bei dem Stichwort IT-Sicherheit die Augen rollen, das Management jegliches Gespräch über dieses Thema genervt beendet und auch das Ansehen der IT leidet.

Die erste Reaktion an dieser Stelle kann nun sein, besser gar nichts zu tun, als diese Folgen zu riskieren. Besonders für eine neue Führungskraft ist es oft unpopulär, direkt mit kritischen Themen aufzufallen. Seien Sie sich jedoch bewusst, dass nichts zu tun einer Bankrotterklärung im Bereich IT-Sicherheit entspricht. Bei einem Blick in die einschlägigen Medien wird zudem klar, dass die früher oft genutzte Ausrede »Wir sind so uninteressant, uns greift keiner an« nicht mehr funktioniert, da auch viele kleine Fische bekanntlich satt machen.

Nachdem Sie den ersten Schreck verarbeitet haben, gilt es daher zu klären, was für Ihr Unternehmen »sicher« bedeutet.

Mit etwas Abstand werden Sie feststellen, dass eine Definition von Sicherheit die Betrachtung und Lösung von Risiken umfasst, denn wenn Sie die Risiken im Griff haben, sind Sie »sicher« und haben zugleich definiert, was für Sie das angestrebte Sicherheitsniveau ist.

7.2.2 Grundsätzliche Risiken für die Informationssicherheit

Risiken unterteilen sich in zwei wesentliche Gruppen:

1. granulare Risiken für einzelne Informationen
2. grundsätzliche Risiken für Ihr Unternehmen

Die granularen Risiken für einzelne Informationen sind datenbasiert; die Kernfrage ist daher, welchem Risiko der jeweilige Datensatz wann ausgesetzt ist. Und ab wann ist es eigentlich ein Risiko? Auf diese Fragen und mögliche Lösungswege gehe ich genauer in Abschnitt 7.2.3 ein.

Doch was sind grundsätzliche Risiken für Ihr Unternehmen? Die grundsätzlichen Risiken wirken indirekt auch auf die Daten ein, können jedoch übergreifend betrachtet und bewertet werden. Dadurch sind die Risiken grundsätzlicher und übergreifender Natur, sie betreffen somit größere Einheiten wie das Unternehmen oder das Gebäude. Die Risiken bilden somit eine Art »Oberklasse« in Ihrem Risikosystem, denn sie werden auch auf alle Informationen und Daten vererbt.

Doch wie ermitteln Sie diese Risiken? Der erste Schritt vieler IT-Führungskräfte ist meist das Schließen der Bürotür, und dann wird mit Zettel und Stift fleißig gesammelt.

Das Ergebnis sind seitenweise Auflistungen von Risiken, und dennoch bleibt häufig das Gefühl, etwas vergessen zu haben. Wenn Sie nun die Listen weglegen und nach einiger Zeit erneut darauf schauen, kommen oft die nächsten Fragen auf: Ist das überhaupt die richtige Granularität? Haben Sie die Risiken genau genug benannt, oder hätten Sie bereits zuvor klassifizieren müssen?

Am Ende dieser und vieler weiteren Überlegungen werden Sie vielleicht demotiviert feststellen, dass die Aufgabe sehr zeitintensiv ist und zugleich mit der Zeit auch zu sehr unwahrscheinlichen Risiken oder fast schon paranoiden Gedankengängen führen kann.

Weiterhin haben Sie das Problem, dass auch dritte Parteien Sie irgendwann fragen könnten, wie Sie genau diese und jene Risiken identifiziert haben und warum nicht andere.

Die Lösung für all diese Herausforderungen besteht darin, die Ermittlung von Risiken zu systematisieren und zu strukturieren.

Ein Ansatz kann die Nutzung des Dokuments »Elementare Gefährdungen« des Bundesamts für Sicherheit in der Informationstechnik (BSI) sein, das Sie unter *https://www.bsi.bund.de/dok/10099762* finden.

Das Dokument enthält eine durch das BSI ermittelte Liste von Risiken, die auf Ihr Unternehmen einwirken können. Beispielhaft können die Gefahren Feuer, Verschmutzung, Staub, Korrosion oder auch ungünstige klimatische Bedingungen genannt werden. Die Kategorien wirken sehr groß gefasst und oberflächlich, aber genau dieses Ziel wird mit dem Dokument verfolgt. Hierzu werden die Gefahren allgemeingültig und mit Beispielen beschrieben sowie aufgezeigt, warum dies eine Gefahr ist.

Die Risiken können Sie nun in eine Tabelle überführen und für Ihr Unternehmen individuell bewerten.

Fokus auf die IT-Risiken

Beachten Sie jedoch, dass Sie die Bewertung der IT-Risiken oder der Risiken für Informationssicherheit durchführen möchten, nicht die des ganzen Unternehmens! Wenn Sie Ihre Serverräume im Obergeschoss haben, kennzeichnen Sie das Risiko »Hochwasser« als »Nicht gegeben«. Auch wenn Sie wissen, dass die Akten der Buchhaltung im Keller betroffen wären, stellt dies kein Risiko für die Informationssicherheit dar! Dies wird im unternehmensweiten Risikoverzeichnis (IT-unabhängig!) erfasst und dort behandelt.

Kategorien wie »Nicht gegeben«, »betroffen« oder »stark betroffen« sind natürlich schwierig, denn wie quantifizieren Sie dies?

Die fachliche Definition von Risiko lautet:

Risiko = Eintrittswahrscheinlichkeit × Schadensausmaß

Eintrittswahrscheinlichkeit

Die *Eintrittswahrscheinlichkeit* können Sie in Prozent oder mit einer selbst definierten (und dokumentierten!) Matrix bewerten. Inhaltlich stellt die Eintrittswahrscheinlichkeit dar, für wie hoch Sie den Eintritt dieses Risikos halten.

Ein wesentlicher Einflussfaktor ist der betrachtete Zeitraum, der zuvor festgelegt werden muss. Für die Größe selbst gibt es keinen definierten Wert. In der Praxis empfiehlt sich ein mittelfristiger Wert, der sich an Ihrer allgemeinen Strategieplanung orientiert, beispielsweise drei oder fünf Jahre.

Neben der Eintrittswahrscheinlichkeit sollten Sie auch die angenommene *Eintrittshäufigkeit* dokumentieren, denn wenn ein Risiko während des Zeitraums voraussichtlich mehrfach eintritt, ist es auch mehrfach in die Bewertung aufzunehmen.

Am Beispiel des Hochwassers für Ihren Serverraum könnte die Eintrittswahrscheinlichkeit 0,0 % betragen, da der Serverraum im Obergeschoss ist und kein Gewässer in der Nähe ist. An dieser Stelle müssen Sie zuvor definieren, wie weit Sie ein Risiko annehmen. Aufgrund des Klimawandels könnte es zu einem Hochwasser kommen, und das Gebäude könnte empfindlich beschädigt werden oder sogar zusammenbrechen. In diesem Fall wäre der Faktor »Hochwasser« auch im Obergeschoss für Sie relevant und mit zumindest einer geringen Eintrittswahrscheinlichkeit zu würdigen. Gehen Sie aber pragmatisch vor, und lassen Sie die Betrachtung nicht ausufern: In diesem Fall können Sie das Risiko dem allgemeinen Risiko »Gebäude« zuschreiben und nicht als gesondertes IT-Risiko sehen. Auch wirkt der Fall zum heutigen Zeitpunkt für Ihr Unternehmen vielleicht etwas konstruiert, und es gibt vermutlich noch keine wissenschaftlichen Daten, die ein Hochwasser in Ihrer Region sehr wahrscheinlich wirken lassen.

Falls Ihr Serverraum jedoch im Kellergeschoss läge, könnten Sie eine Eintrittswahrscheinlichkeit ableiten. Auch wenn die Region weiterhin nicht gefährdet ist, könnte es dennoch passieren. Aus dem Grund würde ich in dem Fall den Ansatz von 1–5 % empfehlen, um die vorhandene Wahrscheinlichkeit (z. B. Starkregenereignisse) zu würdigen.

Schadensausmaß

Das *Schadensausmaß* ist die zweite Größe in der Gleichung und muss ebenfalls definiert werden.

Der direkte Schaden wirkt aus IT-Sicht recht einfach, denn wenn die Server nach dem Hochwasser defekt sind, können Sie ermitteln, was eine Neubeschaffung und Installation in etwa kosten wird.

Unterscheiden Sie dabei jedoch die direkten Auswirkungen, die für Sie relevant sind, von den indirekten Auswirkungen auf andere Bereiche. Diese werden auf Sie zukommen und erläutern, dass der Ausfall der Server auch dort Kosten verursacht, etwa weil Aufträge nicht bearbeitet oder Waren nicht ausgeliefert werden können. Inhaltlich ist das vollkommen richtig, aber diese Risiken müssen in den Fachbereichen aufgenommen werden; Sie würden eine defekte Maschine ja auch nicht in Ihrer Betrachtung erwähnen.

Risiken strukturiert erfassen

Die Vereinfachungen in beiden Faktoren bedeutet hierbei ausdrücklich nicht, dass Sie Verantwortung ablehnen, sondern bieten die Grundlage für die Strukturierung und die Ermittlung der Werte mit einem vertretbaren Aufwand. Wenn die Werte zu viele Einflussgrößen haben, führt dies zu vielen und vor allem langwierigen Diskussionen, die dem Ergebnis im Weg stehen.

Das Schadensausmaß des Serverraums im Erdgeschoss beträgt für das vorliegende Beispiel 100.000 €. Bei einer Eintrittswahrscheinlichkeit von 20 % ergibt sich das folgende Risiko:

Risiko = 20 % Eintrittswahrscheinlichkeit × 100.000 €

Das Risiko beträgt daher 20.000 € in diesem Beispiel.

Mit dieser Gleichung können Sie das Risiko quantifizieren und auf dieser Basis mit den verantwortlichen Personen später entscheiden, wie mit diesem Risiko umzugehen ist. Auch erhalten Sie so eine Übersicht, mit der Sie alle vorhandenen Risiken sortieren können.

Wie mit den ermittelten Risiken umgegangen werden und was daraus resultieren kann, erfahren Sie in Abschnitt 7.2.5.

Anforderungen als Risiko

Eine weitere Quelle von Anforderungen an die Informationssicherheit können Regularien Ihrer jeweiligen Branche sein. Vielleicht denken nun an stark regulierte Branchen wie Chemie oder Pharmazie, allerdings trifft es mittlerweile dank Verordnungen wie NIS-2 auch ganz andere Branchen. Mit Blick auf NIS-2 muss der Blick von der Branche auch weiter zum Unternehmenstyp wandern, denn bei NIS-2 sind neben Branchen auch Kennziffern wie Umsatzgrößen oder die Anzahl der Mitarbeiter für die Klärung der Frage nach der Betroffenheit relevant.

Resultieren aus den Anforderungen Risiken? Nein, denn die Anforderungen drücken aus, was Sie mindestens erfüllen müssen. Zugleich können Sie diese Anforderung dennoch als Risiko erfassen, denn wenn Sie sie nicht erfüllen, macht sich Ihr Unternehmen möglicherweise strafbar oder geht anderweitige Risiken ein. Damit Sie dort eine einheitliche Sicht und Liste betrachten, sollten Sie daher auch die Anforderungen als Risiken betrachten und kategorisieren!

Bislang haben Sie die allgemeinen und die aus Regularien resultierenden Risiken betrachtet und entsprechend aufgenommen. In den Medien findet sich immer wieder der Aussage »Daten sind das Gold des 21. Jahrhunderts«, der die Wichtigkeit und Relevanz von Daten betont. Bei Ihrer bisherigen Betrachtung sind die Daten nur mittelbar geschützt, und Sie sollten daher einen Blick auf Ihren »Goldschatz« werfen.

Risikoanalyse als Prozess

Die Risikoanalyse stellt einen kontinuierlichen und dauerhaften Prozess dar, da sich die Risikolandschaft immer wieder verändert und auch die Sicht der verantwortlichen Personen sich ändern kann. Wenn Sie den gesamten Prozess einmal beispielhaft betrachten möchten, so wird Ihnen der frei erhältliche Standard 200-3 des *Bundesamts für Sicherheit in der Informationstechnik (BSI)*, den Sie unter *https://www.bsi.bund.de/DE/Themen/Unternehmen-und-Organisationen/Standards-und-Zertifizierung/IT-Grundschutz/BSI-Standards/BSI-Standard-200-3-Risikomanagement/bsi-standard-200-3-risikomanagement_node.html* finden können, eine große Hilfe sein. Der Standard stellt die Arbeitsschritte für die risikobezogenen Aspekte des IT-Grundschutzes dar. Auch wenn Sie selbst keine Zertifizierung nach IT-Grundschutz anstreben, können die Dokumente sehr hilfreich und für Ihren eigenen Prozess sehr wertvoll sein!

7.2.3 Datenklassifizierung: Was habe ich eigentlich?

Die Informationssicherheit nutzt Daten als zentralen Ansatz für die Bewertung der Sicherheit und gibt eine Antwort auf die Frage »Sind Sie sicher genug?«. Vor diesem Hintergrund wirkt die Frage in der Überschrift eher schlicht, denn Sie kennen doch ihre Informationen/Daten?

Gerade für die IT gilt das jedoch oftmals nicht. Die inhaltliche Verantwortung liegt bei den Fachbereichen, daher wissen Sie oft nicht, welche Datenklassen bei Ihnen im Unternehmen vorhanden sind und was das konkret bedeutet.

Daten vs. Informationen

Im vorliegenden Kapitel werden Sie immer wieder über die Begriffe *Daten* und *Informationen* stolpern, weswegen eine Erklärung geboten ist.

Der Ursprung sind Daten. Dabei handelt es sich etwa um Zahlen (`27`) oder auch Texte (`Das Angebot ist gut`).

Wenn ich Sie nun frage, was Sie mit der Zahl oder dem Text anfangen können, haben Sie vermutlich einige Theorien, aber kein genaues Wissen. Damit Daten zu Informationen werden, brauchen Sie einen Kontext zur Einordnung. Wenn Sie die 27 beispielsweise in einer Tabelle mit dem Namen »Reklamationen verschiedener Produkte« und dort in der Spalte »Häufigkeit« neben dem Eintrag »Spielzeug Typ A« lesen, wissen Sie, dass das Spielzeug 27-mal reklamiert wurde. Wenn Daten interpretiert werden, erhält man Informationen.

Beide Kategorien sind aus Sicht der IT-Sicherheit wichtig und zugleich anders zu behandeln.

Daten müssen vorwiegend physisch geschützt werden, denn im Grunde sind es nur Bits und Bytes auf einem Datenträger. Dazu gibt es doppelte Sicherungen oder auch eine Verschlüsselung. So ist sichergestellt, dass die Daten nicht manipuliert oder gelöscht werden können.

Informationen hingegen müssen kontextuell geschützt werden, etwa durch Zugriffsrechte oder die Sicherstellung der Integrität.

Beide Kategorien sind heikel, denn Sie könnten eine Datei mit 10.000 Kundensätzen verlieren (also *Daten*), die mit weiteren online verfügbaren Daten zusammengeführt wird (z. B. aus sozialen Netzwerken) und somit dem Datendieb eine vollständig neue Qualität von *Informationen* liefert.

Das BSI unterteilt die Daten in drei Datenklassen:

1. **Normal**: Daten mit geringem Schutzbedarf (z. B. öffentliche Informationen/Flyer)
2. **Hoch**: erhöhter Schutzbedarf (z. B. interne Daten)
3. **Sehr hoch**: kritische Daten (z. B. personenbezogene Daten/Betriebsgeheimnisse)

Das Vorgehen war lange Zeit deutlich filigraner und mit mehr Stufen verbunden. Im Alltag zeigte sich jedoch, dass der höhere Detailgrad nicht immer zu einer Verbesserung der Sicherheit führte und zugleich den Boden für zahlreiche Diskussionen bereitete. Um die Diskussion objektiv führen zu können, werden pro Datenklasse Grenzen benannt. Zu beachten ist, dass diese Grenzen Ihrem Unternehmen entsprechend angepasst werden können, um die individuelle Unternehmensgröße zu spiegeln. Die vorgeschlagenen Größen für die Unterscheidung der Datenklassen sind:

- **Normal**: geringe Schadensauswirkungen (z. B. tolerierbare finanzielle Verluste oder kurzzeitige Störungen des Betriebs)
- **Hoch**: erhebliche Schäden (finanzielle Einbußen bis beispielsweise 500.000 € oder Ausfallzeiten über 24 Stunden)
- **Sehr hoch**: existenzbedrohende Folgen (z. B. Risiko einer Insolvenz)

Sie können bei Bedarf weitere Kategorien ergänzen oder vorhandene an Ihre Bedürfnisse anpassen. Hierbei sollten Sie zwei Aspekte bedenken: Komplexität und Aussagekraft.

- Die *Komplexität* können Sie beliebig steigern, indem Sie viele Kategorien bilden und am Ende nur wenige Informationen in jeder Kategorie zu finden sind.

  Da die Kategorien das Fundament für Ihre späteren Schutzmaßnahmen sind, müssten Sie für jede Kategorie abweichende Maßnahmen einplanen, da ansonsten die Bildung einer separaten Kategorie unnötig wäre.
- Der andere Pol ist die *Aussagekraft*. Auch wenn Sie die Kategorien mit der Begründung, alles »gleich zu schützen«, reduzieren, mag das auf den ersten Blick richtig und sinnvoll klingen. An dieser Stelle sollten Sie sich jedoch fragen, wen Sie betrügen. Entweder haben Sie sehr kritische Daten, die aufgrund der Vereinheitlichung nicht den höheren Schutz erfahren, der eigentlich notwendig wäre. Der Schutzgrad ist oft die Folge eines begrenzten Budgets, denn wenn Sie nun alle Systeme zu kritisch einstufen, müssen Sie alle höher schützen. Die alternative Annahme wäre, dass Sie alle Daten sehr gut schützen, dafür aber viel zu viel Geld investieren, da einige Daten gar nicht diesen Schutzbedarf aufweisen.

In beiden Fällen können Sie hoffen, dass Ihr Vorgesetzter dieses Thema nicht zur Sprache bringt und den vermeintlichen Missstand nicht erkennt. Eine gute Umsetzung wird es unter dem Gesichtspunkt der Kosten und des Nutzens jedoch nicht mehr.

Sie müssen daher prüfen, ob die drei Kategorien bereits hinreichend sind oder weitere Abstufungen benötigt werden. Insbesondere wenn Sie am Anfang des Prozesses stehen, sollten Sie zunächst damit beginnen und möglicherweise später Ergänzungen vornehmen, anstatt alles in theoretischer Schönheit zu ersticken.

7.2.4 Zuordnen: Welche Information passt in welche Klasse?

Aufgrund der zuvor definierten klaren Grenzwerte je Klasse und der daraus resultierenden Eindeutigkeit scheint eine Zuordnung schnell erfolgen zu können. Wichtig ist, dass Sie als IT-Verantwortlicher die Klassifizierung nicht im sprichwörtlichen »stillen

Kämmerlein« vornehmen sollten, sondern den Fachbereich involvieren müssen, um eine reale Einschätzung zu bekommen. Nebenher machen Sie noch »Opfer zu Tätern«, und da Sie die Daten gemeinsam einteilen, kann am Ende niemand sagen, dass das nicht passt.

Für ein besseres Verständnis sollten Sie die Daten nicht nur anhand der zuvor genannten Datenklassen zuordnen, sondern die zentralen Sicherheitsziele als weitere Dimension ergänzen.

Die drei zentralen Sicherheitsziele sind:

1. **Vertraulichkeit**: Schutz vor unbefugter Einsicht (z. B. durch Diebstahl oder falsche Rechte)
2. **Integrität**: Sind die Daten unverfälscht und vollständig?
3. **Verfügbarkeit**: Gewährleistung des Zugriffs auf Systeme und Daten

- Die *Vertraulichkeit* ist für Sie vermutlich am einfachsten nachzuvollziehen, denn das ist der Grund für Rechtekonzepte.
- Bei der *Integrität* wird es bereits schwieriger, denn wer sollte Daten verfälschen oder verkürzen wollen?

  Stellen Sie sich einen in der Vergangenheit populären Angriff vor, in dem ein Ausdruck auf dem Weg zum Drucker abgefangen und mit veränderten Werten an den Drucker geschickt wird. So kann Ihr Arbeitsvertrag schnell weniger Urlaub oder mehr Gehalt beinhalten.

  Auch wenn dieses Beispiel recht alt ist, zeigt es doch den Geist des Angriffs auf. Die Integrität kann auch bei anderen Informationen eine hohe Relevanz haben, etwa bei Produktionsparametern, auf deren Basis eine Steuerung erfolgen soll.

  Gibt es denn Daten mit einer niedrigen Anforderung an die Integrität? Ja, beispielsweise Testdaten oder auch Wetterdaten, die für allgemeine Analysen genutzt werden, haben keinen hohen Anspruch an die Integrität.

  Warum nicht? Der Bezug zur Kritikalität ist immer die mögliche Auswirkung für das Unternehmen. Eine Manipulation oder Fälschung wäre nicht gut, hätte jedoch auch keine schwerwiegenden Folgen im Prozess.
- Das letzte Ziel ist die *Verfügbarkeit*. Hierbei steht die Verfügbarkeit der Informationen/Daten im Fokus, etwa dass die Soft- und Hardware zuverlässig funktioniert oder auch Dienste in der Cloud erreichbar sind.

  Die Verfügbarkeit muss auch wechselnden Rahmenbedingungen, etwa dem Ansturm auf einen Shop zu den Feiertagen, gewachsen sein bzw. diese integrieren. Ein Beispiel für Daten, die hochverfügbar sein müssen, sind Produktionsdaten, da ohne Steuerung und Übergabe von Daten Schäden an Maschinen oder Produkten eintreten können. Die Verfügbarkeit des Essensplans der Kantine ist hingegen für den einzelnen Mitarbeitenden sicher wichtig, gesamtunternehmerisch jedoch nicht von großer Bedeutung.

Zum besseren Verständnis werden in Tabelle 7.1 einige Typen mit möglichen Klassifizierungen dargestellt:

Information	Vertraulichkeit	Integrität	Verfügbarkeit
Personaldaten	sehr hoch	sehr hoch	normal
Produktionsdaten	hoch	hoch	hoch
Broschüren	normal	hoch	normal
...	...	...	...

Tabelle 7.1 Schutzziele

In der Tabelle ist sichtbar, dass sich die drei Dimensionen durchaus unterschiedlich gestalten.

Am einfachsten ist es bei Personaldaten, etwa Arbeitsverträgen. Die Vertraulichkeit und die Integrität sind sehr hoch, immerhin möchte kein Arbeitnehmer, dass seine Gehaltsdaten durch die Firma kursieren, und integer sollen die Daten auch bitte sein. Die Verfügbarkeit dagegen ist normal: Wenn der Personalbereich für eine überschaubare Zeit keinen Zugriff auf die Daten hat, beispielsweise weil der Server abgestürzt ist, fügt das dem Unternehmen keine großen Schäden zu. Der normale Leistungsprozess, etwa die Produktion von Gütern oder die Erbringung von Dienstleistungen, kann weiterhin erfolgen.

Bei Produktionsdaten sind ebenfalls eine hohe Vertraulichkeit und hohe Integrität notwendig. Vertraulich müssen die Daten sein, da Sie nicht wollen, dass diese öffentlich werden. Je nach Produkt können sonst Mitbewerber auf Basis von Produktionsdaten möglicherweise die Herstellung Ihres Produkts nachahmen. Die Integrität ist ebenfalls hoch, könnte aber auch sehr hoch sein. In diesem Fall wird angenommen, dass die Steuerung der Maschinen auf Basis der Produktionsdaten erfolgt. Hierzu ist es wichtig, dass die Daten integer sind, um keine Fehlentscheidungen zu treffen, ebenso müssen die Daten verfügbar sein, um keine Entscheidung auf Grundlage zu weniger Daten zu treffen.

Die Nähe der Analyseergebnisse zu Ihrem Unternehmen

Insbesondere im Beispiel der Produktionsdaten wird ersichtlich, dass sich die Klassifizierung der Daten möglicherweise je nach Einsatz ändern kann. Wenn die Produktionsdaten beispielsweise den nicht patentierbaren Teil eines neuen Produkts offenbaren oder eine fehlende Integrität eine sehr teure Maschine zerstört, könnte die Bewertung höher als im Beispiel angenommen ausfallen.

Sie müssen daher mit dem verantwortlichen Fachbereich die Datentypen besprechen und gemeinsam definieren, welche Inhalte den jeweiligen Kategorien zuzuordnen sind. Zugleich ist ersichtlich, dass der Prozess dynamisch ist und sowohl die Kategorien als auch die Einstufung zyklisch (beispielsweise einmal im Jahr) abgestimmt werden müssen.

Die Broschüren als letzte Kategorie werden überall *normal* bewertet, lediglich die Integrität ist hoch, weil Fehlinformationen dem Image des Unternehmens schaden könnten. Ob Sie diese Einschätzung für Ihren Fall teilen, müssen Sie individuell prüfen, auch hier müssen Sie sich herantasten.

Zu Beginn stellt sich schnell die Frage, wie viele Typen von Informationen Sie überhaupt haben müssen. Zunächst möchte ich noch einmal den Mehrwert der Klasse betonen, denn Sie könnten auch jede Datei einzeln bewerten und klassifizieren. Auch wenn dies möglicherweise genauer wäre, würde es zugleich einen sehr hohen Aufwand bedeuten, und ab einem gewissen Umfang ist es für die Altbestände schlicht nicht zu argumentieren.

Aus diesem Grund empfiehlt es sich, zunächst mit wenigen Klassen zu beginnen und gleichartige Schutzbedürfnisse idealerweise zusammenzufassen. Die Typen müssen Sie unternehmensbezogen entwickeln, und danach beginnt die Arbeit der Klassifizierung. Was nicht mit Garantie verhindert werden kann, ist die Tatsache, dass in irgendeinem Unterordner doch versehentlich eine Datei mit höherer Schutzklasse enthalten sein könnte.

Auch an dieser Stelle gilt, dass Sie nicht in Schönheit sterben sollten. Eine erste grobe Klassifizierung ist besser als keine.

Klassifizierung als Prozess

Zunächst klassifizieren Sie die Bestandsdaten auf dem Papier oder möglicherweise bereits mit Unterstützung eines Werkzeugs. Viele Unternehmen ziehen dies sprichwörtlich durch und atmen dann auf.

Genau an dieser Stelle müssen Sie intervenieren, denn wenn Sie nun aufhören, werden Sie eines Tages wieder vor einem unklassifizierten Datenberg stehen!

Das Thema Klassifizierung muss in die täglichen Prozesse Einzug halten. Jede neue Datei muss ein vordefiniertes Schutzlevel haben, und zugleich müssen Mitarbeitende angewiesen werden, dies zu erhöhen, wenn der Inhalt es erfordert. Moderne Werkzeuge können zudem die Inhalte prüfen und den Mitarbeitenden alarmieren, wenn die Klassifizierung als zu gering eingeschätzt wird.

Wichtig ist die Botschaft, dass die Klassifizierung ein dauerhafter Prozess ist und daher Teil des beruflichen Alltags aller Mitarbeitenden werden muss! Sie sollten daher bereits im Vorfeld überlegen, wie dies erfolgen soll und möglichst frühzeitig die betroffenen Personen schulen.

Auf Basis der Klassifizierung können Sie nun die bereits angelegte Risikoliste prüfen und um Risiken erweitern, die die Datenklassen und deren Einstufungen gefährden könnten. Bei der sehr hohen Vertraulichkeit der Personaldaten könnte beispielsweise eine falsche Rechtevergabe oder auch ein digitaler (oder physischer) Einbruch ein Risiko darstellen.

Hierzu gibt es leider keine universelle Vorlage, sodass Sie mögliche Gründe frei erarbeiten müssen. Auch möchte ich empfehlen, zunächst frei alle Möglichkeiten aufzuschreiben und diese dann später zu Gruppen/Risiken zusammenzufassen. Im Zweifel ist auch *weniger* zu Beginn *mehr*, da Sie den Risiken begegnen müssen und Ihr Unternehmen damit zu Anfang nicht umzugehen weiß. Es müssen also die folgenden Prozesse der Risikobehandlung zunächst gemeinsam eingeübt werden. Wenn Sie dann einmal im Quartal die Risiken prüfen und möglicherweise neue ergänzen, werden Sie iterativ mehr Risiken bearbeiten und es zugleich für die Entscheidungsträger verträglich gestalten.

7.2.5 Umgang mit entdeckten Risiken

Sobald Sie den Schutzbedarf der einzelnen Systeme und Dateien definiert haben und die einwirkenden Risiken kennen, gilt es, den Umgang damit zu definieren.

Der naheliegende Impuls ist das Vermeiden von Risiken, was betriebswirtschaftlich oder strategisch jedoch nicht unbedingt notwendig sein muss. Sie müssen daher zunächst mit den verantwortlichen Personen abstimmen, wie mit Risiken zu verfahren ist. Zur Auswahl stehen:

- **Risiko akzeptieren**: In diesem Fall wird nichts unternommen. Dies geschieht meist bei Risiken, bei denen die Minderung sehr kostenintensiv ist und in keinem Verhältnis zum möglichen Schaden steht.
- **Risiko vermeiden**: Bei großen Risiken entspricht die Vermeidung der Senkung der Eintrittswahrscheinlichkeit auf null. Beispielhaft können alte Systeme abgeschaltet werden.
- **Risiko reduzieren**: In dem Fall können Sie das Risiko nicht verhindern, jedoch seine Eintrittswahrscheinlichkeit reduzieren. Ein Beispiel hierfür ist eine Firewall an der Internetschnittstelle. Damit reduzieren Sie das Risiko für IT-Angriffe aus dem Internet enorm, schließen es jedoch nicht aus.

- **Risiko übertragen**: Risiken können an Versicherungen übertragen werden. Die Eintrittswahrscheinlichkeit wird so natürlich nicht geringer, jedoch erhalten Sie eine Gegenleistung, mit der Sie die Auswirkungen beheben oder zumindest reduzieren können.

Sobald Sie pro Risiko entschieden haben, wie Sie damit umgehen möchten, können Sie daraus ableiten, welche technischen Lösungen Sie entwickeln müssen. Ich empfehle Ihnen jedoch, bereits im Vorfeld über technische Lösungen nachzudenken, denn Sie werden auf Herausforderungen stoßen, bei denen ein Risiko nicht vermeidbar ist. Dies sollten Sie in der Diskussion auch benennen und erklären können, da es ansonsten im Nachgang zu einer unangenehmen Rückmeldung durch Sie kommt.

Ein weiterer Einflussfaktor für die Risiken und mögliche Schutzmaßnahmen ist die Außenwirkung Ihres Unternehmens. Auch wenn es möglicherweise seltsam klingen mag, Sie sollten sich fragen, wie »attraktiv« Ihr Unternehmen ist. Ein Unternehmen der Rüstungsindustrie wird voraussichtlich eher durch staatliche Akteure angegriffen als die kleine Medienagentur. Die Frage nach dem potenziellen Angreifer und dem angestrebten Schutzlevel hat einen wesentlichen Einfluss auf die Gestaltung Ihrer Schutzmaßnahmen!

7.2.6 Vor wem wollen Sie sich schützen? Script Kiddie, Hacker und Cracker

Nachdem Sie wissen, welche Risiken Ihr Unternehmen akzeptiert und bei welchem Risiko Sie Schutzmaßnahmen entwickeln müssen, gilt es zu prüfen, vor wem Sie sich überhaupt schützen müssen.

Denken Sie etwa an Ihre Wohnung. Wer bricht dort ein? Falls Sie »Angreifer« mit dem Hintergrund der Beschaffungskriminalität vermuten, reichen meist erste Schutzmaßnahmen wie eine abgeschlossene Tür und eine erleuchtete Einfahrt vollkommen aus. Dieser Personenkreis hat es ja nicht auf genau Ihr Haus abgesehen, sondern sucht einen schnellen Gewinn.

Anders sieht es natürlich aus, wenn Sie ein wertvolles Gemälde besitzen und ein geheimer Sammler Diebe mit dessen Beschaffung beauftragt hat. Je nach Skrupellosigkeit der Einbrecher können Sie sich gar nicht wirklich schützen. Maßnahmen wie eine Alarmanlage, ein Wachhund und Verstärkung an neuralgischen Punkten helfen Ihnen nichts, wenn Sie nach dem Aussteigen aus dem Auto in den Lauf einer Waffe schauen. Dennoch gilt, dass Sie sich bestmöglich und angemessen schützen und eben nicht mit Verweis auf einen eher schwierigen Fall aufgeben sollten.

In IT-Sicherheitskreisen werden Sie bei digitalen Einbrüchen immer wieder über die Einteilung Script Kiddies, Hacker und Cracker stolpern. Doch wer macht was?

- Als *Cracker* werden Personen bezeichnet, die gezielt Programmcode manipulieren, um etwa Lizenzabfragen zu umgehen oder Premium-Features freizuschalten. (So was kann auch in einem Unternehmen vorkommen, denn nicht alle in der IT nehmen das Lizenzrecht sehr ernst, und so manch einer »behilft« sich gerne auf die Schnelle. Das kann auch Sicherheitsprobleme befeuern, das größere Risiko ist aber, dass so etwas bei einer Lizenzprüfung natürlich gar nicht gerne gesehen wird und heftige Strafen nach sich zieht.)

- Ein *Script Kiddie* spielt mit vorgefertigten »Hackprogrammen«, die frei im Internet erhältlich sind. Vor vielen Jahren war dies eine abfällige Bezeichnung für Personen, die schnelle Erfolge ohne viel Einsatz suchten und die daher auch schnell wieder von der Bildfläche verschwanden.

  Inzwischen gibt es jedoch eine Unzahl von Anleitungen auf YouTube, Reddit oder spezialisierten Plattformen, und bei der Anpassung der Skripte hilft gerne die KI: Heutzutage lassen sich mit überraschend wenig Fachwissen bekannte Sicherheitslücken ausnutzen. Auch wenn dieser Angreifertyp weiterhin auf die Zulieferung von Wissen angewiesen ist, müssen Sie ihn durchaus ernst nehmen, denn der Zugang zu diesem Wissen ist einfacher denn je!

- Die letzte Kategorie ist der »Hacker«, der in Filmen oft als Gestalt mit Kapuzenpullover und Abneigung gegen das Tageslicht dargestellt wird. Sobald Sie die IT-Sicherheitscommunity kennenlernen, werden Sie jedoch merken, dass dies im Regelfall nur ein Stereotyp ist.

  Korrekt ist jedoch, dass Hacker ein großes Fachwissen und gewisse Kreativität mitbringen. Sie haben Erfahrung mit Angriffen und wissen, wie man neue, bisher unentdeckte Schwachstellen findet.

  Diese Gruppe ist am gefährlichsten, besonders, wenn sie sich auf ein Unternehmen eingeschossen haben. Insbesondere bei erfahrenen Hackern in Verbindung mit starker Motivation wäre meine These, dass Sie und ich uns nicht hinreichend dauerhaft wehren können. Hierfür sind die Angriffsvektoren zu vielfältig – selbst wenn Sie Ihre IT vollständig absichern, ist immer noch die Frage, wie es um die Sicherheit des Gebäudes oder die Erpressbarkeit Ihrer Mitarbeiter steht – und, und, und ...

An dieser Stelle möchte ich die begonnene Analogie mit dem Haus einmal auf die Angreifergruppen übertragen:

- Wer die Fenster auf kipp lässt und damit dafür sorgt, dass Möglichkeiten für Einbrecher geschaffen werden, wird als *Cracker* bezeichnet. Man ermöglicht zwar nicht den aktiven Angriff, schafft aber Risiken.
- Wenn hingegen ein Einbrechertrupp durch die Straße zieht und schaut, bei wem ein Einbruch am einfachsten ist und wo die Beute wohl am üppigsten ausfallen könnte, wird von *Script-Kiddies* gesprochen. Hier gilt die einfache Regel, dass Ihr Haus am besten nicht nach großem Reichtum, zugleich jedoch nach großem Ärger aussieht. Der Trupp muss also Ihren Zaun, den großen Hundenapf, die Überwa-

chungskameras und auch die Bewegungsmelder sehen. Das verdirbt schon mächtig die Lust! Wenn Sie nun nicht überall mit Ihrer Gemäldesammlung prahlen, ist das Risiko begrenzt.

- Der *Hacker* hingegen ist der Einbrecher nach Auftrag. Sie haben also doch von ihrer Gemäldesammlung gesprochen und damit geprahlt! Der verrückte Sammler hat daher einen Einbrecher beauftragt, das einzigartige Gemälde zu stehlen. Er wird als Handwerker der Stadtwerke kommen, wird wissen, wann Sie arbeiten, wird den Code ihrer Alarmanlage herausgefunden haben und vieles mehr. Gegen diese Person sind Sie nahezu machtlos, und alles, was hilft, ist eine gute Versicherung des Gemäldes!

Um die Angst zu relativieren, kann ich Ihnen versichern, dass die letzte Gruppe nicht enorm groß ist. Auch wenn die Folgen verheerend wären, ist die Wahrscheinlichkeit glücklicherweise gering. Sonst müssten Sie keine IT-Sicherheit mehr machen oder wirklich über eine nahezu vollständige Isolation der IT nachdenken!

Nachdem Sie nun die potenziellen Angreifer kennen, sollten Sie sich zur vollständigen Betrachtung der Informationssicherheit noch einen weiteren Bereich ansehen – die physische Informationssicherheit. Insbesondere aus Sicht der IT ist die vorherige Denkweise in digitalen Daten oft vollständig und der einzige betrachtete Weg. Zugleich wissen Angreifer dies auch und stürzen sich häufig bevorzugt auf die physische Informationssicherheit, denn dort findet sich meist der Eingang in die digitale Welt. Zugleich sind die betreuenden Personen oft nicht sehr versiert im Umgang mit Informationssicherheit. Daher sollten Sie als IT diesen Bereich ebenfalls berücksichtigen und zumindest als wertvoller Berater agieren!

7.2.7 Orte, an denen die Information geschützt werden muss

Es kostet einen Angreifer quasi nichts, zu testen, ob ein »verlorener« USB-Stick auf dem Parkplatz den Weg ins Firmennetzwerk findet. Die physische Informationssicherheit ist daher ein sehr relevantes Problem.

Nehmen wir eine Personalakte als Beispiel. Diese kann digital oder analog sein. Sie wissen bereits, dass die Information vertraulich sein muss, nur können Sie daraus noch keine Maßnahmen ableiten. Entscheidend ist vielmehr, wo sich diese Information befindet. Bei der digitalen Personalakte kann das sein:

- auf dem Server, auf dem die Daten gespeichert sind
- auf dem PC des aufrufenden Mitarbeitenden
- im Drucker, wenn sie jemand ausdruckt
- im Netzwerk, wenn sie übermittelt wird
- ...

Bei der analogen Personalakte kann das sein:

- der Tisch, auf dem die Personalakte liegt
- der Kopierer, in dem die Kopie vergessen wurde
- das Regal, in dem die Personalakte sonst lagert
- der Wagen des internen Postverteilers, der auch Akten ins Archiv bringt
- ...

In beiden Fällen ist ersichtlich, dass es viele Orte gibt, an denen sich die Information befinden kann. Die Orte selbst müssen entsprechend dem Schutzbedarf der Information behandelt werden. Auf Basis dieser Überlegungen werden weitere Folgen abgeleitet, beispielsweise könnten hieraus die *Clean-Desk-Policy* oder auch *Zutrittskonzepte* resultieren.

Kettenregel

Oft werden Sie Speicherorte oder Orte finden, an denen unterschiedliche Informationen lagern. Beispielsweise werden Sie im Personalbüro neben Akten auch Flyer für die diesjährige Berufsinformationsmesse finden.

Sie ahnen sicher schon, was die Folge ist: Dieser Ort muss immer nach dem Maßstab des höchsten Schutzbedarfs behandelt werden. In diesem Fall wäre der Raum mit dem Schutzbedarf »sehr hoch« zu behandeln, und entsprechende Maßnahmen (z. B. nur autorisierte Personen haben Zutritt, Akten sind nach Nutzung einzuschließen ...) wären zu ergreifen.

Die Flyer selbst behalten ihre geringere Schutzkategorie und können weiterhin mitgenommen werden, es erfolgt also keine Übertragung der Kategorie auf andere Informationen an dem Ort!

Erwartungsgemäß sind die Datenmengen mit einem normalen Schutzbedarf begrenzt. Für diese Daten ist kein gesonderter Schutz notwendig.

Normalerweise stellen die Daten mit einem hohen Schutzbedarf die größte Gruppe dar. Hier sind bereits Maßnahmen notwendig, um dem Schutzbedarf Rechnung zu tragen. Die Informationen mit der Klassifikation »sehr hoch« sind oft ähnlich wie die »normalen« Informationen eher begrenzt vorhanden und meist ohne weitere Diskussion zu erkennen.

In der Praxis haben Sie meistens einfach nicht die Zeit, wirklich alle Daten und Server zu klassifizieren sowie diese Klassifizierung regelmäßig zu überprüfen sowie bei Bedarf anzupassen.

Zugleich ist die Klassifizierung von wesentlicher Bedeutung, denn nur so können Sie sicher sagen, für welchen Bereich Sie mehr Mittel aufwenden müssen und weswegen!

Klassifizieren von Bestandsdaten

Viele Unternehmen stehen vor der Herausforderung eines großen und seit langer Zeit gewachsenen Datenbestands. Wenn nun die Datenklassifizierung ansteht, führt das schnell zu Ablehnung, da niemand alle Dateien einzeln klassifizieren möchte und dies in keinem Verhältnis zum Nutzen steht.

Neben der vollständigen Inventarisierung und Klassifizierung gibt es zwei Wege:

1. Erarbeiten einer allgemeingültigen, pragmatischen Durchschnittslösung: Viele alte Dateien liegen zwar noch auf den Speichermedien, werden jedoch im Alltag nicht genutzt. Zugleich wissen nur wenige sicher, wofür die Daten einst genutzt wurden, und dennoch möchte keiner an eine Löschung denken.

   Sie könnten nun als erste Instanz alle Daten mit dem Kennzeichen »Hoch« klassifizieren, sodass zunächst viele Aktionen wie Versand oder Ähnliches ausgeschlossen werden. Dadurch verhindern Sie bereits einen Datenabfluss. Falls jemand die Datei wider Erwarten nutzt und mit der Klassifizierung nicht einverstanden ist, muss die Anweisung ergehen, dass diese zu ändern ist.
2. Nutzung von Softwarelösungen aus dem Bereich *Data Security Posture Management (DSPM)*: Diese Lösungen können teilweise mit Unterstützung von KI-Daten selbstständig bewerten. Je nach Hersteller und Einsatzbereich beträgt die Genauigkeit 90–95 %, was bereits ein sehr guter Wert wäre. Die Ungenauigkeit wäre erneut durch manuelles Eingreifen bei Bedarf anzupassen.

Welchen Weg Ihr Unternehmen abschließend wählt, ist eine Frage der finanziellen Mittel und auch der Aufgabe selbst. Beide Wege sind für sich genommen sinnvoll und bieten Mehrwerte.

7

7.2.8 Schutzmaßnahmen ableiten

Nachdem nun die Risiken und der Schutzbedarf bekannt sind, kommt der aus IT-Sicht spannende Teil – die Ableitung von Maßnahmen! Hieraus resultieren häufig spannende Projekte, und es gibt nach all den theoretischen Vorbereitungen etwas zu tun.

An dieser Stelle erwarten nun sicher einige Leser eine Schilderung der Vorgehensweise, die es jedoch in der Form nicht geben kann. Das Risiko ist individuell, genauso wie der Schutzbedarf selbst. Am Beispiel der Personaldaten bedeutet dies, dass Sie Daten mit einer sehr hohen Vertraulichkeit haben. Da bei den Schutzbedarfsklassen immer die höchste Klasse in einer Kategorie die gesamte Schutzbedarfsklasse vorgibt, haben die Personaldaten die Schutzklasse »sehr hoch«. Sie wissen jedoch, dass dies ursprünglich durch die Vertraulichkeit ausgelöst wurde. Sie wissen, dass Sie nur eine digitale Personalakte haben, Papierakten gibt es nicht mehr.

Potenzielle Schutzmaßnahmen könnten nun sein:

- **Sichtung der Rechtestruktur Ihres HR-Tools**: Wer hat Rechte? Gibt es vielleicht Azubis oder ehemalige Mitarbeiter, die noch Rechte haben, aber keine mehr besitzen sollten? Hat vielleicht ein Mitarbeiter zu viele Rechte?
- **Prüfung einer Zwei-Faktor-Authentifizierung**: Bietet Ihr HR-Tool diese Option? Damit wissen Sie sicher, dass die Person vor den Personaldaten mindestens zwei Faktoren braucht!
- **Einen Standarddrucker erzwingen**: Auch bei einer digitalen Personalakte müssen immer mal wieder Dokumente analog verschickt und daher ausgedruckt werden. Wie stellen Sie sicher, dass die HR-Kollegen nur den passenden Drucker wählen und falls nicht, dass der Druck nicht einfach irgendwo anders rauskommt?
- **Daten sicher vernichten**: Die zuvor versendeten analogen Dokumente bekommen Sie hin und wieder zurück, beispielsweise bei Verträgen. Die Unterlagen werden dann eingescannt und digital abgelegt ... Aber was machen Sie mit dem Original? Möglicherweise muss es aufbewahrt werden; dann sollten Sie für einen abschließbaren sicheren Schrank sorgen. Oder die Aufbewahrung der Dokumente in analoger Form ist nicht mehr nötig, dann müssen Sie schauen, wie eine sichere Aufbewahrung bis zur Vernichtung oder eine direkte Vernichtung (Aktenvernichter) erfolgen kann.

Sie sehen: Die Maßnahmen ergeben sich aus dem Schutzziel und Ihrem individuellen Prozess sowie Unternehmen. Aus diesem Grund können Sie nur die Aufnahme individuell durchführen und zugleich Maßnahmen ableiten. Zugleich sollten Sie stets beachten, dass auch die Maßnahmen ein iterativer Prozess sind und mit der Zeit stets geprüft werden müssen.

Es ist durchaus möglich, dass bisher ergriffene Maßnahmen in Zukunft nicht mehr hinreichend sind oder durch andere Maßnahmen und Werkzeuge abgelöst werden!

7.3 Schadensausmaßanalyse (Business Impact Analyse, BIA)

Bislang haben Sie Risiken ermittelt und Schutzmaßnahmen entwickelt. Nur was ist, wenn die IT-Sicherheit doch einmal versagt und es zum erfolgreichen Angriff kommt? Oder auch wenn nur die Verfügbarkeit der Systeme durch ein fehlerhaftes und großflächig ausgerolltes Update nicht mehr gegeben ist?

Als IT werden nun viele entgegnen: »Ja, dann reparieren wir es!« Das ist auch vollkommen richtig, nur beachten viele hierbei nicht den eigentlichen Wertschöpfungsprozess des Unternehmens. Ist das für Sie als IT relevant? Sehr sogar, denn bei einer größeren Krise und einem größeren Ausfall werden Sie zweierlei immer zu wenig haben – Mitarbeiter und Ressourcen.

Egal wie motiviert Ihre Mitarbeitenden sind, wenn alle Systeme defekt sind und neu installiert werden müssen, ist das nicht in kurzer Zeit möglich. An dieser Stelle ist es der Wertschöpfungsprozess, der eine Priorität für das Unternehmen hat, da nur dadurch weiter Einnahmen erzielt werden können.

Damit Sie auch in dieser Situation mit kühlem Kopf arbeiten können, brauchen Sie eine *Business Impact Analyse (BIA)*. Im Rahmen der BIA werden für jeden Prozess die notwendigen Systeme aufgeführt und zugleich auch die Prozesse selbst in Abhängigkeit zueinander priorisiert.

In Folge entsteht ein Plan, der Sie auch bei einem größeren Ausfall in die Lage versetzt, möglichst umgehend mit der Wiederherstellung beginnen zu können, anstatt erst langwierig abstimmen zu müssen, was denn nun der richtige Anfang wäre.

Die BIA ist ein Teilelement des *Business-Continuity-Management-Systems (BCMS)*, das sich den Fortbestand der geschäftlichen Kontinuität, also der Leistungserbringung Ihres Unternehmens, zum Ziel gesetzt hat. Im Alltag bedeutet dies, dass die zeitkritischen Geschäftsprozesse, die für Ihr Unternehmen relevant sind, entsprechend geschützt werden und daher auch entsprechende Überbrückungsmaßnahmen (durch das BCM) vorhanden sind.

Nach all den trockenen Definitionen möchte ich Ihnen dies an einem Beispiel nahebringen. Gehen wir von einem Produktionsunternehmen aus.

Was sind dort die wichtigen Kerngeschäftsprozesse?

Das Personal? Oder etwas konkreter die Buchhaltung, weil die ja die Rechnungen schreibt?

Wenn Sie nach einer Unterbrechung an diesen Stellen anfangen, können zwar neue Arbeitsverträge und auch Rechnungen wieder geschrieben werden, aber was bringt das, wenn die eigentliche Wertschöpfung stillsteht? Im Ernstfall sind das also eher unwichtige Prozesse. Bei einem Blick durch die betriebswirtschaftlichen Brille wird dies schnell klar.

Die drei wesentlichen Prozesse sind vielmehr:

1. neue Ware/Rohstoffe vereinnahmen (also annehmen)
2. die Produktion der Güter (materiell/immateriell)
3. der Abtransport der produzierten Güter zum Kunden

- Der erste wesentliche Prozess ist die Annahme/Vereinnahmung neuer Waren und Rohstoffe. Für diesen Prozess gilt, dass er im Notfallmodus ausgeführt wird. Sollte dies nicht der Fall sein, entsteht schnell ein Stau, da viele Firmen die Vorprodukte »just-in-time« erhalten, also erst kurz vor Verarbeitung. Hier gilt es, die Aufgabe zu erledigen und nicht in allen Details technisch zu begleiten. Aus diesem Grund kann auch hier notfalls ein Zettel mit einem Stift zum Einsatz kommen, um die Anzahl der Paletten und sonstige Daten zunächst zu notieren.

- Der zweite wesentliche Prozess ist die Produktion selbst. Auch hier gilt, dass die Maschinen laufen müssen! Begleitende Prozesse, etwa die Stempeluhren, können im Notfall durch einen Zettel ersetzt werden. Selbst wenn Ihr Unternehmen dadurch einige Stunden mehr als notwendig zahlt, wird das eher in Kauf genommen als ein Produktionsstopp, der zu weitreichenden Folgen führen würde.
- Ohne Abtransport der produzierten Güter zum Kunden verderben die Güter, oder Lagerkapazitäten werden überlastet. Zudem bestehen Verträge mit den Kunden, die mit Vertragsstrafen bei Nichterfüllung belegt sind. Aus unternehmerischer Sicht ist das daher ein wesentlicher Prozess, da er zum einen vor Schäden (Vertragsstrafe, Verlust der Ware ...) schützt und zum anderen die Basis für eine spätere Rechnungsstellung ist.

In unserem Beispiel sind dies die geschäftskritischen Prozesse, die mit Priorität wieder zum Laufen gebracht werden müssen.

Bei der BIA wird angenommen, dass das gesamte Unternehmen oder große Teile technisch ausgefallen sind, etwa aufgrund eines *Cyber-Vorfalls*. In diesem Moment gilt es, einen Wiederanlauf möglichst schnell zu ermöglichen und die Produktionsbereitschaft des Unternehmens wiederherzustellen. Diese besteht im Wesentlichen aus den Kernprozessen, die für Ihr Unternehmen essenziell notwendig sind.

Wo IT und Business sich treffen

Bei der ersten Vorstellung der BIA wird bereits ersichtlich, dass die IT eigentlich nicht die treibende Kraft sein kann, sondern lediglich ein Dienstleister in diesem Prozess ist. Die Erfahrung zeigt jedoch, dass es in viele Firmen Notfallpläne nur für die eigentlichen Geschäftsprozesse gibt, nicht aber für die IT.

In der Praxis bedeutet dies, dass Reaktionen auf Themen wie eine Krankheitswelle, Feuer in der Produktion oder Ähnliches meist geplant werden, man aber wie selbstverständlich davon ausgeht, dass die IT immer verfügbar ist – und falls nicht, dass Sie sie wie von Zauberhand innerhalb kurzer Zeit wiederherstellen können.

Dass Sie dafür eine Reihenfolge oder Wichtigkeit brauchen, ist zwar allen beteiligten Personen klar, jedoch wird oft vergessen, diese auch gemeinsam abzustimmen. Aus dem Grund sollten Sie entweder jemanden in der Firma für die Betrachtung der Notfall- und Wiederanlaufpläne sowie der BIA benennen, um den Themenbereich ganzheitlich zu verfolgen oder, so wie es meist kleinere Unternehmen machen, jemandem aus IT oder Produktion die leitende Rolle übertragen und im zu erstellenden Gremium beide Bereiche beteiligen.

7.3.1 Die Analyse

Für die Analyse müssen Sie von der IT mit der Geschäftsleitung über die wichtigsten Prozesse sprechen. Sie werden überrascht sein, wie schnell Sie dort eine Antwort auf die Frage nach den kritischen Prozessen erhalten.

Außerdem besteht in vielen Unternehmen eine Prozessbeschreibung, die darlegt, wie der jeweilige Prozess plangemäß ausgeführt wird. Hiervon sollten Sie sich eine Kopie beschaffen und prüfen, ob Sie diese bereits für die BIA verwenden können oder ob diese zu kleinteilig und zu fachspezifisch ist.

Falls keine Dokumentation vorhanden ist oder diese für Ihr Vorhaben nicht geeignet erscheint, können Sie den Prozess selbst mit der verantwortlichen Person aufnehmen. Als Nebeneffekt sorgt dies dafür, dass Sie mehr über den jeweiligen Prozess lernen und ihn zugleich meist besser verstehen.

Als Beispiel wähle ich den Prozess *Produktion*. Sobald der Prozess selbst klar ist, sollten Sie sich den jeweiligen Ansprechpartner suchen, in diesem Fall kann dies der Produktionsleiter sein. Im ersten gemeinsamen Schritt sollten Sie die Grenzen abstimmen. Wo beginnt der Prozess, und wo endet er?

Die Form der Prozessdokumentation

Zuvor wurde eine mögliche Prozessbeschreibung für den zu erhebenden Prozess angefragt. Besonders in kleinen Unternehmen sind viele Prozesse oft »im Kopf«, und es gibt wenig bis keine Dokumentation. Wenn Sie sich die Mühe machen, den gesamten Prozess aufzunehmen, könnten Sie auch direkt eine Dokumentation erstellen, oder?

An dieser Stelle müssen Sie prüfen, was Sie und Ihr Team leisten können. Es gibt genug Software, mit der Sie Ablaufpläne für Prozesse oder auch Diagramme erstellen können, technisch ist dies nicht besonders schwierig. Dennoch ist die Prozessaufnahme eine eigene Disziplin und möglicherweise nicht gerade das Steckenpferd der IT!

An dieser Stelle rate ich Ihnen zur Ehrlichkeit: Wenn Sie die Kompetenz für diese Aufgabe nicht haben, fragen Sie in der Geschäftsleitung nach Unterstützung. Oft haben Geschäftsführende einen guten Überblick, wissen vielleicht, dass Herr Huber aus der Buchhaltung sowas gut kann und ermöglichen ihm auch, Sie zu unterstützen! Einigen Sie sich im Vorfeld mit der Geschäftsleitung auf eine akzeptierte Form, sodass die dokumentierten Prozesse im Nachgang durch die Fachbereiche weiterbearbeitet und genutzt werden können.

In meinem Beispiel ist die Rohware durch den Vorprozess bereits vorhanden, und der eigentliche Prozess endet, sobald die Ware aus der Maschine kommt und in das Lager gebracht werden kann.

Diese Punkte sollten Sie aufschreiben und später in Ihre Dokumentation übernehmen, denn eines Tages erinnert sich niemand mehr daran.

Danach sollten Sie klären, was für die Produktion notwendig ist – nehmen wir für unser Beispiel an, dass es Maschine 14 ist. Die Maschine erhält die Aufträge und Details aus dem SAP-System und muss zudem die Energieverbrauchsdaten an ein System übermitteln.

Nicht vergessen dürfen wir den Mitarbeiter! Dieser benötigt zwingend das Terminal, um die Aufträge abzurufen, zu starten und den Abschluss zu melden.

Der Ablauf ist an dieser Stelle stark vereinfacht, die Komplexität zeigt sich im Detail.

Sie brauchen:

- **Die Daten der Maschine**

  Der Vorfall kann die Programme löschen, daher benötigen Sie zwingend die SPS-Sicherung. Der dazu notwendige Server, `SPS-Backup01`, benötigt zwingend den Zugriff auf das Active Directory. Also müssen Sie auch dies zuvor wiederherstellen.

- **Das SAP-System**

  Da Sie die Administration des SAP-Systems outgesourct haben, müssen Sie nun entscheiden, wie Sie die Netzwerkkomponenten dazwischen betrachten. Möchten Sie Ihre BIA rein auf die Serversysteme fokussieren, da Sie die Netzwerkkomponenten als nicht gefährdet betrachten?

  Diese Sichtweise ist recht verbreitet und bei einem Blick auf mögliche Vorfälle auch als valide einzustufen. Auch wenn Sie sich der Verbindung zu Ihrem Dienstleister sicher sind, müssen Sie mit diesem klären, wie eine mögliche Sperrung bei einem IT-Sicherheitsvorfall oder auch eine spätere Wiederherstellung aussieht. Welche Daten benötigt er, und mit welchen Zeiten rechnet er?

- **Energieverbrauchssystem**

  Die Maschine meldet Daten an das Energieverbrauchssystem. An dieser Stelle benötigen Sie viel Feingefühl und müssen hinterfragen, was passiert, wenn diese Daten nicht mehr ankommen? Knallt es dann nach ein paar Minuten am anderen Ende des Geländes?

  Wenn die Antwort »Dann haben die Kollegen aus dem Controlling keine Werte!« lautet, sollten Sie gemeinsam überlegen, wie wichtig dies bei einem größeren Ausfall ist. Es geht nicht darum, das System nie zu prüfen/wiederherzustellen, sondern zunächst das Überleben zu sichern. Falls rechtliche Anforderungen das System erzwingen, ist auch da zu prüfen, was bei fehlenden Daten passiert, und durch die Geschäftsleitung zu entscheiden, wie mit dem System umzugehen ist.

- **Terminal**

  Auch beim Terminal für die Bediener müssen Sie fragen, was passiert, wenn es nicht mehr funktioniert. Vielleicht kann die Maschine ja manuell gesteuert werden? Nur Achtung: Wer kann das noch? In nicht wenigen Firmen ist die manuelle

Steuerung irgendwann abgelöst worden, und alle, die es konnten, sind mittlerweile nicht mehr da. Dann hätten Sie auch da nur eine Scheinsicherheit! Sollte der Produktionsleiter Ihnen das zusichern, dokumentieren Sie dies, und empfehlen Sie, konkrete Dokumentationen für den manuellen Betrieb zu erstellen sowie zyklisch zu prüfen!

Als nächsten Schritt müssen Sie die Grenzen Ihres Szenarios klären. Nehmen Sie an, dass die Daten der SPS ebenfalls gelöscht oder korrupt sind?

Falls Sie davon ausgehen, wären folgende Systeme wiederherzustellen:

1. Backup-Server aller VMs
2. VMware Server
3. Active Directory Controller
4. Backup-Server SPS
5. Terminals
6. Energieverbrauchssystem

Die Reihenfolge ist bereits logisch richtig, denn Sie können keinen SPS-Backup-Server wiederherstellen, bevor Sie das Active Directory oder den generellen Backup-Server wiederhergestellt haben.

Aus Sicht der BIA sollten Sie für den Prozess eine »rote Linie« definieren, die das *Notbetriebsniveau* sicherstellt. Im Notbetriebsniveau können die notwendigen Systeme wieder betrieben werden, haben jedoch möglicherweise noch Einschränkungen der Benutzer oder Ähnliches, da der Betrieb im Vordergrund steht.

Beispielhaft wird der VMware Server bei einem größeren Ausfall als eigenständiger Server und nicht im Clusterverbund wiederhergestellt, um dort Zeit zu sparen. Zeit ist auch ein guter Hinweis, denn die Zeit ist der Wert, den Ihre Geschäftsleitung sowie die Prozessverantwortlichen wissen möchten. Sie sollten also pro System oder Systemgruppe schätzen, wie viel Zeit die Wiederherstellung in Anspruch nimmt.

Das Ergebnis könnte wie folgt aussehen:

System	Zeit für die Wiederherstellung
Backup-Server aller VMs (mit Anbindung an externen Speicher)	4 Stunden
VMware-Server	1 Stunde
Active Directory Controller	3 Stunden
Backup-Server SPS	3 Stunden

Tabelle 7.2 Wiederherstellungszeiten der jeweiligen Systeme

System	Zeit für die Wiederherstellung
Terminals	3 Stunden
Energieverbrauchssystem	2 Stunden

Tabelle 7.2 Wiederherstellungszeiten der jeweiligen Systeme (Forts.)

Zusammengerechnet dauert die gesamte Wiederherstellung der für diesen Prozess notwendigen Hardware 16 Stunden. Also muss die RTO mindestens 16 Stunden betragen. Falls dies nicht der Fall ist, haben Sie bereits das erste Problem.

Recovery Time Objective (RTO) und Recovery Point Objective (RPO)

Bei dieser Diskussion stolpern Sie über die Begriffe RTO und RPO, die in Fachdokumenten oft genutzt werden, aber nicht überall bekannt sind.

- Die RTO gibt die Zeitspanne an, die ein System nach einem Ausfall maximal nicht verfügbar sein darf, bevor es zu schwerwiegenden unternehmerischen Schäden kommt. Die RTO wird im Regelfall im unternehmerischen Prozess ermittelt oder durch diesen vorgegeben, da die Wertschöpfungsprozesse sie maßgeblich prägen.
- Die RPO hingegen gibt den maximal zulässigen Datenverlust an, der zwischen dem letzten Backup und dem Ausfall stehen darf. Auch diese Information wird durch die Prozessverantwortlichen vorgegeben, zugleich hat sie jedoch oft auch einen Systembezug. Bei einem chaotischen Lager zum Beispiel weiß nur das System, an welcher Stelle die Ware derzeit eingelagert ist. Je mehr Bewegungen pro Minute im Lager erfolgen, desto geringer muss die RPO sein, da ansonsten der Lageraufbau vollständig anders ist als in der Wiederherstellung angenommen!

Beide Größen sollten Sie im jeweiligen Prozess miterfassen. Möglicherweise können Sie sie sogar bis auf einzelne Systeme herunterbrechen, da vielleicht erste Systeme im Prozess bereits für eine Fortführung hinreichend sind und Ihnen Luft verschaffen, um die weiteren Systeme wiederherzustellen.

Es sind folgende Annahmen enthalten:

- Die Netzwerkkomponenten sind nicht betroffen und daher nicht berücksichtigt.
- Sie haben entweder alternative Hardware, oder die zuvor betroffene Hardware ist bereits seitens der Forensik freigegeben worden.
- Sie kennen bereits die Ursache und können die Systeme wiederherstellen, ohne den Verlust zu wiederholen.

In der Realität ist das immer noch mit einer gewissen Unsicherheit behaftet, aber Sie wissen mehr als vorher! Sie wissen nun zwar, wie lange es dauert, aber was müssen Sie tun?

7.3.2 Wiederanlaufpläne (WAP)

Viele IT-Fachkräfte werden Ihnen sagen, dass sie natürlich ihr System wieder auf die Beine bekommen, und das jederzeit, mit verbundenen Augen und einem Arm auf dem Rücken! Die Herausforderung ist jedoch, dass mit zunehmender Größe nicht mehr jeder alles kann oder zumindest nicht alles gleich gut. Und wie es das Schicksal oft so möchte, ist die Kollegin, die den Server mit dem Lagersystem und der Warenwirtschaft am besten kennt, genau dann im Urlaub, wenn es zu einem Ausfall kommt. Und nun?

Die Lösung besteht in Wiederanlaufplänen für jedes System. In ihm werden folgende Daten festgehalten:

- **Um welches System/welche Software geht es?**
- **Was sind die organisatorischen Voraussetzungen?**

  In diesem Bereich tragen Sie zum Beispiel die Verfügbarkeit von Dienstleistern oder auch anderen Teams ein.
- **Was sind die technischen Voraussetzungen?**

  Alle Gedanken, die Sie sich bei der BIA gemacht haben, gehören hier rein. Sie können sich hier die Welt definieren, wie sie ideal wäre. Aber Achtung: Für alle Vorbedingungen (z. B. andere Server wie der Active Directory Controller) müssen konsequenterweise ebenfalls Wiederanlaufpläne bestehen! Es hilft nicht, wenn Sie dort Einträge haben, die niemand kennt oder wiederherstellen kann!
- **Ablaufplan und Durchführung des Wiederanlaufs**

  Im Rahmen des Ablaufplans legen Sie etwa die Reihenfolge der Schritte oder möglicherweise auch Systeme fest, wenn es sich beispielsweise um eine gesamte Landschaft handelt.
- **Funktionstests und Übergabe in den Notbetrieb**

  Alles, was Sie getan haben, sollten Sie bestmöglich testen, um sicherzustellen, dass der Notbetrieb auch möglich ist.
- **Einschränkungen**

  Welche Einschränkungen gelten im Notbetrieb? Was geht vielleicht nicht?
- **Anhang mit Kontakten**

  Welche Teams/Personen/Dienstleister benötigen Sie? Im Anhang müssen die Kontakte stehen!

Der Wiederanlaufplan ist somit die Versicherung, wenn der erfahrene Kollege nicht da ist oder selbst in die Überforderung gerät. Allerdings ist es ein Thema, das gerne weit weggeschoben wird. Ich kann Ihnen jedoch nur nahelegen, die Wiederanlaufpläne zeitnah zu entwickeln, denn nichts ist schlimmer, als diese in der Krise nicht zu haben!

Wie weit sollte der Anlaufplan beschrieben sein?

Der Wiederanlaufplan ist ein recht dynamisches Dokument, wird jedoch nicht bei jeder Veränderung der Softwareversion aktualisiert. Mögliche Auslöser für Aktualisierungen sind Übungen, Erkenntnisse aus Ausfällen oder auch Notfällen. Dennoch ist die Ausführlichkeit der Beschreibung ein regelmäßiges Streitthema.

Sie sollten den Wiederanlaufplan so schreiben, dass eine Fachkraft damit die Wiederherstellung ohne größere Probleme lösen kann. Natürlich müssen Sie annehmen, dass die Fachkraft Wissen aus Ihrer Umgebung benötigt und auch hat! Ebenfalls zulässig und oft praktiziert ist der Verweis auf operative Unterlagen, die jedoch im Krisenfall auch verfügbar sein müssen.

Selbst Speicherorte wie SharePoint sind an der Stelle nicht hinreichend, da Ihr Zugang dort im Regelfall auch korrupt und daher nicht mehr gegeben ist.

Orientieren Sie sich am besten an den Vorlagen, die das BSI auf seiner Webseite anbietet: *https://www.bsi.bund.de/SharedDocs/Downloads/DE/BSI/Grundschutz/Hilfsmittel/Standard200_4_BCM/Standard_200-4_Vorlage_Wiederanlaufplan.docx?__blob=publicationFile&v=1*

Damit eine Verfügbarkeit in der Krise sichergestellt ist, sollten Sie zudem daran denken, die Wiederanlaufpläne jenseits Ihrer Bestandsumgebung separat zu sichern (z. B. in einer Cloud-Umgebung oder einer externen Website) sowie ggf. auszudrucken.

Insbesondere bei der gedruckten Fassung, jedoch auch in der digitalen Variante, ist es eine weitere Herausforderung, die Dokumente aktuell zu halten. Denn was nutzt Ihnen die Wiederherstellung von Version 7.0, wenn inzwischen Version 9.5 in der Produktion läuft? Um auch diese Herausforderung zu meistern, sollten Sie die Pläne regelmäßig überprüfen, mindestens einmal pro Jahr sowie anlassbezogen! Für die Aktualität der Pläne sind die entsprechenden technisch verantwortlichen Personen zuständig.

Sowohl Personen als auch bereits vorgestellte Management-Systeme können Sie zertifizieren lassen. Welche und womit bzw. auch wofür erfahren Sie im folgenden Abschnitt.

7.4 Zertifizierungen

In der IT-Branche sind Zertifizierungen Alltag und zugleich Nachweis des eigenen Könnens. Für viele IT-Fachkräfte sind die Zertifikate zugleich wesentlich für den eigenen Lebenslauf und den Marktwert. Was hingegen für viele IT-Führungskräfte neu ist, sind Standards und darauf basierende Zertifizierungen des Unternehmens. Was eine Zertifizierung für das Unternehmen bedeutet und wie diese erreicht werden kann, erfahren Sie im folgenden Abschnitt. Der Fokus liegt an dieser Stelle auf der Informationssicherheit, das gleiche Konzept gilt jedoch auch für Zertifizierungen im Bereich Business Continuity oder anderen Themenfeldern.

7.4.1 Unternehmenszertifizierungen

Sie werden schon gemerkt haben, dass Sie von Ihren Geschäftspartnern zunehmend nach Ihrer Umsetzung der IT-Sicherheit gefragt werden. Das ist nicht weiter verwunderlich, denn immer mehr rechtliche Parameter erzwingen dies, und ich hoffe, dass Sie diese Fragen auch bei Ihren Partnern stellen!

In der Praxis stehen Sie meist recht früh im Fragebogen vor der Frage: »Haben Sie eine Zertifizierung?« Schnell finden Sie heraus, dass die Anzahl der Fragen auf unter 10 sinkt, wenn Sie »Ja« ankreuzen, und auf über 70 steigt, wenn Sie »Nein« wählen. Auch ist festzustellen, dass die Fragen immer kleinteiliger werden, also auf sehr spezielle Aspekte Ihrer Umsetzung abzielen, und je nach Antwort irgendwann auch möglicherweise Gespräche mit Ihren Partnern anstehen.

Zu Recht kommt also irgendwann der Wunsch auf, den Haken bei »Ja« setzen zu können. Der Wunsch sollte auch zügig zur Realität werden, denn immer mehr Branchen haben bereits Zertifizierungen im Bereich der Sicherheit als Standard. In der Automobilbranche müssen Sie beispielsweise das Rahmenwerk *TISAX* kennen. Unternehmen, die in Deutschland zur »kritischen Infrastruktur« (KRITIS) zählen, etwa Versorgungsunternehmen, haben beispielsweise Anforderungen des IT-Grundschutzes des BSI zu erfüllen.

Populär sind zwei Rahmenwerke:

- BSI-IT-Grundschutz
- ISO 27001

Beide Rahmenwerke haben normativen Charakter, sind jedoch nicht direkt ein Zertifikat. Sie stellen vielmehr eine Sammlung von Themen dar, die Sie im Rahmen eines ISMS (Informationssicherheitsmanagementsystems) bearbeiten bzw. für Ihr Unternehmen lösen müssen.

ISM... WAS?

Ein ISMS ist, wie der Name schon sagt, ein *Informationssicherheits-Managementsystem*. Das Ziel besteht nicht darin, Sicherheit direkt zu schaffen, sondern vielmehr einen Rahmen zu bieten, damit Sicherheit zu einem Prozess werden kann.

Sicherheit als Prozess? Beide Rahmenwerke würdigen, dass Informationssicherheit ein dynamischer Prozess ist – wer hätte schon 1970 an das digitale Büro gedacht? Oder 2000 erwartet, dass uns KI überall begleitet? Aus dem Grund steht die Etablierung eines Prozesses mit vier Phasen im Vordergrund:

- **Plan**: Im ersten Schritt werden Maßnahmen geplant, die die Sicherheit verbessern sollen.
- **Do**: Damit die Maßnahmen auch umgesetzt werden, gibt es den zweiten Schritt, dieser sorgt für die Implementierung.
- **Check**: Nach jeder Maßnahme ist zunächst nicht sicher, ob der gewünschte Erfolg eingetreten ist. Die Phase »Check« kümmert sich um die Klärung des Ergebnisses und gleicht dieses mit dem Plan selbst ab.
- **Act**: Basierend auf den Ergebnissen der Checks werden weitere Handlungen beschlossen, etwa die Verstärkung oder Veränderung der Maßnahmen.

Die vier Phasen sind als *Demming Circle* oder *PDCA-Zyklus* bekannt und stellen eine Endlosschleife dar. Nach jeder neuen Risikobewertung müssen daher neue Maßnahmen geplant sowie umgesetzt werden.

Das Vorgehen stellt hierbei den Kern der ISMS-Thematik dar, die den Fokus auf die kontinuierliche Verbesserung der IT-Sicherheit legt.

BSI-IT-Grundschutz

Der IT-Grundschutz ist vom BSI (*Bundesamt für Sicherheit in der Informationstechnik*) erarbeitet worden und wird kontinuierlich an die neuen Parameter angepasst.

Die Grundlage des Standards ist das *IT-Grundschutz-Kompendium*, das in der Version von 2023 etwa 850 Seiten umfasst und beim BSI heruntergeladen werden kann:

https://www.bsi.bund.de/DE/Themen/Unternehmen-und-Organisationen/Standards-und-Zertifizierung/IT-Grundschutz/IT-Grundschutz-Kompendium/it-grundschutz-kompendium_node.html

Inhaltlich zeigt das BSI Szenarien auf, die die IT-Sicherheit Ihres Unternehmens gefährden können. Dabei geht es um verschiedene Aspekte, von *elementaren Gefährdungen* (z. B. Feuer, Wasser) über *Prozess-Bausteine* (z. B. ISMS) bis hin zu *System-Bausteinen* (z. B. Windows).

ISMS als Lösung

Sowohl der IT-Grundschutz als auch die Norm ISO 27001 geben Ihnen wenige bis keine konkreten Vorgaben, sondern zeigen vielmehr die Teilbereiche auf, um die Sie sich kümmern müssen. Die Ursache hierfür liegt in der Natur eines ISMS begründet, das beide Standards aufbauen wollen.

Das Ziel besteht darin, die Probleme zu benennen und Unternehmen dafür zu sensibilisieren und zu motivieren, die Themen eigenverantwortlich zu analysieren. Insbesondere bei einer recht generischen Norm wäre es sonst nicht möglich, die Eigenarten aller Unternehmen von Abfallunternehmen bis hin zu Zoofachgeschäften abzudecken.

Es liegt daher bei Ihnen, für die jeweiligen Themenbereiche das Risiko zu bestimmen und möglicherweise Lösungen zu finden. Diese müssen Sie entsprechend dokumentieren, sodass ein sachkundiger Dritter in Form eines Auditors die Erfüllung nachvollziehen und als gegeben bestätigen kann.

Dennoch haben beide Rahmenwerke Folgenormen, etwa die ISO 27002 und das IT-Grundschutz-Kompendium, die auch konkrete Anhaltspunkte zur Planung und Umsetzung möglicher Maßnahmen liefern.

ISO 27001

Ein alternativer und auch international anerkannter Weg ist die Normensammlung ISO 27000, die einem anderen Aufbau folgt. Die aus IT-Sicherheitssicht bekannteste Norm ist die ISO 27001, die sich mit den Anforderungen an ein ISMS befasst. Sie umfasst »nur« 23 Seiten und ist somit deutlich schlanker als der IT-Grundschutz.

Ein direkter Vergleich ist nicht möglich, da die ISO 27001 sich ausschließlich mit dem Thema ISMS befasst, während der IT-Grundschutz signifikant mehr Themen bearbeitet. In den weiteren Normen der 27000-Serie werden zusätzliche Aspekte behandelt, sodass auch die ISO-Norm als umfassend betrachtet werden kann.

Und was ist nun besser?

Im Bereich der Unternehmenszertifizierung kommt es einerseits auf Ihre gesetzliche Verpflichtung (z. B. KRITIS) und auf Ihren eigenen Anspruch an.

Landläufig gilt der IT-Grundschutz als komplizierter und aufwendiger, da er mehr Vorgaben im Detail macht und in Folge deutlich mehr Dokumente erstellt werden müssen.

Die ISO-27001-Norm hingegen ist inhaltlich schlanker und auch international anerkannter.

Ein erster Schritt für Sie könnte daher sein, die ISO-27001-Compliance anzustreben und bei Bausteinen, die Sie nicht hinreichend bearbeitet finden, im IT-Grundschutz nachzuschauen.

Geht das denn? Gibt es Brücken? Ja! Die ISO 27001 wird oft als kleine Schwester des IT-Grundschutzes bezeichnet, da sie viele Themen ebenfalls behandelt, jedoch nicht so ausführlich. Daher ist die Arbeit an der ISO 27001 nicht umsonst, wenn Sie irgendwann doch zum IT-Grundschutz greifen möchten!

Der Mythos des Papiertigers

Insbesondere bei Führungskräften ernten Sie mit dem Thema ISO 27001 nicht nur Begeisterungsstürme. »Ich sehe keinen Sinn in so einem Papiertiger!« ist da noch die freundlichste Reaktion.

Doch ist es wirklich nur ein Papiertiger?

Richtig ist, dass Sie für jedes Rahmenwerk eine Menge an Richtlinien schreiben und vor allem durch die Geschäftsführung erlassen müssen. Den Abschluss bildet die Kür, denn Sie müssen die Richtlinien bzw. deren Inhalte auch leben!

Also doch Papiertiger?

Häufig ist es so, dass die Prozesse und Aufgaben bereits vorhanden sind. Sie haben doch sicher auch eine Rechtevergabe für Benutzer, oder? Insofern der Prozess vorhanden ist, können Sie nicht sicher sein, dass alle Personen ihn gleich umsetzen. Was Sie also tun, ist, die gelebte Praxis einmal auf das Papier zu bringen, dadurch zu formalisieren und auch durchsetzbar zu machen. Dadurch erschließen Sie viele Vorteile:

- Mitarbeitende haben im wahrsten Sinne des Wortes eine Richtlinie, an der sie sich orientieren können.
- Alle wissen, wie etwas umzusetzen ist und was die Spielregeln sind.
- Neue Mitarbeitende finden sich schnell ein und können bei Unsicherheit selbst nachschlagen.
- In jedem Prozess können Sie sich fragen, welche Elemente automatisiert oder anderweitig erbracht werden können, da Sie nun eine Transparenz schaffen.

Sie haben daher nicht nur den Papiertiger, sondern eine Einheitlichkeit und Transparenz in der Ausführung, die Sie auch unternehmerisch bei anderen Entscheidungen unterstützt.

Wichtig ist, dass Sie nicht alles reglementieren und beschränken werden, wie es oft angenommen wird. Sie müssen da ein gesundes Augenmaß finden, um sowohl die Informationssicherheit zu stärken als auch der Branche und den Anforderungen Ihres Unternehmens gerecht zu werden.

Audit und Zertifizierung

Und wie werden Sie nun ISO-27001- oder IT-Grundschutz-zertifiziert?

Zunächst müssen Sie das Rahmenwerk umsetzen und vor allem leben. Die Norm ISO 27001 gibt etwa die Dauer von mindestens einem Jahr vor, in dem die Prozesse der ISO 27001 bei Ihnen bereits umgesetzt werden müssen, bevor Sie die Zertifizierung anstreben können.

Wollen Sie überhaupt jetzt zertifiziert werden?

Die Frage wirkt für viele IT-Fachkräfte im Prozess grotesk – natürlich will ich! In der Praxis hat die Zertifizierung jedoch einige Folgen:

- **Kosten**: Eine Zertifizierung kostet Geld, die zwingend notwendigen Rezertifizierungen ebenfalls.

- **Aufwand**: In jeder Prüfung werden Sie einen Bericht mit offenen Punkten erhalten. An dem Ergebnis der Bearbeitung werden sie beim nächsten Mal gemessen! Sie müssen also kontinuierlich daran arbeiten!
- **Fokus auf das Zertifikat und nicht auf die Sicherheit**: Oft gerät zunehmend das Zertifikat und weniger die reale Informationssicherheit in den Vordergrund. Während Sie zuvor noch das Tempo selbst bestimmen konnten, werden Sie nun durch die Rezertifizierung getrieben.

Aus dem Grund empfiehlt es sich, zunächst einen Audit mit einem Beratungsunternehmen durchzuführen, um die ersten Lücken bereits zu kennen und die Erfahrung gemacht zu haben, was ein »echter« Audit bedeuten würde. Und dies in jedem Fall ohne Zertifizierung, denn nach außen wird es vermutlich negativ wahrgenommen, wenn Sie die Zertifizierung einmal machen und dann nicht verlängern!

Ich empfehle Ihnen vielmehr, es im ersten Schritt bei der Compliance zur jeweiligen Norm zu belassen. Dadurch haben Sie die Mehrwerte aus der Norm geschöpft und vermeiden zugleich den Stress der Zertifizierung. Sollten Sie dann aufgrund gesetzlicher Anforderungen oder der Anforderungen des Markts eine Zertifizierung anstreben müssen, wären Sie in kürzester Zeit dazu bereit und hätten keinen Nachteil!

Die Prüfung anhand der Rahmenwerke stellt für viele Teilnehmer erst mal eine Wundertüte dar. Wie möchte jemand ein Rahmenwerk prüfen?

Die Antwort ist, dass es Prüfgesellschaften gibt, die genau diese Frage beantworten. Hierzu kommt ein Auditor zu Ihnen ins Haus und lässt sich zunächst Ihr ISMS-System zeigen. Ist es richtig aufgebaut? Haben Sie die formalen Parameter erfüllt?

Im Anschluss vergleicht er stichprobenartig einige Richtlinien mit der Realität. Wenn Ihre Richtlinie vorsieht, dass alle Besucher am Empfang aufgenommen werden müssen und der Personalausweis kopiert werden muss, wird er genau darauf geachtet haben. Ist das wirklich passiert?

Ein Aspekt, der oft überprüft wird, ist, ob die Richtlinien bei allen Mitarbeitenden angekommen sind. Es nutzt nichts, wenn Sie alle Richtlinien kennen und herunterbeten können. Was ist mit den Mitarbeitenden, die danach arbeiten sollen? Kennen alle die Richtlinie?

Hierbei geht es nicht um eine detaillierte Kenntnis im Sinne eines aufzusagenden Gedichts. Es wäre allerdings ungeschickt, wenn Sie eine Clean-Desk-Policy ankündigen und der Auditor dann während der Mittagspause unverschlossene Büros mit Personalakten vorfindet. Wenn dann noch der betroffene Mitarbeitende wiederkommt und dem Auditor erzählt, dass das hier immer so ist, haben Sie ein wirkliches Problem!

Auswahl des Prüfers

Die Wahl des Prüfers wirkt zunächst banal, hat es jedoch in sich. Einige Firmen streben die Ausbildung einzelner Personen bis hin zur Prüferrolle an. Das mag zunächst verlockend klingen und bietet sich für eine Vorabprüfung auch an. Die finale Prüfung sollte allerdings zwingend durch eine dritte Firma erfolgen, die auch durch Dritte anerkannt ist. Namhafte Prüfgesellschaften sind beispielsweise der TÜV und die DEKRA.

Die externe Vergabe ist wichtig, da ansonsten einige Partner und Kunden Ihnen die Prüfung nicht abnehmen. Oder würden Sie dem Bock glauben, dass er die Blumen nicht gefressen hat und diese noch da sind? Sie selber sollten sich daher nicht mit einem eigenen Auditor abschließend prüfen!

Alle Beobachtungen werden zu einem Bericht zusammengefasst, der *Haupt-* und *Nebenabweichungen* enthalten kann.

- Eine Hauptabweichung ist im Normalfall das Todesurteil Ihrer Zertifizierung. Sie bedeutet, dass Sie eine Nichtübereinstimmung mit der Norm haben, die die allgemeine Wirksamkeit des Management-Systems infrage stellt. In Folge werden Sie normalerweise kein Zertifikat erhalten, sondern es werden eine Frist zur Nachbesserung und eine Nachprüfung festgelegt. In der Nachprüfung muss der Mangel beseitigt sein, ansonsten gilt die Zertifizierung als nicht bestanden.

  Was in jedem Fall anfallen wird, sind Kosten, denn Sie müssen einen weiteren Audit bezahlen. Zudem kann das ein Problem bei Ihren Partnern werden, denn wenn Sie möglicherweise bereits vom Audit und der zukünftigen Zertifizierung erzählen, könnte es fraglich wirken, wenn Sie dort auf einmal verstummen.

- Eine *Nebenabweichung* hingegen ist eine eher kleine Abweichung, die sich zwar im Protokoll findet, jedoch in kurzer Zeit behoben werden kann.

  Wichtig ist jedoch, auch wenn möglicherweise keine Nachprüfung notwendig ist, dass Sie die Nebenabweichung korrigieren und das in jedem Fall dokumentieren! Spätestens im nächsten Audit wird dies noch einmal genau geprüft. Wenn der Fehler dann nicht behoben wurde, werden Sie ein größeres Problem haben.

  Sind also Nebenabweichungen egal? Nein, auch das nicht. In der Realität sind Nebenabweichungen nicht unüblich im Audit, sie sollten aber eine gewisse Menge nicht überschreiten. Ansonsten gilt auch hier das Audit als nicht bestanden und eine Nachprüfung als notwendig!

Weiterentwicklung und Rezertifizierung

Nun haben Sie alles dokumentiert, haben sich dem Audit gestellt und erfolgreich bestanden. Natürlich war nicht alles perfekt, und es sind einige Unschärfen dokumentiert, jedoch werden erst mal die Korken knallen! Das Sinnbild der knallenden Korken ist gut, denn nicht wenige Unternehmen atmen auf und haben eine Amnesie bezüglich der Lücken.

Wichtig ist aber, dass Sie mindestens jährlich einen internen Audit zur Wirksamkeit durchführen und diesen auch belegen müssen. Im Alltag stellt sich die Frage: Wollen Sie dies wirklich intern tun? Egal wie engagiert die mit der Aufgabe betraute Person ist, die Auditerfahrung ist meist gering bis nicht vorhanden. Auch neigen viele Leute dazu, aus der Innensicht Themen besser zu bewerten. Last but not least kommt da auch gerne noch etwas Erwartungsdruck Ihres Unternehmens hinzu, schließlich muss doch alles besser sein, mit möglichst wenig Aufwand? Oder können *Sie* das nicht?

Aus diesen Gründen empfehle ich die Investition in einen externen Audit durch eine Beratungsfirma. Dadurch erhalten Sie einen erfahrenen Blick von außen, der Ihnen zeigt, wo Sie gerade stehen und wo Lücken zu schließen sind.

Es gilt nämlich nicht selten das Sprichwort: »Der Prophet gilt im eigenen Lande nichts.« Wenn ein Beratungshaus den Budgetverantwortlichen aufzeigt, dass Lücken bestehen und diese zu schließen sind, funktioniert das meist besser, als wenn Sie es (intern) anmerken würden.

Wichtig ist, dass dies Bestandteil Ihrer Zertifizierung ist und damit die Gültigkeit beeinflusst bzw. sicherstellt. Insofern Sie keine internen Audits nachweisen können, ist die Gültigkeit der Zertifizierung nicht länger gegeben!

Und nach dem jährlichen Check sind Sie für immer zertifiziert? So einfach ist es leider nicht, denn ehrlicherweise sind Zertifizierungen in gewisser Weise auch eine Gelddruckmaschine. Sie müssen alle drei Jahre einen vollständigen externen Audit durch eine zugelassene Prüfungsgesellschaft bestehen, um die Zertifizierung neu zu erlangen bzw. zu verlängern.

An dieser Stelle können Sie nahezu sicher sein, dass der Auditor die Ergebnisse der letzten Überprüfung und der zwischenzeitlichen internen Prüfungen sichten und bewerten wird, wie mit den Maßnahmen umgegangen wurde. Haben Sie etwas gemacht und den kontinuierlichen Verbesserungsprozess aktiv gelebt? Oder haben Sie nach der Zertifizierung nicht weitergemacht?

An dieser Stelle muss leider erwähnt werden, dass viele Unternehmen die Erstzertifizierung schaffen, dann jedoch bei der Rezertifizierung durchfallen. Wie kann das passieren? Die Ursache ist meist, dass Problemfelder nicht verfolgt werden, denn oft wird gedacht wie damals in der Schule: Bestanden ist bestanden. Daher rate ich Ihnen: Drängen Sie permanent auf einen kontinuierlichen und vor allem sichtbaren Fortschritt, damit Sie die Folgeprüfung ebenfalls mit Bravour meistern!

7.4.2 Personenbezogene Zertifizierungen

Der IT-Sicherheitsmarkt wächst rasant, was natürlich für viele anziehend wirkt. Zugleich ist IT-Sicherheit ein Schlagwort, das Schulungsanbieter gerne mit viel Leben und vor allem Angeboten füllen möchten.

Doch was ist nun sinnvoll?

Operative Zertifizierungen

Sobald Sie sich mit der Suchmaschine Ihrer Wahl umsehen, werden Sie viele Schulungen sehen, bei denen am Ende ein »Certified <Fachtitel>« rauskommt. Insbesondere Techniker fühlen sich oft von Schulungen zu Themen wie Pentesting oder auch Hacking angezogen, immerhin hat es eine technische Nähe und wirkt auch »cool«.

Nur: Ist das auch sinnvoll?

Aus unternehmerischer Sicht habe ich eine differenzierte Meinung. Insofern Sie eine gute Personaldecke haben und für ein größeres Unternehmen arbeiten, können Kollegen mit einer Ausbildung in dem Bereich erste technische Checks machen. Wichtig ist, dass die internen Checks nie eine externe Betrachtung ersetzen dürfen, sondern nur die gröbsten Schnitzer zuvor bereits ausmerzen.

Budgetverantwortliche werden nun geneigt sein, doch die internen Kollegen anstatt der externen Anbieter zu nutzen, um Kosten zu sparen. Sie sollten sich jedoch bewusst sein, dass ein externer Prüfer deutlich mehr Erfahrungen aus der Praxis hat und die Nachweise detaillierter und vollständiger sind.

Aus unter anderem diesen Erfahrungen resultiert auch mein Zweifel an der Sinnhaftigkeit dieser »Ausbildungen«. Bei einem Blick auf die Menge an Möglichkeiten fällt gleich auf, dass nicht alle normiert und somit nachvollziehbar sind. Bei so manchem Anbieter lässt der Blick in die Inhalte die Frage aufkommen, ob die Zielgruppe wirklich IT-Fachkräfte sind oder möglicherweise ganz andere Personenkreise.

Aber gehen wir davon aus, dass Sie ein aus Ihrer Sicht gutes Programm gefunden haben, das Sie für Ihr Team buchen. Nun gehen Ihre Teammitglieder einige Tage auf Schulung und lernen dort den Umgang mit Werkzeugen und vielleicht so manchen gängigen Trick aus der Praxis. Sinnbildlich ist das für mich der Autoführerschein. Da haben Sie Tätigkeiten wie tanken gelernt und in jedem Fall das Autofahren.

Konnten wir danach alle gut fahren? Ich habe da rückblickend so manche Zweifel ...

Genau so geht es Ihren Mitarbeitenden auch. Der Wagen rollt, und nun gilt es, fahren zu üben. Aber jetzt steht wieder der Alltag an und fängt Ihren Mitarbeiter schnell mit regulären Aufgaben wieder ein. Er kann das Wissen nicht vertiefen, und ihm fehlen auch Partner und Gelegenheiten zum gemeinsamen Weiterentwickeln, denn besonders im Bereich der IT-Sicherheit können das meist nur erfahrene Personen sein.

Sollten Sie im Internet nach einem Austausch suchen, werden Sie auf viele »Hacker« und »Fachleute« stoßen, die möglicherweise einzelne Programme etwas bedienen können, das Wissen jedoch auch nur aus YouTube haben.

Nach meiner Meinung ist es daher für Unternehmen ineffizient, die Mitarbeitenden in diesen Bereichen permanent weiterzubilden und ihnen die Zeit einzuräumen, um Messen oder Schulungen zu besuchen. Den einzigen Sinn, den ich erkennen kann, hätte es, wenn Sie hinreichend Aufgaben in diesem Bereich haben und die Kollegen das Wissen wirklich häufig anwenden können.

Sollte das der Fall sein, kommen Sie auch schnell an einen Break-Even-Point, an dem die internen Kollegen günstiger als permanent gebuchte externe Dienstleister sind.

Doch Obacht: Nach der Schulung und mit etwas Erfahrung werden Sie oft auf Mitarbeitende stoßen, die nun eine Gehaltserhöhung fordern. Auch wenn diese grundsätzlich legitim ist, werden Sie nicht selten mit eher hohen Summen konfrontiert und dem Verweis, dass es in dieser oder jener Statistik so ist. Dann stehen Sie schnell in einer Sackgasse, denn sobald Sie die Erhöhung ablehnen oder zumindest auf realistische Werte begrenzen, erzeugen Sie rasch eine Wechselbereitschaft. Da der Sicherheitsbereich derzeit einen enormen Aufschwung erlebt, von dem Unternehmen verschiedener Güteklassen – von wirklich erfahrenen Anbietern bis hin zu eher fraglichen Unternehmen – profitieren wollen, werden Ihre Mitarbeitenden den Wechsel nahezu sicher hinbekommen.

In meinen Augen haben Sie dann eine teure Ausbildung für den Markt bezahlt. Daher rate ich immer, diese Maßnahmen mit sehr viel Augenmaß und Weitsicht zu vergeben. Wenn Sie technische Sicherheit schulen möchten, bieten sich viel eher Schulungen zu Sicherheitsaspekten in der bereits genutzten Software an, etwa Microsoft 365 oder eingesetzte Cloud-Anbieter, bei denen Sie einen unmittelbaren Bezug zum Alltag haben und dennoch dem Bedürfnis des Mitarbeitenden Rechnung tragen können.

Sollte jedoch die Forderung nach den üblichen »Hackerkursen« weiterhin im Raum stehen, liegt es an Ihnen, die wahren Gründe dahinter zu erfahren. Ich habe bereits mehrfach Mitarbeitende gesehen, die innerlich schon gekündigt hatten und sich nun noch auf Kosten der Firma attraktiver für den Markt machen wollten.

Daher wäre meine Empfehlung, allgemeine Kurse sehr verhalten bis gar nicht zu finanzieren, dafür jedoch lösungsbasierte Kurse für Produkte in jedem Fall auf die Fortbildungsliste zu nehmen.

Strategische Zertifizierungen

Sobald Ihr Unternehmen größer wird, werden Sie mit zunehmend mehr Anforderungen im Bereich der Informationssicherheit konfrontiert.

Insbesondere wenn Sie eine Cyberversicherung abschließen möchten oder selbst eine Entwicklung in Richtung einer Norm anstreben, gibt es dort Möglichkeiten, einzelne Personen zu zertifizieren.

Analog zur Norm selbst wird nicht das wortwörtliche Wissen der Norm geprüft, sondern vielmehr ihr Verständnis.

Im Regelfall werden Schulungen und Zertifizierungen in drei Stufen angeboten, am Beispiel ISO 27001 wird dies wie folgt benannt:

- **Fundamentals**: Das ist die erste Stufe der Zertifizierung, die ein solides Grundlagenwissen vermittelt. In diesem Kurs erfahren Sie in erster Linie Begriffe mit dem jeweiligen Kontext und bekommen einen Überblick über die zu gestaltenden Prozesse. Der Mehrwert ist oft ein erstes Verständnis für Abhängigkeiten der Teilbereiche zueinander und Anforderungen der Norm.
- **Practicioner**: Besonders nach den Fundamentals stehen viele Teilnehmer vor der großen Frage, wie das alles funktionieren soll. Die Anforderungen und Prozesse werden zwar erklärt, allerdings reicht das nicht, um eine eigene Umsetzung zu gestalten. Diese Lücke schließt der *Practicioner* und vermittelt die Lösungsansätze zur Umsetzung. Der Fundamentals-Kurs ist eine Pflichtvoraussetzung, damit alle Teilnehmenden die Inhalte kennen und bereits eine gewisse Nähe zu ihnen haben.
- **Auditor**: Sobald das eigene ISMS aufgebaut ist, stellt sich die Frage: Wie wird das denn geprüft? Kann der Auditor beliebig vorgehen? Wo wird wie hingeschaut, und welche Brille setzt er oder sie auf?

  Die Schulung zum Auditor vermittelt genau jene Inhalte, die ein Auditor nutzt. Im Alltag werden Sie gewiss nicht auf eine perfekte Kopie der Schulung stoßen, allerdings sind Sie mit der Schulung meist befähigt, selbst als Auditor zu agieren. Wenn Ihnen dies zugetraut wird, dann bin ich sicher, dass Sie das nötige Rüstzeug gelernt haben!

Schulungsanbieter

Auch an dieser Stelle ist es ein Problem, dass die Schulungen wenig genormt sind. Die Anbieter müssen zwar die jeweiligen Inhalte vermitteln, aber die Form wird nicht geregelt. Natürlich, wie könnte es anders sein, ruft das auch den einen oder anderen windigen Anbieter auf den Plan, der es irgendwie schafft, von der ISO zugelassen zu werden. Wonach sollen Sie nun aussuchen?

- **Praxisnähe**: Ich bevorzuge Schulungen von Dozenten, die nicht nur schulen, sondern auch selbst für Audits verantwortlich sind. Das sind meist Dozenten, die zum einen lebendig erzählen können, zum anderen aber auch Fachfragen praxisnah beantworten können.
- **Name des Anbieters**: Nach außen zählt meist der Name, besonders wenn Sie dies für die Cyberversicherung oder Ähnliches benötigen. Da liest sich ein TÜV häufig

besser als »Hinterhofinstitut Müller«. Zudem gilt aus meiner Erfahrung oft: Name verpflichtet. Besonders bei den namhaften Anbietern erleben Sie oft eine hohe Qualität.

- **Möglichkeiten zum Netzwerken**: Schulungen wie die ISO 27001 Fundamentals können Sie von zu Hause als Onlinekurs bearbeiten, dort nehmen vergleichsweise viele Personen teil. Nicht alle Personen in diesem Bereich werden später auch wichtige Positionen in der Gestaltung einnehmen. Auch wenn dieses Netzwerk Ihnen möglicherweise hilft, so sind die Kontakte der folgenden Kurse oft weitaus wertvoller. Sie sollten in jedem Fall die Pausen aktiv nutzen, denn Sie werden immer wieder auf Fragen stoßen, auf die Sie zunächst keine Antwort haben. Hier kann der Austausch oder auch ein Anstoß Gold wert sein und Ihr Leben deutlich vereinfachen!

Die Kriterien sind nicht vollständig und spiegeln lediglich meine Erfahrungen wider. Als weiteren Tipp empfehle ich Ihnen, die Zeit zu beachten. Ich habe bereits Personen erlebt, die in sechs Monaten alle drei Kurse absolviert haben. Auch wenn dies beeindruckend klingt – davon halte ich nichts. Nach jedem Kurs sollten Sie eine Pause einlegen, damit sich das Gelernte setzen kann und Sie es vor allem im Alltag anwenden können.

Zwischen den ersten beiden Kursen kann die Pause möglicherweise kurz gehalten werden, der Sprung zum Auditor sollte jedoch erst nach der Gestaltung eigener Prozesse gemacht werden. Aus meiner Sicht können Sie erst dann den größtmöglichen Mehrwert mitnehmen, indem Sie Ihre eigenen Erfahrungen und Erlebnisse mit dem gelernten Wissen kombinieren!

Neben den Normen gibt es weitere Zertifizierungen im Bereich der Informationssicherheit, die sich jedoch im Regelfall an Personen wenden, die in Vollzeit in diesem Bereich unterwegs sind. Beispiele hierfür sind der ISC^2 CISSP, der ISC^2 CCSP oder auch der CISM.

Auch wenn Sie sich zu dem Kurs jederzeit anmelden und die Prüfung absolvieren können, wird für das eigentliche Zertifikat der Nachweis von Berufserfahrung in der IT-Sicherheit gefordert – und zwar mehrere Jahre.

Daher haben schon einige Bewerber versucht, diese Zeit einfach zu erfinden oder schönzureden. Sie sollten jedoch beachten, dass einige Bewerbungen manuell durch Menschen geprüft werden oder zumindest eine KI nach Auffälligkeiten sucht. Wenn Sie in eine Stichprobe geraten, müssen Sie die angegebenen Daten nachweisen und meist durch Führungskräfte, die auch angerufen werden, bestätigen lassen. Spätestens dort fallen viele Leute auf, die die Voraussetzungen nicht erfüllen. Die Folgen sind in jedem Fall eine Nichtverleihung des Zertifikats, bei einigen Anbietern kann dies bis zur lebenslangen persönlichen Sperrung führen, die Sie keinesfalls riskieren sollten.

Sollten Sie jedoch die benötigte Erfahrung vorweisen können, ist auch die Zertifizierung wertvoll, befasst sich jedoch mit Informationssicherheit allgemein und ist deutlich herausfordernder, als viele denken.

Auch bei diesen Zertifizierungen müssen Sie sich in gewissen Abständen rezertifizieren lassen, um eine dauerhafte Aktualität zu gewährleisten.

Nachdem wir uns nun den Prozessen und dem strategischen Rahmen der IT-Sicherheit gewidmet haben, soll es im nächsten Abschnitt um die technischen Grundlagen und Tipps zur möglichen Umsetzung gehen.

7.5 Die Technik der IT-Sicherheit

Die technische Seite der IT-Sicherheit befasst sich mit den technischen Lösungen für zuvor ermittelte Risiken. In vielen Unternehmen finden sich an dieser Stelle leider zunächst oft Insellösungen, die wie ein Flickenteppich wirken. Auf Basis der beschriebenen konzeptionellen Herangehensweise haben Sie aber bereits eine erste Idee, wie Sie die vorhandenen Werkzeuge bewerten und auch zu einem Konzept vereinen.

Als Führungskraft in der IT betrifft Sie das Thema in unterschiedlicher Perspektive. Falls Sie die Gesamtverantwortung für die IT haben oder den Themenbereich mit Ihrem Team verantworten, sind Sie direkt betroffen. Als Team ohne direkten Zugriff darauf sind Sie zumindest indirekt betroffen und profitieren von dem Wissen in der Form, dass Sie mit dem Fachteam besser kommunizieren können und zugleich mindestens einen Einblick in deren Aufgaben haben.

7.5.1 Relevanz für Sie als Führungskraft

Bevor ich dieses Kapitel geschrieben habe, habe ich lange darüber nachgedacht, wo die technische IT-Sicherheit beginnt und welche Maßnahmen für Sie als IT-Führungskraft überhaupt Relevanz haben.

Bei einem Blick werden mögliche Anfänge schnell klar: Es werden Zutrittskarten vergeben, Accounts angelegt, Softwarepakete installiert ... Diese und viele weitere Aspekte sind Teil Ihrer Informationssicherheit und sollten auf diese einzahlen. Nur müssen Sie als Führungskraft alle Details kennen, verstehen und entwickeln?

Mitnichten! Die geforderte Detailtiefe hängt von Ihrem Unternehmen, der Größe Ihres Teams und dessen Position ab. Falls Sie in einem kleinen Unternehmen mit drei Personen die gesamte IT darstellen, haben Sie deutlich mehr Nähe zu den Details als im größeren Mittelstand, wo Sie »nur« ein IT-Fachteam leiten.

Da Sie Führungskraft sind, haben Sie trotzdem Verantwortung und sollten einen Überblick haben. Der folgende Abschnitt konzentriert sich daher auf die Themenbereiche, die aus der Erfahrung heraus in Unternehmen durch Techniker nur stiefmütterlich behandelt werden und zugleich einen hohen Impact haben. Denn egal welches Team Sie führen, Ihr Beitrag zur Informationssicherheit ist immer Chefsache! Stellen Sie also sicher, dass Ihnen zumindest die Landschaft und das Konzept vertraut sind, auch wenn Sie für die Umsetzung Mitarbeiter haben, die sich mit den Details besser auskennen.

7.5.2 Wie sicher ist technisch gesehen sicher?

Als Führungskraft haben Sie zwei wesentliche Aufgaben in dem Bereich Informationssicherheit:

- Sie müssen die notwendigen Ausgaben im Budget berücksichtigen und die spätere Investition genehmigen.
- Sie müssen den Mehrwert abschätzen/prüfen.

Beide Punkte möchte ich am Beispiel einer Firewall näher vorstellen.

Die Daseinsberechtigung einer Firewall

Der erste Punkt ist so etwas wie die Daseinsberechtigung für die Firewall selbst. Wofür braucht Ihr Team diese? Das in Abschnitt 7.2 vorgestellte Informationssicherheitskonzept sollte Risiken aufweisen, die Sie behandeln möchten und zu deren Lösung eine Firewall technisch sinnvoll passen würde.

Beispielhaft können Sie zwei Systeme haben, die sehr kritisch sind, da dort streng geheime Daten abgelegt sind. Ein mögliches Risiko ist an dieser Stelle der unbefugte Zugriff. Der erste Gedanke ist vielleicht, dass es um die richtige Gestaltung der Rechtekonzepte geht. Inhaltlich ist das auch ein wichtiger Baustein, aber trotzdem könnte das System angreifbar sein, und zwar von nicht berechtigten Personenkreisen wie Hackern.

Eine Lösung, um das Risiko des unbefugten Zugriffs technisch zu reduzieren, ist die Abschottung des Systems mit einer Firewall. Wenn Ihr Team Ihnen diese Erklärung bis hin zum Risiko bieten kann, haben Sie auch die Erklärung, warum das Gerät gekauft werden sollte und ob es für Ihre Informationssicherheit wichtig ist.

Der Mehrwert einer Firewall

Der zweite Punkt ist die Frage nach dem Mehrwert. Während »alte« Firewalls noch ein Stück Hardware waren, das den Zugriff zugelassen oder abgelehnt hat, sind moderne Firewalls »nur« eine Hardwareplattform; die Musik selbst spielt in der Software darauf. Sie müssen daher die zu kaufenden Features auswählen und auch dabei wieder auf die Sinnhaftigkeit aus dem vorherigen Punkt achten. Das Thema Mehrwert hat jedoch zwei Facetten:

- der Mehrwert für Ihre Informationssicherheit
- der Mehrwert, den Sie beweisen und darlegen können

Auf den letzten Punkt werden Sie eines Tages von Ihrem Vorgesetzten hingewiesen werden. Es kommt nämlich die Frage auf, wie das eingesetzte Kapital die Informationssicherheit stärkt und wie viele Angriffe »abgewehrt« wurden.

Auch wenn Sie den ersten Teil der Frage nun mit Ihrem Konzept beantworten möchten, wird dies der Fragende nicht hören wollen, denn es geht nun um handfeste Zahlen, die auswertbar und vor allem nachvollziehbar sind.

An diesem Punkt stehen Sie vor einer echten Herausforderung, denn wie viele Angriffe hätte es denn ohne Firewall gegeben? Oder gab es gar keine? Da Sie eine Antwort finden müssen, gilt es, mögliche Kennzahlen auszuwerten und mit dem Team zu diskutieren. In diesem Kontext könnten Sie schnell auf die Anzahl der abgelehnten externen Anfragen kommen und diese als Kennziffer präsentieren.

Aber: Ist das sinnvoll? Diese Scans könnten auch Suchmaschinenbots oder anderes sein. Sind das dann Angriffe? Natürlich nicht!

Auch kleine »Ungenauigkeiten« holen Sie ein

Ich habe schon einige Fachkräfte erlebt, die diese Ungenauigkeit ignorieren, wohl wissend, dass der Empfänger dies ohnehin nicht einordnen kann. Im ersten Schritt hat die Fachkraft dann geliefert, und da die Zahl meist recht hoch ist, gibt es auch gebührende Anerkennung. Doch Obacht: Die Empfänger dieser Zahlen sind Manager und gut vernetzt. Im Dialog mit anderen Entscheidern wird dann geschwärmt, dass die eigene IT eine super Kennziffer für Firewalls habe. Das wird den Gesprächspartner beeindrucken, und es kommt der Wunsch auf, die Kennzahl zu teilen.

Also dürfen Sie einer anderen IT Ihre Kennziffer vorstellen. Je nachdem, auf wen Sie treffen, könnte die Person bereits das Gefühl haben, Sie möchten nun erzählen, wie IT wirklich geht. Wenn Sie dann die Kennziffer vorstellen, können Sie nahezu sicher sein, dass Ihr Gegenüber genug Fachwissen hat, um Ihre Unschärfe aufzudecken. Dann stehen Sie da vor einem Manager, der mit einer Superlösung geprahlt hat und nun furchtbar auf die Nase fällt. Im Nachgang ist Ihnen dort ein Gespräch sicher! Ich empfehle daher, nur wirklich belastbare Zahlen zu nehmen und das Thema Informationssicherheit nicht auf eine Technologie zu begrenzen.

Eine bessere Kennzahl haben Sie, falls Sie eine zentrale Mailfilterung nutzen, denn das ist eine dankbare Quelle für Statistik. Nehmen Sie einfach die Gesamtheit aller Mails und die Anzahl der bereits abgewiesenen Mails. Falls Sie Mails separat freigeben mussten, erwähnen Sie auch diese. Auch dort haben Sie beeindruckende Zahlen, und zugleich ist Spam landläufig bekannt und kann daher eingeordnet werden.

7.5.3 Netzwerksegmentierung

Am einfachsten ist ein Netzwerk wohl, wenn Sie ein großes Netz betreiben, in dem sich alle Geräte befinden. Dann funktioniert die Kommunikation untereinander, viele Fehlerquellen sind damit reduziert, und zugleich haben Sie wenig Aufwand in der Pflege. Damit helfen Sie jedoch auch einem potenziellen Angreifer. Sobald die Sicherheitsmechanismen Ihres Netzes überwunden sind, hat er freie Hand und kann sich überall hinbewegen. Das bedeutet daher auch: Sobald in diesem Netz ein System infiziert ist, müssen Sie annehmen, dass alle Systeme infiziert sind.

Sinnbildlich ist dies mit einem Boot zu vergleichen.

Die ersten Boote bestanden aus einem einzigen Körper. Sobald dort ein Loch auftrat, lief das ganze Boot voll. Übertragen auf Ihre Informationssicherheit ist das das eine infizierte System, das Ihre gesamte Landschaft versenkt.

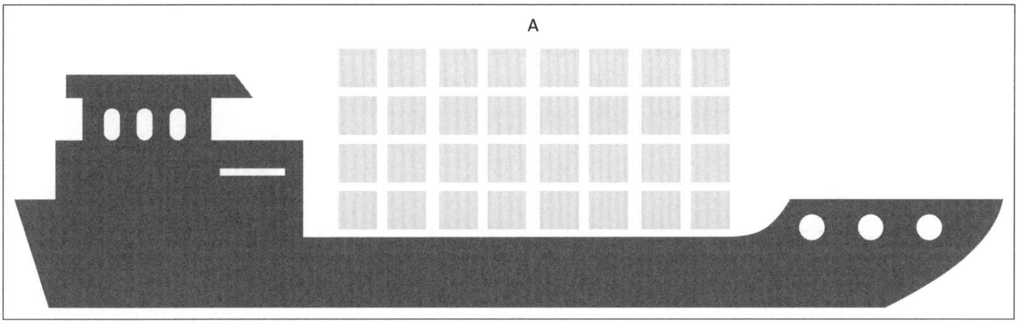

Abbildung 7.1 Boot mit nur einem »Segment«

Die Alternative ist, dass Sie ein modernes Boot entwickeln und mehrere Segmente haben, die voneinander abgeschottet sind. Wenn ein Segment voll Wasser läuft, wird das Schiff dennoch seetüchtig bleiben, da die anderen Segmente unbeschädigt sind.

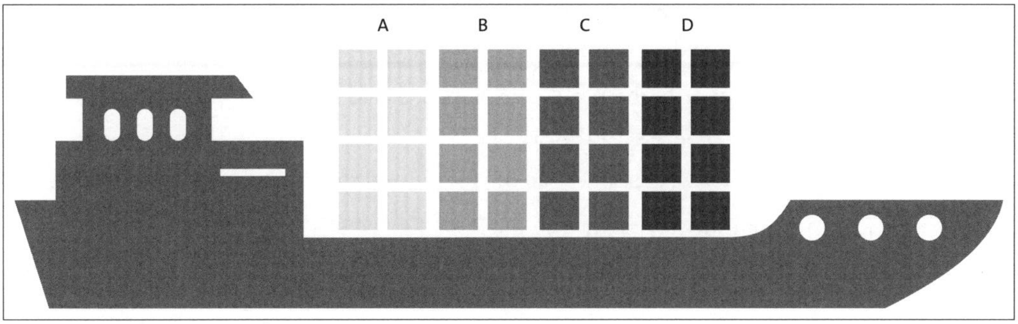

Abbildung 7.2 Boot mit mehreren Segmenten

Übertragen auf Ihre IT bedeutet dies, dass Sie mit mehreren Netzen immer noch nicht gegen Angreifer geschützt sind. Allerdings wird nur ein Segment, und damit meist nur ein Teil der Geräte, infiziert. Selbst wenn der Angreifer sich im Segment bewegt, kommt er an andere Segmente so einfach nicht heran.

Aber Achtung: Die Herausforderung ist nicht nur, dass Ihr Team mehrere Segmente baut und diese transparent miteinander reden können! Sie müssen den Datenverkehr zwischen den Netzen transparent machen und vor allem regeln! Es sollte nur die Kommunikation möglich sein, die auch wirklich notwendig ist. In der Metapher des Schiffes wären das die Türen zwischen den Segmenten, damit die Matrosen zu ihren Schlaf- und Arbeitsplätzen kommen oder Gegenstände verräumen können.

Sie wissen nun, dass Segmente Ihre IT vor dem Untergang schützen können, doch wie viele brauchen Sie?

Wie viele und welche Segmente brauchen wir?

Die Frage ist wichtig und richtig, nur an dieser Stelle leider nicht zu beantworten.

Falls Ihr Team derzeit andere Prioritäten hat oder das Thema schlicht nicht bearbeiten möchte, werden Sie schnell mit zwei Netzen abgespeist: eins für die Server und eins für die Clients. Das wird aber nicht reichen.

Schnell schlägt die Stimmung nun ins Gegenteil um, dann bekommt halt jedes System ein eigenes Netz! Das wäre dann eine vollständige Mikrosegmentierung, die sicher den höchsten Grad an Steuerung bietet. Allerdings ist die Folge, dass Sie diese Aufteilung auch steuern müssen! Sie werden also unheimlich viele Kommunikationsbeziehungen erfassen und permanent pflegen müssen. Dann stellt sich die Frage, ob dieser Aufwand durch den Nutzen gerechtfertigt wird.

Es mag verlockend sein, das Thema vollkommen in die Hände der Netzwerkadmins zu legen, denn die machen das schon. Diese sind jedoch nur für die tatsächliche Umsetzung zuständig! Die strategische Entscheidung, welchen Mittelweg Sie zwischen diesen beiden Extremen gehen wollen, müssen Sie mit Ihrer Verantwortung für die IT-Infrastruktur selbst treffen und gegebenenfalls auch gegenüber Versicherungen oder Auditoren begründen können.

Also: Sie müssen die Aufgabe nicht praktisch umsetzen, sollten jedoch das Konzept kennen und vor allem bewerten.

Für ein mögliches Konzept sollten Sie die folgenden zwei Aspekte berücksichtigen:

- die Kommunikationsstruktur und die Zugriffe selbst
- den Systemtyp

Kommunikationsstruktur

In der Praxis ist die Kommunikation der wesentliche Punkt einer Segmentierung.

Nehmen wir an, Sie haben ein Intranetsystem mit einem *Internet Information Server (IIS)*, der auf Port 443 (SSL) lauscht, und einen Server für Unternehmensanwendungen mit einem Apache, der ebenfalls Port 443 (SSL) bereitstellt. Beide Server werden von allen Mitarbeitern benötigt. Aus Sicht der Kommunikation könnten beide in ein Netz, da die jeweils gleiche Personengruppe über einen identischen Port zugreift.

An dieser Stelle kommt jedoch eine weitere Frage auf: Was ist mit den Clients?

Alle Mitarbeitenden müssen über Port 443 auf die Systeme zugreifen, aber was ist mit den Administratoren? Falls es Windows-Systeme sind, müssten alle Clients auch mit Remote-Desktop zugreifen können, wenn alle Clients in ein Netz gesteckt werden. In der Praxis bedeutet dies, dass ein Angreifer von einem PC im Lager aus Lücken im Remote-Desktop ausnutzen kann, um sich Zugriff zu verschaffen! Daher empfiehlt sich eine Trennung.

Das Konzept nach der ersten Betrachtung könnte wie in Abbildung 7.3 aussehen:

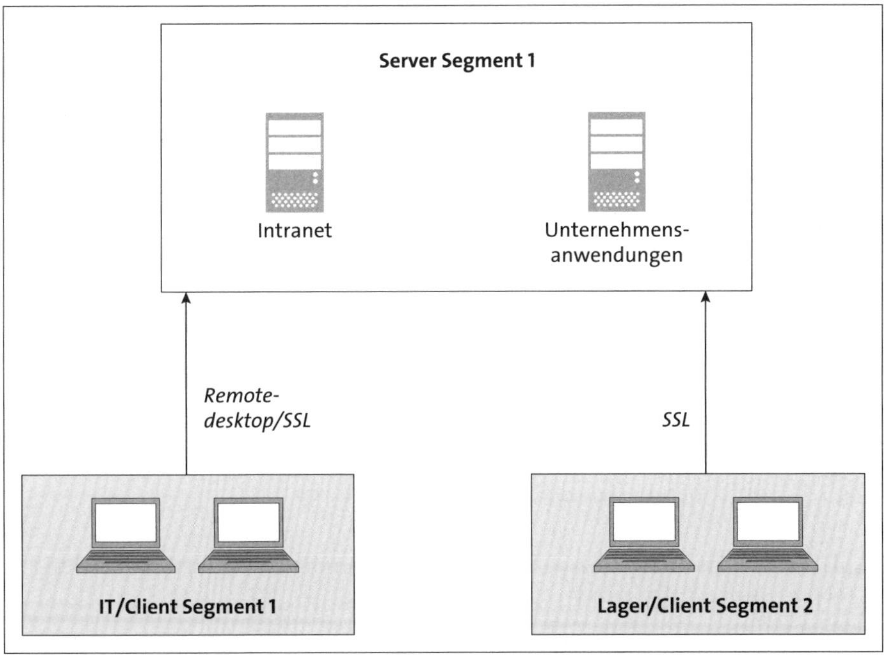

Abbildung 7.3 Beispielhafte Segmentierung mit drei Subnetzen

Systemtyp

Die zweite Fragestellung umfasst den Typ der Systeme. Im Beispiel sind es beides Webserver mit verschiedenen Aufgaben. Wenn Sie nun die Brille des Angreifers aufsetzen, könnte er von einem infizierten Client aus beide Systeme angreifen. Wenn Sie jedoch wissen, dass auf dem Server mit den Unternehmensanwendungen auch kritische Programme (etwa das Downloadportal für die Gehaltsabrechnung) betrieben werden und der Hersteller daher sehr schnell Lücken schließt, wäre dies eine weitere Betrachtung wert.

Sie haben ja zwei Server nach außen verfügbar, den IIS und den Apache. Der Angreifer könnte nun den IIS erfolgreich attackieren und wäre dann im selben Netz wie ihre Unternehmensanwendungen. Dann kann er nicht nur den Apache über Port 443 angreifen, sondern hat die gesamte Bandbreite zur Verfügung, etwa auch Remote-Desktop! In Folge könnten Sie die Systeme daher aufgrund des Systemtyps und der dort enthaltenen kritischen Daten ebenfalls auftrennen, was zum Konzept in Abbildung 7.4 führt.

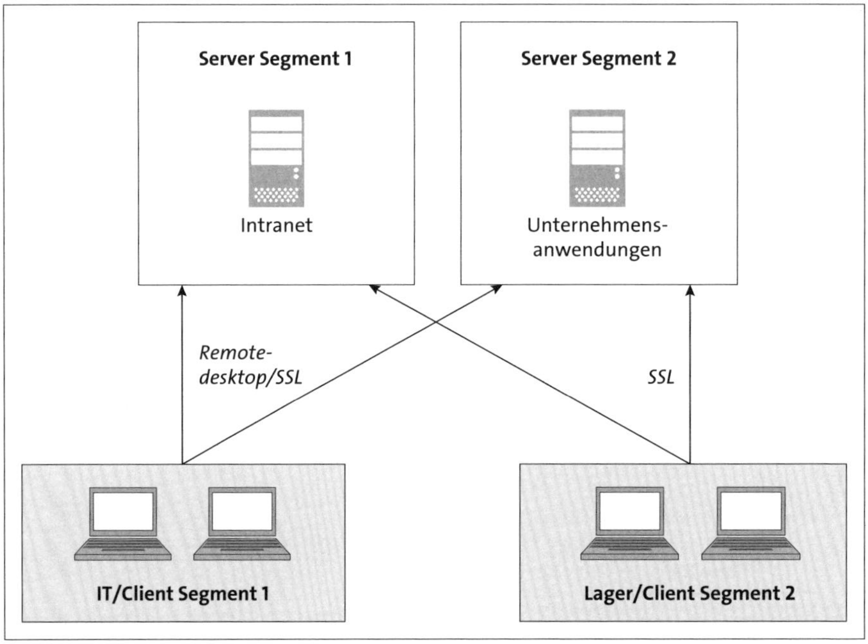

Abbildung 7.4 Segmentierungskonzept mit zwei Servernetzen

Das Beispiel ist (natürlich ...) stark vereinfacht, da es nur die Logik darstellen sollte. Im Alltag werden Sie deutlich mehr Kommunikationsbeziehungen und Netze benötigen. Wie viele Netze Sie letztlich haben sollten, ist nicht pauschal zu beziffern. Im Detail sollten Sie das auch dem Fachteam überlassen. Um Ihrer Verantwortung gerecht zu werden, sollten Sie das Konzept prüfen und sich die Umsetzung ausschnittsweise zeigen lassen.

Wie ein Angreifer denken

Insbesondere wenn Sie Konzepte aus dem Bereich der Informationssicherheit prüfen, sollten Sie sich immer fragen, was das für einen Angreifer bedeutet.

Am Beispiel der Segmentierung beispielsweise können Sie sich fragen, wo Sie als Angreifer heute überall ungehindert zugreifen könnten, und das dem neuen Konzept gegenüberstellen.

Nehmen Sie an, Sie können ein System im Bereich *Buchhaltung* einnehmen: Wo kommen Sie von dort hin? Sind es nur die notwendigen Systeme und Ports? Oder ist da wieder eine »Vereinfachung« passiert, und es wurde großzügig berechtigt?

Das klingt nun auf den ersten Blick so, als sollten Sie das gesamte Regelwerk zwischen den Netzen prüfen. Davon rate ich Ihnen ausdrücklich ab, denn zum einen haben Sie dafür Fachpersonal, das Ihr Vertrauen verdient hat, und zum anderen müssen Sie dieses tiefe Wissen nicht haben. Wenn Sie dort einen prüfbaren Status erreicht haben, empfehle ich Ihnen vielmehr, professionelle Tests und Angriffe zu beauftragen, um von dritter Seite den Erfolg bestätigt oder ungeahnte Lücken aufgezeigt zu bekommen!

Segmentierung umsetzen

Die Umsetzung der geplanten Segmentierung mag zunächst erneut operativ klingen. Dennoch sollten Sie sie als Führungskraft eng begleiten, denn mit der Bildung von Segmenten ist eine Isolierung der Systeme und eine Reduzierung von Zugriffen vorgesehen. Sie können nahezu sicher sein, dass bei der Aufnahme der Kommunikationen etwas übersehen wurde oder schlicht nicht sichtbar war!

Das führt in der Praxis dann zu mehr oder weniger ausgeprägten Störungen, die auf Ihrem Tisch landen Bei Systemen mit einer begrenzten Benutzerzahl können Sie die Umsetzung noch vollständig den Fachkollegen überlassen, denn die Quellen sind begrenzt, sodass eine schnelle Wiederherstellung möglich ist und bis dahin nur ein kleiner Personenkreis betroffen ist. Ganz anders sieht das bei zentralen Systemen wie dem AD-Controller aus. Wenn da etwas schief geht, können auf einmal keine Anmeldungen mehr bearbeitet werden, was zu einem Stillstand des Unternehmens führen kann!

Um die Umstellungen mit möglichst wenig Potenzial für üble Überraschungen zu erledigen, kann ich Ihnen aus der Praxis folgende Tipps geben:

1. **Doppeln Sie Systeme**: Domänencontroller sind ein gutes Beispiel für Systeme, die Sie erweitern können. Wenn Sie bereits zwei ADCs haben, spricht nichts dagegen, zwei weitere zu installieren und diese in das Segment zu stellen. Sobald Sie das getan haben, sollten Sie die Infrastruktur und auch die Logs der Firewall im Blick haben, um zu erkennen, wenn etwas schiefläuft, ob also beispielsweise ein Port vergessen wurde.

   Dennoch kann es zu Problemen kommen, da alle Systeme, die auf die segmentierten ADCs zugreifen, eine Funktion, deren Port blockiert wurde, nicht ausführen können. Da das Active Directory jedoch einen Lastenausgleich macht, werden nur etwa 50 % der Anfragen auf die neuen Controller entfallen. Falls etwas schiefgeht, gibt es zwar deutliche Auswirkungen, Sie legen jedoch nicht 100 % Ihrer Infrastruktur lahm. (Immerhin ...)

2. **Wägen Sie Kosten und Nutzen ab**: Es gibt Umgebungen, in denen selbst ein teilweiser möglicher Ausfall wie unter Punkt 1 nicht tolerierbar ist oder eine Doppelung aufgrund anderer Faktoren nicht möglich ist. In diesem Fall gilt es, lieber zunächst einen Port zu viel freizugeben als einen zu wenig.

   Man kann natürlich entgegnen, dass jeder unnötige Port die Sicherheit schwächt. Allerdings sollten Sie in Relation sehen, wie unwahrscheinlich der Angriff auf diesen einen Port ist (insofern es nicht gerade so etwas wie 3389 ist) und was im Gegenzug der Ausfall kosten würde, wenn Sie genau diesen Port nicht aktiviert hätten.

   Sobald der Umzug erfolgt ist, empfiehlt es sich dennoch, die erfolgten Zugriffe auf die freigegebenen Ports zu prüfen. Viele Firewall-Hersteller bieten entsprechende Funktionen an, mit denen Sie dies tun können. Sollten Sie einen oder mehrere Ports finden, auf die keine Zugriffe erfolgen, sollten Sie deren Aufgabe noch einmal recherchieren und, falls Sie keinen gegenteiligen Grund finden, die Freigaben entfernen.

   Wichtig ist, dass die Prüfung nicht unmittelbar nach dem Umzug erfolgen sollte, sondern schon etwas Zeit (mindestens zwei Wochen) vergangen sein sollten, um auch zyklische Zugriffe in den Daten finden zu können.

Cluster bei Regeln bilden

Sie werden in vielen Segmenten gleichartige Regeln finden, die sich einem Objekt oder Kriterium zuordnen lassen. Beispielsweise müssen alle Systeme durch Ihr Monitoring erreicht werden können, und zugleich müssen alle Windows-Systeme das von Ihnen genutzte Windows-Patch-Management (z. B. WSUS) erreichen können. Es bietet sich daher an, die Regeln zu identifizieren und als »Standard« für den jeweiligen Fall anhand eines Kriteriums zu definieren. Im Beispiel könnte das Kriterium beispielsweise das Windows-Serverbetriebssystem sein, daher wäre die Regel: »Alle Windows-Server brauchen ...«. Diese Strukturen können Sie auch für andere Fälle, etwa für Linux-Systeme, definieren.

Sobald Sie dies getan haben, können Sie bei jedem Windows-Server auf das zuvor definierte Standardpaket zugreifen und dies bei allen Netzen gleich anwenden. Dadurch können Sie sicher sein, dass der Standard bei allen betroffenen Systemen gleich ist und zugleich die Version mit den geringsten Freigaben darstellt. Das spart Ihnen bei neuen Systemen oder weiteren Umzügen zunehmend Zeit, da Sie lediglich die applikationsbezogenen Kommunikationsbeziehungen als Regeln zusätzlich modellieren müssen.

Neben dem Netzwerk können Sie auch das Active Directory segmentieren, dies wird auch als »AD Tiering« bezeichnet.

7.5.4 AD Tiering

Bei dem Begriff *AD Tiering* denken viele zunächst an Tiere und fragen sich, was dies mit IT zu tun hat. Gemeint ist jedoch das englische Wort, das übersetzt für *Ebene* steht.

Die Logik der AD-Segmentierung ist der Netzwerksegmentierung sehr ähnlich: Auch dort geht es darum, dass ein Angreifer möglichst keine weitreichenden Zugriffe erhält.

An dieser Stelle müssen Sie Tiers/Ebenen schaffen, ein gängiges Modell sieht drei vor:

- **Tier 0**: Hier stehen Ihre Kronjuwelen. Wer an die Systeme kommt, kann Ihre gesamte Umgebung übernehmen. Beispiele hierfür sind das Active Directory oder auch Hypervisor-Hosts.
- **Tier 1**: In diesem Tier stehen alle weiteren Serversysteme.
- **Tier 2**: In diesem Tier befinden sich alle Clients und ähnlich agierende Systeme.

Vererbung der Kritikalität

Während die Wichtigkeit von ADCs unumstritten ist, mag der Virtualisierungsserver vielleicht seltsam wirken, da ja nicht alle Server in Tier 0 sein sollten. Die Ursache ist jedoch die Vererbung: Wenn die ADCs virtualisiert sind, müssen Sie die Virtualisierungsserver genauso betrachten, da ansonsten ein Angreifer über den schwächer geschützten Virtualisierungsserver Zugriff auf den besser geschützten ADC erhalten könnte.

Dieser Vorgang wird als *Infektion* bezeichnet, denn jedes System infiziert ein mögliches Trägersystem mit der eigenen Schutzklasse, sofern diese höher ist. Im umgekehrten Fall ist es technisch und konzeptionell möglich, ein Tier-1-System auf einem Virtualisierungsserver aus Tier 0 zu betreiben, da dieses System zwar von den stärkeren Schutzmaßnahmen des Trägersystems profitiert, dieses jedoch nicht nachteilig beeinflusst.

Die wesentliche Spielregel in dem Konzept ist, dass es für jede Ebene eigene Accounts gibt und diese zugleich auch nur dort funktionieren.

Für einen Administrator bedeutet das mindestens vier Accounts:

- **Tier-0-Admin**: Mit dem Tier-0-Admin darf er die Systeme in der Zone 0 administrieren. Die Anzahl der Personen mit diesem Recht sollte auf die kleinste Größe reduziert sein, und es sollten aufgrund der Kritikalität der Zugriffe auch weitere Maßnahmen, etwa ein Sprungserver und eine Multifaktor-Authentifizierung, integriert werden.
- **Tier-1-Admin**: Der Tier-1-Admin administriert die Systeme in der Zone 1. Er darf keinen Zugriff in Zone 0 oder 2 haben! Diese Ebene kann bereits für erste Benutzer relevant sein,, denn einige Fachverantwortliche benötigen Zugriff auf den Server

der betreuten Applikation. Auch in dieser Zone sollten Sprungserver und Multifaktor-Authentifizierung genutzt werden.

- **Tier-2-Admin**: Der Tier-2-Admin kann beispielsweise für Citrix Worker, die im Tier 2 beheimatet sind, notwendig sein. Obwohl es ein Server ist, verhält er sich wie ein Client und wird daher in Tier 2 verortet.
- **Tier-2-Benutzer**: Der IT-Angestellte ist neben seiner Rolle in der IT auch noch Angestellter mit allen Rechten und Pflichten. Mit dem Benutzer schickt er beispielsweise Mails oder greift auf eigene Dokumente zu.

Sprungserver und der Mehrwert

In dem Beispiel wird immer wieder der Sprungserver erwähnt, und es stellt sich die Frage, wozu es den braucht? Hierfür gibt es einige wesentliche Gründe:

- **Caching der Anmeldedaten**: Microsoft hat die unangenehme Eigenschaft, die Anmeldedaten lokal zu speichern. Wenn Sie daher von Ihrem Client direkt mit dem Tier-0-Benutzer auf ein Tier-2-Gerät zugreifen wollen, werden die Anmeldedaten und das Kennwort als Hash auf Ihrem lokalen Gerät gespeichert! Da das Tier-2-Gerät größeren Gefahren ausgesetzt ist, würde dies das gesamte Tiering infrage stellen! Sie greifen daher nur mit einem Sprungserver-Benutzer ohne weitere Rechte auf den Sprungserver zu und gehen von dort erst mit dem entsprechend berechtigten Account weiter!
- **Begrenzung der Zugriffe**: Sie können an der Firewall die administrativen Zugriffe auf Tier-0-Systeme mit dem Sprungserver als Quelle begrenzen. Selbst wenn sich ein Angreifer in Ihrem Netz befindet, käme er dort nicht weiter und würde sogar Spuren hinterlassen!
- **Härtung**: Sie können den Sprungserver entsprechend härten, da er keine weiterführenden Aufgaben hat, außer ein Sprungbrett zu bieten. Durch diese Härtung können Sie fragliche und möglicherweise angreifbare Dienste deaktivieren.

Ein Sprungserver ist letztlich oft nicht mehr als ein regulärer Windows-Server, der Ihnen jedoch einen wesentlichen Vorteil in der Sicherheit bietet!

Möglicherweise fragen Sie sich, wie ein Tier-2-Benutzer sich nun anmelden soll, wenn er auf Tier 0 und die Active-Directory-Domänencontroller nicht mehr zugreifen darf.

An dieser Stelle unterstützt das AD-Tiering Ihre Netzwerksegmentierung und erlaubt ausdrücklich, dass Benutzer die Services »höherer« Schichten nutzen dürfen. Somit darf der Tier-2-Benutzer ausdrücklich das Active Directory oder auch den Druckservice in Tier 1 nutzen. Wichtig ist, dass es nur der Service ist und keine interaktive Anmeldung oder Sonstiges zulässig sein sollte!

Für Sie als Führungskraft ist das AD-Tiering ein weiterer wertvoller Baustein. Sie sollten daher bei dem Konzept der Kollegen auf folgende Bereiche achten:

- Wie viele Tiers/Ebenen sind vorgesehen, und wie werden diese differenziert?
- Werden die Zugriffe auch im Active Directory durch eine entsprechend aufgebaute und vor allem berechtigte OU-Struktur geregelt?
- Werden mehrere Accounts genutzt? Falls ja, wie sind die geschnitten?
- Werden Sprungserver genutzt? Falls ja, wie werden die geschützt?
- Werden weitere Schutzmechanismen, etwa eine Multifaktor-Authentifizierung genutzt? Falls nicht, warum nicht?

Mit dem Wissen können Sie das Konzept auf Tauglichkeit prüfen oder zumindest durch Fragen eine Überarbeitung anregen. Wichtig ist, dass das Active Directory ebenfalls zu Ihren Kronjuwelen zählt und daher zumindest die Beaufsichtigung stets Chefsache sein sollte. Nachdem das Active Directory aufgeteilt ist und jeder Benutzer nur die geringstmöglichen Rechte hat, sollten Sie dies auch besonders für die Nutzer der Ebene zwei prüfen. Hier lauern nicht selten ungeahnte Rechtesammlungen!

7.5.5 Least Privilege

Was im Tiering begonnen wurde, muss weitergeführt werden und das ganze Rechtemanagement betreffen: das »Least Privilege«, also das geringstmögliche Recht. Was bedeutet das im Einzelnen?

Alle Benutzerkonten, egal ob technische oder von Mitarbeitenden genutzte Konten, sollen nur die Rechte haben, die für die jeweilige Aufgabe von Relevanz sind. Dies umfasst zum einen die Rechte, die im Active Directory zugewiesen werden (also etwa Schreibrechte auf Dateiserver), aber auch in Anwendungen selbst.

Wie viel Recht ist genug?

Die Frage nach den minimalen Rechten ist stets auch Teil der Politik im Unternehmen. Es gibt Teilbereiche, auf die nur wenige Personen Zugriff haben sollten, etwa auf die Gehaltsdaten. Das ist unstrittig.

Aber was ist mit den Daten auf den Fileservern? Der Jurist würde sagen: »Es kommt drauf an!« – und zwar auf Ihre Firmenkultur und die damit verbundene Politik.

Ein Vorteil von sehr weitreichenden Rechten ist sicher, dass es weniger Anpassungen und Zuordnungen bedarf. Das spart erst mal Arbeit.

Der Nachteil ist, dass alle vieles sehen können. Die Fürsprecher argumentieren zumeist, dass die Rezepte von Linie A den Mitarbeiter von Linie B doch gar nicht interessieren und dass die Freiheit, dennoch gucken zu können, Wertschätzung ist. Die Gegner hingegen sehen genau darin die Angst, nämlich dass einige Mitarbeiter ihren Tag mit dem Lesen aller möglichen Unterlagen verbringen und Mitarbeiter A die Daten von Linie B besser kennt und sich darüber Gedanken macht als über seine Linie A.

Bei diesem Thema gibt es kein richtig oder falsch, es ist schlichtweg eine Unternehmensentscheidung. Sie kennen Ihre Mitarbeiter und die von Ihnen angestrebte Politik am besten und können auch rechtliche Aspekte oder Vorgaben einbeziehen.

Fun-Fact am Rande: Wissen Sie, welcher User in fast allen Unternehmen die meisten Berechtigungen hat?

Meist ist es der Auszubildende, denn er bekommt in jeder neuen Abteilung weitere Rechte, die nie wieder entzogen werden.

Auch bei anderen Mitarbeitenden, die viele Abteilungswechsel hinter sich haben oder die mit vielen Sonderaufgaben betreut sind, ist so eine Rechtesammlung nicht ungewöhnlich.

Die Verwaltung dieser Rechte ist das *Identity and Access Management*.

Zunächst müssen Sie für sich einen Weg finden, nach dem Sie Rechte kategorisieren und anwenden. Ein häufig gewählter Weg sind vergleichbare Benutzer, eine Standardaussage ist: »Der neue Mitarbeiter ist bitte wie Martin zu berechtigen.« Was zuerst für alle gut klingt, kann mächtig in die Hose gehen, denn hat der Vorgesetzte daran gedacht, dass Martin nun für den Betriebsrat arbeitet und zudem noch in zwei streng geheimem Sonderprojekten unterwegs ist?

Vermutlich nicht! Die IT-Fachkraft wird nun das PowerShell-Skript anwerfen, beide Benutzer eintragen – und schwupps, sind die Rechte kopiert. Der neue Mitarbeitende wird sich freuen, er bekommt direkt tiefe Einblicke in das Unternehmen.

Falls Sie diese Art der Rechtevergabe zulassen möchten, sollten Sie zumindest einen zweistufigen Prozess etablieren. Das würde bedeuten, dass Sie die Rechte von Martin zunächst in eine Datei exportieren und dem zukünftigen Vorgesetzten zur Durchsicht geben. Mit diesem Vorgehen teilen Sie die Verantwortung: Sie haben weiterhin die Umsetzungsverantwortung, aber nicht mehr die Entscheidungsverantwortung. Damit dieser Weg möglich ist, müssen Sie zunächst einige Voraussetzungen erfüllen.

Rechteabstufung

Zunächst müssen Sie Rechte in Gruppen strukturieren. Welche Ordner und Strukturen soll es auf dem Fileserver geben? Welche Rollen und Gruppen existieren in Ihrem ERP-System? Damit alle Nutzer und auch Sie in der IT einen Überblick haben, sollten Sie ein Dokument erstellen, in dem alle Rollen der jeweiligen Applikation und die damit verbundenen Rechte aufgeführt werden.

Beispiel:

- Die Rolle *Controlling* kann alle Controlling-Masken sehen und neue Berichte auf Basis bestehender Zahlen und Daten erstellen.

- Die Rolle *Sales* kann die Verkaufszahlen einsehen und auch neue Verkäufe erfassen sowie Forecasts systemseitig berechnen lassen.
- Die Rolle *HR* kann die digitalen Personalakten einsehen und Einträge erstellen sowie neue Akten anlegen.

Diese Übersicht sollten Sie für jede Applikation erstellen und dauerhaft pflegen. Im Alltag sind die Applikationen jedoch häufig auch im Fachbereich angesiedelt, das heißt, Sie als IT stellen zwar die Applikation bereit und aktualisieren diese bei Bedarf, haben jedoch inhaltlich weder weitreichendes Wissen noch hinreichend Rechte. Um diesen Schiefstand zu lösen, empfehle ich Ihnen, pro Software mindestens zwei Personen zu benennen: den *technischen* und den *fachlichen Eigentümer* (*Owner*).

- Die technische Rolle füllen Sie als IT aus: Dabei geht es um die Aktualisierung der Software, mögliche technische Anbindungen der Schnittstellen oder auch darum, den Ansprechpartner für technische Fragen seitens des Herstellers zu stellen.
- Den fachlichen Anteil hingegen können sowohl IT als auch Fachbereich leisten, dies sollten Sie von der Anwendung selbst abhängig machen. Beispielhaft kann das an zwei Polen verdeutlicht werden. Der erste ist ein ERP-System, beispielsweise von SAP. Dort gibt es eine größere Anzahl an Modulen und in selbigen wieder unzähligen Rollen, die mitunter selbst entwickelt und mit Rechten versehen wurden.

  Die daraus resultierende Komplexität sollten Sie als reine IT-Abteilung keinesfalls betreuen oder verwalten, außer Sie haben separate SAP-Fachleute, die dies in Ihrem Team erbringen. Für eine technisch orientierte Fachkraft ist das Thema als Nebenaufgabe deutlich zu komplex.

  Das Gegenstück dazu ist eine Software, die kein ausgeklügeltes Rechtesystem besitzt und zudem nur eine geringe Fachlichkeit aufweist. Das bedeutet, dass die Software selbst nicht allzu komplex ist und auch prozessual nicht zu tief in der Wertschöpfung verankert ist. Bei dieser Art Software besteht die Aufgabe meist lediglich in der Gewährung von Zugriffsrechten und der Aktualisierung.

Team Application Maintenance und Anwendungsbetreuung

Mit der Zeit werden Sie immer mehr Applikationen haben und feststellen, dass für einige davon neben fachlichem auch technisches Wissen vorhanden sein muss. Oft ist dann die Schwierigkeit, dass der Fachbereich die fachlichen Fragen lösen könnte und der technische Ansprechpartner auch alle technischen Aspekte im Auge hat – es jedoch meist keine Brücke zwischen beiden Seiten gibt.

Insbesondere bei immer größer und komplexer werdenden Applikationen (SAP ist da ein sehr gutes Beispiel) benötigen Sie neben den jeweiligen Ansprechpartnern auch noch eine dritte Instanz, eine Art *Architekt*, der alles im Blick hat. Spätestens wenn es um mehrere Module und damit auch Teams geht, braucht es jemanden, der die Schnittstelle zwischen den Teams darstellt und entsprechend vermittelt oder auch

Themen koordiniert. Ansonsten wird jedes Update zum Glücksspiel, und es gibt enorm viele Reibungsverluste.

All dies sind die Aufgaben von *Application-Maintenance-Teams*. Wann Sie diese gründen sollten oder mit welchen Qualifikationen die Mitglieder ausgestattet sein sollten, lässt sich pauschal nicht beantworten. Im ersten Schritt wird meist jemand bestimmt, der das Thema zusätzlich macht. Dies wird dann schrittweise erweitert, bis die Anwendungsbetreuung die einzige Aufgabe ist.

Dieser Ansatz kann ein guter Weg sein, um die für das Budget verantwortlichen Personen in Ihrem Unternehmen vom Mehrwert dieser Position zu überzeugen.

Welche Qualifikation die Person haben sollte, lässt sich pauschal nicht sagen: Häufig sind Kenntnisse in der Applikation selbst und vielleicht auch in einem angrenzenden Themenbereich sinn- und wertvoll. Im Detail sollten Sie schauen, welche Aufgaben erfüllt werden sollen, und die entsprechende Fachkraft suchen.

Nachdem Sie die Rollen und die verantwortlichen Personen kennen, suchen Sie eine Software, mit der Sie die Rechtevergabe automatisieren können. Die eigentliche Vergabe kann idealerweise folgendem Prozess folgen:

1. Ein Benutzer möchte ein bestimmtes Recht in einer Applikation haben.
2. Der Benutzer stellt in der Software einen Antrag auf das Recht.
3. Die verantwortliche Person entscheidet, ob der Benutzer das Recht benötigt und daher erhalten darf oder nicht.
4. Sofern dem Antrag zugestimmt wird, erhält der Benutzer das Recht und eine Mail, dass die Zuweisung erfolgt ist. Falls der Antrag abgelehnt wurde, erhält der Benutzer die bei der Ablehnung eingegebene Begründung zugeschickt und den Hinweis, dass der Fall geschlossen wurde.

Sie sehen, in diesem Prozess haben wenige Menschen mitgewirkt, und vor allem die IT hatte keinen Anteil! Auch wenn dies ein erstrebenswertes Ziel zu sein scheint, so lohnt es sich meist erst ab einer gewissen Größe. Dafür kann das System nach Einführung weitaus mehr Themen abwickeln als ausschließlich die Vergabe eines einfachen Rechts!

Ein weiterer, dann durch das System zu lösender Punkt ist die Vergabe von Rechten auf Dateien. Dies ist sehr ähnlich dem Vorgehen bei Software, mit dem Unterschied, dass es lediglich die Optionen des lesenden oder schreibenden Zugriffs gibt. Auch hier benötigen Sie einen Dateneigentümer, der die Zugriffe entsprechend bewerten kann. Ein wesentlicher Unterschied ist, dass es sich überwiegend um Geschäftsdaten handelt und die IT, mit Ausnahme der IT-Verzeichnisse, keinesfalls der Dateneigentümer sein sollte! Auch hier zeigt sich, dass dieser Aspekt sich sehr gut für eine weiterführende Automatisierung eignet, wenn die entsprechenden Werkzeuge vorhanden sind.

Wie weitreichend sollten die Berechtigungen auf dem Dateiserver sein?

Für die Frage ist es unerheblich, ob Sie noch einen lokalen Dateiserver haben oder die Daten bereits in Cloud-Diensten wie SharePoint abgelegt sind. Es stellt sich immer die Frage, wie weit Sie Berechtigungen vergeben sollten.

Rein technisch können Sie sogar auf Ebene einzelner Dateien Rechte granular steuern, im Alltag und ab einer gewissen Anzahl von Mitarbeitern ist dies jedoch ein deutlicher Aufwand, dem im Regelfall kein Mehrwert gegenübersteht.

Dennoch stellt sich die Frage, wie weit Sie die Strukturen berechtigen wollen und ab wo es schlicht zu aufwendig wird. In der Praxis hat sich die dritte Ebene als letzte Ebene bewährt. Beispielhaft kann das bedeuten:

<Filesharename Ihrer Firma> → <Abteilungsname> → <Teamname>

Was auf den ersten Blick spießig wirkt, könnte auch wie folgt aussehen:

<Filesharename Ihrer Firma> → <Teamname> → <Aufgabenordner>

Je nach Anzahl der Teams erhöht sich die Zahl der Berechtigungen schneller als gedacht, schnell kommen zu den eigentlichen Teams noch übergreifende Arbeitsgruppen hinzu. Wenn Sie weitere Ebenen berechtigen wollen, sollten Sie es zum einen gleich flächendeckend machen, zum anderen werden Sie dadurch enorm viele Gruppen erhalten, und der Überblick wird zunehmend geringer.

Auch an dieser Stelle gilt, dass Sie dort eine strategische Entscheidung mit Blick auf Ihr Unternehmen treffen müssen. Es wird Unternehmen geben, etwa in der Rüstungsindustrie, bei denen drei Ebenen nicht ausreichend sind und in denen Rechte deutlich granularer geregelt werden müssen. Betroffenen Unternehmen ist zugleich der Aufwand und dessen Relevanz gut bekannt, weswegen auch entsprechende Ressourcen bereitwillig genehmigt werden. Daher ist es Ihre Aufgabe, den aus Ihrer Sicht richtigen Weg zu finden, diesen mit Ihrem Vorgesetzten abzustimmen und entsprechend mit den Bereichen zu kommunizieren!

Freigabeprozesse sollten im Vier-Augen-Prinzip erfolgen, und zwar von zwei Personen, die gleichberechtigt Rechte freigeben können. Auch wenn Sie den gesamten Prozess manuell mit Mails abwickeln, gibt es nichts Schlimmeres, als wenn es nur eine Person gibt, die gerade längerfristig abwesend ist. Auch für diesen Fall müssen Sie notfalls prozessual vorsorgen. Kann dann etwa vielleicht der Vorgesetzte dieser Person die Entscheidung treffen? Oder gibt es eine Vertreterregelung?

Role-based Access Control (RBAC)

Neben der manuellen Zuweisung einzelner Rechte, welche noch immer fehleranfällig ist und für eine sehr heterogene Rechtelandschaft sorgen kann, ist die *Role-based Access Control* (*RBAC*) eine sehr gute Lösung. Die Idee hinter RBAC ist, dass jeder Mitarbeitende eine Rolle hat, etwa *Controller*. Nun werden für diese Rolle einmalig alle für den Alltag notwendigen Rechte und Zugänge für Applikationen ermittelt und notiert. Sobald nun jemand Neues mit der gleichen Rolle beginnt, können mit wenigen Klicks alle Rechte zugewiesen werden.

Vorteile

- Alle Inhaber der Rolle haben die gleichen Rechte, und damit erhalten Sie eine homogene Landschaft.
- Die Führungskraft muss sich nicht mehr um jedes individuelle Recht kümmern, sondern kann dies der Rolle selbst überlassen.
- Auch für mögliche Wirtschaftsprüfer oder andere Dritte besteht ein stabiles und vor allem solides Konzept.

Nachteile

- Besonders die Umstellung aus der heterogenen in die homogene Welt ist oft nicht leicht, denn Mitarbeiter können Gefühle des Verlusts erleben, wenn die Rollen zusammengelegt werden.
- Es ist weiterhin möglich, dass einzelne Mitarbeitende aufgrund besonderer Aufgaben (z. B. Betriebsrat) weitere Rechte erhalten. Sollte sich jedoch ein Recht als wichtig für alle herausstellen, darf dieses nicht jedem einzeln zugeteilt werden, sondern muss in die Rolle aufgenommen werden!
- Es sind einige Vorbedingungen zu erfüllen:
  - Es müssen Rollen vorhanden und definiert sein.
  - Die Rechte müssen pro Rolle abgestimmt werden.
  - Die zu berechtigenden Systeme müssen festgelegt werden.
  - Es muss geprüft werden, ob das System der Least Privileges auch wirklich eingehalten wird.

Der Aufwand zur Einführung eines RBAC-Konzepts kann nicht generell abgeschätzt werden. Besonders wenn Sie noch eine kleine IT und eine überschaubare Infrastrukturlandschaft haben, empfiehlt es sich, möglichst schnell zu beginnen. Es ist wesentlich leichter, das Konzept mitwachsen zu lassen als es später zu implementieren.

Normalerweise steht man aber bereits vor einer beachtlichen IT-Infrastruktur und muss daher, falls noch kein Konzept vorhanden ist, einiges an Zeit für die Erstellung und Umsetzung des RBAC-Konzepts aufbringen. Ich rate Ihnen dennoch, den Aufwand als Investition in Ihre Zukunft zu sehen. Denn: Mit dem Konzept stärken Sie die IT-Sicherheit und können in Zukunft neue Mitarbeitende mit weniger Aufwand für den Fachbereich und für Sie als IT »onboarden«. Das zahlt in Folge auch auf die Außenwirkung ein, und spätestens das sollte für den entstehenden Aufwand entschädigen.

7.5.6 Patchmanagement

Wie kommen Angreifer in Ihr System? Der erste Schritt ist nicht selten eine Spam-Mail oder ein in eine Mail integrierter Link. Einer ihrer Benutzer klickt darauf – und schon ist es geschehen, der Angreifer ist im System. Und dann? Als Erstes schaut er sich um: Wie komme ich an erhöhte/erweiterte Rechte? Wie komme ich an weitere Systeme?

Ein weiteres Szenario ist der Angriff von außen. Sie haben eine teure und gut konfigurierte Firewall und daher keine Bedenken, dass jemand diese leicht überwinden könnte. Aber was ist mit dem Zero-Day-Exploit für genau Ihre Firewall?

In beiden Fällen ist der Angreifer dankbar für alte Soft- oder Firmware. Warum? Für diese gibt es online genug Exploits zu kaufen oder herunterzuladen, mit denen er seine Rechte erweitern oder sich ausbreiten kann. Was können Sie dagegen tun? Patchen!

Eines der wesentlichen Themen in der IT-Sicherheit ist das Thema Patchmanagement. Es geht darum, dass die von Ihnen eingesetzten Betriebssysteme und die Software immer auf dem aktuellen Stand oder lediglich kurz dahinter sind. Der erste Impuls ist häufig, in *Vollversionen/Major Updates* oder maximal Minor Updates zu denken.

An dieser Stelle haben die meisten Unternehmen wenig Bedenken, denn es ist doch Windows 11 auf allen Systemen installiert, und das hat noch einige Jahre Support? Die Wahrheit liegt genau dazwischen, denn in diesen Jahren werden etliche Sicherheitslücken gefunden und auch korrigiert. Das bedeutet: Wenn das System sicher bleiben soll, muss es aktualisiert und gepatcht werden. Was zu Hause der Windows Updater meist automatisch macht, sollte im Unternehmen gesteuert werden. Eine automatische Installation wie am privaten PC ist grundsätzlich möglich, falls jedoch ein Patch einen Fehler enthält oder Inkompatibilitäten mit von Ihnen eingesetzter Software aufweist, ist das zu Hause bereits ärgerlich, im Unternehmenseinsatz kann dies jedoch weitreichende Folgen haben!

Es sind daher drei Kategorien von Updates zu unterscheiden:

- Windows-Updates (und sonstige Microsoft-Updates, inklusive Hotfixes und Security-Updates)
- Software-Updates
- Firmware-Updates

Windows-Updates

Die Notwendigkeit für Windows-Updates sind jeder IT-Fachkraft klar. Microsoft Windows ist auf IT-Systemen, egal ob Client oder Server, der Platzhirsch. Für Angreifer ist es daher ein willkommenes Ziel, denn mit einer Schwachstelle und einem darauf entwickelten Angriff können zugleich unzählige Systeme attackiert werden.

Meistens ist dies vergleichbar mit einem Schuss aus einem Schrotgewehr: Der Schütze zielt nicht allzu genau, aber durch die sich ausbreitenden Kugeln wird es schon Treffer geben. Übertragen auf die Sicherheitslücke bedeutet dies, dass bei unzähligen Windows-Systemen mehrere dabei sein werden, bei denen der Angriff erfolgreich ist. Damit Ihre Systeme darunter fallen, sind Updates unerlässlich.

Zugleich bedeutet ein Update aber auch ein unsichtbares Systemrisiko, denn in Folge können Kompatibilitätsprobleme auftreten, oder das Update selbst ist fehlerhaft und führt zu Schäden an den Systemen.

In diesem Spannungsfeld befinden Sie sich, und wie ist es zu lösen?

Die erste Erkenntnis ist, dass Sie im Regelfall viele verschiedene Typen von Systemen im Haus haben, die sich in der Systemkonfiguration, der Hardware, der Software oder auch den Anforderungen deutlich unterscheiden. In der idealen Welt hätten Sie von jedem Typ ein System bei sich stehen, würden das Update installieren, alle benötigten Funktionen testen und erst dann die restlichen Systeme des Typs ausrollen.

Da der *Patchday* (also der Tag, an dem Microsoft neue Patches veröffentlicht) sich jedoch jeden Monat wiederholt, kann dies zeitlich nicht funktionieren. Zudem werden Sie die hierzu notwendige Hardware und Zeit nicht bezahlen wollen. Auch wenn die Updates in den letzten Jahren deutlich sicherer geworden sind, im Ernstfall ist das nicht die Erklärung, die ihr Geschäftsführer bei einem größeren Ausfall hören will!

Damit Sie diese Herausforderung lösen können, sollten Sie zunächst die Systeme in zwei Gruppen aufteilen:

- **Pilot**: In dieser Gruppe sollten je Typ ein bis zwei Systeme enthalten sein. Die genauen Systeme sollten Sie zuvor mit der für den Systemtyp verantwortlichen Person klären, da diese als Erstes die Patches erhalten und im schlimmsten Fall ausfallen könnten. Es müssen daher Systeme sein, die einerseits in Nutzung sind (damit Probleme auch auffallen) und andererseits bei einem Ausfall nicht die Firma lahmlegen. Es können dafür auch Systeme in den Testumgebungen genutzt werden.
- **Clients**: In dieser Gruppe befinden sich alle anderen Systeme, die kein Pilot sind. Es ist anzunehmen, dass nach dem Test der Piloten keine allzu großen Überraschungen mehr zu erwarten sind. Aber: Die Erfahrung zeigt, dass es immer wieder Systeme gibt, die bewusst (z. B. durch Installation/Deinstallation) oder unbewusst (z. B. System hat selbst etwas verändert) vom Piloten abweichen. Dort können dennoch Fehler auftreten, der Pilot ist also keine Garantie, sondern eine Versicherung!

Der Microsoft Patchday findet immer am zweiten Dienstag des Monats statt. Das bedeutet, dass die neuen Patches an diesem Tag veröffentlicht werden und damit für Kunden zum Download freigegeben werden. Die meisten Kunden nutzen für die Verwaltung Software wie das kostenlose WSUS (*Windows Server Update Services*) von Microsoft oder ähnliche Tools. Da die Tools auch zunächst die Updates herunterladen und entsprechend auf die eigene Infrastruktur verteilen müssen, dauert dies meistens etwa einen Tag.

Sobald die Verteilung abgeschlossen ist, stehen Sie vor der nächsten Gretchenfrage: Soll sofort auf die Pilotgruppe ausgerollt werden, oder wie viel Zeit nimmt Ihr Unternehmen sich? Die Erfahrung zeigt, dass weitreichende Fehler in der ersten Woche durch »Early Adopter« (Unternehmen, die das Patch sofort nach dem Erscheinen flächendeckend ausrollen) bemerkt und gemeldet werden. Bei lösbaren Fehlern wird das Patch an der Stelle korrigiert. Falls der Fehler weitreichend ist, werden Patches durch den Hersteller zurückgezogen.

Dennoch ist dies ein strategischer Drahtseilakt, denn den Patch nicht auszurollen, heißt im Zweifel, eine kritische Lücke nicht zu schließen. Es ist daher eine Abwägung zwischen IT- und Betriebssicherheit gefragt. In der Praxis hat sich herausgestellt, dass die meisten Patches in der ersten Woche korrigiert oder zurückgezogen werden. Meine Empfehlung wäre daher, dass Sie die erste Woche abwarten und ab der zweiten Woche die Pilotsysteme ausrollen. Auf den Systemen sollte eine Woche mit dem installierten Patch gearbeitet werden, sodass größere Fehler direkt auffallen. Falls auch dann keine Probleme auftreten, sollten in Woche drei die restlichen Systeme installiert werden. Mit diesem Vorgehen haben Sie ohne Frage etwas Verzug, aber gegen Angriffe, die Schwachstellen bereits ab Entstehung im großen Maß ausnutzen, können Sie sich selten schützen. Wenn Sie den Betrieb durch ein fehlerhaftes Patch lahmlegen, ist das nicht vertrauensfördernd. Wenn Sie einen zyklischen und sicher stattfindenden Prozess haben, sind Sie jedoch bereits weiter als viele andere Unternehmen. Allein dieser Umstand stärkt Ihre IT-Sicherheit.

Kritikalität von Lücken

Sobald Sie sich mehr für IT-Sicherheit interessieren, werden Sie nahezu täglich mit Lücken in Systemen konfrontiert. Falls Sie diesen allen nachgehen wollen, können Sie einen Mitarbeiter abstellen, der jeden Tag Patches einspielt oder Workarounds auf Systemen testet und diese integriert. Selbst wenn Sie das tun, werden Sie feststellen, dass Sie immer hinter dem fahrenden Zug herlaufen – ein Gefühl, das einige motiviert, schneller zu laufen, und andere in die Resignation treibt. Auch die, die schneller laufen, kommen früher oder später bei der Resignation an. Es stellt sich daher die Frage, wie Sie herausfinden können, welchen Zügen Sie folgen und auf welche Sie aufspringen sollten.

Eine Möglichkeit, um die Kritikalität messbar zu machen, ist das *CVSS (Common Vulnerability Scoring System)*, auf der die Schwachstelle auf einer Skala von 1 (gering) bis 10 (kritisch) bewertet wird.

Man kann diese Kategorisierung als nicht wissenschaftlich kritisieren, da einige Punkte der Bewertung gewollt Interpretationsspielraum lassen. Im Alltag benötigen Sie jedoch keine wissenschaftliche Präzision, sondern einen Hinweis, womit Sie sich befassen müssen. Ob die Schwachstelle nun mit 9,2 oder 9,4 bewertet wird, ist daher nicht entscheidend: Es geht um die grundsätzliche Richtung.

Sie müssen für Ihr Unternehmen einen Wert definieren, ab dem Sie Schwachstellen nachgehen und die Einspielung des Patches entsprechend priorisieren. Ich empfehle Ihnen, bei den Werten 9 und 10 (*kritisch*) schnell zu handeln. Auch Lücken mit der Bewertung 8 (*hoch*) sollten Sie zeitnah schließen!

Software-Updates

Das Betriebssystem ist oft im Fokus und durch Mechanismen wie WSUS geschützt. Was jedoch oft sträflich vernachlässigt wird, sind Applikationen, die als weiteres Einfallstor genutzt werden. Recherchieren Sie mal, wie viele Sicherheitslücken in gängigen Produkten von Adobe oder auch Microsoft enthalten sind. Auch hier gibt es das bereits genannte CVSS-Scoring und oft zeitnahe Patches oder sogar neue Versionen. Dennoch wird dies meist nicht beachtet.

Das liegt meist an der Trägheit der Nutzer, denn die haben sich an die Oberfläche der bekannten Version gewöhnt und können damit ihre Aufgaben erledigen. Jeder Versionswechsel kann eine neue Oberfläche bedeuten, und da der Mensch ein Gewohnheitstier ist, führt dies schnell zu Stress.

Auch bedeuten Versions-Updates oft Lizenzveränderungen oder die Notwendigkeit, neue Lizenzen zu kaufen, was Ausgaben bedeutet. Und schließlich ist es je nach Automatisierungsgrad eine große Aufgabe, die alte Software zu identifizieren und vielleicht sogar manuell zu aktualisieren.

Aus diesen Gründen erfolgt das notwendige Update meist nicht, obwohl es eigentlich durch Regularien oder Versicherungen gefordert wird.

Damit Software-Updates gut und zuverlässig gelingen, betrachten Sie folgende Aspekte:

- **Software-Asset-Management (SAM)**: Sie benötigen ein Inventar der bei Ihnen eingesetzten Software (siehe Abschnitt 8.6). Im Inventar ist ersichtlich, welche Software mit welchem Versionsstand auf welchem System installiert ist. Als positiven Seiteneffekt werden Sie voraussichtlich auch Software finden, deren Installation betrieblich nicht notwendig oder gar unnötig ist. Beispiele gefällig? Ich habe schon Spiele wie Call of Duty oder Moorhuhn gefunden sowie weitere private Software für die Steuererklärung. Sprechen Sie die Nutzer unbedingt aus zwei Gründen an:
  - Lizenzrecht: Viele dieser Programme sind ausschließlich für den privaten Gebrauch zugelassen. Nun ist das von Ihnen bereitgestellte Gerät in jedem Fall ein

betriebliches Gerät, wodurch ein betrieblicher Gebrauch angenommen werden könnte. Besonders kritisch wird es bei Software, die es für beide Sphären gibt, etwa Photoshop. Wenn Ihr Kollege eine Privatlizenz ins Unternehmen bringt, kann das zu echten und vor allem teuren Problemen führen.

  - Systemstabilität: Privat installierte Programme bringen unter Umständen neue Bibliotheken oder Ähnliches mit, die dann auch von Ihren Programmen genutzt werden. Das sind dann Systemen, deren Nutzer sich über seltsames Verhalten und Abstürze beschweren. Beim Troubleshooting werden Sie sich fragen, warum die Software bei drei Kollegen läuft und nur der vierte Probleme hat. An Ursachen wie Call of Duty werden Sie gar nicht denken.

- **Tool zum Abgleich der Versionsstände**: Viele SAM-Tools bieten dies im eigenen Funktionsumfang. Es müssen die installierten Versionen mit den möglichen Patches auf dem Markt und dem Lebenszyklus des Produkts abgeglichen werden. Nicht wenige Benutzer vergessen, dass die Version 14 eines Programms auch irgendwann ein Ende hat und mit der Version 15 abgelöst wird.

  Was wie ein Kalenderspruch klingt, ist im Alltag sehr wichtig, denn sobald die Folgeversion erhältlich ist, begrenzen viele Anbieter den Lebenszyklus des bisherigen Produkts und setzen ein Ende des Supports fest. Sie dürfen im Regelfall die Software danach weiterhin nutzen, allerdings erfolgt durch den Hersteller keine Wartung mehr. Das bedeutet: keine Funktionserweiterungen und keine Sicherheits-Updates.

  Während viele Nutzer mit dem ersten Punkt noch leben können, sollten Sie als IT-Fachkraft beim zweiten Punkt Bauchschmerzen bekommen! Die Aussage bedeutet nicht weniger, als dass sich nach dem offiziellen Supportende die Sicherheitslücken oft weiterhin mehren, der Hersteller diese jedoch nicht mehr schließt! Für die IT-Sicherheit ist das ein nicht hinzunehmender Status, der dringend verändert werden muss.

- **Software für das Software-Deployment**: Die Bestimmung von Abweichungen zwischen der aktuellen Version und der eigenen installierten Version ist erst die halbe Wahrheit. Die möglicherweise entstandene Lücke muss geschlossen werden.

  Falls keine Automatisierung vorhanden ist, würde das bedeuten, dass eine IT-Fachkraft alle Systeme einzeln aktualisieren muss. Der Anwender wird von seiner Arbeit vertrieben, da die Fachkraft ein interaktives Update macht, also am System sitzen oder sich mit entsprechenden Werkzeugen aufschalten muss. Für die IT-Fachkraft bedeutet das je nach Größe der Umgebung eine langweilige Fleißarbeit, die sich über einige Tage erstrecken kann. Da zugleich die Anzahl der installierten Produkte wächst und die Lücken aufgrund einer schnelleren Entwicklung auch zahlreicher werden, wird dies schnell ein längerfristiger Job.

Diese Arbeit sollten Sie automatisieren, denn eine Software ist günstiger und vor allem schneller. Je nach Installation kann der Benutzer selbst auswählen, wann er das Update einspielen möchte, etwa zur Mittagspause.

Die letzte Hürde ist die sogenannte *Paketierung*, denn damit die Software automatisiert installiert werden kann, muss sie zuvor paketiert werden. Das bedeutet, dass eine Datei mit Antworten für die Optionen der Silent-Installation erstellt und getestet werden muss. Je nach Software kann dies recht aufwendig sein, denn nicht jede Software hat diesen Modus, alternativ kann die Installation aufgezeichnet werden. Bei der Aufzeichnung wird ein System vor und nach der Installation der Software durch die Aufzeichnungssoftware geprüft, und alle Veränderungen an Programmverzeichnissen oder der Registry werden aufgezeichnet.

Insofern nun ein anderes System installiert werden soll, würde das Paket genau diese Änderungen ebenfalls durchführen. Tipp: Insbesondere für weitverbreitete Standardsoftware (Microsoft, Adobe usw.) bieten einige Anbieter gegen eine geringe Gebühr vorgefertigte Pakete an. Dies spart Ihnen viel Zeit beim Paketieren.

Lizenzmanagement (LiMa)

Die Wichtigkeit des Lizenzmanagements und die Abbildung des Prozesses ist Gegenstand von Kapitel 8. Was hat das in der IT-Sicherheit zu suchen?

Lizenzen haben nicht selten einen direkten Einfluss auf Updates, da jede Programmversion irgendwann das Ende des Lebenszyklus erreicht. Sobald dies geschehen ist, werden Sie Anwender erleben, die aus Gewohnheit die alte Version behalten wollen, sowie Führungskräfte haben, die dies unterstützen, da so keine neue Version gekauft werden muss. Ihre Aufgabe ist es, genau dies zu verhindern, denn aus Gründen der IT-Sicherheit ist dieser Zustand nicht akzeptabel.

Je nachdem, wie hartnäckig Ihr Gesprächspartner ist, finden Sie sich am Ende beim Geschäftsführer wieder und müssen die Diskussion dort ebenfalls führen. Es kann passieren, dass in seinem Kopf gespartes Geld gegenüber »Sicherheitsparanoia« steht, dann sind die Karten für Sie denkbar schlecht.

Aus meiner Erfahrung gibt es hierfür eine einfache Lösung: Kaufen Sie von Beginn an Lizenzen mit aktiver Wartung und Verlängerung. Die Lizenzen kosten im Regelfall mehr und verursachen zudem zyklisch (meist jährlich) Folgekosten. Nicht selten ist es jedoch so, dass erst das nicht erfolgte Update von zwei oder mehr Versionen die einmalige Kauflizenz günstiger als die Kauflizenz mit Wartung erscheinen lässt. Der Kauf von Wartung vereinfacht ihre Überwachung, da Sie jederzeit die neueste Version einspielen dürfen und die Anwender somit direkt an die geregelte Aktualisierung gewöhnen können.

Ein weiterer Aspekt aus Sicht der IT-Sicherheit ist der Wechsel von Lizenzen. Während Sie bei gekaufter Software und möglicherweise notwendigen Wartungsverlängerungen bereits durch Ihren Dienstleister auf Änderungen der Lizenz sowie daraus resultierende Folgen hingewiesen werden, ist dies bei freier Software anders. Vor vielen Jahren war der Fall der Software »IrfanView« als populärer Bildbetrachter hierfür sinnbildlich. Die Software war klein, frei (und auch kostenlos) erhältlich und erfreute sich daher großer Beliebtheit. Mit der Zeit hat der Autor jedoch die Nutzungsbedingungen geändert und die kommerzielle Nutzung nur im Rahmen einer zu erwerbenden Lizenz legitimiert. Auch wenn die Lizenzgebühren in Höhe von 10 € je Endnutzer überschaubar sind, wird die bei Ihnen installierte Version spätestens mit dem nächsten Update seit der Änderung der Lizenzbedingungen lizenzrechtlich verboten sein.

Auch diese Themen müssen Sie strukturiert überprüfen, denn auch wenn viele Nutzer annehmen, dass es bei freier oder kostenloser Software ohnehin niemanden interessiert, gibt es an dieser Stelle Stiftungen oder Gesellschaften, die genau solche Verstöße verfolgen und auch mit empfindlichen Strafen ahnden!

Die Komplexität, Ihre Software auf dem aktuellen Stand zu halten, ist im Vergleich zum Betriebssystem bereits etwas höher. Zugleich wird der Nutzer dadurch oft deutlich stärker betroffen, denn mit dem Betriebssystem interagiert der Nutzer im Rahmen der alltäglichen Arbeit eher rudimentär. Wenn hingegen ein Button in einem Programm an einer anderen Stelle ist oder Funktionen nun anders heißen, ist dies für den Anwender deutlich anspruchsvoller und führt zu Beschwerden!

Treiber- und Firmware-Updates

Treiber- und Firmware-Updates sind für IT-Abteilungen oft unsichtbar. Die Firmware sorgt dafür, dass jegliche Hardware richtig und vor allem fehlerfrei betrieben werden kann. Dies reicht vom Drucker über den Desktop bis hin zum Server.

Auch im privaten Umfeld haben wir alle Treiber- und Firmware auf unseren Systemen. Nur seien wir ehrlich, wie oft aktualisieren wir diese? Die Suche ist oft mühselig, und dann müssen die neuen Treiber oder die neue Firmware auch noch miteinander interagieren. Und abschließend ist besonders bei der Firmware immer das Risiko eines Defekts vorhanden, denn die Firmware steuert die Hardware auf einer sehr tiefen Ebene.

Stürzt das System während des Updates ab, kann es passieren, dass es nicht mehr funktioniert und die Firmware mit externen Systemen/Hardware neu aufgespielt werden muss. Die Punkte, an denen dies passieren kann, werden jedoch zunehmend weniger. Viele Server beispielsweise aktualisieren die Firmware, starten neu und schauen, ob sie funktioniert. Sollte dies nicht der Fall sein, wird die alte Firmware in einem zweiten Speicher sicherheitshalber vorgehalten und bei wiederholten Abstürzen durch das System automatisch aktiviert.

Was dennoch für die Aktualisierung der Treiber- und Firmware spricht:

- **Die Sicherheit wird erhöht**: Auch Firmware und Treiber haben Sicherheitslücken, die bewusst ausgenutzt werden können. An dieser Stelle befinden wir uns sicher nicht mehr bei einfachen Lücken, dennoch sind diese vorhanden.
- **Funktionserweiterungen werden installiert**: Neue Treiber bringen oft neue Funktionen mit, die zuvor nicht vorhanden waren. Ob dies notwendig ist, kann diskutiert werden. In jeder Firma gibt es jedoch Nutzer, die eine bestimmte Funktion gerne hätten und die Releases der Treiber ganz genau beobachten, um Sie direkt bei Veröffentlichung zu informieren.
- **Betriebssicherheit wird erhöht**: Veränderungen im Betriebssystem führen stellenweise zu anderen Ansteuerungen der Hardware, was zu Problemen führen oder die Stabilität des Systems beeinträchtigen kann. Die größte Herausforderung ist, dass einzelne Anwender mit einem sehr unscheinbaren Fehlerbild zu Ihnen kommen und Lösungen anfragen. Sie als IT-Fachkraft suchen dann ewig nach einer möglichen Ursache, obwohl eine aktuelle Firmware oder ein neuer Treiber dies bereits gelöst hätten.

Der Sinn von Treiber- und Firmware-Updates sollte klar sein. Nur wie durchführen? Vielleicht denken Sie nun an den Aufwand zu Hause, da meist für jede einzelne Komponente auf den Seiten des Herstellers oder des Notebookanbieters nach Updates gesucht werden muss. Und das für alle Systeme? Nicht leistbar! Zum Glück gibt es für den Enterprise-Bereich von einigen großen Anbietern, zum Beispiel von Lenovo, automatische Update-Programme, die zeitgesteuert gestartet werden und das entsprechende Update durchführen.

Kompatibilität testen

Während bei Software- oder Betriebssystem-Updates im Regelfall mit Piloten und Testgruppen die Kompatibilität getestet wird, erfolgt dies bei Treibern und Firmware oft nicht.

Das liegt an der Annahme, dass es »nur« Firmware und Treiber sind, die »schon funktionieren werden«. Auch gibt es oft keine Zyklen wie etwa bei den Microsoft-Patchdays, sodass Sie in einer Woche die Updates auf den Testsystemen ausrollen könnten, sich aber nicht sicher sein können, ob in der nächsten Woche nicht doch weitere Updates auf die anderen Systeme ausgerollt werden. In der Praxis ist dies nicht schlimm, Sie sollten es nur wissen und entsprechend im Auge behalten. Auch sind heutige Aktualisierungen auf Clients während der Installation meist stabil genug, sodass auch ein Absturz verkraftet werden kann.

Bei weiterer Hardware, etwa Druckern, muss die Firmware meist manuell aktualisiert werden. Auch hier bieten viele Hersteller zentrale Managementsoftware an, die auch das Upgrade der Firmware entsprechend durchführen kann. Sie müssen jedoch zyklisch nach Updates schauen und diese entsprechend im Management hochladen. Aber Achtung: Insbesondere wenn Sie die standardmäßige Firmware der Hersteller durch eine angepasste Firmware für Funktionen wie »Follow-Me-Printing« erweitern, sollten Sie vor einem Update zwingend prüfen, ob das funktioniert. Können Sie aktualisieren, und vor allem, startet der Drucker dann wieder in die gewohnte Oberfläche? Ansonsten wird dies bei den Nutzern recht schnell zu Verwirrung führen.

Eine besondere Kategorie sind Server, denn diese laufen meistens 24/7, und daher ist also kein Zeitpunkt für ein Update der Firmware vorgesehen. Während Funktionen wie die Remoteschnittstelle (z. B. iLO von HP) oft jederzeit aktualisiert werden können, sieht das bei einem ganzen Server schon völlig anders aus.

Viele Hersteller bieten für Servertypen fertige Images, von denen Sie starten können und die dann die Firmware automatisch aktualisieren. Dadurch wird der Prozess zwar deutlich vereinfacht, dennoch dauert ein Update gerne einmal 30–90 Minuten, was in dieser Zeit einen Ausfall des Servers bedeutet. Da die »Uptime« in der Regel ein wichtiger Indikator für den Serverbetrieb ist, werden diese Updates oft auf »irgendwann« verschoben. Da die Serverhersteller die Updates auch nur alle 3–6 Monate veröffentlichen, ist dies sicher kein wöchentlicher Task. Dennoch sollten Sie mit Ihren Anwendern eine regelmäßige »Downtime« vereinbaren. Bei doppelt vorgehaltenen Systemen (z. B. den meisten Virtualisierungssystemen) kann dies meist innerhalb der Arbeitszeit vorgenommen werden, mit der Folge, dass während des Updates die Ausfallsicherheit nicht gegeben ist.

Im Rahmen des Updates kann jedoch zugleich die Virtualisierungssoftware selbst aktualisiert werden. Aus eigener Erfahrung kann ich selbst von massiven Verfügbarkeitsproblemen bei einem VMware Host berichten, die nach einem Update der Firmware behoben waren. Ihre Aufgabe besteht daher darin, für jeden Server eine Verfügbarkeit mit dem Anwender zu verhandeln.

Bei physischen Servern kann in diesem Zeitraum die Firmware aktualisiert werden, bei virtuellen Servern muss in jedem Fall ein Treiber- und Windows-Update erfolgen. Sie als Führungskraft sollten die Diskussionen aktiv lenken, denn während ein Windows-Update unbeaufsichtigt eingespielt und einen Neustart auslösen kann, ist bei einem Firmware-Upgrade eine Beaufsichtigung notwendig.

Aus Benutzersicht dürfen Updates oft nachts und am Wochenende durchgeführt werden. Da dies schnell einen Tag in Anspruch nimmt, verhandeln Sie vier zentrale Wartungstage im Jahr, an denen Sie an einem Wochenende oder einem Feiertag mit Ihrer

Mannschaft eventuelle Firmware-Updates vornehmen dürfen. Von vier Tagen können Sie die Mannschaft meist überzeugen, besonders wenn Sie es auf verschiedene Schultern aufteilen können. Wenn hingegen die Benutzer verschiedene Wochenenden möchten und es dadurch weitaus mehr Wochenenden wären, sollten Sie unbedingt intervenieren!

Treiber- und Firmware-Updates und positive Nebeneffekte

Auf Clients sollten Sie eine wöchentliche Aktualisierung der Treiber und Firmware einplanen, verbunden mit einem erzwungenen Neustart. Was erst kleinlich wirkt, wird die Menge Ihrer Incidents signifikant reduzieren – mir sind Rückgänge zwischen 20 und 30 % bekannt.

Viele Mitarbeitende, besonders mit mobilen Endgeräten wie Notebooks, fahren ihr System nie herunter, sondern legen es immer schlafen. Ich habe selbst bereits Laufzeiten von mehreren Monaten am Stück gesehen. In dieser Zeit werden diverse Updates eingespielt, die häufig aufgrund fehlender Neustarts nicht richtig aktiviert werden und oft für Folgeprobleme sorgen. Sobald Sie die Benutzer ansprechen und das Thema Neustart in den Raum stellen, ernten Sie Verweise auf viele geöffnete Programme und dass es nun gerade nicht passe. Wenn Sie einmal in der Woche einen Neustart erzwingen, gibt es für den Benutzer kein Zurück mehr.

Wichtig ist, dass der Benutzer die Möglichkeit des bedingten Verschiebens haben sollte. Sonst ist Ihr Kollege in einer wichtigen Besprechung, präsentiert gerade etwas, und schon kommt der Neustart. Es empfiehlt sich daher, dass er den Neustart bis zu zwei Mal innerhalb eines Tages verschieben darf. Die dritte Meldung muss auf die Durchführung des Neustarts in 30 Minuten mit einer nach unten laufenden Zeitanzeige hinweisen und dies dann auch einlösen. So kann der Benutzer den für sich idealen Zeitpunkt (z. B. Pause oder ein Präsenzmeeting, in dem er nur zuhören muss) auswählen und den Neustart durchführen.

Durch den Neustart werden alle möglichen Verstrickungen im Arbeitsspeicher bereinigt/gelöscht und alle Programme neu gestartet. Die Benutzer werden daraus keinen direkten Mehrwert ziehen können, denn ein funktionierendes System ist ein Muss-Faktor – insofern dies klappt, ist der Benutzer nicht zufriedener als zuvor. Sollte es jedoch nicht klappen, ist er in jedem Fall deutlich unzufrieden! Ihr Helpdesk wird jedoch nach Einführung weniger nicht nachvollziehbare Fehler haben und muss nicht mehr mit jedem Benutzer diskutieren, wann der letzte Neustart war und dass er nun durchgeführt werden sollte.

Der Bereich der Treiber- und Firmware erfährt meist zu wenig Aufmerksamkeit, und die Folgen sowie daraus resultierende Fehler sind oft nicht eindeutig zuzuordnen, führen jedoch zu Stress. Da der Teilbereich mit begrenztem Aufwand und geringem Risiko erschlossen werden kann, sollten Sie dies in jedem Fall tun.

7.5.7 Backup

In der IT sind alle bereits über das geflügelte Wort »Kein Backup – kein Mitleid« gestolpert. Was zunächst unbedeutend klingt, werden Sie spätestens nach dem ersten Versagen Ihres Backups mit ganz anderen Augen sehen. Auch wenn das Backup auf den ersten Blick eine vollkommen normale und vielerorts als primitiv eingestufte Aufgabe zu sein scheint, liegt auch hier der Teufel wie so oft im Detail.

Scope: Es geht um das Backup

In den Ausführungen soll es ausdrücklich um das Thema Backup gehen, Aspekte wie Betriebssicherheit oder Archivierung werden an dieser Stelle nicht berücksichtigt.

Als ersten Schritt müssen Sie identifizieren, was zu sichern ist. Aus Sicht der IT sind es oft die Server. Aber sind es nur die Server? Eine naheliegende Erweiterung wären die Clients.

Aus der Erfahrung empfehle ich Ihnen, die Clients nur in absoluten Ausnahmen zu sichern. Ausnahmen könnten beispielsweise spezielle Clients zum Betrieb von Messgeräten sein, also individuelle Systeme. Alle anderen Clients, die der Standardausstattung Ihres Unternehmens entsprechen, sollten nicht gesichert werden. Sie müssen Ihre Nutzer darauf hinweisen, dass alle wichtigen Daten auf zentralen Laufwerken gespeichert werden müssen, auch wenn manche Nutzer mit dieser Entscheidung nicht zufrieden sind. Wichtige Daten dürfen nicht auf einem einzelnen Client liegen!

Was spricht gegen eine Sicherung von Clients?

- Das System ist nicht immer zu gegebener Zeit online. Das bedeutet, wenn der Backup-Job jeden Tag um 10:00 Uhr gestartet werden soll, kann das beispielsweise im Homeoffice die Leitung unnötig belasten, bei Kundenbesuchen oder im Urlaub kann es beispielsweise nicht möglich sein. Es gibt Software, die das kompensiert und den Job bei nächster Möglichkeit ausführt. Dennoch erschwert das die Kontrolle, denn wie alt hätte das Backup sein dürfen? Wie oft war der Mitarbeitende wann im Büro? Ab wann liegt eine Störung vor? Alles Fragen, deren Beantwortung unnötig Zeit verbraucht.
- Eine Trennung zwischen persönlichen und geschäftlichen Daten ist nicht möglich. Bei einer Vollsicherung des Endgeräts werden alle Daten, auch Cookies und Ähnliches, gesichert. Es mag die meisten nicht stören, aber es ist ein Eingriff in die Privatsphäre und betrifft beispielsweise das erlaubte privaten Surfen während der Mittagspause. Auch kann es sein, dass möglicherweise für eigene Belange auf dem lokalen System Daten abgelegt sind, die nicht gesichert werden sollten.
- Das Volumen der Datensicherung würde exponentiell steigern. Es werden vermutlich gesamte Systeme gesichert, was zu einer hohen Redundanz führt, die auch die Komprimierung Ihres Backup-Systems nicht auflösen kann. Bei einer Vollsiche-

rung werden auch private Daten, etwa die eigene MP3-Sammlung des Vertrieblers, der gerne im Hotel Musik auf dem Notebook hört, gesichert – Daten, die im Rahmen der Sicherungszeit aufbewahrt werden und dadurch Kosten verursachen.

Sondersysteme müssen Sie hingegen bei Backups berücksichtigen. In Produktionsunternehmen etwa können die Programmierungen der Produktionsanlagen (*SPS*, also *speicherprogrammierbare Steuerung*) gesichert werden. Für diese Aufgabe gibt es separate Programme, die die Quellcodes von den Anlagen kopieren und auf einem Server speichern, den Sie dann wieder mit der regulären Datensicherung sichern können.

Eine weitere Quelle für Daten sind Cloud-Dienste und Systeme in der Cloud. Für die beiden Systemarten gibt es weiterführende Aspekte zu bedenken, die in einem späteren Abschnitt erläutert werden.

Wie oft sichern und wie lange aufbewahren?

Nachdem geklärt ist, was gesichert werden soll, ist immer die Frage, wie oft die Daten gesichert werden müssen und wie lange eine Aufbewahrung erfolgen soll.

Zunächst muss noch einmal betont werden, dass eine *Datensicherung* keine *Datenarchivierung* sein sollte. Die Archivierung hat andere Rahmenparameter und Zielsetzungen. Die Datensicherung hat ausschließlich das Ziel, die Daten für einen möglichen Verlust durch Defekt oder versehentliche Löschung zu sichern.

Datenarchivierung

Vielerorts wird versucht, Datensicherung und Datenarchivierung zu verbinden oder sogar identisch zu betrachten. Dabei handelt es sich aber um unterschiedliche Dinge!

Die Datensicherung hat primär die Aufgabe, Daten zu sichern, um eine Wiederherstellung zu ermöglichen. Die Archivierung hingegen geht weit darüber hinaus und verfolgt das Ziel, Daten bis zu einem bestimmten Zeitpunkt zu archivieren und auch mögliche Veränderungen mit dem Urheber, der Veränderung selbst und dem Datum zu archivieren.

Als Beispiel: Eine Rechnung wird am 5. Januar erstellt und danach archiviert. Erstellt wurde diese durch Sabine Müller. Wenn die gleiche Rechnung auf dem Echtsystem nun von Tanja Meier angepasst wird (z. B. die Summe wegen eines Tippfehlers korrigiert werden muss), finden sich beide Versionen dauerhaft im Archiv. Die Historie des Dokuments ist nachvollziehbar.

Auch ist eine *Unveränderlichkeit* sehr wichtig, hier geht es auch besonders um die eigenen Zugriffe. Daher werden häufig sogenannte *WORM-Datenträger* (*Write-once-Read-many*) genutzt, die nur einmal geschrieben und dann nur noch gelesen werden können. So wird die Veränderung systemseitig oder sogar hardwareseitig unterbunden, was nicht selten durch ein Gutachten einer Prüfungsgesellschaft oder Ähnliches bestätigt sein muss.

Eine weitere Herausforderung der Archivierung ist die teils sehr lange Aufbewahrungszeit von über 10 Jahren. In dieser Zeit werden mehrere Technologiewechsel geschehen, und auch die WORM-Datenträger durchleben einen Alterungsprozess. In Folge müssen die Daten auf neue Datenträger kopiert und möglicherweise auf neue Technologien konvertiert werden. Da jedoch die Unveränderlichkeit eine Grundlage darstellt, muss dies meist mit Zeugen wie externen Prüfgesellschaften oder der internen Revision erfolgen.

Das sind nur einige Anforderungen, die eine Archivierung mit sich bringt. Aus dem Grund rate ich Ihnen, dort Backup und Archivierung streng voneinander abzugrenzen und zwei Systeme zu betreiben!

Wie oft eine Datensicherung erfolgen muss, kann nicht pauschal definiert werden. Vielmehr kommt es auf das eigentliche System und dessen Verhalten an. Zunächst muss das System untersucht werden. Hat es eher statische oder dynamische Daten, die zu sichern sind?

Ein Beispiel für ein statisches System ist ein Connector zwischen dem lokalen Active Directory und Entra ID in der Cloud. Die Daten, die dynamisch durch das System migriert werden, werden aus dem gesicherten lokalen Active Directory gelesen und in Entra ID kopiert. Ob Entra ID dadurch gesichert werden muss, sei dahingestellt, solange es nur ein Spiegel des lokalen Active Directory ist, kann auch eine lokale Sicherung ausreichend sein. Da das System nahezu vollständig statisch ist und Änderungen an der Konfiguration selten durchgeführt und auch schnell wiederhergestellt werden können, könnte in diesem Fall eine wöchentliche Sicherung hinreichend sein.

Als Beispiel für ein hochdynamisches System kann das zentrale System einer Lagerverwaltung nach dem Prinzip des *chaotischen Lagers* genannt werden. Das chaotische Lager bedeutet, dass ausschließlich das System weiß, in welchem Fach welcher Artikel eingelagert wurde. Ein Ausfall hätte daher eine Inventur zufolge, um alle Artikel erneut mit dem entsprechenden Fach aufzunehmen. Daher muss das System bzw. müssen seine Bewegungsdaten sehr engmaschig gesichert werden, um das Delta möglichst gering zu halten. In diesem Fall wird dies meist mittels aktiver Sicherung des Transaktionslogs der Datenbank und einer nächtlichen Vollsicherung erreicht.

Ein etwas weniger extremes Beispiel ist ein Fileserver. Auch dort ändern die Benutzer täglich Daten, und das größte Delta zur Sicherung ist häufig ein Arbeitstag. Auch dieser Server sollte daher mindestens täglich gesichert werden.

Wie Sie an diesen Beispielen erkennen können, ist die Häufigkeit eng mit dem Business abzustimmen und liegt weitestgehend an der Änderung der Daten und deren notwendige Aktualität.

Eine weitere Frage neben der Häufigkeit der Sicherung dreht sich um die Dauer der Aufbewahrung. Auch hier werden Sie maßgeblich von den Anforderungen des Business und möglichen rechtlichen Vorgaben beeinflusst. Nach deutschem Recht sind beispielsweise einige Unterlagen bis zu 10 Jahre aufzubewahren. Auch hier stellt sich wieder die Frage, wer die Dauer abschließend gewährleistet.

Ein Beispiel für die Aufbewahrung sind Rechnungen, die als Buchungsbeleg gelten. Werden diese nun eingescannt und im SAP-System für die Dauer der Vorhaltefrist aufbewahrt? Oder müssen sie auf einem Dateiserver abgelegt und dort vorgehalten werden? In der Regel werden die Vorgaben durch Drittsysteme wie SAP erfüllt, dennoch sollten Sie dies mit dem Business für jeden Datentyp regeln. Eine gängige Aufbewahrungsfrist sind drei Monate in der täglichen Sicherung und zwei Jahre in Monatssicherungen. Danach werden die Daten überschrieben bzw. gelöscht.

Sicherungsarten

Sicherung ist nicht gleich Sicherung, es gibt verschiedene Arten mit jeweiligen Vor- und Nachteilen. Die sicher bekannteste Form ist die *Vollsicherung*, bei der das gesamte System gesichert wird. Die Vollsicherung enthält alle Daten und ist bei allen Datensicherungen als initiale Sicherung notwendig. Falls jedoch eine tägliche Vollsicherung erstellt werden soll, wird das einerseits viel Platz kosten, und andererseits ist es auch eine Frage der Zeit, die für die Erstellung aller Backups benötigt wird.

Als Alternative können nach einer Vollsicherung inkrementelle oder differenzielle Backups erstellt werden. Zunächst gilt: Beide Vorgehensweisen sichern alle Dateien, bei denen das *Archivbit* gesetzt ist, dass das Sytem über eine Veränderung informiert.

Inkrementelle Backups speichern alle Veränderungen seit der Erstellung des letzten Inkrements. Hierzu wird geprüft, bei welchen Dateien das Archivbit gesetzt ist, und diese werden gesichert. Nach Abschluss der Sicherung werden die Archivbits zurückgesetzt, um die Veränderungen bis zur nächsten Sicherung erneut aufzuzeichnen. Das Inkrement hat die kleinste Datenmenge, für eine Wiederherstellung werden jedoch alle Inkremente ab der letzten Vollsicherung benötigt, was je nach Quelle der Sicherungsdaten etwas dauern kann.

Schneller hingegen sind *differenzielle Backups*. Auch diese sichern alle Daten seit der letzten Vollsicherung und erkennen dies am Archivbit. Abweichend von der inkrementellen Sicherung wird das Bit jedoch nicht zurückgesetzt, sodass die Menge der zu sichernden Dateien kontinuierlich steigt. Der wesentliche Vorteil ist, dass bei diesem Vorgehen lediglich die letzte Vollsicherung und das letzte vollständige differenzielle Backup zur Wiederherstellung notwendig sind. Der Speicherbedarf ist höher als beim inkrementellen Vorgehen, durch eine entsprechende Komprimierung können moderne Programme diesen jedoch deutlich reduzieren.

Tipp: Um die notwendigen Backups zu reduzieren, empfiehlt es sich, mindestens einmal wöchentlich eine Vollsicherung zu machen. Falls diese nicht erstellt werden soll oder zu viel Zeit kosten würde, können viele Programme anhand der letzten Vollsicherung und unter Zuhilfenahme der inkrementellen oder differenziellen Sicherungen eine neue Vollsicherung synthetisch erstellen (= aufgrund der Veränderungen berechnen).

Die Aufbewahrungsdauer müssen Sie in jedem Fall mit Ihrem Business verhandeln. Ich empfehle Ihnen in jedem Fall die Definition von Varianten von Aufbewahrungsdauern und Sicherungshäufigkeiten. Ansonsten haben Sie schnell eine große Menge an Einstellungen zu verwalten, bei denen nahezu immer etwas schieflaufen kann.

Fallbeispiel On-Premise-Sicherung

Im Fallbeispiel möchte ich Ihnen aufzeigen, wie eine gesamte Datensicherungsstrategie entwickelt werden kann. Es wird bewusst kein Programm zur Unterstützung genannt, dieses kann frei gewählt werden.

Unter Berücksichtigung der 3-2-1-1-0-Regel kann das Beispiel wie folgt aussehen:

- Es müssen mindestens 3 Kopien jedes Datensatzes verfügbar sein. Das bedeutet, dass neben der primären Version auf dem Server mindestens zwei weitere Kopien vorhanden sein müssen. Eine Kopie ist das Backup selbst, viele Programme bieten zudem die Spiegelung der Backup-Daten an einen anderen Speicherort an. Durch die Spiegelung wird die dritte Kopie erreicht.
- Die Datensicherung selbst muss auf 2 unterschiedlichen Medien (*Medienbruch*) erfolgen. Die primäre Sicherung erfolgt häufig auf der im Backup-Server eingebauten Festplatte. Das zweite Medium hingegen kann beispielsweise ein Bandlaufwerk vor Ort oder auch ein objektorientierter Speicher (sowohl vor Ort als auch in der Cloud) sein.
- Mindestens eine Kopie der Sicherungen soll an einen externen Ort gebracht werden. In der Vergangenheit bedeutete dies oft, dass die Bänder aus den Bandlaufwerken entnommen und entweder in einen Tresor am anderen Standort oder in ein Bankschließfach gebracht werden mussten. Heutzutage sind objektorientierte Speicherlösungen in der Cloud ebenfalls vollständig als externer Ort anerkannt.

Backup in die Cloud?

Insbesondere sicherheitsbewussten Firmen schaudert es bei dem Gedanken, alle Daten hinreichend zu schützen und dann das Backup, das ein Spiegel aller Daten ist, in die Cloud zu kopieren. Wenn dann noch der Blick auf die größten Anbieter im Cloud-Bereich fällt, wird schnell klar, dass nahezu alle aus den USA stammen und damit dem Einfluss des Patriot Act (dieser besagt, dass das Unternehmen zur Herausgabe von

Daten – auch Kundendaten – in einigen Fällen verpflichtet ist!) unterliegt. Besonders Datenschützer haben häufig Bedenken, ob dies zulässig ist.

Als Schutzmaßnahme empfiehlt es sich daher in jedem Fall, die Backup-Daten bereits softwareseitig zu verschlüsseln und auch den Transport durch die Nutzung entsprechender Mechanismen zu sichern. Das Risiko, dass die Verschlüsselung durch eine regierungsnahe Organisation gehackt werden könnte, ist nicht von der Hand zu weisen. Dennoch bedeutet dies einen deutlichen Aufwand, und mir stellt sich immer die Frage, warum jemand dies tun sollte? Streng geheime Daten sollten Sie im Zweifel nicht auslagern oder separat so hoch verschlüsseln, dass sie nur mit großen Anstrengungen und großem zeitlichen Aufwand geknackt werden können.

- Eine Kopie sollte auf einem entnommenen Wechseldatenträger aufbewahrt werden. Hierzu kann die bereits benannte Auslagerung des Bands in einen anderen Tresor genutzt werden. Auch die Auslagerung in cloudbasierte Objektspeicher ist gleichwertig, insofern der Speicher *unveränderlich* ist. Dies bedeutet, dass das Sicherungsprogramm bei der Ablage der Daten bereits ein frühestes Verfalldatum angibt. Sollte jemand in der Cloud versuchen, die Dateien vor Erreichen dieses Datums zu löschen, verschwinden sie zwar meist aus der primären Ansicht, sind jedoch weiterhin aufzufinden, da eine Löschung vor Erreichen des Datums technisch unterbunden wird. Neben der Löschung selbst trifft dies auch auf jede Form der Veränderung zu, auch auf gewollte Veränderungen durch Sie als Administrator. Die einzige Möglichkeit der Löschung besteht häufig in der Eliminierung des gesamten Accounts bei dem jeweiligen Cloud-Anbieter.

Objektspeicher selbst betreiben oder Cloud-Angebote nutzen?

Schnell kommt die Frage auf, ob der Objektspeicher selbst betrieben werden kann oder in der Cloud genutzt werden soll. In jedem Fall gegen die Cloud spricht das Thema Datenschutz, da viele Anbieter aus den USA stammen und daher theoretisch vom Patriot Act erfasst werden. Derzeit ist das Thema Datenschutz aufgrund des aktuellen Übereinkommens nur bedingt als kritisch eingestuft, das kann sich jedoch ändern. Was in jedem Fall für die Cloud spricht, ist eine professionelle Verwaltung der Sicherheit. Sollte jemand Ihre dort gelagerten Daten angreifen, können Sie mit einer gesunden Abwehr rechnen. Auch bietet sich im Angriffsfall die Möglichkeit, die Daten woanders (z. B. in der Cloud) wiederherzustellen.

Für den lokalen Betrieb mit einer entsprechenden Linux-Distribution sprechen vorrangig die Kosten und der Datenschutz. Der Datenschutz wurde bereits behandelt, das Thema Kosten sorgt jedoch für manche Verwunderung. Auch wenn die Cloud-Anbieter deutlich höhere Volumen an Speicherkapazität einkaufen, ist es dennoch oft so, dass die lokale Erbringung etwas günstiger oder mindestens gleichauf ist. Aus Sicherheitssicht würde ich die lokale Lösung als gefährdeter betrachten, denn auch wenn der einzelne Datensatz nicht direkt löschbar ist, können die Festplatten ganzheitlich gelöscht werden. Da für administrative Zwecke (z. B. Updates) immer eine Zugriffsmöglichkeit bestehen muss und diese im Alltag auch praktikabel sein sollte, leidet oft die Sicherheit bis zu einem gewissen Grad.

Aus meiner persönlichen Sicht würde ich Ihnen zur Nutzung des Cloud-Angebots raten, denn:

- Um die Daten vor Ablauf in der Cloud zu löschen, muss der gesamte Account gekündigt werden, was mit Nutzung von MFA und weiteren Mechanismen zunehmend schwieriger gemacht wird.
- Sie lagern die Daten außerhalb Ihres Hauses, was eine Kopie auf Tape oder Ähnliches nicht mehr notwendig macht.
- Da IT-Fachkräfte weiterhin eine seltene Ressource sind, muss sich niemand um die Pflege und die Aktualisierung des Servers kümmern.

- Die abschließende 0 steht für null Fehler, also fehlerfreie Backups. Im Alltag wird dies auf lange Sicht ein frommer Wunsch sein, da immer mal wieder irgendein System in der Sicherung fehlschlagen wird. Das ist auch erst mal nicht problematisch, und meist kann die Ursache einfach behoben werden. Die Prüfung der Logs verdeckt jedoch ein weiteres Risiko – die Wiederherstellbarkeit der Systeme. Sie haben keinen Mehrwert, wenn die Sicherung zwar immer Erfolg zurückmeldet, die Daten jedoch leer oder fehlerhaft sind. Aus dem Grund wächst der Markt an Software, die die Backups zyklisch wiederherstellt, Tests ausführt und danach das Ergebnis attestiert. Sie sollten diese Erweiterung im Blick haben und in die zukünftige Agenda integrieren!

Volume-Shadowcopy-Services (VSS) als weitere Schicht

Wenn Sie Ihren Fileserver lokal betreiben und ein Microsoft-Betriebssystem nutzen, können Sie die *Volume-Shadowcopy-Services (VSS)* nutzen. Diese sind im regulären Funktionsumfang enthalten und können zu definierten Zeitpunkten *Snapshots* von Dateien erstellen. Im Alltag kann eine Sicherung kurz vor Mittag und am frühen Nachmittag dafür sorgen, mögliche Datenverluste aus Benutzersicht zu reduzieren. Schauen Sie sich die Option daher gut an. Insofern Sie eine gute und einprägsame Dokumentation erstellen, können Nutzer die Wiederherstellung selbst erledigen, was Wartezeit und Ihrem Team diese Aufgabe erspart!

Aber Achtung: Dabei handelt es sich nicht um ein vollwertiges Backup! Vielmehr geht es um die Sicherung von Zwischenständen, mit denen der Benutzer die Datei selbst wiederherstellen oder sich vorherige Stände anschauen kann.

Zusammengefasst sollten Sie für eine dem Status der aktuellen Technik entsprechende Sicherung Folgendes berücksichtigen:

- Alle Daten werden in dem Bedarf entsprechenden Zyklen gesichert, hierbei können unterschiedliche Zyklen für verschiedene Systemtypen bestehen.
- Nach der Sicherung werden die Sicherungsdaten zunächst kopiert. Die Kopie kann bereits als »Offline-Sicherung« auf ein Tape oder auf einen unveränderlichen Objektspeicher (Cloud oder On premises) kopiert werden. Alternativ kann die Version auch erst auf einen zweiten Speicher und dann als »Offline-Sicherung« ein drittes Mal kopiert werden.
- Die Sicherungen müssen täglich kontrolliert und zyklisch testweise wiederhergestellt werden, um sicherzustellen, dass die gesicherten Daten auch wirklich konsistent und für eine Wiederherstellung geeignet sind.

Sonderfälle OT-Backup und Sicherung von Cloud-Applikationen

Die Sicherung einer OT-Umgebung (*Operational Technology* oder schlicht *Produktionstechnologie*) ist nicht für jedes Unternehmen relevant. Für produzierende Unternehmen ist es hingegen essenziell, denn ohne Produktion kann kein Geld verdient werden.

Die OT selbst wirkt für eine IT-Fachkraft von außen betrachtet meistens eher chaotisch. Es werden Betriebssysteme eingesetzt, die bereits lange keinen Support mehr haben, Maschinen werden direkt programmiert, und diese Programme werden oft verändert.

Um diese Welt zu verstehen, sollten Sie sich bewusst sein, dass der Kauf einer Maschine im Regelfall eine sehr hohe Investition ist, die über 20 bis 30 Jahre wieder eingebracht werden muss. Entsprechend altern die beteiligten Systeme während dieser Laufzeit. Das IT-Herz würde nun Neuinstallationen oder wenigstens ein Inplace-Upgrade sehen wollen. Auch da ist der Puls der OT etwas anders, denn die Programme werden meist für die Maschine individuell entwickelt, diese Maschine gibt es oft in der speziellen Form nur einmal.

Sollte daher das Betriebssystem aktualisiert werden, muss zuvor häufig das Programm angepasst werden, was weitere Kosten nach sich zieht. Auch haben diese Programme die unangenehme Eigenschaft, nur schlecht testbar zu sein. Dadurch haben Sie im schlimmsten Fall eine aktualisierte Version, mit der die Maschine für mehrere Tage nicht läuft, da weitere Anpassungen notwendig sind. Wenn Sie sich nun in die Rolle Ihres Produktionsleiters hineinversetzen, könnten Ihre Gedanken wie folgt sein:

1. Wenn ich die Maschine nicht verändere, keine Aktualisierungen vornehme und einfach produziere, spare ich Kosten und senke vor allem das (Produktions-)Risiko. Zudem wird die produzierte Menge sichergestellt, an der ich auch gemessen werde. Mit der IT wird schon nichts passieren.

2. Wenn ich die Maschine aktualisieren lasse, habe ich einen sicheren Ausfall für die Umstellung und zuvor umfangreiche Kosten für die Anpassung der Programme. Ob der Entwickler von damals noch verfügbar ist und sich dann noch an die Programmierung erinnert, weiß ich nicht. Ob der Neue die gleichen Ecken sieht und gut lösen kann, weiß ich auch nicht. Unsere IT-Infrastruktur ist sicherer, aber ich habe das Risiko, und wenn ich es einmal mache, muss ich es innerhalb der kommenden Jahre immer wieder machen.

Sie ahnen sicherlich, dass die Kombination beider Punkte dafür sorgt, dass die Produktionssysteme oft nicht aktualisiert werden, um Risiken zu vermeiden.

Was Sie jedoch tun können, ist einerseits, die Systeme selbst zu sichern, und andererseits, den Programmcode auf den Steuerungen mit spezieller Software zu sichern und auf einem Server abzulegen. Von dort werden die Daten mit dem regulären Sicherungsprozess erneut gesichert und entsprechend abgelegt. Sollte nun eine Steuerung ausfallen oder das unwahrscheinliche Opfer eines Angriffs werden, können Sie die Programmierung, die nicht weniger als das Herzstück Ihrer Maschine ist, wiederherstellen. Ich empfehle Ihnen in jedem Fall, dieses Thema mit Ihrem Produktionsleiter zu besprechen und diesen doppelten Boden gemeinsam einzuziehen.

OT-Sicherheit ist mehr als Backup

Das Thema OT-Sicherheit ist eher jung und zugleich von hoher Relevanz. In den Medien finden sich immer wieder Beiträge über die Versuche von Staaten, die Maschinen anderer Staaten zu manipulieren. Bislang ist dies nicht das alltägliche Geschäft von Angreifern, da mit IT-Angriffen einfacher und schneller Geld zu verdienen ist. Dennoch sollten Sie sich dem Thema widmen, dabei werden Sie schnell feststellen, dass herkömmliche Mechanismen dort nur bedingt funktionieren.

Neben dem Backup ist daher die Segmentierung ein erster großer Schritt. Danach könnten noch ein Schwachstellenmanagement oder auch eine *Netzwerküberwachung* und eine *Network-Access-Control*-Lösung (*NAC*) ihren Platz finden. Das sind die ersten großen Schritte, die die Sicherheit in der OT deutlich steigern. Zugleich werden es nicht die letzten Schritte sein, und Sie werden feststellen, dass das Themengebiet sehr dynamisch ist und eine intensive Begleitung sich auszahlt. Nehmen Sie sich die Zeit, denn bei produzierenden Unternehmen ist die OT letztlich die Einnahmequelle!

Eine weitere Baustelle sind Cloud-Applikationen. Bei den meisten Anbietern erfolgt die Sicherung bereits integriert, Sie müssen lediglich auf die Daten der Wiederherstellung und Aufbewahrungsdauer schauen.

Was hingegen zwingend beachtet werden sollte, ist das Microsoft-Office-365-Universum. In diesem Universum werden Daten auf SharePoint oder in Teams abgelegt, Prozesse in Power Automate eingerichtet, Mails verschickt oder auch vieles konfiguriert. An dieser Stelle stoßen Sie auf eine Kreuzung bei Ihrer Entscheidung. Eigentlich sichert Microsoft Ihre Daten, und bei Mails können Sie mit Funktionalitäten wie einem Archiv und dem Litigation Hold auch innerhalb der Microsoft-Cloud die Daten vergleichsweise sicher ablegen. Weiterhin haben viele Applikationen (z. B. SharePoint) ebenfalls integrierte Papierkörbe, in denen Daten zunächst aufbewahrt werden, bevor diese endgültig gelöscht werden.

Ist das hinreichend? An dieser Stelle scheiden sich die Geister. Natürlich können die Daten nur schwer bis gar nicht gelöscht werden, falls eine valide Konfiguration gewählt wurde. Zugleich sagt der Hersteller selbst, dass die benannten Funktionen kein vollwertiges Backup sind und auch nicht als solches gedacht sind. Die Tatsache, dass es einen Markt für externe Sicherungssoftware gibt, weist bereits darauf hin, dass einige Kunden den sprichwörtlichen Hosenträger zum Gürtel kaufen. Aus eigener Erfahrung kann ich Ihnen sagen, dass viele Programme weiterführende Features, etwa die KI-gestützte Wiederherstellung einzelner Mails durch den Nutzer, unterstützen und daher auch weitere Mehrwerte bieten. Welche Entscheidung Ihr Unternehmen letztlich trifft, hängt jedoch vollständig von Ihrer Politik ab.

Sicherheit und Cloud

Auch in der Cloud ist das Thema Backup ein wesentlicher Aspekt. Selbst wenn der Anbieter Ihnen zusichert, dass er ein Backup erstellt und bei Bedarf wiederherstellen kann, sollten Sie tiefer in die Backup-Konzeption eintauchen.

Im Jahr 2021 wurde etwa der große Rechenzentrumsanbieter OHV in Straßburg Opfer eines Brandes. Das Unternehmen zählt zu den größten Cloud-Anbietern Europas. Nur kurze Zeit nach dem Brand stellte sich heraus, dass einige Daten nur im gleichen Rechenzentrum oder gar nicht gesichert waren.

Für Kunden, die in der Cloud die Lösung sahen, sorgte dies für Probleme auf verschiedenen Ebenen. Auf deutsches Recht bezogen kann es beispielsweise dazu führen, dass aufbewahrungspflichtige Daten nicht mehr verfügbar sind und Strafgelder verhängt werden. Oder Programme/Webseiten sind nicht mehr verfügbar und müssen neu erstellt werden. Um derartige Szenarien zu verhindern, sollten Sie das Sicherungskonzept des Anbieters weitergehend prüfen und bei Bedarf eine eigene Sicherung in einer anderen Cloud oder On-Premises einplanen. Dies kann zwar Ihren Business Case belasten, aber: Ein optimistischer Business Case mit unbekanntem Risiko ist schlechter als ein transparenter Business Case!

7.5.8 Managed Security

Insbesondere im Bereich der IT-Sicherheit haben Sie die Herausforderung, dass »das Böse nie schläft«. Als Führungskraft müssen Sie sich daher fragen: Welche Verfügbarkeit und Kompetenz benötigen Sie bei welcher Lösung und wie können Sie diese bereitstellen? Es gibt Systeme, die recht autark agieren und selten direkte administrative Intervention benötigen, beispielsweise Firewalls. Je näher Sie jedoch an das Tagesgeschehen herankommen, umso eher benötigen Sie aufgrund einiger Faktoren (z. B. versetzter Arbeitszeiten im Homeoffice) eine Betreuung rund um die Uhr.

Sehr gute Beispiele hierfür sind die Endpoint Protection und das SIEM-System (*Security Information and Event Management*).

Beide Systeme sind für Sie wichtig, denn,

- immer mehr Versicherungen fordern die Nutzung dieser Werkzeuge,
- der Gesetzgeber fordert zunehmend diese Werkzeuge (z. B. durch NIS-2),
- diese Werkzeuge überwachen die großen Einfallstore in Ihre IT-Landschaft.

Im Alltag können Sie die Services augenscheinlich selbst bereitstellen, die Angebote sind vielfältig.

Bevor sie das jedoch tun, sollten Sie einen Blick auf die Details werfen.

Gemäß dem National Institute of Standards and Technology (NIST) untergliedert sich die Bearbeitung eines IT-Sicherheitsvorfall in fünf Phasen:

1. **Identify**: In dieser Phase muss die IT-Umgebung verstanden werden, und die möglichen Risiken (z. B. Benutzer mit weitreichenden Rechten) müssen identifiziert werden.
2. **Protect**: Bei Protect handelt es sich um eine vorbeugende Maßnahme, die bereits potenzielle Lücken und Risiken aufzeigen soll, damit diese nicht zum Problem werden.
3. **Detect**: An dieser Stelle wird es interessant, denn hier werden mögliche Probleme/Vorfälle in Ihrer Umgebung erkannt und gemeldet.
4. **Respond**: Nachdem ein potenzieller Angriff gefunden wurde, gilt, es auf ihn zu reagieren. Eine Reaktion kann auch sein, nichts zu tun, wenn die entsprechende Analyse keinen Handlungsbedarf aufzeigt (z. B. Falschmeldung/false-positive).
5. **Recover**: Nachdem ein Angriff festgestellt wurde, wird er in der Respond-Phase meist lediglich unterbunden (*Mitigate*), aber mögliche Folgen werden weder betrachtet noch gelöst. Das ist Teil der Recovery-Phase.

Für Sie als Führungskraft sind alle Phasen wichtig und müssen für das Unternehmen erbracht werden. Doch wer tut es?

Von einer vollumfänglichen Eigenerbringung würde ich Ihnen abraten, denn das bedeutet:

- Sie müssen Personal rund um die Uhr auf die Systeme schauen lassen. In Zeiten von Homeoffice und Fernzugängen wird auch nachts und am Wochenende gearbeitet. Zudem wissen Angreifer genau, wann voraussichtlich niemand da ist, und nutzen besonders die »unbeaufsichtigte« Zeit.

- Sie brauchen Personal mit Wissen und Erfahrung. Wenn die Lampe DETECT leuchtet, was dann? Dann muss jemand diesen Vorfall in kurzer Zeit klassifizieren und herausfinden, ob es sich nun um einen Vorfall oder eine Falschmeldung handelt. Hierzu benötigt diese Person viel Erfahrung und häufig eine permanente Weiterbildung, um auf dem aktuellen Stand zu bleiben.
- Sie müssen dritte Parteien, wie eine Versicherung, von den Fähigkeiten Ihres Teams überzeugen.

Falls Sie die IT einer Unternehmensgruppe oder eines Konzerns leiten, kann die Betrachtung bei Ihnen anders aussehen, da Sie zum einen hinreichend Vorfälle haben werden und ein eigenes *Security Operation Center (SOC)* dort auch kaufmännisch sinnvoll erscheinen kann. Einen genauen Grenzwert, ab wann dies der Fall ist, kann ich nicht benennen, dies hängt von vielen Faktoren (z. B. dem Standort des SOC) ab und muss im Einzelfall geprüft werden.

Der Mehrheit der Unternehmen würde ich aufgrund der oben genannten Themen zu einer Vergabe an Dienstleister raten. Ein Dienstleister erbringt die Leistung für viele Unternehmen und hat daher entsprechendes Personal. Je mehr Kunden ein Dienstleister hat, umso häufiger wird irgendwo ein Vorfall passieren. Entsprechend ist das Personal auch geübt.

Wenn Sie einen Dienstleister ausgewählt habe, empfehle ich Ihnen erneut, die Phase drei bis fünf zu betrachten. Die ersten beiden Phasen können Sie als mögliches Kriterium in Ihrer Liste ergänzen, wichtig sind jedoch die letzten drei Phasen.

Je nachdem, was Sie aktuell für eine Lösung in den Bereichen haben, könnte diese bereits »Detect« sein, da werden Sie auch viele Anbieter finden. Wichtig ist, dass das »Detect« auch auf Anomalien reagiert, etwa sobald ein Nutzer sich vollständig anders verhält (beispielsweise versucht, Daten auf Server in Drittländern hochzuladen) und diese auch meldet.

Bei der Phase »Respond« bin ich in Ausschreibungen stets auf verschiedene Qualitäten gestoßen. Alle Dienstleister werden Ihnen anbieten, dass Sie bei der roten Lampe direkt angerufen werden. An dieser Stelle wissen Sie jedoch nicht, ob es sich um eine reale Bedrohung oder eine Falschmeldung handelt. Sollte Ihr Dienstleister nur diese Stufe bieten, würde ich ihn nicht weiter berücksichtigen. Mit etwas Mühe bekommen Sie derartige Lösungen selbst entwickelt, sodass Ihr Mitarbeiter in der Nacht einen automatisierten Anruf bekommt. In dieser Stufe sollte der Dienstleister zumindest eine qualifizierte Erstuntersuchung bieten und lediglich bei wirklichen Vorfällen informieren.

Ganz dünn wird das Feld jedoch in der Recovery-Phase. Im vorherigen Schritt hat der Dienstleister eine Gefahr erkannt, den zugrunde liegenden Prozess blockiert und Sie angerufen. An dieser Stelle frage ich mich: »Und nun? Was soll ich tun?« Eine Antwort könnte sein, dass das betroffene System durch die IT neu installiert und dadurch das

Recovery erledigt wird. Die Antwort ist plausibel – was machen Sie allerdings bei einem größeren Befall oder wenn zentrale Systeme wie das Active Directory betroffen sind? Dann ist eine Neuinstallation nicht so einfach wie zunächst vermutet!

Es wäre daher wünschenswert, wenn der Dienstleister die Säuberung des Systems selbst vornimmt oder, falls dies nicht mehr möglich ist, zumindest einen qualifizierten Bericht für den zu beauftragenden Forensikdienstleister erstellt.

An dieser Stelle sollten Sie als Führungskraft überlegen, was Sie selbst tun und was Sie durch einen Partner/Dienstleister erledigen lassen wollen.

Meine Empfehlung wäre ganz klar, möglichst die Phasen drei bis fünf durch einen Partner erledigen zu lassen und somit intern zwar einen Ansprechpartner bereitzustellen, jedoch kein fachlich ausgebildetes Personal.

7.6 Abschluss

Das vorliegende Kapitel hat Ihnen gezeigt, dass die IT-Sicherheit die kleine Schwester der Informationssicherheit ist. Während die IT-Sicherheit über konkrete Maßnahmen spricht und diese umsetzt, sieht die Informationssicherheit das gesamte Bild, von der Bedrohung über das Risiko bis hin zur Entscheidung.

Viele Unternehmen haben in der technischen Sicherheit eine klare Stärke. Mit Zunahme der Bedrohungen, deren Komplexität und der Menge an Lösungen wird jedoch erkennbar, dass die strategische Ebene elementar wichtig ist. Erst auf dieser Ebene ergeben die gesamten Maßnahmen ein großes Bild, anstatt einzelne Inseln zu sein.

Ich rate Ihnen daher, die Informationssicherheit in Ihrem Unternehmen weiterzuentwickeln und auch kritisch zu schauen, wie das gelingen kann. Ein Fachkollege hat mir auf die Frage »Wie viel machst du?« geantwortet, dass er die Maßnahmen immer an den Möglichkeiten des Unternehmens orientiert. Machen Sie sich bewusst: Sicherheit ist kein Sprint, sondern eher eine lange Walkingstrecke. Eine Wanderung wäre zu langsam, der Sprint ist für die Dauer zu schnell. Überlegen Sie sich, wo Sie heute stehen und was von dort an die nächsten Schritte zur Verbesserung sind. Ich versichere Ihnen, mit jedem erfolgreichen Schritt werden Sie dazulernen und den ein oder anderen Schritt bei der Verlängerung eines Produkts noch einmal überdenken oder anders gehen. Besonders bei den Veränderungen des Weges werden sich viele fragen, ob es zuvor also falsch war. Ich behaupte, es war komplett richtig, für die damalige Lage und den Horizont Ihres Unternehmens!

Zugleich haben Sie und Ihr Unternehmen sich weiterentwickelt, aus Erfahrungen gelernt und können nun manche Anforderungen genauer stellen oder anders bewerten.

Auch ist die Sicherheitskultur wieder einen Schritt weiter, sodass Maßnahmen, die zunächst noch undenkbar waren, mittlerweile möglich sind.

Sehen Sie Sicherheit daher als dauerhaften Prozess, in dem Sie immer wieder kleine Schritte machen und so immer wieder zum Ergebnis beitragen!

Kapitel 8
Lizenzmanagement

Viele Unternehmen stehen vor diesen Herausforderungen: »Soll ich ein Lizenzmanagement einführen? Und was bedeutet Lizenzmanagement überhaupt? Welche unterschiedlichen Vertragsmodelle, Produkte und Lizenzierungstypen stehen mir zur Verfügung?«

Jedes Unternehmen ist verpflichtet, die erforderlichen Lizenzen und Genehmigungen zu besitzen, um bestimmte Tätigkeiten legal ausüben zu können. Durch den Erwerb und die Aufrechterhaltung von Lizenzen stellen Sie für Ihr Unternehmen sicher, dass die geltenden Gesetze und Vorschriften eingehalten werden. Die Nichteinhaltung kann zu rechtlichen Konsequenzen führen, wie etwa Geldstrafen, rechtlichen Streitigkeiten oder sogar einer Gefährdung Ihrer Geschäftslizenz. Diese Konsequenzen können sich natürlich auch auf das Vertrauen Ihrer Kunden in Ihr Unternehmen auswirken, zum Beispiel bezogen auf eine nicht vorhandene ISO-Zertifizierung, die viele Kunden in der Zusammenarbeit mit Unternehmen einfordern.

Die Einhaltung von Lizenzen zeigt, dass Sie in Übereinstimmung mit den rechtlichen Anforderungen handeln und Ihre Geschäfte auf eine ethisch korrekte Weise führen. Zudem ermöglichen Ihnen Lizenzen den Zugang zu speziellen Ressourcen und Knowhow, das Ihnen auch Vorteile gegenüber der Konkurrenz verschaffen kann.

Lizenzmanagement hilft Unternehmen mit Prozessen dabei, ihre erworbenen und eingesetzten Softwareprodukte zu managen. Dazu gehört auch, die richtigen Lizenzen für die entsprechenden Anforderungen in der passenden Menge zu erwerben sowie fristgerecht – falls nötig – für deren Verlängerung zu sorgen.

Was viele Unternehmen dabei nicht bedenken, ist, dass auch geschultes Personal und entsprechende Hilfsmittel benötigt werden, um das gewünschte Ziel – eine optimale, kosteneffiziente Lizenzierung – zu erreichen, wenn ein Lizenzmanagement eingeführt werden soll. Lizenzen bringen immer auch Bedingungen mit sich, die Sie beachten und einhalten müssen. Manche Lizenzen können nur über einen Vertrag erworben werden, sei es, weil es das Produkt nicht anders gibt oder weil nur durch den Vertrag die benötigten Nutzungsrechte erworben werden können. Natürlich gibt es nicht nur den einen Vertrag, sondern auch hier stehen unterschiedliche Modelle zur Verfügung, von denen nicht jedes zu Ihrem Unternehmen und Ihren Anforderungen passen wird. Hierfür wird Personal benötigt, das den Überblick nicht verliert. Zudem sind Tools zur Ermittlung des tatsächlichen Lizenzbedarfs und zur Pflege des Inventars überaus hilfreich bzw. sogar erforderlich.

Die Ziele der Unternehmen, die sich mit der Einführung eines Lizenzmanagements beschäftigen, sind in den meisten Fällen Kostentransparenz und *Compliance*. Hinsichtlich der Kostentransparenz und in diesem Zusammenhang natürlich auch Kosteneffizienz sollten Sie zum Beispiel hinterfragen, ob Software im Einsatz ist, die ggf. bereits mit anderen erworbenen Softwareprodukten abgedeckt ist und somit doppelt bezahlt wird. Ein Beispiel: Sie nutzen ein Softwareverteilungstool, welches Sie ggf. auch bei einem anderen Softwarehersteller über eine Suite erwerben, da es in der Suite bereits inkludiert ist. Dies ist leider häufig der Fall, weil beispielsweise eine Fachabteilung einen Softwarebedarf hat, diese Software testet und über den Einkauf erwerben lässt.

In einem gut eingeführten Lizenzmanagement würde dieser Vorgang über eine Prozessfreigabe (siehe Abbildung 8.1) vorbereitet werden.

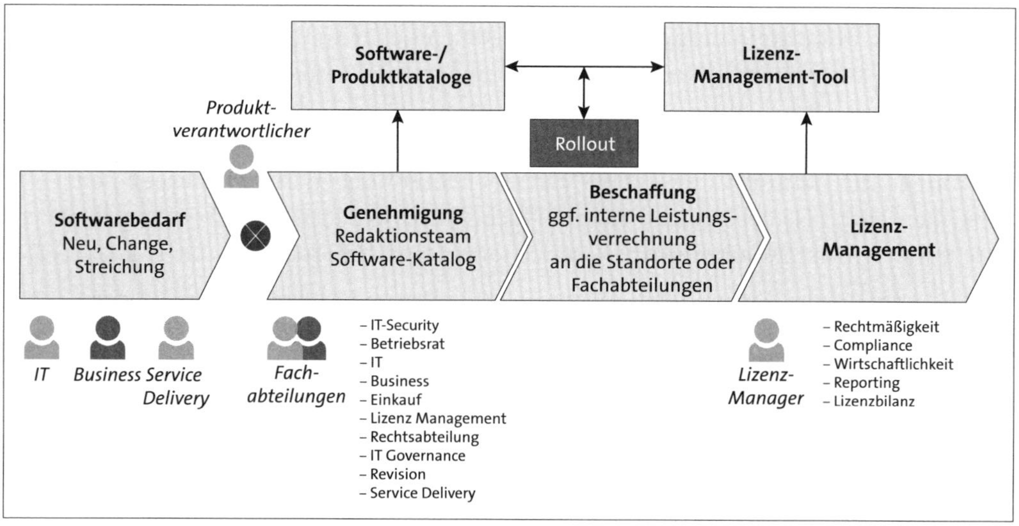

Abbildung 8.1 Prozessfreigabe Softwarebedarf

Ein Mitarbeiter oder eine Abteilung erkennt einen Bedarf an neuer oder aktualisierter Software, beispielsweise zur Verbesserung von Arbeitsabläufen, zur Automatisierung bestimmter Abläufe oder zur Lösung eines spezifischen Problems. Die Abteilung informiert den Produktverantwortlichen, der für das Unternehmen gemeinsam mit einem Stakeholder analysiert, welches Produkt für das Unternehmen final unter dem Aspekt Kosten/Nutzen zum Tragen kommt. Danach werden die benötigten Freigaben eingeholt.

Manche Unternehmen legen einen speziellen Software- bzw. Produktkatalog fest, aus dem Lizenzen und Produkte bestellt werden dürfen. Lizenzen, die nicht in diesem Katalog sind, müssen zuerst freigegeben werden, bevor sie bestellt werden dürfen. Sobald die Genehmigungen eingeholt sind, kann das Produkt bestellt und ausgerollt werden. Gegebenenfalls wird es dann auch in den Produktkatalog aufgenommen. Das Lizenzmanagement kümmert sich darum, dass die Lizenz korrekt eingesetzt und in der Lizenzbilanz widergespiegelt wird. In einem Tool für das Lizenzmanagement wird die neue Lizenz dann im Bestand hinzugefügt und – falls nötig – das Ablaufdatum eingepflegt, sodass fristgerecht verlängert werden kann.

Hinsichtlich der Compliance ist die Geschäftsführung in der Haftung. Jede Geschäftsführung sollte daher ein hohes Interesse daran haben, dass die erworbene Software auch nutzungskonform eingesetzt wird. Die Compliance könnte zudem in der Stellenbeschreibung des verantwortlichen Mitarbeiters als Job-Rolle definiert sein, um aktiv die Geschäftsleitung über mögliche Missstände zu informieren. Im Falle eines Audits, das wir im weiteren Verlauf noch genauer betrachten werden, kann eine Unterlizenzierung vermeidbaren Aufwand und Mehrkosten der Nachlizenzierung verursachen.

Bei der Nutzungskonformität spielen das Produkt und der jeweilige Vertrag eine nicht unerhebliche Rolle. Auch wenn Sie ein Produkt erwerben, welches in unterschiedlichen Vertragsmodellen unter demselben Namen angeboten wird, heißt das noch lange nicht, dass auch die Nutzungsbedingungen in jedem Vertrag die gleichen sind. Hierfür ist entsprechend geschultes Personal erforderlich.

Um uns dem Thema Lizenzierung und Lizenzmanagement zu nähern, werden wir in den folgenden Abschnitten hauptsächlich den Softwarehersteller Microsoft als Beispiel heranziehen, da die Produkte von Microsoft weit verbreitet sind und nahezu jede IT an irgendeinem Punkt mit ihnen in Berührung kommt.

8.1 Zusammenarbeit mit Lizenzmanager und Lizenzberater

Um das Unternehmen mit den richtigen Lizenzen auszustatten, sollten Lizenzmanager eng mit den internen Stakeholdern und externen Lizenzberatern zusammenarbeiten. Als Lizenzmanager haben Sie im Unternehmen die Aufgabe, mit vielen Softwareherstellern zusammenzuarbeiten. Dabei ist es hilfreich, eng mit einem externen Lizenzberater zusammenzuarbeiten.

Ein externer Lizenzberater ist durch seine tägliche Zusammenarbeit mit den Softwareherstellern tiefer in den Thematiken involviert als der Lizenzmanager im Unternehmen. Durch diese Kombination von intern und extern können Sie sicherstellen, dass Lizenzen ordnungsgemäß erworben und eine Doppellizenzierung verhindert werden kann. Gerade beim Erwerb von neuen, noch nicht bekannten Produkten sollten Sie diese Möglichkeit in Betracht ziehen. Bei Nachkäufen von Lizenzen, die schon im Bestand sind und bei denen alle Voraussetzungen geklärt sind, ist die Absprache mit dem Lizenzberater natürlich nicht immer nötig.

Darüber hinaus sollte der Lizenzmanager für die Verwaltung und Bereitstellung der Lizenzen verantwortlich sein. Zudem sollte er eng in neue Strategien und Projekte eingebunden werden, um frühzeitig die benötigten Lizenzen z. B. für Tests oder später dann zur Vertragsverhandlung mit einbringen zu können. Bei vielen Vertragsverhandlungen reflektieren die Softwarehersteller genau auf diese neuen Strategien im Unternehmen, was meistens zu einer besseren Verhandlungsposition für Ihr Unternehmen führt.

Mit folgenden Aufgaben sollten Lizenzmanager im Unternehmen beauftragt sein:

1. Preise kennen und aushandeln
   - Einzelpreise
   - Bundlepreise
2. Lizenzbedingungen kennen und prüfen
   - pro Nutzer, pro Gerät, pro Core, pro Stück etc.
   - Kauf, Miete
3. Beschaffungswege ermitteln und bestimmen
   - Volumenverträge
   - Einzelverträge, Vor- und Nachteile
4. regelmäßige Auslese der eingekauften Lizenzen versus Nutzung der Lizenzen, um einen Compliance-Bericht zu erstellen und mit den Stakeholdern zu teilen; protokollieren Sie die Ergebnisse in regelmäßigen Stakeholder-Meetings
5. Zusammenarbeit mit dem Einkauf, um Bestellungen frühzeitig und termingerecht auszulösen, um Arbeits- und Supportverträge im Unternehmen nicht zu unterbrechen oder zu stören
6. Pflege und Verwaltung der erworbenen Lizenzen, ggf. Bereitstellung und Vergabe der Software
7. aktive Unterstützung bei Lizenzverträgen durch das Gesamtwissen im Unternehmen

Als Lizenzmanager sind Sie ein wichtiger Baustein im Unternehmen, der dazu beiträgt, die richtige Software, die richtige Installation und Nutzung durch ausgehandelte Verträge aktiv im Unternehmen zu unterstützen und die Verletzung von Eigentumsrechten der Softwarehersteller zu minimieren.

In vielen Unternehmen wird die Frage gestellt: »Warum benötigen wir einen Lizenzberater, wenn wir einen Lizenzmanager haben?« Die Zusammenarbeit zwischen Lizenzberater und Lizenzmanager ist ein Zusammenspiel vieler Aspekte. Der Lizenzberater unterstützt Sie in Detailfragen der Lizenzierung, und Sie als Lizenzmanager haben das Wissen, welche Strategie im Unternehmen umgesetzt werden soll. Auf diese Weise können schwierige Aufgaben im Zusammenhang mit Lizenzen schnell und effektiv gelöst werden.

Der Lizenzberater identifiziert weitere Anforderungen im Unternehmen und stellt sicher bzw. macht darauf aufmerksam, welche erforderlichen Lizenzen beschafft oder eingesetzt werden, um die Ziele und Prozesse im Unternehmen sicherzustellen.

Kleinere Unternehmen entscheiden sich häufig (auch aus Kostengründen) dafür, keinen eigenen Lizenzmanager anzustellen. In diesem Fall gibt es die Möglichkeit, sich von Lizenzberatungsfirmen beraten und etwa ein *Software-Asset-Management*-Projekt durchführen zu lassen. Selbst eine einmalige Beratung und Sichtung der Lizenzierung kann viel zur Vermeidung einer Unter- oder Falschlizenzierung beitragen und auf lange Sicht Kosten und Zeit einsparen.

Einige Aspekte der Arbeit eines Lizenzberaters können sein:

1. **Lizenzoptimierung**: Wie beispielsweise in Abschnitt 8.3 beschrieben, hilft ein Lizenzberater bei der Analyse des Bedarfs im Unternehmen und macht Vorschläge, welche Lizenzen für den jeweiligen Bedarf eingesetzt werden können. In Verbindung mit Lizenzverträgen und möglichen Zusatzvereinbarungen können Kosten für Ihr Unternehmen eingespart werden.
2. **Lizenzüberprüfung**: Der Lizenzberater verfügt über fundierte Kenntnisse im Bereich der Lizenzierung und unterstützt den Lizenzmanager bei der Bewertung der Lizenzverträge und der regelmäßigen Auslese der Software. Zusammen mit dem Lizenzmanager erstellt er den Bericht für die Stakeholder, um mögliche Verstöße gegen die Nutzungsbedingungen zu identifizieren und zu beheben.
3. **Lizenzmanagement**: Sie haben keinen Lizenzmanager im Unternehmen? Auch hier kann ein Lizenzberater Ihrem Unternehmen helfen. Einen Einblick liefern Abschnitt 8.3 und Abschnitt 8.4.
4. **Verhandlung von Lizenzverträgen**: Der Lizenzberater hat durch fundierte Kenntnisse sowohl der Lizenzseite als auch der Unternehmensseite des zu betreuenden Unternehmens und möglicher Lizenzoptimierungen eine starke Argumentationshilfe, um mit den Softwareherstellern im Sinne des Kunden einen nutzergerechten Vertrag auszuhandeln.
5. **Schulung und Beratung**: Es ist empfehlenswert, dass ein Lizenzberater verschiedene Schulungen oder Workshops im Unternehmen durchführt. Oft wissen die Administratoren nicht, was alles bei der Lizenzierung zu beachten ist. Dies hilft, Fehlinstallationen oder Fehlinterpretationen zu vermeiden.

Wenn Sie möchten, dass Ihr Unternehmen optimal lizenziert ist und keine Nutzungsrechte verletzt werden, sollten Sie immer einen Lizenzberater hinzuziehen. Viele Anbieter verkaufen Lizenzen, die Lizenzen werden verlängert, und viele Anbieter informieren nicht, wenn sich Änderungen in der Lizenzierung ergeben. Hierbei kann Sie ein unabhängiger Lizenzberater oft mit wenig Aufwand unterstützen, wenn Sie beispielsweise vor einer Lizenzverlängerung mögliche Neuerungen in der Lizenzierung gemeinsam besprechen.

8.2 Die Lizenzierungstypen

Jeder Softwarehersteller hat seine eigenen Lizenzierungstypen, auch *Produkttypen* (Product Types) genannt. Der Produkttyp zeigt an, in welcher Form oder *Metrik* Sie eine Lizenz erwerben, d. h., ob es sich dabei um eine Monthly Subscription, eine Lizenz mit Wartung oder nur die Lizenz handelt.

Exemplarisch möchte ich Ihnen einen Überblick über die gängigsten Produkttypen geben und erläutern, was sie bedeuten. Ich erwähne dabei explizit auch ältere, nicht mehr gültige Modelle, damit Sie ein Gefühl dafür bekommen, wie sich die Vereinbarungen gewandelt haben. Im Vergleich zu anderen Herstellern verwendet Microsoft wohl die größte Anzahl an unterschiedlichen Produkttypen.

- **Competitive Upgrade (verfügbar bis 09/2001)**

  Upgrade von Wettbewerberprodukten, z. B. von Lotus 1-2-3 auf Office 7.0 Standard.

- **Upgrade Advantage (verfügbar bis 07/2004)**

  Zeitlich befristetes Upgrade – Upgraderecht auf Versionen, die während der Vertragslaufzeit (eines Volumenlizenzvertrags des jeweiligen Softwareherstellers, die vertraglich festgelegt ist) verfügbar sind bzw. verfügbar werden.

- **License Advantage/License mit Software Assurance (SA)**

  License Advantage ist der alte Begriff des heutigen Erwerbs einer Lizenz mit *Software Assurance (SA)*. Lizenzen mit Software Assurance bieten unter anderem erweiterte Nutzungsrechte wie beispielsweise die *Lizenzmobilität* bei SQL Servern.

  Serverlizenzen weisen Sie einem physischen Server zu, und diesem müssen die Lizenzen 90 Tage (Microsoft) zugewiesen bleiben. Die Lizenzmobilität hebt diese Einschränkung z. B. für Serverfarmen oder die Nutzung im Rechenzentrum auf. Dadurch können Sie die Serverlizenzen beliebig oft innerhalb der Serverfarm verschieben. Auch andere Server wie Exchange oder SharePoint erhalten durch die SA Lizenzmobilität. Nur der Windows Server ist davon ausgenommen und kann in keinem Fall Lizenzmobilität erhalten.

  Das bedeutet, die Lizenz muss dem zugewiesenen Server 90 Tage (Microsoft) zugewiesen bleiben und kann nicht einfach zu einem anderen Server verschoben werden. Erst nach diesen 90 Tagen darf die Lizenz einem anderen Server neu zugewiesen werden und muss dann erneut 90 Tage bei diesem verbleiben.

- **Software Assurance (SA)**

  Zeitlich befristetes Upgrade – Upgraderecht auf Versionen und Software Assurance Benefits, die während der Vertragslaufzeit verfügbar werden. Die Laufzeiten der Software Assurance sind vertraglich definiert. Ein zugrunde liegendes Produkt muss berechtigt sein, z. B. wird bei einer Lizenz für Windows Server Standard mit Software Assurance zur Verlängerung dann Software Assurance Only verwendet. Die Software Assurance endet mit der Vertragslaufzeit, Sie können die SA aber unter einem neuen Lizenzvertrag weiter verlängern.

  Läuft die SA aus, dürfen Sie die Lizenz in der zu diesem Zeitpunkt aktuellen Version weiterhin nutzen, die Software Assurance Benefits entfallen aber natürlich. Hinzu kommt, dass beim Desktop-Betriebssystem eine Nicht-Verlängerung der Enterprise-Version zu einer Uminstallation auf Windows Enterprise LTSC bzw. Windows Professional erfolgen muss.

  Der Break-Even-Punkt sollte bei der Software Assurance heutzutage nicht mehr errechnet werden, da es vielmehr darum geht, ob die Software Assurance aufgrund der Nutzungsbedingungen sowieso erforderlich ist.

- **Maintenance**

  Andere Softwarehersteller nennen ihre Wartungskosten »Maintenance«. Die Grundlogik ist oftmals dieselbe wie bei Microsofts Software Assurance.

- **SA StepUp**

  Upgrade von einer geringeren *Produktedition* auf eine höhere, beispielsweise von Exchange Server Standard auf Exchange Server Enterprise. Hierfür ist eine aktive Software Assurance erforderlich. Bei Bedarf kann die SA nicht verlängert werden, falls es die Nutzungsbedingungen erlauben. Dann haben Sie noch die höhere Edition und dürfen bei bestimmten Produkten auch die niedrigere Edition einsetzen.

- **StepUp**

  Upgrade von einer geringeren Produktedition auf eine höhere, z. B. von Microsoft 365 E3 auf Microsoft 365 E5. Die M365 E3 wird also in eine M365 E5 »gewandelt«. Wenn Sie die StepUp-Lizenzen kündigen möchten, können Sie dies erst zum entsprechenden Ablaufdatum der Lizenzen tun und dann entscheiden, welche Edition oder welches Produkt in Zukunft genutzt werden soll.

- **Standard**

  Kauf einer Lizenz in einer festen *Version*, z. B. Office Professional 2010 oder Visio Standard 2016 usw. ohne Software Assurance.

- **Round Off (bis 11/1999, nur für Office)**

  Grundlage sind mindestens zwei der im Office-Paket enthaltenen Produkte. Achtung: *Systembuilder(SB)-/Original-Equipment-Manufacturer(OEM)* -Lizenzen und

Mail-Clients konnten nicht genutzt werden. Systembuilder- und OEM-Lizenzen sind Vollversionen, SB-Lizenzen erhalten Sie von der Distribution, OEM-Lizenzen direkt vom Hersteller.

- **Monthly Subscription**

  Heute ausschließlich bei Onlinelizenzen wie Azure Active Directory Premium P1 oder Microsoft 365 zu finden. Wird eine solche Lizenz abgemeldet, muss sie auch deinstalliert werden. Bei Onlinelizenzen ist es aber auch gar nicht möglich, sich ohne vorhandene gültige Lizenz anzumelden, da die Lizenzierung beim Start einer Anwendung im Hintergrund geprüft wird. Die Verbindung entsteht durch den angelegten *Tenant* zur Active Directory (ein Tenant ist eine logische Einheit, unter der alle zugehörigen Benutzer und Daten zusammengefasst und verwaltet werden).

- **Subscription**

  Zeitlich befristete Lizenz mit Software Assurance. Wird eine solche Lizenz abgemeldet, muss sie auch deinstalliert werden.

- **Product Upgrade**

  Upgrade von Vorgängerversion wie beispielsweise von Office Standard 2000 auf Office Standard 2003.

- **Per Prozessor**

  Einige Serversysteme werden per Prozessor lizenziert. Dazu gehören beispielsweise VMWare, Oracle oder Windows Server. Dabei wird der physische Prozessor (per Core) der Hardware betrachtet. Die meisten Hersteller haben diese Lizenzierung mittlerweile auf *Per-Core*-Lizenzierung umgestellt.

- **Per Core**

  Serversysteme wie Windows Server oder SQL Server werden häufig nach der Core-Anzahl des physischen oder virtuellen Servers lizenziert. Für beide Server gibt es eine Mindestlizenzierung an Core-Lizenzen, die je nach Einsatzszenario beachtet werden müssen.

  Auch die Zugriffe auf Serversysteme, beispielsweise Datenbanksysteme wie Microsoft SQL Server, können eine Herausforderung darstellen. Die beiden folgenden Abbildungen zeigen beispielhafte Multiplexing-Szenarien mit ihren Lizenzierungsanforderungen (Microsoft, Multiplexing-Overview, S. 3f).

  Hier wird deutlich, dass alle Nutzer und Geräte eine Zugriffslizenz benötigen, die Daten direkt eingeben, abfragen oder anzeigen lassen. Gleichermaßen benötigen aber auch alle Nutzer und Geräte eine Zugriffslizenz, die über ein Pooling-Gerät indirekt Daten eingeben, abfragen oder anzeigen lassen. Dazu gehören Nutzer, die Daten über webbasierte Anwendungen anzeigen oder Daten über eine Zwischenstelle eingeben. Natürlich gelten Windows-Server- und Exchange-Server-CAL-

Anforderungen ebenfalls für jeden direkten oder indirekten Zugriff auf diese Server (Microsoft, Multiplexing-Overview, S. 3f).

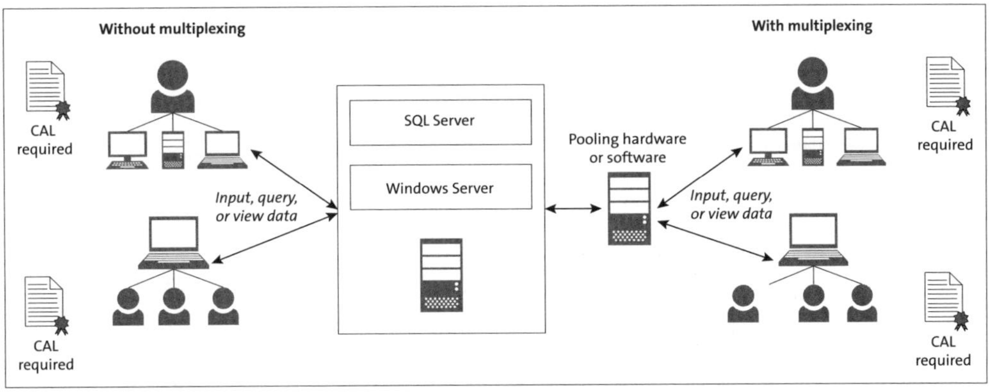

Abbildung 8.2 Beispiel Datenbankzugriffe mit und ohne Multiplexing (Microsoft, Multiplexing-Overview, S. 3)

Ähnliches gilt bei dem Versand der Daten via E-Mail. Nutzer, die Daten direkt oder indirekt über eine Pooling-Anwendung erhalten und aktiv versenden, benötigen eine Zugriffslizenz. Lediglich der Empfänger ist davon ausgenommen. Windows-Server- und Exchange-Server-Zugriffe müssen ebenfalls lizenziert werden.

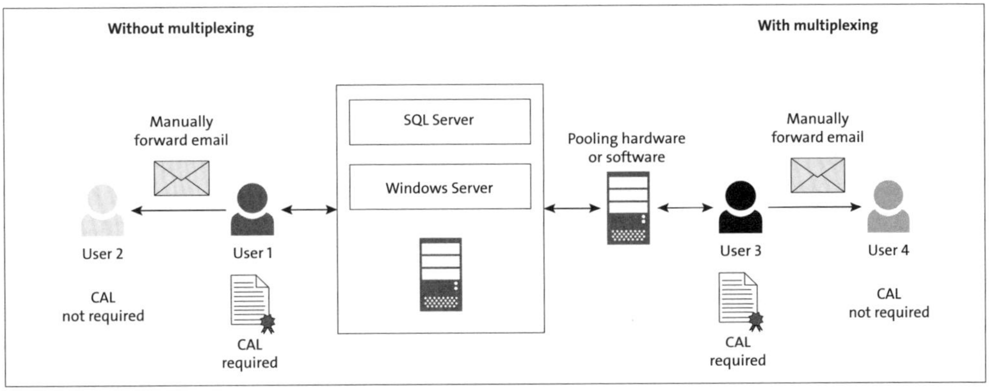

Abbildung 8.3 Beispiel Datenbankzugriffe mit und ohne Multiplexing bei Nachrichtenversand (Microsoft, Multiplexing-Overview, S. 4)

Das Per-Core-Modell bietet beim SQL Server in diesem Fall eine Erleichterung, da kein Bedarf an SQL Server CALs besteht, denn die Zugriffe sind mit abgedeckt. Das gilt nicht für die Windows-Server-Lizenzierung, hier wird zwar auch nach Core-Anzahl lizenziert, die Zugriffe müssen aber separat lizenziert werden.

- **Per Device (Gerät)**

  Das lizenzierte Gerät ist ein einzelnes *physisches Hardwaresystem*, dem eine Lizenz zugewiesen wird.
- **Per User (Nutzer)**

  Der lizenzierte Nutzer ist die jeweilige *Person*, der eine Lizenz zugewiesen wird.
- **Upgrade**

  Upgrade von einer Vorgängerversion. Upgrades gibt es nur für Windows-Desktop-Betriebssysteme, wie beispielsweise von Windows 7 Professional auf Windows 10 Professional. Beim Austausch der Hardware ist das Upgrade nicht auf eine neue Hardware übertragbar.
- **Upgrade mit Software Assurance**

  Upgrade von einer Vorgängerversion. Ebenfalls nur für Windows-Desktop-Betriebssysteme wie beispielsweise von Windows 7 Professional auf Windows 10 Professional, aber auch auf Windows Enterprise oder Long-Term Servicing Channel (LTSC) möglich. Bei Austausch der Hardware ist eine Übertragung des Upgrades auf die neue Hardware durch die Software Assurance möglich.
- **Versions Upgrade**

  Heute nicht mehr verfügbar – ist jetzt der SA StepUp. Upgrade von einer geringeren Edition auf eine höhere Edition, z. B. von Office Standard 2003 auf Office Professional 2003.

Immer mehr Softwarehersteller stellen auf eine Monthly-Subscription-Lizenzierung um. Adobe war das erste Unternehmen am Markt, das dies umsetzte – andere Softwarehersteller folgen. Der Applikationsbereich steht bei den Softwareherstellern an erster Stelle, die flexible Nutzungsmöglichkeiten anbieten. Der User (der physische Mensch) steht dabei im Vordergrund. Von welcher Hardware der jeweilige User die Applikation nutzt, spielt oftmals keine Rolle, bzw. die Nutzungsbedingungen der jeweiligen Hersteller sind zu prüfen.

Die Lizenzierung auf Basis einer Monthly Subscription kann für Ihre IT viele Vorteile mit sich bringen. Da Produkte nur gemietet werden, bleibt eine gewisse Flexibilität erhalten (siehe Kapitel 6). Gerade bei Applikationen ergeben sich zudem oft gleichbleibende und gut zuzuordnende Kosten. In einigen Vertragsmodellen sind sogar kurzfristige Nutzungen für ein paar Monate problemlos möglich.

8.3 Die Lizenzmodelle: Welches Modell ist das richtige für mich?

Betrachten wir nun die Lizenzmodelle von Microsoft. Nach wie vor bietet Microsoft eine Vielzahl an unterschiedlichen Lizenz- und Vertragsmodellen an. Microsoft teilt seine Produkte generell in drei Produktpools auf, für die Sie als Kunde unterschiedliche Preislevel erreichen können:

1. **Server**: alle Serverprodukte und Zugriffslizenzen sowie Onlineprodukte, die nur Serverprodukte enthalten
2. **Applikationen**: alle Applikationen wie Office, Visio, Project, Visual Studio usw.
3. **Systeme**: alle Desktop-Betriebssysteme inklusive Virtual Desktop Access (VDA)

8.3.1 Unternehmen bis 500 User oder Geräte

Welche Möglichkeiten haben Firmen bei einer Unternehmensgröße von 5–500 Geräten oder Usern im Unternehmen? Um diese Frage zu beantworten, unterscheiden wir heute zusätzlich, ob wir von *On-Premises*-Lizenzen oder Onlinelizenzen sprechen. Für Onlinelizenzen bzw. Lizenzen ohne Software Assurance bietet Microsoft in erster Linie das *Cloud-Solution-Provider(CSP)*-Modell an. Lizenzen mit Software Assurance können über *Open-Value*-Programme erworben werden.

Cloud-Solution-Provider(CSP)-Modell

Für einen Lizenzkauf von On-Premises-Produkten, das heißt Produkten, die bei Ihnen vor Ort und nicht in einer Cloud installiert sind, bietet Microsoft mittlerweile nur noch das Modell *Cloud Solution Provider (CSP)* an. Hier können Sie Lizenzen als Produkttyp Standard erwerben. Die Nutzungsrechte für diese Produkte unterliegen den Volumenlizenzen ohne Software Assurance Benefits.

Dieses Modell ersetzt das ausgelaufene Open-Programm und ist zudem Microsofts primäres Angebot für den Erwerb von Onlinelizenzen, denn auf dieser neuen Plattform baut Microsoft die Onlinelizenzierung für seine Kunden auf. Sie sollten jedoch immer auf die Nutzungsbedingungen (*Product Terms*) achten, denn Produkte mit der gleichen Namensgebung können in CSP durchaus andere Nutzungsvoraussetzungen haben als in den Volumenlizenzverträgen (Open, EA etc.).

Die Produktbestimmungen der einzelnen Produkte können Sie für jedes Vertragsmodell online einsehen. Für bestimmte Bereiche wie Dynamics 365 (CRM und ERP) oder Visual Studio stellt Microsoft darüber hinaus Licensing-Guides mit detaillierteren Informationen zur Verfügung, die ebenfalls online zugänglich sind.

Im CSP-Modell haben Sie für jedes Produkt die Möglichkeit, Lizenzen monatlich oder jährlich zu mieten.

- *Monatsmieten*: Diese Möglichkeit bietet sich für flexiblere Szenarien an, wie beispielsweise Praktikanten, die nur für eine kurze Zeit im Unternehmen sind, oder für eine kurzzeitige Nutzung von Visio. Die Nutzung kann monatlich abgemeldet werden, allerdings erhebt Microsoft für eine kurzzeitige Anmietung auch höhere

Lizenzgebühren. Oftmals liegt der Break Even in etwa beim sechsten Monat der Nutzung.

- *Jahresmieten*: Diese Variante eignet sich für langfristige Nutzungen der Lizenzen für Stammpersonal. Aufstockungen der Lizenzen sind jederzeit möglich, Reduzierungen können allerdings erst am Ende der Jahreslaufzeit vorgenommen werden, da Sie sich zu einer jährlichen Abnahme verpflichten. Die eingesetzten Produkte können während der Laufzeit jederzeit auf eine höhere Version per StepUp aufgewertet werden. Bestimmte Produkte können auch mit einer dreijährigen Laufzeit bezogen werden.

Open Value

Für einen Lizenzkauf von On-Premises-Produkten mit Wartung (also Software Assurance) bietet Microsoft die *Open-Value*-Lizenzmodelle an. Um einen solchen Vertrag zu eröffnen, müssen Sie ein Einstiegsvolumen von fünf Lizenzen erfüllen. Diese können aber aus jedem der drei genannten Produktpools stammen und beliebig gemischt werden. Das heißt, Sie können einen Open-Value-Vertrag auch mit einer Einstiegszahl von 5 Office-Standard-Lizenzen eröffnen.

Ein Open-Value-Vertrag hat eine Laufzeit von drei Jahren. Sie starten mit Lizenzen und Software Assurance, die in jährlichen Raten über die dreijährige Vertragslaufzeit bezahlt werden. Verlängern Sie den Vertrag nach den drei Jahren, wird für diese Produkte nur noch die reine Software Assurance fällig, die ebenfalls wieder in drei Jahresraten bezahlt wird. Selbstverständlich können Sie auch während der Vertragslaufzeit jederzeit weitere Lizenzen hinzuerwerben.

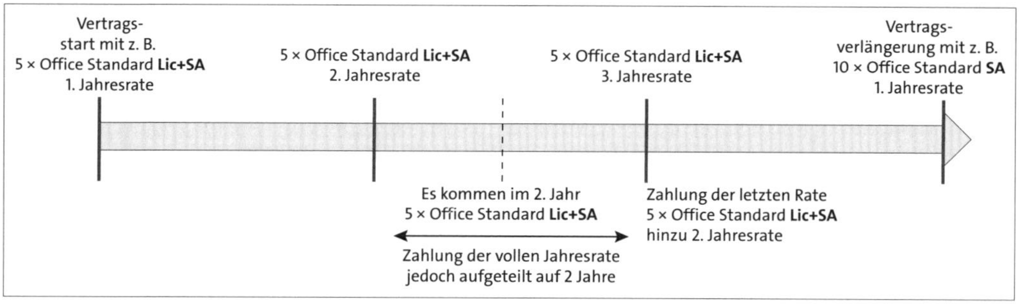

Abbildung 8.4 Beispielverlauf Open-Value-Vertrag

8.3.2 Unternehmen ab 250 User oder Geräte

Welche Möglichkeiten haben Firmen mit einer Unternehmensgröße von mindestens 250 Geräten oder Usern im Unternehmen? Hierfür bietet Microsoft das *Microsoft Products and Services Agreement (MPSA)* an.

Microsoft Products and Services Agreement (MPSA)

Über ein *Microsoft Products and Services Agreement* können Sie die klassischen On-Premises-Produkte beziehen. Sie haben die Wahl, License Only (Standard) oder Lizenzen mit Software Assurance (Lic+SA) bzw. nur die Software-Assurance-Verlängerung (SA) zu erwerben.

Standard-Lizenzen werden als Nutzungsrecht in der angebotenen gültigen Version einmalig erworben. Lic+SA-Lizenzen haben eine Laufzeit von drei Jahren, wobei die Lizenzen entweder einmalig oder in drei Jahresraten bezahlt werden können. Die reine SA-Verlängerung greift im direkten Anschluss an die bezahlten Lic+SA-Lizenzen. Onlineprodukte können ebenfalls bezogen werden, jedoch stehen nicht alle Produktversionen zur Verfügung. In der Praxis entscheiden sich viele Firmen dazu, neben ihrem MSPA-Vertrag Onlinelizenzen über CSP zu beziehen (siehe auch Ende des Kapitels). In jedem Fall sollten Sie dafür auf die Product Terms achten, denn die Nutzungsbedingungen können im CSP abweichen, und manche Lizenzen haben dort weniger Rechte.

Im Vergleich zum vorgenannten Open-Value-Vertrag ist der MPSA-Vertrag preislich attraktiver. Durch ein Punktesystem können Sie pro Produktpool bessere Preisrabatte erzielen, denn die Preisrabatte werden über unterschiedliche Preislevel verbessert. Pro Produktpool gelten folgende Punkte-Preisstaffeln:

- Preisstaffel A: bis 4.000 Punkte
- Preisstaffel B: 4.000 bis 10.000 Punkte
- Preisstaffel C: 10.000 bis 25.000 Punkte
- Preisstaffel D: ab 25.000 Punkte

Die jeweiligen Punkte für jedes Produkt sind in den Preislisten hinterlegt und werden mit jeder Bestellung automatisch angerechnet. Für Onlinelizenzen gibt es im MPSA-Vertrag allerdings einige Besonderheiten. Die Preise für Onlinelizenzen sind in jedem Preislevel gleich. Des Weiteren können Sie Onlinelizenzen hier für maximal 12 Monate beziehen und müssen diese dann wieder für 12 Monate verlängern. Außerdem stehen nicht alle Onlineprodukte im MPSA zur Verfügung.

8.3.3 Unternehmen ab 500 User oder Geräte

Für Unternehmen ab 500 Usern oder Geräten bietet Microsoft einen Unternehmensvertrag namens *Enterprise Agreement (EA)* an. In diesem Vertrag stehen alle On-Premises-Produkte sowie Onlinelizenzen zur Verfügung. Weitere Nutzungen beispielsweise für Schulungen, Testversionen und Re-Imaging sind vertraglich fixiert. Für Produkte, die nicht über einen EA angeboten werden, führt der Bezugsweg direkt über

Azure. Ein Enterprise Agreement hat ebenfalls eine Laufzeit von drei Jahren. Den Vertragsaufbau sehen Sie in Abbildung 8.5:

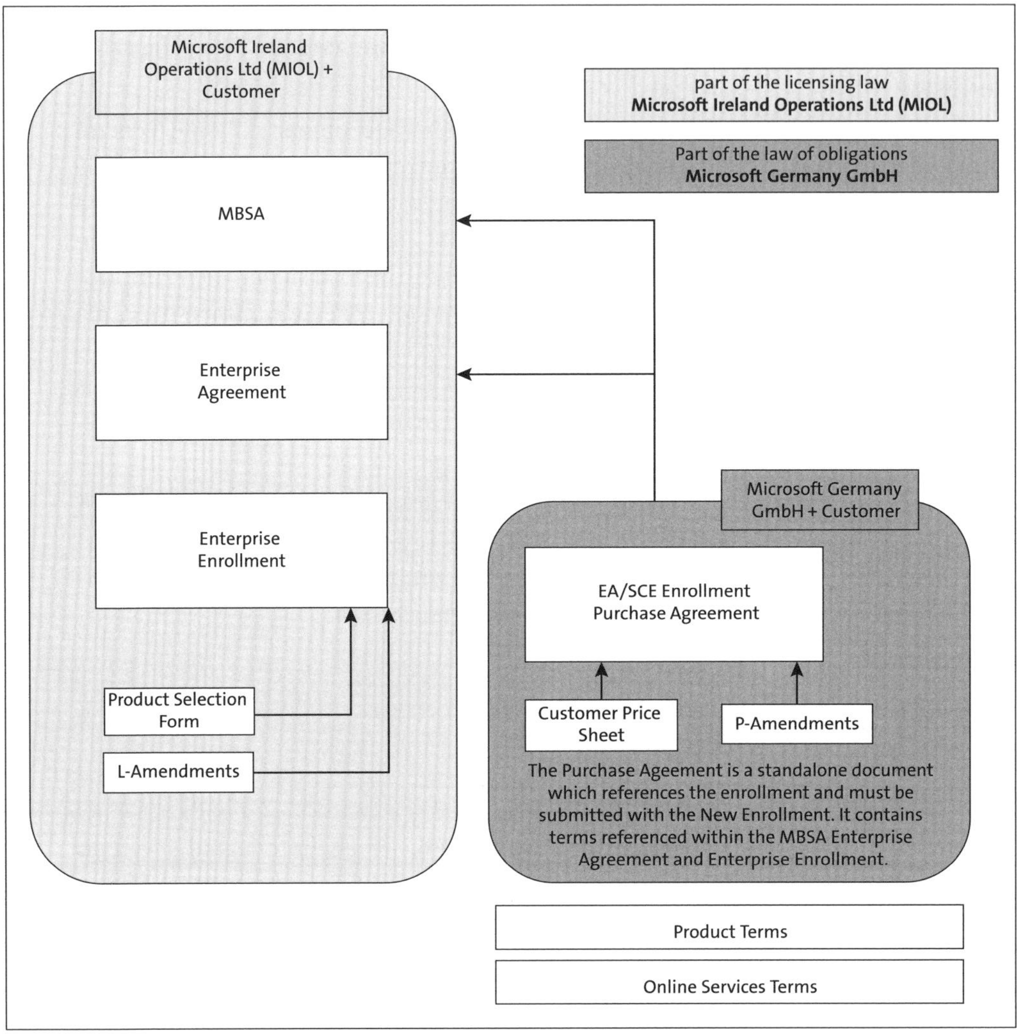

Abbildung 8.5 Vertragsaufbau eines Enterprise Agreements

Das Enterprise-Agreement(EA)-Programm ist ein Lizenzmodell, das Ihnen die Wahl bietet, die Desktopplattform unternehmensweit zu standardisieren. Standardisierungen der Desktopplattform-Konzernprodukte, die unter einem Enterprise Agreement lizenziert werden, sind verbindlich für den gesamten Konzern bzw. alle Unternehmen, die in der Konzerndefinition eingeschlossen werden, zu standardisieren. Das heißt, Sie müssen für alle *qualifizierten Geräte* beziehungsweise *qualifizierten*

Nutzer Lizenzen erwerben. Dasselbe gilt, wenn Konzernprodukte in Kombination mit Konzern-Onlineservices unter einem Vertrag lizenziert werden.

Sofern Ihr Unternehmen im Rahmen eines EA ausschließlich Konzern-Onlineservices wählt, ist keine Standardisierung erforderlich, lediglich das Einstiegsvolumen von 500 Nutzer-Lizenzen muss erreicht werden. Der Vertrag kann unter dieser Maßgabe auch nur für einen Teil des Unternehmens abgeschlossen werden.

Nun fragen Sie sich sicherlich: »Was ist ein qualifiziertes Gerät bzw. ein qualifizierter Nutzer?«

Qualifizierte Geräte und Nutzer

- **Qualifizierte Geräte** sind Geräte, die von oder zugunsten des Konzerns genutzt werden und bei denen es sich um Folgendes handelt: Desktop-PCs, tragbare Computer, Arbeitsstationen oder ähnliche Geräte, die Windows Professional lokal ausführen können, oder Geräte, mit denen auf eine virtuelle Desktopinfrastruktur zugegriffen wird.

  Produktbeispiele: Office Professional Plus, Windows Enterprise Upgrade, Core CAL oder Enterprise-CAL-Suiten
- **Qualifizierte Nutzer** sind Personen, die ein qualifiziertes Gerät nutzen oder auf Konzern-Onlineservices bzw. Serverdienste zugreifen, die eine Zugriffslizenz für Konzernprodukte erfordern.

  Produktbeispiele: O365 E1, O365 E3, EMS E3, M365 E3 etc. Keine Business-Varianten möglich.

Ein Unternehmen mit 1.000 Desktops und 1.500 Usern müsste aufgrund der Standardisierung 1.000 Windows- und 1.000 Office-Professional-Plus-Lizenzen sowie 1.500 Core CALs erwerben. Würde sich das Unternehmen hingegen für das »neuere« Modell der Onlinelizenzen entscheiden und nur Onlinelizenzen wie beispielsweise M365 E3 erwerben, wäre keine Standardisierung erforderlich, und das Unternehmen könnte auch lediglich 500 M365-E3-Lizenzen erwerben.

Bestellungen und Preise im EA

Mit Abschluss des EA-Vertrags geben Sie Ihre Anfangsbestellung auf, die in einem Preisblatt (CPS) festgeschrieben wird. Mit ihr werden die vertragsgegenständlichen Produkte bestimmt, die Ratenzahlung definiert (Volumen und Zeitpunkt) sowie die Preise für Folgebestellungen der Produkte fixiert.

Bei der Preisgestaltung für kommerzielle Kunden differenziert das EA-Programm zwischen vier Preisleveln (A bis D), die anhand der Zahl der laut Anfangsbestellung qualifizierten Geräte bzw. Nutzer ermittelt werden:

- Preislevel A: 500 bis 2.399 Nutzer oder Geräte
- Preislevel B: 2.400 bis 5.999 Nutzer oder Geräte
- Preislevel C: 6.000 bis 14.999 Nutzer oder Geräte
- Preislevel D: ab 15.000 Nutzer oder Geräte

Nachbestellungen in einem EA-Vertrag sind jederzeit möglich, jedoch gibt es zusätzlich das *TrueUp*. Bei On-Premises-Produkten, die im Preisblatt bereits enthalten sind, werden Nachbestellungen 60–30 Tage vor dem Jahrestag als Meldung abgegeben, denn zu diesem Zeitpunkt muss in jedem Vertragsjahr eine Meldung erfolgen.

Bei On-Premises-Produkten, die noch nicht in einem Preisblatt enthalten sind, erfolgt die Bestellung einfach in dem Monat, in dem das Produkt produktiv geht. Das bedeutet, Sie müssen alle Lizenzen, die seit der letzten Bestellung im Einsatz waren, mit der TrueUp-Meldung bestellen. Die höchste genutzte bzw. installierte Menge muss gemeldet werden. Installierte Produkte unterjährig zu nutzen und vor dem TrueUp zu löschen, ist nicht zulässig. Das gilt auch für Testzwecke, bei denen die Produkte länger als 60 Tage genutzt werden.

Bei Onlinelizenzen kann eine Nachbestellung nicht per TrueUp 60–30 Tage vor dem Jahrestag vorgenommen werden. Onlinelizenzen werden direkt bestellt bzw. reserviert, wenn diese erforderlich werden, d. h., auch hier sind Bestellungen jederzeit möglich. Onlinelizenzen können Sie zudem 30 Tage vor dem Jahrestag reduzieren.

Abbildung 8.6 zeigt die Nachbestellungen von On-Premises-Produkten.

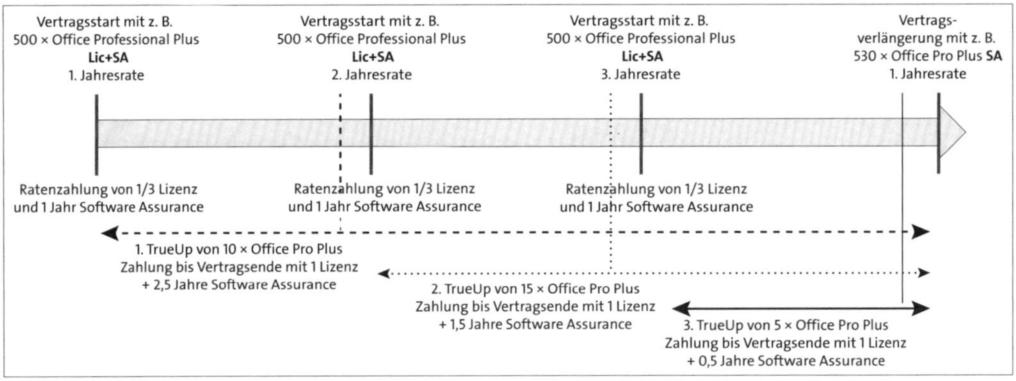

Abbildung 8.6 Nachbestellung von On-Premises-Produkten im EA

Abbildung 8.7 zeigt die Nachbestellungen von Onlineprodukten.

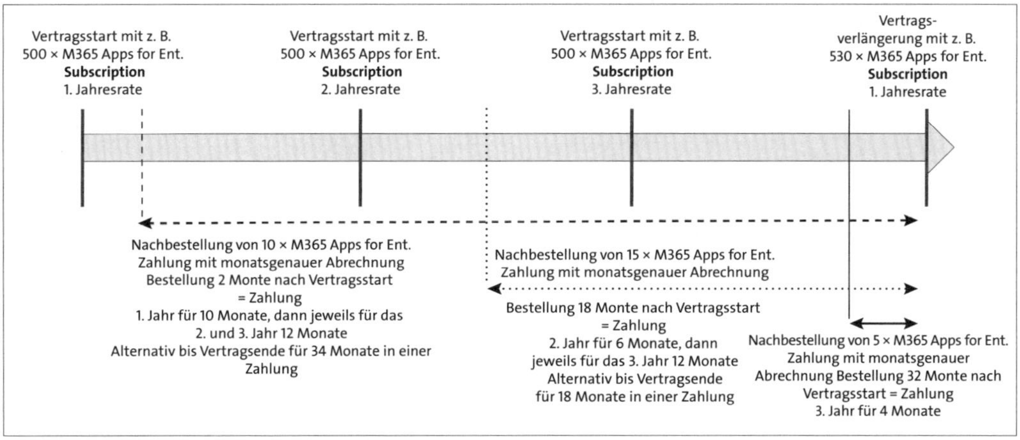

Abbildung 8.7 Nachbestellung von Onlineprodukten im EA

Die Lizenzmodelle auf einen Blick sehen Sie in Tabelle 8.1.

Grundbegriffe	EA	CSP	MPSA
Nutzungsbereich	Weltweit	Regional	Weltweit
Einstiegsgröße	500/250	1	250 PCs oder User
Einstiegsprodukte	Enterprise	Alle	Alle
Laufzeit	3 Jahre	1 Monat/ 12 Monate	3 Jahre bei SA-Produkten
Preisschutz	3 Jahr	1 Monat/ 12 Monate	36 Monate bei SA/ 12 Monate bei Online
Preislevel	A-D	Keiner	A-D – Punktesystem
Verbundene Unternehmen	> 50 %	> 50 %	> 50 %
Standardisierung	Nein (bei Online-Produkten)	Nein	Nein
TrueUp/TrueDown	Ja	Ja, nur noch bei 1 Monatsabo	Ja
Zusatzprodukte	Ja	Ja	Ja

Tabelle 8.1 Übersicht der Lizenzmodelle

Grundbegriffe	EA	CSP	MPSA
Produktverfügbarkeit	Alle Produkte	Nicht alle Produkte	Nicht alle Produkte
Zusatzvereinbarungen	Ja	Nein	Nein

Tabelle 8.1 Übersicht der Lizenzmodelle (Forts.)

8.4 Die Produkte: Welche Produkte sind für mein Unternehmen die richtigen?

Um zu entscheiden, welche Produkte Sie für Ihr Unternehmen nutzen möchten, sollten Sie einige Faktoren beachten, sodass eine sinnvolle Lizenzierung erreicht werden kann.

Betrachten wir die heutige Onlinelizenzierung, ist diese nicht mehr vergleichbar mit den On-Premises-Produkten. Der Applikationsbereich steht dabei im Vordergrund und verursacht auch die meisten Kosten.

Während man bei der On-Premises-Lizenzierung im Applikationsbereich zwischen einer Gerätelizenzierung (z. B. Office, Visio, Project, Exchange Server Client Access – Zugriff per Gerät) und einer Nutzerlizenzierung (z. B. Visual Studio, Exchange Server Client Access – Zugriff per Nutzer) unterscheiden konnte, ist das bei der Onlinelizenzierung anders. Bei der Onlinelizenzierung wird immer der Nutzer lizenziert, das Endgerät steht erst einmal im Hintergrund.

Es wäre nun recht einfach zu sagen: »Ich zähle meine Nutzer, die bekommen eine Lizenz, und mein Unternehmen ist versorgt.«

In der Realität sieht es im Unternehmen allerdings anders aus. Es gibt viele Funktionskonten oder Shared Accounts, die ebenfalls richtig lizenziert sein müssen. Seit über 15 Jahren gibt es die Onlinelizenzierung bereits, im Laufe dieser Zeit wurden die unterschiedlichsten Umgebungen und Nutzungsszenarien an den Softwarehersteller herangetragen. Nachfolgend einige Beispiele, die zeigen, dass die Onlinelizenzierung gar nicht so einfach ist:

- Was macht ein Krankenhaus? Hier gibt es mehr Nutzer als Geräte. Die Lizenzierung per Nutzer würde für das Krankenhaus bedeuten, dass man mit wesentlich höheren Kosten kalkulieren müsste als bei lizenzierten Geräten.
- Wie ist Ihr Unternehmen strukturiert? Haben Sie Verwaltungsangestellte, Produktionsmitarbeiter, Callcenter, Schichtbetriebe, Schulungsabteilungen, Empfang etc.?
- Was nutzt ein Verwaltungsangestellter, Abteilungsleiter, Manager an Applikationssoftware in Ihrem Unternehmen?

- Was nutzt ein Produktionsmitarbeiter an Applikationssoftware in Ihrem Unternehmen? Haben die Produktionsmitarbeiter einen Shared Account oder einen personalisierten Account? Gleiches gilt hier auch für das Callcenter, Schichtbetriebe und Empfang.
- Was wird in der Schulungsabteilung an Applikationssoftware benötigt?
- Welche Usergruppen haben Sie im Unternehmen? Die Erstellung einer Userklassifizierung wäre dabei hilfreich. Welche Klassifizierungen gibt es in Ihrem Unternehmen?

Bei diesen Fragestellungen werden Sie schnell bemerken, dass Sie bei der Onlinelizenzierung auf die einzelnen Bedürfnisse im Unternehmen anders eingehen sollten als in der klassischen Gerätelizenzierung.

Schauen wir uns ein beispielhaftes Szenario für eine Userklassifizierung an:

Ein Unternehmen hat 1.000 Mitarbeiter. Davon sind 700 Mitarbeiter im klassischen Verwaltungsbereich tätig, 300 Mitarbeiter in der Produktion, der Zentrale und im Labor. Diese 300 Mitarbeiter nutzen dabei 150 Devices, sogenannte *Fat Clients*. (Ein Fat Client ist ein Gerät, das der Hardwarehersteller mit einem Desktop-Betriebssystem ausliefert, z. B. Windows in der Professional-Version). Die Zugänge werden über einen Shared Account verwendet.

Die Verwaltungsmitarbeiter benötigen folgende Softwarefunktionen:

- Office lokal und über Remote Desktop oder Virtual Desktop
- Zugänge zu Active Directory, Druckdiensten, Remote Desktop, Exchange (Postfachgröße größer 2 GB und E-Mail-Archivierung), SharePoint (Lese- und Schreibberechtigung), Teams inklusive Einwahlfunktionen und Telefonfunktionen
- Geräte- und Mobile-Device-Management
- Multifaktor-Authentifizierung und Conditional Access (bedingter Zugriff)
- Einstellungen von Gruppenrichtlinien
- Verringerung von Update-Zyklen der Fat Clients
- personalisierte Accounts
- Security: Schutz für Exchange, SharePoint, Teams, Client und personalisierte Privilegien
- vereinzelt Visio, Project und Power BI Pro oder Premium

Der Aufbau einer möglichen Lizenzierung von den erforderlichen Funktionen hin zu den Lizenznamen und -inhalten für die Verwaltungsmitarbeiter könnte wie in Abbildung 8.8 aussehen.

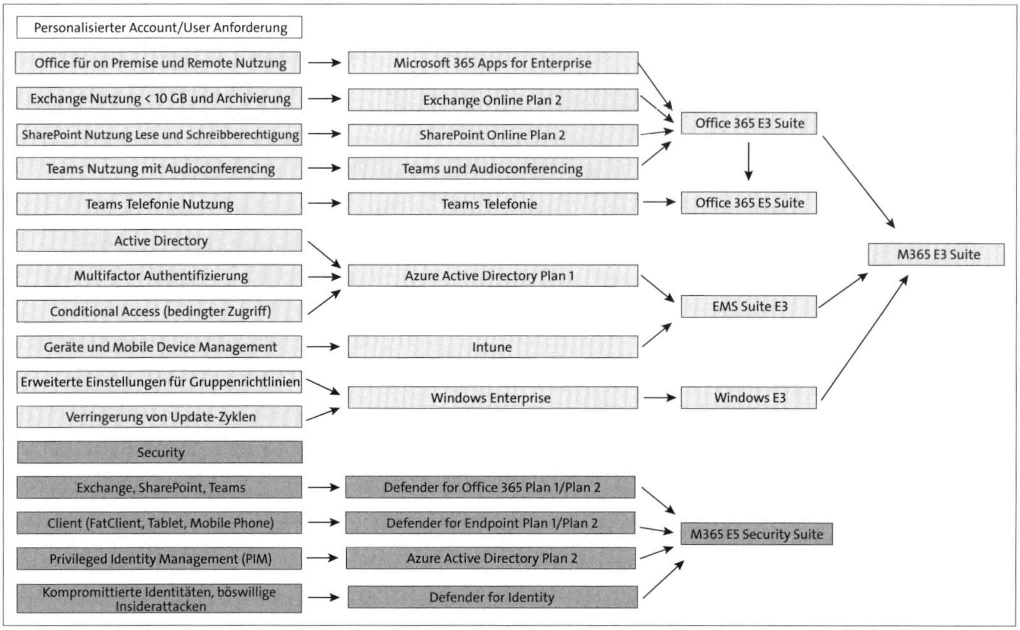

Abbildung 8.8 Beispielhafter Lizenzierungsaufbau für Verwaltungsmitarbeiter

Remote-Desktop-Zugriffe sowie die Produkte von Visio und Project sind separat nutzerbasiert zu lizenzieren. Diese Lizenzen sind in keiner Suite des Herstellers Microsoft enthalten. Power BI Pro kann eigenständig nach Bedarf oder über die O365-E5-/M365-E5-Suite lizenziert werden.

Die Produktions- und sonstigen Bereiche im Unternehmen umfassen 300 User, die 150 Geräte nutzen und sich mit einem geteilten Account anmelden. Diese Mitarbeiter benötigen folgende Softwarefunktionen:

- kein lokales Office; die Office Apps sind ausreichend
- Zugänge zu Active Directory, Druckdiensten, Exchange (Postfachgröße bis 2 GB), SharePoint (Leseberechtigung), Teams inklusive Einwahlfunktionen
- Geräte- und Mobile-Device-Management
- Multifaktor-Authentifizierung und Conditional Access (bedingter Zugriff)
- Einstellungen von Gruppenrichtlinien
- Verringerung von Update-Zyklen der Fat Clients
- Shared Account
- Security: Schutz für Exchange, SharePoint, Teams, Clients und personalisierte Privilegien

Abbildung 8.9 zeigt den Aufbau einer möglichen Lizenzierung von den erforderlichen Funktionen hin zu den Lizenznamen und Inhalten für die Mitarbeiter in Produktion, Labor und Zentrale.

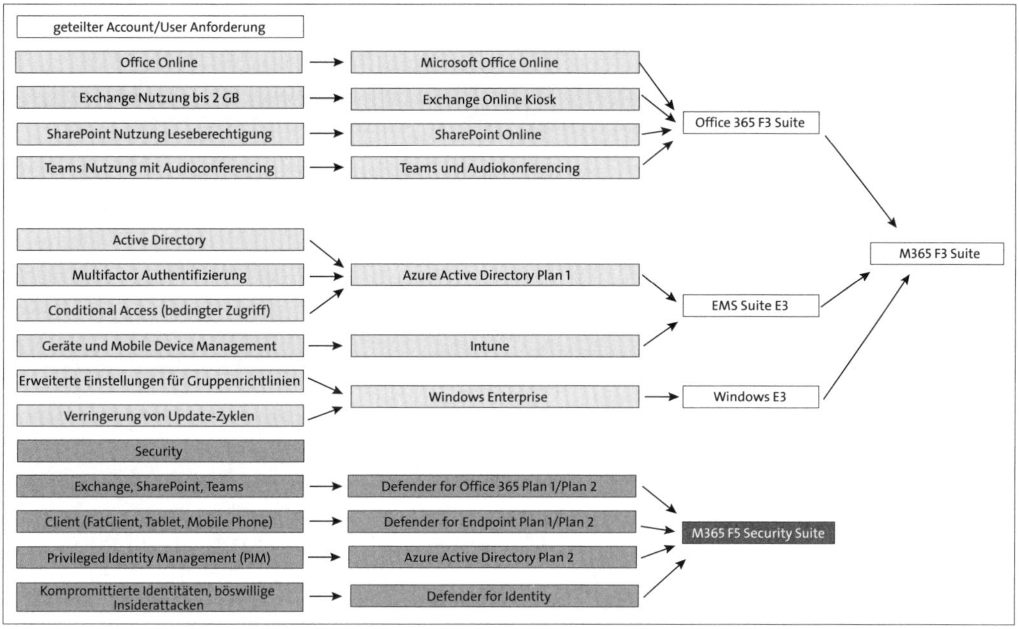

Abbildung 8.9 Beispielhafter Lizenzierungsaufbau für Produktions- und sonstige Mitarbeiter

Durch die Nutzung der F-Suiten kann einiges an Kosten eingespart werden. Wichtig ist, dass Sie hier die Nutzungsbedingungen beachten, da diese andere und teilweise sehr eingeschränkte Nutzungsbedingungen in der Lizenzierung mit sich bringen. Daher sollten Sie sich immer über die aktuellen Nutzungsbedingungen in den Product Terms informieren.

Darüber hinaus gibt es Möglichkeiten, mit Microsoft zu sprechen, um im vorangegangenen Beispiel nicht die User (300), sondern die Anzahl der Geräte (150) zu lizenzieren. Da ein Shared Account genutzt wird, kann Microsoft eine Zusatzvereinbarung gewähren, die die Nutzung über Shared Accounts genehmigt. Andernfalls wäre eine derartige Nutzung nicht zulässig. Erfahrene Partner, die Sie bei der Vertragsverhandlung begleiten, kennen einige Zusatzvereinbarungen und können diese dann aktiv beim Hersteller mit anfragen. Ob ein Hersteller eine solche Zusatzvereinbarung genehmigt, obliegt jedoch immer allein dem Hersteller.

An diesem Beispiel können Sie erkennen, dass es wichtig ist, sich mit den entsprechenden Nutzungen und Lizenzen auseinanderzusetzen. Eine Nutzung nach dem

Gießkannenprinzip sollten Sie nicht in Erwägung ziehen, da einige Funktionen über den Tenant freigeschaltet werden, sodass hier schnell eine nicht beabsichtigte Fehllizenzierung entstehen kann. Mittlerweile ist es gängige Praxis geworden, beispielsweise eben wegen der Nutzungsbedingungen, Lizenzmodelle zu mischen.

8.5 Das Audit

In einem Unternehmen können zahlreiche Bereiche auditiert werden, dazu zählt auch die IT inklusive der Lizenzierung. Hierfür stehen verschiedene Auditarten und -möglichkeiten zur Verfügung.

Der, die oder das Audit

Der oder das Audit ist aus dem Lateinischen »Auditus« abgeleitet und bedeutet in direkter Übersetzung »das Anhören«. Dem Duden nach ist sowohl der Artikel »der« als auch der Artikel »das« für die Verwendung korrekt. Zur Vereinheitlichung verwenden wir in den folgenden Abschnitten die Form »das Audit«.

Heutzutage bezeichnet man mit einem Audit im Betriebswesen und in der Wirtschaft eine Prüfung oder Revision. Dabei werden Prozesse daraufhin auditiert bzw. untersucht, ob sie auch die geforderten Standards erfüllen. Neben Prozessen können auch Anforderungen und Richtlinien, ferner deren Einhaltung auditiert bzw. überprüft werden.

Meistens wird ein Audit im Rahmen von Qualitätsmanagement oder Qualitätssicherung als Untersuchungsverfahren für die gesetzten Standards durchgeführt. Dabei wird das Untersuchungsverfahren von einem sogenannten Auditor durchgeführt. In der Regel handelt es sich um eine Person oder eine Personengruppe, die speziell für die Durchführung des Audits und seinen spezifischen Bereich, zum Beispiel die Lizenzierung, geschult ist.

Das Audit kann somit maßgeblich zur Einrichtung, Zertifizierung und Aufrechterhaltung von Managementsystemen wie dem *Software Asset Management (SAM)* beitragen. Allgemein bedeutet Software Asset Management das Verwalten Ihres Softwarelizenzbestands, dazu später mehr.

8.5.1 Audittypen

Durch verschiedene Arten von Managementsystemen ergeben sich auch verschiedene Audittypen, die nach unterschiedlichen Kriterien, wie beispielsweise Auditgegenstand oder Auditor, unterschieden werden können.

Beispiele für eine Unterscheidung nach dem Auditgegenstand:

- Finanzaudit: Richtigkeit von finanziellen Zahlenwerken nach buchhalterischen Prinzipien
- Prozessaudit: Betrachtung und Prüfung einzelner Prozesse in einem System
- Produktaudit: Überprüfung eines Produkts anhand von Kriterien wie beispielsweise Kundenerwartung oder Qualität
- Complianceaudit: Überprüfung der Übereinstimmung von Zielsetzungen, insbesondere eines Regelwerks
- Systemaudit: Betrachtung und Prüfung eines Managementsystems

Beispiele für eine Unterscheidung nach Auditor:

- Internes Audit: Auditor ist ein Mitarbeiter der Organisation.
- Externes Audit: Auditor ist ein externer Mitarbeiter, in der Regel durch die Organisation beauftragt.
- Lieferantenaudit: Auditor ist in der Regel ein Mitarbeiter der Organisation, zur Überprüfung von Lieferanten.
- Zertifizierungsaudit: Auditor ist ein externer unabhängiger Mitarbeiter einer Zertifizierungsstelle.

Spricht man in der IT von einem Audit, so wird darunter meistens eine Reihe interner Überprüfungen verstanden. Thematisch sind die nachfolgenden Ausführungen dem Bereich IT, im Spezielleren dem Software Asset Management (SAM), zuzuordnen. So können unter anderem Softwareprojekte auf Einhaltung interner Guidelines in regelmäßigen oder zufälligen Abständen überprüft werden. Auch eine Auditierung der Cybersicherheit inklusive Schwachstellensuche und Risikoanalyse der IT-Infrastruktur ist in regelmäßigen Abständen sinnvoll.

Wird im Rahmen von Software Asset Management (SAM) auf das Audit Bezug genommen, so handelt es sich entweder um ein Systemaudit oder ein Complianceaudit bzw. Lizenzaudit. Bei einem Systemaudit wird das Lizenzmanagement Ihres Unternehmens in Bezug auf die Art und Weise der Zählung und Messung vorhandener Lizenzen geprüft. Dies hat in den meisten Fällen einen internen Charakter. Das Complianceaudit überprüft den Ist-Zustand, d. h., die Anzahl der vorhandenen Lizenzen wird der Anzahl der genutzten Lizenzen gegenübergestellt. Dies hat in den meisten Fällen einen externen Charakter und wird von externen Dienstleistern durchgeführt.

Vor diesem Hintergrund können für das SAM mehrere Dimensionen für die Audits unterschieden werden. Dabei lassen wir die Unterscheidung zwischen externem Auditor und internem Auditor zur Vereinfachung vorerst unberücksichtigt. Unterschieden werden können einerseits *statische Audits* als Complianceaudits oder Lizenzaudits mit einem Prüfungscharakter, die Aufschluss darüber geben, ob und inwieweit vertragliche Vereinbarungen eingehalten werden. Bei einem statischen Audit wird der Ist-Zustand analysiert und ein Vergleich mit der ursprünglichen Zielsetzung gezogen.

Die Kernfrage ist dabei, ob die Zielsetzung, z. B. die Compliance oder die ausreichende Anzahl an Softwarelizenzen, erreicht wurde oder zu welchem Grad der Ist-Zustand der Zielsetzung entspricht.

Andererseits können Complianceaudits oder Lizenzaudits auch *dynamische Audits* sein, bei denen über den Status quo hinaus die Erfassung von Entwicklungen sowohl positiver als auch negativer Natur zusätzlich im Fokus steht. Dynamische Audits sollen den Audit-Initiatoren Auskunft darüber geben, ob eingeführte Maßnahmen zur Verbesserung der vorher definierten Kennzahlen Wirkung zeigen. Durch regelmäßige Wiederholung des dynamischen Audits in vordefinierten Zeitintervallen steigt die Aussagekraft des Ergebnisses, und Trends lassen sich präziser und vor allem frühzeitiger erkennen. Zum Beispiel kann die Anzahl der erfolgreich erfassten Systeme als eine dynamische Kennzahl herangezogen werden. Steigt diese von Audit zu Audit, kann hier von einem positiven Trend ausgegangen werden. Dabei sollten Sie darauf achten, die gleichen Auditmethoden und die gleichen Maßstäbe für jeden Durchgang beizubehalten, um Ergebnisse miteinander vergleichbar zu machen.

Eine weitere Form von Audits im Zusammenhang mit Software Asset Management ergibt sich aus den dynamischen Audits als Systemaudits. Bei dieser Art des Audits steht das Managementsystem Software Asset Management an sich im Zentrum der Überprüfung. Ziel ist es, in regelmäßigen Abständen das Software Asset Management und dessen Ergebnisse zu auditieren und die dazugehörigen Prozesse zur Ermittlung der Ergebnisse auf Fehler zu überprüfen. Werden dann Fehler identifiziert, müssen diese entsprechend für den kommenden Auditdurchgang je nach Art und Schwere behoben werden. Dies ist essenziell, da sonst die Zielsetzung – die Überprüfung der Ist-Situation bzw. die Überprüfung der aktuellen Lizenzmenge gegenüber dem aktuellen Lizenzbedarf – nicht erreicht werden kann.

Addieren wir nun die Dimension des Auditors, insbesondere die des externen oder internen Auditors, zu den bisherigen Erkenntnissen, können weitere Unterscheidungen bezüglich eines Audits getroffen werden. Die Durchführung eines statischen Lizenzaudits zum Beispiel wird in fast allen Fällen durch einen externen Auditor durchgeführt. Als Begründung können hierbei folgende zwei Szenarien herangezogen werden, die in der Praxis weitverbreitete Anwendung finden. Beide Szenarien haben gemein, dass die Ermittlung eines Ist-Zustands im Abgleich mit einem Soll-Zustand im Zentrum des Audits steht.

Häufige Einsatzbeispiele für ein statisches Lizenzaudit

- **Szenario 1**: Durchführung eines statischen Lizenzaudits durch einen externen Auditor, als eine z. B. durch einen Softwarehersteller initiierte Überprüfung eines Unternehmens
- **Szenario 2**: Durchführung eines statischen Lizenzaudits durch einen externen Auditor als Vorbereitung eines durch den Hersteller initiierten Audits oder als Selbstprüfung als Teil des Risikomanagements im Unternehmen

Für Szenario 1 können ggf. weitere Unterschiede festgestellt werden. So gab es in der Vergangenheit zum Beispiel bei Microsoft für Kunden die Möglichkeit, nach Aufforderung einer *Lizenzplausibilisierung* die Compliance der Lizenzen von einem zertifizierten Microsoft-Partner nach Microsoft-Standards überprüfen zu lassen. Dabei wählt der Kunde den externen Auditor aus einem Pool von zertifizierten Microsoft-Partnern aus, beauftragt ihn und führt mit seiner Unterstützung das Audit nach den von Microsoft vorgegebenen Standards durch. Die Kosten für den externen Auditor und für das Projekt trägt hierbei das Unternehmen bzw. der Microsoft-Kunde selbst.

Im Gegensatz dazu gibt es auch vom Hersteller Microsoft initiierte Audits, bei denen der externe Auditor von Microsoft bestimmt wird und je nach Land und Region eine der »Big Four«-Wirtschaftsprüfungsgesellschaften mit der Auditierung des Kunden beauftragt wird. Unter den »Big Four« werden dabei die Wirtschaftsprüfungsgesellschaften Deloitte, Ernst and Young (EY), KPMG und PricewaterhouseCoopers (PwC) verstanden. Hier werden die Kosten durch Microsoft getragen, das zu überprüfende Unternehmen hat jedoch eine Mitwirkungspflicht.

Die Vergangenheit hat gezeigt, dass Hersteller dabei prinzipiell keine Unterscheidung machen, ob es sich um ein großes oder kleines Unternehmen handelt. Es wurden auch schon Unternehmen mit nur 12 IT-Arbeitsplätzen kontaktiert.

Da durch Szenario 1 immer mehr Unternehmen bezüglich der IT-Compliance, insbesondere aber der Lizenzcompliance, für das Thema Lizenzaudit sensibilisiert wurden, hat in den vergangenen Jahren Szenario 2 stark an Bedeutung gewonnen. Dies führt dazu, dass Unternehmen dazu übergegangen sind, proaktiv Selbstüberprüfungen unter Herstellerbedingungen durchzuführen. In der Konsequenz wird dabei auf das Know-how und die Expertise der durch die Hersteller zertifizierten, bereits angesprochenen externen Auditoren zurückgegriffen.

In diesem Zusammenhang wird auch oft der Begriff *Friendly Audit* genutzt, da das Audit zwar unter realen Bedingungen und Vorgaben der betreffenden Hersteller durchgeführt wird, das Ergebnis jedoch zu keinen Sanktionen oder Strafen seitens des Herstellers führt. Im Gegenteil, ein Friendly Audit soll und muss die Schwachstellen der gegenwärtigen Situation identifizieren, sodass Sie entsprechende Maßnahmen ergreifen können oder zumindest über eventuelle Missstände informiert sind. Hersteller haben in den meisten Fällen dabei keine Kenntnis von der Durchführung des Friendly Audits, können aber bei Bedarf vor Beginn sowie während und nach dem Projekt einbezogen werden. Dies ist insbesondere dann sinnvoll, wenn die identifizierten Schwachstellen nicht ohne die Mitwirkung von Herstellern gelöst werden können.

Hat das durchgeführte Friendly Audit bei Ihnen Lizenzbedarfe aufgedeckt, die nicht mit vorhandenen Lizenzen ausgeglichen werden, ist die reguläre Vorgehensweise eine Nachlizenzierung. Sie kaufen die fehlenden Lizenzen nach und schließen damit die Lizenzlücke. Dies geht in den meisten Fällen mit einer vorherigen Lizenzberatung durch einen externen Dienstleister beziehungsweise einen externen Lizenzberater einher. Dieser kann, muss aber nicht das Unternehmen sein, das bereits das Friendly Audit durchgeführt hat.

Manche Hersteller gingen in der Vergangenheit sogar so weit, den Kunden nach einem erfolgreichen Friendly Audit ein zwölf Monate gültiges Zertifikat auszustellen, das die Compliance des Kunden bestätigt.

Bei wiederholter Durchführung in regelmäßigen Zeitintervallen wird dann aus einem statischen Lizenzaudit ein dynamisches Lizenzaudit, dessen Erfolg, Trend und Entwicklungen Sie anhand von Kennzahlen im besten Fall nachvollziehen und steuern können.

8.5.2 Externe Unterstützung: ja oder nein

Entscheiden Sie sich nach der Durchführung eines oder mehrerer statischer Compliance- oder Lizenzaudits (die, wie bereits erläutert, in der Praxis fast ausschließlich durch einen externen Auditor durchgeführt werden) für eine Überführung in einen dynamischen Ansatz auf regelmäßiger Basis, sollten Sie entscheiden, ob weiterhin auf externe Unterstützung gesetzt wird oder zukünftig interne Auditoren beauftragt werden sollen.

Bei der Entscheidung, wer zukünftig das dynamische Audit durchführen wird, sind verschiedene Kriterien von Bedeutung. Folgend sollen wesentliche Unterstützungsfragen aufgeführt werden, um die Entscheidungsfindung zu ergänzen oder zu erleichtern.

Besteht in Ihrem Unternehmen ausreichendes Know-how?

Unabhängig davon, welche Art von Audit in regelmäßigen Abständen durchgeführt werden soll, ist vorhandenes Know-how für die Ein- und Durchführung der zu wiederholenden Überprüfung zwingend notwendig. Je nach Tiefe des vorhandenen Wissens sollten Sie eventuell in speziellen Bereichen Fachwissen zukaufen. Dies gilt auch dann, wenn es sich um eine einmalige Überprüfung handelt.

Ein »perfekter« Lizenzmanager würde in diesem Fall nachfolgendes Know-how mitbringen:

- tiefstes Lizenzwissen zu den eingesetzten Produkten, am besten für alle Hersteller
- technisches Wissen, um den Transfer zwischen Produktnutzungsrecht und technischer Umsetzung leisten zu können
- technisches Wissen, um die erforderlichen Inventarisierungstools anwenden und ggf. auch nach individuellem Bedarf modifizieren zu können
- kaufmännisches Wissen, um den Einkauf bei Vertragsverhandlungen mit den Herstellern zu unterstützen
- Fachwissen bezüglich der Erstellung einer Lizenzbilanz, abhängig von den verschiedenen Anforderungen der Softwarehersteller

Die Ausbildung eines Lizenzmanagers kann somit sehr umfangreich werden. Hier gilt es, Schwerpunkte für das eigene Unternehmen zu setzen und an diesen Stellen zuerst Wissen aufzubauen.

Es bringt Ihnen zum Beispiel keinen Mehrwert, Wissen für einen speziellen Hersteller aufzubauen, dessen Produkte in Ihrem Unternehmen gar nicht im Einsatz sind. Auch sollten Sie abwägen, für welchen eingesetzten Hersteller oder welche eingesetzten Produkte Wissen aufgebaut werden soll.

Ist das Risiko einer Überprüfung gering oder geht es nahezu gegen null, sind Zeit und Geld besser in Schwerpunkte zu Herstellern investiert, die Audits und Überprüfungen durchführen und damit ein höheres finanzielles Risiko bedeuten.

In den meisten Fällen betreffen diese Schwerpunkte das technische Wissen um die erforderlichen Inventarisierungstools, allgemeines Lizenzwissen zu den eingesetzten Produkten sowie das technische Wissen zwischen Produktnutzungsrecht und technischer Umsetzung. Das tiefer gehende Fachwissen sollte anfangs zugekauft werden, da es auch sehr viel mit Erfahrung zu tun hat, die sich erst im Laufe der Zeit aufbaut.

Existieren die benötigten Tools?

Neben dem Wissen, wie das Audit durchgeführt wird, ist es gerade im Bereich der IT ohne technische Unterstützung in Form von Tools unmöglich, das Projekt zu einem Erfolg zu führen. Dies ist unabhängig vom Merkmal statisch oder dynamisch sowie der Frage, ob das Projekt durch externe oder interne Auditoren durchgeführt wird. Vor Beginn eines Audits sollten Sie prüfen, ob die technischen Voraussetzungen gegeben sind. Hierzu müssen Sie die zu erreichenden Ziele definieren, um dann abzugleichen, ob die vorhandenen technischen Fähigkeiten die Erwartungen erfüllen können.

Gegebenenfalls müssen Sie zuerst die technische Voraussetzung durch die Beschaffung eines Tools schaffen, bevor das Audit in einem dynamischen Verfahren durchgeführt werden kann. Hauptanforderung für das eingesetzte Tool ist, dass so viele Informationen wie möglich gesammelt werden können, um die verschiedenen Lizenzmetriken der verschiedenen Hersteller abbilden zu können. Dies könnte z. B. die Anzahl der vorhandenen Cores sein, die Unterscheidung zwischen physischen und virtuellen Geräten oder welches Softwareprodukt auf welchem Gerät installiert ist.

In der Praxis bringen externe Auditoren in der Regel eigene Tools mit, um bei statischen Lizenzaudits die technische Voraussetzung zu schaffen. Bei Bedarf besteht im Nachgang meistens die Möglichkeit, das durch den externen Auditor eingesetzte Tool zu erwerben oder sich bei der Toolauswahl unterstützen zu lassen.

Inzwischen findet sich auf dem Markt eine Vielzahl verschiedener Tools, die in unterschiedlichen Abstufungen Lizenzmanagement anbieten. Es gibt sowohl auf Software Asset Management spezialisierte Tools als auch Software-Inventarisierungstools mit einem enthaltenen oder hinzubuchbaren Software Asset Management beziehungsweise Lizenzmanagement-Modul. Als Beispiele für mögliche Toolanbieter können Flexera, Snow oder Xensam genannt werden.

Je nach bestehenden Tools oder vorhandener Infrastruktur ist der individuelle Bedarf nicht pauschal bestimmbar. Es empfiehlt sich deshalb, zusammen mit einem Spezialisten die passende Individuallösung für Sie zu erarbeiten.

Hat Ihr Unternehmen die richtigen Mitarbeiter?

Mitarbeiter in der IT-Branche sind ein wichtiger Faktor für den Erfolg Ihres Unternehmens. Insbesondere in der schnelllebigen Welt der Softwarelizenzen benötigen Sie qualifizierte und motivierte Mitarbeiter, die bereit sind, sich weiterzuentwickeln und neue Herausforderungen anzunehmen.

Da sich die Anforderungen an Audits und damit auch an die Auditoren schnell ändern können und diese Änderungen ebenso schnell umgesetzt werden müssen, ist es von besonderer Bedeutung, die richtigen Mitarbeiter mit dieser Aufgabe zu betreuen. Hierbei spielen Fähigkeiten wie technisches Verständnis, problemlösendes Denken und die schnelle Anpassung an neue Technologien eine entscheidende Rolle.

Darüber hinaus sollten Sie die sozialen Fähigkeiten beachten, die es den internen Auditoren ermöglichen, im Team zu arbeiten und effektiv mit Kollegen, verschiedenen Abteilungen und Schnittstellen zu kommunizieren.

Einmal für die Position eingestellt, ist es für Ihr Unternehmen dann von entscheidender Bedeutung, Ihre Mitarbeiter zu unterstützen und zu fördern, damit diese ihre Fähigkeiten und Kenntnisse weiterentwickeln können. Hierzu kann Ihr Unternehmen beispielsweise Schulungen und Weiterbildungen anbieten, um sicherzustellen, dass Ihre Mitarbeiter immer auf dem neuesten Stand bleiben. Üblicherweise wird in der Praxis das erforderliche Wissen in Form von Weiterbildungen und Schulungen von externen Quellen zugekauft. Dies ist darin begründet, dass der Ablauf der Audits Regeln unterliegt, die von externen Faktoren wie z. B. einem Softwarehersteller vorgegeben werden.

Abschließend lässt sich sagen, dass die richtigen Mitarbeiter ein kritischer Faktor für den Erfolg Ihres dynamischen internen Audits sind.

Welche Kosten sind zu beachten?

Obwohl regelmäßige Audits zu Kosteneinsparungen beitragen können, ist der Prozess selbst mit einigen Kosten verbunden. Je nach Reifegrad Ihrer IT entstehen für Ihr Unternehmen verschiedene Kosten, die auch durch die bereits zuvor geschilderten Kriterien beeinflusst werden.

Typische Kosten können dabei wie folgt kategorisiert werden:

- **Kosten für ein Tool**

  In den meisten Unternehmen bestehen bereits ein oder sogar mehrere Tools, die die Durchführung von Audits unterstützen können. Die Herausforderung ist, ob die vorhandenen Tools ausreichen, um alle benötigten Informationen in ausreichender Qualität zu liefern. Ist dies der Fall, sind die Kosten des Tools bereits vorhanden und entfallen entsprechend.

  Ist dies nicht der Fall, entstehen hier Kosten in Form von zusätzlichem Erwerb als Modul zum bestehenden Tool oder als Neuerwerb eines weiteren Tools. Auch eine Ablöse des bestehenden Tools durch ein Tool, das sowohl die alten Funktionen als auch die neuen Anforderungen erfüllt, ist denkbar.

  Bringt Ihr Unternehmen das Know-how mit, für sich selbst ein Tool zu programmieren, welches die Anforderungen erfüllt, so ist dies ebenfalls legitim nutzbar. Bei entsprechenden Fähigkeiten, die bereits in Ihrem Unternehmen vorhanden sind, können Sie hier die Kosten signifikant senken.

- **Implementierungskosten**

  Die Implementierung eines dynamischen Audits kann neben dem angesprochenen Tool mit weiteren Kosten wie zum Beispiel für Schulungen, technische Unterstützung und Anpassungen an bestehenden IT-Systemen verbunden sein. Diese Kosten sind in der Regel Dienstleistungen, die durch externe Unternehmen erbracht werden. Ihr eigener Einfluss auf diese Kosten ist daher eher begrenzt und kann normalerweise nur durch die Auswahl des externen Dienstleisters in Verbindung mit dem eigenen Verhandlungsgeschick beeinflusst werden.

- **Betriebskosten**

  Betriebskosten sind ein wichtiger Faktor bei der Bewertung des Gesamtwerts für die Einführung eines dynamischen Audits. Es ist wichtig, die Betriebskosten so detailliert wie möglich zu erfassen, um ein realistisches Bild der zu erwartenden regelmäßigen Kosten zu erhalten.

Regelmäßige Kosten können dabei zum Beispiel als Wartungskosten oder technische Supportkosten auftreten. Auch Upgrade-Kosten sind nicht zu vernachlässigen, um das Tool an neue Auditanforderungen anzupassen oder neue Funktionen zur Erleichterung zu implementieren.

Ein weiterer wichtiger Kostenfaktor der Betriebskosten sind die Personalkosten für die Einstellung und Schulung der Mitarbeiter, die das Audit durchführen und/oder betreuen. Hier zeigt die Praxis, dass der Personalbedarf an das System bei mindestens 1,5 Personen bei kleineren Unternehmen oder 2 Personen bei mittelständischen Unternehmen liegt.

Zusammenfassend sollten Sie die Betriebskosten bei der Entscheidung einbeziehen, ob und wie ein dynamisches Audit in Ihrem Unternehmen eingeführt wird. Bei der Planung Ihres Budgets für die Ein- und Durchführung regelmäßiger Audits sollten sie zudem ein wichtiger Faktor sein.

8.5.3 Zusammenfassung

Es bleibt festzuhalten, dass ein Audit im Betriebswesen und in der Wirtschaft eine Prüfung oder Revision von Prozessen, Anforderungen und Richtlinien bezeichnet, um festzustellen, ob sie die geforderten Standards erfüllen. Es wird von einem Auditor durchgeführt, der speziell für den Bereich des Audits geschult ist.

Es gibt verschiedene Arten von Managementsystemen, die verschiedene Audittypen erfordern. Beispiele hierfür sind Finanzaudit, Prozessaudit, Produktaudit, Complianceaudit und Systemaudit. Sie können intern oder extern durchgeführt werden und tragen maßgeblich zur Einrichtung, Zertifizierung und zur Aufrechterhaltung von Managementsystemen bei, wie zum Beispiel dem Software Asset Management (SAM).

In der IT werden Audits genutzt, um interne Guidelines zu überprüfen, die Cybersicherheit zu auditieren und Schwachstellen in der IT-Infrastruktur zu finden. In Bezug auf Software-Asset-Management(SAM)-Audits können diese entweder statisch oder dynamisch sein und dienen entweder der Überprüfung der Vertrags- und Lizenzvereinbarungen (Compliance) oder dem Vergleich des Ist-Zustands mit der Zielsetzung.

Dynamische Audits beinhalten auch die Überwachung von Entwicklungen und können helfen, Maßnahmen zur Verbesserung der Kennzahlen zu identifizieren. Statische Lizenzaudits führen in der Regel externe Auditoren durch, entweder als Teil einer Hersteller-Überprüfung oder als Teil des internen Risikomanagements.

Das Ziel dieser Audits ist es, den Ist-Zustand mit dem Soll-Zustand abzugleichen. Entscheidet sich Ihr Unternehmen dazu, ein dynamisches Audit einzuführen, hängt dies von verschiedenen Kriterien ab. Daher sollte Ihr Unternehmen prüfen, ob es ausreichendes Know-how besitzt, ob die benötigten Tools vorhanden sind und ob Sie die richtigen Mitarbeiter dafür haben. Sie können Ihre Mitarbeiter unterstützen, indem Sie Schulungen und Weiterbildungen anbieten, um sicherzustellen, dass die Mitarbeitenden immer auf dem neuesten Stand sind und zukünftige Anpassungen an der Durchführung eines Audits vornehmen können.

Die Kosten, die durch das Audit entstehen, hängen ebenfalls von verschiedenen Faktoren ab, wie zum Beispiel den Kosten für Tools.

Zusammenfassend gesagt, ist die Ausbildung eines neuen Lizenzmanagers immer mit Herausforderungen und Kosten verbunden. Zu Beginn ist die größte Herausforderung für den angehenden Lizenzmanager der Erwerb des Lizenzwissens. Basis hierfür sind Lizenzschulungen und frei zugängliche Schulungsunterlagen der einzelnen Hersteller.

Wie bei jeder Dienstleistung können allerdings Qualität und Preis der Lizenzschulung von Anbieter zu Anbieter stark schwanken. Daher ist es empfehlenswert, anfangs lieber mehr zu investieren und weniger preissensitiv zu sein. Viele gute Bewertungen und eine hohe Reputation helfen Ihnen bei der richtigen Auswahl des Schulungsanbieters.

Anbieter, deren Dienstleistung sich generell auf Lizenzierung und deren Schulung fokussiert, sollten Sie dafür bevorzugen. Grund dafür ist die Erfahrung, die solche Anbieter mitbringen. Ein angehender Lizenzmanager steht neben dem fehlenden Wissen auch vor der Herausforderung der fehlenden Erfahrung, die sich erst mit der Zeit entwickelt. Hier kann ein erfahrener Partner bei der Erfahrungsgewinnung unterstützen.

Um einen konstanten Erfahrungszugewinn bzw. Erfahrungsaustausch zu gewährleisten, hat es sich bewährt, einen regelmäßigen Austausch mit einem spezialisierten Dienstleister zu pflegen. Dies können Sie zum Beispiel durch ein monatliches Beratungskontingent realisieren. Um den gewünschten Effekt zu erzielen, werden die verschiedenen Lizenzsituationen und Lizenzfragen monatlich oder nach Bedarf gemeinsam bearbeitet und gelöst. Die Ergebnisse werden so festgehalten und dokumentiert, dass zukünftig gleiche oder ähnliche Szenarien selbstständig aufgelöst werden. Als »Absicherung« kann der Lizenzberater selbstverständlich jederzeit hinzugezogen werden.

Insbesondere bei Vertragsverhandlungen mit Herstellern ist die oben beschriebene Vorgehensweise zu empfehlen. Hier kommt es besonders auf Erfahrung im Umgang mit Vertragsabschlüssen an.

Nicht nur vorhandenes Lizenzwissen ist für die erfolgreiche Arbeit eines Lizenzmanagers essenziell, sondern auch das Wissen um die eingesetzten Tools im Unternehmen. In der Regel stehen Ihnen für diese Anforderung die Hersteller der Tools mit passenden Produktschulungen zur Verfügung. Alternativ können Sie auch nicht herstellergebundene Schulungsdienstleister in Anspruch nehmen, sofern dies thematisch sinnvoll ist.

Darüber hinaus steht jeder Lizenzmanager in seiner Rolle vor der Herausforderung, im Tagesgeschäft mit verschiedenen Stakeholdern zu kommunizieren und zusammenzuarbeiten. Vor diesem Hintergrund empfiehlt es sich, Personen zu nominieren, die von Natur aus kommunikativ sind. Zukünftig sollten Sie diese Fähigkeit je nach Bedarf weiterschulen.

Letztendlich definiert sich ein guter Lizenzmanager über sein Wissen über Lizenzen und die eingesetzten Tools, seine Erfahrung auf seinem Gebiet, die vorhandenen Softskills und wie diese Fähigkeiten als Mehrwert für Ihr Unternehmen zum Beispiel bei Vertragsverhandlungen mit Herstellern oder der Beratung von Abteilungen des Unternehmens eingesetzt werden.

8.6 Software Asset Management (SAM)

Software Asset Management (SAM) bezieht sich auf den Prozess der Verwaltung von Software-Assets innerhalb eines Unternehmens oder einer Organisation. Das Ziel von SAM ist es, die Effektivität und Effizienz der IT-Ressourcen zu verbessern, indem die Nutzung von Software optimiert wird.

SAM ermöglicht es Ihrem Unternehmen, den Überblick über Ihre Softwarelizenzen zu behalten, um die Einhaltung von Lizenzvereinbarungen sicherzustellen und unnötige Kosten zu vermeiden. Dabei kann SAM Teil eines statischen oder dynamischen Audits sein, oder ein Audit kann (dann meist statisch und durchgeführt von externen Auditoren) am Beginn der Einführung des SAM-Prozesses stehen.

Für eine erfolgreiche Einführung von SAM als Prozess sollten Sie jedoch verschiedene Faktoren berücksichtigen. Eine klare Strategie und Planung ist dabei für den Erfolg der Implementierung unerlässlich.

Bevor Sie mit der Einführung beginnen, empfiehlt es sich, zu definieren, was Sie erreichen möchten. Möchten Sie z. B. zuerst die Softwarenutzung im Unternehmen optimieren, die Compliance überprüfen und herstellen oder Lizenzkosten reduzieren?

Mehrere Ziele können gleichzeitig oder Schritt für Schritt eingeführt und erreicht werden, jedoch kann je nach Zielsetzung die Herangehensweise bei der Einführung unterschiedlich sein. Es hat sich in der Praxis gezeigt, dass sich zu viele Ziele gerade am Anfang kontraproduktiv für die Einführung des SAM-Prozesses auswirken.

Vor diesem Hintergrund entscheiden sich die meisten Unternehmen für folgende Reihenfolge der Ziele:

1. Übersicht der aktuellen Compliance
2. Optimierung der Softwarenutzung
3. Reduktion der Lizenzkosten
4. ständige Optimierung der Lizenzkosten bei Einhaltung der Compliance

Neben der Fokussierung auf die Ziele zu Beginn eines SAM-Prozesses ist es ebenso wichtig, sich am Anfang auf die zu erfassenden Hersteller und Produkte zu konzentrieren. Auch hier ist es für den Erfolg der Implementierung entscheidend, nicht alle im Einsatz befindlichen Softwareprodukte aller im Unternehmen bestehenden Hersteller gleich zur Einführung in den SAM-Scope mit aufzunehmen. Hier bietet es sich an, eine Risikobewertung für das eigene Unternehmen durchzuführen, um zu identifizieren, welche Hersteller mit welchen Produkten zuerst in den Prozess aufgenommen werden sollen.

Typische Fragestellungen können hierbei sein:

- Welche Hersteller führen Audits durch?
- Wie hoch ist mein finanzielles Risiko mit Hersteller XY?
- Wie viele Produkte des Herstellers sind im Einsatz?
- Sind die eingesetzten Produkte kritisch für das Business?
- Ist das Lizenzmodell der eingesetzten Produkte einfach zu handhaben?

Weitere individuelle Fragestellungen sind hierbei nicht ausgeschlossen. Nach Durchführung der Risikobewertung werden in den meisten Fällen der Hersteller Microsoft und dessen eingesetzte Produkte als Scope für die Einführung von SAM herangezogen.

Unabhängig davon, wie und welche Ziele oder welcher Hersteller definiert werden, besteht jedes Software Asset Management im Grunde aus zwei Bestandteilen, die für jedes SAM unerlässlich sind. Hintergrund der Aussage ist, dass unabhängig davon, welches Ziel oder welche Ziele verfolgt werden, die Ergebnisse, die zur Erfüllung der Ziele herangezogen werden, immer zwei verschiedenen Informationsquellen entspringen, welche damit die zentralen Bestandteile von SAM bilden.

8.6.1 Inventar erstellen

Ein zentraler Bestandteil von SAM ist die Erstellung eines Inventars, das alle Installationen jeglicher installierten Software innerhalb Ihrer Organisation oder mehrerer Organisationen enthält. Dieses Inventar hilft dabei, doppelte Installationen und untergenutzte Software zu identifizieren, die zu unnötigen Kosten führen können. Es kann hier auch von dem *technischen Inventar* gesprochen werden.

Um die benötigten Informationen für das technische Inventar erheben zu können, ist es in der Praxis üblich, auf IT-Tools zurückzugreifen. Sollte bei Ihnen kein Tool vorhanden sein, spricht alternativ – bis auf den zeitlichen Aufwand – nichts dagegen, jeden einzelnen Client und Server manuell auf die installierte Software zu prüfen und dies zu dokumentieren. Auch intern geführte Listen, oftmals basierend auf Excel, können herangezogen werden. Jedoch ist dies mit Vorsicht zu genießen, da diese Listen erfahrungsgemäß nur so gut sind, wie die Mitarbeiter Zeit haben, diese auch zu pflegen und aktuell zu halten. Hier unterscheidet sich die Qualität von Unternehmen zu Unternehmen teils immens.

Als am praktikabelsten haben sich agentenbasierte Tools erwiesen, die in regelmäßigen Abständen die installierte Software der Clients oder Server melden. So können Sie sicherstellen, dass sich das technische Inventar in vom Unternehmen bzw. der IT-Abteilung vorgegebenen Intervallen verlässlich aktualisiert. Hier wird die Qualität dann von der Tiefe der erhobenen Informationen, die das Tool ermitteln kann, dem Knowhow, wie mit dem Tool gearbeitet wird sowie von der Darstellung der Ergebnisse beeinflusst. Die Ergebnisse müssen möglicherweise nochmals aufbereitet werden, bevor sie in das technische Inventar überführt werden können.

Wie im vorangegangenen Abschnitt bereits kurz erläutert, gibt es auf dem Markt mehrere Anbieter von Tools, die die Anforderungen erfüllen können. Je nach Größe Ihres Unternehmens und dessen Struktur ist die Einführung eines Tools mit entsprechenden Kosten verbunden. In vielen Fällen gibt es bereits Tools – hier gilt es zu prüfen, ob diese die Voraussetzungen schon ausreichend erfüllen können.

8.6.2 Kaufmännisches Inventar

Den zweiten zentralen Bestandteil von SAM bildet das *kaufmännische Inventar* (siehe Abschnitt 8.7.1). Hierin befinden sich alle Softwarelizenzen, die Ihr Unternehmen erworben hat. Diese können je nach Hersteller verschiedenartig sein.

So stellt Microsoft Ihnen als Kunde beispielsweise je nach Vertragsart verschiedene Lizenzportale für die Verwaltung der erworbenen Lizenzen, aber auch als Plattform für das Bereitstellen von Keys oder Installationsmedien zur Verfügung. Nicht selten ergibt sich auch die Konstellation, dass ein Kunde mehrere Portale hat, in denen seine verschiedenen Softwarelizenzen enthalten sind. Diese gilt es für das kaufmännische Inventar zu konsolidieren und aufzubereiten.

Neben digitalen Lizenzen haben Sie auch weiterhin die Möglichkeit des physischen Erwerbs von Lizenzen. Auch diese müssen in das kaufmännische Inventar einfließen, um das Gesamtbild zu vervollständigen. Je nach Hersteller sollten Sie dabei berücksichtigen, was bei den physikalischen Lizenzen als Lizenznachweis gilt.

So beschreibt Microsoft z. B., dass eine vollständige Lizenz bzw. ein vollständiger Lizenznachweis aus allen dem Kunden beim Kauf ausgehändigten Bestandteilen besteht. Hier würde es für einen wasserdichten Lizenznachweis nicht ausreichen, nur das Installationsmedium (z. B. CD/DVD) und den Aktivierungskey vorzuhalten. Auch die Umverpackung und eventuelle »Handbücher«, die in der Verpackung enthalten sind, sollten Sie bei Verlangen vorzeigen können. Da dies mit entsprechendem Aufwand und auch Lagerplatz verbunden ist, empfiehlt es sich für die meisten Unternehmen, die benötigten Lizenzen nicht physikalisch zu beschaffen, sondern sich auf die Angebote für Unternehmenskunden zu fokussieren, die in der Regel digitale Lizenzen und Lizenznachweise enthalten.

Darüber hinaus kann nicht ausgeschlossen werden, dass bei manchen Herstellern wie beispielsweise Microsoft die Lizenzbedingungen einer physikalischen Lizenz abweichend sind zu den Lizenzbedingungen für Lizenzen, die über einen Rahmenvertrag für Unternehmen beschafft wurden. Obwohl es sich um das gleiche Produkt wie z. B. Office handelt, haben Sie als Kunde mit der physikalisch gekauften Lizenz weniger Rechte als mit dem Kauf der Lizenz über einen Volumenlizenzvertrag bei Microsoft. Je nach Einsatzszenario kann dies für Ihr Unternehmen entscheidend sein, um zu bewerten, ob die Software überhaupt so eingesetzt werden darf oder nicht. Im Office-Beispiel bedeutet das konkret, dass Ihnen bei einem Erwerb von Office in Form einer physikalischen Lizenz das Recht fehlt, Office auf einem *Terminalserver* bereitzustellen und anderen Geräten den Zugriff auf diese Installation zu gewähren. Technisch wäre dies ohne Weiteres möglich, lizenzrechtlich jedoch nicht erlaubt, und Ihr Unternehmen befände sich ab diesem Zeitpunkt in der *Incompliance*.

Erwerben Sie Office jedoch über einen Microsoft-Volumenlizenzvertrag – in diesem Beispiel sogar unabhängig davon, über welchen Volumenlizenzvertrag –, erhalten Sie das Recht, Office in Terminalserverszenarien einzusetzen, und Ihr Unternehmen ist in diesem Bereich compliant.

8.6.3 Fehlkäufe vermeiden

Um Fehlkäufe und damit unnötige Kosten zu vermeiden, sollten Sie daher vor der Beschaffung der Lizenzen zwingend darauf achten, ob die Lizenzbedingungen mit dem geplanten Szenario im Einklang stehen oder andere Möglichkeiten erarbeitet werden müssen. Im besten Fall ist dies die Aufgabe Ihres Lizenzmanagers, der der oberen Logik folgend an jedem IT-Projekt beteiligt sein müsste, um aus lizenzrechtlicher Sicht IT-Vorhaben zu bewerten, die Kollegen zu unterstützen und ihnen gegebenenfalls lizenzrechtliche Alternativen aufzuzeigen. Alternativ zu einem eigenen Lizenzmanager können Sie das benötigte Wissen auch durch externe Berater einfließen lassen.

8.6.4 Zusammenfassung

Zusammenfassend sollten Sie für den zweiten zentralen Bestandteil von SAM – dem kaufmännischen Inventar – alle Lizenzvereinbarungen und Einzellizenzen erfassen und inventarisieren, um diese aufbereitet dem technischen Inventar gegenüberzustellen. Nach der Gegenüberstellung beider zentraler Bestandteile von SAM anhand der jeweiligen Nutzungsbedingungen des Herstellers und der daraus resultierenden Erkenntnisse ermöglicht Ihnen ein professionelles Software Asset Management also, die Nutzung von Software zu verfolgen und zu analysieren, um sicherzustellen, dass Sie auch nur benötigte Software bezahlen.

Durch das regelmäßige Überprüfen der Nutzung von Software können Sie sowohl Unterlizenzierung als auch Überlizenzierung vermeiden. Eine Unterlizenzierung kann dazu führen, dass Ihr Unternehmen nicht über genügend Lizenzen verfügt, um alle Benutzer zu unterstützen, während eine Überlizenzierung unnötige Kosten verursacht.

Darüber hinaus kann SAM dazu beitragen, die Sicherheit innerhalb Ihrer Organisation zu verbessern, indem es gewährleistet, dass nur lizenzierte und von Ihrer IT-Abteilung unterstützte Software verwendet wird. Veraltete oder nicht unterstütze Softwareinstallationen können ein Sicherheitsrisiko darstellen und Ihre Organisation anfällig für Angriffe machen.

Das Software Asset Management ist ein wichtiger Prozess für Ihr Unternehmen, um Ihre Softwarenutzung zu optimieren, Kosten zu senken und sicherzustellen, dass Sie in Übereinstimmung mit den Lizenzvereinbarungen arbeiten. Eine effektive SAM-Strategie kann auch dazu beitragen, Ihre IT-Sicherheit und den Schutz Ihrer Unternehmensdaten zu verbessern.

8.7 Best Practices: Lizenzmanagement organisieren, Herausforderungen meistern

Der erste Schritt hin zu einer optimalen und kosteneffizienten Lizenzierung ist, einen Überblick über die Lizenzsituation in Ihrem Unternehmen zu gewinnen – beispielsweise durch ein SAM-Projekt. Danach kann über den passenden Beschaffungsweg für Lizenzen nachgedacht werden.

Um den Best-Practice-Fall anschaulich und verständlich darzustellen, ist eine kurze Zusammenfassung des vorangehenden Abschnitt 8.6 »Software Asset Management (SAM)« sinnvoll.

8.7.1 SAM in Ihrem Unternehmen

Software Asset Management (SAM) bezieht sich auf den Prozess der Verwaltung von Software-Assets innerhalb Ihres Unternehmens oder Ihrer Organisation. Es ist im folgenden Sinne ein Complianceaudit, das statisch oder dynamisch durchgeführt werden kann. Es kann durch externe oder interne Mitarbeiter durchgeführt werden, was situativ für Ihre Organisation zu entscheiden ist.

SAM zielt darauf ab, die Effektivität und Effizienz Ihrer IT-Ressourcen zu verbessern, indem die Nutzung von Software optimiert wird. Es ermöglicht Ihnen, den Überblick über Ihre Softwarelizenzen zu behalten, um die Einhaltung von Lizenzvereinbarungen sicherzustellen und unnötige Kosten zu vermeiden.

Eine erfolgreiche Einführung von SAM erfordert eine klare Strategie und Planung. Es ist wichtig, klare Ziele wie die Optimierung der Softwarenutzung, die Gewährleistung von Compliance oder die Reduzierung der Lizenzkosten zu definieren. Die Priorisierung und schrittweise Umsetzung dieser Ziele ist oft ratsam, um Überlastung und Kontraproduktivität zu vermeiden. Wie Sie die Priorisierung und die Zielsetzung festlegen, ist jedoch vom jeweiligen Szenario oder der Ausgangssituation Ihres Unternehmens abhängig und individuell zu entscheiden.

Bei keinem oder nur geringen Erfahrungswerten mit SAM innerhalb Ihrer Organisation erfordert die Zielsetzung und Planung der Durchführung besondere Aufmerksamkeit. Es empfiehlt sich daher, bei der erstmaligen Implementierung nur ein Ziel zu setzen, das auch einfach zu prüfen ist. In der Regel entscheiden sich Unternehmen dann dafür, die Einhaltung der Lizenzvereinbarungen, also die Compliance, für einen bestimmten Softwarehersteller zu überprüfen. Herfür bietet sich der Hersteller Microsoft an, da einerseits die Produkte in fast jedem Unternehmen Anwendung finden und andererseits Microsoft einer der Hersteller ist, der in der Vergangenheit Compliance Checks bzw. Audits bei seinen Kunden durchgeführt hat.

Dadurch ergeben sich bei korrekter Durchführung Synergieeffekte, die sowohl die aktuelle Compliance betreffen und somit Risikominimierung oder sogar -vermeidung ermöglichen – auch beschreibbar als »Quick Wins« –, als auch Erfahrungswerte für zukünftige Complianceaudits anderer Hersteller liefern, da Microsoft für seine verschiedenen Produkte unterschiedliche Lizenzmetriken vorgibt, sodass die Lizenzmetriken anderer Hersteller ebenfalls gleich berücksichtigt werden.

Allgemein gesprochen umfasst das Software Asset Management zwei zentrale Bestandteile: das **technische** und das **kaufmännische Inventar**.

- Das *technische Inventar* beinhaltet die Erfassung aller installierten Software innerhalb Ihrer Organisation, um doppelte Installationen und untergenutzte Software zu identifizieren. Dies kann mithilfe von IT-Tools, manuellen Überprüfungen oder intern geführten Listen erfolgen. Agentenbasierte Tools haben sich als praktikabel erwiesen, da sie regelmäßig Informationen über die installierte Software melden und das technische Inventar zuverlässig aktualisieren. Sie erfordern jedoch einen höheren initialen Aufwand bei der Implementierung, sodass sie in der Regel bei dynamischen Audits zum Einsatz kommen. Bei einmaligen bzw. statischen Complianceaudits empfiehlt es sich, agentenlose Tools wie z. B. das MAP-Toolkit von Microsoft einzusetzen. Auch PowerShell-Skripte, welche die benötigten Informationen aus den verschiedenen Systemen exportieren, finden in der Praxis Anwendung. Das Know-how in diesem Bereich ist vorausgesetzt.

- Das *kaufmännische Inventar* umfasst alle erworbenen Softwarelizenzen. Es ist wichtig, die Lizenzvereinbarungen und einzelnen Lizenzen zu erfassen und aufzubereiten, um sie mit dem technischen Inventar abzugleichen. Hierbei sollten Sie die Lizenzbedingungen der Hersteller beachten, um sicherzustellen, dass die geplante Nutzung der Software im Einklang mit den Lizenzrechten steht. Eine sorgfältige Analyse und Konsolidierung der Lizenzinformationen sind erforderlich, um Fehlkäufe und Compliance-Verstöße zu vermeiden.

Ebenfalls Berücksichtigung finden müssen in diesen Bereich eventuell vorhandene Zusatzvereinbarungen oder »Nebenabreden«, die ein Hersteller dem Kunden gewährt. Diese können signifikante Änderungen bei der Gegenüberstellung bzw. Verrechnung von Lizenzen zu vorhandenen Installationen – und wie die Software genutzt werden darf – mit sich bringen.

Zusammenfassend ermöglicht Ihnen SAM also die Verfolgung und Analyse der Softwarenutzung, um Unterlizenzierung, aber auch Überlizenzierung zu vermeiden. Durch die Optimierung der Softwarenutzung können Sie somit unnötige Kosten reduzieren. Zudem trägt SAM zur Sicherheit innerhalb Ihrer Organisation bei, indem nur lizenzierte und unterstützte Software verwendet wird, was das Risiko von Sicherheitslücken verringert.

8.7.2 Best-Practice-Szenario

Folgendes Best-Practice-Szenario soll die Umsetzung eines effektiven SAM-Prozesses in einem Unternehmen verdeutlichen. Zur Vereinfachung gehen wir hier bei der Durchführung des SAM-Prozesses von einem statischen initialen Complianceaudit aus, das zukünftig als Grundlage für ein dynamisches, also fortlaufendes Complianceaudit dient.

Dabei können verschiedene Schritte bei der Durchführung definiert werden:

1. Zielsetzung
2. Planung
3. Durchführung
4. Bewertung

Zielsetzung

»Nur wer sein Ziel kennt, findet den Weg.« – Laozi

Das Unternehmen XYZ GmbH entscheidet sich für die Durchführung eines statischen Complianceaudits als Grundlage zur Einführung von SAM auf der gesamten Unternehmensebene, um die Softwarenutzung zu optimieren und Compliance sicherzustellen. Man definiert klare Ziele, beginnend mit der »Erfassung des aktuellen Compliance-Status«, gefolgt von der Optimierung der Softwarenutzung und der Reduzierung der Lizenzkosten.

Nachdem das Ziel »Erfassung des aktuellen Compliance-Status« als erstes zu erreichendes Ziel festgelegt wurde, entscheidet sich die XYZ GmbH dazu, nicht alle Hersteller gleichzeitig zu überprüfen, sondern legt sich auf den Hersteller Microsoft fest. Hintergrund dieser Entscheidung ist, dass viele Microsoft-Produkte bei der XYZ GmbH im Einsatz sind und hier das größte monetäre Risiko vermutet wird, falls es zu einem von Microsoft initiierten Audit kommen sollte.

Zudem legt die XYZ GmbH fest, dass die Durchführung dieses initialen Projekts innerhalb des kommenden Quartals abgeschlossen sein soll, um die daraus gewonnen Erkenntnisse für die Verlängerung der aktuellen Microsoft-Lizenzen zu nutzen.

Zielsetzung, kurz gefasst

Zusammenfassend lässt sich die Zielsetzung der XYZ GmbH wie folgt beschreiben:

Am Ende des kommenden Quartals hat die XYZ GmbH das initiale statische Complianceaudit zur Einführung eines kontinuierlichen SAM-Prozesses für den Hersteller Microsoft abgeschlossen. Die daraus gewonnen Erkenntnisse werden einerseits zur Risikominimierung und andererseits für die bevorstehende Verlängerung der Microsoft-Lizenzen genutzt. Sekundäre Ziele wie z. B. die Optimierung der Softwarenutzung und die damit verbundene Reduzierung der Lizenzkosten werden ebenfalls betrachtet, sind jedoch initial nicht von übergeordneter Bedeutung.

Nach erfolgreicher Durchführung werden die Erfahrungen aus dem Projekt auf andere Hersteller und weiter zu definierende Ziele angewendet und kontinuierlich überwacht, angepasst und verbessert.

Planung

»Ein Ziel ohne Plan ist nur ein Wunsch.« – Larry Elder

Wie bereits beschrieben, ist eine gründliche Planung der Durchführung von entscheidender Bedeutung für den Erfolg der Einführung von SAM. Hierbei ist es von der Unternehmensgröße und -struktur abhängig, welche Ressourcen zur Verfügung stehen. Dies können in diesen Kontext sowohl menschliche Ressourcen, was Wissen und Zeit betrifft, als auch technische Ressourcen, was auf implementierte Tools abzielt, die im eigenen Unternehmen vorhanden sind, sein.

Zunächst wird ein Überblick über die technischen Fähigkeiten des Unternehmens als auch die Fähigkeiten der Mitarbeiter der XYZ GmbH benötigt. Deshalb verschafft sich die XYZ GmbH zuerst einen Überblick über den Wissensstand und die Erfahrung der Mitarbeiter hinsichtlich des Software Asset Managements, insbesondere dessen Einführung. Dabei fließen in die Einschätzung des Know-hows des Unternehmens sowohl Kenntnisstände von Mitarbeitern aus dem Bereich IT als auch aus dem Bereich Einkauf ein.

Beide Bereiche hatten in der Vergangenheit Berührungspunkte mit den Lizenzkäufen und Produktinstallationen bei der XYZ GmbH und haben die genannten Vorgänge durchgeführt und verwaltet. Hier wird die meiste Expertise hinsichtlich SAM vermutet.

Gleichzeitig wird geprüft, ob es im Unternehmen Tools gibt, die das technische Inventar bereits erfassen oder zumindest über die Fähigkeit verfügen, dies zukünftig zu tun. Zudem ermittelt die XYZ GmbH, ob es bereits ein Vertragsmanagement-Tool gibt, das aktuell in Nutzung ist und die kaufmännischen Informationen der erworbenen Lizenzen des ausgewählten Herstellers Microsoft vorhält.

Am Ende der Ressourcenermittlung bei der XYZ GmbH ergibt sich die Erkenntnis und Herausforderung, dass das interne Know-how des Unternehmens nicht ausreicht, um das Projekt selbst zu stemmen.

Die befragten Mitarbeiter haben zwar Grundkenntnisse der Microsoft-Lizenzierung und der Vertragsstrukturen, verfügen jedoch nicht über ausreichend Wissen und Erfahrung für die erfolgreiche Durchführung des Projekts und die nachfolgenden Schritte zur Implementierung des kontinuierlichen SAM-Prozesses.

Abgeleitet aus diesem Ergebnis entscheidet sich die XYZ GmbH dazu, das Projekt durch einen externen Dienstleister/Lizenzberater, der auf diesem Gebiet spezialisiert ist, durchführen zu lassen, um so der Herausforderung zu begegnen. Um den externen Dienstleister/Berater, die 123 AG, zu unterstützen, wurden jedoch seitens der XYZ GmbH Mitarbeiter definiert, die zeitgleich zur Durchführung mithilfe der 123 AG eigenes Wissen aufbauen sollen, um den zukünftigen SAM-Prozess selbst durchführen und verwalten zu können. Begleitet wird der Wissensaufbau von zusätzlichen Schulungen der Mitarbeiter zum Thema Microsoft-Lizenzierung und Software Asset Management, die ebenfalls von externen Dienstleistern erbracht werden.

Im Bereich der technischen Ressourcen hingegen sieht es bei der XYZ GmbH besser aus. Die Analyse ergab, dass bereits Tools im Einsatz sind, die einerseits heute schon die Vertragsstrukturen abbilden und in denen sich andererseits auch ein technisches Inventar der installierten Software, unter anderem der Microsoft-Produkte, erzeugen lässt. Für Zweiteres wird das Software-Deployment-Tool des Unternehmens herangezogen, das über eine Inventarisierung der ausgerollten Software auf den Servern und Clients der XYZ GmbH verfügt, die in regelmäßigen Abständen aktualisiert wird. Bisher sind beide Systeme jedoch noch nicht miteinander verknüpft und werden parallel nebeneinander für ihre jeweiligen Kernaufgaben betrieben.

Neben der Erhebung der zur Verfügung stehenden Ressourcen erstellt die XYZ GmbH einen Projektplan mit zeitlichem Ablauf, der sich am ausgewählten Ziel orientiert. Inkludiert in diesen Plan sind zudem Meilensteine, die auf dem Weg zum Ziel erreicht werden, um den Erfolg des initialen SAM-Projekts zwischenzeitlich zu messen.

Nach Beauftragung des externen Dienstleisters/Beraters 123 AG wird dieser direkt in die Planung und die Zielsetzung inklusive des bereits festgelegten Zeitrahmens miteinbezogen. Durch ihre Erfahrung aus anderen SAM-Projekten schlägt die 123 AG vor, als primäre Quelle für das technische Inventar ein eigenes Tool und entsprechende Skripte, welche die relevanten Informationen exportieren, zu nutzen. Die identifizierten Tools der XYZ GmbH sollen dann als sekundäre Quelle dienen, da sie bisher nicht für SAM genutzt wurden. Dadurch werden die internen Tools auf ihre Fähigkeiten, zukünftig den SAM-Prozess zu unterstützen, hin geprüft und gegebenenfalls gleich durch die 123 AG entsprechend konfiguriert.

Bezüglich des kaufmännischen Inventars wird die 123 AG eine Lizenzhistorie für den Hersteller Microsoft erstellen, indem alle Informationen ausgewertet und dokumentiert werden. Diese Historie kann dann auf Wunsch in das bestehende Vertragsmanagement-Tool der XYZ GmbH importiert werden.

Zusammenfassend wurden alle Schritte sowohl zeitlich als auch den Aufgaben und Verantwortlichkeiten entsprechend von der XYZ GmbH mit Unterstützung der 123 AG geplant, und die Durchführung des Projekts beginnt.

Planung, kurz gefasst

Mit folgender Herausforderung sah sich die XYZ GmbH dabei im Schritt »Planung« konfrontiert:

Das interne Wissen des Unternehmens ist nicht ausreichend, um das initiale SAM-Projekt selbst durchzuführen.

Als Lösung wurden für die Durchführung externes Fachwissen und Erfahrung zugekauft, um die Implementierung des SAM-Prozesses zu sichern und gleichzeitig das interne Wissen zu erweitern.

Durchführung

> *»Seien Sie lieber produktiv als beschäftigt.« – Tim Ferris*

Allgemein kann zur Durchführung des Projekts gesagt werden, dass die einzelnen Teilschritte und deren Meilensteine, die bei der konkreten Projektplanung festgelegt wurden, in der Regel parallel durchgeführt werden. Für die Zusammenführung der Ergebnisse bzw. die Erstellung der finalen Lizenzbilanz sind jedoch sowohl das technische als auch das kaufmännische Inventar notwendig. Ohne die Vollständigkeit der beiden Seiten der Bilanz können auch keine voll belastbaren Endergebnisse erstellt werden.

Die XYZ GmbH startet mit der Erstellung eines technischen Inventars, indem sie die primäre Quelle, das agentenlose Tool der 123 AG, installiert und die entsprechenden PowerShell-Skripte innerhalb der Infrastruktur ausführt. Beides wird regelmäßig angestoßen und ausgeführt, sodass über den vorher in der Planung definierten Zeitraum ausreichend Daten in ausreichender Qualität gesammelt werden (siehe Abbildung 8.10).

ComputerName	ProductName	ProductEdition	ProductVendor	OperatingSystem	ActiveUsers	TypeOfMachine
XX-YY-SR-FS02	Microsoft .Net Framework 4.7	Standard	Microsoft Corporation	Microsoft Windows Server 2019 Standard	None	Virtual
XX-YY-SR-FS02	Microsoft Visual C++ 2008 Redistributable - x64 9.0.30729.6161	Standard	Microsoft Corporation	Microsoft Windows Server 2019 Standard	None	Virtual
XX-YY-SR-FS02	Microsoft Visual C++ 2008 Redistributable - x86 9.0.30729.6161	Standard	Microsoft Corporation	Microsoft Windows Server 2019 Standard	None	Virtual
XX-YY-WS-EER1	Configuration Manager Client	Enterprise	Microsoft Corporation	Microsoft Windows 7 Enterprise	XXXEER	Physical
XX-YY-WS-EER1	Microsoft .Net Framework 2.0 SP2	Enterprise	Microsoft Corporation	Microsoft Windows 7 Enterprise	XXXEER	Physical
XX-YY-WS-EER1	Microsoft .Net Framework 3.0 SP2	Enterprise	Microsoft Corporation	Microsoft Windows 7 Enterprise	XXXEER	Physical
XX-YY-WS-EER1	Microsoft .Net Framework 3.5 SP1	Enterprise	Microsoft Corporation	Microsoft Windows 7 Enterprise	XXXEER	Physical
XX-YY-WS-EER1	Microsoft .Net Framework 4.6	Enterprise	Microsoft Corporation	Microsoft Windows 7 Enterprise	XXXEER	Physical
XX-YY-WS-EER1	Microsoft .NET Framework 4.6.1	Enterprise	Microsoft Corporation	Microsoft Windows 7 Enterprise	XXXEER	Physical
XX-YY-WS-EER1	Microsoft Access database engine 2010 (English)	Enterprise	Microsoft Corporation	Microsoft Windows 7 Enterprise	XXXEER	Physical
XX-YY-WS-EER1	Microsoft Office 365 ProPlus - de-de	Enterprise	Microsoft Corporation	Microsoft Windows 7 Enterprise	XXXEER	Physical
XX-YY-WS-EER1	Microsoft Office 365 ProPlus - en-us	Enterprise	Microsoft Corporation	Microsoft Windows 7 Enterprise	XXXEER	Physical
XX-YY-WS-EER1	Microsoft Silverlight	Enterprise	Microsoft Corporation	Microsoft Windows 7 Enterprise	XXXEER	Physical
XX-YY-WS-EER1	Microsoft Visual C++ 2005 Redistributable	Enterprise	Microsoft Corporation	Microsoft Windows 7 Enterprise	XXXEER	Physical
XX-YY-WS-EER1	Microsoft Visual C++ 2005 Redistributable (x64)	Enterprise	Microsoft Corporation	Microsoft Windows 7 Enterprise	XXXEER	Physical
XX-YY-WS-EER1	Microsoft Visual C++ 2008 Redistributable - x64 9.0.30729.17	Enterprise	Microsoft Corporation	Microsoft Windows 7 Enterprise	XXXEER	Physical
XX-YY-WS-EER1	Microsoft Visual C++ 2008 Redistributable - x86 9.0.30729.17	Enterprise	Microsoft Corporation	Microsoft Windows 7 Enterprise	XXXEER	Physical
XX-YY-WS-EER1	Microsoft Visual C++ 2010 x64 Redistributable - 10.0.40219	Enterprise	Microsoft Corporation	Microsoft Windows 7 Enterprise	XXXEER	Physical
XX-YY-WS-EER1	Microsoft Visual C++ 2010 x86 Redistributable - 10.0.40219	Enterprise	Microsoft Corporation	Microsoft Windows 7 Enterprise	XXXEER	Physical
XX-YY-WS-EER1	Microsoft Visual C++ 2012 Redistributable (x64) - 11.0.61030	Enterprise	Microsoft Corporation	Microsoft Windows 7 Enterprise	XXXEER	Physical
XX-YY-WS-EER1	Microsoft Visual C++ 2012 Redistributable (x86) - 11.0.61030	Enterprise	Microsoft Corporation	Microsoft Windows 7 Enterprise	XXXEER	Physical
XX-YY-WS-EER1	Microsoft Visual C++ 2013 Redistributable (x64) - 12.0.30501	Enterprise	Microsoft Corporation	Microsoft Windows 7 Enterprise	XXXEER	Physical
XX-YY-WS-EER1	Microsoft Visual C++ 2013 Redistributable (x64) - 12.0.40660	Enterprise	Microsoft Corporation	Microsoft Windows 7 Enterprise	XXXEER	Physical
XX-YY-WS-EER1	Microsoft Visual C++ 2013 Redistributable (x86) - 12.0.30501	Enterprise	Microsoft Corporation	Microsoft Windows 7 Enterprise	XXXEER	Physical
XX-YY-WS-EER1	Microsoft Visual C++ 2013 Redistributable (x86) - 12.0.40660	Enterprise	Microsoft Corporation	Microsoft Windows 7 Enterprise	XXXEER	Physical
XX-YY-WS-EER1	Microsoft Visual C++ 2015 Redistributable (x64) - 14.0.23026	Enterprise	Microsoft Corporation	Microsoft Windows 7 Enterprise	XXXEER	Physical
XX-YY-WS-EER1	Microsoft Visual C++ 2015 Redistributable (x86) - 14.0.23026	Enterprise	Microsoft Corporation	Microsoft Windows 7 Enterprise	XXXEER	Physical

Abbildung 8.10 Beispielhafter Auszug aus Rohdaten eines technischen Inventars (Hersteller: Microsoft)

Nach erfolgreichem Inventarisieren werden die Informationen nochmals mit der sekundären technischen Quelle, dem internen Deployment-Tool der XYZ GmbH, abgeglichen und Lücken auf der einen sowie auf der anderen Seite geschlossen. Prinzipiell wird jegliche installierte Software erfasst und inventarisiert. Im initialen Projekt werden vorerst aber nur, vorgegeben durch die Zielsetzung zu Beginn des Prozesses, die Produkte des Herstellers Microsoft näher betrachtet und ausgewertet.

Dies ermöglicht es der XYZ GmbH bereits, zusammen mit der 123 AG doppelte Installationen und ungenutzte Software zu identifizieren sowie veraltete und fälschlich installierte Software zu entfernen. Weiter wird das interne Deployment-Tool der XYZ GmbH mit Unterstützung der 123 AG nach und nach für den zukünftigen Einsatz als primäre technische Quelle vorbereitet. Das finale technische Inventar wird dann von der 123 AG so aufbereitet, dass es als technische Seite der Lizenzbilanz dient.

Gleichzeitig erfassen die 123 AG und die Mitarbeiter des Einkaufs der XYZ GmbH das kaufmännische Inventar des Herstellers Microsoft, indem sie alle erworbenen Softwarelizenzen und dazugehörigen Volumenlizenzverträge sorgfältig dokumentieren und konsolidieren. Dabei erstellen beide Seiten zusammen die Lizenzhistorie, die bis zu den ersten Microsoft-Verträgen und Microsoft-Lizenzerwerben zurückreicht (siehe Abbildung 8.11).

8

CustomerNo	Customer Name	ContractNumber	ContractStart Date	ContractEnd Date	Contract Status	LicenseProductFamiliy	Amount	ProductType	License Version	License Progra	Commen	Valid
10001	Testkunde	96499051ZZE1802		28.02.2018	Expired	Office Professional Plus	5	Standard	2016			y
10001	Testkunde	Select Plus - 7492930	06.01.2019	31.05.2022	Active	Office Professional Plus	6	Standard	2016			y
10001	Testkunde	Select Plus - 7492930	06.01.2019	31.05.2022	Active	Office Professional Plus	6	Standard	2010			y
10001	Testkunde	Select Plus - 7492930	06.01.2019	31.05.2022	Active	Office Professional Plus Ac	32	Standard	2016			y
10001	Testkunde	Select Plus - 7492930	06.01.2019	31.05.2022	Active	Office Standard	5	Standard	2016			y
10001	Testkunde	Select Plus - 7492930	06.01.2019	31.05.2022	Active	Exchange Server - Standard	1	Lic/SA	Non-Specific			y
10001	Testkunde	Select Plus - 7492930	06.01.2019	31.05.2022	Active	Exchange Server Standard (	69	Standard	2019			y
10001	Testkunde	Select Plus - 7492930	06.01.2019	31.05.2022	Active	Exchange Server Standard (	19	Standard	2016			y
10001	Testkunde	Select Plus - 7492930	06.01.2019	31.05.2022	Active	SQL Server Standard Core	4	Lic/SA	Non-Specific			y
10001	Testkunde	Select Plus - 7492930	06.01.2019	31.05.2022	Active	SQL Server Standard Core	4	Standard	2016			y
10001	Testkunde	Select Plus - 7492930	06.01.2019	31.05.2022	Active	Windows Remote Desktop	1	Standard	2019			y
10001	Testkunde	Select Plus - 7492930	06.01.2019	31.05.2022	Active	Windows Remote Desktop	8	Standard	2019			y
10001	Testkunde	Select Plus - 7492930	06.01.2019	31.05.2022	Active	Windows Remote Desktop	15	Standard	2016			y
10001	Testkunde	Select Plus - 7492930	06.01.2019	31.05.2022	Active	Windows Server - Device C	7	Standard	2019			y
10001	Testkunde	Select Plus - 7492930	06.01.2019	31.05.2022	Active	Windows Server - User CAL	89	Standard	2016			y
10001	Testkunde	Select Plus - 7492930	06.01.2019	31.05.2022	Active	Windows Server - User CAL	2	Standard	2012			y
10001	Testkunde	Select Plus - 7492930	06.01.2019	31.05.2022	Active	Windows Server Datacente	32		2016			y
10001	Testkunde	CSP				Office 365 ProPlus	72		Non-Specific			y
10001	Testkunde	Rechnung PC Ware				Office Standard	66		2010			y
10001	Testkunde	Rechnung PC Ware				Windows Professional	2		7.0	OT		y
10001	Testkunde	Rechnung PC Ware				Windows Professional	122		10	SP		y
10001	Testkunde	Rechnung Bechtle				Windows Professional	99		8.1	UP		y

Abbildung 8.11 Auszug einer beispielhaften Lizenzhistorie (Produkte des Herstellers Microsoft)

Die größte Herausforderung hierbei besteht darin, die Wartungsverlängerungen bzw. die Software-Assurance-Verlängerungen der Microsoft-Lizenzen lückenlos nachzuvollziehen und mit gültigen Lizenznachweisen zu belegen.

Zum Beispiel gilt ein Lizenznachweis bei physischen Lizenzen dann als vollständig, wenn alle Bestandteile des Produkts, die beim Kauf dem Kunden bzw. dem Unternehmen ausgehändigt wurden, vorhanden sind und vorgehalten werden können. Dies sind im Ernstfall neben der Umverpackung auch das mitgelieferte Handbuch, die CD/DVD und/oder die Scheckkarte, auf denen der Aktivierungskey enthalten ist.

Dies ist auch für die XYZ GmbH insofern sehr wichtig, da die heute genutzten Lizenzen auf den damaligen Käufen und Verlängerungen aufbauen und für eine Anerkennung dieser Lizenzen eine lückenlose Historie der Lizenznachweise vorhanden sein muss.

Darüber hinaus gibt es bei Microsoft die Herausforderung zu berücksichtigen, über welche Verträge die Lizenzen erworben wurden, da hiermit unterschiedliche Nutzungsrechte einhergehen können (siehe Abbildung 8.12). Dies wird ebenfalls im kaufmännischen Inventar erfasst und bei der Gegenüberstellung mit dem technischen Inventar berücksichtigt.

CustomerNo	CustomerName	ContractType	ContractStatus	LicenseProgram	AutorisationType	LicenseAccessCustomernumber	ContractStartDate	ContractEndDate	CountryRegion	ContractCountry	TransactionReleation	Comment
I0001	Testkunde123	BMI	Active	Select Plus - 7492930	E7765287		02/06/2020	05/31/2022	Germany	Germany	Yes	
I0001	Testkunde	Corporate	Expired	OPEN	96499051ZZE1802	66503071	02/28/2018	02/28/2018	Italy	Italy		

Abbildung 8.12 Auszug aus einer beispielhaften Lizenzhistorie (Verträge mit dem Hersteller Microsoft)

Im letzten Schritt der Durchführung erstellt die 123 AG aus den beiden erstellten Inventaren eine Lizenzbilanz, in der beide Seiten einander gegenübergestellt werden. Dabei werden bei der Verarbeitung und Erstellung der Bilanz die Microsoft-Produktnutzungsrechte angewendet, sodass die identifizierten Lizenzen mit den identifizierten Installationen und Nutzungen zusammenpassen.

Das dafür erforderliche Wissen bringt die 123 AG mit ihrer Expertise und Erfahrung so in das Projekt mit ein, dass die Mitarbeiter der XYZ GmbH befähigt werden, die Lizenzbilanz zukünftig anhand der Inventare selbst zu erstellen (siehe Abbildung 8.13).

Product	Version	Metric	Commercial Inventory			Summary	Installation & Usage		Summary	First Draft	Allocations						Allocation Summary	Final Result
			Volume Licenses	Boxed Products	OEM Licenses		Inventoried via Tool	Inventoried manually			Downgrade	Upgrade	Virtualization	Server Installation	Terminalserver Installation	Test/Dev Installation		
Office Standard	2003	Device		10		10			0	10							0	10
Office Standard	2007	Device		15		15	10		10	5							0	5
Office Standard	2010	Device	25			25	15		15	10							0	10
Office Standard	2013	Device	50			50	75		75	-25	25						25	0
Office Standard	Non-specific	Device	25			25			0	25	-25						-25	0
Office Professional Plus	2007	Device				0			0	0							0	0
Office Professional Plus	2010	Device	5			5	3		3	2							0	2
Office Professional Plus	2013	Device	8			8	10		10	-2							0	-2
Project	2003	Device				0			0	0							0	0
Project	2007	Device		1		1	1		1	0							0	0
Project	2010	Device		1		1	1		1	0							0	0
Project	2013	Device		2		2	2		2	0							0	0
Project Professional	2010	Device				0			0	0							0	0
Project Professional	2013	Device				0	3		3	-3						3	3	0

Abbildung 8.13 Auszug einer beispielhaften Lizenzbilanz (Hersteller: Microsoft)

Durch den finalen Abgleich des technischen Inventars mit dem kaufmännischen Inventar erkennt die XYZ GmbH mithilfe der erstellten Lizenzbilanz sehr einfach folgende Risiken für das Unternehmen:

- Bestimmte Softwarelizenzen sind nicht ausreichend im Bestand.
- Bestimmte Softwarelizenzen werden nicht optimal genutzt.
- Bestimmte Produkte benötigen einen anderen Lizenztyp.

Damit das Unternehmen im Bereich Microsoft compliant ist und die Risiken minimiert, werden im nächsten Schritt, der Bewertung, Maßnahmen ergriffen, um die

Compliance sicherzustellen und geplante IT-Vorhaben in Übereinstimmung mit den Lizenzvereinbarungen umsetzen zu können.

Durchführung, kurz gefasst

Mit folgender Herausforderung sah sich die XYZ GmbH dabei im Schritt »Durchführung« konfrontiert:

Erstellung des kaufmännischen Inventars mit den erforderlichen Kriterien des Herstellers bezüglich der vollständigen Lizenznachweise und lückenlosen Software-Assurance-Verlängerungen.

Die Lösung war ein gut gepflegtes Inventar für die physischen Lizenzen, das in einem Safe aufbewahrt wird, und ein gutes Dokumentenmanagementsystem bzw. Vertragsmanagementsystem, in dem alle bisherigen Verträge dokumentiert sind.

Bewertung

»Man löst keine Probleme, indem man sie auf Eis legt.« – Winston Churchill

Anhand der erstellten Lizenzbilanz konnte die XYZ GmbH schnell und einfach die aktuell größten Risiken für den Hersteller Microsoft identifizieren. Da die Ergebnisse vor der nächsten Verlängerung der Microsoft-Lizenzen vorliegen, werden diese genutzt, um den kommenden Vertrag auf die Bedürfnisse der XYZ GmbH anzupassen und die Compliance herzustellen.

Um den aufgedeckten Risiken adäquat zu begegnen, erweitert die XYZ GmbH den Dienstleistungsauftrag der 123 AG um den Teil »Lizenzberatung«. Zusammen wird ein Plan entwickelt, die Risiken aufzulösen und zu minimieren.

Bezüglich des Risikos, dass von manchen eingesetzten Produkten nicht genügend Lizenzen im Bestand sind, schlägt die 123 AG vor, intern nochmals eine intensive Bedarfsanalyse durchzuführen, um den tatsächlichen Bedarf der Produkte zu ermitteln. Da die XYZ GmbH nicht über die Technologien verfügt, die tatsächliche Nutzungszeit der Mitarbeiter mit der installierten Software zu überprüfen, werden die betroffenen Mitarbeiter einzeln angesprochen und nach dem Bedarf des Produkts befragt.

Nach Durchführung der Befragung können tatsächlich einige Installationen entfernt werden, da Mitarbeiter die Software nicht mehr benötigen. Die restlichen Lizenzbedarfe werden entsprechend nachlizenziert, um in diesem Bereich die Compliance herzustellen.

Bezüglich des Risikos, dass bestimmte Softwarelizenzen nicht optimal genutzt werden, erarbeitet die 123 AG ein neues Lizenzkonzept, mit dem beispielsweise doppelte Installationen desselben Produkts verhindert werden und in regelmäßigen Abständen geprüft wird, ob einzelne Installationen der Lizenzen weiterhin auf dem entsprechenden Gerät oder Server benötigt werden. Dies soll dazu beitragen, nicht benötigte

Lizenzen in einen Lizenzpool zurückzuführen, die dann dort zur Verfügung stehen und zum Einsatz kommen, wo sie gebraucht werden, anstatt immer wieder neue Lizenzen des gleichen Produkts zu beschaffen.

Darüber hinaus wird mit der IT-Abteilung für den Hersteller Microsoft ein fest definierter Softwarekatalog angelegt, der vorgibt, welche Microsoft-Produkte im Unternehmen eingesetzt werden dürfen. Abweichende Anfragen oder Installationen außerhalb dieses Warenkorbs bedürfen einer gesonderten Genehmigung durch mehrere Instanzen wie z. B. die direkten Vorgesetzten des Erstellers der Anfrage und die IT-Verantwortlichen. So wird gleichzeitig verhindert, dass zum Beispiel veraltete Software weiterhin im Einsatz ist, was durch fehlende Sicherheitspatches für die XYZ GmbH ein erhebliches Sicherheitsrisiko darstellen kann.

Bezüglich des Risikos, dass bestimmte Produkte einen anderen Lizenztyp benötigen, plant die XYZ GmbH, bei der Verlängerung der aktuellen Lizenzen auf einen kosteneffizienteren Lizenztyp umzusteigen. Hier entscheidet sich die XYZ GmbH in Abstimmung mit der 123 AG für eine Anpassung ihrer Lizenzstrategie. Zukünftig sollen alle Zugriffslizenzen des Herstellers Microsoft im Lizenztyp per User beschafft werden, wo aktuell eine Per-Device-Lizenzierung besteht. Die Änderung der Lizenzmetrik führt dazu, dass zukünftig die Anzahl der Mitarbeiter ausschlaggebend für die Lizenzmenge ist und nicht die Anzahl der Geräte des Unternehmens. Im spezifischen Fall der XYZ GmbH ist eine Ermittlung der Useranzahl einfacher als die Ermittlung der Geräteanzahl, da sich zudem herausgestellt hat, dass in den kommenden Jahren die Zahl der Geräte pro Mitarbeiter tendenziell steigen wird. Dies ist jedoch für jedes Unternehmen individuell zu ermitteln. Somit hat die Entscheidung, den Lizenztyp zu ändern, ebenfalls einen Kosteneinsparungseffekt.

Als letzte Maßnahme der Bewertung des Projekts hat sich die XYZ GmbH dazu entschieden, das Monitoring und die Aktualisierung des technischen und kaufmännischen Inventars in regelmäßigen Intervallen sicherzustellen. Dies soll zukünftig von den eigenen Mitarbeitern durchgeführt werden, sodass die Nutzung von Software verfolgt, Compliance sichergestellt und Kosten optimiert werden. Mithilfe der 123 AG hat das Unternehmen klare Prozesse etabliert, um neue Softwareeinführungen zu bewerten und lizenzrechtliche Aspekte frühzeitig zu berücksichtigen. Dies hilft dem Unternehmen, sowohl seine finanziellen Ausgaben zu kontrollieren als auch die IT-Sicherheit zu verbessern.

Bewertung, kurz gefasst

Insgesamt hat die Implementierung von SAM bei der XYZ GmbH zu einer verbesserten Softwarenutzung, Kosteneinsparungen und einer erhöhten Sicherheit geführt. Durch die kontinuierliche Überwachung und Analyse der Softwarelizenzen kann das Unternehmen seine IT-Ressourcen effektiv und effizient nutzen, Compliance sicherstellen und sich vor potenziellen Risiken schützen.

Es ist wichtig zu beachten, dass jede Organisation ihre spezifischen Anforderungen und Herausforderungen hat, wenn es um die Implementierung von SAM geht.

Eine gründliche Planung, klare Zielsetzung und regelmäßige Überprüfung sind entscheidend, um die Vorteile des Software Asset Managements zu maximieren und einen effizienten und sicheren Einsatz von Softwarelizenzen zu gewährleisten.

Kapitel 9
Datenschutz

Warum ist es für Sie als Führungskraft unverzichtbar, nicht nur die Grundlagen des Datenschutzes zu verstehen, sondern auch datenschutzrechtliche Fragestellungen kompetent und souverän beantworten zu können – sowohl gegenüber Mitarbeitern als auch gegenüber Kunden und Behörden?

Als Führungskraft ...

- ... **sind Sie für die Einhaltung der Datenschutzvorgaben verantwortlich** und tragen dazu bei, Unternehmenswerte sowie das Vertrauen von Kunden und Mitarbeitenden zu schützen. Versäumnisse können das Unternehmen rechtlich und finanziell gefährden – einschließlich hoher Strafen und Reputationsverlust.

  Eine direkte Haftung trifft Sie als Führungskraft für gewöhnlich nur in begrenzten Ausnahmefällen. Diese sind beispielsweise arbeitsrechtliche Konsequenzen bei Fehlverhalten wie Abmahnung oder Kündigung sowie im Rahmen des sogenannten *Mitarbeiterexzesses*.
- ... **stärken Sie mit datenschutzkonformem Handeln die Wettbewerbsfähigkeit** des Unternehmens und reduzieren zugleich Cyber-Risiken.
- ... **schaffen Sie Raum für Innovation**, fördern nachhaltige, datengestützte Geschäftsmodelle und sichern eine **rechtskonforme Nutzung von Daten**.
- ... **prägen Sie durch Ihre Vorbildfunktion eine datenschutzbewusste Unternehmenskultur** und sensibilisieren Ihr Team für den verantwortungsvollen Umgang mit personenbezogenen Daten.

Denn Datenschutz ist fast überall zu beachten. Und er fällt leichter, wenn er von Anfang an automatisch in Prozesse integriert ist.

Hinweis: Der Scope

Dieses Kapitel zum Datenschutz soll nicht die Arbeit eines betrieblichen Datenschutzbeauftragten ersetzen. Sie werden nach der Lektüre also nicht »fertig geschult« sein. Geschult wird jedoch Ihr Blick für den Datenschutz – es entsteht ein Verständnis dafür, welche Datenschutz-Bereiche Sie als Führungskraft auf dem Schirm haben sollten. Datenschutz-Schulungen und der generelle Wissenstransfer im Unternehmen selbst sind Aufgaben des betrieblichen Datenschutzbeauftragten bzw. der Geschäftsleitung; Ihre Aufgabe als Führungskraft besteht vor allem darin, in den folgenden Verantwortungssphären aktiv zu werden.

Hinweis: Datenschutzgrundverordnung (DSGVO)

Die Datenschutzgrundverordnung (DSGVO) sowie alle relevanten nationalen Datenschutzgesetze (z. B. BDSG oder TTDSG) sind öffentlich zugänglich. Eine gute Quelle ist z. B. *https://eur-lex.europa.eu* (für EU-Recht) oder aber *https://www.gesetze-im-internet.de* (für deutsche Gesetze). Diese Quellen helfen Ihnen, bei Unsicherheiten gezielt nachzulesen oder Gesetzesstellen zu zitieren.

9.1 Verantwortungssphären

Mit Ihrer Stellung als Führungskraft gehen verschiedene Verantwortungssphären einher. Um datenschutzrechtliche Anforderungen in der Praxis sicher einordnen zu können, hilft es, die eigene Rolle aus drei unterschiedlichen Blickwinkeln zu betrachten:

Wo betrifft Datenschutz mich persönlich, wo mein Team – und wo die Prozesse, die ich verantworte? Abbildung 9.1 gibt Ihnen einen ersten Überblick.

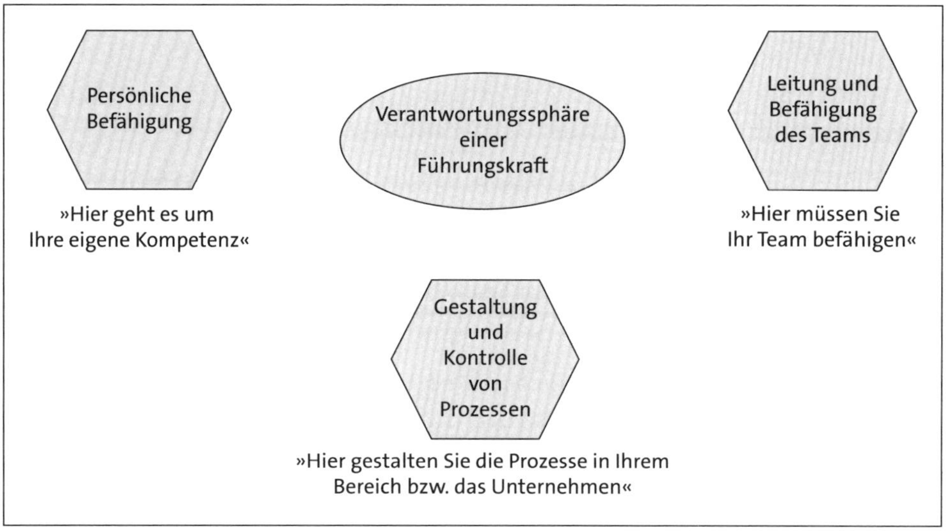

Abbildung 9.1 Datenschutzrechtliche Verantwortungssphären einer Führungskraft

Diese drei Verantwortungssphären – persönliche Kompetenz, Teamleitung und Gestaltung des eigenen Verantwortungsbereichs – bieten Ihnen eine erste gedankliche

Struktur, um datenschutzrechtliche Anforderungen in Ihrem Führungsalltag besser zu erfassen.

Im weiteren Verlauf wird nicht mehr ausdrücklich auf sie verwiesen – aber wenn Sie die Einordnung verinnerlichen, erkennen Sie selbst, welche Sphäre jeweils angesprochen ist.

Man kann drei Sphären unterscheiden (die Übergänge sind fließend):

- **Sphäre 1 – die eigene Kompetenz**: »Ich muss mich schulen lassen, die Datenschutz-Grundlagen verstehen und in meinem Arbeitsbereich anwenden können.«

  Als Führungskraft tragen Sie die Verantwortung, sich selbst in Datenschutzthemen fortzubilden. Nur wenn Sie die Grundlagen und aktuelle Entwicklungen kennen, können Sie souverän reagieren. Zudem müssen Sie auch mit den Daten Ihrer Mitarbeitenden rechtmäßig umgehen.

Weiterführende Informationen: Einwilligungen im Arbeitsverhältnis

Eine *Einwilligung* bedeutet: Jemand stimmt (entweder *ausdrücklich* oder durch *sein Verhalten*) zu, dass seine Daten für einen *bestimmten Zweck* verwendet werden dürfen. Das geht nur, wenn die Person genau weiß, *wofür* die Daten gebraucht werden, *freiwillig* zustimmt und das Ganze auch *jederzeit wieder zurücknehmen kann*.

Gerade bei dem Arbeitsverhältnis ist ein besonderes Augenmerk auf die Freiwilligkeit zu legen und sicherzugehen, dass diese gegeben ist. Denn in einem Arbeitsverhältnis besteht ein Über-/Unterordnungsverhältnis zwischen Arbeitnehmer und Arbeitgeber, was die Freiwilligkeit infrage stellen könnte.

Was bedeutet das konkret? Solche Einwilligungen sind dann nur wirksam, wenn sie tatsächlich freiwillig erfolgen – also ohne spürbaren Druck, ohne versteckte Nachteile bei Verweigerung und mit klarer Aufklärung sowie Widerrufsmöglichkeit (mehr zur Einwilligung siehe unten).

- **Sphäre 2 – Team und Mitarbeitende**: »Ich muss sicherstellen, dass meine Mitarbeitenden geschult sind und Datenschutz verstehen und anwenden können.«

  Sie verantworten, dass Ihr Team ausreichend sensibilisiert und ausgebildet ist.

- **Sphäre 3 – Datenverarbeitung im Unternehmensbereich**: »Ich muss sichergehen, dass meine Mitarbeitenden mit den personenbezogenen Daten des Unternehmens rechtmäßig umgehen.«

  In Ihrem Verantwortungsbereich müssen alle Prozesse, in denen Mitarbeiter mit Kundendaten, Mitarbeiterdaten oder anderen personenbezogenen Daten arbeiten, datenschutzkonform gestaltet sein. Sie richten also geeignete Verfahren, Richtlinien und Kontrollen ein.

Mitbestimmung durch den Betriebsrat: § 87 Abs. 1 Nr. 6 BetrVG

Bei der Einführung und Anwendung technischer Einrichtungen zur Überwachung des Verhaltens oder der Leistung der Beschäftigten (z. B. Zeiterfassungs- oder Zugriffs-Monitoring) hat der Betriebsrat ein Mitbestimmungsrecht. Ohne eine gültige Betriebsvereinbarung ist jede solche Kontrolle unwirksam.

9.1.1 Zuständigkeiten im Datenschutz

Im Datenschutz müssen unterschiedliche Zuständigkeiten beachtet werden.

- **Geschäftsführung/Vorstand**
  - legt die Datenschutz-Richtlinien fest
  - trägt als verantwortliche Stelle die juristische Gesamtverantwortung
  - ernennt Datenschutzbeauftragte(n)
  - berät Unternehmensleitung und Fachbereiche
  - überwacht die Durchführung und Wirksamkeit von Sensibilisierungs- und Schulungsmaßnahmen
- **Führungskraft/Teamleitung**
  - stellt sicher, dass alle Mitarbeitenden für Datenschutzthemen sensibilisiert sind
  - fördert das Bewusstsein und die Anwendung des Gelernten im Arbeitsalltag

Kurz zusammengefasst: Die Geschäftsführung legt die Regeln fest und haftet rechtlich, der Datenschutzbeauftragte überwacht und berät, und die Führungskräfte sorgen für die Sensibilisierung und praktische Umsetzung im Team.

9.1.2 Wegweiser

Dieses Kapitel zum Datenschutz ist so gestaltet, dass Sie sich leicht in die Grundlagen des Datenschutzes einarbeiten und darauf aufbauend praktische Hinweise für Ihre Arbeit als Führungskraft erhalten. Die Inhalte sind in kurze, verständliche Abschnitte gegliedert und mit zusätzlichen Hilfestellungen versehen, um Ihnen den Einstieg zu erleichtern:

- **Ziel**: Am Anfang jedes Abschnitts erfahren Sie, welche Kernbotschaften Sie mitnehmen sollten.
- **Relevanzlevel**: Jeder Abschnitt enthält einen Hinweis, wie wichtig die Inhalte für Ihre Arbeit sein sollten – von »Sie sollten schon einmal davon gehört haben« über »Ihr Verständnis ist erforderlich« bis hin zu »Sie sollten es in der Praxis anwenden können«.

- **Weiterführende Informationen**: Für tiefer gehende Informationen oder spezielle Fachaspekte finden Sie optionale Kästen mit weiterführenden Erklärungen.
- **Entscheidungshilfen**: An vielen Stellen gebe ich Ihnen Wegweiser, ob Sie eine Aufgabe selbst lösen können, Unterstützung durch den Datenschutzbeauftragten benötigen oder die Geschäftsführung einbinden sollten.
- **Take-aways**: Am Ende wichtiger Abschnitte fassen wir zusammen, was Sie gelernt haben und wie Sie das Wissen in der Praxis anwenden können.

9.2 Personenbezogene Daten

In diesem Abschnitt lernen Sie, was personenbezogene Daten sind und verstehen, warum deren Schutz wichtig ist. Sie erkennen außerdem, welche Daten als *besondere Kategorien* gelten und warum für diese striktere Regeln bestehen.

- Sind *Daten nicht personenbezogen*, fällt ihre Verarbeitung nicht unter das Datenschutzrecht – in diesem Fall können Sie sich zumindest aus Sicht des Datenschutzes entspannen.
- Liegen *personenbezogene Daten* vor, ergeben sich hingegen praktische Konsequenzen: Diese Daten sind durch technische und organisatorische Maßnahmen (etwa Verschlüsselung, Zugangsbeschränkungen oder Mitarbeiterschulungen) zu schützen, und es ist eine entsprechende Risikoabwägung durchzuführen.

Personenbezogene Daten sind alle Informationen, die sich entweder direkt oder unter Zuhilfenahme anderer Quellen eindeutig einer einzelnen Person (sog. *betroffene Person*) zuordnen lassen!

Was sind »personenbezogenen Daten«?

Wenn Sie sich mit dem Begriff der »personenbezogenen Daten« intensiver beschäftigen möchte, finden Sie eine *Legaldefinition*[1] in Art. 4 Nr. 1 DSGVO und eine Konkretisierung im Erwägungsgrund 26, S. 3 und 4 der DSGVO.

9.2.1 Direkt vs. indirekt personenbezogen

In der Praxis ist nicht immer auf den ersten Blick erkennbar, ob bestimmte Informationen als personenbezogen einzustufen sind. Hilfreich ist hier die Unterscheidung in direkt und indirekt personenbezogene Daten, je nachdem, wie leicht eine Person daraus identifiziert werden kann.

1 Legaldefinition bedeutet, dass der Gesetzgeber – ausnahmsweise – im Gesetz direkt definiert, wie ein Begriff verstanden werden soll.

- *Direkt personenbezogene Daten* identifizieren eine Person **unmittelbar** und ohne zusätzlichen Aufwand. Es sind keine weiteren Informationen erforderlich, um die Person zu bestimmen.

  Beispiele: Name, Adresse, E-Mail-Adresse, Telefonnummer – allein diese Angaben lassen direkt auf eine konkrete Person schließen. Sie benötigen keine weiteren Schritte oder Verknüpfungen, um eine Person zu identifizieren.
- **Indirekt personenbezogene Daten** ermöglichen die Identifizierung erst *in Kombination mit Zusatzinformationen*, die möglicherweise aus anderen Quellen stammen. Es ist eine Verknüpfung oder etwas Kontext nötig.

  Beispiele: IP-Adresse, Standortdaten, Gerätekennung oder ein Pseudonym. Für sich genommen weisen diese Daten nicht zwingend auf eine bestimmte Person hin, können aber durch Ergänzung weiterer Informationen (wie Nutzerkonten oder Provider-Logs) einer Person zugeordnet werden. Sie setzen eine Verknüpfung oder zusätzlichen Kontext voraus.

Nehmen Sie als Beispiel für die Unterscheidung die Personalnummer in einem Unternehmen:

- Ohne Zugriff auf die Mitarbeiterdatenbank ist sie *indirekt*, weil man sie erst mit anderen Informationen verknüpfen muss, um die Person zu identifizieren.
- Mit Zugriff auf die Datenbank wird sie *direkt*, da die Zuordnung zur Person sofort möglich ist.

Ein direktes Datum kann aber auch in einem anderen Zusammenhang zu einem indirekten Datum werden und vice versa.

Die Unterscheidung zwischen direkt und indirekt ist eine Hilfskonstruktion, die es vereinfachen soll, festzustellen, ob die vorliegenden Daten Personenbezug aufweisen und damit das Datenschutzrecht anwendbar ist. Eine Postleitzahl wie 10115 ist kein personenbezogenes Datum, da sie allein keine natürliche Person identifiziert. In sehr kleinen Gemeinden kann die PLZ allerdings in Kombination mit Kenntnis der Einwohnerzahl und weiterer Angaben (Straße, Hausnummer o. Ä.) nahezu direkt wirken und wird dann als indirektes personenbezogenes Datum eingestuft, sobald zusätzliche Daten hinzukommen.

Ein bekannter Streitfall war die IP-Adresse: Lange wurde diskutiert, ob es gerechtfertigt ist, IP-Adressen als personenbezogenes Datum zu klassifizieren. Denn oft kann nur der Internetanbieter über Logfiles die IP einer konkreten Person zuordnen. Mittlerweile gilt: Für Webseitenbetreiber sind IP-Adressen in der Regel personenbezogen, da sie theoretisch mit vertretbarem Aufwand eine Person dahinter ermitteln könnten (nämlich über den Provider).

Ein weiteres Beispiel: Im November 2023 entschied der Europäische Gerichtshof (EuGH), dass eine Fahrzeug-Identifikationsnummer (FIN) – eigentlich nur eine Autokennung – durch Hinzuziehung weiterer Informationen (hier der Daten aus der Zulassungsbescheinigung) zu einem personenbezogenen Datum wird, weil diese Kombination eine konkrete Person (den Halter) identifizieren lässt.

Weiterführende Informationen: DSGVO Art. 4, Nr. 1

Die DSGVO spricht in Art. 4 Nr. 1 von »allein oder in Verbindung mit anderen Daten«, die eine Identifizierung erlauben.

Warum ist sie eine Hilfskonstruktion, wenn sowohl direkt als auch indirekt personenbezogene Daten nun eben das sind, nämlich personenbezogen, und das Datenschutzrecht gilt?

Die Unterscheidung hilft bei Grenzfällen: Manche Daten liegen auf der Grenze zwischen *indirekt* und *nicht personenbezogen*. Hier kommt es darauf an, wie leicht ein Personenbezug hergestellt werden kann.

9.2.2 Direkte, indirekte und nicht personenbezogene Daten identifizieren

In der Praxis sollten Sie sich beim Umgang mit Daten immer folgende Fragen stellen:

1. Kann ich aus der betreffenden Information allein schon auf eine einzelne Person schließen?
   - Wenn *ja*, liegt ein direkt personenbezogenes Datum vor.
   - Wenn *nein*, weiter prüfen.
2. Kann ich die Information mit anderen verfügbaren Daten verknüpfen, um eine Person zu identifizieren? [Mit welchen weiteren Informationen ist das Datum »abgelegt«, und kann durch diese Zusammenführung auf eine Person geschlossen werden (Herstellung eines Personenbezugs)?]
   - Wenn *ja*, ist es ein indirekt personenbezogenes Datum (je nach Aufwand der Verknüpfung ggf. auch direkt).
   - Wenn *nein*, weiter prüfen.
3. Könnte jemand anderes mit rechtlich zulässigen (technologischen) Mitteln und *vertretbarem* Aufwand aus dieser Information eine Person identifizieren?
   - Wenn *ja*, dann handelt es sich ebenfalls um ein personenbezogenes Datum (auch wenn Sie selbst den Bezug vielleicht nicht herstellen können).

Wenn Sie all diese Fragen ehrlichen Gewissens mit »Nein« beantworten können, dürfen Sie sich aus Sicht des Datenschutzes entspannen – dann liegen vermutlich keine personenbezogenen Daten vor. In allen anderen Fällen (also sobald irgendwo ein »Ja« auftaucht) sollten Sie vorsichtshalber von personenbezogenen Daten ausgehen und den entsprechenden Schutz gewährleisten.

An einigen weiteren Beispielen wird deutlicher, wie sich die Daten klassifizieren lassen.

	Direkt	Indirekt	Kein Personenbezug
Name	X		
Dokumentennummer eines Ausweisdokuments	X		
Telefonnummer	X		
Personalnummer	mit Datenbankzugriff sofort zuordenbar	ohne Zugriff auf die Mitarbeiter-Datenbank nicht zuordenbar	
IP-Adresse		ohne Zugang zu Provider-Logs nicht direkt zuordenbar	
Standortdaten		sofern keine Verknüpfung mit einer Person hergestellt wird	
Pseudonym/ Benutzeralias		solange kein direkter Bezug zur Person besteht	
Zufällig generierte Session-ID ohne Speicherung			X
Umweltdaten von Sensoren			X
SHA-256-Hash von E-Mail-Adressen			X

Tabelle 9.1 Beispiele für Daten

Weiterführende Informationen: realistisch und zumutbar

Die DSGVO verlangt nicht, dass Sie persönlich eine Person identifizieren könnten – es hängt davon ab, ob eine typische Person oder Personengruppe – z. B. ein Systemadministrator, ein Marketingdienstleister oder eine Behörde – mit zumutbarem technischem und rechtlich erlaubtem Aufwand herausfinden kann, auf wen sich die Information bezieht.

Es reicht nicht, dass eine einzige hoch spezialisierte Fachkraft theoretisch zur Identifikation in der Lage wäre – es muss realistisch möglich und zumutbar sein. Dabei werden folgende Fragen als Bewertungsgrundlage herangezogen:

- Wie leicht zugänglich sind die Zusatzinformationen?
- Wie groß ist der Kreis derer, die realistischerweise auf sie zugreifen könnten?
- Welche Mittel wären erforderlich (z. B. technische Tools, Kontextwissen, Zugang zu Datenbanken)?

Beispiel: Eine IP-Adresse kann für den Websitebetreiber allein unverständlich sein – ein Internetanbieter jedoch kann sie über Logdaten einer Person zuordnen. Da diese Möglichkeit besteht, gilt sie als personenbezogen – auch wenn jemand selbst die Zuordnung nicht herstellen könnte.

Wenn ein personenbezogenes Datum (z. B. Name, Personalnummer) vorliegt, sollten Sie prüfen, welche weiteren Informationen damit zusammengeführt werden können und im Unternehmen in einer dauerhaften Beziehung stehen. Sobald diese Verknüpfung eine Identifikation einer Person ermöglicht, handelt es sich ebenfalls um personenbezogene Daten, selbst wenn sie ursprünglich nur indirekt identifizierbar waren.

In Zweifelsfällen ist es oft effizienter, den Personenbezug anzunehmen und die Daten vorsorglich zu schützen, als lange nach Begründungen zu suchen, warum es vielleicht doch keine personenbezogenen Daten seien. Stellen Sie sich außerdem die Frage, welche Systeme (ob digital oder analog) in Ihrem Verantwortungsbereich existieren, welche Daten dort jeweils gespeichert werden und wie diese Systeme miteinander kommunizieren.

Oftmals entsteht ein Personenbezug nämlich erst durch die Zusammenführung von Daten aus verschiedenen Quellen. Wenn möglich, können Sie auch technische Workarounds nutzen, um einen Personenbezug auszuschließen – z. B. indem Sie die Verbindung zwischen den Systemen, nicht nur technisch trennen, sondern auch sicherstellen, dass die enthaltenen Daten nicht ohne Weiteres von Personen auf andere Weise zusammengeführt werden können.

So vermeiden Sie hohen Prüfaufwand: Entweder die Daten sind klar personenbezogen und werden entsprechend geschützt, oder Sie gestalten Prozesse so, dass ein Personenbezug gar nicht erst entsteht.

Weiterführende Informationen: Verantwortungsbereich

Mit *Verantwortungsbereich* ist dabei nicht Ihre rechtliche Gesamtverantwortung gemeint, sondern der Bereich, in dem Sie operativ Einfluss nehmen können – fachlich oder disziplinarisch. Also dort, wo Sie Prozesse mitgestalten, Entscheidungen treffen oder Abläufe organisieren.

Relevanzlevel: »Sie sollten es in der Praxis anwenden können«

Das sichere Erkennen personenbezogener Daten ermöglicht es Führungskräften, im Berufsalltag treffsicher die richtigen Maßnahmen zu ergreifen und unnötige Abstimmungsschleifen zu vermeiden.

9.2.3 Besondere Kategorien personenbezogener Daten

Im Datenschutz gelten nicht alle personenbezogenen Daten als gleichermaßen sensibel. Einige Datenarten bedürfen eines *besonders hohen Schutzes* und erfordern zusätzliche Maßnahmen, da ihre Verarbeitung ein höheres Risiko für die Rechte und Freiheiten der betroffenen Personen darstellen kann – insbesondere, weil Missbrauch oder Veröffentlichung dieser Daten diskriminierende, gesundheitliche oder soziale Nachteile nach sich ziehen könnten.

Weiterführende Informationen: Art. 9 DSGVO

Diese sogenannten »besonderen Kategorien personenbezogener Daten« werden in **Art. 9 DSGVO** legaldefiniert und unterliegen strengen Anforderungen.

Zu den besonderen Kategorien personenbezogener Daten gehören:

- Daten zur rassischen und ethnischen Herkunft
- politische Meinungen
- religiöse oder weltanschauliche Überzeugungen
- Gewerkschaftszugehörigkeit
- genetische Daten
- biometrische Daten (zur eindeutigen Identifizierung einer Person)
- Gesundheitsdaten
- Daten zum Sexualleben oder zur sexuellen Orientierung

Relevanzlevel: »Ihr Verständnis ist erforderlich«

Sie müssen sofort und genau erkennen, wann es sich um besondere Kategorien personenbezogener Daten handelt, die aufgrund ihrer Sensibilität besonders geschützt werden müssen. Daher ist zumindest das Erfassen der aufgelisteten Kategorien erforderlich.

Die Verarbeitung personenbezogener Daten, die einer besonderen Kategorie zuzuordnen sind, ist grundsätzlich verboten, es sei denn, eine Ausnahme gemäß Art. 9 Abs. 2 DSGVO greift.

Die wichtigsten Ausnahmen sind:

- **Einwilligung: ausdrückliche Zustimmung der betroffenen Person**

  Eine Person muss freiwillig, informiert und unmissverständlich zustimmen, dass ihre Daten verarbeitet werden. Diese Einwilligung muss aktiv erteilt werden (z. B. digitalen »Haken« setzen bei Ankreuzkästchen oder durch Unterschrift).

  Eine solche Ausnahme liegt also vor, wenn ein Arbeitgeber, der ein betriebliches Gesundheitsprogramm anbietet, eine freiwillige Untersuchung zur Prävention genetisch bedingter Krankheiten organisiert.

- **Arbeitsrecht: Erfüllung arbeitsrechtlicher oder sozialrechtlicher Verpflichtungen**

  Arbeitgeber dürfen personenbezogene Daten verarbeiten, wenn dies notwendig ist, um arbeitsrechtliche Verpflichtungen zu erfüllen.

  Ein Unternehmen verarbeitet die Sozialversicherungsnummer eines Mitarbeiters, um dessen Lohnsteuer abzuführen und um gesetzliche Meldepflichten (Lohnabrechnung, Sozialabgaben) zu erfüllen.

- **Lebenswichtige Interessen: wenn die betroffene Person nicht einwilligen kann**

  Wenn eine Person nicht in der Lage ist, ihre Zustimmung zu geben, dürfen ihre Daten verarbeitet werden, wenn dies notwendig ist, um lebenswichtige Interessen zu schützen.

  Praxisbeispiel: Ein Krankenhaus verarbeitet die medizinischen Daten eines Patienten ohne seine Zustimmung, um im Notfall eine notwendige Behandlung zu veranlassen.

- **Gemeinnützige Organisationen: Verarbeitung im Rahmen rechtmäßiger Tätigkeiten**

  Gemeinnützige Organisationen dürfen personenbezogene Daten verarbeiten, wenn dies erforderlich ist, um ihre rechtmäßigen Tätigkeiten auszuüben, solange die Rechte der betroffenen Personen gewahrt bleiben.

  Praxisbeispiel: Eine Gewerkschaft (auch Kirche, Wohltätigkeitsorganisation) verarbeitet die Mitgliedsdaten ihrer Mitglieder, um diese über wichtige rechtliche Veränderungen und Tarifverhandlungen zu informieren.

- **Rechtsansprüche: Verarbeitung zur Geltendmachung, Ausübung oder Verteidigung von Rechtsansprüchen**

  Wenn personenbezogene Daten notwendig sind, um rechtliche Ansprüche durchzusetzen oder zu verteidigen, dürfen diese verarbeitet werden.

  Praxisbeispiel: Im Rahmen eines Gerichtsverfahrens werden besondere personenbezogene Daten – etwa Gesundheitsdaten oder strafrechtliche Informationen – verarbeitet, um die Rechte einer Partei zu verteidigen.

- **Öffentliche Gesundheit: Gründe des öffentlichen Interesses**

  In bestimmten Fällen kann die Verarbeitung personenbezogener Daten aus Gründen des öffentlichen Interesses und zum Schutz der öffentlichen Gesundheit erforderlich sein.

  Praxisbeispiel: Gesundheitsbehörden erheben Daten über COVID-19-Tests, um die Ausbreitung der Krankheit zu überwachen und entsprechende Schutzmaßnahmen zu ergreifen.

Entscheidungshilfe: Datenschutzbeauftragten konsultieren

Ob ein personenbezogenes Datum nun zu einer besonderen Kategorie im Sinne des Art. 9 DSGVO zu zählen ist und was unter Kategorie zu verstehen ist, brauchen Sie nicht selbst herausfinden, sondern sollten Ihren Datenschutzbeauftragten hierzu konsultieren.

Aber wichtig: Auch wenn eine Ausnahme die Verarbeitung erlaubt, bedeutet das **nicht**, dass man die betroffenen Daten einfach wie gewohnt behandeln kann. Gerade bei besonderen Kategorien müssen Sie stets ein *höheres Schutz-Niveau* (siehe Abschnitt 9.5.1, »Technische und organisatorische Maßnahmen (TOM)«) gewährleisten.

Weiterführende Informationen: Form der Einwilligung

Die DSGVO schreibt keine bestimmte Form für die Einwilligung vor – sie muss also nicht in Textform erfolgen. Entscheidend ist, dass die Einwilligung

- freiwillig, informiert und unmissverständlich erfolgt (Art. 4 (11), Art. 7 (2) DSGVO),
- durch eine eindeutige bestätigende Handlung zustande kommt und
- nachweisbar ist, d. h., der Verantwortliche muss dokumentieren können, wer wann worin eingewilligt hat (Art. 7 Abs. 1 DSGVO) [Dokumentationspflicht].

Die Einwilligung muss also nicht in Textform abgegeben werden, es muss aber dokumentiert werden, dass überhaupt eine Einwilligung abgegeben wurde. Daher empfiehlt es sich oft, dass man beides verbinden und die Einwilligung in Textform abfasst, dann ist man gleich auch der Dokumentationspflicht nachgekommen.

Wenn also z. B. Gesundheitsdaten in einer ansonsten »normalen« Personalakte gespeichert sind, reicht das allgemeine Sicherheitsniveau dort womöglich nicht aus; es liegen sog. *Mischdaten* vor. Mischdaten sind hier wie folgt zu verstehen: Ein Datensatz besteht aus personenbezogenen Daten, die einer besonderen Kategorie im Sinne von Art. 9 DSGVO zuzuordnen sind, und personenbezogenen Daten, die nicht unter Art. 9 DSGVO fallen.

Sie haben dann zwei Optionen:

- Entweder Sie **erhöhen die Schutzmaßnahmen** für die gesamte Personalakte (z. B. strengere Zugriffsbeschränkungen, stärkere Verschlüsselung),
- oder Sie **bewahren die sensiblen Daten separat** auf und sichern sie gesondert ab. Ziel ist in jedem Fall, diesen sensiblen Informationen den Extraschutz zukommen zu lassen, den der Gesetzgeber fordert.

9.2.4 Beispiel: datenschutzkonforme Implementierung einer biometrischen Anmeldung

Max Mustermann, IT-Leiter der Muster AG, möchte den Anmeldeprozess im Unternehmen modernisieren: Statt klassischer Passwörter sollen sich Mitarbeitende künftig per Fingerabdruck oder Gesichtserkennung einloggen. Die Vorteile liegen auf der Hand – weniger vergessene Passwörter, effizientere Prozesse, geringere Supportaufwände. Außerdem erhöht biometrische Authentifizierung bei richtiger Umsetzung die Sicherheit (Datenschutzgrundsatz: Datenminimierung, Art. 5 Abs. 1 lit. c DSGVO).

Doch Max erkennt schnell: Biometrische Merkmale gelten als besonders schützenswerte personenbezogene Daten im Sinne des Art. 9 DSGVO. Ihre Verarbeitung ist grundsätzlich untersagt, es sei denn, es greift eine ausdrückliche Ausnahme. Die in diesem Fall einzig tragfähige Rechtsgrundlage ist die freiwillige, informierte und ausdrückliche Einwilligung der betroffenen Person (Grundsatz: Rechtmäßigkeit, Art. 5 Abs. 1 lit. a DSGVO).

Gemeinsam mit dem Datenschutzbeauftragten analysiert Max die Risiken: Biometrische Daten lassen sich – anders als Passwörter – nicht zurücksetzen, falls sie kompromittiert werden. Deshalb wählt Max eine Lösung, bei der die biometrischen Templates ausschließlich lokal auf dem Endgerät gespeichert werden, nicht zentral im Netzwerk oder gar in der Cloud. Die Templates werden als verschlüsselte Hashwerte abgelegt und nur dort verarbeitet (Datenschutzgrundsatz: Integrität & Vertraulichkeit, Art. 5 Abs. 1 lit. f DSGVO).

Um sicherzustellen, dass kein Mitarbeiter zur Nutzung gezwungen wird, implementiert Max eine klare Opt-in-Lösung. Die biometrische Anmeldung ist freiwillig und wird durch eine klassische Alternative ergänzt – etwa starkes Passwort oder Smartcard (Datenschutzgrundsatz: Freiwilligkeit bei Einwilligung, Art. 7 DSGVO). Der Betriebsrat wird frühzeitig einbezogen, und eine Datenschutz-Folgenabschätzung (DSFA, Art. 35 DSGVO) wird durchgeführt. Dort werden potenzielle Risiken identifiziert und dokumentiert, z. B. unbefugter Zugriff, Missbrauch durch Dritte oder unzulässige Weiterverarbeitung.

Max erstellt eine Richtlinie zur biometrischen Anmeldung: Diese beschreibt den Zweck, die eingesetzten Verfahren, die Datenflüsse und die Rechte der betroffenen Personen (Datenschutzgrundsatz: Transparenz, Art. 5 Abs. 1 lit. a DSGVO). Alle Einwilligungen werden schriftlich eingeholt, eindeutig dokumentiert und sind jederzeit widerrufbar – ohne dass der betroffene Mitarbeiter Nachteile erfährt (Datenschutzgrundsatz: Rechenschaftspflicht, Art. 5 Abs. 2 DSGVO).

Das Ergebnis: Die Muster AG führt die biometrische Anmeldung erfolgreich und datenschutzkonform ein. Mitarbeitende können flexibel wählen, das Vertrauen in die Technik ist hoch, und durch saubere Dokumentation und technische Schutzmaßnahmen wird Privacy-by-Design gelebt.

Take-aways

Personenbezogene Daten sind alle Informationen, die sich direkt oder indirekt auf eine natürliche Person beziehen lassen.

Ob ein Datum personenbezogen ist, hängt nicht nur vom Inhalt, sondern auch vom Kontext und den verfügbaren Zusatzinformationen ab. Entscheidend ist, ob eine Identifikation mit vertretbarem Aufwand möglich ist – auch durch Dritte.

Die Verarbeitung von besonderen Kategorien personenbezogener Daten (z. B. Gesundheitsdaten, religiöse Überzeugungen) ist grundsätzlich verboten – Ausnahmen gelten nur unter engen Voraussetzungen.

Wenn besondere Kategorien verarbeitet werden, müssen erhöhte Schutzmaßnahmen getroffen werden – etwa strengere Zugriffskontrollen oder getrennte Speicherung (z. B. bei Gesundheitsdaten in der Personalakte).

Biometrische Verfahren sind praktisch, aber datenschutzrechtlich hochsensibel. Freiwilligkeit, Verschlüsselung und Transparenz sind hier Pflicht.

Im Zweifel gilt: Lieber vorsichtig agieren und von einem Personenbezug ausgehen – bei Unsicherheit sollten Sie immer den Datenschutzbeauftragten hinzuziehen.

9.3 Datenverarbeitung – was bedeutet das?

In diesem Abschnitt geht es darum, was unter der *Verarbeitung personenbezogener Daten* zu verstehen ist – dies betrifft nahezu jeden Vorgang im IT-Alltag, von der Erhebung bis zur Löschung von Daten. Sie lernen anhand typischer Szenarien, wann eine Datenverarbeitung vorliegt (oder auch ausnahmsweise mal nicht).

Im Arbeitsalltag einer IT-Führungskraft spielt die Datenverarbeitung eine zentrale Rolle. Der Begriff umfasst jede Interaktion mit personenbezogenen Daten, unabhängig davon, ob sie aktiv manuell erfolgt oder automatisiert im Hintergrund abläuft.

Laut Art. 4 Nr. 2 DSGVO gilt als Verarbeitung insbesondere:

- Erheben (z. B. durch Formulareingaben oder Logfiles)
- Speichern (z. B. in Datenbanken oder Cloud-Systemen)
- Übermitteln (z. B. an externe Dienstleister oder APIs)
- Löschen oder Anonymisieren (z. B. durch Datenbankbereinigungen)

9.3.1 Typische Szenarien im IT-Management

Liegt in diesen typischen Szenarien eine Datenverarbeitung vor?

Entscheidungshilfe

Bei Unsicherheiten darüber, ob es sich in einem konkreten Fall um personenbezogene Daten bzw. eine relevante Datenverarbeitung handelt, zögern Sie nicht, den Datenschutzbeauftragten zu konsultieren. Lieber einmal mehr nachgefragt, als unbewusst einen Verstoß riskieren!

- **Automatisches Logging von Zugriffen auf IT-Systeme**

  Die Protokollierung von IP-Adressen und Nutzeraktivitäten stellt eine Verarbeitung dar, da personenbezogene Daten (Nutzerkennungen, IP) gespeichert und ausgewertet werden.

- **Regelmäßige Backups von Unternehmensdaten**

  Auch wenn die Daten im Backup nicht aktiv genutzt werden, ist jede Sicherung eine Form der Speicherung – und fällt somit unter die DSGVO.

- **Testen neuer Software mit Echtdaten aus dem Produktivsystem**

  Werden Produktionsdaten für Tests oder Entwicklungszwecke verwendet, liegt eine Verarbeitung vor. Dies birgt Compliance-Risiken, falls keine Anonymisierung (siehe Abschnitt 9.5.1, »Technische und organisatorische Maßnahmen (TOM)«) erfolgt oder keine Erlaubnis hierfür vorliegt.

- **Bereitstellung von Cloud-Diensten für Mitarbeiter**

  Sobald personenbezogene Daten (z. B. Login-Daten, E-Mail-Adressen) in eine Cloud-Umgebung übertragen werden, handelt es sich um eine Datenübermittlung, die datenschutzrechtlich abgesichert sein muss (siehe auch Abschnitt 9.7.1, »Datenschutz bei Softwareprojekten«).

- **Zugriff auf Mitarbeiter- oder Kundendaten durch externe Dienstleister**

  Wenn ein externer IT-Dienstleister im Rahmen der Systemwartung Einsicht in Kundendaten nehmen kann, ist dies eine Verarbeitung – mit der Folge, dass besondere Anforderungen an eine Auftragsverarbeitung (siehe auch Abschnitt 9.5.6, »Pflicht zum Abschluss von Auftragsverarbeitungsverträgen«) gestellt werden.

- **Automatisierte Analyse von Nutzerdaten in einem CRM-System**

  Werden personenbezogene Daten automatisiert ausgewertet, um z. B. personalisierte Empfehlungen zu generieren oder Nutzerverhalten zu analysieren, handelt es sich um Profilbildung im Sinne des Art. 4 Nr. 4 DSGVO. Diese Verarbeitung ist nicht per se verboten, aber sie unterliegt besonderen Anforderungen.

- **Mitarbeiteranfragen zu gespeicherten Daten (DSGVO-Auskunftsrecht)**

  Jede Anfrage nach gespeicherten personenbezogenen Daten (Art. 15 DSGVO) erfordert ihrerseits eine Erhebung und Aufbereitung dieser Informationen durch die IT-Abteilung – ebenfalls ein Verarbeitungsvorgang.

- **Ein Kontaktformular auf der Unternehmenswebsite erfasst Name, E-Mail-Adresse und Nachricht einer Person.**

  Schon mit dem Absenden beginnt die Verarbeitung – häufig inklusive Speicherung im Backend, Weiterleitung per E-Mail oder Integration in ein CRM-System. Als extern sichtbarer Verarbeitungspunkt erfordert das Kontaktformular einen klaren Datenschutzhinweis direkt am Formular, idealerweise mit Link zur vollständigen Erklärung.

9.3.2 Wann liegt keine Datenverarbeitung vor?

Es gibt aber auch Fälle, in denen keine Datenverarbeitung vorliegt:

- **Technische Systemüberwachung ohne Personenbezug**

  Überwachen Sie rein technische Performance-Daten (CPU-Auslastung, Speicherbedarf) eines Servers, ohne dass dabei Rückschlüsse auf einzelne Nutzer möglich sind, liegt keine Verarbeitung personenbezogener Daten vor.

- **Anonymisierte Auswertungen von Nutzungsstatistiken**

  Werden Daten so verarbeitet, dass kein Rückschluss auf Einzelpersonen mehr möglich ist (echte Anonymisierung), fällt dies nicht unter die DSGVO. Hier hat man den Personenbezug erfolgreich entfernt, sodass Datenschutzrecht keine Anwendung findet.

Weiterführende Informationen: Vorgang der Anonymisierung

Aber aufgepasst: Der Vorgang der Anonymisierung selbst ist eine Verarbeitung personenbezogener Daten – und unterliegt daher der DSGVO, bis der Personenbezug vollständig und *unumkehrbar* entfernt wurde.

Relevanzlevel: »Sie sollten es in der Praxis anwenden können«

Sie sollten die verschiedenen Formen der Datenverarbeitung erkennen und deren grundsätzliche Anforderungen verstehen, um im Alltag korrekt zu handeln.

Datenverarbeitung ist allgegenwärtig – vom Logging bis zur Systemwartung ist nahezu jeder IT-Vorgang betroffen.

Sobald Daten weitergegeben werden, sei an Cloud-Dienste oder durch externen Zugriff durch Dienstleister, liegt ebenso eine Verarbeitung vor, die in der Regel zusätzliche Schutzmaßnahmen oder vertragliche Absicherungen erfordert.

Automatisierte Prozesse sind keine Grauzone – auch Hintergrundverarbeitungen fallen klar unter die DSGVO.

9.4 Datenschutzrechtliche Grundlagen

In diesem Abschnitt erhalten Sie einen Überblick über die wichtigsten Grundprinzipien der DSGVO. Sie lernen die sechs zentralen Grundsätze der Verarbeitung kennen, verstehen das »Verbot mit Erlaubnisvorbehalt« (also auf welcher Grundlage Datenverarbeitung erlaubt ist) und wissen, welche Rechte betroffene Personen haben. Außerdem erfahren Sie, welche Pflichten Unternehmen im Datenschutz haben (z. B. technische Maßnahmen, Meldepflichten, Dokumentation, Datenschutzbeauftragter).

Sobald Sie festgestellt haben, dass es sich bei einer Information um ein personenbezogenes Datum handelt **und** dieses verarbeitet werden soll, tritt der Kern des Datenschutzrechts in Kraft.

Ab diesem Punkt gelten die Vorgaben der DSGVO – insbesondere die Grundsätze für die Verarbeitung personenbezogener Daten gemäß Art. 5 DSGVO.

9.4.1 Grundsätze der DSGVO (Art. 5 DSGVO)

Diese Grundsätze bilden das Fundament für jede zulässige Datenverarbeitung: Sie legen fest, wie personenbezogene Daten erhoben, genutzt, gespeichert und geschützt werden dürfen. Wer sich im Alltag konsequent an diesen Leitlinien orientiert, minimiert Risiken und handelt in der Regel bereits datenschutzkonform.

Anders gesagt: Wenn Sie ein personenbezogenes Datum verarbeiten und dabei die Grundprinzipien im Blick behalten, haben Sie bereits die wichtigste Hürde genommen.

Rechtmäßigkeit der Verarbeitung (Einwilligung, Vertragserfüllung, berechtigtes Interesse etc.)

Darf ich das, was ich tue?

Es gilt: **Grundsätzlich ist die Verarbeitung personenbezogener Daten verboten, außer sie ist ausdrücklich erlaubt.** Eine Verarbeitung benötigt also immer eine Rechtsgrundlage, eine rechtliche Erlaubnis.

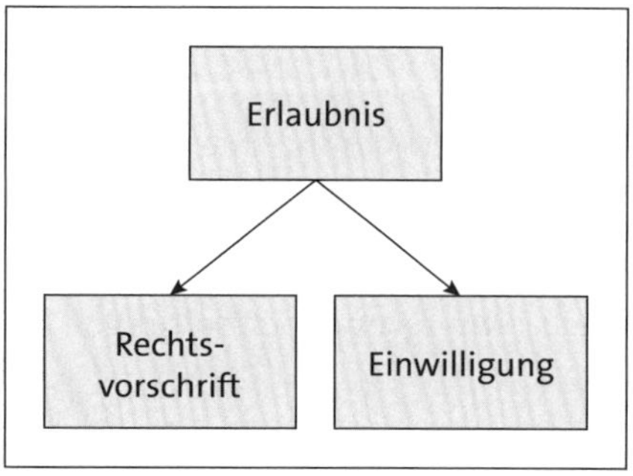

Abbildung 9.2 Rechtmäßigkeit der Verarbeitung

Diese Erlaubnis kann sich aus einem Gesetz ergeben (z. B. wenn eine Rechtsvorschrift – etwa die Pflicht zur Aufbewahrung von Rechnungsdaten nach § 147 AO – oder ein Vertrag – etwa Arbeitsvertrag: Bankverbindung benötigt; Pflicht zur Gehaltszahlung – die Verarbeitung erforderlich macht oder wenn ein berechtigtes Interesse im Sinne der DSGVO vorliegt) oder durch die Einwilligung der betroffenen Person erteilt werden. In allen Fällen muss die Verarbeitung gegenüber der betroffenen Person fair und transparent erfolgen.

Transparenz

Weiß die Person, was mit ihren Daten geschieht?

Verarbeitung muss für die betroffene Person jederzeit nachvollziehbar sein!

Das heißt, zu Beginn, während und nach Abschluss der Datenverarbeitung müssen Informationen über den Zweck, die Art und Weise und den Umfang der Verarbeitung leicht zugänglich (»1 Klick entfernt«) und verständlich bereitgestellt werden.

Auf einer Website geschieht das etwa über eine gut sichtbare Datenschutzerklärung mit klaren Angaben zu Cookies, Formularen und Analyse-Tools. In internen Systemen wie SAP ist die Umsetzung komplexer – doch auch hier gilt: Mitarbeitende müssen leicht verständlich erfahren können, welche personenbezogenen Daten zu welchem Zweck verarbeitet werden, wer Zugriff hat und wie lange die Daten gespeichert werden.

Im Sinne der Transparenz sollte diese Information mit möglichst wenigen Klicks erreichbar sein – etwa direkt im Intranet, über ein eingebettetes Datenschutz-Infofenster in SAP selbst oder über einen klar sichtbaren Link im Mitarbeiterportal.

Eine Information, die nur in einer »Willkommens-Mappe« steckt oder mühsam angefragt werden muss, genügt dem Transparenzgebot nicht.

Weiterführende Informationen: Transparenzgrundsatz

Der Transparenzgrundsatz lässt sich in vielen anderen Bereichen und Verpflichtungen wiederfinden (siehe Datenschutz Grundlagen).

- Informationspflichten
- Auskunftsersuchen
- Transparenzpflichten

Zweckbindung

Was ist der Grund, die Daten zu verarbeiten? Und nur dafür darf ich sie nutzen.

Personenbezogene Daten dürfen nur für die zuvor festgelegten Zwecke verarbeitet werden, für die sie erhoben wurden. Eine Änderung des Zwecks ist nur zulässig, wenn dafür erneut eine rechtliche Erlaubnis vorliegt (siehe oben Grundsatz der Rechtmäßigkeit).

Es gilt: Keine Datensammlung »auf Vorrat« für unbestimmte Eventualitäten – jeder Verarbeitungsvorgang braucht einen definierten Zweck.

Nehmen Sie als Beispiel ein Unternehmen, das ein Gewinnspiel veranstaltet und dafür den Namen und die E-Mail-Adresse zur Teilnahme einsammelt. Der Zweck ist die Durchführung des Gewinnspiels.

Diese Daten dürfen später nicht einfach für Werbung verwendet werden, wenn keine Einwilligung dafür vorliegt – auch wenn es verlockend wäre!

Datenminimierung

So viel wie nötig, so wenig wie möglich.

Die Datenverarbeitung muss sich auf das notwendige Maß beschränken. Es dürfen also nur so viele personenbezogene Daten erhoben und gespeichert werden, wie für den jeweiligen Zweck erforderlich sind. Daten, die ich »eigentlich« nicht brauche, darf ich nicht erheben.

Verhältnismäßigkeit

Kann ich nicht das, was ich erreichen möchte, mit weniger (Daten/einschneidenden Maßnahmen) erreichen?

Dieses Prinzip ist eng mit Datenminimierung und Zweckbindung verwandt: Es geht um ein angemessenes Verhältnis von Aufwand, Eingriff und Nutzen.

Nehmen Sie als Beispiel ein Unternehmen, das die Einführung eines Zeiterfassungssystems per Fingerabdruck plant, um die Arbeitszeit seiner Mitarbeitenden zu dokumentieren.

Das Ziel ist die verlässliche Zeiterfassung.

Der Eingriff besteht in der Verarbeitung biometrischer Daten – diese sind besonders sensibel und rechtlich besonders geschützt.

Daher muss es eine *Verhältnismäßigkeitsprüfung* geben: Könnte dasselbe Ziel auch mit einem weniger eingreifenden Mittel erreicht werden – z. B. über Chipkarte, Mitarbeiter-PIN oder App-Login?

Da dies möglich ist, wäre der Einsatz biometrischer Verfahren nicht verhältnismäßig, da mildere Alternativen zur Verfügung stehen.

Richtigkeit

Kann ich sicher sein, dass die Daten aktuell und richtig sind?

In der Praxis heißt das: Es braucht Prozesse, um Daten regelmäßig zu überprüfen und bei Bedarf zu berichtigen oder zu ergänzen, sodass keine veralteten oder falschen Informationen verarbeitet werden. Die Systeme müssen dies also absichern.

Speicherbegrenzung Art. 5 Abs. 1 lit. e DSGVO

Verarbeitung nur so lange wie nötig.

Daten dürfen nur so lange gespeichert bleiben, wie es für den Zweck notwendig ist, für den sie erhoben wurden. Ist der Zweck erreicht oder fällt er weg, sind die betreffenden Daten zu löschen. In der Praxis erfordert dies ein Löschkonzept: Sie müssen festlegen, wann welche Daten zu löschen sind, dabei gesetzliche Aufbewahrungsfristen beachten, regelmäßig die Notwendigkeit der weiteren Speicherung prüfen und technisch sicherstellen, dass die Daten dann auch tatsächlich gelöscht oder anonymisiert werden. Die Systeme müssen dies also ermöglichen.

Weiterführende Informationen: Was heißt angemessen?

Was bedeutet »angemessen« im Datenschutz konkret?

Die DSGVO fordert »angemessene technische und organisatorische Maßnahmen« – doch was damit gemeint ist, hängt immer von den Gegebenheiten des jeweiligen Unternehmens ab: Größe, Struktur, verfügbare Ressourcen und die Art der Datenverarbeitung spielen dabei eine zentrale Rolle.

Nicht jedes Unternehmen muss denselben Standard erfüllen – entscheidend ist, dass die gewählten Maßnahmen wirksam, zumutbar und dem Risiko angemessen sind.

»Angemessen« heißt nicht »maximal« – sondern: sinnvoll, verhältnismäßig und risikoorientiert.

Gerade kleinere Unternehmen sollen nicht überfordert werden – aber sie müssen das tun, was unter ihren Bedingungen vernünftigerweise möglich ist.

Oder pragmatisch gesagt: Ein Zehn-Personen-Unternehmen ohne besonders sensible Daten braucht keine ISO-Zertifizierung – aber es sollte wissen, wer Zugriff auf was hat, und keine Passwörter in Excel-Listen speichern.

Dieser Blick auf das Angemessenheitsprinzip hilft, Diskussionen zu versachlichen – und macht deutlich: Datenschutz ist machbar, wenn er risikoorientiert und praxisnah umgesetzt wird.

Sicherheit der Verarbeitung (Vertraulichkeit/Integrität)

Welche Maßnahmen sorgen dafür, dass nur berechtigte Personen Zugriff auf die Daten haben – und Unbefugte ausgeschlossen bleiben?

Es ist sicherzustellen, dass personenbezogene Daten angemessen geschützt werden. Dazu gehören *technische und organisatorische Maßnahmen (TOM)* (siehe Abschnitt 9.5.1), um die Daten vor unbefugter oder unrechtmäßiger Verarbeitung sowie vor Verlust, Zerstörung oder Schaden zu schützen.

»Angemessen« ist ein schwer greifbares und vor allem ein juristisches Wort. Es bedeutet gerade in Hinblick auf die Sicherheit der Verarbeitung, dass die getroffenen Maßnahmen im Verhältnis zum Risiko stehen müssen.

Verantwortlichkeit (Accountability)

Das Unternehmen ist verantwortlich dafür, dass Daten rechtmäßig genutzt werden, die Mitarbeitenden sind hier der verlängerte Arm, der diese Verantwortung unterstützt.

Der Verantwortliche (in der Regel das Unternehmen) ist dafür verantwortlich, die oben genannten Grundsätze einzuhalten und deren Einhaltung nachweisen zu können (Art. 5 Abs. 2 DSGVO). Dieser Grundsatz durchzieht alle Pflichten: Zum Beispiel muss ein Unternehmen dokumentieren können, welche Einwilligungen eingeholt wurden, welche technischen Schutzmaßnahmen bestehen etc. – mehr dazu in Abschnitt 9.5.5, »Dokumentationspflicht«.

Relevanzlevel: »Sie sollten es in der Praxis anwenden können«

Diese Grundsätze sind das Fundament des Datenschutzes. Wenn Sie sie verinnerlicht haben, können Sie viele Situationen in der Praxis bereits richtig einordnen. In den nachfolgenden Themen werden wir immer wieder auf diese Grundsätze zurückkommen.

9.4.2 Betroffenenrechte

Die DSGVO räumt jeder betroffenen Person (also den Personen, deren Daten verarbeitet werden) eine Reihe von individuellen Rechten ein. Diese Betroffenenrechte können von der Person selbst – oder durch einen bevollmächtigten Vertreter – gegenüber dem Verantwortlichen (also typischerweise dem Unternehmen) geltend gemacht werden. Es handelt sich um folgende zentrale Rechte (zunächst eine kurze Auflistung, danach folgen mehr Details):

- **Auskunftsrecht**

  Auskunft darüber, ob überhaupt personenbezogene Daten und, wenn dem so ist, welche Daten der betroffenen Person verarbeitet werden
- **Recht auf Löschung (Recht auf Vergessenwerden)**

  Personenbezogene Daten der betroffenen Person werden unverzüglich gelöscht.
- **Recht auf Berichtigung**

  Korrektur unrichtiger Daten als auch die Vervollständigung oder Ergänzung unvollständiger Daten
- **Datenübertragbarkeit**

  Recht des Betroffenen, die von ihm bereitgestellten Daten zu seiner Person in einem bestimmten, gängigen Format zu erhalten
- **Widerspruchsrecht**

  Die betroffene Person kann der Datenverarbeitung (unter Umständen) widersprechen.

Weiterführende Informationen: Betroffenenrechte

Betroffenenrechte sind im Detail in Art. 15 bis 22 DSGVO geregelt. Für Unternehmen bedeuten diese Rechte, dass entsprechende interne Prozesse vorhanden sein müssen, um eingehende Anfragen zu bearbeiten. Typische Schritte bei der Bearbeitung von Betroffenenanfragen sind:

- **Prüfung der Identität des Anfragenden**: Grundsätzlich darf nur die tatsächlich betroffene Person (oder ein von ihr Bevollmächtigter) personenbezogene Daten abfragen oder löschen lassen. Das Unternehmen muss daher zunächst sicherstellen, dass der Antragsteller wirklich berechtigt ist (z. B. durch Ausweiskopie oder Rückfragen).
- **Prüfung, ob die Daten vorhanden sind**: Im nächsten Schritt ist festzustellen, ob überhaupt personenbezogene Daten der betreffenden Person im Unternehmen verarbeitet werden und wo (in welchen Systemen) diese liegen. Ggf. müssen hierfür mehrere Abteilungen eingebunden werden (IT, HR, Vertrieb etc.).
- **Prüfung der Zulässigkeit und des Umfangs der Anfrage**: In manchen Fällen bestehen Einschränkungen. Zum Beispiel kann das Unternehmen die Löschung verweigern, wenn es eine gesetzliche Aufbewahrungspflicht für die Daten gibt, oder bestimmte Teile einer Auskunft verweigern, wenn Rechte Dritter betroffen wären. Man muss also klären: Muss dem Antrag voll entsprochen werden, oder gibt es Gründe, ihn (teilweise) abzulehnen?

- **Ablehnungsgründe sind**:
  - unklare Identität des Antragstellers
  - offenkundig unbegründeter oder exzessiver Antrag
  - gesetzliche Aufbewahrungsfristen stehen entgegen
  - Rechte und Freiheiten Dritter wären beeinträchtigt
  - Daten werden zur Geltendmachung oder Verteidigung von Rechtsansprüchen benötigt
  - ein überwiegendes öffentliches Interesse oder gesetzliche Ausnahme liegt vor
- **Fristen beachten**: Betroffenenanfragen müssen *unverzüglich*, spätestens innerhalb *eines Monats* beantwortet werden. In Ausnahmefällen kann diese Frist um zwei weitere Monate verlängert werden – dann muss aber innerhalb der ersten Monatsfrist eine Zwischenmitteilung mit Begründung an den Betroffenen erfolgen. Diese straffen Fristen erfordern effiziente Abläufe.
- **Sichere Bereitstellung der Informationen**: Gerade bei Auskunftsersuchen oder Datenübertragungen muss darauf geachtet werden, dass die übermittelten personenbezogenen Daten nicht in falsche Hände geraten. Antworten an Betroffene sollten daher immer über gesicherte Kanäle erfolgen (z. B. per Einschreiben, verschlüsselter E-Mail oder Bereitstellung in einem passwortgeschützten Portal).
- **Dokumentation**: Jeder Schritt der Bearbeitung einer Anfrage sollte protokolliert werden – wann kam die Anfrage, wer hat sie bearbeitet, wann und wie wurde geantwortet etc. Diese Dokumentation dient dem Nachweis (Stichwort: *Rechenschaftspflicht*) und hilft auch intern, den Überblick über wiederkehrende Anliegen zu behalten.

Die Bundesbeauftragte für den Datenschutz und die Informationssicherheit (BfDI) zeigt auf ihrer Webseite unter »Das Recht auf Auskunft (Art. 15 DSGVO)« auf, welchen Inhalt eine solche Auskunft haben sollte: *https://www.bfdi.bund.de/DE/Buerger/Inhalte/Allgemein/Betroffenenrechte/Betroffenenrechte_Auskunftsrecht.html*

Einige der durch die DSGVO garantierten Betroffenenrechte spielen in der Praxis eine besonders wichtige Rolle, weil sie häufig vorkommen oder bei der Umsetzung erfahrungsgemäß herausfordernd sind. Im Folgenden werden vier Rechte vorgestellt, die Führungskräfte zumindest kennen und einschätzen können sollten – jeweils mit Praxisbezug:

Auskunftsrecht – Art. 15 DSGVO

Das Auskunftsrecht erlaubt es betroffenen Personen, Informationen darüber einzuholen, ob und welche personenbezogenen Daten über sie verarbeitet werden. Ein Unternehmen muss auf Anfrage z. B. mitteilen, welche Datenkategorien vorliegen, zu welchen Zwecken sie genutzt werden, an wen sie weitergegeben wurden und wie lange sie gespeichert werden.

Beispiel: Ein Kunde fragt bei einem Online-Shop an, welche Daten das Unternehmen über ihn gespeichert hat. Das Unternehmen muss nun z. B. Auskunft geben über: hinterlegte Stammdaten (Name, Adresse, E-Mail), Kaufhistorie, gespeicherte Zahlungsdaten, Kommunikationshistorie (Support-Anfragen) und evtl. Profiling-Informationen (wie etwa Marketing-Kategorien). All das muss verständlich und vollständig mitgeteilt werden.

Recht auf Löschung – Art. 17 DSGVO

Das *Recht auf Vergessenwerden* gibt betroffenen Personen das Recht, die Löschung ihrer personenbezogenen Daten zu verlangen, wenn bestimmte Voraussetzungen erfüllt sind. Zum Beispiel, wenn der ursprüngliche Verarbeitungszweck weggefallen ist und kein neuer Rechtsgrund besteht, oder wenn die Einwilligung widerrufen wurde und es keine andere Grundlage gibt.

In der Praxis ist oft abzugrenzen, welche Löschanfragen berechtigt sind. Häufig gibt es Situationen, in denen Daten zwar auf Wunsch des Betroffenen gelöscht werden sollen, das Unternehmen sie aber noch behalten darf oder muss – etwa aufgrund gesetzlicher Aufbewahrungsfristen (Steuerunterlagen, Handelsbriefe) oder zur Verteidigung von Rechtsansprüchen. Diese Abwägung ist komplex und sollte idealerweise vorab in einem Löschkonzept bedacht sein. Wichtig ist auch eine saubere technische Umsetzung: Können die Daten tatsächlich überall gelöscht werden (Backups, alte E-Mails etc.)?

Beispiel: Ein ehemaliger Mitarbeiter fordert sein früheres Unternehmen auf, sämtliche personenbezogenen Daten über ihn zu löschen. Das Unternehmen muss nun unterscheiden: Viele Daten (z. B. E-Mail-Adresse, Zugangskartenkennung) können und müssen tatsächlich gelöscht werden, da der Zweck entfallen ist. Andere Daten jedoch – etwa Gehaltsabrechnungen oder steuerrelevante Dokumente – dürfen nicht sofort gelöscht werden, weil hier gesetzliche Aufbewahrungsfristen von i. d. R. 10 Jahren gelten. Dem ehemaligen Mitarbeiter muss dies transparent erläutert werden.

Recht auf Datenübertragbarkeit – Art. 20 DSGVO

Betroffene können verlangen, dass sie die personenbezogenen Daten, die sie selbst bereitgestellt haben, in einem strukturierten, gängigen und maschinenlesbaren Format erhalten (z. B. als CSV- oder XML-Datei). Alternativ können sie auch fordern, dass der Verantwortliche diese Daten direkt an einen anderen Dienstleister übermittelt, sofern technisch machbar.

Beispiel: Ein Kunde einer Fitness-App wechselt zu einem anderen Anbieter und verlangt, dass seine gesamten Trainings- und Gesundheitsdaten aus der alten App an den neuen Dienst übertragen werden. Das alte Unternehmen muss nun entweder dem Kunden einen kompletten Datensatz (z. B. als JSON/XML-Datei) zur Verfügung stellen oder – falls technisch möglich – die Daten direkt via Schnittstelle an den neuen Anbieter senden.

Widerspruchsrecht – Art. 21 DSGVO

Betroffene können der Verarbeitung ihrer Daten widersprechen, wenn diese auf Basis berechtigter Interessen des Unternehmens erfolgt. Nach einem Widerspruch darf das Unternehmen die Daten grundsätzlich nicht mehr weiterverarbeiten, es sei denn, er kann seinerseits schutzwürdige Gründe nachweisen, die gegenüber den Interessen der Person überwiegen.

Beispiel: Ein Kunde widerspricht der Verwendung seiner Daten für personalisierte Werbung, die das Unternehmen bislang auf Grundlage eines berechtigten Interesses (Werbe-Interesse vs. Privatsphäre des Kunden) durchgeführt hat. Nach dem Widerspruch muss das Unternehmen entweder darlegen können, dass z. B. vertragliche Kundeninformationen notwendigerweise weiterhin versendet werden – oder es muss sämtliche werbliche Ansprachen dieses Kunden einstellen. In der Regel wird man hier dem Widerspruch abhelfen und die Adresse auf eine Werbesperrliste setzen.

Relevanzlevel: »Ihr Verständnis ist erforderlich«

Führungskräfte sollten die wichtigsten Betroffenenrechte kennen und einschätzen können. Insbesondere sollten Sie die internen Prozesse kennen, die etabliert wurden, um solchen Anfragen fristgerecht und korrekt nachzukommen.

Betroffenenanfragen sind keine theoretische Spielerei – viele davon kommen von spezialisierten Kanzleien, manchmal sogar automatisiert. Sie prüfen gezielt, ob Unternehmen korrekt reagieren – häufig mit dem Ziel, Schadensersatzforderungen (§ 82 DSGVO) geltend zu machen oder Bußgelder zu provozieren.

Ein sorgloser Umgang kann also teuer werden – und wird von Aufsichtsbehörden, aber auch Gerichten zunehmend ernst genommen und sanktioniert.

Entscheidungshilfe

Wenn in Ihrem Verantwortungsbereich Anfragen von Betroffenen eingehen, sollten Sie sicherstellen, dass ohne Verzögerung der Datenschutzbeauftragte und die Geschäftsleitung involviert werden.

Betroffenenrechte (z. B. Auskunft, Löschung, Widerspruch, Datenübertragbarkeit) bilden den Kern der individuellen Datenschutzansprüche und müssen von Unternehmen sehr ernst genommen werden. Sie betreffen den direkten Umgang mit Kunden, Mitarbeitern und anderen Stakeholdern.

In der Praxis treten insbesondere Auskunftsersuchen, Löschanfragen, Widersprüche und – in bestimmten Branchen – Datenportabilitäts-Anfragen häufig auf.

9.5 Pflichten von Unternehmen

In diesem Abschnitt erfahren Sie, welche organisatorischen und technischen Pflichten ein Unternehmen (bzw. der Verantwortliche) nach DSGVO hat. Dazu gehören insbesondere Sicherheitsmaßnahmen, Folgenabschätzungen, Melde- und Dokumentationspflichten sowie ggf. die Benennung eines Datenschutzbeauftragten. Diese Pflichten sind zentral, um die zuvor beschriebenen Grundsätze einzuhalten und Betroffenenrechte gewährleisten zu können.

Relevanzlevel: »Ihr Verständnis ist erforderlich«

Pflichten können nicht von Organisationen erfüllt werden – sondern nur durch Menschen. Und hier kommen Führungskräfte ins Spiel.

Auch wenn die formale Verantwortung beim Unternehmen liegt, sind es in der Praxis oft Führungskräfte, die datenschutzrelevante Entscheidungen treffen, Vorgaben umsetzen und Mitarbeitende anleiten. Ihre Rolle ist damit rechtlich und praktisch bedeutsam, denn sie

- steuern Teams und Projekte,
- treffen operative Entscheidungen,
- verantworten Abläufe und Prozesse,
- geben Weisungen weiter und sorgen für deren Einhaltung.

So entsteht eine *abgeleitete Verantwortung*: Die Unternehmenspflichten aus der DSGVO konkretisieren sich auf der operativen Ebene als Handlungsauftrag für Führungskräfte. Sie sind also Schlüsselpersonen für die datenschutzkonforme Umsetzung im Alltag – und damit unverzichtbar für ein funktionierendes Datenschutzmanagement.

9.5.1 Technische und organisatorische Maßnahmen (TOM)

Technische und organisatorische Maßnahmen (TOM) umfassen alle Vorkehrungen, die ein Unternehmen trifft, um die Sicherheit und den Schutz personenbezogener Daten zu gewährleisten. Sie müssen dem Stand der Technik entsprechen, zum Risiko der jeweiligen Datenverarbeitung passen und tatsächlich praktikabel sein (Art. 32 DSGVO).

IT-Sicherheit und Datenschutz

Viele Maßnahmen der IT-Sicherheit – wie Firewalls, Zugriffsbeschränkungen oder Verschlüsselung – wirken direkt auch datenschutzfördernd. Datenschutz und IT-Sicherheit sind eng miteinander verflochten: Wer die technischen Vorgaben aus dem Datenschutz erfüllt, stärkt automatisch auch die allgemeine Sicherheitslage.

Für Führungskräfte bedeutet das: Selbst »unbeliebte« Sicherheitsmaßnahmen lassen sich gut mit dem Hinweis auf gesetzliche Datenschutzpflichten begründen – und gewinnen dadurch mehr Akzeptanz und Verbindlichkeit im Unternehmen.

- **Technische Maßnahmen:** z. B. Verschlüsselung von Datenübertragungen und -speichern, Firewalls und Virenschutz, Zugriffsbeschränkungen durch Rollen und Berechtigungen, Verwendung starker Passwörter und ggf. Zwei-Faktor-Authentifizierung, regelmäßige Backups.
- **Organisatorische Maßnahmen:** z. B. Schulungen der Mitarbeitenden zum Datenschutz (Awareness-Training), klare interne Datenschutzrichtlinien und Verfahrensanweisungen, Festlegung von Verantwortlichkeiten (wer darf was, wer meldet Vorfälle etc.), Kontrolle von Auftragsverarbeitern.

In der Praxis kann dies so aussehen: Ein Unternehmen speichert Kundendaten in einer Cloud-Datenbank. Um Datenlecks zu vermeiden, setzt es Ende-zu-Ende-Verschlüsselung ein und beschränkt die Zugriffsrechte auf wenige geschulte Administratoren. Zusätzlich wurden interne Prozesse eingeführt, dass Zugriffe auf die Daten protokolliert und ungewöhnliche Zugriffsversuche automatisiert gemeldet werden.

Interne Prozesse – Datenschutz lebt von Umsetzung

»Wer schreibt, der bleibt« – ein beliebter Spruch, der sicher seine Berechtigung hat. Doch gerade im Kontext von Datenschutz-Maßnahmen entsteht schnell der Eindruck: Sobald eine Richtlinie, ein Merkblatt oder eine Handreichung verfasst wurde, sei das Thema erledigt. Dabei beginnt die eigentliche Umsetzung erst mit dem, was danach kommt. Werden die beschriebenen Vorgaben auch tatsächlich im Alltag angewendet? Denn die »Papiere« sind erst der Anfang ...

Relevanzlevel: »Sie sollten es in der Praxis anwenden können«

TOM bilden die Grundlage für die Einhaltung des Grundsatzes der *»Sicherheit der Verarbeitung«* (Art. 32 DSGVO). Ohne angemessene Schutzmaßnahmen nützen alle anderen Datenschutzbemühungen wenig – eine einzige schwere Sicherheitslücke kann zu Datenschutzverletzungen führen, die dann Meldepflichten und Bußgelder nach sich ziehen.

Für Führungskräfte heißt das: Sie müssen die Sicherheitsmaßnahmen stets im Blick haben und, falls nötig, Verbesserungen anstoßen. Wichtig ist jedoch, dass Datenschutzanforderungen explizit berücksichtigt werden (z. B. bei neuen Tools immer fragen: *Wie sind die Daten geschützt?*).

So beginnt ein neues Projekt: mit einem Kaffee und dem Gedanken an den Datenschutz.

Denn wer von Anfang an fragt, welche Daten verarbeitet werden, warum und wie, der durchdenkt automatisch die dahinterliegenden Prozesse.

Datenschutz zwingt zur Klarheit – und genau darin liegt sein wirtschaftlicher Wert: Effizienzgewinne, weniger Reibungsverluste, früh erkannte Schwachstellen.

9.5.2 Anonymisierung und Pseudonymisierung – Schutzmaßnahmen

Zwei Maßnahmen sind im Datenschutz besonders wirksam und zugleich oft missverstanden: *Pseudonymisierung und Anonymisierung*. Sie reduzieren Risiken erheblich und sind ausdrücklich in der DSGVO als Schutzmaßnahmen vorgesehen – daher wird im Folgenden gesondert auf sie eingegangen.

- **Pseudonymisierung** (Art. 4 Nr. 5 DSGVO): Personenbezogene Daten werden so verarbeitet, dass sie ohne Hinzuziehung zusätzlicher Informationen nicht mehr einer bestimmten Person zugeordnet werden können – diese Zusatzinformationen müssen gesondert aufbewahrt und technisch geschützt werden.

  Beispiel: In einer medizinischen Studie werden Patientendaten durch einen Code ersetzt; die Zuordnungsliste wird verschlüsselt an einem anderen Ort verwahrt.

- **Anonymisierung**: Die Daten werden so verändert, dass ein Personenbezug *dauerhaft und mit vertretbarem Aufwand* (siehe Beispiele für direkt, indirekte und nicht personenbezogene Daten) nicht mehr möglich ist. Sobald echte Anonymität erreicht wurde, unterliegt die weitere Verarbeitung **nicht mehr** dem Datenschutz.

  Beispiel: Webanalyse-Daten werden so aggregiert, dass sie keinerlei Rückschluss mehr auf einzelne Nutzer oder Geräte zulassen.

Entscheidungshilfe

Beziehen Sie Ihren Datenschutzbeauftragten frühzeitig ein, wenn Sie planen, Daten zu anonymisieren oder pseudonymisieren. Prüfen Sie gemeinsam:

- Ist das Ziel eine echte Anonymisierung?
- Wer hat Zugang zu den Zusatzinformationen?
- Ist technisch sichergestellt, dass keine Re-Identifikation möglich ist?

Relevanzlevel: »Ihr Verständnis ist erforderlich«

Sie sollten den Unterschied kennen, geeignete Verfahren auswählen und sicherstellen, dass alle Beteiligten (z. B. Entwickler, Analysten) den Umgang damit verstehen.

Wichtig: Sowohl Pseudonymisierung als auch Anonymisierung sind datenschutzrechtlich relevante Verarbeitungsvorgänge. Sie unterliegen daher den Grundsätzen des Art. 5 DSGVO – insbesondere Rechtmäßigkeit, Zweckbindung und Datenminimierung – und erfordern eine entsprechende Rechtsgrundlage (z. B. berechtigtes Interesse oder gesetzliche Pflicht).

Weiterführende Informationen: Pseudonymisierung

Eine Pseudonymisierung reduziert das Risiko bei Datenschutzvorfällen erheblich (siehe Art. 32 Abs. 1 lit. a DSGVO – Risiko bei Pseudonymisierung berücksichtigen), schützt aber nicht vor Re-Identifikation durch Insider oder Angreifer.

9.5.3 Datenschutz-Folgenabschätzung (DSFA)

Eine *Datenschutz-Folgenabschätzung* (oder *Data Protection Impact Assessment, DPIA*) ist ein Verfahren zur systematischen Bewertung der Auswirkungen einer Datenverarbeitung auf den Schutz personenbezogener Daten. Sie muss durchgeführt werden, wenn eine geplante Verarbeitung voraussichtlich ein hohes Risiko für die Rechte und Freiheiten der Betroffenen mit sich bringt (Art. 35 DSGVO).

Wann ist sie erforderlich? Typische Kriterien, wann eine DPIA gemacht werden muss, sind:

- Verarbeitung großer Mengen *besonders sensibler Daten* (siehe Art. 9 Daten).
- Einsatz von neuen Technologien, insbesondere wenn diese *intrusiv* sind (z. B. KI-Anwendungen, umfangreiche Monitoring-Tools).
- Systematische Überwachung öffentlicher Bereiche oder allgemein umfassendes Tracking von Personen (z. B. Videoüberwachung, Nutzer-Profiling im großen Stil).

Weiterführende Informationen: Verarbeitungstätigkeiten

Die Datenschutzaufsichtsbehörden veröffentlichen Listen von Verarbeitungstätigkeiten, wo sie eine DPIA für erforderlich halten. Im Zweifel sollte man eher eine DPIA durchführen.

Eine Datenschutz-Folgenabschätzung ist beispielsweise notwendig, wenn ein Unternehmen plant, in seinen Geschäftsräumen ein neues Videoüberwachungssystem zu installieren, das mit Gesichtserkennung arbeitet, um Sicherheitsrisiken zu minimieren. Weil hier besonders eingriffsintensive Technologie eingesetzt wird und die Privatsphäre von Mitarbeitern und Kunden berührt ist, führt das Unternehmen vorab eine DPIA durch. Dabei werden Risiken (z. B. Missbrauch der Aufnahmen, Fehlalarme) bewertet und abgewogen, ob die Maßnahme vertretbar ist bzw. welche zusätzlichen Sicherungen (z. B. Verkürzung der Speicherdauer, Verpixelung von Bereichen) nötig sind.

Die DPIA wird in der Regel von der verantwortlichen Stelle erstellt – in enger Abstimmung mit dem Datenschutzbeauftragten, der beratend unterstützt.

Relevanzlevel: »Ihr Verständnis ist erforderlich«

Eine DPIA hilft, Risiken frühzeitig zu erkennen und geeignete Maßnahmen zu ergreifen, um diese zu minimieren. Für Führungskräfte bedeutet dies: Bei neuen Projekten mit personenbezogenen Daten sollten Sie immer fragen, ob eine DPIA erforderlich ist. Die DPIA schafft Transparenz über Risiken und dokumentiert die Entscheidungsgrundlage. Sollte später doch etwas schiefgehen, kann eine ordnungsgemäß durchgeführte DPIA nachweisen, dass Sie verantwortungsvoll gehandelt haben. Ignorieren Sie die DPIA-Pflicht hingegen, drohen Bußgelder.

9.5.4 Meldepflicht bei Datenschutzverletzungen

Eine *Datenschutzverletzung* ist ein Sicherheitsvorfall, der – ob versehentlich oder unrechtmäßig – zur Zerstörung, Verlust, Veränderung, unbefugten Offenlegung oder zum unbefugten Zugriff auf personenbezogene Daten führt.

Sie tritt zum Beispiel dann auf, wenn einer der datenschutzrechtlichen Grundsätze nicht beachtet wurde.

Tritt so ein Vorfall ein, besteht die Pflicht, ihn *innerhalb von 72 Stunden* an die zuständige Datenschutz-Aufsichtsbehörde zu melden (Art. 33 DSGVO), sofern durch den Vorfall Risiken für die Betroffenen entstehen könnten. In bestimmten Fällen sind auch die Betroffenen selbst zu benachrichtigen (Art. 34 DSGVO, wenn hohes Risiko für diese).

NIS-2

In bestimmten Branchen (z. B. kritische Infrastruktur, digitale Dienste) können nach der NIS-2-Richtlinie zusätzlich kürzere Meldefristen für IT-Sicherheitsvorfälle gelten – teilweise bereits innerhalb von 24 Stunden.

Was ist zu melden?

- Art der Verletzung,
- betroffene Datenarten und -mengen,

- betroffene Personen,
- Maßnahmen zur Behebung und Verhinderung weiterer Vorfälle.

Entscheidungshilfe

Eine schnelle und transparente Meldung schützt zum einen die Rechte der Betroffenen (diese können dann z. B. wachsam sein vor Phishing) und signalisiert den Behörden, dass das Unternehmen verantwortungsvoll handelt. Da eine Meldung weitreichende wirtschaftliche Konsequenzen haben kann, sollten unbedingt Datenschutzbeauftragter und Geschäftsführung involviert werden.

Praxisbeispiel: Ein Mitarbeiter verschickt versehentlich eine Excel-Liste mit Kundendaten (inkl. Adressen und Bestellhistorie) an einen falschen E-Mail-Empfänger außerhalb des Unternehmens.

Dieser Vorfall wird vom internen Datenschutzbeauftragten als meldepflichtig eingestuft, da ein unbefugter Dritter Zugriff auf sensible Kundendaten erhalten hat. Das Unternehmen meldet innerhalb der vorgeschriebenen 72 Stunden den Vorfall der Aufsichtsbehörde, informiert die betroffenen Kunden über den Datenirrtum und leitet sofortige Maßnahmen ein (Mitarbeitersensibilisierung, Überarbeitung der Mailversand-Prozesse).

Relevanzlevel: »Ihr Verständnis ist erforderlich«

Sie müssen die Meldung eines Verstoßes gegen Datenschutzrecht nicht selbst durchführen, sollten aber zumindest Kenntnis von dem Prozess der Meldung haben und diesen aktiv mitbegleiten können.

9.5.5 Dokumentationspflicht

Unternehmen müssen nachweisen können, dass sie die DSGVO einhalten (Art. 5 Abs. 2 DSGVO, *Rechenschaftspflicht*). Konkret verpflichtet Art. 30 DSGVO Verantwortliche, ein Verzeichnis von Verarbeitungstätigkeiten (sog. *Verarbeitungsverzeichnis*) zu führen – eine Art Inventar aller relevanten Datenverarbeitungen im Unternehmen. Darüber hinaus sollten alle wichtigen Datenschutz-Maßnahmen und -Entscheidungen dokumentiert werden. Diese Dokumentation ist im Fall einer Prüfung das Erste, was die Aufsichtsbehörde sehen möchte.

Hinweis: Verarbeitungsverzeichnisse

Die BfDI bietet auf ihrer Webseite Muster für Verarbeitungsverzeichnisse, die heruntergeladen werden können: *https://www.bfdi.bund.de/DE/Fachthemen/Inhalte/Allgemein/Verzeichnis-Verarbeitungstaetigkeiten.html*

Daher sollte immer »alles« dokumentiert werden, und zwar konkret:

- Verarbeitungstätigkeiten (Zwecke, Datenkategorien, Empfänger),
- technische und organisatorische Maßnahmen,
- Datenschutzverletzungen und deren Behebung.

Relevanzlevel: »Sie sollten es in der Praxis anwenden können«

Als Führungskraft haben sie eine abgeleitete Verantwortung, die für den Datenschutz relevanten Geschehnisse und Prozesse zu dokumentieren.

Entscheidungshilfe

Die Pflicht zur Dokumentation trifft das Unternehmen, der Datenschutzbeauftragte unterstützt bei der Umsetzung, und Sie als Führungskraft sollten Informationen über in Ihren Bereich fallende Verarbeitungsprozesse bereitstellen können. Hier unterstützt Sie der Datenschutzbeauftragte.

9.5.6 Pflicht zum Abschluss von Auftragsverarbeitungsverträgen

Nach diesem Abschnitt erkennen Sie, wann ein Auftragsverarbeitungsverhältnis im Sinne der DSGVO vorliegt und wie es sich von anderen Konstellationen – wie der gemeinsamen Verantwortlichkeit oder einer Datenweitergabe an Dritte – unterscheidet. Sie verstehen, warum in diesen Fällen ein Auftragsverarbeitungsvertrag (AVV) zwingend abgeschlossen werden muss und worauf dabei zu achten ist.

Entscheidungshilfe

Sie müssen nicht selbst einen Auftragsverarbeitungsvertrag aufsetzen oder einschätzen können, ob eine Auftragsverarbeitung vorliegt. Daher involvieren Sie also frühzeitig den Datenschutzbeauftragten bei Beauftragung von Dienstleistern, um überprüfen zu können, ob eine Auftragsverarbeitung vorliegt.

Ein Unternehmen ist verpflichtet, mit allen externen Dienstleistern einen *Auftragsverarbeitungsvertrag (AVV)* abzuschließen, sofern diese im Auftrag des Unternehmens personenbezogene Daten verarbeiten. Dies betrifft z. B. IT-Dienstleister, Cloud-Hosting-Anbieter, Tool-Anbieter oder externe Rechenzentren.

Eine Auftragsverarbeitung liegt immer dann vor, wenn eine unternehmensinterne Aufgabe – wie etwa Kundendatenverwaltung – auf einen externen Dienstleister übertragen wird, dieser aber dabei den Weisungen des Unternehmens unterliegt.

Der Dienstleister entscheidet nicht selbstständig über Zweck oder Mittel der Datenverarbeitung, sondern handelt weisungsgebunden. Dieses Merkmal unterscheidet ihn von Dritten oder gemeinsam Verantwortlichen.

Im Gegensatz dazu liegt eine gemeinsame Verantwortlichkeit (Art. 26 DSGVO) vor, wenn mehrere Stellen gemeinsam über Zwecke und Mittel der Verarbeitung entscheiden – z. B. bei einem gemeinsam betriebenen Bewerberportal. Bei einer Datenweitergabe an Dritte (z. B. Behörden, Versicherungen, Kooperationspartner) erfolgt die Verarbeitung eigenverantwortlich beim Empfänger – auch hier liegt keine Auftragsverarbeitung vor.

Dienstleister als Teil der Aufgabenbearbeitung

Wenn der Dienstleister Teil Ihrer Aufgabenbearbeitung ist, dabei aber nicht selbst entscheidet, sondern nach Ihren Vorgaben handelt, liegt eine Auftragsverarbeitung vor – und ein AVV ist Pflicht.

Weiterführende Informationen: Art. 28 DSGVO

Art. 28 DSGVO verpflichtet Unternehmen dazu, mit Auftragsverarbeitern einen Vertrag abzuschließen, in dem geregelt wird:

- Gegenstand und Dauer der Verarbeitung
- Art und Zweck der Verarbeitung
- Art der personenbezogenen Daten und Kategorien betroffener Personen
- Pflichten und Rechte des Verantwortlichen
- technische und organisatorische Maßnahmen
- Regelungen zur Subverarbeitung
- Rückgabe oder Löschung der Daten nach Auftragsende

Der Auftragsverarbeiter darf nur mit schriftlicher Genehmigung weitere Subunternehmen einsetzen, und auch diese müssen die gleichen Pflichten einhalten.

Relevanzlevel: »Sie sollten schon einmal davon gehört haben«

Als IT-Führungskraft entscheiden oder begleiten Sie oft die Auswahl und Beauftragung externer Anbieter.

9.5.7 Bestellung eines Datenschutzbeauftragten (wann erforderlich?)

Ein *Datenschutzbeauftragter (DSB)* ist eine Person, die die Einhaltung der Datenschutzvorschriften überwacht und das Unternehmen in Datenschutzfragen berät (Art. 37 DSGVO).

Wann ist diese Position erforderlich? Nach deutschem Recht sind Unternehmen verpflichtet, einen Datenschutzbeauftragten zu benennen, wenn mindestens 20 Personen ständig mit der automatisierten Verarbeitung personenbezogener Daten beschäftigt sind (§ 38 Bundesdatenschutzgesetz (BDSG)). Unabhängig von der Mitarbeiterzahl ist ein DSB aber ebenfalls zu benennen, wenn

- besondere Kategorien personenbezogener Daten (siehe oben, z. B. Gesundheitsdaten) umfangreich verarbeitet werden oder
- Kerntätigkeit des Unternehmens die umfangreiche Verarbeitung personenbezogener Daten ist (z. B. bei Auskunfteien, Marktforschungsunternehmen, Social-Media-Plattformen).

Relevanzlevel: »Sie sollten schon einmal davon gehört haben«

Auch wenn ein DSB vorhanden ist, entbindet das die Führungskräfte nicht von Verantwortung!

Arbeiten Sie eng mit dem Datenschutzbeauftragten zusammen: Sorgen Sie dafür, dass Ihr Team an dessen Schulungen teilnimmt und dessen Richtlinien umsetzt. Scheuen Sie sich nicht, bei Unklarheiten (z. B. »Dürfen wir dieses neue Tool verwenden?«) frühzeitig Rat beim DSB einzuholen. So etablieren Sie gemeinsam eine datenschutzkonforme Kultur in Ihrem Verantwortungsbereich.

9.5.8 Warum und wann sollten Sie externe DSBs nutzen?

Gerade kleinere Unternehmen oder Organisationen ohne eigene Rechts- oder Compliance-Abteilung bestellen häufig einen externen DSB – oft aus Kostengründen, aber auch wegen des Zugriffs auf Spezialwissen. Ein externer DSB kann eine gute Lösung sein, wenn intern nicht genügend Fachwissen vorhanden ist oder Unabhängigkeit gefragt ist (z. B. in inhabergeführten Betrieben, Familienunternehmen oder gemeinnützigen Organisationen).

Was viele Führungskräfte unterschätzen: Auch ein externer DSB kann nur so gut beraten, wie er informiert ist. Er kennt die internen Prozesse, Systeme und Datenflüsse nicht aus eigener Anschauung – sondern ist darauf angewiesen, dass Sie ihm relevante Informationen strukturiert zur Verfügung stellen. Das betrifft insbesondere,

- welche Daten wo verarbeitet werden,
- welche Tools eingesetzt werden,
- wer Zugriff auf welche Daten hat,
- welche Prozesse kritisch oder sensibel sind.

Der DSB gibt Hinweise, schlägt Maßnahmen vor und bewertet Risiken – aber die operative Umsetzung und die Verantwortung dafür bleiben beim Unternehmen, konkret bei Ihnen und der Geschäftsleitung (das weiß der externe DSB). Umso wichtiger ist eine gute, regelmäßige Kommunikation mit dem DSB: klare Ansprechpartner, strukturierte Rückfragen und gemeinsame Prioritäten.

Kurz gesagt: Der externe DSB liefert Impulse von außen – aber die Wirksamkeit dieser Beratung hängt direkt davon ab, wie eng Sie ihn einbinden, wie offen Informationen geteilt werden und wie die Umsetzung durch das Unternehmen erfolgt.

Datenschutz ist Teamarbeit – auch über Unternehmensgrenzen hinweg.

Ein Unternehmen muss angemessene Sicherheitsmaßnahmen (TOM) implementieren und dokumentieren – das ist die Basis für Datenschutz-Compliance.

Bei hochriskanten Verarbeitungen (neue Technologien, sensible Daten) ist eine Datenschutzfolgenabschätzung durchzuführen, um Risiken zu bewerten und zu minimieren.

Treten Datenpannen auf, müssen diese schnell dem Datenschutzbeauftragten gemeldet und behoben werden, um größeren Schaden abzuwenden.

Über alles muss es eine Dokumentation geben; insbesondere das Verzeichnis der Verarbeitungstätigkeiten ist Pflicht.

9.6 Praktische Aspekte: Beispiele, Risiken und Datenschutzkultur

In diesem Abschnitt betrachten wir praktische Aspekte der Datenschutz-Compliance aus Führungssicht: Welche Konsequenzen können bei Verstößen drohen (Stichwort: Bußgelder), und wie kann es überhaupt dazu kommen, dass eine Behörde Ihr Unternehmen prüft?

Anschließend geht es darum, wie Sie eine datenschutzfreundliche Unternehmenskultur fördern können – denn Prävention ist besser als Reaktion.

9.6.1 Konsequenzen bei Datenschutzverstößen – Beispiele für Bußgelder

Datenschutz ist nicht nur Theorie – Verstöße werden in Europa spürbar sanktioniert. In den letzten Jahren gab es zahlreiche Bußgeldfälle, die zeigen, was passieren kann, wenn Datenschutz »ignoriert« wird. Hier einige prominente Beispiele:

- **H&M (Deutschland, 2020)**: Bußgeld *35,3 Millionen €* – Grund: unzulässige Erfassung und Speicherung privater Informationen über Mitarbeiter (Details aus Personalgesprächen) am Standort Nürnberg.

  Dieser Verstoß gegen Mitarbeiterdatenschutz galt als gravierend und führte zum bislang höchsten DSGVO-Bußgeld in Deutschland.

- **1&1 Telecom (Deutschland, 2019)**: Bußgeld *9,55 Millionen €* – Grund: unzureichende technische und organisatorische Maßnahmen zum Schutz von Kundendaten in der telefonischen Kundenbetreuung.

  In diesem Fall konnten Anrufer über wenige Angaben Zugang zu fremden Kundendaten erhalten, was als Sicherheitslücke gewertet wurde.
- **notebooksbilliger.de (Deutschland, 2021)**: Bußgeld *10,4 Millionen €* – Grund: über Jahre andauernde Videoüberwachung von Mitarbeitern ohne rechtliche Grundlage.

  Das Unternehmen hatte seine Beschäftigten an Arbeitsplätzen und in Aufenthaltsbereichen gefilmt, ohne dass eine zulässige Rechtfertigung (wie Diebstahlprävention in engen Grenzen) vorlag.
- **OpenAI (Italien, 2024)**: Bußgeld *15 Millionen €* – Grund: unzulässige Verarbeitung personenbezogener Daten durch ChatGPT.

  Die italienische Datenschutzbehörde rügte u. a. fehlende Rechtsgrundlagen für die Nutzung von Trainingsdaten, mangelnde Transparenz für Nutzer und unzureichende Altersverifikation.
- **LinkedIn (Irland, 2024)**: Bußgeld *310 Millionen €* – Grund: unerlaubte Nutzung personenbezogener Daten zu Werbezwecken.

  LinkedIn hatte das Nutzerverhalten ausgewertet und Profile für gezielte Werbung erstellt, ohne dafür eine gültige Einwilligung der Betroffenen einzuholen. Die irische Datenschutzbehörde sah hierin eine gravierende Verletzung der DSGVO-Grundsätze.
- **Netflix (Niederlande, 2024)**: Bußgeld *4,75 Millionen €* – Grund: mangelhafte Information der Nutzer über die Verwendung ihrer Daten.

  Die niederländische Aufsichtsbehörde stellte fest, dass Netflix seinen Informationspflichten gemäß Art. 13 DSGVO nicht ausreichend nachgekommen war und Betroffenenrechte nicht wirksam umgesetzt hatte.
- **Hamburger Unternehmen (Deutschland, 2024)**: Bußgeld *900.000 €* – Grund: Missachtung der Löschpflichten.

  Ein Unternehmen hatte personenbezogene Daten von Kundinnen und Kunden über Jahre hinweg gespeichert, obwohl die Aufbewahrungsfristen abgelaufen waren. Die Hamburgische Datenschutzbehörde wertete dies als systematischen Verstoß gegen Art. 5 Abs. 1 lit. e DSGVO (Speicherbegrenzung).
- **Kreditinstitut (Niedersachsen, 2024)**: Bußgeld *220.000 €* – Grund: Profilbildung zu Werbezwecken ohne Einwilligung.

  Das betroffene Kreditinstitut hatte Kundendaten ausgewertet, um individualisierte Werbung zu schalten – ohne dass die Betroffenen dem zugestimmt hatten. Die Landesdatenschutzbeauftragte sah darin einen klaren Verstoß gegen die Anforderungen an eine rechtmäßige Verarbeitung nach Art. 6 DSGVO.

Relevanzlevel: »Ihr Verständnis ist erforderlich«

Unternehmen sind zur Vermeidung von Bußgeldern auch auf die mitwirkenden Führungskräfte angewiesen. Diese Beispiele zeigen: Bußgelder treffen nicht nur Großkonzerne. Auch Mittelständler und sogar Einzelunternehmer oder Privatpersonen[2], Hotels[3], Dienstleister aus der Forderungsmanagement-Branche[4], Ärzte[5]; Hausverwaltungen[6], Polizeibeamte[7] kann es treffen.

Entsprechend variiert die Höhe der Bußgelder erheblich – von wenigen Hundert Euro in kleineren Fällen bis zu dreistelligen Millionenbeträgen bei Konzernen. Selbst in Deutschland liegen die bisherigen Bußgelder zwischen 50 € (kleiner Verstoß) und 35,3 Mio. € (H&M).

9.6.2 Wie kommt es zur Prüfung durch die Behörde? – Typische Auslöser

Selten kommen die Behörden »einfach so« vorbei und kontrollieren ein Unternehmen – meistens gibt es konkrete Auslöser, die eine Datenschutzaufsichtsbehörde auf den Plan rufen.

Hier die häufigsten Auslöser:

- **Beschwerden von Betroffenen**: Die wohl häufigste Ursache für Prüfungen. Wenn einzelne Personen (z. B. Kunden oder ehemalige Mitarbeitende) sich *direkt bei der Aufsichtsbehörde beschweren*, weil sie glauben, dass ihre Datenschutzrechte verletzt wurden, muss die Behörde dem nachgehen. Ebenso können Massenbeschwerden auftreten, etwa wenn nach einem öffentlich gewordenen Datenleck viele Menschen dasselbe Unternehmen melden.
- **Meldungen von Datenschutzverletzungen**: Wie oben beschrieben, müssen Unternehmen selbst *Datenpannen* melden. Jede solche Meldung kann Anlass für die Behörde sein, nicht nur den spezifischen Vorfall, sondern auch das gesamte Datenschutzniveau im Unternehmen genauer anzuschauen (Folgeprüfung).
- **Medienberichte & Whistleblower**: Eine negative Schlagzeile (»Unternehmen X geht lax mit Kundendaten um«) kann die Behörde zu einer Nachfrage veranlassen. Ebenso können Whistleblower-Hinweise (anonyme Tipps von Insidern) oder öf-

2 39. Tätigkeitsbericht Landesbeauftragter für Datenschutz Baden-Württemberg 2023.

3 HmbBfDI-Zwischenbilanz 2024.

4 *https://datenschutz-hamburg.de/news/branchenweite-schwerpunktpruefung-im-forderungsmanagement*

5 13. Tätigkeitsbericht, Bayerisches Landesamt für Datenschutzaufsicht (BayLDA).

6 Der Landesbeauftragte für Datenschutz Bremen, Bericht des Ausschusses für Wissenschaft, Median, Datenschutz, Informationsfreiheit und Digitalisierung zum 5. Jahresbericht.

7 51. Tätigkeitsbericht zum Datenschutz und fünfter Tätigkeitsbericht zur Informationsfreiheit des Hessischen Beauftragten für Datenschutz und Informationsfreiheit.

fentliche Diskussionen (z. B. ein Blogbeitrag, der die Datenpraktiken einer Firma kritisiert) ein Prüfverfahren auslösen.

- **Proaktive Kontrollen der Behörde**: Manche Behörden führen stichprobenartige Überprüfungen durch – oft *themenbezogen*. Beispielsweise könnten alle Unternehmen einer Branche angeschrieben werden, um ihre Videoüberwachung oder ihre Cookie-Banner-Gestaltung zu prüfen. Hier gibt es keinen konkreten Verdacht, sondern die Behörde möchte generell den Umsetzungsstand eines Themas evaluieren.
- **Zusammenarbeit zwischen Behörden**: Informationen können auch überregional ausgetauscht werden. Im Rahmen des Europäischen Datenschutzausschusses (EDSA) arbeiten die Aufsichtsbehörden zusammen. Wenn z. B. in einem Land ein Problem mit einem multinationalen Unternehmen festgestellt wird, kann das auch Prüfungen in anderen Ländern nach sich ziehen. National können Datenschutzbehörden auch Hinweise von anderen Regulierungsstellen bekommen.
- **Hinweise von Mitbewerbern (Wettbewerber)**: Leider kommt es vor, dass Mitbewerber ein Unternehmen gezielt anzeigen, wenn sie einen Datenschutzverstoß vermuten – manchmal um es in Schwierigkeiten zu bringen, manchmal um einen unlauteren Wettbewerbsvorteil zu verhindern (z. B. wenn der Konkurrent unerlaubt Werbung macht). Solche Hinweise aus der Branche werden ebenfalls aufgegriffen.

Relevanzlevel: »Sie sollten es in der Praxis anwenden können«

Überlegen Sie für Ihren Bereich: *Was wären die größten Risikofaktoren?* Wo könnte es am ehesten hapern? Kümmern Sie sich proaktiv zuerst um diese Punkte. Wenn Sie wissen, dass in Ihrem Team regelmäßig mit sensiblen Kundendaten jongliert wird, stellen Sie sicher, dass Zugriffskontrollen und Logging sauber sind – so vermeiden Sie einerseits Vorfälle und können andererseits im Fall der Fälle nachweisen, dass Sie verantwortungsvoll gehandelt haben.

9.6.3 Wie gehen Sie das Thema Datenschutz am besten an?

Nicht jede Organisation startet mit einem ausgereiften Datenschutzmanagementsystem. Besonders in kleinen und mittleren Unternehmen oder nach einer Phase des Wachstums fehlen oft klare Zuständigkeiten, Prozesse oder technische Sicherungen. Für Sie als Führungskraft gilt dann: Konzentrieren Sie sich auf Ihren operativen Verantwortungsbereich – dort, wo Sie Gestaltungsspielraum haben.

Fragen Sie sich zunächst:

Wo treten wir als Unternehmen – in meinem Bereich – nach außen auf? Gibt es Systeme, in denen personenbezogene Daten verarbeitet werden und gleichzeitig sichtbar oder zugänglich für Externe sind (z. B. Website, Kundenportale, Newslettertools, Servicebereiche, Recruiting-Prozesse, Kameraeinsatz)?

Genau hier liegen häufig die größten Risiken – und auch die häufigsten Auslöser für Beschwerden, beispielsweise durch betroffene Personen oder Prüfungen durch Datenschutzaufsichtsbehörden. Eine gute Orientierung bieten die häufigsten Anlässe behördlicher Einsätze/Interventionen, wie zuvor in Abschnitt 9.6 dargestellt (z. B. unvollständige Datenschutzerklärungen, mangelhafte Löschung, mangelhafte Zugriffssicherung).

Im zweiten Schritt analysieren Sie: Wo in meinem Verantwortungsbereich ist das Risiko eines Datenschutzverstoßes besonders hoch?

Dabei helfen zwei einfache Kriterien:

- Wie wahrscheinlich ist ein Verstoß (z. B. weil viele Personen Zugriff haben, keine Protokollierung erfolgt oder neue Tools eingesetzt werden)?
- Wie groß wäre der potenzielle Schaden für die betroffene Person (z. B. Offenlegung von Gesundheitsdaten, Gehältern oder sensiblen Kundeninformationen)?

Fangen Sie bei den größten Risiken an – dort, wo viele Daten betroffen sind, sensible Informationen verarbeitet werden oder unklare Zugriffsverhältnisse bestehen. Protokollieren Sie erste Feststellungen, und sprechen Sie diese mit dem Datenschutzbeauftragten ab. So entsteht Schritt für Schritt ein kontrollierbares Vorgehen – auch ohne perfekte Ausgangslage.

9.6.4 Förderung einer datenschutzfreundlichen Unternehmenskultur

Technische Maßnahmen und Richtlinien sind wichtig, doch Datenschutz muss auch gelebt werden. Eine datenschutzfreundliche Unternehmenskultur bedeutet ein Arbeitsumfeld, in dem Datenschutz *selbstverständlich* ist und aktiv mitgedacht wird – von der Führungsebene bis zum einzelnen Mitarbeitenden. Das trägt nicht nur zur Risikominimierung bei, sondern stärkt auch die Reputation des Unternehmens und dessen Wettbewerbsfähigkeit (Stichwort Vertrauen).

Merkmale einer datenschutzfreundlichen Kultur sind:

- **Bewusstsein und Sensibilisierung**: Datenschutz wird als Teil der unternehmerischen Verantwortung gesehen und von allen aktiv gelebt. Mitarbeitende sind sich der Bedeutung des Themas bewusst und erkennen Datenschutzverstöße als Problem – nicht als lästige Bürokratie. Dieses Bewusstsein entsteht durch regelmäßige Kommunikation und Schulung (siehe unten).
- **Proaktive Maßnahmen**: Datenschutz wird frühzeitig in alle Prozesse und Projekte integriert, nicht erst hinterher als Korrektur. Bei jeder neuen Initiative fragt man

sich von Anfang an: »Haben wir die Datenschutz-Aspekte bedacht?« (*Privacy by Design*). Probleme werden angegangen, bevor etwas schiefgeht.

- **Transparenz und offene Kommunikation**: Intern herrscht ein Klima der *Transparenz* im Umgang mit Daten. Mitarbeitende wissen, welche Daten warum erhoben werden und an wen sie sich bei Fragen wenden können. Extern kommuniziert das Unternehmen verständlich, was mit Daten passiert (etwa durch klare Datenschutzhinweise). Eine offene Fehlerkultur sorgt dafür, dass Datenschutzvorfälle intern nicht vertuscht, sondern gemeldet und besprochen werden, um daraus zu lernen.
- **Vorbildfunktion der Führungskräfte**: Führungskräfte setzen Datenschutz strategisch und vorbildlich um. Das Management unterstützt Datenschutzinitiativen, hält sich selbst an die Regeln (z. B. kein nachlässiger Umgang mit vertraulichen Dokumenten) und belohnt korrektes Verhalten im Team. Wenn Mitarbeiter sehen, dass das Leadership Datenschutz priorisiert, steigt ihre eigene Motivation, das Thema ernst zu nehmen.

Datenschutz sollte im Alltag so verankert sein, dass er keine bloße Pflichtübung darstellt, sondern Teil der Firmenidentität wird. Das ist natürlich ein Idealbild – aber jedes Unternehmen kann Schritte in diese Richtung unternehmen.

Als Nächstes schauen wir uns zwei konkrete Bereiche an, wie Datenschutz praktisch in Prozesse und in den Alltag integriert werden kann: zum einen die Integration in IT-Management und Projekte (Stichwort Privacy by Design, Cloud-Nutzung, IT-Sicherheit), zum anderen interne Kommunikation und Schulung als Instrumente, um die erwähnte Kultur zu etablieren.

9.7 Datenschutz ins IT-Management integrieren

Datenschutz sollte kein Fremdkörper, sondern ein integraler Bestandteil des IT-Managements sein. In diesem Abschnitt sehen Sie, wie Datenschutzanforderungen in Projekte und Technik eingebaut werden können – insbesondere durch Privacy by Design/Default, den richtigen Umgang mit Cloud-Dienstleistern/Auftragsverarbeitern und eine enge Verzahnung von Datenschutz und IT-Sicherheit.

Entscheidungshilfe

Bei der Frage, inwieweit der Datenschutz auch gleich im Rahmen von Softwareprojekten im Einzelnen beachtet werden muss, unterstützt Sie der Datenschutzbeauftragte. Dafür sollten Sie ihm Fragen zu Datenablage, Schnittstellen, Prozessen etc. detailliert beantworten können.

9.7.1 Datenschutz bei Softwareprojekten

Privacy by Design

Privacy by Design bedeutet Datenschutz durch Technikgestaltung. Die Idee dahinter: Schon bei der Planung und Entwicklung von IT-Systemen, Software oder neuen Prozessen wird Datenschutz als Kernanforderung berücksichtigt – nicht erst im Nachhinein.

Für die Praxis heißt das: Wenn Sie z. B. eine neue Software einführen oder ein IT-Projekt starten, sollten Datenschutz-Features von Anfang an mitgedacht und eingebaut werden. Entwickler und Projektmanager müssen wissen, welche Daten erhoben werden, warum und wie man datensparsam arbeiten kann.

Wesentliche Aspekte von Privacy by Design:

- **Datenminimierung im Design**: Nur die unbedingt nötigen Daten werden erhoben und gespeichert. Beispiel: Ein Web-Formular fragt nur relevante Informationen ab und nicht alle möglichen persönlichen Details.
- **Integration von Schutzmechanismen**: Bereits in der Architektur werden Mechanismen wie Verschlüsselung, Pseudonymisierung oder Zugriffskontrollkonzepte vorgesehen. So sind die Daten auch intern bestmöglich geschützt.
- **Standardmäßig hohe Privatsphäre-Einstellungen**: Privacy by Default, siehe unten
- **Modulare Datennutzung:** Trennung von Daten, wo immer möglich, um umfassende Profile zu vermeiden. Beispiel: In einer App werden Nutzungsstatistiken getrennt von personenbezogenen Accounts geführt, sodass ein Entwickler keine direkte Verknüpfung herstellen kann.

In der Praxis kann das so aussehen: Ihr Team entwickelt ein neues CRM-System für den Vertrieb. Mit Privacy by Design würden Sie z. B. folgende Maßnahmen von Beginn an einplanen:

- Alle Kundendatenbanken werden verschlüsselt gespeichert,
- Zugriffsrechte sind fein abgestuft (nicht jeder sieht alles, sondern nur was er benötigt),
- sensible Daten wie Geburtsdatum werden separat abgelegt und nur bei Bedarf verknüpft, und
- es gibt ein Logging, wer welche Datensätze anschaut.

Zudem überlegen Sie, welche Datenfelder wirklich gebraucht werden – auf die Erfassung von z. B. sozialem Status oder Interessen der Kunden wird verzichtet, wenn sie nicht zwingend notwendig sind. So ist das System von Grund auf datenschutzfreundlicher gestaltet.

Weiterführende Informationen: Privacy Engineering und Secure SDLC

Datenschutz »by Design« gelingt nur, wenn technische Schutzmaßnahmen von Anfang an mitgedacht werden – genau das ist Ziel von Privacy Engineering. IT-Führungskräfte sollten in Entwicklungs- und Projektteams dafür sorgen, dass Datenschutzanforderungen systematisch in Anforderungsanalysen, Architektur und Testprozesse integriert werden – etwa durch Privacy Patterns, Datenminimierung, Pseudonymisierung oder sichere Voreinstellungen (Privacy by Default). Frameworks wie LINDDUN (*https://linddun.org*), OWASP (*https://owasp.org*) oder ISO 31700 (*https://www.iso.org*) helfen, strukturierte Prozesse aufzubauen und Schwachstellen frühzeitig zu erkennen.

Relevanzlevel: »Sie sollten es in der Praxis anwenden können«

Im Ergebnis spart Ihnen Privacy by Design langfristig Aufwand: Sie müssen weniger nachbessern, es treten weniger Probleme auf, und die Wahrscheinlichkeit, dass ein Projekt wegen Datenschutzbedenken gestoppt wird, sinkt drastisch.

Privacy by Default

Privacy by Default – auf Deutsch etwa Datenschutz durch datenschutzfreundliche Voreinstellungen – ist eng mit Privacy by Design verknüpft und ebenfalls in Art. 25 DSGVO verankert. Es bedeutet, dass ein System standardmäßig so eingestellt sein muss, dass die Privatsphäre maximal geschützt ist, ohne dass der Nutzer etwas tun muss. Der Benutzer sollte also nicht aktiv werden müssen, um seine Daten zu schützen – das passiert automatisch.

Beispiele für Privacy by Default:

- Eine Social-Media-Plattform stellt neue Accounts zunächst auf »privat«, sodass Beiträge nur für bestätigte Kontakte sichtbar sind. Wer öffentliche Beiträge will, muss dies bewusst einstellen – nicht umgekehrt.
- In einer App sind Tracking-Funktionen standardmäßig deaktiviert. Der Nutzer kann sie einschalten, wenn er z. B. personalisierte Werbung erhalten will, aber per Default werden nur essenzielle Daten verarbeitet.

Weiterführende Informationen: Privacy by Default anwenden

Für Führungskräfte heißt Privacy by Default: Überprüfen Sie bei jedem neuen Tool oder System die Voreinstellungen. Oft lassen sich Konfigurationen datenschutzfreundlich gestalten. Viele Systeme bieten z. B. Optionen, wie lange Logs aufbewahrt werden oder welche Felder obligatorisch sind – nutzen Sie hier die datenschutzfreundlichsten Varianten. Und wenn Sie Software von Drittanbietern einkaufen, achten Sie darauf, dass diese DSGVO-konforme Defaults haben oder sich entsprechend einstellen lassen.

Die Umsetzung in der Praxis bedeutet beispielsweise, dass ein Unternehmen bei der Einführung eines neuen Cloud-basierten Dokumentenmanagements sicherstellt, dass Versionierung und Archivierung so konfiguriert werden, dass Dokumente nach einer gewissen Zeit automatisch gelöscht oder archiviert werden (statt ewig alles vorzuhalten).

Außerdem konfigurieren Sie die Rechte so, dass neu erstellte Ordner zunächst für niemanden außer dem Ersteller sichtbar sind – niemand hat standardmäßig Zugriff, den er nicht benötigt.

Relevanzlevel: »Sie sollten es in der Praxis anwenden können«

Privacy by Default reduziert das Risiko menschlichen Versagens – denn wenn die Grundeinstellungen stimmen, müssen Mitarbeiter nicht jedes Mal ans Ändern denken. Es ist also ein wichtiger Beitrag, um Datenschutz im Alltag tatsächlich umzusetzen. In diesem Bereich nimmt die Menge an Bußgeldern, die verhängt werden, auch schon zu.

Herausforderung durch Cloud-Dienstleister

Immer mehr IT-Services werden in die Cloud ausgelagert – sei es Datenspeicherung, E-Mail, CRM oder komplette Plattformen. Cloud-Dienstleister treten dabei häufig als Auftragsverarbeiter für Ihr Unternehmen auf. Trotz vertraglicher Absicherung bringt die Cloud besondere Herausforderungen mit sich:

- **Datenstandort und Transfer**: Häufig werden Daten global verteilt gespeichert. Wenn Cloud-Server außerhalb der EU stehen (z. B. in den USA), müssen strenge Voraussetzungen für den Datentransfer erfüllt sein (EU-Standardvertragsklauseln, Angemessenheitsbeschlüsse etc.). Hier lauern rechtliche Risiken (siehe das Meta-Beispiel mit 1,2 Mrd. € Bußgeld für US-Transfers). Als Verantwortlicher müssen Sie wissen, *wo* Ihre Daten liegen und unter welchen Bedingungen sie dort verarbeitet werden.
- **CLOUD Act der Vereinigten Staaten von Amerika**: Ein Cloud-Dienstleister wie AWS oder Microsoft kann Rechenzentren in Frankfurt betreiben – unterliegt aber als US-Konzern dem US CLOUD Act, der unter bestimmten Umständen auch Zugriff auf Daten in der EU ermöglicht. Ein Zugriff durch US-Behörden ist damit selbst bei EU-Standorten nicht vollständig ausgeschlossen.

  Ob dieses Restrisiko akzeptabel ist, muss durch die Geschäftsführung – in enger Abstimmung mit dem Datenschutzbeauftragten – im Einzelfall abgewogen und dokumentiert werden. Maßgeblich sind hierbei Art, Umfang und Sensibilität der Daten sowie mögliche technische Schutzmaßnahmen (z. B. Verschlüsselung, Schlüsselverwaltung in der EU). In solchen Fällen empfehlen sich ein Transfer Impact Assessment (TIA) und eine bewusste, dokumentierte Risikobewertung.

- **Sicherheitsrisiken und Kontrollverlust**: Sie geben Ihre Daten in fremde Hände. Sie haben in der Regel keinen direkten Einfluss darauf, welche Mitarbeiter des Cloud-Anbieters auf die Daten Zugriff haben oder welche Sicherheitsmaßnahmen er im Detail ergreift. Zwar verpflichten Verträge den Dienstleister zu TOM, aber ein Restrisiko (Datenlecks, unbefugter Zugriff) bleibt. Zudem können Ausfälle beim Provider Ihre Datenverfügbarkeit gefährden.
- **Abhängigkeit (Lock-in)**: Hat man einmal einen Großteil der Infrastruktur in der Cloud, ist ein Wechsel des Anbieters schwierig. Das darf jedoch keine Ausrede sein, Anbieter nicht kritisch zu hinterfragen – im Gegenteil, wer früh auf datenschutzkonforme und vertrauenswürdige Anbieter setzt, vermeidet spätere Abhängigkeiten und rechtliche Risiken.
- **Verständliche Information der Betroffenen**: Wenn Sie Cloud-Dienste nutzen, müssen Sie das in Ihren Datenschutzhinweisen offenlegen (»Wir speichern Ihre Daten bei Dienstleister XY in Rechenzentrum Z«). Transparenz ist Pflicht – viele Unternehmen vergessen das und ernten Misstrauen, wenn es herauskommt.

Weiterführende Informationen: Auftragsverarbeitungsverträge (AVV)

Wie damit umgehen? Als IT-Verantwortliche sollten Sie bei der Auswahl und Nutzung von Cloud-Diensten folgende Best Practices beachten:

Schließen Sie *Auftragsverarbeitungsverträge (AVV)* nach Art. 28 DSGVO mit jedem Cloud-Anbieter ab, und prüfen Sie diese genau. Gute Anbieter stellen solche Verträge proaktiv bereit. Achten Sie darauf, dass angemessene Sicherheitsmaßnahmen und möglichst EU-Standorte vereinbart sind.

Allerdings ist es gerade bei großen Konzernen wie AWS, Microsoft oder Google in der Regel nicht möglich, den AVV individuell zu verhandeln – sie bieten vorformulierte Verträge auf »Take-it-or-leave-it«-Basis an.

Das ist aus juristischer Sicht nicht ideal, aber gängige Praxis. Wichtig ist deshalb, dass Sie die Dokumente dennoch sorgfältig prüfen: Enthalten sie die gesetzlich geforderten Mindestangaben nach Art. 28 Abs. 3 DSGVO?

Enthalten sie Standardvertragsklauseln für Drittlandtransfers? Sind technische und organisatorische Maßnahmen (TOM) transparent beschrieben?

Wenn der Vertrag formell korrekt ist und keine eklatanten Lücken aufweist, gilt die Nutzung in der Regel als datenschutzkonform – auch wenn individuelle Änderungswünsche nicht berücksichtigt werden können.

Am Ende ist es eine Abwägungsentscheidung der Geschäftsführung – mit Unterstützung des Datenschutzbeauftragten: Will ich dieses Risiko eingehen, oder verzichte ich besser auf den Anbieter?

- Verlangen Sie **Zertifizierungen/Nachweise** vom Anbieter (z. B. ISO 27001 für Informationssicherheit, ISO 27701 für Datenschutz), um objektiv sicherzugehen, dass er hohe Standards erfüllt.
- Nutzen Sie **Verschlüsselung**: Wo machbar, verschlüsseln Sie Daten, bevor sie in die Cloud gehen, insbesondere bei sensiblen Informationen. Optimal ist Ende-zu-Ende-Verschlüsselung, wo nur Sie die Schlüssel halten (der Anbieter kann dann gar nichts mit den Daten anfangen).
- Beschränken Sie die **Zugriffsrechte** so weit wie möglich – sowohl intern (nicht jeder Mitarbeiter darf alle Cloud-Daten sehen) als auch beim Provider (Vertragsklauseln zu Zugriff nur nach Need-to-know). Manche Cloud-Angebote erlauben etwa kundenseitig die Verwaltung von Zugriffslogs oder eigenen Admins. Nutzen Sie das.
- Planen Sie **Exit-Strategien**: Halten Sie Daten stets so vor, dass Sie im Zweifel den Anbieter wechseln könnten (Backups, Export-Funktionen). So vermeiden Sie, aus Bequemlichkeit bei einem schlechten Anbieter zu bleiben.

Cloud-Services gehören heute zum IT-Alltag – oft werden dabei personenbezogene Daten in Drittländer übermittelt, etwa wenn ein Anbieter Server in den USA nutzt.

Seit dem *Schrems-II-Urteil* des EuGH (Juli 2020) ist aber das EU-US Privacy Shield als Rechtsgrundlage ungültig. Unternehmen mussten daher auf andere Transferinstrumente umsteigen, vor allem auf die EU-Standardvertragsklauseln (SCC). Kern dieser Klauseln ist eine verpflichtende Datentransfer-Folgenabschätzung (*Transfer Impact Assessment, TIA*) für das Empfängerland. Das bedeutet, Ihr Team muss vor dem Einsatz von Cloud-Diensten aus unsicheren Drittstaaten prüfen, ob dort ein Schutzniveau wie in der EU herrscht – und falls nicht, zusätzliche Schutzmaßnahmen vereinbaren (z. B. Ende-zu-Ende-Verschlüsselung der Daten).

Weiterführende Informationen: ungewollte Datenübermittlung

Selbst wenn Ihr Unternehmen keine Niederlassung außerhalb der EU hat, nutzen Sie vermutlich Dienste, die Daten in die Welt senden (E-Mail-Provider, Web-Analytics, SaaS-Tools etc.).

Durch Cloud-Nutzung können ungewollt Datenübermittlungen stattfinden. Ermitteln Sie daher zuerst, welche Dienste personenbezogene Daten ins Ausland übertragen. Für all diese sollten Standardklauseln abgeschlossen und ein TIA durchgeführt werden. Falls die Risiken zu hoch erscheinen (z. B. Cloud-Anbieter unterliegt US-Überwachungsgesetzen), ziehen Sie datenschutzfreundlichere Alternativen in Betracht.

Eine aktuelle Entwicklung gab es im Juli 2023; die EU-Kommission hat das neue *EU-US Data Privacy Framework (DPF)* (*https://www.dataprivacyframework.gov/list*) beschlossen. Übermitteln Sie Daten an ein nach DPF zertifiziertes US-Unternehmen, gilt nun offiziell ein angemessenes Datenschutzniveau in den USA. In solchen Fällen entfallen SCC und TIA – das erleichtert transatlantische Cloud-Projekte erheblich.

Doch Vorsicht: Die letzten beiden Abkommen (*Safe Harbor* und *Privacy Shield*) wurden jeweils vom EuGH gekippt. Datenschützer (allen voran Max Schrems) haben bereits angekündigt, auch das DPF juristisch prüfen zu lassen.

Planen Sie also mit Unsicherheiten! Halten Sie sich über neue Urteile auf dem Laufenden, und behalten Sie alternative Maßnahmen im Hinterkopf (z. B. europäische Cloud-Rechenzentren, Verschlüsselung, On-Premises-Lösungen). Das bedeutet: Unternehmen stehen bei Veränderungen der Rechtslage unter Zugzwang, ihre Cloud-Strategie kurzfristig ab dem Zeitpunkt anzupassen. (Denn wenn eine Übermittlungsgrundlage – wie etwa Standardvertragsklauseln oder das Data Privacy Framework – nachträglich für unwirksam erklärt wird, kann das auch rückwirkend bestehende Datenflüsse betreffen.)

Relevanzlevel: »Sie sollten es in der Praxis anwenden können«

Die Cloud bietet viele Vorteile (Skalierbarkeit, Kostenersparnis), aber als Führungskraft dürfen Sie die Datenschutz-Themen dabei nicht vernachlässigen. Ihre Verantwortung bleibt bestehen, auch wenn die Daten physisch woanders liegen. Sie müssen im Zweifel der Behörde erklären können, warum Sie gerade diesen Anbieter gewählt haben und wie Sie die Daten dort schützen.

Internationale Datentransfers erfordern besondere Sorgfalt. Nutzen Sie immer einen gültigen Mechanismus (aktuelle SCC, ggf. neues EU-US DPF oder andere Garantien), und dokumentieren Sie Ihre Prüfungen. Bei Cloud-Dienstleistern sollten Sie zudem vertraglich festlegen, wo Daten gespeichert werden und wie auf Behördenanfragen reagiert wird. So stellen Sie sicher, dass globale Cloud-Nutzung DSGVO-konform bleibt, ohne Innovationsprojekte auszubremsen.

9.8 Kennzahlen und Reporting

Datenschutz ist kein Bauchgefühl – sondern sollte messbar und steuerbar gemacht werden. Mit geeigneten KPIs (z. B. Anzahl Datenschutzvorfälle, Schulungsquote, Bearbeitungszeit von Auskunftsersuchen) lässt sich die Wirksamkeit des Datenschutzprogramms kontinuierlich überprüfen und verbessern. IT-Führungskräfte können so datengestützt steuern, Schwächen erkennen und Fortschritte gegenüber dem Management sichtbar machen. Reporting schafft Transparenz, stärkt die Rechenschaftspflicht und unterstützt eine proaktive Datenschutzkultur im Unternehmen.

Beispiele dafür sind:

- **Schulungsquote**: Anteil der Mitarbeitenden mit aktueller Datenschutzschulung (z. B. Ziel: > 90 % jährlich geschult)
- **Anzahl neuer Projekte mit frühzeitiger DSB-Einbindung**: als Indikator für Datenschutz by Design im Projektalltag
- **Bearbeitungszeit von Auskunftsanfragen** (Art. 15 DSGVO): z. B. durchschnittliche Dauer (in Tagen) bis zur vollständigen Beantwortung

9.9 Interne Kommunikation und Schulung

In diesem Abschnitt geht es um den »Faktor Mensch«. Sie erfahren, wie Sie durch gezielte interne Kommunikation und Mitarbeiterschulungen eine nachhaltige Sensibilisierung für Datenschutz erreichen. Denn die beste Richtlinie nützt wenig, wenn sie nicht bekannt oder verstanden wird. Eine gut informierte Belegschaft ist Ihre wichtigste Verbündete, um Datenschutz täglich umzusetzen.

9.9.1 Sensibilisierung der Mitarbeitenden

Datenschutz sollte allen Mitarbeitenden bewusst sein – nicht nur der IT oder Rechtsabteilung. Als Führungskraft haben Sie großen Einfluss darauf, wie Datenschutz im Team gelebt wird. Einige Ansätze zur Sensibilisierung:

- **Vorbild und regelmäßige Kommunikation**: Sprechen Sie Datenschutzthemen offen in Teamrunden an. Wenn z. B. neue Regeln gelten (etwa aktualisierte Passwortrichtlinien oder Vorgehen bei Auskunftsersuchen), erklären Sie sie persönlich in einer Besprechung oder per Rundmail in verständlicher Sprache. Zeigen Sie durch Ihr eigenes Handeln, dass Datenschutz wichtig ist (z. B. keine sensiblen Daten per ungesicherter privater Messenger schicken).
- **Klar kommunizierte Erwartungen**: Machen Sie Ihren Mitarbeitenden deutlich, welche *Verantwortung* sie haben. Jeder sollte wissen: *Datenschutz ist Teil meiner Arbeit.* Formulieren Sie einfache Grundsätze, z. B.: »Wir teilen Kundendaten nie unverschlüsselt!«
- **Klar kommunizierte Erwartungen**: Machen Sie Ihrem Team deutlich, dass Datenschutz *Teil jedes Arbeitsprozesses* ist. Jeder Mitarbeiter sollte wissen, was von ihm erwartet wird – z. B. »keine Kundendaten unverschlüsselt per E-Mail versenden«, »Zugriffspasswörter niemals weitergeben« etc. Solche einfachen Leitsätze können Sie in Leitfäden oder Merkblättern festhalten und immer wieder betonen.
- **Regelmäßige Schulungen**: Organisieren Sie für Ihre Mitarbeitenden verpflichtende Datenschutz-Schulungen. Neue Mitarbeiter sollten direkt beim Onboarding eine Einführung in die Datenschutzrichtlinien des Unternehmens erhalten. Be-

reits etablierte Teams profitieren von Auffrischungen (etwa jährlich), damit Wissen aktuell bleibt (z. B. Änderungen durch neue Gesetze, Lessons Learned aus Vorfällen). Passen Sie Schulungen auf die Zielgruppe an: Ein Entwicklerteam benötigt vielleicht mehr technischen Tiefgang (»Privacy by Design«, siehe Abschnitt 9.7.1), während im Vertrieb der Fokus auf dem richtigen Umgang mit Kundendaten liegt. Wichtig ist, Schulungen praxisnah zu gestalten – z. B. anhand von Fallbeispielen aus dem Unternehmensalltag –, so steigt die Akzeptanz.

- **Offene Melde- und Fragemöglichkeiten**: Etablieren Sie eine Kultur, in der Mitarbeiter ohne Angst Fragen stellen oder mögliche Probleme ansprechen können. Weisen Sie regelmäßig darauf hin, an wen man sich intern wenden soll – typischerweise den Datenschutzbeauftragten oder Sie als Führungskraft –, wenn jemand unsicher ist (»Darf ich diese Kundendaten an den Partner weitergeben?«) oder wenn ein Vorfall passiert ist (z. B. E-Mail mit falschem Anhang versandt). Alle im Team müssen wissen: Lieber einen möglichen Verstoß sofort melden, als unter den Tisch fallen zu lassen! Honorieren Sie proaktives Verhalten, und machen Sie klar, dass niemand bestraft wird, weil er einen Fehler meldet.
- **Klare Prozesse für Datenschutz-Anfragen und Vorfälle**: Stellen Sie sicher, dass Ihren Mitarbeitern bekannt ist, was im Fall X zu tun ist. Zwei wichtige Fälle:
  - *Betroffenenanfragen* (z. B. Kunde verlangt Auskunft oder Löschung) – hier sollte es einen definierten Ablauf geben, etwa: Anfrage sofort an den Datenschutzbeauftragten oder die Rechtsabteilung weiterleiten, nicht selbst improvisieren.
  - *Datenschutzvorfälle* (Datenpanne) – hier sollten Mitarbeiter wissen, dass zeitkritisch innerhalb von Stunden intern informiert werden muss. Ideal ist es, diese Abläufe schriftlich festzuhalten (z. B. Kurzleitfaden »Wie reagiere ich auf Datenschutz-Anfragen?« und »Vorgehen bei Datenschutzvorfall«) und im Intranet oder auf dem Schwarzen Brett bereitzustellen.

Durch konsequente Kommunikation und Schulung steigern Sie die Sensibilität der Mitarbeitenden. Das Ergebnis sind weniger Fehler und ein Team, das Datenschutz mitträgt, statt ihn als lästige Pflicht abzutun.

9.10 Datenschutz und KI – Chancen, Risiken und Handlungsfelder

Dieser Abschnitt kann nur einen kleinen Einblick geben – das Thema »KI und Datenschutz« ist so umfangreich, dass es problemlos ein eigenes Buchkapitel füllen könnte. Dennoch lassen sich bereits zentrale datenschutzrechtliche Aspekte kurz verständlich darstellen.

Viele der folgenden Punkte spiegeln Grundprinzipien und Fragestellungen wider, die Sie schon im bisherigen Kapitel kennengelernt haben (z. B. Datensparsamkeit, Transparenz, Zweckbindung, Betroffenenrechte, Rechenschaftspflicht). Im Folgenden finden Sie eine kompakte Übersicht über Chancen, Risiken und Handlungsfelder, die Ihnen als Führungskraft helfen, KI-Anwendungen datenschutzkonform und strategisch sinnvoll zu steuern.

Sie lernen, welche datenschutzrechtlichen Fragestellungen bei KI-Systemen besonders wichtig sind, wo die größten Risiken liegen und welche strategischen Entscheidungen auf Unternehmensebene jetzt anstehen.

Künstliche Intelligenz (KI) kann Prozesse automatisieren, Muster erkennen, Entscheidungen unterstützen – und damit Effizienz sowie Innovationspotenziale deutlich steigern. Gleichzeitig werfen KI-Anwendungen Fragen auf, bei denen klassische Datenschutzkonzepte neu justiert werden müssen.

9.10.1 Datenschutzgrundsätze im KI-Kontext

Im KI-Kontext gelten prinzipiell die gleichen Datenschutzgrundsätze wie in anderen Bereichen:

- **Datensparsamkeit & Zweckbindung**

  So viel wie nötig, so wenig wie möglich und nur für dem Zweck, zu dem ich die Daten erhalten habe.

  KI-Modelle arbeiten mit großen Datenmengen. Nach der DSGVO dürfen Sie personenbezogene Daten aber nur in dem Umfang verarbeiten, der für den definierten Zweck zwingend nötig ist. Prüfen Sie daher immer, ob ein KI-Ergebnis auch mit anonymisierten oder pseudonymisierten Daten erreicht werden kann.

- **Transparenz**

  Weiß die Person, was mit ihren Daten geschieht?

  Viele KI-Systeme arbeiten als »Blackbox«. Für Betroffene (Mitarbeiter, Kunden) muss dennoch erkennbar sein, welche Daten wofür verwendet werden und welche logischen Schritte das System durchläuft. Klären Sie daher in Datenschutzhinweisen, welche KI-Anwendungen eingesetzt werden und ermöglichen Sie – soweit technisch machbar – Einsicht in Entscheidungsprozesse.

- **Richtigkeit**

  Kann ich sicher sein, dass die Daten aktuell und richtig sind?

  Trainingsdaten können Verzerrungen (Bias) enthalten. Wenn KI-Modelle etwa Bewerbungen vorsortieren, Kundensegmente einteilen oder Kreditwürdigkeit bewerten, kann das zu diskriminierenden Ergebnissen führen. Sorgen Sie für regelmäßige Datenkontrollen und Bias-Checks, um Verzerrungen frühzeitig zu erkennen und zu korrigieren.

- **Betroffenenrechte & Löschung**

  Verarbeitung nur so lange wie nötig.

  Können Betroffene Auskunft darüber verlangen, welche Daten in welchem KI-Modell verarbeitet werden? Lassen sich personenbezogene Daten aus Trainingsmengen oder Systemen bei Widerruf löschen? Planen Sie technische Mechanismen, um Betroffenenrechten (Auskunft, Berichtigung, Löschung, Widerspruch) auch im KI-Umfeld nachzukommen.

- **Verantwortlichkeit (Accountability)**

  Das Unternehmen ist verantwortlich dafür, dass Daten rechtmäßig genutzt werden, die Mitarbeitenden sind hier der verlängerte Arm, der diese Verantwortung unterstützt.

  Dokumentieren Sie technische und organisatorische Maßnahmen (Privacy by Design/Default – z. B. Pseudonymisierung, Protokollierung, rollenbasierte Zugriffsrechte). Nur so können Sie im Nachhinein belegen, dass KI-Systeme datenschutzkonform aufgebaut und betrieben wurden.

9.10.2 Konkrete Themenfelder

- **Automatisierte Entscheidungen & Profiling** (Art. 22 DSGVO): Wenn KI-Systeme Entscheidungen treffen, die rechtliche Wirkung haben (z. B. Ablehnung eines Kreditantrags) oder die Betroffenen erheblich beeinträchtigen (z. B. Risikoklassifizierung im Recruiting), ist Art. 22 DSGVO zu beachten. Diese Entscheidungen sind nur zulässig, wenn eine ausdrückliche Rechtsgrundlage (häufig Einwilligung) besteht oder zwingende interpretierbare Maßnahmen (Mensch in der Schleife) vorgesehen sind. Profiling, also die automatisierte Auswertung von personenbezogenen Daten zur Analyse von Verhaltensmustern, ist ebenfalls genehmigungspflichtig und unterliegt hohen Anforderungen an Transparenz sowie Widerspruchsmöglichkeit.
- **Training mit sensiblen Daten** (Art. 9 DSGVO): Gesundheitsdaten, biometrische Merkmale oder andere besondere Kategorien personenbezogener Daten dürfen grundsätzlich nicht verarbeitet werden und wenn, dann nur, wenn eine Ausnahme greift (z. B. ausdrückliche Einwilligung, lebenswichtige Interessen). Wenn Sie KI-Systeme etwa für Telemedizin-Analysen oder biometrische Authentifizierung einsetzen, muss die Datenverarbeitung besonders geschützt werden (starke Verschlüsselung, strikte Zugriffsbeschränkungen, getrennte Speicherung).
- **Datenübermittlung & Verantwortlichkeit**: Viele KI-Dienste laufen in der Cloud bei US-Anbietern (z. B. AWS, Microsoft Azure, Google Cloud). Diese Konzerne unterliegen dem US CLOUD Act, der US-Behörden unter Umständen Zugriff auf Daten – auch in europäischen Rechenzentren – erlaubt. Selbst wenn die Daten physisch

in Deutschland liegen, ist ein Zugriff durch US-Behörden nicht kategorisch ausgeschlossen. Das bedeutet: Bevor Sie ein KI-System eines US-Anbieters nutzen, müssen Sie eine *Transfer Impact Assessment (TIA)* durchführen, ergänzende Schutzmaßnahmen (z. B. Ende-zu-Ende-Verschlüsselung mit EU-Schlüsseln) prüfen und die Geschäftsleitung in die Abwägung einbinden.

9.10.3 Aktuell diskutierte und problematische Praxisbeispiele

- **SCHUFA & Co-Scoring**: Kreditwürdigkeitsprüfungen, die KI gestützt arbeiten, stehen unter besonderer Beobachtung. Fehlerhafte Daten oder unklare Gewichtungen können diskriminierende Effekte haben.
- **Biometrische Überwachung**: Gesichtserkennungskameras in Bürogebäuden oder Werkshallen erregen Ansprüche des Betriebsrats (Mitbestimmungsrecht nach § 87 Abs. 1 Nr. 6 BetrVG) und hohe Datenschutzanforderungen (DSFA, Art. 35 DSGVO).
- **Generative KI & Daten aus dem Internet**: Modelle, die aus öffentlich zugänglichen Quellen lernen, können ungewollt personenbezogene Informationen aufnehmen. Auch wenn diese Daten nicht direkt im Dokument auftauchen, können KI-Ausgaben indirekt Rückschlüsse auf natürliche Personen ermöglichen.
- **KI am Arbeitsplatz**: Chatbots oder Assistenzsysteme, die Mitarbeiterdaten verarbeiten (z. B. Zeiterfassung, Performance-Tracking), müssen DSGVO-konform implementiert werden und Betroffenenrechte wahren (insbesondere Transparenz und Widerspruch).

Weiterführende Informationen: der EU AI Act

Der *EU AI Act* ist der erste europaweite Gesetzesrahmen, der den Einsatz von künstlicher Intelligenz (KI) in der EU systematisch regelt. Er teilt KI-Anwendungen in vier Risikoklassen ein und legt zu jeder Klasse konkrete Anforderungen fest:

1. **Minimalrisiko-KI**

   Dazu zählen einfache Chatbots oder Bildgeneratoren (generative KI), die keine sensiblen oder personenbezogenen Daten verwenden und deren Fehlerrisiken für Betroffene sehr gering sind. Diese Anwendungen müssen nicht formal genehmigt oder ausführlich dokumentiert werden.

2. **Niedrigrisikoklassen**

   Hierzu zählen KI-Lösungen, die zwar ein gewisses Potenzial für Fehler oder Vorurteile haben, jedoch keine unmittelbaren gravierenden Folgen für Einzelpersonen mit sich bringen. Beispiele sind: Empfehlungs- oder Analyse-Tools, die Kundenverhalten in Onlineshops auswerten, ohne unmittelbar über Kreditvergabe oder persönliche Freiheiten zu entscheiden. Solche Systeme müssen zwar transparent gemacht werden (z. B. Hinweise, dass »hier eine KI-gestützte Empfehlung erfolgt«), unterliegen aber nicht den strengsten Regeln.

3. **Hochrisiko-KI-Systeme**

   Diese Kategorie umfasst Anwendungen, bei denen Fehlfunktionen oder Vorurteile (Bias) erhebliche Folgen für Menschen haben können. Beispiele sind

   - HR-Auswahlverfahren, bei denen Algorithmen Bewerbungen sortieren und entscheiden, wer zum Vorstellungsgespräch eingeladen wird,
   - KI-gestützte Kreditvergabe, bei der ein Algorithmus über Kreditwürdigkeit entscheidet,
   - Systeme in sicherheitskritischen Bereichen, etwa automatische Verkehrssteuerung in Städten oder KI zur Überwachung kritischer Infrastrukturen.

   Für alle diese Anwendungen gelten strenge Vorschriften – etwa regelmäßige Risikoanalysen, ausführliche Dokumentation und besondere Transparenz gegenüber den Betroffenen.

4. **Unzulässige KI-Praktiken**

   Darunter fallen Systeme, die so gestaltet sind, dass sie bestimmte Gruppen manipulieren oder wichtige Grundrechte verletzen. Beispielsweise wären Social-Scoring-Systeme, bei denen Personen anhand ihres Verhaltens in der Gesellschaft bewertet und anschließend unterschiedlich behandelt werden, verboten.

Wenn ein KI-System als Hochrisiko gilt, müssen Unternehmen:

- **Risiko bewerten & dokumentieren**: vor Inbetriebnahme alle potenziellen Gefahren (z. B. Fehlentscheidungen, Diskriminierung) analysieren, Maßnahmen zur Risikominderung festhalten und diese Risikoanalysen regelmäßig aktualisieren
- **Datensätze prüfen & Bias minimieren**: offenlegen, welche Daten zum Training verwendet wurden, und nachweisen, dass Verzerrungen in den Datensätzen identifiziert und behoben wurden, damit weder beispielsweise Bewerber noch Kunden benachteiligt werden
- **Transparenz & menschliche Kontrolle sicherstellen**: Betroffene klar informieren, wenn KI-Entscheidungen sie direkt betreffen (z. B. bei Kreditablehnung) und garantieren, dass bei ernsthaften Folgen ein Mensch in den Entscheidungsprozess eingreifen kann
- **System fortlaufend überwachen**: Auch nach der Freigabe müssen Betreiber das System beobachten, neue Risiken erkennen und Anpassungen vornehmen (z. B. bei neu auftretenden Fehlern oder Diskriminierungen).

Der EU AI Act ist am 1. August 2024 in Kraft getreten, die Anwendung seiner Bestimmungen erfolgt jedoch schrittweise und es gelten bestimmte Fristen für die Umsetzung durch Unternehmen und andere Akteure. Betroffene Unternehmen sollten prüfen, welche ihrer KI-Systeme als »Hochrisiko« gelten und welche Anpassungen nötig sind.

Bis zum 2.August 2026 müssen alle in der EU eingesetzten Hochrisiko-KI-Systeme die neuen Vorgaben erfüllen. Unternehmen haben also noch etwas Zeit, aber sollten nun starten, um teure Nachbesserungen oder Verlust der Marktzulassung zu vermeiden.

9.10.4 Fazit

Es ist unzweifelhaft, dass KI-Systeme enorme Chancen eröffnen. Sie versprechen Effizienzsteigerungen, Qualitätsgewinne und schließlich auch einen Wettbewerbsvorteil: Unternehmen, die datenschutzkonform und transparent mit KI arbeiten, schaffen Vertrauen bei Mitarbeitenden, Kunden und Partnern.

Doch diese Chancen bringen neue Risiken:

- **Haftung**: Wer haftet, wenn ein Algorithmus falsche Entscheidungen trifft?
- **Reputation**: Datenlecks oder diskriminierende Entscheidungen schaden dem Firmenimage.
- **Regulatorische Konsequenzen**: Der EU AI Act schafft zusätzliche Pflichten, die zu Verzögerungen oder Umstellungen führen können.

Der Schlüssel liegt im Bewusstsein für dieses Spannungsfeld. Nutzen Sie Datenschutz nicht als Bremsklotz, sondern als Instrument, um Prozesse zu hinterfragen, Abläufe zu optimieren und Vertrauen aufzubauen. Gerade jetzt, wo KI-Regulierungen Gestalt annehmen, haben Sie die Chance, sich als Vorreiter zu positionieren – mit einem pragmatischen, risikobasierten Ansatz, der sowohl Innovationskraft als auch rechtliche Absicherung gewährleistet.

Entscheidungshilfe

Wegen der besonders hohen Risiken muss jede KI-Anwendung, die als »Hochrisiko« eingestuft werden könnte, sofort mit dem Datenschutzbeauftragten und der Geschäftsführung besprochen werden. Nur so ist gewährleistet, dass alle rechtlichen, organisatorischen und strategischen Aspekte berücksichtigt werden. Auch bei allen anderen KI-Themen sollten Sie frühzeitig den Datenschutzbeauftragten mit einbeziehen.

Relevanzlevel: »Sie sollten es in der Praxis anwenden können«

Prüfen Sie, welche KI-Anwendungen in Ihrem Verantwortungsbereich eingesetzt werden oder geplant sind.

Take-aways

- **Nur die wirklich nötigen Daten verwenden:** Stellen Sie sicher, dass KI-Modelle nur mit solchen Informationen trainiert oder betrieben werden, die für den definierten Zweck unbedingt erforderlich sind.
- **Klare Regeln für Entscheidungsprozesse:** Informieren Sie Betroffene verständlich über KI-bedingte Entscheidungen, und bauen Sie eine menschliche Kontrollinstanz ein, damit Fehler oder unklare Bewertungen korrigiert werden können.
- **Verzerrungen früh erkennen und beseitigen:** Überprüfen Sie regelmäßig, ob Ihre Trainingsdaten Vorurteile enthalten, und passen Sie Datensätze an, damit KI-Ergebnisse fair bleiben.
- **Risiken laufend im Blick behalten:** Eine einmal gestartete KI-Anwendung muss kontinuierlich beobachtet, dokumentiert und bei Bedarf angepasst werden. Binden Sie dazu unbedingt den Datenschutzbeauftragten und die Geschäftsführung ein.

9.11 Abschluss

Datenschutz wird oft als bürokratischer Aufwand empfunden – mit Pflichten, Prüfungen und viel Dokumentation. Doch wer genauer hinsieht, erkennt: Datenschutz ist nicht nur ein rechtliches Muss, sondern eine echte Führungschance. Denn wer datenschutzkonform arbeitet, kennt seine Prozesse, weiß, wo welche Daten fließen, und schafft Transparenz – intern wie extern.

Gerade in digitalen Organisationen entstehen dabei Synergieeffekte: Prozesse müssen aufgenommen, Verantwortlichkeiten geklärt, Datenströme dokumentiert werden. Das eröffnet wertvolle Einblicke in Abläufe, fördert bereichsübergreifende Zusammenarbeit – und deckt nicht selten Redundanzen, Ineffizienzen oder unnötige Komplexität auf. Datenschutz wird damit zum Katalysator für Prozessqualität und Effizienz. Wer ihn ernst nimmt, verbessert nicht nur den Schutz personenbezogener Daten, sondern schafft auch Klarheit, Struktur und Verantwortungsbewusstsein in der Organisation.

Was bedeutet das für Ihre Rolle als Führungskraft?

Datenschutz zwingt dazu, Abläufe zu durchdringen, Verantwortlichkeiten klar zu definieren und Informationsflüsse offenzulegen. Genau darin liegt sein Mehrwert: Wer Prozesse datenschutzkonform aufsetzt, schafft zugleich Transparenz, Effizienz und Verlässlichkeit – Eigenschaften, die weit über die Erfüllung rechtlicher Anforderungen hinauswirken.

Datenschutz macht sichtbar, wo Daten entstehen, verarbeitet und gespeichert werden, und legt offen, welche Systeme miteinander kommunizieren. Diese Übersicht ist ein strategischer Vorteil – sie ermöglicht nicht nur rechtskonformes Arbeiten, sondern auch eine gezielte Optimierung von Prozessen, IT-Infrastruktur und Zuständigkeiten.

Führung bedeutet heute, mit Daten verantwortungsvoll und strukturiert umzugehen – nicht nur aus juristischer, sondern aus betrieblicher Perspektive. Datenschutz ist dabei kein isoliertes Compliance-Thema, sondern ein Baustein wirksamer und moderner Unternehmensführung.

Kapitel 10
IT-Projektmanagement

In der IT ist Projektmanagement ein stetiger Begleiter im Alltag. Als Führungskraft werden Sie mit komplexeren und größeren Projekten konfrontiert. Was zunächst alltäglich klingt, scheint dennoch einen hohen Anteil an Unsicherheit zu beinhalten, denn viele Projekte scheitern oder werden vor Abschluss eingestellt. Dieses Kapitel zeigt, wie Sie Projekte zum Erfolg führen.

In diesem Kapitel erfahren Sie, was ein IT-Projekt wirklich ist und ausmacht. Sobald Sie den Auftrag für das IT-Projekt erhalten haben, erfahren Sie, welche Projektorganisation wichtig ist und wie die Projektumsetzung geplant werden sollte. Besonders in der Umsetzung liegt jedoch auch die Gefahr des Scheiterns, weswegen Sie häufige Gründe und auch Lösungen hierfür erfahren. Neben dem Projektmanagement geht es jedoch auch um Sie selbst: Wie qualifizieren Sie sich eigentlich als Projektmanager? Den Abschluss bildet ein Ausblick auf das agile Projektmanagement mit der Fragestellung, was das eigentlich ist und wozu das sinnvoll sein kann.

Bevor wir tiefer in die Materie Projektmanagement eintauchen, klären wir zunächst die Basis und nähern uns der Frage, was eigentlich ein Projekt ist.

Bei einer Umfrage unter berufsbegleitend studierenden Wirtschaftsinformatikern, wer schon alles ein Projekt geleitet hatte, hoben 95 % der Teilnehmer die Hand. Auf die nächste Frage, wer denn hauptberuflich IT-Projektleiter sei, hob nur noch ein Bruchteil der Personen die Hand. Im Anschluss wurden einzelne Personen gefragt, welche Projekte Sie zuletzt geleitet hatten. Beispiele waren Upgrades des Exchange-Dienstes oder die Installation eines neuen Servers.

Sind das wirklich »Projekte«?

Was ist eigentlich ein Projekt, und welche Konsequenzen hat das für die Inhalte?

10.1 Was ist ein IT-Projekt?

Die Frage mag zunächst seltsam anmuten und für Sie vielleicht klar zu beantworten sein. Sobald Sie sich jedoch mit den Mitarbeitern anderer Unternehmen austauschen, stellen Sie schnell fest, dass die für Sie klare Definition häufig nur in Ihrer Umgebung eindeutig ist. Andere Firmen haben darauf andere Sichten, die stets eine Schnittmenge mit Ihrer eigenen haben werden und doch in Nuancen abweichen.

Die Wissenschaft oder genau genommen die Disziplin *Projektmanagement* hat dazu jedoch eine eindeutige Antwort in Form von Faktoren, die gegeben sein müssen.

Kurz zusammengefasst: Ein Projekt muss

- einmalig sein,
- eine feste Zielvorgabe haben,
- zeitlich, finanziell, personell oder anders begrenzt sein,
- einen messbaren Mehrwert bieten und
- gegenüber anderen Vorhaben abzugrenzen sein.

Zudem muss eine projektspezifische Organisation vorhanden sein. Der aus England stammende Standard für Projektmanagement, PRINCE2, der in Abschnitt 10.6 näher vorgestellt wird, ergänzt zudem, dass das Ergebnis einen zuvor vereinbaren *Business Case* erfüllen muss.

Mit der wissenschaftlichen Sicht kann zunächst geprüft werden, was eigentlich die genaue Definition eines Projekts ist.

10.1.1 Einmaligkeit der Aufgabe

Der erste Punkt ist die Einmaligkeit, was vermutlich die meisten Diskussionen auslösen wird. Wann ist etwas einmalig?

Denken Sie zum Beispiel an das Einspielen eines Software-Updates. Je nach Betrachtung können Sie es als sich wiederholende Aufgabe (Einspielen von Updates) oder als einmaliges Vorhaben (Aktualisierung von Versionsstand 3.4 auf 3.5) einstufen. Die Diskussion der verschiedenen Ansichten könnte vermutlich ganze Kapitel füllen, relevant für die Praxis ist sie nicht.

An dieser Stelle erkennen Sie bereits die unternehmenseigene Definition, denn Sie müssen nun vorgeben, ob etwas ein Projekt sein kann oder nicht.

Hilfreich kann für Sie die eigentliche Zielsetzung sein, nämlich den regulären Betrieb von einem Projekt abzugrenzen.

So wird beispielsweise der Austausch von 100 Notebooks gerne als Projekt bezeichnet. Doch eigentlich ist es eine normale Aufgabe für Ihren Service Desk, denn im Alltag von IT-Abteilungen kommen die Neuinstallationen von Notebooks, Datenübernahmen und Entsorgung von Altgeräten häufig vor. Sie sollten diese Aufgabe daher nicht als Projekt definieren und mit den entsprechenden Werkzeugen betrachten, sondern als alltägliche Aufgabe sehen.

Projekte als Wertschätzung

Aber Achtung, an dieser Stelle lauert ein Fallstrick: Das Wort »Projekt« verbinden viele auch mit einer gewissen Wichtigkeit und Bedeutung, die nicht selten mit Wertschätzung verbunden wird. Insofern kann es auch als Strategie bezeichnet werden, einige Themen als »Projekt« zu bezeichnen und damit einzelne Personen hervorzuheben bzw. die Wichtigkeit ihrer Aufgabe zu betonen. Auch dieser Aspekt sollte bei aller Präzision in die Betrachtung einfließen.

Allerdings gilt auch hier, dass die Dosis das Gift macht, denn wenn alle Mitarbeiter in Projekten arbeiten, führt dies stellenweise auch zu Folgeerscheinungen, etwa dass eigene Gehälter mit denen von Projektleitern in Statistiken verglichen werden oder alltägliche Aufgaben wegen der »eigenen Wichtigkeit« abgelehnt werden. Sie sollten daher einen klaren Weg für die Einstufung zu einem Projekt finden und zugleich auch den alltäglichen IT-Betrieb nicht aus den Augen verlieren bzw. die Kollegen dort wissen lassen, dass auch sie wichtig sind.

10.1.2 Feste Zielvorgaben als Basis

Der Philosoph Seneca sagte einst: »Wer den Hafen nicht kennt, in den er segeln will, für den ist kein Wind der richtige.« Genauso geht es dem Taxifahrer, denn auch er muss wissen, wohin er Sie fahren soll.

Als Projektleiterin bzw. Projektmanager nehmen Sie die Rolle des Kapitäns oder Taxifahrers ein, Sie sind maßgeblich für den Erfolg oder Misserfolg der Mission verantwortlich.

Ihre erste Aufgabe als Projektleiter besteht daher darin, den Auftrag genau zu prüfen. Ohne klaren Auftrag gibt es kein Projekt! Ist eindeutig definiert, was das Ziel des Projekts ist? An dieser Stelle gilt: Je messbarer das Ergebnis ist, umso nachweisbarer und kontrollierbarer ist es für Sie im Alltag!

Im Alltag sollten Sie daher zwei Themen betrachten:

- Was ist der *Scope* (die Zielsetzung) des Projekts?
- Was ist in jedem Fall *out of Scope* (nicht in der Zielsetzung des Projekts)?

Während die erste Fragestellung für viele klar ist, löst die zweite nicht selten Verwirrung aus.

Beispiel

An einem Beispiel können Sie die Begründung und Bedeutung einfacher nachvollziehen.

- **Beispielprojekt**: Migration lokales Active Directory nach Entra ID
- **Scope**: Migration der Benutzer- und Computerkonten in Entra ID sowie Erstellung notwendiger Richtlinien als Ersatz für bislang genutzte *Gruppenrichtlinienobjekte* (GPO)
- **Nicht im Scope**: Das Projekt betrachtet nicht möglicherweise für den späteren Betrieb ebenfalls wichtige Technologien, etwa Microsoft Intune und Autopilot für die Erstinstallation oder das Updatemanagement aus der Cloud

Durch die Definition, was im Umfang enthalten ist, können Sie den klaren Nachweis erbringen, ob das Projekt ein Erfolg war oder nicht. Sie wissen dadurch auch eindeutig, welche Aufgabenpakete im Rahmen des Projekts bearbeitet werden müssen.

Die Abgrenzung zu Themen, die nicht im Scope sind, wirkt auf den ersten Blick fraglich. Die häufige Aussage lautet »Alles, was nicht eindeutig im Umfang ist, ist entsprechend nicht Teil des Projekts«.

Die Aussage ist rein logisch auch korrekt, dennoch hat die genaue Abgrenzung für Sie einen Mehrwert. Mit dem ausdrücklichen Ausschluss von Ihnen bereits bekannten und artverwandten Themen machen Sie jedem Teilnehmer und auch den Auftraggebern klar, dass dies nicht Teil ihres Projekts sein wird und möglicherweise dafür weitere Projekte notwendig sind. Sie betreiben somit ein subtiles Erwartungsmanagement (*Expectation Management*) und verhindern damit mögliche Diskussionen im weiteren Verlauf.

Scope Creep und Moving Targets

Der *Scope Creep* und die *Moving Targets* sind zwei große Risiken für den Erfolg Ihres Projekts und Probleme, die Sie mit einem guten Scope sowie einer Abgrenzung vermeiden können.

- Der *Scope Creep* beschreibt einen unklaren Umfang, bei dem Sie zunächst eine Schätzung abgeben. Im Laufe des Projekts kommt es jedoch zu einem kontinuierlichen oder gar unkontrollierten Wachstum des Umfangs, sodass ihre Schätzungen für die benötigte Zeit oder das benötigte Budget nicht mehr einzuhalten sind.

  Aus diesem Grund sollten Sie sehr scharf abgrenzen und bei möglichen Erweiterungen zunächst ein Change-Verfahren einleiten und prüfen, ob eine Veränderung des Umfangs in den Grenzen der vereinbarten Rahmenparameter möglich ist oder ob diese dazu geändert werden müssen.
- Die *Moving Targets* hingegen sind oft die Folge von unklar definierten Zielen. Ein Beispiel wäre, dass Sie als Scope »Migration von Daten nach Entra ID« gewählt haben. An dieser Stelle können die Auftraggeber mal nur die *Benutzerkonten*, mal die *Computerkonten* oder vielleicht auch etwas ganz anderes interpretieren und ein-

fordern. Dadurch müssen Sie Ihr Projektteam immer anders steuern. In der Folge wird Ihr Team die häufigen Wechsel bald leid sein und resignieren. Zudem können Sie den Erfolg nicht messbar machen, da Sie selten alle möglichen Ziele erreichen werden.

Um diese beiden häufigen Stolpersteine für den Projekterfolg zu vermeiden, sollten Sie sich mit dem Umfang und dessen Abgrenzung intensiv befassen!

Neben den inhaltlichen Vorgaben müssen Sie auch die Rahmenparameter prüfen. Sobald die inhaltlichen Vorgaben klar sind, müssen Sie prüfen, ob das Projekt überhaupt realisierbar ist.

Ein Projekt hat immer die Dimensionen

- *Zeit,*
- *Qualität* und
- *Budget,*

die Sie an dieser Stelle prüfen müssen. Bei IT-Dienstleistern gilt der Vertrieb oft als »Feind des erfolgreichen Projektmanagers«, denn er verspricht den Kunden meist einen großen Umfang in geringer Zeit mit wenig Budget. Was zunächst überzeichnet wirkt, ist oft auch in der eigenen IT ein alltägliches Problem.

Auch Ihre internen Nutzer und Kunden möchten eine fest definierte Leistung (*Qualität*) in möglichst kurzer Zeit und dadurch auch zu geringen Kosten. Häufig haben Sie jedoch den Vorteil, dass der Nutzer zwar die Leistung definiert (z. B. neue Software), jedoch bei den Dimensionen *Zeit* und *Budget* auf Ihre Einschätzung vertraut. Auch wenn Sie das Vertrauen des Auftraggebers genießen, empfiehlt es sich, dass Sie die zeitlichen Aufwände und das daraus resultierende Budget transparent darstellen. Was zunächst nach Mehraufwand klingt, zahlt zugleich auf Ihr Verhältnis miteinander und das Verständnis des Kunden für Ihre Leistung ein.

Ein Sonderfall sind Projekte mit hohem innovativem Charakter, die zugleich sehr viel Unsicherheit enthalten. Aufgrund der Ungewissheit sind die für den konkreten Umfang notwendigen Abgrenzungen oft noch nicht möglich, wodurch ein Projekt in Gefahr geraten würde.

Die Lösung stellt ein sogenanntes *Vorprojekt* dar, das die Evaluierung der unsicheren Anteile umfasst. Auch dieses Projekt hat einen Umfang, häufig umfasst dieser die Evaluierung der Machbarkeit eines Hauptprojekts. Kernfragen sind etwa, ob eine Technologie die gestellte Anforderung lösen kann oder dort möglicherweise Einschränkungen entstehen. Nutzen Sie das Vorprojekt, um die Unsicherheiten im Umfang eines Hauptprojekts zu klären.

Der letzte Schritt im Bereich Zielvorgaben ist die Kommunikation mit dem Auftraggeber (*Stakeholder*). Sie müssen die benannten Punkte gemeinsam durchgehen und sicherstellen, dass ein gemeinsames Verständnis besteht.

In diesen Gesprächen sollten Sie stets im Hinterkopf haben, dass Ihr Erfolg oder Misserfolg durch den Auftraggeber bewertet wird und die gleiche Sicht auf die Aspekte eine wesentliche Basis darstellt!

In diesem Gespräch sollten Sie folgende Aspekte klären:

- Was ist im Umfang des Projekts enthalten?
- Was ist zwar thematisch eng mit dem Projekt verwandt, jedoch ausdrücklich nicht enthalten?
- Welche Budgets werden Sie für die Umsetzung benötigen? Hierunter fallen die Investitionskosten für eventuelle Hard- und Software, aber auch die anfallenden Personalkosten (intern sowie extern).
- In welchem Zeitumfang können Sie das Projekt umsetzen, und ab wann können Sie mit der Bearbeitung beginnen?

Sie werden in dieser Abstimmung immer wieder an den Punkt kommen, an dem ein Auftraggeber mit den Faktoren, etwa der Dauer oder den Kosten, nicht zufrieden ist. Häufig sind Projekte zu teuer und dauern zu lang. An dieser Stelle zahlt sich aus, wenn Sie zuvor mit möglichst großer Transparenz gehandelt haben. Wenn Sie Möglichkeiten zur Veränderung haben – fehlende Zeit kann beispielsweise oft durch externe Unterstützung ersetzt werden –, führen Sie eine erneute Berechnung durch und laden zu einem Folgetermin ein. An dieser Stelle sollten Sie daher höchstens Lösungsansätze aufzeigen, allerdings keinesfalls feste Zusagen erteilen! Nicht selten wird Ihr Auftraggeber versuchen, eine Zusage für sein Anliegen zu bekommen, etwa die Verkürzung der Zeit durch den Einsatz externer Mitarbeiter. Bevor Sie dort jedoch eine Zusage machen können, müssen Sie klären, ob überhaupt externe Mitarbeiter verfügbar sind, und vor allem, wie sich dies auf die Dimension *Budget* auswirken wird.

Sobald Sie und die Auftraggeber sich bei allen Parametern einig sind, übernehmen Sie als Projektleiter das *Mandat*. Dieser Schritt ist von großer Bedeutung, denn vor diesem Schritt können Sie ein Projekt mit den gegebenen Parametern ablehnen und müssen sich nicht für Erfolg oder Misserfolg verantworten. Sobald Sie jedoch das Projekt formell übernommen haben, sind Sie der offizielle Projektleiter mit allen Rechten und Pflichten. Aus diesem Grund sollten Sie vor Übernahme der Verantwortung die vereinbarten Parameter in jedem Fall noch einmal schriftlich fixieren, damit auch später darüber weiterhin Einigkeit besteht.

Mandate und Konsequenzen

Sobald Sie die Rolle als Projektleiter angenommen haben, stehen Sie für den Erfolg oder Misserfolg des Projekts ein. Der Erfolg definiert sich hierbei nicht nur in der Erbringung des Umfangs, sondern zugleich in der Einhaltung der Dimensionen *Zeit* und *Budget*.

Doch was, wenn es nicht funktioniert?

Die Folgen richten sich häufig einerseits nach dem Projekt und andererseits nach Ihrer Unternehmenskultur.

Wenn Sie ein internes Projekt leiten, von dem keine Fachbereiche betroffen sind und bei dem ein Neustart lediglich ärgerlich wäre, werden die Konsequenzen begrenzt sein. Sollten Sie jedoch die Einführung des ERP-Systems in den Sand setzen, kann sich dies katastrophal auswirken, hohe Kosten verursachen und Sie in Folge Ihr Standing in der Organisation kosten. Je nach Unternehmenskultur kann ein großes Projekt, das ohne Vorwarnung und Anzeichen scheitert, durchaus das Ende Ihrer Karriere bedeuten. Umgekehrt kann ein großes und gut abgeschlossenes Projekt neue Türen öffnen.

Wichtig ist daher, dass Sie für das Projektmanagement hinreichend Zeit investieren und sich dessen Wichtigkeit bewusst sind. Aber: Auch Probleme im Projekt sind lösbar. Haben Sie jedoch keinesfalls Angst vor der Verantwortung, und drücken Sie sich nicht vor ihr, denn sie ist Teil der Führungsaufgabe!

10.1.3 Abgrenzung des Projekts

Ein Projekt ist ein begrenztes Vorhaben, das durch seinen inhaltlichen Scope und die begrenzten Ressourcen definiert wird, wobei die Grenzen in den Bereichen *Personal*, *Zeit* oder auch *Budget* liegen können. Dieses Merkmal grenzt es zum alltäglichen Betrieb ab: Dabei geht es um die Pflege der vorhandenen IT-Landschaft und es sind Aufgaben beinhaltet, die nicht mit einem konkreten Ressourcenbedarf verbunden werden.

Die Abgrenzungen eines Projekts sind im Regelfall im Business Case bzw. im Projektauftrag enthalten. Dort wird definiert, was im Umfang enthalten ist, und abgegrenzt, welche weiteren Aufgaben möglicherweise naheliegend wären, jedoch nicht im Umfang enthalten sind. Aus dem Umfang resultiert der Aufwand: Dieser bildet in Kombination mit möglicherweise notwendigem Material das nötige Budget.

Ein Projekt kann also beispielsweise sein: »Es sollen alle Notebooks des Vertriebs auf die neuste Windows-Version aktualisiert werden. Nicht betrachtet werden die Notebooks der anderen Abteilungen. Die Umstellung muss bis zum 1. Juni abgeschlossen sein und darf höchstens 50 Arbeitsstunden kosten.«

10.2 Projektorganisation

Bislang haben Sie viel vom Auftraggeber gelesen, mit dem Sie unter anderem den Umfang des Projekts sowie dessen Rahmenparameter verhandeln. Sobald das Projekt aus Ihrer Sicht abgeschlossen ist, ist es der Auftraggeber, der auch die finale Abnahme durchführen wird.

Zu einem Projekt gehören stets weitere Parteien, die sich in drei wesentliche Gruppen unterteilen lassen:

- Stakeholder
- (Projekt-)Mitarbeiter
- Projektleiter

10.2.1 Stakeholder identifizieren

Der Begriff *Stakeholder* ist bereits an einigen Stellen kurz angeklungen und zugleich für das moderne Projektmanagement von elementarer Bedeutung.

Was ist ein Stakeholder? Übersetzt bedeutet das Wort so viel wie »Interessensvertreter«. Viele Unternehmen sehen den Auftraggeber, etwa das Management, als alleinigen Stakeholder.

Das ist jedoch zu kurz gegriffen, denn Stakeholder ist jede Person, die ein Interesse an dem Projekt und dessen Verlauf hat.

Ein Auszug der Stakeholder für den Neubau eines Firmengebäudes könnte mit der jeweiligen Intention wie folgt aussehen:

- **Geschäftsführung**: Sie finanziert das Projekt und hat ein hohes Interesse an einem sachlich korrekt ausgeführten Bau innerhalb der vorgegebenen Parameter.
- **Bauamt**: Das Bauamt möchte zuvor einen Bauantrag erhalten und diesen auch bewerten können. Ansonsten könnte dies die Baustelle stilllegen.
- **Bauleiter**: Der Bauleiter hat die Gewerke zu koordinieren und zu überwachen. Er benötigt sowohl den Plan als auch entsprechende Befugnisse und Budget.
- **IT**: Sie möchten die Netzwerkverkabelung in dem Neubau mitbestimmen und entsprechend kontrollieren.
- **Naturschutzverein**: Auf dem Grundstück wurde eine seltene Tierart gefunden, und der Naturschutzverein möchte sich für ein Bauverbot einsetzen.
- ...

Die Liste ist unvollständig, zeigt jedoch bereits die Komplexität der Ausarbeitung. Wesentlich ist, dass alle betroffenen Personen aufgeführt werden, auch mögliche Supporter oder Gegner des Projekts.

Für Sie als Projektleiter ist das *Stakeholder-Management* eine Ihrer wesentlichen Aufgaben und zugleich ein Baustein für den Projekterfolg. Wenn Sie etwa den Naturschutzverein nicht im Blick haben und dieser Maßnahmen für einen Baustopp ergreift, kann dies Ihr Projekt gefährden. Wichtig ist, dass die Erfassung neutral erfolgen sollte und lediglich die jeweiligen Bedürfnisse und Zielsetzungen aufführt. Das hilft Ihnen bei der späteren Kommunikation und nimmt bereits mögliche Ereignisse vorweg.

Für einen besseren Überblick können Sie eine *Stakeholder-Map* oder eine *Stakeholder-Matrix* anlegen, ein Beispiel hierfür finden Sie im kommenden Abschnitt. Eine Erweiterung aus der Praxis umfasst neben der Stakeholder-Map die Zusammenstellung von bekannten Beziehungen untereinander, etwa Verwandtschaftsbeziehungen, Bekanntschaften oder andere Seilschaften. Auch wenn dies zunächst befremdlich klingt, ist es ein wesentlicher Baustein für die spätere Steuerung der Stakeholder, denn für Sie ist absehbarer, welche Personen sich verbünden könnten und was dies bedeuten würde. Auch ist der Versuch einer getrennten Kommunikation mit verbündeten Stakeholdern nahezu zum Scheitern verurteilt, da ohnehin eine Kommunikation untereinander stattfinden wird und mögliche verschiedene Informationsstände Ihnen eventuell als Versuch der Verschleierung ausgelegt werden könnten.

Stakeholder-Maps und Vertraulichkeit

Die Stakeholder-Maps und deren Beziehungen sind für das spätere Management der Stakeholder elementar. Zugleich erhalten die Dokumente, wie im folgenden Abschnitt dargestellt wird, Details und von Ihnen durchgeführte Einschätzungen (z. B. die Wichtigkeit der Personen oder deren Einfluss), die eine Brisanz in sich tragen.

Einerseits handelt es sich dabei um Ihre persönliche Einschätzung, die sich im Verlauf des Projekts noch ändern kann und lediglich Ihren Eindruck spiegelt. Andererseits könnten sich einige Stakeholder als Ziel derart offenkundiger Analysen unwohl fühlen und vielleicht Ihre Bewertung als negativ empfinden. Daher sollten Sie die Stakeholder-Matrix geregelt zur Hand nehmen, diese aktualisieren und die Erkenntnisse etwa in die Kommunikation einfließen lassen.

Zugleich sollten Sie das Dokument diskret behandeln und weder Kollegen noch Stakeholdern von dessen Existenz erzählen. Auch wenn mit etwas Projekterfahrung das Vorhandensein eines derartigen Dokuments erahnt werden kann, gibt es noch lange keine Gewissheit, die möglicherweise dann ungewollte Neugier bei den Einträgen entfacht.

10.2.2 Stakeholder kategorisieren

Die Stakeholder-Map soll Ihnen helfen, die Relevanz und Behandlung der Stakeholder besser einschätzen zu können.

Je nach Projektgröße haben Sie zahlreiche Stakeholder und zugleich nur begrenzt Zeit.

Im Rahmen der Stakeholder-Matrix hat sich daher eine Kategorisierung auf Basis von *Einfluss* und *Interesse* als wertvoll erwiesen.

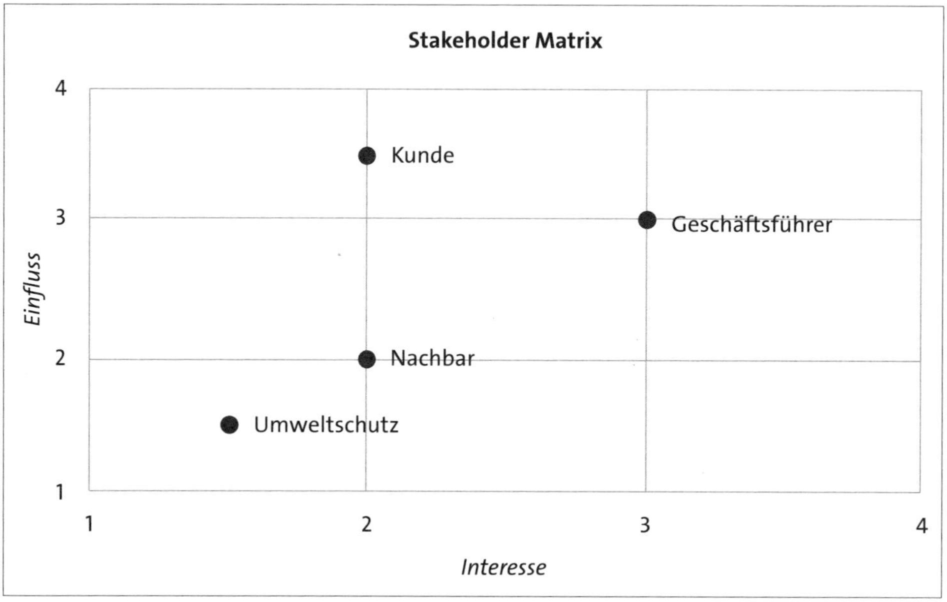

Abbildung 10.1 Beispielhafte Stakeholder-Matrix

Der Einfluss zeigt auf, wie bedeutsam der Stakeholder für Ihr Projekt ist und was er in Folge bewirken kann. Der Geschäftsführer als Geldgeber hat etwa einen hohen Einfluss, da er jederzeit weitere Mittel streichen und damit Ihr Projekt stoppen kann. Vergleichsweise weniger Einfluss hat der Naturschutzverein (im Beispiel als Umweltschutz bezeichnet), der sich zwar auch um einen Baustopp bemüht, jedoch möglicherweise durch Maßnahmen wie Umsiedlungen von Tieren besänftigt werden kann. Zudem ist das Bemühen noch kein Indikator für eine Erfolgsaussicht.

Unter Interesse versteht man die Relevanz des Projekts für den jeweiligen Stakeholder. In nahezu jedem Projekt gibt es Stakeholder, die das Projekt befürworten, allerdings kein wesentliches Interesse daran haben.

Die Annahme, dass ein hoher Einfluss zwingend mit einem hohen Interesse korreliert, ist falsch. Es ist beispielsweise vorstellbar, dass ein Gesellschafter aufgrund seiner Rolle als Geldgeber einen hohen Einfluss hat, sich jedoch lediglich für das operative Geschäft, für das Bauprojekt jedoch kaum interessiert.

Die Kombination beider Dimensionen und die daraus resultierenden Folgen können wie folgt aussehen:

- **Viel Einfluss und wenig Interesse**

  Der Stakeholder möchte, dass das Projekt gut ausgeführt wird, er möglichst wenig mitbekommt bzw. keinesfalls intervenieren muss.

- **Viel Einfluss und hohes Interesse**

  Diese Personen sind nicht selten für Aufstieg und Fall des Projekts maßgeblich, da sie sehr viele Einblicke haben möchten und ihre Meinung ein hohes Gewicht hat.

- **Wenig Einfluss und geringes Interesse**

  Stakeholder, die keinen Einfluss und kein Interesse haben, sind eher als Phantome zu bewerten. Obwohl sie zunächst unsichtbar sind, sollten Sie immer ein Auge auf diese Gruppe haben, da sich das Engagement ändern könnte. In der Praxis erfolgt dies jedoch eher selten, daher sollte dort nicht allzu viel Mühe investiert werden.

- **Wenig Einfluss und großes Interesse**

  Bei nahezu jedem Projekt gibt es Personen, die wenig Einfluss und zugleich ein sehr großes Interesse haben. Diese Personen zu ignorieren, erweist sich meist als großer Fehler, denn aufgrund des großen Interesses ist häufig auch eine große Portion des sprichwörtlichen »Herzbluts« vorhanden.

  Im Alltag heißt das, dass eine ignorierte Person möglicherweise jedem von Ihrer Ignoranz erzählen und zugleich auf mögliche Fehler hinweisen wird. So mancher Projektleiter hat lächelnd auf den geringen Einfluss verwiesen und weiter seine Aufgaben erfüllt. In Folge wurde jedoch so mancher eiskalt erwischt, als plötzlich eine Person mit viel Einfluss auf die gleichen Herausforderungen hinwies und um Antworten bat. Aus dem Grund gilt es, auch die Personen mit wenig Einfluss zu informieren und bis zu einem gewissen Grad einzubeziehen sowie ihre Meinung anzuhören.

Die Kategorisierung der Stakeholder zeigt, dass es verschiedene Gruppen und Interessenslagen gibt. Für das erfolgreiche Projektmanagement gilt es, die eigene Zeit möglichst gut zu verteilen und zugleich das Projekt auf Kurs zu halten. Aus diesem Grund ist eine kontinuierliche Kategorisierung ein Erfolgsfaktor, denn Stakeholder können sich verändern, wodurch möglicherweise andere Kategorisierungen notwendig werden.

Die bisherigen Aufgaben waren eher im Umfeld des eigentlichen Projekts zu suchen, es wurde das Projekt selbst definiert, und die Stakeholder wurden kategorisiert. Für das Projekt selbst sollten Sie genauer auf dessen Eigenschaften und Spannungsfelder schauen.

10.3 Das Projektdreieck

In den Medien finden sich immer wieder Berichte über gescheiterte Projekte, viele Kollegen müssen eigene Missgeschicke eingestehen, und auch ein Blick auf die eigene Projekthistorie ist nicht immer nur rosig. Sie können nun jeden Fehler im Detail betrachten, oft ist der Kontext ein wesentlicher Faktor.

Sobald Sie jedoch die Ursachen kategorisieren, kommen Sie häufig auf drei wesentliche Gründe:

- Leistung
- Zeit
- Kosten

Damit haben Sie die Eckpunkte des Projektmanagement-Dreiecks (siehe Abbildung 10.2).

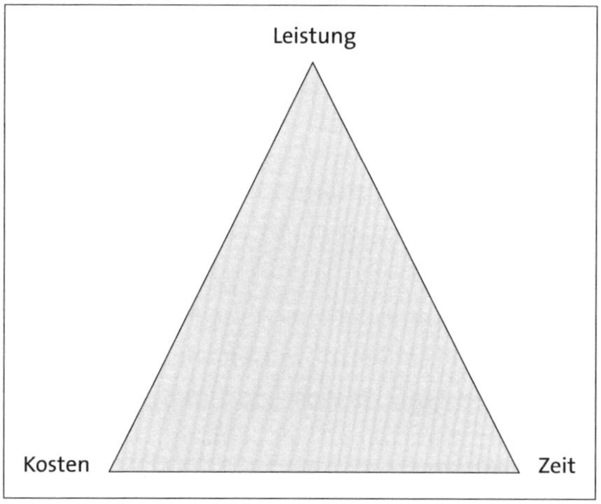

Abbildung 10.2 Herausforderungen des Projektmanagements

Das Dreieck zeigt die drei häufig selbst erfahrenen Faktoren auf:

- *Leistung*: Was soll in dem Projekt erfolgen, was ist das Ziel? Im Alltag erleben Sie hier oft das Scheitern durch den bereits erwähnten *Scope Creep*: Die Anforderungen an Ihr Projekt sind immer weiter gewachsen, und am Ende weiß keiner mehr, wann es eigentlich erfolgreich gewesen wäre.
- *Zeit*: In welchem Zeitraum soll das Projekt abgeschlossen werden? Die größte Gefahr für diesen Faktor ist die Unterschätzung im Alltag. Vielleicht haben Sie nicht alle Bereiche gesehen und dadurch einige ungewollt nicht im Zeitbedarf berücksichtigt, oder die eigene Schätzung war zu optimistisch.

- *Kosten*: Zu welchen Kosten soll/muss die Umsetzung erfolgen? Besonders dieser Themenbereich ist sehr sensibel, da die Kosten im Regelfall durch den Vergleich mit den geplanten Erlösen die Rechtfertigung für das Projekt sind.

Diese drei Faktoren können zugleich als mathematische Variablen gesehen werden, die immer wieder ausgeglichen werden müssen, um so die Form des Dreiecks zu erhalten.

Die *Leistung* beeinflusst maßgeblich die aufgewendete *Zeit* und die *Kosten*.

Im Alltag ist das nachvollziehbar, denn wenn Sie beispielsweise einen Server aufbauen möchten, benötigen Sie dafür drei Stunden bei einem Stundensatz von 50 €. Somit ist die Leistung »fertiger Server« für 150 € in drei Stunden zu erzielen. Ergänzend muss möglicherweise noch Material berechnet werden, was zu den Kosten addiert wird.

- Bei einer Veränderung des Ergebnisses (*Leistung*) ist jedoch ersichtlich, dass Sie entweder den Faktor *Zeit* oder den Faktor *Kosten* erhöhen müssen, damit beide Seiten wieder ausgeglichen sind. Im Beispiel müssen Sie etwa für zwei Server oder für eine weitergehende Systemeinrichtung mehr Zeit aufbringen. Offen ist, ob Sie die Zeit auch durch die Variable *Kosten* kompensieren können, etwa indem Sie den Mitarbeitern Überstunden bezahlen, Leistungen am Markt einkaufen oder auch freiberufliche Mitarbeiter einstellen.
- Insofern die *Zeit* verändert werden soll, gelten die Variablen *Leistung* und *Kosten* als abhängig. Nahezu alle kennen den Moment, in dem ein Projekt schneller fertig werden muss und daher der Umfang (= Leistung) reduziert wird. Dadurch kann auch die Variable *Zeit* entsprechend gemindert werden. Alternativ können möglicherweise durch Kosten weitere Mitarbeiter eingestellt oder ähnliche Lösungen gefunden werden, um die Zeit zu reduzieren.
- Der letzte Punkt sind die *Kosten*. Im Alltag werden Sie feststellen, dass dieser Block nahezu unveränderlich ist, da Sie einen gewissen Anteil von Arbeitszeit investieren müssen, sind die Stundensätze bereits inkludiert. Unklar ist jedoch, ob möglicherweise zuvor vergebene Aufgaben (z. B. Installation des Servers) auch intern erbracht werden können. Dadurch können Sie die Kosten für Dritte sparen, erhöhen jedoch zugleich die eigenen Kosten im Rahmen von Stundensätzen und möglicherweise auch die Zeit.

Die genannten Themen wirken zunächst sehr allgemein und generisch. Die Ursache liegt in der Einzigartigkeit Ihres Projekts. Nicht in jedem Projekt ist es möglich, durch Einkauf externer Mitarbeiter die Zeit zu reduzieren oder die Kosten durch den Entfall externer Leistungen zu senken. Es gilt daher, dass Sie für sich ein Gefühl der Abhängigkeiten in dem konkreten Projekt entwickeln und mögliche Veränderungen herausarbeiten. Das sorgt dafür, dass Sie bei einer Anfrage von den Stakeholdern direkt aussagefähig sind. Da nun das Projekt und seine Einflussfaktoren bekannt sind, stellt sich die Frage, wie es abzuwickeln ist.

10.4 Wie wird ein Projekt umgesetzt?

In der Praxis ist das Vorgehen für Projekte nahezu immer gleich, egal wie groß ein Projekt ist, ob es sich um einen Brückenbau oder ein IT-Projekt handelt. Welche Phasen es gibt und welche Fallstricke zu umgehen sind, wird in den folgenden Abschnitten vorgestellt.

10.4.1 Der Beginn: Auftrag

Jedes Projekt beginnt mit einem *Projektauftrag*. In diesen schreibt der Auftraggeber (auch *Projektsponsor* genannt), was er erwartet und was er bereit ist, dafür zu investieren. Wie bereits erwähnt, ist dies die Übergabe, die Sie als Projektleitung zunächst genau prüfen sollten.

Sind die genannten Ziele sowie die gewährten Budgets und Personalkapazitäten realistisch? Steht dem Projektziel bereits etwas entgegen, etwa ein bereits bekanntes Gesetz, das zeitnah in Kraft tritt?

Wenn Sie für die Projektleitung verantwortlich sind, müssen Sie im Gedanken das zuvor genannte Dreieck aufmalen und für sich schauen, ob es austariert ist oder nicht. Falls Sie Unstimmigkeiten feststellen, etwa eine zu große Leistung in zu wenig Zeit oder mit zu geringem Budget, sollten Sie den Auftrag nicht annehmen, sondern infrage stellen. Erfahrungsgemäß sorgt dies beim Auftraggeber für Unmut, an dieser Stelle müssen Sie jedoch Ihre Position vertreten und erklären, warum die Rahmenparameter nicht passen. Es ist dann die Aufgabe des Auftraggebers, die Rahmenparameter entsprechend anzupassen und mögliche Unstimmigkeiten aufzulösen.

Wie Unstimmigkeiten entstehen

Im Alltag werden Sie auf verschiedene Unstimmigkeiten in Projekten stoßen. Nicht selten ist das ein Stück weit gewollt, denn ein Auftraggeber möchte natürlich immer mit möglichst geringen Kosten den größten Mehrnutzen erzielen. Das ist betriebswirtschaftlich verständlich und Teil seiner Aufgabe.

Es liegt dann an Ihnen, dies frühzeitig zu bemerken und entsprechend gegenzusteuern, damit die Planung auch dem Ziel angemessen ist. In seltenen Fällen werden Sie möglicherweise auf Charaktere treffen, die Sie bewusst hinter das Licht führen und motivieren wollen, auch die optimistische Schätzung zu akzeptieren. Ich kann Ihnen davon nur abraten, denn am Ende geht es im Regelfall schief, und der Auftraggeber zeigt dann mit dem Finger auf Sie und kann sich an vorausgegangene Gespräche oft nicht mehr erinnern!

Gehen Sie jedoch nicht immer von bewusster Täuschung aus – nicht selten sind es einfach nur fehlerhafte Einschätzungen aufgrund eines Mangels an Wissen. Im Idealfall kommen Sie in die Position, dass Sie vom Auftraggeber bereits in der Planung befragt werden, um solche Abweichungen von Anfang an zu unterbinden.

10.4.2 Die Projektinitiierung

Sobald Sie den Projektauftrag angenommen haben, beginnt die Phase der *Projektinitiierung*. In dieser Phase konsolidieren Sie zunächst die Daten und gliedern den Projektauftrag in einzelne Pakete sowie Aufgaben auf.

Als ersten Schritt müssen Sie den Inhalt und den Umfang aufschlüsseln und mögliche Ausschlüsse aus Ihrem Projekt zusammenstellen. Auch wenn dies nach dem Projektauftrag wie doppelte Arbeit wirkt, ist es ein wichtiger Schlüssel zu mehr Klarheit, denn die ermittelten Daten sollten mit der Bitte um Bestätigung an die Stakeholder übergeben werden.

In der Praxis entsteht oft der Konflikt, den viele bereits sehr gut kennen: Der Sender der Botschaft und der Empfänger haben ein unterschiedliches Bild des Ziels vor Augen. Die genaue Beschreibung und die erneute Klärung der Ausschlüsse (und somit auch der Grenzen) sorgen dafür, dass die Stakeholder und Sie ein gemeinsames Bild des Ziels entwickeln und sich zugleich sicher sind, dass es sich um das angestrebte Ziel handelt.

Nach der Abstimmung der gemeinsamen Sicht müssen Sie einen konkreten Projektplan aufstellen. Hierzu leiten Sie zunächst kleine Schritte und Pakete ab, die notwendig sind, um das Projektziel zu erreichen.

Arbeitspakete

In der Praxis werden die Tätigkeiten oft in sogenannte Arbeitspakete aufgeteilt.

Ein Arbeitspaket umfasst eine genau definierte Leistung und die dazu notwendigen Aufwände sowie Abhängigkeiten von anderen Arbeitspaketen. Im Alltag sind die Arbeitspakete eine erste Feuerprobe für Sie. Wenn Sie das Projekt zu kleinteilig in vielen Arbeitspaketen planen, werden Sie schnell Schwierigkeiten in der Verwaltung bekommen und möglicherweise den Überblick verlieren. Wenn Sie die Arbeitspakete jedoch zu groß dimensionieren, wird die Planung grob, dadurch fallen mögliche Risiken und Herausforderungen unter Umständen zu spät auf.

Die richtige »Flughöhe« für Ihr Projekt kann an dieser Stelle nicht bestimmt werden. Erste Indikatoren können die Eigenständigkeit von Aufgaben und mögliche Risikoübergänge sein. In einem Projekt können Sie beispielsweise die Bereitstellung der Server in ein Arbeitspaket stecken und die Netzwerkkonfiguration in ein anderes. Diese Struktur ist sinnvoll, wenn Sie etwa ein Server- und ein Netzwerkteam haben oder zumindest zwei Kollegen dies tun. Auch unter dem Aspekt des Risikos wäre dies sinnvoll, denn bei einem einzigen Paket würden Sie schnell das gegenseitige Zuschieben von Schuld erleben, falls etwas nicht funktioniert. Aufgrund der Aufteilung wissen Sie jedoch genau, wen Sie ansprechen und motivieren müssen.

Damit Sie die Pakete im späteren Verlauf überwachen und die Abhängigkeiten erfassen können, empfiehlt sich die Erstellung eines Gantt-Diagramms. Als wesentlichen Punkt können Sie in dem Diagramm den kritischen Pfad, also den Ablauf von Arbeitspaketen, auf dem jede Verzögerung zugleich den Fertigstellungstermin verschiebt, erkennen. Im Alltag können Sie damit mögliche Verzögerungen einzelner Pakete simulieren und zugleich erkennen, wie sich das gesamte Projekt dadurch verändert.

Obwohl es auch manuell möglich ist, empfiehlt es sich, für die Dynamik ein Tool wie Microsoft Project zu nutzen.

Dort könnte ein beispielhafter Plan wie in Abbildung 10.3 aussehen.

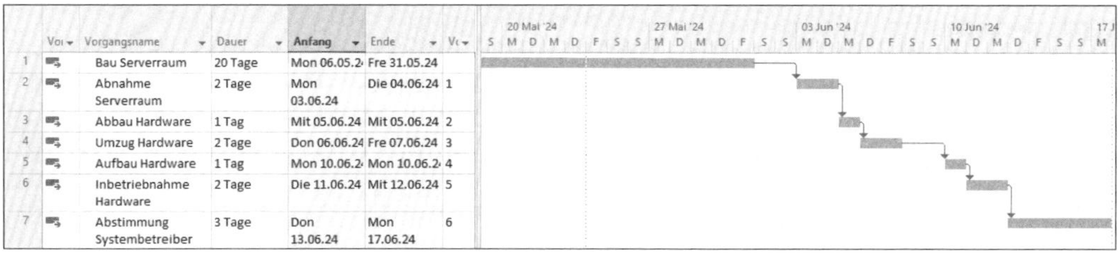

	Vo	Vorgangsname	Dauer	Anfang	Ende	Vo
1		Bau Serverraum	20 Tage	Mon 06.05.2	Fre 31.05.24	
2		Abnahme Serverraum	2 Tage	Mon 03.06.24	Die 04.06.24	1
3		Abbau Hardware	1 Tag	Mit 05.06.24	Mit 05.06.24	2
4		Umzug Hardware	2 Tage	Don 06.06.24	Fre 07.06.24	3
5		Aufbau Hardware	1 Tag	Mon 10.06.2	Mon 10.06.2	4
6		Inbetriebnahme Hardware	2 Tage	Die 11.06.24	Mit 12.06.24	5
7		Abstimmung Systembetreiber	3 Tage	Don 13.06.24	Mon 17.06.24	6

Abbildung 10.3 Gantt-Diagramm in MS Project

Ein weiterer Vorteil ist, dass Sie das Gantt-Diagramm mit einem erfahrenen Kollegen oder Ihrem Team abstimmen können, um sicherzustellen, dass Sie in der Eile kein Arbeitspaket vergessen haben. Nicht selten stellt sich dabei heraus, dass Sie eine Aufgabe völlig selbstverständlich in einem Aufgabenpaket verortet haben, andere diese Sicht jedoch nicht teilen.

Die Vorstellung des Plans konkretisiert diesen daher noch einmal, macht die Zuhörer bereits in der Planung zu beteiligten Personen und schützt Sie vor vermeidbaren Überraschungen, die sich im späteren Projekt bitter rächen könnten. Im Plan erkennen Sie zudem zwei weitere Themen, die Ressourcen und die Zeit.

Menschen als Ressourcen

Der Begriff »Ressource« ist in diesem Kontext heikel und sollte von Ihnen zumindest erklärt werden. Im Rahmen eines Projekts werden Mitarbeiter als Ressourcen bezeichnet, was einigen abwertend vorkommt, weil sie sich dadurch ersetzbar fühlen. Auch wenn dies im Projektmanagement ein gängiger Ausdruck ist, sollten Sie darauf achten, diese Formulierung gegenüber den Mitarbeitern zu erklären oder besser nicht zu nutzen.

Die Ressourcen/Mitarbeiter müssen zunächst angefragt, eingeplant und möglicherweise auch beschafft werden. Im Diagramm haben Sie bereits einen logischen Ablauf erstellt sowie Abhängigkeiten definiert.

Zum Beispiel kann ein Server nicht eingebaut werden, bevor der entsprechende Schrank aufgestellt wurde. Was zunächst möglicherweise mit dem Satz »Das weiß doch jeder!« belächelt wird, entfaltet seine Wirkung besonders im Stress und bei großen Projekten. Möglicherweise fallen Sie aus, jemand anderes muss das Projekt temporär leiten und hat genau dieses Wissen nicht. Daher sollten Sie alle Abhängigkeiten einstellen und den Plan so aufbauen, dass jemand mit begrenzter inhaltlicher Kenntnis ihn zumindest koordinieren könnte.

Stakeholder informieren

Sobald Sie den Projektplan aufgestellt und alle Termine für Lieferungen sowie Personaleinsätze koordiniert haben, müssen Sie die Stakeholder des Projekts erfassen und entsprechend die Kommunikation mit ihnen planen und vereinbaren.

Die Kommunikation selbst können Sie in persönlichen Runden, per Mail oder auch durch Aushänge realisieren. Entscheidend sind die jeweiligen Stakeholder, deren Bedürfnisse und möglicherweise auch der Kontext des Projekts. Falls Ihr Projekt die Arbeitswelt vieler Mitarbeiter betrifft, bieten sich auch größere Vorstellungsrunden mit Mitarbeitern an; bei einer kleinen Veränderung wird der Aushang möglicherweise hinreichend sein.

Bei der Betrachtung der Kommunikation stehen häufig die Auftraggeber und externe Parteien im Fokus, das eigentliche Projektteam wird oft vergessen. Für den Projekterfolg ist das Projektteam jedoch von entscheidender Bedeutung, daher sollten Sie es gewissenhaft zusammenstellen und zugleich eine Kommunikationsstrategie planen.

Wenn Sie Projektleiter und Führungskraft in Personalunion sind, können Sie ganz anders agieren, als wenn diese Positionen im Rahmen einer Matrix-Organisation auf zwei Personen verteilt sind. Nicht selten ist es so, dass Sie in der Rolle des Projektleiters dann die fachliche Führung übernehmen, jedoch disziplinarisch eine andere Person die Verantwortung trägt.

Dies hat Vor- und Nachteile. Ein Vorteil ist, dass Sie sich nicht mit der eigentlichen Personalförderung und -entwicklung beschäftigen müssen und zugleich bei fehlender Performance die jeweilige Führungskraft ansprechen können. Das Kritikgespräch muss dann jemand anderes für Sie führen!

Dieser Vorteil wird in der Praxis jedoch schnell zum Nachteil, denn der Respekt wird Ihnen nicht per Hierarchie verliehen, sondern muss verdient werden. Sie müssen somit mit vollem Leadership agieren, was bedeutet, den Mitarbeiter emotional zu erreichen und zu motivieren. Das Ziel besteht darin, nicht nach disziplinarischer Führung zu fragen, sondern eine gemeinsame große Aufgabe zu bewältigen. Mit diesem Gedanken ist offensichtlich, warum die Eskalation zum disziplinarischen Verantwortlichen das letzte Mittel sein und ausgesprochen selten genutzt werden sollte.

Risikomanagement

Als letzte vorbereitende Aufgabe müssen Sie das Risikomanagement etablieren. In jedem Projekt sollten Sie sich die Frage stellen, was schiefgehen und den Projekterfolg gefährden kann. Um dies näher zu analysieren, empfiehlt sich ein mehrstufiges Vorgehen:

1. **Einflussfaktoren erkennen**

   In einem Brainstorming sollten mit dem zukünftigen Team mögliche Einflussfaktoren zusammengestellt und zunächst notiert werden. Wichtig ist, dass sowohl mögliche Vorteile als auch Herausforderungen notiert werden.

2. **Faktoren analysieren**

   In diesem Schritt wird jeder zuvor erfasste Faktor näher analysiert und kategorisiert. Die Frage sollte sein, was passieren muss, damit dieser Faktor seine Wirkung entfaltet. Im Anschluss sollten die Wahrscheinlichkeit des Eintretens sowie der damit verbundene Schaden erfasst werden.

3. **Maßnahmen planen**

   Nachdem im vorherigen Schritt alle Faktoren genau erfasst und auch mit Wahrscheinlichkeiten versehen wurden, stellt sich nun die Frage: Was kann getan werden? Im Projekt geht diese Frage noch etwas weiter und umfasst auch den Gedanken, ob überhaupt etwas getan werden muss.

An dieser Stelle sollten Sie den Begriff tauschen. Im allgemeinen Sprachgebrauch wird das Wort »Risiko« schnell mit Gefahr und negativen Erlebnissen verbunden. Das Wort selbst stammt vom altitalienischen Wort »risco« ab, das in der früheren italienischen Schifffahrt so viel wie »Klippe« bedeutete. Auch in diesem Fall wird das Risiko also negativ bewertet.

Im Projektmanagement werden jedoch sowohl *positive Risiken (Vorteile)* als auch *negative Risiken (Nachteile)* aufgezählt. Es erfolgt daher eine Veränderung der Sichtweise und die Veränderung der Bedeutung zu einem Faktor. Im Alltag empfiehlt es sich, dass Sie Ihrem Team diese Sichtweise erklären oder auf einen neutralen Begriff wie »Faktor« wechseln. Ansonsten werden Sie beispielsweise im Brainstorming für die Frage nach »positiven Risiken« nur fragende Blicke ernten.

Die Behandlung der Risiken ist unterschiedlich, bei einem positiven Risiko soll das Eintreten möglichst forciert und gefördert werden, bei einem negativen Risiko hingegen soll es möglichst verhindert werden.

Für negative Risiken ergeben sich daher folgende Maßnahmen:

- **Akzeptieren**

  Das Risiko gilt als akzeptiert, etwa weil es eine sehr geringe Wahrscheinlichkeit oder eine sehr geringe Auswirkung aufweist. Beispielsweise könnte das Risiko der verspäteten Lieferung der Kabelführungsschienen akzeptiert werden. In diesem Fall wird angenommen, dass es sich bei Kabelführungsschienen um einen Gegenstand zur Ordnung der Kabel handelt und daher das Projekt nicht unmittelbar gefährdet ist. Da der Einbau zu einem späteren Zeitpunkt nachgeholt werden kann, ist die Auswirkung der nicht rechtzeitigen Lieferung zu vernachlässigen.

- **Verhindern**

  Ein Risiko zu verhindern, bedeutet, die Ursache auszuschließen. Wesentlich ist, dass eine Verhinderung keinesfalls eine Reduzierung bedeutet, sondern das Ziel hat, die Wahrscheinlichkeit auf 0 % zu senken. Ein Beispiel für eine Verhinderung kann sein, dass Ware, die für einen späteren Projektabschnitt benötigt wird, bereits zu Projektbeginn gekauft und eingelagert wird. Somit sind ein späterer Lieferengpass und daraus resultierender Projektverzug nahezu ausgeschlossen. An dieser Stelle muss betont werden, dass die 0 % Wahrscheinlichkeit als theoretischer Wert betrachtet werden muss, da die Ware im Lager ebenfalls durch Feuchtigkeit Schaden nehmen oder durch Diebstahl entwendet werden kann.

- **Übertragung**

  Bei einigen Risiken ist offensichtlich, dass diese nicht ausgeschlossen werden können. Bei einem Schiffstransport der Ware von Asien nach Europa kann beispielsweise der Verlust durch Diebstahl oder den Untergang des Schiffs nicht ausgeschlossen werden. Möglicherweise kann dies ein sehr hohes finanzielles Risiko zur Folge haben. Als weiteres Beispiel kann das Risiko benannt werden, dass die Monteure für die Server erkranken und dadurch die Aufgabe nicht erledigen können.

  Bei der Übertragung gilt es, jemanden zu finden, der das Risiko (meist gegen eine Zahlung) übernimmt und entsprechend eine Lösung (oder auch finanzielle Sicherheit für Schäden) innerhalb der gegebenen Parameter garantiert. Für den Schiffstransport kann dies beispielsweise eine Versicherung sein, für die Montage kann eine externe Firma mit mehr Handwerkern eingekauft werden.

- **Reduzierung**

  Bei einem Risiko können sowohl die Eintrittswahrscheinlichkeit als auch die Folgen reduziert werden. Im Vergleich zu einer Verhinderung bedeutet dies allerdings nur eine Reduktion, sodass das Unternehmen zuvor die eigene Risikotoleranz klären muss. Es muss, häufig auf der Ebene der Geschäftsleitung, definiert werden, welche Risiken als akzeptabel gelten und welche als zu hoch eingestuft werden.

Nachdem Sie eine Übersicht aller Risiken angelegt haben, sollten Sie prüfen, ob der Projektplan sicher durchgeführt werden kann, und überlegen, welche Gefahren akut sind. Falls sehr große und nicht lösbare Risiken erkennbar sind, müssen Sie die Auftraggeber in jedem Fall informieren. Auch ansonsten empfiehlt es sich, dass Sie Ihre Risikoübersicht mit den Stakeholdern teilen, um ein gemeinsames Verständnis sicherzustellen.

10.4.3 Während des Projekts

Bislang wurde das Projekt geplant, und die ersten Arbeitspakete werden bereits durch die Projektmitarbeiter umgesetzt. Auf den ersten Blick bedeutet dies für Sie als Projektleiter, die Fertigstellung einzelner Arbeitspakete an die Stakeholder im Rahmen des Fortschritts zu melden und irgendwann den Abschluss des Gesamtprojekts bekannt zu geben. Im Alltag des Projektmanagements ist jedoch weitaus mehr zu tun.

Controlling

Die Position »Projektmanager« wird auf Deutsch auch oft »Projektleiter« genannt, was den Inhalt der Position bereits darstellt: Sie müssen das Projekt leiten. Eine der wesentlichen Aufgaben in dieser Rolle ist das Projektcontrolling. Ist das Projekt noch »in time« und »in budget«?

An dem zuvor erstellten Gantt-Diagramm können Sie ablesen, welche Arbeitspakete schon abgeschlossen sein müssen. Sind sie es? Falls nicht, was bedeutet das für Ihr Projekt?

Als weitere Prüfung müssen Sie schauen, welche Kosten bereits im Rahmen des Projekts entstanden sind und ob sich diese innerhalb des Plans befinden. Viele Projektmanager nehmen zu Beginn nur sichtbare Kosten, etwa in Form von Hardware und Ähnlichem, an. In Folge gehen Sie jedoch ein großes Risiko ein, denn nicht selten sind die Personalkosten in einem Projekt der größte und zugleich unsicherste Kostenblock. Auch wenn alle Arbeitspakete im Plan sind, kann es sein, dass die Mitarbeiter dafür Überstunden gemacht und diese auf Ihr Projekt abgerechnet haben. Obwohl Sie augenscheinlich auf dem richtigen Weg sind, würde sich in dieser Lage bereits das Unwetter zusammenbrauen ...

Bei der Prüfung der tatsächlich geleisteten Pakete und der bereits entstandenen Kosten kann sich herausstellen, dass der Plan derzeit nicht eingehalten wird.

An dieser Stelle ist es Ihre wichtigste Aufgabe, herauszufinden, warum der Plan nicht eingehalten wurde, etwa warum mehr Zeit als geplant verbraucht wurde. Mögliche

Ursachen können nicht hinreichende Beschreibungen sein, die Klärungsbedarf verursachen, oder auch Stakeholder, die auf das Projektteam einwirken.

Auch wenn Controlling nach einer Aufgabe für die Projektleitung klingt, ist es keine Sache für Einzelkämpfer. Integrieren Sie das Projektteam, und visualisieren Sie den Fortschritt. Als Darstellung können Sie ein Burn-down-Chart verwenden (siehe Abbildung 10.4).

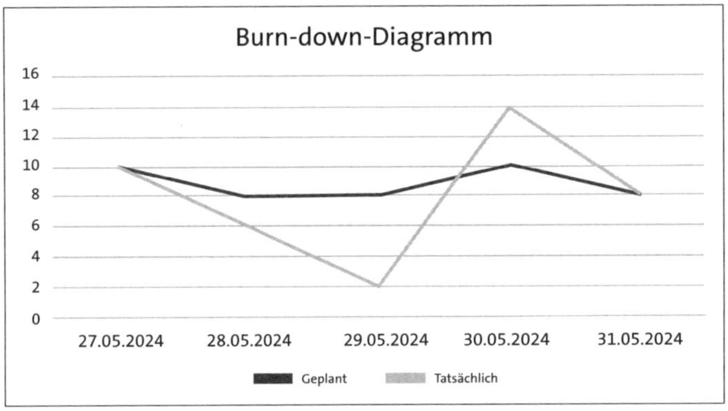

Abbildung 10.4 Burn-down-Chart

Auf der linken Seite sehen Sie die Menge an Arbeitspaketen, auf der X-Achse die Tage. In diesem Beispiel ist die Planung für eine Woche vorgenommen worden. Wichtig ist die Interpretation der Grafik. Die Soll-Kurve entspricht dem Plan, es wird jedoch Wochen geben, in denen große Arbeitspakete bearbeitet werden und in denen daher die Ist-Kurve den idealen Bereich zu verlassen scheint. Sie sollten in regelmäßigen Abständen mit dem Team daher abstimmen, ob die Abweichung normal ist und welche Arbeitspakete derzeit bearbeitet werden.

Eine weitere Kurve kann der Vergleich zwischen geleisteten und geplanten Arbeitsstunden sein (siehe Abbildung 10.5).

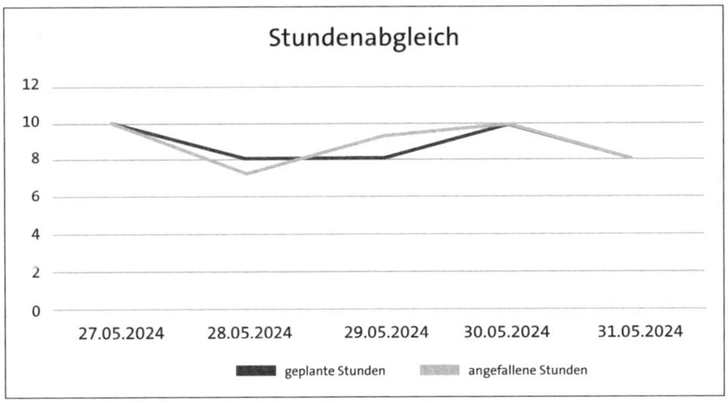

Abbildung 10.5 Stundenabgleich

Auch hier ist die Interpretation wichtig, denn möglicherweise werden zu Beginn mehr Arbeitsstunden geleistet, wodurch die Ist-Kurve die Soll-Kurve übersteigt. Im späteren Verlauf kann sich dies jedoch durch Urlaub und den Abbau von Überstunden wieder regulieren, auch das sollte ebenfalls bekannt sein.

Diese und mögliche weitere Grafiken sind in erster Linie für Ihr Team und die Kommunikation zwischen Ihnen und dem Team gedacht.

Sie selbst sollten das Budget und die Abläufe granularer im Blick haben.

Kommunikation

In beiden Fällen wäre Kommunikation der Schlüssel zur Vermeidung gewesen. Wenn beispielsweise eine Beschreibung nicht hinreichend ist, sollte das Projektteam sich damit umgehend bei Ihnen zur weiteren Klärung melden. Entweder haben Sie bereits das notwendige Wissen und somit eine Antwort, oder Sie müssen die Fragen mitnehmen und beim Auftraggeber klären.

An dieser Stelle muss das Team erkennen, dass nur Kommunikation Probleme dieser Art lösen kann. In der Praxis stoßen selbst erfahrene Projektleiter immer wieder auf Mitarbeiterinnen und Mitarbeiter, die das Problem im Alleingang lösen wollen und darauf viel Zeit verwenden. Darauf sollten Sie von Beginn an achten und dies bereits bei Entstehung unterbinden, da es insbesondere in Projekten mit ambitionierten Zeitplänen zu einem Problem werden kann.

Die andere Herausforderung stellt der direkte und ungelenkte Einfluss der Stakeholder auf das Projektteam dar. Was zunächst positiv klingt, etwa weil die Stakeholder sich aktiv einbringen und interessieren, wird jedoch schnell gefährlich. Stakeholder neigen dazu, Arbeitspakete und Anforderungen anzupassen. Falls das ohne Sie als Projektmanager geschieht, haben Sie schnell ein Projekt ohne jegliche Kontrolle. Sie sollten daher der einzige Ansprechpartner der Stakeholder sein. Damit dennoch eine Teamdynamik auch im Zusammenspiel mit den Stakeholdern entstehen kann, ist es wertvoll, wenn Sie gezielte Vorstellungen Ihres Teams bei interessierten Stakeholdern oder gemeinsame Termine anbieten. Nur so ist sichergestellt, dass Sie weiterhin den Gesamtüberblick haben und mögliche Änderungen nicht zu einem Projektrisiko werden.

Change-Management

Änderungen in einem Projekt sind recht heikel, daher betrachtet man sie gesondert unter dem Stichwort des »Change-Managements«. Je länger ein Projekt läuft, umso höher ist die Wahrscheinlichkeit, dass sich das gewünschte Ziel ändert. Gründe dafür können eigene Erfahrungen der Auftraggeber oder auch Änderungen der Rahmenparameter sein, etwa rechtlicher Fragen.

Ob Sie Änderungswünsche akzeptieren, hängt natürlich von ihrer Bedeutung sowie dem Umfang des Änderungswunschs ab. Viele Projektmanager neigen zunächst dazu, die Aufnahme von Veränderungen von deren Umfang abhängig zu machen. Nehmen Sie daher nicht jede Änderung sofort an, sondern prüfen Sie, was sinnvoll und machbar ist. Und verlieren Sie die Endlichkeit des Projekts nicht aus dem Blick, denn sonst wird das Projekt schnell endlos und kann nie in den Betrieb überführt werden. Oder das Ergebnis ist schon wieder veraltet, wenn es fertig ist.

Ein Beispiel für eine notwendige Änderung ist die Anpassung des Mehrwertsteuersatzes von 16 auf 19 Prozent in einem geplanten ERP-System oder einem Webshop. Da dies eine gesetzliche Vorgabe ist, müssen Sie sie offensichtlich umsetzen.

Doch Obacht! Auch wenn die Änderung zunächst gering aussieht, sollten Sie keinesfalls direkt zusagen! Sie übergehen damit das ausführende Projektteam und verzichten auf die Kompetenz Ihres Teams, falls Sie die Entscheidung einfach selbst treffen! An dieser Stelle ist es die Rolle des Projektmanagers, die Anforderung bzw. deren Änderung aufzunehmen und mit dem Team den Einfluss auf die bereits benannten Faktoren zu bewerten:

- *Zeit*
- *Kosten*
- *Mitarbeiter*

Eine mögliche Folge kann sein, dass sich das Projekt aufgrund der Veränderung verlängern würde und das Ergebnis daher nicht zum vereinbarten Zeitpunkt geliefert werden könnte.

Besonders wenn Sie »aus der Technik« kommen und die Reichweite eines solchen Änderungswunschs grob einschätzen können, lauert die Gefahr der fachlichen Brille. Man möchte als Dienstleister vieles schnell und einfach möglich machen und prüfen, wie die veränderte Anforderung dennoch innerhalb der angesetzten Zeit umgesetzt werden kann.

Von diesem Vorgehen ist jedoch abzuraten, denn wenn das passiert, wird Ihr Auftraggeber weitere Anforderungen ändern und immer erwarten, dass Sie das hinbekommen werden.

Vielmehr ist es Ihre Aufgabe, die Auswirkungen und die Verschiebung des Lieferzeitpunkts sachlich darzustellen. Der Auftraggeber muss dann für sich abwägen, ob die neue Anforderung oder der Zieltermin eine höhere Priorität haben. Auch wenn Sie der Meinung sind, dass der Zieltermin mit etwas Glück und gutem Zufall noch zu halten ist, sollten Sie dies nicht äußern! Sollten Sie aufgrund einer Optimierung die Zeit wieder aufholen können, liefern Sie das Ergebnis zum vereinbarten Zeitpunkt und können die Optimierung als Ursache nennen. Wenn Sie jedoch bereits die frühere Lieferung zusagen und die Optimierung sich doch nicht als erfolgversprechend herausstellt, haben Sie ein Problem. Kurzgefasst: Wenn Sie etwas eher liefern, wird der Auftraggeber Sie loben, sollten Sie jedoch aufgrund einer ambitionierten Schätzung und zu früher Versprechen doch mehr Zeit benötigen, ist Ihnen ein Tadel gewiss! *Underpromise, over-deliver*, wie man in den USA sagt.

Zeit und Kosten sind oftmals austauschbar

Neben der *Zeit* können auch die *Kosten* bewertet werden, denn wenn mehr Zeit benötigt wird, steigen auch die Kosten. Möglicherweise können die Mehraufwände durch höhere Kosten, beispielsweise in Form von freiberuflichen Mitarbeitern, kompensiert werden. Auch hier sollten Sie Szenarien entwickeln und vor allem bewerten, in Hinblick auf die durch den Auftraggeber angefragte Veränderung.

In Veränderungsprozessen wird oft nur an den Wunsch des Kunden sowie die Faktoren *Zeit* und *Kosten* gedacht. Was jedoch dabei schnell untergeht, ist das Projektteam! Jede Veränderung des Projektplans bedeutet für das Team ebenfalls eine Veränderung: Aufwendig erstellte Pläne müssen verworfen und neu erstellt werden, möglicherweise sind erste Abstimmungen mit Dienstleistern nicht mehr gültig und vieles mehr. In der Praxis führt ein solches Vorgehen erst zu einem Seufzen, aber falls sich die Änderungen häufen, kommt es zur Verzweiflung und endet letzten Endes in der Demotivation.

Das bedeutet natürlich, dass Ihr Projekt wahrscheinlich nicht richtig umgesetzt wird, ist aber auch sonst fatal: Falls es beim Mittagessen die Runde macht, dass Ihr Projekt eine einzige Katastrophe ist und die einzige Konstante die Veränderung ist, erscheinen sowohl das Projekt als auch Sie als Projektleiter negativ.

Der Frust kann sich so weit steigern, dass im weiteren Verlauf wichtige Mitarbeiter Ihr Unternehmen verlassen. Das ist in vielen größeren Projekten bei schlechter Leitung alles andere als unwahrscheinlich.

Sie sollten daher in jedem Fall die Anzahl der Veränderungen bei dem Auftraggeber begrenzen und zugleich die Relevanz der Veränderung sichtbar machen. Sie werden deutlich mehr Verständnis bei Ihrem Team ernten, wenn die Änderung der Anforderung bzw. die zugrunde liegenden Ursachen nachvollziehbar sind.

Definition of Done und Akzeptanzkriterien

Neben all den möglichen Veränderungen haben Sie auch noch den Alltag, in dem Sie den Fortschritt begleiten müssen.

Sobald ein Arbeitspaket durch die Projektmitarbeiter als abgeschlossen markiert wird, müssen Sie dies im Rahmen des Qualitätsmanagements prüfen. Im Idealfall haben Sie daher je Arbeitspaket neben der Aufgabe selbst auch eine *Definition of Done* beschrieben.

Die *Definition of Done* entstammt den agilen Methoden und beschreibt, ab wann eine Benutzeranforderung als abgeschlossen betrachtet werden kann. Sie unterteilt sich in zwei wesentliche Bausteine:

- **Definition of Done**: Die Definition of Done ist eine Liste von Kriterien, die für jeden Arbeitsschritt gleich sind und immer erfüllt werden müssen. Hier können Sie zum Beispiel festlegen, dass alle Stunden vollständig erfasst, eine Dokumentation erstellt oder das Ergebnis im Team vorgestellt wurde.
- **Akzeptanzkriterien**: Die Akzeptanzkriterien werden pro Arbeitspaket festgelegt und beschreiben, was der Nutzer von dem Arbeitspaket erwartet. Wichtig ist, dass es sich hierbei um nachvollziehbare Parameter und nicht um subjektive Aspekte handelt!

Sie sollten in Ihrer Definition of Done beide Aspekte nutzen. So können die Projektmitarbeiter bereits selbst das Ergebnis prüfen und möglicherweise Lücken erkennen. Für Sie wird die Prüfung ebenfalls einfacher, da Sie auf Basis der zuvor festgelegten Parameter prüfen und Ihnen somit auch keine Willkür vorgeworfen werden kann.

Feedback geben

Wichtig ist, dass Sie das Arbeitspaket prüfen und in jedem Fall ein Feedback an die verantwortlichen Mitarbeiter geben. Viele Projektmanager folgen der schwäbischen Weisheit »Nicht geschimpft ist genug gelobt!«, was jedoch im Alltag nicht funktioniert.

Geben Sie Ihrem Projektmitarbeiter ein Feedback, loben Sie, wenn berechtigt, und bestätigen Sie in jedem Fall die Abnahme. Für viele Projektmitarbeiter ist dies ein wichtiger Schritt, da das Arbeitspaket dann gedanklich abgehakt werden kann und wieder Raum für neue Aufgaben entsteht.

Nach der Fertigstellung einiger Arbeitspakete ist es möglich, dass ein Meilenstein erreicht wird. Ein *Meilenstein* definiert in einem Projekt einen wesentlichen Schritt, an dem Stakeholder weiterführende Berichte erhalten oder Sie mit dem Team den aktuellen Stand präsentieren. Der Umfang der Berichte und mögliche Vorstellungen sollten bereits zu Projektbeginn mit den Stakeholdern abgestimmt werden.

Beachten Sie aber, dass Meilensteine meist nur bei großen Projekten genutzt werden und vor allem dann, wenn ein Feedback notwendig ist. Wenn es nichts zu berichten gibt, brauchen Sie auch keinen Meilenstein. Falls Sie etwa einen neuen Serverraum aufbauen, sollten Sie Ihren Stakeholdern nur die wesentlichen Schritte vorstellen; wenn Sie aus jedem neu verlegten Netzwerkkabel einen Meilenstein machen, werden Sie nur auf geringes Interesse stoßen und wirken wie jemand, der das große Ganze nicht im Blick hat. Als Faustregel gilt daher, dass ein Meilenstein für die Stakeholder interessant sein und von diesen auch als wichtig eingestuft werden muss.

Probleme lösen

Sie haben den Fortschritt Ihres Projekts fest im Blick, alle (geänderten) Anforderung sind geplant und das Team ist motiviert? Es kann trotzdem der Tag kommen, an dem der verbleibende Aufwand höher als das noch vorhandene Budget ist oder die geplanten Personentage höher als die verbleibende Zeit sind und Sie dadurch auf einen Schiefstand zusteuern.

Als erste Regel gilt, dass Sie zunächst ruhig bleiben und das Thema nicht direkt an alle Instanzen eskalieren sollten. Insbesondere solch heikle Themen offenbaren häufig, ob Sie die innere Ruhe eines Projektmanagers haben. Keinesfalls ist damit gemeint, dass Sie solche Themen geheim halten sollen. Es geht vielmehr um einen gesunden Umgang damit und die Vermeidung unnötiger Panik.

Zunächst sollten Sie Ihr Projektteam mit der Abweichung konfrontieren und nach Ursachen fragen. Nicht selten haben einige Mitarbeiter den Fortschritt nicht vollständig im System eingetragen, wodurch die Werte schlechter aussehen, als sie wirklich sind. Vielleicht ist die Realität ja gar nicht so schwarz, wie es auf dem Papier zunächst wirkt.

Oder es könnte sich herausstellen, dass die Zeit in der Tat fortgeschritten ist, jedoch die Schätzung für kommende Arbeitspakete sehr großzügig war und dort wieder Zeit gewonnen werden kann. Insbesondere diese Variante birgt ein gewisses Risiko für Sie als Projektmanager, denn dass der Verzug wirklich aufgeholt werden kann, ist zunächst nur eine Behauptung. Im eigenen Interesse sollten Sie in dieser Phase die Zusammenarbeit mit dem Team intensivieren, um aktiv festzustellen, wenn es doch nicht reichen wird. Zugleich ist dies ein sehr großer Vertrauensvorschuss in Ihr Team, der oft belohnt wird.

Aber falls Sie die Richtigkeit der Daten mit dem Team festgestellt haben und keine gemeinsamen Ursachen mit einfacher Lösung identifizieren konnten, müssen Sie nach einer Lösung für das Problem suchen. Dazu ermitteln Sie zunächst den Restaufwand. Das Ergebnis sollten Sie unbedingt mit dem Projektteam besprechen und gemeinsam verbindlich beschließen, um sicherzustellen, dass nicht noch weitere Unwägbarkeiten und dadurch eine weitere Eskalation bereits absehbar sind.

Sobald die Daten vollständig sind, müssen Sie den Auftraggeber über die Situation informieren. An dieser Stelle können Sie nahezu sicher sein, dass eine Begründung für die Situation gefordert wird. Sie sollten sich daher bereits im Vorfeld fragen, wie es dazu kommen konnte und warum die Situation bereits nicht mehr zu retten ist. Der Auftraggeber möchte an dieser Stelle keine Selbstoffenbarung, sondern vorwiegend eine sachliche Erklärung. Im Idealfall handelt es sich bei der Ursache um Risiken, die bereits im Vorfeld bekannt und kommuniziert waren und daher nun nicht gänzlich unerwartet sind.

Sobald die Ursachen dargestellt wurden, gilt ein Grundsatz: Sie sollten (möglichst) nie mit einem Problem zu Ihrem Auftraggeber gehen, wenn Sie nicht auch eine Lösung anbieten können!

Im nächsten Schritt sollten Sie daher eine eigene Einschätzung für den weiteren Fortschritt des Projekts geben. Ist bereits absehbar und recht sicher, dass nach einer Veränderung der Rahmenparameter das Projektziel erreicht werden wird?

Ihre Einschätzung sollten Sie mit einigen wesentlichen Fakten untermauern, jedoch nicht zu einem langen Vortrag ausufern lassen. Auf Basis Ihrer Einschätzung sollten Sie eine Empfehlung abgeben, wie mit der Situation umgegangen werden kann. Die Möglichkeiten reichen von der Veränderung der Rahmenparameter (*Geld, Zeit, Umfang*) bis hin zur Einstellung des Projekts. Wichtig ist, dass Sie durch Ihre Ausführungen das Vertrauen des Auftraggebers in Sie als Projektmanager stärken. Sie müssen sich an dieser Stelle als analytisch denkender Partner präsentieren, der jederzeit die Interessen des Auftraggebers fokussiert.

Abschließend sollten Sie beachten, dass Sie die Situation darstellen und Empfehlungen geben, die finale Entscheidung jedoch durch den Auftraggeber erfolgen muss. An dieser Stelle gilt, dass Sie möglicherweise ihre Meinung zur Entscheidung äußern können, jedoch auf keinen Fall eine fehlende Akzeptanz äußern sollten. Sie müssen sich als Partner bzw. Ausführungskraft des Auftraggebers sehen, und wenn dieser das Projekt einstellen möchte, ist dies möglich. Es liegt dann an Ihnen, das Projekt würdevoll vorzeitig zu beenden und mit dem Team daraus zu lernen.

10.4.4 Abschluss des Projekts

Sobald alle Arbeitspakete in Ihrem Projekt abgeschlossen sind, liegt es bei Ihnen als Projektleiter, den gesamten Projektumfang auf Basis des Projektdokuments zu bewerten. Der Fokus liegt auf der Prüfung, ob das Projektziel erreicht und der Projektauftrag damit erfüllt wurde.

Das Vorgehen lässt sich gut an selbst entwickelter Software darstellen. In vielen Prozessen werden alle Module zunächst isoliert entwickelt und getestet. Bei der späteren Zusammenführung ist es jedoch nicht selten, dass ein zuvor im Test super funktionierendes Modul auf einmal in der Schnittstelle fehlerhafte Werte übergibt. Aus dem Grund ist ein vollständiger Test oder eine vollständige Prüfung des Ergebnisses als Pflicht zu sehen.

Sollten Sie zu dem Schluss kommen, dass alle durch den Auftrag vereinbarten Eigenschaften erfüllt sind, informieren Sie die Stakeholder über den Abschluss bzw. schlagen den Projektabschluss vor.

Im nächsten Schritt ist anzunehmen, dass die Stakeholder möglicherweise eigene Tests durchführen oder sich Feedback von anderen Nutzern einholen, um die spätere Abnahme und damit den Projektabschluss, einzuleiten.

Sobald auch die Stakeholder die Vollständigkeit der Eigenschaften bestätigt haben, ist es Ihre Aufgabe, die Projektorganisation aufzulösen.

In großen Unternehmen bedeutet dies die Auflösung des Projektteams und den Wechsel der Projektmitarbeiter in ihre eigentlichen Teams.

Sie werden jedoch in vielen anderen IT-Teams auch im Alltag zusammenarbeiten und dort keine so klare Auflösung haben.

Der »menschliche Abschluss«

In vielen kleineren Projekten wird der Abschluss erklärt, und danach geht das Tagesgeschäft weiter wie bisher. Nicht selten war das Projekt für viele Mitarbeitende auch nur ein Thema von vielen. Das ist im Alltag üblich und nicht verwerflich.

Achten Sie jedoch darauf, dass bei wichtigeren oder etwas größeren Projekten auch ein formaler Abschluss wünschenswert ist. Dies kann ein gemeinsames Frühstück oder Abendessen sein, mit dem das ganze Projektteam noch einmal gedanklich Abschied vom Projekt nehmen kann. Für das Team ist dies ein Zeichen der Wertschätzung und kann zugleich den Übergang in den Alltag erleichtern. Das wirkt motivierend und sollte daher regelmäßig stattfinden.

Nach der Auflösung des Teams besteht Ihre Aufgabe als Projektmanager darin, den *Nachlauf* des Projekts zu koordinieren. Dies umfasst die Zuordnung von Abschlussrechnungen zum Projektbudget und die Erstellung des Projektberichts. Im Projektbericht werden die Daten des Projektauftrags den letztendlichen Verbrauchsdaten gegenübergestellt und mögliche Abweichungen kritisch gewürdigt. Während viele Projektleiter dies ausschließlich bei erhöhtem Verbrauch vorsehen, empfiehlt es sich, dass Sie dies auch bei einer sparsameren Projektführung entsprechend erklären.

Besonders die möglichen Einsparungen können zugleich die Überleitung zum oft vergessenen *Lessons Learned* sein, die Sie als Projektmanager sowohl für sich als auch gemeinsam mit dem Team durchführen sollten.

Das Ziel sollte sein, das vergangene Projekt gemeinsam zu reflektieren und zu erkennen, wo Unebenheiten sowie Fehler entstanden sind, und gemeinsam abzuleiten, wie die Probleme in Zukunft vermieden werden können. Neben den Herausforderungen sollten Sie jedoch gemeinsam auch die Stärken ausarbeiten, denn diese sollten Sie in Zukunft unbedingt beibehalten oder sogar weiterentwickeln.

Damit dieser Dialog funktioniert, ist es von großer Bedeutung, dass alle Meinungen wertfrei geäußert werden können und als Lernerfahrungen interpretiert werden. In keinem Fall darf etwas negativ hervorgehoben oder einzelnen Personen als Vorwurf zur Last gelegt werden!

10.5 Warum scheitern so viele Projekte?

Sie haben nun den formalen Ablauf eines Projekts kennengelernt, der für Sie hoffentlich nachvollziehbar und sinnvoll war. Wenn Sie aber bereits einmal Projektarbeit geleistet haben, werden Sie wissen, dass der Projektverlauf trotz der besten Intentionen nie so wie in der Theorie funktioniert. Im Alltag geht es »ans Eingemachte«. Je nachdem, welche Statistik Sie sich anschauen, entspricht jedes zweite Projekt nicht den Anforderungen der Stakeholder, jedes fünfte Projekt wird sogar vollständig abgebrochen. Lediglich jedes dritte Projekt ist erfolgreich.

Daher gilt es, herauszufinden, was bei den nicht erfolgreichen Projekten schiefläuft, damit Sie selbst immer die erfolgreichen Projekte leiten können.

10.5.1 Schwimmende Grenzen und schlechte Schätzungen

Ein wesentliches Problem ist die Überschreitung von Grenzen, sei es zeitlich oder finanziell. Hierfür gibt es vermutlich so viele Gründe wie Projekte, häufig liegt es jedoch schlicht an Ihren eigenen Schätzungen als Projektleiter oder -leiterin.

Insbesondere bei Projekten, die einzigartig sind oder erstmalig durchgeführt werden, können Sie nicht immer auf Erfahrungen zurückgreifen.

Außerdem müssen Sie mit dem Druck Ihrer Auftraggeber und Kollegen umgehen, die jede zurückhaltende Projektschätzung erst mal mit »Das brauchen Sie wirklich?« kommentieren.

Achtung: Hier sollten Sie unbedingt standhaft bleiben und nicht mit schlechtem Gewissen die Zeit oder die finanziellen Mittel reduzieren. Oft geht es darum, Ihre Kalkulation und Sie selbst zu prüfen. Wenn Sie dann einknicken, liegt der Verdacht nahe, dass Sie entweder zu hoch kalkuliert haben oder etwas Wind Sie bereits umwirft.

Neben dem Eindruck, den Sie bei Ihrem Gesprächspartner hinterlassen, geben Sie dann Zusagen, die Sie nicht einhalten können. Dadurch riskieren Sie zusätzlich den Erfolg Ihres Projekts!

Nach einer zu engen Schätzung lassen sich viele Projektleiter dazu hinreißen, selbst Tag und Nacht mitzuarbeiten, um das Ziel dennoch zu erreichen. Wenn Sie nun nicken, kann ich Ihnen nur empfehlen, das nicht zu tun. Falls Sie das Projekt dann in der vorgegebenen Zeit schaffen, wird direkt die Frage aufkommen, ob das beim nächsten Projekt nicht auch funktionieren wird. Sie werden also schnell merken, dass Ihre Schätzungen zunehmend infrage gestellt werden und Verhandlungen deutlich härter werden.

Schnell kann Ihre spannende Führungsaufgabe zu einem Hamsterrad werden, das sich immer schneller dreht.

10.5.2 Ausufernder Umfang

Ein weiteres Risiko ist der sogenannte *Scope Creep*. Ihr Projekt hat zu Beginn stets einen Projektauftrag, der die im Rahmen des Projekts zu erbringende Leistung definiert. Genau dort lauert eine unsichtbare Gefahr. Im Laufe des Projekts werden Stakeholder erfahrungsgemäß mit neuen oder weiteren Anforderungen auf Sie zukommen: »Ach, die eine Anwendung zusätzlich, ach, die eine Funktion mehr, ach ...« Beim ersten »Nein!« folgt meist die direkte Eskalation an den Vorgesetzten, Unmut kommt auf, der Stakeholder möchte die Änderung: Es sei ihm zuvor nicht so klar gewesen, aber nun ...

Sie selbst sitzen dann schnell zwischen zwei Stühlen: Einerseits soll der Kunde den bestmöglichen Mehrwert bekommen, andererseits sind die Ressourcen begrenzt.

An dieser Stelle ist klare Kommunikation mit allen beteiligten Personen in Verbindung mit schneller Analyse der Schlüssel. Sie sollten in keinem Fall alle Änderungen kategorisch ablehnen. Vielmehr geht es darum, den realen Aufwand und mögliche Puffer neutral zu bewerten und zu schauen, was die Umsetzung bedeuten würde. Falls Sie sicher hinreichend Puffer haben und dieser nicht durch die Anforderung vollständig aufgebraucht wird, könnten Sie zur Stärkung der Beziehung die geforderte Änderung im bisherigen Rahmen erfüllen. Für die psychologische Wirkung beim Anforderer und zu Ihrer Sicherheit sollten Sie jedoch die Änderungen erst umsetzen, wenn die vereinbarten Ziele erreicht wurden. Wägen Sie jedoch im Vorfeld ab, wann es sinnvoll zu integrieren ist.

Aber denken Sie daran: Falls Sie zu früh die Änderungen erfüllen, werden sich die Nachfragen nach kleinen Gefallen anhäufen und mit der Zeit zu einem Problem werden. Zugleich sollten Sie in jedem Fall hinreichend Zeit einplanen, denn aus der Erfahrung heraus sind Änderungen »mal eben« oft fatal und bringen Folgeprobleme mit sich. Dieser Aufwand muss ebenfalls gedanklich vorgesehen werden.

Eine weitere Ursache eines *Scope Creep* können auch unklare Ziele und verschiedene Erwartungen der Stakeholder sein. Im Alltag stammen Anforderungen meist von Mitarbeitern aus dem Fachbereich, die mit der IT nicht in der Tiefe vertraut sind. Aus »Ich brauche einen Server« wird schnell eine vollständige Systemlandschaft mit Datenbank und Monitoring. Auch an dieser Stelle sollten Sie nicht übereilt handeln, sondern mit den Anforderern zunächst die eigentliche Anforderung vollständig aufnehmen, um dann einen Plan zu entwickeln, was das für den Projektplan bedeutet.

10.5.3 Wechselnde Anforderungen

Eine weitere Gefahr sind sich verändernde Anforderungen (*Moving Targets*), die sich ergeben können, sobald die beauftragende Person sich über ihr Ziel nicht sicher ist.

Besonders häufig findet sich dieses Problem im Bereich der Softwareentwicklung, wenn Benutzer doch andere Anforderungen, Funktionen oder auch Designs wünschen. Während der Scope Creep das Ziel immer größer werden lässt, sorgen *Moving Targets* für ein mobiles Ziel. Für Ihr Team ist dies sehr demotivierend, denn alles, was zuvor erstellt wurde, ist im Regelfall wertlos und muss gänzlich neu entwickelt werden. Dies birgt die Gefahr, dass der Auftraggeber die Leistungen nicht bezahlen möchte, denn »so wollte er es ja nicht haben«.

Auch an dieser Stelle ist die Lösung klare Kommunikation mit dem Auftraggeber. Im ersten Schritt sollten Sie alle Anforderungen gemeinsam mit dem Auftraggeber aufnehmen, abstimmen und im Idealfall für jeden Schritt sowohl den Aufwand als auch die entstehenden Kosten festhalten.

Durch die gemeinsame Bepreisung wird allen beteiligten Personen klar, dass jede Veränderung auch Aufwand mit sich bringt und somit Kosten verursacht. Sollte die Summe aus Sicht des Auftraggebers nicht höher als der mögliche Mehrwert sein, kann die Veränderung im Change-Management-Verfahren umgesetzt werden. Das Ziel des Vorgehens ist, den Auftraggeber zu einer Zieldefinition zu motivieren, auf die Sie als Projektmanager später bestehen können. Im Rahmen der Abstimmung kann sich jedoch auch herausstellen, dass das bestehende Projekt gestoppt werden soll, da es aus Sicht des Auftraggebers keinen Mehrwert für seinen Alltag mehr hat. Oft ist dies ein Zeichen für ein nicht notwendiges Ergebnis oder für die Unsicherheit des Auftraggebers. In beiden Fällen sollten Sie sich nicht ärgern, denn ein Projekt mit wechselnden Anforderungen ist im Alltag deutlich schlimmer und wird oft kein Erfolg.

Es gilt an dieser Stelle: »Lieber ein Ende mit Schrecken als ein Schrecken ohne Ende.«

10.5.4 Schlechte Kommunikation mit dem Team

Je größer das Projektteam ist und je länger das Projekt läuft, umso wahrscheinlicher scheitert es. Was wie eine Binsenweisheit klingt, trägt leider viel Wahrheit in sich. Die Teamgröße sorgt oft für erhöhten Abstimmungsbedarf. Sollten Sie diesen reduzieren und einsparen wollen, folgt meist Chaos, und Arbeit wird doppelt erledigt. Zugleich befinden Sie sich dort auf einem schmalen Grat, denn jede Abstimmung benötigt Zeit und bremst daher das Projekt aus, da sich die Projektdauer erhöht.

Eine zu lange Dauer eines Projekts sollte Sie warnen: Oft deutet das auf einen zu großen Scope hin, den Sie unbedingt verkleinern sollten. Um das Problem zu lösen, prüfen Sie zuerst, ob wirklich alles zum aktuellen Projekt gehört oder ob es Randthemen gibt. Diese werden zwar genutzt, gehören aber nicht zum eigentlichen Projektkern.

Finden Sie solche Bestandteile, sollten Sie diese unbedingt in separate Projekte auslagern. Dadurch sinkt die Dauer der einzelnen Projekte, und die einzelnen Projekte können zugleich besser überwacht werden.

In der Praxis kann sich bei der Betrachtung jedoch herausstellen, dass alle Bestandteile für das eigentliche Projekt relevant sind und mit diesem zusammenhängen.

In diesem Fall empfiehlt es sich, dass Sie aus dem Projekt ein *Programm* machen. Ein Programm hat ein übergeordnetes Ziel, etwa die Einführung der Unternehmenssoftware SAP, und verfolgt dieses mit mehreren einzelnen Projekten. Rein logisch sollten Sie den Umfang betrachten und prüfen, welche Bestandteile isoliert betrachtet, getestet und gelenkt werden können. Wie viele Teilprojekte entstehen, ist nicht klar geregelt, das sollten Sie situativ entscheiden.

Geschwindigkeit ist ein wichtiger Faktor, denn häufig werden Projekte erst nach dem Abschluss wirklich produktiv genutzt, wodurch es zu einem zeitlichen Versatz kommt. In der zunehmend schnelllebigen Geschäftswelt kann dies dazu führen, dass das Endergebnis die ursprünglichen Anforderungen des Business nicht mehr erfüllt, weil sich diese bereits geändert haben.

10.5.5 Schlechte Projektleitung

In der IT werden Sie oft Projekte finden, die keine richtige Leitung haben. Möglicherweise ist die Position zwar besetzt, aber die verantwortliche Person erfüllt die Aufgabe nur halbherzig und widmet sich viel lieber den technischen Themen. Dadurch wird die eigentliche Aufgabe jedoch nicht erfüllt, etwa wird die Einhaltung der Grenzen oft nicht hinreichend kontrolliert, sodass ein Übertritt erst spät bemerkt wird. Oder Risiken werden nicht hinreichend erfasst, wodurch sich möglicherweise ein bislang unerkanntes Risiko zu einer Bedrohung auswachsen kann.

Das Gegenteil der fehlenden ist die zu engagierte Leitung. In diesem Fall dauert die Projektinitiierung oft mehrere Wochen bis Monate, da alle Möglichkeiten bedacht, bewertet und geprüft werden. Unsicherheit ist der größte Feind und führt oft dazu, einen Plan zu verwerfen oder weiter daran zu arbeiten, bis jeder Tropfen Unsicherheit vertrocknet scheint.

Auch wenn Genauigkeit oft wertvoll ist, an dieser Stelle ist sie schleichendes Gift. Aufgrund der langen Initiierungsphase werden häufig die ersten Stakeholder bereits das Schiff verlassen und sich nicht mehr engagieren. Der Weg bis zum Ergebnis ist einfach zu weit, was zu Unmut führt. Um den Projektleiter wird es immer einsamer, wodurch auch wertvolles Feedback verloren geht. In Folge steigt das Risiko, einen wasserdichten Projektplan zu entwickeln, der jedoch vollkommen die Anforderungen verfehlt.

An dieser Stelle ist weniger meist mehr, es gilt schnell und möglichst genau zu schätzen sowie zugleich mit der Unsicherheit umzugehen. Leider zieht dies oft auch einen unbeliebten Personenkreis an, nämlich die »Schwätzer«, die alles versprechen und dennoch bei der ersten starken Brise weglaufen.

Die Lösung für fehlendes oder zu genaues Projektmanagement liegt in der richtigen Wahl der verantwortlichen Person. Sie werden feststellen, dass für viele die Aufgabe des Projektleiters recht einfach aussieht, jedoch stellenweise auch enormen Druck bedeuten kann. Sie sollten daher genau auswählen, wer für welches Projekt geeignet ist, und keinesfalls dazu tendieren, die Projektleitung jemandem aufzuzwingen, der es nicht möchte.

Befürworter werden Ihnen nun sagen, dass Mitarbeiter sich durch die neue Aufgabe entwickeln können und auch müssen. Grundsätzlich ist das richtig, jedoch sollten Sie zuvor kritisch hinterfragen, ob die Person sich überhaupt weiterentwickeln möchte oder ob Sie dort den sprichwörtlichen Bock zum Gärtner machen. Wenn ein unerfahrener Kollege in die Rolle hineinwachsen möchte, machen Sie sich bewusst, dass Sie dies sehr eng begleiten müssen. In jedem Fall sollten Sie niemanden in die Rolle drängen, dies ist schnell der Garant zum Scheitern!

10.5.6 Schlechte Stakeholder-Kommunikation

Die Kommunikation mit den Stakeholdern ist für viele Projektleiter auf den ersten Blick klar: Es gilt, die Informationen entsprechend zu verteilen.

Hierzu beobachten viele Projektleiter die Zahlen und haben einen regen Austausch mit dem Projektteam. Die Stakeholder werden dann zu den zuvor definierten Zeitpunkten mit den entsprechenden Kennzahlen versorgt. Auf den ersten Blick werden viele Projektleiter das für ausreichend halten: Die Stakeholder erhalten die entsprechenden Einblicke und können die Ergebnisse bewerten. Auch wenn dies inhaltlich richtig ist, sollten Sie die sprichwörtliche »Extrameile« gehen.

Stakeholder sind in ihrer jeweiligen Domäne sehr erfahren und haben einen großen Erfahrungsschatz. So kennen die Stakeholder etwa mögliche Veränderungen in ihrem Bereich meist frühzeitig, dadurch können Sie Risiken begegnen, bevor diese zu einem Problem werden.

Ein weiteres Thema ist das *Socializing* mit den Stakeholdern. Im Alltag werden Sie bemerken, dass einige Stakeholder mit dem Projektleiter bzw. dessen Handeln nicht vollständig einverstanden sind, dies jedoch nicht aktiv bei Ihnen ansprechen.

Häufig gilt, dass Feedback eine Hol- und keine Bringschuld ist. Viele Projektleiter folgen der Devise, dass nicht geäußertes Feedback auch nicht integriert werden kann und somit keine Probleme bestehen. Inhaltlich stimmt dies und zeigt auch zugleich, dass Sie sich nicht jeden Schuh anziehen sollten. Auf der anderen Seite jedoch werden kleine Unstimmigkeiten für den Stakeholder immer ein Störgefühl bedeuten. Eines Tages ist das Fass voll, und die Kritik bricht aus dem Stakeholder heraus. Bei dem eigentlichen Ausbruch handelt es sich häufig um eine Nichtigkeit, nicht um den eigentlichen Kern des Problems, was die Lösung der Situation erschwert.

Zugleich können Sie als Projektmanager nicht bei jedem Stakeholder formal um Feedback bitten, dies wirkt schnell unsicher.

Um dies zu lösen, ist es für Sie empfehlenswert, mit den Stakeholdern regelmäßig einen Kaffee in entspannter Atmosphäre zu trinken und auf der menschlichen Ebene mögliche Herausforderungen bereits frühzeitig zu antizipieren und vor allem zu lösen!

10.5.7 Veränderung als Feind

In den vorherigen Abschnitten wurde Veränderung immer wieder als Feind dargestellt. In der Literatur und in Fachzeitschriften ist immer wieder zu lesen, dass sich viele Einflussfaktoren, etwa die Gesellschaft, die Branche etc. rasant verändern. Daraus können sich beispielsweise neue Gesetze oder Technologien ergeben, die Ihr gesamtes Projekt infrage stellen können. Eine weitere Einflussgröße sind unternehmerische Entscheidungen, die dazu führen können, dass das zuvor angestrebte Ziel auf einmal nicht mehr sinnvoll erscheint. Ein Beispiel aus der Praxis ist die Erstellung oder Integration neuer Buchhaltungssoftware, wenn die Unternehmensleitung entscheidet, den Arbeitsbereich zukünftig extern erbringen zu lassen.

Die Veränderung selbst wird nicht selten durch die Projektdauer wahrscheinlicher und vor allem intensiviert. Bei einer großen Veränderung muss das Ziel neu bewertet und möglicherweise ein Abbruch des Projekts angeordnet werden. Diese Entscheidung ist rein rationaler Natur, im Alltag sind jedoch Menschen involviert, dadurch können Sie eine emotionale Komponente fast nie ausschließen.

Insbesondere bei Entscheidungsträgern setzt schnell der Effekt der *Sunken Costs* ein. Der Effekt besagt, dass der Wert einer Entscheidung stets an den bereits investierten Aufwänden gemessen wird. In Ihrem Projekt kann dies dazu führen, dass sich niemand traut, das Projekt zu stoppen oder für gescheitert zu erklären. Die Ursache hierfür ist stets sehr individuell und reicht von den eigenen Ansprüchen bis hin zu Weisungen der Anteilseigner. Für Sie in der Projektleitung gilt der Indianerspruch »Wenn du ein totes Pferd reitest – steig ab«. Sie können die Stakeholder entsprechend sachlich über den Zustand informieren und sollten auf die Schließung des Projekts drängen.

10.6 Qualifikation des PM

Das Aufgabenbild des Projektmanagements wirkt für viele Personen anziehend, besonders der Begriff »Manager« wirkt wie ein Magnet. Daher stellt sich die Frage, wie man denn Projektmanager »lernen« kann.

Der erste Versuch ist der Blick auf erfahrene Projektmanager in der Hoffnung, von deren Werdegang zu lernen. In der Praxis werden Sie dort jedoch auf unterschiedliche Lebensläufe und Wege stoßen, sodass sich daraus kein einzelnes »goldenes Konzept« ableiten lässt.

Erschwerend kommt hinzu, dass der Begriff »Projektmanagement« überall unterschiedlich definiert und gelebt wird. Wenn Sie in Ihrem Bekanntenkreis fragen, was dort einen Projektmanager ausmacht, werden Sie auf verschiedene Profile stoßen. Der eine Projektmanager ist zugleich der beste Projektmitarbeiter, der andere wiederum wird nur selten im eigentlichen Projektteam gesehen. Beide Pole sehen sich selbst als richtig an, daher ist die Definition auch nicht eindeutig.

Um sich dem Thema zu nähern, sollten Sie herausfinden, was Projektmanagement für Sie selbst ist. Auf dem Weg zur Führungskraft oder in der Führungsrolle selbst scheint es vollkommen normal zu sein, Projekte zu leiten und Verantwortung für kritische Projekte zu übernehmen.

10.6.1 Working Teamlead oder Bereichsleiter?

Bei einer genaueren Betrachtung hängt dies oft mit der Ausprägung der Führungsrolle zusammen, die an zwei Polen dargestellt werden kann. Auf der einen Seite finden Sie den *Working Teamlead*, der ein kleines Team leitet und häufig die Alltagsaufgaben miterledigt. Auf der anderen Seite steht der Bereichsleiter, der im Regelfall mehrere Teams und Teamleiter führt, sodass er für gewöhnlich nicht mehr in die Alltagsaufgaben eines Teams eingebunden ist.

Während der Working Teamlead häufig auch Alltagsprojekte führt, ist der Bereichsleiter oder auch »reine« Projektleiter im Regelfall eher im strategischen Bereich unterwegs oder lenkt kritische Großprojekte.

Auf Basis dieser beiden Ausprägungen soll im Folgenden eine Idee für mögliche Qualifikationen vermittelt werden.

Die Qualifikation selbst enthält mehrere Bestandteile:

- fachlich
- methodisch
- menschlich

Fachliche Qualifikation

Der erste Bestandteil ist das Fachwissen selbst. Falls Ihr Unternehmen die Erwartungshaltung hat, dass der Projektleiter auch inhaltliche Fragen entscheiden und bewerten muss, ist ein entsprechendes Fachwissen notwendig. Ein Beispiel ist der Teamleiter des Netzwerkteams, der mit seinem Team die Firewall-Modelle gemeinsam aussucht und einzelne Konfigurationsfragen abstimmt.

Fachliche Expertise ist in diesem Zusammenhang notwendig, um die Fragen zu beantworten, und auch die Akzeptanz innerhalb des Teams fehlt ohne dieses Hintergrundwissen. Bereichsleiter leiten selten das operative Projekt, sondern meistens das Programm, zu dem das Projekt gehört. Ein Beispiel wäre die Verlagerung des Rechenzentrums in die Cloud. Hierzu werden verschiedene kleinere Teilprojekte gebildet, die final über das Programm abgeschlossen werden. Die Teilprojekte haben jeweils Teilprojektmanager, die häufig näher an den inhaltlichen Themen sind.

Da die Teilprojektmanager wiederum den Status an den Bereichsleiter geben, braucht dieser zwar ein Grundverständnis für das gesamte Projekt, jedoch in keinem Fall inhaltliches Detailwissen. In der Fachsprache wird diese Disziplin oft als »General Management« bezeichnet, da der Fokus auf der Verwaltung des Projekts/Programms liegt. Derartige Vorhaben sind meist sehr umfangreich, und nicht selten ist zu beobachten, dass die Projektmanager im Anschluss völlig fachfremde Projekte leiten.

10.6.2 Methoden kennen

Die Erkenntnis leitet direkt zur zweiten Komponente, den *Methodenkenntnissen*, über. In der Definition zu Beginn war die Einzigartigkeit eines Projekts ein wesentlicher Maßstab, damit es sich überhaupt Projekt nennen darf. Mit diesem Gedanken wirkt die Frage nach Methodenkenntnissen schnell befremdlich. Wenn Sie jedoch eine größere Anzahl von Projekten aus der Vogelperspektive betrachten, werden Sie dennoch eine starke Ähnlichkeit feststellen.

Was für viele Projektmanager befremdlich ist, ist die Tatsache, dass diese Ähnlichkeit sogar branchenübergreifend gilt. Gibt es wirklich Ähnlichkeiten zwischen Ihrem IT-Projekt und dem Bau eines Hochhauses?

Ja, wenn Sie den Fokus auf die Ebene des Bereichsleiters legen. Jedes Projekt benötigt einen Auftrag sowie einen definierten Umfang, birgt Risiken und soll unter Einhaltung von Budgets und Zeitvorgaben abgeschlossen werden. Die inhaltlichen Unterschiede zwischen einem Hausbau und einem IT-Projekt werden hier bewusst ausgeklammert.

Projektmanagement und Fachlichkeit

Besonders die Erkenntnis, dass Projekte im Projektmanagement (relativ) austauschbar sind, wird die eine oder andere Fachkraft davon Abstand nehmen lassen. Zugleich kommt die Frage auf, ob das eigene Fachwissen dann komplett umsonst ist.

Bei einer Betrachtung der Projektmanagement-Szene werden Sie selten Personen finden, die zwischen gänzlich verschiedenen Disziplinen – etwa Brunnenbau in der Dritten Welt und der IT – hin und her springen. Aus meiner Erfahrung kann ich sagen, dass man für die Projektleitung mindestens ein Grundwissen des jeweiligen Themas benötigt. Zugleich sorgt eine längere Branchenzugehörigkeit dafür, dass man in der Leitungsfunktion eher respektiert und akzeptiert wird.

Wenn Sie daher »vom Fach« sind, werden Sie ein erweitertes Grundwissen mitbringen und die Gepflogenheiten und Begriffe der Branche, wichtige Regularien sowie den Umgang miteinander kennen. Ihr Fachwissen ist also weder umsonst noch wertlos, denn es ist wirklich die Ausnahme, dass man übergreifende Projekte leitet.

Jedoch ist es oft so, dass wirklich gute Projektmanager zunehmend größere Projekte bekommen, irgendwann ihren Bereich verlassen und auch übergreifende Projekte managen.

Die Gleichartigkeit der Teildisziplinen führt dazu, dass es eine Vielfalt an Projektmanagement-Ausbildungen gibt, sei es als Fach im universitären Studium, bei der IHK oder in einzelnen Institutionen. Die bekanntesten Zertifizierungen im Bereich Projektmanagement sind:

- PMP (vom PMI)
- PRINCE2 Practicioner
- IPMA/GPM

Alle drei Ausrichtungen befassen sich mit der Disziplin Projektmanagement im Allgemeinen und sind nicht auf die IT fokussiert.

Dass Sie in den Kursen möglicherweise neben einer Brückenbauerin oder einem Bauleiter sitzen, wirkt vielleicht zunächst verwunderlich. Nutzen Sie jedoch die Möglichkeit, um in den Pausen die Herausforderungen des jeweiligen Tätigkeitsfelds kennenzulernen und auch über Lösungen zu diskutieren. Nicht selten gibt es in anderen Branchen bereits Lösungen für Herausforderungen, mit denen Sie noch kämpfen!

10.6.3 Wie kann ich meine Qualifikation verbessern?

Ein geflügeltes Wort lautet »Wer nicht mit der Zeit geht, geht mit der Zeit.« Übertragen auf das Projektmanagement bedeutet dies, auch immer wieder an der eigenen Qualifikation zu arbeiten. Eine wesentliche Stütze ist die methodische Vorgehensweise. Die zwei wesentlichen Gründe für die Nutzung einer Methodik sind Vollständigkeit und Verständlichkeit.

Insbesondere in der Hektik größerer Projekte gibt es viele Aspekte, die Sie erstmalig bedenken und lösen müssen. Dies gilt noch einmal verstärkt für interdisziplinäre Projekte mit anderen Teams.

Aus der Erfahrung ist sicher, dass diese Themen bereits einen großen Anteil Ihres Alltags einnehmen, wodurch der Rahmen des Projekts schnell vergessen oder stiefmütterlich behandelt wird.

An dieser Stelle kann die Nutzung einer Methodik der Rettungsanker für Sie sein, denn aufgrund der vorgegebenen Ablauforganisation haben Sie eine Orientierung. Metaphorisch ist dies die Seekarte, die Sie durch den größten Sturm führt.

Der zweite Grund für die Nutzung einer Methodik ist die Verständlichkeit.

Insbesondere in größeren Projekten kommen oft Mitarbeiter aus verschiedenen Teams zusammen, was zu unterschiedlichen Fachsprachen führen kann. Im Alltag ist die Kommunikation wegen der verschiedenen Ausdrucksweisen bereits eine Herausforderung; im Projektkontext kann das noch schwieriger werden. Die Nutzung einer standardisierten Methodik sorgt in diesem Zusammenhang dafür, dass alle den Ablauf bereits kennen und dieselben Begriffe dafür nutzen. Das wird zwar die Herausforderungen bei der fachlichen Ausdrucksweise nicht beseitigen, aber das Projektvorgehen wird durch die Harmonisierung deutlich einfacher.

Besonders der Aspekt der Verständlichkeit gibt bereits erste Hinweise auf die Wahl der Methodik.

Das Rahmenwerk PRINCE2 von Axelos wird vorwiegend im englischen, der PMP vom PMI im amerikanischen und GPM/IPMA im DACH-Raum genutzt. Hier sollten Sie zugleich darauf achten, aus welchem Land Ihr Unternehmen kommt, da dies häufig die Wahl signifikant beeinflusst.

Wenn Sie eine Projektmanagement-Ausbildung anstreben, sollten Sie deshalb zunächst schauen, mit welcher Methodik Ihr Arbeitgeber arbeitet oder an welche er sich anlehnt. Auch wenn die Methoden sehr ähnlich sind und in vielen Fällen überlappen, werden Sie dennoch bei einer tieferen Betrachtung in wesentlichen Punkten Abweichungen finden. Um den bestmöglichen Wert für sich selbst zu erzielen, sollten Sie sich daher bestmöglich an das Vorgehen Ihres Arbeitgebers anpassen. Mit der Wahl kommt jedoch zugleich schnell die Sorge auf, auf diese eine Schule festgelegt zu sein, wodurch es bei einem möglichen Stellenwechsel zu Herausforderungen kommen könnte. Im Alltag werden Sie jedoch schnell bemerken, dass die Methodik zunehmend in den Hintergrund tritt und für Sie zur Selbstverständlichkeit wird. Daher ist es mit wachsender Erfahrung lediglich wichtig, dass Sie einmal eine Methodik erlernt und danach ausreichend Projekte geleitet haben.

Eine Herausforderung ist, wenn es im eigenen Unternehmen bislang keine methodische Vorgehensweise im Projektmanagement gibt, wodurch die Orientierung schwierig wird. An dieser Stelle können Sie nur für sich prüfen, welche Schule Ihnen mehr zusagt, und diesen Weg verfolgen. Mögliche Vor- und Nachteile einzelner Methoden sind häufig subjektiver Natur, sodass Sie sich daran nicht orientieren können.

Je nach Anbieter können die Zertifikate in mehrere Stufen unterteilt werden oder bestimmte Sonderausrichtungen, etwa im agilen Bereich, enthalten.

Am Beispiel von GPM/IPMA lässt sich dies an den vier Stufen erkennen:

- *Level D: Certified Project Management Associate*
- *Level C: Certified Project Manager*
- *Level B: Certified Senior Project Manager*
- *Level A: Certified Project Director*

Für die einzelnen Stufen gibt es jeweils Zulassungsvoraussetzungen, die auf der Seite der GPM (*www.gpm.de*) eingesehen werden können. Übliche Voraussetzungen für bestimmte Stufen sind neben Wissensüberprüfungen auch der Nachweis von Erfahrungen (im Rahmen von Stunden oder Budgetgrößen).

Das PMI betreibt eine andere Zertifizierungspolitik und bietet für das traditionelle Projektmanagement zwei Zertifikate (*www.pmi.org*):

- *Certified Associate in Project Management (CAPM)*
- *Project Management Professional (PMI)*

Auch beim PMI gibt es Zulassungsvoraussetzungen nach dem bereits bekannten Muster. Durch den CAPM wurde jedoch eine Eintrittszertifizierung geschaffen, um angehenden Projektmanagern die Möglichkeit einer anerkannten Zertifizierung zu geben, ohne direkt umfangreiche Erfahrungen nachweisen zu müssen. Dies ist ein wichtiger Schritt, denn sonst werden Sie mangels nachgewiesener Ausbildung nicht als Projektmanager eingesetzt, können jedoch ohne Einsatz keine Erfahrungen sammeln. Das PMI selbst ist ein Sonderfall, da es neben der Kerndisziplin Projektmanagement auch umfangreiche Schulungen für weitere im Projekt notwendige Rollen, etwa Risikomanagement oder Projektplanung, anbietet. Insbesondere in großen Unternehmen können Sie im Bereich des Projektmanagements mit einer solchen Spezialisierung weitreichende Mehrwerte erschließen. Als letzte bekannte Ausbildung ist PRINCE2 von Axelos zu nennen. Die eigentliche PRINCE2-Zertifizierung für traditionelles Projektmanagement gibt es in zwei Ausprägungen (*www.axelos.com*):

- *PRINCE2 Foundation*
- *PRINCE2 Practitioner*

PRINCE2 ist als Zertifizierungsschema anders als die zuvor genannten, da der Weg über die Foundation- hin zu der Practitioner-Prüfung führt oder eine alternative Projektmanagementzertifizierung vorhanden sein muss, um direkt die Practitioner-Prüfung ablegen zu können. Weder eine Schulung noch ein Erfahrungsnachweis sind dafür notwendig. Zu beachten ist jedoch, dass der Wechsel zu Axelos für einige Veränderungen gesorgt hat und es daher in Zukunft möglich ist, dass sich die Voraussetzungen ändern. Abschließend besteht bei Axelos auch die Möglichkeit, analog zu PMI einzelne Teildisziplinen zu vertiefen und sich dafür zertifizieren zu lassen.

Neben den Zertifizierungen auf fachlicher Ebene sind stets die menschlichen Aspekte zu nennen. Das Angebot am Markt ist vielfältig und reicht von Kommunikation über Konfliktmanagement bis hin zu Resilienz.

An dieser Stelle gibt es für Projektmanager keine genormten Zertifizierungspfade. Erschwerend kommt hinzu, dass die Seminare zwar häufig den gleichen Namen haben, jedoch inhaltlich anders sein können. Damit Sie Ihr Fortbildungsbudget nicht in unseriöse Anbieter investieren, sollten Sie erfahrene Kollegen um Empfehlungen bitten und diese entsprechend für sich prüfen.

Je länger Sie im Projektmanagement tätig sind, desto weniger sinnvoll erscheinen Schulungen. Auch wenn das zunächst arrogant klingen mag: Sie werden feststellen, dass sich viele Inhalte wiederholen und Ihnen nur noch wenig Mehrwert bieten. Manchmal kann eine Auffrischung zwar nützlich sein, aber sie wird Ihre weitere Entwicklung nicht maßgeblich voranbringen.

Damit Sie sich weiterentwickeln können, bedarf es anderer Instrumente. Eins davon kann Feedback durch Kollegen oder Fachkräfte wie Coaches sein.

Zu beachten ist, dass Feedback einer sensiblen Blume gleicht. Es bedarf einer vertrauensvollen Situation, und zugleich gibt es die Rollen des Feedbackgebers und des Feedbacknehmers. Wenn es um Ihre Weiterentwicklung geht, ist Ihre Rolle die des Feedbacknehmers, und in dieser kommt es darauf an, sich keinesfalls zu rechtfertigen oder den Feedbackgeber gar anzugreifen.

Sie sollten das Feedback als solches aufnehmen und entsprechend mit etwas Distanz reflektieren. Sollten während des Feedbacks Unklarheiten bei Ihnen entstehen, können Sie diese zum besseren Verständnis hinterfragen. Nur sollten Sie sich davor hüten, subtile Rechtfertigungen in den Mantel von Fragen zu hüllen.

Bei dem Feedback selbst ist zu beachten, dass es die Meinung der jeweiligen Person darstellt. Somit zeigt es den unverblümten Blick eines Dritten auf Ihre Persönlichkeit sowie Handlungen in der Rolle des Projektleiters. Dadurch bietet sich für Sie die Möglichkeit, Ihre Wirkung kritisch zu reflektieren und daraus eigene Punkte zur Weiterentwicklung abzuleiten.

Sollten sich Herausforderungen in der eigenen Persönlichkeit abzeichnen, ist fachkundige Hilfe eine gute Lösung, zum Beispiel durch einen Coach. Auch hier gilt, dass es sich nicht um einen geschützten Titel handelt. Der Markt bietet daher eine Vielzahl potenzieller Coaches – von studierten Psychologen bis hin zu Menschen, die das gleiche Problem erfolgreich gemeistert haben. Wen Sie in Ihrem speziellen Fall wählen sollten, lässt sich nicht pauschal sagen; das müssen Sie individuell beurteilen. Seriöse Anbieter bieten häufig unentgeltlich sogenannte »Kennenlerntermine« an, in denen beidseitig geprüft wird, ob eine Zusammenarbeit mit Blick auf die Herausforderung sinnvoll erscheint. Sobald Sie den passenden Coach gefunden haben, beginnt eine oft längere Reise, während der ein regelmäßiges Feedback des Umfelds hilfreich sein kann. An dieser Stelle sollten Sie keine Wunder erwarten, jedoch auch bei Ihrem Coach thematisieren, wenn selbst kleine Schritte ausbleiben. Hierzu kann das Feedback des Umfelds ein wertvoller Hinweis sein. Bei der eigenen Beobachtung ist das Risiko groß, die Veränderungen nicht zu bemerken und daher zu früh zu resignieren.

Nach dem Spiel ist vor dem Spiel

Viele Zertifizierungsinteressierte haben noch die Schulzeit in Erinnerung – das Abgangszeugnis gilt ein Leben lang, genauso wie das Ausbildungs- oder Studienzeugnis. Sie werden jedoch schnell erfahren, dass alle Projektmanagement-Zertifizierungen eine Gültigkeitsdauer haben und irgendwann ablaufen. Sie müssen daher permanent am Ball bleiben und Weiterbildungen nachweisen oder die Prüfung jeweils erneut ablegen.

Einige Teilnehmer mögen dies als Geldmacherei abstempeln, zugleich stellt dies jedoch ein Qualitätsmerkmal für Ihre Zertifizierung dar. Durch die Gültigkeit wird sichergestellt, dass Sie sich kontinuierlich mit Ihrer Disziplin befassen und dadurch sowohl einen Erfahrungsaustausch erleben als auch neues Wissen erlangen. Dadurch kann ein potenzieller Arbeitgeber erwarten, dass Sie ein solides Wissen haben und das Handwerk verstehen. Weiterhin werden dadurch unter Umständen Teilnehmer, die nur einmalig das Zertifikat machen wollten, abgeschreckt, oder diese nehmen den Aufwand der Weiterbildung nicht auf sich, sodass sie ebenfalls mittelfristig nicht mehr zum Kreis der zertifizierten Personen zählen werden.

Aus diesen Gründen ist es für viele Arbeitgeber ein Qualitätsnachweis, wenn Sie längerfristig eine aktive Zertifizierung besitzen.

10.7 Und wenn das Projektziel zu groß wirkt?

Ungeachtet aller Zertifizierungen und Kenntnisse stellt sich die Frage, was mit Projekten geschehen soll, die nahezu erdrückend groß wirken. Um den IT-Kontext zu verlassen, kann beispielhaft die strategische Neuausrichtung eines Geschäftsfelds genannt werden oder – wieder im IT-Kontext – die Konsolidierung von weltweiten Rechenzentren.

Für ein einzelnes Projekt erscheint ein solches Vorhaben schnell zu umfangreich. Mögliche Teilbereiche des IT-Projekts sind:

- Klärung des Abbaus, des Transports und des Aufbaus
- Klärung der Verfügbarkeit während des Umzugs
- Kundenbetreuung während des Umzugs

Aus einem Projekt können also viele Teilprojekte werden, die wiederum ebenfalls als ausgewachsene Projekte betrachtet werden können.

Konkret heißt das: Sie sehen zwar den Berg, teilen jedoch den Weg zu dessen Gipfel in kleinere Pakete auf. Im Projektkontext werden hierzu die Teilaspekte zu eigenen Projekten gemacht und unter dem Dach des bereits erwähnten Programms zusammengefasst.

Das Programm selbst fungiert als »Super-Projekt« und vereint alle Projekte im Gesamtziel. Während der Fokus bislang auf dem Projektmanagement lag, bleibt das Management eines Programms gleich und ist dennoch verschieden. Sie müssen auf dieser Ebene nicht mehr einzelne Arbeitspakete und Fortschritte kontrollieren, sondern den gesamten Fortschritt aller Projekte unter Einbeziehung möglicher Querverbindungen überwachen.

Fachlich ist bereits ersichtlich, dass Sie dazu sowohl oberflächlich alle Projekte beobachten müssen als auch bei Bedarf in einzelne Themen tiefer einsteigen sollten. Bei der Entscheidung, wann Sie mehr Einblicke benötigen und wann vielleicht nicht, beginnt bereits der erste Spagat.

Bei Programmen wäre es zudem fatal, den Blick nur nach innen auf die Projekte zu richten. Besonders bei Programmen sind oft strategisch wichtige Ziele zu erreichen, und nicht selten entstehen enorme Kosten. In Folge möchten die Stakeholder zumeist deutlich enger und besser informiert sein, hier gilt es für Sie noch einen ganz anderen Ton in der Politik anzuschlagen.

Im Alltag ist das Management eines ganzen Programms sicher die Kür für jeden, der sich im Projektmanagement professionalisieren möchte. Beachten Sie jedoch in Ihrem Interesse, dass Sie zuvor bereits umfangreiche Erfahrungen mit Projekten haben sollten. Dazu müssen auch kritische Projekte gehören, damit Sie Themen wie Management und Kommunikation bestmöglich beherrschen. Ergreifen Sie zu früh die Chance, ein Programm zu leiten, ist das Risiko des Scheiterns groß. Sollten Sie sich zu dem Zeitpunkt des Angebots bereit fühlen, kann dies jedoch zu einer großen und lehrreichen Erfahrung für Sie werden.

10.8 Die Welt spricht agil

Projektmanagement folgt häufig noch dem bekannten Wasserfallmodell, bei dem die gesamte Umsetzung diesem Muster folgt:

Planung → Realisierung → Abnahme → Nutzung

Wie bei einem Wasserfall fließt das Wasser nur in eine Richtung, ein Rückweg ist nicht vorgesehen. Das ist natürlich schlecht, wenn es während eines Projekts Änderungen gibt. Anforderungen ändern sich, wodurch das gesamte Projekt einen neuen Verlauf nimmt. Oder es ist bereits klar, dass ein neues Ergebnis mit einem Projekt geschaffen werden soll, allerdings sind die genauen Ziele noch unklar. Viele Stimmen würden Ihnen nun zu agilem Projektmanagement raten, zugleich mehren sich jedoch auch die negativen Kritiken.

Zunächst zu den Basics: Was ist agiles Projektmanagement, was kann es und was eben nicht?

Der Begriff der Agilität wird stets auf das agile Manifest zurückgeführt (*https://agilemanifesto.org/iso/de/manifesto.html*), das folgende Aussagen enthält:

- Wir bewerten Individuen und ihre Interaktionen höher als Prozesse und Werkzeuge.
- Wir bewerten funktionierende Software höher als ausführliche Dokumentation.
- Wir bewerten die Zusammenarbeit mit dem Kunden höher als Vertragsverhandlungen.
- Wir bewerten Reaktion auf Veränderungen als wichtiger, als einem festen Plan zu folgen.

Im Alltag beginnt dies bereits bei der Definition des Projektziels. Analog zum »traditionellen« Vorgehen müssen Sie dieses zu Beginn festlegen. In der agilen Welt geschieht dies jedoch deutlich unschärfer und weiter gefasst, stellenweise gleicht es nahezu einer Absichtserklärung.

In den bisherigen Abschnitten haben Sie bereits erfahren, dass ein nicht klarer und sicherer Umfang schnell zu Explosionen in den Bereichen *Kosten* und *Zeit* führt. Das sind Aspekte, die in agilen Projekten häufig eher lockerer gehandhabt werden. Hier ist nicht selten der Weg das Ziel. Das klingt für Sie nach Anarchie? Dazu kann es schnell werden!

10.8.1 Die Schritte eines agilen Projekts

Das agile Vorgehen soll an einem Softwareentwicklungsprojekt illustriert werden.

In dem bisherigen Projektmanagement muss der Kunde sein Ziel definieren, das sich in einem Lastenheft mit allen Spezifikationen wiederfindet. Dann erstellen Sie ein Pflichtenheft, in dem Sie Ihre Tätigkeiten und das Verständnis des Ziels darstellen.

Wenn Ihr Kunde dies akzeptiert, werden Sie gemäß Projektplan die Software entwickeln und nach Abschluss an den Kunden übergeben.

In der agilen Welt hingegen wird von Beginn an ein anderer Weg eingeschlagen. Der Kunde definiert ein Ziel, allerdings ist dieses oft wenig greifbar. Dafür muss er das *Minimal funktionierende Produkt* (*Minimum Viable Product, MVP*) definieren. Das MVP wird zunächst entwickelt und stellt sicher, dass die Software bereits durch den Kunden genutzt werden kann. Stellen Sie sich sinnbildlich ein Auto vor, das Sie bereits komplett zusammenbauen und fahrfähig machen, viele Eigenschaften wie Scheiben oder auch die Lackierung fehlen noch.

Im weiteren Verlauf ist das MVP die Plattform, auf der Sie das Ergebnis weiterentwickeln. Sie sehen bereits, dass der Kunde nicht nur ein Auftraggeber, sondern ein Partner wird, der die Entwicklungsschritte lenkt: Mit seinem minimalen Auto hat der Kunde die Möglichkeit, loszufahren und festzustellen, was wirklich fehlt. Möchte er schneller fahren und braucht er daher dringend Scheiben? Oder ist es bei ihm immer sonnig, weshalb er den Umbau zum Cabrio priorisiert? Ähnlich verhält es sich mit Projekten, die der Scrum-Methodik folgen.

Was ist Scrum?

Der Begriff *Scrum* stammt aus dem Rugby und bezeichnet eine Formation, bei der die Spieler eng zusammenarbeiten, um den Ball nach vorne zu bringen. Diese Metapher wurde in den frühen 1990er-Jahren von den Softwareentwicklern Jeff Sutherland und Ken Schwaber übernommen, um ein agiles Projektmanagement-Framework zu beschreiben: Aus diesem Framework sind Rollen wie der Scrum Master und der Product Owner sowie Ideen wie Sprints hervorgegangen.

Obwohl agiles Projektmanagement nicht unbedingt bedeutet, dass nach Scrum-Prinzipien gearbeitet wird und dass man diese Begriffe verwendet, werden diese beiden Konzepte inzwischen fast synonym verwendet.

An dieser Stelle werden nur Auszüge des Vorgehens nach Scrum gezeigt, das vollständige Vorgehen umfasst noch weitere Meetings und andere Prinzipien. Bei näherem Interesse können die Seiten der ursprünglichen Entwickler Ken Schwaber (*https://www.scrum.org*) und Jeff Sutherland (*https://www.scrumalliance.org*) tiefere Einblicke geben und Schulungspfade aufzeigen.

Product Owner und Scrum Master

Die Scrum-Methodik führt zwei neue Rollen ein:

- *Product Owner*
- *Scrum Master*

Der *Product Owner* pflegt das sogenannte *Product Backlog*. Das ist eine Sammlung aller Anforderungen an die neue Lösung, wobei jede einzelne Anforderung jeweils mit einer Priorität versehen wird.

Häufig ist es so, dass das Backlog unendlich groß erscheint und auch Anforderungen enthält, die eher ungewöhnlich anmuten. Lassen Sie sich davon jedoch nicht verunsichern. Bei einem genaueren Blick stellen Sie fest, dass nur die Anforderungen mit der höchsten Priorität wirklich detailliert beschrieben sind, die übrigen gleichen eher Erinnerungszetteln. An dieser Stelle erleben Sie das agile Prinzip des »letzten Moments«, was die genauen Inhalte der Anforderung erst kurz vor der Umsetzung ermittelt und bereitstellt. Der Auftraggeber hat somit die Möglichkeit, erst kurz vor Entwicklungsbeginn seine Anforderungen auszuführen, zu detaillieren und dadurch die gesamten bisherigen Erfahrungen mit der Software einfließen zu lassen. Der Product Owner muss an dieser Stelle aufpassen, dass die Anforderung nicht plötzlich ungeahnte Ausmaße annimmt und in andere Anforderungen hineindrängt.

Der Product Owner benötigt viel spezifisches Wissen aus dem Fachbereich: *Domänenwissen*. Wenn Sie nun bereits überlegen, wer in Ihrem IT-Team so tief in den Anforderungen des Kunden stecken könnte, kann ich Sie beruhigen. Der Product Owner wird im Regelfall durch den Auftraggeber gestellt und hat daher entsprechendes Wissen.

Falls der Auftraggeber keine Person stellt, können Sie jemanden aus Ihrem Team benennen, der jedoch engen Kontakt zum Auftraggeber halten muss. Zudem sollten Sie dann gemeinsam überlegen, wie Sie sicherstellen, dass er auch wirklich die Interessen des Auftraggebers vertreten kann. Ansonsten haben Sie schnell die Herausforderung, dass der Auftraggeber bei einem Problem auf Ihren Product Owner zeigt.

Die zweite neue Rolle ist der *Scrum Master*. Die agile Vorgehensweise geht von einem positiven Menschenbild aus: Die Mitglieder eines Teams wollen sich selbst strukturieren und große Ziele erreichen. Daher soll sich das Team eigenverantwortlich verwalten, da dann die Bedürfnisse des Teams ideal integriert erscheinen. Wenn Sie sich näher mit dem agilen Vorgehen beschäftigen, werden Sie feststellen, dass es keine Führungskräfte mehr gibt.

Die Führungsrolle wird nicht durch den Scrum Master ersetzt, aber er hat die Aufgabe, die Einhaltung des agilen Prozesses sicherzustellen und zugleich Barrieren aus dem Weg des Teams zu räumen. Es handelt sich daher um einen Moderator und Begleiter und nicht um eine Führungskraft.

Wenn es keine Führungskraft mehr gibt, was ist mit mir?

Die erste Reaktion vieler Führungskräfte beim Kennenlernen agiler Methoden ist eine Verweigerungshaltung. Das ist nachvollziehbar, schließlich geht es auf den ersten Blick um nichts Geringeres als den eigenen Job!

Sollten Sie mit dem agilen Vorgehen konfrontiert werden, atmen Sie einmal tief durch. Das Wort *agil* wird schnell überstrapaziert und hochgejubelt, muss aber erst mal mit Leben gefüllt werden.

Zudem findet agile Arbeit meistens nur in dynamischen Softwareprojekten statt, und dort auch vorrangig in eher kleinen und jungen Unternehmen. In »konservativen« Unternehmen, die nicht nur Apps und Webseiten produzieren, spielt die agile Vorgehensweise eine geringere Rolle.

Und denken Sie daran: Hier geht es »nur« um die Umsetzung von Projekten. Als »echte« Führungskraft müssen Sie weniger am Inhalt, sondern mehr am Team, dessen Problemen und strategischen Fragestellungen arbeiten, die Projektleitung macht also nur einen kleinen Teil Ihrer Aufgaben aus.

Daher haben Sie auch weiterhin viele Aufgaben und können sich ausführlich mit den agilen Methoden befassen, ohne befürchten zu müssen, dass sie Sie überflüssig machen. Prüfen Sie einfach, welche Methoden und Ansätze der agilen Idee sich in Ihren Projekten sinnvoll integrieren lassen. Beispielsweise ist es Gold wert, wenn Sie in einem besonders unsicheren und chaotischen Projekt Anforderungen erst einmal nur grob umreißen können und die genaue Planung so lange wie möglich herauszögern. Auch die Führung eines Backlogs kann für Ihr Team wertvoll sein, denn so können Sie alle Ideen zunächst aufnehmen und müssen nicht permanent diskutieren, welche Projekte Sie absagen, da Sie immer nur ein Jahr als Horizont haben.

Sie sehen, in den Ansätzen finden Sie einige Aspekte, die Sie bei den Herausforderungen moderner Führung durchaus brauchen können. Daher ist meine Empfehlung, dass Sie offen an diesen neuen Themenbereich herangehen und einen Umgang damit finden, anstatt die Mehrwerte unbesehen abzulehnen.

Sprints

Das agile Projekt selbst wird, insofern Scrum verfolgt wird, in *Sprints* aufgeteilt. Ein Sprint ist eine zuvor fest definierte Zeiteinheit, die im Regelfall zwei bis vier Wochen umfasst. In diesem Zeitraum kann das Team entsprechende Anforderungen umsetzen. Hierzu müssen diese zunächst nicht nur priorisiert, sondern auch in ihrem Aufwand bewertet werden. Die Bewertung sollte keinesfalls der Product Owner selbstständig vornehmen, da dieser im Regelfall zu wenig Erfahrung in der technischen Umsetzung hat. Hier sind Sie als Führungskraft oder auch das Team gefragt.

Wenn Sie als Führungskraft die Schätzung vornehmen, haben Sie einen Nachteil, nämlich dass *Sie* geschätzt haben und es damit Ihre Sicht ist. Wenn das Team die Anforderung gemeinsam schätzt, haben Sie alle Personen involviert und können im Anschluss auf eine bessere Übernahme der Verantwortung hoffen.

In vielen Unternehmen werden dafür *Schätzrunden* veranstaltet. In diesen Runden stellt der Product Owner die Anforderung vor und beantwortet mögliche offene Rückfragen des Teams. Sobald alle die Anforderung vollständig verstanden haben, schreiben alle eine Schätzung des Aufwands in Stunden oder Tagen auf einen Zettel. Die Zettel werden danach offengelegt, und es wird geschaut, ob bereits ein Konsens besteht. Im Regelfall erfolgt danach eine Diskussion, in der Ausreißer besprochen und geklärt werden. Wichtig ist, dass niemand in diesen Diskussionen belächelt wird, weil er zu wenig oder zu viel geschätzt hat. Ihr Ziel muss sein, dass das Team sich gemeinsam und wertschätzend auf einen Aufwand einigt und diesen der Anforderung zuweist.

Gegen Ende jedes Sprints erfolgt auf dieser Basis das *Sprint Planning Meeting* für die nächste Iteration. Hierzu teilt das Team dem Product Owner mit, wie viel Kapazität im kommenden Sprint vorhanden ist. Einflussfaktoren können dort unter anderem Abwesenheiten einzelner Teammitglieder sein.

Der Product Owner wählt dann für den Sprint die Anforderungen mit der höchsten Priorität aus und nimmt so viele auf, wie es die Kapazität erlaubt. Abschließend gehen das Team und der Product Owner die Anforderungen noch einmal durch, bevor das Team diese zusagt.

Nach der Planung für den nächsten Sprint wird auch der bisherige Sprint beendet, und die Entwickler stellen ihre Ergebnisse vor. Dafür haben viele Firmen zuvor die Führungskräfte oder Berater zum Kunden geschickt – bei den agilen Methoden sollen bewusst die ausführenden Kräfte mit dem Kunden sprechen. Erstens weiß im Regelfall niemand besser, was passiert ist, als die Person, die es tatsächlich umgesetzt hat. Zweitens erhält diese Person unmittelbares Feedback vom Kunden. Wie kommt das Ergebnis an? Wurde es richtig verstanden? Auch wenn das Ergebnis vielleicht nicht vollständig den Erwartungen entspricht, ist es die Gelegenheit für den Auftraggeber, seine Vorstellungen noch einmal genauer zu erklären.

Die Sprints werden so lange durchgeführt, bis das Projekt abgeschlossen ist.

10.8.2 Kritik an der agilen Methode

Die agile Methode, insbesondere Scrum, bietet viele Vorteile in der Projektentwicklung, bringt jedoch auch einige Nachteile und Herausforderungen mit sich.

Bei Verfechtern des klassischen Projektmanagements kursiert die Aussage, dass »agil nie funktioniert«. Das liegt aber oft daran, dass der Auftraggeber nicht wusste, was er wollte ... und der Dienstleister ihm dennoch ein Projekt verkauft hat. Wenn eine vage Idee auf ein Budget stößt, kommt nichts Sinnvolles dabei heraus, da zu viel innere Unsicherheit herrscht.

In diesem Fall haben die Kritiker Recht: Ein solches Projekt wird scheitern und wäre erst gar nicht gestartet worden, wenn man dafür gesorgt hätte, dass zunächst alle Schritte geplant worden wären. Wenn der Dienstleister dem Auftraggeber jedoch zunächst ein Vorprojekt verkauft hätte, in dem die Anforderungen so weit gefestigt werden, dass ein MVP definiert werden kann, hätte das Projekt deutlich bessere Chancen gehabt. Durch das MVP und eine gute Begleitung wird das Projekt einen Mehrwert erzielen, da die fehlende Klarheit danach nur noch in einzelnen Details auftritt und nicht mehr das gesamte Thema infrage stellt.

Wenn Sie sich bei Teams umhören, bei denen schon einmal ein agiles Projekt gescheitert ist, werden Sie hören, dass der hohe Abstimmungsaufwand für Ärger sorgt. Kein Wunder: Anstelle einer Projektleitung soll sich das Team ja möglichst selbst organisieren. Was sich erst mal toll anhört, bedeutet, dass die Indianer gleichzeitig auch Häuptlinge sein sollen. Projektmitglieder dürfen parallel auch noch die Leitung und Organisationsaufgaben übernehmen, was dazu führt, dass kaum noch an den eigentlichen Aufgaben gearbeitet wird. Das zeichnet sich meist durch zu viele Meetings aus. Scrum umfasst regelmäßige Treffen wie Daily Stand-ups, Sprint-Planungen, Reviews und Retrospektiven. Wenn diese Meetings nicht effizient gestaltet werden, können sie als Zeitverschwendung empfunden werden und die Produktivität des Teams beeinträchtigen. In Teams, in denen die Mitglieder nicht ausreichend geschult sind oder nicht vollständig engagiert arbeiten, ist man nur mit sich selbst beschäftigt und kommt kaum voran.

Zudem kann Scrum nur dann funktionieren, wenn es diszipliniert und kohärent eingesetzt wird. Das scheint zunächst paradox: Man will ja gerade agiler und flexibler werden und nicht mehr bei jeder Unsicherheit in Panik ausbrechen. Besonders unerfahrene Auftraggeber neigen dann jedoch dazu, in jeder Iteration die Stoßrichtung zu ändern und gänzlich neu anzusetzen. Dann liegt es jedoch an Ihnen als Führungskraft oder am Scrum Master, dies zu erkennen und den Auftraggeber vor Schaden zu schützen.

10.8.3 Für wen ist das agile Vorgehen denn nun geeignet?

Es steht einerseits außer Frage, dass der agile Ansatz viele gute Ideen mitbringt, anderseits ist auch unstrittig, dass nicht alle Projekte agil geführt werden können und sollten: Die Projektmanagement-Methodik sollte immer zugunsten des Projekts und des bestmöglichen Erfolgs gewählt werden, nicht auf Basis eigener Vorlieben!

Als Beispiele für Projekte, die keinesfalls agil geführt werden können, sind der Bau eines Hauses oder eines Kernreaktors zu nennen. Im Hausbau ist eine zwingende Reihenfolge einzuhalten, denn wenn der Bauherr sich doch für einen größeren Keller entscheidet, wenn der Dachdecker schon mit seiner Arbeit beginnt, ist die Umsetzung ökonomisch oft nicht mehr möglich. Anstatt ein ganzes Haus agil zu bauen, sollten Sie den Ansatz dort einsetzen, wo er sinnvoll ist: Die Wahl der Tapete muss erst dann entschieden werden, wenn das Haus bezugsfertig ist, und welche Möbel wohin sollen, lässt sich iterativ herausfinden.

Stärken hat das agile Vorgehen besonders dann, wenn das Ziel noch nicht vollständig definiert werden kann oder eine gewisse Dynamik aufgrund äußerer Einflüsse wahrscheinlich erscheint. Anstatt sich dann »totzuplanen«, ist es sinnvoller, erst einmal mit einem kleinen Prototyp anzufangen und schrittweise vorzugehen.

Agil, aber richtig

Ein Appell am Ende: Achten Sie darauf, dass das Wort »agil« nicht als Tarnung für fehlende Anforderungen und eine daher unvermeidbare Ungenauigkeit verwendet wird. Agilität bedeutet nicht, dass Anforderung nicht existieren, sondern dass sie erst flexibel gesammelt werden. Agil ist auch kein Synonym für »Wir legen einfach mal los, nachdenken kann man später noch«.

Es ist nicht trivial, die agile Idee richtig umzusetzen, ganz genauso wie ein gutes Projektmanagement nicht trivial ist.

10.9 Zusammenfassung und Ausblick

In diesem Kapitel sollte offensichtlich geworden sein, warum Projektmanagement nicht Strafe, sondern Mehrwert sein sollte. Insbesondere als Führungskraft erhalten Sie auch Projekte, in denen es nicht nur um inhaltliche, sondern zunehmend auch um strategische Fragestellungen geht. Um es mit den Worten von Spiderman zu sagen: »Aus großer Macht folgt große Verantwortung«.

Damit Sie der großen Verantwortung gerecht werden können, wurde in diesem Kapitel ein Überblick über die Teilbereiche des Projektmanagements und dessen Herausforderungen sowie die dazugehörigen Lösungen vermittelt. Zugleich mag aufgefallen sein, dass die Beschreibungen nicht absolut passgenau für Ihre Situation und Position sein werden. Das ist der Tatsache geschuldet, dass einige Unternehmen im Bereich Projektmanagement eine höhere Reife haben als andere. Wesentlich ist jedoch, dass es um Ihren Umgang mit den Projekten geht, denn in einer Tatsache sind alle Unternehmen vereint: Der Erfolg zählt!

Die Beschäftigung mit professionellem Projektmanagement und Themen wie der Stakeholder-Analyse oder auch dem Risikomanagement werden in jedem Fall ein tieferes Verständnis für das jeweilige Projekt bringen. Während zu Beginn kleinere Projekte dankbare Trainingserfahrungen sind, wird die volle Wirkung erst mit zunehmender Komplexität und Größe erkennbar. Sie werden zunehmend feststellen, wie viel einfacher Ihnen Antworten auf spontane Fragen zu diesem Projekt fallen und wie viel einfacher die eigentliche Steuerung von der Hand geht. Mit diesem Wissen werden Sie die eigene Anerkennung bei Ihren Führungskräften steigern und dies durch erfolgreiche Projekte untermauern.

Kapitel 11
Requirements Engineering

Requirements Engineering durchzuführen, bedeutet, ingenieurmäßig die Bedürfnisse und Anforderungen aller Stakeholder eines Produkts oder Projekts festzulegen. Ingenieurmäßig bedeutet: objektiv, konstruktiv, ergebnisorientiert, systematisch und durch Modelle, Standards und bewährte Best Practices unterstützt.

Die Ermittlung und Verwaltung von Anforderungen beeinflussen den Erfolg Ihrer Arbeit im IT-Management maßgeblich. Dabei haben Sie in der Vielzahl Ihrer Aufgaben mit vielfältigen Arten von Anforderungen zu tun. Dieses Kapitel gibt Ihnen einen Überblick über das Requirements Engineering.

11.1 Was ist Requirements Engineering?

Das *Requirements Engineering* (auf Deutsch auch *Anforderungsanalyse* genannt) kann man definieren durch sein Ziel, seine Ergebnisse oder seine Aufgaben.

Das Ziel des Requirements Engineering besteht darin, dass alle Beteiligten – z. B. eines IT-Projekts – über denselben korrekten Wissensstand bezüglich der Anforderungen verfügen.

Dieser Wissensstand besteht aus Wissen auf verschiedenen Abstraktionsebenen:

- Ziele, die die Richtung und den angestrebten Endzustand beschreiben
- Szenarien, also Schritt-für-Schritt-Beschreibungen der Prozesse, Abläufe und Funktionen, die das System unterstützen soll
- Qualitätsanforderungen an diese Funktionen, beispielsweise deren Geschwindigkeit
- detaillierte Anforderungen an konkrete Elemente der technischen Lösung, zum Beispiel die auf der Benutzeroberfläche verwendete Schriftart, die Länge eines Textfelds oder die Verschlüsselungsart und Schlüssellänge bei der verschlüsselten Datenübertragung
- Projekt- und Prozessanforderungen an die Durchführung des Projekts und des Entwicklungsprozesses, aber auch den Wartungsprozess; im weitesten Sinne gehören auch das Budget und der vereinbarte Liefertermin zu den Projektanforderungen

Um diesen angestrebten Wissensstand zu erreichen, werden üblicherweise die Anforderungen und deren Metainformationen dokumentiert. Als materialisiertes Ergebnis erzeugt das Requirements Engineering eine Anforderungsspezifikation. Diese muss auf jeden Fall korrekt sein, muss aber nicht vollständig sämtliche Informationen über die Anforderungen enthalten, sondern kann sich als sogenannte leichtgewichtige Anforderungsspezifikation auf bestimmte Aspekte beschränken.

Die Aufgaben im Requirements Engineering lassen sich in vier Kategorien unterscheiden:

- Anforderungen ermitteln
- Anforderungen dokumentieren
- Anforderungen prüfen und abstimmen
- Anforderungen verwalten

Das Requirements Engineering ist gleichermaßen eine systematische und analytische, aber auch eine kreative und kommunikative Tätigkeit, sie ist Dienstleistung und Steuerung, so wie jede Managementtätigkeit. Darum spricht man oft auch synonym von *Requirements Management* oder Anforderungsmanagement. Im engeren Sinne werden diese beiden Begriffe jedoch verwendet, um allein die Anforderungsverwaltung zu bezeichnen. In dieser Bedeutung wollen wir den Begriff im Folgenden verwenden.

11.2 Wann und wozu IT-Requirements-Engineering

Sie als IT-Manager beschäftigen sich einen guten Teil des Tages mit Anforderungen: mit Anforderungen an einzukaufende Produkte und selbst zu entwickelnde IT-Systeme, mit Anforderungen der Endanwender, Ihrer Vorgesetzten und von Gesetzgebern und Zertifizierungsorganisationen, aber auch Ihren eigenen Anforderungen an Produkte, an Arbeitsprozesse, an Lieferanten und an Ihre Mitarbeiter*innen. Diese Anforderungen sollen nicht nur ermittelt und dokumentiert werden, sondern sie sollen auch verwaltet und ihre Erfüllung geprüft werden.

Tabelle 11.1 zeigt eine Übersicht darüber, wo und wie Sie im IT-Management mit welcher Art von Anforderungen zu tun haben und mit welchen Ansprechpartnern Sie darüber kommunizieren. Die Stichworte und Akronyme erkläre ich im Anschluss.

	Ansprechpartner			
Aufgaben	**höheres Management**	**Team**	**Benutzer, Fachabteilung**	**Lieferant**
Strategische Aufgaben	IT-Business-Alignment, Programm- und Portfolio-Management, IT-GRC-Management, Vorschläge für die digitale Transformation	Operationalisierung von Strategien		
Administrative Management-aufgaben	kontinuierliche Verbesserung	Ressourcen-Management, IT-Controlling, Steuerung von Projekten und Prozessen, kontinuierliche Verbesserung	IT-Service-Management, Projektmanagement, Enabling, Verträge, SLAs	
Operativ: als Dienstleister Anforderungen ermitteln	Anforderungen des Top-Managements ermitteln und durch IT-Systeme erfüllen		Anforderungen der Benutzer ermitteln und durch IT-Systeme erfüllen	
Operativ: als Product Owner, Kunde oder Stakeholder Anforderungen haben		Anforderungen an Produkt und Projekt definieren, priorisieren und abnehmen		Einkauf: Anforderungen an Produkt definieren, priorisieren und abnehmen

Tabelle 11.1 Übersicht: Bei welcher Aufgabe hat der IT-Manager mit welcher Art von Anforderungen zu tun?

11.2.1 Das Requirements Engineering auf strategischer Ebene

Im Rahmen Ihrer strategischen Aufgaben beschäftigen Sie sich in Zusammenarbeit mit dem Top Management mit ...

- **IT-Business-Alignment**: Gestaltung der IT-Landschaft in einer Weise, dass sie die Geschäftsziele unterstützt.
- **Programm- und Portfoliomanagement**: Das Projekt-Portfoliomanagement bewertet die Projekte im Hinblick auf Geschäftskriterien, das Produkt-Portfoliomanagement tut dasselbe für die Produkte. Das Programmmanagement bündelt Projekte so, dass sie gemeinsam einem höheren Zweck dienen. Damit trägt es zum IT-Business-Alignment bei.
- **IT-GRC-Management**: GRC steht für *Governance, Risk & Compliance*. Die IT-Governance stellt sicher, dass die IT die Unternehmensstrategien unterstützt. Dazu gehört es, Anforderungen an die IT aus den Strategien herzuleiten, durch IT-Mehrwert zu schaffen und Risiken zu minimieren. Risikomanagement leitet unter anderem Anforderungen an die IT aus der Notwendigkeit her, diese IT gegen Risiken und Angriffe zu schützen, die Unternehmensprozesse auch im Krisenfall weiterzubetreiben und nach einem Zusammenbruch wieder in Betrieb zu nehmen (*Disaster Recovery*). IT-Compliance beschreibt die Einhaltung von gesetzlichen, unternehmensinternen und vertraglichen Anforderungen sowie moralischen Standards durch die IT. Teilthemen der Compliance sind IT-Sicherheit, Verfügbarkeit, Lizenzmanagement, Daten- und Dokumentenmanagement und Datenschutz.

  COBIT (Control Objectives for Information and Related Technology) ist ein Rahmenwerk für das IT-GRC-Management.
- **Vorschläge für die digitale Transformation**: Auf Anfrage des Top-Managements oder proaktiv schlagen Sie als IT-Experte technische Lösungen für die Verwaltung, E-Commerce und E-Marketing vor.

Gemeinsam mit Ihrem Team operationalisieren Sie Strategien Ihres Top-Managements. Das heißt, Sie übersetzen die Strategien in konkrete Projekte und Maßnahmen. Dabei geht es nicht nur um die IT-Strategie, sondern auch um andere Strategien, deren Umsetzung technische Unterstützung benötigt.

11.2.2 Das Requirements Engineering auf administrativer Ebene

Im Rahmen Ihrer administrativen Management-Aufgaben beschäftigen Sie sich mit ...

- **Ressourcenmanagement**: Sie verwalten die Ressourcen wie Personal, Hardware, Software und Informationen, die dazu nötig sind, um Anforderungen zu erfüllen. Sie stellen dabei sicher, dass diese Ressourcen wiederum die nötigen Anforderungen erfüllen, also in der nötigen Quantität und Qualität zum rechten Zeitpunkt zur

Verfügung stehen. Dabei verwalten Sie nicht nur festangestellte Mitarbeiter*innen und selbst verwaltete IT-Systeme, sondern gerade auch Unterauftragnehmer, Lieferanten, Leiharbeiter*innen und Freiberufler*innen.

- **IT-Controlling**: Sie stellen sicher, dass die IT und IT-Projekte ihre Anforderungen erfüllen, insbesondere die Projektanforderungen wie Budget und Termine.
- **Steuerung von Projekten und Prozessen**: Durch die Zuteilung von Ressourcen, durch die Priorisierung von Aufgaben und andere Entscheidungen steuern Sie den Verlauf und Erfolg der Projekte und Prozesse. Dabei zielen Sie darauf ab, mit begrenzten Ressourcen das bestmögliche Ergebnis zu erzielen.
- **Kontinuierliche Verbesserung**: Durch das IT-Controlling entdecken Sie Schwachstellen in Prozessen und Verbesserungsbedarf. Sie identifizieren Verbesserungsmaßnahmen, wählen die vielversprechendsten aus und organisieren deren Umsetzung.
- **IT-Service-Management und Projektmanagement**: Sie organisieren den IT-Service und IT-Projekte so, dass sie die Anforderungen der Anwender am besten erfüllen. Die von Ihnen verwaltete IT soll die Geschäftsprozesse optimal unterstützen. Mindestanforderungen an das IT-Service-Management definiert die ISO/IEC 20000.
- **Enabling**: Als IT-Experte können oder sollen Sie proaktiv Lösungen für aktuelle und zukünftige Probleme und Anforderungen der Fachbereiche vorschlagen, um deren Arbeit zu verbessern. Sie ermöglichen mit neuen Technologien auch neue geschäftliche Möglichkeiten.
- **Verträge und SLAs (Service-Level-Agreements)**: In diesen Dokumenten werden Anforderungen an IT-Systeme und an Dienstleistungen spezifiziert.

11.2.3 Der IT-Manager als Dienstleister und Requirements Engineer

Im Rahmen Ihrer operativen Aufgaben ermitteln Sie in Ihrer Rolle als Dienstleister selbst Anforderungen von den betroffenen Stakeholdern und entwickeln Lösungen, die diese Anforderungen erfüllen. Diese Anforderungen können sowohl vom Top-Management als auch aus den Fachbereichen stammen. Sie arbeiten dann in der Rolle als *Requirements Engineer*. In ITIL spricht man auch vom *Anwendungssystem-Analytiker*, *Business Relationship Manager* oder *Demand Manager*.

11.2.4 Der IT-Manager als Kunde und Stakeholder

Manchmal sind Sie auch selbst derjenige, der Anforderungen (an ein Produkt oder ein Projekt) stellt, priorisiert, abnimmt und deren Erfüllung im Abnahmetest prüft. Sie sind dann *Kunde*, *Product Owner* (Produktverantwortlicher) oder *Stakeholder* (Interessensträger). Vielleicht sind Sie auch der Benutzer eines IT-Systems, das Sie von einem Lieferanten einkaufen.

11.3 Anforderungen ermitteln

Genauso vielfältig wie Ihre Rollen und Aufgaben, in denen Sie mit Anforderungen zu tun haben, sind auch die Quellen, aus denen Sie Anforderungen ermitteln – Ihre eigenen oder die anderer Stakeholder:

- Sie leiten IT-Anforderungen aus Strategien her.
- Anforderungen folgen aus Gesetzen, Standards, Guidelines und dergleichen.
- Auch Risikomanagement, Sicherheitsanalysen und Datenschutzkonzepte geben Anforderungen an IT-Systeme, Arbeitsprozesse und Ressourcen vor.
- Sie benutzen das Altsystem, Demoversionen von Lieferanten oder sehen sich Produktvideos im Internet an, um zu recherchieren und zu vergleichen, wie bestimmte Prozesse bisher umgesetzt werden.
- Sie befragen Stakeholder nach ihren Anforderungen – einzeln oder in Gruppen, persönlich, telefonisch oder schriftlich. Oder Sie werden selbst befragt.
- Sie entwickeln Anforderungen durch eigene Anschauung, Beobachtung oder Prototyping.
- Sie erarbeiten kreativ Vorschläge für die digitale Transformation und die bessere Arbeit der Fachbereiche, aber auch für die technische Umsetzung von Anforderungen anderer.

In diesem Abschnitt betrachten wir die wichtigsten Vorgehensweisen zur Ermittlung von Anforderungen näher.

11.3.1 Anforderungen aus Dokumenten extrahieren

In einem ersten Schritt erhalten Sie einige Anforderungen aus Dokumenten, die oft keine ausdrücklichen Anforderungsspezifikationen sind. Das heißt, Sie müssen viel Irrelevantes lesen, um das Relevante herauszufiltern und in Anforderungen zu übersetzen. Solche Dokumente sind allgemeingültige Vorgaben wie Gesetze und Standards, aber auch Verträge oder Vorgaben des Kunden und interne Guidelines (Richtlinien zum Code oder *User Interface Styleguides*), Strategiepapiere und Portfolio- und Produktstrategien, Risiko- und Sicherheitsanalysen, Datenschutzkonzepte und dergleichen mehr. Eine solche Analyse schon vorhandener Dokumente ergibt gerade zum Anfang der Anforderungsermittlung Sinn, damit Sie nicht erfragen oder mühsam recherchieren müssen, was schon vorliegt.

Manche dieser Anforderungen sind bereits als Anforderung formuliert wie die Vorgabe »Die Benutzeroberflächen unserer Software verwenden die Schriftart Arial in 12 Punkt Größe«, aber gerade Gesetze und Standards enthalten eher allgemeine, abstrakte Vorgaben, die für verschiedenste Typen von Systemen und alle Eventualitäten passen sollen. Diese müssen Sie erst in konkrete Anforderungen an Ihren Anwendungsfall anpassen. Genauso endet die Analyse beim Top-Management oder den Datenschutzbeauftragten oft mit abstrakten Forderungen, die für viele oder alle Projekte oder Produkte gelten sollen und die Sie in umsetzbare Anforderungen übersetzen müssen.

Bei der Ermittlung von Anforderungen aus Dokumenten stellen sich für Sie darum zwei praktische Fragen:

- Welche Stellen im Text enthalten oder verweisen auf relevante Anforderungen?
- Welche konkreten Anforderungen folgen daraus?

Nehmen wir ein Beispiel aus der Datenschutz-Grundverordnung (DSGVO; siehe auch Kapitel 9), aus der Sie Anforderungen an den Umgang mit personenbezogenen Daten herauslesen. Falls das betrachtete IT-System personenbezogene Daten verwaltet, dann gilt automatisch die DSGVO.

Es gibt nun drei mögliche Herangehensweisen:

- **Automatische Suche nach Stichworten**: Arbeiten Sie beispielsweise im Medizinbereich, lohnt sich eine Suche im PDF-Reader nach dem Stichwort »Gesundheit«, denn Gesundheitsdaten werden als besonders schützenswerte personenbezogene Daten extra behandelt. Auch zum Begriff »Kind« finden Sie einige spezielle Regeln. Wichtig ist bei diesem Vorgehen, dass Sie die richtigen Suchbegriffe verwenden.

  Machen Sie sich gerade beispielsweise Gedanken zur Anonymisierung, dann wäre es naheliegend, nach »Anonymisierung« zu suchen. Tatsächlich finden Sie dazu nichts in der *DSGVO*. Daraus folgt aber nicht, dass Anonymisierung nicht gefordert ist. Suchen Sie stattdessen nach »Pseudonymisierung«! Sie sollten also zusätzlich zur automatischen Suche außerdem noch mindestens einmal querlesen, damit Sie die relevanten Suchbegriffe herausfinden, die Sie in einem zweiten Schritt systematisch suchen.
- **Querlesen**: Beim Querlesen lesen Sie nicht jedes Wort und jeden Satz, sondern überfliegen den Text diagonal und lesen nur Stellen, die Ihnen ins Auge fallen, beispielsweise Überschriften, einzelne Schlüsselwörter oder Aufzählungen.
- **Gründlich lesen**: Diejenigen Stellen, die Sie speziell betreffen, lesen Sie natürlich besonders gründlich, gerne auch mehrmals. Sie ackern nur dann das gesamte Dokument vollständig gründlich durch, wenn auf gar keinen Fall Fehler passieren dürfen. Ideal wäre es natürlich schon, alles gründlich zu lesen, aber oft scheitern wir in der Praxis an der Menge des Materials. Die Kunst des Schnelllesens ist natürlich hilfreich[1]. Diese können Sie sich in einem speziellen Kurs oder Selbstlernkurs aneignen.

1 Beim Schnelllesen trainiert man Auge und Gehirn so, dass man bei vollem Textverständnis doppelt so schnell denselben Text lesen kann.

Nun haben Sie also eine Stelle gefunden, die für Ihr System relevant ist. Wie machen Sie daraus eine IT-Anforderung? Nehmen wir als Beispiel Artikel 7, Abschnitt (1) der DSGVO: *Bedingungen für die Einwilligung*: »Beruht die Verarbeitung auf einer Einwilligung, muss der Verantwortliche nachweisen können, dass die betroffene Person in die Verarbeitung ihrer personenbezogenen Daten eingewilligt hat.«

Daraus folgt, dass es ein zusätzliches Anwendungsszenario *Nachweis der Einwilligung für die Datenverarbeitung* geben muss. Ein *Anwendungsszenario* beschreibt eine Funktionalität eines IT-Systems aus Sicht des Anwenders auf der Detaillierungsebene von einzelnen Arbeitsschritten. Typisch ist, dass ein Anwendungsszenario mit dem Ziel durchgeführt wird, ein konkretes Ergebnis bzw. einen Mehrwert zu liefern.

Das Gesetz gibt nur Eingabe und Ausgabe dieses Anwendungsszenarios vor: Die Eingabe ist eine Anfrage, ob eine bestimmte Person, konkret beispielsweise der Kunde, in die Verarbeitung seiner personenbezogenen Daten eingewilligt hat. Als Ergebnis des Anwendungsszenarios muss ein solcher Nachweis vorgelegt werden. Weitere Details fehlen.

Um diese abstrakten Anforderungen zu einem vollständigen Anwendungsszenario mit seinen Einzelschritten zu konkretisieren und festzulegen, in welchem Format und mit welchem Inhalt dieser Nachweis vorliegen soll, benötigt es unbedingt einen Experten, der weiß, wie so etwas üblicherweise umgesetzt wird und was selbst vor Gericht Bestand hätte. Diese Anforderungen hat natürlich auch Einfluss auf das Anwendungsszenario »Benutzerkonto anlegen«, in dessen Verlauf der Kunde seine Einwilligung geben muss.

Nehmen wir noch ein weiteres Beispiel: Die ISO/IEC 20000 *IT Service Management* definiert Anforderungen an das IT-Service-Management, also Prozessanforderungen. Um dieses Zertifikat zu erhalten, muss eine Organisation nachweisen, dass sie zuverlässig hochwertige Dienstleistungen erbringen kann. Daraus ergeben sich Anforderungen an ihre Arbeitsprozesse.

Beispielsweise dürfen Änderungen an Dienstleistungen oder IT-Systemen nur im Rahmen eines systematischen Änderungsmanagements durchgeführt werden. Wie Sie dies konkret umsetzen, das müssen Sie oft selbst herleiten bzw. dazu gibt es andere Quellen, wie z. B. ausführliche Bücher oder Buchkapitel über das Änderungsmanagement. Standards formulieren allgemeingültige Vorgaben, deren Umsetzung zu den Randbedingungen passen und darum durch Experten gestaltet werden muss.

11.3.2 Systeme analysieren

Da Sie selten das Rad neu erfinden müssen, finden Sie auch Anforderungen in existierenden Systemen:

- aus dem Altsystem, das zu ersetzen ist
- aus Konkurrenzprodukten
- aus Anwendungen mit ähnlichem oder verwandtem Anwendungsbereich
- oder aus einem Drittsystem, zu dem Ihr System eine Schnittstelle haben soll

Informationen, die Sie typischerweise aus solchen Systemen gewinnen können, sind

- Grundfunktionalitäten, die solche Systeme typischerweise unbedingt haben müssen und vom Anwender erwartet werden,
- sinnvolle oder übliche Reihenfolgen der Schritte innerhalb von Szenarien bzw. Arbeitsprozessen, Aufbau der Prozesse allgemein,
- Vergleichswerte für Qualitätsanforderungen, zum Beispiel Antwortgeschwindigkeiten,
- oder Antworten auf Detailfragen wie z. B.: Wie viele Zeichen hat ein solches Textfeld üblicherweise?

Eine solche Analyse von Systemen für die Identifikation von Anforderungen führen Sie immer dann durch, wenn eine Frage auftritt, die durch ein System beantwortet werden kann. Das kann schon früh die Frage nach den Grundfunktionalitäten sein oder kurz vor der Implementierung die Frage nach Details wie z. B. eine Formel oder typische Länge eines bestimmten Textes.

11.3.3 Interviews

Beim *Interview* führen Sie einen Dialog mit einem oder mehreren Gesprächspartnern. Als IT-Manager können Sie der Interviewer oder der Interviewte sein, je nach Situation. Das Gute am Interview ist, dass Sie interaktiv nachfragen und Unklarheiten sofort klären und die Detailtiefe sowie den Verlauf des Gesprächs steuern können. Auch unerwartete, aber wichtige Informationen können diskutiert werden.

Trotzdem ist eine gute Vorbereitung natürlich nötig, damit Sie nichts Wichtiges vergessen. Der Interviewer kommt bereits mit vorbereiteten Fragen ins Gespräch. In einer frühen Phase versucht er zunächst, das Umfeld und die Stakeholdergruppen zu verstehen sowie die wichtigsten Funktionalitäten aufzulisten. Später werden Szenarien detailliert ausgearbeitet, und ganz am Ende des Ermittlungsprozesses geht es um Feedback zu den Anforderungen und um Details, zum Beispiel die Formel für eine Berechnung oder eine Regel für den Plausibilitätscheck eines Eingabefelds.

Es wäre auch hilfreich, wenn die Befragte sich auf das Gespräch vorbereiten kann, der Interviewer ihr also die wichtigsten Fragen oder zumindest die zu behandelnden Themen vorab zuschickt. Dann kann die Befragte bereits Unterlagen zusammenstellen.

Andernfalls oder zusätzlich nimmt die Befragte sich aus dem Interview die noch offenen Fragen mit und liefert die fehlenden Informationen später nach.

Gute Fragen zu stellen, ist nicht so einfach. Speziell bei der Anforderungsermittlung gibt das angestrebte Ergebnis die Fragen vor. Sie können die Vorgaben für die Anforderungsspezifikation als Fragebogen verwenden, beispielsweise die Kapitel Ihrer Vorlage oder die Felder Ihrer Anforderungsschablone. Dazu kommen wir noch in Abschnitt 11.4.3, wenn es um die Formen der Anforderungsdokumentation geht.

Wichtig sind bei der Fragebogen-Erstellung für die Anforderungsermittlung folgende Prinzipien:

- Gehen Sie vom Groben zum Feinen vor. Die Lastenheftvorlage nach IREB (siehe Abschnitt 11.4.3) ist schon nach diesem Prinzip aufgebaut, indem sie mit der Kontext- und Stakeholder-Analyse beginnt, dann eine Liste der Funktionalitäten erstellt, die anschließend verfeinert werden. Sie können sich bei der Anforderungsermittlung also an dieser Vorlage entlangarbeiten.
- Starten Sie explorativ mit offenen Fragen wie »Welche Stakeholder fallen Ihnen ein?« oder »Welche Stakeholder fehlen noch auf der Liste?« oder »Welche Funktionalitäten soll das System haben?«. Später gehen Sie zu eher geschlossenen Fragen mit wenigen Antwortmöglichkeiten über, etwa »Ist die Liste der Funktionalitäten aus Ihrer Sicht vollständig?« oder »Genügt eine Textlänge von 100 Zeichen?«.
- Gliedern Sie den Fragebogen und die Besprechungen nach Themen, beispielsweise nach Benutzergruppen oder Geschäftsprozessen.

Keine Fragen stellen, die Sie selbst beantworten können

Verschwenden Sie keine Zeit damit, etwas abzufragen, was Sie auch in einem Dokument oder System nachsehen können. Es fällt den Interviewten leichter, das Ergebnis Ihrer Recherchen zu kommentieren als Ihnen aufs leere Blatt zu diktieren.

Auch gutes Zuhören ist gar nicht selbstverständlich. Sie gehen mit bestimmten Erwartungen in das Interview hinein. Lücken in den gehörten Informationen werden dann mit dem Erwarteten ausgefüllt, und Unerwartetes wird ignoriert. So filtert unser Gehirn, vor allem unter Zeitdruck.

Seien Sie immer offen für unerwartete oder unliebsame Informationen, und hören Sie genau zu, bis zum Ende der Ausführungen Ihres Gegenübers. Oft wissen Sie eben nicht nach seinen ersten beiden Worten, wie sein Satz enden wird. Irrtümer, falsche Erwartungen und Missverständnisse werden nur dann teuer, wenn man sie nicht frühzeitig aufklärt.

11.3.4 Workshops

Ein *Workshop* ist eine moderierte Besprechung in der Gruppe mit dem Ziel, ein Ergebnis zu erarbeiten. Dies können Anforderungen sein, eine Priorisierung, Kostenschätzung oder Konsens in einem Konflikt, aber auch kreative Ideen und Lösungen.

Wichtig ist auch hier die Vorbereitung der Moderation und der Teilnehmenden. Der Moderator oder die Moderatorin strukturiert, lenkt und steuert den Verlauf der Diskussionen. Die Grundlage dafür bildet die Agenda mit klar definierten Tagesordnungspunkten, die Liste der geplanten Ergebnisse und eine realistische Zeiteinteilung. Zu Beginn des Workshops oder zusätzlich auch mit der Einladung erfahren die Teilnehmenden die Agenda. Falls die Teilnehmenden einander noch nicht kennen, beginnt der Workshop mit einer Kennenlernrunde.

Der Vorteil des Workshops gegenüber dem Interview besteht darin, dass sich mehrere Personen gleichzeitig beteiligen und unterschiedliche Meinungen ausdiskutieren. Das heißt, die Schritte der Anforderungsermittlung und Konsensbildung erfolgen gemeinsam.

In kleinen Gruppen kann man Rollen an die Gruppenmitglieder vergeben, große Gruppen werden oft in Kleingruppen von drei bis sechs Personen aufgeteilt. Jeder Tagesordnungspunkt besteht aus einer klaren Arbeitsaufgabe. Am Ende werden die Ergebnisse der einzelnen Tagesordnungspunkte und/oder Arbeitsgruppen im Plenum vorgestellt, und es wird über das weitere Vorgehen entschieden.

Die Kleingruppen können alle dieselbe Aufgabe bearbeiten oder jede eine andere, beispielsweise die Anforderungen aus der Sicht einer anderen Perspektive betrachten. Für die Moderation von Diskussionen in der Gruppe eignet sich die gute alte Redeliste, auf der die Wortmeldungen der Reihe nach notiert und aufgerufen werden, oder ein *Fish Bowl*. Beim Fish Bowl diskutieren nur drei bis sechs Teilnehmende im Goldfischglas, das aus drei bis sechs Stühlen gebildet wird. Dieses befindet sich vorn im Raum oder bei U-Bestuhlung in der Mitte. Jeder, der etwas sagen möchte, muss sich als Diskutant für den Fish Bowl melden und von einem bisherigen Diskutanten dessen Platz zur Verfügung gestellt bekommen. Oft startet die Fish-Bowl-Diskussion mit einigen vorbereiteten Diskutanten, die dann durch Mitglieder des Publikums ersetzt werden.

Das *World Café* ist eine Moderationstechnik für eine Beteiligung von zahlreichen Personen. Zwölf bis Hunderte Teilnehmende sind möglich. Sie benötigen Tische und Stühle, sodass sich immer sechs Personen um einen möglichst runden Tisch zu einer Gruppe versammeln können. Jeder Tisch ist mit einem weißen Blatt Papier vollständig bedeckt und mit Stiften für jeden Platz. An jedem Tisch kam ein anderes Thema diskutiert werden, das von einem Gastgeber bzw. einer Gastgeberin inhaltlich vorbereitet wurde. In 15 bis 30 Minuten werden eine, zwei oder drei Fragen diskutiert. Ihre Ergebnisse notieren die Teilnehmenden selbst auf die Papiertischdecke. Nach Ablauf der vorgegebenen Zeit wechseln die Teilnehmenden an einen anderen Tisch. Der Gastgeber bleibt und führt die Diskussion mit der neuen Gruppe fort. Am Ende der Veranstaltung stellt jeder Gastgeber im Plenum die an seinem Tisch erarbeiteten Ergebnisse vor.

Perspektiven sammeln

Da die Stärke eines Workshops darin besteht, dass alle Perspektiven und Wissensbereiche vertreten sind und miteinander diskutieren, muss sowohl bei der Auswahl der Teilnehmenden als auch bei der Kleingruppenbildung auf Vollständigkeit geachtet werden: Sind alle Benutzer- und Stakeholder-Rollen sowie Wissensgebiete vertreten, die zur Erarbeitung des geplanten Ergebnisses nötig sind? Wenn beispielsweise eine Entscheidung zwischen Lösungen zu treffen ist, muss auch jemand dabei sein, der die Kompetenz besitzt, die Kosten und Risiken der Lösungen beurteilen zu können. Und: Die Anwendersicht lässt sich nicht gut durch Vertreter wie ihre Vorgesetzten oder Experten simulieren.

11.3.5 Anforderungsermittlung vor Ort

Interviews und Workshops finden meist im gemütlichen Besprechungsraum statt, mit Kaffee, viel Frischluft und völlig ungestört. Diese Abgeschiedenheit unterstützt die Fokussierung, ist aber nicht immer ideal. Manches muss man sich persönlich vor Ort ansehen, gerade auch das Arbeitsumfeld der Nutzer*innen, Maschinen und Geräte, Räumlichkeiten und alles, was man im Besprechungsraum nicht vorführen kann.

Erfahrungsgemäß lohnt es sich immer, zur Anforderungsermittlung zumindest ein paar Mal vor Ort zu erscheinen, also dort, wo das geplante IT-System eingesetzt werden soll. Dies gilt auch, wenn dabei Reisekosten entstehen. Bisher habe ich vor Ort immer noch unerwartete, wichtige zusätzliche Informationen gewonnen, die man vergessen hatte, mir mitzuteilen, weil sie zu selbstverständlich oder unwichtig erschienen.

11.3.6 Kreativitätsmethoden

Gelegentlich ist auch *Kreativität* gefragt. Besonders tritt das in folgenden Fällen auf:

- Sie entwerfen ein ganz neues IT-System, bei dem bisher nur das Ziel definiert ist. Sie können sich im Prinzip also etwas Neues ausdenken.
- Sie suchen nach einer technischen Lösung für ein kniffliges Problem.
- Sie sollen proaktiv Vorschläge für die Digitalisierung oder für die bessere Unterstützung der existierenden Geschäftsprozesse im Unternehmen unterbreiten.

Die gute Nachricht ist, dass Sie üblicherweise nicht im luftleeren Raum kreativ sein müssen. Meistens geht uns darum, das schon Vorhandene in neuartiger Weise zu kombinieren oder inkrementell zu verbessern. Schon allein aus Kostengründen werden Sie nicht wirklich ein IT-System auf der grünen Wiese neu entwerfen. Ihr Kreativitätsprozess besteht also aus einem oft iterativen Wechsel der folgenden Tätigkeiten:

1. Sie formulieren eine Frage.
2. Sie recherchieren nach möglichen, eventuell schon existierenden Antworten. Oder Sie denken sich etwas Neues aus.
3. Sie ermitteln die zu erfüllenden Anforderungen der Lösung.
4. Sie wählen die aus, welche die Anforderungen am besten erfüllt, und passen sie an.

Dieser Prozess kann auf allen möglichen Ebenen ablaufen: Entwurf einer Produktlinie für die Erfüllung einer strategischen Vorgabe, Auswahl eines Werkzeugs für die Lösung eines praktischen Problems, eine technische Architektur für ein vom Datenschutzbeauftragten aufgeworfenes Thema, eine raffinierte Benutzeroberfläche für die Erfüllung einer Nutzungsanforderung.

Machen wir ein Beispiel:

1. Frage: Wie können wir den Login-Vorgang der Benutzer*innen vereinfachen? Momentan müssen sie Benutzername und Passwort eingeben, jedoch wird das Passwort oft vergessen.
2. Mögliche Login-Mechanismen: Benutzername mit Passwort, E-Mail-Adresse mit Passwort, Fingerabdruck-Scanner, Kartenleser und PIN, Tippmustererkennung, Scan der Augeniris.
3. Anforderungen an die Lösung: Es soll kein Passwort bzw. keine PIN verwendet werden. Es soll keine zusätzliche Hardware beschafft werden müssen.
4. Die einzige Lösung, die beide Kriterien erfüllt, ist die Tippmustererkennung.

Die Anregung für neue Ideen entsteht aber nicht immer nur aus den Notwendigkeiten oder den im Unternehmen aktuell gestellten Fragen. Oft ergeben sich Anregungen auch von außen, eventuell aus einer nicht erwarteten Richtung. Beispielsweise schlendern Sie über eine Messe und sehen eine Neuheit aus einem ganz anderen Bereich. Erst hinterher geht Ihnen auf, dass diese Technologie ein bei Ihnen vorhandenes Problem lösen könnte. Sie bringen also eine käufliche Lösung mit einem vorhandenen Problem zusammen. Der Rest des Projekts besteht im Finetuning.

Das klingt so, als würden Sie vor allem recherchieren, um kreative Lösungen vorzuschlagen. Tatsächlich gibt es auch nur sehr selten Momente, wo Sie Kreativitätstechniken einsetzen. Die bekannteste, das Brainstorming, empfehle ich nur bei einem harmonischen Team, das gut und gleichberechtigt miteinander kommunizieren kann.

Andernfalls setze ich Kartensammlung oder die 635-Methode ein. Auch zahlreiche übliche Anforderungsermittlungstechniken können die Kreativität anregen, beispielsweise die Spezifikation von Personas, die Suche nach Misuse Cases (Abschnitt 11.5.6) oder der Entwurf von Prototypen. Diese Techniken werden wir auf den folgenden Seiten kennenlernen.

- *Brainstorming* führt man in einer kleinen Gruppe durch. Eine gute Größe sind drei bis sechs Personen, mehr als 12 Leute sollten es nicht werden. Hilfreich ist es, wenn die Teilnehmenden das zu lösende Problem oder die zu beantwortende Frage bereits Tage vor der Sitzung erfahren, um sich bereits Gedanken machen zu können. Das Grundprinzip des Brainstormings besteht darin, möglichst viele Ideen zu sammeln, ohne sie zu bewerten. Diese dürfen ruhig zunächst abwegig scheinen. 20 bis 60 Minuten genügen, um eine ordentliche Liste zu sammeln. Erst nach Abschluss der Kreativitätsphase werden die Ideen auf der Liste bewertet und beschlossen, welche weiterverfolgt werden.
- Die *Kartensammlung* unterscheidet sich vom Brainstorming nur darin, dass die Ideensammlung zunächst schriftlich erfolgt. Jeder notiert schweigend seine Ideen auf Karten. Ein Moderator sammelt die Karten ein und clustert sie nach Thema vorne auf einer Tafel. Meistens ist hilfreich, wenn der/die Autor*in die eigene Idee erklärt, weil die Formulierung auf einer Karte doch recht knapp erfolgt. Die Diskussion der Karten kann wiederum weitere Ideen generieren. Auch hier erfolgt die Wertung auf Nützlichkeit erst nach der Sammlung. Vorteil gegenüber dem Brainstorming ist, dass alle gleichermaßen zu Wort kommen.
- Für die *635-Methode* benötigen Sie als Werkzeuge nur ein Blatt Papier pro Teilnehmer bzw. Teilnehmerin und einen Stift. Das Papier wird senkrecht in drei Spalten aufgeteilt. Alle bekommen fünf Minuten Zeit, um drei Ideen zu notieren. Anschließend wird das Papier beispielsweise nach rechts weitergegeben und man erhält von links das Papier mit den Ideen des Nachbarn. Angeregt durch diese drei Notizen werden innerhalb von fünf Minuten weitere drei Ideen in der zweiten Zeile hinzugefügt. So geht dies sechs Runden lang.

  Sechs Runden haben sich bewährt, da nach drei Runden üblicherweise die offensichtlichen Ideen ausgehen und der Zwang entsteht, richtig kreativ zu werden. Nach sechs Runden wird es dann aber schwierig. Üblicherweise führt man diese Methode in einer Gruppe von sechs Teilnehmenden durch. Es funktioniert aber auch mit mehr oder weniger. Vorteilhaft gegenüber Brainstorming und Kartensammlung ist, dass die Teilnehmenden einander zwar gegenseitig inspirieren, aber nicht beim Nachdenken stören.

Natürlich gibt es noch viel mehr Kreativitätstechniken. Ich habe hier diejenigen empfohlen, die mit einfachen Mitteln und erfahrungsgemäß erfolgreich durchgeführt werden können. Sie können damit sowohl innovative Ideen als auch konkrete Problemlösungen erarbeiten. Weitere Kreativitätstechniken finden Sie in entsprechenden Fachbüchern.

11.4 Die Spezifikation als Dokument

Grundsätzlich macht es im Berufsleben Sinn, getroffene Absprachen zu dokumentieren und alle Informationen zu einem bestimmten Thema an einer zentralen Stelle zu sammeln und aktuell zu halten. Dies gilt natürlich auch für die Anforderungen. Das klassische Vorgehen besteht darin, die Anforderungen in einem (digitalen) Dokument namens *Anforderungsspezifikation* zu dokumentieren. Diese Spezifikation kann verschiedenste Formen annehmen: ein Dokument in einem Textverarbeitungsprogramm, eine Liste von Stichwörtern oder Karten, eine Sammlung von Tickets in einem Ticketsystem, eine Tabelle in einem Datenbanksystem und viele mehr. Ein Problem mit einem eindimensionalen Dokument besteht darin, dass es nur von oben nach unten zu lesen ist. Dies wird der Mehrdimensionalität des Problems der Anforderungsverwaltung nicht gerecht. Darum werden heutzutage, wie wir im Abschnitt »Anforderungsverwaltung« noch sehen werden, die Anforderungen oft digital in einer mehrdimensionalen Struktur verwaltet, mit der Möglichkeit, ein Textdokument daraus zu erzeugen. Der Vorteil eines einfachen Textdokuments ist, dass es übersichtlich alles enthält und wir sowieso nur einen Inhalt nach dem anderen lesen können. Diese Form der Spezifikation wird darum gerne verwendet für das Korrekturlesen, die Abnahme oder Diskussion mit Stakeholdern. In diesem Abschnitt stelle ich ein paar typische Formen der Spezifikation dar.

11.4.1 Das Backlog

Heutzutage verwendet man gerne ein *Backlog* als Anforderungsspezifikation. Das ist einfach eine Sammlung von sogenannten Backlog Items, die Anforderungen, User Stories oder auch Arbeitsaufgaben sein können, die dazu nötig sind, um die Anforderungen bzw. User Stories umzusetzen.

Das Backlog kann an einer physischen Wandtafel verwaltet werden, an die Karten angepinnt oder mit Magneten befestigt sind, oder man verwendet ein digitales Board oder ein Ticketverwaltungssystem. Das Backlog ist eine sehr einfache Form einer Spezifikation, die mit kostengünstigen Standardwerkzeugen verwaltet werden kann. Neue Anforderungen können spontan hinzugefügt werden. Meist kann man den Backlog Items ihre Eigenschaften wie Priorität oder Aufwandsschätzung beifügen, um später danach zu filtern. Auch Abhängigkeiten zwischen den Anforderungen lassen sich durch Verweise, beispielsweise Hyperlinks, darstellen.

11.4.2 Lastenheft versus Pflichtenheft

Häufig wird unterschieden zwischen dem Lastenheft und dem Pflichtenheft.

- Das *Lastenheft* stellt die Sicht der Anwender dar, auch *Problemraum*, Kundenanforderungen oder Fachsicht genannt: Welchen Nutzen soll das geplante Projekt oder Produkt den Anwender bringen? Welches Problem soll es lösen? Welche Arbeitsprozesse soll es unterstützen?
- Das *Pflichtenheft* stellt die Sicht der Umsetzung bzw. der Auftragnehmerseite dar, auch *Lösungsraum* oder technische Anforderungen genannt: Welche Technologien werden verwendet? Welche Funktionen bietet das System? Welche Eigenschaften soll es haben?

Im Sinne eines sauberen Vorgehens sollten beide Sichten getrennt behandelt werden, und das ist manchmal auch aus vertraglichen Gründen nötig. Beispielsweise kann das Lastenheft Teil einer Ausschreibung des Auftraggebers sein, während das Pflichtenheft das durch den Auftragnehmer gemachte Angebot dokumentiert, wobei die beiden Dokumente inhaltlich und vom Systemumfang her abweichen können. Das heißt, es wird vielleicht mehr oder weniger Funktionalität geboten als gefordert war.

Beide Spezifikationen haben den Anspruch, ein geplantes Projekt, Produkt oder eine geplante Dienstleistung vollständig und eindeutig zu beschreiben, sodass sie als Grundlage eines Vertrags gelten können. Ihre saubere Erstellung, Ausformulierung und Qualitätssicherung bereiten natürlich mehr Aufwand als ein einfaches Backlog, das als Aufgabenliste gedacht ist. Grundsätzlich kann ein Lastenheft oder ein Pflichtenheft auch als ein solches Arbeitsdokument dienen, das einfach den aktuellen Stand der Vereinbarungen innerhalb des Projekts dokumentiert. Man kann auch entweder das Lastenheft oder das Pflichtenheft durch ein Backlog ersetzen. Das hängt von den Projektgegebenheiten ab und ist Vereinbarungssache.

11.4.3 Eine Vorlage

Für die Spezifikation von Anforderungen verwende ich eine schlanke *Vorlage*, die sich an dem Aufbau orientiert, der vom IREB empfohlen wird (Pohl und Rupp, 2015, Kap. 4). Diese Vorlage kann gleichermaßen für ein Lastenheft wie für ein Pflichtenheft verwendet werden. Sie enthält die folgenden Inhalte:

Meta-Daten

- Titelblatt mit Name des Projekts, Typ des Dokuments (»Lastenheft« oder »Pflichtenheft«), Name von Auftragnehmer und Auftraggeber, verantwortliche Personen auf beiden Seiten, Datum und Version des Dokuments, eventuell Status des Dokuments, z. B. »in Bearbeitung«, »fertig« oder »abgenommen«

- auf der ersten Seite eine tabellarische Versionsübersicht – mit den Spalten Version, Datum, Autor, Status, Änderung –, die dokumentiert, wer wann was warum und wie geändert hat
- Auf der ersten oder zweiten Seite eine tabellarische Liste der offenen Punkte mit den Spalten Version, Datum, Verantwortlicher, Status und Beschreibung
- Inhaltsverzeichnis

Inhalte

- **Kap. 1, Einleitung**: Kap. 1 definiert den Projektumfang und die Hauptziele des Projekts sowie dokumentenübergreifende Informationen.
- **Abschn. 1.1, Projektziele und -zweck**: Dieser Abschnitt beantwortet die folgenden Fragen:
  - Welcher Arbeitsprozess soll unterstützt werden?
  - Wie ist der Ausgangszustand vor dem Projekt, z. B. welches Altsystem wurde bisher verwendet, und welche Mängel hat es? Wie wird der zu unterstützende Arbeitsprozess bisher durchgeführt?
  - Wie soll der Zustand nach dem Projekt sein, was soll sich verbessert haben?
  - Welche Rolle spielen diese Software und dieses Projekt für das gesamte Unternehmen und dessen Ziele?
  - Was sind die Ziele des Projekts? Woran werden Sie messen oder erkennen, dass das Projekt erfolgreich war?
- **Abschn. 1.2, Systemumfang**: Der Systemumfang wird hier kurz beschrieben. Nennen Sie auch Ausschlüsse, d. h., was ausdrücklich nicht zum System gehört bzw. nicht Inhalt des Projekts ist.
- **Abschn. 1.3, Stakeholder**: Hier werden die Stakeholder des Systems tabellarisch als Stakeholderliste dokumentiert, z. B. Anwender, Wartungspersonal, indirekte Nutznießer des Systems, aber auch Zertifizierungsstellen und negative Stakeholder, die von dem System nicht profitieren. Die Beschreibungen können ergänzt werden durch ein Organigramm, das die Beziehungen zwischen den Stakeholdern darstellt. Stakeholder sind alle, die vom System oder Projekt beeinflusst werden oder dieses beeinflussen können. Die Benutzer-Rollen werden in Abschn. 2.3 des Dokuments genauer beschrieben. Optional können Sie die Stakeholder in eine Einfluss-Motivations-Matrix eintragen, entsprechend ihrem Einfluss auf den Projekterfolg und ihrer Motivation, sich einzubringen.
- **Abschn. 1.4, Glossar**: Hier werden Fachbegriffe erklärt, in alphabetischer Reihenfolge. Üblich ist eine tabellarische Darstellung mit den Spalten Begriff, Synonyme, Erklärung und Ursprung.

- **Abschn. 1.5, Referenzen**: Dieser Abschnitt verweist auf mitgeltende Unterlagen, zu berücksichtigende Standards und andere relevante Dokumente.
- **Kap. 2, Übersicht**: Dieser Abschnitt dokumentiert weitere fachliche Informationen: Architektur, Systemumfeld, Randbedingungen, Annahmen, Systemfunktionalität, Nutzer und Zielgruppen.
- **Abschn. 2.1, System-Architektur**: Hier steht im Lastenheft eine fachliche System-Architektur, nur im Pflichtenheft eine technische Architektur.
- **Abschn. 2.2, System-Kontext, Randbedingungen, Annahmen**: Hier wird der Kontext beschrieben, in dem das Produkt eingesetzt werden soll: Systeme, Dokumente, Ereignisse, Prozesse. (Stakeholder und Benutzer sind in Abschn. 1.3 und Abschn. 2.3 beschrieben.) Zur Beschreibung des Kontexts können auch gehören:
  - physikalische Umgebung des Systems (z. B. Büroumgebung, mobiler Einsatz, Temperatur)
  - tägliche Betriebszeit (z. B. Bürozeiten oder Dauerbetrieb)
  - Wartungspersonal und -prozesse

  Hier werden auch Randbedingungen, gemachte Annahmen und Projektanforderungen dokumentiert.
- **Abschn. 2.3, Nutzer und Zielgruppen**: Hier werden die Rollen der User und Zielgruppen beschrieben. Pro Rolle interessieren diese Informationen: Name der Rolle, Beschreibung, Ziele der Rolle, Einstellung gegenüber dem System, Wissen/Erfahrung/Fähigkeiten.
- **Abschn. 2.4, System-Funktionalität**: Hier werden die Funktionalitäten aufgelistet. Eine Übersicht der Use Cases und deren Wechselwirkungen gibt ein Use Case-Diagramm.
- **Kap. 3, Anforderungen**: Dieses Kapitel beschreibt die funktionalen Anforderungen und Qualitätsanforderungen.
- **Abschn. 3.1, Struktur-Perspektive (Datenmodell)**: Hier wird das Datenmodell grafisch als Klassen-Diagramm oder Entity-Relationship-Diagramm dargestellt. Das fachliche Datenmodell im Lastenheft stellt die Benutzersicht dar, das technische Datenmodell im Pflichtenheft ist ein Datenbankentwurf. Wichtig sind Namen, Attribute, Beziehungen und Kardinalitäten, evtl. Definitionen im Glossar. Optional kann zusätzlich eine Datentabelle für jedes der Attribute ausgefüllt werden mit folgenden Spalten: Bezeichnung, Erklärung, Datentyp, Pflichtfeld, erlaubte Werte, Default-Wert.
- **Abschn. 3.2, Funktions-Perspektive**: Dieses Kapitel beschreibt die Szenarien der Use Cases anhand von textuellen Use Cases und/oder Aktivitätsdiagrammen.

- **Abschn. 3.3, Verhaltens-Perspektive**: In diesem Abschnitt stellen ein oder mehrere Zustandsdiagramme die Zustände des Gesamtsystems dar, eines Teilsystems oder von einzelnen Komponenten oder Klassen.
- **Abschn. 3.4, Qualitätsanforderungen**: Dieser Abschnitt spezifiziert die Qualitätsanforderungen, auf die besonders zu achten ist.
- **Kap. 4, Anhang**: Dieses Kapitel enthält weiterführende Informationen, z. B. Standards und Konventionen.
- **Kap. 5, Index**: Das Stichwortverzeichnis des Dokuments.

Für wenig komplexe Systeme kann man die durch diese Vorlage geforderten Inhalte in ein übersichtliches Dokument von 15 bis 200 Seiten schreiben. Die einzelnen Kapitel können aber auch Unterseiten in einem Wiki sein oder in einer Datenbank dazu genutzt werden, um die verschiedenen Inhalte zu klassifizieren.

11.4.4 Dokumentenverwaltung

Irgendwann werden sich Anforderungen wandeln. Dies gilt besonders dann, wenn sich Arbeitsprozesse und Geschäftsregeln oft ändern oder allgemein sich das Umfeld dynamisch entwickelt. Aber auch Lücken und Fehler in den Anforderungen sind zu beheben. Entsprechend muss auch die Spezifikation angepasst werden.

Sinnvoll ist in diesem Falle eine gute *Versionsverwaltung*, sodass Änderungen auch später noch nachvollzogen werden können. Andere Dokumente beziehen sich eventuell auf die Spezifikation. Dann muss im Verweis angegeben werden, auf welche Version dieser Bezug nimmt. Und diese Version muss auffindbar sein. Für die Dokumentenverwaltung kann man entweder ein Dokumentenverwaltungssystem verwenden oder einfach bei jeder Änderung händisch eine neue Version anlegen und die Versionsnummer auch in den Dateinamen schreiben.

Wichtig für eine gute Versionsverwaltung ist auch, dass die aktuelle Fassung der Spezifikation an einem zentralen Ort verfügbar ist und jede Änderung genau dort durchgeführt wird und niemand auf seiner eventuell veralteten lokalen Kopie des Dokuments weiterarbeitet.

11.5 Anforderungen im Problemraum dokumentieren

Es steht außer Zweifel, dass Anforderungen dokumentiert werden müssen. Eine Anforderungsspezifikation dient sozusagen als Protokoll einer Besprechung und Dokumentation des aktuellen Standes der Vereinbarungen über die Anforderungen. Es gibt zahlreiche Formen, in denen Sie Anforderungen dokumentieren können. Welche Sie wählen, hängt von verschiedensten Faktoren ab:

- Welche Darstellungsformen sind den Beteiligten bekannt?
- Dient die Anforderungsspezifikation als Grundlage für einen Vertrag?
- Müssen Standards eingehalten werden?
- Welche Dokumente werden zusätzlich noch erstellt?
- Wer wird später noch die Anforderungsspezifikation für welchen Zweck benötigen?

Im Folgenden stelle ich ein paar wichtige und häufig genutzte Möglichkeiten für Problemraum-Anforderungen dar. Für weitere Darstellungsformen und insbesondere, wenn Sie Standards einhalten müssen, informieren Sie sich in weiterführender Fachliteratur.

11.5.1 Ziele

Ziele werden leider bei der Spezifikation oft vernachlässigt. Dabei sind sie wichtig, damit alle Beteiligten verstehen, wozu das Projekt durchgeführt bzw. das Produkt entwickelt wird. Das Ziel beschreibt den angestrebten Zustand. Es dient als Maßstab für den Erfolg des Projekts. Darum bildet es während des Projekts die Grundlage für zahlreiche Entscheidungen im Requirements Engineering, im Projektmanagement und auch für technische Entscheidungen.

Solche Ziele können sein:

- Das System soll die Zeiterfassung aller Mitarbeiter*innen verwalten.
- Der Umsatz soll im nächsten Jahr um 20 % höher liegen als dieses Jahr.
- Die Kundenzufriedenheit soll sich von sieben auf neun Punkte (auf einer Skala von zehn) verbessern.
- Das Projekt soll nicht mehr als eine Million Euro kosten.
- Unser Entwicklungsprozess soll CMMI-Level 4 erreichen[2].
- Das System soll 99,999 % der Betriebszeit verfügbar sein.
- Die Erstellung eines Quartalsberichts soll nicht länger als 20 Minuten dauern.
- Vom Kundenanruf bis zum Abschluss sollen nicht mehr als 6 Stunden vergehen.

Sie sehen hier Ziele im Problemraum bezüglich der Funktionen oder Qualitätseigenschaften des Systems aus Kundensicht oder im Lösungsraum auf technischer Ebene.

2 CMMI steht für »Capability Maturity Model Integration« und ist ein Rahmenwerk für die Bewertung und Verbesserung von Software- und System-Entwicklungsprozessen. Die Qualität eines Prozesses wird durch einen Reifegrad quantifiziert. Es gibt fünf Reifegrade, wobei 5 der höchste und beste ist.

Es ist natürlich keine triviale Aufgabe, ein IT-System zu entwerfen, das diese Ziele tatsächlich erreicht. Beispielsweise ist schwer vorhersehbar, welche Systemeigenschaften die Kundenzufriedenheit um wie viele Prozentpunkte erhöhen. Aber diese Ziele stellen den Grund dafür dar, warum das IT-Systemen eingeführt oder überarbeitet wird oder die Durchführung eines Geschäftsprozesses optimiert wird. Also muss alles, was im Projekt entschieden wird, zu diesem Ziel beitragen und darauf hinwirken.

Damit ein Ziel seinen Zweck als Erfolgsmaßstab erfüllen kann, soll es messbar sein. Dafür benötigt es eine Kennzahl (z. B. prozentualer Anteil der Betriebszeit, zu der das System verfügbar ist) und einen Zielwert oder ein Zielintervall, aber auch einen Zeithorizont. Bis wann soll das Ziel erreicht sein?

Schön wäre es auch, wenn nachvollziehbar dokumentiert wäre, welche der geplanten Systemeigenschaften tatsächlich zur Erreichung des Ziels beitragen. Dies verleiht ihnen Priorität. Außerdem gehören zu den Anforderungen ans System oder den Betrieb auch Prüfmechanismen, die z. B. die Verfügbarkeit oder Kundenzufriedenheit messen.

Nun besteht oft nicht von Anfang an Konsens zwischen allen Stakeholdern über die zu erreichenden Ziele bzw. jeder verfolgt seine eigenen. Darum gehört zur Zielanalyse auch eine *Stakeholderanalyse* oder Analyse der Benutzerprofile. Dabei stellen sich insbesondere folgende Fragen:

- Wer benutzt das System, profitiert davon, hätte möglicherweise einen Schaden, kann zur Zielerreichung beitragen oder diese gefährden?
- Wie wichtig ist dieser Stakeholder? Hängt von ihm der Projekterfolg ab?
- Inwiefern hat jeder Stakeholder mit dem System zu tun? Beispielsweise: Welche Aufgaben führt er mit dessen Hilfe durch? Oder auf welche Art und Weise interagiert er sonst mit dem System oder mit dem Projekt?
- Was sind aus seiner Sicht die Ziele für dieses Projekt? Das könnten durchaus auch schädliche Ziele sein, z. B. das Verhindern der Einführung eines neuen IT-Systems.
- Wie können oder möchten wir diese Stakeholder am Projekt beteiligen? (Man kann sie informieren oder befragen, in die Anforderungsermittlung einbeziehen oder ins Testen.)

Diese Analyse erzeugt eine Sammlung von Zielen, die einander ergänzen oder auch widersprechen. Ideal wäre im Sinne von Stakeholder- und Erwartungsmanagement, sich gemeinsam mit allen Beteiligten und Betroffenen auf einen widerspruchsfreien und realistischen Satz an Zielen zu einigen. Dazu sind eventuell Verhandlungen nötig. Dies kann sich je nach Einflussstärke der Stakeholder als erfolgskritischer erweisen als die Erfüllung einzelner funktionaler Anforderungen. Denn das Projekt ist für eine bestimmte Personengruppe nur dann erfolgreich, wenn es die von ihnen erwarteten Ziele erreicht. Deren Unzufriedenheit können Sie je nach Machtverhältnis nicht ignorieren. Beispielsweise wenn die Benutzer sich weigern, das System zu verwenden, oder bei der Arbeit zu Fehlern provoziert werden, dann ist das schönste System kein Erfolg. Darum sollten Sie gerade auf der Ebene der Ziele mit allen wichtigen Beteiligten zu einem Konsens gelangen. Kompromisse auf der Detailebene sind leichter zu erzielen.

11.5.2 Vorteile und Tücken von Freitext

Wie wir sehen werden, gibt es zahlreiche gute grafische Darstellungsformen für Anforderungen. Darum ist es erstaunlich, dass doch noch ein großer Teil der Anforderungen in *Freitext* geschrieben wird. Tatsächlich ist es gar nicht möglich, sinnvoll alle Anforderungen beispielsweise als Aktivitätsdiagramm darzustellen. Freitext kann stattdessen wirklich jede Anforderung ausdrücken, aber auch Diagramme ergänzen oder zusammenfassen.

Ein großer Vorteil von Freitext ist auch die Werkzeugunabhängigkeit. Freitext kann auf jedem Rechner mit zahlreichen verschiedenen Werkzeugen bearbeitet werden und somit auch leicht zwischen mehreren Autor*innen oder Leser*innen ausgetauscht werden.

Scheinbar kann jeder Beteiligte Freitext schreiben und verstehen. Tatsächlich muss man jedoch für die Formulierung von Freitext-Anforderungen genauso geschult werden wie für die Anwendung einer standardisierten Notation. Ich behandle Anforderungen ganz ähnlich wie mathematischen Formeln. So muss ein x immer ein x sein und immer für dieselbe Variable stehen. Man verwendet also nicht für dieselbe Sache mehrere alternative Begriffe im Wechsel. Es muss ganz klar definiert sein, was ein Begriff in diesem Projekt bedeutet. Jeder Satz muss eine eindeutige Aussage treffen. Schwammige Formulierungen signalisieren meistens, dass eine Anforderung noch nicht genügend durchdacht und konkret vereinbart wurde.

Darüber hinaus kann man in Freitext jede Menge Formulierungsfehler begehen: Man kann grammatikalisch korrekte, aber inhaltliche falsche Aussagen treffen, man kann unbemerkt Lücken lassen oder an verschiedenen Stellen des Texts sich selbst widersprechen. Gerade das Selbstverständliche wird oft nicht niedergeschrieben.

11.5.3 Das Glossar

Wie schon gesagt: Jedes verwendete Wort, insbesondere jeder Schlüsselbegriff, muss eine fest definierte Bedeutung haben und immer genau in diesem Sinne verwendet werden. Damit dies möglich ist, auch über einen längeren Zeitraum hinweg mit verschiedenen Autor*innen, muss diese Bedeutung schriftlich festgehalten werden. Dafür eignet sich gut ein *Glossar*, das entweder für ein bestimmtes Projekt, Produkt, eine Abteilung oder ein ganzes Unternehmen gilt.

Das Glossar ist ein separates Dokument oder ein Kapitel in der Spezifikation, auf das alle – Autor*innen und Leser*innen der Anforderungen – Zugriff haben. Dort sind die Begriffe alphabetisch sortiert und tabellarisch mit Informationen versehen, insbesondere mit ihrer Definition. Zusätzlich kann man noch festlegen: den Ursprung der Definition (z. B. ein Fachbuch, der Duden, ein anderes Glossar), eine Liste von Synonymen oder zusätzliche Bemerkungen. Manchmal ist auch eine Art Übersetzung nötig, um zwischen Problem- und Lösungsraum zu übersetzen oder zwischen den Terminologien verschiedener Unternehmen, beispielsweise von Auftraggeber und Auftragnehmer oder Projektteam und Lieferant oder Fachabteilung.

Nehmen wir als Beispiel die Personalnummer. Sie spielt in einem Zeiterfassungssystem eine wichtige Rolle, weil anhand dieser Nummer die Mitarbeiter*innen eindeutig identifiziert werden. Tabelle 11.2 zeigt den Glossareintrag für die Personalnummer. Sie finden hier in der Erklärung zahlreiche Informationen über diese Personalnummer, die üblicherweise von der Fachseite geliefert werden. Ganz unten steht auch, wie die Personalnummer im Lösungsraum heißt.

Begriff im Problemraum	Personalnummer
Synonyme	Personal-ID
Erklärung	Jede*r Mitarbeiter*in wird durch die Personalnummer eindeutig identifiziert. Es handelt sich um eine 8-stellige Nummer, die einmalig an genau eine*n Mitarbeiter*in vergeben wird.
Ursprung	Altsystem
Begriff im Lösungsraum	personalnr

Tabelle 11.2 Glossareintrag »Personalnummer«

Tatsächlich legt man nicht unbedingt eine Karteikarte pro Begriff wie in Tabelle 11.2 an. In einer Spezifikation im DIN-A4-Format haben Sie genug Platz, um dieselben Informationen wie in Tabelle 11.3 darzustellen. Diese Tabelle listet die zu definierenden Begriffe in der linken Spalte auf – alphabetisch sortiert, denn das Verzeichnis soll es erlauben, schnell einen bestimmten gesuchten Begriff zu finden.

Begriff im Problemraum	Synonyme	Erklärung	Ursprung	Begriff im Lösungsraum
Personalnummer	...	...	...	...
Personalbedarf	...	...	...	...
...	...	...	...	...

Tabelle 11.3 Glossar-Vorlage

11.5.4 Anwendungsszenarien

Szenarien sind Schritt-für-Schritt-Beschreibungen der Prozesse, Abläufe und Funktionen, die das System unterstützen soll. Man kann sie sowohl aus Problem- als auch aus Lösungssicht darstellen:

- Die Problemsicht beschreibt aus Anwendersicht, was das System tun soll. Dabei wird das System als Blackbox betrachtet. Hier interessiert nur, welche Eingaben welche Ausgaben erzeugen.
- Die Lösungssicht beschreibt eher aus technischer Sicht, aus Sicht des Auftragnehmers bzw. Entwicklers, wie er die Bedürfnisse der Anwender erfüllen wird. Szenarien aus Lösungssicht sollen jedoch nicht zu technisch sein, also eher auf fachlich sinnvollen Komponenten basieren, nicht unbedingt auf technischen.

Es gibt zahlreiche Darstellungsformen von Szenarien. Ich empfehle folgende, die einander ergänzen können:

- User Stories
- Use Cases
- Aktivitätsdiagramm
- Entscheidungstabelle

Sehen wir uns alle diese Formen genauer an. Als Beispiel wählen wir ein Projekt, dessen Ziel darin besteht, das aktuelle Zeiterfassungssystem durch ein neues zu ersetzen, das die Anforderungen der Stakeholder besser erfüllt als das alte. Ob Sie ein solches als Standardlösung auf dem Markt finden werden, ein eigenes programmieren oder beauftragen müssen, ist momentan noch unklar. Darum ermitteln Sie zunächst lösungsunabhängig die Anforderungen der Stakeholder (Problemsicht).

Auf einer abstrakten Ebene tun Sie das mithilfe von User Stories. Eine *User Story* folgt einer dreiteiligen Vorlage, die nur beschreibt, wer was zu welchem Zweck benutzen möchte.

Als <Rolle>

möchte ich <Funktionalität>

[sodass <Nutzen>]

Die dritte Zeile ist optional.

Anhand von drei Beispielen, die aus Sicht von drei Stakeholdern jeweils eine wichtige Funktion des Zeiterfassungssystems spezifizieren, möchte ich zeigen, wie das funktionieren kann:

- **User Story 1**: Als Mitarbeiter möchte ich meine Arbeitszeiten dokumentieren, damit ich jederzeit nachweisen kann, wie viel ich gearbeitet habe.
- **User Story 2**: Als Betriebsrat möchte ich wissen, wann, durch wen und wie oft die Arbeitszeitgesetze nicht eingehalten wurden.
- **User Story 3**: Als Vorgesetzte möchte ich wissen, wie gut meine Mitarbeiter*innen ausgelastet sind, damit ich die Arbeit gleichmäßig verteilen kann und eine Überlastung oder Unterlast rechtzeitig erkenne.

Wir sehen hier, dass alle drei Stakeholder die Zeiterfassung möchten, aber jeden interessiert ein anderer Aspekt dabei, also unterschiedliche Daten und Auswertungen.

Das sind aber noch keine echten Szenarien, sondern nur deren Kurzfassung und Absicht. Für die Darstellung einer Schritt-für-Schritt-Beschreibung eignet sich gut ein textueller Use Case oder das Aktivitätsdiagramm aus der Familie der UML-Diagramme (*Unified Modeling Language*).

Ein *Use Case* fasst mehrere alternative Benutzungsszenarien zusammen, die demselben Akteur einen bestimmten Mehrwert bringen sollen. Jedes Szenario beginnt mit einem Trigger bzw. Auslöser und endet in dem Moment, wo der Mehrwert erbracht wurde oder definitiv nicht mehr erbracht werden kann. Ein Benutzungsszenario beschreibt die Abfolge der Aktionen von Benutzer und System im Problemraum. Es sollen also keine Implementierungsdetails festgelegt werden. Use Cases werden im Deutschen auch Anwendungsfall genannt.

Das IREB unterscheidet drei Typen von Szenarien (Cziharz et al., 2022, S. 92):

- *Hauptszenario*, auch Erfolgsfall genannt: Dies ist der Idealfall. Der Benutzer gelangt auf dem direkten Weg zum erwünschten Ergebnis.
- *Alternativszenario*: Der Benutzer bzw. Aktor gelangt zwar zum erwünschten Ergebnis, aber nicht auf dem direkten bzw. optimalen Weg. Stattdessen nimmt er einen Umweg, muss z. B. das zunächst falsch eingegebene Passwort ein zweites Mal eingeben.
- *Ausnahmeszenario*, auch Fehlerfall genannt: Der Aktor erzielt nicht den erwünschten Mehrwert bzw. das erwünschte Ergebnis, beispielsweise weil er sein Passwort drei Mal falsch eingegeben hat und nun sein Benutzerkonto gesperrt wird.

Für die textuelle Spezifikation von Use Cases sind zahlreiche alternative Vorlagen im Umlauf, die zwar alle ähnlich, aber auch jede anders sind. Die Vorlage in Tabelle 11.4 hat sich nach meiner Erfahrung bewährt. Falls Sie sowohl User Stories als auch Use Cases spezifizieren, dann hat die Vorlage auch ein Feld »User Story«, das auf die zugehörige User Story verweist.

Use-Case-Name	Eindeutiger Name des Use Cases, oft in der Form »Objekt + Verb«, da die meisten Use Cases den Zustand eines Datenobjekts ändern. Oft gibt es mehrere Szenarien zum selben Datenobjekt, hier zum Beispiel »Arbeitszeit erfassen«, »Arbeitszeit korrigieren« und »Arbeitszeit auswerten«.
Nummer bzw. Identifikator	Eindeutig vergebener Identifikator, z. B. 123 oder UC02.
Priorität	Wichtigkeit oder Nutzen der Anforderung, z. B. auf einer Skala von 1 bis 3 oder muss/soll/kann.
Kritikalität	Wie schlimm wäre es, wenn der Use Case fehlt oder nicht funktioniert, z. B. auf einer Skala von 1 bis 3 oder niedrig/mittel/hoch?
Aktor(en)	Aktor(en) des Use Case. Der primäre, d. h. auslösende Aktor steht an erster Stelle, eventuell weitere teilnehmende Aktoren danach.
Vorbedingung(en)	Bedingungen, die erfüllt sein müssen, damit der Use Case begonnen werden kann.
Beschreibung	Eine chronologische und nummerierte Liste der Aktionen von Akteur und System im Hauptszenario. Verwenden Sie eine eigene Spalte für jeden Aktor.
Alternativszenarien	Hier werden die Alternativszenarien beschrieben bzw. diejenigen Aktionen, bei denen sich das Alternativszenario vom Hauptszenario unterscheidet.
Ausnahmeszenarien	Hier werden die Ausnahmeszenarien beschrieben.
Nachbedingung(en)	Zustand des Systems nach dem erfolgreichen Abschluss des Use Cases. Dies beinhaltet sowohl durch den Benutzer sichtbare Ergebnisse als auch nicht direkt beobachtbare interne Zustände. Alles, was ein Tester überprüfen müsste, um festzustellen, dass der Use Case erfolgreich abgeschlossen wurde.
Qualitätsanforderung	Qualitätsanforderung(en) an diesen Use Case.

Tabelle 11.4 Vorlage für die textuelle Spezifikation eines Use Cases

In manchen Vorlagen werden folgende Felder noch zusätzlich empfohlen. Entscheiden Sie, welche Informationen Sie für Ihre Aufgaben brauchen:

- **Ziel**: Welches Ziel verfolgt der primäre Akteur?
- **Kurzbeschreibung**: Eine zusammenfassende Beschreibung des Use Cases.
- **Quelle**: Stakeholder, Dokument, System, Besprechung o. ä., wo der Use Case ermittelt wurde. Dieses Feld dient der Rückwärtsverfolgbarkeit des Use Cases.
- **Häufigkeit**: Wie oft wird der Use Case ausgeführt?
- **Auslösendes Ereignis bzw. Trigger**: Welches Ereignis stößt den Use Case an?
- **Ergebnis**: Fachliches Ergebnis, das aus Sicht des primären Aktors erreicht werden soll.
- **Regeln**: Regeln bzw. Business Rules, die bei diesem Use Case einzuhalten sind.
- **Nachbedingungen im Fehlerfall**: Zustand des Systems im Fehlerfall, also wenn ein Ausnahmeszenario ausgeführt wurde. Auch in diesem Fall soll das System einen wohldefinierten Zustand einnehmen.
- **Benutzte Use Cases**: Welche anderen Use Cases verwendet der Use Case?
- **Daten**: Welche Daten verwendet dieser Use Case? Diese Information schafft Verfolgbarkeit zum Datenmodell oder unterstützt dessen Erstellung.
- **Funktionen**: Welche Funktionen des Systems verwendet dieser Use Case? Diese Information stellt die Verfolgbarkeit zum Lösungsraum her.
- **GUI-Prototyp**: Durch welchen GUI-Prototyp wird der Use Case dargestellt? (GUI steht für Graphical User Interface = grafische Benutzeroberfläche.)
- **Testfälle**: Durch welche Testfälle wird dieser Use Case getestet?
- **Offene Punkte**: Welche Punkte müssen noch geklärt werden?

Beispielhaft sieht das so aus: Tabelle 11.5 beschreibt den textuellen Use Case »Arbeitszeit erfassen«.

Use-Case-Name	Arbeitszeit erfassen
Nummer bzw. Identifikator	UC01
Priorität	hoch
Kritikalität	hoch
Aktor(en)	Mitarbeiter
Vorbedingung(en)	Mitarbeiter hat ein Mitarbeiterkonto im Zeiterfassungssystem

Tabelle 11.5 Textueller Use Case für den Anwendungsfall »Arbeitszeit erfassen«

Beschreibung	Mitarbeiter	System
	10 einloggen	
	20 Wählt »Arbeitszeit erfassen«	
		30 Zeigt Übersicht
	40 Wählt »beenden« oder einen Tag	
		50 Falls »beenden« gewählt, gehe zu 90 Falls Tag gewählt, zeigt Tag
	60 Trägt Arbeitszeiten ein	
	70 Wählt »speichern«	
		80 Speichert Arbeitszeiten; gehe zu 30
		90 Loggt den Mitarbeiter aus
Alternativszenarien	–	
Ausnahmeszenarien	–	
Nachbedingung(en)	Die durch den Mitarbeiter eingegebenen Arbeitszeiten sind gespeichert.	
Qualitätsanforderung	Verfügbarkeit von 99,999 % von Montag bis Freitag von 8 bis 18 Uhr	

Tabelle 11.5 Textueller Use Case für den Anwendungsfall »Arbeitszeit erfassen« (Forts.)

Tabelle 11.5 beschreibt den textuellen Use Case »Arbeitszeit erfassen«. Denselben Ablauf kann man auch als UML-*Aktivitätsdiagramm* darstellen (siehe Abbildung 11.1).

Die beiden senkrechten Streifen nennen sich *Partitionen* und zeigen an, welche der Aktionen der Mitarbeiter ausführt und welche das System. Das Szenario beginnt oben mit dem Startknoten (gefüllter Kreis) und endet unten mit dem Endknoten (»Bullenauge«).

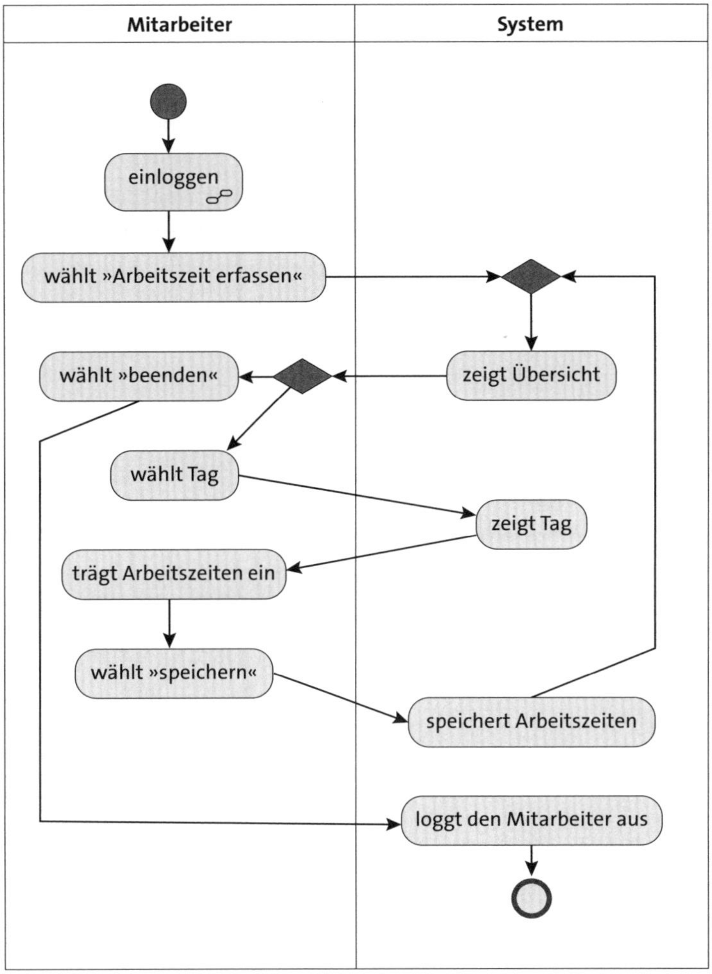

Abbildung 11.1 Aktivitätsdiagramm für den Use Case »Arbeitszeit erfassen«

Die Zeit verläuft von oben nach unten. (Von links nach rechts wäre auch möglich; dann würden die Partitionen waagrecht verlaufen.)

Jedes Rechteck mit abgerundeten Ecken stellt eine Aktion dar, eine kleinste Handlungseinheit. Die Aktion »einloggen« wird durch ein spezielles Symbol angezeigt, damit deutlich wird, dass es sich um eine komplexe Aktion handelt, die wiederum aus mehreren Aktionen besteht. Für den vorliegenden Zweck werden die Details jedoch ausgeblendet bzw. nicht angezeigt.

Die Pfeile zwischen den Aktionen zeigen den sogenannten *Kontrollfluss* an, also die Reihenfolge der Ausführung. Erst wenn eine Aktion abgeschlossen ist, wird die nächste begonnen. Es ist immer genau eine Aktion aktiv. Die Rauten sind Entscheidungs- oder Zusammenführungsknoten. In den Entscheidungsknoten führt ein Pfeil hinein und mehrere hinaus. Es handelt sich um eine XOR-Verzweigung: Man folgt entweder der einen oder der anderen Kante. Darum steht an den Pfeilen üblicherweise die Bedingung, unter der man einer bestimmten Kante folgt. Diese Bedingungen sind idealerweise vollständig und überschneidungsfrei, decken also den gesamten Wertebereich der geprüften Variablen ab, ohne dass ein Wert zu mehreren Kanten führt. Der Zusammenführungsknoten benötigt keine Bedingungen. Hier werden Kontrollflüsse, die zuvor mit einem Entscheidungsknoten verzweigt wurden, wieder zusammengeführt. Jeder mögliche Pfad im Aktivitätsdiagramm beginnt mit einem Startknoten und endet mit einem Endknoten. Man kann im Anwendungsfall »Arbeitszeit erfassen« verschiedenen Pfaden bzw. Szenarien folgen: Man erfasst entweder nur die Arbeitszeit eines (z. B. des gestrigen oder heutigen) Tages oder alternativ die Arbeitszeiten von zwei oder mehr Tagen auf ein Mal. Jeder der möglichen Pfade ist ein eigenes Szenario.

Im Aktivitätsdiagramm kann man auch Parallelisierungen darstellen, den Versand von Nachrichten und vieles mehr. Dafür verweise ich Sie auf einschlägige UML-Bücher oder das IREB-Handbuch zur Modellierung (Cziharz et al., 2022).

In die Erstellung eines solchen Szenarios fließen viele Überlegungen hinein, z. B. Benutzerfreundlichkeit, Sicherheit, Vorschriften und Standards. Darum entsteht eine solche Szenariospezifikation meist nicht in einer einzigen Sitzung, sondern wird nach und nach verfeinert und mit verschiedenen Experten diskutiert und abgestimmt.

Wenn Sie den textuellen Use Case mit dem Aktivitätsdiagramm vergleichen, dann zeigt sich, dass beide Darstellungsformen ihre Stärken und Schwächen haben. Verzweigungen und Wiederholungen im Kontrollfluss lassen sich grafisch übersichtlicher vermitteln als durch Sprünge zwischen Zeilennummern. Gerade auch Alternativ- und Ausnahmeszenarien verwenden solche Verweise. Soll beispielsweise eine Warnung angezeigt werden, sobald der Mitarbeiter mehr als acht Arbeitsstunden für einen Tag einträgt, dann schreibt sich das im Feld Alternativszenario als: »80a: Falls mehr als 8 Arbeitsstunden eingegeben wurden, gehe zu 100. 100: Warnung anzeigen.« Die Zeilennummer 80a bezeichnet eine Alternative zu Zeile 80. In komplexen Szenarien gibt es Alternativverläufe zu beinahe jedem einzelnen Schritt. Das macht den textuellen Use Case schwer lesbar. Andererseits kann man zahlreiche der Informationen, die im textuellen Use Case stehen, nur unübersichtlich oder gar nicht im Aktivitätsdiagramm darstellen, wie beispielsweise die Vor- und Nachbedingungen oder eine allgemeine Anforderung wie »Der Benutzer soll an jeder Stelle im Use Case zur Übersicht zurückspringen können«.

Darum empfehle ich, beide Darstellungsformen zu kombinieren: Die Beschreibung von Haupt-, Alternativ- und Ausnahmeszenarien stellen Sie als Aktivitätsdiagramm dar und die restlichen Informationen in einer Tabelle. So können Sie die Stärken beider Darstellungsformen kombinieren.

Während das Aktivitätsdiagramm sehr gut dafür geeignet ist, den Ablauf (Kontrollfluss) von Szenarien zu beschreiben, ist es schwierig, sicherzustellen, dass alle möglichen Pfade vollständig abgedeckt wurden.

Nehmen wir an, das System soll bereits beim Speichern der Arbeitszeiten prüfen, ob die Gesamtarbeitszeit an diesem Tag in Ordnung ist.

Das Gesetz sieht dabei folgende Fälle vor: Eine Gesamtarbeitszeit von bis zu acht Stunden ist in Ordnung. Mehr als zehn Stunden sind nicht erlaubt. Bei einer Arbeitszeit zwischen acht und zehn Stunden muss gegeben sein, dass beim Mitteln über vierundzwanzig Wochen die durchschnittliche Tagesarbeitszeit die acht Stunden nicht überschreitet, also Überstunden ausgeglichen werden.

Das heißt, wir müssen zwei Bedingungen prüfen: erstens die gesamte Arbeitszeit des Tages und zweitens den Durchschnitt über die vorherigen 24 Wochen. Abbildung 11.2 zeigt den Verlauf dieser Prüfungen grafisch.

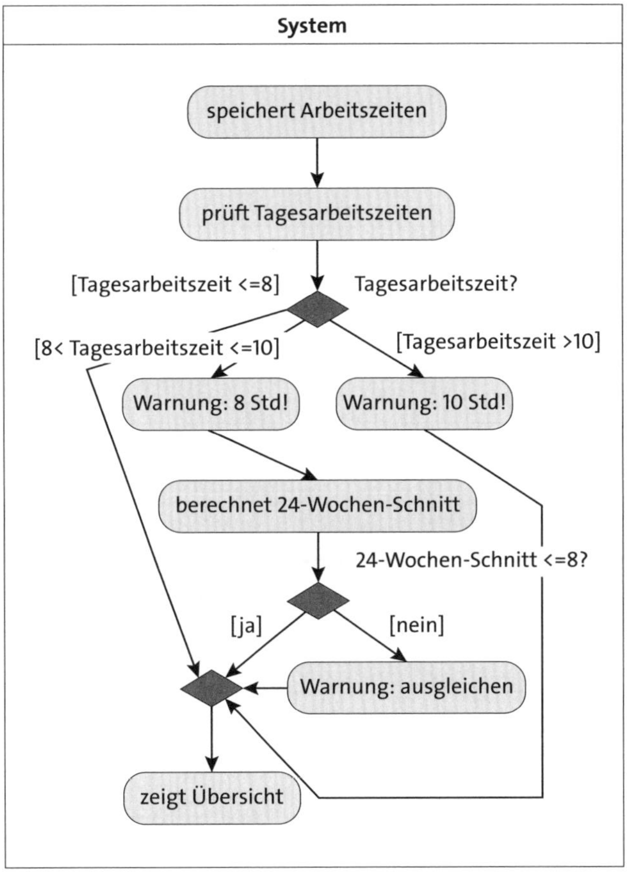

Abbildung 11.2 Ausschnitt aus verfeinertem Aktivitätsdiagramm für den Use Case »Arbeitszeit erfassen«

Je nach Fall soll das System eine unterschiedliche Warnung anzeigen. Eventuell möchte man auch zusätzlich automatisch Vorgesetzte und Betriebsrat informieren oder die Eingabe von mehr als zehn Stunden blockieren, aber diese Entscheidung überlassen wir den Fachexperten. Uns interessiert hier die Form der Modellierung.

Tabelle 11.6 beschreibt denselben Sachverhalt als *Entscheidungstabelle*. Oben in der Tabelle stehen zwei Bedingungen, wobei die erste drei Werte annehmen kann und die zweite zwei. Alle möglichen Kombinationen aus beiden ergeben sechs mögliche Fälle. Im Aktivitätsdiagramm haben wir nicht alle davon spezifiziert.

Unten in der Entscheidungstabelle stehen die Aktionen, die abhängig von den Bedingungen ausführt werden (erkenntlich am x) oder nicht.

	R1	**R2**	**R3**	**R4**	**R5**	**R6**
B1: Tagesarbeitszeit x	x≤8	x≤8	8<x ≤10	8<x ≤10	x>10	x>10
B2: 24-Wochen-Schnitt <=8	J	N	J	N	J	N
A1: Warnung »Die Tagesarbeitszeit beträgt über 8 Stunden. Sorgen Sie dafür, dass Sie Ihre Überstunden innerhalb von 24 Wochen ausgleichen.«			X	X		
A2: Warnung »Die Tagesarbeitszeit beträgt über 10 Stunden. Das ist nicht erlaubt.«					X	X
A3: berechnet 24-Stunden-Wochenschnitt			X	X		
A4: Warnung »Ihre durchschnittliche Tagesarbeitszeit der letzten 24 Wochen beträgt über 8 Stunden. Bitte gleichen Sie so bald wie möglich die Überstunden aus.«				X		
A5: zeigt Übersicht	X	X	X	X	X	X

Tabelle 11.6 Entscheidungstabelle für die Prüfung der Arbeitszeit

Die Fälle R1 und R2 sowie R5 und R6 kann man noch zusammenfassen, weil hier unabhängig von Bedingung B2 immer dasselbe passiert. Die zusammengefasste Entscheidungstabelle finden Sie in Tabelle 11.7.

	R1+R2	R3	R4	R5+R6
B1: Tagesarbeitszeit x	$x \leq 8$	$8 < x \leq 10$	$8 < x \leq 10$	$x > 10$
B2: 24-Wochen-Schnitt <=8	–	J	N	–
A1: Warnung »Die Tagesarbeitszeit beträgt über 8 Stunden. Sorgen Sie dafür, dass Sie Ihre Überstunden innerhalb von 24 Wochen ausgleichen.«		X	X	
A2: Warnung »Die Tagesarbeitszeit beträgt über 10 Stunden. Das ist nicht erlaubt.«				X
A3: berechnet 24-Stunden-Wochenschnitt		X	X	
A4: Warnung »Ihre durchschnittliche Tagesarbeitszeit der letzten 24 Wochen beträgt über 8 Stunden. Bitte gleichen Sie so bald wie möglich die Überstunden aus.«			X	
A5: zeigt Übersicht	X	X	X	X

Tabelle 11.7 Zusammengefasste Entscheidungstabelle für die Prüfung der Arbeitszeit

11.5.5 Fachliches Datenmodell

Zusätzlich zu der dynamischen Darstellung der Abläufe im System benötigen wir auch noch eine statische Sicht, nämlich ein *Datenmodell*. Dieses können wir wie die Szenarien im Problemraum oder Lösungsraum erstellen.

Gehen wir noch mal zurück zu den User Stories, dem Use Case und dem Aktivitätsdiagramm. Welche Daten brauchen wir, damit diese Funktionalitäten ausgeführt werden können?

Das sind in diesem Beispiel gar nicht viele: Wir verwalten im System den Mitarbeiter, seine Arbeitszeiten und seinen Vorgesetzten. Aber in welcher Form verwalten wir die Arbeitszeiten? Wir brauchen letztlich die Tagesarbeitszeit in Anzahl der Arbeitsstunden pro Tag und Mitarbeiter*in. Jeder Mitarbeiter hat genau einen Vorgesetzten, während ein Vorgesetzter mehrere Mitarbeiter*innen leiten kann.

Damit wären schon mal die Klassen (*Gruppen von Datenobjekten*) und deren Beziehungen festgelegt. Und damit sind wir schon fertig, weil im Datenmodell nur diejenigen Daten stehen, die persistent (also dauerhaft) verwaltet werden. Die diversen Auswertungen wie zum Beispiel Überstunden, Überlast und Unterlast werden stattdessen jedes Mal tagesaktuell neu berechnet.

Wir müssen an dieser Stelle noch nicht unbedingt die Methoden bzw. Funktionen der Klassen identifizieren, können dies aber tun. Bei Durchsicht der bisher definierten Anwendungsszenarien stellt sich heraus, dass vier Methoden benötigt werden: das Anlegen und das Korrigieren von Zeiteinträgen, die Prüfung der Tagesarbeitszeit (einschließlich Ausgabe entsprechender Warnungen) sowie die Auswertungen der Auslastungen durch den Vorgesetzten.

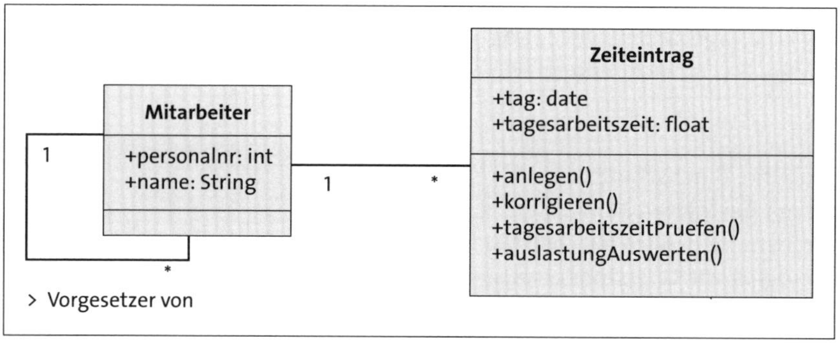

Abbildung 11.3 Klassendiagramm für das fachliche Datenmodell des Zeiterfassungssystems

Abbildung 11.3 zeigt das entstandene Klassendiagramm: Jede Klasse wird durch einen dreiteiligen Kasten dargestellt, in dem oben der Name steht, in der Mitte die Attribute (*Eigenschaften*) und unten die Methoden. Attribute und Methoden sind hier im fachlichen Datenmodell per Default durch das Pluszeichen als `public` (*öffentlich*) markiert, weil die Sichtbarkeiten noch nicht festgelegt wurden.

Sichtbarkeiten definieren für jedes Attribut und jede Methode, ob andere Klassen darauf zugreifen können. Diese Festlegung ist im fachlichen Datenmodell noch nicht relevant. Die Methoden könnte man im Problemraum weglassen. Zahlreiche Informationen kann man zwar zusätzlich im Klassendiagramm darstellen, aber das würde das Diagramm überladen.

Darum empfehle ich, im Klassendiagramm nur die Klassen, deren Beziehungen und eine Liste der Attribute zu spezifizieren. Alle weiteren Informationen stehen in der Datentabelle wie in Tabelle 11.8, beispielsweise die erlaubten Werte, ob es sich um ein Pflichtfeld handelt und ob beim Anlegen eines Objekts bereits ein Default-Wert zugewiesen werden soll. Auch diese Informationen unterstützen sowohl den Programmierer als auch den Datenbank-Administrator bei seiner Arbeit.

Attribut	Erklärung	Datentyp	Pflicht-feld?	Erlaubte Werte	Default-Wert
`personalnr`	Jede*r Mitarbeiter*in wird durch die Personalnummer eindeutig identifiziert.	8-stellige Integer-Zahl	ja	Jeder Wert darf nur ein Mal vergeben werden.	–
`name`	Nachname	Freitext	ja	–	–
`tag`	das Datum des Tages	Datum JJJJ-MM-TT	ja	gültiges Datum; Jahr $\geq$2000	der aktuelle Tag
`tagesarbeitszeit`	die an einem bestimmten Tag insgesamt geleistete Arbeitszeit in Stunden	Float mit einer einzigen Nachkommastelle	nein	$\in$ [0,24]	8

Tabelle 11.8 Datentabelle

11.5.6 Qualitätsanforderungen

In den vorherigen beiden Abschnitten haben wir funktionale Anforderungen definiert, das heißt Anwendungsszenarien und Abläufe, also was das System in welcher Reihenfolge tun soll. Ein zusätzlicher Aspekt sind jedoch die *Qualitätsanforderungen*, die beschreiben, wie gut diese Funktionen gestaltet sein sollen. Am Ende genügt es den Anwendern eben doch nicht, wenn die Funktion beliebig langsam abläuft oder umständlich zu benutzen ist. Typisch für Qualitätsanforderungen ist, dass sie sich oft auf mehrere Funktionalitäten beziehen und deren Umsetzung einschränken.

In der Use-Case-Vorlage in Tabelle 11.5 haben wir ganz unten bereits ein Feld für die Dokumentation der Qualitätsanforderungen vorgesehen, die sich auf diesen Use Case beziehen. Wenn später der Use Case als Testfall verwendet wird, dann steht die Qualitätsanforderung hier genau an der richtigen Stelle, weil sie beim Testen gleich mit überprüft werden kann.

Die Kunst besteht darin, diese Qualitätsanforderungen realistisch und sinnvoll zu spezifizieren. Sie sollen messbar sein und dabei so streng wie nötig, aber nicht unrealistisch. Idealerweise sind sie das Ergebnis einer fachkundigen Analyse, um die Auswirkungen einzelner Maßnahmen auf die Gesamtqualität vorherzusehen.

Einerseits ist es schwierig, gute Qualitätsanforderungen zu spezifizieren bzw. realistische Werte zu prognostizieren. Andererseits gibt es dafür oft bereits Erfahrungswerte. Qualitätsanforderungen sind viel öfter wiederverwendbar als Geschäftsprozesse oder Datenmodelle.

Qualitätsanforderung leitet man oft aus Projekt- oder Produktzielen, Verträgen, Service-Level-Agreements (SLAs) oder Standards her.

Sie können durch einfache Verfeinerung abgeleitet werden oder durch eine Risikoanalyse, wenn man sich überlegt, was nicht passieren soll und wie man das verhindert. Im Bereich der Sicherheitsanforderungen ist dies ein gängiges Vorgehen, hat sich aber in Bezug auf sämtliche Arten von Qualitätsanforderungen bewährt.

Als Checkliste können Sie die ISO 25010 (ISO, 2011) verwenden, die die typischen Qualitätsattribute von IT-Systemen auflistet:

- Functional suitability/Funktionalität
- Reliability/Zuverlässigkeit
- Performance efficiency/Effizienz
- Usability/Benutzerfreundlichkeit
- Security/Sicherheit
- Compatibility/Kompatibilität
- Maintainability/Wartbarkeit
- Portability/Übertragbarkeit

Nehmen wir einige Beispiele für Projektziele als Ausgangspunkt, um das Prinzip und die Vielfalt aufzuzeigen:

- »Das System soll die Zeiterfassung aller Mitarbeiter*innen verwalten.« Aus dem Schlüsselwort »alle« lässt sich u. a. die Frage herleiten, um welche Mengen von Daten es sich handeln wird. Ist mit einer besonders hohen Last zu rechnen, beispielsweise wenn abends alle Mitarbeiter*innen ihre Daten eingeben?
- »Die Kundenzufriedenheit soll sich von sieben auf neun Punkte (auf einer Skala von zehn) verbessern.« Hier bietet es sich an, eine Schwachstellenanalyse durch einen Usability-Experten durchführen zu lassen. Dieser kann Verbesserungsmöglichkeiten vorschlagen, die wiederum in Anforderungen an die Benutzeroberfläche übersetzt werden. Man kann auch die Kundenbewertungen oder Tickets aus der Benutzerhotline auszuwerten, um herauszufinden, woran die Benutzung normalerweise hakt.
- »Das System soll 99,999 Prozent der Betriebszeit verfügbar sein.« In diesem Fall wird eine technische Analyse fällig. Oft haben die Administratoren bereits Erfahrungswerte, welche Technologien verwendet werden müssen, um eine derart hohe Verfügbarkeit zu erreichen.

Redundante Hardware ist eine häufige Lösung, die aber frühzeitig genug geplant werden muss, damit das Budget dafür beantragt wird.

- »Die Erstellung eines Quartalberichts soll nicht länger als 20 Minuten dauern.« Möglicherweise sind diese 20 Minuten leicht zu erreichen. Sicherheitshalber würde ich hier frühzeitig einen Prototypen erstellen und mit realistischen Datenmengen ausprobieren, ob die 20 Minuten erreichbar sind. Sind die 20 Minuten kritisch, beispielsweise aufgrund von großen Datenmengen oder einer zu langsamen Netzwerkverbindung, dann ergeben sich zusätzliche technische Anforderungen an die Programmierung des Berichts oder an die unterstützende Hardware.

Sie ahnen es vermutlich schon, dass die Spezifikation der Qualitätsanforderungen und vor allem auch deren Erfüllung aufwendig und kostenintensiv werden kann. Werden nur ganz normale Qualitätsansprüche gestellt, die die verwendete Technologie sowieso erfüllt, bleiben sie unkritisch. IT-Systeme mit besonderen Anforderungen bezüglich Sicherheit, sehr hoher Verfügbarkeit, Benutzerfreundlichkeit bis zur Barrierefreiheit oder zur »Idiotensicherheit«, verlangen ausführliche Analysen und Optimierungen, und diese umzusetzen, erzeugt zusätzliche Kosten, oft mehr als für einen zusätzlichen Anwendungsfall. Umso wichtiger ist es, die Qualitätsanforderungen frühzeitig zu kennen. Einerseits ist es hilfreich, sie früh zu quantifizieren, damit Klarheit herrscht zwischen den Vertragsparteien, andererseits können zu strenge Qualitätsanforderungen letztlich die Abnahme gefährden. Auf gar keinen Fall dürfen sie vernachlässigt werden. Es genügt am Ende nicht, nur die funktionalen Anforderungen zu erfüllen. Die Software muss auch für den beabsichtigten Zweck einsetzbar sein.

Gerne empfehle ich folgendes systematische Vorgehen:

- Wählen Sie die besonders wichtigen Attribute aus der *ISO 25010*.
- Für welche Use Cases ist dieses Qualitätsattribut besonders relevant?
- Welche unerwünschten Zustände oder Ausnahmefälle könnten passieren und die Erfüllung dieses Qualitätsattributs kompromittieren? Was soll nicht passieren?
- Wie können Sie bewirken, messen oder testen, dass die Qualitätsanforderung erfüllt ist? Definieren Sie ein Messverfahren, eine Kennzahl und den Zielbereich. Sie können noch zwischen erwünschten Zielwerten und verpflichtenden Zielwerten unterscheiden (siehe Glinz et al., 2022, S. 43). Existiert ein Altsystem, dann dient dieses als Referenz: Das neue System soll nicht schlechter werden. Gibt es kein Altsystem, dann nimmt man den Stand der Technik, also die Systeme der Konkurrenten oder vergleichbare Systeme als Bezugspunkt.
- Welche Qualitätsanforderungen muss also der Use Case erfüllen? Welche Anforderungen an den Entwicklungsprozess, die Technologie oder Ähnliches leiten Sie aus dieser Qualitätsanforderung her? Es genügt nicht, nur am Ende beim Testen zu prüfen, ob die Qualitätsanforderung erfüllt ist, sondern es müssen konkrete Maß-

nahmen geplant werden, die die Erfüllung dieser Qualitätsanforderung sicherstellen. Wie gesagt, dies erfordert eine fachkundige, erfahrungsbasierte Analyse.

Das Ergebnis dieser Überlegungen können Sie als Freitext oder in einer Vorlage wie in Tabelle 11.9 dokumentieren.

Qualitätsattribut	Misuse Case/ unerwünschter Zustand: Was soll nicht passieren?	Metriken: Wie bewirken/messen/testen Sie, dass die Anforderung erfüllt ist? Welchen Wert (Intervall) wollen Sie erreichen?	Bezug zu Use Case(s) (Nummern angeben)
Zuverlässigkeit	Der Benutzer kann Arbeitsbeginn oder Arbeitsende nicht sofort eingeben und erinnert sich tags darauf nicht mehr. Dann sind die erfassten Daten weniger korrekt.	Verfügbarkeit von 99,999 % von Montag bis Freitag von 8 bis 18 Uhr	UC01 Arbeitszeit erfassen
Effizienz	...	...	...

Tabelle 11.9 Vorlage für die Qualitätsanforderungen

11.5.7 Anforderungen an Prozesse, Dienstleistungen und Projekte

Sie haben bei Ihrer Arbeit nicht nur mit Software-Anforderungen zu tun. Oft gibt es auch Anforderungen an einen durch die Software zu unterstützenden Geschäftsprozess oder an den Entwicklungsprozess der Software. So könnte gefordert sein, dass die Softwareentwicklung nach ISO 27000 zertifiziert wird oder CMMI-Level 4 erreicht.

Dann müssen aus diesem Ziel konkrete Anforderungen an den Entwicklungsprozess hergeleitet werden. Verträge und Service-Level-Agreements spezifizieren Anforderungen an IT-Systeme und an Dienstleistungen. Für Projektziele gelten oft die vier Dimensionen: Bis zu einem bestimmten Termin sollen mithilfe eines bestimmten Budgets eine gewisse Menge (Quantität) und Qualität an Ergebnissen erstellt werden.

Sehen wir uns einige in Abschnitt 11.5.1 definierte Ziele an:

- *Vom Kundenanruf bis zum Abschluss sollen nicht mehr als 6 Stunden vergehen.*

  Dieses Ziel erreicht man nicht alleine durch eine benutzerfreundliche Software mit schnellen Antwortzeiten auf Benutzereingaben. Hier muss der gesamte Prozess der Bearbeitung analysiert und optimiert werden. Daraus wiederum ergeben sich dann Anforderungen an die Software und Hardware, aber auch an die Abläufe, Schulungen und an die Personalplanung.

- *Das System soll die Zeiterfassung aller Mitarbeiter*innen verwalten.*

  Um dieses Ziel zu erreichen, genügt es nicht, dass das System die Erfassung von Arbeitszeiten als Funktion anbietet. Es müssen auch Benutzerkonten für alle Mitarbeiter*innen angelegt werden, es braucht Handbücher und Schulungen, und die Mitarbeiter*innen müssen auch dazu gebracht werden, tatsächlich alle ihre Arbeitszeiten hier zu verwalten.

- *Der Umsatz soll im nächsten Jahr um 20 % höher liegen als dieses Jahr.*

  Hier ist auch das Marketing gefragt!

Gerade im Bereich Software-Sicherheit ist es so, dass die Sicherheit nicht allein durch Programmierung gesichert wird, sondern sich aus dem Sicherheitsziel auch Anforderungen an den Entwicklungsprozess, den Betrieb, die Schulung der Benutzer*innen und so weiter herleiten.

Es benötigt viel Fachwissen, um aus einem Ziel konkrete Anforderungen an Software usw. herzuleiten, weil man vorhersehen oder aus Erfahrung wissen muss, wie streng die Anforderungen an jede Komponente sein müssen und welche Maßnahmen man ergreifen muss, damit man das Ziel erfüllt.

Zum Beispiel:

- Welche Dokumente müssen während des Softwareentwicklungsprozesses erstellt werden, damit der Prozess nach ISO 27000 zertifiziert werden kann?
- Welche Hardwareanforderungen ergeben sich aus einer Verfügbarkeit von 99,999 Prozent?
- Wie groß muss die Schriftgröße sein, damit die Software barrierefrei ist?
- Welche Schulung müssen die Mitarbeiter bekommen, damit die Software sicher ist vor Social Engineering?
- Wie muss das Berechtigungskonzept aussehen, damit die Regeln der DSGVO eingehalten sind?

Dafür brauchen Sie Experten!

11.6 Qualitätssicherung für Anforderungen

Schlechte Anforderungen richten denselben Schaden an wie ein schlechter Stadtplan: Sie führen jeden in die Irre, der sich darauf verlässt. Da wäre es besser, gar keinen Stadtplan zu haben. Dann weiß man wenigstens, dass man nach dem Weg fragen muss.

Allerdings handelt es sich beim Spezifizieren von Anforderungen um eine komplexe Tätigkeit, bei der das Wissen zahlreicher Stakeholder zusammengetragen und konsolidiert wird. Es geht um große Mengen von Anforderungen, die voneinander abhängen. Diese Komplexität führt zu einer kognitiven Überlast des Verantwortlichen, oder einfacher ausgedrückt: Man kann nicht alle Anforderungen im Kopf behalten, und so entstehen Fehler. Darum ist es so gut wie menschenunmöglich, auf Anhieb perfekte Anforderungen zu schreiben.

Stattdessen empfiehlt sich ein *iteratives Vorgehen* vom Groben zum Feinen. Zuerst klärt man die Ziele, dann spezifiziert man die Anforderungen auf abstrakter Ebene vollständig und verfeinert anschließend. Diese konstruktiven Tätigkeiten wechseln mit regelmäßigen analytischen Qualitätssicherungsaktivitäten ab. So können Sie Fehler frühzeitig korrigieren, bevor sie sich in detaillierteren Anforderungen und weiteren Entwicklungsergebnissen fortpflanzen. Diese Qualitätssicherung sollte mehrfach durchgeführt werden, denn die Fehlerbehebung kann neue Fehler erzeugen, und die Anforderungen entwickeln sich weiter. Alle Fehler in einem Durchgang zu entdecken, ist sowieso unmöglich. Auch hierbei ist das menschliche Gehirn schnell überfordert.

Dabei müssen wir zwischen Validierung und Verifikation unterscheiden. Beide Qualitätssicherungs-Vorgehen verwenden unterschiedliche Kriterien und Prüftechniken. Beim Verifizieren prüfen Sie, ob Sie die Anforderungen korrekt aus den abstrakteren Anforderungen hergeleitet haben (z. B. Szenarien aus Zielen oder Lösungsraum-Anforderungen aus Problemraum-Anforderungen). Sie prüfen auch deren Übereinstimmung untereinander (Konsistenz), Einhaltung der verwendeten Notation sowie Widerspruchsfreiheit mit anderen Arbeitsergebnissen. Wenn Sie jedoch die Anforderungen mit der Realität abgleichen, also den wahren Bedürfnissen der Stakeholder, dann spricht man von Validierung. Das Ziel von Verifikation und Validierung besteht darin, Abweichungen zwischen den dokumentierten Anforderungen und den idealen Anforderungen zu finden und diese zu beheben. Phasenorientierte Vorgehensmodelle verlangen eine Abnahme der Anforderungsspezifikation, bevor mit dem Architekturentwurf begonnen wird. Diese Abnahme sollte Verifikation und Validierung umfassen. Auch agile und iterative Vorgehensmodelle verlangen eine Qualitätssicherung der Anforderungen, bevor sie umgesetzt werden.

In diesem Abschnitt beschäftigen wir uns mit Kriterien und Techniken der Qualitätssicherung von Anforderungen. Insbesondere arbeiten wir dabei im Team, da vielfältige Fachkenntnis benötigt wird, um verschiedene Qualitätsaspekte zu prüfen.

11.6.1 Qualitätskriterien

Es gibt standardisierte Listen von *Qualitätskriterien*, die Anforderungen erfüllen müssen. In der agilen Entwicklung hat man versucht, sich auf die wesentlichen zu fokussieren wie *DEEP* oder *INVEST*. Letztlich sind diese ein Auszug aus den langen Listen der klassischen Standards. Im Prinzip kann jedes agile Team seine Kriterien für die »Definition of Ready« selbst wählen. Agile Anforderungen sind dann *ready* (also bereit zur Umsetzung), wenn sie eine vordefinierte Liste von Qualitätskriterien erfüllen.

Das IREB (Glinz et al., 2022, S. 51) unterscheidet drei Typen von Qualitätskriterien:

- **Syntax**: Die Syntaxprüfung prüft, ob nur erlaubte Elemente in erlaubten Kombinationen verwendet werden. Das heißt bei textuellen Anforderungen, ob sie nur existierende Worte verwenden, die deutsche Grammatik und eine eventuell vorgegebene Satzschablone einhalten. Diagramme müssen die Regeln der Notation einhalten, beispielsweise UML-Diagramme müssen UML-konform sein.
- **Semantik**: Semantische Kriterien prüfen, ob die Anforderungen inhaltlich richtig und vollständig sind. Geben sie also die tatsächlichen Anforderungen wider?
- **Pragmatik**: Je nach Lesergruppe und Verwendungszweck ergeben sich zusätzliche Anforderungen an Form, Detaillierungsgrad und Darstellung der Anforderungen. So darf beispielsweise nur eine Notation verwendet werden, die die Leser*innen verstehen. Es müssen auch die für den beabsichtigten Verwendungszweck nötigen Informationen enthalten sein.

Häufig benötigen Sie für diese drei Perspektiven jeweils andere Gutachter, die diesen Aspekt besonders gut bewerten können.

Das IREB unterscheidet zwischen Qualitätskriterien an einzelne Anforderungen und Qualitätskriterien an die gesamte Spezifikation. Auf der Grundlage des Standards ISO/IEC/IEEE 29148 (ISO29148, 2018) hat das IREB die folgenden beiden Kriterienlisten entwickelt.

Qualitätskriterien an das Anforderungs-Dokument als Ganzes sind (Glinz et al, 2022, Abschn. 3.8):

- **Konsistent**: Die Anforderungen sind untereinander konsistent, widersprechen einander also nicht, weder inhaltlich noch sprachlich. Dies betrifft Anforderungen auf verschiedenen Abstraktionsebenen oder verschiedene Sichten wie Datenmodell versus Szenario.

- **Nicht redundant**: Jede Anforderung ist nur einmalig spezifiziert und überschneidet sich nicht mit anderen Anforderungen. Dies muss auf jeder Abstraktionsebene gelten.
- **Vollständig**: Die Spezifikation enthält alle aktuell relevanten Anforderungen. Dazu gehört ein vollständig beschriebener Funktionsumfang genauso wie Qualitätsanforderungen und Randbedingungen. Außerdem gelten formale Kriterien wie Beschriftungen von Tabellen und Abbildungen, Inhalts- und Quellen-Verzeichnisse.
- **Modifizierbar**: Die Spezifikation kann leicht konsistent erweitert (neue Anforderungen kommen dazu) und modifiziert werden (vorhandene Anforderungen werden geändert). Dies wird durch eine klare Struktur ermöglicht, weil so die zu ändernde Stelle schnell gefunden wird. Zu diesem Zweck sollen Anforderungen atomar sein, d. h., eine Anforderung fasst nicht mehrere zusammen. Auch das Vermeiden von Redundanzen (Doppelungen), eine Versionsverwaltung des Dokuments und der einzelnen Anforderungen unterstützen die Modifizierbarkeit.
- **Verfolgbar** (englisch: traceable): Die Anforderungsspezifikation verweist auf andere, relevante Dokumente oder Artefakte, beispielsweise zu Vorgängerdokumenten, Handbüchern, Analysen, Standards, Testfällen oder anderen Anforderungsdokumenten. Die Anforderungen können zu ihrem Ursprung, zu ihrer Implementierung (in Architektur, Code und Testfällen) verfolgt werden, sowie Beziehungen zu anderen Anforderungen sind dokumentiert.
- **Konform**: Die Anforderungsspezifikation erfüllt die Vorgaben an Struktur und Format.

Qualitätskriterien an die einzelnen Anforderungen sind laut IREB (Glinz et al., 2022, Abschn. 3.8):

- **Adäquat**: Die Anforderung gibt die tatsächlichen Anforderungen wider.
- **Verständlich**: Alle vorgesehenen Leser*innen können die Anforderungen korrekt verstehen.
- **Eindeutig**: Die Anforderung kann von der Zielgruppe nur auf eine einzige Weise verstanden werden. Das Verwenden der im Glossar definierten Begriffe und eines einfachen und klaren Schreibstils trägt dazu bei.

  Verständlichkeit und Eindeutigkeit sind miteinander verknüpft, aber nicht dasselbe. Beispielsweise könnte man mithilfe einer mathematisch-logischen Notation eindeutige Anforderungen schreiben, die nur ein Mathematiker versteht. Bei der Verständlichkeit spielt also auch die Pragmatik mit hinein: Die Anforderung muss sprachlich oder – bei Diagrammen – bezüglich der Notation an die Kenntnisse der Leser*innen angepasst sein. Sie soll beispielsweise nicht auf Chinesisch oder Fachchinesisch geschrieben sein, wenn die Leser diese Sprache nicht alle verstehen, und möglichst wenig Fachbegriffe verwenden, die ihnen nicht geläufig sind.

- **Notwendig**: Die Anforderung trägt dazu bei, mindestens ein Ziel oder einen Bedarf der Stakeholder zu erfüllen.
- **Vollständig**: Man kann unterscheiden zwischen der syntaktischen Vollständigkeit und der semantischen. Ein Use Case ist beispielsweise syntaktisch vollständig, wenn alle Vorbedingungen, Eingaben, Schritte und Ausgaben definiert sind, einschließlich der Fehler- und Ausnahmefälle. Er ist semantisch vollständig, wenn der Inhalt vollumfänglich die Wünsche der Stakeholder wiedergibt. Unvollständige Anforderungen sollen entsprechend markiert werden, beispielsweise durch *tbd* (»to be determined«) oder durch ein Statusattribut. So können diese Stellen jederzeit gefunden und ergänzt werden.
- **Überprüfbar**: Die Anforderung enthält alle Informationen, die man benötigt, um beim Abnahmetest zu prüfen und zu entscheiden, ob diese Anforderung erfüllt ist oder nicht. Bei funktionalen Anforderungen wird dies durch eine Szenario-Beschreibung mit Vor- und Nachbedingungen erreicht, bei nichtfunktionalen Anforderungen benötigt es messbare Qualitätskriterien.

Die ersten beiden (adäquat und verständlich) werden dabei als die wichtigsten bezeichnet. Eine frühere Fassung dieser Liste (Pohl und Rupp, 2015, Abschn. 4.6, S. 47f) enthielt zusätzlich noch diese Kriterien:

- **Abgestimmt**: Alle Stakeholder haben diese Anforderung bestätigt.
- **Konsistent**: Die Anforderung widerspricht keiner anderen Anforderung.
- **Realisierbar**: Diese Anforderung ist technisch und innerhalb des Budgets umsetzbar.
- **Verfolgbar**: Für jede Anforderung sind sowohl ihr Ursprung als auch ihre Umsetzung in nachfolgenden Artefakten (Entwurf, Code, Testfällen) nachvollziehen.

Ebert (2008, S. 173f, Tab. 7-1) fügt noch folgendes Kriterium zu den obigen Listen dazu:

- **Relevanz**: »Die Spezifikation beschreibt ein Produkt, das einen Business Case hat und in dieser Form gefordert wird. Es existiert ein konkreter Auftraggeber für das System, der über das nötige Budget verfügt.« Und: »Die Anforderung ist nötig, um eine Eigenschaft zu realisieren, für die es eine Zielgruppe und einen konkreten Nutzen gibt. Die Anforderung bezieht sich auf eine konkrete Zielvorgabe. Es gibt keine Anforderung im Pflichtenheft, die sich nicht auf eine Marktanforderung bezieht.«

In der agilen Welt spricht man von einer *Definition of Ready* (DoR). Das sind Qualitätskriterien an eine User Story oder ein Backlog Item für die Aufnahme in das Sprint Backlog, also die Liste aller Backlog Items, die im nächsten Sprint bzw. der nächsten Iteration umgesetzt werden sollen. Hier erfolgt vor der Iterationsplanung quasi eine Freigabe der Anforderung.

Für agile Anforderungen gibt es eigene Qualitätskriterien. Dazu gehören die *INVEST*-Kriterien für User Stories:

- **Independent**: Die User Stories hängen nicht voneinander ab. Jede Story kann einzeln geschätzt, eingeplant und umgesetzt werden.
- **Negotiable**: Die Stories sind verhandelbar und verhandelt. Sie können sich jederzeit noch ändern.
- **Valuabe**: Jede Story bringt mindestens einem Stakeholder einen Nutzen.
- **Estimable**: Der Aufwand für die Story ist zumindest relativ schätzbar und geschätzt, um planen zu können, wie viele Stories in der nächsten Iteration umgesetzt werden können.
- **Small**: Jede Story muss so klein sein, dass sie innerhalb einer einzigen Iteration umsetzbar ist. Die erlaubte Größe hängt also von der Iterationslänge ab.
- **Testable**: Für jede Story sind prüfbare Abnahmekriterien spezifiziert und/oder es gibt Definition-of-Done-Kriterien für alle Anforderungen. Definition-of-Done-Kriterien definieren, wann bzw. ob eine User Story im Produkt-Inkrement umgesetzt wurde. Dazu gehören zusätzlich zur Implementierung oft noch Nacharbeiten wie die Dokumentation in der Entwicklungs- oder Benutzerdokumentation oder das gründliche Testen.

Die *DEEP*-Kriterien (Cohn, 2004) gelten für die Qualität der Product Backlog Items. (Anmerkung: Product Backlog Items können User Stories sein, müssen aber keine sein.)

- *Detailed appropriately* = angemessen detailliert
- *Estimated* = geschätzt
- *Emergent* = dynamisch
- *Prioritized* = priorisiert

11.6.2 Checklisten erstellen und verwenden

Eine Checkliste listet die zu prüfenden Kriterien auf. Sie stellt bei der Qualitätssicherung von Anforderungen sicher, dass Sie kein Kriterium vergessen. Sie garantiert jedoch nicht, dass Sie keinen Fehler übersehen oder dass unterschiedliche Gutachter mithilfe derselben Checkliste zum selben Ergebnis kommen.

Die beschriebenen Qualitätskriterien können Sie für eine Qualitätssicherung der Anforderungen als Checkliste verwenden. Wenn ich mehrere Spezifikationen zu begutachten habe, die alle derselben Vorlage folgen, erstelle ich eine spezifischere Checkliste für diesen Zweck.

Dazu wende ich die allgemeinen, abstrakten Standard-Kriterien auf das zu prüfende Kapitel oder den Anforderungstyp an. Beispielsweise bedeutet »Vollständigkeit« für jede Notation etwas anderes. Das heißt, dieses Kriterium verfeinert man zu einem konkreteren Kriterium wie »Zu jedem Use Case muss der ausführende Aktor definiert sein«. Beim Kriterium der Konsistenz spezifiziert man, welches Kapitel mit welchem Kapitel in welcher Hinsicht konsistent sein muss.

Konsistenz ist symmetrisch: Sind die Ziele in Abschn. 1.1 konsistent mit den Use Cases in Abschn. 2.4, dann gilt dies auch umgekehrt. Darum brauchen Sie diese Konsistenz nur einmalig zu prüfen, entweder bei der Begutachtung von Abschn. 1.1 oder von Abschn. 2.4.

Beachten Sie beim Erstellen einer Checkliste, dass Sie einfache Ja-Nein-Fragen formulieren, bei denen ein *Ja* Fehlerfreiheit bedeutet. Die Checkliste sollte nicht zu lang und detailliert sein, aber auch nicht zu oberflächlich. Bewährt hat sich eine Länge von einer DIN-A4-Seite pro zu prüfendem Kapitel oder Anforderungstyp. Ist sie länger, haben Sie Ihre Fragen eventuell zu detailliert formuliert oder prüfen Fehler ab, die fast nie vorkommen.

Tabelle 11.10 zeigt einen Auszug aus einer Beispiel-Checkliste, hier für den Abschn. 1.4 »Glossar« der Lastenheftvorlage nach IREB (siehe Abschnitt 11.4.3). Bei der Prüfung machen Sie entweder ein Kreuz in der Spalte »Ja« oder eines in Spalte »Nicht ganz«. Im letzteren Fall spezifizieren Sie in der Spalte »Bemerkungen«, was Sie als fehlerhaft ansehen, und machen gegebenenfalls noch einen Verbesserungsvorschlag.

Kriterium	Ja	Nicht ganz	Bemerkungen
Es sind Inhalte in diesem Kapitel vorhanden.	...	...	...
Es sind alle im Lastenheft verwendeten Fachbegriffe erklärt.	...	...	...
Die Einträge sind alphabetisch sortiert.	...	...	...
Die Erklärung jedes Glossareintrags ist verständlich, eindeutig formuliert und aussagekräftig beschrieben.	...	...	...

Tabelle 11.10 Auszug aus einer Beispiel-Checkliste für die Qualitätssicherung des Glossars (Abschn. 1.4 des Lastenhefts)

11.6.3 Qualitätssicherung im Team

Wie Sie gesehen haben, gibt es eine Vielzahl von Qualitätskriterien. Deren Begutachtung verlangt unterschiedliche Expertise und damit auch mehrere Personen als Gutachter*innen. Diese Arbeit muss koordiniert werden. Dafür gibt es verschiedene Möglichkeiten:

- **Sequenziell**: Zu verschiedenen Zeitpunkten lassen Sie die Anforderungen im Hinblick auf ein anderes Qualitätskriterium begutachten. Beispielsweise möchten Sie zu einem frühen Zeitpunkt wissen, ob die Anforderungen inhaltlich vollständig sind und lassen sie darum von den Stakeholdern oder deren Stellvertreter (z. B. in der Rolle des Product Owner oder Analysten) daraufhin prüfen, ob alle Anforderungen aufgeschrieben sind. Als fehlend gemeldete Anforderungen fügen Sie hinzu. Zu einem späteren Zeitpunkt lassen Sie einen UML-Experten prüfen, ob die Diagramme syntaktisch vollständig sind, und ergänzen Fehlendes gemeinsam mit den Stakeholdern. Kurz vor der Umsetzung lassen Sie die Programmierer prüfen, ob diese die Anforderungen eindeutig und verständlich finden, und formulieren falls nötig präziser.
- **Parallel**: Sie verteilen die Qualitätskriterien auf die beteiligten Personen bzw. Rollen. Diese begutachten parallel jeweils für sich die Anforderungen, melden ihre Befunde an Sie zurück, und Sie konsolidieren diese Liste. Eventuell besprechen Sie die konsolidierte Liste in einem Workshop mit den Gutachter*innen oder senden sie an die Gutachter*innen zur Prüfung und Bestätigung.
- **Walkthrough in einem Workshop**: Die Gutachter*innen führen die Begutachtung jeweils parallel aus, doch die Befunde werden in einem Workshop zusammengetragen und gemeinsam konsolidiert, indem Sie die Spezifikation von vorne nach hinten durchsprechen und jede*r zum entsprechenden Kapitel oder zur aktuell angezeigten Anforderung seine bzw. ihre Befunde nennt. Unterschiedliche Meinungen können so sofort ausdiskutiert werden. Was der eine eindeutig findet, findet die andere vielleicht lückenhaft.
- **Perspektivenbasiert**: Als Variante zum Walkthrough können Sie den verschiedenen Gutachter*innen unterschiedliche Qualitätskriterien, Aufgaben und Prüffragen zuweisen, beispielsweise entsprechend ihrer Rolle oder einer bestimmten Perspektive wie beispielsweise der Usability- oder Sicherheitsperspektive. Dazu können Arbeitsanweisungen gehören wie »Leiten Sie aus diesen Anforderungen Testfälle her« und Fragen wie »Sind alle Alternativ- und Ausnahmeszenarien spezifiziert?«. Die Anforderungen zur Qualitätssicherung zu lesen, ist die eine Möglichkeit. Die andere besteht darin, mit ihnen zu arbeiten. Beispielsweise könnten die Gutachter*innen Bildschirmprototypen erstellen, Text in UML-Diagramme, Testfälle oder Handbuchseiten umwandeln, um ihre Qualität zu prüfen.

Nach der Erstellung der Fehlerliste folgt natürlich die Fehlerbehebung durch den Autor der Anforderungen. Idealerweise sollten die Gutachter anschließend noch mal die von ihnen bemängelten Stellen prüfen, ob der Fehler aus ihrer Sicht wirklich behoben ist oder ob vielmehr eine Verschlimmbesserung stattgefunden hat. Das ist leider gar nicht so selten.

Den Verlauf der Qualitätssicherung und alle Zwischenergebnisse sollten Sie systematisch ablegen und verwalten. Früher oder später kann der Tag kommen, an dem Sie sich fragen, warum ein bestimmter Fehler sich in der Software befindet und an welcher Stelle er hineingekommen ist. Manchmal ist es eine Frage der Schuld- und Kostenzuweisung. Hat der Kunde den Fehler verursacht, muss er auch die Behebung bezahlen. Das gilt es nachzuweisen. Manchmal möchte man auch einfach nur aus seinen Fehlern lernen und den Requirements-Engineering-Prozess verbessern.

Typische Zeitpunkte für die Begutachtung der Anforderungsqualität sind wichtige Meilensteine im Projekt, etwa kurz vor der Kostenschätzung, die Lastenheftabnahme, der Beginn der Implementierung. In Festpreisprojekten mit Werkvertrag bestätigt der Auftraggeber mit der Begutachtung der Anforderungen und deren Abnahme ihre Vollständigkeit. Später nötige Änderungen gehen dann auf seine Kosten. In der agilen Entwicklung findet die Begutachtung der Anforderungen spätestens kurz vor der Iterationsplanung statt.

Wann und wie oft Sie solche Qualitätssicherungsrunden durchführen, hängt davon ab, wie sicherheitskritisch, komplex und innovativ das IT-System ist, wie lange sich das Projekt hinzieht oder ob es Vorgaben darüber gibt. Je schwieriger und kritischer das Projekt, umso regelmäßiger sollte man die Anforderungsqualität prüfen, denn das Beheben eines Anforderungsfehlers ist deutlich kostengünstiger als die Behebung eines Fehlers kurz vor oder nach der Abnahme oder gar eine Rückrufaktion oder ein längerer Stillstand des Systems. Je konkreter die zu prüfenden Qualitätsaspekte definiert sind und je höher die Anforderungsqualität, umso schneller geht die Begutachtung.

11.6.4 Qualitätssicherung mit Prototypen

Eines der wichtigsten Hilfsmittel für die Qualitätssicherung (insbesondere die Validierung) von Anforderungen sind Prototypen. Gerade für Anwender, nichttechnische Stakeholder oder praktisch orientierte Personen sind Anforderungsdokumente nur abstrakte Worte ohne viel Bedeutung.

Ein *Prototyp* ist eine vorläufige, aber ausführbare Version des Systems. Mithilfe des Prototypen können Sie die zu unterstützenden Arbeitsprozesse aus Benutzersicht simulieren und so Rückmeldung darüber einholen, ob Sie die Anforderungen richtig verstanden haben. Missverständnisse können Sie so frühzeitig entdecken und korrigieren, aber auch anhand des groben Prototyps die Feinheiten der Benutzerführung ausarbeiten.

Dabei ist »ausführbar« im weitesten Sinne zu verstehen. Wenn es technisch leicht machbar ist, können Sie den Prototypen schon in der Zieltechnologie erstellen, aber es kann sich auch um eine Zeichnung handeln. Der Prototyp kann abstrakt und skizzenhaft sein (»low fidelity«) oder bereits versuchen, die zukünftige Benutzeroberfläche detailgetreu darzustellen (»high fidelity«).

Prototypen gibt es als Skizze auf dem Flipchart, Zeichnung in einem Zeichen-, Prototyping- oder Präsentationswerkzeug, in HTML programmiert oder in einer Standard-Software umgesetzt. Manche Firmen arbeiten mit Standard-Software, die sie für jeden Kunden individuell konfigurieren (Customizing) und erweitern. In diesem Fall ist es meist weniger aufwendig, die Grundversion zu installieren und als Prototyp zu verwenden, als während der Anforderungsermittlung ganz detaillierte Anforderungen aufzuschreiben, zumal die Software und deren Konfigurationsmöglichkeiten ohnehin der Kreativität Grenzen setzen.

Wenn Sie dagegen »auf der grünen Wiese« innovativ etwas Neues entwickeln, dann sollten Sie besser mit Zeichnungen oder Ähnlichem arbeiten, um technikneutral zu diskutieren. Sie können in einer Internet-Suchmaschine »prototyping tool« eingeben und erhalten eine umfangreiche Auswahl an Werkzeugen für verschiedenste Typen von Software, z. B. speziell für Webanwendungen oder Smartphone-Apps. Sie können aber auch mit der ohnehin vorhandenen Präsentationssoftware optisch ansprechende Folien erstellen, die Sie miteinander verknüpfen, um die Arbeitsabläufe anschaulich zu simulieren. Für die Diskussion mit den Stakeholdern nehmen Sie deren Sicht ein und visualisieren die Use Cases mit typischen oder untypischen Beispieldaten sowie Fehlerfällen. Dann sprechen Sie mit den Stakeholdern diese Szenarien in einem Workshop gemeinsam durch.

Die Erstellung eines Prototyps ist auf jeden Fall den Aufwand wert, weil man dabei immer noch Missverständnisse, Inkonsistenzen, implizite Annahmen, Lücken oder kreative Ideen entdeckt, die anhand der textuellen Anforderungen nicht aufgefallen waren. Sie müssen im Prototypen nicht alle Anforderungen umsetzen, sondern nur die wichtigsten, komplexesten oder schwierigsten Arbeitsabläufe. Der Prototyp soll als Teil der Anforderungsspezifikation auch mitverwaltet werden.

Der Prototyp gehört zum Lösungsraum und erlaubt so eine Feedbackschleife zwischen Lösungsraum und Problemraum, Entwicklungsteam und Anwendern. Dadurch unterstützt er einen iterativen Ansatz der Anforderungsermittlung mit frühem Stakeholder-Feedback, und das innerhalb jedes beliebigen Vorgehensmodells oder Projektmanagementansatzes.

Es gibt auch Prototypen, mit denen statt der Stakeholder-Anforderungen die technische Machbarkeit der Anforderungen geprüft wird. Dies ist besonders bei anspruchsvollen nichtfunktionalen Anforderungen oft nötig, aber manchmal steht auch die Machbarkeit innovativer Funktionen infrage. Dann implementiert man nicht schon das gesamte System, sondern nur den fraglichen Teil, oft als sogenannter »Durchstich« durch alle technologischen Schichten, mit gerade so viel Funktionalität, dass die Machbarkeit prüfbar ist. Stellt sich beispielsweise die Frage, ob eine Million Datensätze in einem Nachtlauf von 20 bis 6 Uhr morgens, also in 10 Stunden, von einem System ins andere übertragen werden können, dann testen Sie dies zunächst mit 1000 Viertel-Datensätzen und rechnen dann hoch.

Wichtig ist der Unterschied zwischen *Wegwerfprototyp* und *evolutionärem Prototyp*: Der Wegwerfprototyp ist nur ein Hilfsmittel auf dem Weg zu korrekten Anforderungen und üblicherweise mit möglichst wenig Aufwand erstellt. Ihm fehlen darum einige Eigenschaften, die das zukünftige System haben soll. Selbst wenn ein High-Fidelity-Prototyp als HTML-Seite entsteht, dann ist dies oft nur ein potemkinsches Dorf, also nur Fassade ohne Funktionalität dahinter, oder das IT-System erfüllt zwar die funktionalen Anforderungen, aber nicht die nichtfunktionalen. Beispielsweise würde es bei hoher Last zusammenbrechen, aber als einfache Demo erfüllt es gerade seinen Zweck. Darum soll ein Wegwerfprototyp auch wirklich weggeworfen werden.

Will man keinen Implementierungsaufwand verschwenden, dann arbeitet man gleich ernsthaft mit der Zieltechnologie, um eine Grundversion des Systems zu entwickeln, und plant diese dann entsprechend. Da es Anwendern und technisch nur oberflächlich kompetenten Entscheidern schwer zu vermitteln ist, warum ein System mit schöner Fassade weggeworfen werden soll, ist es ratsam, Wegwerfprototypen »low fidelity« zu gestalten, sodass sie optisch als unfertig und vorläufig erkennbar sind.

11.7 Anforderungen priorisieren

Anforderungen zu priorisieren bedeutet, zwischen wichtigen und unwichtigen Anforderungen zu unterscheiden. Das ist schwieriger, als es klingen mag, denn jeder Stakeholder sieht das anders, und die Priorität hängt auch davon ab, welche Folgen es hat, wenn etwas eine hohe oder niedrige Priorität bekommt. Wird die Anforderung dann niemals implementiert? Gibt es einen Workaround, oder fehlt die Funktion dann ganz? Eventuell ist sie unwichtig genug, um aufgeschoben zu werden, aber nicht so unwichtig, dass sie ganz wegfallen kann.

11.7.1 Zeitpunkt und Zweck der Priorisierung

Gelegenheiten für die Priorisierung gibt es viele:

- Festlegung des Lieferumfangs eines Projekts oder Produkts während der Definitionsphase

- Erstellen eines Sprint-Backlogs während der Iterationsplanung in der agilen Entwicklung
- Releaseplanung für die langfristige Roadmap eines Produkts
- Entscheidung darüber, welche Anforderungen nachgeliefert werden, wenn zum festen Liefertermin nicht alles fertig werden kann
- Konfliktauflösung, wenn zwei Anforderungen nicht gleichzeitig gleich gut umgesetzt werden können, und man sich für eine entscheiden muss
- Schwerpunktsetzung, beispielsweise wenn der Testaufwand auf die Anforderungen verteilt wird

Immer geht es darum, entweder zwei Anforderungen miteinander zu vergleichen, die wichtigsten Anforderungen herauszufinden oder die am wenigsten wichtigen. Nur selten jedoch benötigt man eine priorisierte Liste, in der für jede einzelne Anforderung eine Priorität festgelegt wurde.

Der Augenblick, an dem priorisiert werden muss oder darf, sind die Entscheidungspunkte jedes Vorgehensmodells. Beim Wasserfall-Vorgehen legt man den Lieferumfang zu Beginn fest, bei iterativen und agilen Vorgehensmodellen wird jede Iteration bzw. jeder Sprint einzeln geplant.

11.7.2 Kriterien für die Priorisierung

Das Ziel der *Priorisierung* besteht typischerweise darin, mit begrenzten Ressourcen das bestmögliche Ergebnis zu erzielen, den Verlauf des Projekts zu optimieren und zum Erfolg zu führen. Dafür sind meist zwei Kriterien zu berücksichtigen: der Beitrag der Anforderung zum Projekterfolg und die für die Umsetzung nötigen Ressourcen, üblicherweise die Kosten oder der Aufwand.

Um Anforderungen nach ihrem Beitrag zum Projekterfolg zu bewerten, kommen einige Kriterien infrage, alternativ oder in Kombination:

- objektiver Nutzen der Stakeholder, auch Wert genannt
- subjektive Zufriedenheit der Stakeholder
- Erreichung anderer Ziele mithilfe dieser Anforderung
- Bedeutung des Stakeholders, für den sie wichtig ist,
- Thema (beispielsweise könnte das nächste Release nur Funktionalitäten eines bestimmten Bereichs ergänzen)
- Vergleich mit der Konkurrenz (was die Konkurrenz auch bietet, ist wichtiger oder unwichtiger, je nach Situation.)
- Risiko oder Relevanz für die Sicherheit des Systems
- Dringlichkeit

- Kritikalität, d. h. Schaden bei Nicht-Umsetzung
- Stabilität (volatile Anforderungen sollten mit höherer Priorität qualitätsgesichert werden, stabile Anforderungen mit höherer Priorität umgesetzt)
- Ist diese Anforderung dafür nötig, damit die Stakeholder die Nützlichkeit des Systems bewerten können? (So erhält man das Minimum Viable Product MVP.)
- Ist diese Anforderung dafür nötig, damit die Kunden das Produkt kaufen würden? (So erhält man das Minimum Marketable Product MMP.)
- Kombinationen mehrerer Kriterien wie Nutzen minus Kosten oder Nutzen-Kosten-Verhältnis (Nutzen durch Kosten)

Die Wahl des Priorisierungskriteriums entscheidet darüber, was am Ende herauskommt. Darum müssen Sie das Kriterium passend so wählen, dass es zu der Entscheidung und dem Ziel passt. Möchten Sie für das nächste Release diejenigen Funktionalitäten auswählen, die den wichtigsten Kunden den meisten Nutzen bringen? Möchten Sie die riskantesten Anforderungen heraussuchen, die zuerst implementiert und am gründlichsten getestet werden sollen? Müssen Sie zwischen zwei Anforderungen die wichtigere auswählen, weil aus technischen Gründen nicht beide umgesetzt werden können? Möchten Sie kurz vor Rollout diejenigen Anforderungen identifizieren, die notfalls erst mal weggelassen und später nachgeliefert werden können?

Eine weitere Herausforderung bei der Priorisierung besteht darin, dass sowohl Nutzen als auch Kosten vor der Umsetzung der Anforderung nicht bekannt sein können, sondern geschätzt bzw. vorhergesagt werden müssen. Dies verlangt sehr viel Erfahrung! Dabei müssen die Kriterien nicht unbedingt in Euro ermittelt werden, sondern relative Zahlen oder Kategorien genügen meist, beispielsweise eine Bewertung auf einer Skala von 1 bis 10 Punkten oder in den Kategorien niedrig/mittel/hoch. Für die Prognose des Umsetzungsaufwands in Story Points ist die Werteliste 0, ½, 1, 2, 3, 5, 8, 13, 20, 40 und 100 üblich.

Wichtig ist auch, dass Sie auf der richtigen Abstraktionsebene arbeiten. Normalerweise geht es nicht darum, einzelne Datenfelder oder Szenarioschritte zu priorisieren, sondern meist ganze Geschäftsprozesse oder Use Cases. Entweder wird der Use Case vollständig umgesetzt oder gar nicht, weil ein halber wenig Sinn macht. Dann brauchen Sie beispielsweise nur ein oder zwei Dutzend Use Cases zu priorisieren, statt 180 Datenfelder.

11.7.3 Priorisierungstechniken

Es gibt Dutzende von Techniken, die hier nicht alle Platz haben. Darum folgen nur die für die praktische Anwendung wichtigsten. Hier zunächst ein paar Techniken, die von einer Einzelperson angewendet werden. Techniken für die Priorisierung im Team folgen im nächsten Teilkapitel.

- **Ein-Kriterium-Klassifikation**: Hier weisen Sie jeder Anforderung einen Wert zu, entsprechend dem gewählten Priorisierungskriterium auf der vorgegebenen Skala, zum Beispiel Kosten in Euro, Nutzen in Punkten von 1 bis 10 oder Sicherheitsrelevanz als »ja« oder »nein«.
- **Zwei-Kriterien-Klassifikation**: Hier werden zwei Kriterien kombiniert verwendet. Ein häufiges Beispiel sind Kosten und Nutzen. Eine Anforderung mit hohem Nutzen wird vielleicht trotzdem nicht am höchsten priorisiert, weil sie auch sehr hohe Kosten verursacht. Um zwei Kriterien miteinander abzugleichen, gibt es verschiedene Möglichkeiten. Sie können die Differenz berechnen (Nutzen – Kosten), den Quotienten (Nutzen/Kosten) oder eine Matrix wie in Tabelle 11.11 erstellen, die aus der Bewertung gegenüber den beiden Kriterien die Priorität ermittelt. In diesem Beispiel können Kosten und Nutzen jeweils auf einer Skala von 1 bis 3 Punkten bewertet werden, wobei 3 Punkte für hohen Nutzen respektive hohe Kosten stehen. Die »Low Hanging Fruits« mit hohem Nutzen bei geringen Kosten findet man hier also links oben mit der höchsten Priorität 1.

Nutzen = 3	Prio = 1	2	3
2	2	3	4
1	3	4	Prio = 5
	Kosten = 1	**2**	**3**

Tabelle 11.11 Zwei-Kriterien-Klassifikation

Ein bekanntes Beispiel für eine Zwei-Kriterien-Klassifikation sind die Kano-Kategorien (Kano et al., 1984). Hier verwendet man zwei Kriterien: die Zufriedenheit der Stakeholder, wenn die Anforderung erfüllt wird (auch funktionale Frage genannt), und die Zufriedenheit, wenn sie nicht erfüllt wird (die dysfunktionale Frage). Man könnte sie auch Nutzen und Kritikalität nennen. Eine erfüllte Anforderung wird entweder als nützlich wahrgenommen oder nicht (egal). Eine nicht erfüllte Anforderung ist entweder egal oder schlecht. Daraus ergeben sich vier mögliche Kategorien von Anforderungen (siehe Tabelle 11.12). Die unerheblichen Merkmale muss man nicht weiter betrachten. Die anderen drei Kategorien bedeuten für die Priorisierung:

- **Basismerkmal:** Diese Anforderung wird von den Stakeholdern als selbstverständlich vorausgesetzt, obwohl sie sie nicht bewusst als nützlich wahrnehmen. Trotzdem muss das Merkmal im Minimum Marketable Product (MMP) enthalten sein.

- **Leistungsmerkmal**: Die Erfüllung dieser Anforderung macht die Stakeholder bewusst zufrieden, die Nichterfüllung unzufrieden. Je besser diese Anforderung erfüllt ist, umso nützlicher erscheint das Produkt.
- **Begeisterungsmerkmal**: Diese Anforderung beschreibt eine unerwartete Eigenschaft des Produkts. Ein solches Merkmal überrascht die Stakeholder positiv, wird aber auch nicht vermisst, wenn es fehlt.

Während die Basismerkmale Pflicht sind, entscheiden Budget und Strategie darüber, wie viele der Leistungs- und Begeisterungsmerkmale man hoch priorisiert. Um die Leistungsmerkmale gegeneinander zu gewichten, kann man in einer zweiten Phase eine weitere Technik anwenden.

Zufriedenheit, wenn erfüllt = gut	Begeisterungsmerkmal	Leistungsmerkmal
= egal	unerhebliches Merkmal	Basismerkmal
	Zufriedenheit, wenn nicht erfüllt = egal	**= schlecht**

Tabelle 11.12 Zwei-Kriterien-Klassifikation nach Kano

Punktekleben, Top-Ten-Methode, 100-€-Methode

Der Schätzer erhält ein begrenztes Budget von Punkten oder Euro, die er entsprechend seinen Präferenzen auf die Anforderungen verteilt. Jedes der genannten Kriterien kann hier verwendet werden, z. B. Nutzen oder Dringlichkeit.

Beim *Punktekleben* verteilt er beispielsweise 10 Punkte auf alle Anforderungen, gerne auch mehrere an dieselbe.

Bei der Top-Ten-Methode darf nicht kumuliert werden, d. h., es müssen genau zehn Anforderungen als die wichtigsten, dringendsten, teuersten u. ä. benannt werden. Bei der *100-€-Methode* verteilt man statt 10 Punkten genau 100 Euro. Hierfür ist die Unterstützung eines Werkzeugs hilfreich, das sicherstellt, dass das Budget eingehalten wird. Statt zehn Punkten oder 100 € sind natürlich auch andere Beträge denkbar, beispielsweise 20 Punkte oder 1.000 €, je nachdem, für wie viele Anforderungen das Projektbudget ungefähr ausreicht.

Es gibt zahlreiche Techniken, beispielsweise Sortieralgorithmen, um die Anforderungen in eine priorisierte Liste zu überführen, in der die wichtigste Anforderung oben steht und so weiter. Diese Verfahren sind für die Praxis jedoch meist wenig hilfreich, weil hier ein recht hoher Aufwand keinem besonderen Mehrwert gegenübersteht. Sie brauchen ja meist keine priorisierte Liste, sondern für den konkreten Zweck nur eine Auswahl von aktuell besonders wichtigen oder besonders unwichtigen Anforderungen. Außerdem müssen Sie, wenn neue Anforderungen hinzukommen, auch die Prioritäten der anderen Anforderungen anpassen, weil die Position auf der Liste ja relativ ist. Die Kano-Kategorie dagegen können Sie an eine neue Anforderung einfach vergeben, ohne die anderen Anforderungen erneut zu betrachten.

11.7.4 Im Team priorisieren

Regelmäßig wird nicht alleine priorisiert, sondern im Team. Das ergibt Sinn, um die Erfahrung vieler zu berücksichtigen. Gruppen schätzen bekanntermaßen im Mittel besser als eine Einzelperson. Es gibt dafür zwei Möglichkeiten: Man kann jeden einzeln schätzen lassen mit einer der im vorigen Teilkapitel beschriebenen Techniken und anschließend daraus eine Gesamtbewertung ermitteln. Oder man einigt sich mithilfe einer Moderationstechnik gemeinsam in einem Workshop auf einen Konsens.

Betrachten wir zunächst die erste Möglichkeit: Ohne in die mathematischen Details zu gehen, können Sie nicht in allen Fällen sinnvoll einen Mittelwert berechnen. Das macht nur Sinn, wenn die Bewertung der Anforderungen beispielsweise in Euro oder Anzahl Punkten erfolgte und doppelt so viele Punkte auch bedeuten, dass die Anforderung doppelt so wichtig ist. Das nennt sich mathematisch ausgedrückt die Kardinal-Skala. Es ist einer der Vorteile der 100-€-Methode, dass sie eine Kardinal-Skala benutzt und Sie somit einfach die vergebenen Euro-Werte mehrerer Schätzer*innen addieren oder deren Mittelwert berechnen können.

Das geht dagegen nicht bei ordinalen oder nominalen Skalen. Dabei handelt es sich um Kategorien, wobei bei der ordinalen Skala immerhin noch eine Reihenfolge angegeben werden kann, wie beispielsweise bei den Kategorien »unwichtig/weniger wichtig / wichtig / sehr wichtig«. Eine Anforderung der Bewertung »sehr wichtig« ist wichtiger als »wichtig«. Aber »sehr wichtig« ist nicht unbedingt doppelt oder anderthalb Mal so wichtig wie »wichtig«. Also dürfen Sie diese Bewertungen nicht einfach in 4 oder 5 Punkte übersetzen und damit rechnen. Stattdessen ermitteln Sie bei einer ordinalen Skala den Median, also den Wert, der die Schätzungen so aufteilt, dass gleich viele darüber wie darunter liegen. Hat beispielsweise ein Schätzer die Anforderung als »unwichtig« klassifiziert, einer als »wichtig« und der dritte als »sehr wichtig«, dann nehmen Sie als Gesamtbewertung »wichtig«, denn dann liegt eine Bewertung darunter und eine drüber. Haben stattdessen 5 Personen die Anforderung für unwichtig gehalten, 10 für weniger wichtig, 13 für wichtig und 3 für sehr wichtig, dann nehmen Sie von diesen 31 Schätzungen den Wert »wichtig«, weil dann 15 Schätzungen darüber und 15 darunter liegen.

Bei den Kano-Kategorien handelt es sich um eine Nominal-Skala, da man hier nicht sagen kann, dass Basismerkmale wichtiger oder unwichtiger wären als Leistungs- oder Begeisterungsmerkmale. Hier bestimmt man die Gesamtbewertung dadurch, dass man den am häufigsten gewählten Wert nimmt, den sogenannten Modus. Haben also von unseren 31 Schätzer*innen 12 die Anforderung für ein Basismerkmal gehalten, 18 für ein Leistungsmerkmal und einer für ein Begeisterungsmerkmal, dann lautet die Schlussfolgerung, dass es sich um ein Leistungsmerkmal handelt.

Noch bessere Ergebnisse erhält man oft, aber nicht zwangsläufig, wenn man in der Gruppe diskutiert und einen Konsens herstellt. Dies gilt besonders dann, wenn das Thema komplex ist und man für eine gute Bewertung erst mal die Fakten klären muss, wobei alle Beteiligten nur einen Teil des Wissens besitzt. Für solche Fälle eignet sich gut das *Planning Poker*, das eine spielerische Variante der Delphi-Methode darstellt.

Beim *Planning Poker* verwendet man Karten, auf denen ungleichmäßig verteilte Werte wie 0, ½, 1, 2, 3, 5, 8, 13, 20, 40, 100 stehen. Dies können Schätzwert für Kosten sein, aber auch für Nutzen, Dringlichkeit oder jedes andere Priorisierungskriterium. Die Idee hinter dieser ungleichmäßigen Skala ist, dass grobe, abstrakte Anforderungen noch nicht gut genug bekannt sind, um ihren Aufwand exakt zu schätzen. Man klassifiziert sie dann also als »40 Punkte« und signalisiert damit, dass man diese Anforderung noch zerlegen und die Einzelteile genauer schätzen muss. In der agilen Entwicklung werden Anforderungen sukzessive verfeinert und müssen erst kurz vor der Implementierung detailliert genug sein, um für die Iterationsplanung genau ihren Umsetzungsaufwand schätzen zu können.

Der Ablauf des Planning Poker sieht so aus (Cohn, 2005):

1. Vorstellung der zu priorisierenden Anforderung – 2 Minuten
2. Jeder schätzt für sich = wählt eine Karte und legt sie mit der Rückseite nach oben vor sich – ½ Minute
3. Zeitgleiche Offenlegung der Karten
4. Erklärung der höchsten und niedrigsten Schätzung – 1 Minute
5. Jeder schätzt erneut für sich – ½ Minute
6. Zeitgleiche Offenlegung der Karten
7. Einigung auf eine Schätzung – 1 Minute

Am Ende kann man dann den Mittelwert, Median oder Modus verwenden, eine dritte Schätzrunde durchführen oder die Entscheidung aufschieben, weil noch Recherchen nötig sind.

Da man beim Planning Poker fünf Minuten pro Anforderung benötigt und in 80 % der Fälle sowieso Konsens über die Einschätzung herrscht, bietet sich als vereinfachtes Verfahren die *Bucket Estimation* an. Dazu schreibt man die zu bewertenden Anforderungen auf Papierkärtchen und legt Kartons oder Papierblätter mit den zu vergebenden Werten auf einen Tisch, die Buckets (Eimer). Wird eine Karte mit einer Anforderung in den Bucket mit der Beschriftung 3 gelegt, dann bedeutet das eine Schätzung auf drei Punkte.

Der Ablauf ist dann folgender (Rook und Wolf, 2016, S. 137f):

1. Vorstellung der zu priorisierenden Anforderung, die Schätzer*innen stellen Verständnisfragen.
2. Die Karten mit den Anforderungen kommen auf einen Stapel.
3. Die Schätzer*innen nehmen sich gleichzeitig und ohne zu sprechen Karten vom Stapel und positionieren sie in den Bucket, der ihrer Schätzung entspricht. Das geht so lange, bis der Stapel leer ist.
4. Die Schätzer*innen sehen sich die Schätzungen der anderen an, weiterhin ohne zu sprechen. Stimmt jemand mit einer Schätzung nicht überein, markiert er die Karte mit einem Punkt und verschiebt sie dorthin, wo sie seiner Meinung nach hingehört. Stimmt jemand mit der Schätzung einer Karte mit Punkt nicht überein, verschiebt er diese Karte auf den Bucket namens »Parkplatz«.
5. Anschließend wird auf die Anforderungen auf dem Parkplatz Planning Poker angewendet, um sie gemeinsam auszudiskutieren.

11.7.5 Konflikte lösen

Falls die verschiedenen Stakeholder sich in der Bewertung einer Anforderung, sei es Nutzen- oder Kosten-Schätzung, nicht einig sind, dann können Sie diesen Konflikt leicht mithilfe der im vorigen Teilkapitel vorgestellten Techniken lösen. Oft sind Konflikte aber komplexer, und es geht nicht nur darum, sich auf eine Zahl zu einigen. Dann sind andere Moderationstechniken nötig.

Beispielsweise kann es sein, dass verschiedene Stakeholdergruppen unterschiedliche Anforderungen an denselben Geschäftsprozess stellen. Nehmen wir an, die Sachbearbeiter müssen einen Verkauf von drei Managementgremien genehmigen lassen, von denen jedes nur alle paar Wochen unabhängig voneinander tagt.

- Die Manager möchten, dass die Genehmigungen in der Hierarchie von unten nach oben gegeben werden, damit die Top-Manager sich nicht mit Themen beschäftigen müssen, die auf einer der unteren Ebenen bereits abgelehnt wurden.
- Die Sachbearbeiter möchten gerne diese Reihenfolge auflösen und die Genehmigungen parallelisieren, damit schneller entschieden wird und nicht etwa ein Kunde wegen der langen Wartezeit abspringt.

Als Requirements Engineer müssten Sie in dieser Frage nun eine endgültige Entscheidung zwischen den beiden Alternativen herbeiführen. Dafür sind folgende Vorgehen denkbar:

- Man bewertet objektiv, wie gut jede der beiden Alternativen die Anforderungen an den Prozess erfüllt, wie beispielsweise niedrige Kosten oder geringe Dauer. Nun ist hier die schnellere Alternative teurer und die günstigere Alternative langwieriger. Da muss man sich also entscheiden, ob Kosten oder Geschwindigkeit wichtiger sind oder ob die Interessen der Sachbearbeiter oder der Manager eher erfüllt werden sollen. Allein die Alternativen, Bewertungen und Folgen der einzelnen Alternativen transparent zu machen und die Begründung für die Entscheidung zu dokumentieren, ist hilfreich, um die rational beste Entscheidung zu treffen und später immer noch begründen zu können.

- Sie können sich auch einen Kompromiss ausdenken, beispielsweise dass die beiden unteren Management-Gremien parallel entscheiden und die Top-Manager den Verkauf erst zur Genehmigung vorgelegt bekommen, nachdem mindestens eines der anderen Gremien schon sein »OK« gegeben hat. Oder man erlaubt die parallelen Genehmigungen für kleinere Verkäufe unterhalb einer bestimmten Summe, während größere die Reihenfolge einhalten müssen.

Wichtig ist, dass am Ende alle wichtigen Stakeholder(gruppen) zustimmen müssen. Dazu sind manchmal mehrere Diskussionsrunden und Lösungsvorschläge nötig. Es lohnt sich aber, diese Fragen frühzeitig zu klären, bevor die Lösung implementiert und womöglich in Betrieb genommen wurde. Eine so späte Änderung wird unvergleichlich viel teurer, als frühzeitig die Buchstaben der Anforderungen umzustellen.

Hinderlich wird es, wenn hinter der scheinbaren Diskussion um die Anforderungen ganz andere Konflikte stecken, beispielsweise der Kampf der Sachbearbeiter um mehr Freiheit, der Widerstand gegen die Software als solche, Konkurrenzkampf zwischen Abteilungen oder zwischen Managern und dergleichen. Hier ist es wichtig, dass der Berater möglichst schnell die Hintergründe erfährt. Falls hinter einer unnötigen Diskussion um Anforderungen ein interner Kleinkrieg steckt, können es sich meist die Beteiligten nicht leisten, wirklich das Projekt zu blockieren. Gehen Sie darum ergebnisorientiert, zielstrebig und objektiv an die Lösung des Konflikts, und erinnern Sie alle daran, dass sie doch den Projekterfolg alle wollen (müssen).

Es macht Sinn, bei der Konfliktlösung vom Groben zum Feinen vorzugehen. Meist kann man sich über die Ziele des Projekts noch einigen, eventuell sogar über die umzusetzenden Geschäftsprozesse. Erst auf detaillierterer Ebene treten dann unterschiedliche Vorstellungen auf.

11.7.6 Die Nutzwertanalyse für die Technologieauswahl

Manchmal werden nicht die Anforderungen gegeneinander abgewogen, sondern die Anforderungen dienen dazu, Technologien oder technische Entwürfe miteinander zu vergleichen: Die beste Technologie ist diejenige, welche die Anforderungen am besten erfüllt. Dieser Abgleich kann in Form einer *Nutzwertanalyse* erfolgen. Dabei sind die Anforderungen die Bewertungskriterien, die gegeneinander gewichtet sind. Man bewertet für jede alternative Technologie, wie gut sie jede Anforderung erfüllt, beispielsweise auf einer Skala von 0 (gar nicht) bis 10 Punkten (vollständig). Diese Punkte addiert man zu einer gewichteten Summe, um den sogenannten Nutzwert zu ermitteln. Die Ergebnisse dieser Bewertung lassen sich gut so wie in Tabelle 11.13 darstellen.

Kriterium	Gewicht	Alternative 1	Alternative 2
Kriterium 1	W1	B11	B21
Kriterium 2	W2	B12	B22
Summe	1	W1 • B11 + W2 • B12	W1 • B21 + W2 • B22

Tabelle 11.13 Schema für die Nutzwertanalyse

Tabelle 11.14 zeigt ein Beispiel: Hier werden zwei Technologien miteinander verglichen. Dabei werden beispielhaft nur zwei Anforderungen betrachtet, nämlich Sicherheit und Benutzerfreundlichkeit.

Im echten Einsatz stehen hier eher lange Listen von gewünschten Funktionalitäten und nichtfunktionalen Anforderungen, die sich über mehrere Seiten erstrecken können. Wie man sieht, ist Technologie 1 sicherer, aber weniger benutzerfreundlich, während es bei Technologie 2 umgekehrt steht. Wären beide Anforderungen gleich wichtig, dann erhielten beide Technologien jeweils 5,5 Punkte. Da aber die Sicherheit höher gewichtet wird, siegt Technologie 1 in Punkten.

Kriterium	Gewicht	Technologie 1	Technologie 2
Sicherheit	0,6	8	3
Benutzerfreundlichkeit	0,4	3	8
Summe	1	6	5

Tabelle 11.14 Beispiel für eine Nutzwertanalyse

Wenn Sie die Nutzwertanalyse manuell durchführen, können Sie zur Erleichterung auch eine Vorlage wie in Tabelle 11.15 verwenden, wo Sie auch das Produkt aus Bewertung und Gewicht als Zwischenergebnis eintragen, um anschließend leichter addieren zu können.

Kriterium	Gewicht	Technologie 1		Technologie 2	
		Bewertung	W • B	Bewertung	W • B
Sicherheit	0,6	8	4,8	3	1,8
Benutzerfreundlichkeit	0,4	3	1,2	8	3,2
Summe	1		6		5

Tabelle 11.15 Weiteres Beispiel für eine Nutzwertanalyse

11.8 Anforderungen verwalten

Es ist eine Sache, in einem mehr oder weniger iterativen Vorgehen zu einer Anforderungsspezifikation zu kommen, d. h. zu einer Sammlung von qualitätsgesicherten Anforderungen in einer vordefinierten Form. Deutlich komplexer ist es jedoch, diese Anforderungen ständig aktuell zu halten und so strukturiert zu verwalten, dass man jederzeit jegliche Frage bezüglich der Anforderungen beantworten kann, wie beispielsweise:

- Wie viele Anforderungen haben wir?
- Wie viele der Anforderungen sind aktuell bereit zur Umsetzung?
- Wie viel Aufwand wird die Fertigstellung der Anforderungen noch verursachen?
- Welche Anforderungen sind durch den aktuellen Software-Entwurf erfüllt und welche nicht?
- Welche Anforderungen soll sich die Programmiererin ansehen, wenn sie eine bestimmte Komponente entwickelt?
- Wann wurde diese Anforderung warum geändert?
- Welche Testfälle prüfen die Erfüllung dieser Anforderung?
- Welcher Anteil der Use Cases ist bereits lieferbereit?

Zur Verwaltung der Anforderungen über den Lebenszyklus des IT-Systems hinweg müssen Sie zahlreiche Informationen im Auge behalten:

- Änderungen und deren Begründungen
- Abhängigkeiten zwischen Anforderungen sowie zwischen Anforderungen und anderen Entwicklungsartefakten
- Attribute (Eigenschaften) der Anforderungen und Berichte darüber
- Versionen und Varianten

Dieser Abschnitt stellt dar, wie man dies möglichst einfach durchführen kann.

11.8.1 Änderungen im Festpreisprojekt

Die Anforderungen eines IT-Systems sind erst dann fertig, wenn auch das zugehörige IT-System umgesetzt und abgenommen ist. Während des gesamten Entwicklungsprozesses ergeben sich immer wieder Änderungen aus dem Problemraum oder aus dem Lösungsraum heraus. Im volatilen Umfeld ändern sich Vorgaben, Missverständnisse werden geklärt, Anforderungen verfeinert, die technische Machbarkeit wird durch den Stand der Technik begrenzt, die Stakeholder werden kreativ.

Solche Änderungen verbessern die Qualität der Anforderungen. Allerdings bereiten sie dann Schwierigkeiten, wenn man sich in einem Festpreisprojekt bereits vertraglich auf einen klar definierten Lieferumfang zum Festpreis festgelegt hatte und die Anforderungsänderungen den Projektumfang oder -aufwand ändern. Hat sich der Auftragnehmer geirrt und ist die einfache technische Umsetzung, die er sich vorgestellt hatte, nicht machbar, sondern wird eine aufwendigere nötig, dann trägt er das Risiko seiner eigenen Fehleinschätzung.

Erweitert jedoch der Auftraggeber den Projektumfang und fügt Funktionalitäten oder Qualitätsansprüche hinzu, dann bedeutet dies rechtlich eine Vertragsänderung, der beide Vertragsparteien zustimmen müssen.

Da Vertragsabschlüsse recht aufwendig sind, sieht man idealerweise bereits im Vertrag einen leichtgewichtigeren Prozess für die Genehmigung von Änderungsanträgen (*Change Request*, kurz CR oder *Request for Change* kurz RFC) vor: Wer darf einen CR beantragen und wer darf auf Auftragnehmer- und Auftraggeber-Seite jeweils den CR genehmigen?

Oft wird ein spezielles Komitee (*Change Control Board*, kurz CCB, *Configuration Control Board*, kurz CCB oder *Change Advisory Board*, kurz CAB) eingesetzt, um eingehende CRs bezüglich Kosten, Nutzen und Dringlichkeit zu bewerten (*Impact-Analyse* oder *Auswirkungsanalyse*).

Dieses Gremium entscheidet dann, ob die angeforderte Anforderungsänderung noch im aktuellen Projekt, später oder gar nicht umgesetzt wird. Für diese Aufgabe benötigt das CCB entscheidungsbefugte Vertreter*innen von Auftraggeber und Auftragnehmer. Möglichst sollten auch alle für die Bewertung von CRs nötigen Kompetenzen vertreten sein. Dieses Gremium trifft sich je nach Menge und Dringlichkeit der CRs regelmäßig alle ein oder zwei Wochen oder nach Bedarf.

Es macht Sinn, Änderungsanträge in strukturierter Form einzureichen, damit die Beschreibung alle Informationen enthält, welche die Mitglieder des CCB für die Beurteilung benötigen. Der Antragsteller liefert folgende Informationen:

- (eindeutige) Bezeichnung
- textuelle Beschreibung
- Begründung

- Datum der Erstellung
- Name des Antragstellers
- Priorität aus Sicht des Antragstellers

Das CCB fügt während seiner Bearbeitung folgende Informationen hinzu:

- (eindeutige) CR-Nummer
- Status der Bearbeitung (beispielsweise: offen, geprüft, angenommen, abgelehnt, zurückgestellt, doppelt)
- Lösungsvorschlag
- Bewertung beispielsweise nach Kosten, Nutzen, Dringlichkeit, weiteren Auswirkungen
- Priorität aus Sicht des CCB
- Arbeitspaket, Iteration, Release oder Projekt, in dem der angenommene CR umgesetzt werden soll

Nach der Genehmigung durch das CCB muss die Änderung in eine gut formulierte Anforderung konkretisiert und sowohl in die Anforderungsspezifikation als auch die Projektplanung integriert werden, damit klar ist, wer wann und wie den akzeptierten Änderungsantrag umsetzt. Sobald die Anforderungsspezifikation und gegebenenfalls folgende Artefakte wie Entwurf, Code und Testfälle aktualisiert sind, dient der CR nur noch der Dokumentation der Historie und der Begründungen, wie sie manche Standards des Software Engineering einfordern.

11.8.2 Agile Entwicklung: Änderungen willkommen

In agilen Projekten oder auch agilen Wartungsprozessen sind Änderungen jederzeit willkommen, weil kein Lieferumfang fixiert wurde (siehe Abschnitt 10.8). Immer nur in kurzen Zeithorizonten von mehrwöchigen Iterationen oder Sprints wird der Umfang für das nächste Inkrement festgelegt. Alle noch nicht für die Umsetzung vorgesehenen Anforderungen tummeln sich auf einer Liste, dem Product Backlog, und können jederzeit noch geändert, verfeinert und ergänzt werden. Dafür sind kein Antrag und keine spezielle Darstellung oder separate Dokumentation nötig.

Während diese Flexibilität allgemein als positiv gepriesen wird, ist sie aus Sicht des Anforderungsmanagements gar nicht ideal. Die agile Arbeitsweise setzt im Wesentlichen eine starke Unabhängigkeit der Anforderungen voneinander voraus und dass die Architektur des Systems relativ flexibel an neue Anforderungen, auch Qualitätsanforderungen, angepasst werden kann. Dies ist bei innovativen Neuentwicklungen jedoch selten der Fall, sondern eher bei der Wartung und Weiterentwicklung eines Systems oder bei Routineprojekten, beispielsweise wenn eine Standardsoftware durch Customizing an die Kundenbedürfnisse angepasst werden kann. Wenn Sie tatsächlich, beispielsweise als Start-up oder in einer kundenspezifischen Neuentwicklung, auf der grünen Wiese starten, sollten Sie nicht agil spezifizieren, sondern sich für das erste Release, das MVP oder MMP einen festen Umfang der Anforderungen vornehmen. Nehmen Sie sich die Zeit, um das Produkt vollständig zu durchdenken, ob es fachlich sinnvoll und nützlich sowie technisch machbar ist. Eine Qualitätssicherung der Anforderungen auf Vollständigkeit, Konsistenz usw. (siehe Abschnitt 11.6) hilft Ihnen dabei. Entwerfen Sie mehrere Architekturentwürfe für die technische Umsetzung, und wählen Sie sorgfältig aus, damit Ihr Entwurf nachhaltig ist und auch mittelfristig sich ergebende Anforderungen und Erweiterungen tragen kann. Eine willkürlich zusammengewürfelte Sammlung von User Stories genügt dafür nicht.

11.8.3 Auswertungen über Anforderungen

Üblicherweise verwaltet man nicht nur die Beschreibung der Anforderungen, sondern auch deren Eigenschaften wie beispielsweise ihre Priorität. Man möchte gelegentlich die Anforderungen nach der Priorität sortieren oder filtern, beispielsweise für die Release-Planung. Dies wird dadurch unterstützt, dass man solche Eigenschaften in sogenannten Attributen speichert und statt Freitext wie »Der Projektsponsor findet diese Anforderung wichtig, aber die Sachbearbeiter nicht« lieber in vorgefertigten Werten wie »niedrig«/»mittel«/»hoch« oder in 1 bis 3 Punkten dokumentiert. Dies erlaubt nämlich Auswertungen über die Anforderungen, um Fragen zu beantworten wie: »Wie viele Anforderungen sind hoch priorisiert?« Da jede Anforderung dieselben Attribute besitzt, entsteht eine zweidimensionale, tabellenförmige Struktur wie in Tabelle 11.16. Jedes Werkzeug für die Verwaltung von Anforderungen sollte eine solche Datenstruktur und Ansicht enthalten.

Nummer	Beschreibung	Priorität	Aufwand (in PT)	Status	Testfälle
1	Als Mitarbeiter möchte ich meine Arbeitszeiten dokumentieren, damit ich jederzeit nachweisen kann, wie viel ich gearbeitet habe.	hoch	5	getestet/done	1a, 1b, 1c

Tabelle 11.16 Anforderungen und ihre Attribute

Nummer	Beschreibung	Priorität	Aufwand (in PT)	Status	Testfälle
2	Als Betriebsrat möchte ich wissen, wann, durch wen und wie oft die Arbeitszeitgesetze nicht eingehalten wurden.	mittel	3	umgesetzt/ to verify	2a, 2b
3	Als Vorgesetzter möchte ich wissen, wie gut meine Mitarbeiter*innen ausgelastet sind, damit ich die Arbeit gleichmäßig verteilen kann und eine Überlastung oder Unterlast rechtzeitig erkenne.	mittel	5	abgenommen/ ready	3a, 3b, 3c, 3d

Tabelle 11.16 Anforderungen und ihre Attribute (Forts.)

Eine solche systematische Verwaltung der Anforderungen erlaubt im Verlauf des Entwicklungsprozesses verschiedene Auswertungen und unterstützt zahlreiche Tätigkeiten. Nur ein paar typische Beispiele:

- Das für die Abnahme von Anforderungen zuständige Komitee möchte wissen, welche und wie viele Anforderungen noch nicht abgenommen sind, also sich im Status »neu« befinden. Sie filtern diejenigen Anforderungen mit diesem Status heraus.
- Bei der Release-Planung möchte man wissen, welcher Gesamtaufwand entstünde, falls man in Release 1 genau die hoch priorisierten Anforderungen umsetzt. Man filtert die hoch priorisierten Anforderungen heraus und addiert die Werte in der Spalte »Aufwand«.
- Die Projektleiterin erstellt einen wöchentlichen Statusbericht und möchte den Fertigstellungsgrad des Projekts ermitteln. Dazu ermittelt sie den nach Aufwand gewichteten Anteil der Anforderungen im Status »done« an allen Anforderungen.
- Um eine Prognose über die Termintreue zu erstellen, stellt sich die Frage, wie viel Restaufwand bis zum Liefertermin noch zu leisten ist.
- Es soll eine Änderung an Anforderung Nr. 3 durchgeführt werden. Man möchte wissen, wie viele und welche Testfälle dann überarbeitet werden müssen.

To do/Ready/ abgenommen	In process/ in Bearbeitung	To verify/ umgesetzt	Done/ getestet
User Story 3	/	User Story 2	User Story 1
...	...	...	...
...	...	...	...

Tabelle 11.17 Task Board

Eine in der agilen Entwicklung beliebte Darstellung des Bearbeitungsstatus ist das Task Board, wie in Tabelle 11.17 schematisch dargestellt. Es besteht aus mehreren Spalten, wobei jede für einen bestimmten Wert des Attributs STATUS steht. Die User Stories oder Backlog Items sind entsprechend ihrem Status angeordnet. Diese Darstellung unterstützt die Arbeitsplanung. Wenn ein Entwickler fertig ist mit einer User Story, sucht er sich aus der Liste in der Spalte READY eine neue aus, die er als Nächstes bearbeitet, und verschiebt sie in die Spalte IN PROCESS. Der Tester weiß, dass er diejenigen User Stories in der Spalte TO VERIFY noch prüfen muss.

Solche Auswertungen unterstützen das quantitative Controlling des Requirements Engineerings und des Entwicklungsprozesses, die Problemerkennung sowie die kontinuierliche Verbesserung der Arbeitsweise. Viele Zahlen sagen als absolute Zahl allerdings wenig aus. Um bewerten zu können, ob der angezeigte Wert gut oder kritisch ist, sollten Sie diese Zahlen über die Zeit hinweg verfolgen und zusätzlich die Ist-Werte mit den Plan-Werten vergleichen.

Man kann beispielsweise über die Zeit messen, wie viele User Stories oder Story Points für diese Iteration oder dieses Projekt noch zu bearbeiten sind. Trägt man den Restaufwand über die Zeit auf, erhält man das sogenannte Burndown-Chart, das eine ungefähre Prognose darüber erlaubt, wann die geplanten User Stories fertiggestellt werden können. Idealerweise bildet dieser Graph eine Gerade mit konstanter Neigung nach unten, der zum Liefertermin die Null-Restaufwand-Linie trifft. Liegt der voraussichtliche Schnittpunkt hinter diesem Termin, besteht ein Problem.

Welche Attribute Sie speziell benötigen, hängt von Ihrem Entwicklungsprozess ab. Darum sollten Sie, um Ihre Attributeliste festzulegen, eine Anforderungsanalyse für Ihr Requirements Engineering durchführen: Wer sind die Stakeholder, und wer benötigt welche Informationen für welche Aktivität im Arbeitsprozess? Wie detailliert? Auf welcher Abstraktionsebene?

Nur solche Informationen sollten in Attributen gesammelt werden, die auch tatsächlich von jemandem benötigt werden. Idealerweise wählen Sie Ihre Attribute und deren Format sehr sorgfältig, weil sie nur aufwendig später noch zu ändern sind, sobald eine gewisse Menge an Anforderungen bereits in diesem Format dokumentiert ist.

11.8.4 Versionen und Varianten verwalten

Sobald eine Anforderung geändert wird, kann man deren alte Version entweder wegwerfen oder zu Dokumentationszwecken aufbewahren. Man kann zusätzlich noch notieren, wann die Änderung aus welchem Grund durchgeführt wurde. In manchem Umfeld muss man dies sogar dokumentieren, weil es ein Standard oder eine Vorgabe verlangt. Der Hintergrund liegt üblicherweise im Risikomanagement: Falls ein Fehler auftritt, muss man nachvollziehen können, ab wann er eingebaut wurde, warum und wann. Nur so kann man den Arbeitsprozess so verbessern, dass dies zukünftig vermieden wird. Bei Produkten, die in verschiedenen Versionen an unterschiedliche Kunden geliefert werden, lässt sich so auch herausfinden, welche Kunden von einem Fehler betroffen sind, um schnellstmöglich Nachbesserungen durchzuführen.

Versionsverwaltung

Die *Versionsverwaltung* ist eine eindimensionale Sache: Von jeder Anforderung ist immer genau eine Version gültig, während die veralteten Versionen eine Kette bilden, in der jede Anforderungsversion einen Vorgänger und einen Nachfolger besitzt. Die meisten zur Verwaltung von Anforderungen verwendeten Werkzeuge dokumentieren automatisch jede Änderung und jede Version, auch Wikis und Ticketsysteme. Nur bei der manuellen Verwaltung von Anforderungen in Text-Dateien o. ä. müssen Versionen manuell durch Kopieren und Ändern erzeugt werden.

Mit jeder Anforderungsänderung entsteht auch im Prinzip eine neue Version der Anforderungsspezifikation als solche, auch Anforderungskonfiguration genannt. Da jedoch nicht jede Änderung gleich wichtig ist, möchte man zwischen wichtigen und unwichtigen Konfigurationen (Versionen der Spezifikation) unterscheiden. Dazu dienen sogenannte Baselines. Diese werden zu bestimmten Zeitpunkten markiert oder »gezogen«, beispielsweise diejenige Version, die als Grundlage der Aufwandsschätzung oder des Vertrags diente, nach einer Qualitätssicherung oder Freigabe oder die Version zu einem wichtigen Meilenstein im Projekt, zumindest aber diejenige Baseline, die das gelieferte System wiedergibt.

Varianten

Mehrdimensional wird diese Thematik, sobald *Varianten* ins Spiel kommen. Manchmal gibt es Produkte in mehreren Varianten, beispielsweise die Basis-Variante und die Premium-Variante, Varianten für verschiedene Anwendungsbereiche (z. B. Branchen) oder Varianten für einzelne Kunden. Diese können sich darin unterscheiden, dass sie unterschiedliche Funktionen besitzen oder dieselbe Funktion unterschiedlich umgesetzt wird. Auch die Qualität kann sich unterscheiden.

Diese Variantenvielfalt des Produkts wird sich auch in den Anforderungen widerspiegeln. Normalerweise definiert man eine der Varianten als den Stamm und verwaltet, inwiefern sich die anderen davon unterscheiden: Welche Anforderungen sind dort mehr oder weniger oder anders? Wie dies konkret umgesetzt ist, hängt vom jeweiligen Werkzeug ab. Von Hand ist dies nur sehr schwierig zu verwalten.

11.8.5 Verfolgbarkeit: Abhängigkeiten verwalten

Zwischen Anforderungen bestehen vielfältige Beziehungen und Abhängigkeiten:

- Versionen: Zwischen aufeinander folgenden Versionen derselben Anforderung bestehen Vorgänger- und Nachfolger-Beziehungen.
- Varianten: Eine Anforderung kann eine Variante einer anderen sein.
- Verfeinerung: Eine Anforderung (oder auch mehrere) auf niedriger Abstraktionsebene verfeinert eine abstraktere Anforderung.
- Umsetzung: Eine Anforderung im Lösungsraum setzt eine Anforderung im Problemraum um. (Es kann aber auch eine 1-n-Beziehung oder eine n-m-Beziehung sein.)

Hinzu kommen Beziehungen zwischen Anforderungen und anderen Arbeitsergebnissen und Dokumenten, insbesondere zu

- Anforderungsquelle,
- Elementen des IT-Systems wie technischen Komponenten, Code-Klassen, Code-Zeilen oder Datenbanktabellen,
- Testfällen, die die Erfüllung der Anforderung prüfen.

Diese Abhängigkeiten zu kennen, ist unabdingbar, sobald sich eine Anforderung ändert. Denn dann müssen auch alle davon abhängigen Anforderungen und Arbeitsergebnisse zumindest daraufhin geprüft werden, ob sie ebenfalls geändert werden müssen. Dies möchte man gerne bereits während der Bewertung eines Änderungsantrags tun, um dessen Umsetzungsaufwand abzuschätzen. Natürlich wirkt sich nicht jede Zieländerung auf Details der Anforderungen oder auf Testfälle aus. Auch nicht jede kleine Änderung auf niedriger Abstraktionsebene, wie beispielsweise die Verlängerung eines Textfelds, wirkt sich auf die Zielerreichung aus. Aber es ist eine häufige Quelle von Inkonsistenzen und Fehlern sowohl in den Anforderungen als auch im System selbst, wenn Änderungen nur an einer Stelle ausgeführt werden und der Rest gleich bleibt. Die Verfolgbarkeit von Abhängigkeiten ist auch für eine Abdeckungsanalyse wesentlich, um zu prüfen, ob jede Anforderung des Auftraggebers im Problemraum durch Anforderungen im Lösungsraum abgedeckt wurde oder ob die Testfälle alle Anforderungen prüfen (abdecken). Über den gesamten Wartungsprozess hinweg dienen die dokumentierten Abhängigkeiten dem Wartungsteam als Informationsquelle für seine Arbeit.

Bei kleinen, übersichtlichen IT-Systemen mit stabilem Kernteam kann für eine kurze Zeit (ca. ein Jahr) das Gedächtnis des Teams ausreichen, um solche Abhängigkeiten im Kopf zu verwalten. In allen anderen Fällen – komplexen Systemen, volatilen Teams und längerer Dauer – müssen Werkzeuge her, um diese Abhängigkeiten zu verwalten. Die Verwaltung der Anforderungen, deren Attribute, Versionen, Varianten, Abstraktionsebenen, Perspektiven und Abhängigkeiten verlangt ein mehrdimensionales Datenmodell, dessen Komplexität Sie dadurch beherrschen können, dass ein Werkzeug Ihnen immer genau die für eine bestimmte Tätigkeit nötigen Informationen extrahiert.

Werden alle zu betrachtenden Elemente im selben Werkzeug verwaltet, sind oft Verweise umsetzbar, mit denen nicht nur auf andere Elemente verwiesen werden, sondern direkt dorthin navigiert werden kann. Möchte man also wissen, welche Komponenten und Testfälle geändert werden müssen, falls man einen bestimmten Use Case ändert, kann man von dem Use Case aus alle betroffenen Komponenten und Testfälle (bzw. deren Dokumentation) öffnen und prüfen.

Werden stattdessen Anforderungen und Testfälle in unterschiedlichen Werkzeugen verwaltet, besteht die einfachste Möglichkeit darin, bei jeder Anforderung in einem Attribut »Testfälle« die Nummern der zugehörigen Testfälle und bei jedem Testfall in einem Attribut »Anforderungen« die dadurch getesteten Anforderungen zu hinterlegen. Die Navigation zwischen Anforderungen und Testfällen verlangt dann eine manuelle Suche im jeweils anderen Werkzeug. Denkbar ist eine Verknüpfung der beiden Werkzeuge, verlangt aber Implementierungsaufwand, falls dies technisch überhaupt möglich ist.

11.9 Übersetzung vom Problemraum in den Lösungsraum

Üblicherweise startet man mit Benutzeranforderungen im Problemraum und übersetzt diese dann in IT-Anforderungen im Lösungsraum. Dabei werden sie auch konkreter und detailreicher. Während die Anforderungen im Problemraum aus Benutzersicht beschreiben, welche Eingaben zu welchen Ausgaben führen sollen (*Blackbox-Sicht*) und dabei offenlassen, wie dies technisch umzusetzen wäre, spezifizieren die Anforderungen im Lösungsraum, welche der möglichen technischen Umsetzungen gewählt wird, und geht oft mehr in die Tiefe, indem für die Umsetzung nötige Details festgelegt werden, die im Problemraum offenblieben. Beispielsweise muss der Programmierer genau wissen, welches Datenformat ein Feld haben soll, während die Anwender*innen aus Fachsicht vielleicht keine speziellen Wünsche hegen. Oder vielleicht doch. Darum ergeben sich während dieser Übersetzung vom Problem- in den Lösungsraum, eventuell angetriggert durch die Fragen des Entwicklungsteams, noch Rückfragen an die Anwender*innen.

11.9.1 Vom fachlichen zum technischen Datenmodell

Das fachliche Datenmodell im Problemraum stellt aus Anwendersicht dar, welche Daten ins System eingegeben werden und welche das System ausgeben soll. Das technische Datenmodell im Problemraum dient als Vorlage für das Datenbankmodell und die Erstellung der Datenbank durch SQL-Befehle. Wird eine objektorientierte Programmiersprache verwendet, dann dient das technische Datenmodell auch als Vorlage für die Programmierung der Code-Klassen.

Das technische Datenmodell wird dem fachlichen ähneln. Es ist sogar eine der Grundideen der Objektorientierung, Code und Datenbank nach fachlichen Kriterien zu strukturieren, also die fachlichen Klassen durch technische Klassen umzusetzen. Es können jedoch bei der Übersetzung ins technische Datenmodell noch Elemente hinzukommen, die aus technischen Gründen nötig sind, beispielsweise Hilfsklassen bzw. Hilfstabellen, z. B. für die Abbildung von n-m-Beziehungen, sowie Primärschlüssel als eventuell zusätzliches Attribut, falls im fachlichen Datenmodell eine Klasse keinen Primärschlüssel hat bzw. benötigt.

Sehen wir uns die Transformation am konkreten Beispiel der Zeiterfassung an. Das fachliche Datenmodell hatten wir bereits in Abbildung 11.3 dargestellt, jetzt leiten wir daraus das technische Datenmodell in Abbildung 11.4 her. Die dabei gemachten Entscheidungen oder Änderungen sind diese:

- **Klassennamen**: Die Namen der Klassen werden hier beibehalten. Falls die Namen von Klassen, Attributen und Methoden nicht den Codierrichtlinien entsprechen, werden sie entsprechend angepasst. Üblicherweise ist ein Klassenname ein großgeschriebenes Substantiv, Attribute und Methoden schreibt man klein, zum Methodennamen gehört immer auch die Klammer `()`. Verwendet man eine Standardsoftware mit ihren bereits festgelegten Klassennamen, dann findet hier ein Mapping der fachlichen auf die technischen Klassen- und Attributnamen statt, die man im Glossar oder einer separaten Tabelle dokumentieren kann.

? **Attribute**: Beim Mitarbeiter kommt außerdem das Attribut `Name` hinzu. Dieses war aus fachlicher Sicht nicht ausdrücklich gefordert, aber bei näherer Betrachtung wird klar, dass in der Benutzeroberfläche und in den Auswertungen zusätzlich zur Personalnummer auch der Name angezeigt werden soll. Während man im Problemraum noch davon ausging, der Mitarbeiter gebe einfach seine Tagesarbeitszeit in Stunden und Minuten ein, wird nun festgelegt, dass er Startzeit, Endzeit und die Gesamtlänge der Pausen eingibt und das System daraus die Tagesarbeitszeit berechnet.

- **Primärschlüssel**: Der Mitarbeiter hatte bisher keinen Primärschlüssel. Darum wird eine Personalnummer als Attribut hinzugefügt und mit `{PK}` als Primärschlüssel markiert (Primary Key). Beim Zeiteintrag kann man die ohnehin vorhandenen Attribute `Tag` und `Mitarbeiter` als zusammengesetzten Primärschlüssel verwenden, weil es für jede*n Mitarbeiter*in für jeden Tag per Definition nur einen einzigen Zeiteintrag geben soll. (Das haben wir so festgelegt, könnte man aber auch anders handhaben.)

- **Fremdschlüssel**: Es handelt sich hier um eine 1-n-Beziehung. In diesem Fall hinterlegt man auf der Seite mit der Kardinalität *n* den Primärschlüssel der anderen Klasse, um den Zeiteintrag eindeutig dem jeweiligen Mitarbeiter zuzuordnen. Der Fremdschlüssel wird mit `{FK}` (Foreign Key) markiert.
- **Kardinalitäten**: Während im Problemraum schon festgelegt wurde, dass zwischen Mitarbeiter und Vorgesetztem sowie zwischen Zeiteintrag und Mitarbeiter jeweils eine 1-n-Beziehung besteht, wird jetzt noch gründlicher geprüft, ob es auch Mitarbeiter ohne Vorgesetzte geben kann (ja, nämlich ganz oben in der Hierarchie) oder Mitarbeiter, die keine Vorgesetzten sind (ja, ganz unten in der Hierarchie). Die Kardinalitäten der Beziehung betragen also genau genommen `0..1` und `0..*`. Der Zeiteintrag muss aber zwangsläufig immer genau einem Mitarbeiter zugeordnet sein, alles andere ergibt wenig Sinn. Es kann auch Mitarbeiter ohne Zeiteintrag geben, und wenn es nur am ersten Arbeitstag ist. Würde man verlangen, dass jeder Mitarbeiter mindestens einen Zeiteintrag hat, könnte man keinen Mitarbeiter neu anlegen, ohne gleichzeitig auch einen – wenn auch leeren – Zeiteintrag zu erstellen.
- **Readonly**-Attribute: Manche Attribute werden beim Anlegen der Klasse festgelegt und dürfen später nicht mehr geändert werden. Dies betrifft hier das Attribut Personalnummer des Mitarbeiters als Primärschlüssel und die beiden Teile des Primärschlüssels des Zeiteintrags.
- **Abgeleitete Attribute**: Manche Attribute werden nicht abgespeichert, sondern werden jedes Mal bei Bedarf neu berechnet. Dies könnte hier die Tagesarbeitszeit sein, die aus `startzeit`, `endzeit` und `pausen` mithilfe der Formel `tagesarbeitszeit = endzeit - startzeit - pausen` berechnet werden kann. Solche abgeleiteten Attribute werden durch `/name` markiert. Wir haben uns hier gegen ein solches Attribut entschieden und berechnen die Tagesarbeitszeit in den beiden Methoden `tagesarbeitszeitPruefen()` und `auslastungAuswerten()` jeweils neu.
- **Klassenattribute**: Manche Attribute beschreiben keine individuelle Eigenschaft des einzelnen Objekts, sondern der gesamten Klasse. Diese nennt man Klassenattribute oder statische Attribute. Sie werden durch Unterstreichen oder durch `{static}` markiert. Hier haben wir keine Klassenattribute.
- **Sichtbarkeiten von Attributen und Methoden**: Im Fachmodell waren alle Attribute und Methoden per Default `public`. Dies wird nun genauer spezifiziert, um festzulegen, welche Klassen auf was zugreifen dürfen. Es ist eines der objektorientierten Prinzipien, dass Attribute möglichst privat und Methoden meist `public` sind, außer es spricht etwas dagegen.

- **Konstruktoren:** Konstruktoren sind Methoden, die ein Objekt einer Klasse anlegen. Diese Methoden tragen den Namen der Klasse.
- **Get- und set-Methoden**: Da die Attribute `private` sind, können andere Klassen nicht direkt darauf zugreifen, weder lesend noch schreibend. So wird das objektorientierte Prinzip der Kapselung umgesetzt. Darum legt man, falls gewünscht, für jedes Attribut eine `get`-Methode zum Lesen und eine `set`-Methode zum (Über)schreiben an. Da hier Personalnummer, Tag und Fremdschlüssel readonly sind, benötigen wir für diese keine `set`-Methoden. Sie sollen ja sowieso nicht geändert werden. Für die drei Attribute `startzeit`, `endzeit` und `pausen` haben wir je eine gemeinsame `get`- und `set`-Methode `getTime()` und `setTime()` definiert, weil wir davon ausgehen, dass diese meist gemeinsam bearbeitet werden.
- **Hilfsmethoden**: Möglicherweise werden noch zusätzliche Hilfsmethoden benötigt, die aus Fachsicht nicht nötig waren.
- **Parameter der Methoden**: Die Methoden benötigen oft Eingabe-Parameter, die in Klammern angegeben werden, beispielsweise `getTime(startzeit, endzeit, pause)`. Erzeugt die Methode einen Ausgabewert, dann erhält sie den Datentyp dieses Ausgabe-Parameters. Beispielsweise liefert die Methode `tagesarbeitszeitPruefen(): int` einen Warnungscode im Format `int`.
- **Statische Methoden**: Statische Methoden beziehen sich nicht auf ein einzelnes Objekt, sondern auf alle oder mehrere Objekte der Klasse. In unserem Beispiel prüft die Methode `tagesarbeitszeitPruefen()` nur die Arbeitszeit eines einzigen Zeiteintrags und gehört zu genau diesem Objekt. Die Methode `auslastungAuswerten()` dagegen berechnet aggregierte Kennzahlen zahlreicher Zeiteinträge über mehrere Tage und eventuell mehrere Mitarbeiter*innen. Darum ist sie statisch und wird durch Unterstreichen oder `{static}` markiert.

Die meisten dieser technischen Überlegungen können das Entwicklungsteam oder ein Software-Architekt durchführen, aber in manchen Fällen wirkt sich die Festlegung auf die Möglichkeiten aus, die den Anwendern zur Verfügung stehen, also auf die Anforderungen im Problemraum. Dies gilt insbesondere für die Primärschlüssel (beeinflusst die Suchmöglichkeiten), Kardinalitäten (beeinflusst das Anlegen von Datensätzen und manche Abläufe) und readonly-Eigenschaft (verbietet das spätere Ändern). Darum sollte man dies sicherheitshalber mit den Anwendern abstimmen. Änderungen am Datenmodell zu einem späten Zeitpunkt können nämlich komplexe Auswirkungen auf den Code und Datenbankaufbau und auf sämtliche Auswertungen und Verwendungen dieser Daten haben und auch die Migration schon enthaltener Daten nötig machen.

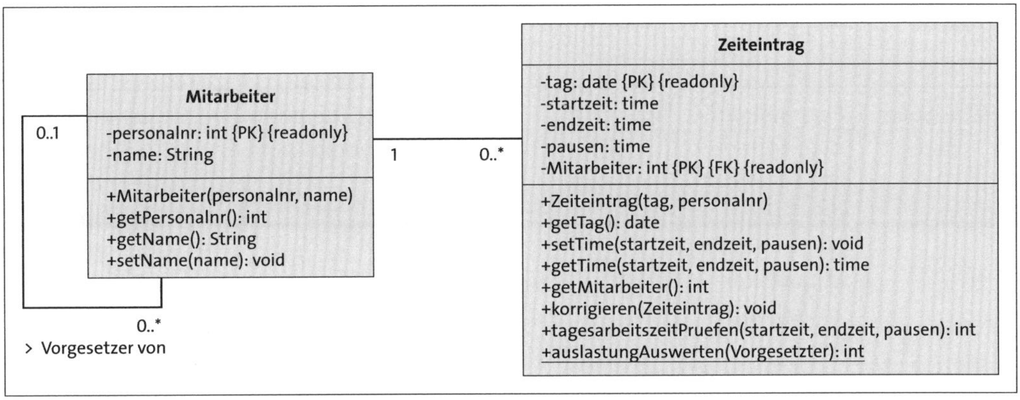

Abbildung 11.4 Klassendiagramm für das technische Datenmodell des Zeiterfassungssystems

Wir haben nun schon einiges an Informationen über das Datenmodell im Klassendiagramm untergebracht. Trotzdem gibt es noch weitere Fragen, die von Entwicklern und Datenbankadministratoren oft gestellt werden. Um das Klassendiagramm nicht zu überfrachten, kann man zusätzliche Informationen in einer Datentabelle unterbringen, wie die in Tabelle 11.18 für die Klasse `Zeiteintrag`.

Bezeichnung	Erklärung	Datentyp	Pflichtfeld?	Erlaubte Werte	Default-Wert
tag	Tag, für den der Zeiteintrag gilt	Datum im Format JJJJ-MM-TT	ja	gültiges Datum in Vergangenheit bis heute, Jahr in [2010; dieses Jahr]	heutiges Datum
startzeit	Arbeitsbeginn an dem Tag	Time im Format hh:mm	ja	zwischen 00:00 und 23:59	09:00
endzeit	Arbeitsende an dem Tag	...	ja	zwischen 00:01 und 00:00	17:30
Pausen	Summe der gemachten Pausen in Stunden und Minuten	...	nein	zwischen 00:00 und 23:59	00:30

Tabelle 11.18 Datentabelle für die Attribute der Klasse »Zeiteintrag«

Bezeichnung	Erklärung	Datentyp	Pflichtfeld?	Erlaubte Werte	Default-Wert
Mitarbeiter	Personalnummer, Fremdschlüssel, um den Zeiteintrag mit dem Mitarbeiter zu verknüpfen	Int	ja	existierende Personalnummer	personal-nr des Benutzers, der den Zeiteintrag anlegt

Tabelle 11.18 Datentabelle für die Attribute der Klasse »Zeiteintrag« (Forts.)

Auf der Grundlage der bisher spezifizierten Informationen kann man die Klassen und Attribute eines objektorientierten Codes programmieren. Von den Methoden sind nur die Namen und Parameter deklariert. Zu den Methoden kommen wir später. Sie können aus dem Klassendiagramm auch das Datenbankmodell erstellen. Dabei wird in einer relationalen Datenbank jede Klasse als eine Tabelle (auch Entitätstyp bzw. Relation genannt) dargestellt, wie in Tabelle 11.19 für die Klasse `Zeiteintrag`. Hier stellt jede Zeile eine Entität bzw. ein Objekt dar (hier: einen bestimmten Zeiteintrag) und jede Spalte ein Attribut.

tag	startzeit	endzeit	pausen	Mitarbeiter
2023-07-31	08:00	17:00	00:45	7777
2023-08-01	08:45	18:30	01:20	7778

Tabelle 11.19 Relation für die Klasse »Zeiteintrag«

Kritisch sind hier die Verknüpfungen zwischen den Tabellen, um die Beziehungen zwischen den Entitätstypen darzustellen. Sehen wir uns darum die drei möglichen Kardinalitätskombinationen an:

- Bei einer *1-1-Beziehung* sind zwei Entitätstypen immer jeweils paarweise miteinander verknüpft, beispielsweise ein Mitarbeiter mit seinem persönlichen Urlaubskonto. Man kann in dieser symmetrischen Situation entweder beim Mitarbeiter den Primärschlüssel des Urlaubskontos als Fremdschlüssel verwenden oder umgekehrt beim Urlaubskonto die Personalnummer des Mitarbeiters als Fremdschlüssel-Attribut hinterlegen. Oder auch beides.
- *1-n-Beziehungen* sind asymmetrisch, beispielsweise wenn einem Mitarbeiter beliebig viele Zeiteinträge zugeordnet sind, aber jeder Zeiteintrag nur genau für eine*n Mitarbeiter*in gilt. Hier ist es einfacher, von jedem Zeiteintrag auf die eine Mitar-

beiter-Klasse zu verweisen als umgekehrt von jedem Mitarbeiter auf eine beliebige Anzahl von Zeiteinträgen. Darum wird man die Tabelle der Zeiteinträge um den Fremdschlüssel erweitern, hier den Primärschlüssel des Mitarbeiters bzw. der Mitarbeiterin, also die Personalnummer.

- *n-m-Beziehungen* lassen sich nicht mehr dadurch umsetzen, dass man in einer der Tabellen einen Fremdschlüssel als zusätzliches Attribut hinzufügt, sondern es wird eine Hilfstabelle benötigt, um die Beziehungen darzustellen. In dieser Tabelle stehen die Primärschlüssel beider Entitätstypen als Fremdschlüssel, um die beiden Tabellen miteinander zu verknüpfen. Nehmen wir an, jede*r Mitarbeiter*in sei allen Projekten zugeordnet, auf denen er oder sie schon mal gearbeitet hat. Dann ist ein*e Mitarbeiter*in beliebig vielen Projekten und jedem Projekt sind beliebig viele Mitarbeiter*innen zugeordnet. Die zugehörige Hilfstabelle namens Mitarbeiter-Projekt sehen Sie in Tabelle 11.20.

Sie sehen also, dass die Beziehungen zwischen den Entitätstypen bzw. Klassen nach einem wohldefinierten Schema umzusetzen sind. In Software-Code gibt es dafür ebenfalls bewährte Lösungen, die jedoch von der Programmiersprache abhängen.

Personalnummer	Projektnummer
7777	0815
7777	0821
7778	0815
7778	0823

Tabelle 11.20 Tabelle »MitarbeiterProjekt«, um die n-m-Beziehung zwischen Mitarbeiter und Projekt abzubilden

11.9.2 Logische und physische Architektur: Komponenten

Im vorigen Abschnitt haben wir auf unterster Abstraktionsebene (auf Klassenebene) das statische Datenmodell vom Problemraum in den Lösungsraum überführt. Auf abstrakterer Ebene wird das IT-System durch seine Architektur beschrieben. Diese Architektur spezifiziert den groben Aufbau des Systems: seine Komponenten, deren Wechselwirkungen untereinander und mit dem Kontext des Systems. Die Komponenten werden als Blackbox beschrieben, d. h., es wird nur spezifiziert, wie sie Eingaben in Ausgaben verwandeln.

Die physische Architektur beschreibt die tatsächlichen Komponenten des Systems, genauso wie der Code die technische Lösung auf Klassen- und Methoden-Ebene beschreibt. Man unterscheidet oft nach Lösungsabhängigkeit drei Ebenen:

- *Fachsicht, Anwendersicht, Nutzungssicht*: beschreibt die Anforderungen im Problemraum.
- *Logische Sicht*: beschreibt die Anforderungen im Lösungsraum, d. h., es handelt sich um die Identifikation von nötigen Komponenten und deren funktionale und nichtfunktionale Eigenschaften, die nötig sind, um die Anforderungen des Problemraums zu erfüllen.
- *Implementierungssicht*: beschreibt die konkrete technische Umsetzung, also die tatsächlichen physischen Komponenten und oft auch noch die Verteilung der Software-Komponenten auf Hardware-Komponenten.

Das heißt, zwischen die Sicht der Anwender*innen und die Implementierung kann ein Zwischenschritt eingeschoben werden. In der logischen Sicht werden die Fachklassen sinnvoll zu Paketen und Komponenten gebündelt; hier werden bewährte Architekturmuster angewendet und gegebenenfalls mehrere verschiedene logische Architekturen erstellt und miteinander verglichen, um eine davon auszuwählen. Eine konkrete technische Umsetzung soll hier noch nicht diskutiert werden, insbesondere in Projekten »auf der grünen Wiese«, wo bei der Entwicklung eines neuen Systems alle technischen Möglichkeiten noch zur Verfügung stehen.

11.9.3 Technische Szenarien im Lösungsraum

In Abschnitt 11.5.4 haben wir uns mit Anwendungsszenarien beschäftigt, welche die Anforderungen im Problemraum spezifizieren. Szenarien im Lösungsraum spezifizieren ebenfalls Abläufe, jedoch mit Konzepten der Implementierung, entweder noch aus logischer Sicht oder aus Implementierungssicht. Es interessiert hier der Kontroll- oder Datenfluss von einer Komponente zur nächsten während der Ausführung eines Anwendungsfalls.

Wenn Sie die Anpassung oder Weiterentwicklung eines bereits existierenden technischen Systems planen, dann können diese Komponenten durchaus die vorhandenen technischen Komponenten sein. Beim Neuentwurf eines Systems oder wenn Sie noch nicht wissen, mit welcher Technologie es umgesetzt wird, sollten die Komponenten eher logische Konzepte sein.

Es gibt zahlreiche Darstellungsformen für Szenarien aus Lösungssicht. Ich empfehle folgende:

- Anforderungsschablone
- UML-Zustandsdiagramm für den Zustand des Systems oder einzelner Komponenten
- Prototyp für die Benutzeroberfläche
- UML-Aktivitätsdiagramm für die Ausführung von Methoden

Diese können und sollen einander ergänzen.

Es gibt zahlreiche Anforderungsschablonen. Hier sehen wir uns drei davon an.

Die *Schablone der Sophisten* (Pohl und Rupp, 2015, S. 61 und Abb. 5.7–1; Rupp und Sophist Group, 2004, S. 245ff) ist gut dafür geeignet, um funktionale Anforderungen im Lösungsraum zu spezifizieren. Laut dieser Schablone besteht eine Anforderung aus sechs Teilen:

- Bedingung
- rechtliche Verbindlichkeit (*muss*, *soll* oder *wird*)
- »das System«
- Kern
- Objekt
- Prozesswort

Hier ein Beispiel: »Das System muss dem Mitarbeiter die Möglichkeit bieten, seine tägliche Arbeitszeit zu dokumentieren.«

Eine zeitliche oder logische Bedingung ist hier nicht nötig, außer die triviale und nicht erwähnenswerte Voraussetzung, dass der Mitarbeiter ein aktives Konto im System besitzt. Die rechtliche Verbindlichkeit lautet »muss«. Der gewählte Kern ist hier »die Möglichkeit bieten«, das Objekt die Arbeitszeit und das Prozesswort »dokumentieren«.

Der Kern der Anforderung beschreibt eine von drei Arten von Aktivitäten:

- Selbstständige Systemaktivität: Das System führt den Prozess selbstständig durch. Der Kern wird quasi weggelassen: »Das System muss / ... [Prozesswort].«
- Benutzerinteraktion: Das System stellt dem Nutzer eine Funktionalität zur Verfügung, die er selbst nach Belieben aufrufen kann. Die Schablone lautet dann: »Das System muss / ... [wem] die Möglichkeit bieten, [Prozesswort].«
- Schnittstellenanforderung: Das System wartet auf ein externes Ereignis, um eine Funktionalität auszuführen. Das formuliert sich so: »Das System muss / ... fähig sein [Prozesswort].«

Das Prozesswort wird jeweils, falls nötig, durch ein Objekt ergänzt.

Falls die Anforderungsspezifikation als Grundlage für einen Vertrag dient, muss die rechtliche Verbindlichkeit sorgfältig formuliert werden. Im obigen Vorschlag gilt, dass eine Muss-Anforderung umgesetzt werden muss, eine Soll-Anforderung soll wenn möglich umgesetzt werden und eine Wird-Anforderung folgt in einem späteren Projekt oder Release. Sie können die Bedeutung auch selbst nach Bedarf definieren.

Ich persönlich empfehle jedoch, die Verbindlichkeit nicht im Anforderungstext selbst zu spezifizieren, sondern in einem separaten Attribut, was die Verwaltung und Auswertung der Verbindlichkeiten und der Anforderungen erleichtert. Unter anderem können Sie leichter die Anforderungen nach diesem Kriterium sortieren und filtern.

Nun übersetzen wir die drei User Stories aus Abschnitt 11.5.4 in lösungsorientierte Anforderungen:

- A 1.1: Das System muss dem Mitarbeiter die Möglichkeit bieten, seine tägliche Arbeitszeit zu erfassen.
- A 1.2: Sobald ein Mitarbeiter eine Tagesarbeitszeit von mehr als 10 Stunden speichert, muss das System ihm eine Warnung anzeigen.
- A 1.3: Sobald ein Mitarbeiter eine Tagesarbeitszeit von mehr als 8 und maximal 10 Stunden speichert, muss das System dessen 24-Wochen-Schnitt berechnen und, falls dieser größer als 8 Stunden ist, den Mitarbeiter zum Zeitausgleich auffordern.
- A 1.4: Das System muss dem Mitarbeiter die Möglichkeit bieten, seine erfassten Arbeitszeiten zu korrigieren.
- A 1.5: Das System muss dem Mitarbeiter die Möglichkeit bieten, seine Arbeitszeiten einzusehen und Auswertungen über seine Überstunden zu erstellen.
- A 1.6: Das System muss dem Mitarbeiter die Möglichkeit bieten, seine Arbeitszeiten und die Auswertungen auszudrucken.
- A 2.1: Das System muss dem Betriebsrat die Möglichkeit bieten, auszuwerten, wann, durch wen und wie oft die Arbeitszeitgesetze nicht eingehalten wurden.
- A 2.2: Sobald ein Mitarbeiter eine Tagesarbeitszeit von über 10 Stunden speichert, muss das System den Betriebsrat und den Vorgesetzten des Mitarbeiters per E-Mail darüber informieren.
- A 3.1: Das System muss dem Vorgesetzten die Möglichkeit bieten, die Auslastung seiner Mitarbeiter auszuwerten. Dabei werden pro Mitarbeiter die Summe der Überstunden bzw. Fehlstunden sowie die durchschnittliche Tagesarbeitszeit, gemittelt über die vorherigen 24 Wochen, angezeigt. Eine Überschreitung bzw. Unterschreitung von 8 Stunden um mehr als eine Stunde wird in beiden Anzeigen rot bzw. orange farbig markiert.
- A 3.2: Sobald ein Mitarbeiter im Durchschnitt der vorigen 24 Wochen eine Tagesarbeitszeit von 8 Stunden überschreitet, muss das System dessen Vorgesetzten per E-Mail darüber informieren.

Wie Sie sehen, sind eventuell mehrere Funktionalitäten des Systems dafür nötig, um eine User Story umzusetzen und den genannten Nutzen zu erreichen. Die Anforderungen, die Sie mithilfe dieser Schablone formulieren, lesen sich sehr eintönig. Andererseits stellt die Schablone sicher, dass keine wesentlichen Informationen fehlen.

Das aktuelle Foundation Level des CPRE nach IREB (Glinz et al., 2022, S. 40f) empfiehlt die *Schablone des IEEE 29148*. Das Akronym IEEE bedeutet *Institute of Electrical and Electronics Engineers*. Das ist ein weltweiter Berufsverband von Ingenieuren. Dieser

Verband hat zahlreiche Standards definiert, die für technische Geräte und IT-Systeme allgemein gelten. Dazu gehören auch drei Textschablonen für Anforderungen (ISO29148, 2018):

- *<Subjekt> <Aktion> <Wert>*

  Beispiel: Das System muss die Arbeitszeiten aller Mitarbeiter*innen verwalten.
- *<Bedingung> <Subjekt> <Aktion oder Einschränkung> <Wert>*

  Beispiel: Falls der Mitarbeiter als Tagesarbeitszeit weniger als 8 Stunden eingibt, ist alles in Ordnung.
- *<Bedingung> <Subjekt> <Aktion> <Objekt> <Einschränkung>*

  Beispiel: Falls der Mitarbeiter eine Tagesarbeitszeit von mehr als 10 Stunden speichert, soll das System folgende Warnung anzeigen: »Die Tagesarbeitszeit beträgt über 10 Stunden. Das ist nicht erlaubt.«

Man kann diese drei Schablonen in einer einzigen zusammenfassen:

[<Bedingung>] <Subjekt> <Aktion> <Objekt> [<Einschränkung> <Wert>]

Elemente in eckigen Klammern sind optional.

EARS ist eine weitere Sammlung von Anforderungsschablonen für den Lösungsraum, die von Alistair Mavin et al. (Mavin et al. 2009) entwickelt wurden (siehe auch Glinz et al., 2022, S. 41f). EARS steht für »Easy Approach to Requirements Syntax« (Mavin 2023).

Mit diesen Textschablonen befinden wir uns jedoch immer noch auf einem abstrakten Niveau. Wir haben bisher nur ausgesagt, welche Funktionalitäten das System anbieten soll. Es wird Zeit, die Szenarien konkreter lösungsorientiert zu spezifizieren. Dazu können wir Zustandsdiagramme, Aktivitätsdiagramme und Prototypen verwenden.

Mithilfe eines *Zustandsdiagramms* kann man die Zustände des Gesamtsystems beschreiben oder die Zustände eines bestimmten Datenobjektes wie beispielsweise eines Urlaubsantrags (»beantragt«, »genehmigt«, »abgelehnt«, »storniert«). Bei interaktiven Systemen entspricht ein Zustand oft einer Benutzeroberfläche. Aber auch Systeme wie beispielsweise die Waschmaschine, bei der der Benutzer nur den Startknopf drückt und das Programms automatisch abläuft, zeigen oft ihren Zustand (Status) mit bunten Lichtern oder im Display an. Übergänge zwischen den Zuständen können angestoßen werden durch ein Ereignis (beispielsweise eine Benutzereingabe oder ein anderes Signal von außen), durch das Erfüllen einer Bedingung oder auch eine Kombination aus beiden.

Abbildung 11.5 zeigt ein vereinfachtes Beispiel für unser Zeiterfassungssystem. Es basiert auf dem Use Case UC01 »Arbeitszeit erfassen« (siehe Tabelle 11.5), wobei die Aktionen des Benutzers Zustandsübergänge anstoßen.

Zusätzlich sind hier aber auch Teile der Use Cases »Arbeitszeit korrigieren« und »Arbeitszeiten auswerten« dargestellt sowie eine Warnung bei Überstunden mit der Möglichkeit, wahlweise die Eingaben zu bestätigen oder zu korrigieren.

Jeder Zustand kann jeweils eine eigene Benutzeroberfläche darstellen. Die Übergänge zwischen den Zuständen können mit drei Typen von Elementen beschriftet sein: Ereignis [Bedingung] / Aktion. Ein Beispiel für ein Ereignis wäre hier »Benutzer wählt ›speichern‹«. Es geschieht nun aber jeweils etwas anderes, je nachdem, ob die eingetragene Tagesarbeitszeit unterhalb von oder über 8 Stunden liegt. Die Aktion »speichert Arbeitszeit« führt das System während des Übergangs aus.

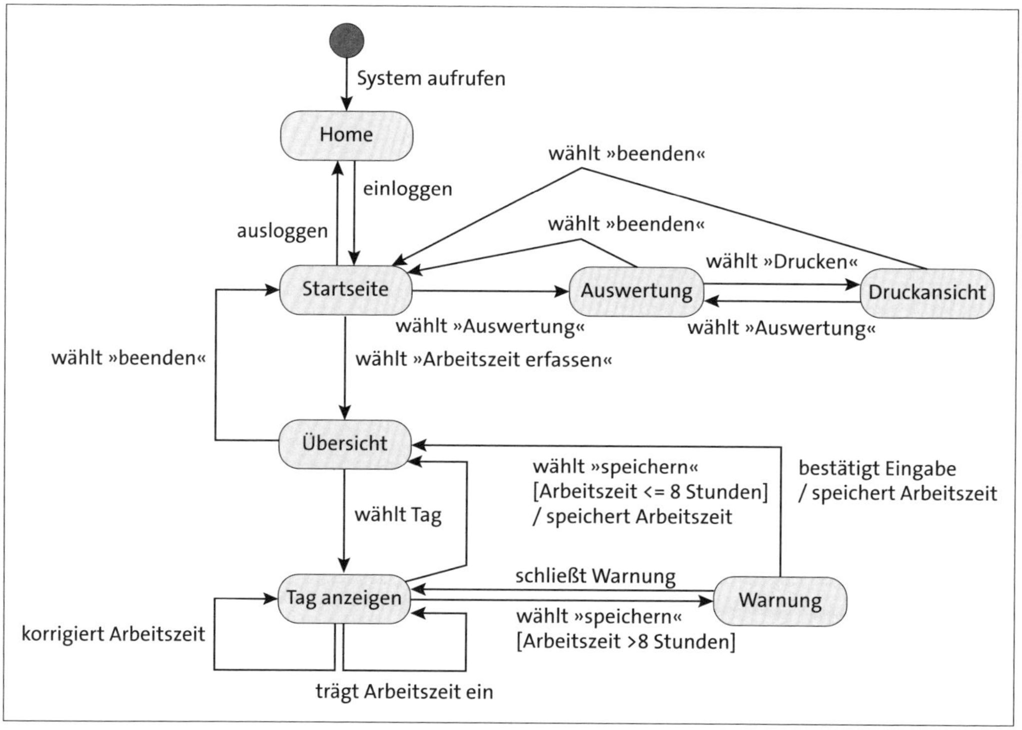

Abbildung 11.5 Zustandsdiagramm für das Zeiterfassungssystem (vereinfacht)

Zum einen haben wir bei der Übersetzung vom Aktivitätsdiagramm (Problemsicht, siehe Abbildung 11.1 und Abbildung 11.2) in das Zustandsdiagramm (Lösungssicht) die Notation gewechselt, aber den Ablauf beibehalten. Gleichzeitig haben wir uns aber auf die Benutzeroberflächen festgelegt. Als Nächstes könnten wir Benutzeroberflächen-Prototypen erstellen, je einen für jeden der Zustände.

Diese Prototypen stellen dar, welche Daten jeweils durch den Benutzer einzugeben oder durch das System anzuzeigen sind. Außerdem müssen die Navigationsmöglichkeiten wie im Zustandsdiagramm dargestellt angeboten werden, beispielsweise ein Beenden-Button. Mit einem solchen Prototypen schaffen Sie die Möglichkeit, sich noch ein letztes Mal Rückmeldung aus dem Problemraum zu holen, bevor man die Anforderungen implementiert.

Gleichzeitig erstellen wir im Lösungsraum ein Datenmodell. Diese können wir entweder aus dem Problemraum-Datenmodell herleiten wie in Abschnitt 11.9.1 beschrieben und dann mit den Lösungsraum-Szenarien abgleichen. Oder wir identifizieren in den Lösungsraum-Szenarien und -anforderungen die für deren Ausführung nötigen Daten und legen deren sinnvolles Format fest. Zur Darstellung des Datenmodells empfehle ich eine Kombination aus UML-Klassendiagramm und einer Datentabelle wie in Abschnitt 11.9.1 dargestellt.

Bei der Erstellung des Datenmodells identifizieren wir entsprechend dem objektorientierten Paradigma bereits die Methoden, welche auf den Daten der jeweiligen Klassen ausgeführt werden sollen.

Bisher haben wir nur die Methoden-Namen spezifiziert sowie rudimentär die Ein- und Ausgabedaten. Nun interessiert noch das Verhalten der Methoden. Wir können die durch die Methoden zur Verfügung gestellten Funktionalitäten als Aktivitätsdiagramm darstellen. Dies ist insbesondere für komplexere Algorithmen interessant, während gerade die `get`- und `set`-Methoden und meist auch die Konstruktoren vor allem Daten kopieren oder initialisieren und nur wenig Logik enthalten.

Betrachten wir im Folgenden die Methode `int tagesarbeitszeitPruefen(startzeit, endzeit, pausen)` der Klasse `Zeiteintrag` (siehe Abbildung 11.6). Wir hatten bereits definiert, dass die Eingabeparameter die drei Zeiten `startzeit`, `endzeit` und `pausen` sein sollen. Nennen wir das Zeit-Format provisorisch `LocalTime`. Ausgabe soll eine Integer-Zahl sein, die die Nummer der Warnung angibt.

Den Ablauf dieser Prüfung hatten wir im Problemraum bereits grob in Abbildung 11.2 als Aktivitätsdiagramm dargestellt. Der Akteur war damals pauschal noch das System, weil wir da noch keine detailliertere Vorstellung vom System hatten. Die Logik bleibt dieselbe, aber wir übersetzen nun die zuvor im Problemraum formulierten Aktivitäten in Code. Das heißt, es müssen Variablennamen und -typen definiert werden.

Die Berechnung des 24-Stunden-Durchschnitts der täglichen Arbeitszeit habe ich hier der Übersichtlichkeit halber in eine neue Methode namens `schnitt24wochen(personalnr, tag)` ausgelagert. Diese könnte eine Klassenmethode der Klasse `Zeiteintrag` sein.

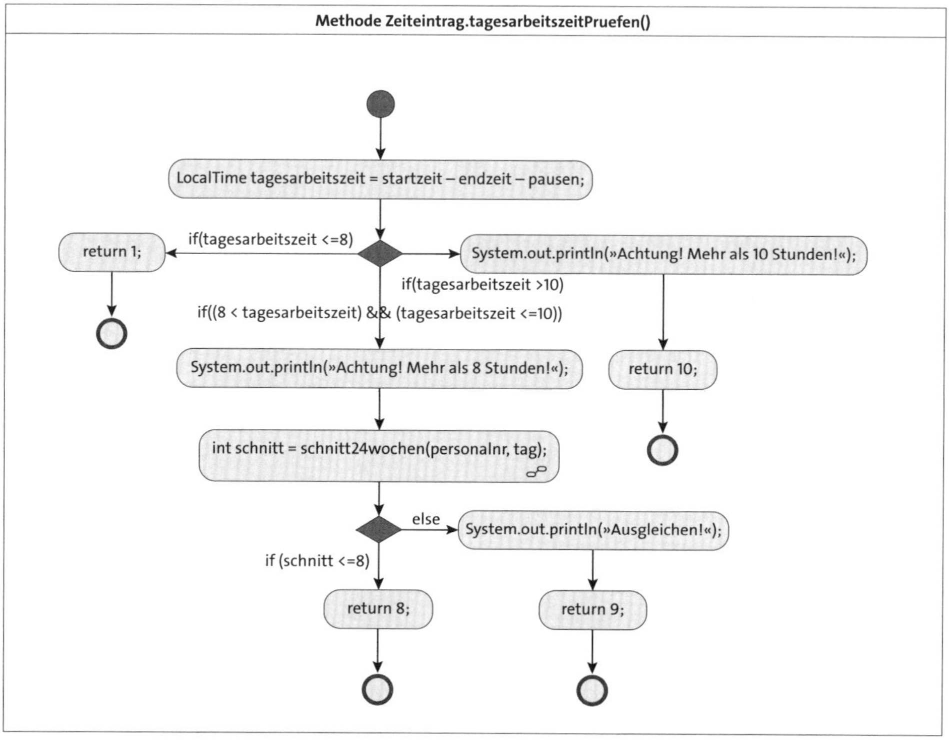

Abbildung 11.6 Aktivitätsdiagramm für die Methode »Zeiteintrag.tagesarbeitszeit-Pruefen()«

11.9.4 Technische Schnittstellenspezifikationen

Schnittstellen gibt es zwischen Komponenten sowie zwischen System und Drittsystemen im Kontext. Diese Schnittstellen müssen besonders gut spezifiziert werden, weil an deren Entwicklung meist mindestens zwei Personen oder Teams beteiligt sind.

Das können die beiden Teams sein, die jeweils eine der beiden Komponenten entwickeln, aber auch ein externes Team, das zum Auftraggeber oder einem Lieferanten gehört. Oft ist die Schnittstellenspezifikation das Einzige, was die andere Seite über die Komponente weiß. Die eine Komponente muss die Daten genau im passenden Format, in der richtigen Reihenfolge und zum richtigen Zeitpunkt liefern, wie sie von der anderen Komponente erwartet werden. Beide Seiten der Schnittstelle müssen ineinandergreifen wie die Zähne von zwei Zahnrädern.

Auch die Schnittstelle hat einen statischen und einen dynamischen Aspekt:

- **Statisch**: Welche Daten sollen in welchem Format geliefert werden? Diese Informationen können Sie als Datentabelle wie in Tabelle 11.18 darstellen.

- **Dynamisch**: Wann und unter welchen Bedingungen (z. B.: angetriggert durch welches Ereignis?), in welcher Reihenfolge werden diese Daten geliefert? Wie oft wird der Versuch wiederholt? Was passiert im Fehlerfall stattdessen? Zur Spezifikation dieses Aspekts eignet sich gut das UML-Sequenzdiagramm.

Ein vereinfachtes Beispiel für ein *Sequenzdiagramm* sehen Sie in Abbildung 11.7, in dem die Wechselwirkung zwischen Benutzer, GUI (Graphical User Interface, grafische Benutzerschnittstelle) und den Zeiteinträgen dargestellt wird. Zwischen diesen werden Nachrichten ausgetauscht: Aufruf von Methoden, Übermittlung von Daten, Anzeige einer Benutzeroberfläche.

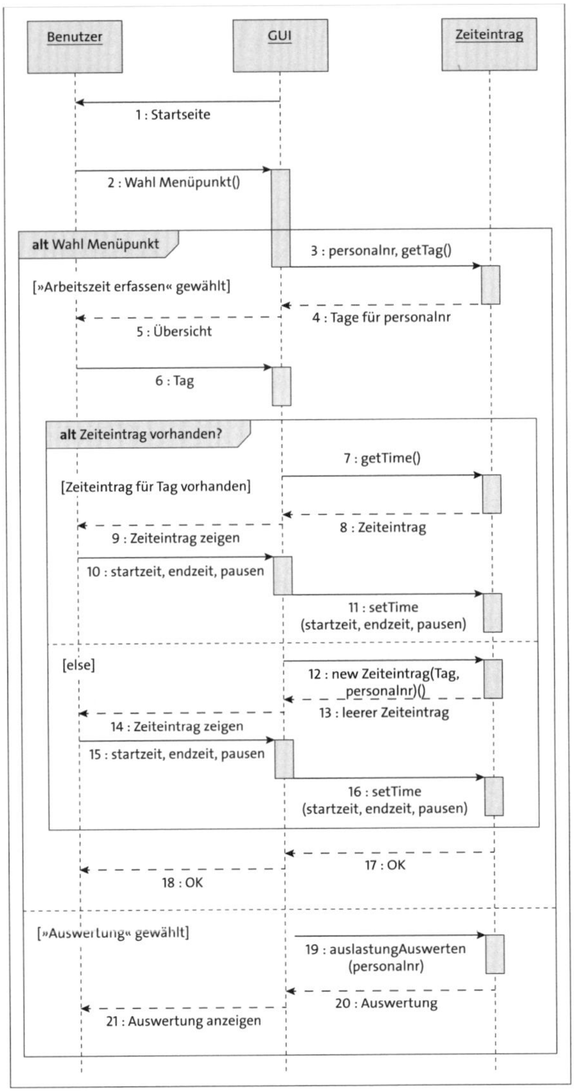

Abbildung 11.7 Sequenzdiagramm: Schnittstelle zwischen Benutzer, GUI und Zeiteinträgen

Wir starten hier mit der Startseite, d. h., das Einloggen wird nicht dargestellt. Die Personalnummer sei der GUI bereits durch das Login bekannt. Nicht dargestellt sind zur Vereinfachung die Warnungen und die Möglichkeit, jederzeit abzubrechen. Die Nachrichten mit der durchgezogenen Linie und dem gefüllten Pfeil (`call`) und die gestrichelten Nachrichten (`return`) müssen immer paarweise auftreten. Sie bilden eine synchrone Folge von Aufruf und Antwort. Damit es weitergehen kann, muss erst die Antwort auf den Aufruf abgewartet werden. Nachrichten mit durchgezogener Linie und offenem Pfeil (`send`) sind asynchron und warten auf keine Antwort. Der `alt`-Kasten stellt alternative Abläufe dar, hier abhängig davon, welchen Menüpunkt der Benutzer gewählt hatte. Die Bedingungen stehen wie in der UML üblich in eckigen Klammern [ ].

Hier sind auch Wiederholungen in einer Schleife (`loop`) möglich, d. h., es wird eine Nachrichtenfolge so lange wiederholt, bis eine bestimmte Bedingung erfüllt ist. Es kann auch eine feste Anzahl von Schleifendurchläufen vorgegeben werden. Auf die näheren Details der Notation des Sequenzdiagramms kann hier aus Platzgründen nicht eingegangen werden. Doch die UML-Diagramme sind in anderen Büchern ausführlich behandelt, beispielsweise in dem Handbuch des IREB zur Modellierung (Cziharz et al., 2022).

11.9.5 Modellbasierte Entwicklung bzw. No-Code-Entwicklung

Wie Sie gesehen haben, ist eine direkte Übersetzung von Problemraum-Datenmodellen in technische Lösungen wie Code-Klassen und Datenbanktabellen recht simpel und erfordert wenig Kreativität. Man muss nur die grafischen Elemente in den richtigen Code der Zieltechnologie übersetzen.

Diese Übersetzung kann mithilfe von einfachen Regeln erfolgen. Darum liegt der Gedanke nahe, diese Transformation zu automatisieren. Voraussetzung ist nur, dass das Modell alle Informationen enthält, die der Code oder die Datenbank benötigen. Dazu muss eine formale Notation eingehalten werden, und man muss auch konsistent dieselben Datentypen verwenden wie im Code selbst.

Tatsächlich unterstützen viele UML-Werkzeuge zusätzlich die Code-Erzeugung in mehrere Programmiersprachen. Es gibt auch zahlreiche spezialisierte Werkzeuge für die modellbasierte Entwicklung, die man heutzutage auch *No-Code-Entwicklung* nennt. Als *Low-Code-Entwicklung* wird bezeichnet, wenn Teile der Software doch noch von Hand programmiert werden müssen. Das verwendete Low-Code-Werkzeug ist eventuell spezialisiert auf eine bestimmte Art von Anwendung wie beispielsweise Webseiten, mobile Apps, Call Center, Datenbanken oder Geschäftsanwendungen.

Der Ausgangspunkt für die modellbasierte Entwicklung kann eine von drei Sichten sein:

- **Datensicht**: Man erzeugt ausgehend vom Datenmodell, z. B. in Form eines Klassendiagramms, die Code-Klassen und/oder die Datenbank. Abbildung 11.4 könnte dafür genutzt werden.
- **Prozesssicht**: Man erzeugt aus einem Prozessmodell, z. B. in Form eines Aktivitätsdiagramms, einer EPK (ereignisgesteuerte Prozesskette) oder eines *BPMN*-Modells (*Business Process Model and Notation*) den Code.
- **Benutzersicht**: Man erstellt die grafische Benutzeroberfläche und hinterlegt Standardfunktionen durch Klicken und Zeichnen.

Alle drei lassen sich auch kombinieren. Beispielsweise kann man aus dem Klassendiagramm die Code-Klassen erzeugen und aus Aktivitätsdiagrammen die Methoden. Oder beim Klick auf einen Button in der grafischen Benutzeroberfläche wird eine bestimmte Methode aufgerufen.

Der Vorteil einer solchen Werkzeugunterstützung liegt auf der Hand: Jeder Berater mit nur oberflächlichen Programmierkenntnissen kann eine Anwendung schnell erstellen, vielleicht sogar Endanwender aus der Fachabteilung. Bei Anforderungsänderungen muss nur das Modell angepasst werden, der Code wird im Nu neu erzeugt. Es ist auch möglich, aus demselben Modell Code in mehreren Programmiersprachen zu erzeugen oder die Benutzeroberfläche in verschiedene Sprachen zu übersetzen, wenn die Texte in einer Datenbank hinterlegt sind. Der Nachteil, gerade bei No-Code-Plattformen, besteht darin, dass man nur vorgesehene Funktionen verwenden kann. Was Performanz und Sicherheit angeht, hängt man ganz vom Hersteller der Plattform ab.

Manchmal wird es nötig, den automatisch erzeugten Code um Funktionen zu erweitern, die händisch programmiert werden. Jedoch würde dieser Code bei der nächsten Generierung überschrieben. Aus diesem Grund sollte ein gutes Werkzeug das sogenannte »Roundtrip Engineering« unterstützen, d. h. manuelle Code-Änderungen auch ins Modell integrieren, sodass Modell und Code inhaltlich jederzeit konsistent sind.

11.9.6 Verwalten der Beziehungen zwischen Anforderungen und Code

Häufig ist es so, dass die Anforderungen im Problemraum hauptsächlich als Use Cases spezifiziert sind, der objektorientierte Code aber aus Klassen besteht. Das heißt, es gibt n-m-Beziehungen zwischen Use Cases und Code-Klassen: Ein Use Case benutzt mehrere Klassen, jede Klasse wird von mehreren Use Cases benutzt. Wäre es anders, könnte man die Anforderungen eins zu eins jeweils einem Code-Element zuordnen, beispielsweise durch identische Namensgebung. Das funktioniert jedoch nicht.

Trotzdem sollten die Beziehungen zwischen Anforderungen und Code dokumentiert werden. Diese wird wichtig, wenn sich Anforderungen ändern oder der Code überarbeitet wird. Dann sollen die Anforderungen und der zugehörige Code konsistent gehalten werden.

Um die Beziehungen zwischen Anforderungen und Code zu dokumentieren, gibt es verschiedene Möglichkeiten:

- In den Anforderungen werden auch die Klassen sowie deren Verwendung in den Use Cases spezifiziert. Die Code-Klassen entsprechen denen in den Anforderungen und tragen auch dieselben Namen. Somit dient das Klassendiagramm in den Anforderungen als Code-Dokumentation.
- Die Beziehungen zwischen Anforderungen und Code-Elementen werden ausdrücklich dokumentiert, beispielsweise in einer separaten Matrix, die jedoch stets aktuell gehalten werden muss.
- Im Code oder in den Änderungskommentaren beim Check-in in einer Versionsverwaltung werden Namen und Nummern der zugehörigen Use Cases hinterlegt. So kann man rückwärts vom Code zu den Anforderungen navigieren, wenn auch nicht umgekehrt.
- Modellbasierte Entwicklung sorgt automatisch dafür, dass der Code mit den Anforderungsmodellen (des Lösungsraums) übereinstimmt.

Welche der Möglichkeiten Sie wählen, hängt davon ab, was Ihre Werkzeuge sowieso schon unterstützen, aber auch vom angestrebten Abstraktionslevel und in welche Richtung Sie voraussichtlich werden navigieren wollen oder müssen. Genügt eine Nachvollziehbarkeit auf abstrakter Ebene, beispielsweise von Geschäftsprozessen zu Komponenten, kann man dies gut manuell als Matrix verwalten, auf Ebene von Klassen hilft das Klassendiagramm, auf Ebene der einzelnen Codezeile brauchen Sie unbedingt eine Werkzeugunterstützung.

11.10 Die Anforderungen als Test- und Abnahmekriterien

In einem voll ausgebauten Software-Engineering-Prozess beschreibt man die Funktionalität des IT-Systems aus zahlreichen Perspektiven, und das mehrfach: Anforderungen im Problemraum, Anforderungen im Lösungsraum, Architektur und Komponentenspezifikation als abstrakte Darstellung der Lösung, der tatsächliche Code, die Testfälle und diverse Handbücher. Der Aufwand für die Erstellung der zahlreichen Dokumente übersteigt bei Weitem den für die eigentliche Codierung, sodass die Idee naheliegt, hier Aufwand zu sparen. Schließlich bezahlt der Kunde hauptsächlich für die funktionierende Anwendung, nicht für die Papiere.

Je nach Projektsituation kann man tatsächlich das eine oder andere Dokument überspringen. Wenn beispielsweise ein Unternehmen ein Software-Produkt anbietet, dessen Funktionalität nur inkrementell weiterentwickelt wird, genügt es, wenn der Produktmanager ein paar Stichworte äußert, und das Entwicklungsteam übersetzt dies gleich in ein Update der Architektur.

Die modellbasierte Entwicklung aus Abschnitt 11.9.5 erspart die Tätigkeit der Codierung. Code-Analyse-Werkzeuge rekonstruieren aus Code dessen Entwurf und Architektur. Mithilfe von Software-Dokumentationssystemen kann man aus gut kommentiertem Code automatisch eine Entwicklerdokumentation erstellen. Abbildung 11.8 zeigt die Automatisierungsmöglichkeiten durch gestrichelte Pfeile. Wir wollen uns in diesem Abschnitt mit dem anforderungsbasierten Testen beschäftigen.

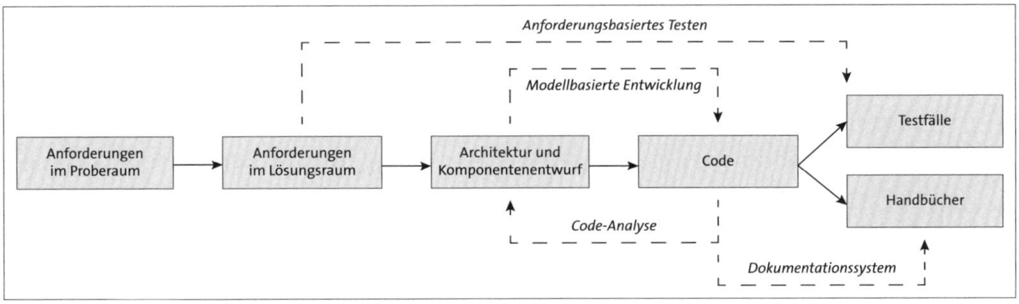

Abbildung 11.8 Automatisierung im Software Engineering

11.10.1 Testen auf verschiedenen Ebenen

Die Spezifikation des Systems erfolgt normalerweise vom Problemraum zum Lösungsraum und wird vom Abstrakten zum Konkreten verfeinert. Das *V-Modell* in Abbildung 11.9 zeigt links diese Reihenfolge.

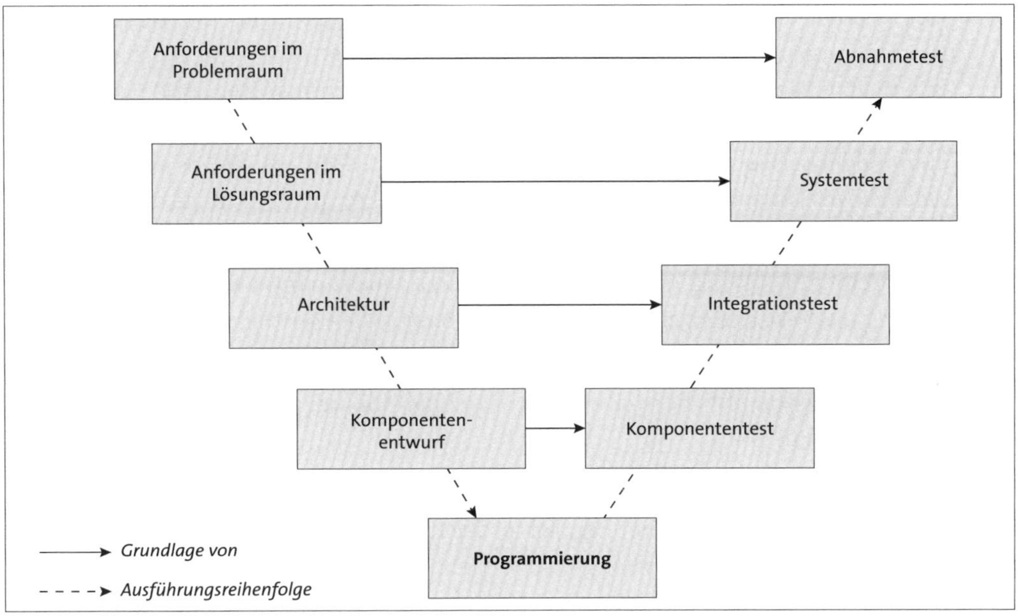

Abbildung 11.9 Das V-Modell

Die Architektur beschreibt nur, welche Komponenten welche Schnittstellen haben, während der Komponentenentwurf aus dieser Blackbox-Sicht auf die Komponenten eine Whitebox-Sicht macht und beschreibt, wie die Komponenten im Inneren funktionieren. Komponenten können recht grob definiert sein, z. B. als Datenbankmanagementsystem, aber auch sehr detailliert wie einzelne Datenbanktabellen oder Klassen im Code. Auch innerhalb des Komponentenentwurfs wird zumeist vom Groben zum Feinen verfeinert.

Abbildung 11.9 zeigt rechts, dass auch das Testen auf mehreren Ebenen geschieht: Der Komponententest prüft, ob die Komponente ihrem Entwurf entspricht, der Integrationstest testet die Schnittstellen zwischen den Komponenten, der Systemtest prüft die Funktionalität des Gesamtsystems gegenüber den Anforderungen im Lösungsraum, während beim Abnahmetest die Anwender gegen ihre Anforderungen im Problemraum testen.

11.10.2 Schablonen für Testfälle

Für die Spezifikation von *Testfällen*, egal auf welcher Ebene, werden üblicherweise Schablonen bzw. Vorlagen verwendet. Die Komponententests, die durch Programmierer durchgeführt werden, werden oft gleich als Testskript (Code) erstellt. Testfälle, die eine Blackbox-Sicht auf die zu testende Komponente oder das gesamte System einnehmen, spezifizieren üblicherweise, auf welche Eingaben des Benutzers oder anderen Akteurs das System mit welcher Ausgabe reagieren soll. Dabei sollen nicht nur der Idealfall, das Hauptszenario, getestet werden, sondern auch die Alternativ- und Ausnahmeszenarien. Gerade das Verhalten des Systems bei versehentlichen oder absichtlichen Fehleingaben bestimmt die Reife und Sicherheit (Security) des Systems. Außerdem sollten verschiedene Typen von Eingabedaten verwendet werden, bei denen möglicherweise Fehler auftreten könnten. Pro Use Case gibt es also ein halbes oder ganzes Dutzend Testfälle durchzuspielen, bei komplexen Use Cases auch mehr.

Man unterscheidet zwischen logischen und konkreten Testfällen. Der *logische Testfall* beschreibt nur abstrakt den Ablauf des zu testenden Szenarios, während der *konkrete Testfall* mit Testdaten versehen ist. Zu jedem logischen Testfall gibt es also mehrere konkrete Testfälle.

Testfälle müssen üblicherweise nachvollziehbar dokumentiert werden, aus zahlreichen Gründen:

- Damit der Tester selbst weiß, was er schon getestet hat und was nicht.
- Damit der Programmierer den Fehler nachvollziehen kann. Um den gemeldeten Fehler zu beheben, muss er genau wissen, an welcher Stelle welche Eingabe welches Fehlverhalten verursacht hat. Dies liefert ihm Hinweise auf die mögliche Fehlerursache.

- Wenn Teile des Systems von externen Lieferanten stammen, brauchen Sie die Testfälle für eine nachvollziehbare Abnahme.
- Ihr Auftraggeber benötigt Abnahmetestfälle für seine Abnahme, denn die dabei beteiligten Tester brauchen klare Anweisungen und müssen auch nachvollziehbar die gefundenen Fehler dokumentieren.
- Falls später im Betrieb Fehler auftreten und der Kunde versucht, Sie dafür haftbar zu machen, können Sie anhand Ihrer Testfälle nachweisen, wie gründlich Sie getestet haben.
- Wird das System weiterentwickelt, möchte man seine Funktionalität erneut testen (Regressionstest). Das geht schneller, wenn vom letzten Mal noch Testfälle vorhanden sind, die man einfach erneut durchführt.

Die gängigen Schablonen für Testfälle sind mehr oder weniger detailliert. Drei Elemente sind dabei immer Inhalt eines Testfalls:

- Die Ausgangssituation bzw. Vorbedingung, unter der der Testfall ausgeführt werden soll, also der Zustand, in dem das System sein muss. Eventuell sind vorher Änderungen an den Daten oder dem Systemzustand durchzuführen.
- Die Eingaben in Form von Eingabedaten oder ausgeführten Aktionen.
- Das erwartete Ergebnis, z. B. eine Ausgabe des Systems oder ein Verhalten. Manchmal sind auch nichtfunktionale Anforderungen wie Geschwindigkeit einzuhalten.

Gerade in der agilen Entwicklung hat sich die sogenannte *Gherkin-Syntax* des *Behaviour-Driven Development* BDD verbreitet, die nur genau diese drei Elemente enthält, die mit den drei Schlüsselwörtern *given ... when ... then ...* markiert werden, bzw. im Deutschen mit *vorausgesetzt ... wenn ... dann ...* (Bergsmann, 2014, S. 169). Gibt es mehrere Voraussetzungen, Eingaben oder Ergebnisse, können diese mit UND bzw. ODER kombiniert werden. Als Beispiel definieren wir zwei solche sogenannten Akzeptanzkriterien für den Use Case UC01 »Arbeitszeit erfassen«:

```
VORAUSGESETZT Mitarbeiter hat ein Mitarbeiterkonto im Zeiterfassungssystem
UND ist eingeloggt
UND hat "Arbeitszeit erfassen" gewählt
WENN Mitarbeiter wählt einen Tag in der Übersicht,
     für den noch kein Zeiteintrag existiert,
DANN legt das System einen neuen Zeiteintrag an UND zeigt den Tag an
```

Listing 11.1 AK0101

```
VORAUSGESETZT Mitarbeiter hat ein Mitarbeiterkonto im Zeiterfassungssystem
UND ist eingeloggt
UND hat "Arbeitszeit erfassen" gewählt
```

```
UND System zeigt einen neuen Zeiteintrag an
WENN Benutzer trägt Startzeit, Endzeit und optional die Pausendauer ein
UND wählt "speichern"
DANN speichert das System die Arbeitszeiten
UND zeigt erneut die Übersicht an
```

Listing 11.2 AK0102

Gerade komplexere Use Cases mit zahlreichen Schritten und Sonderfällen werden hier in eine Vielzahl von einzelnen Testfällen zerlegt, die aufeinander folgend ausgeführt werden sollten. Diesen Use Case hätten wir in noch mehr dieser Testfälle zerlegen können.

Die ausführlichste Schablone für die Testfall-Spezifikation entspricht der Szenario-Beschreibung wie der textuellen Use Cases, vergleiche Tabelle 11.5. Man kann den Use Case als abstrakten Testfall verwenden. Damit daraus konkrete Testfälle werden, sollten zwei Ergänzungen gemacht werden: Jedes einzelne Szenario des Use Cases (Hauptszenario, Alternativ- und Ausnahmeszenarien) wird jeweils ein eigener Testfall, und es müssen Testdaten hinzugefügt werden. Solche Testdaten umfassen sowohl die Eingaben des Testers als auch die erwarteten Ausgaben des Systems.

Für den Use Case UC01, »Arbeitszeit erfassen«, muss beispielsweise festgelegt werden, für welchen (existierenden) Mitarbeiter und welchen Tag welche Arbeitszeiten (Startzeit, Endzeit und Pausen) erfasst werden sollen. Dabei orientiert man sich an den sogenannten Äquivalenzklassen, d. h. Gruppen von Eingabedaten, für die sich das System gleich oder verschieden verhalten sollte.

Man wählt mindestens einen Beispielsatz an Daten pro Äquivalenzklasse. Soll sich das System beispielsweise für die Tage am Wochenende anders verhalten als für Montag bis Freitag, dann sollte man beides austesten. Da wir für die drei Zeit-Attribute Wertebereiche festgelegt haben, sollten zusätzlich zu den erlaubten Werten auch unerlaubte rechts und links des erlaubten Intervalls und auch die Grenzwerte getestet werden. Die Startzeit soll zwischen 00:00 und 23:59 Uhr liegen. Darum bieten sich für die Tests erlaubte Werte wie 00:00, 00:35, 02:45, 09:00 und 23:59 an sowie unerlaubte Werte wie 02:62 und 24:00. Der konkrete Testfall spezifiziert dann, wie das System auf diese Fehleingabe reagieren soll, beispielsweise mit einer Fehlermeldung und der Möglichkeit, die Eingabe zu korrigieren.

11.10.3 Anforderungsbasiertes Testen

Sowohl die Anforderungen als auch die Testfälle spezifizieren, wie sich das System verhalten soll. Da stellt sich die Frage, wozu man das Systemverhalten auf derselben

Abstraktionsebene doppelt spezifizieren soll und ob sich hier Aufwand sparen lässt. Ja, natürlich! Anforderungsbasiertes Testen bedeutet ganz allgemein, dass die Testfälle auf den Anforderungen beruhen.

Als Grundlage für die System- und Abnahmetests eignen sich die Anforderungen in Szenario-Form wie die textuellen Use Cases (siehe Tabelle 11.5) oder als UML-Aktivitätsdiagramm. In der agilen Entwicklung können auch die User Stories als sehr grobe Testfälle dienen.

Sie können das anforderungsbasierte Testen mehr oder weniger formal durchführen, je nachdem, wie gründlich Sie das Testen dokumentieren müssen und wer an der Anforderungs- und Testfallspezifikation beteiligt ist. Von der informellen zur formellsten Lösung:

- Die Anforderungen sind Ihre Testfälle. Sie dokumentieren für jeden durchgeführten Test einfach Datum, getestete Anforderung (z. B. Use-Case-Nummer) und die verwendeten Eingabedaten. Das könnte in Form einer Tabelle erfolgen. Falls ein Fehler auftritt, dokumentieren Sie in der Fehlermeldung, welche Ausgabe erwartet war und welche Sie stattdessen erhalten haben. Diese Informationen genügen, um manuell nachzuverfolgen, worin das Fehlverhalten des Systems bestand.
- Sie schreiben Ihre Anforderungen gleich in der Form von Testfällen, zunächst als abstrakte Testfälle. Eine Doppel-Dokumentation ist nicht nötig.
- Sie schreiben statt Anforderungen automatisch ausführbare Testfälle. Dies ist entweder in UML Testing Profile *UTP2* (UTP, 2023) oder *TTCN-3* (*Testing and Test Control Notation*) möglich (siehe TTCN, 2023).
- Sie leiten manuell die Testfälle aus den Anforderungen her. Für jeden Use Case und jedes Aktivitätsdiagramm gibt es mehrere Testfälle, nämlich für jedes Szenario mindestens einen, und dann sollte jedes Szenario noch mit verschiedenen Eingabedaten ausgeführt werden. Im Use Case in Tabelle 11.5 steht beispielsweise in Schritt 50: »Falls ›beenden‹ gewählt, gehe zu 90; falls Tag gewählt: zeige Tag«.

  In einem Testfall würde dann »beenden« gewählt und in einem anderen einer der Tage. Am Ende muss jeder einzelne Schritt des Szenarios mindestens einmalig getestet werden, was sich »Befehlsabdeckung« nennt. Zusätzlich könnten Sie noch auf Zweig- oder Pfadabdeckung abzielen, aber darüber informieren Sie sich besser in einem Fachbuch über das Testen. Sinnvollerweise befinden sich Anforderungsspezifikation und Testfall auf derselben Abstraktionsebene (siehe Abbildung 11.9), d. h., die Abnahmetests leiten Sie aus den Anforderungen im Problemraum her, die Testfälle für das System aus den Anforderungen im Lösungsraum, die Testfälle für den Integrationstest aus der Architektur, die Komponententests aus dem Komponentenentwurf.

- Sie leiten automatisiert die manuell ausführbaren Testfälle aus den Anforderungen her. Die Herleitung von Systemtestfällen aus textuellen Use Cases, Aktivitäts- und Zustandsdiagrammen ist gut untersucht. Bei Roßner et al. (2010, S. 111f) sind beispielsweise die Regeln für Zustandsdiagramme beschrieben. Die Regeln für die Herleitung von Testfällen aus den Anforderungen sind klar definierbar, sodass sich diese langweilige Tätigkeit automatisieren lässt. Der Vorteil ist, dass Sie bei Änderungen der Anforderungen automatisch auch entsprechend angepasste Testfälle erzeugen können. Allerdings ist ein anfänglicher Aufwand dafür nötig, um das Skript zu schreiben, das diese Herleitungen umsetzt. Darum lohnt sich dieser Aufwand nur für ein System mit langer Lebenszeit und/oder zahlreichen Änderungen. Bei der automatischen Testfallherleitung befinden sich Anforderungen und Testfälle selbstverständlich auf derselben Abstraktionsebene, da bei der Herleitung keine Informationen hinzugefügt werden können.
- Sie leiten manuell oder automatisch Testfälle her, die automatisiert ausgeführt werden können. Diese Option stellt die höchsten Ansprüche an die Vollständigkeit und Maschinenlesbarkeit Ihrer Anforderungen. Ausführbare Testfälle gibt es nicht nur als Programmcode, sondern auch Akzeptanzkriterien nach der Gherkin-Syntax können automatisiert ausgeführt werden, z. B. mit dem Werkzeug Cucumber-Studio (Cucumber, 2023).

11.10.4 Verwalten der Beziehungen zwischen Anforderungen und Testfällen

Die Beziehungen zwischen Anforderungen und Testfällen können und sollten Sie sofort dokumentieren, sobald Sie aus einer Anforderung deren Testfälle herleiten. Dies ist wichtig, weil sich Anforderungen jederzeit auch ändern können. Dann muss der Testfall entsprechend aktualisiert werden können.

Am einfachsten gestaltet sich diese Dokumentation, wenn Anforderungen und Testfälle im selben Werkzeug verwaltet werden. Dann setzen Sie eine Verlinkung. Tatsächlich gibt es aber oft eine separate Datenbank für die Anforderungen und eine für die Testfälle. In diesem Fall können Sie die Verbindung durch Nummern oder Bezeichnungen herstellen. Die Beziehung zwischen Anforderungen und Testfällen ist im Allgemeinen eine 1-n-Beziehung, zumindest wenn Sie auf derselben Abstraktionsebene bleiben: Eine Anforderung, z. B. ein Use Case oder eine User Story, wird durch mehrere Testfälle getestet. Darum können Sie beispielsweise die Testfälle so nummerieren, dass die Testfälle mit Nummer 1.1 bis 1.5 (oder 1a bis 1e) die User Story 1 testen.

Grundsätzlich gibt es funktionsübergreifende Anforderungen, beispielsweise Qualitätsanforderungen wie eine Lastanforderung. Diese sollten aber sowieso für die bessere Testbarkeit operationalisiert (heruntergebrochen) werden auf die Funktionalitäten, das heißt, dass für die relevanten Use Cases in deren Feld »Qualitätsanforderungen« spezifiziert wird, bei welcher Last welches Antwortverhalten gemessen werden soll. Daraus ergibt sich ein Lasttest als ein weiterer Testfall des jeweiligen Use Cases.

11.11 Ausbildung zum Requirements Engineer

Gerade im Requirements Engineering gibt es keinen optimalen Satz von Methoden und Praktiken, die in jedem Projekt passen.

Im Gegenteil! Es gibt zwischen den beiden Extremen, nämlich einem stark dokumentengetriebenen Wasserfallvorgehen oder minimalistischem Scrum, ein kontinuierliches Spektrum an mehr oder weniger agilen, inkrementellen oder iterativen Vorgehensweisen.

Außerdem macht es noch einen Unterschied, ob Sie eine neue Software entwickeln, eine existierende weiterentwickeln, auf eine andere Technologie migrieren, ob die Software für einen bestimmten Kunden maßgeschneidert wird oder für möglichst viele Kunden nützlich sein soll.

Und schließlich wird noch durch die Flexibilität der verwendeten Technologie, die Kommunikation mit den Stakeholdern, Zeitdruck und Budget beeinflusst, welche Methoden am besten passen.

Darum muss der Requirements Engineer bei der Ausbildung eine möglichst große Vielfalt an möglichen Methoden kennenlernen, möglichst auch schon anwenden, um dann im Berufsleben für jeden Zweck das richtige Werkzeug aus dem Werkzeugkasten auszuwählen. Ziel kann es aber nicht sein, ein klar strukturiertes Vorgehen zu erlernen, das überall passt.

11.11.1 Zertifizierungen

Der Sinn von Zertifikaten besteht darin, aus dem Stand der Praxis die besten Methoden für jeden Zweck auszuwählen, Begriffe zu harmonisieren und eine eigene Sprache zu entwickeln. Tabelle 11.21 stellt einige Zertifizierungen dar, mit denen Personen die für die Arbeit im Requirements Engineering nötigen Kenntnisse nachweisen können. Damit ist dann ein Überblick über standardisierte Begriffe und Techniken nachgewiesen. Manche der fortgeschrittenen Zertifizierungen verlangen auch Berufserfahrung oder das Lösen einer praktischen Aufgabe.

Zertifizierung	Organisation	Anwendungsbereich	URL
Certified Professional Requirements Engineer (CPRE) ▸ Foundation Level, ▸ Advanced Level ▸ Expert Level	International Requirements Engineering Board (IREB)	Requirements Engineering	*https://www.ireb.org/de/cpre/*
▸ *Entry Certificate in Business Analysis (ECBA),* ▸ *Certificate of Capability in Business Analysis (CCBA),* ▸ *Certified Business Analysis Professional (CBAP),* ▸ *Agile Analysis Certificate (IIBA-AAC)*	International Institute of Business Analysis (IIBA)	Business-Analyse, also Requirements Engineering plus Lösungsentwicklung und -bewertung	*https://germany.iiba.org/de/zertifizierung*
Certified Professional for Usability and User Experience (CPUX)	International Usability and UX Qualification Board (UXQB)	Requirements Engineering mit Schwerpunkt auf User Experience	*https://uxqb.org/de/zertifizierung/ablauf-und-kosten/*
Certified Agile Requirements Specialist (CARS)	Agile Requirements Engineering Institute (agire)	Agiles Requirements Engineering	*http://agile-requirements-institute.org/start.html*
Professional in Business Analysis (PMI-PBA)	Project Management Institute (PMI)	Requirements Engineering	*https://www.pmi.org/certifications/business-analysis-pba*
Certified Software Development Associate (CSDA)	Institute of Electrical and Electronics Engineers (IEEE)	Software Requirements, Software-Design, Software Construction, Software Testing	*https://www.computer.org/product/education/associate-software-developer-certification*

Tabelle 11.21 Zertifizierungen im Requirements Engineering

Die Vielfalt an Zertifizierungen muss Sie nicht verunsichern, da diese miteinander kompatibel sind. Sie widersprechen einander nicht, sondern ergänzen einander.

11.11.2 Learning by Doing

Klavierspielen lernt man durch Klavierspielen, Skifahren durch Skifahren, Programmieren durch Programmieren und Requirements Engineering ebenfalls durch Üben und konstruktives Feedback. Einen Unterschied zu den vorherigen Beispielen gibt es dann aber doch: Wenn Sie in einem umfangreichen Projekt die Verantwortung für die Anforderungen übernehmen, können Ihre Fehler recht teuer werden. Sie finden im Alltag also keine Gelegenheit zum Üben!

Während Sie sich das Wissen über Requirements Engineering und dessen Konzepte und Methoden anlesen können, brauchen Sie doch etwas mehr, um praktisch loslegen zu können. Hilfreich ist darum eine Schulung, in der Sie üben und Feedback bekommen. Oder Sie haben einen Mentor während Ihrer Tätigkeit, der Sie unterstützt, Ihre Arbeitsergebnisse begutachtet und Fragen beantwortet. Das kann ein erfahrener Kollege sein, der Vorgesetzte oder ein externer Berater. Am besten ist es jedoch, für das Requirements Engineering keinen Grünschnabel einzusetzen, sondern einen erfahrenen Senior-Berater.

Wie aber wird man Senior-Berater oder -Beraterin mit Erfahrung? Indem man als Junior anfängt und zunächst zu zweit arbeitet, wobei der Junior den Senior unterstützt und für ihn die eher aufwendigen, einfachen Aufgaben übernimmt, wie beispielsweise die Besprechung zu protokollieren, die der Senior moderiert, Recherchen durchzuführen, Reviews zu organisieren und dergleichen. Von erfahrenen Kollegen lernt man doch am meisten, insbesondere eben gerade diejenigen Praktiken, die zu der jeweiligen Branche, Firma und Kunden sowie zum Produkt und der verwendeten Technologie passen. Man übernimmt dann immer hochwertigere Aufgaben, und nach ein paar Projekten ist man so weit und kann die Verantwortung für das Requirements Engineering eines Projekts allein übernehmen. Das wäre das Ideal.

Falls das so nicht klappt und Sie ins kalte Wasser gestoßen werden, dann stehen Sie doch nicht alleine da. Sowohl die Kunden als auch Ihr Entwicklungsteam wollen (normalerweise), dass das Projekt erfolgreich wird. Stimmen Sie sich ständig mit ihnen ab, denn letztlich sind Sie nicht allein für die Anforderungen verantwortlich. Sie sind nur derjenige, der dafür verantwortlich ist, dass die Anforderungen gesammelt, dokumentiert, qualitätsgesichert und umgesetzt werden. Sie verantworten mehr den Prozess als den Inhalt. Requirements Engineering ist Teamarbeit, an der auch das gesamte Team mitwirken sollte.

11.12 Zusammenfassung und Ausblick

In diesem Kapitel haben Sie eine knappe Übersicht über die Aufgaben im Requirements Engineering erhalten: Ermitteln, Dokumentieren, Prüfen, Abstimmen und Verwalten. Die wichtigsten Begriffe und Techniken für jede Aufgabe sind Ihnen geläufig und durch Beispiele veranschaulicht geworden. Sie haben gesehen, wie man Anforderungen vom abstrakten Ziel bis zum einzelnen Datenfeld verfeinert und vom Problemraum in den Lösungsraum übersetzt. An zahlreichen Stellen musste aus Platzgründen auf weiterführende Fachliteratur verwiesen werden.

Der große Mehrwert dieses Kapitels liegt eben in diesem systematischen Überblick und der Empfehlung eines durchgängigen Vorgehens. Trotzdem müssen Sie für jedes Projekt und jeden Entwicklungsprozess jeweils prüfen, welches Vorgehen hier am besten passt. Wie gesagt, sind Sie dabei nicht allein, sondern eingebettet in ein Team, dessen Anforderungen an das Produkt und den Entwicklungsprozess (einschließlich den Requirements-Engineering-Prozess) Sie sammeln und als Grundlage für Ihr Arbeiten verwenden. Ihre Hauptaufgabe liegt im Zuhören, Analysieren und Integrieren.

Viel Spaß mit dieser herausfordernden, kommunikativen und kreativen Rolle!

Abkürzungsverzeichnis

AAC: Agile Analysis Certificate

agire: Agile Requirements Engineering Institute

BDD: Behaviour-Driven Development

BPMN: Business Process Model and Notation

CARS: Certified Agile Requirements Specialist

CBAP: Certified Business Analysis Professional

CCBA: Certificate of Capability in Business Analysis

COBIT: Control Objectives for Information and Related Technology

CPRE: Certified Professional Requirements Engineer

CPUX: Certified Professional for Usability and User Experience

CSDA: Certified Software Development Associate

ECBA: Entry Certificate in Business Analysis

EPK: ereignisgesteuerte Prozesskette

FK: Foreign Key = Fremdschlüssel

GRC: Governance, Risk & Compliance

GUI: Graphical User Interface = grafische Benutzerschnittstelle

IEEE: Institute of Electrical and Electronics Engineers

IIBA: International Institute of Business Analysis

IREB: International Requirements Engineering Board

IT: Informationstechnologie

MMP: Minimum Marketable Product

PBA: Professional in Business Analysis

PMI: Project Management Institute

PK: Primary Key = Primärschlüssel

SLA: Service-Level Agreement

SQL: Structured Query Language

TTCN: Testing and Test Control Notation

UML: Unified Modeling Language

UTP: UML Testing Profile

UXQB: International Usability and UX Qualification Board

Referenzen

- Bergsmann, Johannes (2014): Requirements Engineering für die agile Softwareentwicklung – Methoden, Techniken und Strategien. dpunkt.verlag
- Cohn, Mike (2004): User Stories Applied: For Agile Software Development. Addison Wesley Professional
- Cohn, Mike (2005): Agile Estimating and Planning. Prentice Hall International
- Cucumber (2023): *https://cucumber.io/* (zuletzt abgerufen am 7.8.2023)
- Cziharz, Thorsten; Hruschka, Peter; Queins, Stefan; Weyer, Thorsten: Handbuch der Anforderungsmodellierung nach IREB Standard – Aus- und Weiterbildung zum IREB Certified Professional for Requirements Engineering Advanced Level Requirements Modeling, Version 2.0.0, IREB, 2022, *https://www.ireb.org/content/downloads/19-handbook-cpre-advanced-level-requirements-modeling/ireb_cpre_handbuch_requirements_modeling_advanced_level_de_v2.0.pdf* (zuletzt abgerufen am 7.8.2023)
- Ebert, Christof (2008): Systematisches Requirements Engineering. Anforderungen ermitteln, dokumentieren, analysieren und verwalten. 2. Auflage, dpunkt.verlag
- Glinz, Martin; Loenhoud, Hans van; Staal, Stefan; Bühne, Stan: Handbuch für das CPRE Foundation Level nach dem IREB-Standard – Aus- und Weiterbildung zum Certified Professional for Requirements Engineering (CPRE) Foundation Level. IREB International Requirements Engineering Board, Version 1.1.1, März 2022, *https://www.ireb.org/content/downloads/3-cpre-foundation-level-handbook/cpre_foundationlevel_handbook_de_v1.1.1.pdf* (zuletzt abgerufen am 7.8.2023)
- Glinz, Martin; Loenhoud, Hans van; Staal, Stefan; Bühne, Stan: Handbuch für das CPRE Foundation Level nach dem IREB-Standard, Version 1.1.1, März 2022, *https://www.ireb.org/content/downloads/3-cpre-foundation-level-handbook/cpre_foundationlevel_handbook_de_v1.1.1.pdf* (zuletzt abgerufen am 7.8.2023)
- ISO29148 (2018) ISO/IEC/IEEE 29148:2018 Systems and software engineering – Life cycle processes – Requirements engineering

11

- ISO25010 (2011) ISO/IEC 25010:2011: Systems and software engineering – System and software Quality Requirements and Evaluation (SQuaRE) – System and software quality models
- Kano, N.; Seraku, N.; Takahashi, F.; Tsuji, S.: Attractive Quality and Must-be Quality. Journal of the Japanese Society for Quality Control. 14(2) 1984, S. 39–44
- Mavin, Alistair; Wilkinson, Philip; Harwood, Adrian R. G.; Novak, Mark (2009): Easy approach to requirements syntax (EARS). 17th IEEE International Requirements Engineering Conference RE09
- Mavin, Alistair (2023): EARS. *https://alistairmavin.com/ears/* (zuletzt abgerufen am 7.8.2023)
- Pohl, Klaus; Rupp, Chris: Basiswissen Requirements Engineering – Aus- und Weiterbildung nach IREB-Standard zum Certified Professional for Requirements Engineering Foundation Level. dpunkt.verlag, 4. Auflage, 2015
- Rook, Stefan; Wolf, Henning (2016): Scrum verstehen und erfolgreich einsetzen. dpunkt.verlag, 1. Auflage
- Roßner, Thomas; Brandes, Christian; Götz, Helmut; Winter, Mario (2010): Basiswissen Modellbasierter Test. dpunkt.verlag
- Rupp, Chris; Sophist Group: Requirements Engineering und -Management. Professionelle, iterative Anforderungsanalyse für die Praxis, 3. Auflage, München, Wien, Hanser, 2004
- TTCN (2023) TTCN-3 (TTCN = Testing and Test Control Notation) *https://ttcn-3.etsi.org/* (zuletzt abgerufen am 2.9.2023)
- UTP (2023) UML Testing Profile UTP2. *https://www.omg.org/spec/UTP2* (zuletzt abgerufen am 2.9.2023)

Kapitel 12
Servicemanagement

Als IT-Abteilung sollten Sie Spielregeln für die Zusammenarbeit zwischen IT und Fachbereichen vereinbaren. Das Ergebnis dieser Vereinbarungen sind meist Leistungen, die in Form von Services abgebildet werden. Was kann Ihr Kunde von Ihnen erwarten, und was muss er dafür zahlen? In einem Restaurant wollen Sie ja auch erst mal die Speisekarte sehen und wissen, was im Angebot ist und was der Besuch kostet.

Das folgende Kapitel befasst sich mit dem gesamten Lebenszyklus eines Services, von dessen Planung über die Implementierung bis hin zur Außerbetriebnahme.

Zunächst soll es in Abschnitt 12.1 grundlegend um die Frage gehen, was ein IT-Service überhaupt ist und welche Rolle er spielt. Und: Brauchen Sie dieses Konzept überhaupt (siehe Abschnitt 12.2)?

In Abschnitt 12.3 schauen wir uns die Erstellung und den Betrieb eines Services an: Wie funktioniert das im Arbeitsalltag, und worauf ist zu achten? Und natürlich ganz wichtig: Wie können Sie ITIL (angepasst) einführen (siehe Abschnitt 12.4)?

Natürlich ist nicht alles Gold, was so schön glänzt: Skeptiker werden darauf hinweisen, dass das Servicemanagement für mehr Bürokratie und umständlicheres Arbeiten sorgt. Wie Sie mit solchen Problemen umgehen, zeigt Abschnitt 12.5.

12.1 Was ist ein IT-Service?

Im Alltag müssen Sie eine Gesprächsebene finden, auf der Sie sich mit den Fachbereichen austauschen können: Sie müssen ja schließlich zusammenarbeiten und gemeinsam klären, wie Ihr Team die anderen Bereiche ideal unterstützen kann.

Ein Grund hierfür ist die unterschiedliche Fachlichkeit: Der IT-Bereich kennt oft die fachlichen Fragestellungen des Fachbereichs nicht – und umgekehrt. Zudem werden Sie einen Sachverhalt oft mit anderen (technischen) Begriffen umschreiben, als es ein Nutzer tun würde.

Nutzer, Kunde oder Fachbereich?

In Diskussionen rund um Servicemanagement vermischen sich oft die Begriffe *Fachbereich*, *Nutzer* und *Kunde*.

Welcher ist nun richtig?

Im Alltag hängt das von Ihrem Selbstverständnis ab. Insofern Sie sich als ein Bereich von vielen sehen, bezeichnen Sie die anderen Teams oft als *Fachbereiche* und die Kollegen vor dem System als *Nutzer*.

Aus Sicht des IT-Servicemanagements sprechen Sie im Regelfall über *Kunden*, denn dann ist Ihr Selbstverständnis die Rolle des internen Dienstleisters.

Oft wird dies auch mit einer inneren Haltung sowie einem Reifegrad verbunden und sorgt für eine Aufwertung in dem Selbstverständnis einiger Kollegen. Im Folgenden wird daher durchgehend der Begriff des Kunden genutzt in der Hoffnung, dass auch Sie sich in der Rolle des internen Dienstleisters wiederfinden.

Wenn Sie mit Ihren Kunden bereits einmal über RAID-Level oder Verkabelungsarten sprechen wollten, werden Sie wissen, dass die Reaktion meist Überforderung oder Desinteresse ist. Es muss also eine Übersetzungsleistung stattfinden, denn der Kunde möchte die Software im Rahmen des zuvor genannten Services lediglich nutzen und interessiert sich nicht für die technische Umsetzung hinter den Kulissen.

Aus Sicht des Kunden ist ein Service eine Dienstleistung, die in konkretem Mehrwert, beispielhaft »Drucken«, ausgedrückt wird. Hierfür benötigt dieser Service Eigenschaften, etwa dass er ein Dokument in der Nähe des Arbeitsplatzes des Kunden ausdrucken kann. Technische Hintergründe, beispielsweise welcher Druckertyp im Büro steht oder wie ein Druckauftrag von seinem Notebook zum Drucker gelangt, interessieren ihn nicht. Der Fokus liegt ausschließlich auf dem Ergebnis, dem Ausdruck.

Oder stellen Sie sich einfach eine Autowäsche vor: Wenn Sie in der Waschanlage stehen, wollen Sie wahrscheinlich auch nicht wissen, welches Mittel zur Reinigung verwendet wird, wie oft die Maschine gewartet wurde oder welche rechtlichen Restriktionen derzeit für den Betreiber gelten. Ihnen geht es nur um das saubere Auto.

Es ist also wichtig, dass Sie alles, was Ihre IT leisten kann, auf eine Abstraktionsebene bringen, auf der sich Ihre Kunde zurechtfinden. Was tun Sie, um den Anforderungen und Bedürfnissen Ihrer Kunde zu begegnen, welche Leistungen haben Sie außerdem noch im Angebot?

Damit der Kunde weiß, welche Eigenschaften der Service hat und Sie wissen, wie Sie den Service technisch erbringen können, erfolgt eine Aufteilung in einen kaufmännischen und einen technischen Service.

12.1.1 Kaufmännischer vs. technischer Service

Es ist bereits ersichtlich, dass die Sprache der Techniker nicht unbedingt die der Kunden ist und zudem die Perspektive auf die Leistung eine andere ist. Es wird daher zwischen der kaufmännischen und technischen Sicht unterschieden.

Kaufmännische Services

Den Kunden geht es um den *kaufmännischen Service*. Dieser umfasst unter anderem folgende Eigenschaften:

- **Um was geht es überhaupt**: Beschreibung der Leistung des IT-Services

  Mit dem Druckdienst können Sie an jedem Drucker im Unternehmen in Farbe und schwarz-weiß drucken.
- **Verfügbarkeit**: Wann ist der Service nutzbar?

  Unseren Service bieten wir rund um die Uhr an.
- **Abnahmemodalitäten**: Wie viele Einheiten des Services müssen wie lange abgenommen werden?

  Sie können den Service immer jahresweise buchen und müssen pro Abrechnungszeitraum mind. 100 Seiten abnehmen.
- **Kosten**: Was kostet die Nutzung?

  Abgerechnet wird nach gedruckten Seiten, wobei eine schwarz-weiße Seite einen Cent und eine Farbseite drei Cent kostet.

Mit der Beschreibung geben Sie dem Kunden einen Überblick, welche Leistungen er zu welchen Konditionen erhält. Sie werden an dieser Stelle vermutlich auf verschiedene Anforderungen stoßen, wodurch sich die Nutzung von Abstufungen empfiehlt. Wenn Sie sich beispielsweise statt dem Druckservice ganz allgemein den Serverbetrieb anschauen, werden Unterschiede zwischen Anforderungen deutlich:

- Bei einem Server der internen Buchhaltung sind Zugriffe an Wochentagen zu Bürozeiten, also von acht bis achtzehn Uhr, zu erwarten. Außerhalb dieses Zeitfensters haben Ausfälle oder die Nichtverfügbarkeit im Rahmen geplanter Wartungen aus Kundensicht keinen negativen Einfluss auf die erwartete Verfügbarkeit.
- Anders hingegen sieht es bei dem Webshop Ihres Unternehmens aus. Das entsprechende System sollte jederzeit verfügbar sein, Wartungen sind nahezu nicht oder nur mit entsprechenden Maßnahmen möglich. Während der Nutzungszeiten der Endkunden könnte jede Nichtverfügbarkeit Ansehen und Endkundenbestellungen kosten, weswegen dies mit allen Mitteln zu verhindern ist.

In beiden Beispielen werden Ihre Kunden den Service »Serverbetrieb« nutzen wollen, jedoch mit deutlich anderen Anforderungen. Zugleich stellen Sie fest, dass der Betrieb des Buchhaltungsservers für Sie deutlich leichter zu erbringen ist als der des Webshops, was sich im Regelfall im Preis der Leistung spiegelt.

Als Sinnbild für unterschiedliche Leistungspakete nutzen einige Unternehmen das Bild der Medaillen: Gold, Silber und Bronze.

Sie können dem Kunden erklären, dass für die Goldmedaille im Vergleich zur Bronzemedaille deutlich mehr Aufwand nötig ist und daher auch höhere Kosten entstehen. Zugleich hat der Kunde an einen Vertrag der Stufe »Gold« höhere Erwartungen, die sich in den Eigenschaften entsprechend widerspiegeln. Die Eigenschaften selbst werden unter anderem im *Service Level Agreement (SLA)* definiert (siehe Abschnitt 12.1.3).

Das Sinnbild birgt jedoch eine Gefahr in sich. Viele IT-Teams glauben, dass es sich bei den drei Medaillen um vollständig unterschiedliche Services handelt, und möchten sie daher getrennt konfigurieren. Hiervon sollten Sie in jedem Fall Abstand nehmen! In allen drei Fällen ist es der gleiche Service, er nimmt jedoch an definierten Punkten, etwa in der Auswahl der Hardware, eine andere Ausprägung an.

Während der Kunde überwiegend den kaufmännischen Service im Blick hat, fokussiert die IT den technischen Service.

Technischer Service

Der *technische Service* beschreibt, wie der Service technisch erbracht werden soll. Am Beispiel des zuvor eingeführten Druckerservices können das etwa die Druckgeräte, für die Aufbereitung notwendige Server oder auch entsprechende Software sein. Die Beschreibung selbst bietet einen technischen Überblick und keinesfalls die genaue Dokumentation des Vorgehens, was auch für technische Entscheidungen gilt, beispielsweise wie die Hochverfügbarkeit technisch realisiert wird.

Dokumentation über das übliche Maß hinaus?

Besonders in der IT ist eine gute Dokumentation häufig genauso wichtig wie selten. Es kann daher verlockend wirken, im Rahmen der technischen Servicebeschreibung bereits weitere Dokumente wie das Betriebshandbuch zu erstellen sowie dort einzufügen.

An dieser Stelle sollten Sie jedoch einen Blick auf die Natur der Elemente werfen und werden feststellen, dass die technische Beschreibung des Services häufig über einen langen Zeitraum unverändert bleibt, wohingegen sich technische Dokumente in geregelten Zyklen ändern. Sie könnten jedoch den Prozess für Ihr Team um die Erstellung von Dokumentationen für das Betriebshandbuch erweitern. Dies stellt dann eine weitere Aufgabe als Erweiterung der eigentlichen Servicedefinition dar.

Sobald der Service aus beiden Perspektiven definiert wurde, muss er zum Nutzer bzw. für diesen sichtbar werden. Dies geschieht mit dem Servicekatalog.

12.1.2 Servicekatalog

Der Service selbst ist Ihr Aushängeschild gegenüber den Fachbereichen. Als Analogie kann der Lebensmittelhändler gesehen werden, der das beste und günstigste Obst der Stadt hat. Nur solange es keiner weiß, wird auch niemand bei ihm kaufen, und mit der Zeit wird er schließen. Damit Sie diesem Schicksal entgehen, gilt es, einen Servicekatalog aufzustellen. Der Aufbau des Servicekatalogs ist unternehmensindividuell, ein Einflussfaktor kann die Unternehmensgröße und die damit verbundene hohe Anzahl von Services sein.

Ein Servicekatalog? Viele!

Die Aussage klingt zunächst so, als würde es lediglich einen Servicekatalog geben. Im Alltag werden Sie auf eine ganze Menge an Servicekatalogen mit unterschiedlichen Zielgruppen stoßen.

Zumindest gibt es eine Differenzierung zwischen einem Servicekatalog für die (End-) Kunden, in dem alle Services mit Merkmalen aufgelistet sind, und einem technischen Servicekatalog für die technischen Kollegen, in dem die Technik zur Erbringung der einzelnen Services dargestellt wird.

Je nach Ausrichtung Ihres Unternehmens können Sie dann beispielsweise den Katalog der Kunden-Services noch einmal für interne und einmal für externe Kunden aufteilen. Oder Sie unterscheiden die technischen Servicekataloge weiter.

Meine Empfehlung wäre jedoch, insbesondere zu Beginn, zunächst mit jeweils einem Katalog zu beginnen, um die Struktur zu verstehen und den Umgang damit zu lernen. Mögliche Unterscheidungen und Aufteilungen werden sich im Verlauf der Zeit bei Bedarf nahezu automatisch ergeben.

Die Darstellung selbst ist unterschiedlich und wird oft von vielen Faktoren beeinflusst, etwa wie viele Services Sie überhaupt anbieten.

Einige Unternehmen pflegen ein großes Dokument oder eine Excel-Tabelle mit den Servicedaten. Dieses Vorgehen ist häufig bei kleinen Unternehmen zu finden oder bei Unternehmen, die die ersten Schritte im Bereich der Services machen und noch nicht in eine oft teure Software investieren möchten.

Eine Weiterentwicklung sind *Self-Service-Portale* im unternehmenseigenen Intranet, bei denen Nutzer sich die Services selbst buchen können.

Endkunden- vs. Vor-Services

Bei einer Strukturierung in Services werden Sie irgendwann auf Services treffen, die der Kunde gar nicht separat buchen kann oder soll. Ein typisches Beispiel ist der Service »Virenschutz«, den Ihr Kunde mit jedem Notebook oder Desktop-PC mitbekommen soll, aber nicht abwählen kann.

In diesem Fall handelt es sich um einen *Vor-Service*, der von dem Service »Notebook« genutzt wird. Sobald dieser Reifegrad erreicht ist, unterteilen viele Unternehmen den bestehenden Servicekatalog in die Endkunden-Services und abhängige Vor-Services. Während im Nutzer-Portal ausschließlich die Endkunden-Services angezeigt werden, haben der Servicemanager oder die IT-Teams den Überblick über beide Kataloge.

Die Nutzung von Self-Service-Portalen bietet viele Vorteile, etwa aus Nutzersicht eine umgehende Behandlung, da er die Software selbst buchen kann und diese automatisch installiert wird. Aufgrund des Automatismus wird die IT zugleich entlastet und kann eine Abrechnung ergänzen, sodass die Leistung gegenüber dem Nutzer entsprechend abgerechnet werden kann.

12.1.3 Service Level Agreements (SLA)

Bei der Erstellung neuer Services oder der Beratung über bestehende Services äußert der Nutzer im Regelfall Anforderungen.

Exkurs: Anforderungskategorisierung

In Gesprächen mit potenziellen Kunden einer Lösung sehen Sie sich als IT nicht selten unzähligen Anforderungen gegenüber. Je mehr Anforderungen jedoch im Raum stehen, desto schwieriger ist es, eine Lösung zu entwerfen, die alle Anforderungen erfüllt.

Aus diesem Grund bietet sich eine Kategorisierung nach dem Kano-Modell an, das drei Kategorien vorsieht:

1. **Basismerkmale**: Diese Merkmale müssen erfüllt werden, da sie für den Kunden bereits eine Selbstverständlichkeit darstellen. Wenn die Merkmale erfüllt werden, stellt sich beim Kunden keine Zufriedenheit ein; sollten sie jedoch fehlen, entsteht Unzufriedenheit. Es handelt sich daher um Muss-Kriterien.
2. **Leistungsmerkmale**: Diese Merkmale verlangt der Kunde und würdigt sie in jedem Fall. Wenn die Merkmale aus seiner Sicht sehr positiv sind, steigert das seine Zufriedenheit, bei einer zu geringen Erfüllung wird er unzufrieden.
3. **Begeisterungsmerkmale**: Begeisterungsmerkmale erwartet der Kunde nicht direkt, daher führen sie bei einem Fehlen auch nicht zur Unzufriedenheit. Wenn diese Merkmale jedoch entdeckt und erfüllt werden, führt dies zu einer überproportionalen Zufriedenheit, wodurch ein Alleinstellungsmerkmal geschaffen werden kann.

Die Auflistung zeigt bereits, dass Sie die Kategorisierung selbst vornehmen sollten. Zugleich hilft es im Design bei der Priorisierung der Anforderungen und zeigt auf, was nicht zwingend erfüllt werden muss.

Die Gesamtheit aller Anforderungen, die aus Kundensicht geregelt werden müssen, werden im *Service Level Agreement (SLA)* beschrieben.

Der Servicelevel beschreibt zunächst, welche Eigenschaften der vereinbarte Service in jedem Fall haben muss und woran er gemessen werden kann. Im Kano-Beispiel (siehe Abschnitt 4.1) umfasst dies die Basis- und Leistungsmerkmale. Beispiele hierfür können die Reaktionszeit bei Störungen, die Geschwindigkeit des Services oder auch dessen Verfügbarkeit sein.

Anforderungen klären

Auf den ersten Blick wirken die Kriterien recht selbsterklärend und vielleicht auch schnell zu beantworten. Damit das SLA jedoch aus Nutzersicht erfolgreich sein kann, gilt es, die auftretenden Fälle vollumfänglich darzustellen. Als Maxime gilt hierbei stets die *User Experience*, die die Wahrnehmung des Services durch den Nutzer darstellt.

Experience Level Agreement (XLA) statt Service Level Agreement (SLA)?

In der Literatur findet sich neben dem bereits bekannten SLA auch das XLA (*Experience Level Agreement*). Während das SLA den Fokus auf die Messbarkeit des Services legt, bewegt sich das XLA mehr auf der emotionalen Ebene. Ein Grund dafür ist das sogenannte *Wassermelonen-Problem*, bei dem die Kennzahlen äußerlich grün sind, innen jedoch alles rot ist.

XLAs konzentrieren sich daher darauf, was beim Kunden wirklich ankommt und wie sinnvoll die Services für ihn sind. Die Reaktionen auf XLAs können auf den ersten Blick von befremdlich bis hin zu absolut nachvollziehbar sein. Befremdlich wirkt es meist, da die Messbarkeit der Unsicherheit weichen muss und dies erfahrungsgemäß den Boden für Diskussionen und nicht selten Frust bereitet.

Absolut nachvollziehbar ist es hingegen, da der Kunde die letztendliche Größe sein sollte. Nur wenn er gut arbeiten kann und bestmöglich technisch unterstützt wird, kann er die bestmögliche Leistung erbringen. An dieser Stelle lohnt daher in jedem Fall ein Blick auf XLAs, und ein erster Schritt kann die Integration innerhalb der IT ohne Einbeziehung der Kunden sein.

Aus Sicht des Kunden sollte ein Service stets verfügbar sein, sobald er ihn nutzen möchte, und die Geschwindigkeit sollte stets hinreichend sein. Die Einschätzungen »stets verfügbar« und »hinreichende Geschwindigkeit« zeigen eine subjektive Bewertung des Kunden auf, die Sie jedoch erfüllen müssen. Ein wichtiger Schritt besteht daher darin, diese Aussagen in messbare Größen zu überführen, was beispielhaft an den genannten Anforderungen dargestellt werden soll.

Die erste Anforderung drückt aus, dass ein Service niemals nicht verfügbar sein darf. Mit einer engen Auslegung entspricht dies einer Verfügbarkeit von 100 %, welche mit technischen Maßnahmen zwar realisiert werden kann, jedoch sehr kostenintensiv ist.

Es gilt daher zu klären, wann der Kunde den Service benötigt. Als Beispiel sind häufig die sogenannten »Office-Hours« (z. B. Montag bis Freitag von 08:00 Uhr bis 18:00 Uhr) genannt. Dies bedeutet, dass Sie nach 18:00 Uhr jederzeit Updates installieren und das System neu starten können, ohne dass die Anforderung des Kunden nicht erfüllt wird. Das Ergebnis dieses Gesprächs ist ein genaueres Zeitfenster, das die Anforderungen des Kunden erfüllt.

Die »hinreichende Geschwindigkeit« weist bereits alle Eigenschaften eines Streitpunkts auf, denn Person A empfindet eine Reaktion des Programms nach einem Klick innerhalb von drei Sekunden als annehmbar, Person B hingegen würde bereits nach zwei Sekunden eine Störung melden.

Auch hier gilt es zu klären, was hinreichend ist, und zu hinterfragen, ob derartige Werte wirklich fest definiert werden sollen. Das Risiko für Sie als IT ist, dass der Kunde die Zeit nach einem Klick misst und möglicherweise eine minimal längere Zeit feststellt. Zum einen ist der Nachweis sowohl für den Kunden als auch für Sie schwierig, und zum anderen ist die Suche nach der Ursache nahezu nicht möglich, da wenige Anwendungen die Ereignisse so granular verfolgen.

An diesen beiden Beispielen sehen Sie bereits, dass konstante und vor allem eindeutig nachweisbare Werte die Basis eines guten SLA sind. Insbesondere durch die Genauigkeit ist recht klar abzugrenzen, ob eine Vereinbarung eingehalten wurde oder nicht, was einen möglichen Konfliktpunkt verhindert.

Sie sollten den Servicelevel daher genau und vor allem messbar beschreiben. Die Beschreibung selbst sollte dazu nicht nur auf den normalen Betrieb eingehen, sondern auch Ausnahmesituationen wie ungeahnte Ausfälle und mögliche Reparaturen berücksichtigen. Bei einem Angebot gegenüber Dritten sollten Sie auch den Themenbereich der höheren Gewalt erwähnen und vor allem klären.

Service prüfen

Bevor eine Vereinbarung getroffen werden kann, müssen Sie den Service selbst prüfen. Insbesondere bei größeren IT-Bereichen werden Leistungen häufig durch mehrere Fachteams oder Abteilungen erbracht, oder bei einem Outsourcing wird eine dritte Partei involviert. Um dem Kunden Zusagen machen zu können, müssen Sie zunächst den Bezug Ihrer Leistungen gegenüber den internen Zulieferern (meist andere Teams oder Abteilungen) klären, die entsprechende Vereinbarung wird Operational Level Agreement (OLA) genannt. Ungeachtet des abweichenden Namens enthält das Dokument die gleichen Bestandteile wie Ihr SLA gegenüber dem Kunden.

Bei Drittparteien, etwa Cloud-Anbietern oder externen Dienstleistern, müssen Sie ebenfalls eine Vereinbarung treffen. Die Bestandteile des Dokuments gleichen der SLA, das Dokument wird jedoch als *Underpinning Contract* (UC) bezeichnet.

Die Bestandteile von SLA, OLA und UC im Vergleich sehen Sie in Tabelle 12.1.

	SLA	OLA	UC
Zwischen wem	IT und Kunde	interne Abteilungen oder Teams	IT und externer Partner
Gegenstand/Ziel	Beschreibung der Servicelevel und Leistungen	Beschreibung der internen Servicelevel und Leistungen	Beschreibung der Servicelevel der zu erbringenden Leistung
Leistungsbeschreibung	detaillierte Servicebeschreibung, Umfang, Abgrenzung	Beschreibung der internen Leistungen, Verantwortlichkeiten	Beschreibung der externen Leistungen, Verantwortlichkeiten
Zu vereinbarende Ziele	konkrete messbare Ziele (z. B. Verfügbarkeit)	konkrete messbare Ziele (z. B. Verfügbarkeit)	konkrete messbare Ziele (z. B. Verfügbarkeit)
Verantwortlichkeiten	klare Zuständigkeiten zwischen Kunde und IT	klare Zuständigkeiten zwischen internen Teams	klare Zuständigkeiten zwischen IT und externem Anbieter
Laufzeit/ Gültigkeit	Beginn, Ende, Verlängerung, Beendigung	Beginn, Ende, Verlängerung, Beendigung	Beginn, Ende, Verlängerung, Beendigung
Kommunikation/ Eskalation	Kontaktpersonen, Eskalationswege, Berichtswesen, Service-Reviews	interne Kommunikations- und Eskalationswege	Kommunikations- und Eskalationswege mit externem Partner
Messung & Reporting	Verfahren zur Leistungsmessung, Berichte, Review-Intervalle	interne Messverfahren, regelmäßige Abstimmung	Reporting durch externen Anbieter
Vertragsstrafen/ Sanktionen	Regelungen bei Nichteinhaltung der Servicelevels	meist keine, ggf. interne Konsequenzen	Vertragsstrafen, Haftung, SLA-bezogene Sanktionen

Tabelle 12.1 Vergleich zwischen SLA, OLA und UC

	SLA	OLA	UC
Vertraulichkeit/ Datenschutz	Datenschutz, Vertraulichkeit, ggf. Compliance-Anforderungen	interne Datenschutzregelungen	Datenschutz, Vertraulichkeit, Compliance mit externen Vorgaben
Beendigung/ Kündigung	Bedingungen für Beendigung oder Kündigung	Bedingungen für Beendigung oder Kündigung	Bedingungen für Beendigung oder Kündigung

Tabelle 12.1 Vergleich zwischen SLA, OLA und UC (Forts.)

Achtung: Kettenregel!

Die Verhandlung der Servicelevel mit dem Kunden ist ein wesentlicher Faktor, der Ihre Zukunft massiv beeinflussen kann. Sie müssen immer auf die gesamte Servicekette und mögliche Abhängigkeiten achten. Ein Beispiel stellt dies dar:

Ihr Kunde (interne Abteilung) möchte von Ihnen einen Servicelevel von vier Stunden bis zur Wiederherstellung des Service. An dieser Stelle müssen Sie zunächst prüfen, wer die Leistung anbietet und somit die Lösung erbringen muss.

Haben Sie vielleicht einen Dienstleister/Zulieferer? Dann müssen Sie zunächst den dort vereinbarten Servicelevel mit Ihren Anforderungen vergleichen, denn wenn Sie dort lediglich sechs Stunden bis zur Wiederherstellung vereinbart haben, können Sie Ihrem Kunden keine vier Stunden zusichern.

Weiterhin müssen Sie auch immer ein Delta einberechnen, das zwischen dem Anruf bei Ihnen und der Aufgabe des Tickets beim Anbieter durch Sie liegt, sodass Sie immer einen Puffer von einer Stunde oder mehr zwischen beiden Serviceleveln einplanen sollten!

Gebrochene Vereinbarungen

Eine Herausforderung liegt in der internen Verfolgung von Vereinbarungsbrüchen. Nicht selten kommt es in der Praxis vor, dass Sie zwar mit anderen internen Bereichen ausgereifte Servicelevel definiert haben, diese jedoch im Krisenfall das Papier, auf dem sie stehen, nicht wert sind. Gegenüber externen Partnern werden häufig Vertragsstrafen verhandelt, die bei Bruch der zugesagten Servicelevel fällig werden. Intern ist dies häufig schwierig, und zumeist ist die höchste Reaktion der mahnende Fingerzeig.

Doch Obacht!

Da bei Dienstleistern die Abrechnung möglicher Vertragsstrafen häufig klar geregelt ist, bestehen im Regelfall aufseiten des Partners auch entsprechende Versicherungen.

Im internen Dialog jedoch sollte die zu spielende Karte weise gewählt werden. Sie kennen sicher das Gefühl, dass jemand Ihnen ein echtes Problem verursacht hat und Sie ihn am liebsten dafür vor allen bezichtigen würden.

Das würde vielleicht in dieser Sekunde Ihrem Stolz guttun, jedoch zugleich Ihrem Ansehen deutlich schaden. Insbesondere zwischen Abteilungen gilt es häufig, das Gegenüber sein Gesicht wahren zu lassen und gemeinsam aufzutreten. Das bedeutet nicht, dass Sie den Fehler selbst übernehmen müssen. Vielmehr geht es darum, das Thema miteinander durchzustehen und sich somit loyale Partner statt potenzielle Feinde zu schaffen! Wichtig ist an dieser Stelle, dass Sie danach ein gemeinsames Lessons Learned durchführen und Vorkehrungen treffen, damit sich dies nicht wiederholt.

12.2 Warum brauchen Sie überhaupt IT-Services?

Nach all den Definitionen und Abstimmungen kommt sicher schnell die Frage auf, wofür ein IT-Service eigentlich da sein soll, und nicht selten erscheint es viel leichter, »einfach Technik zu machen«.

In der Praxis werden Sie schnell merken, dass sich Ihr Team und die unternehmerische Umwelt permanent verändern. Neue Anforderungen prasseln auf Sie ein, bestehende Anforderungen wandeln sich oder werden gar nicht mehr gebraucht.

Zudem stehen Sie vor der Herausforderung, dass es im Störungsfall zu Konflikten mit den Kunden kommen kann und Ihre IT als »Cost Center« nur Kosten verursacht, jedoch unternehmerisch betrachtet keine direkte Einnahme erbringt.

Die Strukturierung in Services ist ein möglicher Lösungsweg, damit Sie die Komplexität und den Wandel beherrschen sowie Kosten transparent und effizient verrechnen können.

Der Service ist die Ebene, auf der Sie mit den anderen Abteilungen sprechen und auch Preise ermitteln können. Wenn Sie wissen, dass der Service »Buchhaltung« höchstens einen Tag ausfallen darf, können Sie daraus ableiten, dass alle Komponenten, vom Switch bis zum Server, eine entsprechend hohe Servicevereinbarung brauchen.

Diese kann bei den Anbietern angefragt und dem Kunden als Angebot mit der Bitte um Zustimmung dargestellt werden. Häufig werden Sie nämlich feststellen, dass der Kunde gerne eine hohe Verfügbarkeit hätte, jedoch nicht bereit ist, den Preis dafür zu zahlen. An dieser Stelle gilt es, sich auf einen unternehmerisch sinnvollen Servicelevel zu einigen und diesen umzusetzen. Aufgrund der Abstimmungen mit dem Kunden und der Vereinbarung des Servicelevels wissen Sie genau, dass Sie die notwendigen Mechanismen integriert haben und somit im Störungsfall die vertragliche Erwartung erfüllen können.

Sollte der Kunde überraschend eine höhere Erwartung äußern, können Sie auf die geschlossene Vereinbarung hinweisen. Wichtig ist, dass Sie nicht in Versuchung geraten, die Servicelevel absichtlich auszureizen. Wenn dem Kunden schneller geholfen werden kann, sollte dies im Sinne des Servicegedankens passieren. Ich empfehle Ihnen an dieser Stelle jedoch den Hinweis, dass Sie mehr als das vereinbarte Servicelevel erbracht haben und dies als Ausnahme zu sehen ist. Dadurch verhindern Sie zukünftige hohe Erwartungen.

Selbstzweck oder Sinn?

Als IT-Verantwortlicher werden Sie stellenweise in die Situation geraten, dass jemand die Aufgabe von Ihnen und Ihrem Team infrage stellt: »Wofür haben wir Sie überhaupt?«

Die Strukturierung der eigenen Leistungen in Services ermöglicht es, gegenüber der Geschäftsführungen oder anderen die Relevanz der Leistungen im Sinne des Servicekonsums nachzuweisen. Die Nutzung der Services ist somit der Nachweis, dass Ihr Angebot durch die (internen) Kunden gefragt ist und nicht zum Selbstzweck dient.

Ein weiterer Aspekt ist das häufig als bedrohlich empfundene Wort *Outsourcing* oder sein kleiner Bruder *Outtasking*. Im Sinne einer Sourcing-Strategie (siehe Kapitel 6, »Make or Buy?«) kommt die Frage auf, welche Leistungen von externen Partnern erbracht werden können und was das bedeuten würde. Services sorgen für einen klaren Umfang sowie bereits definierte Schnittstellen zu anderen Prozessen. Mit diesem Wissen können Sie die eigene Leistung transparenter nachweisen sowie den Vergleich mit einem Dienstleister anstellen.

Nachdem klar ist, wie Services Ihren Alltag erleichtern, stellt sich die Frage, wie Sie diese erstellen?

12.3 Wie erstellen Sie einen Service angelehnt an ITIL, und wie gehen Sie mit ihm um?

Wesentliche Bestandteile eines Services haben Sie bereits kennengelernt. Zusammengefasst wurden bislang vorgestellt:

- der Name des Service
- die notwendige Hardware (z. B. Server)
- die notwendige Software (z. B. Buchhaltungsprogramme)
- Servicelevel

Wenn Sie nur eine Sammlung von Services erstellen, sind Sie zwar bereits einen Schritt weiter, jedoch noch nicht am Ziel.

Die IT ist schnelllebig, und genau so sind es Ihre Services. Während es damals noch die Services »analoge Kamera ausleihen« oder »Overheadprojektor warten« gab, muss man sich heutzutage um ganz andere Dinge kümmern. Damals hätte niemand etwas über virtuelle Maschinen oder Big-Data-Projekte gewusst.

Services sind also vergänglich und durchlaufen eine Art Lebenszyklus. Dieser beginnt mit der Serviceentwicklung/-erstellung, geht über den Betrieb bis hin zur Außerbetriebnahme des Services.

Damit diese Phasen möglichst gut begleitet werden können, haben sich verschiedene Rahmenwerke gebildet. Das im Servicemanagement bekannteste Rahmenwerk ist *ITIL*. Aktuell liegt es in Version 4 vor, im Alltag werden Sie jedoch viele Elemente der Version 3 finden.

ITIL steht für die *IT Infrastructure Library* und wurde ursprünglich von englischen Behörden entwickelt. Der Ursprung war die Erkenntnis, dass alle Behörden IT »irgendwie« gleich oder ähnlich betreiben, einige erfolgreicher und andere weniger erfolgreich. Bei weiterer Betrachtung kristallisierte sich heraus, dass es einige »Best-Practice«-Ansätze gab, die als Garanten für den Erfolg gelten konnten.

Sinn und Unsinn von ITIL

An dieser Stelle sei ein Hinweis erlaubt: Immer wieder höre ich, dass ITIL eigentlich Unsinn sei, da die Person auch ohne vorherige ITIL-Ausbildung oder Kenntnisse auf die gleichen Lösungsansätze wie der ITIL-Standard gekommen sei.

Das ist absolut richtig! Nur ist es nicht die fehlende Notwendigkeit oder Daseinsberechtigung für ITIL, sondern die Selbsterkenntnis der durch ITIL angestrebten und verfolgten Methodik. ITIL ist als Best-Practice-Rahmenwerk die Summe der Erfahrungen vieler Praktiker. Das bedeutet, dass Sie auch ohne Kenntnis des Rahmenwerks in einigen Iterationen vermutlich zu ähnlichen Lösungen kommen werden.

Ist es daher unsinnig oder unnötig? In keinem Fall, denn ITIL stellt sicher, dass Sie alle Disziplinen von Anfang an kennen, die Best Practices auf Ihren Bereich anwenden können und alle Beteiligten dieselben Begriffe nutzen. Im Alltag ist besonders der letzte Punkt Gold wert, denn dadurch wird die Kommunikation häufig zielstrebiger sowie erfolgreicher. Sie bringen daher durch die Kombination von ITIL und Ihren Erfahrungen die Entwicklung Ihres Teams auf die Überholspur und werden schneller Erfolge haben.

Mittlerweile ist ITIL eine Marke der Firma Axelos und wird kommerziell vermarktet. Die Bücher selbst sind frei erhältlich, für mögliche Zertifizierungen müssen jedoch zunächst zertifizierte Schulungen besucht werden. Die genauen Anforderungen finden Sie auf der Homepage von Axelos: *https://www.axelos.com/certifications/itil-service-management/*.

Mein Bereich arbeitet nun nach ITIL

Immer wieder ist die Rede von Leuten, die ihre Abteilung oder ihr Team nach ITIL-Maßstäben ausrichten. Wichtig ist häufig die Nuance, ob jemand ITIL übernommen hat oder die ITIL-Prozesse adaptiert.

Was zunächst wie Haarspalterei klingt, wird bei einem Blick auf das Rahmenwerk klarer.

ITIL selbst ist eine Sammlung von Best-Practice-Ansätzen über verschiedene Unternehmen und Behörden hinweg. Das alles sorgt im Sinne eines »Best-of-Breed«-Ansatzes dafür, dass Sie wirklich erfolgreiche Methoden und Prozesse erfahren. Jedoch ist zu beachten, dass dieser Erfolg möglicherweise bei Ihnen nicht eintreten kann, da Ihr Unternehmen anders ist und die Prozesse dafür adaptiert werden müssen. Damit Sie die in Ihrem individuellen Unternehmen vorhandenen Mehrwerte durch eine Einführung erschließen können, ist es wichtig, dass Sie die Prozesse als Rahmen und Anregung verstehen, nicht als verbindliches Wort, an das Sie sich sklavisch halten müssen.

An dieser Stelle möchte ich Sie zugleich zur Vorsicht mahnen, denn »Best Practice« bedeutet stets, dass es mit dem Vorgehen sehr gut funktioniert. Wenn Ihre Prozesse anders sind, gilt es, diese genauestens zu prüfen und zu bewerten, ob der ITIL-Prozess besser ist oder wie ein hybrider Weg aussehen kann. Keinesfalls sollten Sie ITIL blind an die vorhandenen Prozesse anpassen, dadurch würden Sie möglicherweise signifikant an Effizienz verlieren!

Im Folgenden wird der Lebenszyklus nach ITIL in der Version 3 vorgestellt. Die Version V4 wurde zwar bereits 2021 veröffentlicht, ist jedoch zum jetzigen Zeitpunkt in vielen Unternehmen noch nicht vollumfänglich vertreten.

Die Phasen nach ITIL V3 sind:

- Service Strategy
- Service Design
- Service Transition
- Service Operation
- Continual Service Improvement

Zu beachten ist, dass diese Phasen nicht sequenziell ablaufen, sondern einige Elemente der jeweiligen Phase auch in anderen Lebenszyklusphasen Anwendung finden bzw. längerfristig eingesetzt werden.

12.3.1 Service Strategy

In der ersten Phase geht es um die Strategie des Services. Was zuerst fremd klingt, wird häufig mit den vier P erklärt:

- **Perspektive**: An dieser Stelle gilt es, Ihre Vision oder Zielsetzung für das Serviceportfolio zu definieren. Was zunächst nach grüner Wiese klingt, wird im Regelfall bereits durch die Anforderungen des Unternehmens vorgegeben. Als interne IT ist es Ihre Aufgabe, vorrangig die Anforderungen der anderen Geschäftsbereiche zu erfüllen. Ungeachtet dessen gilt es, einen Weg zu finden, was das Serviceportfolio (= Zusammenstellung aller durch Sie angebotenen Services) enthalten und wie es strukturiert sein soll.
- **Position**: Im zweiten Schritt soll die eigene Position mit denen der Mitbewerber verglichen werden, um eine ideale Marktnische zu finden und zu besetzen. Das Vorgehen entspricht dem typischen IT-Dienstleister mit externen Kunden. Auch wenn Sie lediglich die eigene Firma mit Dienstleistungen versorgen, ist der Punkt dennoch wichtig, nur der Fokus muss leicht angepasst werden. Beispielsweise sind für einen Blick über den Tellerrand die »Mitbewerber« zu prüfen, allerdings sind dies externe Firmen. Hier sollten Sie schauen, welche Leistungen zu welchen Preisen am Markt bezogen werden können und welche Kosten die gleiche Leistung bei Ihnen verursachen würde. Als Ergebnis kann bereits ein erster Entwurf für einen sogenannten Sourcing-Mix entstehen (weitere Details finden Sie in Kapitel 6), in dem definiert wird, welche Leistungen selbst erbracht und welche zugekauft werden.
- **Plan**: Die beste Perspektive hilft Ihnen nicht, wenn Sie diese nicht umsetzen. An dieser Stelle muss daher ein Plan geschmiedet werden, was Sie benötigen, um die Ziele zu erreichen. Haben Sie bereits alle Ressourcen und das notwendige Wissen in Ihrem Team? Falls nicht, müssen Sie auch dies berücksichtigen und möglicherweise in Ihre Kalkulation einpreisen.
- Muster (**Pattern**): In diesem Punkt sollen Sie reflektieren, was Ihre Firma benötigt, um ihre täglichen Aufgaben kontinuierlich effektiv und effizient erbringen zu können. Welche Prozesse sind sogenannte Kernprozesse, und welche Richtlinien sind elementar?

In der ersten Phase gibt es fünf Prozesse, welche die vorherigen Punkte unterstützen bzw. operativ ausführen sollen:

1. Strategiemanagement für IT-Services
2. Serviceportfolio-Management
3. IT-Finanzmanagement
4. Nachfragemanagement
5. Business-Relationship-Management

Die Inhalte werden im Folgenden genauer betrachtet.

Strategiemanagement für IT-Services

In dieser Phase soll die eigene Strategie definiert und vor allem marktgerecht abgegrenzt werden. Hierzu werden die eigene Position und die der Mitbewerber untersucht, um mögliche Lücken zu finden. Auf Basis dieser Lücken soll die eigene Strategie definiert werden, die im letzten Schritt umzusetzen ist.

Für eine interne IT klingt dies alles zunächst fremd und eher nach Firmengründung. Sobald Sie ein IT-Team übernommen haben, gilt es jedoch, die gleichen Schritte zu durchlaufen. Schauen Sie, welchen Stand das Team im Moment hat und welche Leistungen/Services es erbringt. Im nächsten Schritt wäre der Vergleich mit den Mitbewerbern geboten, in der internen IT gilt es jedoch eher, die Anforderungen der Vorgesetzten und Kunden als Maßstab zu nehmen. Was sollte Ihr Team leisten? Welche Leistungen werden Ihnen von außen zugeschrieben?

Die Liste kann mit Ihren eigenen Anforderungen und Zielsetzungen angereichert werden, diese sollten jedoch stets im Einklang mit dem Außenbild stehen bzw. dieses erweitern oder ergänzen.

Erwartungen von außen

Besonders als neue Führungskraft erliegen Sie schnell dem Fehler, alles selbst herleiten zu wollen. Das bedeutet, dass Sie selbst wissen, was die Kunden wollen und was Ihr Chef von Ihnen erwartet. Nur – ist das so? Im Alltag finden sich an dieser Stelle sehr oft Irrtümer, die das eigene Ansehen eher schmälern als stärken. Dabei ist die Lösung einfach: sprechen und zuhören.

Fragen Sie Ihren Vorgesetzten und die Kunden ausdrücklich nach den Erwartungen, und holen Sie sich auch in adäquaten Abständen (z. B. einmal pro Quartal am Anfang, später einmal pro Jahr) ein Feedback ihrer Zufriedenheit.

Wichtig ist, dass Sie als Führungskraft dennoch Ihr eigenes Wissen sowie Ihre eigene Art einbringen und sich keinesfalls nur am Feedback der Gesprächspartner orientieren sollten. Machen Sie sich nicht zum Diener Ihrer Kunden!

In beiden Fällen gilt, dass Sie sich abstimmen und regelmäßig Feedback einholen sollten. Das ist der einfachste Weg, wie Sie bei den Erwartungen an Sie Klarheit erhalten!

Auf den ersten Blick wirkt der Auftrag überschaubar: Sobald die Erwartungen bekannt sind, können Sie diese erfüllen. Insbesondere bei einer frisch übernommenen Führungsrolle gehen viele davon aus, dass die vereinbarten Services und Leistungen auch durch das Team erbracht werden. Bei genauerer Betrachtung stellt sich dennoch oft heraus, dass es Aufgaben und Anforderungen seitens der Kunden gibt, die zwar vereinbart sind, zugleich jedoch nicht erbracht werden.

Ihre Aufgabe beginnt damit, herauszufinden, warum die Leistung bislang nicht erbracht wurde. War die Anforderung schlichtweg nicht bekannt, oder handelt es sich um eine bewusste Ablehnung? Je nach Ergebnis müssen Sie weitere Schritte einleiten und wissen in jedem Fall, ob Sie mit Gegenwehr bei einer abgelehnten Tätigkeit zu rechnen haben oder Mitstreiter finden.

Neue Aufgaben übernehmen

Die Übernahme von neuen Aufgaben hat gute und schlechte Seiten. Wenn es sich um neue, spannende Aufgaben handelt und Sie ein innovationsgetriebenes Team führen, wird dies meist als Bonus freudig willkommen geheißen. Sollten Sie jedoch eine Aufgabe ins Team bringen, die dieses ablehnt, beginnt nicht selten eine schwierige Zeit. Zunächst ist es ratsam, den Grund des Widerstands herauszufinden und mögliche Vorbehalte abzubauen.

Sie sollten daher im Vorfeld erarbeiten, warum die Aufgabe in Ihrem Team richtig angesiedelt ist und unbedingt dort erbracht werden sollte. »Weil der Chef das will« kostet schnell Ihr Ansehen im Team, da Sie als Marionette empfunden werden könnten, die nichts zu sagen hat.

»Weil ich es will« ist ebenfalls nicht angebracht, denn moderne Führung ist häufig weder patriarchisch noch diktatorisch. Möglicherweise hat Ihr Team auch gute Gründe, warum die Aufgabe an anderer Stelle angesiedelt oder gar nicht erbracht werden sollte. Auch hier gilt es dem Team zuzuhören, die Aspekte abzuwägen und gegebenenfalls an die beauftragende Person zu spiegeln sowie auch dort im Unternehmensinteresse Überzeugungsarbeit zu leisten.

Sobald Sie einen Überblick haben und noch offene Aufgaben kennen sowie die notwendigen Strukturen für die Zukunft definiert haben, müssen Sie einen Plan aufstellen, wie dies zu erreichen ist.

Bei dem Plan sollten Sie Vorsicht walten lassen, denn auch wenn Sie ihn vielleicht allein aufstellen, sollten Sie ihn auf jeden Fall mit Ihrem Team besprechen. Wichtig ist, dass Sie dort zum Dialog einladen, vorhandene Schwierigkeiten gemeinsam identifizieren und am Ende den Plan für gut und umsetzbar halten. Wenn Sie Ihren Plan lediglich verkünden, riskieren Sie, dass das Team eine Verweigerungshaltung einnimmt, die möglicherweise nicht direkt offensichtlich ist.

Zugleich schadet diese Haltung den gemeinsamen Zielen und verzögert oder verhindert deren Erreichung. Das ideale Ergebnis ist häufig: »Wir machen es einfach ab jetzt!« Im Alltag klappt dies selten, da eine Neustrukturierung auch bedeuten kann, vorhandene Aufgaben neu zu verteilen oder neue Aufgaben in das Team zu integrieren. Das Ziel sollte daher eine nachhaltige Integration sein, die weder durch zu hohes Engagement Einzelner ins Chaos führen darf noch durch die Ablehnung verhindert werden sollte.

Ihr Ziel in diesem Prozess sollte daher darin bestehen, die eigene Strategie zu kennen, mit dem Team abzustimmen und die Leistungen gegenüber dem Markt abzugrenzen. Abgeschlossen wird dies durch die Kenntnis der Erwartungen seitens der Kunden und des Managements, damit Sie die bestmögliche Zusammenstellung von Services bieten können.

Serviceportfolio-Management

Das Serviceportfolio stellt die Gesamtheit aller von Ihnen angebotenen Services dar. Wichtig ist hierbei die Aufteilung in einen »aktiven« Servicekatalog, aus dem die Kunden bestellen können, und einen Katalog »außer Betrieb«, in dem alle abgekündigten Services zu finden sind. Im Alltag können beide Kategorien in einem Servicekatalog zu finden sein, der Kunde erhält jedoch nur Einblick in den aktiven Servicekatalog.

Während der »aktive« Katalog häufig Zustimmung findet, sorgt der »Außer-Betrieb«-Katalog nicht selten für Fragezeichen. Wofür sollen wir Services, die wir gar nicht erbringen, noch aufbewahren bzw. kennen?

Drei Gründe sind möglich:

- Der Service befindet sich noch im Aufbau.
- Der Service dient als Vorlage für neue, vergleichbare Services.
- Der Service wird für die Kunden archiviert, falls er unerwartet doch erneut gebraucht wird.

In allen Fällen ist der Katalog hilfreich, entweder für die erneute Inbetriebnahme des bekannten Services, als »Lagerort« für im Aufbau befindliche Services oder als Vorlage für das Design eines neuen Services. Da alle Aufgaben durch die IT erfüllt werden, benötigen die Kunden keinen Zugriff auf den »Außer-Betrieb«-Katalog.

Während die Kataloge den Bestand aktueller oder außer Betrieb genommener Services widerspiegeln, gibt es auch noch die aktuellen Themen. Diese reichen von Vorschlägen der Nutzer für neue Services bis hin zu Vorschlägen, die sich bereits in der Entwicklung befinden. Mit den Aspekten wird der frühe Lebenszyklus eines Services abgedeckt, zu finden ist dies in der *Service-Pipeline*.

Aus der Vogelperspektive betrachtet verfolgt das Serviceportfolio-Management den gesamten Lebenszyklus eines Services:

1. Ein Service wird vorgeschlagen und akzeptiert, der Service ist hierzu in der Service-Pipeline.
2. Der Service wird entwickelt, aufgebaut und bepreist. Während des Aufbaus kann er in der Service-Pipeline verbleiben oder ab einem definierten Status in den Bereich »Außer Betrieb« überführt werden.

3. Sobald der Service fertiggestellt ist, wird er in den »aktiven« Servicekatalog aufgenommen
4. Wenn der Service im späteren Verlauf in der Form nicht mehr benötigt wird, ist er erneut in den »Außer-Betrieb«-Katalog zu überführen. Dies passiert auch, wenn der Service zu einer neuen Version weiterentwickelt wird und daher die bisherige Version »stillgelegt« wird.

In der Praxis werden Sie im Regelfall für jeden neuen Service oder für Veränderungen an bestehenden Services einen Business-Case erstellen oder einfordern. Aus diesem muss vorrangig der Mehrwert der Änderung hervorgehen, wozu auch die Änderung selbst näher beschrieben werden soll. Der wesentliche Mehrwert aus Sicht der IT ist die Tatsache, dass der Kunde seine Anforderung detailliert darstellen muss. In Folge reflektiert er selbst noch einmal die Anforderung, und im späteren Verlauf sind Missverständnisse deutlich seltener, da die Kriterien bereits durch den Nutzer definiert werden.

Auf Basis der Anforderung können Sie die Auswirkungen für Ihr Team und das Portfolio abschätzen. Benötigen Sie möglicherweise neues Wissen im Team? Oder neue Hard-/Software für die Erbringung? Gibt es weitere Services, welche die Ergebnisse dieses Services als Vorleistung beziehen? Falls ja, welche Auswirkungen hat die Veränderung hierauf?

Sobald die Auswirkungen geklärt sind, liegt es an Ihnen, den Service entweder zu genehmigen oder zurückzuweisen. Wichtig ist jedoch, dass die Entscheidung in jedem Fall mit dem Anforderer zu diskutieren und zu begründen ist.

Wann sollte ein Service erstellt oder geändert werden?

Die wesentliche Kernfrage für Sie wird schnell sein, wann Sie überhaupt einen Service neu erstellen oder ändern sollten. Die Frage wirkt auf den ersten Blick seltsam, denn sobald eine neue Anforderung besteht, muss ein Service erstellt werden, und sobald ein vorhandener Service neue Anforderungen erfüllen soll, muss er geändert werden. Während die Antwort offensichtlich einfach klingt, liegt die Herausforderung im Detail.

Ein neuer Service verursacht Kosten, etwa in Form von zeitlichem Aufwand oder sogar Hard-/Software. Wer kann diese freigeben? Ihr Team ist letztlich Dienstleister, und wenn jemand einen neuen Service möchte, sollten Sie zunächst prüfen, ob dieser auch in die gesamte Unternehmensstrategie passt und wirklich eine Daseinsberechtigung in Form hinreichender Kunden hat.

Im Alltag habe ich die Anforderung einer Software für die farbliche Kennzeichnung von Ordnern auf dem Desktop beantworten müssen. Die Anforderung spiegelte das Bedürfnis einer Person und hatte keine direkt ermittelbare Auswirkung auf die Arbeitsleistung. Aufgrund der begrenzten Ressourcen wurde diese Anforderung abgelehnt.

Auch dort stellt sich jedoch die Frage, wer eine Anforderung für einen neuen Service oder eine Anpassung bewerten oder ablehnen kann. Als Empfehlung sollten das in keinem Fall Sie als IT tun, denn Sie können häufig die Auswirkungen im Fachbereich nicht vollumfänglich bewerten. Aus dem Grund empfiehlt sich häufig eine Entscheidung seitens der Leitung des Fachbereichs, denn diese kann entsprechende Mittel bewilligen und übernimmt zugleich einen Teil der Verantwortung für die Entscheidung.

Im Rahmen des Lebenszyklus ist eine Besonderheit des Rahmenwerks ersichtlich, die Kontinuität mancher Prozesse. Der Prozess »Serviceportfolio-Management« begleitet den Service durch alle Phasen und ist daher nicht, wie möglicherweise zunächst angenommen, abgeschlossen. Es handelt sich daher nicht um ein klassisches wasserfallartiges Vorgehen, sondern es wird bereits ersichtlich, dass einige Komponenten immer mal wieder im Alltag vorkommen.

IT-Finanzmanagement

Finanzen sind ein Thema, das bei vielen Führungskräften ungeliebt ist. Die Gründe hierfür sind vielfältig. Einige mögen die aus der Begrenzung des Budgets resultierenden Limitierungen eigener Vorhaben und Ziele nicht, andere wiederum empfinden Finanzen als trockenes und langweiliges Thema.

Betriebswirtschaftlich betrachtet ist Geld jedoch der Ausgangspunkt allen Handelns, denn wenn Ihr Unternehmen kein Geld verdient, kann auch keins investiert werden. Somit müssen Ausgaben zwingend die Einnahmen verbessern oder zumindest nachhaltig sicherstellen, damit die Ausgaben als Investition bezeichnet werden können und nicht negativ als Kosten eingestuft werden.

Der Prozess beginnt zunächst mit dem Aufstellen des eigenen Budgets. Die Grundlage sind nach ITIL die Services selbst, im Regelfall der einzelne Service. Was kostet der Betrieb bzw. was benötigen Sie, um den Service betreiben zu können? Es empfiehlt sich, dies granular aufzuschreiben und auch zu erfassen, wie viel Zeit für welche Aufgabe im Alltag benötigt wird.

Im Wesentlichen gibt es drei Positionen im geplanten Budget, die Sie bereits aus Kapitel 4 kennen, die ich aber trotzdem hier noch einmal kontextualisiere:

1. Capital Expenditures (CapEx)
2. Operational Expenditures (OpEx)
3. strategische Investitionen

CapEx vs. OpEx? Strategische Investitionen?

Viele neue Führungskräfte hatten mit diesen Begriffen zuvor keine Berührung und können daher das eigene Budget zunächst nicht sicher aufteilen. Lesen Sie dazu noch einmal Kapitel 4, denn von Ihnen wird schnell erwartet, dass Sie verstehen, welche Folgen diese Aufteilung auf die Unternehmenswerte bedeutet.

- *CapEx*: *Capital Expenditures* sind langfristige Anlagegüter, die zwar direkt bezahlt, bilanzrechtlich jedoch über die Nutzungszeit abgeschrieben werden müssen. Dadurch hat das Unternehmen einen beträchtlichen Verlust von Liquidität, kann diesen jedoch nur über die Jahre verteilt abschreiben.
- *OpEx*: *Operational Expenditures* sind operative Kosten, die direkt steuerlich geltend gemacht werden können. Sie werden daher vielleicht die Bestrebung beobachten, CapEx in OpEx umzuwandeln. Ein Beispiel hierfür ist, wenn Sie die Server nicht kaufen, sondern von einem Leasingpartner beziehen. Dies kann möglicherweise in der Gesamtsumme teurer als ein Kauf sein, zugleich können die positiven Effekte auf die Bilanz und die Liquidität Ihrem Unternehmen unter Umständen wichtiger sein.
- *Strategische Investitionen* können sowohl CapEx als auch OpEx sein. Der Fokus liegt auf Ihrem Beitrag zur strategischen Weiterentwicklung der IT und damit auch des Unternehmens. Ein Beispiel können die Investitionen für Server im Rahmen einer ERP-Einführung sein, die die Geschäftsführung als strategisches Projekt ausgerufen hat. An dem Beispiel ist bereits erkennbar, dass strategische Projekte definiert oder benannt werden müssen und zugleich durch einen Wechsel der Strategie obsolet oder zu »normalen« Projekten werden können.

12

Nachdem das Budget aufgestellt und genehmigt wurde, erfolgt ein zyklisches Controlling, das heißt, die Ist-Ausgaben werden mit den geplanten Soll-Ausgaben verglichen. In vielen Unternehmen erfolgt dies monatlich und ermöglicht, auf potenzielle Abweichungen bereits frühzeitig zu reagieren. Ungeachtet, ob es Abweichungen gibt, sollten die Ausgaben gewissenhaft geprüft werden. Hierzu ist es wertvoll, die Kosten zu kategorisieren, zum Beispiel in Personal, Hardware und Software. Anhand der Aufteilungen ist ersichtlich, wie sich die Kosten detailliert zusammensetzen und welche Positionen das größte Volumen haben. Bei diesen Positionen lohnt sich meist ein genauerer Blick mit der Fragestellung, ob in Zukunft sinnvolle Einsparungen möglich sind.

Der letzte wichtige Schritt ist die Rechnungslegung an den Kunden. Jeder Service wird durch einen Kunden (z. B. interner Bereich) genutzt, dieser zahlt entsprechend dafür. Innerhalb des Unternehmens mag dies seltsam wirken, zumal keine echten Gelder überwiesen werden. Es geht jedoch darum, nachzuweisen, was mit den IT-Kosten geschieht und wie diese entstehen. Der Kunde kann anhand der Abrechnung prüfen, welche Services er konsumiert und ob er möglicherweise mit anderen Konstellationen Kosten einsparen könnte. Aus der Praxis kann ich dies nur bekräftigen, da es immer wieder Kunden gibt, die alle möglichen Leistungen beantragen, sie auch beziehen ... und dann nicht nutzen.

In Folge steigt Ihr IT-Budget durch den gestiegenen Aufwand, weswegen Sie sich rechtfertigen müssen. Wenn Sie die Kosten auf die Bereiche umlegen und weiter berechnen, führt dies dazu, dass die Kosten des verursachenden Bereichs steigen, wodurch viele Führungskräfte deutlich eher gewillt sind, die eigenen Servicebuchungen zu prüfen und den Bedarf anzupassen.

Abschließend ist die Abrechnung der Leistungen für Sie ein Beleg gegenüber der Geschäftsführung, dass der jeweilige Service nachgefragt wird und daher die Aufwände in Ihrem Team rechtfertigt.

Vom Service zur Personalstelle?

Viele neue Führungskräfte kommen aus dem operativen Umfeld, in dem sie sich selten mit neuen Stellen beschäftigen mussten. Meistens ist es ganz einfach: Es wurde ein neuer Mitarbeiter gebraucht, also wurde einer eingestellt.

Das ist aber nur die halbe Wahrheit: Letztlich ist es das Kernziel eines Unternehmens, Gewinne zu erwirtschaften und daher auch die Kosten möglichst gering zu halten. Eine Position/Stelle erzeugt Kosten in Form von Gehalt/Lohn, Lohnnebenkosten, Fortbildungskosten und vielen weiteren Positionen. Daher gilt es, nur das Personal einzustellen, das wirklich gebraucht wird und Mehrwerte für das Unternehmen schaffen kann.

Durch die Nutzung von Services und die transparente Abrechnung erreichen Sie zwei wesentliche Aspekte:

1. Sie können den Wert/die Kosten des Services transparent belegen und selbst mit möglichen externen Partnern vergleichen. Das hilft Ihnen bei der Entscheidung, ob ein Service selbst erbracht oder vergeben werden sollte.
2. Sie können die Personalstärke messbar gegenüber allen verantwortlichen Personen belegen. Dadurch entgehen Sie dem Gerücht, dass Ihre Mitarbeiter ohnehin nichts tun, sondern schaffen Klarheit. Auch ein weiterer Personalbedarf ist dadurch quantitativ begründbar und erleichtert Ihnen die Argumentation!

Das Finanzmanagement befasst sich also mit dem Finanzbedarf Ihres Teams. Da in ITIL alle Kosten in den Prozessen erfasst werden und der Großteil durch definierte Services verursacht wird, können Sie dadurch die Mittelverwendung dokumentieren.

Nachfragemanagement

Die Nachfrage nach IT-Services ist der zentrale Punkt für die IT. Sollte keine Nachfrage nach IT-Services bestehen, wäre auch zugleich die Daseinsberechtigung der IT erloschen.

Das Nachfragemanagement befasst sich daher mit der Erfassung der momentanen Nachfrage sowie deren Steuerung für die Zukunft.

Hierzu wird die Nutzung eines Services permanent verfolgt, etwa durch den Service selbst oder durch die Auslastung der Systeme. Aufgrund der Varianz der Services kann keine allgemeingültige Metrik genutzt werden. Beispielhafte Metriken sind Benutzer bei Systemen oder auch Transaktionen sowie Datensätze. Eine ihrer Aufgaben besteht daher darin, für den jeweiligen Service eine geeignete Metrik zu finden, um ihn messbar und verrechnungsfähig zu machen. Bei dem Service »Notebook« kann das Produkt selbst als Metrik genutzt werden. Bei einer Software hingegen ist die Buchung des Services zwar eine Größe, allerdings ist die Nutzungsintensität durch den Kunden eine weitere beeinflussende Größe. Die Nutzungsintensität beeinflusst wesentlich die Auslastung der eigenen Systeme, die wiederum ein wesentlicher Indikator ist, denn einerseits müssen die Kosten so gering wie möglich gehalten werden und andererseits ist der Service dennoch in der verhandelten Qualität zu erbringen.

Der Spagat zwischen den Anforderungen der Kunden und der Vermeidung ungenutzter Kapazitäten ist insbesondere im Zeitalter von Cloud-Anbietern (z. B. AWS) eine zunehmende Herausforderung.

Während Cloud-Anbieter die nutzungsorientierte Abrechnung im Pay-per-Use-Verfahren anbieten, müssen Sie ein gesamtes Rechenzentrum – auch für zukünftige Anforderungen – bereits vorhalten. Im Ergebnis kann der Service somit bei Ihrem Cloud-Anbieter teurer sein, jedoch lediglich im Vergleich zur Vollauslastung in Ihrem Rechenzentrum. Da jegliche Erweiterung des eigenen Rechenzentrums eine Prognose ist, wird es immer wieder zu »Wachstumsreserven« kommen, die bereits Kosten verursachen, zugleich noch nicht vollständig genutzt werden. Wie im Kapitel »IT-Sourcing« (siehe Kapitel 6) dargestellt müssen Sie daher für die Nutzung pro Service einen »Break-Even-Point« berechnen, an dem die Nutzung von Ressourcen in der Cloud günstiger oder teurer wird als im eigenen Rechenzentrum. Je nach Ergebnis sollte dann Ihre weitere Wahl ausfallen.

Neben dem Nachverfolgen der Nutzung durch technische Lösungen besteht ein weiterer Schritt im Dialog mit dem Nutzer. Es ist zu klären, wie die Nutzung des Services sich voraussichtlich entwickeln wird. Wird es bei der momentanen Benutzerzahl bleiben oder ist eine überproportionale Zunahme zu erwarten, etwa aufgrund der zukünftigen Nutzung durch eine andere Abteilung?

Während das Tracking nur die momentane Nachfrage und Nutzung offenbart, lernen Sie durch den Blick in die Zukunft die mögliche zukünftige Nachfrage kennen. Der

Blick in die Zukunft zeigt Ihnen zugleich auf, ob Ihre derzeitigen Ressourcen und Kapazitäten reichen werden oder ob möglicherweise Erweiterungen notwendig sind. Im Regelfall sind Erweiterungen nach einer Bestellung schnell lieferbar, jedoch haben diverse Ereignisse die Anfälligkeit der Lieferketten gezeigt, weswegen ein zeitliches Risiko beachtet werden sollte. Neben der reinen Abwicklung müssen Sie zudem im Vorfeld klären, ob hinreichende finanzielle Mittel bereitgestellt werden können und bis wann überhaupt bestellt werden kann. Bevor Sie jedoch Erweiterungen planen und bestellen, sollten Sie die Zuverlässigkeit der Prognose hinterfragen. Es wäre fatal, wenn ein Kunde Ihnen ein großes Wachstum prognostiziert ... und sich danach herausstellt, dass dies nur ein Hirngespinst war. Da Sie aber dann die Hardware bereits gekauft haben, sind es in Folge Ihre Kosten, die Sie nicht über einen Service verrechnen können!

Neben dem Ausblick auf die zukünftige Nutzung sollten Sie im Gespräch stets die Dauer der Nutzung hinterfragen. Häufig wird angenommen, dass das Wachstum in der Nutzung dauerhaft ist und daher Kapazität aufgebaut werden muss. Zahlreiche Beispiele zeigen jedoch, dass auch eine zeitweise Nutzung zunehmend häufiger wird.

Die Dauer der Nutzung als ein Indikator für Make or Buy

Die Dauer der Nutzung ist ein häufig nicht erfasster und dadurch unterschätzter Indikator für Ihre Entscheidung, ob Sie etwas selbst bereitstellen oder übergangsweise einkaufen (siehe Kapitel 6, »Make or Buy?«).

Stellen Sie sich als Beispiel die Ankündigung vor, dass fünfzig freiberufliche Mitarbeiter in drei Monaten versorgt werden müssen. Im Kopf so mancher Führungskraft werden bereits fünfzig Notebooks gekauft und bereitgestellt.

Doch Obacht! Die Frage nach der Dauer kann beispielsweise offenbaren, dass es sich um einen projektbezogenen Einsatz von maximal sechs Monaten handelt. Wenn Sie den Gedanken weiterführen, bedeutet dies, dass Sie fünfzig Notebooks nach sechs Monaten im Schrank stehen haben und die Kosten nicht im Rahmen eines genutzten Services weiterverrechnen können!

Die erste Idee ist nicht selten, eine »Mindestnutzungsdauer« zu erzwingen und dadurch den Fachbereich die Kosten weiter tragen zu lassen. Diese Lösung ist jedoch einerseits keine Basis für eine vertrauensvolle Zusammenarbeit, und andererseits verschieben Sie zwar die Kosten in den Bereich, dennoch fallen sie in Ihrem Unternehmen an, was gesamtunternehmerisch nicht sinnvoll ist.

In diesem Fall wäre beispielhaft ein »Buy« im Rahmen einer virtuellen Infrastruktur bei einem Cloud-Anbieter ein Weg, um die Anforderung erfüllen zu können. Dadurch entstehen dem Unternehmen möglicherweise in den sechs Monaten mehr Kosten, als durch eine vergleichbare Abschreibung eines Notebooks für den Zeitraum entstanden wären. Da in dem restlichen Abschreibungszeitraum jedoch keine Kosten für die Nutzung der Cloud-Lösung anfallen, wird sich die Nutzung dennoch amortisieren!

Der letzte Punkt des Prozesses ist die Beeinflussung der Nachfrage durch Sie. Zunächst hört sich dies widersinnig an und widerspricht dem häufigen Gedanken der IT, dass durch mehr Wachstum und Nutzung doch mehr Systeme gekauft werden können. Wenn die Systeme jedoch nur begrenzt genutzt werden, entstehen dem Unternehmen mittelfristig mehr Kosten als gedacht. Auch wenn ein Bereich die Services zu intensiv nutzt, kann dies dazu führen, dass die Rechnung zu hoch wird und der Bereich dies nicht sonderlich positiv aufnehmen wird.

An dieser Stelle zeigt sich ein schmaler Grat, denn Sie sollten dem Bereich nicht einfach sagen, dass die Nutzung gerade etwas hoch ist und daher reduziert werden sollte. Letztlich sind Sie in der Rolle des Dienstleisters und daher die erbringende Instanz. Es empfiehlt sich daher, drei mögliche Wege zu nutzen:

1. **Finanzielle Aspekte**: Der Bereich hat Ihnen eine gewisse Nutzerzahl sowie eine zu erwartende Frequenz genannt. Für diese haben Sie einen Preis kalkuliert und können diesen auch anbieten. Sollte die Nutzung nun signifikant höher liegen, kann von Beginn an die Erhebung von Zusatzgebühren vereinbart werden. Dadurch wird der Bereich gedrängt, möglichst genau zu schätzen, wodurch Überkapazitäten vermieden werden. Ein weiterer Effekt kann jedoch sein, dass der Bereich bei einer absehbaren Überbuchung das Gespräch mit Ihnen sucht, um gemeinsame Wege abzustimmen, oder die Mehrkosten bewusst in Kauf nimmt, etwa da deutlich höhere Einnahmen erreicht werden können.
2. **Technische Wege**: Im Rahmen der Servicelevel-Vereinbarungen können Sie die Leistung auch möglicherweise drosseln. An Stellen, an denen Sie mit Ihrem Team bislang den Vertrag übererfüllt haben, könnten Sie die Erbringung auf die eigentlich vereinbarte Leistung reduzieren. An dieser Stelle ist jedoch eine Warnung angebracht, denn der Kunde wird voraussichtlich eine langsamere Funktion des Services bemängeln. Die Diskussion, dass die vorherige Leistung oberhalb des vertraglich vereinbarten Levels lag, ist meist nicht sehr ergiebig. Sie haben dem Kunden etwas weggenommen, wodurch er, ungeachtet ob zu Recht oder nicht, ein Verlustgefühl empfindet. Dies kann die Zusammenarbeit nachhaltig negativ beeinflussen, weswegen die Maßnahmen in jedem Fall abzuwägen sind. Auch könnte eine Eskalation in Richtung des höheren Managements entstehen, weswegen ich immer zur vorherigen Abstimmung dieser Maßnahmen rate. So vermeiden Sie, dass das Management überrascht wird und möglicherweise am Ende Sie den sprichwörtlichen schwarzen Peter erhalten.
3. **Der proaktive Dialog mit dem Kunden**: Wenn Sie merken, dass der Kunde ein signifikant anderes Nutzungsverhalten hat, bietet es sich an, dies als Aufhänger für ein Gespräch zu nutzen. Warum ist das Nutzungsverhalten abweichend, und wie lange bleibt es so? Kann das Verhalten vielleicht als dauerhafter Umstand auftre-

ten? Falls ja, können Sie vielleicht gemeinsam einen Weg finden, wie Sie die Nachfrage weiterhin technisch abbilden können und der Kunde zugleich seine Nachfrage erfüllt bekommt?

Erkennbar ist, dass die Nachfrage ein wichtiger Indikator ist. Insbesondere in der heutigen Zeit, in der Outsourcing und Cloud-Anbieter präsenter denn je sind, ist es wichtig, als interne IT schlank zu sein und zugleich wettbewerbsfähige Preise zu ermöglichen. Die Nachfrage selbst ist eine der wesentlichen Stellschrauben für diese Herausforderung.

Business-Relationship-Management (BRM)

Der letzte Prozess der Strategiephase ist die Beziehungspflege mit dem Kunden. Das Ziel ist es, den Wert der Serviceerbringung für den Kunden zu optimieren und so einen loyalen sowie zufriedenen Kunden zu gewinnen.

Die wesentlichen Punkte in diesem Prozess sind:

- Aufbau und Pflege von Kundenbeziehungen
- Einholen von Feedback
- Entgegennehmen von Beschwerden
- Begleiten bei Beschwerden und Störungen

Was bedeutet das für Sie in der Praxis?

Aufbau und Pflege von Kundenbeziehungen

Auch für Sie als interne IT gilt es, Beziehungen zu den Kunden aufzubauen und zu pflegen. Das Ziel besteht darin, als Ansprechpartner der ersten Wahl wahrgenommen und daher proaktiv bei Entscheidungen eingebunden zu werden. Ein Teil dieser Beziehungspflege kann auch im Einholen von Feedback bestehen, etwa wie gut die Leistungserbringung funktioniert und an welchen Stellen der Nutzer Optimierungspotenziale sieht.

Beziehungsaufbau und -pflege

Oft kommt die Frage auf, wie denn eine Beziehung überhaupt aufgebaut oder später gepflegt werden kann. Mich verwundert die Frage häufig, hat doch jeder Mensch verschiedene Beziehungen in seinem Leben, die alle nach ähnlichen Gesetzen funktionieren. Wenn Sie mit etwas Abstand auf die Partnerschaft, Freundschaften oder auch Bekanntschaften schauen, werden Sie immer wieder Themen wie Vertrauen, aber auch ein verbindendes Element finden. Sie werden selten eine Freundschaft finden zwischen einem absoluten Hundeliebhaber und jemandem, der »Köter« nicht ausstehen kann.

Grundsätzlich ist das im Business genauso, denn so funktionieren Beziehungen.

Nun gibt es einen Haken: Beziehung muss auch ohne gemeinsames Interesse funktionieren. Seien Sie beruhigt, jeder Mensch ist so vielfältig, wenn Sie offen genug sind, wird das Gegenüber sicher auch eine für Sie interessante Seite offenbaren. Diese gilt es kennenzulernen und darauf basierend eine Beziehung zu entwickeln. Doch wie? Auch an dieser Stelle gibt es ein Patentrezept für Beziehungspflege jeglicher Art: Sie muss gemacht werden!

Wenn Sie keine Beziehung über gemeinsame Themen aufbauen können, gibt es immer mindestens ein verbindendes Element: die Arbeit. Es gibt sicher in Ihrem Unternehmen Ereignisse, über die Sie sprechen können. Wichtig ist, dass es kein Dialog im Sinne eines Lästerns sein sollte.

Bei Beziehungen ist zudem Kontinuität ein elementarer Schlüssel, denn kennen Sie nicht alle den Menschen, der sich Jahre nicht meldet, dann auf einmal auftaucht und direkt nach dem obligatorischen »Wie geht's?« mit der Bitte um etwas ankommt?

Genau das sollten Sie vermeiden! Planen Sie geregelte Gespräche mit für Sie wichtigen Beziehungspersonen wie selbstverständlich in Ihren Alltag ein. Den einen Kollegen treffen Sie zum gemeinsamen Mittagessen, die andere Kollegin ist bereits früh für eine Tasse Kaffee zu haben ...

Finden Sie die persönlich favorisierte Tageszeit dieser Personen heraus, und tauschen Sie sich geregelt aus. Nur so wird die Beziehung wachsen und hat eine Chance, sich zu vertiefen!

Einholen von Feedback und Umgang mit Beschwerden

Ein ungeliebter Punkt: Als Führungskraft sind Sie die Ansprechperson für Eskalationen oder Beschwerden. Die Gründe sind vielfältig und reichen von einer aus Sicht des Anfragenden falschen Antwort bis hin zu wirklich fachlichen Defiziten. Auch die aus Sicht des Anfragenden zu lange Bearbeitungszeit seiner Anfrage wird immer wieder ein Thema werden. Doch wie können Sie diesen Themen begegnen?

Als Erstes gilt es zu verstehen, worüber sich die jeweilige Person beschwert oder was genau zu langsam ist. Die Erfahrung zeigt, dass alle Medaillen zwei Seiten haben, daher empfiehlt es sich, der Schilderung genau zu folgen. An dieser Stelle lauert jedoch ein beliebtes Fettnäpfchen: Wenn die Schilderung glaubwürdig erscheint, neigen einige Führungskräfte dazu, der sich beschwerenden Person recht zu geben, und tadeln direkt den eigenen Mitarbeiter.

Doch Obacht, erliegen Sie nicht diesem klassischen Fehler vieler neuer Führungskräfte! Was Sie bislang gehört haben, ist die einseitige Sicht eines nicht zufriedenen Kunden und zugleich nicht unbedingt vollständig. Das erste Gebot ist daher, die Schilderung sachlich anzunehmen und dieser Person eine schnelle Lösung sowie ein Feedback zuzusichern. Mit den Informationen gilt es, den Mitarbeiter anzusprechen.

Wichtig ist erneut, die Thematik offen zu handhaben. Der Ton sollte daher eher ein »Es gab eine Beschwerde zu Störung XYZ, kannst du mir helfen, diese zu verstehen?« sein als ein »Frau Müller hat sich wegen XYZ beschwert, was hast du da schon wieder falsch gemacht?«.

Es gilt neutral zu verstehen, was passiert ist, und sich dann auch, falls notwendig, vor die eigene Mannschaft zu stellen. Nicht selten ergibt sich in dem Gespräch, dass die Störung erst vor Kurzem gemeldet wurde, Angaben fehlen oder die Anforderung schlichtweg nicht berechtigt ist. Und nun? An dieser Stelle wartet das nächste Fettnäpfchen, denn das Gespräch mit dem Kunden ist unbeliebt. Wichtig ist die Erkenntnis, dass er oder sie genau die geschilderte Empfindung hat.

Ein »Ach, so schlimm ist es doch nicht!« führt zu Unverständnis und weiteren Beschwerden. Es gilt vielmehr, eine Entscheidung zu treffen und diese möglichst objektiv zu begründen. Ein Beispiel für einen Dialog wäre:

> *Ich habe mich bezüglich Ihrer Beschwerde bei den Kollegen informiert, Herr Meyer. Das Ticket ist seit zehn Minuten eröffnet, die vereinbarte Bearbeitungsfrist beträgt vier Stunden. Ich verstehe, dass es Ihnen wichtig ist und Sie keine Zeit verlieren wollen. Genau das wollen wir auch nicht. Um das für alle Nutzer zu gewährleisten, haben wir vereinbarte Reaktionszeiten, und ich bin sicher, dass Sie zeitnah eine Rückmeldung der Kollegen bekommen werden.*

Der Dialog bietet eine klare Grenze und weist zugleich auf bestehende Regelungen hin, ohne in eine Wertung zu verfallen. Doch was, wenn das nicht hilft? Aus Erfahrung rate ich immer zur *Leiter der Eskalation*. Sollte eine freundliche, aber klare Mail nicht hinreichend sein, wird auf der folgenden Sprosse der Leiter der Ton noch mal etwas direkter und unmissverständlicher.

Wichtig ist, dass der Ton nie aggressiv oder persönlich angreifend sein sollte. Wenn auch diese Wege keine Lösung sind, bleibt häufig nur die Eskalation zur eigenen Führungskraft mit der Bitte um Unterstützung.

An dieser Stelle wird der Mehrwert einer Eskalation sichtbar. Oft ist der Begriff negativ belegt, ein Blick auf die eigentliche Bedeutung offenbart weitere Facetten. Eine Eskalation drückt vorrangig aus, dass eine Entscheidung von Ihnen nicht mehr getroffen werden kann/darf oder die Person mit Ihrer Entscheidung nicht zufrieden ist. Zunächst sollten Sie das wertschätzen und als vollkommen in Ordnung bewerten. Ich empfehle sogar, dass Sie mit dem Gesprächspartner gemeinsam die Eskalation anstrengen.

An diesem Punkt schütteln viele den Kopf, denn oft wird eine Eskalation als »ich gegen dich« empfunden. Dem ist aber nicht so, denn wenn die nächste Instanz Ihrem Gesprächspartner recht gibt, dann hat er nicht gewonnen, sondern es gibt Gründe, warum dieses Thema doch anders zu entscheiden ist. Vielleicht haben Sie einen Fakt übersehen, vielleicht kannten Sie einen Kurswechsel noch nicht, oder es sind andere

Prioritäten entstanden. Daher: Nehmen Sie die Entscheidung nicht persönlich oder als Niederlage, sondern arbeiten mit diesem Wissen entsprechend angepasst weiter.

Zusammenfassung: Service Strategy

In der ersten Phase werden die Grundlagen für die Erbringung der Services geschaffen. Welche Services brauchen wir, was möchte der Kunde? Wie zufrieden ist der Kunde mit uns? Wo beschwert er sich? In vielen Fällen sind dies überwiegend Aufgaben der Führungskraft, Sie sollten sich daher mit den strategischen Themen und möglichen Herausforderungen in Ihrem Unternehmen bereits frühzeitig vertraut machen.

12.3.2 Servicedesign

Nachdem Sie die Strategie erstellt und das Serviceportfolio definiert haben, fehlen noch die konkreten Services. Diese werden in der nächsten Phase entwickelt.

In der Designphase geht es um die Struktur der Services selbst. Die Kernfragen sind:

- Welche Services werden benötigt und müssen geplant werden?
- Welche Services sind bereits vorhanden und können verbessert werden?
- Welche Services sind vorhanden und müssen verändert werden?

Ähnlich wie bei der Servicestrategie werden auch im Servicedesign Prozesse definiert:

- Design-Koordinierung
- Servicekatalog-Management
- Servicelevel-Management
- Risikomanagement
- Kapazitätsmanagement
- Verfügbarkeitsmanagement
- IT-Service Kontinuitätsmanagement
- Informationssicherheitsmanagement
- Compliance-Management
- Architekturmanagement
- Zulieferermanagement

Die Prozesse werden im Folgenden genauer vorgestellt.

Koordinierung des Designs

Der erste Prozess gleicht einer Klammer, die sich um die gesamte Phase spannt. Seine Aufgabe ist es, alle Aktivitäten im Zusammenhang mit der Entwicklung neuer und der Veränderung bestehender Services zu koordinieren.

Hierzu plant der Prozess die Veränderung selbst und prüft permanent die Ergebnisse während des Erstellungs-/Veränderungsprozesses. In diesem Teilbereich wird daher geprüft, ob Ihr Team die vom Kunden geforderte Leistung überhaupt wirtschaftlich sinnvoll erbringen kann. Die Haltung vieler Kunden ist, dass die IT grundsätzlich *alles* umzusetzen hat, natürlich am besten kostenlos. Nun liegt es an Ihnen, genau dies zurückzuweisen und zu schauen, welche Leistungen wirtschaftlich sinnvoll sind und an welcher Stelle eine Nachverhandlung erfolgen muss.

Ein Ergebnis der Bemühungen in diesem Prozess ist das *Service Design Package (SDP)*. Im SDP wird beschrieben, wie ein Service genau erbracht wird, welche technischen Voraussetzungen geschaffen werden müssen und vor allem, an welchen Stellen organisatorische Anpassungen notwendig sind. Auf dieser Basis wird der Prozess in einer späteren Phase erstellt.

Klingt alles zunächst sehr theoretisch und nach einem Haufen Papier? Hin und wieder werden Sie schon den Spruch »Ein Ziel ohne Plan ist nur ein Wunsch« gehört haben, der auch hier zutrifft. Im Vorfeld aufzuschreiben, was notwendig ist, schafft die Grundlage für eine erfolgreiche Realisierung.

Design als Ansatzpunkt zur Diskussion

Im Service Design Package besteht die Chance zum Austausch mit dem Auftraggeber. An dieser Stelle im Prozess ist bereits klar, welche Ressourcen benötigt werden, und häufig in Folge auch, was dies an Kosten und Aufwand bedeuten wird. Ist der Auftraggeber bereit, diesen zu zahlen? Halten Sie es für wirtschaftlich sinnvoll, oder steht der Veränderung kein Mehrwert gegenüber?

Wenn Sie große Bedenken haben, ist auch ein Gespräch mit dem Vorgesetzten wertvoll, in dem die Bedenken geäußert werden können.

Wichtig ist, dass Sie keinesfalls die Anforderung ablehnen sollten. Einerseits gibt es Anforderungen, welche aus der jeweiligen Fachlichkeit entspringen und Ihnen daher nicht bekannt sind. Andererseits wird dies dem Anforderer negativ aufstoßen, und die Folge ist nicht selten eine Eskalation oder der Zukauf der Lösung an Ihnen vorbei. Ungeachtet des Ergebnisses stellt es für Sie keinen Mehrwert dar, daher ist die Eskalation zu vermeiden. Nutzen Sie stattdessen den wertvollen Austausch miteinander, um die Anforderung noch einmal gemeinsam zu reflektieren.

Servicekatalog-Management

Der Servicekatalog ist die Auflistung aller derzeit aktiven oder geplanten Services mit den jeweiligen Details und den Abhängigkeiten untereinander.

Insbesondere die Abhängigkeiten sind ein Punkt, den viele IT-Mitarbeiter bereits schmerzlich erfahren haben. So wurde beispielsweise in einem Unternehmen der WINS-Dienst deaktiviert, da die Server und Clients diesen nicht mehr benötigen sollten. Nach wenigen Tagen jedoch fielen erste Maschinen in der Produktion aus, da diese den Dienst noch brauchen. Während in dem Fall der Dienst noch zeitlich schnell wiederhergestellt werden kann, sieht das in anderen Beispielen anders aus, zumal ein Ausfall nahezu immer Auswirkungen auf den Kunden hat und daher negativ behaftet ist. Aus diesem Grund ist insbesondere die Abhängigkeit der Services untereinander gewissenhaft zu erfassen.

Abhängigkeit und Verfügbarkeit

Die Abhängigkeiten sind ein oft stiefmütterlich behandelter Aspekt, der jedoch in der Verfügbarkeit eine enorme Bedeutung erlangt. Nehmen wir an, Ihr Kunde möchte eine Verfügbarkeit von 99,999 % für seinen Dienst (z. B. die Homepage). Nun betrachten Sie Ihren Webserver, errechnen die Ausfallzeiten und kommen zu dem Entschluss, dass dies realistisch machbar ist.

Wenn Sie die Anforderung nun zusagen, werden Sie möglicherweise Schiffbruch erleiden, denn es gilt, die gesamte Erbringungskette zu beleuchten.

Wenn Ihr Webserver-Service vom Linux-Service abhängig ist, dieser jedoch lediglich 99,9 % Verfügbarkeit garantiert, stellt dies Ihre Limitierung dar.

Garantieren Sie daher nie (!) mehr Verfügbarkeit, als das schwächste Glied in der Servicekette bieten kann.

Bei großen Ketten gilt es, die Auswirkungen und Nacharbeiten bei einem Ausfall einzelner Bestandteile im Vorfeld zu beachten, denn wenn ein ungewollter Absturz des Linux-Systems für Sie viele Folgearbeiten bedeutet, ist es möglich, dass selbst die 99,9 % gegenüber dem Kunden für Sie nicht haltbar sein werden!

Der Servicekatalog selbst wird in zwei Teile strukturiert:

- Business-Services (für den Kunden sichtbar und buchbar)
- Infrastruktur-Services (IT-intern und für den Kunden nicht sichtbar)

Die Differenzierung kann so weit gehen, dass zwei auch systemseitig getrennte Kataloge erstellt werden, was jedoch lediglich die operative Umsetzung darstellt.

Ein wesentlicher Unterschied beider Bereiche ist, dass die Business-Services gegenüber dem Kunden mit Servicelevel-Vereinbarungen (SLAs) versehen werden, die Infrastruktur-Services jedoch interne Vereinbarungen (OLAs) bzw. Vereinbarungen mit dem Dienstleister (UCs) enthalten.

Der Hintergrund ist, dass die IT-Infrastrukturservices ausschließlich in der IT genutzt werden, weswegen *Operational Level Agreements* (OLAs) geschlossen werden. Inhaltlich sind diese jedoch gleichbedeutend mit SLA-Verträgen.

Die Aufgabe des Servicekatalog-Managements ist es daher, dafür zu sorgen, dass die Servicedaten stets aktuell gepflegt sind und auch bei Veränderungen entsprechend angepasst werden. Nur so kann der Kunde das Serviceportfolio für sich prüfen und entsprechende Services bestellen.

Servicelevel-Management (SLM)

Servicelevel beschreiben zunächst die Anforderungen an den bereitgestellten Service. Häufig sehen viele Teilnehmer ausschließlich die Verfügbarkeit als Maßstab, für einen Onlinehändler wäre die Verfügbarkeit einer Seite, die sehr langsam ist, dennoch vernichtend. Die Aufgabe des Servicelevel-Managements ist daher, mit dem Kunden die Anforderungen an den Service zu definieren und sog. Service Level Agreements zu entwerfen. Zugleich werden die Anforderungen erstmalig auf Machbarkeit geprüft und, wenn eigene Services dies nicht lösen können, andere Lösungswege evaluiert.

Sobald die Servicelevel-Vereinbarung entworfen und der Service entwickelt ist, wird das Dokument vom Serviceverantwortlichen unterschrieben, wodurch dieser für die Einhaltung einsteht.

Da die Einhaltung aus Kundensicht ein wesentlicher Qualitätsfaktor ist, wird dies ebenfalls im Prozess Servicelevel-Management kontinuierlich geprüft und in Form von Reports an alle beteiligten Personen verteilt.

Risikomanagement

Risiko ist ein Wort, das bei vielen Personen für Unbehagen sorgt. Aus diesem Grund wird das Thema nicht selten stiefmütterlich behandelt, denn oft gilt die Devise: »Was ich nicht sehe oder weiß, das gibt es nicht!« Die Vergangenheit zeigt klar auf, dass dies ein Trugschluss ist, daher wird es in ITIL behandelt.

Der Prozess soll Risiken identifizieren, analysieren, bewerten, dokumentieren und überwachen.

Im ersten Schritt sollten Sie dafür sorgen, dass alle beteiligten Personen für das Wort »Risiko« das gleiche Verständnis haben. Eine mögliche Definition ist, dass ein Risiko eine Situation darstellt, bei der Sie für alle möglichen Ereignisse Eintrittswahrscheinlichkeiten angeben können.

In der Praxis ist der Begriff durch die Kombination aus *Eintrittswahrscheinlichkeit* und *Schadensausmaß* definiert.

Wenn beispielsweise das Risiko einer Überschwemmung des Rechenzentrums kalkuliert werden soll, Ihre Firma jedoch kein Gewässer in der Nähe hat und zudem erhöht steht, ist die Eintrittswahrscheinlichkeit nahe null. Das Schadensausmaß wäre zugleich signifikant höher, denn eine Überschwemmung würde die Abschaltung des gesamten Rechenzentrums erzwingen. Aufgrund der Kombination der beiden Faktoren ist das Risiko dennoch gering.

In der Praxis sollten Sie versuchen, Risiken immer zu quantifizieren. Dies beugt zum einen einer emotionalen Betrachtung und der Bildung von Angst vor, zum anderen bietet dies eine Gesprächsgrundlage mit anderen Teilnehmern. Bei Gesprächen sollten Sie im Bereich Risiko eine bedingte Großzügigkeit leben, denn die Eintrittswahrscheinlichkeit muss in keinem Fall auf jede Nachkommastelle genau berechnet werden. Vielmehr gilt es, die eigene Risikosituation bewerten und gegebenenfalls Maßnahmen ergreifen zu können.

Damit Sie Risiken in Ihrem Unternehmen hinreichend und angemessen behandeln können, ist zunächst die unternehmerische Risikoaffinität zu klären (siehe Abschnitt 5.3). Aus dem privaten Umfeld heraus würden viele dazu neigen, Risiken möglichst vollständig auszuschließen und dadurch ein hohes Sicherheitsempfinden zu erzeugen. Bei genauerer Betrachtung erzeugt dies stellenweise erhöhte Kosten, die in keinem Verhältnis zu dem ermittelten Risiko bestehen.

Bei dem zuvor eingeführten Beispiel der Überschwemmung Ihres Rechenzentrums bedeutet dies, dass Sie nicht ein weiteres Rechenzentrum nur mit dieser Begründung eröffnen oder tausend Sandsäcke kaufen sollten. Während eine Überschwemmung als höhere Gewalt einzustufen ist, kann es passieren, dass Ihr Unternehmen die gleiche Vorgehensweise auch in anderen Bereichen, etwa rechtlichen Vorgaben, anwendet. Auch hier werden im Regelfall die Kosten einer Lösung denen einer Strafe gegenübergestellt, wobei es passieren kann, dass die mögliche Strafe eingegangen wird, da die Kosten diese weit übersteigen.

Es ist daher zu empfehlen, dass Sie sich diese Denkweise aneignen und bei geplanten IT-Projekten in die Überlegung einbeziehen bzw. als Lösung darstellen.

Auch wenn die Risikoaffinität nach einem festen Wert klingt, ist dies in der Praxis häufig nicht der Fall. Je nach Kontext kann ein Risiko noch weitere Folgen nach sich ziehen, die möglicherweise bei einer ersten Bewertung übersehen wurden. Aus diesem Grund zeigt sich, dass im Regelfall viele Risiken bzw. deren Annahme im Einzelfall entschieden werden.

Damit eine Grundlage für Entscheidungen geschaffen wird, braucht es eine *Business-Impact-Analyse* (BIA oder auch *Schadensausmaßanalyse*). Im Rahmen der Analyse wird ermittelt, welche Schäden ein Ausfall bedeuten würde. Während dies zunächst nach der bereits benannten Definition von Risiko klingt, hat die Analyse jedoch einen weitaus strukturierteren Ansatz und bezieht auch operative Bereiche mit ein. Aufgrund dieser Vielzahl von Blickpunkten auf das Thema werden Sie eine genauere Bewertung der Eintrittswahrscheinlichkeit und der Schadensfolgen erhalten.

Bei einer zentralen Maschinensteuerung kann ein Ausfall bedeuten, dass kein Mitarbeiter in diesem Bereich arbeiten kann. Bei verderblicher Ware kann ein Ausfall bereits den Verlust der Ware bedeuten. Weiterhin haben viele Firmen nur ein begrenztes Lagervolumen, da die Ware häufig »just in time« geliefert wird. Eine fehlende

Produktion kann daher bereits die vorhandenen Lagerflächen für Vorprodukte überlasten und zugleich dringend benötigte Lieferungen verhindern.

Aus diesen und vielen weiteren Gründen ist mit dem Fachbereich eine Schadensgröße zu errechnen. Auf dieser Basis kann in Folge bestimmt werden, ob das Risiko im Rahmen der akzeptierten Toleranz nur beobachtet werden muss oder ob Gegenmaßnahmen notwendig sind. Wenn das Risiko als nicht tolerierbar eingestuft wird und Gegenmaßnahmen geplant werden, ist nach deren Umsetzung das Risiko neu zu bewerten. In den meisten Fällen ändern Maßnahmen die Eintrittswahrscheinlichkeit, etwa durch geregelte Wartungsintervalle, und selten das Schadensausmaß.

Ungeachtet der Behandlung werden die Risiken permanent geprüft, um Veränderungen bei vorhandenen Risiken zu prüfen und ggf. neue Einstufungen vornehmen zu können.

Risikomaßnahmen

In der IT werden viele Risiken entstehen, da der Ausfall bestehender IT-Systeme mit zunehmender Digitalisierung immer höhere Auswirkungen haben wird. Doch was tun? Es ergeben sich folgende Handlungsmöglichkeiten:

1. **Risiko akzeptieren**: Wenn das Risiko unterhalb Ihrer unternehmerischen Toleranz liegt, können Sie es aufnehmen und akzeptieren. Es werden auch Risiken akzeptiert, deren Eliminierung teurer wäre als der maximal zu erwartende Schaden.
2. **Auswirkungen minimieren**: Ein Risiko ist eine Kombination aus Auswirkungen und der Eintrittswahrscheinlichkeit. Die Auswirkungen des oben genannten Produktionsstillstands können beispielsweise durch die Lagerung von Ersatzteilen vor Ort reduziert werden. So ist eine schnelle Reparatur möglich, wodurch die Produktion zügig wieder aufgenommen werden kann.
3. **Eintrittswahrscheinlichkeit reduzieren**: Die Eintrittswahrscheinlichkeit ist eine statistische Überlegung, die nicht selten auch mit Bauchgefühl getroffen wird. Im Beispiel des Produktionsausfalls könnte die Lösung beispielsweise in einer gewissenhaften Wartung der Maschinen oder dem vorsorglichen Austausch von Verschleißteilen bestehen.
4. **Risiko übertragen**: Der letzte Weg ist die Übertragung des Risikos. Häufige Gesprächspartner sind in diesem Fall Versicherungen oder Dienstleister. Das Beispiel der Versicherungen kennen Sie sicher aus dem Privatbereich, in dem Ihre Haftpflicht für mögliche Schäden aufkommt. Dienstleister hingegen können mit einer fest vereinbarten Lösung die Risiken übernehmen, etwa in Form einer garantierten Reparatur und Funktionswiederherstellung in einem definierten Zeitraum. Bei beiden Partnern kommt es jedoch maßgeblich auf die Vertragsgestaltung an, denn eine Versicherung muss hinreichend hohe Summen versichern und die Vertragsstrafen des Dienstleisters müssen bei Nichterfüllung der zuge-

sagten Leistung diese auch kompensieren! In solchen Verträgen befinden sich nicht selten Stolpersteine, sodass Sie sich in jedem Fall durch einen erfahrenen Juristen begleiten lassen sollten!

Kapazitätsmanagement

Das Wort »Kapazität« (oder kurz »Kapa«) wird zunehmend zu einem Modewort – fast jeder hat schon mal den Satz »Dafür habe ich gerade keine Kapa« gehört. Der Satz beschreibt bereits einen Teil des Kapazitätsmanagements, denn das Ziel ist es, dass die IT-Services und die IT-Infrastruktur ausreichend dimensioniert sind, um die vereinbarten Leistungen zu erbringen. Hierzu werden die Services und die IT-Komponenten permanent überwacht und ihre Kapazität gemessen. Aus IT-Sicht erfolgt oft ein Kopfschütteln, denn »natürlich reichen unsere Systeme aus«.

Das Kapazitätsmanagement bringt jedoch auch das kleine Wort »wirtschaftlich« mit, das im Alltag oft große Auswirkungen hat. In der Vergangenheit haben nicht wenige IT-Verantwortliche mit dem sprichwörtlichen »dicken Daumen« geplant und lieber etwas mehr als zu wenig Leistung einkalkuliert. Was zunächst löblich klingt, verursacht allem voraus erst mal Kosten und schmälert dadurch den Unternehmensgewinn.

Es gilt daher, die Kapazität kurz-, mittel- und langfristig zu planen und diesen Bedarf mit einem möglichst geringen Overhead zu erbringen. Aus diesem Grund ist die Planung der Kapazität für die Gestaltung der eigenen IT-Landschaft ein wesentlicher Punkt für deren Effizienz.

Bei der Kapazitätsplanung geht es auch um die gleichmäßige Ausnutzung von IT-Systemen. Bei der Nutzung von virtuellen Maschinen bedeutet das beispielsweise, dass die drei Hosts alle in etwa 33 % der Last tragen und nicht ein Host einseitig ausgelastet wird.

Bei den Überlegungen sollten jedoch auch weitere Faktoren, etwa eine Ausfallsicherheit oder ein Neustart (z. B. für eine Aktualisierung), bedacht werden. Auf das Beispiel übertragen bedeutet dies, dass bei einer Reduzierung um einen Host jeder verbliebene Hosts in der Lage sein muss, 50 % der Leistung zu übernehmen. Sie müssen daher klären, wie viele Hosts Sie für die Erbringung der Gesamtleistung minimal erwarten und was das wiederum für die Ausstattung bedeutet. In Folge nehmen Sie Überkapazitäten im alltäglichen Betrieb bewusst in Kauf.

Wie plane ich Kapazität?

Vielen Verantwortlichen erscheint die Erklärung, warum nur die notwendigen Ressourcen gekauft werden sollten, klar. Im Alltag sind Sie zugleich mit der Frage konfrontiert, was denn die notwendigen Ressourcen sind.

An dieser Stelle gibt es kein Patentrezept, es gibt lediglich Bausteine, mit denen Sie sich einer bestmöglichen Lösung nähern können:

1. **Beobachten und Bewerten der Umgebung**: Häufig wurde bereits vor Ihnen Hardware gekauft. Besonders in virtualisierten Umgebungen lässt sich in etwa schauen, in welchem Zeitraum Festplatten- und Arbeitsspeicher gewachsen sind. Beispielhaft könnte beim Festplattenspeicher eine Zunahme um 15 % im Jahr und beim Arbeitsspeicher um 10 % ersichtlich sein. Gründe dafür können die fehlende Löschung von Daten oder auch das Einspielen neuer Releases, die höhere Anforderungen haben, sein.
2. **Sprechen mit Fachbereichen**: Die Fachbereiche selbst haben ebenfalls eine Projektplanung und prüfen für sich, was sich in naher Zukunft verändern soll. Soll dort vielleicht neue Software eingesetzt werden? Was bedeutet dies? Oder wird ein vorhandener Service in naher Zukunft abgelöst? Mit diesen Gesprächen werden Sie bereits Ideen entwickeln können, welche weitere Systemlast durch die Fachbereiche entstehen wird.
3. **Abgleich Ihrer Projekte**: Was haben Sie selbst geplant? Möglicherweise möchten Sie große Server in die Cloud verlagern, wodurch die Anforderungen an lokale Hardware signifikant zurückgehen.

Am Ende ist jedoch mit Kapazität immer eine Unsicherheit verbunden, und es empfiehlt sich, in jedem Fall geringe Erweiterungsoptionen (z. B. leere Speicherbänke) für den Notfall einzuplanen. Die Kosten sind im Regelfall nicht der Rede wert, daher sollte dies vorgesehen werden. Falls die Reserven benötigt werden, können dann entsprechende Bauteile, etwa Speicherriegel, bestellt werden. Wichtig ist jedoch, dass Sie eine nachvollziehbare Planung dokumentieren und sich keinesfalls von möglichen Ängsten leiten lassen.

Sollte die Kapazität unerwartet signifikant erhöht werden müssen, können Sie als Begründung Ihre Berechnung heranziehen, nicht selten erfolgen sprunghafte Anstiege durch ein zuvor nicht bekanntes Projekt und sind damit nicht in Ihrer Verantwortung bzw. hätten nicht eingeplant werden können!

Verfügbarkeitsmanagement

Die Verfügbarkeit ist eins der wesentlichen Ziele der Servicelevel-Vereinbarungen. Um dieses Ziel bestmöglich zu unterstützen, werden im Verfügbarkeitsmanagement alle Einflussfaktoren für die Verfügbarkeit von IT-Services überwacht und kontinuierlich verbessert.

Was zunächst theoretisch klingt, hat im Alltag praktische Relevanz. Insbesondere hochverfügbare IT-Services werden häufig mit Ausfallsicherheitsmechanismen gestärkt. Doch Hand aufs Herz, wie oft haben Sie Ihr Notstromaggregat geprüft? Oder einen Stresstest durchgeführt, um die eingesetzten Mechanismen zu prüfen?

Neben der Sicherstellung des Betriebs ist der Themenbereich der Datensicherung ein weiterer großer Aspekt. Wie oft haben Sie vollständige Backups wiederhergestellt und geprüft? Nicht wenige Firmen ergreifen zwar Maßnahmen, um Ausfälle zu verhindern, testen diese aber nicht geregelt. Der Test hat sowohl eine technische als auch eine organisatorische Komponente. Die technische Komponente stellt die Machbarkeit sicher und führt diese testweise aus. In Berichten finden sich immer wieder leere oder verschlüsselte Backups, mit denen im Ernstfall keine Wiederherstellung durchgeführt werden kann! Aus diesem Grund sollten Sie die technische Machbarkeit stets prüfen, auch wenn sie noch so logisch klingen mag.

Organisatorisch ist der Test mindestens ebenso wichtig wie technisch. Denn weiß in Ihrem Team jeder, wie eine Rücksicherung funktioniert? Und können die, welche sagen, dass sie es wissen, es auch im Ernstfall sicher? Insbesondere wenn der IT-Service wichtig ist, steigt der Druck bei einem Ausfall enorm an. Jetzt ist schnelles Handeln gefragt, und das funktioniert am besten durch kontinuierliche Übung.

Das Verfügbarkeitsmanagement plant dazu in regelmäßigen Abständen Übungen ein und kümmert sich auch im Nachgang um die Analyse. Es gilt, gemeinsam zu identifizieren, was gut lief und an welcher Stelle Verbesserungen notwendig sind. Als weiteren Schritt hält das Verfügbarkeitsmanagement die Umsetzung der Verbesserungen nach und bewertet, ob diese den erwünschten Einfluss nehmen konnten.

So wird sichergestellt, dass die Maßnahmen bestehen, funktionieren und auch im Ernstfall angewendet werden können.

IT-Service Kontinuitätsmanagement (ITSCM) und Business-Continuity-Management (BCM)

Insbesondere in Krankheitswellen stellen Unternehmen fest, dass Mitarbeiter fehlen und Prozesse stark verlangsamt sind oder gar nicht ausgeführt werden können. Hier kommt das Business-Continuity-Management (BCM) ins Spiel, das sich mit der Fortführung aller kritischen Geschäftsprozesse auch in einer Krise befasst. Das BCM schaut dafür ganzheitlich auf alle Ressourcen des Prozesses, vom Personal über das Gebäude und Maschinen bis hin zur IT. Der Blick ist auf den Prozess und das Unternehmen gerichtet, daher wird es im Regelfall auch durch die operativen Bereiche verantwortet.

Der »kleine Bruder« ist das IT-Service-Continuity-Management (ITSCM), das sich auf die Wiederherstellung der IT-Services für die Geschäftsprozesse fokussiert. Auch hier erfolgt ein ganzheitlicher Blick, jedoch nur auf die IT-Infrastruktur, IT-Systeme und die Anwendungen. Es geht um die technischen Aspekte, die Sicherheit des Gebäudes oder die Verfügbarkeit des Personals sind nicht die Aufgabenbereiche des ITSCM.

Damit im Krisenfall der IT-Service möglichst schnell wiederhergestellt werden kann, bedarf es eines konkreten Plans.

Als erste Tätigkeit müssen für den Notfall oder die Krise die Prozesse definiert und vor allem dokumentiert sein. Nicht wenige IT-Abteilungen haben detaillierte Beschreibungen auf den zentralen Netzlaufwerken. Im Falle eines Cyberangriffs mit Datenverschlüsselung hilft dies jedoch nicht weiter. Auch muss der Krisenstab definiert sein. Wer muss dort präsent sein, und was kann er tun? Was muss entschieden werden?

Insbesondere Aufgaben wie der Krisenstab entstammen aus dem BCM, was eine enge Zusammenarbeit beider Disziplinen im Rahmen der Krise aufzeigt.

Das ITSCM bewertet zunächst den Ausfall des IT-Services und sucht nach Lösungen, wie dieser in möglichst kurzer Zeit wiederhergestellt werden kann. Falls der Ausfall der Beginn einer größeren Störung ist oder die Wiederherstellung den Geschäftsbetrieb nicht nur beeinträchtigt, sondern auch stört, wird das BCM aktiviert. Beide Disziplinen bearbeiten den Ausfall im Rahmen ihrer Aufgaben. Damit dies im Ernstfall funktioniert, sollten Sie auch hier mit allen beteiligen Personen Übungen durchführen!

Exkurs: Welche Krise ist Ihre Krise?

Das Kontinuitätsmanagement wird oft gemeinsam mit dem Begriff »Business-Continuity-Managementsystem« (BCMS) genannt, der bereits die Funktionalität eines Systems enthält. Wichtig ist die Schwerpunktsetzung, denn BCMS fokussiert das Business, spätestens seit COVID-19 umfassen diese Pläne auch größere Krankheitswellen oder Quarantänevorgaben.

An dieser Stelle sollten Sie aufpassen, welche Krise Sie zu Ihrer Krise machen. Das inhaltliche Kontinuitätsmanagement für Personal, Prozesse oder auch Maschinen wird an den jeweiligen Fachbereich weitergeben, und das BCM ist nur die zentrale Koordinierungsstelle. Die Kolleginnen und Kollegen dort sind deutlich näher am Thema und können daher auch deutlich besser mögliche Ausfälle vorhersehen und Maßnahmen entwickeln.

Den IT-Teil müssen Sie entwickeln und entsprechend den Vorgaben aus dem Business gestalten. Auch hier gibt das Business die Vorgabe, etwa welche Server zu den Kernprozessen gehören und daher unbedingt funktionieren müssen.

Die Kür ist am Ende geschafft, wenn alle Pläne zu einem großen Plan vereinigt werden können und somit je Krise abgestimmte Pläne für alle Teilbereiche vorliegen.

Informationssicherheitsmanagement (ISM)

IT-Sicherheit oder Informationssicherheit gewinnt immer mehr an Bedeutung. Je weiter die IT-Durchdringung des Unternehmens steigt, umso wesentlicher wird die IT-Sicherheit, da ein Ausfall oder Datendiebstahl weitreichende Folgen für das Unternehmen hätten. Es gilt daher, dass Sie die IT-Services und die Daten jederzeit hinsichtlich

- der Vertraulichkeit,
- der Integrität und
- der Verfügbarkeit

schützen müssen.

Im Alltag wird dies oft als »Jeder hat ein Passwort und gut« interpretiert, doch es ist viel weitreichender. Sie müssen sich überlegen, was für Sie Sicherheit bedeutet, etwa wie der Zugriff auf die Daten erfolgt, ob die Kennwörter sicher sind und welche Lücken es möglicherweise in der eingesetzten Software gibt. Ein sicherer Server hat keinen Mehrwert, solange er in dem gleichen Raum steht, in dem wechselndes Personal die Reinigungsartikel lagert. Gegen einen Eimer Wasser hilft die beste Firewall nichts.

Aus dem Grund müssen Sie sich in dem Prozess Gedanken über eine Strategie und daraus abgeleitete Maßnahmen für den Schutz Ihrer IT-Services machen. An dieser Stelle gibt es keine Musterlösung, da jede Lösung so individuell wie das jeweilige Unternehmen und der Service sein muss.

Ist IT-Sicherheit gleich Informationssicherheit?

Zu Beginn des Absatzes wurden die Begriffe IT-Sicherheit und Informationssicherheit gleichbedeutend genannt, was in der Praxis auch oft zutrifft. Bei einer genaueren Betrachtung ist jedoch ersichtlich, dass die IT-Sicherheit nur einen Teil der Informationssicherheit darstellt (siehe Kapitel 7).

Die Informationssicherheit selbst befasst sich mit sicheren Informationen und umfasst daher unter anderem auch die Entsorgung von Akten oder das Einschließen von Ordnern. Es ist eine unternehmerische Entscheidung, ob Sie sich mit den gesamten Themen auseinandersetzen und diese auch steuern wollen oder ob dies zu Beginn nicht passiert. Damit die Inhalte beherrschbar bleiben, empfiehlt sich zu Beginn der Fokus auf IT-Sicherheit und die bewusste Abgrenzung. Sobald dort Sicherheit besteht, kann der Fokus auf die Informationssicherheit ausgeweitet werden.

Wenn Sie keine dedizierte Fachkraft für Informationssicherheit im Unternehmen beschäftigen wollen, sollten Sie als IT dort höchstens einen koordinierenden Rahmen bieten und viel Verantwortung in die Fachbereiche delegieren. Im Alltag kann dies bedeuten, dass Sie zwar festlegen, dass sensible Akten nach einem anerkannten Standard vernichtet werden müssen, die Kategorisierung der Sensibilität jedoch in die Fachbereiche geben.

Die Aufteilung sollte nur klar definiert und vor allem kommuniziert werden, damit alle Beteiligten davon wissen und ihre Pflichten entsprechend wahrnehmen können!

Neben der Integration von Sicherheitsaspekten gilt es zudem, diese prüfen zu lassen oder selbst zu prüfen. Der häufig gewählte Weg ist eine Kombination aus beidem.

Der erste Schritt sollten Ihre eigenen Prüfungen sein, hierfür gibt es auf dem Markt zunehmend Werkzeuge. Dennoch wird über kurz oder lang hierdurch ein blinder Fleck entstehen. Zudem möchten Ihre Geschäftspartner wahrscheinlich einen neutralen und möglichst objektiven Nachweis über Ihre Tätigkeiten in der IT-Sicherheit. Aus diesem Grund sollten Sie in regelmäßigen Abständen einen professionellen Anbieter mit dem Test Ihrer Umgebung beauftragen. Eine Möglichkeit hierzu sind *Penetration-Tests* (kurz Pen-Tests).

Als Ergebnis werden neue mögliche Schwachstellen identifiziert, die Sie schließen sollten, um Ihre Sicherheit zu erhöhen.

Abschließend gehört zum ISM auch die Frage, was nach einem IT-Sicherheitsvorfall zu tun ist. Mit dieser Frage beschäftigen sich wenige Unternehmen, denn es wird angenommen, dass durch den Einsatz von IT-Sicherheitslösungen schon nichts passieren wird. Dass das ein gefährlicher Trugschluss ist, mussten schon viele Organisationen erfahren. Daher gilt es, einen Plan zu haben, was zu tun ist, wenn es doch zu einem Sicherheitsvorfall kommt.

Und halten Sie sich dabei unbedingt vor Augen, dass ein IT-Sicherheitsvorfall große Ausmaße annehmen kann und daher niemanden im Vorfeld bekannt ist. Als Reaktion kommt schnell Panik auf, die die Lage oft weiter verschlimmert.

Ein Plan gibt daher die Sicherheit, dass dieser Weg funktioniert, und ist zugleich im Vorfeld mehrfach geübt worden. Nur so stellen Sie sicher, dass Ihr Unternehmen den Angriff mit möglichst wenig Schaden übersteht. Zudem ist jede Sicherheitslösung fehlbar, sodass es keine Garantie geben kann.

IT-Sicherheitsvorfälle und deren Meldung

Viele Unternehmen hoffen, dass sie nie Opfer eines Informationssicherheitsvorfalls werden, und zugleich ist es nahezu sicher, dass dies passieren wird. Sobald ein Mitarbeiter eine Mail mit personenbezogenen Daten an den falschen Empfänger schickt oder einer Ihrer Geschäftsführer versehentlich eine Phishing-Mail anklickt und den Anhang ausführt, kann bereits ein Informationssicherheitsvorfall eingetreten sein.

Nun gilt es, auf zwei Zeitlinien zu balancieren, denn das primäre Ziel ist die sofortige Unterbindung einer Ausweitung des Vorfalls. Dies kann Sofortmaßnahmen wie das Ausschalten des Notebooks oder die Sperrung des Accounts beinhalten.

Die zweite Zeitlinie läuft jedoch ebenfalls ab Bekanntwerden des Vorfalls und umfasst die rechtliche Komponente, die sich auf den Datenschutz bezieht (siehe Kapitel 9). Wurden möglicherweise personenbezogene Daten entwendet/der falschen Person zugänglich gemacht? Falls ja, haben Sie in Deutschland nur eine begrenzte Zeit, um diesen Vorfall an die verantwortliche Datenschutzbehörde zu melden – diese Zeit wird auch über Feiertage und Wochenenden gerechnet, sodass ein zeitnahes Handeln notwendig ist!

Lassen Sie sich an dieser Stelle immer rechtlich beraten, denn neue Regelungen, etwa NIS-2 oder KRITIS, können die Fristen empfindlich zu Ihrem Nachteil verkürzen!

Compliance-Management

Compliance ist ein Modewort geworden, und zugleich fragen sich viele, was es eigentlich heißt. Compliance wird mit »Einhaltung der Vorschriften« übersetzt und »to be compliant« mit konform sein. Genau dies ist der Kern des Compliance-Managements, das sicherstellt, dass die IT-Services die Unternehmensrichtlinien sowie gesetzliche Vorgaben erfüllen.

Hierzu erfolgen regelmäßige Prüfungen, sogenannte *Audits*, die meist von anderen Unternehmensstellen, etwa der Revision, durchgeführt werden. An dieser Stelle gilt es für Sie, die entsprechenden Vorgaben bereits im Vorfeld zu beachten. Wenn bei einem Audit Auffälligkeiten gefunden wurden, gilt es, diese strukturiert zu bearbeiten und zu lösen.

Vorschriften beachten, ohne Anwalt zu sein

Eigentlich ist es doch klar: Sie müssen die branchenüblichen Vorgaben und Gesetze beachten. So einfach ist das nur leider nicht, denn als Führungskraft sind Sie kein Jurist. Wie ist das zu lösen? Aus der Erfahrung empfehle ich den Dialog mit drei Parteien:

1. **Fachbereiche**: Die Fachbereiche kennen ihre Bereiche und Rechte meist sehr gut und wissen, welche Gesetze darauf Anwendung finden oder worauf es ankommt. Ein Geheimrezept ist daher, stets eine gute Verbindung zu den Bereichen zu pflegen und den geregelten Austausch zu suchen.
2. **Rechtsabteilung**: Nahezu jede Organisation hat einen Rechtsbereich oder jemanden, der für juristische Fragen verantwortlich ist. Die wesentliche Aufgabe ist es, Ihr Unternehmen in allen Rechtsfragen zu betreuen. Daher sollten Sie auch dort mit möglichen Unsicherheiten vorstellig werden, etwa wie lange eine Datensicherung aufgehoben werden muss oder welche Protokolle gespeichert werden dürfen.
3. **Geschäftsführung**: In letzter Instanz hat immer die Geschäftsführung das Wort und in Folge auch zu haften. Aus diesem Grund haben alle Mitglieder der Geschäftsführung häufig einen sehr guten Überblick über branchenspezifische Eigenheiten oder rechtliche Veränderungen. Auch dort empfiehlt es sich, dass Sie enge Beziehungen pflegen, falls möglich, um eventuelle Veränderungen zu erfahren.

Architekturmanagement

An dieser Stelle folgt ein für viele IT-Verantwortliche bekannter Prozess mit dem Ziel, einen Plan für die mittel- und langfristige Entwicklung der IT-Landschaft zu erstellen. Wesentliche Faktoren hierzu sind die Servicestrategie und der Einsatz innovativer Technologien.

Was zunächst nach dem Einkauf neuer Geräte klingt, ist jedoch auf die Architektur fokussiert. Als Erstes gilt es daher, die Anwendungen möglichst zu standardisieren und zu harmonisieren. Viele IT-Bereiche kennen es: Für einen Zweck gibt es verschiedene Lösungsansätze und unterschiedliche Software im Unternehmen. Die Nachteile sind unter anderem ein erhöhter Wartungsaufwand sowie kleinere Kontingente für mögliche Preisverhandlungen. Daher gilt es, diesen Zoo auf ein sinnvolles Maß zu reduzieren.

Das Ziel sollte immer die *Enterprise-Architektur* (EA) sein, die die wesentlichen Komponenten eines Unternehmens und deren Beziehung zueinander darstellt. Als Bereiche werden häufig Informationen, Anwendungen und Technik genutzt, die entsprechend den Anforderungen miteinander verbunden werden. Die Enterprise-Architektur, ihre Vor- und Nachteile sowie mögliche Schritte dorthin sind Themen von Kapitel 5 in diesem Buch.

Zulieferermanagement (Supply-Chain-Management)

Das Management der Zulieferer wird zunehmend wichtiger. Während IT in der Vergangenheit bedeutete, alles selbst zu erbringen, ist heute der sogenannte Sourcing-Mix nahezu allgegenwärtig. In diesem geht es darum, von wem die Leistung/der Service ideal bezogen werden kann.

Das Zulieferermanagement soll sich um die entsprechenden Vertragsverhältnisse kümmern und diese gestalten.

Hierzu werden zunächst Standardvorlagen erstellt, etwa Einkaufsbedingungen oder auch gemeinsame Geschäftsbedingungen, auf die sich jeder Einkauf stützen sollte. Zugleich werden neue Lieferanten auf Herz und Nieren geprüft und entschieden, bei wem eine Leistung beschafft werden sollte. Für die Prüfung sowie die Entscheidung selbst sind die Kriterien stets als individuell anzusehen, so kann beispielsweise bei einem Hardwareeinkauf der Preis entscheidend sein, wohingegen bei der Auslagerung eines Services mit personenbezogenen Daten der Ort der Datenverarbeitung in den Vordergrund rückt. Aus dem Grund ist dies pro Einkauf individuell zu prüfen und anzupassen. Neben großen Investitionen werden immer wieder alltägliche Verbrauchsgegenstände fällig, etwa Netzwerkkabel oder Tastaturen. Für diese Positionen wird nicht bei jeder Bestellung ein großer Aufwand getrieben; die Bestellung kann meist vom Mitarbeiter direkt ausgelöst werden. Aufgrund des Volumens werden die Verträge in geregelten Abständen neu verhandelt bzw. neu vergeben, dies ist jedoch für die bestellende Person aufgrund eines Formulars oder Ähnlichem meist nicht in allen Details ersichtlich.

Abschließend hat das Zulieferermanagement noch prüfende Funktionen. Zum einen prüft es, ob die zugesagten Leistungen vollständig erbracht werden. Falls nicht, werden entsprechende Vertragsstrafen erhoben, und es erfolgen Anmahnungen der Leistungserbringung. Um die eigene Qualität zu verbessern, ist es wichtig, nach möglichen Drohungen auch Folgen in Form von Strafen oder einer Auslistung als Lieferant folgen zu lassen.

Zum anderen prüft das Zulieferermanagement jedoch auch die Zulieferer selbst. Sind alle noch weiterhin notwendig? Können Leistungen vielleicht zusammengefasst und nur bei einem Zulieferer bestellt werden? An dieser Stelle empfiehlt sich jedoch eine Risikoabwägung. Die Zusammenfassung der Bestellungen auf einen Zulieferer wirkt zunächst verlockend, der Ablauf ist bekannt, der Zulieferer verspricht möglicherweise noch etwas Rabatt, und es ist alles einheitlich, wodurch Folgebereiche (z. B. die Buchhaltung) auch keine Schwierigkeiten haben. Auf der anderen Seite führt dies jedoch gerne auch zum Lock-in, also Schwierigkeiten beim Wechsel. Denn was passiert, wenn der Zulieferer seine Preise erhöht? Insbesondere bei komplexeren Produkten ist dies nicht unüblich, denn dort können Sie nicht so leicht wechseln. Viele Zulieferer haben die Erfahrung gemacht, dass die Kunden einmal kurz unzufrieden sind, dann jedoch die Mehrkosten aufgrund möglicher Aufwände für einen Wechsel akzeptieren. Aus dem Grund empfehle ich Ihnen, bei jeglichem Produkt mindestens zwei Zulieferer zu haben und im Wechsel zu bestellen. So stellen Sie sicher, dass keine Abhängigkeit besteht und beide Partner in Übung sind. Sollte einer der Partner unerwartet die Kosten erhöhen oder Probleme erahnen lassen, kann der andere Partner stärker genutzt und der problematische Partner in Ruhe ausgetauscht werden.

Sobald ein Vertrag nicht mehr notwendig ist, wird dieser entsprechend aufgelöst. Hierauf ist besonders zu achten, denn einige Bereiche haben *Pay-per-Use*-Verträge und halten diese gerne offen, da Kosten nur bei Nutzung anfallen. An dieser Stelle gilt häufig das Sprichwort: »Lieber haben als brauchen!«

Zur eigenen Übersicht ist es jedoch wertvoll, auch diese Verträge zu kündigen. Nicht selten ist ein erneuter Geschäftsabschluss Jahre später leicht möglich, und einige Unternehmen räumen besondere Rabatte ein. Auch kann die Leistung selbst mittlerweile weiter verbreitet sein, sodass der bisherige Partner vielleicht gar nicht mehr der Platzhirsch ist.

Zusammenfassung: Servicedesign

Im Servicedesign wurde der Service entwickelt, und es wurde ein Fokus auf die begleitenden Themen, etwa Informationssicherheit und Compliance, gelegt. Bei Beachtung aller Themenfelder wird Ihr Team sich mit vielen Schauplätzen beschäftigen müssen, die vielleicht vorher nicht im Fokus standen. Zugleich erhalten Sie ein besseres Bild über den Service und dessen Umwelt. In Folge werden Sie in den weiteren Schritten nachhaltigere Entscheidungen treffen können, was wiederum die Zusammenarbeit mit den Fachbereichen stärkt.

12.3.3 Service Transition

In der Strategiephase wurde das Serviceportfolio grundsätzlich geplant, in der Designphase wurden konkrete Änderungen sowie neue Services integriert. Die Services wurden mittels des Service Design Package weitergehend beschrieben, in dem dargelegt wird, wie genau der Service aufgebaut ist und welche Komponenten er enthält.

Anhand dieses Pakets kann der Service in den Betrieb übernommen oder angepasst werden, was die Aufgabe der Service-Transition-Phase ist.

Diese enthält folgende Prozesse:

- Change-Management
- Change-Evaluierung
- Projektmanagement
- Anwendungsentwicklung
- Release- und Deployment-Management
- Servicevalidierung und Test
- Servicekomponenten- und Konfigurationsmanagement
- Wissensmanagement

Change-Management

Im Change-Management werden jegliche Veränderung an bestehenden Services/Systemen oder neue Services als *Changes* oder *RfCs* (Request for Change) behandelt. Das Ziel besteht darin, dass die Veränderungen möglichst ohne negative Nebenwirkungen umgesetzt werden können. Hierdurch werden die Kundenzufriedenheit gestärkt und die Ausfallzeiten minimiert.

Um dies zu ermöglichen, wird ein *Change Advisory Board (CAB)* gegründet. Die Teilnehmer sind unternehmensspezifisch zu wählen, der Regelfall ist die Teilnahme von Stellvertretern aller möglicherweise betroffenen Teams. Vor dem eigentlichen CAB müssen die Changes zunächst kategorisiert werden. Eine gängige Unterteilung ist:

- **Standard-Changes**: Diese sind vorautorisiert und werden daher nicht im CAB diskutiert. Es handelt sich um gut erprobte, mehrfach erfolgreich ausgeführte und geübte Tätigkeiten (etwa Erweiterung des Arbeitsspeichers oder Installation eines Updates).

- **Notfall- oder Emergency Changes**: Hierbei handelt es sich um zeitkritische Changes, die direkt umgesetzt werden müssen. Um keine Verzögerung zu erzeugen, wird der Change häufig durch ein Emergency-CAB genehmigt, das jederzeit verfügbar ist und meist aus Kernmitgliedern des eigentlichen CAB besteht.
- **Normale Changes**: Alle Changes, die nicht in die anderen beiden Kategorien fallen, werden durch das CAB beschlossen. Möglich ist eine Unterteilung in **Major** und **Minor Change**, die häufig nach potenziellen Auswirkungen erfolgt.

Ersichtlich ist bereits, dass Sie eine Change-Policy brauchen und für sich definieren müssen, wie die jeweiligen Changes kategorisiert werden, welche Mitglieder Ihr CAB haben wird und was genau dort vorzustellen ist.

Aus der Praxis ist zu empfehlen, dass der Change selbst vorgestellt wird, was zu tun ist, wie bei einem Fehlschlagen das *Roll-Back* erfolgen wird und welche Teams sowie Kunden betroffen sind. Die anderen Teams haben die Möglichkeit, Bedenken zu äußern oder eine eigene Beteiligung anzumerken. Das CAB muss final über den Change entscheiden und diesen entweder freigeben oder ablehnen.

Nach Freigabe erfolgt die Umsetzung im Rahmen des Betriebs und zeitgleich die Dokumentation der Tätigkeit sowie des Ergebnisses. Diese Daten werden immer an dem Datensatz des betroffenen Services oder Systems abgelegt, sodass jeder Mitarbeiter im Störungsfall darauf zugreifen und auch die Veränderung rückgängig machen könnte.

Change Evaluation

Für größere Änderungen an bestehenden Services oder der Einführung neuer Services kann eine separate Bewertung der Auswirkungen angeraten sein. Im Regelfall umfasst dies ausschließlich Changes, die als Major Change eingestuft werden. Diese werden während der gesamten Veränderungsphase enger begleitet, und es sind deutlich mehr Freigaben als in regulären Change-Prozessen vorgesehen. Wer die Begleitung übernimmt, ist situativ dem Change geschuldet: möglicherweise Sie als Führungskraft, ein Projektleiter oder auch eine Mitarbeiterin mit fachlicher Expertise.

Abschließend erfolgt eine Bewertung nach Abschluss des Changes, um herauszufinden, an welchen Stellen im Bereitstellungsprozess noch Verbesserungspotenzial vorhanden ist.

Projektmanagement

Hier ist der Name Programm: Insbesondere im Rahmen von Major Changes oder ganzer Releases gilt es, umfangreiche Ressourcen zu koordinieren und zugleich die Kosten, die Zeit und die Qualität zu überwachen.

Das Vorgehen gleicht dem regulären IT-Projektmanagement, und aus diesem Grund empfiehlt ITIL ausdrücklich die Einführung einer IT-Projektmanagement-Methodik wie PMI, Prince2 oder vergleichbare Rahmenwerke. Welche Sie dabei wählen, sollte eine Unternehmensentscheidung sein, da die Wahl durch alle Bereiche getragen werden muss und sich nicht nur auf die IT erstrecken sollte.

Anwendungsentwicklung

Besonders wenn Sie aus dem IT-Infrastrukturbereich kommen, werden Sie nun vermutlich mit den Augen rollen, denn wozu sollten Sie Anwendungen entwickeln?

Die Eigenentwicklung von Anwendungen ist zunehmend umstritten, da die Orientierung im Regelfall zur Standardisierung geht. Obwohl Befürworter von Eigenentwicklungen die hohe Passgenauigkeit als wesentlichen Vorteil bewerben, sollte zuvor geprüft werden, ob eine Standardsoftware den Zweck ebenfalls erfüllen kann (siehe Kapitel 6). Ausschlaggebend für die Eigenentwicklung ist häufig die hohe Passgenauigkeit, der Preis dafür ist jedoch die oft aufwendige Pflege der Anwendung nach Veröffentlichung.

ITIL selbst ist kein Leitfaden für Softwareentwicklung, daher werden lediglich das Anwenderhandbuch sowie das Betriebshandbuch als Dokumente genannt. Die Entwicklung selbst sollte anhand anderer Rahmenwerke erfolgen, die den Fokus auf den Bereich Softwareentwicklung legen, beispielhaft Scrum.

Release- und Deployment-Management

Der Begriff *Release* lässt Sie möglicherweise zunächst an Software denken. Der Zusammenhang mit ITIL und der IT-Infrastruktur wird daher nicht auf den ersten Blick klar.

ITIL sieht im Regelfall nicht das Erstellen und direkte Umsetzen eines Changes vor, sondern die Gruppierung zu sogenannten *Releases*.

Das Ziel besteht darin, alle Änderungen zusammenzufassen und gemeinsam zu testen, um etwa Wechselwirkungen untereinander bereits frühzeitig erkennen zu können. In großen Unternehmen kommt dieser Planungsweg häufig zum Einsatz, dort unterteilt sich ein Zyklus in einen Entwicklungszeitraum, in dem neue Technologien getestet und entsprechend Changes gestellt werden.

Danach folgt eine sogenannte *Frozen Zone*, in der in der Produktivumgebung keine Veränderungen mehr zulässig sind und zugleich das Release als solches getestet wird. Reguläre Changes werden nicht mehr angenommen, zulässig sind ausschließlich. *Silver Bullets*, die beispielsweise im Test aufgetretene Probleme beheben oder aufgrund von externen Forderungen (z. B. Gesetzesänderungen) unbedingt integriert werden müssen.

Sobald das Release hinreichend getestet und freigegeben ist, erfolgt der Rollout in der Produktivumgebung, an den sich der *Early Life Support* anschließt. Für diese Phase gibt es verschiedene Bezeichnungen, oft findet sich auch der Begriff *Hypercare-Phase*. In dieser Phase sind alle Personen, die einen Change im Release umgesetzt haben, verfügbar, um eventuell entstehende Probleme umgehend analysieren und ggf. lösen zu können.

Nach Abschluss der Early-Life-Phase wird die Existenz aller benötigten Protokolle geprüft und danach der gesamte Rollout-Prozess abgeschlossen.

Wie groß ein Release wird und was es umfasst, ist unternehmensspezifisch. Einige Unternehmen planen ein Release je eingesetzter Softwarekategorie, andere wiederum planen lediglich ein Release für alle Änderungen. Der Maßstab ist, dass alle Änderungen eingebracht und getestet werden können und das Risiko bei einem möglichen Defekt vertretbar ist.

Servicevalidierung und Test

Der Prozess »Servicevalidierung und Test« hängt eng mit dem Releasemanagement zusammen, und es ist strittig, welcher der beiden Prozesse zuerst genannt werden muss. Das Ziel des Prozesses ist es, ausgerollte Releases und die dadurch entstehenden Services aus Kundensicht zu prüfen, ob diese die Anforderungen erfüllen und ob die eigene IT in der Lage ist, den Service entsprechend zu unterstützen. Die Prüfung selbst beginnt bereits vor dem Rollout und begleitet die Release-Tests. Falls dort Zweifel bestehen, erfolgt kein Rollout des Releases.

Servicekomponenten und Konfigurationsmanagement

Bislang war lediglich definiert, dass es das Service Design Package geben muss und dass Changes dokumentiert werden. Allerdings war noch unklar, wie dies erfolgen muss. Die Servicekomponenten und das Konfigurationsmanagement schließen diese Lücke.

In diesem Prozess müssen alle *Configuration Items (CI)* mit allen Beziehungen untereinander in eine zentrale Datenbank, die *Configuration Management Database (CMDB)*, aufgenommen werden.

Sehen Sie die CMDB nicht nur als eine Datenbank mit ein paar Einträgen an! Sie ist ein wesentlicher Teil des Fundaments der ganzen IT. Es ist *die* Datenbank, in der die gesamte Hardware, Software, Konfigurationen und auch Cloud-Ressourcen des Unternehmens verzeichnet sind. Mit diesen Daten können Sie IT-Strukturen schnell nachvollziehen oder Wartungen besser planen.

Im ITIL-Modell ist die CMDB für viele Prozesse essenziell, beispielsweise für Changes oder um die Auswirkungen von Ausfällen besser bewerten zu können, denn in der CMDB sind alle IT-Services zusammengefasst und dokumentiert. Was sich zunächst theoretisch anhört, ist in der Praxis ein wesentlicher Erfolgsfaktor für das Servicemanagement.

Schauen wir uns beispielhaft den Service »ERP-System« an. Es werden dazu in den CIs alle Datenbanken, die Server und weitere Komponenten in der aktuellen Ausprägung aufgeführt. Bevor Sie dies tun können, müssen Sie zwei wesentliche Themen definieren:

1. Welche Daten möchten Sie am CI ablegen? Es bietet sich an, dies je CI-Gruppe zu regeln. Für einen Server werden möglicherweise andere Daten erfasst als beispielsweise für eine Software.
2. Wie möchten Sie die CMDB führen? Der Markt bietet hierzu einige Tools, die nahezu keine Wünsche offenlassen. Ein Anhaltspunkt kann die Frage sein, wie viele CIs Sie verwalten müssen und was Ihr Anspruch daran ist. Die Lösungen reichen von der eigenen Access-Datenbank/Excel-Tabelle bis zur hochgradig spezialisierten Software.

   Beachten Sie jedoch, dass eine Excel-Lösung oft nicht ausreichend ist, um die Beziehungen zueinander abzubilden und entsprechende Changes abzulegen.

Vielleicht verbinden Sie mit dem Wort »Konfiguration« die Frage, welche Konfiguration die jeweiligen Bestandteile haben. Aus ITIL-Sicht beschreibt die Konfiguration jedoch den Aufbau des Services selbst. Wenn Sie die jeweilige Konfiguration des Systems ablegen möchten, können Sie dies als einen Bestandteil des CIs definieren.

Wissensmanagement

Der letzte Prozess der Phase Service Transition ist das Wissensmanagement. Die Aufgabe besteht darin, Wissen und Informationen zu erheben, zu verteilen und vor allem verfügbar zu halten.

Das Ziel ist es, einmal vorhandenes Wissen langfristig zu sichern und zugänglich zu machen. In Ihrer Praxis ist das Thema Wissen vermutlich ein zentraler Punkt, denn in vielen IT-Abteilungen gibt es *Wissenssilos*: Menschen, die sehr viel spezifisches Wissen aufgebaut haben und daher unabkömmlich sind.

Viele Firmen schätzen zunächst das Engagement der jeweiligen Person, vernachlässigen aber das Problem, das damit einhergeht, wenn so viel Wissen konzentriert wird. Mit der Zeit wird dies aber oft unübersehbar, denn im Urlaub bleiben Aufgaben liegen, da sie keiner übernehmen kann. In Gehaltsrunden oder bei sonstigen Forderungen wird die Firma zunehmend zum Bittsteller.

Sobald Sie mit einem Mitarbeiter in diese Position gekommen sind, ist der Rückweg sehr steinig und schwierig. Es gilt daher, von Anfang an dafür zu sorgen, dass Wissen stets geteilt und vor allem dokumentiert wird.

Aber es zeigt sich im Alltag, dass Dokumentation für Informatiker wohl wie das Weihwasser für den Teufel ist. Die Frage nach dem *Warum* wird oft nicht oder nur oberflächlich behandelt. Es mag an fehlender Zeit, fehlender Lust liegen (neue Themen sind viel spannender als langweilige Doku) oder sonstige Erklärungen geben. Aber wie dem auch sei: Wichtig ist, dass Sie als Führungskraft nicht nachlassen, diesen Bereich immer wieder zu kontrollieren. Letztlich sorgt eine ordentliche Dokumentation für Ihre Sicherheit bei Kündigungen oder anderweitigen Ausfällen einzelner Mitarbeiterinnen und Mitarbeiter. Wenn Sie Aufgaben neu verteilen müssen, werden Sie froh sein, wenn alle Prozesse gut dokumentiert sind.

Dokumentation – ja klar, aber wie?

Sobald das Thema Dokumentation und dessen Wichtigkeit erkannt wurden, folgt meist die Verpflichtung der Mitarbeiter. Genauso schnell stellt sich jedoch auch die Frage nach dem Wo und Wie.

Für das *Wie* gilt die KISS-Regel: *Keep it simple and stupid* (Halte es einfach und »idiotensicher«). Sparen Sie nicht mit Screenshots, etwas Text, und legen Sie am besten eine Art Schritt-für-Schritt-Anleitung an.

Das *Wo* muss unternehmensintern geklärt werden. Als oberste Regel gilt, dass in einem Team oder Bereich alle Mitarbeiter die Dokumente am gleichen Ort ablegen müssen, denn sonst wird die Suche sehr anstrengend und langwierig.

Der ideale Ort sollte vollindiziert durchsuchbar, einfach anzulegen und zu pflegen sowie offline verfügbar sein. Die Volltextsuche sorgt dafür, dass jeder mit einem Stichwort mögliche Lösungen finden kann. Die Einfachheit in der Anlage und Pflege ist ein bedeutender Schritt, um eine Ausrede für fehlende Pflege zu nehmen sowie einen niedrigschwelligen Zugang zu schaffen. Außerdem sorgt sie für möglichst geringen Mehraufwand durch die Dokumentation selbst. Die unproblematische Verfügbarkeit ist insbesondere für größere Ausfälle und im Notfall wichtig, denn das beste Notizbuch hilft nicht, wenn keiner mehr hineinschauen kann.

Wenn diese Kriterien erfüllt werden, gibt es eine ganze Bandbreite möglicher Tools. Beispiele wären OneNote, ein Wiki oder auch die Produkte der Firma Atlassian.

12.3.4 Service Operation

Die Service Operation ist vermutlich die Phase, die Sie am besten kennen. Die Aufgabe der Phase liegen im effektiven und effizienten Betrieb der Services und reicht daher von Anwender-Anfragen über Problemlösungen bis hin zu den alltäglichen Schmerzen, die im Betrieb auftreten können.

Auch in dieser Phase finden sich einige Prozesse:

- Event-Management
- Incident-Management
- Request Fulfillment
- Access-Management
- Problem-Management
- IT Operations Control
- Facilities-Management
- Application-Management
- Technical Management

Event-Management (oder auch Monitoring bzw. Überwachung)

Das Event-Management stellt sicher, dass die *Konfigurationselemente (CIs)* kontinuierlich überwacht und Events aufgenommen werden.

Das Ziel ist es, möglichst aussagekräftige Events zu generieren und diese sofort an die passenden Instanzen weiterreichen zu können.

Hierzu werden zunächst die regulären Informationen von den Warnungen und Fehlermeldungen getrennt, um die Arbeit der nachfolgenden Bereiche möglichst effizient zu gestalten. Im Alltag finden sich für diesen Bereich Monitoringsysteme, etwa PRTG, HP OpenView, Systems Center Operations Manager oder Nagios in diversen Ausprägungen.

Die Gestaltung selbst wird nicht durch ITIL vorgegeben; diese sollte unternehmensbezogen erfolgen. In der Praxis ist zu empfehlen, von Beginn an mit Automatismen zu arbeiten.

Dies beginnt bereits bei der Grundeinstellung, denn einige IT-Mitarbeiter möchten Fehler nur in der Programmoberfläche des jeweiligen Werkzeugs sehen. Auf lange Sicht ist das ein Fehler, denn entweder verbringen Ihre Mitarbeiter viel Zeit mit der Kontrolle der Oberfläche, oder es werden Störungen zu spät erkannt. Daher sollte idealerweise jeder Fehler bereits automatisiert gemeldet werden.

Mehrwerte sind die Einführung von Abhängigkeiten und die Gruppierung von Systemen. Sollte beispielsweise die Standleitung zu einem Ihrer Standorte ausfallen, müssen nicht zwingend alle dort stehenden Komponenten aufgrund der fehlenden Verfügbarkeit als fehlerhaft angezeigt werden. Ansonsten haben Sie schnell viele Tickets und müssen zuerst mühsam die Ursache suchen, was in jedem Fall die Zeit bis zur Lösung verzögert.

Die Königsklasse der Fehlerbehandlung ist die automatische Lösung, allerdings ist diese in vielen Fällen mit einer trügerischen Sicherheit verbunden. Es ist etwa denkbar, dass ein System über eine halbe Stunde immer wieder systemseitig neu gestartet wird. Die Ursache ist möglicherweise kein Fehler, sondern die systemseitig fehlerhafte Interpretation einer fehlenden Rückmeldung, die das Verhalten auslöst.

In Folge führt ein nicht vorhandenes technisches Problem zu einem für den Kunden bemerkbaren Ausfall – der schlechtestmögliche Fall. Seien Sie daher bei automatischen Reaktionen vorsichtig.

Die automatische Skalierung technischer Strukturen von Systemen, etwa bei Webshops während eines Kundenansturms, kann hingegen eine sinnvolle Funktion sein. Hierbei erfolgt die Erweiterung nicht erst beim Auftreten eines Fehlers, sondern bereits sobald die Systemlast einen definierten Schwellenwert erreicht hat.

An dieser Stelle sehen Sie bereits, dass die Grenze zwischen Monitoring und Orchestrierung fließend sein kann sowie stets fallbezogen betrachtet werden muss.

Was ist ein Event?

Ein Event kann eine Statusänderung eines CI oder eines Services sein, die etwa einen Alarm oder eine Benachrichtigung auslöst.

Wichtig ist, dass ein Event erst mal neutral ist und daher im alltäglichen Betrieb Unmengen davon entstehen. Der Mehrwert entsteht erst bei der richtigen Interpretation und der entsprechenden Behandlung.

Es ist also vollkommen normal, dass viele Events lediglich aufgezeichnet werden (etwa die CPU-Auslastung eines Systems) und nicht direkt Aktionen auslösen. Im Rahmen einer späteren Fehleranalyse können diese Daten jedoch wertvolle Dienste leisten, sodass Events großzügig gesammelt werden sollten.

Das Event selbst ist daher zunächst neutral zu sehen und nur eine Meldung. Erst die Interpretation gibt ihm letztendlich den Charakter einer Information, einer Fehlermeldung oder eines Alarms und löst entsprechende Aktionen aus.

Incident-Management

Kaum ein ITIL-Prozess dürfte so bekannt sein wie das *Incident-Management*.

Beginnen wir zunächst mit dem *Incident* selbst: Was ist nach ITIL ein Incident?

Es handelt sich dabei um eine Störung, die durch einen Anwender gemeldet oder systemseitig proaktiv und automatisiert erkannt wurde.

Die Aufgabe des Incident-Managements ist es zunächst, Richtlinien zu verfassen, wie mit Incidents umzugehen ist und welche Werkzeuge zu nutzen sind. Viele Unternehmen verwenden hierfür Ticketsysteme und passen diese an ihre Gegebenheiten an. Sobald die Richtlinien gesetzt sind, können bereits die ersten Incidents eintreffen. Die Aufgabe zu Beginn des Lebenszyklus eines Incidents besteht in der Erfassung und Priorisierung bzw. Kategorisierung einzelner Störungsmeldungen.

Der erste Versuch ist eine Lösung im *1st-Level-Support*, in dem bereits bekannte Lösungen mit dem Ziel der schnellen Funktionswiederherstellung angewendet werden.

Wertschätzung des 1st-Level-Supports

In nicht wenigen Unternehmen wird der 1st-Level-Support belächelt, da er »nur« bereits dokumentierte Lösungen anwendet und das Ticket, sollte er nicht weiterkommen, direkt an die Fachteams zur Analyse übergibt.

Dies ist ein Grund, warum in 1st-Level-Teams oft Nachwuchsprobleme herrschen und viele Mitarbeiter zeitnah versuchen, in Fachteams zu wechseln.

Bei genauerer Betrachtung spiegelt diese Einstellung eine fehlende Wertschätzung wider, denn der 1st Level ist von unschätzbarem Wert. Er ist oft die erste Anlaufstelle eines oft völlig frustrierten und teils ungehaltenen Kunden, wodurch der Supportmitarbeiter zunächst deeskalierend wirken muss. Auch muss er das Problem in Gänze erfassen und mit den richtigen Fragen bereits eine gute Datenbasis schaffen, um den folgenden Fachteams die Analyse zu erleichtern.

Eine zentrale Aufgabe für Sie als Führungskraft ist daher, die Arbeit des eigenen Teams mit dem 1st-Level-Support zu verbessern und für Wertschätzung zu sorgen. Wenn Sie ein 1st-Level-Team leiten, ist es die Aufgabe, den Kolleginnen und Kollegen die Bedeutung als Aushängeschild der IT klarzumachen. Fordern Sie Wertschätzung ein, und geben Sie diese an Ihr Team weiter.

Sollte die Anwendung der bereits bekannten Lösungen nicht erfolgreich sein, wird der Incident an den *2nd-Level-Support* weitergereicht. In vielen Fällen sind das Fachteams, etwa Spezialisten für die Netzwerke oder Server. An dieser Stelle sollten die Incidents spätestens enden. Falls sich das Problem trotzdem nicht lösen lässt, wird eine Eskalation in den *3rd Level* angestrebt. Das ist im Regelfall der Hersteller selbst.

Der gesamte Lebenszyklus wird durch den 1st-Level-Support begleitet. So werden etwa Incidents bei einem *Major Incident* (= großer Ausfall) verdichtet, um die ideale Informationslage für die Teams zu schaffen. Auch werden die Anwender proaktiv über größere Störungen informiert, sodass die Menge an Incidents in solchen Fällen gering gehalten wird.

Nach Abschluss des Incidents wird dieser entsprechend ausgewertet, um für die Zukunft Maßnahmen ableiten zu können.

Request Fulfillment

Wenn das Incident-Management die bekannteste Disziplin ist, so ist das Request Fulfillment vermutlich der Prozess mit dem meisten Diskussionspotenzial. Die Ursache liegt im Unterschied zwischen Incidents und Service Requests, den viele Nutzer nicht so recht akzeptieren wollen.

- Ein Incident ist **eine Störung**, die mit hoher Priorität behoben werden muss und daher umgehend Aufmerksamkeit erfährt.
- Ein Service Request ist **keine Störung**, sondern eine Anfrage (z. B. die Anlage neuer Benutzer oder die Vergabe von Rechten). Entsprechend wird dieser meist mit einem niedrigeren Servicelevel bearbeitet, sodass der Kunde häufig länger warten muss.

Die Aufgabe des Request Fulfillment ist mit der des Incident-Managements vergleichbar: Auch hier geht es um Erfassung, Kategorisierung, Umsetzung und Dokumentation, allerdings von Service Requests.

Abgrenzung Service Request und Incident

In der Praxis werden immer wieder Nutzer versuchen, ihren Service Request als Incident zu tarnen. Da die gängigen Incident-Managementsysteme dies nicht vollständig erkennen können, werden diese »Irrläufer« immer wieder im Prozess auftreten. Insbesondere in Unternehmen, in denen ein enger Kontakt mit den Nutzern besteht, kann es vorkommen, dass ein Auge zugedrückt und der Incident entsprechend abgewickelt wird.

Dies ist jedoch nicht zielführend, denn dieses Beispiel macht Schule! In Folge werden Sie zunehmend mehr als Incidents getarnte Service Requests bekommen, wodurch die Priorisierung hinfällig wird.

Doch was dann? In der Praxis haben sich, je nach unternehmensseitiger Vorgehensweise, zwei Wege bewährt:

1. **Umkategorisierung und den Kunden informieren**: In diesem Fall erkennt der 1st-Level-Support bereits den Fehler und wandelt den Incident in einen Service Request um. Der Kunde wird darüber informiert, sodass er, sollte es ein Fehler gewesen sein, daraus lernen kann.
2. **Schließung des Incidents mit Verweis auf den Service Request**: Da auch das Umkategorisieren des Incidents zum Service Requests mit der Information an den Kunden Zeit kostet, gehen einige Unternehmen dazu über, derartige Incidents mit Verweis auf den Fehler direkt zu schließen. Das sorgt unweigerlich beim Nutzer für Frust, wird jedoch auch für Lernerfolge sorgen.

Welchen Weg Sie mit Ihrem Unternehmen verfolgen, ist immer eine individuelle Entscheidung, die zur jeweiligen Unternehmenskultur passen muss. Wichtig ist jedoch, dass Sie diesen Weg beschreiten und sich klar abgrenzen!

12

Access-Management

Im Access-Management ist der Name Programm: Es werden Accounts und Zugriffsrechte erstellt sowie verwaltet. In dem Prozess werden alle Schritte vom Antrag des

Nutzers auf neue Rechte über das Einholen der Genehmigung bis hin zur Zuweisung der Rechte durchgeführt.

In der eigenen Organisation sollte das Thema genau betrachtet werden. Es gibt Firmen, die den Themenbereich wie nach ITIL separat halten, andere wiederum gliedern dies dem regulären Request Fulfillment an. Häufig ist der entscheidende Punkt die Häufigkeit und der Aufwand der Anfragen, denn wenn ein Team ausschließlich mit Rechteänderungen und Anlagen ausgelastet werden kann, liegt die Aufteilung nahe.

Wichtig ist in jedem Fall, dass Sie den Prozess selbst etablieren und auch eine Freigaberichtlinie entwickeln. Der Hintergrund ist die Bedeutung eines sauberen Rechte- und Zugriffsmanagements für die IT-Sicherheit. Dabei ist Transparenz im Rahmen der Prüfung durch die Revision oder ähnlicher Instanzen für Sie ein Pluspunkt und der Weg, die Verantwortung der Genehmigung in die Hände der Fachverantwortlichen zu legen.

Problem-Management

Probleme managen, ist das nicht die Kernaufgabe der IT? Im *Problem-Management* geht es nicht um die alltäglichen Probleme. ITIL definiert Incidents, die sich wiederholen oder nicht verhindert werden können, als *Problems*. Ab wann ein Incident zu einem Problem wird, obliegt Ihrer Entscheidung, klare Grenzen existieren nicht.

Das Vorgehen unterscheidet sich je nach Fall. Bei sich wiederholenden Incidents gilt es, die Ursache zu finden (z. B. per *Root-Cause-Analyse*) und diese nachhaltig zu beheben. In Folge sollte der Incident nicht mehr auftreten.

Wenn die Ursache zwar bekannt ist, der Incident aber nicht verhindert werden kann, muss es Ihr Ziel sein, eine möglichst schnelle Behebung zu ermöglichen. Hierzu kann ein Workaround geschaffen werden, der in der *Known Error Database* abgelegt wird, auf die der Support Zugriff hat. Das Ziel ist die schnelle Wiederherstellung des genutzten Services.

Je nach Teamgröße stellt sich bei diesem Prozess die Frage, ob er wirklich eingeführt werden muss. Einige Unternehmen sehen dies als nicht notwendig an, da dieselben Mitarbeiter sowohl den Incident als auch das Problem behandeln und selbst entscheiden, wie weit eine weiterführende Analyse notwendig ist. In der Praxis wird daher meist schnell klar, dass die größte Effizienz erst mit zunehmender Größe der IT-Infrastruktur und einer daraus resultierenden Komplexität realisiert werden kann. In diesem Fall arbeiten einige Fachkräfte übergreifend an der Lösung von Problemen und entlasten die Fachkräfte, die für die Incidents verantwortlich sind. In diesem Rahmen haben die Problemmanager deutlich mehr Zeit für die jeweilige Fragestellung. Zugleich ist der Mehrwert des Problemmanagement-Teams schnell gegeben, da eine Lösung häufig die Effizienz sowie Arbeitsfähigkeit vieler Mitarbeiter sicherstellt.

IT Operations Control

Der Name ist in diesem Prozess zugleich seine Aufgabe: *IT Operations Control* soll die IT-Services und die Infrastruktur überwachen und steuern. Alltägliche Aktivitäten, etwa das Backup oder die Wiederherstellung, werden in diesem Prozess ausgeführt.

An dieser Stelle erkennen Sie sehr gut die klare Trennung der Services von der Infrastruktur. Auch wenn IT-Komponenten Bestandteil des Services sind, werden diese nicht vollständig im Rahmen des Services gepflegt. Wie weit dies geht, müssen Sie selbst entscheiden und definieren.

Facility-Management

Das *Facility-Management* befasst sich mit den Räumlichkeiten der IT, also Ihrem Rechenzentrum (inkl. Strom, Klima und allen weiteren Faktoren, die dazugehören). Viele Laien kennen das Rechenzentrum nur als Ort, an dem die Server stehen. Was logisch so einfach klingt, hat jedoch technisch einige Feinheiten, die es zu beachten gilt. Wenn Sie sich mit dem Rechenzentrum selbst befassen müssen, ist ein systematisches Vorgehen von Anfang an zu empfehlen:

- **Zugang**: Wie kommt jemand in Ihr Rechenzentrum? Wie schützen Sie es vor ungewolltem Zugriff?
- **Temperatur**: »Puh, ist das heiß hier drin ...« Ein Satz, der die Ursache vieler Probleme sein kann. Es gilt, die Klimatisierung zu regeln. An dieser Stelle ist die Nutzung von zwei Klimageräten zu empfehlen, die jeweils eigenständig bereits die gesamte Kühlleistung erbringen können, da ein Ausfall Sie sonst schnell in eine schwierige Lage bringt.

  Wichtig ist auch das Festlegen der Temperatur: Je mehr Sie kühlen, umso mehr Energie werden Sie benötigen. Es empfiehlt sich daher, mit einem erfahrenen Rechenzentrumsbauer und den Hardwareherstellern zu sprechen, um die idealen Parameter zu bestimmen.
- **Strom**: Zuhause wird der Stecker einfach in die Steckdose gesteckt. Im Rechenzentrum auch, allerdings müssen die Lasten auf Stromkreise verteilt und diese wiederum abgesichert werden. Hier sollten Sie keinesfalls halbherzig versuchen zu planen, sondern die Fachkraft Ihres Vertrauens involvieren.
- **USV/NEA** (Unabhängige Stromversorgung/Netzersatzanlage): Nichts ist schlimmer als ein »kleiner« Stromausfall. Sie sollten daher eine hinreichend große USV einplanen.

  Was ist hinreichend groß?

  Dazu benötigen Sie den ungefähren Verbrauch Ihrer Hardware und die Zeit, welche überbrückt werden soll. Wichtig ist in jedem Fall, die USV geregelt zu prüfen, denn die Akkus altern, und es gibt viele Beispiele, bei denen die USV im Ernstfall versagt hat! Im Idealfall erfolgt die Prüfung zunächst auf Geräteebene und im Anschluss auch im Rahmen eines Tests nach Feierabend.

Bereits die ersten Punkte zeigen auf, wie komplex die Themenbereiche RZ-Bau und RZ-Betrieb sind. Dies äußert sich unter anderem in sehr spezialisierten Themenbereichen, aus denen häufig eine Haftung im Fehlerfall resultieren kann (z. B. Brandschutz). Da es nur eins von vielen Themen ist, das zudem nur zeitlich begrenzt relevant ist, empfiehlt es sich, die Beratung einer spezialisierten Firma in Anspruch zu nehmen. Dadurch können Sie sicher sein, dass alle rechtlich notwendigen Aspekte berücksichtigt wurden und Sie zugleich bei offenen Fragestellungen bestmöglich beraten wurden.

Application-Management

Das *Application-Management* ist für die Betreuung, den Test und den Betrieb von Anwendungen verantwortlich. Vielleicht werden Sie keine eigene Software entwickeln, in diesem Fall sind dennoch Test und Betrieb von gekauften Anwendungen im Rahmen eines Services wichtige Teilaufgaben.

An diesem Beispiel ist das Ziel des Rahmenwerks gut erkennbar, denn schnell stellt sich die Frage, ob dies nicht in den Rahmen des eigentlichen Services gehört. Eine klare Antwort wird es nicht geben, dies ist häufig von der Unternehmensgröße und der Anwendung selbst abhängig.

Einige Firmen verbinden Service und Anwendung zu einer Einheit, andere wiederum möchten dies strikt trennen. Wichtig ist jedoch, diesen Punkt zu sehen und vor allem zu beachten, was durch die Nutzung von ITIL bereits erfolgt.

Technical Management

Der (vor)letzte Prozess der Service-Operation-Phase ist das *Technical Management*. In diesem Prozess wird das Fachwissen für das Management der IT-Infrastruktur sowie der Services bereitgestellt. Wie im vorherigen Prozess finden sich die Tätigkeiten häufig versteckt am Rand anderer Prozesse oder im Alltag, sodass dieser Prozess selten formal ausgeprägt wird.

Continual Service Improvement

Während nun alle Betriebsthemen abgeschlossen sind und der Service auf- sowie abgebaut werden kann, fehlt noch eine übergreifende Phase, das *Continual Service Improvement (CSI)*. Das Ziel der Phase besteht in der kontinuierlichen Verbesserung der Leistungserbringung und der eigenen Prozesse.

Hierzu erfolgt zunächst ein Service-Review, das die Qualität überall da verbessern soll, wo diese zu gering ist. Als weiteres Teilziel soll die Wirtschaftlichkeit des Services betrachtet und möglichst verbessert werden.

Service übererfüllen: ja oder nein?

Die Formulierung »Qualität verbessern, wenn diese zu gering ist« wirkt zunächst befremdlich. Sollte nicht jede Verbesserung genutzt werden?

Mehr »Qualität« bedeutet fast immer mehr Kosten, denn dahinter verbergen sich Anforderungen an eine bessere Performance oder höheren Service. Die IT muss weitere Hardware nutzen oder den Betreuungsaufwand erhöhen, was schlicht Geld kostet.

Das Leben ist aber kein Ponyhof: Im Alltag ist IT ein Geschäft, in dem Kosten und Nutzen klar verglichen werden. Es gilt daher, den vereinbarten Service möglichst wirtschaftlich darzustellen.

Möchte der Kunde mehr Geschwindigkeit? Verhandeln Sie die SLAs und Eigenschaften neu, und dokumentieren Sie dies!

Es kommt oft vor, dass IT-Abteilungen mit der Zeit zunehmend mehr Leistungen für den Kunden erbracht haben, diese jedoch nie berechnet oder dokumentiert haben. In Folge wird eines Tages das (alte) Vertragswerk an einen Outsourcing-Anbieter gegeben mit der Frage, was die Erbringung dort kosten würde. Im Regelfall ist der Preis des Outsourcing-Anbieters signifikant günstiger, nach einem Wechsel wird der Kunde jedoch verärgert sein, denn das war nicht die gewohnte Leistung!

Daher: Schützen Sie sich und Ihre Kunden durch eine transparente Verrechnung und klare Dokumentation der Leistung!

Neben den Services werden auch die internen Prozesse evaluiert mit der Frage, ob diese noch marktgerecht sind. Erfolgen kann dies über Benchmarks oder andere Branchenvergleiche.

Und was, wenn Service oder Prozess verbessert werden könnten? Bei kleineren Themen erfolgt dies meist umgehend im Rahmen der Analyse. Größere Verbesserungen jedoch, die stellenweise noch die Mitarbeit des Kunden erfordern, werden in *CSI-Initiativen* gebündelt. Innerhalb der Initiative erfolgen die Umsetzung und die finale Abnahme des Ziels.

12.4 ITIL (angepasst) einführen

Nach all den Prozessen stellt sich die Frage, wie ITIL eingeführt werden kann. Viele Beratungshäuser haben auf diese Frage recht umfangreiche und nicht selten kostspielige Antworten.

Nur was ist der richtige Weg? Bevor mögliche Wege aufgezeigt werden können, ist zunächst eine Standortbestimmung vorzunehmen. Wo stehen Sie derzeit? Was haben Sie vielleicht schon ähnlich implementiert?

Muss es nun ITIL sein?

An dieser Frage scheiden sich die Geister.

Muss ITIL in Ihrem Bereich/Team/Unternehmen implementiert werden oder geht es ohne?

Letztlich ist ITIL ein Best-Practice-Ansatz. Das bedeutet, dass Sie von den Erfahrungen vieler Unternehmen profitieren. Sprichwörtlich sitzen Sie dann schnell auf den Schultern von Riesen.

Einige Unternehmen hingegen möchten die Prozesse komplett individuell gestalten und sich nicht an einem Rahmenwerk orientieren. Das ist möglich, auch wenn anzunehmen ist, dass am Ende nach allen Verbesserungen ein ITIL-naher Ansatz das Ergebnis sein könnte.

In der Praxis sollten Sie ITIL mit einem gesunden Abstand betrachten und vor allem als das, was es ist – und eben nicht ist. Es ist gewiss kein Allheilmittel oder ein Rezept, mit dem alles einfacher wird. Dennoch ist es ein Rahmenwerk, voll mit Erfahrungen und Ansätzen, die Ihre Prozesse verbessern können.

Wesentlich ist, dass es Ansätze sind, die Sie für Ihr Unternehmen interpretieren und adaptieren sollten. Keinesfalls dürfen Sie wie ein Jünger hinter den ITIL-Werken hinterherlaufen, dies führt nur zu Problemen bei der Umsetzung, die sich dann schnell zu Frust und der Ablehnung von ITIL auswachsen. Nehmen Sie ITIL als Ansatz, und entwickeln Sie davon ausgehend Ihre eigenen Prozesse, bei denen es letztlich egal ist, wie genau sie mit dem ITIL-Vorgehen übereinstimmen. Die Maxime für Sie sollte sein, dass der Prozess zu Ihrem Unternehmen und dessen momentanem Reifegrad passt und eine Weiterentwicklung des Services in Zukunft eingeplant ist.

Man kann also sagen: Wenn Sie in einer größeren Organisation mit gelebten Prozessen arbeiten, bietet ITIL viele Vorteile. Arbeiten Sie in einem KMU, dessen Fokus nicht unbedingt auf der IT liegt, wird es sinnvoller sein, erst einmal nur mit einigen ausgewählten Prozessen zu starten.

An dieser Stelle möchte ich Ihnen einen Weg nennen, der sich in der Praxis bei vielen Unternehmen bewährt hat. Sollten Sie einzelne Bausteine bereits integriert haben, können Sie schauen, was auf dem Weg fehlt und was Sie noch implementieren sollten.

1. Servicekomponenten in der CMDB definieren
2. Change-Management aufbauen
3. Incident- und Problem-Management aufbauen

4. Servicestrategie festlegen
5. Services erstellen

Die einzelnen Schritte werden im weiteren Verlauf genauer betrachtet, daraus ergibt sich auch der Sinn dieser ersten Zusammenstellung.

Angereichert wird dies mit Hinweisen für die praktische Umsetzung, damit Ihre ITIL-Einführung nicht zu einem Papiertiger verkommt oder sprichwörtlich als Tiger beginnt und doch als Bettvorleger endet.

12.4.1 Servicekomponenten definieren

Die Servicekomponenten (engl. *Asset Management*) erfassen alle CIs (*Configuration Item*) in der *CMDB (Configuration Management Database)*. Was zunächst theoretisch klingt, hat viele praktische Mehrwerte.

Zuerst muss definiert werden, was CIs sind. Im Alltag ist häufig jeder Bestandteil der IT-Struktur zugleich ein CI und wird damit erfasst. Dies umfasst jedes Notebook, jeden Monitor, jeden Switch ...

Welche Informationen von den jeweiligen Geräten zu erfassen ist, muss bedarfsgerecht ermittelt werden.

Vorschläge für mögliche CI-Attribute

Auch wenn die CI-Attribute unternehmensbezogen auszuprägen sind, sollen an dieser Stelle erste Ideen geteilt werden:

- Hardwaretyp (Monitor, Switch ...)
- Seriennummer
- Inventarnummer (zur einfacheren Identifizierung der Hardware)
- Bezugsquelle
- Daten zu möglichen Wartungsverträgen und abgeschlossenen Serviceleveln seitens der Hersteller sowie mögliche Garantiedaten
- technische Detaildaten (etwa Bestückung eines Switches oder Leistungsdaten des Notebooks), falls notwendig
- installiertes Betriebssystem
- Hostname und IP-Adresse

Insbesondere dynamische Daten (wie etwa das Betriebssystem) oder pflegeintensive Daten (wie etwa die Seriennummer) können häufig mittels Tools ausgelesen werden. Viele CMDBs haben hierzu Schnittstellen und können das Netzwerk automatisiert scannen, wodurch auch mögliche vergessene Systeme aufgedeckt werden können.

Die zentrale Sammlung aller Konfigurationselemente hat viele Vorteile, so können etwa notwendige Auskünfte leichter und schneller bereitgestellt werden.

Ein Beispiel ist die Finanzbuchhaltung, die in regelmäßigen Abständen alle derzeit noch vorhandenen IT-Komponenten benötigt, um diese bilanzieren zu können. Bereits verschrottete Hardware muss ebenfalls aus der Bilanz entfernt werden. Mit einer gepflegten CMDB können diese Daten im Handumdrehen zuverlässig bereitgestellt werden.

Auch aus technischer Sicht hat die Nutzung einer zentralen Ablage Vorteile, denn nach Erfassung der Daten kann das eingesetzte Tool automatisch vor Ablauf der Wartung von Hard- oder Software erinnern, um die Verlängerung nicht zu versäumen. In vielen IT-Teams ist dies heute eine manuelle Aufgabe, die entweder Kapazitäten bei der Bearbeitung sowie Nachhaltung bindet oder stellenweise vergessen wird und erst im Fehlerfall auffällt, wenn kein Support möglich ist. Mit einem Tool können Sie diese Themen getrost »vergessen«, denn das Tool wird entsprechend darauf hinweisen.

Die Form der CMDB ist vielfältig und nicht genormt. Viele Unternehmen beginnen zunächst mit einer einfachen Excel-Tabelle. Der Vorteil dieses Formats ist die schnelle Umsetzung; man kann direkt beginnen, die vorhandenen Komponenten zu erfassen. Dann ergeben sich natürlich bald Probleme, etwa die Mehrbenutzerfähigkeit und die Rückverfolgbarkeit von Änderungen. Besser ist es, professionelle Software für diesen Zweck einzusetzen, die auch automatische Scans mitbringt, die viel Arbeit ersparen und automatisch die Vollständigkeit der Daten prüfen.

Der Markt ist groß: Vielleicht reichen Ihnen schon Deployment-Werkzeuge wie der *System Center Configuration Manager (SCCM)* von Microsoft zusammen mit Tools zum Servicemanagement wie *Matrix42* oder auch *ServiceNow*. Es gibt aber auch Tools, die sich auf die Datenerfassung spezialisieren, etwa *i-doit*.

Mal wieder: Make or Buy

Für einige Unternehmen stellt sich in diesem Kontext die Make-or-Buy-Frage, die Sie bereits aus Kapitel 7 kennen. »Make« bedeutet, eine eigene Software zu entwickeln und selbst zu pflegen. Was zunächst für Sie gering erscheinen mag und »nur« ein Frontend für eine Datenbank bedeutet, gelangt bei den weiteren ITIL-Prozessen schnell an die Grenzen.

Doch warum bei den weiteren Prozessen? Alle Aspekte und ITIL-Prozesse greifen ineinander, denn die CI-Datenbank bildet die Grundlage für Prozesse wie das Change-Management, da nur bestehende Komponenten/Services verändert werden können. Aus diesem Grund sollte ein Tool vollumfänglich alle durch Sie geplanten Prozesse unterstützen, um ein nahtloses und vor allem zuverlässiges Arbeiten zu ermöglichen.

Die Make-Variante bedeutet zugleich, dass alle Risiken und Kosten für die Software ausschließlich durch Sie selbst getragen werden. Die Risiken beginnen bei offensichtlichen Themen wie Ausfällen oder Fehlern, es folgen jedoch auch weniger offensichtliche Aspekte wie der Verlust von Fachpersonal, das zuvor die Software entwickelt hat. Nicht selten ist dann niemand mehr da, der die Entwicklung in der Qualität erbringen kann oder möchte. Bei einer eigenen Lösung betonen viele Firmen die Anpassbarkeit und die Möglichkeit, eigene Masken zu entwickeln und firmeneigene Prozesse in der Software zu spiegeln. Aus Sicht der Kosten ist es jedoch nicht nur eine Möglichkeit, sondern zugleich eine Pflicht. Sie müssen alle Dialoge neu entwickeln und zugleich komplette Prozesse planen.

Was zunächst nach maximaler Freiheit aussieht und eine Anpassung der bestehenden Prozesse vermeidet, kann auch nachteilig sein. Bei der Nutzung einer Standardsoftware profitieren Sie von den Kenntnissen des Herstellers und vieler Nutzer vor Ihnen, die entsprechende Erweiterungen in der Software angeregt haben. Für Sie ist das zudem die Möglichkeit, eigene Prozesse zu hinterfragen und möglicherweise auf einen branchenüblichen Standard anzupassen. Die Einführung eines Tools verändert ohnehin einiges, in diesem Kontext bietet sich eine Anpassung häufig an.

Zugleich stellt sich die Frage, ab welchem Punkt sich die Buy-Option rentiert. In der Praxis führt dies häufig zu dem Tipp, zunächst zu überblicken, welche ITIL-Komponenten zeitnah eingeführt werden sollen und dann eine Vergleichsrechnung für Make or Buy zu erstellen. Als Vergleich sollten Sie einige erfahrene Anbieter zu Vorstellungen einladen.

Achten Sie jedoch darauf, dass Sie den Anbieter nehmen, der zu Ihrem Unternehmen und der aktuellen Situation sowie Ihrem Zielbild passt. Beispielsweise finden sich auf dem Markt viele Anbieter, die für den Mittelstand zu teuer und deren Angebote zu umfangreich wären. Viele Anbieter haben das bereits erkannt und bieten modulare Pakete, die ein Wachstum ermöglichen und zugleich die Kosten und Funktionen zunächst begrenzen.

12.4.2 Change-Management aufbauen

Das Change-Management verfolgt alle Änderungen in Ihrer IT-Landschaft. Wer kennt schließlich nicht die Kollegin, die noch kurz vor Feierabend eine Änderung macht – um die Fehler kann sich ja dann die Rufbereitschaft kümmern? Oder Änderungen, die kurz vor dem Urlaub erfolgen? Schnell geht viel Zeit für mögliche Spekulationen verloren, was passiert ist. Sparen Sie diese Zeit, indem Sie mit Changes arbeiten.

In der ersten Stufe bedeutet dies, dass zunächst alle größeren Veränderungen als Change beantragt und an der jeweiligen Komponente abgelegt werden.

Damit eine schnelle Einführung des Change-Managements erfolgen kann, sollte zunächst von Gremien und Freigaben sowie der Kategorisierung von Changes abgesehen werden.

Sobald die Akzeptanz für Changes vorhanden ist, sollten diese Gremien jedoch umgehend gebildet werden.

Als erster Schritt bei der Bildung von Gremien ist die Gründung eines *Change Advisory Board (CAB)* zu sehen, in dem jeder Bereich seine wesentlichen Changes vorstellt.

An der Vorgehensweise der Einführung scheiden sich die Geister. Eine Fraktion fordert zunächst feste Definitionen, wann welcher Change vorzustellen ist und eine dazugehörige Kategorisierung zu entwickeln. Die Erfahrung zeigt an dieser Stelle jedoch das Risiko, dass die Teilnehmer sich nicht in den Kategorien wiederfinden und dadurch die Akzeptanz signifikant sinkt. Eine fehlende Akzeptanz ist häufig der Beginn von Schwierigkeiten in Einführungsprojekten.

Doch wie lösen? Die zweite Fraktion wirbt für einen Beginn mit dem CAB und einer evolutionären Vorgehensweise, in der iterativ immer wieder geprobt wird, welche Changes angesprochen werden müssen. Zu Beginn werden sicher entweder zu viele oder zu wenige Changes vorgestellt werden, bis sich das Team in der richtigen Größe einpendelt.

Um dies zu ermöglichen, bedarf es unbedingt einer Moderation, die den Prozess begleiten und das Ergebnis am Ende schriftlich fixieren sollte. Erst dadurch ist sichergestellt, dass auch neue Teilnehmer die Richtlinien kennen. Insbesondere bei einer Einführung empfiehlt sich das iterative Vorgehen, da Sie dann schnell ins Handeln kommen und das Risiko ewiger Diskussionen über den richtigen Weg durch Erfahrungen und Anpassungen ersetzen.

Wichtig ist, dass die Changes einerseits dokumentiert werden, andererseits jedoch auch am betroffenen CI abgelegt/angehängt werden. Stellen Sie sich immer den Notfall vor, in dem Sie jemand nachts in der Rufbereitschaft aus dem Bett klingelt:

Am Telefon verstehen Sie nur »Maschine 7!« und »Produktionsausfall!!« und »Keine Daten!!!!«. Bei der ersten Analyse können Sie die Ursache auf eine Firewall eingrenzen. Nun möchten Sie natürlich nicht alle möglichen Dokumente durchschauen in der Hoffnung, dort irgendwo den betreffenden Change zu finden. Vielmehr möchten Sie das CI aufrufen und mit einem Klick eine Liste der Changes für diese Komponente mit Datum abrufen.

Wenn alles gut funktioniert, sehen Sie, dass der letzte Change vor zwei Tagen war und der vorletzte wiederum mehrere Monate zurückliegt. Mit wenigen Klicks haben Sie den letzten Change geöffnet, sehen, was geändert wurde, und finden zugleich die Vorgehensweise, um diese Änderung ungeschehen zu machen. Wenn diese Informationen vorliegen, wird Ihre Rufbereitschaft deutlich effizienter sein, da die Mitarbeiter entsprechende Sicherheit im Ernstfall haben und dadurch schneller agieren können.

Auch an dieser Stelle ergibt sich schnell die Frage nach dem Tooleinsatz.

Zu Beginn können eine Tabelle in Excel oder ein Board in Teams genutzt werden. So können Sie mit geringen Investitionen beginnen und vor allem Ihre eigene Arbeitsweise kennenlernen und entwickeln. Mit der Zeit werden Sie möglicherweise an die Grenzen der Übersichtlichkeit und Nutzbarkeit kommen, und es wird Zeit, ein professionelles Tool einzusetzen. Mit den dann vorhandenen Erfahrungen können Sie professionelle Suiten wie ServiceNow oder Matrix42 testen und bewerten, ob diese Ihre Anforderungen adäquat umsetzen können.

12.4.3 Incident- und Problem-Management aufbauen

Bisher ging es darum, die ITIL-Ideen in die Abläufe der IT zu integrieren. Ihre Abteilung ist aber keine Insel – auch Ihre bisherigen Nutzer müssen sich nun als Kunden verstehen und (zumindest ein wenig) umdenken.

Was bedeutet das Umdenken im Alltag? Bislang war es vielleicht auch bei Ihnen so, dass Anfragen durch ein Klopfen an Ihrer Tür oder durch ein Zurufen auf dem Flur adressiert wurden (und natürlich, wie könnte es anders sein, immer mit dem Zusatz, dass alles *zügig* erledigt werden muss).

Durch ITIL werden Sie zu einem professionellen Dienstleister, und die Nutzer müssen daher auch zu professionellen Kunden werden.

Von Kunden und Kollegen

Fahren Sie mal zu Ihrer Autowerkstatt, drücken Sie dem erstbesten Mitarbeiter den Schlüssel in die Hand, und sagen Sie: »Geht nicht mehr, guck mal danach!« Wenn Sie Glück haben, bekommen Sie den Schlüssel direkt zurück. Wenn Sie Pech haben, schaut Sie der Mitarbeiter nur verdutzt an, und es gibt ein paar Tage später die große Enttäuschung: Anstelle eines reparierten Autos wartet auf Sie eine Standpauke des Meisters, der Ihnen mitteilt, dass Sie nicht seine Zeit verschwenden sollen und sich eine andere Werkstatt suchen dürfen.

In der IT sieht es genauso aus: Auch Ihre Kollegen müssen sich als *Kunden* verstehen. Das bedeutet: Störungen oder Fragen müssen über definierte Wege bei Ihnen abgeladen werden, und die vereinbarten Servicelevel müssen akzeptiert werden.

Im Alltag ist diese Umstellung schwierig, denn der Kunde empfindet die IT schnell als unnahbar. Gleichzeitig beschweren sich die IT-Kollegen, weil die Gespräche mit dem Kunden nicht mehr in der Form stattfinden und der Small Talk doch eigentlich ganz nett war.

An dieser Stelle müssen Sie zu einem neuen Miteinander finden, denn auch wenn Sie nun interner Dienstleister sind (oder besonders deswegen!), sind Sie nahbar und grundsätzlich ansprechbar – nur nicht für jede Frage und zu jeder Zeit. Die Kunden müssen lernen, dass Sie neben der Rolle *Kunde* auch die Rolle *Kollege* haben. Also dürfen die Kunden natürlich als Kollege weiterhin bei Ihnen in das Büro kommen, um die

Fußballergebnisse vom Wochenende oder das neue Fahrrad zu besprechen. In diesen Gesprächen sollen die Themen, die nun durch definierte Kanäle wandern sollen, nicht mehr angesprochen werden!

Die Grundlage der Kanäle werden mit den beiden Prozessen Incident-Management und Problem-Management geschaffen.

Sie sollten (meiner Meinung nach) unbedingt zunächst ein gutes Change-Management einführen und erst dann das Incident- und Problem-Management aufbauen, da die IT so erste Erfahrungen mit ITIL sammeln kann und zugleich Erfolgserlebnisse geschaffen werden. So schaffen Sie zunächst Akzeptanz im Team, denn während die Erfassung der Komponenten und das Change-Management Ihr IT-Leben spürbar verbessern können, ist die Umstellung auf Incident-Management ein eher zweischneidiges Schwert, das durchaus Schattenseiten hat. Damit erreichen Sie zwar eine Professionalisierung der Kundenanfragen und vermeiden das »Hey Joe!« auf dem Flur, jedoch gibt es auch Effekte, die Ihr Team (wahrscheinlich) zunächst negativ auffassen wird. Oftmals fühlt man sich kontrolliert und eingeengt, denn wie und wie lange Tickets bearbeitet werden, wird durch die Umstellung transparent. Aus der Erfahrung heraus fühlen sich einige Mitarbeiter kontrolliert, da sie fürchten, dass mögliche Unsicherheiten offenbart werden.

Auch für die Kunden stellt dies eine Umstellung dar, denn mit Incidents sollten zugleich erste Bearbeitungszeiten definiert werden.

Bearbeitungszeiten definieren

Für die Definition von Bearbeitungszeiten gibt es verschiedene Möglichkeiten. Zunächst muss geklärt werden, welche Metriken zu definieren ist.

Die wesentlichen Zeitpunkte sind

- die Zeit bis zum ersten Kontakt,
- die Zeit bis zur konzentrierten Bearbeitung und
- die Zeit bis zur Wiederherstellung/Lösung.

Die Zeit bis zum ersten Kontakt ist für viele Kunden nicht sehr wichtig, da der erste Kontakt aus einem Helpdesk-Agenten oder stellenweise sogar aus einer automatisierten Mail mit Incident-Nummer besteht.

Die wesentliche Größe sollte immer die Zeit bis zur konzentrierten Bearbeitung durch eine Fachkraft sein, denn ab dann wird die Fehlersuche und -behebung fokussiert angegangen.

Aus Kundensicht ist das wichtigste Qualitätsmerkmal die Zeit bis zur Wiederherstellung. Erfahrungsgemäß sollten Sie von dieser Metrik Abstand halten, denn es gibt Incidents, die in fünf Minuten lösbar sind, andere wiederum benötigen Wochen, da ein

Hersteller oder Anbieter der Software eingeschaltet werden muss. Jegliche feste Zusage ist daher ein Glücksspiel. Und wenn Sie Ihre Versprechen nicht einhalten, wird in jedem Fall das Ansehen Ihres Teams leiden.

Wenn Ihre Kunden diese Art der Zusage haben möchten, sollten Sie immer prüfen, ob der Bedarf aus Business-Sicht wirklich gerechtfertigt ist oder Sie sich lediglich eine Zusage mit viel Stresspotenzial einhandeln.

Nur – welche Zeiten sollten Sie nehmen? In der Praxis hat sich ein zweigeteiltes System bewährt, das dem Incident einen Wert zuweist. Diesen Werten sind wiederum Zeiten zugeordnet, die definieren, bis wann ein Vorfall bearbeitet sein muss.

Mögliche Kategorien und Zeiten sind:

- große Störung (ein oder mehrere Mitarbeiter sind nicht mehr arbeitsfähig): 1 Stunde
- mittlere Störung (ein oder mehrere Mitarbeiter sind eingeschränkt arbeitsfähig, der Betrieb ist nicht gefährdet): 1 Tag
- kleine Störung (ein Mitarbeiter ist eingeschränkt arbeitsfähig und seine Alltagsaufgaben sind fast nicht betroffen): 2 Tage
- Anfrage (Mitarbeiter hat kein Problem, sondern möchte eine zusätzliche Funktion oder Ähnliches): bis zu 1 Woche

Wichtig ist, dass Sie die Zeiten mit dem Kunden absprechen und klar benennen, dass mit dieser Kategorisierung und den Ansprechzeiten auch der Personalbedarf verbunden wird, was daher unmittelbare Kosten für die Bereiche bedeutet. So verhindern Sie, dass die Kunden erwarten, die höchste Ansprechzeit zu erhalten, jedoch fast keine zu bezahlen.

12

In der Praxis ist die Einführung von Problem-Management meist, wie der Name es schon andeutet, ein *Problem*.

Ab wann ist etwas ein Problem? Was bedeutet das überhaupt? Wenn jemand doch den Incident bearbeitet, warum soll er ihn zum Problem machen?

Diese und viele weitere Diskussionen werden Sie führen müssen. Und was ist die Lösung? Wie so oft gilt die goldene Regel: Es kommt drauf an. Wenn Sie ein kleines Team führen, das ohnehin Incidents und Problems bearbeiten würde, können Sie sich entscheiden, das Problem-Management nicht zu implementieren.

Damit umgehen Sie die Herausforderung der Abgrenzung, denn Sie müssen nicht mehr entscheiden, was ein Mitarbeiter wann tun muss. Denn soll der gleiche Mitarbeiter pro Ticket entscheiden, wie er damit umgehen will, und darauf basierend auf »Incident« oder »Problem« klicken?

Bei größeren Teams hingegen, in denen die Rollen mit verschiedenen Mitarbeitern besetzt werden, ergibt sich diese Teilung häufig auch durch den Alltag. In dieser Konstellation ist daher die Einführung eines Problem-Managements deutlich leichter und bringt auch Potenziale mit sich.

Workaround: Auch ohne Problem-Management Probleme erkennen

Das Problem-Management hat insbesondere in der Ursachenanalyse seine Berechtigung. Wie also damit umgehen, wenn dieser Prozess ausgespart wird?

Eine Lösung kann sein, die Incidents nach Themen zu gruppieren und möglicherweise auch Zeiten pro Incident zu erfassen.

Bei Mitarbeitern stößt dies jedoch oft zunächst auf Ablehnung, nicht selten kommt das Gefühl der Überwachung auf. Und wer will schon überwacht werden?

Es ist daher Ihre Aufgabe, die Mehrwerte aufzuzeigen und zugleich der Versuchung der Überwachung zu widerstehen. Der wesentliche Mehrwert ist, dass Sie gemeinsam auswerten können, welche Themen das Team am meisten beschäftigen, sei es hinsichtlich der Menge oder der Zeit. Wählen Sie dabei unbedingt die Abstraktionsebene des Teams, und führen Sie nicht (!) einzelne Auswertungen durch. Nur so erreichen Sie Vertrauen!

Die Ergebnisse sollten gemeinsam geprüft und in einer abgespeckten Ursachenanalyse näher betrachtet werden. Können Sie vielleicht mit etwas Schulungsaufwand das Thema beheben? Oder können Sie Prozesse automatisieren?

Ermutigen Sie Ihre Mitarbeiter, die oft ungeliebten Standardarbeiten loszulassen und stattdessen spannende neue Themen zu bearbeiten sowie Mehrwerte für das Unternehmen zu schaffen.

Nach der Implementierung der benannten Prozesse sind viele Unternehmen bereits viele Schritte in ihrer Reife gegangen.

Wichtig ist jedoch, diese Schritte mit Bedacht zu gehen und auch Raum zu schaffen, damit die Veränderung sich langfristig in das Unternehmen integrieren kann. Für einige Unternehmen ist an der Stelle zunächst Schluss, hier gilt es, das eigene Tempo zu finden und die eigene Zielsetzung zu bestimmen.

12.4.4 Service Strategy festlegen

Die Phase *Service Strategy* befasst sich mit den strategischen Überlegungen für Ihr Team und dessen Serviceangebot. Auch an dieser Stelle kommt die Frage auf, ob die Position in der Einführung wirklich richtig für diese Phase ist oder ob sie nicht früher angesiedelt sein sollte.

Diese Frage kann nicht eindeutig beantwortet werden.

- Auf der einen Seite ist die Strategie die Grundlage für viele weitere Schritte und sollte ohnehin vorhanden sein. Warum also nicht direkt mit diesem ITIL-Prozess beginnen?
- Auf der anderen Seite haben Sie jedoch die Verbindungen zu weiteren ITIL-Phasen und -Prozessen, die sich mit ihr als Bindeglied erschließen lassen.
- Zudem setzen diese Phasen und die damit verbundenen Prozesse häufig mehr Erfahrung mit ITIL voraus, sodass es sehr steinig und riskant wäre, den Weg hier zu beginnen. Nicht wenige Einführungsprojekte scheitern daran, dass zu schnell zu viel implementiert werden soll, wodurch zunächst Unsicherheit entsteht und viele offene Fragen nicht beantwortet werden können. Ohne entsprechende Erfolge werden Sie schnell die Akzeptanz und Mitwirkung der Mitarbeiter verlieren – ein Garant für das Scheitern einer Einführung.

Zusammengefasst sollten Sie sich mit folgenden Kernfragen ohne den Fokus ITIL befassen:

- Was soll und wird mein Bereich/Team für das Unternehmen an IT-Leistungen anbieten? Welcher Mitbewerber bietet die gleichen Leistungen an und zu welcher Qualität?
- Was bietet mein Bereich/Team derzeit an IT-Leistungen an? Wie groß ist der Unterschied zwischen dem Ziel und dem momentanen Standpunkt?
- Wie werden Ihre Kosten derzeit gegenüber dem Unternehmen berechnet? Wofür geben Sie Geld aus? Ist das alles sinnvoll?
- Was möchten Ihr Kunde/möchten die operativen Bereiche eigentlich? Fragen Sie dort nach, machen Sie sich ein Bild von der Erwartungshaltung, und schaffen Sie Beziehungen.

Der Fokus ist auch zu ITIL sehr ähnlich, sodass lediglich das Denken in Services ergänzt werden müsste. Falls Sie ITIL jedoch erst einführen, wäre die direkte Umsetzung in ITIL-Prozessen etwas mächtig, und daher sollten Sie gewissenhaft prüfen, welche Reihenfolge für Sie besser ist.

Ich empfehle Ihnen eindringlich, die Strategie zunächst ohne Services aufzubauen und später mit diesen anzureichern. Aus der Erfahrung heraus ist dies, insbesondere bei bislang begrenzter ITIL-Erfahrung, ein besserer und vor allem leichterer Weg.

12.4.5 Services designen

Nachdem Sie Ihre Strategie mit den entsprechenden Parteien abgesprochen und die ersten Prozesse integriert haben, steht der Schritt in die Welt der Services an. Hierzu sind die bisherigen Leistungen im Rahmen der Servicedesign-Phase als Services zu strukturieren.

An dieser Stelle treffen Sie schnell auf die Fragestellung, welche Ihrer bisherigen Leistungen eigentlich bereits ein Service sind. Handelt es sich bei einer Leistung nur um den Teilschritt eines Services, oder ist es ein autarker Service?

Auch hier müssen Sie Geduld mit sich und dem Team aufbringen, denn es werden sicher zunächst zu viele oder zu wenige Services entstehen. Versuchen Sie eher, zunächst ein »zu wenig« anzustreben. Dies führt zu großen Services, und die weitere Unterteilung wird meist durch die beteiligten Personen im eigenen Interesse entwickelt. Zu granulare Services jedoch führen schnell zu Frust, und die Harmonisierung bzw. Zusammenfassung ist oft schwieriger als gedacht.

Für die Frage, ob es ein Teilschritt oder ein Service ist, hilft stellenweise die Betrachtung der Aufgabe selbst. Kann sie allein existieren und sinnvoll ausgeführt werden? Oder kann sie im Rahmen anderer Services ebenfalls genutzt werden und erfordert vielleicht Spezialistenwissen?

Beispielsweise ist das Öffnen eines Notebooks für eine Speichererweiterung als Teilschritt und nicht als eigener Service zu sehen. Aus der Installation von Windows hingegen könnte ein Service entstehen, denn dies wird für neue, defekte oder neu genutzte Geräte gleichermaßen benötigt. Alle drei Services können diesen Service einbinden und müssen so nicht die gleichen Aufgaben und Schritte implementieren und weiterentwickeln. Bei einer sinnvollen Aufteilung vermeiden Sie, dass ein Prozess bzw. Service redundant existiert und in verschiedenen Arten weiterentwickelt wird. Wenn dies passiert, wird die Standardisierung gestört, was zu höheren Kosten führt.

Sobald Sie die Services definiert haben, sind die entsprechenden CIs zuzuordnen, und zugleich müssen Details, etwa der Servicelevel, mit den Kunden abgestimmt werden.

Auch an dieser Stelle gilt jedoch der Appell der bedingten Geschwindigkeit. Die Integration von ITIL oder auch von einzelnen Phasen und Prozessen bedeutet eine kulturelle Anpassung des Unternehmens. Mit der IT sind Sie häufig die treibende Kraft und daher anderen Bereichen nicht selten einen oder gar mehrere Schritte voraus. Nur hüten Sie sich, die Prozesse in atemberaubender Geschwindigkeit implementieren zu wollen und dazu energisch Aussagen der Fachbereiche zu fordern! Dadurch wird der Verlust der Akzeptanz provoziert, was Ihrem Ziel deutlich schaden würde!

12.5 Häufige Fehler bei der Einführung des IT-Servicemanagements

Auf den ersten Blick wirkt ITIL wie die Lösung für viele Herausforderungen und damit wie ein Weg, den Ihre IT bzw. Ihr Unternehmen einschlagen sollte.

Aber warum macht es dann nicht jedes Unternehmen so? Und worauf gilt es zu achten, damit Sie nicht bei der Einführung ins Stolpern geraten?

12.5.1 SLAs und der zahnlose Tiger

Viele Fach- und Führungskräfte kennen es: In langen Diskussionen werden Servicelevel vereinbart, sowohl Operation-Level-Vereinbarungen innerhalb der IT als auch Service Level Agreements mit den Fachbereichen.

Und was passiert danach? Bei der ersten Störung gibt es immer den einen Kollegen oder die eine Kollegin, die es direkt über alle hierarchischen Ebenen hinweg bis zu Geschäftsführung eskaliert. Siegessicher präsentieren Sie die Vereinbarung und berufen sich darauf.

Wenige Minuten später wissen Sie, dass diese nichts gilt und Sie dennoch einen Tadel einstecken mussten. Das ist erst erschreckend und mit der Zeit frustrierend – und einer der Gründe, warum die Denkweise in Services scheitert. Denn wenn jeder beliebig eskalieren und die Vereinbarungen damit aushebeln kann, haben diese zugleich keinen Wert mehr.

Wie können Sie das verhindern? Es gilt, die entscheidenden Ebenen jederzeit in den Prozess der ITIL-Einführung einzubeziehen und dafür zu sensibilisieren, wie wichtig die Einhaltung der Vereinbarungen ist. Ob dies angekommen ist, stellen Sie fest, sobald die erste Eskalation eintritt. Sollte es jedoch beim ersten Mal schief gehen und dennoch der Priorisierungsmodus eintreten, geben Sie nicht auf. Suchen Sie erneut Gespräche über das Thema, zeigen Sie die bereits sichtbaren Nachteile auf, und beobachten Sie, ob in Zukunft eine Besserung eintritt.

Denken Sie stets daran, dass mit der ITIL-Einführung auch ein Kulturwandel einsetzen muss. Dieser muss sich einstellen und auch von allen beteiligten Personen integriert werden.

12.5.2 Kollegen sind Kollegen

Schauen Sie zurück in die Zeit ohne Services und ähnliche Strukturen. Wie hat IT dort funktioniert? Die Kollegen kamen einfach mit einem Anliegen ins Büro, sprachen Sie auf dem Flur an oder platzierten schnell während des Mittagessens ein Problem. Genauso wurden die Themen oft auch bearbeitet, je nach Beliebtheit wurde stellenweise auch mal ein Thema vorgezogen.

Und dann kam ITIL. Zumindest auf dem Papier. Aber auch in den Köpfen?

Insbesondere Kunden, die zuvor den »kurzen Dienstweg« nahmen, werden dies vermutlich weiter versuchen. Dadurch schaffen Sie und Ihr Team Lösungen, was unternehmerisch gut ist. Häufig werden dabei jedoch alle Prozesse zugunsten eines Gefallens umgangen, und die Leistung kann nicht abgerechnet werden. Dem Kunden gefällt dies noch mehr, denn ohne Abrechnung muss er keine Kosten tragen. Das klingt zunächst nur nach glücklichen Menschen.

Irgendwann wird es Sie aber wie ein Faustschlag treffen, denn irgendwann fragt Ihr Chef, warum die IT so teuer ist, denn die anderen Bereiche benötigen Ihre Leistungen ja scheinbar nicht? Sind Sie etwa als Selbstzweck so teuer? Besonders dann benötigen Sie Nachweise und abgerechnete Fakten.

Ein weiterer Punkt sind die vereinbarten Servicelevel. Besonders wenn Sie auf Zuruf arbeiten, wird es irgendwann geschehen, dass alles auf Zuruf erledigt wird und die tatsächlich eingestellten Incidents nicht innerhalb der Servicelevel bearbeitet werden. Das kostet Akzeptanz bei den anderen Fachbereichen, denn was ist eine nicht eingehaltene SLA wert?

Und wie professionell arbeiten Sie, wenn dies augenscheinlich auf Zuruf und nach Sympathie geschieht?

Auch in diesem Fall ist viel Kulturarbeit notwendig, und den einen oder anderen Kollegen wird es zunächst verärgern, nun formale Wege nehmen zu müssen.

An dieser Stelle ist eine missionarische Haltung von Vorteil, danach gilt es jedoch auch, diese Umstellungsphase auszusitzen. Erklären Sie den Kollegen, die auf der Überholspur unterwegs sein wollen, warum der formale Weg für alle zielführend ist. Aber ganz wichtig: Lassen Sie Ihren Worten Taten folgen. Sobald Verlässlichkeit eintritt, wissen die anderen Bereiche, dass Incidents auch in der definierten Zeit bearbeitet werden, und bemerken zudem, dass die vorher für persönlichen Zuruf und Betteln notwendige Zeit nun wertstiftend für die eigentlichen Aufgaben eingesetzt werden kann.

12.5.3 Prozesse werden ignoriert

ITIL ist ein Rahmenwerk und eine Sammlung von Best Practices. Neben den Phasen gibt es auch Prozesse, die ausgeprägt und vor allem gelebt werden wollen. Im Alltag ist dies ein zweischneidiges Schwert, denn einerseits möchten Sie jedem Mitarbeiter eine gewisse Individualität bei der Erledigung seiner Aufgaben zugestehen, andererseits muss die Freiheit zugleich in einen definierten Rahmen gegossen werden.

Erneut ist die Einführung von neuen Prozessen und Arbeitsweisen eine Änderung der eigenen Gewohnheit. Schnell werden geplante Prozesse ignoriert, und es wird doch ganz anders gemacht.

Und nun?

Sie sollten dies zunächst beobachten und hellhörig werden. Warum werden die neuen Prozesse ignoriert? Liegt es daran, dass die Mitarbeiter blind am bisherigen Vorgehen festhalten? Oder war der bisherige Prozess wirklich besser? Oder ist das Umgehen des Prozesses schneller und besser für die Arbeit?

Die Frage nach dem *Warum* kann viele Gründe haben, diese gilt es näher zu betrachten. Haben Sie die Mitarbeiter ausreichend mitgenommen und die Mehrwerte verständlich vermitteln können? Haben Sie vielleicht nur sehr konservative Mitarbeiter, die Veränderungen allgemein ablehnen? Auch hier gilt zunächst der Tipp, dass Sie überzeugen und mitnehmen sollten.

Versuchen Sie, die Mehrwerte aufzuzeigen, und beachten Sie, dass jeder andere Mehrwerte sieht. Während ein Mitarbeiter eher die Innovation sucht und sich auf Freiräume für neue Themen freut, ist der andere Mitarbeiter eher auf die Sicherheit seines Arbeitsplatzes bedacht.

Finden Sie den Punkt des jeweiligen Mitarbeiters, und schauen Sie, wie ein Wechsel auf ITIL diesen besser erfüllen kann.

Möglicherweise werden Sie auch nach einer längeren Zeit dennoch den einen oder anderen »ewig gestrigen« Mitarbeiter haben, der einfach nicht mit auf die Reise will. So schwierig es ist, an dieser Stelle hilft nur ein klares Gespräch und die offene Diskussion, wie es weitergehen soll.

Können und wollen Sie dem Mitarbeiter eine Insel schaffen, auf der er auch ohne ITIL einen unternehmerischen Mehrwert leisten kann? Oder gibt es diese Möglichkeit nicht, und Stellenwechsel oder Kündigung müssen angesprochen werden? Das Problem ist so individuell wie Ihre Mitarbeiter und Ihre Firma. Daher gilt es, dort fallbezogen Lösungen zu schaffen. Als Tipp: Man muss in einem Prozess auch nicht jeden Handgriff (wie bei den Fertigungsstraßen der Automobilhersteller) vorgeben. Man kann auch innerhalb eines Prozesses Freiheiten für die Mitarbeiter einbauen. Das steigert die Akzeptanz eines Prozesses enorm.

Doch was ist im zweiten Fall, wenn der bisherige Prozess wirklich besser war?

Denken Sie daran: ITIL ist ein Rahmenwerk (also eine Sammlung von guten Vorschlägen oder Ratschlägen) und kein Gesetz. In erster Linie ist das wichtig und richtig, was Ihrem Unternehmen einen Mehrwert bringt. Auch wenn der neue Prozess aus Ihrer Feder stammt: Sobald Sie einen Fehler erkennen, sollten Sie Größe zeigen und eine Änderung einleiten.

Sie sollten sich für einen gelebten und dokumentierten Prozess entscheiden, der für Ihr Unternehmen den größten Mehrwert verspricht, und nicht einfach sklavisch einem Rahmenwerk folgen!

12.5.4 Warum sollten wir das überhaupt tun?

Insbesondere bei den ersten Gesprächen, in denen Sie Ihren Mitarbeitern vorstellen, dass Sie nun ITIL-Prozesse einführen wollen, werden Sie mit der Frage nach dem Grund konfrontiert. Es war doch bisher alles gut, es lief doch, warum denn nun anders ...?

Wichtig ist das Argument, dass es bisher möglicherweise wirklich gut lief, doch für die Zukunft Veränderungen notwendig sind, deren Gründe Sie unternehmensbezogen erläutern müssen. Dennoch: Würdigen Sie die bisherige Arbeit und den bisherigen Weg! Ansonsten fühlen sich manche Mitarbeiter kritisiert, was so zwar nicht ausgesprochen wurde, aber dennoch das Verhältnis belasten könnte.

Es braucht mehr als nur ein Gespräch und eine Erklärung, die eine Umstellung nachvollziehbar machen, damit alle Mitarbeiterinnen und Mitarbeiter an Ihre Vision glauben. Damit Ihre Vision zur Realität wird, sind viele Schritte notwendig, und dabei ist das kulturelle Change-Management eine essenzielle Komponente. Wenn dies hinreichend ausgeprägt wird, stellt sich die Frage im besten Fall nicht bzw. die Antwort ist direkt klar. Das Thema Change-Management ist nahezu untrennbar mit einem Namen verbunden: John Kotter (für mehr Informationen zur Person und seinem heutigen Wirken schauen Sie auf *https://www.kotterinc.com*).

Kotter hat ein achtstufiges Modell entwickelt, in dem für die Frage nach der kulturellen Veränderung im Rahmen der ITIL-Prozesse in Ihrem Team die Stufen eins, drei und vier wichtig sind.

- Die erste Stufe befasst sich mit dem Gefühl der Dringlichkeit (*Sense of Urgency*). Es gilt zunächst zu erklären, warum der aktuelle Status nicht hinreichend und eine Veränderung notwendig ist. Das ist der erste wesentliche Schritt, denn die Mitarbeiter müssen bereit sein, mit Ihnen zu neuen Ufern aufzubrechen.

  Als Beispiel verwende ich gerne die Anheuerungsversuche in den Anfängen der Seefahrt. Wie motivieren Sie jemanden, den festen Boden aufzugeben und stattdessen auf ein wackeliges Boot mit ungewissem Ausgang zu gehen? Er muss den Bedarf des Wandels sowie die Hoffnung sehen, dass das Boot und Ihre Mission das Risiko wert sind.

- Insbesondere für das Ziel Ihrer Reise benötigen Sie Schritt 3, *die Vision des Wandels*. Was wollen Sie erreichen? Wohin segelt Ihr Schiff und warum? Wie groß wird der erhoffte Schatz sein? Im Büroalltag ist es Ihre Aufgabe, an dieser Stelle die Mitarbeiter zu erreichen. Hier gilt es, die Unternehmenskultur zu verstehen und mit dieser zu motivieren. »Mit ITIL erreichen wir ...« ist der Satz, den Sie sowohl aussprechen als auch mit Leben füllen müssen.

- Damit direkt verbunden ist Schritt 4, die *Kommunikation der Vision*.

Die schönste Vision ist wertlos, wenn die Mitarbeiter Sie erst danach fragen müssen oder sie nie erfahren. Kommunizieren Sie, warum ITIL der bessere Weg ist. Erklären Sie den Mitarbeitern, wie ihr Arbeitsplatz vor ITIL ausgesehen hat und wie er danach aussehen wird.

Aber Achtung, hier sollten Sie wieder die persönliche Neigung berücksichtigen. Während introvertierte Personen sich über weniger Kontakte auf dem Flur freuen, kann dies für extrovertierte Menschen nahezu wie eine Strafe klingen! An dieser Stelle zeigt sich schnell, wie gut Sie als Führungskraft Ihre Mitarbeiter kennen und dadurch motivieren können. Je besser Ihr Verhältnis ist, umso eher werden Sie die Mitarbeiter zuhörergerecht erreichen!

12.5.5 Allein statt miteinander

Große Veränderungen, wie es die Einführung eines Servicemanagements zweifelsohne ist, werden meist aus dem höheren Management verordnet. Damit es auch vorwärtsgeht, wird für viel Geld eine Unternehmensberatung eingekauft, die dann ITIL schulen und vor allem einführen soll. Einige wenige Unternehmen bauen dafür auch neue Bereiche auf oder stellen erfahrene Servicemanager ein, denn schließlich haben die »das« auch schon woanders gemacht und können »das« auch hier gut umsetzen. Aber diese Ansätze verhindern oft echte Veränderungen und führen zu vielen Problemen, die es zu bewältigen gilt.

Die größte Herausforderung für eine erfolgreiche Einführung von ITIL in Ihrem Unternehmen stellen erfahrungsgemäß externe Personen dar, seien es Berater oder auch neue Angestellte.

Oft kommen externe Berater mit einem straffen Paket vorgefertigter Lösungen um die Ecke, die sie am liebsten direkt überstülpen würden, wie einen Hut. Wenn Sie das Consulting-Business kennen, werden Sie ihnen das nicht übel nehmen, denn es wird von ihnen erwartet, in kurzer Zeit große Ergebnisse zu liefern. Daher ist dieser »Allzweck-Hut« oft ein bewährter Ansatz, der die Einführung zum Erfolg führen soll.

Das gleiche Problem teilen neue Angestellte, die diese Herausforderung bei Ihnen meistern sollen. Auch sie bringen Erfahrungen mit, die sie nun anbringen wollen. Aber sowohl externe Berater als auch neue Angestellte werden feststellen, dass Sie ein individuelles Unternehmen mit eigener DNA sind und ein Team mit wertvollen Erfahrungen haben. Nur wenn die neuen Köpfe dies nicht ignorieren, sondern bewusst akzeptieren, haben Sie eine Chance, denn dann kann das Wissen der Mitarbeiter integriert werden. Die Integration bringt drei wesentliche Vorteile mit sich.

- Als Erstes zapfen Sie das Wissen und die Erfahrungen der Mitarbeiter an, somit erkennen Sie schnell die Herausforderungen und lernen, worauf es im Rahmen der Umstellung ankommt.

- Ein weiterer Vorteil ist der Mitarbeiter selbst, denn durch sein Wissen und seine Erfahrungen offenbart er zugleich, an welchem Punkt er steht und an welcher Stelle Sie ihn bei der Einführung am besten abholen können.
- Abschließend wird der Mitarbeiter in den Prozess integriert und erlebt sich als Teil davon. Sein Wissen erfährt Wertschätzung, und in den Gesprächen lernt er bereits erste Grundlagen der ITIL-Prozesse kennen.

Das gemeinsame Ausarbeiten schafft Wertschätzung und Akzeptanz für die Veränderung, wodurch Ihr Projekt zu einem Erfolg wird. Denn neben den positiven Effekten für die Mitarbeiter erhalten Sie eines: solide Prozesse, die von zufriedenen Mitarbeitern mitgestaltet wurden und dadurch mit Leben gefüllt werden!

12.5.6 Durchdeklinieren statt Erfahrungen sammeln

Wenn nun die ITIL-Einführung beschlossen ist und beginnen soll, kommt in manchen Firmen eine Eigenart durch, die oft als typisch deutsch bezeichnet wird: Planung, Planung und nochmals Planung ... Und wenn wir damit fertig sind, planen wir einfach noch ein bisschen mehr. Denn haben wir überhaupt schon einen Plan?

Die Prozesse werden aus den Handbüchern entnommen, dann werden Arbeitsgruppen gebildet, die sich detailliert damit auseinandersetzen. Nicht selten führt dies dazu, dass diese Arbeitsgruppen immer mehr Fälle entwickeln und jede denkbare (und undenkbare) Konstellation betrachtet wird. Das kostet erstens Zeit, und zweitens geht der Fokus für das Wesentliche schnell verloren.

Werfen Sie an dieser Stelle einen Blick in die agile Welt. Dort gelten der frühe Start und das Sammeln von Erfahrungen mit einer kontinuierlichen Verbesserung als wesentliche Prinzipien. Warum sollten Sie davon nicht auch bei Ihrer ITIL-Einführung profitieren?

Es gilt daher, mit einem groben Prozess zu beginnen und diesen mit der Zeit weiter zu verfeinern, bis Sie an den Punkt gelangen, an dem er zu detailliert wird. Auch gilt es, Ihre Erfahrungen stets zu reflektieren und darauf aufbauend weitere Optimierungen zu erschließen – das spiegelt die Phase der kontinuierlichen Verbesserung wider. Lassen Sie sich nicht von einer möglichen Perfektion durch vollendete Planung blenden, sondern erschließen Sie schnell Mehrwerte!

12.5.7 Zu viel auf einmal

Die Einführung von ITIL ist ein Drahtseilakt. Einerseits soll es vorwärtsgehen, was die Implementierung von Prozessen bedeutet. Andererseits gilt es, der Organisation auch immer wieder Zeit zu geben, die Veränderung zu implementieren und die Kultur anzupassen.

Eine Ihrer wesentlichen Aufgaben besteht darin, zu begeisterte ITIL-Anhänger etwas zu bremsen und die Personen, die möglicherweise auf dem Weg verloren gehen, dennoch abzuholen und wieder mitzunehmen. Zeitweise kann diese Aufgabe sehr schwierig sein, weil Sie vielleicht selbst bereits die Vorteile sehen und erleben. Natürlich möchten Sie diese dann auch schnell verbreiten.

Als erste Hilfe bieten sich geregelte Gespräche mit anderen Bereichen und Mitarbeitern an, um ein Gefühl für den momentanen Status zu bekommen. Auch hier gilt wie beim Feedback: Reden ist Silber, Zuhören ist Gold. Wenn Sie ehrliche Stimmungen einfangen möchten, sollten Sie sich keinesfalls rechtfertigen oder Meinungen infrage stellen. Hören Sie einfach zu, und überlegen Sie, wie Sie den Mitarbeitern weitere Angebote machen können, um die Integration weiter zu stärken.

12.5.8 ITIL zu wörtlich umsetzen

ITIL ist ein Rahmenwerk für Best Practices. Das bedeutet: Es wurden Prozesse geschaffen, die eine gute Praxis abbilden. Zugleich wurden diese Prozesse teilweise aus dem Feedback vieler Unternehmen entwickelt.

Was heißt das für Sie?

Ob die Prozesse in der reinen Form auch für Ihr Unternehmen passen, ist fraglich.

Der wesentliche Kern wird nahezu sicher passen. Aber auch wenn ITIL beispielsweise ein Problem-Management vorsieht, bedeutet dies nicht, dass Sie auch eines brauchen.

Ihr Ziel muss daher darin bestehen, die Prozesse zu verstehen und entsprechend mit Ihrem Unternehmen zu harmonisieren. Wichtig ist, dass Sie die ITIL-Prozesse nicht blind an Ihr Unternehmen anpassen, sondern stets reflektieren, warum der ITIL-Prozess von Ihrem abweicht. Wenn Ihr Prozess für Ihre Situation besser geeignet ist, sollten Sie ihn belassen. Sollte jedoch der ITIL-Prozess mit etwas Abstand langfristig besser geeignet sein, gilt es einen Weg zu finden, Ihr Vorgehen darauf anzupassen.

12.5.9 Schwach beginnen und stark nachlassen

Schwach beginnen und stark nachlassen ist ein geflügeltes Wort von Studenten, oft für absolut mangelhafte Leistungen. Was bedeutet das für Ihre ITIL-Einführung?

Die Einführung wird oft unterschätzt, sie soll schnell gehen, und daher wird »mal eben« eingeführt. Da dies oft im Tagesgeschäft nebenher geschehen muss, erfolgt es mit verminderter Kraft. Und schon haben Sie den schwachen Beginn.

Im weiteren Verlauf wird ITIL häufig wie eine Aufgabe abgearbeitet, Prozesse werden durchgesehen, angepasst, angewendet, und danach geht es weiter. Doch ist es so leicht? In der Theorie sicher, in der Praxis bedarf es jedoch weitaus mehr. Sie müssen den Wandel in der Kultur begleiten und auch hin und wieder korrigierend eingreifen, wenn alte Muster durchzuscheinen drohen.

Zudem müssen die Prozesse selbst auch beobachtet und geprüft werden. Passen sie für Ihr Unternehmen, oder bedarf es der ein oder anderen Anpassung? Falls ja, ist diese wirklich sinnvoll? Sollten Sie nur den schnellen Start umsetzen, besteht das Risiko, dass die Akzeptanz für die Einführung und den weiteren Betrieb stark leidet. Für die erfolgreiche Einführung und Integration brauchen Sie daher einige weitere Punkte:

- Geduld
- Empathie
- Kontrolle und Korrektur bei Abweichungen
- Sensibilität für Feedback
- ein Team, das hinreichend Zeit hat, sich des Themas dauerhaft anzunehmen
- eine offene Kommunikation von Fehlern ohne Fingerpointing und Schuldzuweisungen

Die Einführung von ITIL ist organisatorisch eher ein Marathon als ein kurzer Sprint! Richten Sie sich darauf ein, dass es Höhen und Tiefen geben wird. Für die gelungene Einführung wird sich Ihr Unternehmen auf der organisatorischen und kulturellen Ebene wandeln müssen, was stets einer gewissen Zeit bedarf.

12.5.10 Die falsche Toolunterstützung

Immer wieder wurde offensichtlich, dass bei einigen Prozessen oder auch bei mehr Geräten eine Unterstützung mittels entsprechender Software hilfreich und empfehlenswert ist. Doch wie ist diese Software zu finden?

In der Praxis setzen einige Unternehmen auf namhafte Benchmarks, etwa den Gartner-Quadranten. Wer dort eine gute Position hat, gilt schnell als Branchenguru. Das mag auch nicht von der Hand zu weisen sein, nur die Frage ist, was brauchen Sie selbst wirklich?

Gerade größere Softwarelösungen können sehr viel abdecken, allerdings häufig um den Preis der notwendigen Konfiguration und der Kosten. In Folge korrelieren Kosten und Nutzen stellenweise nicht.

Sie sollten daher zunächst definieren, welche Phasen und Prozesse Sie wann implementieren wollen und wie wahrscheinlich dieser Plan eintreten wird. Sobald diese Anforderungen bekannt sind, gilt es, ein Tool zu finden, das diese Aspekte abdeckt. Lassen Sie es sich vorführen, und prüfen Sie, ob es gut zu bedienen ist.

Insbesondere die Bedienbarkeit ist im Alltag von großem Wert und häufig ein Indikator für die Akzeptanz. Sollte für jeden Prozess eine Vielzahl von Klicks notwendig sein, wird die Akzeptanz bald leiden, ebenfalls die Effizienz des Prozesses. Daher sollten Sie sich die Software zunächst zeigen lassen, jedoch auch nach Referenzkunden und Kontakt zu diesen fragen. Auch wenn nahezu sicher ist, dass die Aussagen von Referenzkunden im Sinne des Herstellers sein werden, ist der Kontakt sehr wertvoll und kann Anregungen geben, wie mit der Software gearbeitet werden kann.

Zusammengefasst sollten Sie daher

- entscheiden, welche Phasen und Prozesse wann und wie sicher implementiert werden sollen,
- prüfen, welche Software dies abbilden kann,
- sich die Software vom Hersteller vorstellen lassen,
- nach einer eigenen Testumgebung fragen, um selbst Erfahrungen zu sammeln,
- nach einem Referenzkunden fragen und Kontakt zu diesem aufnehmen, um herauszufinden, wie er mit der Software arbeitet, und davon lernen.

Planen Sie abschließend die stufenweise Einführung, und führen Sie nach jeder Stufe ein Lessons Learned durch. Prüfen Sie dabei, was gut lief, was noch ausgebaut werden kann und wie die derzeitige Unterstützung aussieht.

12.5.11 Outsourcing und weg!

Servicemanagement bedeutet, die Services bereitzustellen und zu verwalten. Offen ist die Art der Bereitstellung, also ob die Leistung selbst erbracht oder eingekauft werden soll. In der Praxis werden Sie schnell einen Sourcing-Mix finden, der Leistungen von außen mit selbst erbrachten Leistungen verbindet (Siehe Kapitel 6).

Aus Finanzsicht können auch selbst erbrachte Leistungen auf den Prüfstand gestellt werden. Können andere Anbieter die gleiche Leistung vielleicht günstiger liefern? Weitere mögliche Gründe können die Verlagerung des Risikos an einen Dienstleister oder auch eine andere Art der Kostenerfassung in der Bilanz sein.

Sobald eine Aufgabe herausgegeben werden soll, geht aber schnell der Mythos um, dass die bisher ausführenden Mitarbeiter vollständig neue Aufgaben bekommen können, da die Aufgabe fremd ausgeführt wird.

Was in dieser Aussage fehlt, ist die *Retained Organisation*. Diese beschreibt, welche Rollen nach einem Outsourcing weiterhin oder erstmalig nötig ist. Wer das jeweils ist, muss fallbezogen entschieden werden. An dieser Stelle sollten folgende Positionen bedacht werden:

- Der Servicemanager, der die Servicelevel-Verträge mit dem Anbieter überwacht und möglicherweise Vertragsstrafen geltend macht.
- Die Fachkräfte, die den Prozess weiterentwickeln und auch die Ergebnisse geregelt überwachen. Dies wirkt seltsam, jedoch wird oft lediglich die Ausführung der Tä-

tigkeit nach außen vergeben, die Weiterentwicklung nicht. Auch sollten Sie immer eine Prise Wissen im Unternehmen behalten, um nicht vollständig vom Dienstleister abhängig zu sein.

Diese Positionen sollten Sie bereits bei der Berechnung der Kosten für ein Outsourcing im Blick haben. Der eine oder andere Deal wird dadurch bereits kostenseitig zu einem Ausstieg führen. Wichtig ist in jedem Fall, dass Sie alle beteiligten Personen für dieses Thema sensibilisieren, damit nicht eines Tages jemand dennoch diese Annahme trifft.

12.6 Abschluss

Im Rahmen dieses Kapitels haben Sie das IT-Servicemanagement auf Basis von ITIL kennengelernt. Seit einigen Jahren gilt ITIL de facto als Standard in diesem Bereich, sodass Sie diesen kennen sollten. Ob Sie den Standard in Ihrer IT ignorieren können, erscheint fraglich, denn als Best-Practice-Rahmenwerk beinhaltet ITIL die Erfahrungen unzähliger Unternehmen und Praktiker.

Dieses Kapitel orientiert sich an ITIL in der Version 3, mittlerweile liegt bereits die Version 4 offiziell vor.

Inhaltlich werden Sie jedoch weiterhin viele gleiche Bereiche und Ansätze finden.

Das Rahmenwerk selbst unterteilt sich in fünf wesentliche Bereiche:

1. **Service Strategy**: In diesem Bereich haben Sie sich Gedanken dazu gemacht, was Sie überhaupt anbieten möchten, was der Kunde benötigt und wie Sie sich von anderen Anbietern abgrenzen.
2. **Servicedesign**: In dieser Phase haben Sie konkrete Services auf Basis der Kundenanforderungen entwickelt oder auch bestehende Services an neue Rahmenparameter angepasst.
3. **Service Transition**: In diesem Bereich haben Sie den eigentlichen Service technisch aufgebaut und für die Nutzer ausgerollt.
4. **Service Operation**: In diesem Prozess stellen Sie sicher, dass IT effizient und effektiv erbracht wird, Sie betreiben die zuvor beschriebenen Services.
5. **Continual Service Improvement**: Hier gilt das Sprichwort: »Wer nicht mit der Zeit geht, geht mit der Zeit.« Daher arbeiten Sie daran, die Effizienz und Effektivität der angebotenen Services kontinuierlich zu verbessern.

Mit etwas Abstand betrachtet stellen die fünf Bereiche den Lebenszyklus eines Services dar, von der ersten Überlegung bis hin zum eigentlichen Betrieb, umhüllt von der kontinuierlichen Verbesserung.

Sobald Sie Ihr Team oder Ihre IT professioneller gestalten wollen und bisherige Adhoc-Einsätze gegen geplante Tätigkeiten und Strukturen tauschen wollen, ist das Servicemanagement Mittel der Wahl. Ergänzend ist zu sagen, dass bei normalem Wachstum der IT irgendwann der Punkt kommen wird, an dem die bisherige Vorgehensweise zu Nachteilen führt. Diese Nachteile können sich in beginnender Ineffizienz, zunehmender Belastung der Mitarbeiter oder in Frust bei den Kunden äußern. Mit diesem Kapitel haben Sie das Rüstzeug bekommen, um frühzeitig die Entwicklung des Servicemanagements anzustoßen, damit Sie auch in Zukunft effektiv und effizient als Team agieren können.

Kapitel 13

Cloud-Sourcing

Bereits in Kapitel 5 und Kapitel 6 gab es einige Überlegungen zur Cloud, denn sie spielt fraglos eine große Rolle in der Planung der Enterprise-Architektur und der Frage, welche Dienste inhouse oder extern erbracht werden sollen. Werfen wir daher einen genaueren Blick auf die Cloud.

In vielen Firmen geht es wie beim Wetterbericht zu: Ständig wird von Wolken gesprochen. Doch was ist die Cloud wirklich?

Stellen Sie sich vor, dass Sie fünf Kollegen und Kolleginnen aus der IT-Administration, den Entwicklungsteams und dem Finanzbereich zusammen mit Ihrer Geschäftsführung zu einem Kaffee einladen.

Sie werden 12 unterschiedliche Meinungen darüber hören,

- was die Cloud überhaupt ist,
- ob sie alles einfacher oder komplizierter macht,
- ob sie ein Sicherheitsrisiko darstellt oder bei der Absicherung der Daten hilft,
- ob sie Kosten sparen kann oder alles teurer macht
- und ob wir entschlossen »in die Cloud« gehen sollen oder doch lieber alles selbst pflegen wollen. Oder ist die Welt vielleicht gar nicht schwarz-weiß, und es gibt auch Mittelwege?

Sie ahnen es wahrscheinlich schon: Die Antwort auf all diese Fragen ist ein ganz eindeutiges »kommt drauf an«.

Worauf es ankommt und wie Sie dieses komplexe Thema bewerten, zeigt Ihnen dieses Kapitel.

Dazu müssen wir ein Fundament aus Begriffen und Konzepten errichten, damit klar ist, worum es geht. In Abschnitt 13.1 und Abschnitt 13.3 schauen wir uns daher zunächst an, welche unterschiedliche Arten und Betriebsmodelle es für die Cloud gibt.

Zunächst brauchen wir aber noch eine Arbeitsdefinition, was eine Cloud überhaupt ist. In Abschnitt 13.1 wird dies noch detaillierter betrachtet, aber für den Einstieg sagen wir einfach:

Die Cloud ist ein fremder Computer, den wir anmieten können und den wir über das Internet erreichen.

Das reicht, damit wir loslegen können.

13.1 Was ist eigentlich die Cloud?

Bevor über Bereitstellungsmodelle, Möglichkeiten und Lösungen gesprochen werden kann, sollte zunächst definiert sein, was eine Cloud überhaupt ist.

Das National Institute of Standards and Technology (NIST) hat bereits 2011 fünf Merkmale für Cloud-Computing definiert (*https://nvlpubs.nist.gov/nistpubs/legacy/sp/nistspecialpublication800-145.pdf*):

- **On-demand Self-service**: Der Nutzer kann die Ressourcen ohne einen Integrationspartner selbst bereitstellen.
- **Broad Network Access**: Die aus der Cloud bezogenen Leistungen sind über das Netzwerk erreichbar. Technisch wird dies meist über ein Web-Frontend umgesetzt, wodurch jedes Endgerät, vom Smartphone bis zum Notebook, mit einer individuell angepassten Ansicht zugreifen kann.
- **Ressource Pooling**: Die technischen Ressourcen des Anbieters werden zusammengeschaltet, um die Nutzer als Mandanten parallel bedienen zu können. Daraus ergibt sich, dass die Dienste auf einer höheren Abstraktionsebene liegen: Der Nutzer weiß nicht mehr, auf welchem Server die jeweilige Leistung erbracht wird.
- **Rapid Elasticity**: Die schnelle Anpassbarkeit ist ein zentrales Merkmal der Cloud, weswegen Finanzverantwortliche dort enorme Preisvorteile erahnen.

  Ein Beispiel ist die (vermeintliche) Geschichte von Amazon und AWS: Angeblich hatte Amazon ursprünglich das Problem vieler Onlinehändler; es gibt Flauten und Peaks. In der Urlaubszeit ist mit wenigen Bestellungen zu rechnen, vor Weihnachten jedoch steigt die Bestellmenge deutlich an. Die Kunden wollen aber natürlich immer in gleichbleibend hoher Qualität auf der Plattform nach Produkten suchen und diese bestellen können. Die Infrastruktur musste also groß genug sein, um den Ansturm vor Weihnachten aufzufangen, außerhalb der Spitzenzeiten waren die teuren Ressourcen nahezu ungenutzt. Um die Ausnutzung zu verbessern, wurden angeblich die Amazon Web Services (AWS) gegründet.

  AWS selbst sagt aber, dass dies ein Mythos ist. Tatsächlich habe Amazon das eigene Hosting für so gut gehalten, dass die Gründung von AWS und der Vertrieb an weitere Kunden nur der nächste konsequente Schritt war.
- **Measured Service**: Ein Cloud-System muss die Nutzung der Ressourcen überwachen und zugleich messen. Auf dieser Basis wird eine granulare sowie transparente Abrechnung gegenüber dem Kunden möglich. Weiterhin kann der Kunde die

Daten in einigen Betriebsmodellen selbst weiterverarbeiten, etwa um automatisierte Erweiterungen von Ressourcen oder Ähnliches zu ermöglichen. In der größten Ausbaustufe kann das dazu führen, dass bei einem Ansturm auf den eigenen Webshop das Unternehmen mit Skripten automatisiert weitere Ressourcen einbinden lässt. Sobald die Lastspitze abebbt, werden die Ressourcen automatisch wieder reduziert. Sie bezahlen nur, was Sie verbrauchen. Für die Cloud-Nutzer ergibt sich eine einfache Gleichung: »Mehr Kunden = mehr Kosten.« Die Kosten skalieren also flexibel mit der Nutzung, was die Planung deutlich einfacher macht. Ob diese Gleichung gilt, hängt jedoch stark vom Anwendungsfall ab und muss daher stets fallbezogen betrachtet werden.

Ein Blick auf die vermutlich bereits vorhandene IT-Infrastruktur offenbart viele Ähnlichkeiten mit den genannten Anforderungen. Wichtig ist, dass es an dieser Stelle nicht um ein erbittertes »Cloud oder On-Premises« gehen soll, sondern zunächst die Eigenschaften der Cloud neutral erfasst werden sollen. Mögliche daraus abzuleitende Folgen werden im späteren Verlauf betrachtet.

Für die Grundlagen der Angebote müssen zunächst die Arten der Cloud-Angebote und mögliche Betriebsmodelle näher betrachtet werden. Es ist immer die Kombination aus einem Cloud-Angebot und dem zugrunde liegenden Betriebsmodell zu betrachten, um die letztliche Leistung zu bestimmen.

13.2 Arten von Clouds

Cloud ist nicht gleich Cloud. So wie es am Himmel Cirrocumulus, Altostratus, Cumulonimbus und mehr gibt, müssen wir auch unterschiedliche Formen unterscheiden. Das sind die Private Cloud, die Public Cloud und die Hybrid Cloud.

13.2.1 Private Cloud

Eine Private Cloud ist eine IT-Infrastruktur, die exklusiv für ein einzelnes Unternehmen oder eine Organisation bereitgestellt wird. In IT-Sprache kann dies beispielsweise ein VMware-Cluster sein. Unerheblich ist dabei, ob das System im eigenen Rechenzentrum (On-Premises) oder bei einem externen Dienstleister betrieben wird. In jedem Fall haben Sie eine exklusive Infrastruktur, die nur Sie nutzen. Dadurch können Sie zum einen sicher sein, dass kein anderer Kunde Einfluss auf die Systemlast nehmen kann, zum anderen können Sie auch spezifische Konfigurationen (z. B. dedizierte Sicherheits-/Compliance-Anforderungen) umsetzen lassen. Bei einem Betrieb durch einen externen Dienstleister kann dies nur ein Platz in einem Serverrack bei dem Dienstleister bedeuten, es kann jedoch auch die Wartung der gesamten Hardware umfassen. Ob weitere Leistungen inkludiert sind, geht aus den in Abschnitt 13.3 vorgestellten Betriebsmodellen hervor.

Vorteile

Da die Infrastruktur ausschließlich von einer Organisation genutzt wird, können Sicherheitsmaßnahmen individuell angepasst und strengere Compliance-Anforderungen erfüllt werden. Dies ist besonders relevant für Unternehmen in regulierten Branchen wie dem Gesundheitswesen oder der Finanzindustrie, wo der Schutz sensibler Daten von höchster Priorität ist.

Bei einer Erbringung im eigenen Rechenzentrum können Sie alle Parameter entsprechend Ihren Wünschen anpassen, bei dem zentralen Betrieb eines Dienstleisters ist hierzu das gewählte Betriebsmodell zu sehen. Wenn Sie auch bei einem Dienstleister die volle Kontrolle wollen und daher kein Betriebsmodell benötigen, ist weniger von einer Cloud, sondern eher von einem ausgelagerten Rechenzentrum zu sprechen.

Nachteile

Sonderwünsche und spezielle Anforderungen haben natürlich ihren Preis: Die Anfangsinvestitionen und laufende Betriebskosten sind hoch. Im Alltag bedeutet Private Cloud häufig, dass Sie Hardware bei einem Dienstleister exklusiv mieten oder sogar dort hinstellen. Besonders im letzten Fall würde ich nicht von einer Private Cloud beim Dienstleister sprechen, sondern eher von einem »Housing«, bei dem der Dienstleister oft lediglich Strom und Kühlung bereitstellt, vielleicht noch eine »Helping Hand«, die den Techniker bei einem Defekt zum System begleitet und beaufsichtigt.

13.2.2 Public Cloud

Public Cloud ist der Oberbegriff für alle Angebote, bei denen Ressourcen wie Rechenleistung, Speicherplatz und Anwendungen von einem externen Dienstanbieter über das Internet bereitgestellt und von mehreren Kunden gemeinsam genutzt werden. Zu beachten ist, dass das Wort »gemeinsam« sich ausschließlich auf die Hardware bezieht, die Unternehmen und Ihre Daten sind natürlich dennoch jederzeit voneinander getrennt!

Bekannte Anbieter sind Amazon Web Services (AWS), Microsoft Azure und Google Cloud Platform (GCP). Wenn Sie »in die Microsoft-Cloud« gehen, bedeutet das, dass Sie sich entsprechende Kapazitäten in der Azure Cloud anmieten.

Vorteile

Es ist anzunehmen, dass bei der Public Cloud viele Mehrwerte durch die großen Technologie-Unternehmen oder spezialisierte Cloud-Anbieter erschlossen werden können. Es beginnt bei Skaleneffekten beim Einkauf von Hardware aufgrund der puren

Masse und geht bis zur flexiblen Zuweisung von Kapazitäten aufgrund stetiger Erweiterungen des Maschinenparks.

Zumindest in der Theorie bedeutet das quasi unbegrenzte Skalierbarkeit, und zwar weltweit! Dass die Praxis wie gewöhnlich komplizierter ist, wird Sie nicht überraschen. Auch Microsoft, Amazon und Google kochen nur mit Wasser und sind nicht vollkommen vor Lieferengpässen, Hardware-Ausfällen und Konfigurationsfehlern sicher.

Ein zentraler Vorteil der Public Cloud ist die Kosteneffizienz. Da die Infrastruktur von vielen Kunden gemeinsam genutzt wird, können die Kosten für Hardware, Wartung und Betrieb auf eine große Nutzerbasis verteilt werden. In Folge können die Anbieter verschiedene Abrechnungsmodelle anbieten, von Reservierungen bis hin zu dem vermutlich bekanntesten *Pay-as-you-go-Modell*, was insbesondere für kleine und mittelständische Unternehmen attraktiv ist. Aufgrund der Marktdominanz weniger Anbieter herrscht in diesem Bereich bereits eine erste Standardisierung, was ein gesamtes IT-Ökosystem entstehen lässt: Für alle wichtigen Aufgaben gibt es erprobte Lösungen und Tools, im Notfall werden Sie auch keine größeren Probleme haben, einen Dienstleister zu finden, der sich mit AWS oder Azure auskennt und Ihnen bei Problemen unter die Arme greifen kann.

Nachteile

Die Nachteile ergeben sich dann zwangsläufig: Die Public Cloud ist ein Dienstleistungsangebot, dass Sie gemeinsam mit Tausenden oder Millionen anderen Kunden nutzen. Ihnen gehört die Infrastruktur nicht, dementsprechend haben Sie nur eine eingeschränkte Verfügungsgewalt über die Ressourcen.

Datenschutz und Datensicherheit

Inzwischen gibt es sowohl in den USA als auch in der EU Gesetze und Richtlinien, die sich mit der Nutzung von Cloud-Angeboten befassen. Dabei kommen Sie schnell an einen Punkt, an dem Sie die Beratung eines Fachanwalts oder eines Datenschutzbeauftragten brauchen. Allgemein lässt sich sagen, dass Sie sehr vorsichtig sein müssen, wenn Sie Daten von Kunden oder Partnern in der Cloud lagern oder dort verarbeiten (siehe Kapitel 9).

Die Cloud-Anbieter haben den Bedarf bereits erkannt und bieten ein regionales, sogar oft länderbasiertes Hosting an. Die Daten verlassen dann den Hoheitsbereich der DSGVO oder der EU-GDPR nicht.

Juristisch betrachtet haben Sie dennoch das Problem, dass der Sitz des Unternehmens und nicht die aktuelle Datenhaltung der Bezugspunkt ist. Sie müssen daher sicherstellen, dass das von Ihnen genutzte Unternehmen auf der Liste der im Rahmen des Angemessenheitsbeschlusses zertifizierten Unternehmen zu finden ist, oder entsprechende Dokumente (z. B. ein *Transfer Impact Assessment*) mit ihrem Datenschutzbeauftragten ausarbeiten. Sprechen Sie unbedingt vor Implementierung darüber, und prüfen Sie gemeinsam die Machbarkeit!

Außerdem muss Ihnen klar sein, dass Sie sich komplett von Ihrem Anbieter abhängig machen, wenn Sie ausschließlich eine Public Cloud nutzen. Sie sind bei Ausfällen und Störungen, aber auch bei Preiserhöhungen und Rechtsstreitereien ziemlich hilflos.

Aber trotzdem: Gerade für kleinere und mittlere Unternehmen, die keine Sonderbehandlung brauchen, bietet die Zusammenarbeit mit einem professionellen Cloud-Anbieter große Vorteile.

13.2.3 Hybrid Cloud

In der Praxis ist es die Ausnahme, dass ein Unternehmen ausschließlich Dienste in der eigenen, privaten Cloud nutzt oder wirklich alles in fremden Rechenzentren hostet. Der pragmatische Mittelweg wird als *Hybrid Cloud* bezeichnet.

Die Hybrid Cloud kombiniert Elemente der Private und der Public Cloud. Das Ziel ist, die Vorteile beider Welten zu nutzen: die Sicherheit und Kontrolle der Private Cloud sowie die Kosteneffizienz und Skalierbarkeit der Public Cloud. Sie können sensible oder kritische Daten in der Private Cloud speichern, während weniger sensible Anwendungen in der Public Cloud betrieben werden. Oder: Bei Bedarf kann die Public Cloud genutzt werden, um zusätzliche Kapazitäten bereitzustellen, ohne in zusätzliche lokale Infrastruktur investieren zu müssen. Dies ist besonders nützlich für Unternehmen mit saisonalen oder unvorhersehbaren Lastschwankungen, da sie ihre Ressourcen dynamisch anpassen können, um den Anforderungen gerecht zu werden.

Das Problem dieses Ansatzes ist, dass er wesentlich komplexer umzusetzen ist. Die Hybrid Cloud ist keine Mischform, sondern eine Kombination der beiden Wege. Das heißt: Sie können weder auf Ihre eigene Infrastruktur noch auf die des Partners so ganz verzichten. Beide Ansätze müssen ineinander integriert werden und zusammenarbeiten. Und mehr noch: Sie müssen beide miteinander verbinden und möglichst gleichförmig nutzbar machen. Das sorgt für große Herausforderungen beim Design der IT-Infrastruktur.

13.3 Betriebsmodelle der Cloud

Wo sich die Cloud überhaupt befindet, haben wir nun geklärt. Die Frage, die sich daran anschließt, lautet: Was macht die Cloud überhaupt?

Dazu unterscheidet man die Konzepte IaaS, PaaS und SaaS: eine Infrastruktur *als Service*, eine Plattform *als Service* oder eine Software *als Service*.

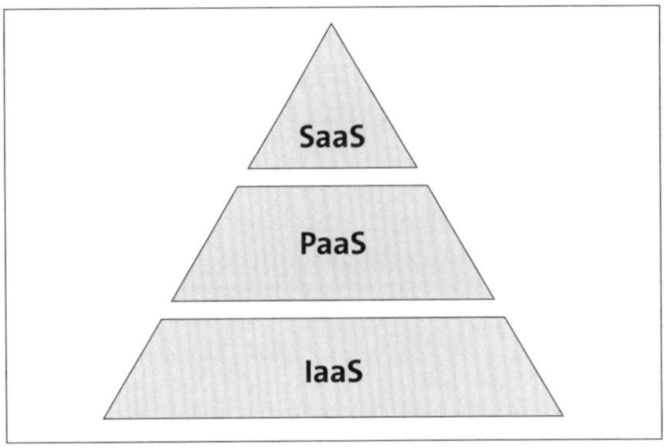

Abbildung 13.1 Die Pyramide der Betriebsmodelle

Diese Unterteilung ist hilfreich, aber nicht abgeschlossen: Quasi alles kann als Service eingekauft werden. Ihre nächste Bestellung beim Italiener um die Ecke können Sie gerne als *Pizza as a Servic*e beschreiben: Es geht also darum, was Sie für Ihr Geld bekommen.

13.3.1 Infrastructure as a Service (IaaS)

Infrastructure as a Service (IaaS) ist ein Cloud-Service-Modell, das IT-Infrastrukturkomponenten wie virtuelle Maschinen mit entsprechenden Datenspeichern und Netzwerke für den Zugriff bereitstellt. Hier befinden Sie sich also ganz unten auf der Pyramide aus Abbildung 13.1: Es geht um grundlegende Dinge, nur dass der Speicherplatz nun nicht mehr auf der Festplatte in Ihrem Server im Keller liegt, sondern in einem Rechenzentrum in der Ferne.

Das bedeutet: Sie haben einen vergleichbaren Aufwand für den Betrieb wie im lokalen Betrieb. Anstatt eine Festplatte per Hand einzubauen, müssen Sie in einer Weboberfläche oder über eine API eine Größenanpassung des Speichers ordern, der dann unpartitioniert in Ihrem virtuellen Server auftaucht. Für alles andere sind Sie zuständig.

Sie brauchen also weiterhin ein Admin-Team, und es kann schnell passieren, dass Aufgaben in der Cloud mindestens so viel Arbeit wie im eigenen Rechenzentrum bedeuten. Sobald Sie den Aufwand für die Pflege und das permanente Verfolgen von Änderungen bei dem gewählten Anbieter ebenfalls bewerten, kann es sogar zu einem Mehraufwand im Vergleich kommen.

Ist dieses Konstrukt dann sinnlos? Nein, auch hier kommt es auf eine Gesamtbetrachtung an. Insbesondere bei einer klaren Abgrenzung zu Ihrem sonstigen Geschäft und einer nicht linear verlaufenden Leistungskurve (z. B. Nutzung von virtueller Desktopinfrastruktur) kann dort ein Vorteil entstehen (z. B. durch Nutzung von Azure Virtual Desktop).

13.3.2 Platform as a Service (PaaS)

Platform as a Service (PaaS) ist die nächste Ebene der Pyramide. Wir bewegen uns nicht mehr auf der Ebene der Infrastruktur, sondern sprechen von den Plattformen, auf denen eigene Anwendungen oder Dienste entstehen.

PaaS stellt eine vollständige Entwicklungsumgebung bereit, einschließlich Betriebssystemen, Middleware, Entwicklungswerkzeugen, Datenbanken und Hosting-Services. Beispiele für PaaS-Anbieter sind Heroku, Microsoft Azure App Service und Google App Engine.

Wenn Sie diese Dienste nutzen, müssen Sie sich um Dinge wie Speicherplatz keine großen Gedanken mehr machen. Stattdessen geht es darum, welche Datenbanksysteme bereits integriert und leicht nutzbar sind, wie die Anbindung zu Websystemen funktioniert und ob das Deployment stabil ist. Alles Fragen, die sich die Entwicklerteams auch stellen müssen, wenn sie in ihrem eigenen Rechenzentrum arbeiten. Ein Beispiel ist die Nutzung einer durch einen Dienstleister betriebenen Kubernetes-Plattform.

13.3.3 Software as a Service (SaaS)

Software as a Service (SaaS) ist schließlich die Spitze der Pyramide. Eine Software wird über das Internet bereitgestellt und von einem externen Anbieter verwaltet. Anstatt sie lokal auf eigenen Computern oder Servern zu installieren und zu warten, greifen Ihre Nutzer über einen Webbrowser oder spezielle Clients auf die Dienste zu. Bekannte Beispiele für SaaS sind Google Workspace, die Programme der Microsoft-365-Suite und Salesforce.

Das ist der größte Abstraktionsgrad: Sie haben überhaupt nichts mehr damit zu tun, ob die Anwendung genug Speicherplatz und Rechenleistung vorfindet. Das ist der Aufgabenbereich des Anbieters, der sich um die Bereitstellung kümmern muss.

Wenn Sie stark auf SaaS-Anwendungen setzen, kann sich der Verwaltungs- und Administrationsaufwand tatsächlich senken, aber auf jeden Fall wird er sich verlagern. Nehmen Sie die Verwaltung der eigenen Mail-Infrastruktur als Beispiel: Mails sind ein kritischer Dienst, das Empfangen und Versenden muss unbedingt zuverlässig funktionieren. Der lokale Betrieb eines eigenen Mail-Servers kann eine Herausforderung sein, da Sie die gesamten Systeme von der Software bis zum Betriebssystem betreuen müssen und sich auch mit Anforderungen wie der Spamabwehr oder IT-Angriffen befassen müssen. Da Microsoft als namhafter Hersteller zudem immer wieder von der Cloud spricht und dahin drängt, bietet es sich an, die gesamte Mail-Infrastruktur als Service einzukaufen. Dies umfasst neben dem eigentlichen Versand und Empfangen von Mails auch weitere Aspekte wie die Sicherung der Mails oder auch die Wiederherstellung versehentlich gelöschter Elemente.

Das bedeutet aber auch: Sie schlüpfen nun in die Rollen des Nutzers und können nur noch sehr eingeschränkt als Administrator oder Systemarchitekt arbeiten. Es obliegt dem Anbieter, das System zu optimieren, und in seinem eigenen Interesse sorgt er für Standardisierung und Harmonisierung. Genau dieser Punkt kann für Sie zum Problem werden, denn Sie haben kaum Möglichkeiten, den so eingekauften Service an Ihre Prozesse und Anforderungen anzupassen.

Ein weiterer Aspekt wird Sie bei einem Ausfall treffen, denn dort können Sie im Regelfall nur den Meldungen des Anbieters folgen und warten, bis der Service wiederhergestellt ist. Es ist anzunehmen, dass der Anbieter fähige Mitarbeiter involviert, und daher können Sie dort Vertrauen in die Leistung haben, dennoch ist der Preis die vollständige Transparenz.

Schatten-IT as a Service

Dass Sie besonders bei SaaS-Angeboten Administrationsaufgaben abgeben, hat Vor- und Nachteile. Einerseits entlastet es Ihr Team, dass die fachliche bzw. inhaltliche Administration in die Fachbereiche verlagert werden kann. Auf den ersten Blick ist die IT nun gar nicht mehr verantwortlich, weil beispielsweise die Marketing-Abteilung ihre eigenen Tools und Dienste einkauft.

Ob das eine gute Idee ist, hängt allein von Ihren Strukturen und Entscheidungswegen hab. Mit diesem Ansatz haben Sie zwar weniger Arbeit, aber schauen Sie, dass Sie weiterhin Herr über Ihre IT-Landschaft bleiben, die Tools auswählen und die Verträge verhandeln. Nur so können Sie eine einheitliche Anwendungslandschaft unter Einhaltung rechtlicher sowie firmeninterner Mindeststandards sicherstellen.

13.3.4 Pizza as a Service (PizzaaS)

Die Frage ist jetzt natürlich: Was bedeutet welches Betriebsmodell für Sie? Abbildung 13.2 fasst den Verantwortungsbereich noch einmal in technischen Konzepten zusammen.

Anschaulicher wird diese abstrakte Grafik, wenn wir die Frage noch mal anhand unserer Pizza betrachten.

- **Die Pizza im eigenen Rechenzentrum backen: On Prem**

  Sie machen die gesamte Pizza selbst! Sie besorgen alle Zutaten, und Ihr Team kümmert sich um den Teig und den Belag. Sie brauchen Fachpersonal und müssen die gesamte Infrastruktur von der Rührmaschine bis zum Backofen pflegen.

- **Tiefkühlpizza in den Ofen schieben: IaaS**

  IaaS ist zu vergleichen mit dem Kauf einer Tiefkühlpizza. Sie müssen diese zwar weiterhin aufbacken, benötigen jedoch weniger Wissen als bei der komplett eigenen Herstellung.

Sie brauchen beispielsweise niemanden mehr, der den Teig knetet, weiß wie eine Rührmaschine bedient wird oder sich mit den virtuellen Systemen eines Clusters auskennt.

- **Eine Pizza bestellen: PaaS**

  PaaS ist das Gegenstück zum Pizza-Lieferservice: Jemand anders stellt die Pizza her und hat sowohl die Infrastruktur als auch das Wissen hierfür. Ihre Aufgabe besteht darin, die Bestellung über eine App oder per Telefon aufzugeben, die Pizza in Empfang zu nehmen, den Teller aus dem Schrank zu holen, zu essen und später abzuspülen. Ein bisschen Aufwand bleibt also für Sie übrig, aber so richtig schmutzig müssen Sie Ihre Hände nicht mehr machen. Aber dennoch: Ob es ein schöner Pizza-Abend wird, liegt noch zu einem großen Teil an Ihnen.

- **Der Restaurantbesuch: SaaS**

  SaaS entspricht dem Essen außer Haus in der Pizzeria. Hier müssen Sie nur noch essen und nichts tun: Von der Zubereitung bis hin zum Abwasch wird alles für Sie erledigt.

  Das ist offensichtlich die teuerste Variante, und gleichzeitig auch der Ansatz, bei dem Sie als Koch überhaupt nichts mehr beisteuern können. Trotzdem kann es eine Alternative sein: Wenn Sie an einem vollen Tag abends nicht mehr kochen möchten und daher in die Pizzeria essen gehen, macht Sie das nicht arbeitslos, wenn Sie sich so die Möglichkeit schaffen, anderen Aufgaben nachzugehen und sich nicht auch noch um das Abendessen sorgen zu müssen.

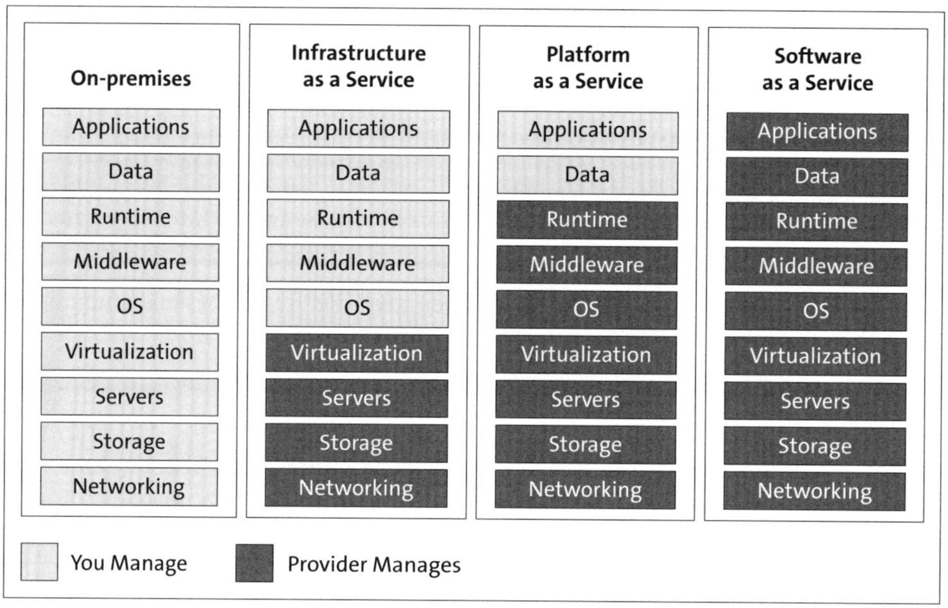

Abbildung 13.2 Die Verantwortungsbereich der Cloud

Diese Fragen sind dabei spezifisch für die Cloud, die wir im nächsten Abschnitt betrachten wollen, bevor es in Abschnitt 13.5 um den Weg in die Cloud geht.

13.4 Auf in die Cloud?

Die Abwägung der Kriterien ist immer individuell zu treffen und sollte nicht ohne genaue Kenntnis des Unternehmens erfolgen. Ein Start-up kann beispielsweise ein neues Produkt von Anfang an für ein Cloud-Deployment designen. Es will in den nächsten Jahren stark wachsen und muss daher sein Angebot und seine Infrastruktur (idealerweise) schnell von einer Handvoll Mitarbeitern und ein paar Tausend Kunden zu einem großen Team und einem weltweiten Kundenstamm skalieren. Es verfügt heute aber weder über den Platz noch das Kapital für ein Rechenzentrum. Die Voraussetzungen sind dort offensichtlich ganz anders als bei einem gestandenen Konzern aus der Rüstungsindustrie, der individuelle Sicherheitsanforderungen hat und auf gewachsenen Produktions- und IT-Infrastrukturen sitzt.

Ob sich die Cloud für Ihr Unternehmen lohnt, ist also eine komplett individuelle Entscheidung und muss konkret analysiert werden.

13.4.1 Was ist der Rahmen der Betrachtung?

Eine wesentliche Frage stellt der Rahmen der Betrachtung dar. Nicht wenige verantwortliche Personen tendieren zu einem »Alles-oder-nichts«-Ansatz, der jedoch nicht mehr zeitgemäß ist. Zudem ist ein großer Ansatz nahezu die Garantie dafür, dass Sie eine zu pauschale Entscheidung treffen und so die Vorteile der Cloud nicht erschließen können. Doch was ist dann der richtige Rahmen?

Es zeigt sich zunehmend, dass einzelne Aufgaben und Prozesse hinterfragt werden müssen. Fragen Sie sich zunächst, was die eigentliche Auslagerung bedeuten würde. Beispielhaft könnte der Betrieb des Hypervisors geprüft werden, hierzu bieten namhafte Anbieter wie AWS eigene Produkte, aber auch die Lösungen namhafter Anbieter wie Broadcom VMware. Sie müssen drei Fragestellungen klären:

- Wohin soll dieser Service? In die Private oder Public Cloud?
- Was bedeutet die Verlagerung für den Service?
- Was bedeutet die Verlagerung für das Umfeld?

Die erste Fragestellung ist offensichtlich.

Die zweite Frage ist bereits vielschichtiger. Der erste Impuls ist häufig, nur den Aspekt der Kosten zu betrachten. Doch was bedeutet es für den Workload Ihres Teams? Für die Bereitstellung? Für die Verfügbarkeit? Sie sollten die gesamten Eigenschaften des bestehenden Services prüfen und mögliche Veränderungen aufzeigen.

Den Abschluss bildet die Betrachtung des Umfelds. Des Umfelds? Wir leben in einer hochvernetzten Welt, nahezu jedes System interagiert mit anderen Systemen oder Anwendungen. Was bedeutet eine Verlagerung für diese Systeme und Anwendungen? Ist vielleicht Latenz ein Problem? Oder gibt es Gründe, dass ein Zugriff in eine Public Cloud gar nicht funktionieren kann?

Wichtig an dieser Stelle ist der Hinweis, dass nicht nur die Kosten isoliert betrachtet werden dürfen, sondern der gesamte Service hinterfragt werden muss. Erst damit werden Sie eine fundierte Betrachtung der Möglichkeiten erhalten und darauf aufbauend die bestmögliche Entscheidung treffen können. Doch die Kosten können doch nicht egal sein?

13.4.2 Was ist mit den Kosten?

Der Betrieb eigener Rechenzentren stellt einen immensen Kostenblock dar: Sie müssen mit Strom versorgt, gegen Brand geschützt und zugleich klimatisiert werden. Sie müssen versichert und gepflegt werden, ihr Betrieb ist schlicht ein großer Aufwand.

Früher oder später wird Ihnen daher die Frage gestellt werden, ob man sich dies alles nicht sparen kann? Wäre es nicht viel günstiger, wenn man diese Leistungen als Abo bei Microsoft, Amazon oder einem anderen Anbieter einkauft?

Ohne eine detaillierte Analyse Ihrer Infrastruktur kommen Sie an dieser Stelle nicht weiter. Diese Aufgabe kann Ihnen niemand abnehmen. Je komplexer und anspruchsvoller Ihre IT ist, desto schwieriger wird auch der Vergleich – und zwar auf beiden Seiten der Gleichung.

Die Kosten der Cloud

Nehmen wir zunächst die vermeintlich einfachere Seite, nämlich die Kosten in der Cloud. Da es per Definition eine zentrale Eigenschaft der Cloud ist, dass die Kosten flexibel abgerechnet werden, sollte man ja meinen, dass nun alles transparent und einfach wird. Alle, die schon einmal eine solche Migration begleitet haben, werden nun laut lachen: In der Praxis kann niemand sagen, wie sich die Kosten entwickeln werden. Die besten Prognosen sind meist nicht viel besser als der Blick in die Glaskugel.

Wie viel Ihre Dienste in der Cloud kosten werden, ist abhängig von unzähligen Faktoren, die sich erst nach langfristiger Nutzung zeigen. Es gilt, die *Total Cost of Ownership (TCO)* eines Cloud-Services zu ermitteln, also wirklich zu berechnen, wie die gesamten (!) Kosten über die gesamte Lebensdauer (!!) aussehen. Hierzu bieten die großen Plattformen eigene Rechner an, die einen ersten Einblick in die Kostenstruktur geben. Vergessen Sie jedoch nicht mögliche weitere Kosten, etwa Datenverkehr und Ähnliches! Da diese stellenweise verbrauchsabhängig sind, können sie im Vorfeld meist schlecht ermittelt und daher nicht verglichen werden.

Die Kosten der eigenen IT

Wenn sich die Kosten der Cloud-Nutzung schon kaum bestimmen lassen, kann man dann aber wenigstens genau sagen, was die eigene, lokale IT kostet?

Das ist genauso schwierig. Hüten Sie sich vor einer viel zu einfachen Kalkulation, die einfach die aktuellen Kosten aufrechnet:

```
Personalkosten IT-Bereich
+ Kosten IT-Hardware
+ Kosten IT-Software
+ weitere Kosten der Infrastruktur(etwa Verbindungen zwischen Rechenzentren)
+ kalkulatorische Miete und Erhaltungskosten Rechenzentren
= Gesamtkosten
```

Ein solcher naiver Ansatz würde so argumentieren:

- **Personalkosten IT-Bereich**: Die Kosten entfallen komplett, schließlich betreibt der Cloud-Anbieter die gesamte IT-Landschaft. Wofür noch IT-Personal?
- **Kosten IT-Hardware**: Da der Cloud-Anbieter die IT betreibt, fallen die Kosten dort an und sind mit dem Betrieb der einzelnen Systeme abgegolten.
- **Kosten IT-Software**: Da der Cloud Anbieter die Systeme betreibt, obliegt es sicher auch ihm, in Zukunft alle Lizenzen vorzuhalten.
- **Weitere Kosten**: Auch diese Kosten entfallen, da eine lokale Infrastruktur nicht notwendig ist.
- **Kalkulatorische Miete und Erhaltungskosten**: Da die lokale Infrastruktur abgeschaltet wird, kann der Raum zugleich entfallen und anderweitig genutzt werden.

Aus dieser Perspektive erscheint der Wechsel in die Cloud schnell als Heilsbringer und zugleich als große Ersparnis. So einfach ist es aber nicht.

- **Personalkosten**

  Wie sich die Betriebskosten verändern, hängt ganz am Betriebsmodell. Aus Abschnitt 13.2 und Abschnitt 13.3 wissen Sie bereits, dass Sie in vielen Betriebsmodellen weiterhin Fachpersonal brauchen, wenn Sie Ihre IT-Infrastruktur in fremden Rechenzentren betreiben. Sie sparen sich höchstens das Reinigungspersonal für die Gebäude, brauchen dafür aber nun Cloud-Engineers, die sich mit der Administration der neuen Systeme auskennen. Ob diese Kalkulation unterm Strich positiv ausfällt, darf bezweifelt werden.

  Neben den technischen Fragestellungen sollten auch weiterhin Kosten für die Verlagerung in den Fachbereich eingeplant werden. Auch wenn IT-Personal die Aufgaben abgibt, so muss diese jemand im Fachbereich in Zukunft weiterführen. In der IT werden zudem ganz neue Fähigkeiten benötigt, so müssen etwa die Dienstleister gesteuert und betreut werden. Das ist im Regelfall die Aufgabe eines IT-Servicemanagers – nur ist der bereits vorhanden?

Hinzu kommt das Innovationsmanagement. Falls Ihr Unternehmen weiterhin innovativ sein soll, benötigen Sie Mitarbeiter, die neue Themen im Auge behalten, Ideen testen und bei Erfolg auch unternehmensweit einführen. Ein Dienstleister wird viel für Sie tun, aber er ist auf den Status quo fokussiert und hat Weiterentwicklungen nicht im Blick!

- **Kosten für Hardware und Software**

  Der Gang in die Cloud wird Ihre Hardware-Kosten nicht auf null reduzieren, denn es ist weiterhin eine lokale Netzwerkinfrastruktur nötig, genau wie Clients für die Benutzer. Viel wichtiger wird selbstverständlich der Internetzugang. Bestehende Zugänge müssen mehr Bandbreite erhalten, und Sie müssen für Redundanz sorgen, falls diese nicht bereits gegeben ist.

  Trotzdem liegt dort natürlich ein größeres Sparpotenzial: Prüfen Sie, wie viel Sie für Ihre Hardware ausgeben, was aber noch wichtiger ist: Schauen Sie auch genau hin, was sich davon wirklich abschalten lässt. Wenn einzelne Dienste oder Daten lokal verbleiben sollen, müssen Sie ein Mindestmaß an eigener Infrastruktur vorhalten. Wenn es dann noch Anforderungen an Redundanz und Skalierbarkeit gibt, folgt schnell, dass man immer noch eine professionelle Serverlandschaft pflegen muss, die nun aber weniger gut ausgelastet ist ...

  IT-Lizenzen sind vielen Unternehmen ein Dorn im Auge. Einerseits bedeutet es einen nicht unerheblichen Kostenblock in den eigenen Büchern, andererseits ist das Lizenzmanagement oft komplex und aufwendig.

  Daher ist es nachvollziehbar, dass eine Auslagerung attraktiv erscheint. Wenn Sie jedoch zu einem PaaS-Modell wechseln, ändert sich für Sie nichts. Bei einer SaaS-Lösung müssen Sie noch viel genauer auf die Lizenzen schauen, denn es handelt sich um ein Abo-Modell. Die Ermittlung der Kosten selbst kann dadurch einfacher wirken, trotzdem fallen sie natürlich weiterhin an, und die Lizenzen für Betriebssysteme, Office-Suiten usw. lösen sich auch nicht in Luft auf.

Wenn Sie mit einem Sprung in die Cloud liebäugeln, müssen Sie aus IT-Sicht die Kosten einer sogenannten *Retained Organisation* definieren. Der Begriff beschreibt den Anteil der Organisation, der auch nach einem Outsourcing oder bei Erbringung des Services durch eine andere Partei notwendig ist. Auch wenn Themenfelder (etwa Betreuung der physikalischen Hardware) entfallen, so entstehen gänzlich neue Aufgaben, wie die Betreuung der Cloud-Ressourcen. Häufig ist die Folge, dass die Cloud wenig spart oder sich sogar in höhere Kosten umschlägt.

CapEx und OpEx

Ganz unabhängig von den tatsächlichen Kosten spielen bei dieser Entscheidung betriebswirtschaftliche und kalkulatorische Fragen eine große Rolle. Aus Kapitel 4 wissen Sie bereits, das lokale Infrastrukturen in der Regel hohe Anfangsinvestitionen (CapEx) für Hardware, Software und Einrichtung erfordern, dafür aber langfristige Kontrolle und potenziell geringere laufende Kosten bieten. Cloud-Lösungen hingegen verschieben den Schwerpunkt auf operative Ausgaben (OpEx) durch monatliche oder nutzungsbasierte Gebühren, was die Anfangsinvestitionen reduziert und mehr Flexibilität bei der Skalierung ermöglicht.

Das beeinflusst die Budgetplanung und den Cashflow. Daher kann es gut sein, dass die Betrachtung der tatsächlichen Kosten für Ihr Unternehmen gar nicht entscheidend ist: Was nutzt es, wenn die lokalen Systeme über die Betrachtung der ganzen Lebenszeit günstiger sind, wenn man dann aber nächstes Jahr nicht genug Budget für wichtige Investitionen hat und nach vier Jahren insolvent ist, weil der Cashflow negativ wird?

Daher noch mal der Appell: Betrachten Sie die Frage nach den Kosten sehr, sehr differenziert. Einfache Antworten gibt es in den seltensten Fällen.

13.4.3 Migration und Transformation

Wenn die Frage nach den Kosten schon so schwierig ist, lässt sich dann wenigstens sagen, dass in der Cloud alles besser funktioniert? Immerhin kauft man ja die Dienstleistungen der größten Tech-Firmen der Welt ein; das wird doch dafür sorgen, dass alles besser, reibungsloser und schneller funktioniert?

Auch ohne Polemik ahnen Sie wahrscheinlich schon, dass dies nicht so einfach ist. Lift & Shift, also das stumpfe Kopieren von Workloads und Dateien in die Cloud wird nicht dafür sorgen, dass Ihre IT nun wie bei Google, Netflix oder Uber funktioniert.

Der Lift-and-Shift-Ansatz, bei dem bestehende Anwendungen unverändert in die Cloud migriert werden, birgt einige Stolpersteine!

Das Hauptproblem besteht darin, dass durch das einfache Übertragen der Anwendungen ohne Anpassungen die vollen Vorteile der Cloud-Architektur nicht ausgeschöpft werden. Es wäre schön, wenn sich IT-Systeme so einfach in die Breite skalieren ließen, aber das trifft nur in den wenigsten Ausnahmen zu.

Viele Unternehmen machen diesen Fehler und starten mit einer Migration in die Cloud. In diesem Schritt werden bestehende virtuelle Maschinen in die Cloud transferiert, oder die bereits vorhandenen Ressourcen (z. B. Hypervisor-Cluster) werden in die Cloud gespiegelt. Aus Sicht des Administrators stellt dies eine »verlängerte Werkbank« dar, was die bisherigen Arbeitsweisen wenig bis gar nicht verändert.

Wenn Sie die Cloud »richtig« nutzen wollen, dürfen Sie nicht an eine Migration denken, sondern müssen eine grundlegende Transformation planen. Das gilt umso mehr, je tiefer Sie bei der Modell-Pyramide aus Abbildung 13.1 einsteigen wollen.

Eine Transformation bedeutet deutlich mehr Aufwand als eine Migration, da die Systeme zunächst analysiert werden müssen und eine Architektur in der Cloud erarbeitet werden muss. Das bedeutet fast immer, dass möglichst viele Services auf Cloud-Dienste umgestellt werden müssen, was zusätzliche Kosten bedeutet.

Ergänzend ist in vielen Unternehmen mit Bestandssystemen absehbar, dass nicht alle Systeme »mal eben« wandelbar sind und viele Hersteller dies nicht unterstützen.

Wichtiger ist jedoch, dass eine Transformation einen kulturellen Wandel impliziert. Gut geübte Konzepte der On-Premises-Welt wirken in der Cloud deplatziert und müssen angepasst werden. Prozesse und Arbeitsweisen müssen neu gedacht und angepasst werden.

Sie sehen schon: Eine solche Entscheidung ist ein fundamentaler Einschnitt in die eigene Wahrnehmung und bedarf eines Umdenkens auf vielen Ebenen: Sie müssen Ihre ganze IT-Landschaft überarbeiten. Im Rahmen der Transformation müssen Sie ergebnisoffen prüfen, welche Systeme zukünftig in welcher Umgebung und mit welchem Betriebsmodell erbracht werden sollen. Um diese Betrachtung durchführen zu können, müssen Sie zunächst für sich klären, welche Faktoren für Ihr Unternehmen von Relevanz sind und was Sie in Folge priorisieren müssen. Ist es der rein monetäre Aspekt? Oder muss die Verfügbarkeit erhöht werden? Wird der Serverraum für Bürofläche gebraucht? Betriff Sie der Fachkräftemangel?

Erst durch dieses Vorgehen werden die Mehrwerte einer externen Cloud-Infrastruktur bestmöglich erschlossen, und Vorteile können erschlossen werden.

Das hört sich komplex und anspruchsvoll genug an, noch haariger können jedoch die Änderungen im menschlichen Bereich werden. Viele erfahrene Führungskräfte atmen bei den Themen Cloud und Outsourcing tief durch, weil solche grundlegenden Veränderungen fast immer mit Stellenstreichungen und Umstrukturierungen verbunden sind.

Die Transformation aktiv mitgestalten

Ist sogar Ihr eigener Job in Gefahr, wenn Aufgaben in die Cloud gegeben werden? Was nützt schließlich die IT-Führungskraft ohne (lokale) IT?

Die gute Nachricht ist, dass die IT nie ganz weg ist. Ihre Aufgaben werden jedoch weniger technisch und mehr administrativ werden. Wenn Sie Ihre Berufung weiterhin im händischen Wechseln von Festplatten im eigenen Rechenzentrum sehen, kommen bei einer Cloud-Transformation tatsächlich schwerere Zeiten auf Sie zu. Wenn Sie aber eh eine höhere Abstraktionsstufe im Blick haben und in Services, Dienstleistungen und Aufgaben denken, wird sich wenig ändern. Dann können Sie die Veränderungen gelassen beobachten und konstruktiv mitgestalten.

Wenn eine umfassende Cloud-Transformation geplant ist, werden Sie viel Redebedarf mit Ihrem Team haben. Es herrscht die Angst vor dem Stellenabbau, und die Dynamik der Cloud sowie die anstehenden Aufgaben werden einige Mitarbeiter stark fordern. Wenn dieser Weg eingeschlagen wird, müssen Sie für die Veränderung und die gemeinsame Gestaltung werben.

Zunächst müssen Sie die Mitarbeiter abholen und die kontinuierliche Veränderung in den Mittelpunkt stellen. Das ist ein Schritt, der Zeit braucht. Sie müssen neue Ideen und Konzepte wie *Infrastructure as Code (IaC)* bekannt machen und über deren Einführung sprechen.

An dieser Stelle werden zumindest einige Ihrer Mitarbeiter weder Wissen noch Erfahrungen vorweisen können, was ebenfalls schnell in Überforderung und Wut umschlagen kann. Sie sollten daher auch diese Themen in der Veränderung aktiv angehen, etwa im Rahmen von Workshops oder durch gemeinsames Lernen. Es gilt zu vermitteln, dass alle einen vergleichbaren Wissensstand haben und die neue Technologie gemeinsam erschlossen wird.

Besonders zu Beginn empfiehlt sich die Integration eines Dienstleisters, der Sie bei Architekturfragen und Entscheidungen zur Implementierung unterstützen und beraten kann. Dieser sollte (möglichst) unabhängig sein, nicht nur an Folgeaufträgen interessiert sein und sollte Ihnen auch nichts verkaufen wollen. Stattdessen gilt es, Sie, Ihr Team und die neue Umgebung so fit zu machen, dass Sie die Aufgaben in Zukunft allein bewältigen können. Achten Sie darauf, dass ein strukturierter Wissensaufbau erfolgt und Ihr Team in alle Aufgaben und Entscheidungen eingebunden wird. Machen Sie sich Notizen, dokumentieren Sie die Entscheidungen, und legen Sie eine Wissensdatenbank an.

13.4.4 Sicherheit

Ob der Sprung in die Cloud die Sicherheit Ihrer Umgebung verbessern wird, lässt sich pauschal unmöglich beantworten.

Grundsätzlich ist die Cloud ein inhärentes Datenschutz- und Sicherheitsproblem: Ihre Daten und Services liegen nun auf einem fremden Rechner. Sie müssen Ihrem Geschäftspartner vertrauen und geben Souveränität ab. Zudem steigern Sie so die Angriffsoberfläche, denn die Cloud-Systeme der großen Anbieter sind ein lohnendes Ziel für Cyber-Kriminelle jeder Art. Die Infrastrukturen von Microsoft, Amazon und Google, aber auch von kleineren Anbietern werden rund um die Uhr attackiert, da alle wissen, dass es dort etwas zu holen gibt. Jedes Sicherheitsproblem dort kann sich also direkt auch auf Ihre Daten auswirken.

Nur: Es ist gut möglich, dass ein spezialisierter, professioneller Cloud-Anbieter besser für Sicherheit sorgen kann, als Sie es mit Ihren (wahrscheinlich) relativ beschränkten Ressourcen könnten. Bei exponierten Services, die ohnehin früher oder später Ziel eines Angriffs werden, dürfte das Auslagern in eine Cloud ein deutlicher Sicherheitsgewinn sein.

Staatliche Eingriffe

Inzwischen haben alle wichtigen Staaten oder Staatenbünde Gesetze erlassen, die den staatlichen Zugriff auf Daten in die Cloud regeln. Beispielsweise definiert der amerikanische Cloud Act, unter welchen Bedingungen Daten offengelegt werden müssen. Ihr Cloud-Anbieter muss und wird sich daran halten – in diesem Fall haben Sie also kaum eine Chance, den Datenabfluss zu verhindern.

Aber: Für Cloud-Anbieter ist der Betrieb dieser Infrastruktur das Kerngeschäft. Wenn sie Daten herausgeben, schädigt dies das Vertrauen in ihre Angebote, daher wird es sicherlich nicht leichtfertig geschehen. Hingegen wäre ein professioneller Angriff auf Ihre IT-Infrastruktur oder auch Verrat bei eigenen Mitarbeitern gegen Bezahlung wesentlich wahrscheinlicher, als dass die amerikanische (oder eine andere ...) Regierung auf dem juristischen Weg Einsicht in Ihre Daten nimmt.

Wie viel Misstrauen angebracht und gerechtfertigt ist, ist eine politische Frage, die Sie als IT-Verantwortlicher nicht allein entscheiden können. Es ist eine Frage der Unternehmensstrategie und muss von der Geschäftsführung entschieden werden.

Grundsätzlich gilt hier das gleiche Fazit wie bei jeder Outsourcing-Betrachtung: Je wichtiger und zentraler ein Dienst ist, desto eher sollten Sie ihn »eng am Herzen« tragen und für angemessene Sicherheit sorgen. Eher unwichtige Aufgaben oder Standardfunktionen dürfen gerne in die Cloud ausgelagert werden – es gibt inzwischen kaum noch Gründe, warum man eine eigene Mail-Infrastruktur pflegen sollte, wenn darüber doch nur ein paar Marketing-Newsletter verschickt werden. Das können Sie getrost einem SaaS-Anbieter überlassen.

Es darf allerdings auch dann nicht das Missverständnis entstehen, dass Sie die Verantwortung für Ihre IT-Sicherheit vollkommen an Ihren Cloud-Partner abgeben können. Wie der Aufgabenbereich genau aussieht, hängt vom Bereitstellungsmodell ab: Bei einem IaaS-Setup sind Sie beispielsweise weiterhin voll für die sichere Konfiguration der Serverdienste zuständig, aber auch Ihr Partner für den Newsletter-Versand wird nur mit den Schultern zucken, falls Sie bzw. Ihre Marketing- oder Kommunikationsabteilung den Dienst falsch konfigurieren und nicht datenschutzkonform einsetzen. Das ist Ihre Aufgabe.

Abbildung 13.3 ist an den Vorgaben der Amazon-Cloud angelehnt und zeigt, dass Sie immer noch für die Sicherheit *in der Cloud* verantwortlich sind, während sich Amazon um die Sicherheit *der Cloud* kümmert. Ein kleiner, feiner Unterschied, aber für die praktische Arbeit von immenser Bedeutung!

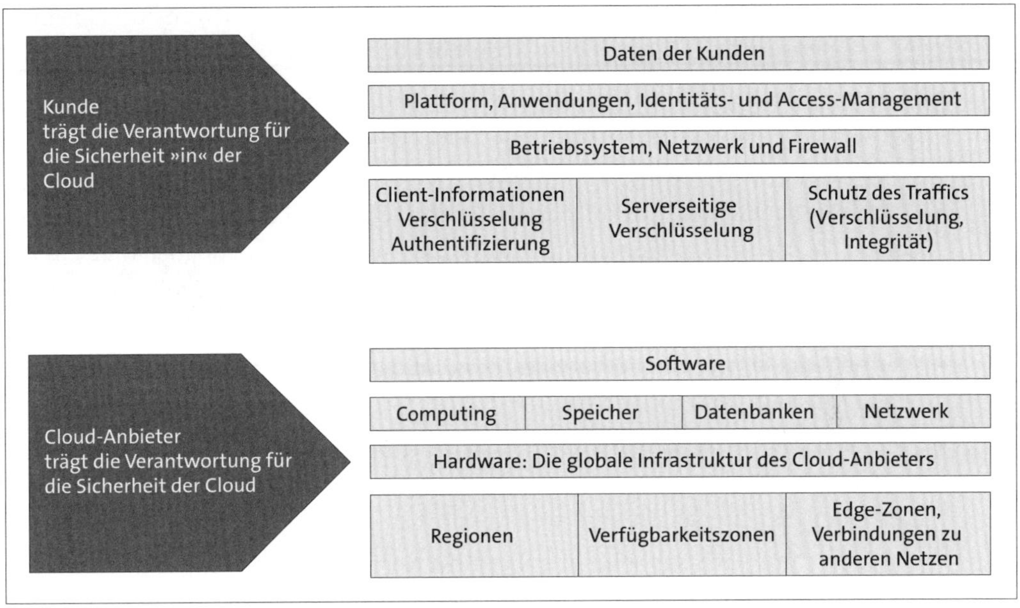

Abbildung 13.3 Wer ist für was in der Cloud verantwortlich?

Das Thema Sicherheit wird Sie weiter beschäftigen. Sei es in dem von großen Anbietern (z. B. AWS) angestrebten Konzept des Miteinanders oder auch bei SaaS-Lösungen, bei denen Sie den Anbieter prüfen müssen. Auch wenn es verlockend klingt, aber selbst bei SaaS-Angeboten sind Sie für eine nachvollziehbare Wahl auf Basis von Prüfungen verantwortlich! Sollte etwas schief gehen, haben Sie auch in solchen Konstrukten ein Problem!

13.4.5 Vendor Lock-in und Exit-Strategie

Wissen Sie, was noch schwieriger und komplizierter ist als die Reise in eine neue Cloud-Architektur? Der Rückweg, sollte er erforderlich sein.

Sie haben hoffentlich aus diesem Kapitel mitgenommen, dass eine »echte und vollständige« Cloud-Transformation ein sehr komplexes, anspruchsvolles Unterfangen ist. Der Schlüssel zum Erfolg ist, die eigenen Dienste und Anforderungen möglichst gut mit den Angeboten zu verknüpfen.

Und was ist, wenn sich dann die Unternehmensstrategie ändert oder Ihr Cloud-Partner die Preise stark anhebt? Falls Sie nicht aufgepasst haben, stecken Sie in der Falle, dem *Vendor Lock-in*. Sie haben sich von den Angeboten Ihres Dienstleisters abhängig gemacht und sind gezwungen, jede Preiserhöhung und jede andere Anpassung der Leistung mitzugehen.

Daher sollten Sie bereits zu Beginn an ein mögliches Ende denken, also eine Exit-Strategie aufstellen, damit Sie auch wieder in Ihr eigenes Rechenzentrum zurückkehren oder zu einem anderen Dienstleister wechseln können. Einige Hinweise dazu:

- Dokumentieren Sie alles! Nur was dokumentiert ist, kann auch wieder rückgängig gemacht werden. Halten Sie alle Cloud-spezifischen Anpassungen und Abhängigkeiten fest, und erklären Sie, warum welche Entscheidung getroffen wurde.
- Setzen Sie (wenn möglich) auf standardisierte Schnittstellen und portable Technologien. Ja, das ist ein Widerspruch zur Forderung, dass alles möglichst gut in die Cloud-Angebote integriert werden muss. Hier gilt es, einen sinnvollen Mittelweg zu finden.
- Vermeiden Sie proprietäre Services des Cloud-Anbieters, wenn es gleichwertige standardisierte Alternativen gibt.
- Vernachlässigen Sie auf gar keinen Fall eigene Backups Ihrer Daten in einem Format, auf das Sie immer zugreifen können! Egal, wie sehr Sie Ihrem Cloud-Partner vertrauen: Es wäre fahrlässig, Daten nur dort zu sichern.
- Sie (oder Ihre Rechtsabteilung) sollten die vertraglichen Bedingungen für eine Kündigung oder einen Anbieterwechsel stets im Blick haben. Selbst wenn sich alle technischen Probleme lösen lassen: Kommen Sie auch aus langfristigen Verträgen raus? Wann greift ein Sonderkündigungsrecht?

Die Krönung einer Exit-Strategie ist die Implementierung eines Multi-Cloud-Setups, das sich über die Angebote verschiedener Anbieter erstreckt. Wenn Sie mit einem Partner unzufrieden sind, verlagern Sie »einfach« die betroffenen Dienste woanders hin.

Dass »einfach« in Anführungszeichen steht, wird Sie nicht überraschen. Nichts an einer solchen Architektur ist einfach (und schon gar nicht günstig), da unterschiedliche Angebote mit unterschiedlichen Konfigurationswerkzeugen und unterschiedlichen Macken und Eigenschaften parallel verwaltet werden müssen. In der Praxis ist dies kaum möglich und nur auf bestimmte Szenarien anwendbar.

13.5 Wege zum Cloud-Sourcing

Sie haben nun viele Überlegungen angestellt, was die Cloud für Sie sein könnte und vor allem, welche Ziele Sie verfolgen.

Die Frage, wo der Weg der eigenen IT nun hinführen soll, kann an dieser Stelle nicht pauschal beantwortet werden. Ich möchte aber einige Gedanken und Ansatzpunkte mit Ihnen teilen, die hoffentlich einen Richtwert bieten:

1. **Prüfung der eigenen Systemlandschaft**

   Gibt es Systeme, die von der Verlagerung zu einem externen Cloud-Anbieter profitieren würden bzw. für die eine Ausdehnung dorthin einen Mehrwert hat?

2. **Prüfung der eigenen Anwendungslandschaft**

   Gibt es bereits Anwendungen, die auch als SaaS durch den Hersteller oder als Cloud-Lösung durch namhafte Anbieter angeboten werden?

   Falls ja: Welchen Aufwand verursacht der Betrieb intern? Ein Beispiel ist die Software DATEV, die eine umfangreiche IT-Landschaft erfordert, deren Updates kritisch sind. Da auch der Hersteller den Betrieb übernehmen kann, wird die eigene IT entlastet – in diesem Fall müssen Sie schon gute Gründe für ein Self-Hosting haben.

3. **Zusammenstellung möglicher Kandidaten für den externen Cloud-Betrieb**

   Die Zusammenstellung soll neutral erfolgen: Überprüfen Sie, welche Services und Systeme extern erbracht bereitgestellt werden könnten. Es empfiehlt sich, auch für Systeme, die nicht in die Cloud übertragen werden können, die Gründe aufzuschreiben.

   Erstens ist dies eine eigene kritische Prüfung, um emotionale Gründe zu erkennen. Zweitens können Sie davon ausgehen, dass diese Fragen irgendwann gestellt werden. Eine Antwort parat zu haben, zeigt, dass Sie und ihr Team sich mit dem Thema beschäftigen.

4. **Prüfen Sie, was Sie bereits haben**

   Schauen Sie dann, ob es bereits »versteckte« Möglichkeiten gibt, um Cloud-Dienste zu nutzen. In vielen Lizenzen sind inzwischen entsprechende Optionen enthalten. In vielen Microsoft-Lizenzen (siehe Kapitel 8, »Lizenzmanagement«) ist beispielsweise die Nutzung von SharePoint Online enthalten – und damit verbunden ein Kontingent von freiem Speicherplatz. Solange Sie diese Lizenz haben, steht Ihnen der Speicherplatz zu. Es empfiehlt sich daher, die Bedingungen der bereits gekauften Lizenzen genau zu lesen oder einen Lizenzmanager zu fragen, welche Mehrwerte möglicherweise noch in Ihren Lizenzen schlummern!

   Aber Achtung: Das heißt nicht, dass Sie plötzlich gar keine zusätzlichen Kosten haben werden: Auch eine vergleichsweise einfache Migration bedeutet Aufwand. Überschätzen Sie das Einsparpotenzial nicht.

5. **Die Kostenstrukturen je Kandidat gegenüberstellen**

   Erfassen Sie, was der eigene Betrieb kostet und was der Betrieb in der externen Umgebung kosten würde.

Der eigene Betrieb wurde im Idealfall durch Services mit den Nutzern definiert und ist auf Basis von Tickets nachvollziehbar. Die Kosten weiterer Komponenten, etwa Server, können geschätzt werden. Lassen Sie nicht versehentlich Kosten unter den Tisch fallen, oder rechnen Sie sich nicht klein. Vielmehr gilt es auch im eigenen Interesse, ein reales Bild zu zeichnen.

Dennoch wird es Aspekte geben, etwa die Netzwerkanbindung, die nicht detailliert beziffert werden können. Hier gilt es, Näherungswerte zu finden und diese auch mit Angabe der Rechenbasis darzustellen.

Die gleichen Grundsätze gelten auch für den externen Provider. Wenn Sie beispielsweise einen VPN-Tunnel zu Ihrem Cloud-Anbieter einrichten müssen, erfassen Sie diese Kosten ebenfalls. Wichtig ist jedoch, dass auch diese Ressource als geteilte Ressource markiert und nicht etwa vollständig dem ersten System kalkulatorisch zugerechnet wird. Ansonsten entsteht eine ungewollte Verzerrung.

6. **Erarbeitung der Vor- und Nachteile einer Verlagerung**

   Neben den finanziellen Aspekten lassen sich weitere Unterscheidungen finden, die im Sinne einer ganzheitlichen Entscheidung betrachtet werden sollen. Die Kriterien sind unternehmensbezogen, die folgende Übersicht stellt daher nur einen Auszug dar.

   - Wie wird der Support des Services in Zukunft abgebildet, und welche Möglichkeiten hat die eigene Organisation noch? Was ist, wenn Probleme bislang schnell über ein Ticket abgewickelt werden konnten, der externen Anbieter aber nur Service Level anbietet, die eine Lösung erst am folgenden Werktag verbindlich garantieren?
   - Gibt es technische Faktoren, die zu Problemen führen können? Auch wenn Sie eigentlich die genau gleiche Hardware in der Cloud mieten, kann es durch die zusätzliche Latenz zu erheblichen Leistungsproblemen kommen. Besonders im Maschinenbau oder anderen Industriesystemen muss im Millisekundenbereich gearbeitet werden – selbst mit schnellsten Glasfaserverbindungen kann der Betrieb in einem fremden Rechenzentrum dann nicht funktionieren.
   - Auch stellt sich die Frage, ob die Verlagerung Folgekosten wie eine Erweiterung der Bandbreite zum Internet notwendig macht. Muss das Personal geschult werden? Ist es vielleicht einfacher, neue Leute zu finden, wenn die Administration in Zukunft über die standardisierten Schnittstellen von AWS & Co. abläuft und sich neue Teammitglieder nicht erst in die »gewachsenen Strukturen« der lokalen IT-Umgebung einarbeiten müssen?
   - Besonders für SaaS-Angebote ist die Frage entscheidend, ob der Dienst so individuell genutzt werden kann, wie es Ihre Kollegen aus den Fachbereichen fordern. Denn grundsätzlich ist es so, dass das Customizing der Cloud-Angebote wesentlich eingeschränkter ist. Beziehen Sie bei dieser Diskussion die Fachbe-

reiche eng in die Entscheidung ein: Für die Akzeptanz einer SaaS-Anwendung spielt diese Frage eine zentrale Rolle, und entscheiden können dies nur die Leute, die täglich mit diesen Angeboten arbeiten.

– Und schließlich geht es um strategische Fragen, die mit der Kritikalität der Daten zusammenhängen. Hier gilt noch viel mehr der Grundsatz, den Sie bereits aus Kapitel 6 kennen: Je näher ein Service bei den Kernaufgaben Ihres Unternehmens angesiedelt ist, desto eher sollten Sie ihn auch selbst erbringen. Während etwa die Verlagerung von Updateservern die IT-Sicherheit verbessert und für das Unternehmen irrelevant ist, stellt sich die Verlagerung von Forschungsdaten und eigenen Projekten anders dar.

Für eine Entscheidung müssen viele unternehmensspezifische Faktoren erhoben und mit Blick auf die Veränderung durch eine Cloud-Nutzung geprüft werden. Es gilt, auf Basis einer nachvollziehbaren und vor allem objektiven Grundlage zu entscheiden, ob der Weg in die Cloud für das jeweilige Produkt als positiv oder negativ zu bewerten ist.

Das Unternehmen muss sich daher fragen, wie das eigene Sicherheitsbedürfnis aussieht und wie groß das Vertrauen zu einem Cloud-Anbieter ist. Diese Entscheidung kann nur die Unternehmensleitung treffen.

7. **Eine gemeinsame Strategie erarbeiten**

Sobald sowohl die Kandidaten bestimmt als auch die Bewertungen abgeschlossen sind, gilt es, eine Empfehlung auf Basis der jeweils bekannten Daten abzugeben. Besprechen Sie die Erkenntnisse mit einem Entscheidungsträger: Sollen Leistungen in Zukunft durch externe Anbieter erbracht werden? Falls ja, welche?

Es geht nun darum, eine Sourcing-Strategie in Bezug auf die Cloud zu erarbeiten. Die Strategie muss die Frage beantworten, was die Voraussetzungen aus Sicht des Unternehmens sind, um eine Anwendung oder ein System in eine externe Cloud zu verlagern. Auch sollte sie definieren, welche Eigenschaften ein Cloud-Anbieter aufweisen muss, um als Partner akzeptiert zu werden. Die Cloud-Policy sollte mindestens enthalten:

– Welche Daten sollen und dürfen überhaupt in die Cloud? Und mit welchen Auflagen? Hier sind sowohl die Unternehmensleitung als auch weitere Bereiche gefragt, eine Vorgabe mit Ihnen zu gestalten.

– Welche Clouds sind zulässig? Falls Sie beispielsweise eine strategische Partnerschaft mit Amazon eingehen, sollte festgelegt werden, dass nur noch Angebote aus diesem Bereich gewählt werden. (Die Vorteile sind weniger Komplexität und mögliche Rabatte, aber denken Sie an den Vendor Lock-in!)

– Welche (datenschutz-)rechtlichen Vorgaben müssen eingehalten werden? Ein Beispiel könnte die Vorschrift sein, dass nur Cloud-Infrastrukturen innerhalb der EU genutzt werden, auch wenn Drittländer günstiger sind.

- Wie ist der Beschaffungsprozess von Cloud-Software? Der Prozess ist elementar wichtig, denn bereits während der Beschaffung sollten Sie klären, ob die angestrebte Lösung überhaupt die für den Einsatzzweck notwendigen Schnittstellen hat und integriert werden kann. Auch sollten Sie Themen wie die IT-Sicherheit im Auge haben, die in jedem Fall vor der Beschaffung selbst geprüft werden muss!
- Wer hat welche Rechte in der Software? Es gilt zu klären, wer *Administrator* ist und welche Aufgaben erledigt. Der Hintergrund ist, dass Sie einen Ansprechpartner benötigen und andere Bereiche, etwa die Revision, mögliche Prozesse prüfen wollen.
- Erfüllt die Cloud-Lösung Ihre internen Compliance-Vorgaben? Wie werden Backups organisiert, wie schnell können Dienste wiederherstellt werden? Schnell werden diese unter den Tisch gekehrt, da damit nicht selten Mehrausgaben verbunden sind. Um dies zu verhindern, sollten Sie die aus Ihrer Sicht in Ihrem Unternehmen relevanten Richtlinien durchschauen.

Die Bestandteile der Cloud-Policy können jederzeit durch weitere Aspekte und unternehmensbezogene Themen erweitert werden. Wichtig ist die Botschaft, dass die Cloud-Policy den Umgang mit der Cloud in Ihrem Unternehmen regelt.

8. **Transition-Manager bestimmen**: Sobald die Kandidaten feststehen, werden Mitarbeiter zu *Transition-Managern* ernannt. Ihre (internen) User werden mit den neuen Cloud-Diensten nur dann zufrieden sein, wenn die Umstellung gut begleitet und verwaltet wird.

   Falls die Nutzung eines externen Cloud-Angebots eines großen Anbieters wie Amazon, Microsoft oder Google geplant ist, sollte eine Schulung der jeweiligen Plattform Pflicht sein.

9. **Support-Verträge abschließen**

   Wenn es dann Ernst wird, sollten Sie sich durch Fachleute unterstützen lassen. Die großen Anbieter bieten entsprechende Supportverträge, auch ist die Unterstützung durch einen Dienstleister möglich. In der bisherigen Umgebung hätte niemand die Server ohne Wartungsverträge betrieben, warum dann in der Cloud?

10. **Messen und lernen**

    Zum Abschluss ganz wichtig: Wenn die Entscheidung gefallen ist und Sie auf dem Weg in die Cloud sind, gilt es, die Arbeit und Leistungen Ihrer IT-Landschaft genauso zu beobachten und zu bewerten, wie Sie es auch jetzt schon tun. Sammeln Sie Erfahrungen, auch und gerade in Bezug auf die Kosten, und prüfen Sie fortlaufend, ob die externe Cloud-Nutzung weiterhin die richtige Entscheidung für Ihr Unternehmen ist.

13.6 Abschluss

In diesem Kapitel ist hoffentlich nicht der Eindruck entstanden, dass Cloud-Infrastrukturen verteufelt werden oder von einer Migration in die Cloud abgeraten werden soll – ganz im Gegenteil! Die unterschiedlichen Varianten bieten Möglichkeiten, die vor einem oder zwei Jahrzehnten kaum denkbar waren und die, wenn man sie richtig einsetzt, jede IT-Umgebung bereichern können. Zugleich sehen wir alle in der IT den Trend in die Cloud. Mit etwas Abstand betrachtet wird klar, dass »irgendwas« immer lokal bestehen bleiben wird, für viele Jahre. Dennoch ist eine Verschmelzung zu beobachten, ein gutes Beispiel dafür ist Microsoft Azure Local. In diesem Produkt verschmelzen lokale Systeme und Cloud unter einem Management aus der Cloud. Angereichert wird das ganze Konstrukt mit vielen hilfreichen Features, etwa einem einfachen Updatemechanismus, und Vorteilen in der Lizenzierung. Auch hier gilt es herauszufinden, was für Sie die Kombination mit der Cloud an Mehrwert bieten kann. Wichtig ist, dass Sie weder die Cloud als Allheilmittel für alle Probleme betrachten noch als Teufelswerk bezeichnen. Es ist und bleibt eine Technologie, die Sie in richtigem Maße für die Vereinfachung Ihres Alltags einsetzen können, mit der Sie sich aber das Leben bei falschem Einsatz auch deutlich erschweren können!

Es geht daher darum, sie nüchtern zu bewerten und als Teil einer modernen Enterprise-Architektur und Option eines Sourcing-Mixes zu sehen.

Kapitel 14

Was ist DevOps?

Dieses Kapitel ist ein aktualisierter und leicht überarbeiteter Auszug aus »DevOps. Wie IT-Projekte mit einem modernen Toolset und der richtigen Kultur gelingen«, ISBN: 978-3-8362-9099-9.
Dort werden die Schritte einer DevOps-Transformation, über die ich hier einen Überblick gebe, detaillierter vorgestellt.

DevOps ist schon lange kein Hype mehr. Viele Personen machen »irgendetwas mit DevOps« und haben ihre Meinungen und Einschätzungen dazu. Fragt man sie, was genau hinter diesem Wort steckt, hört man zwar oft zunächst eine Erklärung, was sich hinter diesem Begriff verbirgt und wofür DevOps gut ist, aber genaueres Nachfragen offenbart dann eher eine Mischung aus gefährlichem Halbwissen, einer losen Aufzählung von expliziten Technologien und Buzzwords.

Gut, dass Sie dieses Buch lesen: Sie scheinen Interesse am Thema zu haben, dürften sicherlich schon etwas darüber gehört haben und wollen sich jetzt ein genaueres Bild machen, ob DevOps auch für Sie etwas ist. Gute Idee!

Falls Sie vielleicht etwas skeptischer sind, dann ist das natürlich auch gut. Ich bin kein großer Fan von Buzzwords und Superlativen. Und genauso halte ich es auch hier: Natürlich ist nicht alles super und schön, sobald man DevOps-Prinzipien umsetzt. Natürlich ist nicht alles schlecht, sobald man keine DevOps-Prinzipien umsetzt. Natürlich ist auch weiterhin nicht alles *DevOps*, nur weil man DevOps dranschreibt.

Häufig kann ich es den Leuten gar nicht übel nehmen, wenn sie keine klare Vorstellung von der Idee hinter DevOps haben und dementsprechend skeptisch sind. Mittlerweile schreiben viele Firmen »DevOps« an ihre Produkte oder an die Job-Titel ihrer Mitarbeitenden, weil es gleich viel moderner klingt. Was früher »Agile« und »Scrum« war, ist heute »DevOps«. Hauptsache, es wirkt so, als ob man mit der Zeit geht.

Ob in solchen Firmen die DevOps-Umsetzung wirklich beispielhaft gelungen ist, kann man teilweise von außen erkennen, teilweise aber auch nicht. Mein Lieblingsbeispiel ist der »DevOps-Engineer«, den gefühlt jede Firma sucht, die sich moderner aufstellen will. Praktisch für diejenigen, die sich auf diese Stellen bewerben: Diese Jobs werden meistens anständiger bezahlt, als wenn kein DevOps dranstehen würde.

Steigen wir jetzt also in das Thema direkt ein, und schauen wir uns an, was *DevOps* überhaupt ist.

14.1 DevOps: das große Ganze

DevOps als Ganzes ist im Wesentlichen eine *Arbeitskultur*. Es ist keine Technik, kein Tool, keine Job-Bezeichnung und, ja, es ist im Grunde auch keine Team-Bezeichnung, obwohl es sich von den beiden Begriffen *Development* und *Operations* ableitet, mit denen klassischerweise die Entwicklung und der Betrieb bezeichnet werden. Um erfolgreich nach den DevOps-Prinzipien arbeiten zu können, müssen die Prinzipien dieser Kultur möglichst umfassend in der Firma gelebt werden.

Das heißt also: Nicht nur die einzelnen Teams sollten nach DevOps-Prinzipien arbeiten, sondern die ganze Firma, denn ansonsten sind ihre Erfolgschancen gering. Daher ist es nicht sinnvoll, wenn einzelne Teams als »DevOps-Teams« bezeichnet werden und andere Teile wiederum gar nicht existieren. Schließlich geht es um das große Ganze und nicht um einzelne Teams.

Außerdem ist DevOps unabhängig von den Tools, die verwendet werden. Wer sich wundert, warum ich das hier erneut erwähne: Das ist essenziell und wird – obwohl es bekannt ist – immer wieder ignoriert. Es ist nämlich andersherum:

Die Tools unterstützen die Prozesse, was wiederum die Menschen unterstützt.

Es wäre also ein falscher Ansatz, die Prozesse umzustellen, nur weil man überzeugt ist, dass man endlich Kubernetes in der Firma einführen sollte.

Während die agile Software-Entwicklung eine gute Basis darstellt, geht es bei DevOps darum, den ganzen *Software-Development-Lifecycle* (SDLC) zu betrachten. Dieser beginnt mit der Projektplanung, geht mit dem Programmieren und dem Ausrollen an die Endnutzer weiter, um anschließend das Feedback aus dem Betrieb für die weiteren Entwicklungsarbeiten zu nutzen. Eigentlich könnte man auch gleich vom *Software-Delivery-Lifecycle* sprechen, schließlich ist ein Development ohne Delivery reichlich witzlos.

Grundsätzlich geht es bei DevOps darum, den agilen Software-Entwicklungsprozess deutlich auszuweiten. Die agile Software-Entwicklung (siehe Abschnitt 10.8) zielt darauf ab, dass nicht alles im voraus haargenau geplant wird, sondern dass in kürzeren Iterationen und in Inkrementen gearbeitet wird, um flexibler mit den sich ändernden Anforderungen zurechtzukommen.

Obwohl DevOps eigentlich eine gelebte Kultur sein soll, kann man sich ihr natürlich theoretisch nähern und versuchen, sie durch Definitionen zu fassen. Es muss Ihnen aber klar sein, dass diese Zusammenfassungen immer nur Ideale und Abstraktionen darstellen, die Sie konkret an Ihre Umgebung anpassen müssen.

Dennoch ist es sinnvoll, diese Prinzipien zu kennen, da sie ein gutes Gerüst bilden, an dem Sie sich bei der Umsetzung orientieren können. In der Praxis haben sich zwei Methodiken und Definitionen etabliert. Das sind einmal die Grundwerte von Dev-

Ops, nämlich das *CA(L)MS-Modell*, sowie die sogenannten *Drei Wege*, wobei der Begriff meistens im englischen Original genutzt wird: *The Three Ways*.

Lassen Sie uns nun zunächst erst mal in die Prinzipien einsteigen, damit klar ist, worum es geht, ohne uns allzu sehr in den Details zu verlieren. Sowohl CA(L)MS als auch The Three Ways nähern sich DevOps auf unterschiedlichen Arten.

14.1.1 CA(L)MS

Das CA(L)MS-Modell enthält die Leitprinzipien von DevOps. Aber jetzt erst einmal einen Schritt zurück: Wofür steht überhaupt CA(L)MS?

CA(L)MS ist eine Abkürzung von vier oder fünf Werten:

- C für *Culture*
- A für *Automation*
- L für *Lean*
- M für *Measurement*
- S für *Sharing*

Die Thematik rund um »Lean« wird oft als optional betrachtet, weswegen die Grundwerte als CAMS bezeichnet werden und die Erweiterung als CALMS zu finden ist.

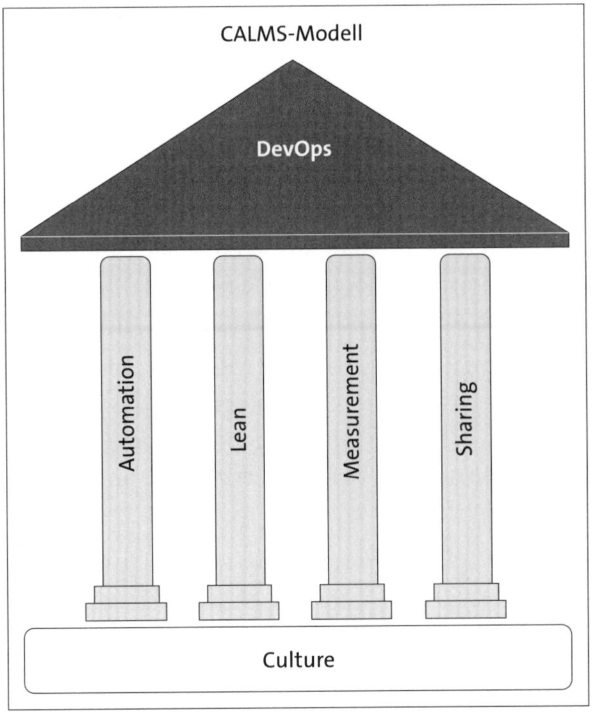

Abbildung 14.1 Das CALMS-Modell

Bei Ihrer DevOps-Transformation hilft Ihnen das CALMS-Modell, da es betont, dass alle Aspekte gleichmäßig aufgebaut werden und somit gemeinsam wachsen müssen. Sie stehen auf dem Fundament der Kultur, denn ohne diese geht es nicht.

C für Culture

Das **C** steht für *Culture*, also Kultur. Hier ist vordergründig die Arbeitskultur gemeint: Wie erfolgt die Zusammenarbeit im Team und innerhalb der Organisation, ganz unabhängig von den verschiedenen Rollen und Aufgabengebieten im Team?

Ein Team, das nach den DevOps-Prinzipien arbeitet, besteht stark vereinfacht im Wesentlichen aus *Entwicklung* (Dev) und *Betrieb* (Ops), die zusammenarbeiten und nicht, wie so häufig, gegeneinander antreten. Anstatt dass beide Teams getrennt voneinander in Silos hocken und mit großen, hohen Wänden voneinander abgeschottet sind, setzen sich beide Gruppen bei ihren Aufgaben für ein gemeinsames Ziel ein.

Aber hier kommt es schon zum ersten Problem: Die Entwickler müssen neue Features entwickeln, die möglichst wenig Fehler aufweisen. Das Hauptaugenmerk des Betriebsteams liegt auf dem sicheren und stabilen Einsatz der Software, die vom Entwicklungsteam geschrieben wurde.

Die Kultur des Teams ist entscheidend, da alle Menschen aus dem Team nicht nur organisatorisch, sondern auch hinsichtlich der Ziele zusammengeführt werden müssen. Für beide Gruppen ist es wichtig, beide Aufgaben zu erfüllen.

Ein klassisches Entwicklungsteam kann die neuen Features nicht ausrollen, weil das Deployment zu kompliziert und fehleranfällig ist. Hier ist Teamwork gefragt, nicht »Works for me«.

Ein wesentlicher Aspekt ist das häufige Ausrollen von Releases, um die Zeit von der Fehlerkorrektur bis zum Ausrollen möglichst kurz zu halten. Für diese Aufgabe ist Automatisierung notwendig. Und diese hilft auch nur dann, wenn man sich auch wirklich traut, die Software auszurollen. Es spielen noch weitere Aspekte hinein, wie ausführliche Tests, um sicher und regelmäßig Änderungen veröffentlichen zu können.

Und genau deshalb ist es wichtig, dass nicht nur diese beiden Gruppen an der Arbeitskultur arbeiten, sondern auch die Vorgesetzten, die Entscheider und das Management. Alle müssen sich darüber einig sein, dass auch Fehler akzeptiert werden, die auf dem Weg auftauchen werden. Diese Änderung lässt sich nicht von heute auf morgen erreichen – und das ist völlig in Ordnung.

A für Automation

Weiter geht es mit dem **A** aus CALMS: der *Automatisierung*. Wenig überraschend geht es hier darum, möglichst viele Aufgaben zu automatisieren.

Grundsätzlich besteht das Ziel nämlich darin, möglichst alles zu automatisieren, um keine oder nur sehr wenige manuelle Schritte selbst ausführen zu müssen, damit sich der »Speed« erhöht. Dazu gehören automatisierte Tests auf allen Ebenen, das Bauen der Artefakte und ihr Deployment sowie auch das Monitoring, nachdem das Deployment durchgeführt wurde.

Wichtig ist nämlich, dass eben nicht blind ausgerollt wird, sondern dass die Software gut getestet und mit einem gewissen Selbstvertrauen und auch Selbstbewusstsein automatisiert ausgerollt wird.

Problematisch ist hingegen, dass viele Firmen DevOps mit Automatisierung gleichsetzen. Ein großer Fehler, denn: Wer sich nur um die Automatisierung und weniger um die anderen Aspekte kümmert, automatisiert im Wesentlichen die Fehler komplett durch. So hört man häufig: »Wir machen doch DevOps! Wir haben eine CI/CD-Pipeline!«

Das ist schon mal ein guter Schritt in die richtige Richtung. Denn eine CI/CD-Pipeline ist auf der technischen Ebene ein elementarer Bestandteil von DevOps. Wichtig ist allerdings zu betonen, dass DevOps eben nicht nur aus einer CI/CD-Pipeline besteht. Und nur eine solche Pipeline zu haben, heißt noch lange nicht, dass man diese auch regelmäßig, sprich täglich mehrfach, nutzt.

L für Lean

Das Prinzip *Lean* stammt zwar ursprünglich aus der Produktion von Waren, wird aber mittlerweile auch an vielen anderen Orten eingesetzt, so auch in der Software-Entwicklung. Das berühmteste Lean-Modell kennen wir aus der Industrieproduktion von Toyota. Lean ist der Punkt, der in den DevOps-Prinzipien als optional betrachtet wird. Der Vollständigkeit halber behandele ich Lean dennoch, da es viele valide Punkte mit sich bringt, die im DevOps-Alltag nicht fehlen sollten.

Was ist Lean in diesem Kontext überhaupt? Grundsätzlich spricht man bei Lean von der Eliminierung von »Waste«. All das, was Müll oder Abfall ist, kann und soll weg. Damit ist konkret gemeint, dass all das, was keinen Mehrwert mit sich bringt, entfernt werden soll.

Eine weitere wichtige Komponente von Lean ist die kontinuierliche Verbesserung, die Erhöhung des Nutzens für die Kunden und die Fokussierung auf langfristige Ziele. Weitere Bestandteile von Lean sind die Menschen, die kontinuierlich Verbesserungen bewirken können und sollen, indem man sie dazu ermutigt.

In der Praxis sieht das etwa so aus, dass man so viel Vertrauen in das Team und die Software hat, dass man auch gut getestete Experimente auf Produktivsystemen fahren kann. Damit dürfte man viel schneller ans Ziel kommen, wenn man weiß, was funktioniert und was nicht, ohne sehr lange diskutieren zu müssen.

Auch wenn Lean ursprünglich gar nicht aus der IT kommt: Es passt sehr wohl auch zur IT und infolgedessen zu den DevOps-Prinzipien.

M für Measurement

Der nächste Punkt ist **M** für *Measurement*. Auf Deutsch reden wir vom »Messen« von Metriken. Im Grunde geht es hier nun darum, dass man sein Urteil, was funktioniert und was eben nicht funktioniert, anhand von Metriken trifft. Das können größere, aber auch kleine Dinge sein. Wichtig ist aber vor allem, dass es quantifizierbare Daten als Metriken gibt, die entsprechend ausgewertet werden können.

Ein klassisches Beispiel ist etwa die Frage, wie lange es dauert, bis eine Forderung von Kunden (etwa eine Fehlerkorrektur) sowohl implementiert als auch auf dem Produktivsystem ausgerollt wird und somit live geht. Diese Zeit wird *Lead Time* genannt und ist eine übliche Metrik.

Teil der Lead Time ist die *Processing Time*, also die Zeit vom Commit der Entwicklerin, bis diese Änderung auf den Produktivsystemen ausgerollt wird. Wenn dies gemessen wird, können Sie eine bessere Aussage darüber treffen, wie gut die Prozesse rund um die CI/CD-Pipeline sind, um Änderungen nicht nur im Notfall, sondern auch im Normalfall rasch zu den Endnutzern ausrollen zu können.

Grundsätzlich wird auch noch unterschieden zwischen Prozessmetriken, Betriebsmetriken oder auch Business-Metriken, sodass idealerweise viele relevante Aspekte im Blick behalten werden und darauf basierend bewertet wird.

S für Sharing

Der letzte Buchstabe von CALM**S** ist das **S** für *Sharing*. Hier geht es primär darum, dass alle voneinander lernen können. Dabei ist keineswegs gemeint, dass neue Technologien in der Organisation verbreitet werden sollen und alle plötzlich Experten für alles sind. Sondern es geht darum, dass Probleme und Lerneffekte dokumentiert und innerhalb und außerhalb der Organisation geteilt werden, damit möglichst niemand diese Fehler noch einmal begeht.

Dazu gehören Kleinigkeiten genauso wie größere Probleme, die zu einer langwierigen Downtime geführt hätten. Dabei kommt es darauf an, dass die Existenz von Fehlern grundsätzlich akzeptiert wird und man aus diesen lernt. Und das über Teamgrenzen hinweg. Das wirkt sich dann wieder auf die Kultur aus: Nur bei einem gesunden Umgang mit Fehlern lassen sich kleinere und größere Probleme ohne Angst mit dem eigenen Team oder auch mit der großen weiten Welt teilen.

Fazit zum CALMS-Modell

Das CALMS-Modell ist eine gute Grundlage, um die Kernmerkmale von DevOps nachzuvollziehen und einordnen zu können. Sie sind eine gute Richtlinie, um einige kulturelle Änderungen in der Organisation einzuführen. Das ist kein Modell, das für alle 1:1 passt.

Das CALMS-Modell kann allerdings nicht genutzt werden, um den Erfolg von DevOps zu messen, denn dafür existieren die DORA-Metriken, um die es in Abschnitt 14.6 geht.

14.1.2 The Three Ways

Die weiteren Prinzipien sind »The Three Ways«. Im Gegensatz zu CALMS liegt ihnen der Gedanke zugrunde, dass alle DevOps-Prinzipien von drei Grundideen abgeleitet werden können. Sie werden gleich sehen, dass sich sehr viel mit dem CALMS-Prinzip überschneidet und sich manches wiederholt, allerdings mit einem etwas anderen Blickwinkel und somit mit einem anderen Fokus.

Grundsätzlich geht es bei den Drei Wegen darum, den Flow vom Entwicklungsteam zum Ops-Team – und somit vom Business zum Kunden – zu verbessern. Dazu gehört die Feedback-Schleife zurück vom Kunden zum Business, aber auch regelmäßige Feedback-Schleifen im ganzen Prozess.

Die Drei Wege wurden maßgeblich von Gene Kim entwickelt, der sie im August 2012, also schon vor über 10 Jahren, in einem Blogpost präsentierte:

https://itrevolution.com/articles/the-three-ways-principles-underpinning-devops/

Dieser Post diente ihm als Grundlage für sein »The DevOps Handbook«.

The First Way: Systems Thinking

Beim ersten Weg handelt es sich um das Verständnis des gesamten Entwicklungsprozesses als *System* und als *Flow*. Systeme sind in der Regel komplex und bestehen aus vielen verschiedenen Komponenten, die, je nach Organisation, von vielen verschiedenen Teams entwickelt und bereitgestellt werden müssen.

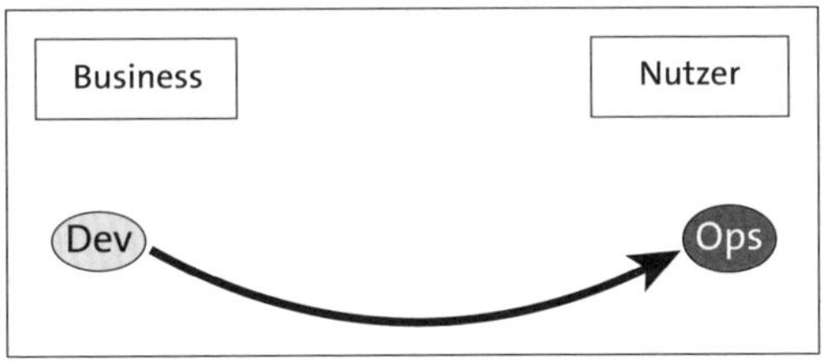

Abbildung 14.2 The First Way

Wichtig ist daher, dass man sowohl das ganze System versteht als auch den Flow zwischen den einzelnen Komponenten des Systems. So ist ein Kriterium, dass die Änderungen von der Entwicklung (Dev) zum Betrieb (Ops) möglichst reibungslos fließen sollen. In der traditionellen Arbeitsweise läuft das in der Regel gar nicht so geschmeidig: Viel zu oft gibt es Hürden, die zu Verzögerungen führen und manuell überwunden werden müssen.

Letztlich kann man hier die Arbeit des Entwicklungsteams mit dem Business gleichsetzen: Dieses erbringt schließlich den Mehrwert, den die Kunden des Systems nutzen wollen. Und das geht nur, wenn die Anwendung auch entsprechend bereitgestellt wird. Das wiederum geht einher mit dem zügigen und geschmeidigen Weg von Dev zu Ops. Konkret heißt das also, dass Änderungen möglichst zeitnah ausgeliefert werden sollen, damit der Mehrwert zügig genutzt werden kann.

Damit das Ganze einfacher geht, muss die Größe der Änderungen angepasst werden. Wenn man riesige Änderungen aus einem halben Jahr Arbeit an die Kunden bringen will, hat man direkt mehrere Probleme an der Backe: Viele Änderungen wurden nicht richtig getestet und sind vielleicht auch noch nicht korrekt implementiert. Und es kommt auch viel zu oft vor, dass bereits auf der Basis dieser Änderungen weitere Verbesserungen umgesetzt wurden, was das Deployment verkompliziert. Deswegen hilft hier: Die Änderungen möglichst klein halten, um den Flow von Dev zu Ops und somit vom Business zum Kunden zu vereinfachen.

Zusätzlich müssen die Arbeiten, die erledigt werden, für alle sichtbar gemacht werden. Viel zu häufig sieht man innerhalb und außerhalb des Teams nämlich genau – nichts! Das bedeutet: Häufig werden die Fortschritte versteckt. Das Team versucht in so einem Fall, langsamen Fortschritt zu verschleiern, und hat Angst, dass mögliche Fehler von anderen entdeckt werden.

Vor allem zwischen den Teams, die voneinander abhängig sind, ist das problematisch. Das Qualitätssicherungsteam sollte sehen, wie der Fortschritt ist, um Qualitätsmängel schon frühzeitig beheben zu können. Genauso sollte das Betriebsteam schon frühzeitig sehen können, was relevant für den Betrieb ist, damit Fragen zur Infrastruktur nicht erst mit der angenommenen Fertigstellung nochmals aufgerollt werden müssen.

Dies betrifft nicht nur die eigentlichen Implementierungsarbeiten, sondern auch den generellen Fortschritt im Hinblick auf die Planung. Hier geht es also maßgeblich um den Status einzelner Aufgaben: Wird gerade daran gearbeitet oder nicht? Wartet man gerade auf die Fertigstellung einer anderen Abhängigkeit?

Nützlich ist hierfür ein Planungsboard. Ein *Issue-Board* ist ein klassisches Beispiel, häufig auch nach der Kanban-Methode implementiert. Ein einfaches Kanban-Board enthält drei Spalten mit Arbeitspaketen, die entweder »To do«, »In Bearbeitung« oder »Erledigt« zugeordnet sind (siehe Abbildung 14.3). So erreicht man eine gute und einfache Sichtbarkeit. In der Praxis werden meist mehrere verschiedene Stufen genutzt, um auch Fälle wie »in Review«, »Wartend« oder »Blockiert« schnell sichtbar zu machen.

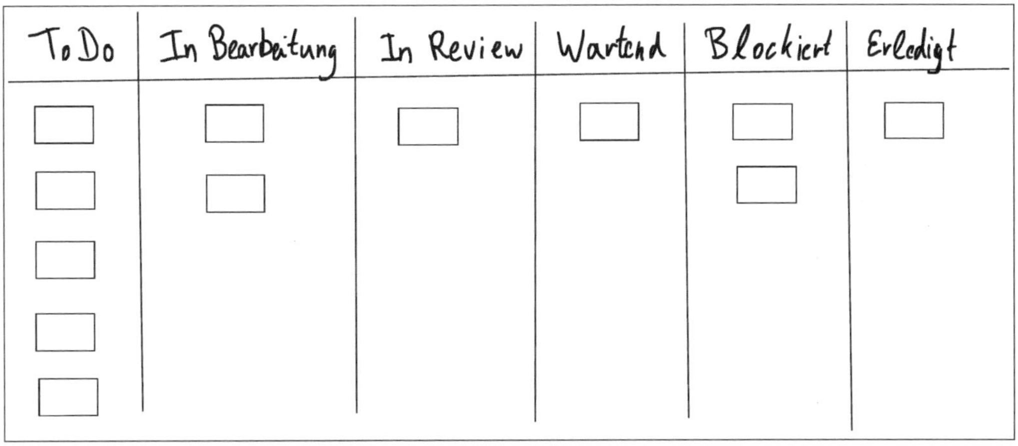

Abbildung 14.3 Dieses beispielhafte und vereinfachte Kanban-Board zeigt übersichtlich die Arbeitspakete in ihren verschiedenen Status an.

Grundsätzlich gilt daher: Immer schön die Arbeit sichtbar halten, denn nur so werden auch spätere Probleme frühzeitig erkannt! Das trifft nicht nur auf das eigene Team zu, sondern ist auch ein wichtiger Faktor zwischen verschiedenen Teams.

Das Ganze hilft vor allem dabei, zu sehen, ob nicht doch gerade zu viel gleichzeitig entwickelt wird. Denn bei langen Entwicklungszeiten im traditionellen Ansatz gibt es sehr viele Aufgaben, die über einen sehr langen Zeitraum umgesetzt werden müssen. Es ist schlicht nicht möglich, alles gleichzeitig zu machen. Und da Ihre Arbeits- und Zeitressourcen im Team nun einmal begrenzt sind, sollte nicht an zu vielen Baustellen gleichzeitig gearbeitet werden.

Es muss also stets sichtbar sein, wie viele Arbeiten gerade parallel passieren. Wenn etwa zu viele Arbeitspakete im Status »Doing« sind, vielleicht sogar mehrere Aufgaben von einer Person erledigt werden müssen, dann ist dies ein guter Indikator dafür, dass es Probleme gibt: Entwickler sind überlastet, haben schlicht zu viele Aufgaben gleichzeitig oder es findet keine richtige Priorisierung statt.

Auch hierbei hilft das Board, indem es visualisiert, wie viele Tasks gerade in einem Status bzw. bei einer Person hängen. Diese Analyse geht also Hand in Hand mit der Sichtbarmachung der Arbeitsstände. Damit können Sie auf den zweiten Aspekt achten: auf die Limitierung der Arbeit, die gerade durchgeführt wird, um den Flow zu gewährleisten.

Das Ganze wird fast nie problemlos funktionieren. Deswegen ist es immer wichtig, unnötige Prozesse zu entfernen und die Arbeit zu entschlacken – und das in der ganzen Wertschöpfungskette. Dazu gehört die Eliminierung von Übergaben und Genehmigungen, die nicht gebraucht werden.

Viel wichtiger als die etwaigen Prozesse ist es allerdings, dass die Systeme so gebaut werden, dass man möglichst das ganze System versteht – wenn auch nicht alles bis ins letzte Detail. Genau deshalb heißt dieser erste Weg auch »Systems Thinking«, da an das gesamte System gedacht werden soll. Das Hauptaugenmerk liegt darauf, sowohl die Komplexität zu reduzieren als auch das System nachvollziehbar zu machen. Beides geht Hand in Hand.

Nur wenn der Weg des Produkts in den unterschiedlichen Schritten als ganzes System verstanden wird, können Probleme, die sonst im Verborgenen geblieben wären, schon frühzeitig von den Entwicklungsteams einzelner Module erkannt werden. Ansonsten würden die Erfahrungen, die das Betriebsteam beim Betrieb des Dienstes sammelt, nicht zu den Entwicklern vordringen, die ihrerseits nicht von diesen *Learnings* profitieren können.

Der Betrieb ist natürlich nur ein Beispiel: Es geht beim systemischen Denken darum, dass alle Bestandteile mit ihren diversen Abhängigkeiten beachtet, verstanden und überblickt werden müssen. Das geht nur, wenn das große Ganze als System grundsätzlich verstanden wird und man sich nicht in Insellösungen aus unterschiedlichen Kompetenzen verheddert.

Ein üblicher Praxisfall ist folgender: Das Business-Team stellt die Anforderungen auf, die an das Architekturteam gehen, das dann nach getaner Arbeit die Aufgabenpakete an die Entwicklungsteams gibt. Nach Abschluss der Arbeiten geht das Ergebnis an das Qualitätssicherungsteam und anschließend an das Betriebsteam über, das dann die Software in Betrieb nimmt.

Zwischen jeden dieser Teams gibt es Übergänge, die koordiniert werden müssen und an denen Abnahmen erfolgen. Das kostet unfassbar viel Zeit, aber viele Kenntnisse werden frühzeitig schon gebraucht und nicht erst zum späteren Zeitpunkt. Das ist ein großes Problem.

Diese Übergänge müssen auf das Nötige reduziert werden. Dazu gehört auch, dass Entscheidungen, die nicht gebraucht werden, ebenfalls entfernt werden. Häufig werden Genehmigungen benötigt, die von weiter oben in der Organisationsstruktur kommen, obwohl diese Entscheider kaum eine fundierte Aussage darüber treffen können, ob die Aufgaben wie gewünscht erledigt worden sind. Diese Information kommt ohnehin meist von den Teams selbst. Also warum nicht gleich den Teams diese Aufgabe übergeben?

Zur Reduzierung der Übergaben gehört auch, dass Automatisierung genutzt werden sollte, um wiederkehrende Aufgaben, die sonst nur zu weiteren Wartezeiten führen, einfacher und effizienter zu gestalten. Das offensichtlichste Beispiel sind die Deployments, die nicht mehr händisch gemacht werden. Das spart nicht nur Arbeit, sondern beugt auch möglichen Fehlern vor.

Es geht aber auch um viele kleinere Dinge, etwa um die Bereitstellung von Zugangsdaten für Systeme, wenn neue Mitarbeitende anfangen. Häufig sieht man, dass das Betriebsteam manuell tätig werden muss, um Accounts zu erstellen und Zugänge freizuschalten. Das ist ein klassischer Fall für eine Automatisierung!

Das geht auch Hand in Hand mit dem nächsten Punkt: Im Laufe der Entwicklung und des Deployments gibt es und wird es immer wieder Flaschenhälse geben, die aufgedeckt und beseitigt werden sollten, um den Flow zwischen Dev und Ops und somit vom Business zum Kunden geschmeidig zu halten. Alles, was hilft, sollte eingeführt werden, um den Fluss zu erleichtern. Das Ziel ist, dass wiederkehrende Probleme und Hürden erkannt und aus dem Weg geräumt werden.

The Second Way: Feedback

Beim ersten Weg geht vor allem darum, das ganze System zu verstehen, was dazu führt, dass man den Flow von Dev zu Ops und somit vom Business zum Kunden besser und zügiger handhabt. Beim zweiten Weg geht es genau um die umgekehrte Richtung: Die Wünsche und Probleme von Ops und den Kunden sollen zu Dev und somit zu den Business-Entscheidungen fließen.

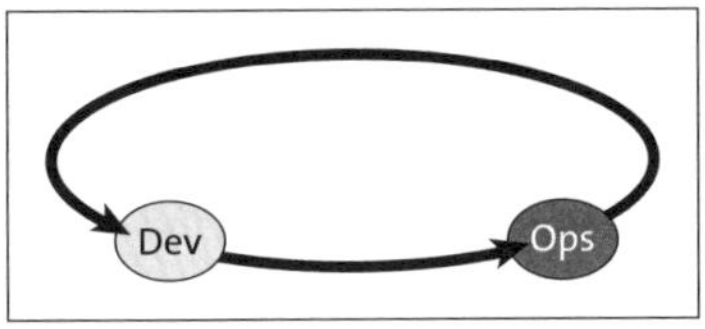

Abbildung 14.4 The Second Way

Es geht also vordergründig darum, das hereinkommende Feedback sowohl konstant zu halten als auch zügig anzunehmen. Das steht im direkten Zusammenhang mit dem ersten Weg, denn zügiges und konstantes Feedback geht nur dann, wenn den Nutzern häufig Änderungen zur Verfügung gestellt werden. Das ist nur dann zuverlässig machbar, wenn diese Schritte klein sind.

Eine Voraussetzung dafür ist, dass man möglichst sicher mit komplexen Systemen arbeiten kann. Das ist schon prinzipiell keine einfache Aufgabe, denn es ist wenig überraschend schwierig, komplexe Systeme zu überblicken. Die Lösung besteht darin, ein interdisziplinäres Team aufzustellen, sodass möglichst jede Person einen weiten Blick auf das System erlangt – aber mit einzelnen Spezialisierungen.

Die Aufgabe besteht also darin, dass Probleme, die zwangsläufig in Produktivsystemen auftreten werden, als Basis genommen werden, um Verbesserungen anzustoßen, damit es in der nächsten Iteration geschmeidiger läuft. Dieses Wissen muss innerhalb des Teams geteilt werden, sodass es allen hilft, das komplexe System zu verstehen und mit Fehlern umgehen zu können.

Da in einem komplexen System Module von verschiedenen Teams zusammenarbeiten, müssen Probleme sichtbar werden, damit man zusammen an den Problemen arbeiten kann: Nichts soll versteckt oder ignoriert werden.

Das automatisierte Testen ist ein zentraler Aspekt, um sicher mit den Systemen arbeiten zu können. Es gilt nicht nur, die zentralen Abläufe zu testen, sondern auch, Punkte zu beachten, die man bisher nur vage angenommen hat – man spricht hierbei von *Edge Cases*. Auch hier hilft regelmäßiges Feedback, was aber nicht funktionieren kann, wenn nur in sehr seltenen Fällen ein Deployment durchgeführt wird. So würden dann Probleme, die etwa für das Software-Design relevant sind, erst verspätet entdeckt werden, was eine Korrektur zeitaufwendiger und somit sehr viel teurer macht.

Die Feedback-Schleife von ausgerolltem Code ist letztlich die langsamste Variante von Feedback. Es ist daher wichtig, dass es automatisierte Tests gibt, die Fehlverhalten möglichst zeitnah identifizieren: Fehler, die bereits während dieser Tests auffallen, führen nicht zu Problemen bei den Kunden und müssen nicht über Bug Reports oder Issue Tracker gesammelt und nachgestellt werden.

Automatisierte Tests gibt es auf verschiedenen Ebenen:

- **Unit-Tests** – Diese Tests werden lokal und unmittelbar nach und während des Programmierens ausgeführt und liefern schnelles und einfaches Feedback.
- **Integrationstests** – Mit ihnen werden mehrere Komponenten im Zusammenspiel getestet.
- **Systemtests** – Sie prüfen das gesamte System und laufen entsprechend langsamer.
- **Akzeptanztests** – Hierbei wird überprüft, ob das Ergebnis den Anforderungen entspricht.

Wichtig ist wie immer: Automatisieren Sie möglichst viel, und halten Sie Tests so einfach wie möglich.

Frühes Feedback zu den getätigten Änderungen ist essenziell, damit die Probleme nicht weitergeschoben werden, sondern das Übel an der Wurzel gepackt wird. Es geht um die Vermeidung und den Abbau von sogenannten *technischen Schulden*, die meist mit dem englischen Begriff *Technical Debt* beschrieben werden.

Schnelles Feedback setzt sich nicht nur aus den verschiedenen Testtypen und häufigen Deployments zusammen, sondern besteht auch aus Reviews von Kollegen aus dem gleichen oder aus anderen Teams. Das Ziel ist, nicht nur Verbesserungen am Code vorzunehmen, sondern auch Kenntnisse aus der Umgebung, in der der Code laufen wird, von dem Kollegium abzugreifen.

The Third Way: Kontinuierliches Lernen

Der dritte und letzte Weg dreht sich um das kontinuierliche Lernen. Hier liegt Ihr Hauptaugenmerk darauf, stets Neues zu lernen und offen gegenüber anderen Techniken, Prozessen, Tools usw. zu sein. Das ist aber natürlich kein Selbstzweck, sondern zielt immer auf eine Problemlösung. Sie sollten sich also stets fragen, welche Probleme aktuell bestehen und welche Fehler immer wieder auftreten. Diese Stolpersteine sollten Sie dann nicht einfach akzeptieren oder ignorieren, sondern eben jene Stolpersteine müssen als Chance zur Verbesserung begriffen werden. Dieser Ansatz muss tief in der Kultur der Organisation verankert sein.

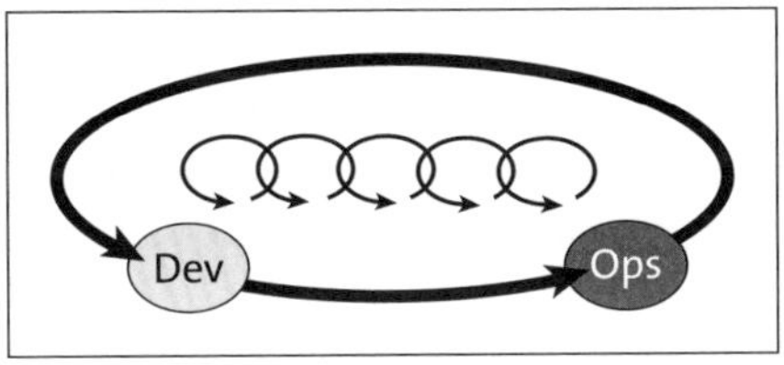

Abbildung 14.5 The Third Way

Ich beobachte vor allem bei einigen Firmen eine ungesunde Fehlerkultur. Wie wird in der Organisation damit umgegangen, wenn Fehler passieren? Dürfen überhaupt Fehler passieren? Wie sieht es mit Experimenten auf Live-Systemen aus, aus denen man sehr viel über das System lernen kann?

Firmen mit schlechter Fehlerkultur erkennt man an ihren vielen Silos. Dort denken Teams bzw. Abteilungen immer nur an ihre eigene Arbeitsweise und ihre eigenen Probleme. Ungereimtheiten in der Zusammenarbeit mit anderen Teams werden nicht direkt an der Quelle korrigiert, sondern es werden Workarounds gebaut.

Das hängt zum einen damit zusammen, dass man nicht weiß, wie die anderen arbeiten, oder damit, dass die Teams komplett voneinander abgeschottet sind und überhaupt keine Kommunikation stattfindet. Zum Schluss kann es sein, dass wichtige Entscheidungen und Hintergründe nicht geteilt und wie Privatgeheimnisse behandelt werden.

Das führt zu großen Problemen, wenn Fehler auftreten, etwa bei einer größeren Downtime. Schnell wird eine schuldige Person oder ein schuldiges Team gesucht, anstatt sich um das eigentliche Problem zu kümmern und eine Analyse der Grundursache anzustrengen, mit der die aktuelle Ursache korrigiert werden könnte. Es müssen Lösungen gesucht werden und keine Schuldigen! Dieses *Fingerpointing* muss vermieden werden. Stattdessen sollte alles darangesetzt werden, das Problem gemeinsam zu verstehen und Lösungen zu erarbeiten, wie so etwas in Zukunft vermieden werden kann.

Fehler sollten demnach nicht vertuscht, sondern aktiv geteilt werden, damit alle etwas aus ihnen lernen können. So sollte auch niemand Angst haben, Fehler zu begehen – was aber auch nicht heißen soll, dass man unvorsichtig sein sollte. Die richtige Balance zu finden, ist hier die große Kunst.

Wichtig ist vor allem auch, wie mit dem Melden von Fehlern umgegangen wird. Das ist sogar noch ein Schritt vor der eigentlichen Fehlerbehandlung. Werden Fehler ernst genommen, oder werden sie lieber ignoriert? Oder wird gar das Aufdecken des Fehlers kritisiert?

Ein Aspekt, den ich in den letzten Abschnitten schon zwischen den Zeilen angerissen habe, ist die Organisationsstruktur in Firmen und die Art und Weise, wie Informationen gehandhabt werden. Häufig sieht man, dass sehr viele Organisationen ihre Teams komplett voneinander abschotten, sodass weder Code noch Projektmanagement eingesehen werden können. Informationen werden also selbst innerhalb der Organisation streng geheim behandelt, sodass niemand etwas sehen soll.

Dabei gibt es häufig gar keinen Grund dafür! Dieses Vorgehen verstärkt in der Regel den Silo-Gedanken, allein durch die Organisationsstruktur von Informationen. Transparenz schafft allgemein betrachtet viel mehr Vorteile, als sie Nachteile mit sich bringt. Ausnahmen gibt es hier sicherlich.

Das Lernen ist aber nicht nur ein organisatorischer Aspekt. So lässt sich auch am »lebenden Objekt« lernen: Durch das regelmäßige Ausrollen der eigenen Änderungen, auch wenn sie sehr klein sind, kann man hervorragend Teilaspekte testen und die Erkenntnisse daraus anschließend in die weitere Entwicklung einfließen lassen.

Aber auch das ist nicht nur eine technische Umsetzung, sondern muss vom Führungspersonal auch entsprechend gedeckt und unterstützt werden: Kein normales Entwicklungsteam würde wohl Experimente auf Live-Systemen ausführen (auch wenn die Entwicklungen gut getestet und somit ungefährlich sind), wenn diese Experimente von weiter oben weder abgesegnet noch gewollt sind.

Dazu gehört auch, dass neue Erkenntnisse und Informationen, wie einzelne Teams kleinere und größere Fehler behoben haben, immer wieder auch in der ganzen Organisation geteilt werden sollten. Das kann etwa durch Blogposts oder Vorträge geschehen. Solche Aktivitäten können dabei helfen, zukünftige Fehler oder Ineffizienzen zu vermeiden, da sich schon andere Teams mit dem Problem befasst haben und diese Informationen wiederverwendet werden können.

Und das sind dann auch schon »The Three Ways« und CALMS. Wie Sie hoffentlich erkannt haben, ähneln sich beide sehr stark, setzen bei der Erläuterung aber einen anderen Fokus.

Reflexion

In diesem Abschnitt haben Sie gelernt, was das CALMS-Modell und auch was »The Three Ways« eigentlich genau sind. Eines der Hauptprobleme beim CALMS-Modell ist, dass viele Organisationen sich rein auf die Automatisierung verlassen und wenig bis gar nicht in die anderen Aspekte investieren.

Mein Rat lautet daher: Machen Sie sich Gedanken, wo Sie mit Ihrem Team und Ihrer Organisation stehen. Fällt Ihnen direkt auf, welche Aspekte besser gehandhabt werden können und wo es Optimierungsbedarf gibt?

14.2 Missverständnisse rund um DevOps

Da Sie nun die Grundideen hinter DevOps kennen, werden Sie mir sicherlich zustimmen, dass sich dies alles perfekt anhört: Kürzere Wege, einfachere Prozesse, mehr Kommunikation, besserer Umgang mit Fehlern – selbstverständlich wollen das alle, niemand würde hier widersprechen.

Mit dieser Auflistung von Tugenden und guten Ideen ist es aber nicht getan: Die Theorie muss in die Praxis umgesetzt werden. Und »umgesetzt« bedeutet hier: Diese Tugenden und Ideen müssen gelebt werden und in die DNA Ihres Teams und der Organisation übergehen. Tatsächlich ist das viel einfacher gesagt als getan, denn natürlich läuft beim Umsetzen der DevOps-Idee häufig einiges falsch.

Das fängt schon damit an, dass man DevOps als Ganzes nicht versteht oder nur Teilaspekte einbaut, ohne zu begreifen, worum es dabei geht: Nein, ein gemeinsamer Slack-Channel des Dev- und des Ops-Teams reicht nicht aus, um jetzt »DevOps« zu machen.

In diesem Abschnitt möchte ich thematisieren, was häufige Fehler und Missverständnisse sind.

14.2.1 Zu starker Fokus auf die Automatisierung

Immer wieder sehe ich Folgendes: Firmen und Teams konzentrieren sich beim Umstieg in die DevOps-Welt auf die Automatisierung, ohne die anderen Aspekte anzuschauen, oder sie setzen einen viel zu geringen Fokus auf diese. Am Ende haben diese Firmen von CALMS dann häufig nur das **A** erreicht, ohne die passende Kultur, aber mit ganz viel *Waste*. Es fehlen Metriken, und *Sharing* ist weiterhin ein Fremdwort. Abbildung 14.6 zeigt, dass sie auf diese Weise kein solides Gebäude errichtet haben.

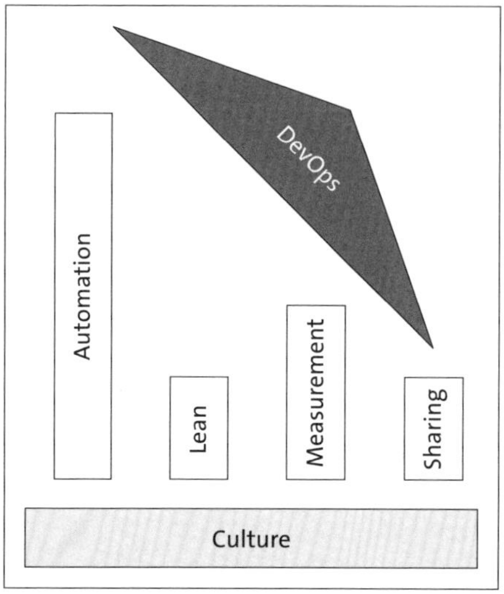

Abbildung 14.6 Eine starke Automatisierung in DevOps ist zwar wichtig – aber definitiv nicht das Einzige, denn sonst führt das Ungleichgewicht zu weiteren Problemen.

In der Praxis sieht man hauptsächlich eines: Es werden *DevOps-Engineers* eingestellt. Diese schreiben und warten eine CI/CD-Pipeline – und das war es dann auch schon. Zwar ist eine CI/CD-Pipeline ein elementarer Bestandteil des technischen Teils von DevOps, allerdings ändert sie wenig an den anderen Aspekten: Man arbeitet genauso weiter, wie man es auch schon zuvor getan hat.

Oft sehe ich CI/CD-Pipelines, die zwar in der Theorie ausgeführt werden können, aber nur, nachdem ein Ober-Ober-Chef das Deployment abgesegnet hat. Und das, obwohl dieser Chef weder an der technischen Umsetzung beteiligt war noch die Qualität des Projekts im Ganzen selbst bewerten kann. Damit fehlt ein wichtiger Aspekt, nämlich die Übernahme von Verantwortung durch das Team.

Damit hat man das Schlechteste beider Welten erreicht: schwerfällige manuelle Prozesse und zusätzlich noch technischen Overhead durch die Werkzeuge einer CI/CD-Pipeline, die nun zusätzlich zum eigentlichen Produkt gewartet werden muss.

14.2.2 Mit DevOps, aber ohne Tests!

Ein Vorurteil, das man häufig hört, besagt, dass man mit DevOps viel schlechteren Code produziert, da die Änderungen ja viel zu schnell ausgerollt werden. Und wenn etwas schnell ist, dann muss es ja zwangsläufig schlecht und von niedriger Qualität sein. Vertreter dieser Ansicht gehen davon aus, dass DevOps eine schlechtere Qualitätssicherung bedeutet, da neuer Code einfach direkt auf die Produktivumgebungen geworfen wird, nach dem Motto: Die User können doch testen, ob alles funktioniert.

Typische Bananen-Software also: Das Programm reift beim Kunden.

Das stimmt so natürlich nicht. Wenn es richtig gemacht wird, ist das Gegenteil der Fall, nämlich, dass in Teams, die nach DevOps-Prinzipien arbeiten, viel strukturierter und gezielter getestet wird, da sehr viel automatisiert ist.

Am Ende eines Entwicklungsstrangs sind viel mehr Tests ausgeführt worden als in traditionellen Entwicklungszyklen. Es geht also darum, dass alle Hebel in Gang gesetzt werden, um einen sicheren Fallschirm zu haben. Dann traut man sich auch, zu springen und die Änderungen auszurollen.

14.2.3 Falsches Verständnis der Teamstrukturierung

Der Klassiker unter den Missverständnissen von DevOps betrifft die Teamstrukturierung. So heißt es meistens:

> *DevOps heißt doch einfach nur, die Development- und Operations-Teams zusammenzuwerfen!*

Wobei, eigentlich ist das ja noch nahezu richtig, wenn auch mit diversen Einschränkungen. Häufiger hört man eher:

> *Das Entwicklungsteam übernimmt jetzt auch die Ops-Tätigkeiten. Admins brauchen wir nicht mehr!*

Nein, auch das ist kein DevOps. Admins benötigt man auch zukünftig. Die Aufgaben und Zuständigkeiten von allen beteiligten Personen werden sich im DevOps-Umfeld allerdings verändern. Sie arbeiten dann eben nicht mehr so, wie es im klassischen Sinne bekannt ist (siehe Abbildung 14.7).

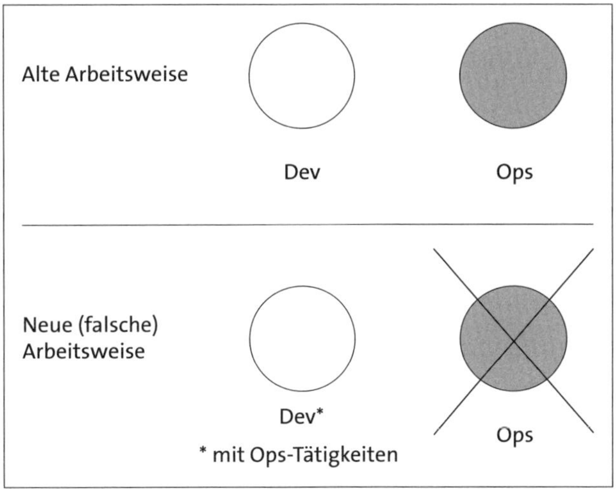

Abbildung 14.7 DevOps heißt eben nicht, dass die Entwickler nun die Betriebstätigkeiten übernehmen und somit Admins völlig unnötig werden.

Weiterhin gibt es vereinzelt auch separate *DevOps-Teams*, die zwischen Dev und Ops sitzen. Und zwar dauerhaft. Während der Übergangsphase ist das eine mögliche, vielleicht sogar gute Idee. Aber bestimmt nicht auf Dauer, denn das ist nämlich gerade nicht Sinn und Zweck der Sache!

Im Kern geht es ja darum, das Entwicklungsteam und das Betriebsteam zusammenzuführen und die Stärken und Schwächen der jeweiligen Rollen zu verbessern bzw. auszumerzen. Aber die Frage, die sich hier stellt, lautet: Wie? Und: Wer noch?

Was ist mit dem Qualitätssicherungsteam? Was ist mit dem Security-Team? Was ist mit dem Business-Team, also den Leuten, die letztlich die Business-Entscheidungen treffen? Ja, auch die Finanzen spielen mit hinein: In welchen Bereich stecken wir dieses Team also wie mit rein?

14.2.4 Nicht alle Wände niederreißen

Nach DevOps-Prinzipien zu arbeiten, heißt nicht, dass *alle* alten Prozesse und Gewohnheiten über den Haufen geworfen werden müssen. Genau das ist das nächste Problem, das häufig sichtbar wird. Im DevOps-Kontext spricht man häufig von »Break down the wall«, »Tear down the fences« oder »Remove the silos«.

Es geht also um den Abbau der Hindernisse zwischen den verschiedenen Teams. Ein typischer Fehler ist, dass wie in Abbildung 14.8 zwar die Silowände zwischen Dev und Ops heruntergerissen werden, aber nicht oder nur unzureichend zwischen den anderen Teams außerhalb der Technik.

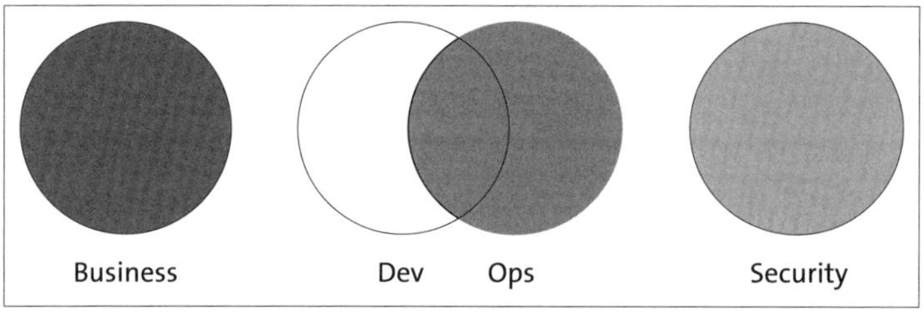

Abbildung 14.8 Die Säulen zwischen Dev und Ops wurden zwar niedergerissen, aber was ist mit den übrigen Teams?

Nur gemeinsam lässt sich ein Kulturwandel schaffen, und das betrifft alle Rollen und Aufgabengebiete in der Organisation. So sollten Führungskräfte die Business-Entscheidungen auch anhand des Feedbacks der Entwicklungs- und Betriebsteams umsetzen, da diese am besten beurteilen können, was geht oder was Probleme bereitet.

Oder denken Sie an die Finanzen: Je geringer die Barriere zwischen der Entscheidungsebene, die über die Budgets befindet, und der Technik ist, desto besser können fundierte Entscheidungen getroffen werden. Ein konkretes Beispiel ist etwa eine

Migration des Rechenzentrums in die Public Cloud. Ein solches Vorhaben ist nicht nur für die Techniker und die Führungskräfte relevant, sondern sorgt auch für ein anderes Abrechnungsmodell, dessen Vor- und Nachteile diskutiert werden müssen. Keine Abteilung kann diese Entscheidung allein treffen.

Daher gilt: Nicht nur die technischen Rollen müssen zusammengeführt werden, sondern auch die anderen Aufgabenbereiche. Eine DevOps-Kultur, die nur im Maschinenraum gelebt wird, ist zum Scheitern verurteilt.

14.2.5 Tools über Prozesse über Menschen

Das nächste Problem ist, dass häufig als Erstes Tools angeschafft werden, um »DevOps« zu starten und umzusetzen. Danach werden auch noch Prozesse angepasst, und erst danach wird damit begonnen, die Menschen abzuholen. Zwar benötigt man alles – Tools, Technik, Prozesse –, aber die Umsetzung muss genau umgekehrt angegangen werden.

Der Grundsatz heißt immer »People over Processes over Tools«. Das bedeutet, die Leute kommen vor den Prozessen und diese wiederum vor den Tools, wie schon zu Beginn dieses Kapitels erwähnt. Dieser Leitsatz kommt aus Scrum und hat eine wichtige Bedeutung in DevOps (siehe Abbildung 14.9). 14

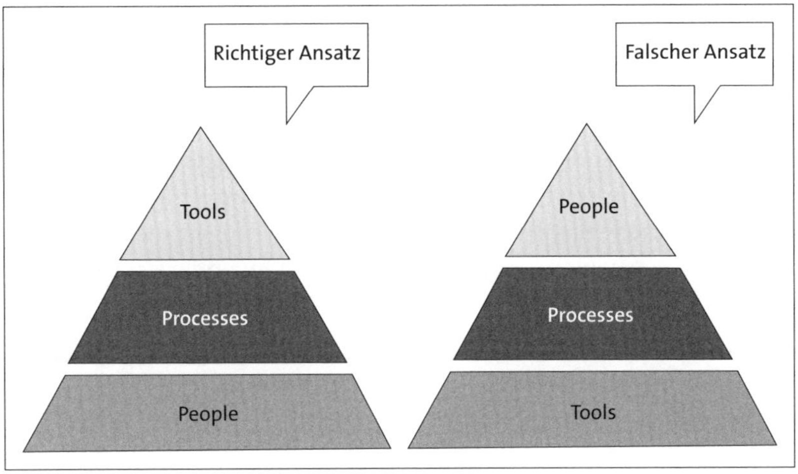

Abbildung 14.9 Die Menschen im Team bilden die wichtigste Grundlage. Erst danach kommen die Prozesse und die Tools – und eben nicht umgekehrt!

Die eingesetzten Tools sind zwar wichtig und helfen, DevOps-Ideen umzusetzen, aber sie bringen nichts, wenn die Prozesse schlecht sind. Und auch wenn Ihre Prozesse weltweit führend sind, helfen sie nicht, wenn die Mentalität der Personen im Team bzw. in der Organisation noch immer »falsch« ist.

Im ersten Schritt müssen Sie also die Menschen in den Teams Ihrer Organisation abholen. Erst dann sollten Sie sich um die Prozesse und anschließend um die Tools kümmern. So ist es zwar schön, wenn eine Firma eine CI/CD-Pipeline hat, um Änderungen integrieren und auch ausrollen zu können; sie bringt aber nicht sonderlich viel, wenn jeder Zwischenschritt von etlichen Vorgesetzten abgenickt werden muss. Etliche Approvals für ein Deployment einzuholen, dauert nicht nur ziemlich lange, es zeigt auch, dass man dem Team und somit den Menschen dahinter nicht vertraut. Und das, obwohl diese ja die Hauptarbeit erledigen und den Fortschritt des Projekts sowie seine Qualität am besten einschätzen können. Eigenverantwortliche Teams sind jedoch eine Kerneigenschaft von DevOps!

Aber auch dieses Vertrauen muss langsam aufgebaut werden. Und das ist weder supereinfach noch geht es von heute auf morgen. Vertrauen lässt auch nur mit der Unterstützung von ganz oben entwickeln. Wenn dort das Verständnis und das Vertrauen fehlen, kann man sich eine gut funktionierende Organisation, die nach DevOps-Prinzipien arbeitet, schon fast abschminken.

Wie man Menschen abholt, wird in Abschnitt 14.5 skizziert.

14.2.6 1:1-Kopien von Arbeitsweisen anderer Firmen

Viele Firmen und Organisationen teilen – ganz im Sinne von DevOps – ihre Erfahrungen rund um die Adaption von DevOps auf Konferenzen und in Blogbeiträgen. Das ist gut und auch wichtig, schließlich ist das gegenseitige Lernen nicht umsonst eines der Kernprinzipien von DevOps.

Was Sie allerdings nicht machen sollten, ist das Kopieren von Arbeitsweisen, Strukturen oder Tools anderer Firmen ohne jegliche Anpassung. Jede Firma und jede Organisation ist unterschiedlich. Jede hat ihre eigenen Herausforderungen, die es zu meistern gilt. Viele haben ihre eigenen Compliance-Richtlinien, die teilweise gesetzlich vorgegeben sind.

Sie werden daher in diesem Kapitel keine einfache Checkliste finden, die Ihnen in ein paar kurzen Schritten vermittelt, wie man »DevOps« einführt. Es wäre schön, wenn das so einfach ginge, aber dies ist ein großer Fehlschluss.

Es geht nämlich gerade nicht um ein paar allgemeingültige Punkte, die Sie auf Ihrem Zettel mit einem Häkchen versehen können, und schon haben Sie eine zertifizierte DevOps-Umgebung.

Ich möchte Ihnen vielmehr vermitteln, was zu einer gelebten DevOps-Kultur gehört, und kann Ihnen daher keine Abkürzungen liefern. In Abschnitt 14.5 gebe ich Ihnen trotzdem einen Einblick, wie die ersten Schritte einer DevOps-Transformation aussehen können. Aber wie bereits erwähnt: Verstehen Sie dies keineswegs als Checkliste, sondern fassen Sie es als Anregung Ihrer Gedanken auf!

Wichtig ist daher, dass Sie viele Aspekte von anderen Firmen lernen, ohne deren Vorgehen 1:1 zu kopieren. Häufig höre ich in Gesprächen, dass man ja dies oder jenes genau so tut, weil es ja schließlich Google oder Amazon oder Netflix oder irgendein amerikanisches Start-up auch so machen.

Grundsätzlich ist es löblich, sich die Arbeitsweisen von großen Firmen wie Google anzuschauen und zu adaptieren. Allerdings sind die wenigsten Firmen, vor allem in Deutschland, irgendwie mit Big-Tech-Unternehmen aus dem Silicon Valley wie Apple, Amazon, Alphabet (Google) oder Meta (Facebook) vergleichbar.

Viele Faktoren gehören dazu: Firmengröße, Firmenalter und somit das Alter der Code-Basis, die Bereitschaft zur Veränderung, aber vor allem die unterschiedliche Industrie. Eine Firma wie Google muss und kann anders arbeiten als ein deutscher Maschinenbauer oder eine Schweizer Bank, und das liegt nicht nur an den gesetzlichen Regularien. Hier prallen gleich mehrere Industrien mit ihren eigenen Herausforderungen aufeinander.

Verstehen Sie mich nicht falsch: Von den Big-Tech-Unternehmen kann und sollte man hier in Deutschland sehr viel mehr lernen! Allerdings sollte man nicht versuchen, etwas zu kopieren, sondern sollte es stattdessen klug mit den eigenen Einschränkungen adaptieren.

Reflexion

Sie dürften in diesem Abschnitt sicherlich den einen oder anderen Aspekt entdeckt haben, den Sie entweder selbst bei sich im Unternehmen finden oder schon mal von jemand anderem gehört haben.

Wenn Sie aktiv die DevOps-Transformation an- und weitertreiben wollen, dann kann ich Ihnen nur dazu raten, sich die eine oder andere Fehlannahme, die Sie hören werden, aufzuschreiben. Das hilft insbesondere bei der Kommunikation der gesamten DevOps-Vision. Denn dann hätten Sie direkt ein paar Fehlannahmen aus erster Hand, die Sie wiederverwenden und aus dem Weg räumen könnten.

Eine erste Meinung, die es abzubauen gilt, ist die Arbeit nach dem Motto: »Never touch a running system!« Änderungen sind immer nötig, und sie sollten ohne Angst, aber auch nicht blindlings durchgeführt werden. Eine offene Fehlerkultur ist dafür essenziell, und die gilt es stetig aufzubauen.

Hier helfen Metriken, um Entscheidungen faktenbasiert zu treffen. Davor müssen Metriken natürlich erst einmal ermittelt werden. Sie können sich ja überlegen, welche Informationen Sie gerne hätten, um eine bessere Einsicht in und ein besseres Gefühl für die Anwendung zu bekommen.

14.3 Der DevOps-Lifecycle

Der *Software-Development-Lifecycle*, der mit SDLC abgekürzt wird, wird wie in Abbildung 14.10 als Unendlichkeitszeichen, also als liegende Acht, dargestellt. Damit wird angedeutet, dass es sich um einen kontinuierlichen Prozess handelt, der nie abgeschlossen ist, solange die Software genutzt wird. Er besteht aus verschiedenen Komponenten, die Hand in Hand gehen. Viele Aspekte überlappen sich und lassen sich nicht klar eingrenzen.

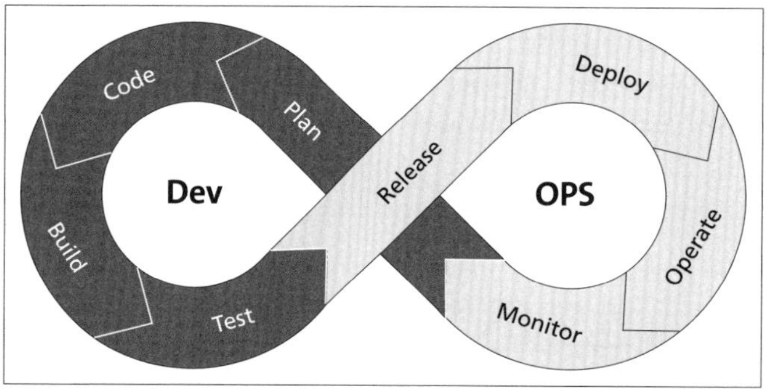

Abbildung 14.10 DevOps ist ein unendlicher Vorgang.

Wichtig hervorzuheben ist, dass dieser Lebenszyklus möglichst kurz gehalten werden soll, um die DevOps-Prinzipien auch mit all ihren Vorteilen umzusetzen.

Beachten Sie, dass der Lifecycle einen Flow von Informationen und Tätigkeiten darstellt und dass er mit möglichst kurzen Iterationen immer wieder von Neuem beginnt. Das ist der Gegensatz zu einem wasserfallartigen Entwicklungsmodell, in dem jede Stufe stetig abgearbeitet wird und in dem man am Ende »fertig« ist.

- **Plan**

  Projekte beginnen in der Regel mit einer Planung. Wenn diese sehr ausführlich, umfassend und unflexibel ist, dann ähneln solche Ansätze häufig dem Wasserfall-Modell, in dem alles im Vorhinein geplant wird und man versucht, keine Änderungen nachträglich mehr hinzufügen zu müssen.

  Das passt so gar nicht mit der DevOps-Welt zusammen. Konzepte der agilen Software-Entwicklung wie Scrum oder Kanban sind mittlerweile schon sehr weit verbreitet und fester Bestandteil des Alltags, wenn man nach DevOps-Prinzipien arbeitet. Planungsschritte nach der agilen Arbeitsweise sind ein Grundprinzip in der DevOps-Welt.

- **Code**

  Beim Programmieren des Projekts wird Quellcode geschrieben. Auf den ersten Blick mag man sich vielleicht denken: »Okay, aber das mache ich doch jetzt auch schon, was macht DevOps denn da überhaupt anders?«

Und genau hier gibt es schon sehr viel zu beachten, was man falsch machen kann. Denn nicht nur bei der Planung der Projekte können viele Fehler passieren, auch beim Programmieren und bei den Prozessen drumherum können und müssen die Grundsteine so gelegt werden, dass der Ablauf gut zu den weiteren Komponenten des DevOps-Lifecycles passt. Es geht um die Kollaboration innerhalb des Entwicklerteams, aber auch darüber hinaus mit anderen Abteilungen.

- **Build**

  Quellcode ist nur dann nützlich, wenn er auch zu Artefakten gebaut werden kann, die sich problemlos veröffentlichen lassen. Daher geht es in diesem Schritt um die Bedeutung von Build-Tools und -Prozessen. Das Ziel sind reproduzierbare automatische Builds, die ohne manuellen Eingriff aus den Quellen gebaut werden können. Darunter fallen auch das Management von Abhängigkeiten mit dem Build-Tool der Wahl und die Optimierung der Build-Zeit, um die Entwicklungsproduktivität hochzuhalten.

- **Testing**

  Während in klassischen Firmen häufig noch komplett getrennte Qualitätssicherungsteams zu finden sind, liegt nach den DevOps-Prinzipien die Verantwortung für Unit- und Integrationstests direkt bei den cross-funktionalen Teams.

  Ziel ist es, die Tests im Entwicklungsprozess so weit wie möglich nach vorne zu rücken und so in die Pipeline einzubauen, dass es frühes Feedback gibt, ob sie fehlschlagen. Hier spielen die Automatisierung und die Zusammenarbeit der ehemals reinen Entwicklungs- und Qualitätssicherungsteams eine große Rolle.

- **Release**

  Am Ende der reinen Entwicklung steht das fertige Artefakt. Für die Veröffentlichung der Artefakte gibt es viele verschiedene kreative Lösungen, die nicht sonderlich zielführend sein müssen. Sinn und Zweck ist es, ein standardisiertes Paket zu bauen, das auch reproduzierbar ist. Das ist die Grundlage für die nächsten Schritte, um ein geschmeidiges Deployment im Release-Prozess zu ermöglichen.

- **Deploy**

  Wenn ein Software-Paket gebaut wurde, geht es um das Veröffentlichen der zuvor geschriebenen und gebauten Artefakte. Beim Release-Management, das häufig einfach unter dem Sammelbegriff *Deployment* zu finden ist, geht es darum, wie die Anwendung an die Endnutzer ausgerollt wird. Wenn Sie es richtig machen, funktioniert dieser Prozess so gut, dass Sie ohne große Risiken Experimente fahren können und Veröffentlichungen nicht scheuen müssen.

- **Operate**

  Nachdem das Projekt geschrieben, gebaut und deployt wurde, muss es noch betrieben werden. In diesem Stage geht es darum, was zu tun ist, wenn Dienste teilweise oder vollständig ausfallen, und wie mit den Fehlern umgegangen werden soll.

- **Monitoring**

  Nah verwandt mit dem Betrieb und mit einem fließenden Übergang dazu ist das *Monitoring*, das benötigt wird, um möglichst schnell über Probleme informiert zu werden. Da alle Personen mit den verschiedenen Rollen im selben Team arbeiten, lassen sich hier sehr viele Synergien schaffen, sodass Release und Monitoring quasi gleichzeitig erfolgen können.

  Dazu gehört auch, dass man diverse Tests und Experimente auf der Produktivumgebung mit echten Nutzern laufen lassen kann, um aus diesen Erkenntnissen zu lernen, was dann den nächsten Entwicklungszyklus beeinflussen kann.

- **Security**

  Der letzte Aspekt dieser Liste, der aber nicht der letzte Aspekt im DevOps-Lifecycle ist, ist die *Security*. Wie man anhand von Abbildung 14.10 erkennen kann, muss sich das Thema Sicherheit durch den ganzen Lebenszyklus ziehen, da Security-Standards und -Prinzipien überall eingebunden werden sollten und nicht (wie so häufig) zum Schluss ergänzt werden können. Denn warum sollte man das Ops-Team einbeziehen, aber das Security-Team außen vor lassen?

  Wichtig ist, dass Sicherheits- und Datenschutzfragen von Beginn an in allen Teilen des Entwicklungs- und Deployment-Prozesses mitgedacht werden. *Sicherheit* ist kein Aspekt, der an einer bestimmten Stelle ergänzt werden kann, sondern muss gelebter Teil des gesamten Systems sein.

14.4 Skills und Wissen für die DevOps-Engineers

Was müssen Sie und Ihr Team wissen und können, damit eine moderne Entwicklungsarbeit möglich wird?

14.4.1 Soft Skills

Bevor es um die technischen Aspekte des DevOps-Lernpfads geht, ist es noch mal enorm wichtig, über die Soft Skills zu sprechen. Entgegen ihrem Namen sind Soft Skills ganz und gar nicht »soft«, sondern ziemlich hart zu lernen und anzuwenden.

Probleme verstehen

Einer der wichtigsten Punkte ist das richtige Verstehen von Problemen. Damit ist gemeint, dass Sie Zusammenhänge und das große Ganze erkennen müssen, damit Probleme an der Wurzel gepackt werden können. Bauen Sie keine Übergangslösungen, verrennen Sie sich nicht in Details, betreiben Sie kein Overengineering.

Häufig ist stattdessen zu sehen, dass an einer Lösung gearbeitet wird, ohne genau die Problemstellung verstanden zu haben. Gerade wenn Sie als DevOps-Engineer unterschiedliche Teams und Anforderungen im Blick behalten müssen, ist die saubere Analyse eines Problems sehr wichtig, da Sie sonst nur viele Kleinigkeiten korrigieren und anpassen, statt wirklich voranzukommen.

Kommunikation

Das Verstehen von Problemen ist eng mit der Kommunikation verzahnt. Gerade im Zusammenspiel mit diversen weiteren Mitarbeitenden ist eine effiziente und effektive Kommunikation essenziell für den Erfolg.

Im IT-Management sind Sie Bindeglied zwischen verschiedenen Teams und Rollen. Hier müssen also verschiedene Personen mit ihren unterschiedlichen Zielen zusammengebracht werden. Das betrifft dann auch das Erklären von möglichen Lösungen. Versuchen Sie stets, den Blickwinkel Ihrer Gesprächspartner zu verstehen, und hören Sie idealerweise mehr zu, als selbst zu reden.

Kollaboration

Gute Zusammenarbeit bedeutet gegenseitigen Respekt, Geduld und Vertrauen. Man muss auch bei Konflikten und unterschiedlichen Zielen produktiv zusammenarbeiten und gemeinsam nach Lösungen suchen.

Und somit laufen auch die drei Soft Skills zusammen: Das Zusammenbringen der verschiedenen Rollen ist wichtig, um Probleme zu verstehen, was wiederum nur mit einer gescheiten Kommunikation geht.

14.4.2 Der technische DevOps-Lernpfad

Obwohl mir die DevOps-Kultur wichtiger als die Werkzeuge ist, kann der richtige Umgang mit der DevOps-Toolchain nicht ignoriert werden. In diesem Abschnitt geht es mir darum, Ihnen einen Einblick zu geben, was Sie wissen und kennen müssen. Abbildung 14.11 gibt einen Überblick über den Lernpfad.

Grundsätzlich wäre es natürlich toll, wenn Sie in allen Tools Expertenkenntnisse mit Praxiserfahrung aufbauen. Das ist aber nicht nur unrealistisch, sondern quasi unmöglich, da es schlicht zu viele Werkzeuge und Techniken sind. Und sie verändern sich ständig. Was gestern noch Best Practice war, ist vielleicht morgen schon ein schlimmer Hack. Die Marktführer von heute können morgen schon in einer Sackgasse stecken.

Ihr Fokus sollte also eher darauf liegen, welche fundierten Grundlagen nützlich sind und womit Sie anfangen sollten, um möglichst viel in der Praxis umsetzen zu können. Hier geht es weniger darum, jede einzelne Nische mit abzudecken, sondern mehr darum, den breiten Bedarf an Kenntnissen im Jobmarkt zu treffen, damit Sie solide Kenntnisse vorweisen können.

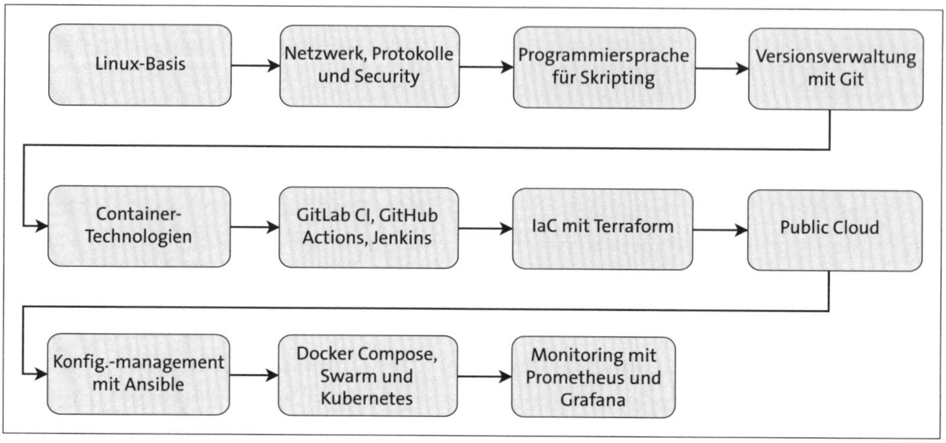

Abbildung 14.11 Der technische DevOps-Lernpfad besteht aus elf fachlichen Vertiefungen.

Linux ist die Basis

Um einen umfassenden Lernpfad zu verfolgen, sind solide Linux-Kenntnisse von grundlegender Bedeutung. Diese bilden die Basis für alle nachfolgenden Schritte und sind nahezu unverzichtbar, da fast alles, was im Anschluss kommt, auf diesen Kenntnissen aufbaut. Im Kontext von DevOps und insbesondere im Bereich Cloud Native sind Linux-Kenntnisse in vielerlei Hinsicht unerlässlich. Im Gegensatz dazu ist Windows als Betriebssystem in diesem Bereich eher die Nische.

Der erste Schritt besteht darin, das grundlegende Funktionsprinzip des Linux-Systems zu verstehen, da dieses Wissen später für das Erstellen von Container-Images und für den Betrieb von Containern unerlässlich ist. Besonders wichtig sind dabei umfassende Kenntnisse in der Verwendung der Shell. Dies betrifft sowohl die interaktive Nutzung als auch das Beherrschen von Skriptsprachen. Tatsächlich spielt es dabei eine untergeordnete Rolle, welche spezifische Shell verwendet wird, da die grundlegenden Funktionen, die relevant sind, in den meisten Fällen sehr ähnlich sind. In der Regel ist die Bash-Shell die gängigste und empfohlene Wahl.

Die konkrete Linux-Distribution ist eher von geringerer Bedeutung. Viel wichtiger ist, dass Sie sich mit Paketmanagern auskennen und wissen, wie sie im Gesamtsystem interagieren. Es ist auch ratsam, zwischen Linux-Distributionen für Host-Systeme und solchen für Container-Images zu unterscheiden.

Bei Host-Systemen handelt es sich um die Systeme, die Container hosten. Hier sind Debian-basierte Systeme wie Ubuntu oder Distributionen, die mit Red Hat Enterprise Linux (RHEL) kompatibel sind, von Bedeutung. Jedoch ist DevOps nicht nur auf Container beschränkt. Wenn Sie solide Linux-Kenntnisse besitzen, ist es nicht allzu schwierig, sich auch mit den Grundlagen von Alpine Linux oder anderen Minimal-Distributionen vertraut zu machen.

Netzwerke, Protokolle und Security

In der Welt von DevOps sind allgemeine Netzwerk- und Infrastrukturthemen eng mit den Betriebssystemen verknüpft. Zusätzlich sollten Sie grundlegende Konzepte in den Bereichen Virtualisierungslösungen, Dateisysteme sowie CPU- und Speichermanagement umfassend verstanden haben. Letztere sind besonders relevant, wenn es darum geht, Anwendungen zu betreiben, insbesondere wenn Sie mit CPU- und Speicherbegrenzungen konfrontiert sind.

Ein solides Verständnis von Prozessen, Sockets und Netzwerken ist ebenfalls unerlässlich. Man könnte manchmal denken, dass diese Themen in der Ära von Cloud und Container-Infrastrukturen irrelevant geworden sind, aber auch in dieser Umgebung spielen sie eine wichtige Rolle. Beispiele sind Security Groups und Netzwerkregeln, die bei der Sicherheit und Kommunikation in der Cloud entscheidend sind.

Zu diesem Bereich gehört auch ein fundiertes Wissen über Protokolle. SSH ist unverzichtbar und gehört zu den Grundkenntnissen in der Welt von Linux. Darüber hinaus sollten Sie auch die Grundlagen von HTTP und SSL/TLS verstehen. Besonders relevant ist der Umgang mit REST-Schnittstellen im Allgemeinen, da es oft erforderlich ist, Daten von Diensten über REST-Schnittstellen abzurufen. Dieses Wissen ist auch für das Scripting und die Automatisierung von großer Bedeutung.

Programmiersprachen für das Scripting

Es ist von entscheidender Bedeutung, eine Programmiersprache zu beherrschen, insbesondere wenn Sie in einer Rolle arbeiten, die sich hauptsächlich um die Unterstützung der gesamten CI/CD-Infrastruktur für verschiedene Teams kümmert. Eine Skriptsprache kann Ihnen in dieser Hinsicht enorm weiterhelfen. Der erste Schritt ist oft das Shell-Scripting, wie ich zuvor bereits erwähnt habe. Allerdings stoßen Sie schnell an Grenzen, wenn die Aufgaben komplexer werden.

Shell-Scripting ist zweifellos wichtig, aber Sie sollten niemals versuchen, alles mit einem Shell-Skript zu lösen, nur weil es möglich ist. Gute Kenntnisse in Shell-Scripting zeigen sich darin, dass man weiß, wann man es besser nicht mehr einsetzen sollte.

Der nächste sinnvolle Schritt ist das Erlernen von Python. Bash-Scripting wird hauptsächlich für das Pipelining, das Debugging von Systemen und das Erstellen von Container-Images benötigt. Sobald Ihre Aufgaben komplexer werden, wird Python eine große Hilfe sein. Typischerweise liegen die Anwendungsfälle von Python im Bereich der Infrastruktur und weniger in der Unterstützung der Anwendungen selbst.

Python ist besonders nützlich, wenn Sie auf APIs zugreifen müssen, um Daten für die Erstellung von Berichten zu sammeln. Neue Herausforderungen tauchen regelmäßig auf, und grundlegende Kenntnisse in einer Programmiersprache wie Python können Ihnen bei deren Bewältigung helfen. Python eignet sich gut, da die Einstiegshürde relativ niedrig und die Wartung vergleichsweise einfach ist.

In Hinblick auf den Continuous-Delivery(CD)-Teil von DevOps können fundierte Kenntnisse in Go (Golang) hilfreich sein. Go ist eine weitverbreitete Sprache in der Welt von Cloud native, und viele Anwendungen sind in Go geschrieben. Dies ist ein weiterer Schritt, der über Python hinausgeht, da Sie hier tiefer in das System eintauchen können.

Versionsverwaltung mit Git

Bei der Versionsverwaltung ist die Auswahl für das Lernen eines Tools sehr einfach: Man braucht eigentlich nur Git. Andere Tools sind nahezu irrelevant. Zwar findet man an der einen oder anderen Stelle noch Subversion, aber das sind meist eher ältere Systeme, die ohnehin ersetzt werden müssen. Andere moderne Alternativen zu Git (wie Mercurial) findet man eher selten, und sie sind im Großen und Ganzen vernachlässigbar.

Ihre Kenntnisse in Git sollten nicht nur die grundlegenden Befehle umfassen, sondern auch die Fähigkeit, Probleme zu beheben, wenn sie auftreten. Ein guter Indikator dafür, dass Sie Git effektiv nutzen, ist, dass Sie in der Lage sind, Probleme zu diagnostizieren und zu lösen, ohne dass ein erneutes Klonen des Repositorys erforderlich ist. Stattdessen sollten Sie in der Lage sein, den fehlerhaften Zustand gezielt zu korrigieren.

Darüber hinaus sind Kenntnisse verschiedener Workflows von Bedeutung. Es reicht nicht aus, die Git-Befehle zu kennen; Sie sollten auch wissen, wann welcher Workflow am besten geeignet ist und wann nicht. Das ist besonders für alle relevant, die mit Code arbeiten – sei es mit dem Quellcode der Anwendung oder mit den Konfigurationsdateien in IaC-Setups.

Wenn es um das Hosting von Git-Repositorys geht, gibt es mittlerweile relativ wenige Unterschiede zwischen den reinen Git-Repository-Hosting-Plattformen wie GitHub und GitLab – zumindest in Bezug auf die Verwaltung des Quellcodes. Die Struktur und die Organisation dieser Plattformen mögen sich unterscheiden, aber die grundlegenden Funktionen sind ähnlich.

Zusammenfassend sollten folgende Kenntnisse im Umgang mit Git bekannt sein:

- das Erstellen und Pushen von Commits
- das Erstellen und Mergen von Branches
- die Behebung von Merge-Konflikten
- das Arbeiten mit einem und mehreren Remote-Repositorys
- das Beitragen zu »fremden« Repositorys
- das Rebasing von Änderungen auf Feature-Branches
- das sichere Verstehen und Anwenden von diversen Workflows

Container

Es ist äußerst spannend und wichtig, sich mit dem Thema Container vertraut zu machen. Ein erster Gedanke könnte sein: »Nun ja, es geht nur um Docker, oder?«

Container und Docker werden oft miteinander gleichgesetzt und verwechselt. Tatsächlich gibt es einige Unterschiede und Besonderheiten, bei denen auch ich immer wieder ins Stolpern komme.

Es ist entscheidend, dass Sie folgende Konzepte verstanden haben und die Unterschiede kennen:

- Open Container Initiative (OCI)
- Container Runtime Interface (CRI)
- Container Engines

Es ist erstaunlich, wie begrenzt oft das Verständnis dieser Konzepte ist – selbst in Umgebungen, die Container produktiv einsetzen. Hand in Hand damit gehen auch das Erstellen von Container-Images und die damit verbundenen Sicherheitsaspekte: Sie sollten verstehen, was Layer in Container-Images sind, wie Sie sie schlank halten können und wie Sie Sicherheitslücken vermeiden.

Die allgemeinen Konzepte, die auch in Kubernetes wiederzufinden sind, werden bereits auf der Container-Ebene sichtbar. Dies beinhaltet das Handling von Stateless Containern, die Verwaltung von Storage und damit verbundene Aspekte.

Es gibt im Wesentlichen zwei Anwendungsfälle zu betrachten: Container für CI/CD-Pipelines und Container für produktive Deployments. Obwohl die Grundprinzipien ähnlich sind, haben sie unterschiedliche Anforderungen, insbesondere in Bezug auf die Lebensdauer.

Es ist also entscheidend, die Grundlagen von Container-Infrastrukturen zu erlernen. Dies umfasst nicht nur Docker, sondern auch andere Tools wie Podman, um die Konzepte zu verstehen und anzuwenden. Ohne dieses Wissen braucht man sich gar nicht erst Kubernetes anzuschauen.

CI/CD mit GitHub, GitLab und Jenkins

Wenn Sie die CI/CD-Landschaft betrachten, gibt es besonders drei Plattformen, die Sie im Auge behalten sollten: *GitHub Actions*, *GitLab CI* und *Jenkins*. Natürlich gibt es noch viele andere, wie *TeamCity*, *Bamboo* und *Travis CI*. Mit zumindest einem Tool sollten Sie sich gut auskennen.

Jenkins wird hier eher aus historischen Gründen aufgeführt. Wenn Sie neu anfangen und wenig Erfahrung mit allen drei Systemen haben, sollten Sie sich eher GitHub Actions und/oder GitLab CI genauer anschauen. Jenkins befindet sich im Abwärtstrend, und viele Unternehmen migrieren davon weg.

Für den Einstieg sollten Sie also einen Blick auf GitHub Actions und GitLab CI werfen. Beide Plattformen veröffentlichen regelmäßig Verbesserungen, mit denen Abläufe beschleunigt und optimiert werden.

Da sowohl GitHub als auch GitLab DevOps-Plattformen sind, sollten Sie sich nicht nur auf das Schreiben effizienter Pipelines beschränken, sondern einen ganzheitlichen Ansatz verfolgen, der zeigt, wie alles zusammenhängt. Dazu gehören Themen wie die Wiederverwendung von Pipelines, die Umsetzung von Compliance-Anforderungen und die Integration der Pipeline in Bereiche wie Deployment und Monitoring.

Ein weiterer wichtiger Punkt ist ein vertieftes Verständnis für Sicherheit. Dies gilt auf zwei Ebenen. Zum einen geht es um die Sicherheit des Pipeline-Betriebs und der Infrastruktur, die im Wesentlichen durch die verwendete Plattform gewährleistet ist. Aus Sicht der Anwendungsentwicklung sind die Security-Features zur Überprüfung und Analyse der Anwendungen von praktischer Bedeutung.

Wenn Sie sich Stellenausschreibungen ansehen, werden Sie feststellen, dass genau diese Fähigkeiten oft gefragt sind. Das ist nicht überraschend, da sie ein integraler Bestandteil der Umsetzung von DevOps sind, insbesondere auf technischer Ebene.

Infrastructure as Code mit Terraform

Infrastructure as Code (*IaC*) sehe ich als optionales Thema an. Die bisherigen Punkte, die ich genannt habe, konzentrieren sich auf den Development-Lifecycle, der sich recht wenig für das Fundament interessiert, auf dem die Anwendungen laufen. Da in der Cloud-native-Welt ständig neue Infrastrukturen entstehen, sollten Sie jedoch auch bei diesem Thema Grundkenntnisse mitbringen.

Obwohl es verschiedene IaC-Tools gibt, konzentriert sich alles auf Terraform. Um Terraform und die Cloud sinnvoll nutzen zu können, sind Linux-Basiskenntnisse, Netzwerk-Kenntnisse sowie umfangreiche Erfahrungen im Umgang mit CI/CD-Tools hilfreich und auch notwendig.

Die Cloud

Es gibt viele verschiedene Cloud-Provider, und alle haben ihre Vor- und Nachteile. Die bekanntesten und verbreitetsten Public Clouds sind eindeutig *Amazon Web Services* (AWS), *Microsoft Azure* sowie *Google Cloud Platform* (GCP). Ich bin kein großer Fan der Behauptung, dass man alle Funktionen eines oder gar aller Cloud-Provider kennen muss.

Die Funktionen ändern sich ständig: Es kommen immer wieder neue Services dazu, und andere werden wieder abgekündigt. Echte Multi-Cloud-Setups werden zwar von vielen Firmen gewollt, es wird aber faktisch nie richtig umgesetzt, da ein solches Setup aufwendig und teuer ist.

Am Ende werden häufig ohnehin mehr virtuelle Maschinen in der Cloud automatisiert aufgesetzt und mit Software bestückt, wenn nicht ohnehin Kubernetes verwendet wird. Es gibt zwar einige Unterschiede zwischen den Cloud-Providern, doch am Ende kommt man mit allen ans Ziel.

Spannender ist es, sich anzuschauen, welche Managed Services man nutzen kann – und von welchen man lieber die Finger lassen sollte. Das Aufsetzen eines echten hochverfügbaren Datenbankclusters ist ziemlich aufwendig und erfordert sehr tiefe Datenbankkenntnisse. Hier kann es sich also anbieten, den Dienst einer Cloud zu verwenden, aber die Nachteile dieser Entscheidung sollten ebenfalls bekannt sein. Teilweise fehlen dann nämlich Migrationspfade bei Versions-Upgrades bei den angesprochenen Datenbank-Services.

Für die Cloud gilt also immer: Sie sollten wissen, was man nutzen sollte und was nicht. Manchmal ist es in Ordnung, in den Vendor Lock-in zu gehen, manchmal nicht.

Konfigurationsmanagement mit Ansible (oder Puppet)

Nachdem idealerweise die Infrastruktur auf einem Cloud-System mithilfe von IaC-Tools wie Terraform bereitgestellt wurde, ist es nun wichtig, die Fähigkeiten zu haben, diese Infrastruktur mit Software auszustatten. Kubernetes ist nicht überall im Einsatz, und oft werden klassische virtuelle Maschinen oder sogar physische Hardware verwendet. In solchen Fällen kommen Konfigurationsmanagement-Tools wie Puppet oder Ansible in der Toolchain zum Einsatz.

Falls Sie noch keine Erfahrung mit Konfigurationsmanagement-Tools haben, empfehle ich Ihnen, Ansible zu lernen. Die Lernkurve ist relativ flach und der Einstieg recht einfach. Linux-Kenntnisse sind hier ebenfalls erforderlich, um die Einstiegshürde niedrig zu halten.

Natürlich wird auch die Arbeit mit Ansible komplexer, je komplexer die Probleme sind, die gelöst werden müssen. Obwohl Puppet in vielen Unternehmen eingesetzt wird, würde ich es für Anfänger eher in den Hintergrund stellen, da Ansible sowohl wichtiger als auch einfacher ist.

Kubernetes

In den vorherigen Abschnitten wurden Container-Technologien angesprochen, aber auch Kubernetes wurde kurz angerissen. Kubernetes ist selbst sehr umfangreich; hinzu gesellen sich zudem noch sehr viel mehr Technologien aus dem Kubernetes-Toolstack. Dabei gibt es zwei Blickwinkel zu betrachten: den Betrieb von Kubernetes-Clustern sowie die Nutzung von Kubernetes-Clustern nicht nur für produktive Umgebungen.

Der Weg zu Kubernetes sollte nicht direkt mit Kubernetes beginnen. Das kann nämlich sehr schnell frustrierend werden! Nachdem Sie die Konzepte von Containern und den Bau der Images verstanden haben und diese auch anwenden können, kann es ratsam sein, erst mal einen Zwischenstopp bei *Docker Compose* einzulegen und sich mit der Orchestrierung von Containern zu beschäftigen. Ein weiterer Zwischenschritt kann zudem *Docker Swarm* sein, was einen Schritt weiter als Docker Compose geht.

Abbildung 14.12 Docker Compose, Docker Swarm und Kubernetes

Mit Docker Compose lassen sich mehrere Container starten, die miteinander »reden« können. Die Anforderungen an die Infrastruktur und die Kenntnisse, die dafür benötigt werden, sind die Vorstufe zu einem »echten« Cluster-Setup.

Durch den Einsatz von Docker Compose erkennt man schnell, wie Container-Orchestrierungs-Tools funktionieren. Dazu gehören Punkte, die für den Betrieb der Container relevant sind, wie Health-Checks, das Mounten von Volumes und die generelle Kurzlebigkeit von Containern, die immer wieder deployt werden.

Wenn Sie sich eingehender mit Kubernetes beschäftigen, müssen Sie sich fast zwangsweise spezialisieren: Interessieren Sie sich eher für den Op- oder für den Dev-Teil, also für den Einsatz der Container-Orchestrierung im Betrieb, oder für den Bau von Containern bei der Entwicklung?

Der Ops-Teil und besonders die Kubernetes-Administration liegen meist in der Hand der Spezialisten für das Plattform-Engineering. Dies trifft primär bei größeren Firmen und größeren Clustern zu, da dies ein Vollzeitjob ist.

Es macht allerdings einen großen Unterschied, ob ein Managed Kubernetes aus der Public Cloud verwendet wird oder ob ein Kubernetes-Cluster in der eigenen Infrastruktur selbst verwaltet wird, etwa über `kubeadm`. Letzteres ist deutlich aufwendiger in der Pflege.

K3s als Spielwiese

Wenn Sie den Umgang mit Kubernetes auf der Administrationsseite lernen möchten, empfehle ich Ihnen K3s (*https://k3s.io*). Das ist eine leichtgewichtige Kubernetes-Distribution, die sich auch auf »schmalbrüstigen« Geräten installieren und verwalten lässt. Darauf kann man das Deployment von Anwendungen üben. So habe ich in den vergangenen Jahren meine Kubernetes-Kenntnisse aufgebaut.

Besonders im deutschen Raum ist die Container-Orchestierungsplattform *OpenShift* von Red Hat verbreitet und wird in eigenen Rechenzentren oft dem »normalen« Kubernetes vorgezogen.

Wenn Sie eher aus der Entwicklungsecke kommen und sich nicht für die Administration und die Skalierung von Kubernetes interessieren, dann ist die Rolle von Kubernetes in der CI/CD-Pipeline wesentlich spannender.

Idealerweise wissen Sie, wie man auf einen Kubernetes-Cluster Anwendungen deployt und wie Configmaps, Services, Ingress, Secrets und so weiter konfiguriert und genutzt werden. Fangen Sie zu Beginn mit einfachen Use-Cases an, um Anwendungen zu deployen und sich dabei mit den ganzen Funktionen vertraut zu machen. Dabei müssen Sie zwangsläufig etwas debuggen, wobei Sie sehr viel lernen.

Die Lernkurve von Kubernetes ist sehr, sehr steil. Gute Linux- und Container-System-Kenntnisse sind hier unumgänglich. Schnell landet man auch auf dem zweiten Layer an Tools und Techniken aus dem Kubernetes-Umfeld, die das Ganze verkomplizieren – vor allem zu Beginn. Das sind vorwiegend Tools wie *Helm* oder *Kustomize*. Danach tauchen auch schon GitOps-Tools wie *ArgoCD* oder *Flux* auf.

Monitoring mit Prometheus und Grafana

Das Thema Monitoring ist grundsätzlich eine Wissenschaft für sich. Wenn Sie von der Dev-Seite kommen, sollten hier grundlegende Kenntnisse reichen. Vielfach findet man klassische Monitoring-Tools wie *Icinga* oder *Check MK*.

In modernen Infrastrukturen ist es hilfreich, die Grundkonzepte von *Prometheus* zu kennen und nutzen zu können. Dazu gehört auch, dass Sie wissen, wie man die Standard-Metriken nutzen kann und wie man bei Bedarf eigene Metriken bereitstellen kann.

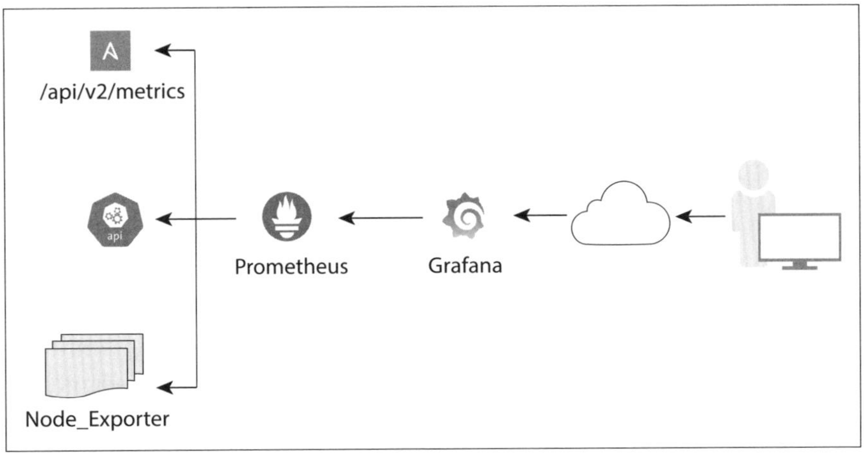

Abbildung 14.13 Prometheus und Grafana

Zur Visualisierung hilft Grafana schnell weiter, da Sie damit bei flacher Lernkurve schnell einfache Dashboards anlegen können. Besonders wichtig ist das Monitoring von komplexen Container-Infrastrukturen, also die Anbindung an Kubernetes. Ihnen sollte also bekannt sein, wie man die Metriken etwa von Kubernetes-Deployments über die Labels definiert und abholen lässt.

Observability für Kubernetes

Wenn Sie dies vertiefen möchten, kann ich Ihnen den Kubernetes-Observability-Workshop meines Kollegen Michael Friedrich empfehlen. In diesem 3,5-stündigen (englischsprachigen) Workshop geht er auf genau diese Aspekte ein:
https://o11y.love/learning-resources/

Als Alternative zu Prometheus findet man zudem *Influx* – auch in Kombination mit Grafana. Teilweise sind auch Influx und Prometheus mit verschiedenen Use-Cases im Parallelbetrieb zu finden.

Was sonst noch fehlt

Kommen wir nun zum Ende eines möglichen Lernpfads. Es gibt noch sehr viel mehr. Am wichtigsten ist, dass die Grundlagen solide sind. Hervorragende Linux-Kenntnisse, sowohl vom System selbst als auch auf der Kommandozeile, Grundlagen von Netzwerktechnik sowie Git helfen bei allen Tools weiter.

Und vergessen Sie nicht: Jedes Tool ist zu einem gewissen Maße vergänglich. In ein paar Jahren kann eine bevorzugte Toolchain schon wieder ganz anders aussehen. Daher sind solide technische Grundlagen sehr wichtig, denn so sind auch andere Themen wie das Log-Management oder das Secret-Management mit einfachen Handgriffen lösbar. Das gilt zumindest dann, wenn man nicht immer wieder die Grundlagen lernen muss.

14.5 Die DevOps-Transformation umsetzen

Bis hierhin habe ich Ihnen einen Einblick in die technischen und nicht so technischen Faktoren gegeben, die beim Arbeiten nach DevOps-Prinzipien eine Rolle spielen. Der Fokus lag allerdings nahezu komplett auf den einzelnen Stages des Software-Development-Lifecycles.

Für den Einstieg in die einzelnen Aspekte war die Unterteilung in die Stages hilfreich, denn so konnten wir die Teamstrukturen und die Techniken isoliert betrachten. An vielen Stellen habe ich immer wieder angemerkt, dass stets gilt: *Menschen über Prozesse über Tools.*

Die besten Tools bringen nicht viel, wenn die Prozesse Mist sind. Und die besten Prozesse helfen nicht, wenn die Menschen in der Firma ihren Sinn und Zweck nicht verstehen. Und genau das ist das Hauptproblem.

In diesem Abschnitt liegt der Fokus auf drei Aspekten: Im ersten Schritt schauen wir uns tiefer und allgemeiner an, welche Methodiken verwendet werden können, um die DevOps-Kultur einzuführen. Denn vor allem zu Beginn der DevOps-Transformation müssen den Teams die Sinnhaftigkeit und die Ziele nähergebracht werden.

Im zweiten Teil des Abschnitts zeige ich, wie der Erfolg von DevOps anhand der DORA-Metriken gemessen werden kann.

Die DevOps-Kultur einzuführen, ist keine einfache Sache. Schon bei vielen Transformationen von dem Wasserfall-Modell zur agilen Software-Entwicklung sah man immer wieder die gleichen Probleme: Die Menschen wurden nicht richtig abgeholt. Nicht umsonst hört man immer wieder mit starkem ironischem Unterton:

> *Wir arbeiten jetzt agil! Bei uns wurde Jira eingeführt!*

Das Gleiche hört man leider auch immer wieder von DevOps-Initiativen:

> *Wir machen jetzt DevOps! Wir haben eine CI/CD-Pipeline und Kubernetes!*

Und dann ist diese CI/CD-Pipeline nicht mal vollständig automatisiert, da keine Deployments auf Produktivumgebungen durchgeführt werden. Es gibt noch sehr viel mehr Punkte, aber es ist an der Zeit, das Thema einmal konzeptionell anzuschauen – als Wegweiser für Führungskräfte und als Ideengeber für reine Techniker, die so etwas nach »weiter oben« geben könnten.

Der Weg ist das Ziel

Es ist nicht einfach, eine DevOps-Kultur aufzubauen. Ich habe einige Beispiele angebracht, die Sie nutzen können. Nicht jedes ist für Sie womöglich relevant. Wahrscheinlich haben Sie auch in Ihrem Unternehmen andere Paradigmen kennengelernt.

Wenn Sie konkrete Aspekte haben, die bei Ihnen funktioniert oder auch nicht funktioniert haben, dann berichten Sie mir doch gern von Ihren Erfahrungen mit einer E-Mail an *mail@svij.org*!

14.5.1 Bottom-up oder Top-down?

Als Erstes stellt sich die grundsätzliche Frage, ob eine DevOps-Transformation einen Bottom-up- oder einen Top-down-Ansatz haben sollte. Bei einem Bottom-up-Ansatz würde die Initiative für die DevOps-Transformation hauptsächlich von denjenigen Leuten ausgehen, die in den Teams sitzen und arbeiten. Bei ihnen handelt es sich explizit nicht um Personen mit Management-Aufgaben.

Bei einem Top-down-Ansatz hingegen würde die Transformation von den Führungskräften initiiert und geleitet werden. Die einzelnen Teammitglieder müssen dann mitziehen. Dabei ist es enorm wichtig, dass möglichst viele Personen in der Organisation richtig abgeholt werden und die geplante Transformation nicht in einen Zwang ausartet. Denn das hilft am Ende niemandem.

Es gibt keine klare Antwort auf die Frage, ob nun Bottom-up oder Top-down der beste Ansatz ist. Das hängt von vielen verschiedenen Faktoren innerhalb der jeweiligen Organisation ab. Tendenziell kann man aber sagen, dass es bei kleineren Firmen grundsätzlich einfacher ist, einen Bottom-up-Ansatz zu verfolgen. Allerdings müssen in diesem Fall die Mitarbeitenden die Initiative ergreifen und ihre Führungskräfte überzeugen. Je mehr Menschen in der Führungsetage mit einer »Aber wir machen das doch schon immer so«-Mentalität arbeiten, desto schwieriger wird es.

Je größer die Firma ist, desto unumgänglicher ist ein Top-down-Ansatz. In größeren Organisationen können einzelne Individuen meist nicht sehr viel bewegen, da schon sehr viele Strukturen und Prozesse vorhanden sind, die große Initiativen nicht wirklich ermöglichen. Häufig sind Initiativen auch gar nicht erwünscht.

Die größte Herausforderung besteht generell darin, dass Führungskräfte DevOps-Initiativen nicht unterstützen. Es ist schwierig zu sagen, ob eine DevOps-Transformation gelingen kann, wenn der Druck nur von unten kommt. Wenn Führungskräfte keine Probleme im Status quo sehen, dann hilft am Ende alle Begeisterung der Mitarbeiter für eine Transformation nichts.

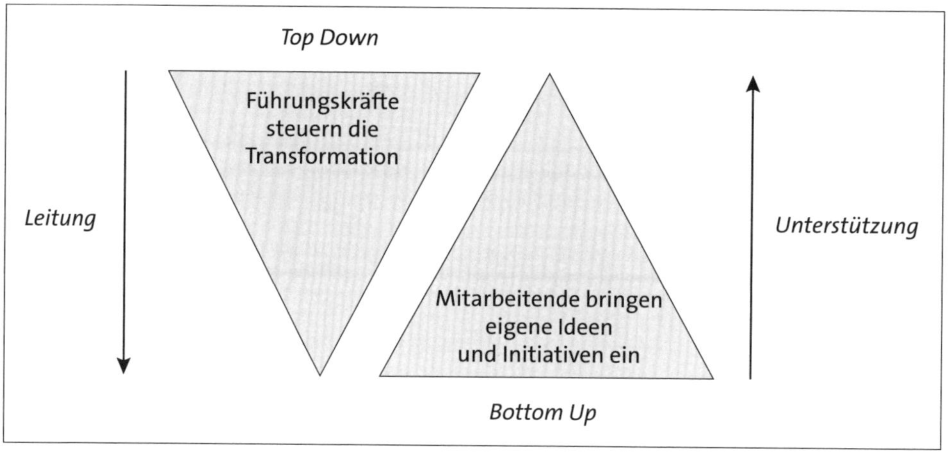

Abbildung 14.14 Erfolgreiche DevOps-Transformationen funktionieren nur, wenn beide Seiten zusammenarbeiten.

In Wahrheit wird sich letztlich weder ein ausschließlicher Bottom-up-Ansatz noch sein Top-down-Gegenstück umsetzen lassen, sondern *alle* müssen an einem Strang ziehen. Einige Mitarbeiter wie Führungskräfte müssen überzeugt werden, andere müssen zwangsläufig mitgezogen werden, damit die Transformation gelingen kann. Idealerweise kommen Ideen und Initiativen von allen Seiten.

Die benötigten Änderungen an der Organisations- und Teamstruktur sind wohl das Auffälligste. Tatsächlich ist das aber der zweite Schritt. Der erste Schritt besteht darin, dass die Führungskräfte zunächst grundsätzlich den Schmerz erkennen und handeln wollen. Wenn Sie eine Führungskraft sind, die etwas verändern möchte, dann ist es schon mal hervorragend, dass Sie dieses Buch lesen.

Wenn in der Führungsriege allerdings bislang kein Verständnis für die Notwendigkeit einer Transformation vorhanden ist, dann hilft es prinzipiell nur, wenn auch die Schmerzen, die es gibt, weiter nach oben getragen werden. Falls es kaum oder nur wenige Möglichkeiten gibt, Feedback weiter nach oben zu geben, dann sehen die Aussichten für eine Transformation schon mal miserabel aus, schließlich ist eine offene Feedback-Kultur auch ein Grundbaustein von DevOps.

Wenn nun Feedback nach oben gegeben wird, dann ist es auch immer wichtig, dieselbe Sprache zu sprechen wie die Führungskräfte. Häufig sieht man leider, dass falsche Ansätze gewählt werden: dass nämlich nur einzelne Probleme hervorgehoben werden, ohne das große Ganze zu betrachten.

So höre ich häufig von den Technikern folgende Aussage: »Wir wollen mehr Automatisierung haben, damit wir uns auf die wichtigen Arbeiten konzentrieren können.« Diese Aussage klingt zunächst gut, denn eine Fokussierung auf wichtige Arbeit ist ja nicht unerheblich.

Je nachdem, wie sie von weiter oben in der Hierarchie angenommen wird, kann diese Aussage allerdings ganz anders verstanden werden: »Die Leute sind faul und wollen weniger arbeiten.« Das Empfinden hängt natürlich stark von der Firmenkultur ab.

Wichtiger wäre also, dass die Techniker primär betonen, wie Effizienzsteigerungen umgesetzt werden können. Ich habe im Laufe der Zeit gelernt, dass es sinnvoller ist, die Aussage so umzubauen, dass auf Effizienzsteigerungen hingewiesen wird, die letztlich die Projekte schneller ans Ziel bringen, was am Ende dann auch günstiger für die Firma ist.

Fakt ist allerdings auch, dass nicht jeder im Team die gleichen Probleme sieht. Menschen sind Gewohnheitstiere, und viele wollen nun einmal keine Veränderung: Schließlich arbeitet man schon immer so, und das hat doch funktioniert. Auch mehr Verantwortung für die Teams klingt erst einmal gefährlich (was ich übrigens nachvollziehen kann). Daher gilt es, auch zögerliche Personen entsprechend abzuholen.

14.5.2 Die DevOps-Transformation

Im ersten Schritt – nachdem feststeht, dass eine Transformation in Richtung DevOps geschehen soll – müssen die Leute in der Firma abgeholt werden. Es dürfte Sie an dieser Stelle nicht mehr überraschen, dass damit nicht nur Dev und Ops gemeint sind, sondern auch Mitglieder aus den Security- und Qualitätssicherungsteams. Und das geht nicht von heute auf morgen, sondern ist ein mehrstufiger Prozess.

Die DevOps-Transformation lässt sich in den folgenden fünf Schritten zusammenfassen:

- **Schritt 1**: Definition der DevOps-Vision und -Strategie
- **Schritt 2**: Maßnahmen zur Akzeptanz schaffen
- **Schritt 3**: Ein DevOps-Transformationsteam schaffen
- **Schritt 4**: Mit dem ersten Value Stream starten
- **Schritt 5**: Messen und iterieren
- **Und, ganz wichtig**: Jedes Umfeld ist anders!

Betrachten Sie diese fünf Schritte, auf die ich im Folgenden näher eingehe, *nicht* als unveränderliche, harte Schritt-für-Schritt-Anleitung! Es gibt zu viele Faktoren, die den Erfolg oder Misserfolg beeinflussen, und diese sind bei vielen Firmen unterschiedlich. Mein Rat daher: Nutzen Sie diese Schritte als Inspirationsvorlage, und passen Sie sie entsprechend den eigenen Ideen, Erfahrungen und Gegebenheiten an.

14.5.3 Schritt 1: Definition der DevOps-Vision und -Strategie

Im ersten Schritt müssen die Führungskräfte klar definieren, was die genaue DevOps-Vision ist und wie die generelle Strategie sein soll, mit der sie umgesetzt wird. Ohne eine klare Definition kann eine Transformation Richtung DevOps nicht sinnvoll gelingen.

Dafür ist es essenziell, die Mitarbeiter und Mitarbeiterinnen in der Organisation abzuholen. Ohne eine klare Vision und ohne Strategie werden die Mitarbeiter nicht verstehen, warum sie nun anders arbeiten sollen, und die Begeisterung für Veränderung wird gering sein.

Zunächst sollte also klargemacht werden, was DevOps ist und was nicht. Wichtig ist es, den Fokus auf die Mentalität zu setzen und auch immer zu erklären, was für Vorteile für die Mitarbeitenden der Organisation entstehen.

Als Führungskraft klingen »kurze Lead Times, häufige Deployments und schnellere Auslieferung von Änderungen an die Endnutzer« natürlich erst mal gut, schließlich erreicht die Arbeit schneller die Nutzer, was diese meistens gut finden.

Wenn allerdings die Mitarbeitenden hören, dass Beschleunigung das Ziel ist, bekommen viele zunächst Angst. Wenig verwunderlich: Sie kennen die neue Arbeitsweise nicht, und sie klingt erst mal nach viel mehr Arbeit und viel mehr Stress. Und am Ende hat nur der Chef mehr Geld in der Tasche. Super! Da würde auch ich Angst bekommen.

Daher ist es wichtig, dass der Kollaborationsaspekt, die geteilte Verantwortung und das Knowledge-Sharing betont werden und dass man sich langsam dort hinbewegt. Ohne eine gewisse Empathie wird es sonst schwierig. Dennoch muss Ihnen klar sein, dass man nicht alle abholen kann, denn einige Personen muss man letztlich zu ihrem Glück zwingen. Die Zahl der Unwilligen gilt es natürlich, so klein wie möglich zu halten.

Zur Vision und zur Strategie gehört es auch, mitzuteilen, wie die Teamstruktur zukünftig aussehen soll. Wichtig ist hier, dass es sich eben nicht nur um Dev und Ops handelt, sondern dass auch QA und Security einen Anteil haben werden.

In diesem Zusammenhang muss ebenfalls noch deutlich gemacht werden, *warum* wir das Ganze machen und *was* man sich davon erhofft. Effizienzgewinne und höhere Produktivität sind immer wichtig – allerdings wenig nachvollziehbar für die ausführenden Mitarbeitenden, denn diese wollen in der Regel einfach nur ihre Arbeit erledigen.

Und genau das ist ein Ansatzpunkt, den es zu thematisieren gilt, damit Sie Ihre Kollegen und Mitarbeiter für die Idee begeistern. Die *Software-Development- und -Delivery-Experience* wird sich durch eine solche DevOps-Transformation erheblich verbessern, sofern diese ordentlich gestaltet wird. Den Begriff *Software-Development- und -Delivery-Experience* lehne ich an »Developer-Experience« an, bei der es darum geht, wie angenehm die Arbeitsumgebung für einen Developer ist.

Da unser Ansatz aber nicht auf reine Developer limitiert ist, sondern auch Betriebs-, Qualitätssicherungs- und Security-Teams erfasst, spreche ich hier von »Software-Development- und -Delivery-Experience«.

Wenn man es also schafft, den Ansatz so darzustellen, dass durch den offeneren Umgang, durch wenig sinnlos eingeschränkte Umgebungen und Tools das Arbeiten allgemein einfacher wird, dann können viel mehr Leute etwas mit ihm anfangen.

Feedback-Kanal

Dazu kommen ganz viele Punkte, die auffallen werden, wenn man darüber nachdenkt. Deswegen ist es wichtig, einen einfach zu nutzenden Feedback-Kanal einzurichten, um regelmäßig Stimmungsbilder einzuholen: Was denken die Mitarbeiter? Halten sie die Maßnahmen für gut?

Es sollte nicht nur der Eindruck vermittelt werden, dass man zuhört, man sollte auch *aktiv* zuhören. Denn es werden einige Sorgen und Fragen aufkommen, die man ernst nehmen sollte.

Es gibt verschiedene Möglichkeiten, einen Feedback-Kanal einzurichten. Je nachdem, wie bisher in der Firma gearbeitet wurde, traut sich nicht jede Person, offen zu kommunizieren. Nicht jeder möchte namentlich erkennbar sein. Daher können anonyme Kanäle hilfreich sein, aber auch nicht anonyme, wo alle miteinander diskutieren können.

Hilfreich kann es etwa sein, dass das Management der jeweiligen Teams damit beauftragt wird, die Stimmungsbilder in den Teams abzuholen. So wird deutlich klarer, wo es »hakt«, und auch eine Managerin kann besser einschätzen, was mögliche Kritikpunkte innerhalb des eigenen Teams sind.

Auch sind konkrete Umfragen möglich. So kann aktiv nachgefragt und bewertet werden, wie das Stimmungsbild ist. Reine textbasierte Feedback-Formulare mögen für die eine oder andere Person vielleicht nicht sonderlich hilfreich sein. Meistens melden sich ohnehin nur diejenigen zurück, die etwas zu bemängeln haben.

Solche Umfragen sollten Sie während der Transformation regelmäßig durchführen. So ist der Einblick in das Stimmungsbild immer aktuell, und es ist zu erkennen, ob sich die DevOps-Transformation in die gewünschte Richtung entwickelt.

Das Feedback, das über die Kanäle hereinkommt, sollte daher wie Daten behandelt werden. Datengetrieben lässt sich etwas viel besser umsetzen, wenn auch etwas messbar wird. Das ist nicht so ganz einfach, denn eine stabile Datenlage muss auch erst aufgebaut werden.

Fehlerkultur

Ein wichtiger Punkt, der direkt zu Anfang klargemacht werden sollte, ist, dass sich auch an der Fehlerkultur etwas ändern muss. *Blameless Post-Mortems*, also das Diskutieren von Fehlern und Problemen ohne Schuldzuweisungen, werden zu Beginn nicht immer *blameless* sein, und oft wird man immer noch versuchen, Fehler zu vertuschen.

Eine Idee, um direkt zu Beginn einen soliden Start bezüglich der Fehlerkultur hinzulegen, besteht darin, dass auch Sie als Führungskraft mal berichten, welche Fehler Sie gemacht haben und wie Sie mit ihnen umgegangen sind.

In vielen Firmen sieht man leider immer wieder, dass Führungskräfte sich so darstellen, als würden sie nie Fehler machen. Aber natürlich unterlaufen auch ihnen Fehler, und aus diesen wird auch gelernt – hoffe ich jedenfalls. Eine offene Fehlerkultur sollte also nicht nur für die Mitarbeitenden gelten, sondern auch für die Führungskräfte, die nun mit gutem Beispiel vorangehen können.

Mitarbeitende ohne Führungsverantwortung in den Teams bekommen auf diese Weise einen viel besseren Einblick, wie die eigenen Führungskräfte arbeiten, was bedauerlicherweise häufig fehlt. Und durch solch eine offene Kultur werden Probleme und Herausforderungen eher berichtet, als wenn die Führungskräfte unerreichbar wirken.

Damit noch einmal deutlicher wird, wohin eine gute Fehlerkultur führen kann und wie diese auch aufgebaut wird, möchte ich Ihnen vom folgenden realen Beispiel erzählen. Ein neuer Mitarbeiter fängt in einem Unternehmen an. In der ersten Woche geht er mit einer Arbeitskollegin zum Mittagessen in die Kantine, wo die beiden auf den CTO treffen. Die Arbeitskollegin stellt den Neuen beim CTO vor. Dieser heißt ihn willkommen und fragt direkt: »Hast du schon die Produktionsumgebung einmal kaputtgemacht?«

Die Reaktion des neuen Mitarbeiters war wenig überraschend: »Was? Ich? Nein, natürlich nicht!«

Und was antwortete der CTO? »Warum denn nicht?«

Dieses Beispiel zeigt, wie so etwas laufen muss. Der CTO macht direkt zu Beginn der Arbeit dem neuen Mitarbeiter deutlich, dass es völlig in Ordnung ist, dass er Fehler begeht. Zudem legt es nahe, dass er sich schnell die Hände »schmutzig« machen soll, um die Infrastruktur besser kennenzulernen. Natürlich fehlen hier noch einige Details, etwa dass es ein Error-Budget gibt, das der neue Kollege nutzen und daher mit Bedacht arbeiten sollte.

Und genau so müssen alle arbeiten und handeln: Fehler zu machen ist okay, wenn denn verantwortungsvoll gearbeitet wird.

Im Rahmen der Präsentation der Vision und Strategie lässt sich viel anbringen. Die bisher vorgestellten Punkte sind nur eine kleine Auswahl an Beispielen, die man wählen kann. Es gibt sicherlich noch einige weitere Methoden, die man nicht außer Acht lassen sollte. Aber das ist dann bekanntlich nur der erste Schritt.

Fazit

Bevor man nach der Präsentation von Vision und Strategie mit der Transformation fortfährt, sollte ohnehin noch ein bisschen Zeit vergehen, in der man das gesammelte Feedback auswertet. Erst dann sollte es zum nächsten Schritt gehen.

Zusammenfassung des ersten Schritts

- Kommunikation: Was ist DevOps? Was ist es nicht?
- Vision und Ziel für die Organisation definieren und präsentieren
- Änderungen der Teamstruktur beispielhaft darstellen
- Hervorheben, dass sich die Developer-Experience verbessern wird
- erstes Voranschreiten bei der Fehlerkultur
- Feedback-Kanal schaffen

14.5.4 Schritt 2: Maßnahmen zur Akzeptanz schaffen

Nachdem man im ersten Schritt die Vision und die Strategie mitgeteilt hat, ist es an der Zeit, mit Maßnahmen zu starten, um die Silowände zwischen den Teams aufzubrechen. Allerdings sollte man an dieser Stelle *nicht* direkt mit der Umstrukturierung der Teams beginnen! Solch ein Vorgehen wäre in diesem früheren Stadium eher kontraproduktiv, da zu wenig Einblick in die Aufgaben und Tätigkeiten des jeweils anderen Teams existiert.

Der Fokus sollte also zunächst darauf gelegt werden, dass bei allen Mitarbeitenden ein möglichst gutes Verständnis davon aufgebaut werden muss, wie die jeweils anderen Rollen arbeiten. Denn erst danach ist es sinnvoll, die Teamstrukturen aufzubrechen.

Die Maßnahmen müssen daher wohlüberlegt sein, damit dieser Lernprozess nicht abschreckend ist. Man muss sich überlegen, was man alles machen kann, damit die Leute miteinander reden. Dazu existieren sehr viele Teambildungsmaßnahmen, die nicht nur an DevOps gerichtet sind und sicherlich auch hier helfen können.

In diesem Abschnitt fokussiere ich mich daher auf zwei Maßnahmen, die man durchführen kann, und zwar mit konkreterem DevOps-Blick. Die erste Maßnahme ist eine Art Retrospektive, und die zweite Maßnahme ist ein »Teamtausch«, bei dem über einen gewissen Zeitraum einzelne Personen zwischen verschiedenen Teams, die bisher getrennt voneinander gearbeitet haben, getauscht werden.

Teamübergreifende Retrospektiven

Retrospektiven kennen viele von Scrum und dem agilen Projektmanagement. Diese finden am Ende des Sprints statt. Das Problem bei Retrospektiven ist allerdings, dass diese häufig nur innerhalb des Teams selbst abgehalten werden und nicht zwischen den Teams. Da wir die Zusammenarbeit zwischen den verschiedenen Teams und Rollen fördern wollen, kann eine zweite Retrospektive ebenfalls helfen, während der alle Teams am Ende des Sprints zusammenkommen und ihren Teil präsentieren.

Das setzt voraus, dass die Sprints innerhalb der Organisation zur selben Zeit enden. Wenn dies nicht der Fall ist, dann ist das eine Maßnahme, die man vorziehen sollte und die sich ohne großen Umbruch umsetzen lässt.

Die Rolle des Moderators ist für solche Retrospektiven essenziell. Denn die Punkte, die im Folgenden genannt werden, müssen strukturiert und gesteuert untergebracht werden. Jedes Team und jede Person sollte genug Zeit haben, um seine bzw. ihre Ergebnisse und Erfahrungen zu präsentieren. Je nach Gruppe können sich sonst Gruppendynamiken einschleichen, die nicht produktiv sind.

Neben der Präsentation des Fortschritts der jeweiligen Teams ist es ebenfalls wichtig hervorzuheben, auf welche Fehler, Probleme oder Unzulänglichkeiten sie gestoßen sind. Wichtig ist, dass man stets darauf achtet, dass hier keine Vorwürfe aufkommen. Das sieht man leider nicht zu selten, und es ist stellenweise auch menschlich. Das ist jedoch ein essenzieller Punkt, an dem der Moderator der Retrospektive bei Bedarf rechtzeitig eingreifen muss.

Die Präsentation der Probleme und Herausforderungen hilft den anderen Teams, im Idealfall ebenfalls das ganze System zu verstehen, was Teil des ersten Weges von »The Three Ways« ist. Dazu gesellt sich ebenfalls noch der Fakt, dass die Teams immer anbringen können, dass sie die eine oder andere Sache zukünftig noch ausprobieren wollen, unabhängig davon, ob bisher gute Kenntnisse dazu vorhanden sind oder nicht.

Häufig beobachtet man dann, dass sich nach dieser Ansage schon die ersten Personen melden und berichten, dass sie die gleiche Sache auch bereits in ihrem Team – oder auch privat – angeschaut haben. Hier lassen sich also direkt Synergien verwenden, wenn solche Personen dann im Anschluss das entsprechende Team unterstützen.

So lässt sich mit einfachen Mitteln die Kommunikation fördern: Alle Beteiligten bekommen nicht nur einen besseren Einblick in die Arbeitsweise der anderen Teams, sondern können nun auch einschätzen, warum einige Hürden so gebaut sind, wie sie sind. Und das hilft enorm.

Temporärer Teamtausch

Die zweite Maßnahme ist der sogenannte »Teamtausch«. Andere Begriffe, die ebenfalls passen könnten, die mir aber aus diversen Gründen nicht sonderlich gefallen, sind »Inspektion«, »Hospitation« oder »Praktikum«.

Die Idee ist, dass ein Rollentausch einzelner Personen zwischen den verschiedenen Teams stattfindet. Das ist ebenfalls eine Möglichkeit, um die Kommunikation zwischen den Personen im Team zu stärken. Das ist schon weitestgehend ein Schritt weiter, im Vergleich zu den teamübergreifenden Retrospektiven.

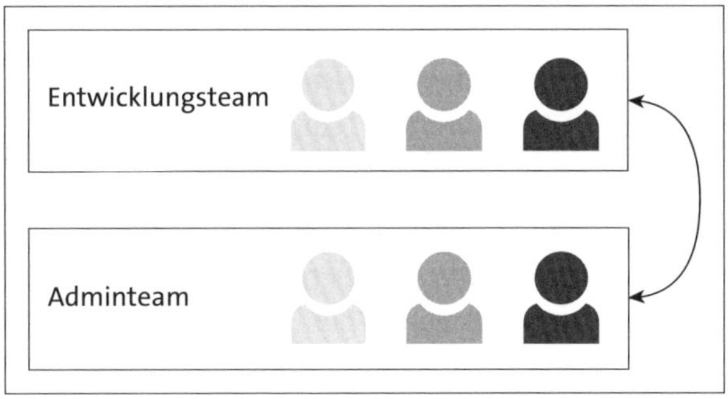

Abbildung 14.15 Einzelne Teammitglieder wechseln temporär das Team.

Das Ziel ist, dass eine Person (zum Beispiel aus dem Entwicklungsteam) in das noch getrennt arbeitende Betriebsteam inkludiert wird, um dort einen Einblick in die Aufgaben und Arbeitsweisen zu erhalten.

Für diesen Tausch reichen nur ein, zwei Stunden sicherlich nicht aus. Stattdessen wird ein längeres Zeitcommitment benötigt. So kann eine Besuchseinheit gut und gerne mal vier Stunden dauern, und sie sollte häufiger über einen gewissen Zeitraum wiederholt werden. Der Gedanke dahinter ist, dass ein Entwickler über einen längeren Zeitraum viel besser mitbekommt, wie das Betriebsteam arbeitet. So kann der Entwickler ihnen während regulärer Arbeiten über die Schulter schauen, aber kann auch mit dabei sein, wenn die Anwendung deployt wird.

Das Über-die-Schulter-Schauen ist natürlich symbolisch zu verstehen. Es sollte schon aktiv kommuniziert werden. Problematisch könnte nur werden, dass das einigen Leuten nicht gefällt. Es bietet sich an, die ersten Personen und Teams auf Basis der Ergebnisse einer Feedback-Umfrage explizit auszuwählen, um mit änderungswilligen Personen zu starten.

Netter Nebengewinn ist, dass durch diese Kommunikation implizit eine Feedback-Schleife eingeführt wird, da der Entwickler vom Betriebsteam immer wieder Informationen mitbekommt, die er sonst nicht bekommen würde und die er in den nächsten Sprint mitnehmen kann. Nicht selten habe ich beobachtet, dass eine Person aus dem Betriebsteam dadurch erst verstanden hat, wie und warum das Entwicklungsteam gewisse Übergangslösungen gebaut hat und wie dies mit den Arbeiten des Betriebsteams zusammenhängt. Das ist natürlich auch andersherum immer wieder der Fall.

Häufig nutzen die Teammitglieder direkt die Chance, um darüber zu reden, was sie am meisten stört. Hierdurch kann man, selbst ohne DevOps, schon schnell einen großen Gewinn erzielen, noch bevor man überhaupt richtig angefangen hat. Wenn die Änderungen dann auch relativ zeitnah umgesetzt werden, ist das häufig schon ein erster guter Schritt, um die Silos abzubauen. Schließlich hat hier jemand einem anderen Team direkt geholfen.

Die Informationen, wie die Teams arbeiten, müssen allerdings nicht immer nur durch diesen Mitarbeiteraustausch zwischen den Teams fließen. Einige Punkte, die immer wieder auffallen oder die ein oder gar mehrere Teams betreffen, lassen sich in Form von Vorträgen oder Workshops erörtern. Dabei dient der Teamtausch als einfacher Trigger.

Die größte Herausforderung ist allerdings auch, dass der Teamtausch kurzfristig einen gewissen Produktivitätsverlust mit sich bringt. Wer allerdings die ganze Initiative zur DevOps-Transformation ernst nimmt, der wird sehen, dass der mittel- und langfristige Produktivitätsgewinn sehr viel höher ist.

Auch hier ist eine gewisse Iteration nötig, um zu schauen, wie oft und mit welcher Intensität das Tauschen der Teams umgesetzt werden soll. Nach einigen Tauschvorgängen dürfte schon deutlich klarer sein, was die jeweiligen Herausforderungen des jeweils anderen Teams sind, und dann wird diese Initiative auch nach einer Weile auslaufen müssen.

Wichtig ist zudem, dass dieser Austausch kontrolliert erfolgt. Wenn man es den Teams einfach selbst überlässt, dann passieren zwar ein paar Teamtausche, allerdings schläft das rasch ein. Hier sollten Abteilungs- und Teamleiter ein genaues Auge darauf haben, dass hier Ziele gesetzt werden, etwa mittels OKRs, und dass diese regelmäßig getrackt werden. Unter Umständen muss nämlich nachgesteuert werden.

OKR

Objectives and Key Results (kurz: OKR) können eine gute Methode sein, um eine Strategie agil umzusetzen. Mit dem »Objective« wird angegeben, was man erreichen möchte, und mit dem »Key Result«, wie man Ergebnisse oder den Fortschritt misst. Diese Ergebnisse lassen sich für solche Umsetzungen gut nutzen. Über den effektiven Einsatz von OKRs gibt es eigene Literatur.

Der ganze Tausch sollte dann noch mit den verschiedenen Teams erfolgen, also nicht nur zwischen Dev und Ops stattfinden, sondern er sollte einmal quer durch die verschiedenen Rollen geschehen: neben Dev, Ops und QA auch Security. Wie im letzten Kapitel erwähnt, sind die Wände zwischen dem Security-Team und den übrigen Teams besonders dick.

Zusammenfassung des zweiten Schritts

- teamübergreifende Retrospektiven durchführen
- Teamtausch von Mitgliedern durchführen

14.5.5 Schritt 3: Ein Team für die DevOps-Transformation schaffen

Zu Beginn des dritten Schritts sollten die wichtigsten Grundlagen schon absolviert sein: Sie haben die Teams abgeholt, und die Ziele, Aufgaben und Herausforderungen der verschiedenen Rollen sind verstanden. Bis das der Fall ist, dürften einige Monate vergangen sein. Ein üblicher Fehler ist, dass das Ganze mit viel Ambition zu schnell durchgeführt wird, was für die Initiative nicht förderlich ist.

Im dritten Schritt soll nun das DevOps-Transformationsteam gegründet werden. Dieses Team hat zwei Aufgaben. Die erste Aufgabe ist die Bestimmung und die Betreuung der DevOps-Toolchain. Obwohl ich sie hier erst im dritten Schritt benenne, startet diese Aufgabe schon viel früher, nämlich ebenfalls zu Beginn des ersten Schritts.

Aber warum wird das Team dann erst im dritten Schritt gegründet? Nun, das Team ist in der zweiten Aufgabe auch dafür zuständig, in die Teams zu gehen, um bei der Adaption der DevOps-Prinzipien zu helfen. Dabei geht es nicht nur um die technischen Aspekte der eingesetzten Tools, sondern auch um die Prozesse und die Kultur drumherum. In der Regel besteht ein solches Team sowohl aus Personen mit sehr technischem Hintergrund als auch aus Personen mit einem starken Fokus auf die Etablierung der DevOps-Kultur.

Idealerweise gibt es einige Mitarbeitende in der Organisation, die sich hierfür selbst melden, motiviert sind und vielleicht sogar schon einmal nach DevOps-Prinzipien gearbeitet haben. So haben diese Personen eine solide Basis, um die DevOps-Transformation in den Teams einzuleiten und zu begleiten.

Die Auswahl der Tools sollte ordentlich durchdacht werden, damit eine saubere und schlanke DevOps-Toolchain entstehen kann.

DevOps-Team-Topologie

Das DevOps-Transformationsteam ist eines der wenigen Teams, das ich tatsächlich »DevOps-Team« nennen würde. Das Team ist schließlich dazu da, DevOps innerhalb der Organisation umzusetzen und die Kultur einzuführen.

Viele Firmen nennen ihre Teams, die eigentlich nur aus Entwicklern bestehen, auch DevOps-Teams, weil am Ende des Entwicklungsprozesses Container aus einer CI-Pipeline fallen, die sie dann nicht mal selbst betreiben. Genau so etwas ist hier nicht gemeint!

Diversität ist gut

Bei der Formung solcher DevOps-Teams – es können mehrere sein – sollte idealerweise eine gewisse Diversität gegeben sein. Denn ich kann nur immer wiederholen: DevOps ist in erste Linie eine Kultur und Arbeitsweise, und da sind die Menschen wichtig.

Bei der Diversität geht es nicht nur um Geschlechter oder Kulturen, sondern auch um verschiedene Alters- und Erfahrungsstufen und Jobrollen. Auch generell kann ein diverser beruflicher Hintergrund – mit tiefen technischen Aufgaben und eben nicht ganz so technischem Aufgabenfeld – hilfreich sein. Denn so können verschiedene zwischenmenschliche Probleme nachvollziehbarer gemacht werden, als wenn das Team eine homogene Gruppe ist.

Mit dem Blick auf den technischen Hintergrund werden umfassende Kenntnisse benötigt, um effizient den Teams bei der Transformation helfen zu können. Es sind also gegebenenfalls Trainings und Schulungen nicht zu vernachlässigen. Hier wird viel Wissen benötigt, da CI, CD, Infrastruktur und auch Monitoring schon große Themen für sich sind.

Das Ziel des Teams ist, sich selbst wieder abzuschaffen. Nur dann war es erfolgreich. Das heißt nicht, dass die Teammitglieder danach nicht mehr gebraucht werden: Ihr Kontakt sollte auch zukünftig eng sein, um Änderungen in der Toolchain oder Probleme ansprechen zu können.

Die konkreten Aufgaben des DevOps-Teams variieren über die Zeit und sind stark davon abhängig, wie fähig die zu unterstützenden Teams letztlich sind, die kulturellen und technischen Aspekte in der Praxis umzusetzen. Idealerweise bringt das DevOps-Transformationsteam möglichst viele der hier genannten Punkte den Teams bei. Dazu sind teamübergreifende Trainings und Schulungen üblich, sodass hier im Idealfall ein Wissenstransfer stattfinden sollte sowie auch Hilfe zur Eigeninitiative gegeben wird.

Nach den reinen Schulungen sollte stets die Implementierung aktiv begleitet werden, damit die Mitglieder des DevOps-Teams bei Problemen als kompetente Ansprechpartner zur Verfügung stehen können. Auch hier wird eine gewisse Zeit gebraucht, um Vertrauen aufzubauen. Das Profil des DevOps-Teams sollte also nicht nur rein technisch sein, sondern auch zwischenmenschlich sollte ein gewisses Fingerspitzengefühl vorhanden sein, um konstruktiv mit Konflikten umgehen zu können.

Zusammenfassung des dritten Schritts

- DevOps-Transformationsteam einführen
- DevOps-Team auf die Teams verteilen, um diese bei der Umsetzung der Kultur und Technik zu unterstützen
- Schulungen und Trainings durchführen
- Begleitung bei der Implementierung

14.5.6 Schritt 4: Mit dem ersten Value Stream starten

Nachdem das DevOps-Team gebildet und startklar ist, wird es Zeit, mit der tatsächlichen Umsetzung der DevOps-Transformation zu starten. Wichtig dafür ist, dass mit einem Bereich begonnen wird, in dem die beteiligten Teams für die Veränderung brennen. Je stärker die beteiligten Personen motiviert sind, desto wahrscheinlicher ist eine erfolgreiche Transformation, da durch die intrinsische Motivation viel in Bewegung kommen wird. Wenn Sie die vorherigen Schritte sinnvoll durchgeführt haben, ist der Grundstein gelegt, um die intrinsische Motivation der Teammitglieder zu steigern.

Aber Achtung: Das kann auch nach hinten losgehen! Hier muss zusätzlich eine Risikoabschätzung in Richtung *Business Continuity* getätigt werden. Motivierte Mitarbeitende sind essenziell, aber wenn die Transformation früh scheitert, da ein Business-kritischer Value Stream verwendet wird, dann wird die DevOps-Idee nicht lange im Unternehmen bestehen.

Die Teamstrukturierung sollte dann umgestellt werden. Je nach Firmengröße ist es sinnvoll, ein cross-funktionales Team aufzubauen oder, weil es sonst vielleicht nicht anders geht, gleich mehrere Teams.

Allerdings sollten nicht gleich alle verschiedenen Rollen gleichzeitig gestartet werden, denn das ist nicht zwangsläufig sinnvoll. Ich bin ein großer Freund davon, die Zusammenführung in mehreren Iterationen durchzuführen und nicht alles auf einem Schlag. Der Hauptgrund ist, dass die Umstellung dann deutlich weniger disruptiv ist und bei Problemen schneller gegengelenkt werden kann. Außerdem muss schließlich das Tagesgeschäft weiterlaufen.

Es gibt allerdings noch einen Faktor, den man bei der Bildung des ersten Teams beachten sollte. Motivierte Personen sind zwar ein wichtiger Faktor, allerdings sollte man auch einen *Value Stream* auswählen, der für die technischen Aspekte der DevOps-Transformation geeignet ist.

Prädestiniert sind dafür in der Regel junge Projekte, denn diese setzen häufig schon auf ein modernes Sourcecode-Management und haben sogar Pipelines, die für CI definiert sind. Vielleicht sind sogar schon erste Vorbereitungen getätigt worden, die das Deployment vereinfachen. Gut eignet sich etwa eine Webanwendung, die sich stetig aktualisieren lässt und vielleicht auch einmal ein wenig Downtime verzeiht.

Solche Projekte eignen sich für den Start besser als uralte Anwendungen, die auf exotischer Hardware oder Industriegeräten laufen müssen. Wenn es dann noch spezielle Anforderungen an die Verfügbarkeit gibt oder komplizierte Compliance-Regeln eingehalten werden müssen, ist das Risiko ziemlich groß, dass schon die ersten Gehversuche scheitern.

Ist erst mal die erste Anwendung ausgewählt und das Team entsprechend aufgebaut, dann sollten Sie langsam anfangen, die verschiedenen Aspekte umzusetzen. Wichtig ist, dass alle Aspekte des CALMS-Modells etwa gleichzeitig etabliert werden. Häufigster Fehler ist, dass sich überwiegend auf das **A** von CALMS konzentriert wird, nämlich auf die Automatisierung. Mittlerweile sollte klar sein, dass DevOps mehr als nur eine CI/CD-Pipeline ist.

Als erster Schritt kann es sinnvoll sein, das Sourcecode-Management geradezuziehen. Zuerst sollten also die Repositorys der verschiedenen Teams geöffnet und – idealerweise – zusammengeführt werden.

Das hat direkte Auswirkungen auf die Automatisierungen, die bisher genutzt wurden, denn diese sind meist mit den Repositorys verdrahtet, auch wenn sie vielleicht getrennt voneinander laufen. Gleichzeitig müssen Sie sich also um den Build-Prozess kümmern, damit die Arbeitsabläufe im Git dazu passen.

Denn diese Teile gehen Hand in Hand: Die Einführung von Code-Review ist etwa erst dann sinnvoll, wenn es auch eine CI-Pipeline gibt, die das Projekt einmal baut, auch wenn sonst noch keine Tests laufen. Denn Code-Review ohne frühes Feedback durch ein CI-System ist zwar möglich, allerdings etwas mühseliger. Vergessen Sie nicht: Hier arbeiten immer noch Menschen, und die sehen, wenn man es unklug anstellt, zunächst keine Vorteile und winken erst einmal alles durch. Das sollte man durch die richtige Vorgehensweise tunlichst vermeiden!

Nachdem der Build-Prozess lauffähig ist, sollten auch die Tests so weit adaptiert und automatisiert werden. Auch hier gilt: Führen Sie die Tests stetig ein und nicht alle auf einmal. Die Tests sollten erst in der Pipeline landen, wenn sie auch erfolgreich durchlaufen, sonst provoziert man nur weitere Blockaden. Das gilt auch für die Einbindung von Security-Scannern.

Die Einbindung des Ops-Teams sollte meiner Erfahrung nach erst dann erfolgen, wenn die vorherigen Stages des DevOps-Lifecycles gut umgesetzt und etabliert sind und die Zusammenarbeit funktioniert. Dazu gehören eben nicht nur die technischen Aspekte, sondern auch die angepasste, offenere Fehlerkultur. Wenn das verschlafen wird, dann sind wieder zu viele Baustellen gleichzeitig offen.

Continuous Delivery einzuführen, ist ebenfalls kein einfacher Schritt – nicht nur kulturell, sondern auch technisch. Der erste Schritt sollte sein, eine Staging-Umgebung aufzubauen, auf die automatisiert deployt werden kann.

Bis man dahin kommt, dauert es meist, da viele technische Grundlagen geschaffen werden müssen. Ein ungefährlicher Schritt zu Beginn ist, wenn mit den Review-Umgebungen begonnen wird. Dann geht es weiter zu der Staging-Umgebung, auf die man zu Beginn ohnehin nicht jeden Tag ausrollt. Schrittweise können dann die Abstände zwischen den Deployments verringert werden. Gleiches gilt anschließend auch für die Deployments auf die Produktivumgebung.

Wichtig für alle Teile ist: Vertrauen schaffen! Auf allen Ebenen.

Zusammenfassung des vierten Schritts

- geeigneten Value Stream finden
- Umstellung der Teamstruktur
- Sourcecode-Management geradeziehen
- Continuous Integration mit Code-Review einführen
- erste Schritte in Richtung Continuous Delivery auf Staging-Umgebungen

14.5.7 Schritt 5: Messen und iterieren

Der vierte und der fünfte Schritt müssen eigentlich zusammen betrachtet werden: Denn Iterationen gelten nicht nur innerhalb der jeweiligen Projekte, sondern auch innerhalb der Organisationen. Maßnahmen wie Retrospektiven, Post-Mortems und andere Möglichkeiten zum offenen Austausch, was gut und was schlecht läuft, sollten regelmäßig wiederholt werden, um aus Fehlern zu lernen und Verbesserungen zu implementieren.

Im vorherigen Schritt erwähnte ich bereits, dass Continuous Delivery eher relativ spät eingeführt werden sollte. Das gilt auch für viele weitere technische Aspekte wie Feature-Flags und A/B-Tests. Diese lassen sich erst sinnvoll umsetzen, wenn die CI/CD-Pipeline erfolgreich umgesetzt wurde. Daher wird das wohl eher ein Thema in einer späteren Iteration.

Security ist ebenfalls ein wichtiges Thema, aber erfahrungsgemäß wird es auch hier etwas länger dauern, bis das Security-Team in die laufende Transformation eingebunden wird, um auch da die Silos zu durchbrechen. Hierbei ist es primär wichtig, dass man nicht zu viel blockiert, denn sonst staut sich wieder zu viel auf, und das führt zu Frust. Die allgemeine Sicherheit sollte man allerdings trotzdem nicht vernachlässigen.

Nachdem man einige Iterationen durch die DevOps-Schleife vollzogen hat, lernen alle Teams immer wieder neue Dinge dazu. Diese Lernkultur und die Arbeitsstruktur, die geschaffen worden sein muss, sollten langfristig weiter existieren, damit nicht erneut Silos aufgebaut werden.

Zusammenfassung des fünften Schritts

- Continuous Delivery durchgehend einführen, sofern das möglich ist
- die Möglichkeit und das Vertrauen haben, um Feature-Flags nutzen und A/B-Tests durchführen zu können
- Iterationen über den ganzen Lifecycle und stets Verbesserungen implementieren
- den Erfolg mit Metriken messbar machen

Reflexion

Die DevOps-Transformation erfolgreich durchzuführen, ist wirklich nicht einfach. Fassen Sie die vorgestellte Vorgehensweise nicht als abzuarbeitende Liste auf, denn dafür sind viele Firmen viel zu unterschiedlich.

Beachten Sie, dass viele Aspekte zudem keine Schritte sind, die irgendwann »einfach« fertig sind. Sie müssen langfristig gelebt werden. Wenn etwas nicht so funktioniert, wie Sie erwartet haben, versuchen Sie, die Probleme zu verstehen, und nehmen Sie Anpassungen vor.

14.6 Mit DORA-Metriken den DevOps-Erfolg messbar machen

Sie haben nun viele verschiedene Aspekte der DevOps-Idee kennengelernt. Die Frage ist nun, wie man den Erfolg in der Organisation messen kann, denn die Bewertung des Gesamtbilds ist eine Herausforderung bei der DevOps-Transformation. Aber auch dafür gibt es diverse Metriken.

Maßgeblich für die Erfolgsmessung sind die *DORA-Metriken*. DORA steht für »DevOps Research and Assessment«; das ist eine Organisation, die mittlerweile zu Google gehört. Diese Organisation stellt jedes Jahr den »State of DevOps Report« vor, in dem die aktuellen Entwicklungen und Untersuchungen von DevOps in den Unternehmen betrachtet werden. Ein Blick lohnt sich definitiv. DORA hat im Rahmen ihrer Untersuchungen insgesamt vier Metriken entwickelt, die daher auch als DORA4-Metriken bezeichnet werden. Bei den vier Metriken handelt es sich um:

1. Deployment Frequency
2. Lead Time
3. Change Failure Rate
4. Time to Restore Service

Diese Metriken schauen besonders auf die Performance der Software-Delivery. Aber allein auf diese zu blicken, reicht nicht, denn es gibt viel Kontext, der beachtet werden muss. Ein Irrglaube wäre, dass sich rein anhand dieser Metriken beurteilen lässt, wie gut DevOps – als Kultur! – umgesetzt wird. Vor allem in Deutschland gibt es sehr viel Industrie, deren Software sehr nah an der Hardware ist, wodurch sich solche Metriken nur bedingt eignen. Letztlich bilden sie *einen* Aspekt ab, und der Kontext muss betrachtet werden.

Neben den genannten vier Metriken, auf die ich im Folgenden noch näher eingehe, gibt es noch eine weitere Metrik, die das Bild mit dem Blick auf *Operational Performance* vervollständigt:

5. Reliability

Kontext

Es kommt ganz auf den Kontext der Anwendung, der Teams und der Industrie an, in der Sie arbeiten. Nicht jede Firma und nicht jedes Team kann regelmäßig und in sehr kurzen Zeiträumen deployen – hauptsächlich eignet sich dieser Ansatz für Software, die im Web läuft und bei der Sie Kontrolle über die Plattform haben.

Aber auch dann müssen Sie genau hinschauen, wie gut das Ergebnis für die Endnutzer ist: Wird eine stetige Änderung der Anwendung überhaupt gewünscht? Gibt es Feedback, das Aktualisierungen fordert, oder sind die Kunden eher an Stabilität interessiert? Ist vielleicht sogar die Verfügbarkeit für die Benutzer eingeschränkt? Werden vielleicht nur halbgare Features ausgerollt, was den Nutzern gar nicht hilft?

Auch das Ziel des Deployments ist essenziell dabei zu betrachten: Nicht jede Organisation entwickelt eine Webanwendung, die einfach in einer Cloud deployt werden kann. Wenn Sie in einem Industriebetrieb sehr nah an der Hardware arbeiten, also *Embedded Software Development* betreiben, können Sie niemals so oft und so schnell Änderungen durchführen wie an einem Online-Shop oder einer Handy-App. Hier gelten zwangsläufig andere Maßstäbe. Und dass Projekte, die im Wartungsmodus laufen und keine größere Weiterentwicklung mehr erhalten, ebenfalls anders bewertet werden müssen, liegt auf der Hand.

Bis zu einem gewissen Grad können die genannten Metriken jedoch auch helfen, die Arbeit in »traditionellen« Industrien zu bewerten. Aber nicht jede Metrik ist aussagekräftig, nicht jedes Ergebnis direkt vergleichbar. Je nach Branche gibt es zudem noch konkrete Regularien, die auch eingehalten werden müssen.

So kann man zwar regelmäßig Software auf Autos deployen – man schaue sich da nur Tesla an –, aber ohne den genauen Kontext sagt das nicht viel aus: Geht es bloß um eine Änderung am Infotainment-System, oder wird das Steuergerät der Bremsen umprogrammiert? Die Auswirkungen bei Fehlern sind völlig anders, dementsprechend lassen sich auch die Metriken nicht gleichermaßen anwenden.

14.6.1 DORA-Metrik 1: Deployment Frequency

Bei der *Deployment Frequency* geht es darum, wie oft ein Deployment ausgeführt wird. Besonders wichtig sind die Deployments auf die Produktivumgebung. Je höher dieser Wert ist, desto besser ist es unter DevOps-Gesichtspunkten. Komplett allein sollte man diese Metrik allerdings nicht betrachten, sondern immer zusammen mit den übrigen drei Metriken.

Je geringer die Frequenz der Deployments ist, desto weiter weg ist die Organisation von DevOps-Prinzipien. Der Grund sollte mittlerweile klar sein: Der erste der Drei Wege besagt, dass die Verbesserungen stetig und regelmäßig zu den Endnutzern laufen sollen, und das geht nur mit einer hohen Frequenz von Deployments.

Je höher der Automatisierungsgrad und je schlanker der gesamte Entwicklungszyklus ist, desto eher ist es möglich, eine hohe Anzahl an Deployments auszurollen. Ein Nebeneffekt davon ist, dass bei einer hohen Deploymentfrequenz die Teams und die Organisation hohes Vertrauen in die Software, das Team und die Prozesse besitzen. Zwangsläufig traut sich das Team oft, Änderungen auszurollen, wenn auch wirklich die Qualität auf allen Ebenen stimmt.

So viel zur Theorie. Aber wie sieht es jetzt in der Praxis aus? Welche Werte sind gut, welche sind schlecht, und wo liegt die Mitte? Die Zahlen, sowohl in dieser Metrik als auch in den folgenden Metriken, sind dem »State of DevOps Report« entnommen (*https://cloud.google.com/devops/state-of-devops*).

Wenig überraschend ist, dass ein Deployment pro Monat bis zu einem Deployment alle sechs Monate als niedrige Deployment-Frequenz angesehen wird. So häufig deployen Organisationen, die nicht nach DevOps-Prinzipien arbeiten.

Die Mitte liegt bei mindestens einem Deployment pro Woche bis zu einmal im Monat. Wenn man diese Häufigkeit erreicht hat, dann befindet man sich auf gutem Wege zu einer hohen Deployment Frequency, bei der man je nach Bedarf deployt, was mehrmals pro Tag sein kann.

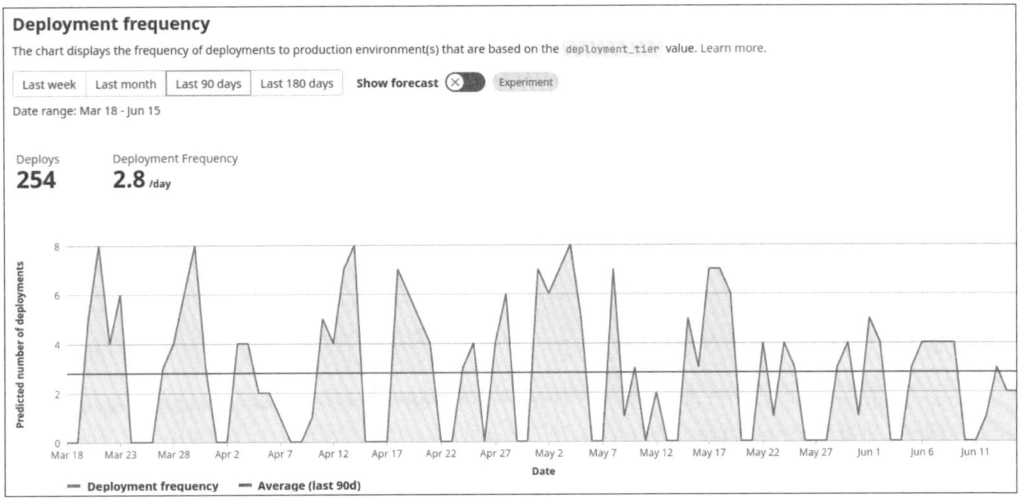

Abbildung 14.16 Die »Deployment Frequency« in der Praxis: Nicht jeden Tag wird deployt.

Dabei kommt es darauf an, dass wirklich an jedem Tag Deployments ausgerollt werden. Abbildung 14.16 gibt die Frequenz der letzten 90 Tage wieder, in der es im Mittel eine Deployment-Frequency von 2,8 Tagen gab. Die tatsächliche Frequenz an Arbeitstagen war allerdings wesentlich höher, da meist zwischen vier und acht Deployments durchgeführt wurden. Ab Freitagnachmittag wurde etwa nicht mehr deployt, denn am Wochenende wurde nicht gearbeitet.

14.6.2 DORA-Metrik 2: Lead Time

Hand in Hand mit einer hohen Deployment-Frequenz geht die zweite Metrik: die *Lead Time*. Die Lead Time ist die Durchlaufzeit, also die Zeit, die es braucht, bis eine Änderung ausgerollt wird. Sie beginnt mit dem Erstellen des Commits, also nach dem Abschluss der Implementierung der Änderung, und endet, wenn diese Änderung auf Produktivsystemen ausgerollt ist. Hier ist zwar eine nahe Verwandtschaft zur Deployment-Frequenz gegeben, allerdings können viele Deployments auch mit vielen älteren Änderungen gemacht werden.

Die Lead Time sollte möglichst kurz sein. Auch hier geht es um den ersten der Drei Wege: die Änderung zeitnah den Endbenutzern zur Verfügung zu stellen.

Eine Lead Time, die zwischen einem Monat und sechs Monaten liegt, ist kein guter Wert. Besser sieht es hingegen aus, wenn es zwischen einer Woche und einem Monat dauert, bis Änderungen ausgerollt werden. Ausgezeichnet unterwegs ist man, wenn die Lead Time zwischen einem Tag und einer Woche liegt, denn so kommen die Änderungen auch wirklich zügig an.

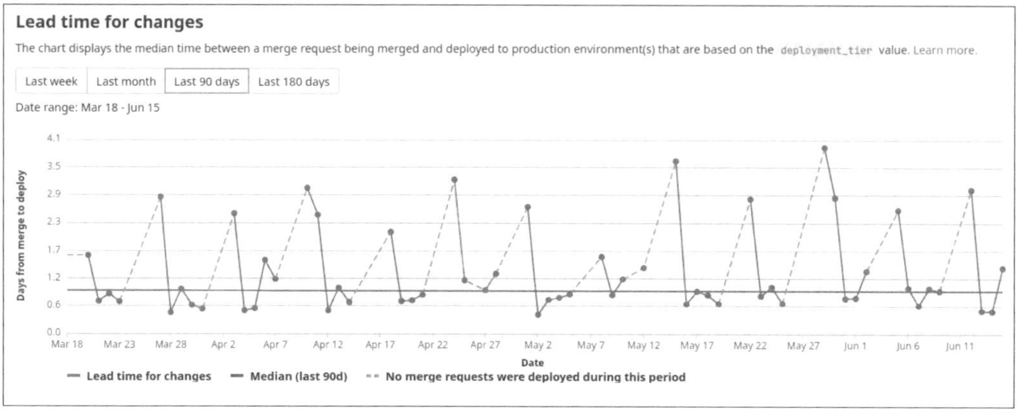

Abbildung 14.17 Auch bei der »Lead Time« sind große Unterschiede zwischen Wochentagen und Wochenenden üblich.

Wie auch bei der Deployment-Frequenz ist die Lead Time am Wochenende häufig deutlich länger, wie Abbildung 14.17 zeigt. Wichtig sind auch hier die Tendenz über einen längeren Zeitraum sowie der Median.

14.6.3 DORA-Metrik 3: Change Failure Rate

Die dritte Metrik schaut im Gegensatz zu den ersten beiden Metriken weniger auf die Häufigkeit und Schnelligkeit der Änderungen, sondern darauf, wie oft Fehler passieren. Ein schnelles und häufiges Ausrollen von Änderungen bringt nämlich für die Nutzer am Ende nicht viel, wenn ständig Fehler passieren.

Die *Change Failure Rate* gibt an, wie viele Fehler pro ausgerollter Änderung auftreten. Je geringer dieser Wert ist, desto besser. Auch hier geht es um die Produktivumgebung, um damit auch die Qualität und Produktivität des Teams zu beurteilen.

Wenn dieser Wert in der Praxis bei 0 bis 15 % liegt, dann ist das schon mal sehr gut. Je näher Sie an 0 kommen, desto besser. Ein mittlerer Wert liegt bei 16 bis 30 %; alles darunter kann man wohl als schlechten Wert ansehen. Wichtig ist aber nochmals: Die Werte sind immer nur in Kombination mit den anderen Metriken sinnvoll!

In Abbildung 14.18 sieht man etwa, wie die Change Failure Rate auch aussehen kann: Meistens gibt es keine Probleme, selten gibt es sehr wenige Fehler – bis es dann mal ein größeres Problem gibt, das die Failure Rate in die Höhe treibt. Diese Metrik sagt daher relativ wenig über die eigentliche Qualität aus, denn einige größere Probleme können schlimmer sein als mehrere kleinere über die Zeit verteilt. Daher gilt auch hier: Die Tendenz ist wichtig, damit Sie frühzeitig gegensteuern können, wenn sich Probleme häufen.

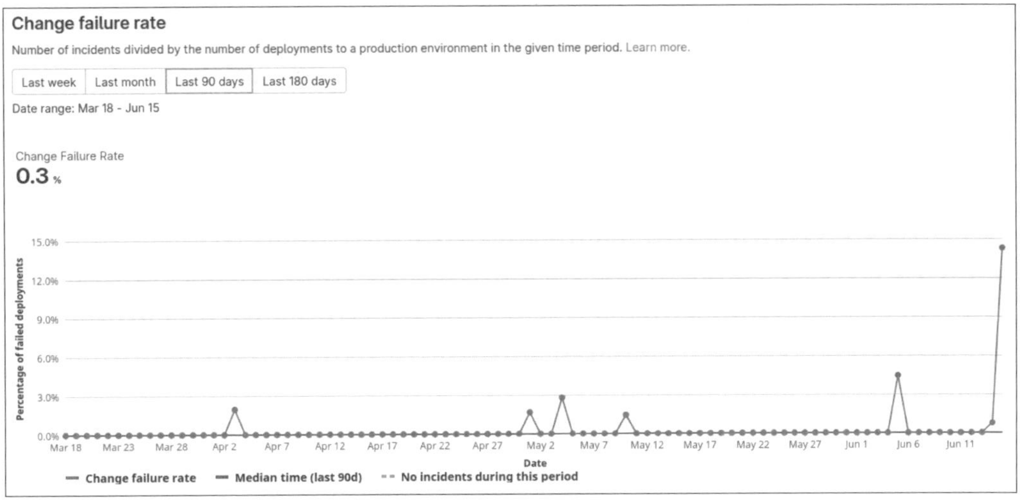

Abbildung 14.18 In der Praxis sollte die »Change Failure Rate« möglichst niedrig sein, es gibt aber immer wieder Ausnahmen.

14.6.4 DORA-Metrik 4: Time to Restore Service

Richtig schlimme Fehler führen dazu, dass es zu einer Downtime kommt. Die interessante Frage ist dann, wie schnell eine solche Downtime wieder zu Ende ist.

Genau das gibt diese vierte Metrik an: Wie lange dauert es, bis der Service im Falle eines Ausfalls wieder zur Verfügung steht? Je geringer der Wert ist, desto besser. Damit soll allerdings nicht ausgesagt werden, dass der komplette Dienst offline ist. Incidents, die etwa zu Performance-Einbußen führen oder nur eine kleinere Gruppe betreffen, fallen ebenfalls unter diese Metrik.

Idealerweise ist innerhalb von wenigen Stunden – also noch am selben Tag – alles wieder vollständig lauffähig. Das wird als guter Wert angesehen. Alles, was über einen Tag hinaus bis zu einer Woche geht, ist statistisch noch okay. Wirklich schlecht sieht es wohl aus, wenn es länger als eine Woche dauert, bis die Dienste wieder vollständig laufen.

Wie auch bei den vorherigen Beispielen gibt es – hoffentlich – nicht so häufig Fehler, dass der Dienst nur eingeschränkt läuft. Nicht jeder Incident ist schnell gelöst, aber jeder Incident verändert den Medianwert, wie lange es dauert, bis der Dienst wieder läuft. Auch hier gilt: Betrachten Sie die langfristigen Tendenzen, lernen Sie aus Fehlern, und leiten Sie gegebenenfalls Maßnahmen ein.

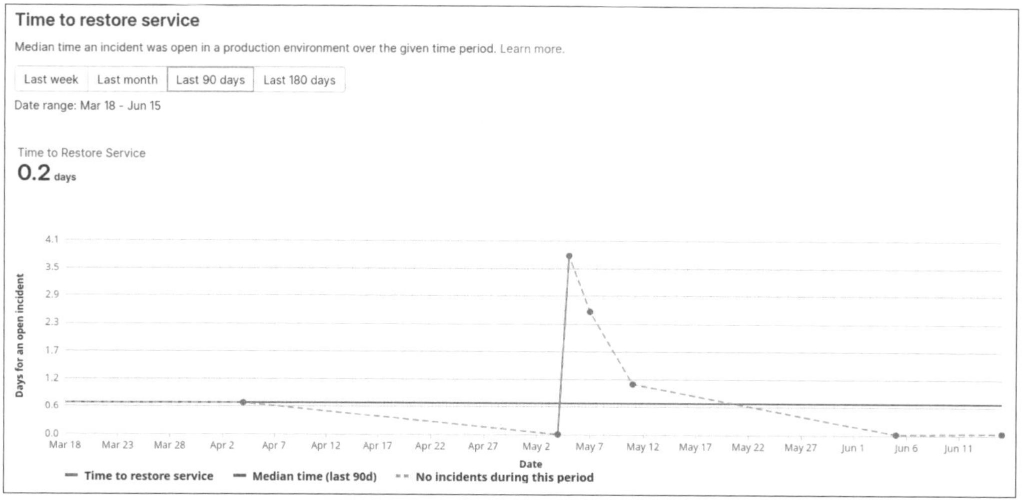

Abbildung 14.19 Idealerweise gibt es, wenn überhaupt, nur kurze Downtimes, die für die »Time to Restore Service« relevant sind.

14.6.5 DORA-Metrik 5: Operational Performance: Reliability

Die fünfte Metrik ist vergleichsweise neu und wurde 2021 eingeführt. In vielen Quellen liest man daher weiterhin von den DORA4-Metriken, also wundern Sie sich nicht, heutzutage sind es fünf Metriken.

In der fünften Metrik wird die *Reliability* betrachtet. Es geht also darum, wie zuverlässig der Dienst für die Nutzer funktioniert und ob er den Erwartungen gerecht wird. Im »State of DevOps Report 2022« schreibt die DORA-Organisation selbst, dass der vorherige Fokus primär auf der *Verfügbarkeit* lag – und nicht auf der *Zuverlässigkeit*. Diese beiden Begriffe beschreiben aber zwei unterschiedliche Aspekte und sagen nur auf den ersten Blick das Gleiche aus.

Wer jetzt verwirrt ist und keinen direkten Unterschied erkennt: Die *Verfügbarkeit* sagt lediglich aus, ob ein Dienst läuft oder nicht. Bei einer Availability, also Verfügbarkeit, eines Dienstes von 99,99 % ist eine Downtime von 52,60 Minuten pro Jahr erlaubt.

Damit ist allerdings nicht ausgesagt, ob der Dienst in den restlichen 525.547,64 Minuten des Jahres ordentlich arbeitet. Ein Dienst, der zwar immer »da« ist, aber unbenutzbar langsam ist oder bei jedem zweiten Klick Fehler produziert, ist für die Nutzer nicht zu gebrauchen. Hier hängen die Bewertung und Messung an definierten Performance-Standards.

Diese Metrik hat entsprechend nichts mit der Software-Delivery selbst zu tun, weshalb sie getrennt von den vier bisherigen Metriken betrachtet wird. Bewertet wird die *Reliability* anhand von Verfügbarkeit, Latenz, Performance und Skalierbarkeit.

14.6.6 Erkenntnisse aus dem »State of DevOps Report«

Wenn Sie tiefer in die Zahlen und Fakten rund um die aktuellen DevOps-Entwicklungen eintauchen möchten, sollten Sie den State of DevOps Report aufmerksam lesen. Einmal im Jahr führt das Team große Umfragen durch. Die Ergebnisse werden jedes Jahr im September zusammenfassend veröffentlicht.

Der Download ist zwar kostenlos, allerdings nicht frei im klassischen Sinne, da für den Download eigentlich die eigenen Kontaktdaten, inklusive Mobilfunknummer, Arbeitgeber und Jobtitel angegeben werden müssen. Praktischerweise findet man allerdings den Report auch ohne diese Angaben, wenn man bei Google nach »DORA State of DevOps Report 2024/25/26 pdf« sucht.

Im Report wird stets auf die neuesten Entwicklungen, die neuesten Zahlen und die Veränderungen eingegangen. So kann man gut und einfach überblicken, wie sich die Zahlen über die Jahre verändert haben und wohin sich die Industrie entwickelt – zumindest bei denen, die an der Umfrage teilgenommen haben. (Sie können gerne auch selbst teilnehmen.)

Der Knackpunkt ist allerdings, wie so häufig bei solchen Umfragen, die Streuung der Daten über Länder und Branchen hinweg. Wenig überraschend liegt ein starker Fokus auf den USA, die zumindest im Report von 2022 mit 29 % vertreten sind, gefolgt von Indien mit 21 %. Immerhin stammen noch 4 % der Teilnehmer aus Deutschland. Eine Überbewertung bestimmter Industrien und Firmengrößen ist ebenfalls zu sehen.

Aus dem Report gehen viele Punkte hervor, die ziemlich offensichtlich sind. Sie geben aber einen guten, kompakten Einblick, wie andere Firmen arbeiten, obwohl nicht nach einzelnen Industrien gefiltert wird. Viele Teilnehmer setzen auf die Cloud und nutzen Tools zur Automatisierung der Deployments. Außerdem lässt sich sagen: Je mehr Cloud und je mehr Automatisierung im Spiel sind, desto erfolgreicher verläuft auf technischer Ebene die Umsetzung der DevOps-Idee.

Aber auch andere Themen werden betrachtet, die nicht zu vernachlässigen sind. Im Report von 2022 steht beispielsweise, dass eine lose gekoppelte IT-Architektur bei einer DevOps-Transformation zum Burn-out im Team beiträgt. Im Report werden genauere Hintergründe der Untersuchung behandelt.

Kapitel 15
IT-Betrieb in Hard- und Software

Trendige Themen wie KI oder Cloud lenken von der guten alten Hard- und Software ab – und doch stehen sie im Zentrum von allem. Wenn Sie diese Hausaufgaben nicht machen, ist alles andere Schall und Rauch.

Zu einem guten und stabilen IT-Betrieb gehört mehr handwerkliche Präzision als man denkt. Gleichzeitig ist es ein Ingenieurjob – mit einigen Nuancen künstlerischer Schaffenskraft.

Wir Menschen in der IT haben oft eine besondere Beziehung zu der von uns ausgewählten und mit viel Einsatz langfristig aufgebauten und genutzten Hard- und Software. Ich habe darüber hinaus mit der Zeit lernen dürfen, diese liebevoll ausgewählten Komponenten und die daraus geformte IT-Infrastruktur als Werkzeug für Unternehmen zu verstehen. Sie dient jedem einzelnen Mitarbeiter als Mittel, um die täglichen verschiedenen Aufgaben, Abläufe und Automatismen des jeweiligen Hauses zu bewältigen.

Von einem guten Werkzeug erwarten Mitarbeiter für gewöhnlich, dass es zuverlässig funktioniert, ihnen bei ihrer täglichen Arbeit hilft und seinen Zweck erfüllt. Wie auch immer geartete Mängel können auf der anderen Seite mitunter schnell Frust, Produktivitätseinbußen oder hohe Kosten bedeuten. Sie stehen mit Ihrer Infrastruktur in der Verantwortung, dass die Ziele des Unternehmens reibungslos umgesetzt werden können. Je nach Unternehmenskontext ist die IT oft mehr als nur eine einfache Stelle – Sie sind interner Dienstleister, technischer Architekt und zentrales Organ mit geschäftskritischem Einfluss zugleich.

In den vorhergehenden Kapiteln wurde insbesondere der strategische, personelle und wirtschaftliche Rahmen aufgespannt. Das Gefüge Ihrer Hard- und Software wird jedoch greif- und sichtbar in Ihren Netzwerk- und Serverräumen und auf den Tischen Ihrer Teams zu finden sein. Worauf ist also zu achten, damit sich diese oft abstrakten Gedanken, Pläne und Überlegungen mit einer Realität, die aus Objekten aus Kunststoff, Blech und Programmcode besteht, möglichst decken?

Oder besonders herausfordernd: Was ist zu tun, wenn Sie eine vielleicht in der Vergangenheit gewachsene und möglicherweise so gar nicht zu Ihren Zukunftsplänen passende IT-Landschaft neu ausrichten und entwickeln sollen? Oft finden IT-Manager eine Umgebung mit mehr oder weniger ausgeprägtem Entwicklungs- oder Sanierungsbedarf vor. Auch zunächst trivial wirkende Fragestellungen aus der Welt der

Peripherie oder Cloud-Dienste machen Ihnen als IT-Manager möglicherweise aufgrund der schnellen Veränderungen, plötzlichen Anforderungen oder schlicht durch deren Vielfältigkeit das Leben schwer?

In diesem Kapitel möchte ich einen Überblick über die typischen und häufig vorkommenden Fragestellungen, Herausforderungen und Strategien vermitteln. Es soll ein praxisnaher Einblick in bewährte Methoden und Fragestellungen sein und Ihnen am Ende bei den von Ihnen zu treffenden Entscheidungen Orientierung geben.

Investitionsentscheidungen und Kaufberatung

Dieses Kapitel stellt keine Kaufberatung dar. Investitionsentscheidungen müssen gut geprüft werden und können nur dann seriös getroffen werden, wenn Sie Ihre Umgebung und die Anforderungen, die an sie gestellt werden, gut kennen. Ohne dieses Wissen lassen sich keine seriösen Aussagen dazu treffen, welches Angebot am sinnvollsten ist. Ich möchte also möglichst neutral in Bezug auf Produkte oder Hersteller bleiben. Um trotzdem Orientierung zu geben, werden Sie auf den folgenden Seiten anstelle von Aussagen wie »Nutzen Sie Microsoft, oder greifen Sie zu Lösung von Cisco« möglichst allgemein gehaltene Fragestellungen und Checklisten finden. Diese können bei der Reflexion und Bewertung der auf Ihrem Tisch liegenden Angebote oder Lösungsvorschläge als Leitlinie dienen.

Bei konkreten Fragen, die Sie nicht selbst beantworten können, ist es oftmals ratsam, spezialisierte Dienstleister zurate zu ziehen – Systemhäuser, auch *Value Added Reseller* (VAR) genannt. Diese beraten Sie in Projekten und technischen Fragen, vertreiben Hard- und Software und bieten meist Supportverträge an. Ein guter VAR, mit dem Sie eine langfristige Beziehung pflegen und der Ihre Ansprüche kennt, kann Gold wert sein. Werfen Sie dazu auch einen Blick in Abschnitt 15.2.2.

15.1 Die Bausteine der zentralen Infrastruktur

Jede Infrastruktur ist anders, und es wird zweifellos Unterschiede geben, ob Sie die IT einer kleinen Zahnarztpraxis aufbauen wollen oder ob es um einen Industriebetrieb mit mehreren Standorten geht. Die Bausteine zum Betrieb einer modernen IT-Umgebung ähneln sich jedoch. Die folgenden Abschnitte vermitteln Ihnen einen Überblick.

Dabei betrachten wir im ersten Schritt diejenigen Themengebiete, die den inneren Kreis der Infrastruktur bilden – also Server- und Storage-Hardware, Netzwerktechnik und sicherheitsrelevante Systeme. Auch die gängigen infrastrukturellen Softwarepakete für und in Unternehmensumgebungen sollen in diesem Bausteinkatalog nicht fehlen. Auf Clientsysteme und die Peripherie geht Abschnitt 15.3 ein.

Es gibt keine fixe Definition für die Rolle des IT-Managers, und Sie werden feststellen, dass das technische Know-how stark schwanken kann. Wenn Sie sich zu den technischen Neulandbetretern zählen, so wird Ihnen dieses Kapitel strukturiertes Grundlagenwissen und die Differenzierung zentraler IT-Vokabeln nahebringen. Gleichzeitig sollen Sie die Möglichkeit erhalten, bestehendes Fachwissen anhand praxisnah geschilderter Fragestellungen aus mittelständischen Umgebungen zu reflektieren und zu erweitern.

Beginnen wir mit den Grundlagen in Form zentraler Bausteine. Warum eine gewisse Basisdefinition solcher Vokabeln sinnvoll ist, ist beispielsweise am Begriff »Server« gut zu illustrieren. Dieser wird häufig verwendet und birgt gleichzeitig großes Potenzial an Mehrdeutigkeit: In dem folgenden Abschnitt betrachten wir Serverhardware – also einen Rechner, der auf besondere Anforderungen in Sachen Leistung, Zuverlässigkeit und Skalierbarkeit ausgelegt wurde. An anderer Stelle könnte jemand unter exakt demselben Begriff beispielsweise auch eine virtuelle Maschine (VM) oder einen bestimmten Dienst (z. B. eine SQL-Datenbank oder einen Webserver) verstehen. Verwechslungsgefahr ist also vorprogrammiert.

Zur besseren Orientierung in den nächsten Abschnitten soll an dieser Stelle das Schaubild in Abbildung 15.1 den generellen Aufbau einer typischen zentralen IT in einem mittelständischen Unternehmen darstellen. Machen Sie sich bewusst, dass Ihre IT möglicherweise anders aussieht – ziehen Sie daher Parallelen, und überlegen Sie, wie Sie die bei Ihnen vorliegenden Gegebenheiten in ein solches, möglichst klares Schema überführen können.

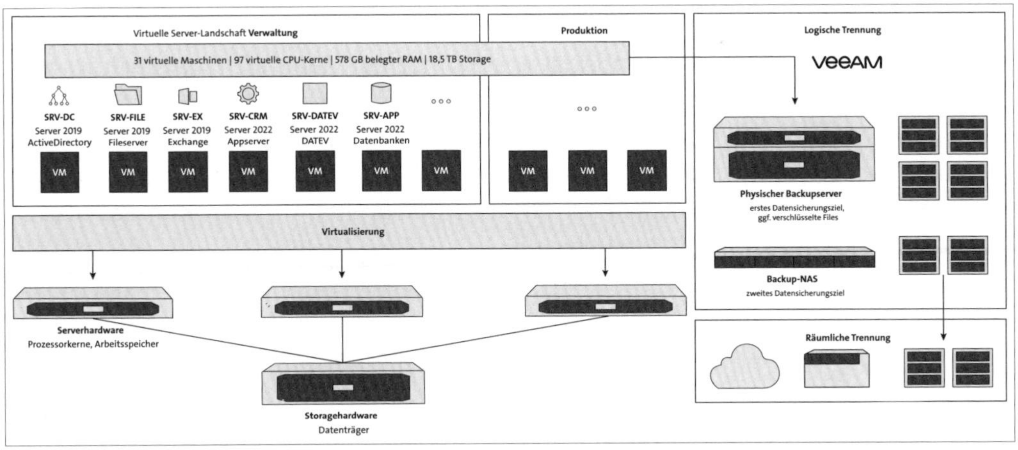

Abbildung 15.1 Schematischer Aufbau einer zentralen Serverstruktur

In den nächsten Abschnitten soll nun auf jeden Bereich des Schemas einzeln eingegangen werden.

15.1.1 Server- und Storage-Hardware

Folgt man dem aktuellen Produktmarketing gängiger Hersteller auf deren Websites, so findet man eine Fülle an schillernden Begriffen, unter denen man möglicherweise schnell den Überblick verliert. Im Kern hat sich die Architektur eines Rechners (und damit auch eines Servers) seit der Von-Neumann-Architektur nicht wesentlich verändert.

Reduzieren wir unsere Sicht auf eine moderne Hardware mit all den Features also zunächst auf die grundlegenden und wesentlichen Elemente. Sie werden stets zwei Bausteine finden: ausführende Komponenten (Computing-Ressourcen) und Langzeitspeicher (Storage). In Kombination mit einer Vielzahl an Softwarelösungen erfindet sich der Markt auf Basis dieser Kernelemente regelmäßig neu – mit teils mehr und teils weniger sinnvollen Paketen und gekoppelten Services.

Die ausführende Einheit (Computing-Ressourcen)

In seiner einfachsten Form besteht ein Server aus einem oder mehreren Prozessoren, einer gewissen Menge an flüchtigem Arbeitsspeicher und Schnittstellen zur Außenwelt (heute meist in Form von Ethernet-Netzwerkverbindungen). Ein Prozessor bzw. eine CPU (*Central Processing Unit*) verfügt dabei heute fast immer über mehrere Kerne. Diese sind innerhalb der physischen Hülle der CPU logisch separierte eigenständige Recheneinheiten, die mit einer bestimmten Taktgeschwindigkeit Befehle verarbeiten.

Dazugehörige Produktnamen und Generationen wechseln im Jahrestakt. Aus diesem Grund soll Ihnen die folgende Liste mit Fragen Orientierung in der Auswahl und Bewertung am Markt geben. Dabei ist es stets eine gute Idee, die tatsächlich vorherrschenden Anforderungen vonseiten der Softwareebene zu kennen. Moderne Anwendungen profitieren dabei häufig von einer größeren Anzahl an Rechenkernen, auf die die Last verteilt werden kann. Andere Anwendungen sind möglicherweise nur in der Lage, einen einzelnen Rechenkern zu nutzen und profitieren in der Konsequenz ausschließlich von dessen Taktgeschwindigkeit. Solche Anwendungen werden aus diesem Grund auch Single-Thread-Anwendungen genannt. In virtuellen Umgebungen gilt die Summe aller virtuell vergebenen CPU-Kerne als einer der zentralen Indikatoren zur Ableitung des tatsächlichen Bedarfs an Hardware.

Die Auswahl der CPU folgt dabei fast immer einer Abwägung zwischen Anzahl und Takt an Kernen gegenüber Kosten in Euro. Hinzu kommt eine regelmäßige Leistungssteigerung neuerer Generationen gegenüber den vorhergehenden.

Checkliste Computing-Power

- Welche Menge an CPU-Kernen wird für unsere Anforderungen benötigt?
- Ist der Takt bzw. die Leistungsfähigkeit eines einzelnen Kerns für unsere Anwendungen wichtig (Single-Thread-Anwendungen)?
- Wie viel Arbeitsspeicher benötigt unsere Anwendung oder die auf dem Server zu betreibende Softwarelandschaft?
- Welche Art von Anbindung an die Außenwelt wird benötigt?
- Wie viele Netzwerkkarten werden benötigt (auch ILO oder WoL)?
- Wie viel Speicherplatz (Storage) wird benötigt? Auch wenn dieser meist ausgelagert wird (also nicht mehr im eigentlichen Server zur Verfügung steht), muss er betrachtet und definiert werden.

Neben der Leistungsfähigkeit der Hardware sollten auch räumliche Aspekte und Anforderungen an Erweiterbarkeit und Platzbedarf (z. B. durch große oder kleine Gehäuse) beachtet werden. Zuletzt spielen der benötigte Energiebedarf in Watt und Euro sowie eine angemessene Kühlung der Systeme eine Rolle – und dies nicht nur in der benötigten Leistung, sondern auch zunehmend auf ausfallsichere Art und Weise.

Der Langzeitspeicher (Storage)

Daten sind das wertspeichernde Gut der IT. Neben der Verarbeitung von Daten gilt es meist auch, diese sicher über beliebige Zeiträume zu lagern und einen angemessen schnellen Zugriff zu gewährleisten.

Auch in diesem Fall können wir die heutigen komplexen Systeme auf ihre Basiskomponenten herunterbrechen: den einfachen Datenträger. In der Praxis bzw. für die produktiv genutzten Speichersysteme kommen noch immer nichts anderes als klassische Festplatten, also magnetisch beschreibbare rotierende Datenträger und Flash-Speicher (auch SSD – Solid State Disc) in Frage. Günstige Datenträger nutzen SATA zur Kommunikation, im Serverumfeld arbeitet man gewöhnlich mit SAS-Verbindungen. Eine besonders leistungsstarke Form der SSD kommuniziert über das NVMe-Protokoll direkt mit dem PCI-Express-Bus der Hardware.

Dabei dürfen Sie es quasi als Naturgesetz verstehen, dass die einzelne Festplatte oder SSD als potenziell *unzuverlässig* gilt – also zu einem schwer vorhersehbaren Zeitpunkt und aus einer Vielzahl von Gründen plötzlich in einen Zustand fällt, in dem die darauf gespeicherten Daten nicht mehr im Zugriff stehen. Darüber hinaus ist eine einzelne Festplatte in ihrer Kapazität und Leistungsfähigkeit fix auf ihre jeweiligen technischen Spezifikationen beschränkt.

Die Kapazität eines Datenträgers wird dabei üblicherweise in Byte – heute in Giga- oder Terabyte – gemessen, der Durchsatz entsprechend in Gigabyte pro Sekunde (GB/sec). Meist wichtiger für die Verarbeitungsgeschwindigkeit ist die Fähigkeit zur Beantwortung von Schreib-/Leseanforderungen pro Sekunde (IOPS). Multipliziert man die Größe der jeweiligen Datenpakete mit der Menge an IOPS, erhält man im Ergebnis wieder den aktuellen Durchsatz.

Erhält ein Datenträger mehr Anforderungen, als er zu bearbeiten in der Lage ist, entsteht eine Art Warteschlage (Queue). Die so entstehende Verzögerungszeit bis zur Beantwortung der wartenden Anforderung wird Latenz genannt und in Millisekunden (ms) gemessen. Im Bestfall liegen diese Latenzen im Bereich von 1 bis 3 ms – geringere Verzögerungen sind schon aufgrund der baulichen physikalischen Umstände kaum zu erzielen.

Unterschiedliche Einsatzszenarien für Datenspeicher

Andere Formate, wie Bänder oder optische Medien, haben ihre Stärken in anderen Einsatzszenarien, wie z. B. zur Datensicherung oder der Langzeitarchivierung. Vor allem der Aspekt, dass diese Daten »per Design« von Ihrer aktiven IT gelagert werden, macht sie zu wertvollen Ergänzungen in Zeiten von Cyberangriffen. Achten Sie auf die Differenzierung der unterschiedlichen Storage-Techniken für den jeweiligen Zweck.

Auf den folgenden drei Fragestellungen fußt die bis heute gültige Motivation hinter modernen Storage-Systemen:

- Wie können wir unseren Speicher zuverlässig und robust machen?
- Wie können wir die Kapazität unseres Speichers erhöhen oder skalieren?
- Wie können wir die Leistungsfähigkeit unseres Speichers erhöhen oder skalieren?

Alle in der Praxis etablierten Lösungsstrategien setzen auf den Aufbau einer sinnvollen und möglichst intelligenten Form an redundanter Verteilung der zu speichernden Daten über eine gewisse Anzahl an einzelnen, unabhängigen Datenträgern. Diese tragen ihren Teil zum Ganzen bei und dürfen, je nach Architektur, zu einem gewissen Anteil ausfallen, ohne den Gesamtverbund zu beeinträchtigen.

Es ist ein wenig wie im Fußball: Ein einzelner Spieler (hier Datenträger) kann noch so gut sein – Ansprechzeit, Schusskraft, Meter pro Sekunde. Er hat seine Einschränkungen und kann sogar ausfallen. Um zu gewinnen, benötigen Sie einen Verbund an Spielern.

Ein solcher Verbund in der Welt der Datenträger trägt die Bezeichnung RAID (*Redundant Array of Independent Discs*). Er kann dabei in verschiedenen Formationen, RAID-Leveln, erfolgen, die sich u. a. in Aufbau, Ausfallrisiko, Performance, aber auch Verschnitt (Ersatzbank) unterscheiden.

In Sachen Storage gelten glücklicherweise etwas andere Regeln als im Fußball, und wir dürfen mit mehr als 11 Datenträgern arbeiten. Der beschränkende Faktor kommt dabei oft von wirtschaftlicher Seite. Wir finden daher immer wieder ein Spannungsfeld, in dem Sie zwischen Risikominimierung und Investitionskosten stehen und das es individuell für Ihre Organisation zu bewerten gilt.

Darüber hinaus haben Sie die Möglichkeit, nicht nur auf Datenträgerebene (aka Spieler), sondern auf Ebene ganzer Speicherknoten (aka Mannschaft) zu arbeiten – sodass Sie selbst bei Ausfall einer gesamten Mannschaft weiter handlungsfähig bleiben. Das klingt zunächst sehr erstrebenswert. An dieser Stelle wird jedoch auch schnell klar, dass sich die Kosten für einen Speicher in einer solchen Architektur schnell verdoppeln oder gar vervielfachen.

Als weitere Entwicklung am Markt versuchen Hersteller, durch möglichst intelligente Software (in unserem Beispiel den Trainer), mehr aus unserem Team herauszuholen und so zusätzlichen Mehrwert, ggf. auch Abgrenzungen gegenüber anderen Herstellern oder Lösungen, zu schaffen. Typische Leistungen derartiger moderner Storage-Controller liegen in der Vorhersage von Risiken oder drohenden Ausfällen, intelligenter Lastverteilung, Performance-Optimierung (z. B. durch Vorhersage von Anforderungen), leistungsfähiger Komprimierung und De-Duplizierung sowie umfangreichen Werkzeugen in der Administration und im Monitoring und Reporting. Dies kann auf Ebene der Physik (Hardware) als auch der Logik in Form von Software erfolgen. Auch hier stellt sich wieder die Frage: Was kostet dieser Trainer, und ist das, was er kann, wichtig für unsere Organisation?

Zuletzt stellt sich die Frage, wie unser Speicher nun mit den angebundenen Computing-Einheiten kommuniziert. Serverseitig kommen hierfür sogenannte *Host-Bus-Adapter* (HBAs) zum Einsatz, die die Kommunikation mit dem Speichersystem übernehmen. Dies gilt sowohl für interne – also im Server verbaute – Datenträger als auch für externe, eigenständige Speichersysteme. Gerade aber für die Kommunikation mit externem Speicher hat sich eine überschaubare Anzahl an Sprachen (Protokollen) etabliert und über die Jahre weiterentwickelt.

- **SAS (Serial Attached SCSI)**: einfache Kabelverbindung zwischen HBA und Speicher. Kann intern oder extern genutzt werden.

  SAS gilt als gut und günstig bzw. plug-and-play und verzichtet auf komplexe Konfiguration. Das Protokoll kommt wegen der einfachen Direktverbindung nahezu ohne Protokoll-Overhead aus und erlaubt daher hohe IOPS bei einem Durchsatz von aktuell max. 12 Gigabit/s.

  Leider bringt die Kabelverbindung auch enge Beschränkungen in der Anzahl der verbundenen Geräte (meist nur einige wenige, je nach Hardwarespezifikation) und Kabellänge von wenigen Metern mit sich. In der Praxis zeigen sich auch immer wieder Inkompatibilitäten zwischen SAS-Geräten unterschiedlicher Hersteller oder Generation. Es ist daher ratsam, die Kompatibilität im Vorfeld zu prüfen.

- **iSCSI (internet Small Computer System Interface)**: Logische Anbindung der Speichersysteme über Netzwerktechnik (Ethernet).

  iSCSI haftet der Ruf einer verhältnismäßig günstigen, aber flexiblen und gut skalierbaren Speicheranbindung an. Der Durchsatz wird durch die Netzwerkgeschwindigkeit vorgegeben – aktuell sind 1, 10, 25, 40 und 100 Gbit am Markt erhältlich. Der gute Durchschnitt liegt aktuell bei 10 Gigabit. Manche Hersteller werben zusätzlich mit speziellen, auf iSCSI-Verkehr optimierte Netzwerk-Switches.

  Durch den Einsatz von Standard-Netzwerkkomponenten entsteht eine Fülle an Möglichkeiten im Aufbau und der Architektur – mit allen Vor- und Nachteilen. In der Praxis zeigen sich leider häufig »Leichtsinnsfehler« in der Konfiguration und hohes Potenzial an Performanceschwächen, die vom Laien nur schwer aufzuklären sind.

- **Fibre Channel (FC)**: Anbindung der Speichersysteme über eigenständige Glasfaser-Infrastruktur.

  FC hält seit vielen Jahren den Ruf des Nonplusultras unter den Storage-Protokollen. Es zeichnet sich durch einen geringen Overhead aus. Mit 1, 2, 4, 8 oder 16 Gbit/sec kommen andere Geschwindigkeiten zum Einsatz als bei iSCSI.

  Es werden eigenständige FC-HBAs und FC-Switches benötigt, die ohne Ausnahme mit hohen Investitionskosten verbunden sind. Im Gegensatz zum günstigeren iSCSI scheint es eine deutlich höhere Einstiegshürde für Laien zu geben, sodass Installation und Konfiguration meist ausschließlich von geschultem Fachpersonal vorgenommen werden.

Die Frage nach der »richtigen« Anbindung ist eine der berühmten Glaubensfragen unter Systemingenieuren. Zusammengefasst dürfen Sie davon ausgehen, dass SAS in kleinen Umgebungen mit bis zu drei Serverhosts eine schnelle und transparente Lösung darstellt. In größeren Umgebungen mit solider Netzwerk-Infrastruktur ist iSCSI eine moderne und skalierbare Lösung, sofern man die fachlich korrekte Konfiguration nicht auf die leichte Schulter nimmt. FC wird dann eine Option, wenn ein Höchstmaß an Leistung benötigt wird und es das Budget für Infrastruktur erlaubt.

Checkliste Storage

- Wie viel Speicherplatz benötigen wir heute für unsere Daten- und Anwendungslandschaft?
- Welches Maß an Datenwachstum können wir abschätzen?
- Welche Leistung wird benötigt? Sind hohe IOPS bei minimalen Latenzen wichtig, oder genügt ein hoher Durchsatz?

- Welcher Grad an Verfügbarkeit und Redundanz wird benötigt?
- Welche Form der Anbindung passt zu möglicherweise vorliegenden technischen Gegebenheiten?
- Wie soll die Verwaltung des Speichers zukünftig aussehen?

Server, Storage und der Markt

Wenn Sie heute eine Ausschreibung zum Thema Infrastruktur durchführen, werden Sie mit hoher Wahrscheinlichkeit vom Vertrieb der jeweiligen Anbieter eine Fülle tollster Aussagen über modernste Lösungen erhalten. Man könnte den Eindruck erhalten, Hersteller und Vertrieb scheuen Vergleichbarkeit anhand harter Zahlen und setzen stattdessen auf Argumente, warum die jeweilige Lösung auf keinen Fall mit einer anderen vergleichbar, besonders modern oder einzigartig ist – aber eventuell auch eine langfristige technische Bindung an den jeweiligen Hersteller mit sich bringt. Das mag vertriebspsychologisch sinnvoll sein. Aus wirtschaftlicher und technischer Sicht möchte ich Ihnen aber ans Herz legen: Versuchen Sie, hinter die Kulissen zu blicken!

Wie das? Fragen Sie konkret! Bereiten Sie Ihre Fragen anhand der genannten Checklisten vor. Erwarten Sie noch konkretere Antworten vom Gegenüber. Möglicherweise erhalten Sie ausweichende Antworten. Bleiben Sie am Ball, und versuchen Sie, zu differenzieren, ob Ihr Gegenüber gerade echte Argumente vorbringt – oder möglicherweise einfach nur keine belastbare Antwort auf Ihre Frage kennt. Lassen Sie sich also konkrete Werte für Kapazitäten, IOPS, Latenzen, Anzahl an Cores oder die vorgeschlagene Taktfrequenz und eine jeweilige Begründung genau darlegen und beziffern.

Denn meist verbergen sich hinter technisch neuartigen Begrifflichkeiten immer wieder dieselben Grundlagen, angereichert mit bestimmten Features oder kombiniert in einem Paket aus mehreren Bausteinen aus Hard- und Software und einer spezifischen Architektur. Selbstredend haben diese verschiedenen Ansätze oft bestimmte Vorteile für bestimmte Einsatzzwecke – was nicht damit zu verwechseln ist, sie gegenüber einem klassischen modularen Aufbau per se als »überlegen« einzuschätzen. Betrachten wir hierzu die folgenden vier Beispiele:

- **Composable-/Blade-Infrastruktur**

  Fassen Computing- und Storage-Elemente und deren Verbindung, evtl. auch Netzwerkkomponenten, unter einem Dach und in komprimierter Form zusammen. Dies ist besonders wertvoll, wenn man über wenig Platz verfügt oder für einen gekapselten Zweck eine »All-in-one-Box« sucht. Eine solche Infrastruktur stößt in Sachen Skalierung vor allem gegenüber dritten Systemen oft an Grenzen. Aufgrund vollständig spezifischer Komponenten ist man sehr abhängig von Hersteller und Verfügbarkeit.

- **Software-defined Storage**

  In einem SDS übernimmt eine Software die Controllerfunktion gegenüber Datenträgern. Hierdurch soll häufig erreicht werden, dass quasi beliebige einzelne Datenträger oder ganze Storage-Knoten zu logischen Einheiten innerhalb eines zentralen Managements zusammengefasst werden. Der Vorteil gegenüber den klassisch hardwarebasierten Einheiten soll dabei in der Flexibilität, besonderer Ausfallsicherheit oder Skalierbarkeit liegen. Eine zusätzliche Softwareebene benötigt jedoch auch stets Wartung, Aufmerksamkeit und Konfiguration. Zusätzlich entsteht Overhead, der nicht für jeden Anwendungsfall gut ist.

- **Hyperkonvergente Systeme**

  Werden Computing, Storage, Virtualisierung und Management zu einer logischen Einheit kombiniert, so spricht man von »hyperconverged«. Charakteristisch wird diese Architektur davon begleitet, dass man etwas aus der Detailebene herauszoomt und stattdessen in Clusterknoten denkt. Diese können im Paket und mit einem fixen Set an Ausstattung dem Verbund hinzugefügt werden, um ihn zu vergrößern. Interessant könnte dies bei recht großen Serverclustern werden, um diese leicht zu erweitern und auf einer einzigen Ebene zentral zu verwalten. Gerade in überschaubaren Umgebungen dürften der Overhead an Technik und Kosten und die in diesem Rahmen recht grobe Skalierung eher nachteilig anmuten. Hinzu kommt in den meisten Fällen die Bindung an einen spezifischen Hersteller und dessen Spielregeln.

- **Hybrid Cloud Storage**

  Werden Storage-Systeme softwareseitig um eine Schnittstelle zu Cloud-Anbietern wie Microsoft Azure oder AWS erweitert, so sprechen Hersteller meist von »Hybrid Cloud Storage«. Nun könnte man hinter dem Begriff vermuten, dass hier die Welt des lokalen Speichers und eines Cloud-Speichers zu verschmelzen beginnt. In der Praxis handelt es sich schlicht um Funktionen, um Daten leicht von A nach B bzw. wieder zurück zu verschieben – unter Restriktion der gegebenen Bandbreite. Die lokale Ausführung einer in der Cloud gespeicherten virtuellen Maschine (oder umgekehrt) ist beispielsweise auch mit einem solchen System nicht möglich.

15.1.2 Virtualisierung

Die Virtualisierung von Softwaresystemen ist der aktuelle De-facto-Standard in Unternehmensumgebungen und der Grundstock jeder modernen IT – on premises und in der Cloud. Dabei werden die umfassenden Ressourcen moderner Hardware zu kleinen Leistungseinheiten zusammengefasst, die eine jeweils gekapselte Simulation eines für sich alleinstehenden Serversystems simulieren. Diesen für sich stehenden Verbund nennt man virtuelle Maschine (VM). Eine VM trägt für gewöhnlich jeweils ein eigenes Betriebssystem, auf dem Dienste bereitgestellt werden. Die verwaltende Softwareschicht zwischen Hardware und VM wird Hypervisor genannt.

Es hat sich der Grundsatz »ein Dienst – ein Server« in der Praxis etabliert. Durch diese Kapselung der Dienste innerhalb einer ausschließlich für ihn zuständigen eigenständigen VM minimiert man die Nebenwirkungen, die entstehen mögen, wenn möglicherweise konkurrierende Dienste innerhalb derselben Umgebung betrieben werden würden.

Die Bildung sogenannter Container treibt diese Entwicklung noch voran und kapselt Anwendungen bzw. Abläufe in eigenständigen Instanzen innerhalb eines gemeinsamen Betriebssystems. Ein bekannter Vertreter dieser Technik ist das System Docker.

Serverhardware wird im Kontext der Virtualisierung gern als Serverhost oder Host bezeichnet, während der Begriff »Server« häufig als Synonym für die einzelnen virtuellen Maschinen herangezogen wird.

Die wichtigsten Effekte der Virtualisierung:

1. **Ressourcen werden effektiver genutzt**. Eine einzelne Hardware trägt heute oft Dutzende VMs, während man früher ganze Batterien an Servern benötigte.
2. **Entkopplung von Hard- und Software**. Durch die Abstraktion der Betriebssysteme vom konkreten hardwaretechnischen Unterbau ergibt sich Dynamik und Beweglichkeit in Sachen Lastverteilung, Wartung und vor allem auch Datensicherung.
3. **Skalierbarkeit**. Zusätzlich benötigte Instanzen können schnell, quasi ad hoc, ausgerollt werden, solange genügend Ressourcen vorhanden sind.

Diese Vorteile haben den Bare-Metal-Betrieb (also die Nutzung eines Betriebssystems direkt auf der Hardware) bis auf wenige Ausnahmeszenarien nahezu vollständig vom Markt verdrängt.

- Einsatz eines physischen Backup-Servers
- Abhängigkeit von spezifischen Hardwarekomponenten, beispielsweise Maschinensteuerungskarten. Heute werden diese Fälle immer seltener, und Kommunikation erfolgt fast ausschließlich auf der Netzwerkschicht.
- Besondere außergewöhnliche Leistungsanforderungen. Der durch die Virtualisierung erzeugte Overhead bzw. Leistungsverlust ist für gewöhnlich sehr gering und zu vernachlässigen. Äußerst selten gibt es Anforderungen, z. B. von Datenbankherstellern oder im Fall von ressourcenintensiven Berechnungen, die den Betrieb ohne Virtualisierung erforderlich machen.

Der Markt wird aktuell von den beiden Herstellern VMware und Microsoft dominiert, selbst nachdem VMware nach dem Aufkauf durch Broadcom stark an der Preisschraube gedreht hat. Die Lösungen Citrix Hypervisor, KVM oder Proxmox sind in der Praxis deutlich weniger verbreitet. Darüber hinaus existieren auch virtuelle Plattformen im Rahmen hyperkonvergenter Lösungen (z. B. Nutanix). Auf die produktspezifischen Unterschiede möchte ich an dieser Stelle bewusst nicht eingehen und stattdessen wieder eine Reihe an Fragen zur Orientierung aufstellen.

Checkliste Virtualisierung

- Passt die Architektur zu der von uns benötigten Clustergröße?
- Entspricht die bei uns vorliegende oder geplante Konfiguration den Best-Practice-Vorgaben des von uns gewählten Herstellers?
- Welcher Funktionsumfang wird in unserer Umgebung benötigt? Ist eine einfache, kostengünstige Variante zu bevorzugen – oder gilt es, Ansprüche an Hochverfügbarkeit, Skalierbarkeit oder Wartungsmöglichkeiten abzudecken?

15.1.3 Datensicherung

Eine zuverlässige Datensicherung ist Ihre Versicherung gegenüber jedem Worst-Case-Szenario. Unternehmen, die schon einmal Datenverlust erlebt haben, stimmen dem gewöhnlich vehement zu und fordern im selben Atemzug die höchsten mit Geld zu bezahlenden Sicherungsniveaus. Denjenigen Glücklichen, die von einer solchen Erfahrung bisher verschont geblieben sind, sei gesagt: Die Datensicherung ist die letzte Bastion Ihrer Organisation gegenüber dem digitalen Aus. Sie muss zwingend greifen – bei technischen Defekten, menschlichem Versagen, Elementarschäden oder Cyberangriffen!

Backup ist kein unwichtiges Thema oder ein Nice-to-have und wird doch immer wieder als solches behandelt. In der Praxis sieht man dies in Form von mäßig gepflegten Sicherungsjobs, fragwürdigen Sicherungsmedien (z. B. in Form alter Tapes oder USB-Festplatten) und Crypto-Trojaner-anfälligen Backup-Servern bzw. nicht dynamischen Sicherungsstrategien. Was ist also zu beachten?

Lösungen zur Datensicherung unterscheiden sich heute schwerpunktmäßig darin, dass sie entweder auf Mechanismen der Virtualisierung aufbauen oder klassisch, also auf Basis eines im Betriebssystem installierten Tools (Agents), agieren. Meist zeigen diejenigen Lösungen, die auf virtueller Ebene und damit an leistungsstarken und ausgereiften Schnittstellen zwischen virtueller Hardware und Betriebssystem ansetzen, Vorteile gegenüber den klassischen Ansätzen. Letzte setzen meist auf Betriebssystemebene an, um Daten dort abzugreifen und an andere Stellen zu kopieren.

Stellen Sie sich vor, Sie müssten im Rahmen einer Wirtschaftsprüfung die folgenden Fragestellungen (ohne nachzuschauen) zuverlässig, vollständig und belastbar beantworten:

Checkliste Backup

- Wie lange dauert die Sicherung?
- Wie lange dauert die Wiederherstellung?
- Welche Vorbereitungen sind im Desaster-Recovery-Fall notwendig?
- Wie viele bzw. welche Daten gehen im Fall einer Wiederherstellung auf den jüngsten zur Verfügung stehenden Stand verloren?
- Müssen im Rahmen der Sicherung besondere technische Anforderungen beachtet werden?
- Wo liegen Ihre Backup-Files bzw. an welchem Ort werden sie gespeichert?
- Befinden sich alle Daten innerhalb dieser Sicherung – oder gibt es Ausnahmen?
- Ist die Datensicherung konsistent, das heißt fehlerfrei wiederherstellbar?
- Einsatz eines speziell vor Angriffen geschützten Backup-Speichers (ein *Immutable Backup*)
- Müssen die Daten verschlüsselt werden? (Höherer Zeitaufwand, größere Backup-Menge)

Es hat sich dabei bewährt, eine Checkliste an Anforderungen zu betrachten und bestmöglich vollständig zu erfüllen. Falls Sie mit dem Gedanken spielen, eine Cyberversicherung für Ihre Organisation abzuschließen, werden Sie häufig mit einem Teil dieser Punkte konfrontiert:

- Konsolidierung der Datensicherung auf ein zentrales Verfahren
- Einsatz von physischen Backup-Servern, separiert vom Produktivnetz
- Einsatz von VSS bzw. Applikations-Awareness zur Vorbereitung der jeweiligen Software auf einen anstehenden Backup-Vorgang
- ausreichend lange Vorhaltezeiten
- kontinuierliche Überwachung und regelmäßige Recovery-Tests
- räumliche und logische Trennung von Sicherungsmedien (3-2-1-Regel)

15.1.4 Netzwerktechnik

Ihr Netzwerk verbindet alle Systeme miteinander und darf mit Fug und Recht als das zentrale Nervensystem Ihrer IT bezeichnet werden. Dabei haben Netzwerke gerade in mittleren Umgebungen häufig eine sehr intransparente Anmutung und spiegeln organisches Wachstum gern für jedermann sichtbar in Form eines Kabel-Dschungels wider. Manchmal werden sie dabei auf fast mystische Weise als mögliche Ursache für vielerlei Probleme herangezogen, die der Administrator sonst nicht erklären könnte. Kein anderes System wird so häufig zu Unrecht als Flaschenhals beschuldigt, während es gleichzeitig im seltenen Fall eines tatsächlichen Fehlers wirklich für die unerklärlichsten Phänomene verantwortlich sein kann.

Hinter dem allgemeinen Begriff »Netzwerk« verbirgt sich eine Vielzahl an möglicher Technologie, Standards oder Protokollen. Oftmals, wie auch in diesem Kapitel, wird der Begriff allerdings synonym für Ethernet verwendet. Ethernet-Netzwerke verbinden angeschlossene Geräte kabelgebunden. Als zentrale Verteiler werden im häufigsten Fall Netzwerk-Switches eingesetzt. Geräte und Switches einigen sich dabei jeweils untereinander auf eine gemeinsame Geschwindigkeit. Früher lagen diese Geschwindigkeiten bei 10 bis 100 Mbit/s, Heute oft zwischen 1 und 10 Gbit/s, in Einzelfällen auch bei 25 bis 100 Gbit/s. Auf logischer Ebene kommunizieren die angebundenen Systeme für gewöhnlich über eine Gruppe an Protokollen, die man unter dem Namen TCP/IP kennt.

Die angestrebte bzw. mögliche Geschwindigkeit steht dabei in einer gewissen Beziehung zur vorhandenen Kabel-Infrastruktur. Vielleicht haben Sie den Mythos, dass für hohe Geschwindigkeiten ab 10 Gbit/s unbedingt Glasfaser benötigt wird, auch einmal gehört? Mit einer Cat.7-Verkabelung ist man heute auf der sicheren Seite für Geschwindigkeiten bis zu 10 Gbit/s bei einer Kabellänge bis 90 Meter. Glasfaser-Verbindungen kommen dann zum Einsatz, wenn lange Strecken, nicht unbedingt aber hohe Geschwindigkeiten, benötigt werden. Glasfaserkabel werden auch gerne in Industrieumgebungen genutzt, in denen eine Kupferverkabelung zu störanfällig wäre.

Man gerät leicht in die Versuchung, Netzwerke anhand der jeweils möglichen Geschwindigkeit zu klassifizieren. Die jeweiligen Leistungsklassen sind gut greifbar, transparent und für jedermann verständlich. Erfahrungen in der Praxis zeigen jedoch, dass der Leistungsspielraum oberhalb der 1 Gbit/s nur in einer überschaubaren Menge an Fällen überhaupt genutzt wird – Backup-Vorgänge und Storage-Anbindungen gehören dazu, Verbindungen innerhalb der Serversysteme möglicherweise ebenso. Typische Client-Server-Kommunikation benötigt diese Leistung höchst selten. In den häufigsten Fällen liegt die Auslastung am Netzwerk-Port auch in größeren Umgebungen daher im einstelligen Prozentbereich. Ähnlich wie im Fall der Storage-Leistung lohnt sich auch hier die präzise Nachfrage genauer Kennzahlen.

Als verantwortungsbewusster IT-Manager legen Sie daher möglicherweise mehr Wert auf einen klaren und transparenten Aufbau Ihres Netzwerks, auf eine portgenaue Dokumentation und Beschriftung sowie eine ordentliche Verkabelung. Diese Punkte benötigen in der Praxis einen ausgeprägten Sinn für Ordnung und Struktur, Fleiß und Genauigkeit. Die Ergebnisse sprechen jederzeit für sich und zahlen sich langfristig aus!

Strukturell hat sich die Differenzierung der Switches in zwei folgenden hauptsächlichen Klassen bewährt:

- **Core-Switch**

  Diese sind, dem Namen entsprechend, im Zentrum des Netzwerks platziert. Meist sind Core-Switches dabei besonders leistungsstark und besitzen einen redundanten, ausfallsicheren Aufbau. Sie können, müssen jedoch nicht zwangsläufig per Glasfaser kommunizieren und dienen gern als direkte Anbindung Ihrer Serversysteme.

- **Distribution-Switch**

  Auf der Verbindungsebene zwischen Core- und Access-Switches werden in größeren Netzwerkumgebungen Distribution-Switches eingesetzt. In überschaubaren Umgebungen wird auf diese Ebene meist verzichtet.

- **Access-Switch**

  Ein Switch auf der Access-Ebene hat vor allem die Aufgabe, eine große Zahl von Clientsystemen anzubinden. Der Access-Switch sollte möglichst auf redundante Weise an die Core-Switches angebunden werden. Aus Kostengründen wird hierbei häufig auf Geräte in günstigeren Serien gesetzt.

Auf logischer Ebene werden dabei die einfacheren, günstigeren Layer-2-Switches von den mit erweitertem Funktionsumfang ausgestatteten Layer-3-Switches unterschieden. Der Begriff »Layer« bezieht sich in diesem Fall auf das ISO/OSI-Schichtenmodell der Netzwerkprotokolle: Auf Layer 2 geht es rein um den Transport von Datenpaketen von der Quelle zum Ziel, heute meist mit Blick auf die jeweiligen MAC-Adressen (Media Access Control) – also die Hardware- und Transportebene. Der darüber liegende Layer 3 beinhaltet bereits die logische Steuerung von Netzen via IP-Adressen und Routing. Managebare Switches sind dabei diejenigen, die man per Console oder Webinterface – auf den gegebenen Layer-Features – konfigurieren kann. Ein Layer-3-Switch ist per Design managebar. Layer-2-Switches gibt es sowohl in besonders günstigen Plug-and-play-Fassungen als auch Modelle mit gewissen Management-Möglichkeiten.

Sofern ein Switch über erweiterte Management-Möglichkeiten verfügt, werden in der Praxis die folgenden Funktionen am häufigsten benötigt. Die dahinterliegende Theorie bzw. die technischen Details können ganze Bücher füllen. Für den erfahrenen Experten sollten all diese Features schnell und zielsicher zu konfigurieren sein.

- **STP (Spanning Tree Protocol)**

  Gerade bei Netzen mit mehreren Switches und Mehrfachverkabelung ist das STP zum Must-have geworden. Sehr leicht schleicht sich in einem großen Netzwerk durch ein unbedacht gestecktes Netzwerkkabel ein sogenannter Loop ein – darunter versteht man eine mehrfache Verbindung von Switches untereinander, woraus einer Art Schleife entstehen kann. Ohne STP erzeugen Switches in einem solchen

Fall schnell dauerhaft in dieser Schleife rotierende Pakete. Die daraus resultierende Überbelastung führt schnell zum vollständigen Stillstand. Besonders ärgerlich ist, dass die Ursache oft je nach Größe von Netz und Gebäude nur schwer zu finden ist – wie die Nadel im Heuhaufen. Der entsprechende Ärger auf Geschäftsführungs- und IT-Seite ist dabei groß, während der vielleicht unwissende Verursacher doch »nur ein Kabel in die Dose an der Wand gesteckt hat«.

Ein korrekt auf allen verbundenen Switches konfiguriertes STP erlaubt den Geräten, die Verbindungen untereinander zu erkennen und die Einigung auf eine gemeinsame Wegführung – ohne Schleifen. Dies erlaubt als einen der häufigsten Anwendungsfälle auch eine bewusste Ringschaltung, die im Fall des Ausfalls eines Switches alternative Wege möglich macht und damit die Gesamtverfügbarkeit des Netzwerks deutlich verbessert.

- **QoS (Quality of Service)**

  Das Feature *Quality of Service* wird häufig im selben Atemzug mit VoIP (Voice over IP) genannt und dient zur Priorisierung von Datenpaketen gegenüber anderen. Besonders im Bereich der Sprachübertragung über Netzwerke fallen Verzögerungen in der Übermittlung schnell und hörbar negativ auf – z. B. durch Rauschen oder Stocken. Eine korrekte QoS-Konfiguration reduziert die Wahrscheinlichkeit, dass diese Pakete durch ein allgemein hohes Aufkommen an Last im Netzwerk verspätet zugestellt werden.

- **VLANs (Virtual LANs)**

  Die trivialste Art der Netzwerksegmentierung besteht in der Nutzung einzelner, nicht miteinander verbundener Switches. Sie können sich sicher vorstellen, dass diese Herangehensweise mit wachsender Anzahl an benötigten Segmenten und zunehmender Größe des Netzwerks schnell an Grenzen stößt – vor allem in Sachen Flexibilität und Management.

  Der Bedarf an Segmentierung nimmt jedoch zu. Sei es aus Gründen der Übersichtlichkeit, aus Gründen der internen Sicherheit (beispielsweise der Entkopplung Ihrer Produktionsmaschinen von der Verwaltung oder Buchhaltung) oder um die Gefahren im Fall eines Cyber-Angriffes möglichst nur auf einen Teilabschnitt einzudämmen und damit zu begrenzen.

  Hier kommen virtuelle Netze auf Layer 2 zum Einsatz. Durch VLANs können Sie auf den einzelnen Ports eines Switches eine logische Separierung vornehmen. Hierzu ruft man sogenannte VLAN IDs (eine Zahl zwischen 1 und 4094) ins Leben, die für das jeweilige Segment stehen (z. B. 10 = Verwaltung, 20 = Produktion, 30 = Gast). In der Verwaltung des Switches werden die einzelnen Ports mit einem Regelwerk versehen: Welcher Port reagiert oder ignoriert welche ID? Welcher Port gibt welche Datenpakete jeweils mit deren angehefteter ID (tag) an das nächst-angeschlossene Gerät weiter oder entfernt sie gänzlich (untag)?

Im Ergebnis und mithilfe weitergehender Funktionen des VLAN-Protokolls (IEEE 802.1Q) können Sie eine Vielfalt an Möglichkeiten zur Segmentierung Ihres Netzwerks umsetzen. An dieser Stelle sei nochmals darauf hingewiesen, dass eine portgenaue Dokumentation auch in Verbindung mit VLANs eine langfristig lohnende Investition ist.

- **Port Trunking und Stacking**

  Unter Port Trunking versteht man die Bündelung mehrerer Switch-Ports zur Steigerung des maximalen Durchsatzes sowie aus Gründen der Redundanz und Ausfallsicherheit.

  Stacking nutzt anstelle von Ethernet-Ports eigene, oft herstellerspezifische Stack-Ports zur Kopplung mehrerer Switches zu einer einzigen und besonders performant verbundenen logischen Einheit.

  Die Steigerung des maximalen Durchsatzes werden Sie nur in absoluten Ausnahmefällen benötigen, so sehr man sich als Techniker vielleicht auch darüber freuen mag. Eine redundante Architektur, die robust gegenüber Ausfällen reagiert und nur minimal in Mitleidenschaft gezogen wird, wenn ein Glied der Kette ausfällt, ist im Fehlerfall jedoch Gold wert. Besonders in Verbindung mit STP können Sie mithilfe von Stacking oder Port-Trunking einen sehr robusten Aufbau schaffen.

- **Analyse-Funktionen**

  Echte Netzwerkprobleme sind der Schrecken eines jeden Administrators. Charakteristisch ist oft eine damit einhergehende Unregelmäßigkeit der auftretenden Symptome – denn ein Fehler im Netz differenziert für gewöhnlich nicht nach Uhrzeit oder gerade übertragenem Datenpaket. Setzt er ein, gehen schlicht Pakete verloren – beispielsweise durch eine Fehlfunktion am Port oder einem Kabeldefekt. Am Endgerät ist es dann ein wenig wie beim Roulette, und man weiß nie, welche Anwendung es gerade trifft: Vom sensiblen ERP, das vielleicht sofort in einem Ausnahmefehler quittiert über gefühlten Performanceverlust bis hin zum Outlook, dem bis auf ein kurzes Zucken kaum etwas anzumerken ist, ist alles möglich.

  Ich möchte an dieser Stelle nochmals warnen, dass das Netzwerk oft und gern zu schnell als die verursachende Instanz in Verdacht gezogen wird. Eine saubere Diagnostik, realistische Einschätzung und stringent-sukzessive Prüfung der möglichen Ursachen nach Ausschlussverfahren ist in einem solchen Fall essenziell.

  Haben wir es aber wirklich einmal mit dem Netzwerk zu tun, so bieten moderne Switches eine Vielfalt an Diagnosefunktionen und Statistiken: Durchsatz, Pakete, Latenzen oder fehlerhafte Pakete pro Port geben wertvolle Hinweise auf den Datenverkehr oder potenzielle Fehlerorte. Letztere beispielsweise könnten Hinweise auf einen defekten Port oder ein beschädigtes Patchkabel sein.

  Ziehen Sie aber auch Werkzeuge auf Client- oder Serverseite hinzu. Beispielsweise bieten Betriebssysteme oder Hypervisor wie VMware mächtige Tools zur Auswertung des Netzwerkverkehrs. Last but not least enthalten Analysetools wie Wireshark sehr tiefgehende Möglichkeiten zum Mitschnitt und zur Analyse des Verkehrs auf Paketebene.

Dem technisch interessierten Neulandbetreter sei hier ein umfassender, meist mehrtägiger Kurs ans Herz gelegt. Mitschnitte im Netz erinnern binnen weniger Sekunden an »die Matrix« und sind nur schwer mit autodidaktischen Mitteln zu durchdringen.

Welche Art von Netzwerkstruktur bzw. Hardware ist nun die richtige? Teure Hochleistungsgeräte mit komplexer Konfiguration sind nicht per se besser, wenn Sie vielleicht für einen einfachen Anwendungsfall einfach einen performanten, günstigen Layer2-Switch benötigen?

Checkliste Netzwerk

- Wie transparent ist mein Netzwerk aufgebaut?
- Welche Geschwindigkeit ist für Sie notwendig? Kennen Sie den Bedarf an Durchsatz?
- Welche Art von Kabelverbindungen wird benötigt?
- Welche Netzwerksegmentierung durch VLANs benötigen Sie?
- Ist der Einsatz des Spanning Tree Protocol (STP) in Ihrer Umgebung sinnvoll und richtig konfiguriert?
- Ist der Einsatz von QoS in Ihrer Umgebung sinnvoll und richtig konfiguriert?
- Benötigen Sie redundante Strukturen in Ihrem Netzwerk? Welche zentralen Switches können oder müssen redundant aufgebaut sein? Welche nicht?

15.1.5 Sicherheitstechnik

Auf das große Thema der IT-Sicherheit sind wir bereits eingegangen (siehe Kapitel 7), möchten es hier jedoch noch einmal aus der Perspektive der IT-Infrastruktur betrachten:

Sicherheitslücken in Produkten führender Hersteller, aber auch in frei zugänglicher Software, befeuern das ungute Gefühl, jederzeit der nächsten großen, heute noch unbekannten Bedrohung ausgeliefert zu sein. Firmen erleben in Form digitaler Geiselnahmen existenzbedrohende Krisen, hinter der handfeste Geschäftsmodelle krimineller Organisationen weltweit stecken. Gleichzeitig fragt der Datenschutz, ob Sie auch alle gängigen Standards einhalten, um ein adäquates Schutzniveau nach Artikel 32 der DSGVO zu gewährleisten.

Dieser Abschnitt soll Ihnen einen knappen Überblick über die etablierten und gängigen Bausteine im Bereich der Sicherheitstechnik geben.

Härtung der Anmeldedienste und Passwortsicherheit

Die meisten IT-Umgebungen basieren auf einer Microsoft-Windows-Domäne. Potenzielle Angreifer zielen daher gern ins Herzstück – denn mit den Rechten eines Domänen-Administrators steht der großflächigen Übernahme des Systems nichts mehr entgegen.

In der Vergangenheit hat es Microsoft den Angreifern mit schwachen Algorithmen und, man mag es kaum glauben, groben Sicherheitslücken wie der Klartext-Ablage von Anmeldeinformationen im Arbeitsspeicher leicht gemacht. In den jüngsten Versionen von Windows Server wurde dies deutlich besser. Trotzdem hängt die Integrität einer Domäne weiter oft an einem oder wenigen zentralen Passwörtern. Und wer kann behaupten, 100%ig zu wissen, dass nicht auch auf seinem System in einem lang vergessenen Ordner oder einem Anmeldeskript des vergangenen Jahrzehnts nicht noch eine Text- oder Batchdatei liegt, in der ein früherer Kollege z. B. zum Verbinden eines Netzlaufwerks tatsächlich den Zugang eines Domänenadmins im Klartext gespeichert hat? Die Erfahrung zeigt: Es sind genau diese kleinen Unsauberkeiten, die von Angreifern gezielt gesucht und gefunden werden.

Die gute Nachricht: Ein guter Schutz kostet quasi kein Geld. Die schlechte Nachricht: Er kostet Umsicht und gewissenhafte Konfiguration. Beispielsweise ist das seit Langem bekannte *Admin-Tiering*-Konzept (siehe Abschnitt 7.5.4) ein gutes Mittel, um Angreifer einzuschränken. Im Admin-Tiering werden separate Administrationskonten geschaffen, in unserem Beispiel drei:

- Der `ClientAdmin`: Dieser darf sich ausschließlich an Client-Systemen anmelden.
- Der `ServerAdmin`: Mit diesem Konto kann man sich ausschließlich an Funktionsservern, also z. B. einem Applikationsserver, anmelden.
- Der `DomänenAdmin`: Mit diesem User meldet sich der Administrator am Domänencontroller oder ggf. On-Premise-Exchange-Server an.

Der Zugriff ist so beschränkt, dass die Anmeldung jeweils und ausschließlich nur in den jeweiligen Zonen funktioniert. Wird das Passwort einer Zone (beispielsweise der Clients) gestohlen, bleiben die beiden anderen Zonen weiterhin geschützt.

Routinierte Experten konfigurieren dieses Rechtekonzept in sehr kurzer Zeit – unerfahrene Admins zögern, aus Angst, hierdurch auf unvorhergesehene Probleme zu stoßen.

Checkliste Passwortsicherheit

- Welche Konten haben alle Domänenadmin-Rechte?
- Ist meine Admin-Zugriffslandschaft segmentiert – Stichwort Admin-Tiering?
- Verwende ich für jedes System in meinem Netzwerk ein eigenes Passwort?
- Wie komplex sind meine Passwörter?
- Kann ich Anmeldungen ggf. durch einen zweiten Faktor absichern?

Virenschutz

Der unverzichtbare Klassiker unter der Sicherheitstechnik. Von Open Source Tools über betriebssystemintegrierte Produkte bis hin zu umfassenden und zentral managebaren Unternehmenslösungen ist die Auswahl in diesem Feld groß. Die regelmäßigen Vergleichstabellen der unterschiedlichen Produkte und Hersteller lassen an Pferderennen erinnern – alle einzigartig und doch ähnlich, aufgeteilt in Felder und täglich wechselnde Favoriten.

In der Praxis zeigt sich gerade im Bereich der Security-Lösungen häufig, dass Konfiguration und Pflege oft die größere Hebelwirkung auf den langfristig zielführenden Einsatz haben als die Wahl des eigentlichen Produkts. Die folgenden drei einfachen Fragen sind dabei häufig Schlüssel zum Erfolg: Sind alle Antiviren-Pattern auf einem tagesaktuellen Stand? Werden auch Programmversionen kontinuierlich aktualisiert? Und sind auch wirklich alle Clients und Server mit Virenschutz-Modulen ausgestattet worden, oder gibt es offene Flanken?

Für die Beantwortung dieser Fragen benötigt es, zumindest in Netzwerken einer gewissen Größenordnung, zwangsläufig ein zentrales Management. Dieses mag vor Ort auf Ihren Systemen, als virtuelle Appliance oder auf einem Cloud-Dienst des Herstellers passieren – essenziell ist eine transparent und, meist an der Farbe Grün erkennbar, auf Fehler und Updates hin gepflegte Liste Ihrer Systeme.

Leider bringen auch heutige moderne Virenschutzprogramme immer wieder auch Nebenwirkungen mit sich. Manchmal treten diese in Form von Performance-Einbußen auf, manchmal in Form von Instabilität oder einer Unverträglichkeit mit einer besonderen Anwendung. Der Verzicht auf die Installation einer Virenschutzsoftware ist jedoch nur in absoluten Ausnahmefällen und unter anderweitigen Absicherungsmaßnahmen der ansonsten angreifbaren Systeme zu empfehlen. Besser ist die gewissenhafte Pflege sogenannter Ausnahmelisten. So mancher Hersteller bietet bereits vordefinierte Ausnahmen für den Betrieb auf gängigen Funktionsservern (z. B. Microsoft Exchange oder SQL Servern). Fakt ist, dass Nebenwirkungen leider keine Ausnahme sind, sondern – wie bei jedem Medikament auch – ein zu erwartender Umstand, der mit einer gewissen, glücklicherweise meist geringen Wahrscheinlichkeit eintreten kann.

Gängige Virenschutzsoftware besteht meist aus der Kombination mehrerer Schutzmaßnahmen, die ineinandergreifen und spezifische Teilgebiete behandeln. Neben den klassischen signatur- und zugriffsbasierten Erkennungsverfahren sollte clientseitig vor allem eine Integration in Browser und bestmöglich Mailclient bestehen. Serverseitig hat sich eine Integration in den Microsoft Exchange Server (sofern Sie einen solchen lokal betreiben) bewährt. Je nach Bedarf und Hersteller existieren darüber hinaus auch Pakete mit erweitertem Funktionsumfang, so beispielsweise mit Modulen für eine erweiterte lokale Firewall oder managebare Sicherheitsrichtlinien, z. B. zur Steuerung von Zugriffsberechtigungen auf mobile Datenträger.

Firewall

Die Firewall wird üblicherweise am Perimeter des Netzwerks positioniert, also an demjenigen Schnittpunkt, an dem externe (Internet) und interne Welt (LAN) aufeinanderstoßen. Möglicherweise handelt es sich auch um mehrere externe Anbindungen, z. B. in Form verschiedener Provider zur Erhöhung der Ausfallsicherheit oder um verschiedene interne Netzwerkbereiche, die verschiedene Funktionen erfüllen, beispielsweise für Verwaltung, Produktion oder Gäste. Die Separierung eines Netzwerks in logische Teilbereiche wird von Sicherheitsexperten und Versicherungen als empfehlenswerte Architektur bzw. Schutzmaßnahme gegenüber Angriffen betrachtet.

Einer Firewall haftet dabei oftmals der nahezu magische Ruf an, nahezu jede Art von schadhaftem Datenpaket oder gar Angriff herausfiltern zu können. In der Realität hängt das Maß an Schutzwirkung jedoch nicht nur von der Leistungsfähigkeit des jeweiligen Produkts und ggf. den lizenzierten Security-Modulen ab. Vielmehr zeigt sich am Produkt der Firewall besonders eindrucksvoll, dass es mühelos möglich ist, ein teures High-End-Produkt auf das Schutzniveau eines günstigen Standardrouters aus dem Elektrofachmarkt zu konfigurieren. Besonders tückisch ist dieser Umstand, weil der Effekt einer lockeren Firewall-Konfiguration meist zunächst gar nicht negativ auffällt, vor allem wenn andere Systeme wie ein lokaler Virenschutz das Gros an üblichen Gefahren abfangen. Ähnlich verhält es sich mit der oben genannten Trennung in einzelne Netzwerksegmente. Diese bringt nur dann eine Schutzwirkung mit sich, wenn die zwischen den Bereichen erlaubte Kommunikation auf das notwendige Maß an möglichst unkritischem Datenverkehr reduziert wird. 15

Dagegen fällt der Effekt einer restriktiven Firewall leider immer wieder negativ bei Nutzern auf – denn als Nebenwirkung der Filter funktioniert möglicherweise der eine oder andere Zugriff oder manche Internetpräsenz nicht mehr korrekt oder wird mehr oder weniger beabsichtigt blockiert. Bewusst geführte, transparente und gute Kommunikation in der Organisation hat sich als wichtiges Element in einem Firewall-Projekt gezeigt, um frühzeitig die Nutzer abzuholen und Verständnis und sogar Mitarbeit zu fördern.

In der ursprünglichen Form waren Firewalls vor allem in der Lage, Netzwerkverkehr anhand eines Regelwerks zu steuern bzw. zu filtern. Dabei wurde zumeist anhand des Tripels [Quelle; Ziel; Port] eine Aktion gesteuert. Im einfachsten Fall werden die jeweiligen Pakete verworfen oder erlaubt. Dieses Modell bildet auch heute noch zumeist den inneren Kern eines Firewall-Regelwerks. Da jedoch der Löwenanteil des Datenverkehrs heute in Form von HTTPS-Datenpaketen auf dem immer gleichen Port 443 und darüber hinaus in verschlüsselter Form transportiert wird, hat dieses Regelwerk an regulatorischem Einfluss stark eingebüßt. Die Hersteller waren also getrieben, erweiterte Sicherheitsmaßnahmen zu entwickeln, die derartige Datenströme inhaltlich untersuchen und bewerten.

In diesem Zusammenhang haben sich im Bereich der Firewalls mit der Zeit verschiedene Pseudo-Fachbegriffe etabliert, die diese modernen Features umschreiben sollen. Nicht selten finden sich Begriffe wie die *NGFW (Next Generation Firewall)*, *UTM (Universal Threat Management)*, *IDS (Intrusion Detection System)*, *APT (Advanced Persistent Threat)* oder *WAF (Web Application Firewall)*.

Tatsächlich legen die meisten Hersteller diese und weitere Begriffe jeweils mit einer etwas eigenen Interpretation aus. Ich empfehle daher, genau in die Beschreibung der jeweiligen Features zu blicken, um die konkrete Leistung hinter dem jeweiligen Begriff zu erfassen.

Bei der Einführung und im Betrieb einer Firewall hat es sich bewährt, regelmäßig zu prüfen, ob die vorhandenen Sicherheitsfunktionen aktiv sind und ob die Konfiguration noch dem aktuellen Stand der Technik entspricht. Als guter Indikator für funktionierende Security-Dienste hat sich die Statistik einer Firewall über die von ihr jüngst blockierten Gefahren bewährt. Es ist davon auszugehen, dass der übliche Internetverkehr stets einen gewissen Anteil an Paketen aufweist, die eine hinreichend sicher konfigurierte Firewall blockieren sollte. Als Beispiele könnte man hier potenziell gefährlichen JavaScript-Code, verbreitete Viren-Anhänge in Form von docx-Mail-Attachments oder den Zugriff auf unerwünschte Websites anführen. Dieses Aufkommen sollten Sie in einer Statistik sehen. Eine Statistik, deren Gefahrenzähler auf null steht, ist daher weniger Grund zur Freude und mehr Grund zur kritischen Nachfrage, ob die Firewall nicht gerade transparent routet ohne wirkliche Prüfung.

Dies ist besonders häufig bei verschlüsselten HTTPS-Paketen problematisch. Diese sind aufgrund ihrer gewollten Verschlüsselung nur unter besonderen Voraussetzungen prüfbar. Gleichzeitig hat das HTTPS-Protokoll das ursprüngliche und deutlich leichter untersuchbare HTTP nahezu vollständig verdrängt. Beachten Sie also, dass Firewalls ohne die explizite Konfiguration zur Untersuchung verschlüsselter Informationen nur mit einem rudimentären Umfang der vorhandenen Methoden arbeiten und auf einen großen Teil der eigentlich zur Verfügung stehenden Schutzfunktionen verzichten.

Zuletzt kann eine Firewall, ähnlich wie eine Virenschutzsoftware, nur dann auf aktuelle und moderne Bedrohungen reagieren, wenn sie auf einem aktuellen Stand und mit aktuellen Security-Patterns versorgt worden ist. Auch hier gehört ein regelmäßiger Wartungs- und Update-Zyklus zu den Basics des gewissenhaften Betriebs.

Netzwerksegmentierung

Eine gut konfigurierte Firewall muss nicht nur den Netzwerkverkehr mit der Außenwelt filtern. Vielmehr hat es sich bewährt, auch netzwerkintern Segmente zu bilden und Zugriffe differenziert einzuschränken. Ähnliches gilt für jede Form von VPN-Tunneln, die in der Vergangenheit oftmals unter der Annahme »diese sind ja sicher« gern sehr offen gestaltet wurden.

Ein sinnvoll segmentiertes Netzwerk könnte typischerweise die folgenden Bereiche umfassen, die zentral durch ein Regelwerk der Firewall vollständig oder nur auf bewusst freigegebenen Ports jeweils aufeinander zugreifen dürfen:

- **Infrastruktur- und Backup-Systeme**

  Dieses Segment beinhaltet das Management der verschiedenen Serverhosts, Storage-Systeme, NAS-Management, Switch-Management und Backup-Server – zusammengefasst alle Systeme, auf die zwar der Administrator, nicht jedoch ein typischer User zugreifen muss. Dieser Bereich kann üblicherweise vollständig von jedem Zugriff abgeschirmt werden. Lediglich einem an der Firewall speziell autorisierten User, z. B. per VPN und anderem Anmeldedienst, wird erlaubt, auf Netzwerkebene zuzugreifen.

- **Zentrale Server und Dienste**

  In diesem Bereich liegen alle für den Betrieb wichtigen (ggf. virtuellen) Server. Nutzer müssen auf diesen Bereich zugreifen. Die Zugriffe erfolgen jedoch je nach System auf eine Liste definierter Ports. Dieses Regelwerk könnte ggf. recht umfassend werden. Eine Einschränkung reduziert jedoch deutlich das Maß der Angriffsfläche. 15

- **Clientsysteme**

  Alle Clients werden in einem eigenen Bereich zusammengefasst. Möglicherweise kann man hier weiter differenzieren zwischen Verwaltung, Produktion, Drucker oder anderen Clientsystemen.

Weitere Netze könnten z. B. eine *DMZ (demilitarisierte Zone)*, ein Netzwerk für Telefonie bzw. VoIP-Datenverkehr oder ein Gästenetz sein. Mehr ist hier nicht immer besser, denn jedes Netz benötigt Aufmerksamkeit und Einschränkung. Die gut reglementierte und dadurch noch immer transparente Struktur ist hier möglicherweise der bis ins Kleinste aufgegliederten, jedoch nicht mehr zu verstehenden vorzuziehen.

Ergänzende Security-Technologie

Der Markt an Sicherheitsprodukten ist groß und wächst beständig. Eine umfassende Betrachtung an Produkten und Möglichkeiten würde, wie auch bei den vorhergehenden Themenbereichen, den Rahmen dieses Buches bei Weitem sprengen. Nichtsdestotrotz sollen die folgenden drei Typen an sicherheitsunterstützenden Systemen benannt sein, um den Überblick der gängigen Verfahren und Methoden abzurunden.

- **Reverse Proxies**

  Die eingehende Kommunikation aus dem öffentlichen Internet auf im Haus bereitgestellte Dienste (z. B. Webserver, Remotedesktop-Gateways, Mailserver) stellt eine der exponiertesten Stellen Ihres Netzwerks dar, die alle Welt geradezu einlädt, die Stabilität Ihrer Passwörter und die Anfälligkeit auf gängige Sicherheitslücken auf die Probe zu stellen.

Diese Dienste durch eine vorgelagerte puffernde Schicht zu schützen, ist die Grundidee hinter einem Reverse Proxy. Transparente Reverse Proxies bieten dabei den geringsten Schutzfaktor. Systeme mit der Fähigkeit, z. B. die Authentifizierung selbst vorgelagert zu übernehmen oder gewisse inhaltliche Prüfungen des ein- und ausgehenden Verkehrs durchzuführen, bieten ein höheres Schutzniveau.

- **Anomalie-Detektoren**

  Vielleicht wurde diese Art von Produkten durch den Umstand gefördert, dass es für Administratoren großer Netze heute nahezu unmöglich ist, im Blick zu behalten, was sich so alles in Ihrem Netz tut. Die Vielzahl an Clients, anderen Endgeräten und verschiedenster Software ist schlicht jetzt schon zu groß – und wächst.

  Anomalie-Detektoren versprechen, ungewöhnliche Bewegungen und Aktivitäten im Netz zu finden und aufzuzeigen. Dabei setzen sie auf leistungsfähige Softwaresensoren und Datenbanken sowie auf statistische Funktionen und – so das Marketing – KI-Mechanismen. Man findet diese Produkte teilweise in Verbindung mit einer Dienstleistung, die an den klassischen (Offline-)Sicherheitsdienst erinnert – dieser überwacht die Meldungen und schlägt entsprechend Alarm.

  Ob die präzise Aufzeichnung sämtlicher Tätigkeiten von Mensch und Maschine nicht möglicherweise auch zu Missbrauch einladen könnte und ob dabei nicht auch der Datenschutz und Persönlichkeitsrechte eine Rolle spielen sollten, sei an anderer Stelle zu diskutieren.

  Belastbare langjährige Erfahrungen über Wirksamkeit, Nutzen und Overhead existieren für diese Technologie noch nicht.

- **2-Faktor-Authentifizierung**

  Die auch heute noch am häufigsten verwendeten Passwörter sind laut einer Studie des HPI »123456«, gefolgt von »password«. Darüber hinaus sind Passwörter regelmäßig zu schwach gewählt, und im Darknet kann für beliebige Mailadressen eine Sammlung der aus Leaks gesammelten gängigen Passwörter gekauft werden. Vor diesem Hintergrund ist die Belastbarkeit der oft einzigen Instanz zwischen »sicher und unsicher« deutlich geschwunden.

  Der Einsatz einer 2-Faktor-Authentifizierung soll diese Lücke nachhaltig schließen und hat sich bereits bei nahezu allen großen Anbietern von Webplattformen etabliert. In lokalen IT-Systemen ist die Quote noch immer überschaubar – hier überwiegt das klassische Passwort.

  Die Implementierung einer 2-FA ist bis dato noch nicht vollintegriert in den Bordmitteln von Betriebssystemen oder Standardprotokollen zu finden. Daher ist man gezwungen, auf entsprechende Drittanbieter zu setzen. Die angebotenen Methoden sind dabei vielfältig: von der Erweiterung der Authentifizierung auf Softwareebene über webbasierte Plugins bis hin zu Verfahren, die auf VPN-Protokolle der Firewall aufsetzen.

Zur Orientierung auf der Suche nach dem richtigen Produkt sollte man daher zunächst vom konkreten zu schützenden Dienst ausgehen und die dafür passenden Anbieter in Augenschein nehmen.

15.1.6 Zentrale Dienste

In den vorhergehenden Abschnitten haben wir viel Augenmerk auf die Hardware und Infrastruktur der zentralen Systeme, quasi des Rechenzentrums, gelegt. Nun geht es darum, die logische Lücke hin zu den Client-Systemen zu schließen, an denen die eigentliche Arbeit Ihrer Organisation stattfindet. Erinnern wir uns: Letztendlich wird der Großteil der bisher geschilderten Aufwände hauptsächlich deswegen getrieben, um an der ausführenden Stelle einen produktiven, schnellen und zuverlässigen Betrieb zu gewährleisten. Meist sind das schlicht die User im Büro oder einer Produktionsmaschine und die dort zum Einsatz kommenden Anwendungen. Die Software – in Form von Betriebssystemen und Anwendungen – ist nun das Element, das dem Körper aus Hardware, Netzwerkleitungen und Sicherheitstechnik das Leben einhaucht und Nutzen stiftet.

Wir unterscheiden zwischen infrastruktureller Software und inhaltlicher Software bzw. Anwendungen. Infrastrukturelle Software dient primär zur Bereitstellung, zum Management oder zum Betrieb der IT als solcher und soll auf den nächsten Seiten noch weiter behandelt werden. Inhaltliche Software, also Anwendungen für Ihren Betrieb, setzt darauf auf und stellt den Usern die eigentlichen Werkzeuge für ihren täglichen Bedarf zur Verfügung – von der Office-Applikation über betriebsspezifische Branchenanwendungen bis hin zu komplexen Maschinensteuerungen. Dieser Koffer an konkretem digitalem Arbeitsgerät ist bis auf einige typische Überschneidungen für jede Organisation sehr unterschiedlich, stets anders organisiert und nicht Teil dieses Kapitels, das den Fokus auf die Infrastrukturebene legt.

Anmeldeserver

Welche User gibt es in unserer Organisation? Wer hat welches Passwort, welche Rechte, und welche bestmöglich zentrale Instanz entscheidet, ob ein Nutzer sich an unseren Systemen anmelden darf oder nicht? Ein zentraler Anmeldedienst hat sich als Must-have etabliert, sobald wir von mehr als einer Handvoll an eigenständigen Notebooks in Startup-Umgebungen sprechen.

Am häufigsten findet man für diese Funktionen ein Active Directory aus dem Hause Microsoft auf Basis des Betriebssystems Windows Server. Das Active Directory nutzt eine von Microsoft angepasste und vordefinierte Form des *Lightweight Directory*

Access Protocol (LDAP). Andere, z. B. auf Linux basierende Systeme nutzen ebenfalls dieses Protokoll, meist in einer strengeren Auslegung gemäß der offiziellen RFC-Definition.

Das Ende des lokalen ADs?

Seit einiger Zeit existieren auch Ansätze, Anmeldedienste nicht selbst zu betreiben, sondern Cloud-Anbieter einzusetzen. Besonders Microsoft wirbt dabei für seinen eigenen Dienst Entra ID, der notwendig ist, wenn Sie bestimmte Dienste aus dem Microsoft-365-Angebot nutzen wollen.

Diese Architektur entfaltet dann ihre Stärken, wenn mobile Arbeitsplätze stark standortunabhängig, ohne lokale IT-Infrastruktur und vollständig mit webbasierten Anwendungen ausgestattet werden.

Datenbankserver

Die Mehrheit an Anwendungen baut auf Datenbanken auf und nutzen diese zur Ablage und möglichst intelligenten und vor allem performanten Abfrage von Informationen an einer zentralen Stelle. Ebenso ist es Entwicklern möglich, einen großen Teil der Applikationslogik in die Datenbank zu verlagern und dort performant zu betreiben. Datenbankserver zeigen sich für gewöhnlich neben den Applikationsservern als sehr ressourcenintensiv.

Die Entscheidung für die zum Einsatz kommenden technischen Produkte liegt dabei meist weniger in Ihrer Hand, also der Hand des IT-Managers, sondern in der des jeweiligen Herstellers der aufsetzenden Software. Beachten Sie dabei, die Anforderungen der jeweiligen Hersteller zu prüfen und möglichst einzuhalten, um jeweils innerhalb einer von deren Seite unterstützten Architektur zu bleiben.

Darüber hinaus benötigen auch Datenbanksysteme fortlaufende Pflege, die einzuplanen ist. Auf technischer Ebene handelt es sich dabei vor allem um die fortlaufenden Updates. Mit Blick auf die Datenbank selbst haben sich vor allem zyklische Wartungsläufe zum Erhalt bzw. zur Optimierung der Performance als wertvoll erwiesen. Nicht jeder Softwarehersteller ist jedoch auf dieser Ebene firm, sodass sich eigene Recherche bzw. konkretes Nachfragen manchmal auszahlen.

Zuletzt liegt vor allem die konsistente Sicherung der Datenbanken in Ihrer Verantwortung. Dieses Thema sei hier besonders erwähnt, da verschiedene Datenbanken verschiedene Anforderungen an Sicherungsverfahren stellen. Die bewusste Einrichtung dieser Sicherungen – und vor allem regelmäßige Tests einer konsistenten Wiederherstellung – sind ein essenzielles Mittel, um den langfristigen Bestand Ihrer möglicherweise geschäftskritischen Daten zu gewährleisten.

Groupware

Eine besondere Rolle der zentralen Dienste nimmt meist die Groupware ein. Hinter dem Begriff der Groupware versteht man diejenige Software, die die Zusammenarbeit und Kommunikation in Teams unterstützt. Klassisch handelt es sich hierbei um Daten wie Kalender, Adressinformationen oder Austausch per E-Mail. Der bekannteste Vertreter ist der Microsoft Exchange Server.

Applikationsserver

Der Applikationsserver ist ein Sammelbegriff für jedwede Art an Anwendung, die aufseiten Ihrer Server läuft. Applikationsserver kommunizieren häufig auf der einen Seite mit einer Datenbank bzw. der Datenhaltung und auf der anderen Seite in Richtung der eigentlichen Anwendung oder über definierte Schnittstellen oder Ports in Richtung weiterer angebundener Systeme.

Die Anforderungen an Applikationsserver können stark variieren: CPU, RAM, Festplattenplatz, Betriebssystem, offene Ports im Netzwerk, Freigaben an der Firewall, Datensicherungsmechanismen, Updatezyklen.

Orientieren Sie sich bei Applikationsservern stets an den konkreten Vorgaben der jeweiligen Hersteller oder Softwarehäuser.

15.1.7 Cloud-Dienste

Das Hosting von IT-Systemen in Rechenzentren (»private Cloud«) oder die abonnementartige Buchung von Diensten (»Public Cloud«) hat in den letzten Jahren stark an Bedeutung gewonnen. Sie führen den leichtgewichtigen Ruf der modernen Sorglos-IT aus der Netzwerkdose, wie wir schon in Kapitel 13 besprochen haben. Dabei ist die schnelle Buchung der meist überschaubaren Pro-User-pro-Monat-Gebühren recht verlockend – oft gefördert von besonders preiswerten oder kostenfreien Einstiegsangeboten. Der technische Weg in die Cloud und die Übernahme von Daten werden dabei meist sehr leicht gemacht.

Per se sind Cloud-Dienste weder positiv noch negativ. Es handelt sich schlicht um Angebote, die möglicherweise für Ihr Haus von Nutzen sein können. Man gerät jedoch oft in eine zunehmende Abhängigkeit vom jeweiligen Anbieter. Will man später einmal downsizen oder gar wechseln, so steht man schnell vor technischen Hürden. Diese Fragestellung sollte man daher bereits im Vorfeld bewusst betrachtet haben. Auch die Hochrechnung der monatlichen Kosten auf einen Zeitraum von 3 oder 5 Jahren sollte bewusst betrachtet werden – mögliche Preiserhöhungen von Anbieterseite inkludiert.

Entra ID

In der Microsoft-Deutschland-Zentrale in München wurde im Jahr 2019 von einem Cloud-Evangelisten laut verkündet: »Sprecht mir alle nach, Active Directory ist 20 Jahre alt!« Auf die nächsten 20, könnte man denken. Vielleicht wollte er aber auf einen anderen Punkt hinaus.

Entra ID ist der zentrale Baustein zur Verwaltung und Authentifizierung der Nutzer in der Microsoft-Cloud. Sie kann Stand-alone betrieben werden oder über einen Connector mit einem lokalen AD synchronisiert werden.

In der Praxis wird das lokale AD in Unternehmen noch lange Zeit eine Rolle spielen. Der Hybridbetrieb mit der Microsoft-Cloud ist jedoch ebenfalls zum Quasi-Standard geworden, um die Funktionen der Microsoft-365-Welt möglichst nahtlos in die lokale IT zu integrieren.

Microsoft 365

Hinter dem Namen Microsoft 365 verbirgt sich entgegen häufiger Verwechslung nicht ein spezifisches Produkt. Vielmehr handelt es sich um ein umfassendes Paket, das je nach gebuchtem Abo-Modell aus installierbaren Applikationen, browserbasierten Tools und Cloud-Diensten besteht.

Auf die einzelnen Applikationen und Dienste soll hier nicht eingegangen werden, zumal Microsoft ständig Änderungen am Portfolio vornimmt.

- **Lokale Applikationen**: die klassischen Microsoft-Office-Produkte zur lokalen Installation im Abo-Modell. Anders als bei der Kaufversion erhalten diese häufiger Updates, auch optischer Natur. Die Applikationen werden meist auch in speziellen Fassungen für mobile Endgeräte wie Tablets oder Smartphones bereitgestellt.
- **Browserbasierte Applikationen** ergänzen die lokalen Applikationen um besondere Fälle, z. B. zur Organisation von Listen, Projekten oder Umfragen.
- **Cloud-Dienste:** Auf dieser Basis werden die eigentlichen Daten in der Microsoft-Cloud gespeichert. OneDrive speichert Files, Sharepoint bietet eine webbasierte Struktur mit Datenbank-Charakter, Teams dient zur Kommunikation, und Exchange Online übernimmt die Rolle der Groupware.

  Beachten Sie dabei, dass Microsoft lediglich die Verfügbarkeit dieser Dienste garantiert – nicht jedoch die langfristige Sicherung Ihrer Daten!
- **Entwicklertools**: Microsoft 365 bietet dem versierten Softwareentwickler einen leistungsfähigen Werkzeugkoffer. Auf dieser Plattform können eigene Datenstrukturen, Abläufe, Workflows und Oberflächen geschaffen werden. Manche behaupten, hierin stecke die größte, wenn auch am wenigsten offensichtliche Stärke der Microsoft-365-Welt.

Weitere Cloud-Hosting-Anbieter

Ein ähnliches Leistungsportfolio bieten Amazon in Form der AWS (Amazon Web Services) und noch weitere große Player am Markt. Darüber hinaus gibt es eine Vielzahl an kleinen und mittleren Hostinganbietern.

Anwendungen in der Cloud

Während die klassische Anwendungslandschaft als installierte Software auf lokalen Systemen betrieben wird, nutzen neue Entwicklungen mehrheitlich den Browser als Plattform.

Segen und Fluch zugleich, reduziert diese Architektur stark das benötigte Wartungs- und Pflegeaufkommen vonseiten der Administration. Im Umkehrschluss sind Sie jedoch auch nicht mehr Herr Ihrer Daten und immer mehr in Abhängigkeit von den jeweils bereitstellenden Anbietern und Hostern. Der oft als aufwendig und belastend empfundene inhaltliche Support wird durch die Verlagerung zu einem Cloud-Anbieter hingegen in keiner Weise reduziert. Oftmals übersteigt der inhaltliche Support den administrativen auf technischer Ebene um ein Vielfaches und sollte daher im richtigen Maß in Ihrer Kalkulation berücksichtigt werden.

15.2 Eine moderne IT-Infrastruktur bewerten

> *Wenn du alles nimmst, was man so konfigurieren kann, dann kannst du später schon mal nichts vermissen. – Mein Autoverkäufer*

Die Frage nach der *richtigen IT-Infrastruktur* hat mich über die Jahre hinweg immer wieder an hitzige und mit Inbrunst geführte Debatten in politischem oder gar religiösem Kontext erinnert:

- wenn der CIO eine wichtige Investition durchsetzen will und dabei gegen seine sparsame Geschäftsführung antritt
- der Vertrieb des Herstellers A gegen den Kollegen von Haus B
- Linux-Jünger gegen Microsoft-Evangelisten
- Cloud-Progressionismus gegen On-Premises-Überzeugung
- und viele Beispiele mehr ...

Parteien in derartigen Gesprächen sind oftmals ausgerüstet mit einer Vielzahl von technischen Datenblättern, mehr oder weniger etablierten Best Practices, Markttrends, Preisen inkl. Hochrechnungen und persönlichen Ansichten.

Vielleicht haben Sie selbst schon die Erfahrung gemacht, dass bekanntlich viele Wege nach Rom führen. Es gibt bessere und schlechtere, schönere und weniger schöne, günstigere oder hochpreisige Wege, besonders sichere Wege, Wege mit hohem Spiel- und Spaßpotenzial und beschwerliche Wege.

Und es gibt Momente der bitteren Erkenntnis, dass man wohl einen falschen Weg gegangen ist. Nicht die falsche Entscheidung zu treffen, ist in kritischen Unternehmensumgebungen oft essenziell. In der Praxis werden vor allem dauerhafte Einschränkungen in der produktiven Arbeitsumgebung, spürbare Systemausfälle, fahrlässige Sicherheitslücken und Datenverlust als Indiz für falsche IT-Entscheidungen betrachtet.

Falls Sie nicht schon zuvor der Überzeugung waren, drängt sich vielleicht auch Ihnen nach der Lektüre der vorangegangenen Kapitel der Gedanke auf, dass die Frage nach besagter *richtiger IT* keine echte Antwort finden kann. Der Umfang des Baukastens an Technologie, Methoden und Konfiguration ist schlicht zu groß. Man darf dieser Frage weiterhin nachgehen – zielführender könnte jedoch die Frage nach einer *angemessenen IT* sein.

Ich möchte an dieser Stelle auf die Differenzierung zwischen der Bewertung einer vorhandenen IT-Infrastruktur, eines Konzeptvorschlags oder eines Angebots gegenüber der eigenständigen Entwicklung und ggf. Implementierung einer Architektur hinweisen. Während die erste Aufgabe inklusive der Recherche und dem Management von Personal und Partnern klar in den Händen eines IT-Managers zu sehen ist, entspricht der zweite Teil sehr der Stellenbeschreibung eines IT-Architekten. In diesem Kapitel möchte ich Ihnen die eher managementseitigen Grundlagen für die Bewertung und Auswahl vermitteln. Die Architekturarbeit benötigt darüber hinaus weitgehende und tiefe Kenntnisse in theoretischen Grundlagen, den jeweils einzelnen Produkten inklusive Konfigurations-Know-how und nicht zuletzt langjährige praktische Erfahrung in der Projektumsetzung. Dies würde den Rahmen unseres Buches deutlich sprengen.

15.2.1 Anforderungen an eine angemessene IT

Wann dürfen wir also von einer *angemessenen IT* sprechen? Während die konkreten Anforderungen eines Unternehmens oft sehr unterschiedlich auf der Detailebene sind, so sind sie auf einer übergeordneten Management-Ebene oft sehr vergleichbar.

Oftmals lassen sich insbesondere die folgenden Fragestellungen aus den Anforderungen einer Organisation an ihre Hard- und Software ableiten bzw. zusammenfassen:

- Werden alle benötigten bzw. vorhandenen Anwendungen ausreichend schnell betrieben?
- Wird den Nutzern und Abnehmern (z. B. Büro oder Produktion) eine Arbeitsumgebung zur Verfügung gestellt, die sie hinreichend gut in ihrer täglichen Arbeit unterstützt?
- Sind wir ausreichend mobil bzw. standortunabhängig?

- Können neue bzw. zukünftige Anforderungen möglichst leicht umgesetzt werden?
- Ist das System hinreichend robust gegenüber Ausfällen?
- Ist das System hinreichend gut gesichert gegenüber Datenverlust?
- Halten Sicherheitssysteme in der vorliegenden Konfiguration einem Belastungstest auf einem adäquaten Niveau stand?
- Ist das System hinreichend transparent, schlank und klar strukturiert aufgebaut und dokumentiert?
- Ist die Wartung und Pflege der Umgebung mit vertretbaren Mitteln zu gewährleisten?
- Steht das Volumen der IT-Gesamtkosten in einem sinnvollen wirtschaftlichen Verhältnis zum Unternehmen?
- Sind wir möglichst frei von geschäftskritischen Abhängigkeiten (z. B. von einzelnen Personen)?
- Nutzen wir einen hinreichend modernen Stand der Technik?

Wenn Sie jede dieser Fragen mit einem klaren Ja beantworten können, so ist dies ein guter Anhaltspunkt für eine positive Bewertung im Sinne einer angemessenen IT-Infrastruktur.

Als aufmerksamem Leser, als aufmerksame Leserin ist Ihnen möglicherweise bereits aufgefallen, dass sich der relativierende Begriff der Angemessenheit in nahezu jedem Punkt dieser Aufzählung widergespiegelt hat – nur eben mit Blick auf eine konkretere Eigenschaft der Infrastruktur. Die Bewertung der Angemessenheit des Ganzen scheint also zu großen Teilen auf der Angemessenheit seiner einzelnen Komponenten und Ziele zu beruhen.

Im Lauf dieses Kapitels werden wir die technische Seite dieser Anforderungen sowie die zum aktuellen Zeitpunkt marktüblichen Ansätze beleuchten. Am Ende sollten Sie über die grundlegenden Werkzeuge verfügen, um eine Bewertung oder Auswahl möglich zu machen.

15.2.2 Leistungsfähigkeit

Die richtige Einschätzung und Bewertung der Leistungsfähigkeit einer IT-Landschaft (Performance) und der dazugehörigen Hintergründe spielt meiner Erfahrung nach in der Liga der Königsklasse. Ein Deep Dive direkt zu Beginn dieses Abschnitts? Ja, denn Performance ist eine der drei zentralen und kritischen Anforderungen neben Verfügbarkeit und Sicherheit.

Sie zeigt sich als eine Disziplin, die schnell zu selbstbewussten Äußerungen von nur schwer be- oder widerlegbaren Behauptungen einlädt. Mit einer überzeugenden Darbietung der eigenen Argumentationskette und unterstützt durch eine hohe Fachbegriffsquote gewinnt man recht schnell die Anerkennung dieser Thesen bei IT-fremden Personenkreisen – während unter Fachkollegen der nächste Disput vom Zaun brechen mag. In beiden Fällen ist dies unabhängig von der Nähe oder Distanz der jeweiligen Thesen von der technischen Realität möglich.

Wenn Sie eines der folgenden klischeehaften Beispiele hören, so dürfen Sie gern an die Ausführungen unseres Kapitels denken und sich fragen, ob die genannten Sätze, so schlüssig sie klingen mögen, wirklich belastbar sind:

- »Das System ist viel zu langsam, wir sollten ihm mehr RAM zuweisen!«
- »Wir benötigen mindestens doppelt so viele virtuelle CPU-Kerne!«
- »So voll wie die Festplatte ist, kein Wunder, dass alles so zäh ist!«
- »Die neuen Server brauchen unbedingt eine Glasfaseranbindung, die ist schneller als normale Leitungen!«
- »Mit nur einem Gigabit haben wir einen Flaschenhals!«

Wie begegnet man nun einer solchen Aufgabenstellung, in der sich auch Experten gern trefflich streiten können? Das tiefe Studium der technischen Hintergründe ist sicherlich eine Option – für IT-Manager mit einem breiten Spektrum an Aufgaben jedoch auch eine inhaltlich und zeitlich sehr herausfordernde Lernaufgabe. Ob dies der richtige Ansatz für Sie ist, ist eine ganz persönliche Frage. Welches Gewicht legen Sie auf technische und welches auf strategische, wirtschaftliche oder führungstechnische Richtungen?

In diesem Kapitel verfolge ich den Ansatz, grobes Wissen und Verständnis für die Gesamtlage und Herangehensweise zu vermitteln, von der aus man bei Bedarf tiefer einsteigen kann. Gleichzeitig schützt ein möglichst vollständiger Überblick vor übereilten Entscheidungen ohne echte Orientierung. Diese Orientierung ist in Performancefragen angesichts des folgenden einfachen Grundsatzes essenziell:

Welche Verbesserungen sind wirklich spürbar?

Beim Nutzer spürbare Performance entsteht nur in Ausnahmefällen durch die Leistungsfähigkeit eines einzelnen Elements (z. B. CPU, RAM). Im Regelfall hängt die vom Nutzer wahrgenommene Performance von einer langen Kette vieler einzelner Schritte ab. Flaschenhälse innerhalb dieser Verarbeitungsketten äußern sich direkt in Einschränkungen und sind oft schwer zu identifizieren.

Der erste Schritt zur Aufstellung eines leistungsfähigen Systems oder zur Bewertung von Leistungsproblemen ist daher das genaue Verständnis der dahinterliegenden Funktionsweise und Kommunikationswege.

Ein solches Verständnis aufzubauen, ist eine echte Herausforderung und geht regelmäßig über die Systemanforderungen, also die technischen Vorgaben von Softwareherstellern, hinaus. Nichtsdestotrotz ist dieses Verständnis für einen in der Verantwortung stehenden IT-Manager essenziell. Andernfalls bleibt nur noch die Option, sich mehr oder minder blind auf Aussagen Dritter zu verlassen.

Dieser Prozess lässt sich grob in zwei große Schritte gliedern:

1. Aufstellung der Struktur der Abläufe und Kommunikationswege
2. Die Befüllung und Bewertung dieser Ablaufstruktur mithilfe der jeweils anzuwendenden Kennzahlen (*Key Performance Indicators* , KPIs)

Beispiele zur Performanceeinschätzung

Ich bediene mich zur Behandlung des ersten Punkts – der Aufstellung der Struktur – im Folgenden zunächst zweier Beispiele zur Annäherung an das Thema. Diese Beispiele sind frei erfunden, gleichzeitig jedoch möglichst realitätsnah und sollen eine Idee der Herangehensweise vermitteln. Für die Befüllung und Bewertung der einzelnen Schritte mit Kennzahlen benötigen Sie möglicherweise weiteres Fachpersonal.

Bitte behalten Sie im Hinterkopf, dass ich nicht auf jeden Detailaspekt innerhalb der Beispiele eingehen werde. Die beispielhaften Hintergründe und Inhalte sollen lediglich eine Idee der darunter liegenden Sachverhalte und Tiefe vermitteln.

Beispiel 1: Die stockende ERP-Anwendung

Stellen Sie sich vor, Sie sind IT-Manager in einem Handelsunternehmen mit 300 Mitarbeitern. Sie verfügen über zwei Mitarbeiter im 1st-Level-Support und einen Mitarbeiter mit SQL-Kenntnissen, der für die Pflege der Datenbank und Anwendung zuständig ist. Darüber hinaus werden Sie von einem Systemhaus im 3rd Level betreut, bei denen Sie sich an eine Abteilung »Server und Virtualisierung« und »Netzwerktechnik« sowie an deren Vertrieb wenden können.

Sie betreiben ein eigenes, ca. drei Jahre altes und zum Kaufzeitpunkt laut Beratung leistungsstarkes Servercluster-System im eigenen Serverraum (On-Premises). Dieser Cluster trägt in Form von virtuellen Maschinen nahezu alle wesentlichen Dienste sowie eine Gruppe an Terminalservern für Ihre Nutzer.

Hauptanwendung im Haus ist ein Warenwirtschaftssystem, das auf einer Microsoft-SQL-Datenbank aufbaut. Diese Anwendung ist in der Vergangenheit immer wieder bekannt für sporadische, leider bisher unerklärliche Performanceeinbrüche. Es steht nun ein größeres Versionsupdate dieser Software ins Haus. Das Update bringt neue Systemanforderungen mit sich, die im Vergleich zur jetzigen Version etwas höher ausfallen. Sowohl die bisherigen als auch die neuen Systemanforderungen sollten jedoch nach mehrfacher Rücksprache mit dem Hersteller leicht von der vorhandenen Hardware abgedeckt sein.

Einige wenige Dienste wie z. B. Ihr CRM wurden als Cloud-Service ausgelagert. Die Warenwirtschaft muss aktuell jedoch wegen der direkten Anbindung an Ihre Lagerhardware lokal betrieben werden.

Sie haben große Sorgen, dass die ohnehin immer wieder unbefriedigende Situation der Leistungsengpässe innerhalb der Software durch das Update noch verschlimmert werden könnte – immerhin liegt der reibungsfreie Betrieb in Ihrer Verantwortung!

Nach Rücksprache mit den verschiedenen Partnern haben Sie eine Sammlung an Ideen und Feedback erhalten.

- Ihr Geschäftsführer sagt, dass die vorhandene Hardware noch mindestens zwei Jahre laufen soll, da das Investment erst vor Kurzem erfolgt ist. Für eine Aufrüstung, falls nötig, sieht er jedoch Budget.
- Ihr Mitarbeiter im 1st Level hat den Eindruck, dass die Software an den frühen Morgenstunden besonders häufig langsam ist – kann dies aber nicht näher klassifizieren oder nachweisen.
- Der zweite Mitarbeiter im 1st Level schildert, dass das Problem an den wenigen PC-Stationen, auf denen die Software lokal und nicht auf dem Terminalserver läuft, seiner Meinung nach noch nie aufgetreten ist.
- Der Mitarbeiter mit Datenbankkenntnissen hat, wie es sich gehört, bereits einen Wartungsjob eingerichtet und hatte zudem den Vorschlag, den Arbeitsspeicher der Datenbank zu erhöhen.
- Der Dienstleister hat schon verschiedene Versuche durchgeführt, konnte jedoch noch keine Lösung liefern. Die Fachabteilung »Server und Virtualisierung« hat der Datenbank bereits mehr Ressourcen (CPU und RAM) zugewiesen und ist zur Überzeugung gekommen, dass die Software fehlerhaft sei.
- Der Hersteller der Software kennt ein solches Verhalten ausschließlich von Ihnen und äußert die Vermutung, dass ein Fehler im Netzwerk vorliegt.
- Die Abteilung »Netzwerktechnik« sieht keinen Engpass im Netz, empfiehlt aber die Vernetzung der Server untereinander mit 10 Gigabit statt einem Gigabit.
- Der Vertrieb hat Ihnen vorsorglich ein Angebot über eine Erweiterung des Serverclusters geschickt und bietet Gespräche an.

Vielleicht werden Sie jetzt lachen? Meiner Erfahrung nach ist dies, so abenteuerlich die Lage wirken mag, eine sehr praxisnahe Situation im Büro eines IT-Managers: Welche Entscheidung würden Sie treffen? Möchten Sie überhaupt etwas entscheiden in dieser Lage vager Vermutungen, vertrieblicher Motivation und Schuldzuweisungen? Wie erhält man nun Orientierung?

Sie möchten bzw. können das Problem nicht unbedingt selbst lösen – Sie sind kein Systemingenieur oder Techniker, Sie sind Manager –, aber an wen wenden Sie sich, und was wäre der nächste *sinnvolle* Schritt?

Ein externer Berater unterstützt Sie, und Sie stellen gemeinsam das Ablaufschema aus Tabelle 15.1 in der Datenverarbeitung und Kommunikation der Anwendung auf. Betrachtet wird in möglichst kleinen Schritten exemplarisch der Fluss eines Datenpakets nach einer überschaubar einfachen und alleinstehenden Abfrage vom Server hin zum Client und dessen Reaktion.

Ebene	Station	Bewertungskriterien
Hardware	Storage-System Hardware	IOPS Latenzen
Hardware	Storage-System Verbindung	Latenzen Controllerfehler Protokollfehler
Virtualisierung	Hypervisor	Konfiguration Hypervisor-Protokolle
Virtualisierung	Übergabe an virtuellen SQL-Server	Konfiguration
Virtualisierung + Hardware	Leistungsfähigkeit der VM im Hypervisor	CPU RAM Konfiguration
Software	Reaktion innerhalb der VM	Auslastung Betriebssystem Fehler (Ereignisprotokoll) Drittsoftware (z. B. Virenschutz)
Software	Verarbeitung innerhalb der Anwendung oder Datenbank	Qualität Algorithmus Datenbankwartung Performancedaten des SQL Servers (z. B. Abfrage-Reaktionszeit)
Virtualisierung	Übergabe auf die Netzwerkschicht	Virtueller Netzwerktreiber Ereignisprotokoll/Fehler

Tabelle 15.1 Verarbeitungsweg zu Beispiel 1

15

Ebene	Station	Bewertungskriterien
Virtualisierung	Hypervisor	Latenzen Fehlerhafte Pakete Verbindungsabbrüche Auslastung Konfiguration
Netzwerk	Netzwerk und Switches	Latenzen Fehlerhafte Pakete Verbindungsabbrüche Auslastung Routing- oder SPF-Fehler Verbindungsabbrüche Konfiguration
Virtualisierung	Übergabe an Terminalserver	Latenzen Fehlerhafte Pakete Verbindungsabbrüche Auslastung Konfiguration
Virtualisierung + Hardware	Leistungsfähigkeit des Terminalservers im Hypervisor	CPU RAM Konfiguration
Software	Reaktion innerhalb der VM	Netzwerktreiber Auslastung Betriebssystem Fehler (Ereignisprotokoll) Drittsoftware (z. B. Virenschutz)
Software/ Terminaldienste	Reaktionsfähigkeit der Terminaldienste	Fehler (Ereignisprotokoll) Konfiguration RDS/ICA Windows-Konfiguration (z. B. Einblendeffekte)

Tabelle 15.1 Verarbeitungsweg zu Beispiel 1 (Forts.)

Ebene	Station	Bewertungskriterien
Software/Terminaldienste	Übermittlung der neuen Anzeige	Latenzen Fehlerhafte Pakete Verbindungsabbrüche Auslastung Konfiguration
Netzwerk	Netzwerk und Switches	Latenzen Fehlerhafte Pakete Verbindungsabbrüche Auslastung Routing- oder SPF-Fehler Verbindungsabbrüche Konfiguration
Endgerät	Verarbeitung am Thin Client	Konfiguration Version des Clients Fehlfunktion Reaktion Eingabegeräte Reaktion Bildschirm
Endgerät	Darstellung	

Tabelle 15.1 Verarbeitungsweg zu Beispiel 1 (Forts.)

Die so entstandene Liste ist lang. Besonders findige und technisch versierte Leser mögen weitere Punkte ergänzen oder bestehende Punkte in Unterpunkte aufsplitten. Beispielsweise wäre es möglich, einige der genannten Schritte gemäß dem aus der Informatik bekannten OSI7-Schichtenmodell aufzuspalten und zu differenzieren. Auf eine so tiefgehende Klassifikation möchten wir der Übersicht und Praktikabilität wegen verzichten. Wichtiger ist es, den Prozess und die jeweils einzelnen Verarbeitungsschritte in den Fokus nehmen.

Im nächsten Schritt gilt es, die Tabelle in eine grobe Reihenfolge sortiert nach der Eintrittswahrscheinlichkeit und Schwere zu bringen. Sich an dieser Leitlinie entlangarbeitend ist es nun möglich, die Suche nach Flaschenhälsen und für die Leistungsfähigkeit verantwortlichen Stellen zu starten.

Ihr Berater macht Ihnen den folgenden Vorschlag zur sukzessiven Analyse der Situation. Die Einschätzung trifft er aufgrund seiner Erfahrung. Zunächst werden die eher wahrscheinlichen und leicht zu untersuchenden Aspekte betrachtet und möglichst ausgeschlossen.

1. **Die Kennzahlen am Hypervisor sind unauffällig**: Sie besitzen mehr als drei Mal so viele CPU-Kerne und RAM, wie sie aktuell in Ihrer virtuellen Landschaft an VMs vergeben haben (der Vertrieb hat es gut gemeint). Am Storage sind IOPS bis 100.000 und 4 ms Latenz ein toller Wert. Die Auslastung des Netzwerks (außerhalb der Backup-Zeit nachts) liegt bei < 4 %. Die Konfiguration von Hypervisor und VM entspricht den Best Practices. Der SQL-Server verfügt über ausreichend Ressourcen und erhält, da wir aus dem Vollen schöpfen, noch etwas mehr on top. Da alle anderen anspruchsvollen Systeme im Haus ansonsten schnell arbeiten und die Protokolle keine Auffälligkeiten zeigen, schließen wir die Hardware und den Hypervisor zunächst aus.
2. **Die Terminalserver-VMs zeigen sich ähnlich unauffällig**: Die dortige Last ist zwar im Durchschnitt bei 50 % für CPU und RAM, das Netzwerk minimal belastet. Protokolle sind bis auf wenige Ausnahmefehler im normalen Rahmen eines Servers, auf dem täglich 12–16 User arbeiten. Zum Ausschluss richten wir eine lokale leistungsfähige Workstation für einen Mitarbeiter ein. Diese verhält sich ebenso stockend. Andere Anwendungen auf dem Terminalserver laufen unauffällig und normal schnell. Wir schließen den also den Terminalserver ebenfalls als Fehlerquelle aus.
3. **Der SQL Server zeigt gewöhnlich eine Auslastung von 15 % CPU und 70 % RAM.** Die Wartungspläne arbeiten korrekt. Das Protokoll ist ebenfalls unauffällig. Normale Abfragen reagieren schnell. Wir beobachten die Last des SQL Servers über eine detaillierte Protokollierung vonseiten des Hypervisors. Unregelmäßig erkennen wir CPU-Peaks von 70–90 % über einen Zeitraum von 30–60 Sekunden. Im groben Durchschnitt des Tages fällt dieser Wert kaum auf, lässt jedoch einen zeitlichen Zusammenhang vermuten.

   Wir ziehen eine SQL-Spezialistin hinzu. Diese nutzt die servereigenen Funktionen zur Abfrage der Performance-Metriken der Datenbank. Eine regelmäßig wiederkehrende geschachtelte Abfrage scheint durch einen ungeschickten Aufbau und mangelnde Indizes auf die abgefragten Spalten eine hohe Wartezeit für andere Prozesse zu erzeugen. Wir scheinen nah dran zu sein.

Eine genauere Betrachtung der Abfrage lässt Sie mit dem neuen Kollegen aus dem Controlling sprechen, der seit einigen Monaten zum Team gehört und aufgrund der Lage schwerpunktmäßig im Homeoffice arbeitet. In einem Telefonat berichtet er Ihnen, wie er die im ERP vorhandenen Tools nutzt und wie er sich u. a. eine regelmäßige Auswertung der Lagerbewegungen »gebaut« hat. Diese Auswertung lässt er 4- bis 8-mal am Tag laufen, um die aktuellen Engpässe der Logistik besser bewerten zu können. Von Hängern im System hat er noch nie etwas gespürt – er würde sich nur wünschen, dass die Auswertung jeweils schneller durchlaufen würde.

Nach einer Optimierung der Abfrage durch die Datenbankspezialistin des Herstellers sind Performancehänger nahezu vollständig verschwunden: Der Controller freut sich über eine schnellere Reaktion seines Scripts und verspricht, den Hersteller zukünftig bei seinen Abfragen einzubeziehen. Der Rest der Firma beschwert sich nicht mehr. Der Vertrieb des Systemhauses fragt nochmals nach, ob Sie nicht doch neue Hardware brauchen – zur Vorsorge, weil ja »alles immer mehr wird«, und ist etwas enttäuscht ob Ihrer Antwort.

Ihr Geschäftsführer realisiert kaum, welches Geld Sie gespart haben. Sie speichern sich die Analyse der SQL-Spezialistin und ihre Kontaktdaten. Dann geht es weiter im normalen Tageswahnsinn eines IT-Managers.

Beispiel 2: Die Webanwendung mit blanken Seiten

Im zweiten Beispiel verlassen wir die klassische Welt der On-Premise-Infrastruktur. Wir bleiben in der Welt aus Beispiel 1. Nachdem das dortige ERP-System nun seit einigen Monaten reibungsfrei arbeitet, bereitet Ihnen seit ein paar Tagen die vom Vertrieb genutzte und in der Cloud gehostete CRM-Anwendung schlaflose Nächte.

Das externe Hosting einer Anwendung als Clouddienst gilt zwar gemeinhin als Sorglos-Paket, weil alle zentralen Dienste vom Anbieter übernommen werden – in Ihrem Fall jedoch stockt der Bildaufbau im Browser regelmäßig und zeigt immer wieder nur eine weiße Seite anstelle der benötigten Daten an. Per Reload der Seite kann der Bildaufbau in den meisten Fällen mit etwas Verzögerung geladen werden, teilweise sind erneute Logins nötig. Der Fehler zeigt sich sowohl auf den Terminalserver-Arbeitsplätzen als auch auf den neu beschafften Notebooks mit lokalem Betrieb identisch.

Sie haben sich bereits beim Anbieter erkundigt, die Auslastung Ihrer Internetleitung beobachtet, den Cache geleert und die Browser aktualisieren lassen. Der Cloud-Anbieter verweist schlicht darauf, dass der Fehler nur bei Ihnen auftritt und er da nichts tun könne. Ihre Nutzer fordern von Ihnen »schnelleres Internet«, die Geschäftsführung eine Lösung, und Ihr Systemhaus empfiehlt die neue, leistungsstarke Firewall-Generation.

Was ist zu tun? Stellen wir wieder den Daten- und Verarbeitungsfluss von Quelle (Webserver) zu Ziel (dem Browser auf dem Endgerät) auf:

Ebene	Station	Bewertungskriterien
Hoster	Webserver und Datenbank	keine/Blackbox
Internetprovider	Leitung	Auslastung Latenz verlorene Datenpakete

Tabelle 15.2 Verarbeitungsweg zu Beispiel 2

Ebene	Station	Bewertungskriterien
Firewall	Schutzmechanismen	Firewallprotokoll verworfene Pakete Debug-Log/Trace Ausnahmen Test (teilweise Deaktivierung)
Netzwerk	Switches	Latenzen fehlerhafte Pakete Verbindungsabbrüche Auslastung Routing- oder SPF-Fehler Verbindungsabbrüche Konfiguration
Notebook	Hardware	Auslastung CPU/RAM Netzwerktreiber Netzwerkverbindung
Notebook	Betriebssystem	Ereignisanzeige Task-Manager
Endgerät	Virenschutz	Protokoll Konfiguration/Ausnahmen Test (deaktivieren)
Endgerät	Browser	Version Protokoll/Entwicklertools Plug-ins
Endgerät	Anzeige	

Tabelle 15.2 Verarbeitungsweg zu Beispiel 2 (Forts.)

Nach den Erfahrungen des letzten Falls wagen Sie sich zunächst selbst ans Troubleshooting. Im Studium sagte der Informatiker: »Teile und herrsche.« Also versuchen Sie, die Wahrscheinlichkeiten zunächst zu differenzieren.

1. Liegt das Problem im Haus oder extern? Wir wollen auf Nummer sicher gehen. Sie statten einen Vertriebskollegen kurzerhand mit einem Standalone-Notebook aus

und kümmern sich darum, dass er entgegen den normalen Sicherheitsvorgaben auch von zu Hause aus und über seine eigene Internetleitung Zugriff nehmen darf. Das Notebook ist ansonsten mit dem üblichen Virenschutz ausgestattet und entspricht weitestgehend dem Standard im Unternehmen. Der Kollege meldet nach drei Tagen keinerlei Probleme und möchte gern im Homeoffice bleiben.

2. Um dem Problem hinsichtlich Endgerät, Virenschutz und Internetleitung genauer auf die Spur zu kommen, machen Sie den gegenläufigen Test: Der gleiche Kollege, das gleiche Notebook, jedoch im Unternehmensnetz. Noch am selben Tag erhalten Sie den Anruf, dass er so nicht arbeiten kann und nun wieder nach Hause fährt. Sie schließen das Endgerät inkl. Virenschutz aus und wissen, dass Sie sich nun auf das Unternehmensnetz bzw. die Leitung oder Firewall konzentrieren dürfen.
3. Die Leitung ist unauffällig und für gewöhnlich schnell. Der Fehler ist zu spezifisch (es handelt sich immer wieder um dieselben Ansichten, die nicht funktionieren), um an einem Leitungsproblem zu liegen. Derselbe Grund macht auch einen Fehler im Netz eher unwahrscheinlich. Wir schauen also auf die Firewall.
4. Sie bitten Ihren Kollegen mit dem Notebook, doch noch etwas zu bleiben, und rufen Ihren Dienstleister der Firewall an – der möge die IP des spezifischen Notebooks kurzerhand von Sicherheitsfunktionen befreien. Diese Entscheidung macht Ihnen etwas Bauchschmerzen, aber unter Ihrer Begleitung arbeitet der Kollege nun den Rest des Nachmittags fehlerfrei. Sie lassen die Sicherheitsfunktion zunächst wieder aktivieren und können den Fehler am nächsten Tag erneut reproduzieren. Sie fühlen, dass Sie der Sache sehr nah sind.

Eine Analyse der Firewall-Logs zeigt dem 3rd Level Ihres Dienstleisters, dass das System in den letzten Tagen verstärkt eine bestimmte Art von JavaScript als Bedrohung einer mittleren Gefahrenebene herausgefiltert hat. Dieses Script könne, so die Einstufung des Herstellers, für den Zugriff auf Clients missbraucht werden. Scheinbar nutzt der Cloud-Anbieter hier einen alten Versionsstand der JavaScript-Bibliothek. Auf Rückfrage erhalten Sie leider nur eine allgemeine Antwort, dass das System stetig verbessert werden wird.

Sie grummeln, aber das Thema liegt nicht in Ihrer Hand. Um übergangsweise zumindest arbeitsfähig zu sein, können Sie mit dem Dienstleister eine spezifische Ausnahme der Prüfung dieses speziellen Scripts auf den Adressen des Cloud-Anbieters einrichten. Diese Öffnung können Sie in Absprache mit dem Dienstleister vertreten, dokumentieren die Änderungen und stellen eine wiederkehrende Wiedervorlage in jeweils vier Wochen, um zu testen, ob man die Ausnahme wieder entfernen kann.

Zu 100 % aus der Praxis gegriffen sollen die beiden Beispiele einen spürbaren Geschmack auf die Herausforderungen geben, denen Sie als IT-Manager gegenüberstehen. Halten Sie sich stets vor Augen:

- Jeder Fall ist anders.
- Schnellschüsse sind gefährlich. Augenscheinlich offensichtliche Diagnosen täuschen gern.
- Durchdringendes Verstehen der Situation ist unbezahlbar. Struktur ist hilfreich.
- Finden Sie Ihre Rolle zwischen Management und Technik. Technisches Verständnis hilft ungemein in Ihrem Alltag und bei jeder Entscheidung.
- Die richtigen externen Berater oder Teamkollegen sind zielführend für Ihren Erfolg – das Ergebnis kann nur so gut sein, wie Know-how und Performance Ihrer Mannschaft es zulassen.

15.2.3 Verfügbarkeit und Redundanzen

Die Redundanz ist die Versicherung des IT-Betriebs. Entsprechend sind auf Investitionsentscheidungen dieselben Rechenregeln anzuwenden wie in der Versicherungsbranche.

Hochverfügbarkeit in der IT basiert fast ausschließlich auf dem Prinzip der Clusterbildung und Redundanz. Dies wurde in einem vorhergehenden Kapitel bereits am Beispiel von Festplatten und RAID-Systemen erläutert: Man rechnet mit dem Ausfall einer Komponente und baut dahin gehend vor, dass dieser Ausfall von einer bereits bereitstehenden Komponente abgefangen wird. Differenzieren Sie dabei die folgenden Failover-Klassen:

- **Transparenter Failover**: Eine weitere Komponente übernimmt den Betrieb ohne bzw. nahezu ohne spürbaren Ausfall. Dies ist in Form eines Active-Active-Clusters möglich, in dem alle Knoten dauerhaft arbeiten. Verbreiteter ist die Form des Active-Passive-Clusters, in dem nur ein Knoten arbeitet und der andere als Hot-Standby bereitsteht.
- **Herkömmlicher Failover**: In diesem Fall steht eine übernehmende Komponente zur Verfügung, die im Fehlerfall vollautomatisch einspringt. Die an der fehlerhaften Einheit laufenden Vorgänge bzw. Verbindungen werden dabei jedoch unterbrochen und sind somit für Nutzer bzw. System spürbar. An mancher Stelle wird von Warm-Standby gesprochen.
- **Manueller Failover** bzw. Cold-Standby: In diesem Fall steht eine übernehmende Einheit zur Verfügung, benötigt jedoch manuellen Eingriff oder Interaktion – in Form von Konfigurationsanpassungen oder echten Handgriffen zum Austausch, bevor der Betrieb wieder aufgenommen werden kann. Der Ausfall ist also zeitlich überschaubar, jedoch deutlich zu spüren.

Redundanzen sind dabei mit einer nahezu beliebigen Menge an Einheiten auf verschiedensten Ebenen zu schaffen. Hier ein paar gängige Beispiele ohne Anspruch auf Vollständigkeit:

- Geräteebene: Netzteile, Lüfter, Festplatten (Verschleißteile)
- Netzwerkebene: Switches, Ports, Leitungen
- Serverebene: Hosts im virtuellen Cluster
- Storage-Ebene: Spiegelung von Storage-Knoten
- Softwareebene: Worker-Hosts, Terminalserver, SQL-Knoten, Exchange-Knoten

Es gilt die Faustformel: mehr Ausfallsicherheit = mehr Komplexität = mehr Investition. Das Maß an zusätzlich gewonnener Ausfallsicherheit steigt dabei meist unterproportional, das Maß an dafür notwendiger Investition meist überproportional. Der Grenznutzen der Investition sinkt also in den meisten Szenarien der gängigen Praxis in zunehmendem Maß.

An welcher Stelle welches Maß an Investition für Sie und Ihre Organisation sinnvoll ist, hängt sehr vom Kontext Ihrer Anforderungen und Umgebung ab: Ein Handwerksbetrieb mit 10 Mitarbeitern mag sich fragen, ob er die 600 € für einen besseren RAID-Level und einen weiteren Datenträger wirklich benötigt. In einem Produktionsunternehmen, dessen Ausfallkosten pro Tag im hohen fünfstelligen Bereich liegen, stellt sich diese Frage nicht. Hier wird eher diskutiert, ob der weitere Serverhost, der weitere Storage-Knoten, die neue Netzwerkstruktur oder eine Clusterung der Produktionssoftware sinnvoll ist.

Beachten Sie stets, dass die zunehmende Komplexität sogenannter hochverfügbarer Systeme ebenfalls zur Fehlerursache werden kann. Mängel in der fachmännischen Konfiguration oder auf Softwareebene haben in der Praxis bereits so manches ausfallsichere System stillgelegt.

15.2.4 Skalierung

Die Fähigkeit, schnell und ohne spürbare Wartezeit zunehmende Mengen an Workload, weitere User, zusätzliche Maschinen oder Standorte durch die vorhandene IT zu tragen, wird als Skalierbarkeit bezeichnet. Im Marketing von Herstellern und Vertriebsberatern darf der Begriff augenscheinlich auch nicht fehlen – so ist er stets positiv konnotiert und doch derart vage, dass sich jeder etwas anderes darunter vorstellen mag.

Zur Orientierung und möglichst bewussten Einschätzung dieser Eigenschaft hilft die Beantwortung der folgenden Fragestellungen. Je konkreter Sie den Rahmen dabei fassen können, desto besser. Je allgemeiner Ihr Blickwinkel wird, desto größer die Gefahr, dass das Ergebnis an Aussagekraft verliert.

1. Welches System bzw. dessen Skalierungsfähigkeit wollen Sie gerade konkret betrachten?

   Beispiele: Das Servercluster als Ganzes? Ihr Storage? Den SQL-Server? Die Terminalserver-Farm?

2. Welche Skalierung wollen Sie betrachten?

   Beispiele: Datenwachstum? Nutzer? Lagerprozesse?

Für diese nun sehr konkrete Fragestellung sind die folgenden zwei Grenzwerte wichtig. Sie geben Aufschluss über die gegebenen Möglichkeiten. Suchen Sie also möglichst konkrete Antworten. Meist ist ein vertrieblicher Berater weniger in der Lage, diese konkret zu beantworten. Ich empfehle hier stets die Einschätzung durch Systemingenieure, die ihre Empfehlungen bzw. Ergebnisse auch durch stichhaltige Berechnungen untermauern können.

- Die erste Frage »Wie viel von X (Frage 2) kann mein System (Frage 1) in dem mir vorliegenden Aufbau tragen?« zeichnet die innere Skalierungsgrenze. Sie nennt die harten Leistungslimits Ihrer Systeme. Manchmal kann dabei eine Art »Grenzbereich« gezogen werden, in dem weitere Skalierung nur mit spürbaren Performance-Einbußen möglich ist.

  Beispiel: Die aktuelle Terminalserverfarm auf der vorhandenen Hardware arbeitet bis zu einer Menge von 120 Usern performant. Ab einer Menge von 140 Usern werden zusätzliche Worker inkl. CPU und RAM benötigt.

- Die zweite Frage »In welcher Form kann das System sinnvoll erweitert werden?« zeichnet die äußere Skalierungsgrenze. Häufig sind Systeme auf Erweiterungen ausgelegt, die durch zusätzliche Investition möglich sind. Teilweise wird hier von »Aufrüstung« gesprochen.

  Beispiele: Wie viele Serverhosts lassen sich in der vorliegenden Architektur an das Cluster anbinden? Wie viele Erweiterungen kann man an die Storage-Einheit anschließen? Wie viel RAM kann man in den Server einbauen?

15.2.5 Sicherheit

Die Bewertung des Levels an IT-Sicherheit ist in Zeiten von Cyberangriffen und Trojanern wichtiger, aber auch schwerer denn je. Im ersten Schritt gilt es vor allem, ein Bewusstsein dafür zu schaffen, welches Level an Sicherheit benötigt wird und welche Gefahren der Organisation drohen. Hier gelten dieselben Überlegungen wie im Abschnitt zu den Redundanzen.

Zur konkreten Einschätzung der Lage hat es sich bewährt, neben der eigenen Fachkenntnis und dem Systemhaus des Vertrauens möglicherweise auch auf externe Sicherheitsberater oder Cyber-Versicherungen zu setzen.

Security-Firmen bieten in Form von kostspieligen Penetration-Tests die Möglichkeit, Ihr Netz und Ihre Systeme auf Sicherheitslücken hin zu untersuchen. Im Ergebnis dürfen Sie von professionellen Anbietern ein mehrseitiges Gutachten mit konkreten Handlungsempfehlungen erwarten. Cyber-Versicherungen beraten auf etwas allgemeinerer Ebene und bieten Workshops und Einschätzungen in Checklisten-Form.

15.3 Arbeitsplätze ausstatten und verwalten

Auf den folgenden Seiten finden Sie einen Überblick über die Welt jenseits der zentralen Infrastruktur: der Welt der User und Clients. Dem typischen Nutzer sind alle auf den vorhergehenden Seiten geschilderten Themen oft recht egal. Da er an seine eigenen Aufgaben denken muss, sollte man von seiner Anspruchshaltung nicht überrascht sein: Hauptsache, die Geräte und Anwendungen tun das, was sie sollen – schnell und zuverlässig. Und tun sie das einmal nicht, ist die IT hoffentlich direkt erreichbar und gibt eine zielsichere Antwort. Das Endgerät ist damit die Schnittstelle zwischen ihm und der digitalen Welt – hier stößt Haut auf Glas oder Kunststoff und Auge auf Displaylicht.

Ich habe oft erlebt, dass Clients in den Augen von Administratoren mit ein wenig Abwertung betrachtet werden. So liegt deren Verantwortung doch in der Hege und Pflege der zentralen, komplexen IT. Und so sehr meine Technikerseele diese Haltung nachvollziehen kann, so sehr möchte ich hier eine Lanze für jeden Desktop und jedes Notebook brechen: Investieren Sie Sorgfalt, einen Blick auf Details und auf die Leistungsfähigkeit Ihrer Clients, vor allem aus Sicht der Nutzer – sie werden es Ihnen danken!

15.3.1 Workstations, Notebooks, Terminalclients und Trends

In den 2000er-Jahren hat sich das Bild der Turnschuhadministration entwickelt, als IT-Beauftragte in großen und kleinen Betrieben regelmäßig stolze Strecken in Büros und Hallen zurücklegten, um die Clientwelt in Schuss zu halten. Der Ruf nach einer clever-effizienten und gleichzeitig wirtschaftlichen Lösung wurde lauter.

Die Terminalserver-basierte Bereitstellung von Desktops und Anwendungen war im darauffolgenden Jahrzehnt eine sehr bewährte Antwort, wenn es um homogene Arbeitsplätze mit Office-Charakter ging. Effiziente zentrale Bereitstellung, Wartung und Pflege, Standortunabhängigkeit, preiswerte Clienthardware in Form ebenfalls zentral verwaltbarer und sparsamer Thin Clients. All das sprach für die virtuellen Desktops. Lediglich besonders leistungshungrige Anwendungen (z. B. in der Konstruktion) waren weiterhin mit entsprechend starken Workstations besser beraten.

Seit Beginn des aktuellen Jahrzehnts kippt dieser Trend nun wieder in Richtung des leistungsstarken, dezentralen Clients, bestmöglich Notebooks. Woher dieser plötzliche Widerspruch zur bewährten und effizienten Terminal-Architektur? Der primäre Treiber, nämlich die Integration der videobasierten Teamarbeit, gewann mit Aufkommen der Corona-Pandemie in 2020 an Aufwind. Ein in der Vergangenheit eher Nice-to-have-Feature wurde binnen weniger Wochen zum absoluten Must-have. Zwar konnte man per virtuellem Desktop die Unternehmens-Applikationen am Homeoffice-Arbeitsplatz bereitstellen. Die Videotelefonie mag sich jedoch so gar nicht mit der terminalserverbedingten Übertragung der Desktops vertragen – und wird so zum Ärgernis für das Management, das seine Anforderungen als nicht erfüllt sieht. Darüber hinaus wird die Erwartungshaltung der Nutzer an ein schnelles, reaktives Arbeitsgerät immer größer – während selbst Microsoft Excel an Performance-Ansprüchen zunimmt. Auch dies wird von einem performanten Desktop oder Notebook meist besser erfüllt als von einer zentralen Maschine, die man sich ggf. noch mit anderen Usern teilt. Es bleibt die Frage nach der Wirtschaftlichkeit.

Eine Antwort, wie der richtige Client für Ihre Anwendungszwecke aussieht, kann, Sie ahnen es schon, pauschal nicht gegeben werden. Die folgende Charakterisierung soll die Stärken und Schwächen der jeweiligen Architektur hervorheben und Ihnen so bei Ihrer Entscheidung helfen.

- PCs und Notebooks, ggf. Workstations (für besonders anspruchsvolle Anwendungsfälle) sind die Antwort für den anspruchsvollen User. Sie bieten je nach Ausstattung und Preis entsprechende Leistung. Die Nutzung einer Kamera ist bei Notebooks obligatorisch. Das Notebook suggeriert zunächst Mobilität und Freiheit – vergessen Sie dabei aber nicht Ihre Applikationen: Microsoft Outlook oder eine browserbasierte Anwendung können beispielsweise vollständig mobil genutzt werden. Ihr ERP, die Produktionssteuerung oder andere klassische Anwendungen benötigen aber möglicherweise eine direkte Netzwerkverbindung zum Server, um zu funktionieren. In einem solchen Fall ist mobiles Arbeiten ausschließlich über Terminaldienste möglich – und auch nur dann, wenn die mobile Internetverbindung es zulässt. Der Bedarf an einer zentralen Managementlösung (für Updates, Konfiguration, Sicherheitsrichtlinien, Inventarisierung, Rollouts, Lizenzierung oder Troubleshooting) steigt mit der Anzahl an zu betreuenden Endgeräten.
- Thin Clients sind die wirtschaftliche und wartungstechnische Spitzenklasse der Endgeräte. Meist mit einem zentralen Management versehen, hoher Sicherheitsklassifizierung, etwas niedrigeren Stückkosten und sehr geringem Strombedarf sind sie der ideale Freund des Administrators in großen homogenen Umgebungen. Die Anbindung exotischer Peripherie, aber auch von Video- und Soundsystemen, ist, so sehr sich die Hersteller auch ins Zeug legen, leider nicht ihre große Stärke.
- Terminalserver bzw. Terminalserverfarmen stellen eine gleichförmige Arbeitsumgebung für eine große Zahl an Usern bereit. Gängig sind die hauseigenen Remote Desktop Services von Microsoft, die per Remote Desktop Protocol (RDP) veröffentlicht werden, und die Virtual Apps and Desktops von Citrix (ICA) sowie PCoIP von VMware. Im Grundsatz beherbergt ein Server dabei eine immer gewisse Anzahl an gleichzeitigen User-Sitzungen (1:n) und überträgt das Bild dieser Sitzung durch das Netzwerk oder Internet an den Client. Beachten Sie die dabei anfallenden Lizenzen. Terminalserver zeigen oft schon ab einem Dutzend bereitgestellter Arbeitsplätze

einen kleinen wirtschaftlichen Vorteil gegenüber lokalen Endgeräten – und einen zunehmend großen Vorteil in der Wartung.

- Eine Virtual Desktop Infrastructure (VDI) arbeitet mit den gleichen Übertragungsverfahren wie ein Terminalserver, setzt dabei jedoch Clientbetriebssysteme anstelle eines Serverbetriebssystems ein und bietet jeweils einem einzelnen Nutzer eine einzelne Maschine (1:1). Meist werden diese Maschinen in großer Anzahl ausgerollt und benötigen somit deutlich mehr Leistungsreserven auf der Hardwareebene als ein korrespondierender Terminalserver für dieselbe Anzahl an Nutzern. Auch hier ist die Lizenzierung zu beachten, sodass die Wirtschaftlichkeit einer VDI nur in wenigen speziellen Szenarien überzeugen wird.

15.3.2 IT als Kommunikationsmittel: VoIP und Videotelefonie

Wenn sie auch technologisch nicht zu 100 % in der IT zu verorten sind, sind die Themen rund um Telefonanlagen und Videotelefonie nicht mehr vom Tisch eines IT-Managers wegzudenken.

Der Wunsch nach einer vollintegrierten Lösung aus IT-Arbeitsplatz und Kommunikationsmittel steigt. Videokonferenz-Software wie Microsoft Teams, das klassische Telefon und mobile Telefonie scheinen einen ungefähr gleichen Stellenwert in der täglichen Kommunikation eingenommen zu haben. Im deutschsprachigen Raum scheint jedoch noch keine Lösung in Sicht, diese Welten sinnvoll zu verschmelzen.

Stellen Sie sich zur Orientierung dabei die folgenden Fragen:

- Welche Endgeräte stehen uns zur Verfügung?
- Welche Netzwerkinfrastruktur steht uns zur Verfügung (QoS, VLAN)?
- Wer sollte wo erreichbar sein?
- Wer benötigt welche Features (z. B. das Verbinden von Gesprächen, Gruppenruf, Callcenter-Logik oder Controlling- & Statistik-Funktionen)?
- Welche dritten Systeme sind zu integrieren (z. B. Fax, Sprechanlagen, Notrufsysteme)?

15.3.3 Smartphones & Tablets

Steve Jobs kündigte das erste iPad als »magical device« an. Nach einem guten Jahrzehnt an Erfahrung und Entwicklung darf man sagen: Er hatte recht (wie immer)! Kein Gerät war gleichermaßen so überschätzt worden und hat trotzdem seinen festen Platz in der Businesswelt gefunden. Smartphones sind so zum Standard geworden, dass es schon keiner Erwähnung mehr bedarf.

Die Fragestellungen zur Integration dieser Endgeräte in Ihre Businesswelt bedürfen jedoch auch weiterhin bewussten Augenmerks. Die Unterschiede der mobilen Architektur (unabhängig vom Hersteller Apple mit iOS oder Google mit Android) zur restlichen Unternehmens-IT sind und bleiben groß. Nicht jede Anwendung lässt sich so schnell und komfortabel mobil nutzen, wie es das Marketing vielleicht versprechen mag.

- Meist sehr gut in die mobile Welt integriert sind webbasierte Dienste und Anwendungen. Dabei kommt es meist weniger darauf an, ob diese in der Cloud oder auf Ihren Servern betrieben werden. Es stellt sich die Frage, ob Daten geschickt per HTTPS weltweit in Zugriff genommen werden können und ob vom Hersteller ggf. sogar eine native App bereitgestellt wird, die für den mobilen Einsatz optimiert ist. Auch browserbasierte Anwendungen sind meist gut auf mobilen Endgeräten nutzbar.

  Beispiele: Microsoft Exchange, Microsoft 365

- Beim Zugriff auf Dateidaten bzw. Ihren Fileserver werden Sie schnell merken, dass mobile Systeme nicht wirklich auf die bewährte Struktur aus SMB-Protokoll und Active Directory ausgelegt wurden. Zwar gibt es Apps von Anbietern, die versprechen, diese Lücke zu schließen – in der Praxis haben sie sich jedoch bis dato nicht bewähren können. Das Zusammenspiel zwischen in sich geschlossenen eigenständigen Apps und einem universellen Dateiaustauschgedanken ist hier unüberwunden.

  Mobile Endgeräte lieben Webservices, und so auch beim Dateiaustausch. Bewährt haben sich im Public-Cloud-Sektor Produkte wie Microsoft OneDrive, Google Drive, iCloud oder Dropbox. Administratoren mit dem Wunsch nach lokaler Datenhaltung sei hier ein Fingerzeig auf Anbieter privater Cloud-Speicher wie Nextcloud, Owncloud oder Seafile gegeben. All diese Lösungen bieten ähnliche Basisfeatures zur Bereitstellung und Offline-Synchronisation von Dateidaten.

  Die Frage der Integration dieser Cloud-Speicher (egal ob Public oder private) und einem lokalen Fileserver besteht dabei leider bis dato. Beide Systeme haben ihre Daseinsberechtigung. Die vollständige Ablösung der Fileserver durch Cloudtechnik ist bei den meisten Unternehmen nicht in Sicht. So bleibt die parallele, ggf. redundante Datenhaltung leider noch immer ohne befriedigende Antwort auf technologischer Seite. Seien Sie also auf der Hut – eine bewusste Struktur, welche Daten wo zu finden bzw. abzulegen sind, beugt undurchsichtigem Wildwuchs vor.

- Klassische Anwendungen in Form einer ausführbaren Datei (beispielsweise einer .exe aus der Windows-Welt) sind am weitesten von der Architektur eines mobilen Endgeräts entfernt bzw. schlicht inkompatibel. Diese Lücke ist nur mithilfe von Terminaldiensten auf Microsoft-Basis (z. B. Microsoft RDP bzw. Citrix ICA) halbwegs sinnvoll zu schließen: Die Anwendung wird beispielsweise auf einem lokalen Server betrieben und per Webprotokoll auf das mobile Endgerät übertragen.

Im Ergebnis ist das oft sogenannte Nutzererlebnis jedoch nur mäßig befriedigend: Klassische Anwendungen sind auf die Bedienung mit Maus und Tastatur auf großen Bildschirmen ausgelegt. Manche sind dabei ein wenig gefälliger, andere nicht. Die Navigation per grobem Zeigefinger in engen Menüs mit kleiner Schrift erinnert an Geschicklichkeitsspiele, Zwei-Finger-Vergrößerungen und Scrolling verhindern schnelle Bedienbarkeit und Übersicht. Und die Tastatur eines Tablets ist bei intensivem Gebrauch doch nicht mit der eines PCs oder Notebooks vergleichbar. Der Einsatz eines präzisen Tablet-Stiftes bringt an mancher Stelle eine spürbare Erleichterung.

In der Praxis haben sich Tablets also in Bezug auf klassische Windows-Anwendungen für diejenigen als wertvoll erwiesen, die unterwegs hin und wieder etwas nachschlagen oder mit wenigen Klicks etwas anpassen müssen – nicht für die intensive Nutzung auf Dauer.

15.3.4 Meetingräume

Die Bereitstellung einer leistungsfähigen Technik in Meetingräumen gehört zu den jüngeren Aufgabenfeldern eines IT-Managers. Die Entwicklung der Videokonferenzen hat auch hier ihren Teil dazu beigetragen.

Besonders herausfordernd ist der Umstand, dass es noch keinen De-facto-Standard für die Ausstattung und die Bedienung dieser Räume gibt. Eine Vielzahl an Herstellern und Produkten tummelt sich auf dem Markt mit unterschiedlichsten Ansätzen.

In der Konsequenz wundern sich User dann sarkastisch, wenn der Beamer doch einmal auf Anhieb funktioniert, das Onlinemeeting mit Bild und Ton startet oder das Passwort für das Gäste-WLAN am MacBook des Besuchers akzeptiert wird. Das Potenzial für Zeitfresser und Ärger auf allen Seiten ist groß.

Auch hier möchte ich bewusst keine Produkte oder Hersteller empfehlen. Meiner Erfahrung nach möchte ich Ihnen ans Herz legen: Versuchen Sie, zu vereinheitlichen, wo Sie nur können. Je mehr es nur einen einzigen Weg zum Ziel gibt, desto weniger Potenzial für Unvorhergesehenes. Überlegen Sie, welchen Bedarf es im Meetingraum wirklich gibt, und decken Sie diesen zielsicher und für alle Mitarbeiter gleichförmig ab.

Bedenken Sie folgende Beispiele:

- Gibt es drei verschiedene, lange Kabel für den Beamer an der Decke – oder einen definierten Weg, der auf Ihre Endgeräte abgestimmt und getestet ist?
- Muss man sich vom lokalen PC im Smartboard erst über drei Ecken in die Citrix-Serverwelt einloggen, bevor es losgehen kann – oder sind alle im Meetingraum nötigen Anwendungen lokal ad hoc verfügbar?
- Ist für die Drahtlosübertragung eines externen Notebooks erst ein Login ins Gäste-WLAN per Voucher nötig – oder plug-and-play per USB-Device startbar?

15.3.5 Herausforderungen aus der Peripherie

Drucker, Scanner, drahtlose Tastaturen, Webcams, Chipkartenleser, Headsets sind für viele Administratoren die ungeliebten Bewohner des IT-Outer-Rim. Ihnen haftet der schwierige Ruf der Unberechenbarkeit, Undankbarkeit und des stundenlangen Troubleshootings mit mangelhaftem Hersteller-Support an.

Die harte Wahrheit ist jedoch: Eine möglichst reibungsfrei funktionierende Peripherie ist für die Produktivität Ihrer Organisation wichtig – und das Thema liegt in Ihrer Verantwortung. Sie kommen nicht darum herum, auch hierfür zu sorgen. Für einen Lagerleiter bedeuten schlechte Scanner beispielsweise ebenso viel Trouble wie für Sie ein Netzwerkproblem. Und ein unglücklicher Lagerleiter vor dem CEO ist ein Problem für den CIO.

Schaffen Sie eine transparente und pflegbare Peripherie-Landschaft, indem Sie die folgenden Punkte beachten:

- **Standardisieren**: Je weniger unterschiedliche Systeme Sie nutzen, desto besser sind diese für Sie im Griff zu behalten.
- **Outsourcing**: Greifen Sie auf externe Dienstleister und Experten zurück, um Spezialaufgaben in routinierte Hände zu übergeben (siehe Kapitel 6). Besonders im Druckerumfeld ist dies leicht möglich.
- **Fortlaufende Aktualisierung der Hardwaregenerationen in angemessenen Zyklen**: Eine Überalterung an einer einzelnen Stelle sorgt ansonsten mit den Jahren für ein sich zuspitzendes Problem durch Inkompatibilitäten.
- **Lagerhaltung**: Halten Sie angemessenen Ersatz für alle wichtigen Geräte vor. Der schnelle Austausch ist in Umgebungen mit niedriger Toleranz gegenüber Störungen häufig die wirtschaftlichere Herangehensweise gegenüber einem Troubleshooting im laufenden Betrieb.
- **Erfahrung und Dokumentation**: Schaffen Sie bewährte Standards, und halten Sie diese in Checklisten fest. Alle Labeldrucker erhalten dieselbe bewährte und getestete Konfiguration, alle Chipkartenleser denselben Treiber. Dies beugt unerklärlichem Verhalten und willkürlichen Problemen vor und gibt Ihnen Sicherheit vor menschlichem Versagen.
- **Herstellersupport**: Setzen Sie auf marktführende Hersteller, und bewerten Sie vor einer Investitionsentscheidung deren Support. Schließen Sie ggf. eine Supportvereinbarung ab. Dies schafft für Sie die Möglichkeit eines Plan B, wenn etwas klemmen sollte – und bewahrt Sie vor stunden- und tagelangem Troubleshooting.

15.4 Beschaffung und Lebenszyklus

Nicht gekauft hat er schon! – Martin Limbeck, Salestrainer

Technik, Menschen, Strategie, Wirtschaftlichkeit – in Ihrer Rolle als IT-Manager stehen Sie im Mittelpunkt zueinander fast inkompatibel wirkender Themengebiete und sollen dabei stets wissen, wo es lang geht. Fragen der Beschaffung machen dieses Geflecht nicht einfacher.

Interne Befindlichkeiten der Vorgesetzten, die finanzielle Lage des Hauses, Markttrends und Mythen, smarte Vertriebsmitarbeiter mit psychologisch geschultem Hintergrund, Stoßrichtungen der führenden Hersteller und nicht zuletzt eigene Präferenzen – wo Orientierung schwindet, entsteht Potenzial für Vertrieb-by-Buzzword-Bashing: »Wer kauft denn noch Server? In der Cloud ist sowieso alles agiler! Den Rest leasen wir, damit wir flexibel sind!«

Gewappnet mit einem Bewusstsein zur Differenzierung solcher Aussagen geben Sie die Richtung vor und können bewusst entscheiden. Auf den folgenden Seiten erhalten Sie den nötigen Überblick.

15.4.1 Zielsetzungen und Widersprüche

Je klarer Sie formulieren können, was Sie konkret bezwecken, desto sicherer wird Ihr Stand. Dabei ist es im ersten Schritt wichtig, dass wir uns selbst ehrlich und nüchtern einschätzen. Gerade bei komplexen Themen entsteht schnell die Gefahr, in abstrakten Worten den Boden zu verlieren. Ich empfehle dabei den »Kindertest«: Versuchen Sie, Ihre Ziele in ein bis drei Sätzen so zu formulieren, dass ein mittelbegabter Siebtklässler direkt verstehen kann, was Sie sagen.

- »Wir möchten die Skalierbarkeit und Agilität unserer Logistik-Infrastruktur optimieren.« Das mag noch so intelligent klingen, sagt aber wenig bis nichts aus. Jeder Verkäufer, der behauptet, dass seine Lösung »skalierbarer macht«, rennt theoretisch offene Türen ein.
- »Wir brauchen neue Lagerhäuser in weiteren Städten und verdreifachen die Menge an Mitarbeitern über die nächsten vier Jahre. Ich muss dafür sorgen, dass jeder neue Mitarbeiter sofort Outlook, das (alte, aber gute) Lagerprogramm und die Zeiterfassung benutzen kann. Zur Installation soll man aber nicht immer vor Ort fahren müssen, weil man sonst nur noch unterwegs ist.« Merken Sie den Unterschied?

In diesem Beispiel wurden ein technischer Blickwinkel und die eigentliche inhaltliche Anforderung beschrieben. Derartige Anforderungen sind vom jeweils konkret vorliegenden Projekt und Vorhaben abhängig.

Neben diesen fallbezogenen Anforderungen gibt es auch eine Reihe an allgemeinen Zielen und Anforderungen vonseiten Ihrer Organisation. Auch diese sollten Sie mit einer ähnlich treffenden Sicherheit benennen können. In Tabelle 15.2 finden Sie Beispiele zu sehr unterschiedlichen Haltungen.

Ebene	Extrem niedrig	Extrem hoch
Verfügbarkeit	Wir sind wenig von der IT abhängig. 2–3 Tage Wiederherstellungszeit sind in Ordnung. Eine Investition in Cluster und Hochverfügbarkeit ist für uns nicht wirtschaftlich.	Unsere voll automatisierte Produktion ist stark abhängig von der IT. Auch kurze Ausfälle ziehen große Einbußen im Wert von 50.000 € nach sich.
Skalierbarkeit	Wir sind seit einem Jahrzehnt sehr stabil in Produktion, Belegschaft und IT. Wir erwarten minimale Veränderungen innerhalb einer kleinen Varianz.	Unser Unternehmen wird in den nächsten Jahren durch hohe Investments wachsen. Veränderungen in Personal, Standorten und benötigten Tools sind nicht abschätzbar.
Sicherheit	Wir setzen die üblichen Maßnahmen um. Unsere Mitarbeiter sollen dabei aber stets größtmögliche Freiheiten erhalten.	IT-Sicherheit hat höchste Priorität. Wir investieren fortlaufend in Beratung. Dass unsere Maßnahmen dabei Einschnitte im Handling erzeugen, ist sogar gewollt.
Nutzungszeit	Investitionen tätigen wir mit Blick auf 6–8 Jahre Lebensdauer. Hardware soll möglichst in einen zweiten Lebenszyklus überführt werden.	Wir erneuern unsere zentrale IT alle 4 Jahre. Clientsysteme werden in einem 3-Jahres-Zyklus erneuert.
Leistungsfähigkeit	Ein sehr gutes Preis-/Leistungsverhältnis ist uns wichtig. Wir kalkulieren mit Puffer, jedoch maximal 30 %.	Maximal leistungsfähige IT ist Treiber für unseren Erfolg. Wir setzen stets auf das High-End.
Wirtschaftlichkeit	Wir möchten auf eine Gesamtlaufzeit von 10 Jahren eine bestmögliche Nutzung des investierten Kapitals erzielen.	Wir müssen die Leistung unseres Unternehmens mit Blick auf die nächsten 12–24 Monate steigern.

Tabelle 15.3 Beispiele für Business-Anforderungen an eine IT

Ebene	Extrem niedrig	Extrem hoch
Liquidität	Investitionen im IT-Bereich bedeuten keine nennenswerte Belastung für unsere Liquidität. Wir bezahlen bar und setzen auf Kauf und lange Nutzungsdauer.	Wir sind gezwungen, Liquidität möglichst zu schonen. Mehrkosten mit Blick auf die nächsten Jahre nehmen wir dabei in Kauf.

Tabelle 15.3 Beispiele für Business-Anforderungen an eine IT (Forts.)

Die Ausarbeitung derart klarer Vorgaben benötigt meist gemeinsame Diskussion und Entscheidung auf Ebene der Geschäftsführung. Erarbeiten Sie die für Sie geltenden Werte, Richtlinien und Zielsetzungen am besten schriftlich, dokumentieren Sie diese, und bereiten Sie sie für zukünftige Gespräche mit Beratern und potenziellen Lieferanten auf.

15.4.2 Inventar und Lebenszyklen

Überblick und Orientierung fangen bei den Basics an. Sind Sie zu jedem Zeitpunkt in der Lage, klar zu benennen, welche Systeme in Ihrem Haus im Einsatz sind? Können Sie selektieren, welche Versionen oder welches Lebensalter die jeweilige Hard- oder Software hat? Als IT-Manager sind Sie in der Verantwortung, zielsicher und schnell zu agieren, zu antworten oder zu planen.

- Welche Hardware muss im nächsten oder übernächsten Jahr erneuert werden?
- Welches System liegt in welcher Version vor? Gerade vor dem Hintergrund immer häufigeren Sicherheitslücken und dem Bedarf an strukturierter Wartung und Pflege wird diese Information stets wichtiger.
- Welche Clients nutzen welche Softwarelizenzen? Wo gibt es Bedarf, wo eventuell Einsparpotenzial?

Je nach Größe Ihrer Umgebung müssen Sie für eine solche Aufstellung nicht zwangsläufig in eine teure Management-Software investieren. Eine gut gepflegte Tabelle, stetige Pflege und saubere Struktur sind schon sehr viel wert. Machen Sie sich bewusst, dass die Herausforderung in Ihren Händen liegt – entweder die direkte Pflege oder das Delegieren und Nachhalten. In vielen Fällen, anwesende Leser ausgeschlossen, hat sich die lange Suche nach Strukturen und Tools gern als Prokrastination vor dem schlichten Fleißcharakter dieser Aufgabe herausgestellt.

Im Ergebnis kann ein sauber gepflegtes Inventar aber auch große Freude bedeuten, wenn man in der Lage ist, schnell und zielsicher Informationen zu selektieren.

15.4.3 Produktkatalog und Standardisierung

Neuanschaffungen anhand eines Standard-Warenkorbs bedeuten evtl. Vorteile im Einkauf, vor allem aber mehr Gleichförmigkeit für Ihre Systeme. Betrachten Sie die in Ihrem Haus regelmäßig benötigte Hardware. Schon ab einem halben Dutzend neuer bzw. zu erneuernder Arbeitsplätze lohnt es sich für gewöhnlich, nach einem Projektpreis oder einem Standardwarenkorb zu fragen. Mit zunehmenden Mengen können Systemhäuser meist entsprechend bepreiste Kontingente bei Herstellern anmelden. Einzelstücke bedeuten eher schlechtere Konditionen bzw. Glückspiel im Einkauf.

In Zeiten knapper Lieferverfügbarkeiten aufgrund von Krisen und Engpässen ist es möglich, derartige Preise nur für die jeweils zu liefernde Gesamtmenge zu erhalten. Zu normalen Zeiten sind Abrufkontingente und Warenkörbe eine übliche Einrichtung.

Aus technischer Sicht hat die damit erzielte Gleichförmigkeit einen weiteren bedeutenden Vorteil. Die Installation, Pflege und Wartung der Geräte können anhand gleicher Treiber, Firmware und Software deutlich leichter in Routinen erfolgen als bei einer großen Anzahl individueller Systeme. Automatische Rollouts von Betriebssystemen und Treibern werden deutlich einfacher und Troubleshootings transparenter.

15.4.4 Kauf vs. Leasing

Leasing in der IT hat eine lange Historie, einen großen Markt und viele Fürsprecher. Eventuell haben auch Sie schon einmal einen Leasingvertrag unterzeichnet? In welchen Situationen macht IT-Leasing Sinn? Glaubt man so manchem Berater, erhalten Sie Flexibilität, Mehrwerte, sparen Liquidität oder sind schlicht günstiger. Zu gut, um wahr zu sein, wie Sie schon aus Kapitel 6, »Make or Buy?«, wissen.

Die Vorteile für Sie bzw. Ihre Organisation sind meist sehr überschaubar, für viele Unternehmen keine belastbaren Argumente und die wirtschaftlichen Effekte in Summe häufig negativ – außer für Leasinggeber und Verkäufer. Hinterfragen Sie also entsprechende Angebote und Kalkulationen.

Dieser kritische Blickwinkel ist vor allem dem Umstand geschuldet, dass fast alle am Markt angebotenen IT-Leasingverträge in der Form eines sogenannten Vollamortisationsleasings abgeschlossen werden. Das bekannteste Gegenteil dieser Leasingform ist das Teilamortisationsleasing, das grundsätzlich von Autohäusern genutzt wird. Die beiden Leasingvarianten unterscheiden sich in einem elementaren Aspekt:

Im Fall des Teilamortisationsleasings zahlen Sie als Leasingnehmer nur den Teil des Wertes, der über die Laufzeit hinweg verbraucht wird, im Fall eines Autos also beispielsweise die Lücke zwischen Neuwert und Restwert nach drei Jahren. Dieser Sachverhalt macht Kfz-Leasing recht interessant.

In der IT bzw. einem Vollamortisationsleasing wird grundsätzlich der gesamte Wert der Investition auf die Laufzeit des Vertrags umgelegt. Als Kunde zahlt man demnach über die Monate den vollständigen Kaufpreis zuzüglich Zinsen und Gebühren.

So gesehen könnte man schon fast von einer Finanzierung sprechen. Jedoch: Am Ende der Laufzeit gehört die Hardware, im Unterschied zur Finanzierung, nicht Ihnen. Sie muss zurück an den Leasinggeber oder kann, falls im Vertrag vorgesehen, gegen Zahlung von meist 2–3 Monatsraten gekauft werden. Der Umstand, dass das Investitionsgut über die Laufzeit Eigentum der Bank bleibt, ist rechtlich wichtig, damit ein Vertrag den Namen Leasing tragen darf.

Aber hat dies nicht steuerlich große Vorteile? Auch dieser Effekt ist leider nur minimal. Eine Investition in IT unterliegt nach dem Kauf meist einer Abschreibung von 36 bis 60 Monaten. Das bedeutet für den nicht steuerlich geschulten IT-Experten, dass man pro Monat eben ein Sechsunddreißigstel oder ein Sechzigstel des Kaufpreises als Ausgabe ansetzen darf, die die zu zahlende Steuer auf Gewinne reduziert. Im Leasing dürfen Organisationen die monatliche Gebühr gegen die Gewinne verrechnen. Ohne zu tiefe Theorien der Finanzbuchhaltung zu bemühen, dürfte es schnell erkennbar sein, dass Sie unter dem Strich wenig an relevantem Gewicht von der linken in die rechte Tasche bewegen – dafür meist noch etwas höhere Zinssätze bezahlen als bei der Finanzierung durch die eigene Hausbank.

Eine einfache Rechnung zeigt den Unterschied: Sie legen eine Investition von 20.000 € auf Drängen Ihres CFOs in einen 60-Monate-Leasingvertrag um. Laut marktüblicher Tabelle einer großen Leasinggesellschaft könnten 370 € als realistische monatliche Gebühr veranschlagt werden. Etwas Verhandlungsspielraum und kleine Unterschiede zwischen den Anbietern mögen existieren – jedoch ist der Korridor erfahrungsgemäß recht eng. In Monat 58 entscheidet Ihr Haus, dass Sie die Investition noch etwas nutzen müssen – eine Migration ist für 12 Monate technisch ausgeschlossen, die Systeme sind gut gepflegt, waren ordentlich dimensioniert, und Sie konnten sogar den Support auf kritische Komponenten verlängern. Sie können also weiter monatlich bezahlen oder für 2,5 Monatsraten die Systeme aus dem Vertrag herauskaufen. Sie entscheiden sich nach einfacher Logik für Zweiteres. In Summe wurden also für einen Kaufpreis von 20.000 € 62,5 × 370 € = 23.125,00 € gezahlt. Immerhin entspricht das ca. 3,1 % Zinsen. Eine einfache Bankfinanzierung wäre vermutlich wirtschaftlicher gewesen.

Argumente hinsichtlich Flexibilität sollten Sie ebenfalls genau prüfen. Denn Laufzeiten sind für gewöhnlich fix, können nicht frühzeitig beendet werden bzw. meist nur gegen großzügige Bezahlung. Verlängerungen sind häufig ebenfalls wenig wirtschaftlich.

Natürlich existieren auch echte Gründe für ein Leasing. Diese sind oft wenig schillernd und werden daher weniger laut beworben. Hier einige Beispiele:

- Liquiditätsengpass: Ihre Organisation hat kein Geld für die Investition. Die Bank zeigt sich ungnädig und gewährt keine weiteren Darlehen oder Limits. Eventuell könnte dies noch über einen weniger kritischen Leasinggeber abgefangen werden.
- Gewinnverlagerung: Möglicherweise überwiegen kurzfristige Ziele vor langfristigen. Besonders bei langen Laufzeiten verlagern Sie Kosten auf die lange Bank – auf Kosten der Gesamtbelastung.
- Persönliche Sichtweisen und Vorgaben vonseiten der kaufmännischen Unternehmensführung.
- Schutz vor Überalterung, während die Entsorgung inbegriffen ist. Natürlich könnten Sie sich auch durch konsequente Beachtung des Lebenszyklus selbst schützen. Dies spart Kosten – erfordert aber Planung, Bewusstsein und Selbstdisziplin.
- Sorglos-Zusatzdienste. Einige Leasinggeber in der IT bieten zusätzliche Services an: z. B. die Inventarisierung oder eine zertifizierte Daten-Löschung am Ende der Laufzeit. Bekannt am Markt sind auch Drucker-Leasingverträge, die mit Verbrauchs-, Toner- und Wartungsdiensten gekoppelt werden.

Seien Sie kritisch! Möglicherweise gibt es gute Gründe für ein Leasing. Möglicherweise sind ein Kauf, langfristige Nutzung und bewusste Planung der Lebenszyklen aber die nachhaltigere Strategie. Ziehen Sie im Zweifel Steuerberater und Finanzexperten hinzu, um eine jeweils korrekte Berechnung der Raten, konkreten Kosten und möglichen Effekte für Sie zu kalkulieren.

15.4.5 Servicelevel, Wartungs- und Pflegeaufwände

Die »Supportlaufzeit« für ein Stück Hard- oder Software vonseiten des jeweiligen Herstellers wird in der IT oft als das schlagende Argument zur Differenzierung zwischen Leben und Tod herangezogen. Bloße Ansätze zur Diskussion der Schlussfolgerungen eines abgelaufenen Supports erzeugen böse Blicke des Unverständnisses. Andere Kunden fragen Verkäufer nach Einsparpotenzial und streichen, ohne mit der Wimper zu zucken, den 24/7-Vertrag von der neuen zentralen Storage-Einheit – denn es gibt immerhin 10 % Kostenminderung. Es gilt also zu differenzieren.

Was bedeutet »Support«? Unter Support verstehen Hersteller zumeist die folgenden Leistungen, die Ihnen als Kunde über eine gewisse Zeit zur Verfügung gestellt werden:

- Bereitstellung von Updates (Sicherheits-, ggf. Versionsupdates)
- technische Hilfestellung im Fehlerfall
- Austausch- und Reparaturleistungen

Teilweise werden bestimmte Reaktionszeiten oder sogar Erfüllungszeiten in diesen Verträgen definiert. In den meisten Fällen werden Sie dabei keine Vertragsstrafen oder Schadenersatzansprüche in den Verträgen finden, die Ihre Ansprüche untermauern würden. Ausnahmen im Falle höherer Gewalt, wie beispielsweise bei Lieferengpässen für Ersatzteile, sind hingegen häufig vertreten. Kein Hersteller dürfte sich freiwillig selbst beispielsweise für Produktionsausfälle oder Umsatzeinbußen Ihres Hauses in eine Haftung begeben. Nichtsdestotrotz darf man die Leistungsversprechen der jeweiligen Verträge als belastbar betrachten – erwarten Sie jedoch nicht zu viel.

Der Support ist also neben der Bereitstellung von Updates vor allem eine Rückendeckung, die im Defekt- oder Härtefall diejenige Dienstleistung übernimmt, die den grundlegenden Betrieb wiederherstellt.

Differenzieren Sie jedoch: Sobald ein Gerät oder eine Software wieder im normalen Rahmen seiner Spezifikationen arbeitet, ist die Arbeit des Herstellers abgeschlossen. Die Wiederherstellung von Daten, ihre spezifische Konfiguration oder dem auf den jeweiligen Systemen aufbauenden weiteren Betrieb liegt grundsätzlich nicht in seinem Verantwortungsbereich – sondern in Ihrer Hand.

Welcher Supportlevel und welche Laufzeit sind nun wichtig oder richtig? Wie im Fall einer Versicherung gilt auch für den Supportlevel die persönliche Einschätzung von Kosten zu Nutzen bzw. Risiken bzw. die gemeinsame Abwägung mit der Geschäftsführung. Zur generellen Orientierung hat sich die Klassifizierung in drei große Bereiche bewährt:

- **Support für zentrale Hardware**: Schauen wir zuerst auf diejenigen Komponenten, von denen der IT-Betrieb Ihres Hauses unmittelbar abhängt. Oft handelt es sich dabei um Einzelstücke oder um eine überschaubare Menge an Komponenten. Eine Reparatur benötigt für gewöhnlich ein hohes Maß an Fachkenntnis und spezifische Ersatzteile, die am Markt meist schwer zu beschaffen sind. Darüber hinaus werden Updates für zentrale Hardware (sogenannte Firmware) zunehmend wichtiger – zur Beseitigung von Fehlern, aber auch Sicherheitslücken.

  Ein greifbarer Support von Herstellerseite, möglicherweise in schnellen Reaktionszeiten (z. B. 4 Stunden) und einer Laufzeit über den möglichst gesamten Lebenszyklus des Systems hinweg, darf daher als durchaus sinnvoll gesehen werden.

  Stellen Sie sich im Gegenteil dazu einen kritischen Fehlerfall an einer zentralen Stelle wie z. B. Ihrer Storage-Einheit vor: Der Support war nur minimal abgeschlossen worden und ist vor einem halben Jahr bereits ausgelaufen. Angebote zur Verlängerung wurden aus Kostengründen verworfen. Der vom Dienstleister festgestellte Ausnahmefehler am Controller führt dazu, dass die auf dieser Einheit beherbergten Maschinen nicht mehr ansprechbar sind. Ein Recovery aus der Datensicherung wäre Plan B – bedeutet jedoch ca. 14 Stunden, benötigt zuvor Speicherplatz, den Sie aktuell nicht haben, und der angesprochene Recovery-Punkt würde 3 Stunden Verlust an Produktivdaten bedeuten. Ihre IT ist besser aufgestellt? Gut.

Das Beispiel ist leider weniger unrealistisch, als man annehmen möchte, und schnell steht die Frage im Raum: Was hätte ein gewissenhafter IT-Manager getan?

- **Support für Endgeräte und Peripherie**: Hier gilt die Abwägung zwischen Wirtschaftlichkeit und Sorglos-Ansprüchen. Endgeräte sind häufig in großer Anzahl vorhanden und, bei geschickter Konfiguration, tendenziell eher leicht austauschbar. Software-Updates erhalten Sie meist auch ohne aktiven Supportvertrag.

  Für spezielle Geräte oder den schnellen Austauschservice für das Notebook des international reisenden Vertriebsleiters sind besondere Servicelevel recht erleichternd für die IT. Für die breite Masse möchte ich jedoch den folgenden Gedanken in den Raum stellen: »Das Land Baden-Württemberg schließt keine Kasko-Versicherungen ab.« Dies gilt vermutlich auch für andere Bundesländer, denn Versicherungen, so auch Support für Endgeräte, bedeuten eine einfache Kalkulation zwischen der erwarteten Menge an Defekten innerhalb einer Laufzeit im Vergleich zu den benötigten Reparaturen inkl. Aufschlag. Ist die Menge an zu versichernden Geräten groß genug, ist es möglicherweise ratsam, den Aufschlag zu sparen.

  Eine einfache Rechnung soll dies illustrieren: Stellen Sie sich vor, Sie beziehen 35 neue Notebooks für Ihren Vertrieb. Ein Notebook kostet 1.000 € und kommt standardmäßig mit 36 Monaten Austauschservice – allerdings im sogenannten Bring-in-Modell, wonach Sie die Geräte einschicken müssen. Ein Service A auf 36 Monate Vor-Ort-Service kostet 180 € pro Stück, ein Service B auf 60 Monate Vor-Ort-Service kostet 340 € pro Stück. Welche Wahl würden Sie treffen? Überlegen Sie kurz, bevor Sie weiterlesen. Rechnen Sie nun umgekehrt: Für den Anschaffungswert von Service A (35 × 180 €) könnten Sie bereits 6 Geräte zusätzlich erwerben und als Notreserve vorhalten, für den Anschaffungswert von Service B (35 × 340 €) fast 12 Geräte. Wie würden Sie nun verfahren?

  Diese beispielhaften Zahlen sind exemplarisch und mit Blick auf eine einfache Rechnung gewählt. Es gibt deutliche Abweichungen je nach Hersteller, Modell und Jahr. Im groben Durchschnitt sind sie jedoch nicht unrealistisch.

- **Support für Software**: Gerade Software im Kern Ihrer IT sollte stets auf einem aktuellen Stand sein. Allein das zunehmend kritische Gewicht von Sicherheitslücken alter Versionen erzwingt rasche Aktualisierungszyklen. Hinzu kommen Co-Abhängigkeiten innerhalb der Softwarelandschaft: Anwendung X läuft nur auf diesen bestimmten Versionen Y Ihres Betriebssystems, die wiederum erst ab Virtualisierungsversion Z unterstützt werden. Letztere ist wiederum abhängig von der Firmware der entsprechenden Hardware.

  Diese stetige Aktualisierung und Pflege Ihrer Software ist aus einer Unternehmens-IT also nicht mehr wegzudenken. Planen Sie für die von Ihnen eingesetzte Software daher mit einem fortlaufenden Support. Im aktuell immer häufiger von Softwareherstellern präferierten Modell der Dauermietversionen ist dieser Support gewöhnlich direkt integriert.

Wie auch in zuvor beleuchteten Themen gibt es in der Frage des Supports kein finales Kriterium für richtig oder falsch. Es gilt abzuwägen, welche Kosten und welcher Servicelevel für Ihre Organisation das richtige Niveau darstellen. Dies zu entscheiden oder zumindest zu empfehlen, liegt in Ihrer Hand als IT-Manager. Dokumentieren Sie Ihre Entscheidungen, machen Sie diese für sich selbst, aber auch für Ihre Geschäftsführung anhand einer schriftlichen Abwägung transparent und bewusst.

15.5 Fazit

Wir IT-Manager, so mag man nach der Lektüre dieses Kapitels vermuten, scheinen multihybride Mischwesen aus Scotty, einem Babelfish gegenüber der Geschäftsführung, Commander Riker, einem toughen und betriebswirtschaftlich denkenden Einkäufer, Dr. House und einem McKinsey-Berater zu sein, die gleichzeitig Technik wie auch die akribische und strukturierte Inventur sowie Dokumentationen lieben. Auch wenn diese Aufzählung selbstredend auch für das weibliche Pendant gilt, so sind wir uns vermutlich einig, dass ein solches Multitalent auf dieser Erde recht selten geboren werden dürfte.

Lassen Sie sich nicht entmutigen. Bauen Sie auf ein Team – Ihr Team aus Experten, guten und in Ihrem Sinne handelnden Beratern und Sparringspartnern. Konzentrieren Sie sich auf Ihre Stärken, und vertiefen Sie diese. An manchen Stellen wird es dünn werden und auch immer sein. Machen Sie sich diese Punkte bewusst, und schauen Sie genau hin. Lassen Sie sich nicht zu schnell lenken, sondern stellen Sie Fragen, und durchdenken Sie die Lage, nachdem Sie mehrere Meinungen eingeholt haben.

Je komplexer Ihre Umgebung ist oder wird, desto wichtiger ist es, den Überblick zu behalten. Fangen Sie früh an, die Strukturen dafür zu schaffen, und dokumentieren Sie. Ongoing ist dies ein Prozess, der etabliert werden kann und sogar Freude bereiten mag.

Mit einer guten Portion an Überblick, Verständnis und Referenzen mit Blick auf andere Firmen oder den Markt gelingt es nicht nur besser, eine bessere IT aufzubauen und zu betreiben. Es vereinfacht Ihren Job, das Standing und jede Abstimmung mit Ihren Vorgesetzten und Partnern.

Ein Job ohne Grenzen und ohne ein finales »Fertig« – mit der richtigen Haltung und den richtigen Werkzeugen aber auch eine der vielseitigsten und spannendsten Berufungen, die man in dieser Welt finden mag.

Kapitel 16
Innovation, Hype und neue Trends

Innovation ist kein Selbstzweck – und Hype kein Fortschritt. Wer blind jedem Trend folgt, riskiert mehr als nur Budget: nämlich die Zukunft seines Unternehmens.

IT-Management unterliegt einer ständigen Weiterentwicklung und Veränderung. Der technische Fortschritt bringt seine eigenen Herausforderungen mit. Sie müssen sich regelmäßig und auch kurzfristig mit diesen Veränderungen beschäftigen und die Auswirkungen auf Ihr Unternehmen bewerten.

Aber müssen Sie jedem technologischen Trend folgen und jeden Hype adaptieren? Wie finden Sie einen Sponsor für Ihre Ideen und Pläne, um die Unternehmens-IT und damit das Unternehmen weiterzuentwickeln?

Auf diese Fragen gibt Ihnen dieses Kapitel Antworten.

16.1 Innovation und Hype

In der IT beglücken uns Hersteller regelmäßig mit neuen Software- und Hardware-Lösungen, die im ersten Moment sehr interessant und verlockend aussehen. Oftmals gibt es sie aber nur als Idee oder Mock-up, das uns während einer Konferenz oder in einer persönlichen Vorstellung demonstriert wird. So soll das Verlangen geweckt werden, eben diese Neuerung als Innovation wahrzunehmen, als etwas, auf das Sie und Ihr Unternehmen schon immer gewartet haben.

Aber was ist nun wahre Innovation, und was ist ein Hype?

16.1.1 Innovation

Eine IT-Innovation ist eine langfristig tragbare und verwendbare Veränderung. Solche Veränderungen sind z. B. der Wechsel von klassischen physischen Festplatten hin zu SSD- oder NVRAM-Laufwerken oder die Erhöhung der Speicherdichte und die damit einhergehende Kapazität der Speichermedien. Ohne diese Innovationen ist die Leistungsfähigkeit heutiger Rechenzentren undenkbar.

Oder denken Sie an den großen Begriff *Cloud*, zu dem wir schon in Kapitel 13 festgestellt haben, dass er inzwischen in alle Bereiche der IT vorgedrungen ist und so selbstverständlich verwendet wird, dass seine Bedeutung gar nicht mehr so klar ist. Das liegt daran, dass Cloud-Technologie und Cloud-basierte Anwendungen inzwischen zum Standard geworden sind und überall genutzt werden. (Sie können selbst Ihren persönlichen PC z. B. mit einem Windows-365-System direkt in der Cloud betreiben.)

Zu Beginn wurde das Thema Cloud jedoch als Hype belächelt, der keine Zukunft hat. Die Einführung verlief zäh, und es war schwer, Kunden von den Vorteilen zu überzeugen. Damals war es noch gang und gäbe, dass Systemhäuser ihren Kunden bevorzugt neue und großzügig dimensionierte Server- und Speicherumgebungen verkauften, da hier die Margen der Hersteller lukrativ waren. Die Margen für Händler waren und sind im Cloud-Geschäft wesentlich niedriger.

Cloud – Innovation oder Hype?

Erinnern Sie sich noch an Ihre ersten Berührungen mit dem Thema »Cloud«?

Wie haben Sie damals auf die ersten Vorstellungen von Cloud-Dienstleistungen der großen Anbieter wie Amazon, Google oder Microsoft reagiert?

Haben Sie sofort das Potenzial der Möglichkeiten erkannt?

Wie stehen Sie heute zur Nutzung von Cloud-Angeboten?

Die ersten Cloud-Angebote standen in direkter Konkurrenz zu Hypervisor-Plattformen, die uns eine bessere Nutzung der lokalen Serverinfrastrukturen versprachen. Auch die Hypervisor-Anbieter machten zur Genüge Gebrauch von Marketingversprechen, um uns Kunden auf ihre Seite zu ziehen. Diese Konkurrenzsituation besteht im Grunde heute noch, sie wird allerdings nicht mehr so hart ausgelebt. Die Hersteller haben auf allen Gebieten dazugelernt und bieten uns nun Lösungen an, um beiden Welten integriert zu betreiben.

Die Einführung von innovativen Lösungen in einem Unternehmen unterliegt auch immer einer monetären Betrachtung. Es bedarf einer *Investitionssicherheit*, um einen Technologiewechsel durchzuführen. Diese Sicherheit steht einem zu schnellen Wechsel gerne mal im Wege. Das ist immer dann der Fall, wenn die zuletzt eingeführte Lösung sich noch im bezahlten Lifecycle befindet und mit der Einführung der neuen Lösung zusätzliche Kosten entstehen.

Als Mitglied der IT-Abteilung neigen wir oftmals dazu, uns nur auf Innovationen im Hinblick auf den Betrieb der IT, das *Backend*, zu konzentrieren. Wir suchen nach Optimierungsmöglichkeiten für Server, Applikationen, E-Mail oder das Netzwerk. Hierbei vergessen wir gerne, dass die IT nur die Basiskomponenten zur Verfügung stellt. Wir suchen selten aktiv nach Innovationen für die Endanwender im Unternehmen.

16.1.2 Hype

In der IT gibt es nicht nur Innovationen. Hypes schleichen sich unter dem Deckmantel der Innovation in unsere Köpfe, stellen sich aber nach näherer Betrachtung als wenig sinnvoll heraus. Manchmal fehlt es einfach auch nur an praktischen und kalkulierbaren Anwendungsbeispielen.

Ein solches Beispiel ist Virtual Reality.

Der Hype um Virtual Reality (VR) nahm in den frühen 2010er-Jahren Fahrt auf, als die Technologie bedeutende Fortschritte erzielte und erste VR-Headsets eingeführt wurden. Sie erinnern sich vielleicht an die Aufregung, als Oculus Rift, HTC Vive oder später die Apple Vision Pro präsentiert wurden. Diese Geräte versprachen immersive Erlebnisse, die weit über das hinausgingen, was bis dahin möglich war. Medien sowie Technikfans zeigten sich begeistert und sagten eine Revolution unserer Spiel-, Arbeits- und Kommunikationsweisen voraus. Die Erwartungen waren hoch, und viele glaubten, dass VR bald in jedem Haushalt Einzug halten würde.

Dem anfänglichen Enthusiasmus folgte bald Ernüchterung. Die hohen Hardwarekosten und das begrenzte Angebot an überzeugenden Anwendungen führten dazu, dass viele Verbraucher bei der Investition in VR zögerten. Vielleicht haben Sie auch festgestellt, dass die erwarteten revolutionären Anwendungen ausblieben und VR hauptsächlich auf Nischenmärkte wie Gaming und spezialisierte Trainingsanwendungen beschränkt blieb. Darüber hinaus hatten viele Nutzer mit Problemen wie Übelkeit und Unbehagen beim Tragen der Headsets zu kämpfen. Diese Faktoren trugen dazu bei, dass der erste Hype nachließ und die Technologie nicht den gewünschten Durchbruch erzielte.

Trotz Rückschlägen bleibt das Potenzial von VR bestehen, und die Technologie entwickelt sich kontinuierlich weiter. Firmen und Entwickler arbeiten unermüdlich daran, VR zu optimieren und neue, fesselnde Anwendungen zu schaffen. Sie haben vielleicht von Fortschritten in Sektoren wie medizinischer Ausbildung, Architektur oder virtuellen Meetings gehört. Diese Fortschritte demonstrieren, dass VR noch vielversprechend ist und eine aufregende Zukunft haben könnte. Es bleibt abzuwarten, ob VR eines Tages die ursprünglich hohen Erwartungen erfüllen wird.

Innovation und Hype sind zwei Begriffe, die oft in Zusammenhang mit neuen Technologien, Produkten oder Ideen verwendet werden. Es gibt jedoch klare Unterschiede zwischen diesen beiden Begriffen.

- Eine **Innovation** ist die Einführung von neuen Ideen, Produkten, Dienstleistungen oder Prozessen, die einen bedeutenden Vorteil oder eine wesentliche Verbesserung gegenüber dem Vorherigen bieten. Dabei wird durch echten Nutzen, der auf wesentlichen Veränderungen und neuen Ansätzen beruht, das Potenzial zur Wertschöpfung erhört. Eine Innovation hat das Ziel, lang anhaltende Effekte zu erzielen und sich dauerhaft in der Wirtschaft oder Gesellschaft zu verankern. Innovationen sind die Reaktion auf konkrete Probleme und Bedürfnisse.

- Im Gegensatz dazu steht **Hype** für eine übermäßige Aufmerksamkeit, die um ein Produkt, eine Technologie oder auch nur eine Idee entsteht. Solch eine Aufregung führt zu einer übertriebenen Erwartungshaltung, die nicht durch inhaltliche Substanz gestützt wird. Ein Hype kann auf kurzfristigen Trends, Modeerscheinungen oder auch übertriebenem Marketing basieren, ohne dass ein tatsächlicher signifikanter Fortschritt oder Nutzen vorhanden ist. Im Gegensatz zu Innovationen neigt ein Hype dazu, schnell zu verblassen, wenn die tatsächlichen Ergebnisse nicht den überzogenen Erwartungen entsprechen. Somit ist ein Hype oft nur ein vorübergehendes Phänomen, das aufgrund von Marketingstrategien oder Medienberichterstattung nur darauf bedacht ist, Aufmerksamkeit und Begeisterung zu erregen, ohne dass ein grundlegend neuer Wert geschaffen wird.

Insgesamt liegt der Unterschied darin, dass Innovation auf substanziellen Fortschritten und echtem Nutzen basiert, während Hypes auf vorübergehender Begeisterung ohne nachhaltigen Wert zurückzuführen sind. Unternehmen und Entscheidungsträger müssen darauf achten, zwischen echter Innovation und kurzlebigen Trends zu unterscheiden, um nachhaltige Fortschritte zu erzielen.

16.2 Neue Trends

Es ist wichtig, dass Sie im IT-Management neue Trends identifizieren und bewerten können. Nur so können Sie sicherstellen, dass Ihr Unternehmen wettbewerbsfähig und technologisch auf dem neuesten Stand bleibt. Die folgenden Optionen können Sie dabei unterstützen, neue Trends zu finden und sich inspirieren zu lassen.

- **Branchenveranstaltungen und Konferenzen**

  Konferenzen und Branchenveranstaltungen sind eine nützliche Quelle für IT-Innovationen, weil sie ein direktes und interaktives Lernumfeld schaffen. Auf diesen Veranstaltungen können Sie von dem Wissen und den Erfahrungen anderer IT-Experten lernen sowie ihre eigenen Fragen, Probleme und Ideen austauschen. Zudem können Sie sich auf den neuesten Stand über die aktuellen Entwicklungen bringen, Trends und Lösungen in der IT-Branche, Demonstrationsprojekte und Fallstudien begutachten, neue Produkte und Dienstleistungen testen und Kontakte zu IT-Experten und anderen Anwendern aufbauen. Das hilft Ihnen, Inspiration für neue Lösungen in Ihrem Unternehmen zu gewinnen und das Innovationspotenzial zu steigern.

- **Fachzeitschriften und Blogs**

  Blogs und Fachzeitschriften liefern nicht nur aktuelle und relevante Informationen über neue Technologien, Produkte und Dienstleistungen, sondern auch eine kritische Bewertung ihrer Stärken, Schwächen und Anwendungsmöglichkeiten. Durch das Lesen von Blogs und Fachzeitschriften können Sie und Ihre IT-Fachkräfte sich über die neuesten Trends und Best Practices in Ihrer Branche informieren, sich mit neuen Ideen und Ansätzen vertraut machen, Erfahrungen und Meinungen mit anderen Experten austauschen und Ihr Wissen erweitern. Dies kann Ihnen helfen, bessere Entscheidungen zu treffen, kreative Lösungen zu entwickeln und die IT-Innovation Ihres Unternehmens weiter voranzutreiben.

- **Technologische Communitys und Foren**

  Der Austausch mit anderen IT-Profis, die ähnliche Herausforderungen, Interessen und Erfahrungen haben, ist vorteilhaft für das Entdecken von IT-Innovationen, weil er den direkten Kontakt und Dialog mit ihnen ermöglicht. Sie können sich von ihrem Wissen, ihren Ansichten und Ratschlägen inspirieren lassen, Fragen stellen und beantworten, Schwierigkeiten bewältigen und gemeinsam neue Lösungswege finden. Technologische Communitys und Foren wie

  - GitHub (*https://github.com*),
  - Stack Overflow (*https://stackoverflow.co*),
  - Reddit (*https://www.reddit.com*) oder die
  - Microsoft Tech Community (*https://techcommunity.microsoft.com*)

  sind zudem gute Quellen, um sich über die aktuellen Entwicklungen, Trends und bewährten Methoden in Ihrem Fachgebiet zu informieren. Sie können Ihnen helfen, neue Einblicke zu erlangen, kreative Ideen zu generieren und sich stetig weiterzuentwickeln.

- **Marktforschung und Analystenberichte**

  Marktforschung und Analystenberichte helfen Ihnen bei der Suche nach IT-Innovationen, indem sie einen Überblick über den aktuellen Stand und die zukünftigen Entwicklungen der Technologie geben. Sie bieten auch eine Bewertung der Stärken, Schwächen, Chancen und Risiken verschiedener Technologien an, die für die Erreichung der Geschäftsziele relevant sein könnten. Marktforschung und Analystenberichte wie Gartner (*https://www.gartner.com*), Forrester (*https://www.forrester.com*) oder IDC (*https://www.idc.com*) können daher als Inspiration und Orientierung für die Auswahl und Implementierung von IT-Innovationen dienen. Sie können Ihnen auch helfen, die in Ihrem Unternehmen bestehenden Lösungen mit anderen Lösungen zu vergleichen, zu verbessern oder anzupassen, um die Anforderungen und Erwartungen des Marktes zu erfüllen. Marktforschung und Analystenberichte sind eine wertvolle Quelle für die Identifizierung und Verfolgung von IT-Innovationen.

- **Schulungen und Zertifizierungen**

  Schulungen und Zertifizierungen der IT-Mitarbeiter sind für die IT-Innovationen wichtig, weil sie das Wissen und die Fähigkeiten der Mitarbeiter auf dem neuesten

Stand halten und verbessern. Gehen Sie dabei aber mit Augenmaß vor: Ein Weiterbildungsbudget sollte kein Wünsch-dir-was sein. Aber wenn Sie darauf achten, dass Ihre Mitarbeiterinnen und Mitarbeiter relevante und sinnvolle Fortbildungen und Zertifizierungen auswählen, die für die Lösung von Geschäftsproblemen oder die Schaffung von Wettbewerbsvorteilen nützlich sind, sorgen Sie für ein gutes Wissensmanagement. Außerdem können Schulungen und Zertifizierungen die Motivation, das Engagement und die Kreativität der Mitarbeiter fördern, indem sie ihnen neue Herausforderungen und Möglichkeiten bieten. Schulungen und Zertifizierungen sind somit ein wichtiger Faktor, um die IT-Innovationsfähigkeit einer Organisation zu steigern und zu erhalten.

- **Pilotprojekte und Prototypen**

  Pilotprojekte und Prototypen sind für die IT-Innovation wichtig, weil sie eine Möglichkeit bieten, neue Technologien in einer kontrollierten und begrenzten Umgebung zu erproben. Dabei können Risiken minimiert, Kosten gesenkt und Feedback eingeholt werden, bevor eine breitere Implementierung erfolgt.

  Pilotprojekte und Prototypen ermöglichen es auch, die Anforderungen und Erwartungen der Nutzer oder Kunden besser zu verstehen und die Lösungen entsprechend anzupassen. Außerdem können sie als Demonstrations- oder Kommunikationsmittel dienen, um die Akzeptanz und Unterstützung für die Innovation zu erhöhen, sowohl intern als auch extern. Pilotprojekte und Prototypen sind daher ein wesentliches Instrument, um die Machbarkeit, den Wert und die Wirkung von IT-Innovationen zu validieren und zu optimieren.

- **Benchmarking mit Wettbewerbern**

  Ein Benchmarking mit Wettbewerbern kann hilfreich sein, um neue Trends in der IT zu finden und zu bewerten, weil es Ihnen ermöglicht, Ihre eigene Position und Leistung im Markt zu vergleichen. Indem Sie die Stärken, Schwächen, Chancen und Bedrohungen Ihrer Wettbewerber analysieren, können Sie die Lücken in Ihrer eigenen IT-Strategie identifizieren und entsprechende Maßnahmen ergreifen. Außerdem können Sie von den bewährten Praktiken und Erfolgen Ihrer Wettbewerber lernen und deren Fehler vermeiden. Darüber hinaus können Sie Kooperations- oder Synergiemöglichkeiten erkennen, um Ihre Ziele schneller oder effizienter zu erreichen.

- **Gespräche mit Lieferanten und Partnern**

  Auch Gespräche mit Lieferanten und Partnern können eine wertvolle Quelle für neue Trends sein. Durch diese Gespräche verstehen Sie nicht nur die Bedürfnisse und Anforderungen Ihrer Kunden besser und können Ihre IT-Strategie entsprechend anpassen, sondern Sie lernen auch neue Technologien und Lösungen kennen, die Ihre Wettbewerbsfähigkeit erhöhen oder Ihre Kosten senken können. Außerdem können Sie potenzielle Risiken und Herausforderungen erkennen, die mit der Einführung neuer Technologien einhergehen, und die nötige Unterstützung erhalten, um diese zu bewältigen. Schließlich können Sie sich von den Erfahrungen und Innovationen anderer Branchen und Märkte inspirieren lassen und Ihre eigene Kreativität anregen.

- **Feedback von Mitarbeitern einholen**

  Die Mitarbeiterinnen und Mitarbeiter Ihres Unternehmens verfügen über wertvolle Informationen zu aktuellen Trends. Durch regelmäßiges Feedback von den Teams, die unmittelbar mit IT-Technologien arbeiten, können Sie wichtige Erkenntnisse gewinnen, die einen unmittelbaren Bezug auf die Einsatzszenarien in Ihrem Unternehmen haben.

  Um das Feedback von Mitarbeiterinnen und Mitarbeitern zu nutzen, sollten Sie die folgenden Schritte beachten:

  - Schaffen Sie eine offene und vertrauensvolle Kommunikationskultur, in der die Mitarbeiterinnen und Mitarbeiter dazu angehalten werden, ihre Meinungen, Ideen, Probleme und Erfolge offen zu teilen.
  - Bieten Sie verschiedene Kanäle und Formate an, um das Feedback zu sammeln, wie beispielsweise Online-Umfragen, Fokusgruppen, Einzelgespräche oder Ideenboxen.
  - Werten Sie das Feedback regelmäßig aus, um die wichtigsten Trends und Themen zu identifizieren und zu priorisieren.
  - Geben Sie den Mitarbeiterinnen und Mitarbeitern regelmäßig Rückmeldung, wie ihr Feedback genutzt wird und welche Maßnahmen ergriffen werden, um die IT-Innovation zu fördern.
  - Binden Sie die Mitarbeiterinnen und Mitarbeiter aktiv in den Innovationsprozess ein, indem sie Ihnen die Möglichkeit geben, an Pilotprojekten, Testläufen, Schulungen und Konferenzen teilzunehmen.

- **Risikoanalyse und Kosten-Nutzen-Bewertung**

  Eine Risikoanalyse und eine Kosten-Nutzen-Bewertung sind wichtige Schritte, bevor Sie neue IT-Innovationen implementieren, weil sie Ihnen helfen, die potenziellen Vor- und Nachteile der neuen Technologie zu verstehen. Eine Risikoanalyse identifiziert die möglichen Herausforderungen, Hindernisse oder Gefahren, die mit der Einführung der neuen Technologie verbunden sind, wie z. B. technische Probleme, Sicherheitslücken, Kompatibilitätsprobleme oder rechtliche Aspekte. Eine Kosten-Nutzen-Bewertung vergleicht die erwarteten Kosten und Nutzen der neuen Technologie, wie z. B. Investitionen, Wartung, Schulung, Effizienz, Produktivität oder Kundenzufriedenheit. Indem Sie diese beiden Analysen durchführen, können Sie eine fundierte Entscheidung treffen, ob die neue Technologie für Ihr Unternehmen geeignet ist und welche Strategien Sie anwenden müssen, um sie erfolgreich zu implementieren.

Eine fundierte Analyse hilft Ihnen als IT-Manager dabei, klügere Entscheidungen zu treffen, wie Sie neue Technologien in Ihr Unternehmen einführen können. Nutzen Sie diese Möglichkeiten!

16.3 Innovationskultur

Eine gute Innovationskultur ist für ein Unternehmen wichtig, weil sie ihm ermöglicht, sich an die sich ständig ändernden Bedürfnisse und Erwartungen seiner Kunden anzupassen, sich von der Konkurrenz abzuheben und seine langfristige Rentabilität und Nachhaltigkeit zu sichern.

Eine gelebte Innovationskultur unterstützt Kreativität, Engagement und Zusammenarbeit Ihrer Mitarbeitenden, indem sie Freiräume, Ressourcen und Anreize für die Entwicklung, Erprobung und Umsetzung neuer Ideen bereitstellt. Dabei wird das Risiko des Scheiterns reduziert, und Experimente sowie Lernprozesse und Verbesserungen werden ermöglicht. Eine solche Kultur ist ein relevanter Faktor für den Unternehmenserfolg in einem dynamischen und wettbewerbsorientierten Umfeld.

Das Schaffen einer einladenden Innovationskultur erfordert einen umfassenden Ansatz, der von der Führungsebene unterstützt wird und alle Ebenen des Unternehmens einschließt. Dies sind einige Maßnahmen, die Ihnen dabei helfen können, eine Kultur der Innovation in Ihrem Unternehmen zu schaffen.

- **Führung und Unterstützung**

  Eine gute Innovationskultur im Unternehmen erfordert die Unterstützung und Beteiligung der Geschäftsführung und Führungskräfte, denn nur sie sind in der Lage, die Voraussetzungen und Bedingungen für Innovation zu gestalten und anzupassen. Sie stellen die nötigen Ressourcen, Anreize und Prozesse bereit, um innovatives Verhalten zu fördern und zu honorieren. Außerdem sollten sie eine Kultur der Offenheit und des Vertrauens pflegen, in der Mitarbeitende ihre Ideen offen einbringen, Rückmeldungen bekommen und aus ihren Fehlern lernen können. Ohne das Engagement und die Unterstützung der Führungsebene kann eine Innovation weder dauerhaft bestehen noch sich auf das ganze Unternehmen übertragen.

- **Klare Vision und Ziele**

  Eine deutliche und leicht verständliche Vision und Ziele sind für die Innovationskultur im Unternehmen wichtig, weil sie den Sinn und die Ausrichtung der Innovation bestimmen. Eine deutliche Vision unterstützt, alle Mitarbeiter zu einem gemeinsamen Ziel zu bewegen und zu begeistern. Deutliche Ziele unterstützen, die Entwicklung und die Effektivität der Innovationsprojekte zu bewerten und zu würdigen. Ohne eine deutliche Vision und Ziele kann die Innovation planlos, ineffizient oder unwichtig werden.

- **Fehler als Lernmöglichkeit**

  Wenn Sie Fehler als Lernmöglichkeit sehen, fördern Sie die Innovationskultur. Ermutigen Sie Ihre Mitarbeiter, Risiken einzugehen, kreative Lösungen auszuprobieren und aus ihren Fehlern zu lernen. Dies führt zu einer höheren Motivation, Innovation und Verbesserung zu suchen, und zu einer geringeren Angst vor dem Scheitern. Fehler werden nicht als Hindernisse, sondern als Chancen angesehen, Neues zu entdecken und Wissen zu erweitern.

- **Kommunikation und Transparenz**

  Die Innovationskultur in Ihrem Unternehmen profitiert von einer offenen Kommunikation und Transparenz, weil sie das Vertrauen, die Zusammenarbeit und das Engagement der Mitarbeitenden stärken. Wenn die Mitarbeitenden den Wert von Innovation erkennen und sehen, wie ihre Ideen anerkannt und umgesetzt werden, sind sie bereitwilliger, kreativ zu sein und sich an Innovationsprozessen zu beteiligen. Zudem fördert eine offene Kommunikation und Transparenz einen besseren Informationsfluss und Wissensaustausch zwischen den Mitarbeitenden, was zu einer höheren Qualität und Vielfalt der Ideen beiträgt. Das sorgt nicht nur für eine bessere Stimmung im Unternehmen, sondern hilft auch, Risiken zu reduzieren, Fehler zu vermeiden und aus Fehlschlägen zu lernen. Das ganze Unternehmen profitiert davon, wenn eine Atmosphäre geschaffen wird, in der Feedback, Lernen und Verbesserung unterstützt werden.

- **Ressourcen und Unterstützung bereitstellen**

  Die Bereitstellung von Ressourcen und Unterstützung hat einen positiven Einfluss auf die Innovationskultur im Unternehmen, indem sie den Mitarbeitern das Gefühl gibt, dass ihre Ideen geschätzt und gefördert werden. Wenn Mitarbeiter wissen, dass sie die nötigen Mittel, Anreize und Freiräume haben, um Innovationen voranzutreiben, können sie motivierter, selbstbewusster und risikobereiter sein. Außerdem können Ressourcen und Unterstützung die Zusammenarbeit und den Wissensaustausch zwischen verschiedenen Abteilungen oder Standorten Ihres Unternehmens erleichtern.

- **Diversität und Vielfalt fördern**

  Eine diverse und inklusive Arbeitsumgebung wirkt sich positiv auf die Innovationskultur aus, indem sie eine Atmosphäre der Offenheit, des Respekts und des Vertrauens schafft: Ihr Team fühlt sich wertgeschätzt und anerkannt. Eine diverse und inklusive Arbeitsumgebung fördert auch die Zusammenarbeit und den Austausch von unterschiedlichen Sichtweisen und Erfahrungen, die zu neuen Erkenntnissen und Verbesserungen führen können.

  Indem man Vielfalt und Inklusion fördert, kann man die Kreativität und Innovation im Unternehmen steigern und einen Wettbewerbsvorteil erlangen.

- **Zeit für Kreativität schaffen**

  Geben Sie Ihren Mitarbeitenden Zeit für kreative Aktivitäten, um die Innovationskultur Ihres Unternehmens zu fördern. Durch Kreativzeit können sie neue Blickwinkel entdecken, experimentieren und neue Lösungen finden. Diese Aktivitäten können zu mehr Innovationen, höherer Produktivität und besserer Mitarbeiterzufriedenheit beitragen. Außerdem zeigen Sie Ihren Mitarbeitenden, dass Sie ihre Ideen schätzen und sie unterstützen, sich weiterzubilden. Kreativzeit kann deshalb ein wichtiger Faktor für eine positive und dynamische Arbeitsumgebung sein (*https://fosteringinnovation.de/die-foerderung-von-kreativitaet-und-innovationen-in-unternehmen*). Idealerweise haben Ihre Mitarbeitenden 20 % ihrer Wochenarbeitszeit als Kreativzeit zur Verfügung.

- **Innovationsfördernde Strukturen etablieren**

  Strukturen, die Innovation unterstützen, sind wesentlich für eine dynamische Innovationskultur in Ihrem Unternehmen. Sie geben den Mitarbeitenden die Möglichkeit, Zeit, Mittel und Anreize zu nutzen, um kreative Lösungen für Probleme oder Herausforderungen zu finden. Diese Strukturen erlauben es den Mitarbeitenden, selbstständig zu testen, zu lernen und zu verbessern, und zwar ohne sich vor Scheitern oder Ablehnung zu fürchten! Sie fördern auch eine Umgebung der Kooperation und des Wissens- und Erfahrungstransfers zwischen verschiedenen Bereichen oder Funktionen. Strukturen, die Innovation unterstützen, zeigen, dass das Unternehmen Innovation als einen strategischen Wert betrachtet und bereit ist, in seine Mitarbeiter zu investieren.

- **Anerkennung und Belohnung**

  Um eine innovationsfreundliche Kultur im Unternehmen zu schaffen, sind Wertschätzung und Anreize entscheidend. Sie regen die Mitarbeitenden an, originelle Ideen zu generieren und umzusetzen, und vermitteln ihnen, dass ihre Leistungen anerkannt werden. Damit fördern Sie auch das Selbstvertrauen, die Zufriedenheit und die Treue der Mitarbeitenden, was sich positiv auf die Bindung an das Unternehmen und die Leistung auswirkt. Dies führt zu einem positiven Arbeitsumfeld, in dem die Mitarbeitenden offen sind, neue Wege auszuprobieren, aus Misserfolgen zu lernen und sich gegenseitig zu helfen. Sie zeigen zudem nach außen, dass das Unternehmen IT-Innovation als einen wichtigen Wert ansieht und Menschen anzieht, die bereit sind, sich selbst zu fordern und zu entwickeln (*https://www.gmbhchef.de/anerkennung-und-belohnung-so-steigert-man-die-motivation-im-team*).

- **Mitarbeiterentwicklung und Schulungen**

  Die Entwicklung und Weiterbildung Ihrer Mitarbeitenden im Team ist entscheidend für die Schaffung einer Innovationskultur. Indem Sie Ihre Mitarbeitenden dazu anregen, ihre kreativen Fähigkeiten zu stärken und neue Technologien kennenzulernen, etablieren Sie eine Atmosphäre, die Innovationen anerkennt und fördert. Zudem können Sie das Engagement, die Motivation und die Zufriedenheit Ihrer Mitarbeitenden steigern, indem Sie ihnen Chancen geben, sich weiterzubilden und neue Aufgaben zu übernehmen. Die Entwicklung und Weiterbildung Ihrer Mitarbeitenden ist nicht nur eine Investition in die Fähigkeiten Ihrer Mitarbeitenden, sondern auch in die Zukunft Ihres Unternehmens. Führen Sie hierzu regelmäßig Gespräche zur Mitarbeiterentwicklung durch.

- **Feedbackkultur etablieren**

  Eine Feedbackkultur ist für die Innovationskultur Ihres Unternehmens wichtig, weil sie hilft, ein Klima der Offenheit, des Vertrauens und der Kooperation zu etablieren. Wenn Mitarbeitende Feedback geben und bekommen können, ohne sich vor negativen Folgen zu fürchten, werden sie eher geneigt sein, ihre Ansichten, Ideen und Vorschläge offen zu äußern. Darüber hinaus erlaubt eine effektive Feedbackkultur, die Stärken und Schwächen der Mitarbeitenden, Teams und Projekte zu erkennen und zu verbessern. Durch konstruktives Feedback können die Mitarbeitenden ihre Leistung evaluieren, ihre Ziele korrigieren, ihre Fähigkeiten erweitern und ihr Lernen beschleunigen.

Eines muss aber klar sein: Innovation zu einer festen Gewohnheit zu machen, ist eine ständige Herausforderung! Es braucht Hingabe, Ausdauer und Offenheit für Veränderungen. Wenn Mitarbeiterinnen und Mitarbeiter spüren, dass Innovation unterstützt wird und dass ihre Ideen Anerkennung finden, wird dies dazu beitragen, dass Innovation zu einem wesentlichen Element der Unternehmenskultur wird.

16.4 Einen Sponsor finden

Die Einführung Ihrer innovativen Idee, von der Sie sich versprechen, das Unternehmen voranzubringen, ist nicht einfach. Es müssen einige Hürden genommen werden, um aus einer Vision einen handfesten Vorteil zu machen. Es hilft sehr, wenn es sich dabei nicht um Ihre persönliche Idee handelt, sondern um eine Idee, die von Ihrem gesamten Team getragen wird.

Der Sponsor

Ein Sponsor im Unternehmen ist eine Person, die Ihre Idee unterstützt und Ihnen hilft, sie zu realisieren. Ein Sponsor kann ein Vorgesetzter, eine Kollegin, ein Kunde oder ein anderer Stakeholder sein, der über den nötigen Einfluss, das Wissen, die Ressourcen oder die Beziehungen verfügt, um Ihre Idee voranzubringen. Ein Sponsor kann Ihnen helfen, die Entscheidungsträger zu überzeugen, Hindernisse zu überwinden, Verbündete zu gewinnen und Feedback zu erhalten.

Das Finden eines Sponsors für die Umsetzung Ihrer innovativen Idee erfordert strategisches Vorgehen und die Fähigkeit, Ihre Idee überzeugend zu präsentieren. Sie müssen den zukünftigen Sponsor für etwas Neues, vielleicht auch etwas Ungewöhnliches, begeistern.

Um einen Sponsor für Ihre Idee zur Implementierung einer neuen IT-Lösung in Ihrem Unternehmen zu gewinnen, ist es wichtig, zuerst eine klare und überzeugende Vision zu entwickeln – das haben wir bereits in Kapitel 2 angesprochen. Erläutern Sie genau, wie Ihre Lösung das Unternehmen voranbringen wird und welche spezifischen Vorteile sie mit sich bringt. Stellen Sie sicher, dass Sie die Bedürfnisse und Herausforderungen des Unternehmens vollständig verstehen, und erläutern Sie, wie Ihre Lösung diese effektiv lösen kann. Eine gründlich ausgearbeitete Vision wird potenziellen Sponsoren verdeutlichen, dass Ihre Idee wertvoll und realisierbar ist.

Der nächste Schritt ist, die geeigneten Sponsoren innerhalb des Unternehmens zu identifizieren. Suchen Sie Führungskräfte oder Entscheidungsträger, die ein Interesse an Innovation und technologischen Fortschritten zeigen. Solche Personen sind aufgeschlossen für neue Ideen und bereit, Ressourcen für den Fortschritt des Unternehmens bereitzustellen. Nutzen Sie interne Netzwerke und persönliche Gespräche, um diese Schlüsselpersonen zu erkennen und herauszufinden, wie Sie sie am effektivsten ansprechen können.

Nachdem Sie potenzielle Sponsoren ausfindig gemacht haben, erstellen Sie eine überzeugende Präsentation. Diese sollte die Hauptaspekte Ihrer Vision, die Vorzüge der IT-Lösung sowie einen detaillierten Implementierungsplan umfassen. Nutzen Sie konkrete Beispiele und Daten, um Ihre Punkte zu verstärken, und verdeutlichen Sie, wie die Lösung messbare Erfolge erzielen wird. Eine klar strukturierte und eindrucksvolle Präsentation wird Ihnen dabei helfen, das Vertrauen und die Unterstützung der Sponsoren zu gewinnen.

Zu guter Letzt ist es wichtig, stets den Kontakt zu halten und Feedback einzuholen. Informieren Sie Ihre potenziellen Sponsoren regelmäßig über den Fortschritt Ihrer Idee sowie über mögliche Änderungen. Zeigen Sie Offenheit für deren Vorschläge, und beweisen Sie, dass Sie flexibel auf ihre Bedürfnisse eingehen können. Eine transparente und kooperative Vorgehensweise wird helfen, eine starke Beziehung zu Ihren Sponsoren aufzubauen und die langfristige Unterstützung für Ihre IT-Lösung zu sichern.

Denken Sie daran, dass das Finden eines Sponsors Zeit und Überzeugung erfordert. Seien Sie hartnäckig und bereit, Ihre Idee an die Bedenken und Interessen des Sponsors anzupassen, um die bestmögliche Unterstützung zu erhalten.

16.5 Eine Innovation stirbt

Eine Innovation leistet vielleicht nicht das, was man sich davon verspricht. Möglicherweise wird sie von den Mitarbeitenden, Kunden oder anderen internen wie externen Stakeholdern nicht akzeptiert oder genutzt, wenn sie keinen echten Mehrwert bietet.

Die erfolgreiche Umsetzung einer IT-Innovation in einem Unternehmen hängt von verschiedenen Faktoren ab. Zu den häufigsten fünf Gründen, die zu einem Scheitern führen können, gehören:

- **Mangelnde Vision und Strategie**

  Eine IT-Innovation erfordert eine klare Definition, die zu den Zielen und der Mission des Unternehmens und der IT-Abteilung passt. Es ist notwendig, eine Vision für die Innovation zu haben, die Gründe für ihre Einführung zu erläutern, die Kriterien für ihre Bewertung zu festlegen und die Strategie für ihre Kommunikation an die Stakeholder zu entwickeln.

  Eine IT-Abteilung hat eine stark fokussierte Vision und Strategie, die die eigentliche Unternehmensvision und -strategie aufgreift und unterstützt. Folgt die Innovation diesen nicht, ist sie zum Scheitern verurteilt.

- **Widerstand gegen Veränderungen**

  Eine IT-Innovation kann bei den Nutzenden auf Widerstand stoßen, die an ihren bestehenden Arbeitsweisen festhalten und sich vor den Auswirkungen der Veränderung fürchten. Dies ist besonders bei IT-Innovationen der Fall, die technische Schwierigkeiten, Unsicherheiten und Lernbedarf mit sich bringen. Um den Widerstand zu überwinden, ist es wichtig, den Nutzen und den Wert der Innovation allen zu verdeutlichen, die mit ihr arbeiten werden. Dazu gehört auch, dass Sie den Nutzerinnen und Nutzern eine angemessene Schulung und Unterstützung anbieten und ihr Feedback und ihre Anliegen berücksichtigen.

  Der Widerstand gegen Veränderungen hat seinen Ursprung oft in der Angst vor Veränderung. Nicht alle, die von der IT-Innovation betroffen sind, haben diese Angst. Ist sie jedoch bei Schlüsselpersonen präsent und wird nicht adressiert, kann dies schnell zu einem Scheitern Ihrer Innovationsbemühungen führen.

- **Mangelnde Zusammenarbeit und Beteiligung**

  Die Entwicklung einer IT-Innovation erfordert eine enge Abstimmung und Mitwirkung von verschiedenen Abteilungen, Teams und Personen, die verschiedene Sichtweisen, Anforderungen und Ziele haben. Wenn die verschiedenen Beteiligten nicht ausreichend miteinander kommunizieren und ihre Aktivitäten nicht koordinieren, sind Unklarheiten, Streitigkeiten und mangelnde Motivation die Folge. Deshalb ist es wichtig, dass Sie alle relevanten Stakeholder von Beginn an in den

Innovationsprozess einbinden, ihnen deutliche Rollen und Aufgaben zuweisen, regelmäßig Informationen teilen und sich über die Ergebnisse austauschen.

- **Mangelnde Anpassungsfähigkeit und Flexibilität**

  Die Entwicklung und Einführung einer IT-Innovation ist ein dynamischer und iterativer Prozess, der sich aufgrund von Tests, Rückmeldungen und neuen Erkenntnissen wandeln kann. Das Festhalten an der ursprünglichen Idee ohne Flexibilität oder Offenheit führt dazu, dass man sich nicht an neue Herausforderungen, Chancen oder Kundenbedürfnisse anpasst. Um dies zu vermeiden, müssen Sie bereit sein, die ursprünglichen Annahmen regelmäßig zu hinterfragen, die Innovation zu überprüfen und zu verbessern, und nötigenfalls die Implementierung ändern oder gar beenden.

- **Mangelnde Nachhaltigkeit und Skalierbarkeit**

  Es reicht nicht aus, dass eine IT-Innovation nur für eine kurze Zeit funktioniert. Sie muss auch auf Dauer bestehen und wachsen können. Sonst kann man mit Schwierigkeiten konfrontiert werden, etwa veralteten Technologien, mangelnden Ressourcen, schlechter Integration oder geringer Akzeptanz. Um das zu vermeiden, ist es erforderlich, die Innovation kontinuierlich zu evaluieren, zu modernisieren und zu verbessern, damit sie den sich wandelnden Bedürfnissen in Ihrem Unternehmen gerecht wird.

- **Verschwendung von Ressourcen**

  Eine Innovation kann scheitern, wenn sie sich als ineffiziente Ressourcennutzung erweist und nicht den gewünschten Nutzen erzielt. Vielleicht sind Ihnen Projekte bekannt, die beträchtliche Zeit und Geld beanspruchen, aber letztlich keinen spürbaren Mehrwert schaffen. Dieses Szenario kann auftreten, wenn die Innovation schlecht geplant ist oder die Marktbedürfnisse ungenügend anspricht. Sollten die Kosten die potenziellen Vorteile übersteigen, schwindet schnell die Unterstützung für das Vorhaben. Deshalb müssen Sie sorgfältig prüfen, ob eine Innovation tatsächlich die Investition wert ist.

- **Imageverlust**

  Wenn eine Innovation die Erwartungen nicht erfüllt oder negative Auswirkungen hat, kann diese ebenfalls zum Scheitern führen. Technologien, die groß angekündigt, aber enttäuschend oder schädlich waren, erschüttern oft das Vertrauen von Kunden und Investoren und schaden dem Unternehmensimage. Um weiteren Schaden zu vermeiden, geben Firmen solche Innovationen schnell auf. Deshalb sollten Unternehmen prüfen, ob eine Technologie marktreif ist und wie sie wahrgenommen wird.

- **Fehlende Geschäftsauswirkungen**

  Eine Innovation kann trotz anfänglicher Begeisterung scheitern, wenn sie keinen wesentlichen Geschäftsnutzen aufweist. Oftmals werden beträchtliche Mittel in die Entwicklung gesteckt, aber ohne erkennbare Marktnachfrage bleibt der Erfolg aus. Mangelt es an klaren Vorteilen oder Kosteneinsparungen für das Unternehmen, verliert die Innovation schnell an Rückhalt. Dies führt dazu, dass Ressourcen neu verteilt und Projekte beendet werden. Schließlich verschwindet die Innovation, da sie keinen messbaren Mehrwert erbringt.

- **Mangelnde Skalierbarkeit**

  Eine Innovation kann scheitern, wenn sie nicht skalierbar ist. Während sie in kleinen Projekten oder Pilotphasen erfolgreich sein mag, können Probleme auftreten, sobald versucht wird, sie auf größere Maßstäbe zu übertragen. Die Skalierung kann unerwartete Herausforderungen in Bezug auf Kosten und Komplexität mit sich bringen. Wenn die Innovation nicht in großem Umfang effizient arbeiten kann, verliert sie an Relevanz und wird letztlich aufgegeben, da sie den Anforderungen eines expandierenden Marktes nicht entspricht.

- **Verlust von Vertrauen**

  Eine Innovation kann scheitern, wenn das Vertrauen der Benutzer oder Investoren verloren geht. Anfangs mag sie vielversprechend erscheinen, doch sobald Sicherheitslücken oder technische Probleme auftreten, schwindet das Vertrauen rasch. Negative Erfahrungen und Berichte verbreiten sich, was in einem schlechten Ruf resultiert. Ohne das Vertrauen der Stakeholder wird die Unterstützung entzogen und die Finanzierung gestoppt. Am Ende scheitert die Innovation daran, dass sie das verlorene Vertrauen nicht wiedergewinnen kann.

- **Lernmöglichkeiten**

  Der Misserfolg einer Innovation eröffnet wichtige Lernchancen. Unternehmen können durch ihn Schwächen und Mängel im Entwicklungsprozess aufdecken. Indem die Ursachen des Scheiterns untersucht werden, lassen sich künftige Projekte präziser planen und Risiken reduzieren. Außerdem unterstützt er eine Kultur des ständigen Lernens und der fortwährenden Verbesserung. Langfristig hilft das Scheitern dabei, robustere und erfolgreichere Innovationen zu schaffen.

- **Neuausrichtung der Strategie**

  Eine Veränderung der Innovationsstrategie kann eine zunächst gescheiterte Innovation in einen Erfolg umwandeln. Durch Berücksichtigung von Marktbedürfnissen und Kundenfeedback lassen sich Schwächen ausgleichen und neue Gelegenheiten erschließen. Eine gezielte Neupositionierung trägt dazu bei, das Interesse und Vertrauen der Stakeholder wiederzugewinnen. Eine flexible Strategie erlaubt es außerdem, schnell auf Änderungen im Marktumfeld zu reagieren. Auf diese Weise kann die Innovation ihre ursprünglichen Ziele erreichen und nachhaltigen Erfolg sichern.

- **Vermeidung künftiger Risiken**
  Um zukünftige Risiken bei der Entwicklung einer Innovation zu minimieren, ist eine umfassende Marktanalyse unverzichtbar. Durch das frühzeitige Erkennen von Trends und Kundenanforderungen lässt sich eine Fehlentwicklung vermeiden. Außerdem sollten regelmäßig Tests und Feedbackschleifen in den Entwicklungsprozess integriert werden, um Probleme frühzeitig zu erkennen und zu lösen. Eine flexible und anpassungsfähige Strategie ermöglicht es, rasch auf Veränderungen im Marktumfeld zu reagieren. Schließlich ist eine offene Kommunikation mit allen Stakeholdern entscheidend, um Vertrauen aufzubauen und Unterstützung zu gewinnen.

Aber das Scheitern einer einzelnen Initiative darf nicht zwangsläufig das Ende von Innovation in Ihrer Organisation bedeuten. Vielmehr sollten Misserfolge als Gelegenheit betrachtet werden, aus Fehlern zu lernen und die Innovationsstrategie zu verbessern. Eine positive Unternehmenskultur ermutigt dazu, Risiken einzugehen und aus Erfahrungen zu lernen, um in der Zukunft erfolgreicher zu sein.

Index

E

F

K

L

M

N

O

P

Q

R

S

T

U

V